공동체와 법

손경한·윤진수 편저

박영사

| 공동체와 법 |

"공동체와 법"의 출간에 즈음하여

우리 사회에서 공동체는 점점 희미해져 가고 있다. 종중으로 대표되던 혈연공동체는 1년에 한 번 시제를 같이 모시는 행사를 주관하는 단체로 전락하였고 함께 농사를 지으며 형성되었던 농촌공동체 역시 이농의 심화와 기계화로 그 빛을 잃어 가고 있다. 종신고용을 표방하였던 기업공동체 또한 평생을 거는 도전의 장소가 아니라 잠시 머무는 직장에 지나지 않게 되었다. 우리 사회에서는 개인주의가 점점 더 팽배하여졌으며 개인은 타인과의 관계를 단절하고 자신을 이 사회로부터 소외시키면서 자신만을 모든 문제에 대한 책임주체로 만들어 가고 있다. 그리고 개인이 할 수 없는 일에 대하여는 모두 국가더러 책임지라고 하고 있다. 이익은 사유화(私有化)하면서 손실은 가능한 한 사회화(社會化)하는 나라가 되어 가고 있다. 그러나 개인이 해결하지 못하는 모든 문제를 국가가 해결해 줄 수는 없으며 이익은 모두 사유로 하면서 모든 손실은 사회에 전가하는 체제가 유지될 수는 없다. 또한 국가에 지나치게 의존하는 것은 국가의 인력과 재정의 한계와 그 집행에 있어서 엄청난 거래비용이 소요된다는 현실적 문제가 있을 뿐 아니라 그런 문제 전부를 국가에 맡기게 되면 국가의 개인에 대한 지나친 간섭을 자초하는 결과가 될 위험이 있다.

공동체가 이러한 문제를 해결할 수 있는 구원 투수로 등장할 수 있다. 개인주의가 심화된 서구사회에서는 이미 불가능하게 되었을지 모르나 우리 사회에서는 아직 그 가능성을 엿볼 수 있다. 그 한 예는 지역공동체의 코로나19 대처였다. 2020년

대구 지역은 팬데믹 위기가 발생하자 발 빠르게 적극적으로 대처하여 코로나19를 이겨내었다. 2020. 2. 18. 대구에서 첫 확진자가 나온 이후 확진자 수가 기하급수적으로 늘어나면서 지역 사회는 마비되었고 전국적 확산을 막기 위하여 대구 봉쇄론까지 거론되었다. 이에 대하여 대구시민들은 자신들이 스스로 봉쇄하는 길을 선택하였다. 자발적으로 대구 밖을 나가지 않고 대구로 오려는 사람들을 막았다. 이러한 대구의 노력에 호응하여 전국의 의사·간호사 2천여 명이 대구로 모여 코로나19 확산을 막는 데 힘을 보탰다. 이러한 대구 시민들의 노력의 결과 첫 확진자가 발생한지 53일 만에 신규 확진자가 발생하지 않게 됨으로써 코로나19의 전국적 확산을 막아 한국이 방역선진국으로 부상하는 데 큰 기여를 하였다. 반면 개인주의가 만연한 서구 사회는 마스크 착용을 거부하고 방역에 비협조적인 태도를 보인 결과 예컨대 미국에서 코로나19로 인한 사망자가 2022. 5.까지 100만 명을 넘어서는 방역 실패를 보여 주었다.

이처럼 한국 사회의 공동체적 대응이 성공을 거둔 사례에서 우리는 공동체의 미래를 발견할 수 있다. 이러한 관점에서 종래의 공동체에 대한 재평가와 함께 개인에 대한 보호를 철저히 하면 사회 전체의 복지도 향상된다는 기계론적 사고를 극복하고 개인들이 연대하여 공동체를 재건함으로서 인간의 생활과 인간성의 회복시키고자 하는 움직임이 일어나고 있다. 지방자치단체를 중심으로 도시재생을 위하여 등장한 "마을만들기"는 마을공동체 운동으로 변모하였다.

모든 공동체는 공동체 자신의 규범을 가지고 있다. 그 규범은 공동체의 오랜 전통에서 관습으로 형성된 것이거나 공동체 구성원의 결단으로 채택된 것이다. 공동체 규범의 대표적인 것이 "규약(規約)"이다. 종중의 규약을 비롯하여 각종 계(契) 등의 친목단체는 규약이라는 자치규범을 가지고 있다. 이러한 공동체의 자치규범은 국가 규범과는 별개로 형성되고 발전하여 나간다. 규약은 관습이나 관습법으로서 국가가 제정한 법률에 우선하여 적용될 수도 있다. 공동체의 규범 정립과 집행은 민주시민을 양성하는 데 매우 유용하며 공동체간의 국제적 연대와 규범 형성에도 기여할 수 있다. 우리가 국가법 외에 공동체법을 연구하고 발전시켜나가야 하는 소이가 여기에 있다.

이러한 공동체에 관한 법적 탐구의 필요성을 인지한 이 책의 편집자들은 2021년 공동체의 법적 문제를 체계적으로 연구하기 위하여 공동체와 법 포럼을 결성하기로 의기투합하였다. 우선 공동체의 역사적 발전 과정을 되돌아보고 공동체의 가버넌스와 그에 대한 민주적 통제, 공동체의 법주체성에 관한 새로운 논의, 공동체의 소유 형태, 공동체 구성원간의 법적 관계 등의 총론적 주제와 함께 우리 사회에 존재하는 각종의 공동체 즉 마을공동체, 혈연공동체, 종교공동체, 상인공동체 및 기업공동체의 법적 논점을 검토하고자 하였다. 이러한 과정에서 우리는 어촌계의 끈질긴 생명력, 개항기 객주조합의 활동 등 국가와 길항관계를 가지면서도 공동체를 유지, 발전시켜 왔던 그 긍정적인 역사를 발견하기도 하였다. 우리 사회의 공동체에 대한 재조명은 미래의 건강한 한국 사회를 지향하는 것 뿐 아니라 국가주의가 팽배한 전 세계에 새로운 빛을 던져 줄 수 있음을 알게 되었다.

이 책은 우리나라에서 공동체법학의 체계화를 시도하는 초유의 작업이라는 점에서 그 의의를 발견할 수 있다. 그동안 공동체에 대한 사회학적인 분석이나 공동체법에 대한 단편적인 연구는 있어 왔으나 공동체법 전반을 아우르는 연구서적은 출판된 적이 없다. 또한 본서는 단순히 공동체에 대한 실정법의 분석에 그치지 않고 공동체에 대한 인류학적, 법사회학적인 고찰을 하고자 하였다. 즉 공동체법의 문언이나 판례의 설명에 그치지 않고 우리나라 공동체법의 기초에 있는 사회적 사실을 규명하고, 공동체가 형성하여 공동체 구성원에게 영향을 미치고 있는 생활질서로서의 공동체법을 발견하여 공동체법의 본질을 해명하려고 시도하였다. 나아가 이 책은 단순히 현재 존재하는 공동체에 대한 분석에 그치지 않고 우리 사회에 바람직한 존재로서의 공동체의 모습을 그려보는 작업을 시도하였다. 연예공동체, 사이버공동체, 지구공동체 등 형성중인 떠오르는 공동체에 대한 검토를 하는 외에 개인주의에 매몰되어 가는 우리 사회에 필요한 공동체의 미래상을 모색하여 보았다.

공동체와 법 포럼에 참여한 필자들은 2021년부터 2023년 초까지 2년여 매월 모임을 가지면서 위와 같은 주제를 천착한 결과를 묶어 이 책의 탄생을 보게 되었다. 이 책을 엮는 데에는 포럼 회원들의 열성적인 참여와 발표자들의 노력이 있었다. 특히 본 포럼 초기 "인천지역 마을공동체 형성 활동 현장과 문제점 그리고 법적 정비방안"을 발표하신 인천광역시 마을공동체 담당 방제식 팀장님과 "인천 선학동 마을넷의 현황과 과제"를 발표하신 사회적협동조합 마을인학교 장수진 이사장님에게 마을공동체의 실상을 알려주신 데 대하여 감사드린다. 이 책의 출간을 흔쾌히 허락하여 주신 박영사 안상준 대표님과 편집진에게도 감사의 뜻을 전하고 싶다. 마지막으로 본 포럼의 운영과 이 책의 편집에 수고가 컸던 김예지 변호사, 송용주 법학전문대학원생, 그리고 정우빈 변호사에게도 감사를 표하고자 한다.

2023년 11월
편저자　손경한·윤진수

| 공동체와 법 |

차 례

Part 01_ 공동체법, 무엇이 문제인가

Part 02 _ 공동체법 총론

Chapter 01 ─────────────────────────────────

공동체의 법 주체성

– 법인 아닌 사단을 중심으로 –

Chapter 02

공동체의 가버넌스   117

− 비영리법인 이사회의 운영을 중심으로 −

Chapter 03 ────────────────

조합공동체와 법   165

Chapter 04 ────────────────

공동체 구성원에 대한 책벌절차   189

Chapter 05 ——————————————————————

공동체의 분열   227
− 교회의 분열을 중심으로 −

Part 03 _ 자연적 공동체와 법

Chapter 04

조선시대의 촌락공동체　　413
- 그 존재 여부를 중심으로 -

Chapter 05 ——————————————————————————————

어업공동체와 법
– 어촌계를 중심으로 –
463

Chapter 06

지역어민회와 법

Part 04 _ 인위적 공동체와 법

Chapter 01

상인공동체와 법   537

Chapter 02

기업공동체와 법   593

Chapter 05

이슬람공동체
- 이슬람금융을 중심으로 -

Part 05 _ 떠오르는 공동체와 법

Chapter 03

지구공동체와 법   829

| 공동체와 법 |

01

공동체법,
무엇이 문제인가

Part 01

공동체법, 무엇이 문제인가

Ⅰ. 글머리에

　　21세기 우리 사회는 위기에 봉착하였다. 이념과 정책 갈등이 심화되고 있고 어느 집단이 정권을 잡느냐에 따라 정책의 방향이 180도로 바뀌고 있다. 사회는 점점 더 분열되고 갈등은 심화되고 있다. 이로 인하여 시민들이 겪는 혼란과 피해가 매우 크다. 이는 우리 사회에서 생기는 문제 중 개인 자신이 해결하지 못하는 모든 문제를 국가로 하여금 해결하게 하려고 하려는 경향에서 비롯되는 것이다. 문제 해결에 대한 접근 방법의 차이로 신자유주의와 신전체주의의 대립 양상을 보인다. 신자유주의는 개인과 사회의 문제를 원칙적으로 개인들이 알아서 해결하고 국가의 관여를 최소화하려고 한다. 미국을 위시한 여러 나라에서 행한 지난 수십년간의 신자유주의적 실험은 부의 불평등 심화와 글로벌 금융위기 등 수많은 문제를 야기하였다. 그 반대에 있는 사회주의 내지는 국가만능주의 역시 전체주의로 나아가고 있어 시민들의 자유와 권리가 오히려 억압받는 상황을 연출한다. 팬데믹으로 이러한 현상이 가속화되었음을 우리는 목도하였으며 이를 신전체주의의 등장이라 부르는 학자도 있다. 더 이상 우리들의 문제를 개인의 차원에 머물게 하거나 국가의 깊숙한 개입으로 해결할 수는 없다는 점에서 신자유주의나 신전체주의 어느 것도 적절한 해결책이 되지 못한다 할 것이다.

　　이러한 문제에 대한 대안으로 국가체제가 성립하기 이전부터 존재하여 왔던 공동체를 복원하고 재구성함으로써 개인과 국가 외에 이 사회에서 발생하는 제반 문제를 해결하는 하나의 주체로 삼을 필요가 있다고 본다.[1] 역사적으로 혈연공동체와 지역공동체는 그 구성원들의 자치를 통하여 스스로 구성원에게 소속감을 고취하고 제반 위험으로부터 구성원을 보호하며 복지를 증진하는데 큰 기여를 하여 왔다. 특히 지역공동체는 생산, 분배 및 소비의 기능, 상부상조의 기능, 사회통제의 기능, 사회통합의 기능 및 사회참여의 기능을 담당하여 왔다.[2] 그러나 우리 사회의 발전에 큰 역할을 담당하였던 공동체의 역할은 18세기 개인주의와 국민국가의 등장으로 점점 쇠퇴하였으며 그 자리는 개인과 국가가 차지하였다. 개인과 국가 사이에 존재하는 공동체의 역할을 통하여 개인과 국가의 역할을 대체, 보완함으로써 심화된 이념적 대립과 갈등을 감소시킬 필요가 있다. 공동체의 복원과 다양한 새로운 공동체의 활동을 제도적으로 지원함으로써 당면한 심각한 사회문제를 해결하는데 기여하도록 하여야 할 것이다. 공동체법학은 이러한 문제의식 하에서 공동체법의 의미를 21세기적 환경하에서 새로이 천착하고 시대가 요구하는 공동체의 결성과 조직 그리고 그 운영을 제도적으로 뒷받침하는데 그 존재의의를 찾고자 하는 것이다. 본 장(章)에서는 이를 위한 논의의 시발로 (i) 공동체의 개념과 유형 및 요건 등 총론적 문제를 살펴보고, (ii) 이어 공동체의 역사와 전망에 관한 사회학적 논의를 일별한 뒤, (iii) 법학의 관점에서 공동체법의 개념과 내용을 검토하고, (iv) 나아가 공동체법의 역사적 발전과정을 고찰한 뒤 (v) 마지막으로 공동체법의 미래를 전망하여 보기로 한다.

Ⅱ. 공동체에 관한 총론적 고찰

1. 공동체의 개념에 관한 논의의 전개

공동체의 경제사적인 의미에 관하여는 칼 마르크스의 이론이 일반적으로 논의되고 있다.[3] 공동체의 사회학적 의미에 관하여는 일찍이 페르디난트 퇴니스(Ferdinand Tönnies)가 게마인샤프트(Gemeinschaft)[4]를 게젤샤프트(Gesellschaft)[5]에 대비하여 사회의 범주 개념에서 사용하였다. 그는 공동체, 즉 게마인샤프트를 구성원의 의지나 선택과 무관하게 지연, 혈연, 우정 등으로 자연발생적이고 유기적인 사회 집단으로서 전통적이고 끈끈한 유대감, 이웃과 친구 사이의 개인적이고 지속적인 관계, 개인의 사회적 지위에 대한 명확한 이해 등의 특성을 가지고 있다고 보았다.[6] 이러한 구분은 맥키버(Robert Morrison MacIver) 교수로 이어져 공동체(community)란 국민 사회, 지역 및 도시와 마을과 같이 혈연·지연 등의 자연적 계기에 기초하여 성립하는 집단으로 보고 구성원의 관심에 기초하여 성립하는 이해관계적 집단인 결사체(association)와 구별하면서 사회학적 관점에서 공동체와 결사체는 복잡하게 얽혀 각각의 관심이 질적, 양적으로 증대, 이질화하면서 대립하는 것이 현대 사회의 양상이라고 보았다.[7][8]

정치학에서는 정치적 이념에 따라 공동체에 대한 이해도 달랐다. "마르크스주의자에게 '공동체'는 소외되지 않은 사회구성체, 즉 계급 대립과 그 화신으로서의 국가가 철폐된 가운데 공동체적 존재로서의 인간 본성을 자유롭게 실현하는 것을 뜻하는 반면 보수주의자의 '공동체'는 위계적으로 조직된 인간 집단으로 책임과 공통의 전통, 공통의 제도에 대한 지향으로써 통일된 것을 의미한다. 아나키즘은 개인적 자율성을 강조하는 것에서부터 상호주의, 집산주의, 아나르코 공산주의, 아나르코 생디칼리즘 등 스펙트럼이 다양하나 대체로 공동체 이념은 자유라는 일차적 가치와 결부된다."[9]

2. 공동체의 개념

가. 제 학문에 있어서 공동체의 개념

공동체(community)[10]의 사전적 의미는 "생활이나 행동 또는 목적 따위를 같이 하는 집단" 또는 "인간에게 본래 갖추어져 있는 본질 의사에 의하여 결합된 유기적 통일체로서의 사회"를 말한다. 그러나 사회학, 경제학, 역사학, 법학 등의 학문 분야에서 공동체는 다양한 함의를 가지고 사용되고 있다. 사회학자 힐러리(Hillary)는 서로 다른 94개의 공동체 정의를 도출하고 이를 재분류하여도 16개 이하로 묶을 수는 없다고 하였다.[11] 그럼에도 불구하고 공동체라는 용어는 기본적이고 응집적인 관계를 형성한 인간의 사회생활의 기초적 단체와 구성원간의 정서 나아가 적극적으로 조직의 정체성을 관념하는 개념으로 사용되고 있다.12) 아래에서는 공동체의 개념을 그 광협의 스펙트럼에 따라 살펴본다.

최협의로는 토지공유공동체, 즉 전통적인 토지의 공동소유관계를 기반으로 하는 지연적(地緣的) 결합체라고 한다.13) 경제사의 관점에서 이러한 개념의 공동체를 논한 사람은 위에서 본 마르크스이다. 협의로는 같은 지역에 거주하고 이해를 함께 하고 정치·경제·풍속 등에 있어 밀접한 관계가 있는 사람들의 모임을 의미한다고 한다. 사회학에서 막스 베버가 이러한 입장에 있다고 할 수 있다.14) 즉 공동체를 지역공동체와 동시한다.

통상적으로는 구성원들이 긴밀한 상호 작용을 하며 서로 간에 유대감을 가지고 있는 집단, 좀더 엄격하게는 "인격적인 친밀함과 상호부조를 동반하는 도덕적, 정서적 유대를 가진 전면인 관계에 의한 응집체(凝集体)"로 정의한다.15) 여기에는 혈연적 또는 지역적으로 형성된 자연적 공동체뿐 아니라 인간의 노력에 의하여 형성된 인위적 공동체도 포함된다.

광의로는 특정 주제나 목적을 가지고 그것이 소속집단에서 준거집단(準拠集団)16)으로 성장하는 집단을 말한다. 그 특정 주제나 목적에는 제한이 없어 공익적, 비영리적 주제나 목적뿐 아니라 영리적 주제나 목적도 포함하므로 공동체는 가족이나 특정 지역에 거주하는 사람들 집단뿐 아니라 역사나 이해관계를 공유하는 사람의 집단도 포함할 수 있다고 본다. 공동체를 지역공동체, 지역과 무관한 실천 공동체 및 집단성을 가지는 기타 공동체로 나누고 이를 공동체성의 특성에 따라 개인적 공동체, 정서적 공동체, 취향 공동체, 유연 집단, 선택적 공동체 등으로 나눌 수 있다는 견해17)도 이러한 범주에 넣을 수 있을 것이다.

최광의로는 공동체를 그 형태를 불문하고 이익이나 목표를 같이 하는 사람들의 결합체로 이해한다. 즉, 사회관계망을 포함하여 그 구성원이 공동의 목적을 가지고 특정 네트워크에 소속되어 활동하는 집합체를 말한다. 이 견해는 사회관계망이 공동체의 개념에 포섭되는지를 불문하고 공동체의 역할을 대신해 주고 있다고 본다.

나. 공동체의 법학적 개념

법학에서는 종래 사회학이나 경제학에서 말하는 공동체라는 개념은 없었고 인적 결합으로서 조합과 사단을 인정할 뿐이었으나 2차 대전 후 유럽국가들 간의 경제통합을 이루기 위한 지역 기구로서 1957년 로마 조약에 의해 창설된 유럽경제공동체(European Economic Community, EEC)의 성립 후[18] 국가 간의 결합체로서 공동체라는 개념이 법적으로 사용되기 시작하였다.

국내 법령상으로는 공동체를 정의한 입법은 희소하나 "어촌특화발전 지원 특별법"은 공동체라 함은 "일상생활이나 산업활동 등에서 지역사회의 구심점이 되고 대내적으로 구성원의 특정이 가능하며 대외적으로 조직적 실체가 인정되는 집단"을 말한다고 정의하였다.[19] 그러나 이는 공동체의 개념을 지나치게 협소하게 이해하고 있다는 비판을 받을 수 있다. 마을공동체 만들기 지원 등에 관한 표준 조례에 따르면 공동체란 마을이라는 지역적 한계를 두지 않고 "구성원 개인의 자유와 권리가 존중되며 상호 대등한 관계 속에서 그 단체에 관한 일을 구성원들이 결정하고 추진하는 자치적 단체"[20]라고 하고, 마을공동체 활성화 기본법안에 따르면 "일정한 경제·문화·환경 등을 공유하는 구성원들이 상호작용을 하며 자발적으로 구성한 단체"[21]라고 폭넓게 정의하고 있다.

다. 공동체 개념의 정리

공동체를 역사적인 존재로만 이해하는데 그치지 않고 현대에 있어서 공동체의 복원 내지는 재구성을 시도하는 입장에서는 혈연이나 지연이 아니더라도, 또 자연발생적인 것이 아니라 인위적으로 조직된 결사체라 하더라도 혈연공동체나 촌락공동체에서 볼 수 있는 구성원 간의 유대와 귀속감을 발견할 수 있다면 이를 공동체의 범주에 포함시킬 수 있을 것이다. 특히 근·현대의 기업을 비롯한 이익집단에서 발생한 수단적, 계산적인 인간관계를 탈피하여 과거와 같은 자연적 공동체를 현대적으로 재구성하려고 하는 입장에서는 인위적 공동체가 그 논의의 중심에 놓일 수 있다. 이러한 전제하에서 공동체주의자[22]들은 공동체를 그 구성원이 추구할 공동선과 목적을 설정하여 개인의 정체성을 형성할 가치를 공유하는 집단으로서 협력적 자치공동체라 개념지운다.[23] 이러한 관점에서는 공동체는 지역적 또는 자급자족적 공동체를 넘어 기능별 또는 분야별로 조직된 공동체를 포함한다고 한다. 이러한 논의를 바탕으로 본장에서는 공동체를 구성원 간의 유대를 강조하여 공동체를 그 발생 과정이나 목적을 불문하고 그 "구성원 간에 정서적 유대를 가지고 인격적인 교류와 상호부조를 행하고자 하는 인간의 집단"으로 이해하기로 한다.

3. 공동체의 유형

가. 공동체 유형 분류의 기준

공동체는 다양한 기준으로 이를 분류할 수 있다. 먼저 공동체는 그 구성 과정상의 차이에 따라 자연적 공동체와 인위적 공동체 및 복합적 공동체로 크게 분류할 수 있다. 추구하는 목적에 따라 공익적 공동체와 사익적 공동체로 나눌 수도 있다. 그리고 그 경제적 성격에 따라 경제적 공동체와 사회적 공동체로 나눌 수 있다.

나. 자연적 공동체

자연적 공동체라 함은 혈연공동체, 신분공동체나 지역공동체 나아가 민족공동체와 같이 자연발생적으로 생겨난 공동체를 말한다. 혈연공동체는 가족공동체, 종중, 씨족 공동체와 같이 혈연을 중심으로 형성된 공동체이다. 신분공동체는 일정한 신분을 가진 자들의 집단을 말한다. 과거 주로 천민들이 집단을 이루어 거주하면서 형성된 공동체를 그 예로 들 수 있다. 고려시대의 향, 소, 부곡에 거주하는 천민집단이 바로 그것이다. 천민인 향과 부곡민들은 농업에 종사하였고 소의 주민들은 광업과 수공업에 종사하였다고 하는데 거주 이전의 자유가 없어 어쩔 수 없이 공동체 생활을 할 수밖에 없는 상황이었다. 근세조선시대에는 백정들이 집단적으로 거주하는 백정마을을 그 예로 들 수 있다. 도축을 직업으로 삼았던 백정은 남녀 구분 없이 말 타고 활 쏘는 집단으로 백정마을은 국가의 치안이 미치지 않았던 지역으로 알려져 있다. 지역공동체는 지역을 기반으로, 지연을 중심으로 성립한 공동체로서 동계, 어촌계 등의 촌락공동체와 최근 지자체를 중심으로 만들어지고 있는 마을공동체나 도시공동제가 그 예로 될 수 있을 것이다. 과거의 집성촌은 혈연공동체와 지역공동체가 결합된 것이라 할 것이다. 국가공동체도 일정한 지역을 기반으로 한다는 점에서 지역공동체의 하나로 볼 수 있다. 세계공동체나 지구공동체도 이를 하나의 공동체로 본다면 지구라는 지역을 단위로 성립할 수 있는 공동체라 할 수 있다. 그러나 지구 전체를 포괄하는 지역은 지역으로서의 의미가 없으므로 이는 지역공동체가 아니라 사해동포주의나 지구환경의 보호 등 이념과 목적을 가진 이념적 인위적 공동체의 하나로 보아야 할 것이다.

다. 인위적 공동체

인위적 공동체에는 그 결사의 목적에 따라 종교공동체, 직업공동체, 학습공동체, 사회공동체, 취미공동체, 이익공동체 등으로 분류할 수 있다. 종교공동체는 인위적 공동체중 가장 오래된 것이고 그 결속도가 매우 강한 이념적 공동체라 할 수 있다. 직업공동체는 동종의 직업인들이 조직한 공동체로서 상호부조와 직역 수호의 목적을 가진 것이다. 중세의 길드와 같은 상인공동체, 수공업자공동체와 근대적인 전문직 공동체(professional community)가 그것이다. 전문직공동체로는 대한변호사협회와 같은 변호사단체, 대한의사협회와 같은 의료인단체를 예로 들 수 있다.

교육공동체(education community) 내지 학습공동체(learning community)는 일정 수준 또는 분야의 학습을 공동으로 하는 결사체로서 학교, 학당, 학회 등이 그 예이다.24) 학습공동체는 교사(校舍), 학습자료, 교수요원의 양성과 유지 등 상당한 비용을 지속적으로 지출하여야 하므로 그 재정적 기초를 그 성립의 요건으로 한다는 점에서 특징을 발견할 수 있다. 따라서 학교공동체는 법률적으로는 사단의 형태보다는 재단의 형태를 띠게 된다. 학교공동체는 공교육시스템과 협력 또는 길항관계를 가진다는 점에서도 다른 인위적 공동체와 다른 특색을 발견할 수 있다. 근세조선시대의 서원이 향교 등 공교육시스템과 사이에 빚은 갈등이 그 예이다. 학문적 결사공동체로 과학아카데미, 공학한림원과 같은 과학공동체나 법학원과 같은 법학공동체 등도 학문연구를 목적으로 하는 점에 특징이 있으나 일종의 학습공동체로 분류할 수 있다. 그러나 오늘날 학교공동체는 위기를 맞고 있다. 사회전반적인 개인주의화 경향, 학부모의 학교공동체에 대한 과다한 개입, 교사들의 사명감 부족, 정부의 교육관치의 강화 등의 이유로 학교공동체는 공동체성의 쇠퇴와 함께 학교내에서 발생하는 갈등을 스스로 해결할 능력을 상실해가고 있다.25)

그 외 사회공동체(social community)는 일정한 사회적 목적을 위하여 설립된 결사체이다. 자선이나 사회봉사 등 특정한 목적을 달성하기 위하여 재정적 지원이나 인적 지원 기타 정서적 지원을 행한다. 또한 취미공동체(hobby community)는 일정한 취미를 공동으로 향유하는 공동체로서 문학, 음악, 미술 등 예술이나 스포츠 등 인간의 다양한 취미와 기호를 충족시킬 목적으로 형성된 결사체이다. 그리고 경제적 공동체 내지 이익공동체(interest community)는 일정한 분야의 경제적 이해관계를 기초

로 결성된 공동체로서 대표적인 것이 과거 서구 중세의 독립적인 자급자족적 경제
공동체였던 장원과 오늘날의 기업공동체이다. 기업을 공동체의 하나로 볼 것인가에
관하여는 뒤에서 살펴본다.

라. 복합적 공동체

복합적 공동체란 자연적 공동체와 인위적 공동체의 요소를 함께 가지고 있는
공동체를 말한다. 예컨대 동창회는 동일학교의 졸업생이라는 학연을 기초로 하여
학습공동체의 연장에서 형성된 공동체로서 가입탈퇴가 자유롭지 않다는 점에서 복
합적 공동체의 성격을 가진다. 도시공동체는 일정 지역을 전제로 하나 그 지역 내에
서 특정 목적을 달성하기 위하여 인위적으로 결성된다는 점에서 복합적 공동체의
성격을 가진다.

4. 자본주의의 발전과 공동체의 변화

가. 공동체 붕괴론과 공동체 부활론

공동체의 운명에 관하여는 종래 사회학계에서 공동체붕괴론과 공동체부활론이
대립하였다. 퇴니스는 게마인샤프트는 구시대적인 것으로 시대가 발전하면서 게젤
샤프트로 변하는 것이 흐름이라고 믿었으며[26] 마가렛 스테이시(Margaret Stacey)는 사
회학적 연구의 의미에 의문을 표하면서 공동체는 붕괴되었고 신화에 불과하다고 말
한 바 있다.[27] 잔존하는 공동체들은 구성원 간의 소속감과 연대가 사라짐에 따라
위기를 맞고 있으며 반대로 '부족공동체'가 증가한다거나 환경 위기 속에 지구공동
체에 대한 관심이 증가하는 등의 변형적 공동체가 등장하고 있다고 한다. 이와 같이
공동체소멸론은 자립적인 개인의 힘이 강화됨에 따라 공동체는 점진적으로 소멸해
갈 것이라거나 한걸음 나아가 적극적으로 개인 중심의 사회를 건설하기 위하여 전
통적인 낡은 공동체를 해체하여야 한다고 한다.[28]

반면 공동체부활론 내지 재건론은 공동체가 해체되는 것이 아니라 이를 현대
적으로 재구축하고 있다는 견해이다. 이 견해는 21세기적 공동체의 가능성을 모색
하고 그 과제를 탐색하여야 한다고 하며 건전한 개인성을 육성하면서도 인간들을

10

의미있게 연결시키는 공동체의 건설이 현대적 과제라고 한다.[29] 공동체 재건론의 이론적 기초는 과거 토지공동체의 모순과 대립, 즉 토지는 공유하되 생산용구나 동산은 사유로 한다는 모순이나 공동체 중 집단과 개인의 대립이라는 이른바 공동체에 고유한 이원성에서 공동체가 구성원끼리의 합의에 기초하여 공평, 평등 등의 원칙에서 파생하는 규범을 설정하는 메커니즘을 발견할 수 있다는 것이다. 오늘날 공동체는 내적 외적 환경의 변화 중에 구성원 중의 계층의 분화와 다양화가 진전되어 공동체에 대한 원심력이 높아졌으나, 기존의 공동체나 새로이 부상하는 공동체의 구성원 간 합의에 기초한 공동체의 정체성을 새로이 정립하고 변화하는 사회 환경에 맞게 공동체의 결합과 활동 메커니즘을 구축할 수 있음을 강조한다.[30]

나. 자본주의의 진화에 따른 공동체적 대응

역사적으로 공동체는 자본주의에 선행하는 시대 때부터 개인인 구성원들을 효과적으로 조직화하고 통제하였다. 예컨대 게르만적 촌락공동체에서는 "봉쇄성"과 "평등성"의 이념 하에 공동체가 유지되었으며 이는 중세 봉건제하에서 그 구성원인 농노를 지배하는 장원(Manor)체제로 연결되었다. 자본주의 사회에 진입하자 사회의 불평등한 구조로 인하여 계급이 분열되었고 공동체가 해체되어 갔고 개인은 해방되어 자유를 획득한 것처럼 보였으나 자본주의 생산체제에서 인간의 노동은 상품화되고 분리된 인간들은 소외되어 인간성 자체를 상실할 위기에 처하게 되었다. 이에 인간들은 오히려 과거 공동체가 농민이나 도시 장인이라는 개인들의 생활을 안정시켰던 점을 상기하게 되어 개인들이 연대하는 공동체를 부활시켜 생활 개선과 인간성 회복을 기도하는 공동체 사상이 새롭게 등장하였다.

이러한 공동체 사상은 자본주의의 전개에 따라 다른 양상을 보여 시기적으로 자본주의를 자유방임적 자본주의, 복지국가 자본주의, 신자유주의적 자본주의로 구분한다면 각각에 대한 대안으로 공동체가 등장하였다고 한다.[31] 이 주장에 따르면 노동자에 대한 착취와 빈곤을 초래한 19세기 자유방임적 자본주의에 대하여는 유토피아적 사회주의 공동체가 주창되었고 1980년대에 촉발된 자유주의적 복지국가를 비판하는 공동체주의[32]는 자아 구성적 공동체를 주창하였으며, 무한경쟁과 불평등을 강요하는 21세기 신자유주의[33]에 대항하여 협력과 공유의 자치공동체를 지향하는 탈주(Exodus)운동[34]의 공동체가 등장하였다고 한다.[35] 그러나 이러한 새로운 공동체들은 전통적인 공동체였던 혈연공동체나 지연공동체 또는 종교공동체에는 전혀 미치지 못하는 미약한 공동체를 시현하였을 뿐이다.

다. 공동체 쇠퇴 현상과 그 원인

역사적으로 중요한 역할을 하였던 각종 공동체가 18세기 산업혁명 이래 쇠퇴하여 온 사실은 부정할 수 없다. 우선 혈연공동체와 지연공동체의 쇠퇴이다. 이는 농업사회가 산업사회로 변화함에 따라 필연적으로 일어났다. 다음으로는 종교공동체의 쇠퇴이다. 카톨릭교회는 막강한 종교적 권위를 가지고 신앙적 측면은 물론 세속적 측면에서도 교인을 구속, 통제하였던 교회가 종교개혁으로 그 힘을 잃기 시작하였고 과학적 지식의 전파와 함께 세속적 영향력을 상실하였다. 우리나라의 종중이나 서원을 중심으로 하는 유교공동체 역시 유교의 쇠퇴와 함께 쇠락의 길을 걸었다. 18세기 이래 앞서본 바와 같은 공동체 사상의 재등장에도 불구하고 공동체의 사회적 영향력은 회복되지 않고 있다.

공동체의 쇠퇴 나아가 공동체 붕괴란 공동체의 구성원들이 공동체의 과제를 공동으로 자발적으로 해결해 가는 능력이 약화되어 공동체가 해체되어 가는 현상이라 할 수 있다.[36] 공동체의 쇠퇴의 원인으로는 개인주의와 자유주의의 득세, 물질우선주의의 팽배, 사회의 권위체계의 다원화 및 국가 권력의 강화를 들 수 있다. 18세기 이래 집단에 앞서 개인을 중시하는 개인주의가 심화되었고 사회구조적으로는 산업화, 도시화, 세계화 및 정보화의 사회변동 속에서 사회의 권위체계가 다원화되어 종래 공동체를 지배하던 전통적 규범의 사회적 권위와 역할이 현저하게 저하되었으며 복지국가를 지향하는 20세기 후반에 이르러서는 국가권력이 더욱 강화되어 국가가 사회의 거의 모든 문제에 개입하여 이를 해결하게 되었으므로 공동체의 존재의의는 더욱 감소하였다. 존재하는 공동체 내에 있어서도 구성원의 이질성, 그로 인한 동질감과 자발적 참여의식의 부재, 공동체 집행기관의 비민주적 집행, 구성원간 이익 갈등 조정 시스템의 비효율성 등의 조직상의 문제와 공동체에 대한 국가기관의 지나친 간섭도 그 원인이 되고 있다.

라. 21세기에 맞는 공동체의 모색

공동체 사상은 이를 대별한다면 사회체제와 관련하여 자본주의를 체제적으로 비판하면서 그를 대신하는 공동체를 건설하고자 하는 입장과 자본주의 체제를 용인하면서 이를 개선·보완하는 목적의 공동체를 만들어 보고자 하는 두 가지 입장이 있다.37) 즉 공동체 운동을 인간과 자연 간의 호혜성을 통하여 그 대립과 파괴를 극복하고 인간 간에는 우애와 협동으로 그들간의 경쟁과 분열을 극복하여 자본주의를 넘어 새로운 질서를 창조하려는 운동으로 보는 입장38)이 있고, 공동체 내부의 구성원 간의 관계에 주목하여 일반적인 공동체는 대체로 공동의 지역성, 공동의 생물학적 유대, 공동의 문화적 유대 의식을 그 내용으로 하는바 대안 공동체는 자본주의적 교류 관계를 벗어나 가치의 상호 호혜적인 교류를 통하여 독립적이고 분권적인 정치적 자치 질서를 지향하며 사회 전체의 불평등과 위계적 관계에 대항하는 소규모 자치공동체 형성이 공동체 운동의 핵심이라고 보는 입장도 있다.39) 그러나 오늘날 현실성이 있는 논의는 자본주의를 배척하는 것이 아니라 자본주의하에서 형성할 수 있는 공동체라고 할 것이다. 여기에는 현대사회에 공동체가 가능한가의 문제와 공동체가 바람직한가의 두 가지 담론이 포함되어 있으며40) 관점을 달리하여 근현대 사회로 접어들면서 공동체 지속 여부, 즉, 기존 공동체가 사라졌는지 아니면 아직도 유지되고 있는지의 문제로도 치환해 볼 수 있다.41)

공동체를 복원 또는 재구축함에 있어 그 사상적 배경으로는 뒤르켐(David-Émile Durkheim)의 공동체 개념을 참고로 할 수 있다.42) 뒤르켐은 퇴니에스와 달리 과거의 연대는 기계적이며 근대 사회야말로 유기적 연대를 이룰 수 있다고 하면서 전통 사회에서는 개인과 집단의 자율성 없이 집합적 규범과 사회의 가치를 기계적으로 반복하였으나 근대의 유기적 연대는 상호의존성과 도덕적 개인주의에 기초하여 가능하다고 하였다. 즉 근대 사회는 분업과 분화로 인하여 기능적 상호의존성이 증가하였고 도덕적 개인주의는 높아진 개인주의적 감수성을 기반으로 규율의 정신, 사회 집단에 대한 결속과 의지의 자율성을 교육함으로써 달성할 수 있다고 하였다.43) 이와 같은 대안 공동체가 결성, 운영될 수 있다 하더라도 남는 문제들이 없는 것은 아니다. 공동체내 소집단 또는 공동체간의 불평등 문제나 공동체간의 역할 분담이나 공동체간의 기능분화 문제도 논의할 필요가 있다. 코로나-19와 같은 감염병에 대처하기 위한 공동체의 역할과 그러한 질병으로 인한 공동체의 변화 문제 역시 검토를 요한다.

5. 공동체의 요건

가. 개설

공동체의 핵심 요소로 힐러리는 지리적 영역을 기반으로 하여 사람들 사이의 사회적 상호작용, 하나 이상의 공통된 끈(tie)을 들었다.[44] 이러한 개념 요소에서 지역적 기반을 소거하고 좀 더 그 범위를 좁힌 견해로는 공동체주의자 에치오니(Amitai Etzioni)가 주장한 공동체의 두 가지 특징을 언급할 수 있다. 첫째 개인과 개인 간에 연결된 관계가 아니라 서로 간에 교차하고 보강하는 정서가 실린 관계의 그물망이어야 하고, 둘째 특정의 문화 즉 공유 가치, 규범, 의미 그리고 공유하는 역사와 동질성에의 참여 약속의 강제수단이 있어야 한다고 보았다.[45] 앞서본 공동체의 정의를 전제로 공동체가 성립하기 위한 요건을 살펴보면 (i) 구성원들 간에 특정 가치를 공유하는 유대감 내지 공동의 소속감[46]을 가지는 집단일 것과 (ii) 구성원들 간에 긴밀한 상호 관계를 형성할 것을 들 수 있을 것이다. 이를 분설하여 보면 아래와 같다.

나. 공동체의 요건에 관한 개별적 검토

(1) 집단일 것

몇 명 정도의 구성원이 있어야 공동체라고 부를 수 있는가 하는 문제이다. 사회적 법적으로 의미를 가지는 공동체라면 그 공동체가 어느 정도의 사회적 영향력을 가지고 하나의 사회적 존재로서 인정받을 수 있어야 할 것이다. 따라서 적어도 수십명 이상의 구성원이 있어야 비로소 공동체라고 부를 수 있을 것이다. 그러나 그 절대적, 양적 기준은 있을 수 없으며 그 조직체의 실체를 보아 공동체로서의 요건을 갖추고 있는지 여부를 가지고 판단하여야 할 것이다.

(2) 구성원 간에 정신적 유대를 가질 것

구성원들 간에 특정 가치를 공유하는 유대감과 공동의 소속감을 가져야 할 것이다. 이를 공동체의식이라 부를 수 있다. 혈연공동체나 지역공동체에 있어서는 그 역사적 성격으로 인하여 반드시 가치를 공유하지 않더라도 긴밀한 유대감과 소속감을 가질 수 있다. 결사체에 있어서는 가치의 공유가 그 유대감과 소속감을 가지게 하는 중요한 요소가 될 것이다.

(3) 구성원 간에 긴밀한 관계를 형성할 것

공동체의 구성원들이 상호작용을 할 수 있는 체제를 갖추어야 한다. 즉, 공동체의 의사를 결정하고 이를 집행할 기구를 설치하여야 한다. 예컨대, 구성원총회, 대표자, 이사회와 같은 공동체의 기관을 두어 공동체가 하나의 사회단위로서 작동할 수 있어야 한다. 이러한 구성원 간의 기본적 권리의무와 의사결정 및 집행에 관한 사항을 정하는 것이 공동체의 규약이나 정관이다. 규약이나 정관이라 함은 공동체의 구성원이 공동체의 조직과 운영에 관하여 정한 규칙을 말하며 공동체의 구성원들이 조직의 설립·구성·운영에 관한 규칙을 자율적으로 정할 수 있다는 공동체 자치의 원칙이 지배하고 있다.[47]

(4) 공동체의 지속성이 있을 것

단기간 존속하다가 사라지는 것은 공동체라고 할 수 없다. 공동체가 사회적 존재인 한 사회적으로 존재의의를 가질만한 기간 동안 존재하여야 할 것이다. 그 존속기간은 일률적으로 규정할 수는 없고 그 존재 목적, 구성원, 활동 내용 등을 종합적으로 판단하여 지속성 유무를 결정하여야 할 것이다. 예컨대 도시 및 주거환경정비법에 따라 설립되는 정비사업조합[48]은 재개발사업이나 재건축사업이 종료하면 소멸하는 것이므로 한시적인 단체라 할지라도 그 구성원들이 도시정비사업이라는 공동의 목적을 가지고 긴밀하게 협력한다는 점과 재개발이나 재건축 후에도 동일 단지의 주민으로서 공동생활을 할 개연성이 있다는 점에서 그 공동체성을 인정할 수 있을 것이다.

(5) 공동체를 위한 공동재산이 존재할 것

공동재산의 존재가 공동체의 성립이나 존속의 요건인지 여부에 관하여는 이론이 있을 수 있다. 그러나 공동체로서 활동하고 존속하기 위하여 재정적 기초가 있어야 할 것이며 따라서 공동체에 귀속하는 재산의 존재는 법적 요건이 아니라 하더라도 공동체를 위한 사실적 요건이 됨에는 부족함이 없을 것이다. 공동체의 물적 요소는 부동산과 같은 유형적 재산에 한하지 않고 무형재산 또는 공동체 자체 또는 그 구성원이 제공하는 데이터도 물적 기초가 됨에 손색이 없다 할 것이다.

(6) 구성원의 동질성이 요건인지 여부

공동체의 요소로서 구성원 사이의 평등성 내지 동질성을 요구하는 견해가 있다.[49] 공동체의 구성원 간에 평등성이 보장되고 동질성을 가지고 있다면 공동체의 유지, 존속, 발전에 도움이 되는 것은 부정할 수 없다. 그러나 그러한 평등성과 동질성을 가져야만 공동체가 될 수 있는지 여부에 관하여는 의문이 있다. 신분을 달리하는 구성원이 있다고 하여 공동체성을 부인할 것인가. 예컨대 영주, 기사 및 농노 계급으로 이루어졌던 중세 봉건 사회, 카스트 제도를 가진 인도 사회나 양반과 평민으로 나뉘어 졌던 조선 사회, 주주의 권리를 달리하는 주식을 가진 주주들로 구성되는 종류주주총회가 있는 주식회사 등에 있어 그 구성원의 평등성과 동질성이 보장되지 않음에도 우리는 그 조직의 공동체성을 인정할 수 있기 때문이다. 다만 이질성을 가진 평등하지 않은 구성원을 가진 공동체가 공동체로서의 구성원간의 아이덴티티를 어떻게 가질 수 있는가 하는 점은 세심한 배려가 필요한 부분임은 부인할 수 없다. 구성원이 이질적임에도 평등성이 보장되는 경우 어떤 측면에서는 불리한 대우를 받지만 다른 측면에서는 유리한 대우를 받아 전체적으로는 평등성이 인정되는 등 구성원 간에 유대가 있는 경우에는 공동체의 구성원이 됨에 큰 문제는 없을 것이다. 이질성을 이유로 불평등한 대우를 받는다거나 구성원의 일부가 모든 면에서 불평등한 대우를 받는 경우[50]에는 그 공동체는 지속성을 가질 수 없을 뿐 아니라 공동체로서 성립하기 어려울 것이다.

III. 공동체법의 개념과 내용

1. 공동체법의 개념과 기본 이념

가. 공동체법의 개념

이상과 같은 공동체에 대한 이해를 전제로 공동체법의 개념을 살펴본다면 공동체법이라 함은 이 사회에 존재하는 다양한 공동체의 법주체성을 인정하고 그 법적 실체를 규명하여 그 공동체의 권리의무를 획정하고 그 구성원 상호간의 관계, 그 구성원과 공동체간의 관계, 공동체와 타 공동체 나아가 공동체와 국가와의 관계에 관한 법의 총체라고 할 수 있을 것이다.

나. 공동체법의 기본 이념

공동체법의 기본 원칙으로는 공동체 존속의 원칙, 공동체 자치의 원칙, 공동체 공공성의 원칙, 구성원 상부상조의 원칙, 공동체 지원의 원칙을 들 수 있다.

(1) 공동체 존속의 원칙

공동체의 존속여부는 그 구성원의 의사에 따라야 할 것이나 국가법이 국가의 존속을 전제로 또 그 존속을 위하여 존재하는 것처럼 공동체법은 가급적 공동체가 존속할 수 있도록 하여야 한다는 것이다, 공동체 존속의 원칙의 내용으로는 공동체 자립성의 원칙, 구성원 간에 유대감과 연대를 형성해야 한다는 공동체 통합성의 원칙, 변화에 적응할 수 있어야 한다는 공동체 적응성의 원칙 및 공동체 지속가능성의 원칙이 있다. 따라서 공동체의 분열이나 해산을 가급적 억제하고 공동체가 위기에 처하더라도 공동체의 존속과 공동체에의 잔류를 원하는 구성원의 의사가 존중되어야 하며 미래 세대를 위해 공동체의 자원을 보존하여야 할 것이다.

(2) 공동체 자치의 원칙

공동체는 그 고유한 존립 기반과 목적을 가지고 존재하는 것이므로 공동체의 조직이나 운영은 그 자치에 맡겨져야 한다는 것이다.[51] 공동체의 기본적 원리로서 국민 개개인이 다른 사람과 더불어 단체를 조직하고 공동의 목적을 위하여 단체의 사를 형성하고 그 조직의 구성원으로서 단체의사에 복종할 수 있는 자유가 있다. 일본에서는 공동체자치의 원칙의 논거로 이른바 '부분사회론'이 주장되고 있다. 종교단체, 정당, 지방의회, 학교, 노동조합 및 변호사회와 같은 단체는 다른 단체와는 달리 각기 고유한 부분사회를 형성하고 있어서 그들 사회의 조직이나 운영에 대해서는 고유한 자치권 내지 자율권이 인정되어야 한다고 본다.[52]

공동체 자치의 원칙은 공동체가 국가 등의 외부의 영향으로부터 독립되어 있고, 자신을 규율하는 구속적인 법 규칙을 자율적으로 정할 수 있으며 공동체의 의사가 구성원 총회에서 최종적으로 결정된다는 원칙이다.[53] 그 구체적 내용은 공동체 결성의 자유, 규범정립에 있어서의 자치, 공동체 조직의 구성에 있어서의 자치, 재정 관리를 포함한 공동체 운영에 있어서의 자치, 그리고 책벌권 행사를 포함한 공동체내 분쟁해결에 있어서의 자치로 나누어 볼 수 있다. 공동체 결성의 자유는 원칙적으로 헌법이 보장하는 결사의 자유의 한 내포를 이루는 것으로[54] 공동체 스스로 규약 등을 통하여 자신의 목적, 활동 범위 및 구성원의 자격 기준을 결정할 수 있다. 그러나 자연적 공동체의 형성은 헌법 이전의 문제로서 그 성격상 구성원의 가입·탈퇴의 자유가 원칙적으로는 인정되지 않는다.[55] 인위적 공동체의 결성에 관하여는 결사의 자유는 공동체질서를 구성하는 근거규범으로 공동체의 결사를 자유롭게 할 수 있는 적극적 자유[56]와 반대로 공동체 탈퇴와 공동체에 가입하지 아니할 소극적 자유가 포함된다.[57] 그러나 인위적 공동체 중에도 가입 탈퇴의 자유가 제한되는 경우가 있다. 예컨대 공법상의 공동체는 그 결성의 자유가 제한되고[58] 변호사나 의사는 변호사단체나 의사단체에의 가입이 강제되며 공동체의 목적 달성을 위하여 그 전문직에 종사하는 한 탈퇴는 허용되지 않는다.[59] 공동체 구성원을 공동체에서 제명, 축출할 수 있는지도 문제된다. 규약에 그에 관한 근거가 있는 경우 원칙적으로 인정될 수 있다. 그런데 규약에 근거는 없으나 구성원의 자격을 유지시킬 수 없는 중대한 사유가 있는 경우 축출권이 인정되는지 여부는 논란의 여지가 있다. 이점에 관하여는 뒤에서 재론한다.

그 외 공동체 조직의 구성과 규범정립에 있어서의 자치가 보장되어야 한다. 공동체의 조직에 관하여도 구성원과 공동체의 자발적 동의에 기초하여 이루어져야 한다. 공동체 운영에 있어서의 자치는 공동체에 적합한 활동의 자유로서 결사의 자유의 한 형태로 보호된다. 공동체내 분쟁해결에 있어서의 자치도 보장되어야 한다. 공동체 자치와 관련하여 자주 문제되는 것이 공동체 내부 행위에 대한 사법심사의 한계이다.[60] 가족공동체나 종교공동체에 법이 간섭하지 않는 것은 로마법이래의 전통이다.[61] 공동체의 자기결정권을 포함하는 자치를 인정한다면 공동체의 자기결정에 대한 사법심사가 원칙적으로 배제되어야 할 것이나 예외적으로 구성원의 헌법싱의 기본권이 침해되는 경우에는 사법심사가 허용될 수 있다.

(3) 공동체 공공성의 원칙

공동체는 공공의 이익에 봉사하여야 한다는 것이다. 공동체 중에는 전적으로 공익을 위하여 존재하여야 하는 것도 있고 사익을 주로 하더라도 공익에 봉사할 수 있어야 할 것이다. 왜냐하면 공동체는 사회적으로 유익하여야 그 존재의의를 인정할 수 있기 때문이다. 공동체와 공공성과의 관계에 관하여는 후술한다.

(4) 구성원 상부상조의 원칙

공동체 구성원의 상부상조는 공동체의 기본적 구성요소의 하나이다. 공동체를 구성하는 인간의 상호 협력은 원시시대부터 시작되었다. 협동과 공유 및 상호부조를 통하여 공동체의 구성원이 받는 향익의 절대치가 늘어날 뿐 아니라 공동체 공제회 등을 통하여 구성원으로서의 권익을 시차를 두고 돌려받을 수 있게 한다. 또한 구성원 간의 상조는 구성원의 공동체의식을 고양하여 공동체의 발전과 존속에 기여하는 한 요소가 된다.

(5) 공동체 지원의 원칙

국가와 공동체는 때로는 길항관계에 있으나 기본적으로 공동체 중에는 국가 이전부터 존재하여 온 것이 있고 국가의 기능을 보완하는 역할을 하기도 하므로 국가는 공동체의 자유를 보장함을 넘어 공동체의 활동을 지원할 의무를 진다고 할 것이다. 국가는 공동체를 보호, 육성함으로써 국가의 부담을 덜고 국가의 본연의 의무인 치안, 국방, 외교 등에 전념할 수 있게 될 것이다. 이러한 관점에서 공동체법은 단순히 공동체의 법적 성격과 그 권리의무를 다루는 것을 넘어 개인과 국가 그리고 법인 외에 이 사회에 존재하는 공동체의 법적 실체를 인정하고 이 공동체가 존립, 발전할 수 있도록 지원하려는 목적성을 가지고 있다고 할 수 있다.

2. 공동체법[62]의 유형

가. 제정 주체에 따른 공동체 규범의 유형

공동체에 적용되는 규범에는 (i) 국가가 공동체를 지원 또는 규율하기 위하여 제정한 규범,[63] (ii) 공동체내 규범, 즉 공동체가 자신의 활동과 조직의 유지를 위하여 형성한 공동체 내의 행위준칙과 이를 집행하기 위한 규범, (iii) 그리고 공동체들의 합의로 공동체와 공동체 간의 관계에 적용되는 규범[64]이 있다. 국가규범은 국가뿐 아니라 지방자치단체가 제정한 공동체에 관한 조례나 규칙도 포함된다.[65] 국가규범은 공동체에 대한 지원과 규제 그리고 공동체 관련 분쟁에 적용되는 것으로 여느 법규범과 다를 바 없으나 다만 그 적용대상이 공동체라는 점에서 공동체의 자율성을 존중할 필요성이 지적된다. 둘째의 공동체 자치 규범은 국가 법규범과는 구별되는 일종의 사회규범이라 할 수 있다. 공동체 자치규범은 자연적 공동체의 경우에는 관습 내지 관습법의 형태를 띠고 인위적 공동체의 경우에는 규약, 정관, 집행 규정, 징계규정, 분쟁해결규정 등과 같이 강제 규범의 성질을 가진 것도 있고 윤리강령, 윤리헌장, 실천 강령 등과 같이 연성규범(soft law)의 성질을 가진 것도 있다. 셋째의 공동체 간 규범은 대체로 자치규범의 형태나 국제적 연대를 위하여 국가 간의 조약으로 규범을 정립하거나 국제적 공동체를 지원하는 규범도 있을 수 있다.

나. 공동체법의 내용에 따른 유형

공동체법의 적용영역에 따라 공동체 대내규범과 공동체 대외규범으로 나눌 수 있다. 공동체 대내규범은 공동체의 대내관계, 즉 공동체의 의사결정 규범, 공동체의 업무집행 규범, 공동체 구성원 상호 간의 관계, 구성원과 공동체간의 관계 등 공동체 거버넌스와 민주적 통제를 위한 규범을 말한다. 공동체 대외규범은 공동체와 공동체 외부에 있는 국가, 지방자치단체 기타 공동체와의 관계에 적용되는 규범이다. 이하에서는 공동체 대내규범 특히 공동체의 조직 규범을 살펴보고 공동체의 법적 성격에 따른 공동체법의 내용을 고찰하기로 한다.

3. 공동체의 조직에 관한 규범

가. 공동체 조직규범 개관

공동체가 성립하기 위하여 그 조직규범을 갖추어야 한다. 후술하는 바와 같이 대부분의 공동체는 권리능력 없는 사단[66]의 형태를 취하고 있으므로 권리능력 없는 사단의 성립요건에 관한 판례가 공동체의 조직규범의 최소한을 정의하는데 침고가 된다. 즉 이점에 관하여 판례는 "(i) 어떤 단체가 고유의 목적을 가지고 사단적 성격을 가지는 규약을 만들어 이에 근거하여 의사결정기관 및 집행기관인 대표자를 두는 등의 조직을 갖추고 있고, (ii) 기관의 의결이나 업무집행방법이 다수결의 원칙에 의하여 행하여지며, (iii) 구성원의 가입, 탈퇴 등으로 인한 변경에 관계없이 단체 그 자체가 존속되고, (iv) 그 조직에 의하여 대표의 방법, 총회나 이사회 등의 운영, 자본의 구성, 재산의 관리 기타 단체로서의 주요사항이 확정되어 있는 경우에는 비법인사단으로서의 실체를 가진다"고 한다.67) 공동체의 조직에 관한 일차적 규범은 공동체 자치규범으로 예컨대 공동체 규약이나 정관(이하 "규약등"이라 한다)과 그 하위 규칙을 들 수 있다. 규약 등을 통하여 공동체는 자신의 조직에 대한 독자적이고 자 발적인 규율을 할 수 있는 권한을 규범적으로 보장받게 된다.68) 판례도 사단법인의 정관의 법적 성질을 자치규범으로 보고 있으므로69) 규약등의 법적 성질도 기본적 으로 규범이라고 이해할 것이다.70) 규약등에는 구성원의 자격, 구성원 회의, 구성원 의 대표, 공동체의 업무집행방법, 공동체 재산의 관리, 공동체의 존속기간 및 해산 등에 관한 규정을 두는 것이 보통이다. 공동체의 조직과 책임에 관한 국가 규범으로 는 사단에 관한 민법 규정, 즉 사단법인과 조합에 관한 규정, 상법상 회사에 관한 규정, 공익법인법, 각종 협동조합에 관한 법령을 들 수 있다.

나. 공동체의 결성에 관한 규범

공동체의 결성 및 구성원의 자격과 가입·탈퇴 및 구성원의 권리의무에 관한 법제이다. 여기에서는 공동체 결성행위의 법적 성격을 살펴본다. 인위적 공동체를 결성하는 행위는 법률상 계약이라는 견해도 있으나71) 합동행위(合同行爲)로 보아야 할 것이다. 합동행위라 함은 방향을 같이 하는 2개 이상의 의사표시의 합치에 의하 여 성립하는 법률행위를 말한다.72) 자연적 공동체는 법률행위로 성립하는 것이 아 니고 자연적으로 형성된 것으로 하나의 사실상태라고 할 수 있다. 일단 성립한 공동 체에 가입 또는 탈퇴하는 행위는 단독행위, 그중에서도 공동체의 수령 내지 수락을 요하는 상대방 있는 단독행위라 할 것이다. 공동체의 규약이나 정관에는 구성원의 가입 또는 탈퇴 절차에 관하여 특별한 규정을 두는 경우가 많으므로 그에 따라야 가입 탈퇴의 효력이 발생하며 가입, 탈퇴의 의사표시가 공동체 대표자에게 도달한 것만으로는 효력이 발생하지 않는다.73)

다. 공동체의 기관에 관한 법

공동체의 기관으로는 구성원총회, 집행위원회, 집행위원, 대표자 및 감독기관 이 있다. 구성원총회는 공동체의 모든 구성원으로 구성되는 최고 의사결정기관이 다. 종중총회, 주민총회 등을 그 예로 들 수 있다. 정관이나 규약으로 집행기관에게 위임한 사항을 제외 모든 사무에 대하여 의결할 권한을 가지며,74) 특히 규약이나 정관의 변경이나 공동체의 해산은 구성원 총회의 전속적 권한에 속한다.[75] 집행위원과 집행위원회는 공동체의 업무집행기관으로 통상 이사, 이사회라 불린다.[76] 집행기관의 대표로서 공동체를 대표하는 자로 도유사, 이사장, 대표이사 등이 있다.[77] 감독기관은 구성원총회를 대신하여 집행기관의 업무집행을 감독하는 기관으로 통상 감사라 불린다.[78]

라. 공동체의 재산에 관한 법

공동체의 재산 관리도 중요한 법적 영역이다. 과거 농촌공동체에는 동답(洞畓)을 비롯한 마을 공유재산이 있어 마을공동체의 경제적인 기반이 되었던바 공동체가 보유하는 재산의 유지, 보존, 증식과 활용에 관한 법제를 정비할 필요가 있다. 공동체 재산에 기초한 공동체 건설에 관한 외국법제의 예로 영국의 공동체 자산 가치법(The Assets of Community Value (England) Regulations 2012)을 들 수 있다. 동법은 지방공회(local councils) 등 지역공동체가 보유하는 토지 등에 착안하여 자산기반의 지역공동체 발전전략(Aset－Based Community Development)을 세우고 지역자산 발굴 및 활용을 위한 3단계 즉 공동체 형성의 촉진, 공동체 환경의 분석, 발전계획의 마련 및 추진을 제안하고 실천할 수 있도록 하는 법제이다.[79]

4. 공동체의 법적 형태

가. 개설

강학상 인적 결합의 형태는 (i) 사단법인, (ii) 권리능력없는 사단,[80] (iii) 합수적 조합,[81] (iv) 조합의 4유형으로 나눌 수 있는바[82] 공동체는 대체로 권리능력 없는 사단의 형태를 띠나 권리능력 없는 사단이 법인격을 취득하면 법인이 되며 공동체 중에는 재단이나 조합의 형태를 취한 것도 있다. 일정한 권리능력 없는 사단 또는 심지어는 조합을 "법인으로 보는 단체"로 규정하기도 하는바[83] 이를 준법인이라 부를 수 있을 것이다. 그러나 공동체, 특히 자연적 공동체에 관한 구체적인 입법이 없어 공동체내 분쟁해결과정에서 그 법적 성격이 왜곡되는 일이 적지 않았다.[84]

나. 권리능력 없는 사단인 공동체

대부분의 공동체는 권리능력 없는 사단의 형태를 취한다. 따라서 주무관청의 허가 및 설립등기 등 형식적 요건이 필요하지 않다. 공동체의 내부관계는 주로 조직과 활동에 관한 사항으로서 정관 등 공동체의 자치규범에 따른다. 정관에 규정이 없는 경우 민법상 조합에 관한 규정이 적용되는 것이 아니라 사단법인에 관한 규정 중 법인격을 전제로 하는 것을 제외하고 유추적용된다.[85] 공동체는 대표자 등 업무 집행기관을 통해서 행위를 하며 민법상 이사에 관한 규정과 주의의무 규정[86] 등이 유추적용된다. 법인격 없는 공동체라도 대표자 또는 관리인이 있는 경우에는 민사소송에 있어서 당사자능력이 있고,[87] 공동체의 부동산을 자신의 명의로 공시할 수 있는 등기능력이 있다.[88] 공동체에 대한 입법론적 규율 방안으로는 공동체 등 권리능력 없는 사단이 법인격을 취득하도록 규율하여야 한다는 견해도 있으나[89][90] 가능한 한 공동체의 자치단체적 성격을 존중하여 법인격을 가지는 것과 같은 법적 효과를 보장해 주는 준법인 제도를 도입하는 것이 타당할 것이다. 따라서 공동체는 규약등으로 정한 목적의 범위 내에서 법인에 준하여 권리와 의무의 주체가 될 수 있도록 입법하는 것이 바람직할 것이다.[91]

공동체는 원칙적으로 구성원의 결의로 해산할 수 있다. 그러나 자연적 공동체의 경우에는 해산의 자유가 제한될 수 있다. 해산결의가 있으면 공동체의 본래의 활동을 정지하고 공동체의 보유 재산을 정리하는 '청산'의 단계로 들어간다. 해산한 공동체는 청산의 목적범위 내에서만 존속한다.[92] 청산절차에 관한 규정은 강행규정이므로 청산중인 공동체나 청산인이 청산의 목적 범위 외에서 한 행위는 무효이다.[93] 공동체가 소멸하는 시점은 '청산사무가 종료한 때'이다.[94]

권리능력 없는 사단인 공동체는 그 재산을 총유한다.[95] 총유는 구성원이 집합체로서 물건을 소유하는 형태를 말한다.[96] 소유물의 관리·처분 권능은 공동체에 있고, 공동체의 구성원은 총유물을 일정한 범위에서 각자 사용·수익할 수 있을 뿐이며[97] 공유나 합유와 달리 구성원에게 지분권이 없다. 총유물의 관리 및 처분은 규약등에 정한 바가 없으면 구성원총회의 결의에 의하여야 하므로[98] 총회결의 없는 총유물의 관리 및 처분행위는 무효이다.[99] 공동체가 부담한 채무도 구성원에게 총유적으로 귀속하여[100] 공동체의 재산으로 이를 이행하면 되고, 구성원 개인은 책

임을 지지 않는다.101)102)

다. 사단법인인 공동체

일단 권리능력 없는 사단으로 성립한 공동체는 주무관청의 허가를 얻어 설립
등기를 함으로써 법인격을 취득할 수 있다.103) 공동체가 법인격을 취득한 경우에는
그 재산은 법인에 귀속하여 그 단독 소유가 되고 구성원에게 귀속하지 않으므로 구
성원은 법인의 재산을 처분할 수 없고 원칙적으로 탈퇴 시에 공동체 재산의 분할을
청구할 수도 없다. 공동체 중에는 공익법인도 있는데 이에는 "공익법인의 설립·운
영에 관한 법률"이 적용된다. 공익법인은 사회일반에 이바지하고자 학자금, 장학금,
연구개발비 보조, 학술분야나 자선 목적으로 세운 법인을 말한다. 장학재단이나, 연
구 관련 목적으로 세운 각종 협회 등이 포함되는데 공익법인은 각종 세제상 혜택을
얻는 만큼, 주무관청의 감독이 강화된다. 그 외 특수법인(特殊法人, special‒purpose
entity)인 공동체도 있을 수 있다. 이는 광의의 의미로 특별법에 의하여 설립되는 공
동체를 총칭하며, 협의의 의미로는 경영기술상 또는 재정경제상 이유에 의하여
특정한 행정기능의 대행기관으로 법률에 기초하여 설립한 공동체를 말한다.104)
법인인 공동체는 위에서 본 권리능력 없는 사단의 해산과 같이 해산절차를 거쳐
소멸한다.

라. 재단 또는 재단법인인 공동체

공동체는 모두 사단이며 재단의 성격을 가지는 것은 없다고 단정할 이유는 없
다. 공동체 중에는 재산적 기초 하에 존립하는 공동체는 사단이라기보다는 재단에
가깝다. 예컨대 유산공동체와 같이 상속받거나 유증받은 재산의 관리를 맡은 사람
들을 구성원으로 하여 성립한 공동체나 출연된 재산을 기초로 형성된 공동체는 일
종의 권리능력 없는 재단이다. 재단적 성격을 가지는 공동체가 법인격을 취득하면
재단법인이 된다. 재단법인인 공동체에는 민법상 재단법인에 관한 규정이 적용되고
권리능력 없는 재단인 공동체에는 민법상 재단법인에 관한 규정이 유추적용된다.
재단의 성격을 가지는 공적 공동체에는 영조물법인105)에 관한 법리가 적용 또는 유
추적용될 수 있다.

24

마. 조합인 공동체

공동체 중에는 민법상 조합의 성격을 가지는 것도 있을 수 있다.[106] 민법상 조합은 2인 이상이 상호 금전 기타 재산 또는 노무를 출자하여 공동으로 사업을 경영할 것을 약정함으로써 성립하는 단체이다.[107] 민법상 조합은 법인이 아니며 조합이라는 명칭을 쓴다 하더라도 모두가 민법상 조합인 것은 아니다. 예컨대 농업협동조합은 법인이며, 주택건설촉진법상 재건축조합은 권리능력 없는 사단이다. 권리능력 없는 사단과는 달리 조합인 공동체에 대하여는 민사소송법상 당사자능력이 인정되지 않고[108] 부동산등기능력도 인정되지 않는다. 그러나 사단과 조합의 구별이 상대적이고[109] 최근 독일[110]에서 도입된 부분권리능력(Teilrechtsfähigkeit)이론은 조합등의 권리담당자에게 특정한 권리의무만을 가질 수 있는 능력을 인정하고자 하므로[111] 이 이론에 따르면 조합인 공동체에게도 사단과 같이 부분적인 법인격이 인정될 수 있다. 가족공동체가 보유하는 부부공동재산과 공동상속재산[112]은 입법론상 독일 민법과 같이 합유로 하는 것이 타당하였을 것이나 우리 민법은 이를 공유로 하고 있다.[113] 민법상 조합의 조합원은 임의로 탈퇴할 수 있고 그 탈퇴는 다른 조합원 전원에 대한 의사표시로 하여야 하나, 조합계약에서 탈퇴사유나 탈퇴의사 표시 방식을 따로 정하는 특약은 유효하므로 조합인 공동체의 경우에도 규약 등으로 탈퇴를 제한할 수 있다.[114]

조합인 공동체의 재산은 구성원의 합유가 된다.[115] 구성원의 권리는 공동체 재산 전부에 미치고 공동체를 성립시키는 법률규정 또는 구성원 간의 규약 등 계약에 의하여 정해지며, 그러한 특약이 없으면 민법의 규정이 적용된다.[116] 따라서 공동체 재산의 처분과 변경은 물론 공동체 재산에 대하여 구성원이 가지는 합유지분의 처분도 구성원 전원의 동의가 있어야 하며 동의 없는 처분은 무효이다. 다만 공동체 재산의 보존행위는 구성원 각자가 할 수 있다. 공동체의 재산은 공동체가 존속하고 있는 동안은 분할할 수 없다. 공동체가 해산되면 청산절차를 밟게 되고 조합원인 공동체 구성원 간의 합유관계도 종료하게 되므로 그 재산을 처분하거나 공유물의 분할에 관한 규정을 준용하여 재산을 분할한다.[117] 따라서 공동체 중 비교적 느슨한 결합을 추구하는 공동체는 조합의 형태를 취함으로써 그 목적을 달성할 수 있다.

바. 소결

단체를 법인, 사단 및 조합으로 나누는 것에 대하여는 많은 비판이 가하여지고 있다.[118] 프랑스법상 société는 관계, 전통, 또는 제도의 네트워크를 통해 결합된 개인의 그룹을 총칭하고 독일법상 Gesellshaft도 상법상 회사는 물론이고 민법상 조합과 사단을 비롯한 각종 인적 결합체를 의미하는 매우 폭넓은 개념이라고 한다.[119] 앞서본 바와 같이 조합이든 사단이든 법인으로 보는 단체에 해당하면 법인에 준한 취급을 받을 수 있다. 공동체 중에는 일률적으로 그 법적 성격을 판단하기 어렵고 복합적인 성격을 가지는 것이 많다. 공동체는 재정적 기초가 중요하다는 점에서 사단인 동시에 재단의 성격을 가지는 경우가 많아 보인다.[120] 본서에서는 이를 "사재단(社財團)"이라 부르기로 한다.

5. 공동체와 구성원 간의 권리의무 – 구성원에 대한 책벌을 포함하여

가. 공동체의 구성원에 대한 의무

공동체는 구성원이 공동체의 일원으로서 제반 권익을 누릴 수 있도록 배려할 의무를 진다. 공동체는 구성원이 구성원총회의 결의에 참여할 수 있게 하고 공동체 재산을 규약 등에 정한 바에 따라 사용, 수익할 수 있도록 하여야 한다.

나. 구성원의 공동체에 대한 의무

구성원은 공동체에 대하여 출자의무, 회비납부의무, 정관준수의무, 공동체 사무참여의무 등을 부담한다. 공동체 구성원의 지위는 원칙적으로 규약이나 정관의 규정에 따라 양도·상속할 수 있다.[121] 그러나 공동체의 성질상 상속만 허용되거나 양도·상속이 허용되지 않는 경우도 있을 수 있다.

다. 공동체의 구성원에 대한 책벌권

공동체는 구성원에 대하여 책벌권을 가진다. 공동체의 구성원에 대한 자율적인 책벌권 행사를 담보하기 위해서는 원칙적으로 규약 등에 근거가 있어야 하고[122] 징

01 공동체법, 무엇이 문제인가

계 규정에 징계 대상이 되는 행위와 징계의 종류를 명확하게 규정하고 공정하고 투명한 징계 절차를 규정하여야 하며 구성원에게 충분한 소명을 할 기회를 부여하여야 한다. 공동체가 가지는 구성원에 대한 책벌권의 법적 근거는 공동체자치의 원칙에서 찾을 수 있다. 따라서 원칙적으로는 규약등에 책벌의 근거와 책벌사유 및 절차에 관한 규정이 있어야 하나 그렇지 않다 하더라도 공동체의 존립과 정상적인 활동을 저해하는 구성원의 행위에 대하여는 적절한 절차를 거쳐 책벌을 부과할 수 있다고 보아야 할 것이다. 책벌권의 내용은 공동체의 규약등에 정한 바에 따르게 되는데, 통상 견책, 경고, 과태료, 일정기간 동안 혹은 일정사항에 대한 자격정지, 선거권 및 피선거권의 제한, 제명 등의 책벌이 있다. 공동체에 있어서 구성원의 제명이 가능한지 여부에 관하여는 논란이 있을 수 있다.[123] 그러나 규약등에 책벌권에 관한 규정이 있다 하더라도 공동체의 책벌권의 행사가 무제한 허용된다고 할 수는 없고 구성원의 기본적 권리를 박탈하거나 장기간 제한하는 것은 허용되지 않는다고 하여야 할 것이다. 공동체자치의 원칙에 따라 책벌권의 종류는 규약등으로 자유로이 정할 수 있으나 그 내용이 반인격적이거나 체벌 등 국가형벌권으로만 가능한 것이거나 공동체의 본질적 속성에 반하는 것은 허용되지 않는다. 구성원은 공동체에의 자발적인 가입을 통하여 공동체의 책벌권에 스스로 복종(Unterwerfung)하기로 한 것이므로, 공동체의 책벌권의 행사는 준사법적 성격을 지닌 일종의 자치적 질서벌의 부과로서 원칙적으로 법원의 사법심사의 대상이 되지 않는다고 보아야 할 것이다.[124][125]

　　판례는 종교공동체의 징계처분에 대한 사법심사를 제한하고 있다. 즉 "교회 안에서 개인이 누리는 지위에 영향을 미칠 각종 결의나 처분이 당연 무효라고 판단하려면, 그저 일반적인 종교단체 아닌 일반단체의 결의나 처분을 무효로 돌릴 정도의 절차상 하자가 있는 것으로는 부족하고, 그러한 하자가 매우 중대하여 이를 그대로 둘 경우 현저히 정의관념에 반하는 경우"[126]라야 하고, "그 종교단체 소정의 징계절차를 전혀 밟지 아니하였다거나 징계사유가 전혀 존재하지 아니한다는 등 이를 무효라고 할 특별한 사정이 없으면 그 징계는 여전히 효력을 지속한다"[127]고 하여, 일반단체에 비하여 종교공동체의 징계절차상의 하자 판단에는 더욱 엄격한 기준을 적용한다.[128] 이는 종교공동체에는 일반적인 공동체의 자치권 외에도 헌법상 종교의 자유가 보장되기 때문이다.[129] 이러한 판례의 태도에 대하여는 비판적인 견해가

있다.[130]

6. 공동체 절차법

가. 공동체의사결정 및 집행절차법

공동체의 의사결정방법과 그 집행 절차는 공동체 규약등에서 정한다. 공공성이 강한 공동체의 경우에는 국가가 개입하여 특별법으로서 그에 관한 입법을 할 수도 있다. 이점은 공동체 조직규범의 관점에서 앞서 논의한 바가 그대로 타당하다고 할 것이다.

나. 공동체내 분쟁의 해결절차법

공동체는 공동체 자치의 원칙에 따라 공동체내에서 발생하는 분쟁을 자치적으로 해결할 수 있는 체제를 갖추어야 한다.[131] 분쟁 해결을 위하여는 분쟁해결의 준거가 될 행위규범이 정립되어 있어야 하고 이를 적용할 절차규범이 존재하여야 한다. 공동체 규범이 규범력을 가질 수 있는 것은 특정 공동체 내에서 소속감을 근거로 일종의 강제력 있는 규범이 작동하기 때문이다. 공동체내 분쟁에 관하여 통상 활용되는 해결방법은 조정과 중재이다.[132] 이러한 자율적이고 자치적인 분쟁해결 방식은 민주적 시민사회 운영의 근간이 된다. 공동체 분쟁 해결에 있어 당사자들이 가져야 할 기본적인 자세는 그 분쟁이 어떻게 해결되든 공동체의 구성원으로서 잔류할 수밖에 없다는 인식이다. 분쟁당사자들은 분쟁을 종식하고 공동체의 일원으로서 서로 손잡고 나아가야 할 존재라는 것을 인식하고 분쟁해결에 임한다면 관계 복원에 초점을 둔 회복적 사법을 실천할 수 있을 것이다. 피해 및 관계회복을 통한 공동체 내 분쟁해결은 공동체의 분열을 방지하고 공동체를 강화시키는 수단이 될 수 있다.[133] 따라서 국가의 사법체계 민·형사법 및 관계 법령에 근거한 사법 및 준사법 제도에 의한 분쟁해결은 보충적인 것에 그쳐야 할 것이다. 공동체내 분쟁해결 절차는 원칙적으로 종국적이며 그에 대한 사법심사는 예외적인 경우를 제외하고는 불허하여야 할 것이다.

다. 공동체 간 분쟁해결법

공동체 간에 분쟁이 발생하면 먼저 관련 공동체끼리 협의하여 그 분쟁해결방법에 합의한 후 그 방법과 절차에 따라 분쟁을 해결하는 것이 바람직하다.134) 그러나 그러한 합의에 이를 수 없거나 이르는데 많은 시간이 소요된다면 분쟁해결에 도움이 되지 않는다. 동류의 공동체 간의 분쟁, 예컨대 종중과 종중 간의 분쟁이나 인접한 지역공동체 간의 분쟁에 관하여는 미리 제3의 분쟁해결기관과 절차를 마련하고 그에 따라 분쟁을 해결할 수 있을 것이다. 예컨대 동류의 공동체들이 모여 협회를 구성하고 그 협회에 공동체간의 분쟁해결기관을 설치하는 것도 하나의 방안이될 것이다.

라. 국가와 공동체 간 분쟁해결법

국가와 공동체 간의 분쟁의 해결에 관하여도 공동체 간의 분쟁해결방법이 거의 그대로 타당하다. 다만 국가와 그 국가의 지배를 받는 공동체 간의 관계는 불평등 관계이므로 분쟁해결에 있어 힘의 균형을 확보하는 수단이 있어야 하고 특히 중립적인 기관에 의한 분쟁해결을 보장할 수 있어야 한다.

Ⅳ. 공동체법의 사적 발전

1. 혈연공동체와 법

가. 혈연공동체의 개념과 종류

혈연공동체는 좁게는 부부와 자녀를 중심으로 하는 가족공동체와 이를 확장한 문중이나 종중 등 혈연을 기반으로 형성된 전통적 공동체를 말한다. 관습상의 가(家), 문중, 종중이 그 예이나 그 외 종중유사단체가 인정된다. 민족공동체도 혈연공동체를 기반으로 하나 오늘날은 혈연을 넘어 역사·문화공동체로 진화하였다.

나. 가족의 공동체성

가(家)는 가장을 정점으로 하는 혈연적 집단으로 관념적 집합체라 할 수 있다. 가의 구성원은 가족이다. 구 민법상 가장(家長, 당시 호주라 불렀다)[135]을 중심으로 그 배우자, 혈족과 그 배우자 기타 그 가에 입적한 자는 가족이 되었다.[136] 가별로 호적이 편제되고 가의 대표자를 호주라 불렀는데 종래 호주제는 전통 가족제도의 핵심인 부계혈통주의에 입각한 가의 구성 및 가통의 계승을 위한 제도로서 합헌적이라는 견해가 있었으나 헌법재판소는 호주제는 남계혈통을 중심으로 가족집단을 구성하고 이를 대대로 영속시키는데 필요한 여러 법적 장치로서, 단순히 집안의 대표자를 정하여 이를 호주라는 명칭으로 부르고 호주를 기준으로 호적을 편제하는 제도는 아니므로 이 제도는 남녀평등에 반하여 위헌이라고 판시하였다.[137] 이 위헌결정에 따라 개정 민법은 호주제와 가(家)의 개념을 폐지하고 가족의 개념을 새로 설정하여 "배우자, 직계혈족 및 형제자매와 생계를 같이 하는 직계혈족의 배우자, 배우자의 직계혈족 및 배우자의 형제자매"로 정하였다.[138] 이러한 새로운 가족 개념에 기초한 가족공동체는 종래의 혈연공동체를 넘어 생계공동체라는 새로운 공동체를 창설하는 것이다. 이는 종래 가족들의 공동 선조에 대한 봉제사(奉祭祀)를 통하여 가족간의 결속을 도모하던 가족공동체는 급격한 속도로 퇴색하고 있는 점도 반영하고 있다.[139] 이러한 새로운 가족공동체는 혈연과 생계의 공동이라는 복합적 관계를 기초로 성립하는 것이므로 사실혼 배우자와 그와 혈연 또는 생계를 같이하는 사람도 그 구성원에 포함되어야 할 것이다.

다. 종중의 법적 성격[140]

종중은 종법사상에 기초한 특유한 제도로서 조상에 대한 제사를 계속적으로 실천하면서 남계혈족 중심의 가의 유지와 계승을 위하여 종중원들 사이에 성립한 자연적 공동체이다. 문중은 소종중, 즉 종중의 구성원 중 공동선조하의 일부를 그 구성원으로 하는 종중을 말하며 법적으로는 종중과 구별할 필요가 없으므로 본서에서는 종중만 다루기로 한다. 종중의 개념에 관하여 판례는 "공동선조의 분묘수호 및 봉제사와 후손 상호 간의 친목을 목적으로 형성되는 자연발생적인 종족단체로서, 선조의 사망과 동시에 후손"(남녀를 불문한다)[141]에 의하여 성립된다고 한다.[142]

01 공동체법, 무엇이 문제인가

그 법적 성격에 관하여는 종중의 규약이나 관습에 따라 선출된 대표자143) 등에 의하여 대표되는 정도로 조직을 갖추고 지속적인 활동을 하고 있다면 권리능력 없는 사단으로 인정한다.144) 종중에 적용되는 규범으로는 대체로 종중규약에 의해 규율되나 규약이 있어야만 종중이 성립하는 것은 아니며145) 관습이나 관습법규범으로 존재하는 경우가 많다.146) 종중은 원래 공동선조의 후손 중 성년 이상의 남녀는 당연히 그 구성원이 되며 그 중 일부를 임의로 그 구성원에서 배제할 수 없다.147) 종중재산의 귀속에 관하여는 종중원의 총유라고 보나148) 종중이 선조의 분묘를 수호·관리하여 왔고 타인에 의한 그 분묘 등의 훼손행위가 있었다면, 선조의 분묘의 수호관리나 봉제사에 대한 권리를 가지는 종손 외에 종중도 불법행위를 원인으로 한 손해배상의 청구를 할 수 있다고 한다.149) 종중재산의 처분은 종중규약에 의하되 종중규약이 없으면 종중총회의 결의가 있어야 한다.150)

라. 종중유사단체의 법적 성격

종중유사단체는 특정지역 내에 거주하는 일부 종중원이나 특정 항렬의 종중원만을 그 구성원으로 하는 단체를 말하며 그 구성원 중 일부를 임의로 배제할 수 있다는 점에서 고유 의미의 종중과 구별된다.151) 종중유사단체도 특정지역 거주자나 특정범위 내의 자들만으로 분묘수호와 제사 및 친목도모를 위한 조직체를 구성하여 활동하고 있어 단체로서의 실체를 인정할 수 있는 경우에는 본래의 의미의 종중은 아니나 권리능력 없는 사단으로서의 단체성을 인정할 수 있다.152) 종중유사단체라는 표현은 혈연공동체에는 걸맞지 않으므로 소종중과 구별하여 유사종중 또는 부분종중으로 부를 것을 제안한다.

2. 지역공동체와 법

한국에 존재하는 지역공동체에는 지방자치단체를 제외하면 행정구역인 동·리(洞·里)와 자연부락 및 마을공동체의 세 종류가 있다고 할 수 있다.153) 행정구역인 동·리는 오래전부터 농촌, 산촌, 어촌 등 전국 곳곳에서 주민공동체로서 활동하고 있었고154) 현재에는 도시에서도 활동하고 있는바155) 마을 주민들로 조직된 지역적 자치단체로서 주거의 이전에 따라 구성원의 자격이 부여 또는 상실된다. 마을공동체로서 동·리는 권리능력 없는 사단이라 할 수 있고[156) 그 이름으로 소유하는 재산은 동·리 주민의 총유로 된다.[157) 행정구역이 아닌 자연부락도 그 부락주민을 구성원으로 하여 고유목적을 가지고 의사결정기관과 집행기관인 대표자를 두어 독자적인 활동을 하는 사회조직체인 경우에는 하나의 공동체로서 권리능력 없는 사단이 될 수 있다.[158) 자연부락이 공동체로 인정받기 위해서는 구성원의 범위와 자연부락의 고유업무, 자연부락의 의사결정기관인 부락총회와 대표자의 존부 및 그 조직과 운영에 관한 규약이나 관습이 존재하여야 하며[159) 자연부락의 분열은 인정되지 않는다.[160) 민법은 "어느 지역의 주민이 집합체의 관계로 각자가 타인의 토지에서 초목, 야생물 및 토사의 채취, 방목 기타의 수익을 하는 권리"가 있는 경우에는 관습에 의하는 외에 민법상 지역권[161)의 규정을 준용하도록 하고 있다.[162) 이 규정은 자연부락과 같은 주민공동체가 인근 임야 등지를 사용, 수익할 수 있는 권리를 총유적으로 보유함을 인정한 것이다.

오늘날은 지자체를 중심으로 소규모 마을공동체 운동이 일어나고 있다.[163) 이 운동은 산업화, 도시화가 진행됨에 따라 지역사회 공동체가 소멸해가고 있는 현실을 목도하고 지자체나 시민의 차원에서 마을공동체를 재생하고자 하는 의지의 표출이라 할 수 있다. 여기서 말하는 "마을공동체"란 행정구역이나 자연부락임을 묻지 않고 "주민 개인의 자유와 권리가 존중되며 상호 대등한 관계 속에서 마을에 관한 일을 주민이 결정하고 추진하는 주민자치 공동체"를 말하고,[164) 마을공동체의 선구는 과거 농촌에서 모내기·김매기·벼베기·타작 등 농사 전체 과정에 걸쳐서 품앗이를 하는 두레나 향약이라 할 수 있다.[165) 이러한 운동을 입법화하는 법안에 따르면 마을공동체란 "지방자치법"에 따른 읍·면·동에 해당하는 지역 또는 인접 읍·면·동내에서 경제·문화·환경 등을 공유하며 일상생활을 영위하는 주민들이 상호작용을 하며 자발적으로 구성한 단체를 말한다고 정의한다.[166) 이러한 현대적인 마을공동체 만들기 운동이 성공하려면 진정 자발적이고 자치적인 조직으로 살아남을 수 있어야 하고 정부나 지자체는 간섭이나 규제를 하기보다는 소극적 지원에 그쳐야 할 것이다.[167)

3. 직업공동체와 법

직업공동체는 앞서본 바와 같이 역사적으로는 상인공동체 또는 수공업자공동체라 할 수 있는 길드가 중세[168]부터 있어 왔으며 오늘날은 동종의 직업인들이 조직한 다양한 전문직 공동체(professional community)가 활동하고 있다. 전문직은 한 집단의 구성원들이 공유하면서 특정한 사회적 요구를 만족시키기 위해서 사용하는 가치, 기술, 기능, 지식과 신념의 체계로 구성된다.[169] 전문가 집단은 자기의 직업과 그것을 위한 기능·전문지식에 강한 자부심과 탐구심을 가지며, 사회적 책임을 자각하는 전문직업인 의식(professionalism)을 가질 뿐 아니라 전문조직에 대한 참여를 통하여 직무활동에 대한 가치, 이상, 평가, 정체성, 신념 등을 공유한다.[170] 즉 전문직 종사자는 직업에 대한 자신감과 긍지를 가지고 단체나 협회 등 전문조직의 관계망을 중심으로 활동하고 이를 통해 전문직 문화를 형성함으로써 그 결속력을 강화한다.[171]

전문직공동체는 전문 직업의식을 윤리적 기초로 하여 상호간의 신뢰를 구축하여 조직, 운영되므로 자신들만의 행동 규범과 거래 규범을 형성한다. 자신들 간의 거래나 활동의 관행이나 관습을 존중하고 이를 엄격히 준수함으로써 관습법을 형성하기도 한다. 중세 상인 간에 적용된 lex mercatoria가 대표적인 예이다.[172] 오늘날 lex mercatoria는 "특정국가의 법체계를 가리키는 것이 아닌, 국제거래의 틀을 위해 마련되고 자발적으로 적용되는, 일반원칙이나 관습법적 규칙"으로 이해되고 있다.[173]

4. 종교공동체와 법

가. 종교공동체의 개념

종교공동체는 일정한 종교적 교의를 신봉하는 사람들이 모여 "교의를 선포하고 의식을 집행하며, 신자의 교화육성을 주요 목적으로 하는"[174] 공동체를 말하는바, "종교적 목적으로 일정한 교의하에 조직된 단체로 신도회(예컨대 교회나 사찰 등)나 유도회(儒道會) 등"[175]이 있다. 종교공동체의 구성요소로는 (i) 이념적 요소로의 교의(敎義), (ii) 교의의 실천적 요소로서의 의식, (iii) 인적 요소로서의 신도와 종교지도자 및 (iv) 물적 요소로서의 교회, 사찰 등 종교시설이 있다.176) 종교의 교리의 진위, 교의의 해석 등 종교상의 교의에 관한 문제는 사법심사의 대상이 되지 않는다.177) 종교공동체로는 교회, 사찰, 향교 등이 있고 넓은 의미로는 수도사단체, 신도단체, 종교교리회 등을 포함할 수 있을 것이다.

나. 교회공동체와 교회법

교회법은 교회공동체에서 관습적으로 형성된 삶의 규범을 정리한 것으로 카논(Canon law, Diritto Canonico)이라고 불렸다.178) 현대의 보편적 교회법으로 1917년 베네딕토 15세가 "교회법전(Codex Iuris Canonici)"을 공포하여 1918. 5. 19. 시행하였는바 이로써 전세계 카톨릭교회의 법률적 체계를 마련하였다.179) 개신교 교회는 카톨릭교회와는 달리 세계적으로 통용되는 교회법전을 가지고 있지 않으며 각 교파별 또는 각 교회별로 헌법(constitution)을 제정하였다. 로마카톨릭교회, 그리스도동방정교회, 한국카톨릭교회는 각 교구 단위로 재단법인을 설립하였고 개신교의 경우에는 교회의 최고 상급기관인 총회(교단)는 정부의 허가를 받아 법인격을 보유하고 있으나 개개의 단위교회(지교회, 개교회)는 대부분 법인격을 취득하지 않고 권리능력 없는 사단으로 인정받고 있으며 따라서 교회의 재산은 신도들이 총유한다. 우리 판례에 따르면 교회의 분열은 인정되지 않으며 일부 교인들이 종전 교회를 탈퇴하여 그 교회 교인으로서의 지위를 상실하면, 탈퇴가 개별적인 것이든 집단적인 것이든, 교회 재산에 대한 사용·수익권을 상실하고, 종전 교회는 잔존교인들을 구성원으로 하여 실체의 동일성을 유지하면서 존속하며 종전교회의 재산은 그 교회에 소속된 잔존교인들의 총유로 귀속된다고 한다.180)

다. 불교공동체와 법

사찰의 개념181)에 관하여 구 불교재산관리법 제2조는 사찰을 "불교의 전법·포교집행 및 신자의 교화육성을 목적으로 하는 단체"라고 규정하여 공동체적 성격에 주목하였고 판례에 의하면 불교교의를 선포하고 불교의식을 행하기 위한 시설을 갖춘 승려, 신도의 조직인 단체로서, 독립한 사찰로서의 실체를 가지고 있다고 하기 위해서는 물적 요소인 불당 등의 사찰 재산이 있고, 인적 요소인 사찰의 대표자로서의 주지를 비롯한 승려와 상당수의 신도가 존재하며, 단체로서의 규약을 가지고 사찰이 그 자체 생명력을 가지고 사회적 활동을 할 것이 필요하다고 판시하였다.[182]

　　사찰의 법적 성격에 관하여는 일률적으로 말할 수 없고 그 활동 양태에 따라 달라질 수 있다. 신도는 사찰의 구성요소이나 신도 등의 인적 요소가 있다고 해서 그것이 곧 사찰의 사단성을 인정하는 근거가 되는 것은 아니며, 신도가 사찰의 운영이나 재산의 관리·처분에 깊이 관여하고 있으면 그 성격을 사단으로, 신도가 그 운영, 관리·처분에 전혀 관여하고 있지 않으면 그 성격을 재단으로, 그 중간 형태로서 어느 한 쪽에 치우쳐 있지 아니한 경우에는 양 성격을 동시에 가지고 있는 것으로 보아 사재단(社財團)으로 보아야 할 것이다.[183]

라. 유교공동체와 법

　　성균관과 지방 향교에 있는 유도회는 유교사상에 관한 신앙단체로서 권리능력 없는 사단으로서의 성격을 가지고 있다고 할 수 있다. 따라서 판례는 성균관이 재단법인 성균관과 별개의 권리능력 없는 사단임을 인정하고 있으며[184] 지방 향교에 관한 분쟁이라도 그 실질이 사단으로서의 특질에 관한 것일 때에는 단체에 관한 민법의 일반 법리를 적용하고 있다.[185][186] 향교재산에 관해서는 향교재산법에 의거하여 도(道)별로 의무적으로 향교재산의 관리를 위한 재단법인을 설립하도록 하고 있다.[187] 따라서 유도회와 재단법인 성균관[188] 및 향교재단법인은 별개의 조직을 이루고 있다.

마. 종교법인법 제정의 당부(當否)

　　종교단체 중에 법인격을 취득한 단체는 소수이고 대부분의 종교단체는 권리능력 없는 사단에 머물고 있어[189] 이를 법인화하여 종교단체를 둘러싼 법적 분쟁을 보다 신속하게 해결하고 종교단체에 대한 과세처분을 용이하게 하는 등 종교단체로 하여금 그 권리와 의무를 명확히 인식하게 하여 그 사회적 역할과 책임을 다하게 하려는 논의가 있다.[190] 외국의 입법례를 보면 프랑스와 독일을 비롯한 대부분의 국가에서 종교단체는 법인화되어 있고 일본에서도 1951년 종교법인법이 제정되었다.[191] 우리나라에서도 종교법인법 제정 문제는 1960년대 이래 지금까지 다양한 맥락에서 논의되어 왔다.[192] 그러나 종교공동체를 일률적으로 법인화하는 것은 종교의 자유 특히 종교단체 결사의 자유의 측면에서 신충을 기할 필요가 있으며 오히려 권리능력 없는 사단 일반에 관한 법리를 정치하게 정립하거나 입법하여 문제를 해결하는 것이 타당할 것이다.

5. 비영리사업공동체와 법

가. 비영리사업공동체의 증가

근대시민사회 이후 1980년대부터 사회 경제의 발전과 함께 공공부문과 기업부문외에 사회부문 즉 비영리단체의 활동 영역이 확대되어 왔다.[193] 미래학자 피터 드러커(Peter F. Drucker)는 공공부문이나 기업 등 시장부문의 중요성은 서서히 감소하나 비영리단체 등 시민사회부문의 중요성은 증대할 것임을 예측한 바 있는데,[194] 한국에서도 최근 비정부조직(NGO) 및 비영리조직(NPO)이 급격하게 늘어나고 있다. 이들 중에 공동체에 속하는 단체를 통틀어 비영리사업공동체라 부르기로 한다. 아래에서는 그중 비영리사업공동체는 비영리비공익공동체와 비영리공익공동체로 나눌 수 있다.

나. 비영리사업공동체에 대한 일반적 법적 규율

비영리사업단체에 대한 법적 규율로는 법인에게만 법인격을 부여하고, 법인을 단순히 영리법인과 비영리법인으로 구분하여 영리법인은 회사법편에, 비영리법인은 민법전에 각 규정하였으나 오늘날 수많은 비영리단체들이 법인격을 취득하지 않고 활동하고 있다. 비영리사업공동체에는 비영리공동체에 머무르는 것도 있고 단순한 비영리를 넘어 공익을 추구하는 공동체도 있다. 비영리민간단체의 자발적인 활동을 보장하고 건전한 민간단체로의 성장을 지원하기 위하여 2000년 "비영리민간단체 지원법"이 제정되었다.[195] "비영리민간단체"는 영리가 아닌 공익활동을 수행하는 것을 주된 목적으로 하는 민간단체로서 정부의 지원을 받기 위해서는 구성원 상호간에 이익분배를 하지 않아야 하며 사업의 직접 수혜자가 불특정 다수로서 등록하여야 한다.[196] 등록 비영리민간단체와 공익법인의 활동을 지원하기 위하여 조세특례제한법 및 기타 조세에 관한 법령이 정하는 바에 의하여 조세를 감면받을 수

있다.[197]

다. 공익공동체와 법

비영리사업공동체 중에서도 공익을 목적으로 하는 공동체에 관련한 법제로 1976년 "공익법인의 설립·운영에 관한 법률"이 제정되어 있다. "공익법인"이라 함은 "사회 일반의 이익에 이바지하기 위하여 학자금·장학금 또는 연구비의 보조나 지급, 학술, 자선(慈善)에 관한 사업을 목적으로 하는" 재단법인이나 사단법인을 말한다.[198] 공익법인에 대하여는 엄격한 통제가 가하여 진다. 공익법인은 정관에 설립 당시의 자산의 종류·상태 및 평가가액, 자산의 관리방법과 회계에 관한 사항, 공고 및 그 방법에 관한 사항 등을 기재하여야 하고 재산을 기본재산과 보통재산으로 구분하고 기본재산을 양도·증여 등을 하거나 담보로 제공하고자 할 때에는 주무관청의 허가를 받아야 한다. 공익법인은 이사회와 감사를 의무적으로 두며 주무관청의 승인을 받아 임원이 취임한다. 공익법인이 수익사업을 하는 경우 사업마다 주무관청의 승인을 받아야 한다.[199] 이러한 공익법인에 대한 엄격한 통제로 공익법인의 설립이 감소하고 있으므로 규제를 완화할 필요가 있다.

6. 기업공동체와 법

가. 기업공동체의 개념

기업을 영리를 목적으로 하는 조직 즉 상인적 설비와 방법에 의해 영리활동을 하는 경제적 단일체로 정의하면서 구성원간의 상부상조를 근간으로 하는 기업공동체를 논의하는 것은 형용모순이 될 수 있다. 따라서 기업공동체의 구성원을 주식회사의 주주와 같이 기업의 소유권에 관하여 지분을 가진 사원(社員)으로 한정하는 전통적인 기업지배구조하에서는 기업공동체의 개념은 성립할 수 없고 기업의 구성원을 종업원을 포함한 이해관계자로 확대할 때 비로소 기업공동체의 개념이 성립할 수 있다. 이러한 관점에서는 사회적 존재로서의 기업이 사회에 대하여 부담하는 책임, 즉 기업의 사회적 책임에 관한 논의에서 기업공동체 형성의 실마리를 발견할 수 있다.

나. 기업의 사회적 책임법제

기업의 사회적 책임(Corporate Social Responsibility, CSR)이란 기업의 활동에 의하여 영향을 받는다거나 영향을 주는 것처럼, 직접 또는 간접적으로 기업의 이해관계자 (Stakeholder)들에게 발생하는 사회적 쟁점에 대하여 기업이 부담하는 법적, 경제적 및 윤리적 책임을 말한다.[200] 기업을 주체로 하여 표현한다면 "기업의 위험을 감소시키고, 중장기적으로 기업의 가치를 제고하고자 하는 '이해관계자 기반 경영활동'이라고 할 수 있다."[201] 기업이 책임져야 하는 대상인 이해관계자에는 주주[202]를 비롯하여 종업원,[203] 공급자 및 수요자[204]가 포함되고 더 넓게는 당해 기업이 제공하는 물건 또는 서비스를 소비하는 소비자와 보호받아야 할 환경까지를 포함시키기도 한다. 최근에는 기업의 사회적 책임과 관련하여 기업의 비재무적 성과를 판단하는 기준으로 환경, 사회 및 지배구조(Environmental, Social & Governance, ESG)가 활용되고 있다.[205]

기업의 사회적 책임에 관한 규범으로는 2000년 유엔에서 합의된 글로벌 콤팩트(Global Compact)[206]와 2010년 국제표준화기구(ISO)에서 제시한 'ISO26000'[207]이 있다. 대기업의 사회적 책임으로 중소기업 보호의무가 논의된다. 특히 영세기업과 상생을 도모할 의무가 문제된다. 개정된 유통산업발전법에[208] 기초하여 '영업시간 제한제'나 '의무휴업제'를 실시하고자 조례를 제정하는 지방자치단체가 증가하고 있다.[209]

위에서 살펴본 기업의 사회적 책임에 관한 논의는 사회가 해결해야 할 문제를 기업에 전가하는 것으로서 개인주의에 기초한 서구적 발상의 소산이라고 본다. 물론 기업의 사회적 책임을 강조하는 것이 나쁜 것은 아니나 기본적으로 최대 이윤을 목적으로 하는 기업에게 이윤을 희생시켜 가면서 사회적 책임을 다하기 위한 지출을 감수하면서 이윤을 줄이라는 주문은 과거 공동생산, 공동소비를 주창한 사회주의에 버금가는 패러독스가 될지도 모른다.

다. 기업공동체의 법적 형태

기업의 사회적 책임에 관한 논의, 즉 공동체를 위한 기업 또는 공동체에 대한 사회적 책임을 다하는 기업을 넘어 기업을 공동체적으로 재구성하고자 하는 것이

기업공동체론이다. 즉 기업의 구성원들이 협력하여 기업을 발전시키고 그 구성원에게 충분한 복지를 제공하는 시스템을 갖춘 경우 이를 기업공동체라 부를 수 있을 것이다. 선진국에서의 기업공동체 사례로는 독일의 경우 공동결정법[210]에 의거하여 노사간에 구축된 파트너십 경영 체제하에서 "마이스터"로 불리는 숙련기술자들은 안심하고 품질향상과 생산활동에 전념할 수 있게 됨으로써 공동결정이 독일의 사회적 평화를 이룩하는데 중요한 토대가 되었으며[211] 일본의 경우 기업의 주인은 주주가 아니라 종업원이라는 의식하에 종신고용을 보장함으로써 가족적 일체감이 강한 기업경영이 가능하였던바 이러한 기업의 경영 형태는 기업공동체라 볼 수 있을 것이다. 따라서 기업공동체가 일반 기업과 다른 전제는 그 구성원을 주주등 사원 외에 종업원을 포함하고 나아가 협력기업과 그 종업원까지 연장하고자 하는 것이다. 이점에서 기업공동체는 기업의 사회적 책임을 이해관계자에게까지 확대하는 기업의 사회적 책임론과 공통점이 있다.

종래 기업공동체의 법적 형태는 조합, 권리능력 없는 사단 그리고 법인이 있을 수 있다고 보았다. 가업공동체(家業共同體)는 조합의 형태인 경우가 대부분이겠지만 가업이 대규모화하여 권리능력 없는 사단에까지 이를 수 있을 것이다. 그러나 오늘날 기업은 법인의 형태를 취하는 경우가 대부분이다. 영리목적의 사단의 대표적인 것이 상법상 회사이다. 즉 회사란 상행위나 그 밖의 영리를 목적으로 하여 설립한 법인을 말하는바 회사는 법인으로서 권리와 의무의 주체가 된다. 상법상 회사가 아니더라도 영리를 목적으로 하는 사단은 상사회사설립의 조건에 좇아 이를 법인으로 할 수 있으며, 이러한 법인에는 모두 상사회사에 관한 규정이 준용된다.[212]

그러나 기업공동체라는 새로운 개념을 인정하는 입장에서는 기업공동체의 법적 형태는 통상의 사단을 넘어 중층구조를 가진 사단이 된다 할 것이다. 즉, 사원(社員)을 가장 작은 집단으로 하고 그 바깥에 종업원 집단이, 그리고 그 바깥에 협력기업이 존재하는 여러 개의 동심원을 그리는 사단으로 이해할 수 있다. 일반 단체에 있어서 정회원, 준회원 및 특별회원을 두고 있는 것에 비유할 수 있다. 따라서 이러한 기업공동체에 관한 법은 단순히 주주 등 사원과 집행기관에 관한 규정에 그치지 않고 회사와 종업원 및 협력기업과의 관계에 관하여도 순차적으로 규정하여 그룹별로 이해관계를 조정하는 제도를 도입하여야 할 것이다. 아래에서는 기업공동체의 한 유형으로 사회적 기업과 협동조합에 관하여 살펴보기로 한다.

라. 사회적 기업과 법

통상 사회적 기업이란 사회적 취약계층의 자립 등 일정한 사회적 목적을 실현하기 위해 설립된 기업을 말한다.[213] 영리를 추구한다는 점에서 다른 기업과 다르지 않지만 '사회적 목적'을 분명히 한다는 점에서 기업과 다르고 오히려 비영리단체와 같으며 또한 의사결정에서도 일반 기업과 달리 서비스 수혜자와 종업원 등 이해관계자 모두가 참여하는 구조를 취하고[214] 발생한 이윤도 사회로 환원하고 있다.[215] 따라서 사회적 기업이야 말로 기업공동체의 한 전형을 형성한다고 할 수 있다. 사회적 기업은 취약계층에 대한 사회서비스 제공형, 일자리 제공형 및 지역사회공헌형으로 나눌 수 있다. 이러한 사회적 기업을 지원, 육성하기 위하여 '사회적 기업 육성법'이 제정되어 2007. 7. 1.부터 시행되고 있으며 동법은 사회적 기업을 지원하는 '연계기업'[216]에 대하여는 사회적 기업이 창출하는 이익을 취할 수 없도록 제한하는 한편 조세감면의 혜택을 부여하여 사회적 기업에 대한 지원을 장려하고 있다.[217] 그러나 이러한 장기간의 지원에 불구하고 사회적 기업이 우리 사회에 뿌리를 내리지 못하고 있는 바 그 이유로는 능력 있는 진정한 사회적 기업가가 부족하고 정부의 공급주도중심 지원정책에 따른 지원금에 의존할 뿐 자생력을 키우지 못하여 사회적 기업의 지속가능성이 담보되지 않는다는 점이 지적되고 있다.[218]

마. 협동조합과 법

기업공동체의 하나로 분류할 수 있는 것에 협동조합(co-operative)이 있다. 협동조합은 일반적으로 공통의 경제적, 사회적, 문화적 필요와 욕구를 충족시키기 위하여 스스로 결성하여 자율적이고 민주적으로 운영하는 사업조직을 말한다.[219] 구체적으로 말하면 협동조합은 생활에 필요한 각종 재화나 시설 또는 보육, 교육, 의료 등의 서비스를 공동으로 생산, 구매, 소비하는 상호협력체이다.[220] 신자유주의적 세계가 낳은 무한경쟁과 불평등에 대한 대안으로 협동조합을 통한 협력적 자치공동체 운동을 협동조합주의(協同組合主義, 프랑스어: cooperatisme)라 부른다. 이는 구성원이 자금을 갹출하여 협동조합을 결성하고 각 조합원의 생활의 향상을 목표로 생산자와 소비자를 직접 연결하여 생산과 분배의 정의가 달성되는 공동 사회의 실현을 도모하는 사상과 운동을 말한다.[221] 21세기 디지털 경제하에서는 협동조합주의는 플랫폼 협동조합(platform cooperative), 즉 컴퓨팅 플랫폼을 구축하고 웹 사이트, 모바일 앱 또는 프로토콜을 사용하여 상품 및 서비스 판매를 촉진하는 사업으로서 구글 등 플랫폼 기업에 대항하여 공동으로 소유되고 민주적으로 관리되는 형태의 협동조합으로 발전하고 있다.[222]

우리 헌법은 "국가는 농·어민과 중소기업의 자조조직을 육성하여야 하며, 그 자율적 활동과 발전을 보장한다"고 규정하여,[223] 농민, 어민 및 중소기업의 자조조직을 육성하도록 하고 있다. 이를 위하여 협동조합기본법 외에 각 분야별로 농업협동조합법, 수산업협동조합법, 중소기업협동조합법 등이 제정되어 있다. 협동조합에 대한 법적 정의는 "재화 또는 용역의 구매·생산·판매·제공 등을 협동으로 영위함으로써 조합원의 권익을 향상하고 지역사회에 공헌하는 사업조직"을 말한다.[224] 협동조합은 그 목적을 조합원의 복리 증진과 상부상조에 두어야 하며 기능적으로는 조합원 등의 경제적·사회적·문화적 수요에 부응하여야 하므로,[225] 진정한 공동체의 한 유형이다. 협동조합의 법적 형태는 사단으로 반드시 법인일 필요는 없으나 실정법상으로는 법인으로 되어 있다.[226] 협동조합이 영위할 수 있는 사업의 범위는 기존의 개별 협동조합법들을 통해 설립·운영이 가능했던 8개 분야[227] 외에도 금융 및 보험업을 제외하고는 공동의 목적을 가진 5인 이상의 구성원이 모여 조직한 사업체로 신고하면 어떤 종류의 사업도 영위할 수 있게 되었다.[228]

7. 국가공동체와 법

국가공동체는 그 구성원인 국민들이 서로 협력하고 상호작용하며 서로를 돕는 관계에 있으므로 공동체라 부를 수 있다. 국가공동체 형성의 법적 근거를 제시하는 대표적인 이론이 홉스, 로크, 루소 등이 주장한 사회계약설이다. 사회계약론자들은 인간들이 자연상태에서 체결한 사회계약을 통하여 국가공동체와 법을 형성하였다고 주장한다. 그러나 사회계약론에는 실제로 사회계약은 한번도 체결된 적이 없었으며, 성사된 사회계약이 없다면 시민들도 정부도 약속에 구속당하지 않는다는 이론적 약점이 있다.[229] 그럼에도 사회계약을 통해서 사회의 기본구조를 만들려고 한 사회계약설은 국민주권을 실현하였다는 역사적 의의가 있으며[230] 이에 근거하여 국민을 구성원으로 하는 공동체인 근대 국민국가가 형성되었다.[231] 한편 헤겔은 시민사회와 국가를 구분하고 보편성(가족)과 특수성(시민사회)을 변증법적으로 지양한 형태인 국가는 진정으로 자유롭고 총체적인 인격을 가진 인간들의 공동체로서 인륜성이 자기를 실현한 자기의식적 인륜적 실체로 보면서 개인과 국가의 관계에 있어서 의무와 권리의 상호의존성을 강조하였다.232) 현대에 있어 국민국가라는 정치공동체는 정치적인 틀로서는 민주주의, 경제적인 틀은 자본주의와 국민경제, 사회적인 틀로서는 사회적 복지주의라는 세 가지 축을 가지게 되었다.233) 이러한 국가공동체의 체제는 그 기본적인 규범인 헌법에서 명시적으로 천명되고 집행된다.

나아가 국가공동체와 시민공동체간의 관계가 문제된다. 일설은 국가공동체와 시민공동체는 별개이며 때로는 협력을, 때로는 갈등을 한다고 한다. 다른 견해는 오늘날의 국가공동체는 국민국가라는 개념에 의존하기보다는 시민공동체의 연장으로서 의미를 가진다고 한다.234) 국가공동체는 국민을 그 구성원으로 하지만 국가는 국민과 별개의 주체로서 주권을 가진다는 점에서 시민공동체와 다르며 시민공동체는 일국 내에 존재할 수도 있지만 국경을 넘어 국제적으로도 존재할 수 있고 양자는 그 역사적 발전과정이나 존재 목적을 달리하므로 개념상 구별되어야 할 것이다. 오늘날 국가가 가장 강력한 공동체 특히 정치공동체임을 부정하기는 어려우나 국민에 대한 책임을 국가공동체에만 지울 것이 아니라 다양한 시민공동체가 이를 분담하여야 할 것이며 특히 국가공동체가 할 수 없는 국제적 연대를 시민공동체가 실현할 수 있다는 점에서 국가공동체와 구별되는 시민공동체의 존재의의가 있다 할 것이다.

국가공동체는 민족공동체와 구별된다. 민족공동체는 공통된 언어, 문화, 역사를 공유하는 사람들의 집단으로 문화공동체(Kurturgemeinschaft)인 동시에 생활공동체(Lebensgemeinschaft)의 성격을 가시며 일반석으로 국가공농체보다 유대감이 더 강하다. 국가공동체는 인위적 공동체인 반면 민족공동체는 자연적 공동체라 할 수 있다.

8. 취미공동체와 법

취미공동체란 음악, 미술, 스포츠 등 같은 취미를 가진 사람들이 모여 형성한 공동체를 말한다. 여기에서는 스포츠공동체를 중심으로 살펴본다. 스포츠공동체는 일정 스포츠를 공동으로 즐기고자 하는 개인들에 의하여 자발적으로 조직되고 운영되면서 지역단위에서 국가단위로 나아가 국제적 규모로 발전하였다. 스포츠공동체란 "스포츠라는 공동의 목적을 위하여 여러 사람이 모인 단체라고 할 수 있다."[235] 실정법적으로는 체육단체와 경기단체를 구분하고 체육단체는 경기단체를 포함하여 "체육에 관한 활동이나 사업을 목적으로 설립된 법인이나 단체"라고 정의하고,[236] 경기단체는 "특정 경기 종목에 관한 활동과 사업을 목적으로 설립되고 대한체육회나 대한장애인체육회에 가맹된 법인이나 단체"라고 정의한다.[237] 스포츠공동체는 경기종목별로 형성되는 것이므로 경기단체가 스포츠공동체라 할 수 있으나 이 경기단체들의 연합회인 체육단체도 공동체를 형성하고 있는 범위 내에서 스포츠공동체의 하나로 이해하기로 한다.

해당 스포츠를 직업적으로 하는지 여부에 따라 스포츠공동체는 아마추어 스포츠공동체와 프로 스포츠공동체로 나눌 수 있다. 아마추어 스포츠공동체의 정점에 국제올림픽위원회(International Olympic Committee, IOC)가 있고 프로스포츠는 경기 종목별로 예컨대 축구의 경우 국제축구연맹(Fédération internationale de football association, FIFA)이 세계적 정점에 있다. 스포츠공동체가 하는 가장 큰 역할은 경기 규칙을 제정하여 실제 경기를 주관, 실시하는 것이다. 스포츠경기에 있어서는 경기규칙에 따라 페어 플레이를 하는 것이 중요하므로 이를 위반한 선수들을 스포츠공동체가 책벌할 필요가 있다.

스포츠공동체, 예컨대 대한축구협회가 경기도중 심판을 폭행한 모 프로축구팀 소속의 선수에 대해서 출장정지의 징계를 할 수 있는 법적 근거는 무엇인가가 문제된다. 왜냐하면 프로축구선수 개인은 대한축구협회의 사원이 아니고, 그가 속한 프로축구팀이 대한축구협회의 사원이기 때문이다.[238] 그 근거를 축구선수는 대한축구협회의 사원이 아닌 제3자이지만 축구경기 시 출전선수의 명단제출과 단체의 출전승인으로 선수와 단체 사이에 징계규정에 관한 합의가 있는 것으로 볼 수 있으므로 출전한 축구선수를 징계할 수 있다는 계약적 법리를 주장하는 견해가 있으나[239] 이를 구태여 계약의 법리에 따라 기교적으로 설명할 필요는 없고 공동체에 있어서의 구성원의 개념은 일반 사단에 있어서의 사원과는 달리 그 공동체에 참여하는 모든 사람을 구성원이라고 볼 수 있기 때문에 공동체의 구성원에 대하여는 그 공동체가 책벌권을 가진다고 설명하는 것이 간편할 것이다. 한편 스포츠선수들에 대한 책벌은 스포츠공동체의 자치에 맡겨져야 하며 국가나 스포츠팬들의 지나친 간섭을 받

아서는 안된다고 할 것이다.[240]

스포츠공동체가 공동체의 운영을 위하여 정립한 규범이 스포츠법(lex sportiva) 이다.[241] 스포츠법 중 가장 중요한 것은 스포츠규칙이라 할 수 있다. 종목별 스포츠 공동체는 전세계적으로 독자적인 조직을 구성하고 상하의 체계를 가진 세계적인 조 직은 통일된 스포츠규칙을 제정할 권한을 가진다. 스포츠공동체의 이러한 독점적 규범제정권은 스포츠공동체의 자치를 보장하는 초석이 되고 있다. 아마추어 스포츠 에 관한 규범의 최상단에는 올림픽헌장(Olympic Charter)이 있다. 올림픽헌장은 국제 올림픽위원회가 올림픽정신의 기본원칙을 규정화한 것으로 올림픽운동의 조직, 행 사 및 운영을 통할하고 올림픽경기 개최의 조건을 설정한다. 올림픽헌장은 쿠베르 탕의 제안 취지에 따라 1908년 제정되었고 1978년 현재와 같이 헌장이라는 이름을 갖게 되었다. 20세기 후반 국제스포츠산업의 급격한 성장으로 프로선수들의 활동무 대가 만들어졌고 이들은 세계적인 스포츠인 공동체를 구성하고 자율적인 법체계를 형성함으로써 lex sportiva가 성립되었다.[242] 스포츠에서 발생한 분쟁은 스포츠공 동체의 자치 규범에 의거하여 자체적으로 해결함이 바람직한바 스포츠중재법원 (Court of arbitration for Sports, CAS)이라는 자율적 분쟁해결기구에서 스포츠분쟁을 해 결함으로써 스포츠공동체의 자율성을 제고하고 있다.[243] 이처럼 lex sportiva는 스 포츠공동체가 정립한 법규범 체계를 말하며 초국적(transnational) 성격을 가진다.[244] 우리나라에서는 스포츠단체가 기타공공기관으로 분류되어 있고 엄격한 법적 규제 를 받고 있어 공동체로서의 민주성과 자율성이 저해되고 있으므로 21세기적 패러 다임에 맞게 스포츠공동체의 자치권을 폭넓게 보장하는 법제도로 정비되어야 할 것 이다.

9. 국제공동체 및 세계공동체와 법

가. 국제공동체와 법

오늘날 많은 공동체가 국경을 넘어 활동을 하고 있다. 특히 스포츠 단체, 환경 단체, 봉사단체나 구호단체의 경우 국제적인 공동체를 형성하는 경우가 많다. 국제 공동체라는 특수한 유형의 공동체를 지칭하는 것이 아니라 공동체의 활동이 국제적이라는 특징을 가진 공동체를 말한다. 이러한 국제 공동체는 국가법의 적용을 배제하거나 그에 우선하여 자신을 규율하는 법제를 가지고 있다. 국가법이 적용되는 경우에도 이러한 국제공동체에는 어느 나라의 공동체법이 적용되는가, 만약 공동체 내에서 또는 외의 다른 법주체와 분쟁이 발생하였을 때 어느 나라에서 재판을 할 것인가 등 국제사법적 문제가 발생한다. 또한 각국의 공동체법에 차이가 있어 공동체의 입장에서는 어느 나라의 공동체법을 활용하는 것이 자신의 활동에 유리한가를 판단하는 문제 즉 비교공동체법의 문제도 발생한다. 국제공동체법은 형성 도중에 있는 법 영역이다.

나. 세계공동체와 법

세계공동체운동은 두 갈래로 진행되어 왔다고 할 수 있다. 국민국가(nation-state)를 넘어 세계정부를 건설하자는 것이 그 한 갈래이다. 국제연합(UN), 세계무역기구(WTO), 국제통화기금(IMF) 등의 각종 국제기구가 지향하는 바이다. 유럽연합은 유럽국가들 간에 초국가적 정부를 구축하여 왔다. 그러나 이러한 지역정부나 세계정부의 구상은 오늘날 벽에 부딪치고 있다. 국제연합은 점점 무력화하고 세계무역기구를 주창한 미국이 국제무역질서를 위반하며 세계무역기구의 조직을 방해하는 사태로까지 나아갔다. 세계정부 구상은 당분간 그 실현가능성이 낮아 보인다. 오히려 다국적기업이나 플랫폼기업에 의한 통합이나 국제시민단체의 연대가 부각되고 있다. 지난 몇 세기 동안 유지되어왔던 국민국가 중심적인 국제체제가 복합적, 중층적인 국제체제로 변화하고 있으며 그 중심에 사이버공동체가 있다.[245] 사이버공동체에 대한 개별 국가의 영향력은 날이 갈수록 감소하고 있다. 오히려 구글이나 아마존같은 플랫폼기업의 국가에 대한 영향력이 증대하고 있다. 세계공동체법에 대한 새로운 설계가 필요한 시점이다.

또 하나의 갈래는 지구공동체 운동이다. 지구온난화가 현재 속도로 진행될 경우, 2030년과 2052년 사이 지구 평균 온도 상승폭이 1.5°C를 초과할 것으로 예상되고 있으며 탄소저감 운동을 통하여 지속가능한 지구(sustainable Earth)를 만들려는 노력이다. 지속가능성이란 지구의 자원, 생태계, 기호와 환경을 관리, 보호하여 현재와 미래 세대가 쾌적한 생활을 할 수 있도록 하는 것이다. 지구공동체에 관한 법적 규범으로는 파리의정서 등 국제환경법제와 최근에 부상하고 있는 환경, 사회 및 지배구조(Environmental, Social and Governance, ESG) 개선 법제 등 국제기업법제가 있다. ESG법제는 글로벌 기업의 투자자, 종업원, 고객 등의 이해관계인(stakeholders)을 고려한 환경과 사회 및 기업자체의 지배구조에 관한 규제적 환경에 관한 법제를 말한다. 여기에서도 기후변화와 지속가능성이 주된 논점이 되고 있다. 이러한 논의는 인간의 입장에서 국제적 환경을 보전하기 위한 법제라 할 수 있으나 여기에서 한걸음 더 나아가 지구생태계 그 자체가 존재하고 진화하며 번창할 수 있는 권리를 보유하고 있다는 주장이 대두되고 있다. 자연은 인간과 마찬가지로 이러한 자신의 권리를 법원에 주장하여 생태계의 기능적 상호의존성을 보호, 복원 그리고 안정화 시킬 수 있다는 법리이다. 도롱뇽사건에서 보았듯이 자연이 권리주체임을 주장하는 것이다. 이에 관한 법체계를 지구법(Earth law)이라 부른다.

V. 공동체법의 미래

1. 개설

이상 살펴본 바와 같이 분명 우리 공동체는 국내외를 막론하고 위기에 봉착하였다. 과거 오랫동안 생명력을 가지고 유지 발전되어온 공동체는 혈연공동체와 지연공동체라 할 수 있다. 이러한 공동체가 가능하였던 것은 그 공동체가 일종의 경제공동체를 이루어 구성원들의 생계 유지에 필수적이었거나 적어도 도움이 되었기 때문이다. 그런 관점에서 과거의 공동체를 복원하든 새로운 공동체를 구축하든 그 공동체가 살아남으려면 구성원의 생계나 복지에 기여를 할 수 있어야 한다고 본다. 현재 지자체가 중심이 되어 전개되고 있는 마을공동체운동도 마을기업이나 사회적기업 또는 협동조합 활동을 병행함으로써 성공을 거둘 수 있을 것이다. 그러나 무엇보다도 아직 우리 사회에 압도적인 영향을 미치고 있는 기업을 공동체로서 재구성해 보는 것이 중요한 과제라고 할 것이다. 앞서 살펴본 바와 같이 기업공동체의 선구적 역할을 하는 것이 사회적기업과 협동조합이라 할 수 있다. 이러한 기업공동체가 형성, 발전할 수 있는 법제를 모색할 필요가 있다.

역사적으로 달리 성공한 공동체는 종교공동체와 같은 이념공동체이다. 이념공동체는 경제적 이익을 공유하게 하여 주지는 않지만 정신적인 안식과 재충전을 가능하게 해주었다. 우리에게 정신적 위안을 제공하는 21세기적 공동체로서 종교공동체는 논자에 따라 관점이 다르겠으나 그 권위를 잃어가고 있다고 할 수 있다. 종교공동체와 함께 또는 이를 대신하여 현대인에게 위안을 제공하는 공동체는 스포츠공동체를 비롯한 연예공동체일 수 있다. 그 외에도 21세기에 있어서 우리의 정신적 물질적 수요를 충족시킬 수 있는 대안적 공동체를 창설하고 이를 법적으로 뒷받침하여야 할 것이다. 여기에서는 새로운 취미공동체로서 연예공동체와 상호부조를 주된 목적으로 하는 공제단체, 그리고 사이버공동체를 중심으로 공동체법의 미래를 모색해 본다.

2. 공제공동체와 법

공제(共濟)란 상부상조의 목적으로 단체를 조직하여 그 구성원이 일정액을 각출하여 기금을 마련하고 구성원 개개인이 일정한 생활상의 위험에 처했을 때 일정 금액을 지급하는 것을 말한다. 공제사업을 하는 공제단체에는 그 구성원에게 발생하는 손해배상책임을 분담하는, 일종의 상호보험단체인 공제조합[246]과 공동체 내에 또는 공동체와 별도로 구성원에게 사망이나 질병 등 일정한 사유가 발생하였거나 사회활동에서 은퇴한 경우에 연금 등의 일정한 부조를 제공하는 공제회가 있다.[247] 공제회에는 법으로 공제회를 창설한 법정공제회와 구성원들이 창설한 임의 공제회의 두 가지가 있다. 전자의 예로는 각종 공무원공제회, 한국교직원공제회,[248] 과학기술인공제회[249] 등이 있고 후자의 예로는 기독교 교역자를 위한 교역자공제회, 건설근로자공제회,[250] 한국사회복지공제회,[251] 기타 각종 직장공제회[252]가 있다. 공제조합이나 공제회는 회원을 가지고 있으나 그 주된 목적이 공제재단을 형성하여 공제사업을 하는데 있으므로 사단인 동시에 재단, 즉 사재단(社財團)의 성격을 가져 그 자체로 하나의 공동체를 형성하거나 이미 존재하는 공동체의 부분공동체를 이룬다고 하겠다. 이러한 공제공동체는 구성원으로부터 일정한 부담금을 납부받고 일정 연령에 달하거나 일정 사유가 발생하면 연금 등 급여를 지급하며 구성원이 탈퇴 등의 사유로 자격을 상실한 경우에는 부담금 등을 반환한다. 그 외 구성원은 공제회의 운영에 참여하며 복지시설을 이용할 권리 등을 가지고 공제회의 운영에 협조할 의무를 진다.[253] 사회적 복지제도가 미비한 우리나라에서는 우선 입법적 지원을 통하여 각종 공동체들이 임의공제회제도를 마련하여 공동체의 기반을 공고히 할 수 있게 하고 나아가서는 공제회가 하나의 공동체로 성장할 수 있도록 지원하는 것이 우리 사회의 당면 과제라고 본다.

3. 혈연공동체법의 미래

조상에게 제사를 지내는 풍습이 시간이 갈수록 약화되고 있고 종중도 그 재산을 처분하여 점점 소멸해가는 추세에 있다. 또한 비혼, 졸혼, 이혼 등 가족의 해체현상이 심화되고 있어 가족공동체마저 붕괴될 위험에 처하고 있다. 가족공동체를 복원하기 위해서는 새로운 법리로 접근할 필요가 있어 보인다. 가족공동체의 출발은 부부간의 혼인이다. 혼인의 법적 성격에 관하여는 종래 부부간에 서로 반대방향의 의사표시 즉 쌍방 간에 주고받는 바게인(bargain)에 의하여 성립하는 계약으로 보는 것이 통설적 견해이나 부부간에 가족공동체의 형성이라는 공동의 목적에 따른 의사표시의 합치에 의하여 성립하는 법률행위, 즉 합동행위로 볼 수도 있을 것이다.[254] 가족을 위하여 자신을 희생하는 것을 당연한 것으로 받아들였던[255] 한 세대 전 우리 사회에서 오늘날 우리가 직면한 가족의 해체는 중요한 복지 매커니즘의 상실로 이어지고 있다. 이런 관점에서는 사라진 가(家)[256]의 개념을 부활하여 가족공동체의 구성원은 하나의 가적(家籍)에 편제하는 것을 검토하여야 할 것이다. 종중이 형식화하고 종중재산의 관리에 그쳐 혈족공동체로서의 시대적 사명을 다하였다면 가까운 혈족 간의 상부상조와 친목을 도모하기 위한 임의적 혈연공동체의 결성을 장려하는 등 새로운 형태의 혈연공동체를 발전시킬 수 있을 것이다.[257] 따라서 정부도 가(家)의 부활을 비롯한 가족공동체의 형성과 가족 나아가 가까운 혈족간의 공동체의식을 제고하는 정책[258]과 입법을 펼쳐 나가야 할 것이다.[259]

4. 연예공동체와 법

최근에는 취미공동체 또는 직업공동체의 하나라고 볼 수 있는 연예공동체가 주목을 받고 있다. 연예공동체의 스펙트럼은 매우 넓어 다양한 유형이 있다. 이를 나누어 본다면 연예공동체에는 공동으로 작품 활동에 참여하는 작품공동체, 연예인들의 직업단체인 연예인길드, 연예를 향수(享受)하는 연예취미공동체 등의 유형이 있다. 연예공동체의 법적 성격을 규명함에 있어서는 연예인집단의 특유한 성격을 이해하여야 할 것이다.

연예인들은 대체로 협업으로 연예활동을 한다. 예컨대 영화제작에 참여하는 감독, 배우, 촬영팀, 편집팀 등은 일심동체가 되어 단기간 내에 일사불란하게 작품을 만들어 낸다. 이들의 관계를 단순히 계약관계로 파악하여서는 그 단기적 결속성을 설명할 수 없다. 그 외에도 공연이나 연예물 제작에 공동으로 참여하는 연예인들이 지속적으로 또는 작품별로 형성하는 공동체의 법적 성격은 무엇일까. 아이돌그룹의 공동체성도 검토하여 그들이 해체되지 않고 롱런할 수 있는 정서적 공감대 형성과 법적 뒷받침도 과제라 할 수 있다.

연예인들이 작품 활동을 공동으로 하지 않는다 하더라도, 심지어는 활동하는 분야가 다른 경우에도 그들은 유달리 강한 동류의식을 가지고 있다. 아마도 남사당패 이래의 설움을 극복하기 위한 단결일 수도 있다. 서구에서는 장인 길드의 전통을 이어 받아 작가나 연예인들이 SAG나 WGA를 결성하여 공동체로 활동하고 있는 것도 연구의 대상이 될 것이다. 예술가들의 권리를 보호하기 위한 각종 저작권단체들의 공동체성도 천착할 필요가 있다. 음악저작권협회와 같은 저작권단체가 저작자들의 공동체로서의 역할을 제대로 하지 못하는 현실을 극복하는 법적 수단은 무엇일까.

음악동호인회, 미술동호인회, 문학동호인회와 같은 연예취미공동체의 법적 성격도 규명하여야 할 것이다. 특정 가수그룹을 후원하는 팬덤과 그 단체의 활동도 무시할 수 없다. BTS를 위하여 국제적으로 연대하여 활동하여 온 아미(Army)와 같은 팬덤 단체들의 공동체성과 그 법적 성격도 규명의 대상이다.

5. 사이버공동체와 법

가. 사이버스페이스와 사이버공동체의 등장

인터넷이 대중화되기 시작한 1993년 이래 현실세계가 아닌 컴퓨터, 인터넷 등으로 만들어진 가상의 공간인 사이버스페이스(cyberspace)라는 개념이 등장하였고 1996. 2. 8. 존 페리 바를로(John Perry Barlow)는 사이버스페이스의 국가권력으로부터의 독립을 선언하는 "사이버스페이스 독립선언문(A Cyberspace Independence Declaration)"을 공표하기도 하였다. 인터넷[260]의 상호운용성을 확보하기 위하여 1998. 8. 18. 인터넷주소관리기구(Internet Corporation for Assigned Names and Numbers, ICANN)[261]가 설립되어 인터넷의 사용을 위하여 필요한 도메인 이름 시스템, 인터넷 프로토콜 주소 공간(Internet Protocol (IP) address space) 기타 파라미터들을 관리하고 있다.[262] "'웹(Web) 2.0'으로 대표되는 정보통신기술의 경향은 '참여, 공유, 개방'이라고 규정지어지는 것처럼, 전통적으로 이용자의 지위에 머물던 자들이 이제는 이용과 동시에 컨텐츠 제작에 참여하도록 개방되어 있고 이를 자연스럽게 공유하도록 구조화되어 있다."[263] 이처럼 참여, 공유, 개방을 모토로 하는 사이버스페이스 자체가 하나의 새로운 공동체라는 주장이 있었으며 인터넷과 웹을 도구로 하여 사이버상에서 부분적으로 조직, 형성된 공동체가 등장하기 시작하였다. 지금은 사이버공간에는 크고 작은 무수한 사이버공동체가 형성되어 활동하고 있다고 할 수 있다.

나. 사이버공동체의 개념

사이버공동체는 다른 용어로는 온라인공동체(online community), 인터넷공동체(internet community) 또는 웹공동체(web community)라고 부르는 것으로 공동의 관심을 가지는 회원들이 인터넷을 통하여 서로 교류하는 공동체를 말한다. 넓게는 페이스북, 트위터, 인스타그램, 카카오톡, 라인 등 회원들이 사회관계망 서비스, 대화방, 게시판과 미디어 플랫폼을 통하여 교신하는 것까지 포함한다. 그런데 위와 같은 모임을 모두 공동체라고 볼 수 있는지에 관하여는 견해가 갈린다. 먼저 사이버공동체 부정설의 입장을 보면 사이버공동체의 특징인 자발성과 선택성은 참여의 비용을 낮춰 쉽게 가입 탈퇴를 할 수 있어 모임을 단명하게 하고, 헌신 없는 단순한 참여만으로 대리 만족하여 진정한 참여나 관계 형성을 불필요하게 생각할 수 있으며, 참여자의 선호만을 기준으로 모임을 선택함으로써 "사이버 발칸화"[264]나 "반향실(echo-chambers)"[265]을 초래하고 있으므로 사이버공동체를 인정할 수 없다고 주장한다.[266] 반면 사이버공동체 긍정설은 공동체의 범위를 넓게 보아 온라인 사회관계망이 즉 공동체라고 주장한다.[267]

01 공동체법, 무엇이 문제인가

생각건대, 단순히 페이스북과 같은 사회적 네트워킹 사이트는 사람들이 의사소통하고 관계를 맺고 집단을 만드는 것만으로는 사이버공동체가 형성되었다고 인정할 수는 없을 것이나 위와 같은 사이버상의 모임이 앞서본 공동체의 요건을 갖추고 있다면 사이버공동체로 인정할 수 있을 것이다. 즉, 사회관계망이 공동체로 인정될 수 있기 위해서는 다수의 SNS서비스 이용자가 개인적인 정보를 교환하는 단계를 넘어서 집단적 규칙에 따라 채팅, 게임, 광고 등으로 영역에서 공동 작업을 하고 그 성과를 공유한다면 하나의 공동체를 이룬다고 볼 수 있을 것이다. 가상세계(virtual world)는 개인이 아바타를 만들어서 활동할 수 있는 컴퓨터에 의하여 만들어진 가상 환경을 말하는바 MMORPG와 같은 대규모 게임이나 세컨드 라이프와 같은 가상공간이 있다. 이러한 가상세계는 가상 공동체를 형성하고 있으며 오늘날 사회 전반적 측면에서 현실과 비현실이 모두 공존할 수 있는 3차원 가상 세계인 메타버스(Metaverse)로 진화하고 있다. 또 하나의 사이버공동체의 예로는 사이버상에서 활동하는 팬덤을 들 수 있다.

다. 사이버공동체와 법규범

사이버공동체에 적용되는 규범에는 앞서본 공동체 규범과 마찬가지로 공동체 조직규범, 공동체 활동 규범 그리고 분쟁해결규범이 있다. 이 사이버공동체 규범에는 두 가지 종류가 있다. 하나는 사이버공간에서 또는 사이버공동체에 의하여 형성되거나 제정된 법규범이고 다른 하나는 사이버공동체에 적용될 국가법(municipal law)이다. 어느 국가법이 사이버공동체에 적용될 것인가를 결정하는 저촉규범 역시 공동체 자치의 원칙에 따라 사이버공동체가 정하는 바에 따르는 것이 원칙일 것이다.

먼저 사이버공간의 자율규범으로 인터넷권리헌장이 사이버공동체에 적용될 수 있다. 2005년 "인터넷상 권리와 원칙을 위한 역동적 연합(the Internet Rights and Principles Dynamic Coalition, IRP)"이 창립되어[268] "인터넷상 인권과 시회정의를 위한 10대 권리와 원칙(The 10 Internet Rights and Principles for Human Rights and Social Justice)"[269]을 발표하였고 이어 2010년 "인터넷상 인권 및 원칙 헌장(Charter of Human Rights and Principles for the Internet)"을 제정하였다.[270] 이러한 헌장과 원칙은 사이버공동체의 조직과 활동에 상당한 규범력을 가지고 현실적으로 적용될 수 있을 것이다. 그 외

통일 도메인이름 분쟁해결방침, 표준 디지털 저작권 라이선스, 인터넷환경에서의 각종 모델법도 사이버공동체에 적용될 여지가 있다.

그리고 사이버공동체의 자치규범으로는 사이버공동체가 제정한 규약등과 제반 규칙, 그리고 사이버공동체에 존재하는 관습 등이 있다. 아직 사이버공동체를 대상으로 하여 제정된 국가법은 희소하므로 공동체에 적용되는 국가법을 사이버공동체에 유추적용하여야 할 것이다. 이와 같은 사이버공동체법은 사이버공동체의 발전에 따라 함께 형성되는 과정에 있으며 예측가능하고 합리적인 법제도를 정립하여 국가법에 의한 장애 없이 사이버공동체들이 원활하게 활동할 수 있도록 하여야 할 것이다.

Ⅵ. 글을 맺으며

공동체의 성패는 공동체의 자치와 자립에 있다고 본다. 국가는 공동체의 자치를 최대한 보장하여야 하며 공동체의 발전을 위한 지원을 하되 그 지원이 공동체의 자립을 저해하여서는 안 될 것이다. 현금의 상황을 보면 국가나 지자체의 지원을 받는 각종의 공동체는 그 지원에 거의 전적으로 의존하고 있는 경우가 많으며 국가 등의 지원이 종료되는 순간 소멸할 위기에 놓이게 된다는 것이다. 이 문제는 국가나 지자체의 정책만으로 해결될 수 없다. 공동체 구성원이 자조와 협동의 정신으로 공동체를 건설하고 자립을 이룩하며 자치를 확보하려는 강력한 의지가 뒷받침되지 않으면 안 될 것이다. 공동체의 구성원은 자신이 속한 공동체가 그 구성원에게 도움이 되는 존재로 성장할 수 있도록 끊임없이 성찰하고 개선해 나가야 할 것이다. 결국 공동체를 위한 법제도는 보완적인 기능에 그칠 수밖에 없으며 공동체 구성원들이 공동체의 중요성을 자각하고 그 형성과 유지 발전에 관심과 노력을 기울여 나가야 공동체가 그 사회적 기능을 다할 수 있을 것이다.

미주

1) 물론 공동체의 역기능에 대한 고려도 하여야 할 것인바 공동체의 존재의의가 우리 사회 전체가 지는 부담을 공동체가 분담한다는 데 있음을 공동체 구성원이 인식함을 전제로 나아가 공동체 와 국가, 공동체와 다른 공동체간의 관계를 세심하게 설정하여야 할 것이다.
2) 이것이 Warren이 제시한 지역사회의 5가지 기능이다. Roland Warren (1963).
3) 마르크스는 공동으로 토지 소유자 등과 같은 물질적 기반에 공동체의 성립 근거가 있다고 보았 다. 토지를 공동으로 소유하고 있는 이상, 그 농경 작업은 물론 다른 사회생활도 공동으로 할 수밖에 없다. 그는 공동체는 자본주의적 생산에 선행하는 형태로서 생산하는 개인들이 자연적 으로 형성된 원시공동체(ursprüngliche Gemeinschaft)에서 개인들이 땅의 여러 조각을 점유하 고 농경 생산을 해 나갈 농업공동체(Agrargemeinde)로 역사적으로 발전하였다고 한다. 이 경우 초기 단계에서 발생한 공동조직(Gemeinwesen)이 봉건 사회의 종말에 나타난 농업공동체에 이 르기까지 끊임없이 근저에 있다고 보았다. 공동체는 그러한 공동조직이 근저에 남아있는 한에 있어서 공동체라 할 수 있다는 것이다. 또한 마르크스는 공동체의 역사적 형태로 아시아 공동 체, 고전 고대 공동체와 게르만 공동체의 세 가지 형태를 들고, 각각은 본질적으로는 부족 공동 체, 도시 공동체 및 촌락 공동체에 해당한다고 하면서 게르만 공동체를 봉건 체제하에 있는 촌 락공동체로 이해하였다. 마르크스적 공동체(Gemeinde)와 공동조직/공동사회(Gemeinwesen) 의 구별에 관하여는 渡辺憲正 (2005), 16頁 이하 참조.
4) 우리나라에서는 공동사회(共同社會) 또는 공동체라고 번역하나 사회의 개념이 같은 무리끼리 모여 이루는 집단이라는 의미보다는 넓은 의미에서의 사회 일반으로 통용되므로 공동사회라는 번역은 적절치 않다.
5) 우리나라에서는 이익사회(利益社會) 또는 결사체라고 번역하나 본장에서는 이를 채택하지 않 는다.
6) Ferdinand Tönnies (1887). 영역본은 C.P. Loomis (1988).
7) Robert Morrison MacIver (1917); Robert M. MacIver (1921); Robert M. MacIver (1937) 참조.
8) 인류학에서는 지금은 공동체와 결사체를 명확하게 구분하지 않으며 공동체의 전통적 틀을 깨려 는 시도가 최근 활발한바, 예컨대 공동체로 전통적인 집단을 상정하지 않고, "함께 있음", "being in common", "공동존재", 즉 함께 있는 것 자체가 공동체적 성격을 가지고 있다고 생각 하는 경향이 있다고 한다(박명규 교수, 공동체와법 포럼 2021. 2.15. 제2회 세미나 토론). 본장 에서는 같은 맥락에서 공동체의 개념을 좀 더 확장하여 상당 부분의 결사체를 포괄하되 구성원 들 간의 결속력이 강한 집단을 공동체로 보고자 한다.
9) 김미영 (2015), 188면.
10) 커뮤니티(community)는 라틴어로 같음을 뜻하는 communitas에서 왔으며, 이 말은 또한 communis, 즉 "같이, 모두에게 공유되는" 또는 "함께 서로 봉사한다는" 뜻이라고 한다.
11) George Hillary (1955), pp.111 – 123; 신용하 (1985), 61 – 66면; 김미영 (2006).
12) Lisa Fisher (2017), pp.224 – 237.
13) 林薰平 (2017). 이 견해는 일정 범위에 토지의 공유를 기반으로 하는 지연적인 결합체뿐 아니라

공동노동조직이나 농업용수배분조직을 포함한다고 한다.

14) Max Weber, Sociology of Community. 베버는 같은 촌락공동체를 이념적으로 구성하여 봉쇄성(Geschlossenheit)과 평등(Gleichheit)을 두 기둥으로 하여 생긴 마을 사회로서 집단과 개인의 힘의 관계에 착안하여 그 힘의 관계와 평등원칙의 태양의 관계성을 분석하였다. 日本大百科全書(ニッポニカ)의 共同体의 解説 참조.

15) 小田亮 (2004), 236頁 이하.

16) 준거집단(reference group)이라 함은 가족, 지역, 학교, 직장 등 사람의 가치관, 신념, 태도, 행동 등에 강한 영향을 미치는 집단을 말한다,

17) 김미영 (2015), 181-218면. 이를 전제로 이 견해는 현대사회 공동체의 논점을 공동체의 지속 여부, 공동체의 가능 여부 및 공동체적 대안의 정당성으로 나누고 있다.

18) 그 전신은 1951년 프랑스, 서독, 이탈리아, 룩셈부르크, 네덜란드 및 벨기에 간의 파리 조약으로 설립된 유럽석탄철강공동체(European Coal and Steel Community, ECSC)였던바 ECSC는 2002년 파리 조약의 만료로 소멸되고 그 기능은 유럽공동체(the European Community)에 흡수되었다.

19) 동법 제2조 제5호 참조.

20) 2015년 행정자치부의 동 표준조례 제2조 제3호 마을공동체에 대한 정의 참조.

21) 이해식 의원이 2020. 9. 23. 대표 발의한 "마을공동체 활성화 기본법안(의안번호 4140)" 제2조 제1호 마을공동체에 관한 정의 참조.

22) communitarian이라 한다. 공동체주의에 관하여는 후술하는 바와 같다.

23) 문성훈 (2017), 43-68면 참조.

24) 학습공동체에 관한 일반적 논의로는 C.J. Bonk/R.A. Wisher/M.L. Nigrelli (2004).

25) 학교공동체 붕괴 현상은 학생 간의 갈등, 학생과 교사 간의 갈등, 교사 간의 갈등, 학부모와 교사 간의 갈등, 학교와 교육 당국 간의 갈등이 개인적 차원과 집단적 차원에서 나타나고 있으며 그 해결이 점점 어려워지고 있다. 학교공동체 붕괴는 매우 심각하여 별도로 논의하기로 하고 본고에서는 더 이상 다루지 않는다.

26) Ferdinand Tönnies (1887). 영역본은 C.P. Loomis (1988).

27) Margaret Stacey (1969), pp.134-147.

28) 이는 앞서본 바와 같이 퇴니스의 견해이고 적극적 해체론을 주장하는 견해로는 大塚의 共同体害惡説이 있다.

29) Karl König는 이것이 인류학의 주된 과제 중의 하나이자 인류학 몰락의 원인이 될 수 있다고 보아 사회적인 개혁과 치유를 위한 캠프힐 운동(Camphill Movement)을 개창하였다. Richard Steel (2011).

30) 林薫平 (2017), 131頁 이하는 Max Weber 및 大塚久雄 (2000)의 견해를 비판한다.

31) 문성훈 (2017) 참조.

32) 공동체주의는 자유주의의 전형인 롤즈의 "정의론"을 비판하고 개인은 연고없는 존재가 아니라 한 가족, 한 민족, 한 국가의 구성원으로서 특정한 규범적 질서, 관습, 전통 속에서 타인과 함께 살아가는 역사적 존재로서 개인의 삶의 목적과 의미는 초개인적인 역사적 조건 속에서 형성된다고 보아 공동체는 자유주의적 의미에서 말하는 계약론적 '사회'가 아니라 개인의 삶의 의미와 목적 설정의 객관적 토대를 제공함으로써 개인의 자아를 형성하게 하는 구성적 역할을 하여 그 구성원들이 특정 가치를 공유하고 이를 실현하기 위하여 연대하는 집단인 자아 구성적 공동체라고 한다. Michael Sandel (1984), p.87; 문성훈 (2017), 54면에서 재인용.

33) 유호근 (2009), 125면. 문성훈 (2017), 52면.

34) 기존 사회체제에 대한 대안적 공동체의 건설을 시도한 탈주 운동의 예로는 사파타주의자들(Zapatistas)이 북미자유무역협정(NAFTA)에 저항하며 멕시코 치아파스(Chiapas)주에 건설한

자율 공동체, 덴마크 코펜하겐 도심에 주택 및 재화 공동사용 원칙에 따라 건설된 크리스티아니아(Kristiania) 주거 지역, 스페인 마리날레다(Marinaleda)에 농업 노동자들이 공동경작을 위해 세운 마을, 노동자들이 회사의 경영권을 인수하여 자율적으로 운영하는 세르비아 제약회사 유고레메디아(Jugoremedia) 등이 있다고 한다. 문성훈 (2017), 56－57면.

35) 문성훈 (2017), 44면.
36) 임희섭 (1994) 참조.
37) 二宮哲雄, 日本大百科全書(ニッポニカ)の解説, 共同体. https://kotobank.jp/word/93－52945.
38) 강수돌 (2007), 194－218면.
39) 박주원 (2008), 350－373면.
40) 김미영 (2015), 183면.
41) 강대기 (2001), 28－29면: 김미영 (2015), 183면에서 재인용.
42) David Émile Durkheim (1893). 국내 번역으로는 에밀 뒤르켐 (1990), 387－478면.
43) 그렇다고 그는 자기 시대에 무비판적이었던 것은 아니었다. 근대사회나 프랑스 제3공화국의 병리 현상이었던 자살, 아노미 등과 드레퓌스사건으로 상징된 반유대주의나 20세기 초의 극단적 민족주의 등을 비판하고 그런 것을 극복하고 전통 이후의 공동체, 다시 말해 근대사회에 가능한 연대 형식을 모색하였다. 김미영 (2015), 192면.
44) George Hillary (1955), pp.111－123. 그러나 이러한 포괄적인 개념 요소는 지나치게 일반적이어서 사회나 집단과 공동체를 구별하기 어렵다는 비판이 있다. 김미영 (2015).
45) 그러한 관계에서 모든 구성원의 진정한 필요에 부응하는 공동체는 질서와 자치간의 적절한 균형을 취하여야 한다고 주장한다. Amitai Etzioni (1996), pp.1－11.
46) 이를 일본 학자들은 공속감(共屬感)이라 부른다.
47) 반면 재산적 단체인 재단은 정관의 작성에 재산의 출연자 내지 재단의 설립자의 의도가 주로 반영되고 그 재단의 관리에 국가의 간섭을 받는 타율적인 성격이 강하다. 이점은 후술하는 재단의 성격을 가진 공동체에도 그대로 적용될 수 있다.
48) 동법 제38조 참조.
49) 예컨대 이영훈 (2001) 참조.
50) 중세 봉건제하에서도 농노는 자신이 경작하는 영주의 토지에서 생산한 산물을 제공하고 부역의 의무를 지고 있었던 반면 촌락 공동체의 관습에 의해 자신의 권리를 보호받을 수 있었고 영주와의 계약으로 농노의 권리를 명문화하는 경우도 많아 영주가 농노의 권리를 일방적으로 변경하기는 어려웠다고 한다.
51) 독일에서는 일반 사단에 있어서어 이른바 사단자치(Vereinsautonomie)가 인정되고 있다고 한다.
52) 따라서 부분사회에서 발생한 분쟁은 사법권이 개입할 수 있는 범위밖에 있다고 한다, 富山大学事件. 最高裁判所 昭和52年3月15日 第三小法廷判決, 民集31卷2号234頁. 高橋宏志 (1998) 참조.
53) 최준규 (2002), 1면.
54) 우리 헌법 제21조 제1항은 "모든 국민은 … 결사의 자유를 가진다."라고 규정한다.
55) 다만 지역공동체에 있어서는 그 지역을 영구적으로 이탈함으로써 사실상 탈퇴할 수는 있다.
56) 헌재 1996. 4. 25. 92헌바47(축산업협동조합법 제99조 제2항 위헌소원)은 결사의 자유에서 결사의 의미를 "자유의사에 기하여 결합하고 조직화된 의사형성이 가능한 단체를 말하는 것"이라고 하여 자발적이고 조직화된 단체를 지칭하면서 이러한 견지에서 복수조합의 설립을 금지한 구 축산업협동조합법의 규정은 결사의 자유라는 기본권의 본질적 내용을 해하여 위헌이라고 판시하였다.
57) "단체결성의 자유는 결사의 자유의 규범적 내용에 해당하는 것으로서, 자유로운 사회적 집단형성의 원리가 되고 공동체질서를 구성하는 근거규범으로 작동한다. 이는 헌법에서 요구하는 인

간상이 고립된 개체로서 자기지배의 인간을 의미하는 것이 아니라, 공동체 지향적이고 공동체에 구속되는 인격체로서 수많은 인간관계 속에서 의존적으로 인격을 발현하는 개인을 의미하기 때문이라 할 수 있는데 헌법은 결사의 자유를 보장하여 자유로운 인격발현을 단체 속에서 그리고 단체를 통하여 실현할 수 있도록 하고 있다." 김상겸 (2010), 49면 참조.

58) 헌재 1996. 4. 25. 92헌바47 참조.

59) 헌법 제37조 제2항은 국가안전보장·질서유지, 또는 공공복리를 위하여 필요한 경우에 한하여 법률로서 결사의 자유 등 기본권을 제한할 수 있음을 규정하고 있다. 다만 결사의 자유의 본질적 내용은 침해할 수 없으나 공동체의 속성상 부과되는 제한은 결사의 자유의 본질적 내용의 침해라 보기는 어려울 것이다.

60) 공동체 구성원에 대한 징계문제에 관하여는 송호영 (2009), 23-27면 참조.

61) 로마법 이래로 "법은 가정의 문턱을 넘어서는 안 된다", "비바람은 집안에 들어갈 수 있어도 법은 집안에 들어가지 못한다."는 전통적인 법언이 지배해왔다. 한마디로, 가정은 법으로부터 자유로운 영역 – 정확히 말하면 상대적으로 자유로운 영역 – 이었다고 한다. 오세혁(2013), 5-30면 참조. 또한 국가가 종교에 간섭하지 않는 것은 정교분리의 원칙에 따라 국가는 국민의 세속적·현세적 생활에만 관여할 수 있고 국민의 신앙적·내면적 생활에는 간섭해서는 안 된다는 것이다. 우리 헌법도 정교분리의 원칙을 선언하고 있다.

62) 공동체 규범은 공동체법보다 넓은 개념이나 공동체법의 특수성상 국가가 이를 강제적으로 실현하는 강제규범, 즉 법이 아니라 하더라도 공동체와 그 구성원을 구속하는 점에서 법과 다를 바 없으므로 본고에서는 법과 규범을 호환적으로 사용하기로 한다. 공동체규범의 실정법 이상의 구속력은 카톨릭 공동체가 교리나 윤리상 중대한 잘못을 저지른 교인을 공동체로부터 축출하는 파문(破門, excommunication)의 위력에서 발견할 수 있다.

63) 공동체에 관한 실정법으로는 마을공동체지원 기본법(안), 도시재생법. 공동주택관리법, 협동조합 기본법 및 농업협동조합법을 비롯한 각종 협동조합법, 산림조합법, 염업조합법, 농림수산식품투자조합법, 산업기술연구조합육성법, 한국해운조합법, 선주상호보험조합법, 전기공사공제조합법 등의 조합에 관한 입법, 과학기술인공제회법을 비롯한 공제제도에 관한 입법 등이 있다.

64) 공동체 상호 간의 협업과 분쟁 해결 등을 규정하는 것이 대부분일 것이나 때로는 공동체의 합의로 상위 공동체를 구성하는 규범도 있을 수 있다. 인접한 지자체 간의 합의로 별도의 마을공동체를 만들거나 유럽 6개국이 합의하여 유럽석탄철강공동체(ECSC)를 결성한 것이 그 예이다.

65) 각종 지자체의 마을공동체 활성화 지원에 관한 조례, 공유경제 또는 사회적 경제 촉진 조례 등이 그 예이다.

66) 권리능력없는 사단이라 함은 일반적으로 사단법인으로서의 실체는 가졌으면서도 법인격이 없는 민법상의 단체를 말하며 비법인사단이라고도 한다.

67) 대법원 1999. 4. 23. 선고 99다4504 판결 등 다수.

68) 송호영 (2009)에 의하면 사단정관이 규범이라는 견해의 원류는 법인의 본질에 관하여 실재적 단체인격설을 주장한 오토 폰 기르케(Otto v. Gierke)에게로 소급되는데, 당시에는 단체가 국가로부터 간섭받지 않고 활동할 수 있는 여건이 절실하였기 때문에 사단자치의 이념이 강한 톤으로 주장될 수밖에 없었고 그에 따라 사단의 자체적인 징계권 행사에 대해서도 법원의 개입을 최소화하는 논리의 개발이 필요하였을 것이며 실제로 독일의 초기 판결도 이러한 입장을 좇아 법원이 사단징계에 대하여 사법적 판단을 하게 되면 사단의 자율성을 침해할 수 있다는 이유로 사법심사에 소극적이었으나 오늘날 독일에서는 초기와 같은 극단적인 규범설을 주장하는 견해를 찾아볼 수 없지만, 정관의 법적 성질에 관하여 수정규범설의 입장에서 사단징계권을 단체법상 독자적인 제도로 보는 견해는 오늘날에도 많이 주장되며 오늘날에 주장되는 수정규범설에 의하면 정관의 작성행위의 성질과 작성된 정관의 성질을 구분하여, 정관작성행위는 계약이지만 작성이 완료된 정관은 규범으로서의 성질을 가진다고 한다. 그러나 수정규범설은 일관성이 없

01 공동체법, 무엇이 문제인가

다고 비판한다.

69) 대법원 2000. 11. 24. 선고 99다12437 판결은 "사단법인의 정관은 이를 작성한 사원뿐만 아니라 그 후에 가입한 사원이나 사단법인의 기관 등도 구속하는 점에 비추어 보면 그 법적 성질은 계약이 아니라 자치법규로 보는 것이 타당하므로, 이는 어디까지나 객관적인 기준에 따라 그 규범적인 의미 내용을 확정하는 법규해석의 방법으로 해석되어야 하는 것이지, 작성자의 주관이나 해석 당시의 사원의 다수결에 의한 방법으로 자의적으로 해석될 수는 없다 할 것이어서, 어느 시점의 사단법인의 사원들이 정관의 규범적인 의미 내용과 다른 해석을 사원총회의 결의라는 방법으로 표명하였다 하더라도 그 결의에 의한 해석은 그 사단법인의 구성원인 사원들이나 법원을 구속하는 효력이 없다."고 판시하였다.

70) 규약등의 성격에 관하여 이를 계약이라고 보는 견해는 원시 규약등은 공동체의 설립자들 사이의 다면적인 의사표시에 의해서 성립하는 특수한 계약이고, 규약 설정 이후에 공동체에 가입하여 구성원이 되는 것은 가입행위를 통하여 공동체와의 모든 규정에 관한 합의가 성립하였음을 의미한다고 한다(송호영 (2009), 8면). 그러나 공동체 자치의 원칙에 비추어 규약등을 자치규범으로 이해함이 상당하고 자연적 공동체에 있어서는 구성원들이 계약 또는 이에 준하는 행위로서 공동체를 창립하는 것이 아니기 때문에 계약설이 성립할 수 없으며 인위적 공동체에 있어서도 구성원의 의사에 불구하고 규약등의 적용이 강제되고 있으므로 계약설만으로는 규약등의 성격을 설명할 수 없다고 할 것이다.

71) 송호영 (2009).

72) 따라서 반대 방향의 2개 이상의 의사표시의 합치에 의하여 성립하는 법률행위인 계약과 구별된다. 계약만으로 충분하므로 합동행위의 개념을 부정하는 견해도 있으나 공동체의 형성을 계약으로 보아 계약의 파기, 나아가 공동체의 분열을 조장하는 이론에는 찬성하기 어렵다.

73) 이사의 사임에 관한 대법원 2008. 9. 25. 선고 2007다17109 판결 참조.

74) 민법 제68조 참조.

75) 민법 제42조, 제77조 제2항 등 참조.

76) 민법 제57조 내지 제65조. 상법 제390조 참조.

77) 상법 제389조 참조.

78) 주식회사에서는 감사가 필요적 상설기관이나(상법 제409조 제1항), 민법상 법인에서는 임의기관이다.

79) 이민아 (2019), 12면 참조.

80) 권리능력 없는 사단이란 사단으로서의 실체는 가지고 있으나 주무관청의 허가를 얻지 못하거나 또는 설립등기를 마치지 않아 법인격을 갖지 못한 단체를 말하는데 권리능력(權利能力)이란 권리의무의 주체가 될 수 있는 자격, 즉 법인격을 말한다. 우리 법제하에서는 자연인과 법인에게만 권리능력이 부여된다. 사단이란 특정 목적을 가진 사람들이 모여 결성한 단체를 말하는 것으로 재산의 집단인 재단에 대응하는 개념이다.

81) 합수적 조합(Gemeinderschaft zur gesamten Hand; gesamthänderische Bindung)은 조합원이 미리 설정된 공동목적에 의하여 결합되고 그러한 결합관계를 기초로 물건을 공동으로 소유하는 조합이다.

82) 우리 민법 제정과정에서 제안된 민법안 의견서가 이러한 분류를 채택하였다. 民事法研究會 (1957); 권철 (2020d), 130면 재인용.

83) 국세기본법 제13조는 법인으로 보는 단체에 관한 규정을 두고 아래와 같이 규율하고 있다. (i) 주무관청의 허가 또는 인가를 받아 설립되거나 법령에 따라 주무관청에 등록한 사단, 재단, 그 밖의 단체로서 등기되지 아니한 것, (ii) 공익을 목적으로 출연(出捐)된 기본재산이 있는 재단으로서 등기되지 아니한 것과 (iii) (ㄱ) 단체의 조직과 운영에 관한 규정(規程)을 가지고 대표자나 관리인을 선임하고 있고 (ㄴ) 단체 자신의 계산과 명의로 수익과 재산을 독립적으로 소유·관리

하며 (ㄷ) 대표자나 관리인이 관할 세무서장에게 신청하여 승인을 받은 것으로서 수익을 구성
원에게 분배하지 아니하는 것은 법인으로 보아 세법을 적용한다. 이 경우 해당 단체의 계속성과
동질성이 유지되는 것으로 본다(동조 제1항, 제2항). 법인으로 보는 단체의 국세에 관한 의무는
그 대표자나 관리인이 이행하여야 하며, 대표자나 관리인을 선임하거나 변경한 경우에는 관할
세무서장에게 신고하여야 하며 신고하지 않으면 국세납부의무 이행자를 지정한다(동조 제4항
내지 제6항). 법인으로 보는 단체의 신청·승인과 납세번호 등의 부여 및 승인취소제도가 구비
되어 있다(동조 제7항).

84) 배성호 (2008) 참조. 동 견해는 종중이나 동·리(마을이나 자연부락)가 대표적인 예인데, 이러한
존재들은 다수의 판례이론의 축적으로 새로운 이론적 틀을 형성히였고, 간혹 입법으로 이어지
기도 하였으며 근래에는 한국사회에서 교회가 급성장하면서 교회를 둘러싼 재산귀속문제와 교
회분열이 쟁점화되면서 법인 아닌 사단 이론에 대한 재검토가 새로이 이루어졌다고 한다.

85) 민법 총칙 법인편(제1편 제3장)은 사법인(私法人)에 적용되나 일반 단체법으로서 공법인이나
중간법인 나아가 권리능력 없는 사단, 재단 등 모든 종류의 단체에 대해 적용, 준용 또는 유추적
용될 수 있다는 것이 통설, 판례이다. 송오식 (2013), 482면 등 참조. 나아가 조합에 대하여도
법률관계에 따라서는 이 규정을 유추적용할 수 있을 것이다. 동지 엄동섭 (2018), 85면.

86) 민법 제57조 내지 제59조, 제61조.

87) 민사소송법 제52조. 한편 대법원 1995. 9. 5. 선고 95다21303 판결은 총유재산에 관한 소송은
사단 자체의 명의로 소송할 수 있는 외에 그 구성원 전원이 당사자로 나서는 '필수적 공동소송'
의 형태로 할 수 있다고 한다.

88) 부동산등기법 제26조 제1항.

89) 김대정 (2010); 권영준 (2017), 239면. 제도개선론의 일환으로 총유규정의 존폐문제와 아울러
종합적인 정합성 검토가 필요하다는 견해가 있고 비영리·공익법인의 경우 공익성을 인정하는
독립기구를 창설하여 체계적으로 관리·감독해야 한다는 주장도 있으며 이러한 맥락에서 2021.
7. 정부는 공익법인을 관리하는 '시민공익위원회'를 설치하는 등의 공익법인법 개정안을 국회에
제출한 바 있었다.

90) 2010. 12. 3. 입법예고된 뒤 18대 국회에 제출된 민법 개정안은 다음과 같이 규정하였다. 제39조
의2(법인 아닌 사단과 재단) ① 법인 아닌 사단과 재단에 대하여는 주무관청의 인가 또는 등기
를 전제로 한 규정을 제외하고는 본장의 규정을 준용한다. ② 부동산에 관한 대표자의 처분권의
제한은 등기하지 아니하면 제3자에게 대항하지 못한다. ③ 법인 아닌 사단의 재산은 상당한 이
유가 있는 때에는 정관 또는 사원총회의 결의에 따라 사원에게 분배할 수 있다. ④ 법인 아닌
사단이 해산하는 경우 정관으로 잔여재산의 귀속권리자를 지정하지 아니하거나 이를 지정하는
방법을 정하지 아니한 때에는 사원총회의 결의에 따라 사단의 목적에 유사한 목적을 위하여 그
재산을 처분할 수 있다. 제2항은 해산의 경우에도 준용한다. ⑤ 영리를 목적으로 하는 법인 아
닌 사단의 재산으로 사단의 채무를 완제할 수 없는 때에는 각 사원은 연대하여 변제할 책임이
있다. ⑥ 제2항의 재산에 대한 강제집행이 주효하지 못한 때에도 각 사원은 연대하여 변제할
책임이 있다. ⑦ 제3항의 규정은 사원이 법인 아닌 사단에 변제의 자력이 있으며 집행이 용이한
것을 증명한 때에는 적용하지 아니한다. 부동산등기법 제48조 (등기사항) ③ 제26조에 따라 법
인 아닌 사단이나 재단 명의의 등기를 할 때에는 그 대표자나 관리인의 성명, 주소, 주민등록번
호 및 부동산에 관한 대표자의 처분권의 제한이 있는 경우 이를 함께 기록하여야 한다. 이에
관한 상세는 이계정 (2017); 권철 (2020d), 138-139면; 한편 본 개정안에 대한 비판은 엄동섭
(2018), 105-107면. 각 참조.

91) 사단법인에 있어 법률의 규정에 좇아 정관으로 정한 목적의 범위내에서 권리와 의무의 주체가
된다는 민법 제34조가 권리능력 없는 사단인 공동체에 유추적용되기 때문이다. 판례는 초기에

는 "정관에 열거된 목적과 그 외에 법인의 목적을 달성함에 필요한 범위에 한정된다"는 취지의 판시를 함으로써 비교적 제한적 입장을 취하였으나, 최근에는 "목적을 수행하는 데 있어서 직접·간접으로 필요한 행위는 모두 포함한다"(대법원 2007. 1. 26. 선고 2004도1632 판결 등)고 하여 그 적용에 있어 신축성을 보이고 있으며 "목적수행에 필요한지 여부도 행위의 객관적 성질에 따라 추상적으로 판단할 것이지 행위자의 주관적, 구체적 의사에 따라 판단할 것은 아니다"(대법원 1987. 9. 8. 선고 86다카1349 판결 등)라고 판시한 바 있다.

92) 민법 제81조의 유추적용.

93) 대법원 1980. 4. 8. 선고 79다2036 판결.

94) 대법원 1995. 2. 10. 선고 94다13473 판결.

95) 민법 제275조 제1항 참조. 위에서 언급한 민법안 의견서는 공동소유의 유형에 관하여 서술하면서 "한편 공동소유라는 것은, 일물에 대한 권리주체가 단일인이 아니라 복수인인 형태를 의미하는 것이므로, 공동소유의 유형은 그 주체인 인적결합의 유형에 따라서 결정된다. 그러한 의미에서 공동소유형태는 인적결합형태의 물권법에의 반영이다. 그런데, 상술과 같이, 인적결합에 네 개의 유형이 있으므로 그 각각에 상응하여 네 개의 공동소유형태가 있게 된다. 인적결합의 네 유형 중 법인은 개인에 준하여 파악된 것이고, 그 소유형태도 개인에 있어서와 마찬가지로 단독소유이므로, 공동소유의 유형에서 제외되고, 결국 공동소유 형태에는 권리능력 없는 사단에 있어서의 총유, 합수적 조합에 있어서의 합유, 조합에 있어서의 공유의 세유형이 있는 것으로 된다."고 보았다. 民事法硏究會(1957); 권철 (2020d), 130면에서 재인용.

96) 총유(總有, Gesamteigentum)의 개념은 게르만법에서 유래하는바 독일 중세 촌락공동체의 촌락 공유지 소유이용관계를 분석한 결과 소유권의 권능 중 관리·처분권은 단체(Genossenschaft)에, 사용·수익권은 개별적 권리(Sonderrecht)로서 각 구성원에 각 귀속하는 점과 이 두 권능이 단체의 규정으로 결합하여 하나의 소유권을 이룬다는 점을 발견하고, 이러한 공동소유 형태를 로마법상의 법인의 단독소유와 확정지분에 의한 공동소유와 구별하여 총유라고 불렀다고 한다. 김진현 (1993), 39면; 이계정 (2017), 162 – 163면 참조.

97) 민법 제276조 제2항.

98) 민법 제275조 제2항, 제276조 제1항.

99) 대법원 2001. 5. 29. 선고 2000다10246 판결. 판례는 이는 처분권한 없이 처분한 경우에 해당하므로 표현대리가 적용될 여지도 없다고 한다. 대법원 2009. 2. 12. 선고 2006다23312 판결.

100) "법인 아닌 사단에 대하여 독일민법 제54조에서 조합에 관한 규정을 적용하도록 규정하고 있는 독일의 통설·판례는 영리·비영리를 구별하는 해석을 통하여 비영리사단인 경우에는 조합법의 적용을 배제하는가 하면, 영리사단의 경우에는 조합법을 적용하기도 한다. 따라서 필요한 경우에는 법인 아닌 사단의 채무에 대한 사원의 인적 책임 내지 무한책임을 인정하게 된다." 송오식 (2013), 497면.

101) 이에 대하여는 총유재산의 관리, 처분은 정관에 별도의 규정이 없더라도 그 사원총회의 다수결에 의하지 않는 한 무효라고 하면서 그 채무에 대하여는 구성원이 개인적 책임을 지지 않는 것은 불합리하다는 견해(송오식 (2013), 497면)가 있으나 사단의 독자성을 유지할 필요와 구성원에 대한 과도한 부담을 피한다는 측면에서 용인할 수 있다.

102) 대법원은 교회의 신도들이 대립·양분되어 교회의 소속 교단 변경과 그에 따른 종전 교회재산의 귀속 여부가 문제된 사례에서는 종교단체로서 교회의 특수성을 고려하지 않고 일반적인 단체법상의 원리에 따라 사단법인의 정관 변경에 준하여 판단하였다.

103) 민법 제32조는 "학술, 종교, 자선, 기예, 사교 기타 영리아닌 사업을 목적으로 하는 사단 또는 재단은 주무관청의 허가를 얻어 이를 법인으로 할 수 있다"고 규정한다.

104) "특수법인이란 개별 법률에 근거를 두고 직접 법률에 의하여 법인격을 부여받아 설립되거나 또는 당해 법인의 명칭과 조직 등 실체적 근거는 개별 법률에 근거를 두되 정관을 작성하고

주무부처에 등록 또는 인가를 받는 등 특별한 설립행위에 의하여 법인격을 부여받는 것으로, 주무관청의 인·허가행위에 의하여 법인격이 부여되는 민법상의 비영리법인과는 구별된다. 특수법인은 국가가 담당할 업무의 일부를 위탁받아 수행하기 때문에 행정조직법의 원리인 법률유보의 원칙, 민주주의의 원칙, 능률성의 원칙을 준수해야 한다. 또한 특수법인의 특성을 반영한 적법성의 원리, 공익성의 원리, 효율성의 원리, 자율성의 원리 등도 준수되어야 한다."(김상겸 (2010), 52-53면).

105) 영조물법인이란 국공립 박물관·도서관 등의 공공용의, 또는 교도소·국립요양원 등과 같은 공용(公用)의 물적 시설인 영조물(營造物)에 법인격이 부여된 공공단체를 말한다.

106) 예컨대 가족공동체, 유산공동체, 취미공동체 등 소규모 공동체에서 조합적 성격을 발견할 수 있다.

107) 민법 제703조 이하 참조. 조합은 단체로서의 조합이라는 의미와 조합계약이라는 의미를 병유한다. 조합이 민법 계약 각론편에 규정되어 있는 이유는 그 단체가 조합계약이라는 계약에 의하여 성립하기 때문이다.

108) 대법원 1991. 6. 25. 선고 88다카6358 판결. 따라서 조합이 소송을 하려면 조합원 전원이 당사자가 되는 '필수적 공동소송'의 형태를 띨 수밖에 없다.

109) 통상 사단과 조합은 단체성의 강약에 따라 구별된다고 본다. 대법원 1992. 7. 10. 선고 92다2431 판결; 대법원 1999. 4. 23. 선고 99다4504 판결. 민법상의 조합과 법인격은 없으나 사단성이 인정되는 비법인사단의 구별은 일반적으로 그 단체성의 강약을 기준으로 판단하여야 한다. 따라서 "조합은 2인 이상이 상호 간에 금전 기타 재산 또는 노무를 출자하여 공동사업을 경영할 것을 약정하는 계약관계에 의하여 성립하므로, 어느 정도 단체성에서 오는 제약을 받긴 하지만 구성원의 개인성이 강하게 드러나는 인적 결합체임에 비하여, 비법인사단은 구성원의 개인성과는 별개로 권리의무의 주체가 될 수 있는 독자적 존재로서의 단체적 조직을 가지는 특성이 있다. 민법상 조합의 명칭을 갖는 단체라 하더라도 고유목적을 가지고 사단적 성격을 가지는 규약을 만들어 이에 근거하여 의사결정기관 및 집행기관인 다수결 원칙에 의하여 행해지며, 구성원의 가입·탈퇴 등으로 인한 변경에 관계 없이 단체 그 자체가 존속되고, 그 조직에 의하여 대표의 방법, 총회나 이사회 등의 운영, 자본의 구성, 재산의 관리 기타 단체로서의 주요사항이 확정되어 있는 경우에는 비법인사단으로서의 실체를 가진다."

110) 조합의 권리능력을 인정한 일련의 독일 연방대법원 판결(BGHZ 116, 86; BGH BB 1992, 1621; BGH NJW 1997, 2754.21); BGH NJW 2001, 1056.) 참조.

111) 김세준 (2019b), 91-136면; 이주흥 (1992), 480면; 임채웅 (2016), 44면; 권철 (2020d), 136-137면 등 참조.

112) 공동상속재산의 관리 보존을 위하여 유산공동체가 성립된다는 이론도 가능하다고 본다.

113) 민법 제830조 제2항은 부부의 누구에게 속한 것인지 분명하지 아니한 재산은 부부의 공유로 추정한다고 규정하고, 민법 제1006조는 공동상속재산은 공유로 한다고 규정하면서 다만 피상속인은 유언으로 상속개시의 날로부터 5년 동안 상속재산의 분할을 금지할 수 있을 뿐이다(민법 제1012조). 윤철홍 (2016), 61-98면.

114) 대법원 1997. 9. 9. 선고 96다16896 판결.

115) 민법 제703조.

116) 민법 제271조 내지 제274조.

117) 민법 제274조.

118) 예컨대 권철 (2020d), 136-137면 등.

119) 김건식 외 (2019), 51면: 권철 (2020d), 145면에서 재인용.

120) 후술하는 바와 같이 사찰이나 교회와 같은 종교공동체, 공제사업을 주된 목적으로 하는 공제공동체 등은 사단과 재단의 성격을 병유한다.

121) "사단법인의 사원의 지위는 양도 또는 상속할 수 없다"고 한 민법 제56조의 규정은 강행규정은 아니라고 할 것이므로, 정관에 의하여 이를 인정하고 있을 때에는 양도·상속이 허용된다고 한다. 대법원 1992. 4. 14. 선고 91다26850 판결.

122) 규약에는 책벌권 행사기관과 책벌사유를 규정하여야 한다. 책벌권을 행사할 기관 예컨대 공동체의 기관이나 그로부터 위임을 받은 징계위원회 등의 독립성을 가진 조직으로 하여금 책벌권을 행사하게 하여야 한다. 규약에 정함이 없는 경우에는 공동체의 의사결정기관인 구성원총회가 책벌권을 행사할 수 있을 것이다. 송호영 (2009), 13-15면.

123) 제명이 허용된다고 하더라도 이는 공동체로부터 구성원의 지위를 박탈하는 중대한 처분이므로 그 구성원과 더 이상 공동체를 함께 할 수 없을 정도의 충분한 사유가 있을 때 내려지는 최종적이고 불가피한 수단이 되어야 한다. 판례는 종중이 그 구성원인 종원에 대하여 그 자격을 박탈하는 이른바 할종(割宗)이라는 징계처분은 공동선조의 후손으로서 혈연관계를 바탕으로 하여 자연적으로 구성되는 종족단체인 종중의 본질에 반하는 것이므로 그 효력이 없다고 보았고(대법원 1983. 2. 8. 선고 80다1194 판결), 사단법인 부산시개인택시여객운송연합회가 조합의 상조회사업을 비판한 조합원을 제명처분한 사건에서 "단체의 구성원인 조합원에 대한 제명처분은 조합원의 의사에 반하여 그 조합원인 지위를 박탈하는 것이므로 조합의 이익을 위하여 불가피한 경우에 최종적인 수단으로서만 인정되어야 할 것이고, 또 조합이 조합원을 제명처분한 경우에 법원은 그 제명사유의 존부와 결의내용의 당부 등을 가려 제명처분의 효력을 심사할 수 있다"고 판시하여 조합의 자치영역을 제한하였다(대법원 1994. 5. 10. 선고 93다21750 판결).

124) 이는 마치 "행정법상 특별권력관계와 유사하게 사단과 사원의 관계는 민사상의 특별권력관계로 볼 수 있다." Meyer-Cording (1957), S.46ff; 송호영 (2009), 5면에서 재인용. 반면 규약등의 법적 성격을 규범이 아니라 계약으로 보는 견해는 공동체의 책벌권을 일종의 계약벌로 보아 공동체의 책벌권에 대하여 폭넓은 사법심사가 허용된다고 한다. 송호영 (2009), 13-15면.

125) 대법원은 사단의 징계조치에 대하여 법률적 판단뿐만 아니라 사실적 판단도 적극적으로 하는 경향이 있다. 대법원 1981. 3. 24. 선고 80다2052 판결은 축산협동조합의 총회에서 조합원 제명 결의를 한 경우에 그 조합원은 조합정관과 농업협동조합법 제36조에 의거 주무부 장관에게 그 결의의 취소를 구하는 것과 별도로 법원에 그 결의무효확인을 구할 수 있다고 하여 제명결의가 사법심사의 대상이 된다고 보았다. 송호영 (2009), 21-22면 참조.

126) 대법원 2006. 2. 10. 선고 2003다63104 판결.

127) 대법원 1992. 5. 22. 선고 91다41026 판결.

128) 송호영 (2009), 26-27면.

129) 다른 일반 공동체에서도 공동체의 고유한 속성들이 있기 마련이겠지만, 다른 공동체들의 자치권이란 경제적·사회적·정치적 이념이나 가치를 실현이라는 세속적 목적을 위한 것이나, 종교공동체의 자치권은 세속적 영역을 초월하여 영적인 절대가치를 추구하고자 하는 것이기 때문에 일반공동체의 자치권보다 더 존중할 필요가 있다.

130) 교회와 같은 종교적 단체의 경우에만 사원총회 결의의 무효사유를 제한적으로 보아야 한다고 해석할 이유가 없으며, 이러한 법리는 사법상의 단체일반에 관하여 적용되어야 한다는 견해로는 윤진수 (2007a), 378면. 그 외 오시영 (2008), 499면과 박경재 (2007), 811면은 권징재판의 사법심사를 긍정하고 있다.

131) 장다혜 외 (2017), 23면.

132) 홍수정 (2016), 1-17면 참조

133) 장다혜 외 (2017), 23면 참조. 따라서 처벌과 징계 위주의 절차가 아닌, 피해자의 회복과 가해자의 반성과 책임이행을 통하여 공동체내 분쟁을 해결하여야 하며 이러한 분쟁해결방식이 요구되는 대표적인 공동체내 분쟁이 학교공동체 내의 학교폭력 분쟁이라 할 수 있다. 학교폭력

분쟁의 해결에 관한 입법으로는 "학교폭력예방 및 대책에 관한 법률" 참조.

134) 제주지역에서 1960~70년대에 발생된 5개 마을어장 간의 경계선 문제로 인한 집단 갈등이 모두 법적 해결 수단이 아니라 분쟁 당사자 간의 합의, 상급 기관의 중재나 조정 등을 통해 해결된 사례가 보고되었다. 강경민/민기 (2018), 1－28면 참조. 따라서 이 견해는 공동체와 지자체 및 전문단체가 참여하는 거버넌스 방법에 의한 어촌계 갈등 해결을 제안한다.

135) 구 민법 제778조는 호주의 정의로 "일가의 계통을 계승한 자, 분가한 자 또는 기타 사유로 인하여 일가를 창립하거나 부흥한 자는 호주가 된다."고 규정하였다.

136) 구 민법 제799조 참조.

137) 헌재 2005. 2. 3. 2001헌가9.

138) 민법 제779조(가족의 범위) 참조.

139) 대법원 2023. 5. 11. 선고 2018다248626 전원합의체 판결은 공동상속인들 사이에 협의가 이루어지지 않는 경우에는 제사주재자의 지위를 인정할 수 없는 특별한 사정이 있지 않는 한 피상속인의 직계비속 중 남녀, 적서를 불문하고 최근친의 연장자가 제사주재자로 우선한다고 보는 것이 가장 조리에 부합한다고 판시하면서 제사주재자는 그 지위를 유지할 수 없는 특별한 사정이 있지 않는 한 장남 또는 장손자 등 남성 상속인이라고 판시한 종래의 대법원 2008. 11. 20. 선고 2007다27670 전원합의체 판결을 폐기하였다.

140) 김제완 (2005).

141) 대법원 2005. 7. 21. 선고 2002다1178 전원합의체 판결은 성년남자만을 종원으로 인정하는 종래의 관습법은 남녀평등을 실현하는 방향으로 변화된 오늘날의 우리 전체 법질서에 부합하지 않으므로 더 이상 효력이 없다고 판시하였다.

142) 대법원 1992. 9. 22. 선고 92다15048 판결은 종중원의 권리에 관하여 "고유의미의 종중에 관한 규약을 만들면서 일부 구성원의 자격을 임의로 배제할 수 없는 것이며, 특정지역 내에 거주하는 일부 종중원에 한하여 의결권을 주고 그 밖의 지역에 거주하는 종중원의 의결권을 박탈할 개연성이 많은 종중규약은 종중의 본질에 반하여 무효"라고 판시하였다.

143) 대법원 1983. 12. 13. 선고 83다119 판결 등에 의하면 종중의 대표자는 문중규약에 규정이 있으면 그에 따르고 없으면 일반관습에 의하는데, 문중원 중 항렬이 가장 높고 나이가 많은 사람이 문장이 되어 종중원을 소집하고, 출석자의 과반수 결의로 대표자를 선출하는 것이 일반관습이다.

144) 대법원 1994. 9. 30. 선고 93다27703 판결; 대법원 2008. 10. 9. 선고 2005다3056 판결 등.

145) 대법원 1995. 11. 14. 선고 95다16103 판결; 대법원 1996. 3. 12. 선고 94다56999 판결 등.

146) 송오식 (2013), 465면.

147) 대법원은 종중 자연발생설을 취하고 있는 바 이에 대하여는 종중의 관습에 대한 오해에서 비롯되었고 헌법 제21조가 보장하는 소극적 결사의 자유에도 반하며 일본의 논의를 무비판적으로 수용한 것이라는 비판이 있다(윤진수 (2007a), 377－378면). 혈연·지연공동체는 각각 피를 나눴다는 사실과 특정 지역에 살게 되었다는 사실에 의하여 자동적으로 해당 공동체의 구성원이 되고 별도의 가입의 의사표시가 필요 없으며 탈퇴도 허용되지 않는 점 즉 가입탈퇴의 자유가 없다는 점에서 인위적 공동체와 구별되며 자연적 공동체는 역사적으로 항상 존재하였던, "당연하고 자연스러운" 공동체의 한 유형이라고 볼 수 있다.

148) 대법원 1996. 8. 20. 선고 96다18656 판결.

149) 대법원 1992. 3. 13. 선고 91다30491 판결.

150) 대법원 1994. 1. 14. 선고 92다28716 판결. 따라서 종중의 규약이나 관례가 없는 한 일부 종원에 대한 소집통지를 결여한 채 개최된 종중총회 결의는 무효이다(대법원 2000. 7. 6. 선고 2000다17582 판결; 대법원 2001. 6. 29. 선고 99다32257 판결; 대법원 2007. 3. 29. 선고 2006다74273 판결 등).

151) 대법원 2002. 5. 10. 선고 2002다4863 판결 등.

152) 대법원 1982. 11. 23. 선고 81다372 판결; 대법원 1993. 5. 27. 선고 92다34193 판결 등.

153) 송오식 (2013), 466−470면은 법인 아니 사단을 구분하는데, 관습상의 사단의 한 유형으로 지연공동체(마을, 어촌계, 산림계, 두레 향약, 대동계 등)를 든다.

154) 구 한말 조선대심원판결부터 주민공동체가 당사자로 등장하는데, 조선대심원 1909. 2. 5, 융희 3년, 민상 제5호 판결; 동 1909. 5. 6, 융희 3년 민상 제37호 판결 등 참조) 이러한 입장에 따라 일제도 조선민사령에서 조선의 관습을 존중하고자 하였다.

155) 이 중에는 농촌에서 수리(水利)를 목적으로 하는 수리계, 산림을 공동관리하는 산림계, 어업을 공동으로 영위하는 어촌계 등이 대표적이며, 오늘날 공동주택입주자단체도 입주자대표회의의 구성원을 동별 세대수에 비례하여 선출하는 현대적인 주민공동체의 한 형태라 할 수 있다. 공동주택관리법 제2조 제8호는 "입주자대표회의란 공동주택의 입주자등을 대표하여 관리에 관한 주요사항을 결정하기 위하여 … 구성하는 자치 의결기구"라 정의한다.

156) 대법원 2004. 1. 29. 선고 2001다1775 판결; 대법원 2007. 7. 26. 선고 2006다64573 판결; 대법원 2008. 1. 31. 선고 2005다60871 판결; 대법원 2009. 1. 30. 선고 2008다71469 판결 등.

157) 대법원 1965. 2. 9. 선고 64다1768 판결; 대법원 1990. 12. 7.자 90다카25895 결정; 대법원 1991. 11. 26. 선고 91다20999 판결; 대법원 1994. 2. 8. 선고 93다173 판결 등.

158) 대법원 1980. 1. 15. 선고 78다2364 판결은 마을주민이 향제를 거행하고 임야를 고유재산으로 소유하면서 조림사업 등을 영위하며, 성문의 규약은 없으나 관행에 따라 부락회의를 개최하여 대표자를 선출하고 의사결정을 하는 등 일정한 목적하에 조직적인 공동체를 구성하고 있는 경우 법인 아닌 사단의 실질을 갖추고 있다고 보아 마을 내지 자연부락의 공동체성을 인정하였다.

159) 대법원 2007. 7. 26. 선고 2006다64573 판결; 대법원 2008. 1. 31. 선고 2005다60871 판결 등.

160) 다만 자연부락의 분열로 종전의 법인 아닌 사단에 남아 있는 구성원들이 자신들이 총유의 형태로 소유하고 있는 재산을 새로이 설립된 법인 아닌 사단의 구성원들에게 양도하거나, 법인 아닌 사단이 해산한 후 그 구성원들이 나뉘어 여러 개의 법인 아닌 사단들을 설립하는 경우에 해산되기 전의 법인 아닌 사단의 구성원들이 자신들이 총유의 형태로 소유하고 있던 재산을 새로이 설립된 법인 아닌 사단들의 구성원들에게 양도하는 것은 허용된다. 대법원 2008. 1. 31. 선고 2005다6087 판결.

161) 지역권이라 함은 "일정한 목적을 위하여 타인의 토지를 자기토지의 편익에 이용하는 권리"를 말한다. 민법 제291조.

162) 민법 제302조.

163) 그 이전에 생태 운동이나 대안 교육 운동, 공동 생산 운동, 공동 구매 운동, 귀농 운동 등을 하는 생태공동체, 교육공동체, 생산자공동체, 소비자공동체, 귀농공동체 등이 생겨났고 성미산마을 사례에서 보듯이 주민들이 자율적으로 운영하는 어린이집, 방과 후 교실, 대안 학교, 생활 협동조합, 자동차 정비 경비조합, 동네 반찬가게, 라디오 방송국, 주민 연대 등이 형성되었으며 이러한 부분 운동들이 통합적으로 마을공동체 운동으로 수렴되었다고 할 수 있다.

164) 마을공동체 만들기 지원 등에 관한 표준 조례(안) 제2조 제3호 참조.

165) 두레의 구성은 전체 통솔자인 행수(行首) 또는 황수라고도 하는 지휘자 1명, 행수의 보좌역인 도감(都監) 1명, 또 수총각(首總角), 조사총각, 유사(有司)서기, 방목감(放牧監) 등 각각 1명으로 되어 있으며 행수와 도감은 그 지휘자적 지위로 인하여 자작농민 중에서 인망과 능력이 있는 자를, 그 외에는 소작농이나 머슴 중에서 선출을 하였으며 임기는 1년이나 사고가 없으면 중임하였다고 한다.

166) 마을공동체 활성화 기본법안 제2조 제1호 참조.

167) 마을공동체와 법에 관한 상세는 본서 제3편 제3장 "마을공동체와 법" 참조.

168) 일반적으로 중세라고 하면 5세기 로마 제국의 붕괴와 함께 시작되어 15세기 르네상스 시기까지 약 1,000년의 시기를 가리킨다.

169) Robert L. Baker (2014).

170) 김동원/조남신 (2013), 104면 이하 참조.

171) 김동원/조남신 (2013); 문지은 (2010); 박승규 (2001) 참조.

172) 손경한 (2016), 1 – 49면; 홍성규 (2004), 191면; 정재우/이길남 (2016), 18 – 19면 각 참조.

173) "A set of general principles, and customary rules spontaneously referred to or elaborated in the framework of international trade, without reference to a particular national system of law." Berthold Goldman (1986), p.116.

174) 송오식 (2013), 470면.

175) 송오식 (2013), 470면.

176) 송오식 (2013), 470면. 대법원 1997. 12. 9. 선고 94다41249 판결은 사찰은 "이념적 요소로서의 불교 교의, 행위적 요소로서의 법요 집행, 조직적 요소로서의 승려와 신도, 물적 요소로서의 토지, 불당 등 시설이 결합되어 성립한다"고 판시하였다.

177) 대법원 1984. 7. 10. 선고 83다325 판결. 이는 정교분리의 원칙에 따라 국가의 종교에 대한 사법권행사는 종교단체의 교의 등 자치권을 훼손하지 않아야 함을 의미한다.

178) 사회의 기초가 되는 규범이라는 의미에서 교회법을 그리스어의 카논(kanon)이라고 부른다고 한다. 박종인 (2016).

179) 과거 교황 성 그레고리오 7세(재임 1073년~1085년)가 기존의 교회법령집을 정비한 개혁 법령집을 만든 바 있었고 1582년 그레고리오 13세 교황은 "교회법 대전집"을 공포한 바 있었으나 체계적인 법전은 아니었다. 1917년의 교회법전은 1983년 교황 요한 바오르 2세의 "새 교회법전"으로 개편되었다. 박종인 (2016).

180) 대법원 2006. 4. 20. 선고 2004다3777 전원합의체 판결. 종래 교회의 분열을 인정하고 종전 교회의 재산은 분열 당시 교인들의 총유에 속한다고 본 대법원 판결(대법원 1993. 1. 19. 선고 91다1226 전원합의체 판결 등)과 교회의 소속 교단 변경은 교인 전원의 의사에 의하여만 가능하다고 한 대법원 판결(대법원 1978. 10. 10. 선고 78다716 판결 등)은 폐기되었다.

181) 사찰중에는 단체인 사찰외에 개인사찰이 있는데 이는 종교목적시설이라는 점을 제외하고는 단체로서의 독자성을 인정할 만한 실체를 갖추지 못하여 순수한 개인재산에 불과하다고 할 것이다.

182) 대법원 2001. 1. 30. 선고 99다42179 판결.

183) 대법원 1997. 12. 9. 선고 94다41249 판결은 '사찰은 신도들이 사찰의 운영이나 재산의 관리·처분에 관여하는 정도에 의하여 재단 또는 사단인 사찰로 구분'된다고 한다. 박경재, "사찰의 법률관계에 관한 몇 가지 논점", 법학연구, 부산대학교 법학연구소, Vol. 48 No. 2, 2007, 796면 참조. 판결 중에는 권리능력없는 재단이라고 보거나(대법원 1991. 6. 14. 선고 91다9336 판결), 권리능력없는 사단이라고 보거나(대법원 1982. 2. 23. 선고 81누42 판결), 권리능력없는 사단 또는 재단이라고 본 사례(대법원 2005. 11. 16.자 2003마1419 결정; 대법원 2005. 6. 24. 선고 2003다54971 판결; 대법원 1997. 4. 25. 선고 96다46484 판결 등)가 있으나 사단 또는 재단 중 하나로 재단(裁斷)하여 버리면 그 본질을 훼손할 위험이 있다고 할 것이다.

184) 대법원 2004. 11. 12. 선고 2002다65899 판결은 "성균관은 고려시대에 설립된 유교 경전의 교육 및 유교의식의 행사 기관이 수백 년 동안 이어져 내려와 오늘날에 이른 것으로서 대표기관으로 관장, 의결기관으로 성균관 총회가 있고 그 외 총무처·예절연구위원회·유교교육위원회·예절학교 등의 기구와 부관장·전의·전학·사의·위 각 기구의 장 등 임원, 자문기구로서 원로회의 등을 두고 있는 사실(다만, 아래에서 보는 것처럼 원고 성균관의 유지·관리를 위하여 별도로 원고 재단법인 성균관이 설립되어 있으므로 원고 성균관의 회계는 위 법인의 회계

64

규정에서 정하는 바에 따른다), 원고 성균관 산하에는 각 지방별로 향교가 설립되어 있으며 개별 향교는 대표자인 전교와 전교의 지시를 받아 향교의 사무를 관장하는 장의, 유림총회 등의 기관을 갖춘 독립적인 단체이지만 성균관장이 전교와 장의의 임명권을 갖고 있는 사실, 1962. 1. 10. 제정된 향교재산법(1948. 5. 공포·시행되었던 군정법령 제194호 향교재산관리에 관한건을 폐지하고 제정된 것이다) 및 그 후의 개정법은 향교재산은 각 시·도별로 재단법인을 설립하여 관리하여야 하고, 향교재단의 재산에서 생기는 수입 중 1/10 이상을 성균관에 납부하도록 규정하며, 이에 따라 시·도별 향교재산의 유지·관리를 위하여 그 향교에 대응하는 재단법인이 설립되고 1963. 12. 12. 원고 성균관 등의 유지·관리를 위하여 원고 재단법인 성균관이 설립된 사실 등을 인정할 수 있다. 이와 같은 성균관과 재단법인 성균관의 설립 연혁과 경위, 대표기관 등의 조직, 존립목적과 활동 등 여러 사정에 비추어 볼 때 원고 성균관은 원고 법인의 설립 이전부터 이미 독자적인 존립목적과 대표기관을 갖고 활동을 하는 등 법인 아닌 사단으로서의 실체를 가지고 존립하여 왔으므로 그 후 설립된 원고 재단법인 성균관의 정관 일부 조항을 가지고 원고 성균관의 단체성을 부정하여 위 법인의 기관에 불과하다고 볼 수는 없다"고 판시하였다.

185) 대법원 2006. 4. 20. 선고 2004다37775 전원합의체 판결; 대법원 2010. 5. 27. 선고 2006다72109 판결.

186) 위 대법원 2010. 5. 27. 선고 2006다72109 판결은 "지방 향교에 관한 분쟁이라도 그 실질이 사단으로서의 특질에 관한 것일 때에는 단체에 관한 민법의 일반 법리가 적용되어야 한다고 하는데, 지방 향교나 성균관이 모두 유교를 전파하고 유교문화를 연구하는 일종의 종교단체 및 학문 연구 단체의 성격을 띠고 있고 성균관이 실질적인 상급단체로서 지방 향교들과 함께 전국적인 조직을 이루어 유교 활동을 하고 있으며, 지방 향교들 내지는 유림 사이의 제한된 범위 내에서 발생한 분쟁은 성균관과 해당 지역의 유림이 노력하여 자율적으로 해결하는 것이 바람직하다는 점을 참작한다고 하더라도, 지방 향교의 관할 구역 및 구성원의 자격과 같이 비법인 사단의 중요한 요소에 관한 사항이 분쟁의 실체를 이루고 있는 경우에는 종교단체로서의 특수성 내지 자율성만을 고려할 것이 아니라, 단체법적인 일반 법리에 따라 절차상의 하자 유무를 가려야 한다"고 판시하면서 상급단체인 성균관의 권한을 제한하였다.

187) 향교재산법 제3조.

188) 1963. 7. 27. 시행된 "사립학교법"에 따라 대학의 재단은 학교법인과 교화법인으로 분리되어 교육사업을 담당하는 '학교법인 성균관대학'이 설치되었고 '재단법인 성균관'은 성균관의 교화 사업만 하게 되었다.

189) 상속재산의 출연에 대한 비과세혜택을 받는 공익단체에는 종교·자선·학술 관련 사업을 하는 단체가 포함되는바 그 단체 34,843개 중 17,606개가 종교단체이고 그 종교단체 중 90%가 법인격 없는 단체로서 이는 '공인법인등'에 해당하는 다른 법인유형과 비교해도 비정상적인 상황으로 평가된다고 한다. 권철 (2020a), 237면.

190) 권철 (2020a).

191) "이 법률은 일본이 제2차 세계대전에서 패전한 후 연합국최고사령부의 지침에 따라 그 전에 존재했던 종교단체법이 폐지된 후에 제정된 것이다. 이 법률은 종래 관습에 의해 관리·운영되어 왔던 종교단체를 종교의 자유 보장과 국가의 중립 확보라는 헌법 원리 아래에서 규율하기 위해, 종교단체가 스스로 재산을 관리하고 사업을 수행할 수 있도록 종교단체에 법인격을 부여하되, 사단법인이나 재단법인 어느 것에도 속하지 않는 특별한 성격을 가지고 있으므로 민법이 아닌 특별법으로 규율하려 한 것이다." 권철 (2020a), 243면.

192) 1989년 학술단체인 사단법인 한국종교사회연구소주관 종교법인법 공청회 (한국종교사회연구소 편 (1991)로 간행.); 윤철홍 (2008b), 129면 이하 참조.

193) 송오식 (2013), 499면.
194) "40년 전 미국에서는 30만개의 비영리조직단체가 있었습니다. 그들의 대부분은 교회가 아니면 교회와 관련이 있는 기관이었습니다마는, 오늘에 와서는 등록된 수만 하더라도 100만개 이상이 되며 신규로 등록한 단체의 대부분은 종교단체가 아닌 사회봉사단체입니다. 미국 시민의 두 사람 중 한 사람 정도는 일주일에 평균 3~5시간을 어떤 비영리조직단체에서든 무료자원봉사자로서 일하고 있습니다. 비영리조직단체는 미국 사회의 '성장부문'입니다. 뿐만 아니라 과거와 현대사회를 통틀어보더라도 계속 성장하고 있는 부문이라고 할 수 있습니다." 피터 드러커 (1995), 9면. 한편 드러커는 이책의 부제를 "현대사회를 주도하는 새 성장부문"이라고 정하였다.
195) 시민사회의 공익활동증진을 위하여 2020. 5. 26. "시민사회 발전과 공익활동 증진에 관한 규정"이 대통령령 제30718호로 제정, 시행되었으나 2022. 10. 4.폐지되었다.
196) 비영리민간단체 지원법 제2조, 제4조 참조.
197) 비영리민간단체 지원법 제10조, 공익법인의 설립·운영에 관한 법률 제15조.
198) 공익법인의 설립·운영에 관한 법률 제2조.
199) 공익법인의 설립·운영에 관한 법률 제3조 내지 제11조 참조.
200) 박한성 (2020), 384면.
201) 이준일 (2019); 박한성 (2020), 384−385면 참조.
202) 기업은 주주에 대하여 이익배당의무와 경영참여보장의무를 부담한다.
203) 기업은 종업원에 대하여 부당해고금지, 최저임금 이상의 적정임금 지급, 휴가 실시 등 노동3권을 보장함은 물론 나아가 고용을 유지·증대하기 위한 적극적 책임도 부담한다. 물론 사회적 기본권의 하나인 근로권(헌법 제32조 제1항)은 국가에 대하여 '근로기회제공을 요구하는 권리'이므로 국가는 고용의 증진에 관한 의무를 부담하고(헌법 제32조 제2항) 기업은 원칙적으로 일단 고용된 종업원의 권리를 보호할 의무를 부담한다는 점에서 그 의무의 측면을 달리한다.
204) 당해 기업에 물건이나 서비스를 제공하는 기업과 당해 기업으로부터 물건이나 서비스를 제공받는 기업을 포함한다. 일본에서는 이를 계열(系列)기업이라 하는 바 우리나라에서는 협력기업이라고 부를 수 있을 것이다.
205) 환경에는 기후변화 영향, 사업장 환경오염물질 저감, 친환경 제품 개발과 같은 요소가 포함되고, 사회에는 인적 자원 관리, 산업안전, 하도급 거래, 제품/서비스의 안전성, 공정경쟁 등이 있으며 지배구조에는 주주 권리, 이사회 구성과 활동, 감사제도, 배당과 같은 요소가 이에 해당된다.
206) "Global Compact의 10가지 원칙은 첫째, 인권보장과 관련하여 ① 인권보호와 ② 인권침해금지(Principle 1~2: Business should support and respect the protection of internationally proclaimed human rights; and make sure that they are not complicit in human rights abuses.), 둘째, 노동과 관련하여 ③ 노동3권 보장, ④ 강제노동 금지, ⑤ 아동노동 철폐, ⑥ 고용차별 철폐(Principle 3~6: Business should uphold the freedom of association and the effective recognition of the right to collective bargaining; the elimination of all forms of forced and compulsory labour; the effective abolition of child labour; and the elimination of discrimination in respect of employment and occupation.), 셋째, 환경과 관련하여 ⑦ 환경침해에 대한 주의, ⑧ 환경에 대한 책임의 제고, ⑨ 환경친화적 기술 개발(Businesses should support a precautionary approach to environmental challenges; undertake ini−tiatives to promote greater environmental responsibility; and encourage the development and diffusion of environmentally friendly technologies.), 넷째 반부패와 관련하여 ⑩ 부패반대(Principle 10: Businesses should work against corruption in all its forms, including

01 공동체법, 무엇이 문제인가

extortion and bribery.)이다." 이 부분은 이준일 (2019), 763면에 의거하였다.

207) ISO26000은 기업의 사회적 책임에 관한 국제규격으로서 "인권, 고용, 환경, 경영, 소비자, 지역 사회에 관련된 기업의 사회적 책임에 대한 가이드라인이 제시되어 있다. 특히 기업의 사회적 책임을 상세하게 제시하고 있는 ISO26000의 주요원칙으로는 법준수의무, 일반적으로 승인된 국제법규의 존중, 이해관계자의 이익에 대한 인정, 책임성, 투명성, 윤리적 행동, 기본적 인권에 대한 존중 등이 채택되어 있다. 최근에는 '오너리스크(Owner risk)'라는 개념을 통해 경영자의 책임도 새롭게 강조되고 있다. 예컨대 본사 경영자의 개인적 일탈이나 불공정거래행위로 인한 피해가 고스란히 가맹점에게 돌아가고 있기 때문이다." 이 부분은 이준일 (2019), 763면에 의거하였다.

208) 개정 유통산업발전법 제12조의2는 대규모점포등의 영업시간을 제한하고 영업시간 제한 및 의무휴업일 지정에 필요한 사항은 해당 지방자치단체의 조례로 정하도록 하였다.

209) 이준일, 「인권법」 제8판, 홍문사, 2019, 760면. 국가는 균형있는 국민경제의 성장 및 안정과 적정한 소득의 분배를 유지하고, 시장의 지배와 경제력의 남용을 방지하며, 경제주체간의 조화를 통한 경제의 민주화를 위하여 경제에 관한 규제와 조정을 할 수 있다. 헌법 제119조 제1항 및 제2항 참조.

210) "근로자의 공동결정에 관한 법(Gesetz über die Mitbestimmung der Arbeitnehmer)"은 1976년 3월 18일 제정되어 상시 근로자 2000명이상인 기업에 적용되어 왔으나 최근 그 적용 범위가 축소되고 있다. 공동결정법의 역사와 전망에 관하여는 김성국 (2014) 참조.

211) 우리나라에서는 1997년 "근로자참여 및 협력증진에 관한 법률"이 제정되어 생산성 향상과 성과 배분 등 일정한 사항에 관하여는 노사협의회에서 협의하게 되어 있으나 공동결정에는 이르지 못한다.

212) 민법 제39조 참조. "영리사단법인인 회사에 대해서는 상법 회사편이 일차적으로 적용되며, 회사 가운데 상장회사, 은행, 보험회사 등 특정 종류의 회사에 대해서는 다시 상법의 특별법으로서 자본시장과 금융투자업에 관한 법률, 은행법, 보험법 등이 일차적으로 적용된다. 그밖에 종래 전문적인 자격을 가진 자연인만이 수행해 오던 직역을 담당할 수 있는 영리법인(법무법인, 회계법인, 특허법인, 관세사법인, 법무사법인 등)의 설립을 허용하는 특별법으로서 변호사법, 공인회계사법 등이 있으며 이들 영리법인에 대해서는 상법의 합명회사나 유한회사에 관한 규정이 일차적으로 준용된다." 엄동섭 (2018), 85–86면 참조.

213) 사회적기업 육성법은 "사회적기업"을 "취약계층에게 사회서비스 또는 일자리를 제공하거나 지역사회에 공헌함으로써 지역주민의 삶의 질을 높이는 등의 사회적 목적을 추구하면서 재화 및 서비스의 생산·판매 등 영업활동을 하는 기업"이라 정의한다(동법 제2조 제1호). 좀더 폭넓게는 "사회적 목적을 달성하기 위해 시장기반전략을 이용하는 사회적 사명 중심의 조직"이라 정의한다.

214) 사회적기업 육성법은 사회적 기업의 요건으로 "서비스 수혜자, 근로자 등 이해관계자가 참여하는 의사결정 구조를 갖출 것"을 규정한다(동법 제8조 제1항 제4호).

215) 사회적기업 육성법은 "사회적기업이 영업활동을 통하여 창출한 이익을 사회적기업의 유지·확대에 재투자하도록 노력하여야 한다"고 규정하여 이익배당을 제한하고 있다(동법 제3조 제3항).

216) 사회적기업 육성법은 "연계기업"을 "특정한 사회적기업에 대하여 재정 지원, 경영 자문 등 다양한 지원을 하는 기업으로서 그 사회적기업과 인적·물적·법적으로 독립되어 있는 자"라고 정의한다(동법 제2조 제4호).

217) 동법 제3조 제4항 및 제16조.

218) 조성혜 (2021), 169–208 참조.

219) 국제협동조합연맹((International Co–operative Alliance, ICA), Statement on the Cooperative Identity.

220) 예를 들어 유기농산물 또는 청정해산물을 공동으로 생산하는 공동체는 생산자 협동조합을 형성하며 유통이나 판매를 위해 생활협동조합이나 소비자협동조합, 신용협동조합과 연결된다. 농수산물, 공산품 및 서비스를 공동으로 생산, 판매, 구매하는 협동조합들은 지역적 네트워크를 형성하여 공동체 경제로 성장할 수 있다.

221) 이와 구별되는 조합주의(corporatism)라는 개념이 있는데 이 개념은 노동자와 사용자의 이해관계를 각각 대변하는 집단이 국가 기구의 적극적 중재 하에, 즉 노.사.정 3자가 정치적 합의를 통하여 대기업의 횡포를 막고 시장 부패와 파업으로 인한 사회 혼란을 막는 방식을 말한다.

222) Trebor Scholz/Nathan Schneider eds. (2016); 日本協同組合連携機構(2020) 참조.

223) 헌법 제123조 제5항.

224) 협동조합기본법 제2조 제1호

225) 협동조합기본법 제5조.

226) 협동조합기본법 제4조.

227) 농업협동조합, 수산업협동조합, 중소기업협동조합, 엽연초생산협동조합, 소비자생활협동조합, 신용협동조합, 산림조합, 엽업조합으로 각각 특별법이 제정되어 있다.

228) 협동조합기본법 제45조 제3항.

229) 최근 존 롤스의 정의론에 의하여 사회계약론은 다시 부활하였다.

230) 고봉진 (2014), 56면.

231) "프랑스혁명과 함께 '국민'은 군주를 대신하는 새로운 주권자로 등장하였고, 홉스 이래 사회계약론의 정치철학자들이 제시한 자연권을 지닌 합리적인 개인들로 구성된 새로운 공동체의 모습이 구현되기 시작하였다." 홍태영 (2017), 166면.

232) 신재연 (2019) 참조. 그런 의미에서 헤겔은 "국가는 구체적인 자유의 현실이다(Der Staat ist die Wirklichkeit der konkreten Freiheit)"고 말한 바 있다.

233) Arif Dirlik (2005): 창비, 2005: Charles Taylor (2010): 가라타니 고진 (2019): 홍태영 (2017), 169면에서 재인용.

234) Dominique Schnapper (2018).

235) 김상겸 (2010), 47면. 그러나 스포츠단체라고 하여 모두 스포츠공동체라고 할 수는 없으며 구성원 간에 유대와 결속력이 있는 스포츠단체에 한하여 스포츠공동체에 포함될 수 있다 할 것이다.

236) 국민체육진흥법 제2조 제9호. 체육단체에는 경기단체를 비롯하여 대한체육회, 지제체별 지방체육회, 각 장애인체육회 한국도핑방지위원회, 서울올림픽기념국민체육진흥공단, 태권도진흥재단, 전통무예단체, 스포츠산업 진흥법상의 사업자단체, 체육시설업협회, 국내 및 국제대회 개최를 위한 대회조직위원회가 포함된다.

237) 동법 제2조 제11호 참조. 그외에 동법은 체육동호인조직이라는 개념을 설정하여 "생활체육 활동에 지속적으로 참여하는 자의 모임"라고 하여 법인이나 단체가 아니더라도 스스로 스포츠활동을 즐기는 다수인의 조직에 관한 규정을 두고 있다(동법 제2조 제7호).

238) 송호영 (2009), 13면.

239) 송호영 (2009), 13면.

240) 최근 스포츠단체의 징계권 행사가 지나치게 여론을 의식하는 경향이 있는바 스포츠의 대중성을 고려하더라도 이러한 경향은 스포츠공동체의 자율성을 해칠 위험이 있다 할 것이다.

241) lex sportiva에 관한 간략한 소개로는 손경한 (2016), 19-20면 참조.

242) Boris Kolev (2008).

243) 한국 수영선수 박태환은 2014. 9. 금지약물 검사에서의 양성반응으로 국제수영연맹(FINA)으로부터 2016. 3. 2.까지 18개월간 선수자격을 정지 당하는 징계를 받았고 대한체육회로부터는 도핑 규정 위반으로 경기단체에서 징계를 받은 후 3년이 지나지 않은 자는 국가대표가 될 수

없다는 내부 규정에 따라 리우올림픽에 출전할 수 없게 되었던바 2016. 7. 1. 서울동부지방법원이 리우 올림픽에 출전을 허용하는 가처분 결정을 하였음에도 대한체육회는 2016. 7. 8. 스포츠중재법원이 박태환의 리우올림픽 출전을 허락하는 임시적 처분을 내린 후에야 2016. 8. 리우 올림픽 출전을 허락하였다. 이 사건은 lex sportiva의 국내법에 대한 우월을 보여주는 대표적인 사례가 되었다. 헤럴드경제, "박태환 리우 간다 … 국제스포츠중재재판소, 국가대표 자격 인정", 2016. 7. 8., http://biz.heraldcorp.com/view.php?ud=20160708000913.

244) Robert C.R. Siekmann/Janwillem Soek eds. (2012).

245) 이원태 외 (2014), 8-9면.

246) 상호보험은 구성원에 한하여 가입할 수 있고 때로는 그 가입이 강제된다는 점에서 원칙적으로 그 가입 자격에 제한이 없는 일반 보험과 차이가 있으나 상호보험에는 상법 보험편의 규정이 준용된다(상법 제664조는 "이 편의 규정은 그 성질에 반하지 아니하는 범위에서 상호보험, 공제, 그 밖에 이에 준하는 계약에 준용한다"고 규정한다). 그러나 보험의 법리는 상호보험단체의 성격을 가지는 공제조합의 경우에만 준용된다(대법원 1995. 3. 28. 선고 94다47094 판결은 "자동차운송사업조합이나 자동차운송사업조합연합회가 하는 공제사업은 비록 보험업법에 의한 보험사업은 아닐지라도 그 성질에 있어서 상호보험과 유사"하다고 보았다).

247) 공제회와 같이 상호보험의 성격을 가지지 않으면서 경조금이나 연금지급과 같은 일을 하는 상호부조적 공제사업의 경우에는 보험에 관한 법리가 적용되지 않는다 할 것이다.

248) 한국교직원공제회는 한국교직원공제회법에 의거하여 설립되어 교육 구성원의 생활 안정과 복리증진을 도모하기 위하여 교육기관·교육행정기관 또는 교육연구기관의 교육공무원·교원 및 사무직원 등의 교육 구성원에 대한 공제제도(共濟制度)를 운영하고 있다.

249) 과학기술인공제회법 및 과학기술인공제회의 연금사업을 위하여 과학기술정보통신부령으로 "퇴직연금급여사업 등 운영규칙"이 제정되어 있다.

250) 건설근로자공제회는 일용·임시직 건설근로자가 퇴직공제 가입 건설현장에서 근로하면 건설사업주가 공제회로 근로일수를 신고하고 그에 맞는 공제부금을 납부하면 해당 근로자가 건설업에서 퇴직할 때 건설근로자공제회가 퇴직공제금을 지급하는 건설근로자 퇴직공제제도를 운영하고 있다.

251) 한국사회복지공제회는 사회복지사 등의 처우 및 지위 향상을 위한 법률 제4조에 의거하여 대국민 복지를 국가로부터 위임받아 공익적 업무를 수행하는 사회복지종사자들을 위한 금융상품 및 서비스 제공을 통하여 생활안정 및 복지증진을 실현하기 위해 설립된 법인이다.

252) 소득세법 제16조 제1항 제10호와 동시행령 제26조 제1항에 의하면 직장공제회란 "민법 제32조 또는 그 밖의 법률에 따라 설립된 공제회·공제조합(이와 유사한 단체 포함)으로서 동일 직장이나 직종에 종사하는 근로자들의 생활 안정, 복리증진 또는 상호부조 등을 목적으로 구성된 단체를 말한다."

253) 과학기술인공제회법 제7조 참조.

254) 혼인이 합동행위라고 하여 부부간에 그에 부수한 계약을 체결할 수 없는 것은 아니다. 부부재산계약이 그 대표적인 예이다.

255) 종족의 잔존을 위하여 자신을 희생하는 DNA의 존재의 발견이라는 진화생물학적 발견은 개인주의에 매몰된 우리를 반성하게 한다.

256) 호주제 위헌 결정과 함께 가(家)의 개념도 우리 민법에서 소멸하였다. 호적법을 폐지하고 가족관계의 등록 등에 관한 법률을 제정하여 가족관계등록부 제도를 도입하였다. 그러나 호주제에 남녀불평등의 문제가 있었다면 부부공동호주제, 모계호적 선택제를 도입하는 등 호주제를 유지하면서도 그 문제점을 해소할 수 있었을 것이다.

257) 아직도 지방에서는 4촌계 등 가까운 혈족 간의 모임이 유지되고 있다.

258) 예컨대 경상북도는 2014. 10. 27. '할매 할배의 날' 조례를 전국 최초로 제정하여 매월 마지막

토요일을 손주가 할아버지와 할머니를 만나는 날로 정해 어른 공경 문화를 확산하고 세대 간 소통도 꾀하고자 하였다.

259) 그렇게 함으로써 앞서본 가업공동체나 유산공동체가 잘 작동할 수 있는 법리적 전제를 구축할 수 있고 우리 사회에 만연한 가업을 비롯한 유산을 둘러싼 분쟁을 방지하거나 비교적 쉽게 해결할 수 있게 될 것이다.

260) 인터넷은 정보가 유통하는 물리적 구조(physical infrastructure), 그 구조를 통제하는 코드(code) 그리고 디지털 정보를 담은 컨텐츠(content)의 3개의 층으로 구성되어 있다.

261) https://www.icann.org/

262) 2013년 ICANN은 인터넷에 새로운 "일반 최상위 도메인"제도의 도입을 승인하여 6백만 개를 넘는 13개의 새로운 최상위 도메인을 도입하였으며 2016. 9.부터 ICANN과 인터넷주소배정처(Internet Assigned Numbers Authority, IANA)는 미국 상무부의 통제를 벗어나 순수한 민간 자율 기구로 되었다.

263) 이원태 외 (2014), 8면.

264) 사이버발칸화(cyber−balkanization)란 사이버 공간에서 관점과 입장이 비슷한 사람들끼리 공동체를 형성하고, 그렇지 않는 사람들을 싫어하고 적대하는 인터넷 분열 현상을 말한다.

265) 반향실 효과란 비슷한 생각을 가진 사람들이 함께 모여 자기가 보고 싶은 것만 보고 듣고 싶은 것만 듣게 되며 구성원간에 신념과 믿음이 증폭되고 강화되어 진실과 유리되는 확증편향에 빠질 위험이 있다는 것이다.

266) 김미영 (2015), 208−210면 참조.

267) Howard Rheingold (2006), pp.47−75. 같은 입장인 Barry Wellman은 네트워크공동체를 "사교성, 지지, 정보, 속함의 감각, 사회적 정체성을 주는 간주관적 끈의 네트워크"로서 공동체에 해당한다고 본다.

268) 그 이전에 2002년 국제적 민간단체인 진보통신연대(The Association for Progressive Communications, APC)가 인터넷 접속권, 표현 및 결사의 자유, 알 권리, 학습과 창작의 공유, 사생활 보호, 이러한 제 권리 보호의 실현 등을 규정한 인터넷권리헌장(Charter for Internet Rights)을 제정한 바 있었다. APC (2002).

269) Internet Rights & Principles Coalition, https://internetrightsandprinciples.org/.

270) 2010년 동 단체의 인터넷 가버넌스 포럼(Internet Governance Forum)에서 버전 1.0을 채택하였다. 동 헌장은 인터넷과 관련하여 접속권, 차별받지 않을 권리, 자유와 안전에 대한 권리, 인터넷을 통해 발전할 권리, 표현과 정보의 자유, 종교와 신념의 자유, 온라인상 집회와 결사의 자유, 사생활 보호를 받을 권리, 디지털자료를 보호받을 권리, 인터넷상 및 인터넷에 관한 교육을 받을 권리, 문화를 누릴 권리 및 알 권리, 아동의 권리, 장애인의 권리, 일할 권리, 공적인 일에 온라인상 참여할 권리, 소비자의 권리, 건강 및 사회 서비스를 받은 권리, 법적 구제와 공정한 재판을 받을 권리, 적절한 사회적 및 국제적 질서에 대한 권리를 규정하고 있다. Lisa Horner (2010) 참조.

| 공동체와 법 |

02

공동체법 총론

공동체의 법 주체성

Chapter 01 공동체의 법 주체성 [윤진수]

공동체의 법 주체성
– 법인 아닌 사단을 중심으로* –

Ⅰ. 글머리에

공동체의 법적 성격은 대체로 법인 아닌 사단으로 이해되고 있다. 그런데 법인 아닌 사단을 법적으로 어떻게 규율하여야 하는가는 어려운 문제이다.[1] 공동체 중 법인 아닌 재단으로 이해되는 경우에도 같은 문제가 생긴다. 법인 아닌 사단은 사회적으로 실재하는 존재로서, 중요한 기능을 수행하고 있다. 그렇지만 법은 법인 아닌 사단이 권리의 주체라고는 정면으로 인정하지 않고 있고, 다만 부분적으로만 규율하고 있을 뿐이다. 그리하여 법의 적용에서도 많은 논란이 생긴다. 뿐만 아니라 법을 개정하여야 한다는 주장도 많지만, 어떻게 개정하여야 하는가에 대하여도 의견의 합치가 이루어지지 않고 있다. 본 장에서는 사회적으로 실재하고 있는 법인 아닌 사단에 대하여 과연 법이 어떻게 다루어야 하는가를 따져 보고자 한다. 구체적으로는 법인 아닌 사단에 대하여 현행법상 권리주체성을 인정할 수 있는가와, 법을 개정한다면 어떻게 하여야 하는가를 살펴보고자 한다. 한편 이 문제는 다른 나라에서도 마찬가지로 고민의 대상이 되고 있으므로, 다른 나라의 상황에 대하여도 알아본다.

Ⅱ. 현행법의 상황과 학설상의 논의

1. 법인 아닌 사단이란 무엇인가?

법인 아닌 사단[2]이란 사단이기는 하지만 법인이 아닌 것을 가리킨다. 민법은 권리능력의 주체를 인(人)과 법인(法人)으로 구별하고 있다.[3] 여기서 인이란 자연인 (自然人)을 말한다. 그리고 법인이란 자연인은 아니지만 법에 의하여 권리능력을 부여받은 조직을 가리킨다. 그런데 법인은 다시 사단법인과 재단법인으로 구별할 수 있다. 사단법인은 일정한 목적을 위하여 결합된 인적 결합체, 즉 사단을 그 실체로 하는 법인이고, 재단법인은 일정한 목적을 위하여 바쳐진 재산의 집합, 즉 재단이 그 실체를 이루는 법인이다.[4] 다시 말하여 사단법인은 자연인 또는 법인이 그 구성원이 되는 반면, 재단법인은 그러한 구성원은 존재하지 않으나, 그 법인의 목적 수행을 위한 독립된 재산이 존재하는 것이다.

그러므로 법인 아닌 사단이란, 자연인 또는 법인을 구성원으로 하는 결합체 내지 단체이기는 하지만, 법인은 아닌 것을 말한다. 다른 한편 법인 아닌 사단에 대비되는 것으로서 법인 아닌 재단이라는 것도 있는데,[5] 이는 실제상 그다지 많이 문제되지 않는다. 여기서는 이에 대하여는 다루지 않는다.

그러면 법인 아닌 사단은 구체적으로 어떠한 모습인가? 우선 법인과 구별되는 점은, 법인이 되기 위한 감독관청의 인가(민법 제32조)를 받지 못하였고, 법인설립의 등기(민법 제33조)를 갖추지 못하였다는 점이다. 그리고 적극적으로 법인 아닌 사단이라고 인정되기 위하여는 그 실체가 있다고 인정되어야 한다. 판례는, "어떤 단체가 고유의 목적을 가지고 사단적 성격을 가지는 규약을 만들어 이에 근거하여 의사결정기관 및 집행기관인 대표자를 두는 등의 조직을 갖추고 있고, 기관의 의결이나 업무집행방법이 다수결의 원칙에 의하여 행하여지며, 구성원의 가입, 탈퇴 등으로 인한 변경에 관계없이 단체 그 자체가 존속되고, 그 조직에 의하여 대표의 방법, 총회나 이사회 등의 운영, 자본의 구성, 재산의 관리 기타 단체로서의 주요사항이 확정되어 있는 경우에는 비법인사단으로서의 실체를 가진다"고 보고 있다.[6]

현재 판례상 인정되고 있는 법인 아닌 사단의 예로서는 공동체로 분류할 수 있는 종중, 교회, 자연부락(自然部落)[7], 동(洞)의 전 주민을 구성원으로 하는 공동체[8]

등이 있으며 그외 설립중의 회사9) 등도 비법인 사단이다.

다른 한편 법인 아닌 인적 결합체이기는 하지만 사단은 아닌 것으로는 조합이 있는데,10) 법인 아닌 사단과 조합의 구별은 이론적으로는 가능하지만,11) 실제로는 그 구별이 반드시 쉽지 않다.12) 어느 단체가 법인 아닌 사단인가 조합인가는 가령 그 단체가 소송에서 당사자가 될 수 있는가 하는 점 등에서 차이가 있지만, 실제상 중요한 것은 단체의 활동으로 인한 채무를 그 단체의 구성원이 부담하는가, 아니면 부담하지 않는가 하는 점이다. 법인 아닌 사단인 경우에는 사단의 구성원이 단체의 활동으로 인한 채무에 대하여 책임을 지지 않지만,13) 조합의 경우에는 조합원이 조합의 채무에 대하여 책임을 져야 한다.14)

2. 법인 아닌 사단에 대한 현행법의 규율

앞에서 민법은 권리능력의 주체를 인(人), 즉 자연인과 법인(法人)으로 구별하고 있다고 하였다. 그렇다면 법인 아닌 사단은 자연인도 아니고 법인도 아니므로 권리능력을 가질 수 없다고 하여야 할 것이다. 실제로 아래에서 보는 것처럼 프랑스법이나 영미의 보통법은 우리나라의 법인 아닌 사단에 해당하는 단체에 대하여, 재산을 소유할 수도 없고, 계약상 당사자도 될 수 없으며, 소송상 당사자도 될 수 없다고 보고 있다. 그러나 다른 한편으로는 독일과 일본은 법인 아닌 사단이라도 소송상 당사자는 될 수 있다고 본다.

우리나라의 상황은 좀더 복잡하다.15) 먼저 민법은 수인이 하나의 물건을 소유하는 형태로서 공유와 합유 및 총유를 들고 있는데, 여기서 총유(總有)란 법인이 아닌 사단의 사원이 집합체로서 물건을 소유하는 것을 말한다(제275조). 그런데 총유를 민법에 규정하는 나라는 우리나라밖에 없다. 1960. 1. 1. 민법이 시행되기 전에 우리나라에 적용되었던 일본민법16)에도 합유와 총유에 관하여는 규정이 없었고, 이는 현재에도 마찬가지이다. 1958년 제정된 민법의 정부 원안에도 이에 관한 규정이 없었는데, 이것이 민법전에 포함되게 된 것은 민법안에 대한 학자들의 검토 결과인 『민법안의견서』에서 김증한 교수가 주장한 것17)을, 이른바 현석호 수정안이 포함시켜 국회에 제출하였고, 이것이 받아들여진 것이다.18) 정부가 제출한 민법전 원안은 공유에 관한 규정 외에 이른바 '합유'에 관하여 3개의 규정을 두었다(민법안 제262

조~제264조). 이는 현행 민법상의 합유와는 달리 "어느 지역의 주민, 친족단체, 기타 관습상 집합체로서 수인이 물건을 소유하는 때"를 의미하므로,[19] 오히려 현행 민법상의 총유에 가깝다. 그리고 조합의 소유형태에 관하여는 따로 규정을 두지 않았다. 그런데 『민법안의견서』에서 김증한 교수는, 원안의 「共有」라는 절명(節名)을 「共同所有」라고 바꾸고, 그 중에 공유, 합유, 총유의 3유형을 규정하여야 한다고 주장하였다. 여기서는 인적 결합관계를 법인, 비법인사단, 합수적 조합, 로마법상의 조합(societas)으로 나누고, 공동소유형태는 인적결합 형태의 물권법에의 반영이라고 한다. 그리하여 법인은 개인에 준하여 파악된 것이므로, 그 소유형태를 개인과 동일하게 단독소유로 파악하여 공동소유의 형태에서 제외시키고, 비법인 사단의 소유형태는 총유, 합수적 조합의 공동소유형태는 합유, 로마법상의 조합(지분적 조합)의 소유형태는 공유로 보아 공동소유형태를 3유형으로 분류하였다. 이러한 김증한 교수의 분류는 기본적으로 독일의 기이르케(Gierke)의 연구에 근거한 것이다. 이러한 김증한 교수의 제안이 국회에서 대체로 받아들여져서 현행 민법의 공동소유에 관한 규정이 되었다. 다만 김증한 교수는 총칙편에 권리능력 없는 사단 또는 재단에 관하여는 법인에 관한 규정을 준용한다는 조문을 신설할 것을 제안하였으나, 이 제안은 받아들여지지 않았다.

또한 부동산등기법 제26조 제1항은, "종중(宗中), 문중(門中), 그 밖에 대표자나 관리인이 있는 법인 아닌 사단(社團)이나 재단(財團)에 속하는 부동산의 등기에 관하여는 그 사단이나 재단을 등기권리자 또는 등기의무자로 한다"라고 규정하여, 법인 아닌 사단과 재단이 부동산을 그 명의로 등기할 수 있는 이른바 등기능력이 있음을 인정하고 있다. 부동산등기법에 이 규정이 들어오게 된 것은 일제 강점기 때의 특수한 상황을 배경으로 한 것이다. 즉 처음에는 종중 재산을 종중 명의로 등기를 할 수 있는 방법이 없어, 종중이 종중원에게 종중재산을 명의신탁하는 방법이 많이 행해졌고, 그로 인하여 많은 분쟁이 생겼다. 그러자 조선총독부는 이를 막기 위하여 1930. 10. 23. 제령 제10호로 조선부동산등기령 제2조의4를 신설하여, 제1항에서 "종중·문중·기타 법인에 속하지 아니하는 사단 또는 재단으로 조선총독이 정하는 것에 속하는 부동산의 등기에 대하여는 그 사단 또는 재단을 등기권리자 또는 등기의무자로 본다"라고 규정하기에 이르렀다.[20] 이 규정이 현행 부동산등기법에 그대로 승계된 것이다. 일본은 당시뿐만 아니라 현재에도 법인 아닌 사단의 등기능력을

02 공동체법 총론

인정하지 않는다.

그리고 민사소송법 제52조는 "법인이 아닌 사단이나 재단은 대표자 또는 관리인이 있는 경우에는 그 사단이나 재단의 이름으로 당사자가 될 수 있다"고 규정하여 법인 아닌 사단이 소송상 당사자가 될 수 있는 당사자능력을 인정하고 있다. 이 규정의 연원은 1926년 일본 민사소송법 제46조에서 찾을 수 있다. 이 조문은 "법인 아닌 사단 또는 재단으로 대표자 또는 관리인의 정함이 있는 경우에는 그 이름으로 소를 제기하거나 제기받을 수 있다"고 규정하였고,21) 이 조문은 당시 조선에도 의용되었으며, 1960년 시행된 민사소송법 제48조도 "법인 아닌 사단이나 재단으로서 대표자 또는 관리인이 있으면 그 이름으로 당사자가 될 수 있다"라고 규정하여 현행법에 이른 것이다.

이외에도 국세기본법 제13조는 '법인으로 보는 단체 등'이라는 표제 아래 법인이 아닌 사단, 재단, 그 밖의 단체 중 일정한 요건을 갖춘 것으로서 수익을 구성원에게 분배하지 아니하는 것은 법인으로 보아 국세기본법과 세법을 적용한다고 규정한다.

현재의 판례는 법인 아닌 사단에 대하여 법인에 관한 규정을 유추적용할 수 있다고 본다. 판례는 다음과 같은 사례에서 민법 규정의 유추적용을 인정하였다.

첫째, 법인 아닌 사단에서도 사단법인과 마찬가지로 구성원이 없게 되었다 하여 막바로 그 사단이 소멸하여 소송상의 당사자능력을 상실하였다고 할 수는 없고 청산사무가 완료되어야 비로소 그 당사자능력이 소멸한다(대법원 1992. 10. 9. 선고 92다23087 판결). 둘째, 비법인사단 대표자가 행한 타인에 대한 업무의 포괄적 위임과 그에 따른 포괄적 수임인의 대행행위는 제62조의 규정에 위반된 것이어서 비법인사단에 대하여는 그 효력이 미치지 아니한다(대법원 1996. 9. 6. 선고 94다18522 판결). 셋째, 정관의 규정에 따른 이사의 임면을 규정한 제40조, 수인의 이사의 사무집행에 관한 제58조 및 총회의 권한을 정관에 의하여 이사 또는 기타 임원에게 위임할 수 있다는 제68조의 규정도 법인 아닌 사단에 준용될 수 있다(대법원 1997. 1. 24. 선고 96다39721, 39738 판결). 넷째, 사단법인의 총회에 관한 제73조 제2항, 제75조 제2항의 규정은 정관에 다른 규정이 없으면 종중과 같은 권리능력 없는 사단의 경우에도 준용된다(대법원 1992. 9. 14. 선고 91다46830 판결). 다섯째, 비법인사단의 대표자가 직무에 관하여 타인에게 손해를 가한 경우 그 사단은 제35조 제1항의 유추적용에 의하여 그 손해를 배상할 책임이 있다(대법원 2003. 7. 25. 선고 2002다27088 판결). 여섯째, 특정

교단에 가입한 법인 아닌 사단인 지교회가 소속 교단을 탈퇴하거나 소속 교단을 변경하는 것은 사단법인 정관변경에 준하여 의결권을 가진 교인 2/3 이상의 찬성에 의한 결의를 필요로 한다(대법원 2006. 4. 20. 선고 2004다37775 전원합의체 판결). 일곱째, "이사가 없거나 결원이 있는 경우에 이로 인하여 손해가 생길 염려가 있는 때에는 법원은 이해관계인이나 검사의 청구에 의하여 임시이사를 선임하여야 한다."고 규정하고 있는 제63조는 법인 아닌 사단이나 재단에도 유추적용될 수 있다(대법원 2009. 11. 19.자 2008마699 전원합의체 결정).

반면 대법원 2003. 7. 22. 선고 2002다64780 판결은 비법인사단의 경우에는 대표자의 대표권 제한에 관하여 등기할 방법이 없어 "이사의 대표권에 대한 제한은 등기하지 아니하면 제삼자에게 대항하지 못한다"고 하는 제60조의 규정을 준용할 수 없다고 하였다.

3. 학설상의 논의[22]

학설상으로는 법인 아닌 사단에 대하여도 권리능력을 인정할 수 있다는 견해가 있다. 먼저 현행법 해석상으로도 법인 아닌 사단은 권리능력을 가진다는 주장이 있다. 이 견해는 민사소송법이 비법인사단에게도 당사자능력을 인정하고 있고, 부동산등기법상 비법인사단도 등기를 할 수 있도록 규정하고 있으므로, 현행법상으로도 비법인사단의 권리능력은 인정되고 있다고 주장한다. 또한 법인의 본질에 관한 학설 중 법인실재설이 타당하므로, 법인 아닌 사단도 권리능력을 가진다고도 한다.[23]

그리고 법관의 법형성(Rechtsfortbildung)이라는 방법론에 의해 법인 아닌 사단의 권리능력을 논증하려는 견해도 있다. 이 견해는, 민법의 본래의 설계의도는 법인과 권리능력 없는 단체를 엄격히 구별하면서 전자에 대해서만 권리능력을 인정하려는 것이었지만, 법현실에서 사단법인과 마찬가지의 실체조직을 가지면서 사회생활의 하나의 단위로서 활동하고 있는 권리능력 없는 사단의 발전으로 민법 본래의 설계와는 맞지 않는 규범체계상의 불완전성이 드러나게 되었다고 한다. 이러한 규율흠결은 법관의 법형성에 의하여 보충되어야 한다고 본다. 그리하여 민법이 명시적으로 규정한 법인단체의 경우에는 민법이 정한 절차적 요건에 따라서 법인격은 취득되지만, 민법이 예정하지 않았던 포괄적 권리능력 있는 단체의 경우에는 그 법인격 승인에 다른 형태의 법적 승인도 가능하고, 판례에 의해서 포괄적 권리능력이 승인되어 거래상 권리주체로서 등장한다면 이는 판례의 법형성 또는 관습법상 법인격이 부여된 것으로 민법의 법인법정주의의 요건을 충족했다고 볼 수 있다는 것이다.[24]

이와는 약간 구별되는 것으로서, 재산총유집합체와 비등기사단법인(非登記社團法人)을 구분하는 주장이 있다. 비등기사단법인이란 종래 비법인사단이라고 부르던 것인데, 등기만 하지 않았을 뿐, 등기사단법인과 똑같은 사단으로서의 실체를 갖추고 있는 집단으로서 당연히 권리주체가 된다고 한다. 민사소송법 제52조가 당사자능력을 인정하는 법인이 아닌 사단이나, 부동산등기법 제26조가 등기능력을 인정하는 법인 아닌 사단은 모두 비등기사단법인이라는 것이다. 반면 민법상의 총유규정이 적용되는 것은 미등기사단법인 아닌 단순한 재산총유집합체로서, 이 집합체는 권리주체가 아니므로 집합체 자체로서는 재산을 소유하지 못하고, 구성원들이 총유의 형태로 재산을 공동소유한다고 한다. 이에 비하여 비등기사단법인은 권리주체이므로 재산을 자체로서 소유할 수 있다고 풀이하여야 한다는 것이다.[25]

Ⅲ. 외국에서의 논의

이처럼 공동체를 포함한 법인 아닌 사단을 어떻게 취급할 것인가 하는 문제는 우리나라에서 처음 제기된 것이 아니고, 여러 나라에서 이전부터 다투어졌으며, 그 태도도 반드시 같지 않다. 그러므로 이하에서는 독일, 프랑스, 일본 및 미국의 예를 살펴본다.

1. 독일[26]

가. 법률과 판례

독일 민법에서는 비영리사단은 관할 구법원(Amtsgericht)의 등기부에 등기함으로써 권리능력을 취득하고(제21조), 영리사단은 연방법률에 특별한 규정이 없는 경우에는 공적인 허가를 얻음으로써 권리능력을 취득한다(제22조). 그러므로 등기되지 않은 비영리사단이나 허가를 얻지 않은 영리사단은 법인 아닌 사단이다.

　　독일 민법은 제54조에서 법인 아닌 사단에 관하여 규정하고 있다. 이 조문은 "권리능력 없는 사단(Nicht rechtsfähige Vereine)"이라는 표제 아래, 다음과 같이 규정한다. "권리능력 없는 사단에 대하여는 조합에 관한 규정이 적용된다. 그러한 사단의 이름으로 제3자에 대하여 행하여진 법률행위에 대하여는 행위자가 개인적으로 책임진다; 다수가 행위한 때에는 이들은 연대채무자로서 책임진다."[27]

　　독일 민법이 이처럼 법인 아닌 사단[28]에 대하여 조합에 관한 규정을 적용하도록 한 이유는 무엇인가? 독일 민법 입법자는 법인 아닌 사단이 조합과 구조적 차이가 있고, 따라서 법인 아닌 사단에 조합규정이 어울리지 않는다는 점도 인식하고 있었음에도 불구하고, 이와 같이 규정하였다. 그 이유는 법인이 아닌 사단을 등기한 사단 또는 공적인 허가를 받은 사단보다 불리하게 취급함으로써 법인격을 취득하도록 유도하고, 법인인 사단과 마찬가지로 통제할 수 있도록 하기 위한 것이었다. 그러나 입법자의 의도는 실현되지 않았고, 정당이나 노동조합 등 많은 단체들은 오히려 정부의 통제를 피하고자 법인 아닌 상태로 남아 있었다.[29] 또한 비영리법인에 대하여 자유로운 단체의 결성을 막으려고 하는 사단 통제의 목적은 헌법적인 근거에 의하여 의미가 없게 되었고, 공법상의 사단법에 대하여만 의미를 가지게 되었다.[30]

　　그리하여 독일의 판례는 제54조 제1문의 문언에도 불구하고 법인이 아닌 비영리사단에 대하여 조합에 관한 규정이 아니라 법인인 사단에 관한 규정이 유추적용된다고 하고, 학설도 판례의 입장과 같이 이해한다. 따라서 법인이 아닌 비영리사단에 대하여 권리능력 또는 등기, 특히 공시에 관한 규정(제68조 이하) 등을 제외하고는 제21조 이하의 규정을 유추적용한다. 이는 제54조 제1문의 명문규정에 반하는 것임에도 '사물의 본성(Natur der Sache)으로부터 도출되는 법관에 의한 법형성에 의한 것'이라고 설명한다.[31] 독일의 문헌 가운데에는 이는 "법의 목적이 사라지면 법률은 스스로 효력을 잃는다(cessate ratione legis cessat lex ipsa)"는 원칙이 적용된 경우라고 설명하기도 한다.[32]

　　반면 허가를 받지 아니한 영리사단에 대하여 조합에 관한 규정이 적용될 수 있는지에 관하여는 논란이 있다. 일부 학설은 등기되지 않은 영리사단과 마찬가지

82

로 조합에 관한 규정은 허가를 받지 않은 영리사단에 대하여는 적용될 수 없다고 보는 반면, 다른 학설은 원칙적으로 적용될 수 있지만, 상행위를 목적으로 하는 허가받지 않은 영리사단에 대하여는 인적 회사(Personenegesellschaft)에 관한 규정이 적용된다고 한다. 또 다른 견해는 민법 54조가 허가를 받지 않은 영리사단의 경우에 전면적으로 적용된다고 한다. 이 점에 관하여 판례도 통일되어 있지 않았다.[33]

한편 법인 아닌 사단의 소송법상 지위에 관하여는 판례와 법의 변경이 있었다. 2009년 개정되기 전의 독일 민사소송법 제50조 제2항은, "권리능력 없는 사단은 소송의 상대방이 될 수 있다(Ein Verein, der nicht rechtsfähig ist, kann verklagt werden)"고 하여 권리능력 없는 사단은 소극적 당사자인 피고가 될 수 있을 뿐, 적극적 당사자인 원고는 될 수 없다고 규정하였다.

한편 판례는 노동조합에 대하여 적극적 당사자능력(aktive Parteifahigkeit)을 인정하였다.[34] 그 후 독일연방대법원은 2007년 노동조합뿐만 아니라 권리능력 없는 사단 일반에 대하여도 적극적 당사자능력이 인정된다고 하였다.[35] 그리하여 위 민사소송법 제50조 제2항도 2009년 "권리능력 없는 사단은 소를 제기할 수 있고, 소송의 상대방이 될 수 있다(Ein Verein, der nicht rechtsfähig ist, kann klagen und verklagt werden)"고 개정되었다.

그런데 2021. 8. 17. 독일 민법 제54조를 개정하여 대체로 비법인 사단에 권리능력을 인정하였다. 즉 개정 독일 민법 제54조는 그 표제를 "법인격 없는 사단(Verein ohne Rechtspersönlichkeit)"으로 바꾸고 그 내용도 다음과 같이 바꾸었다.

"제1항: 영리사업을 목적으로 하지 않으며, 사단등기부에 등기되지 않아서 법인격 없는 사단에 대하여는 제24조에서 제53조까지의 규정이 준용된다. 영리사업을 목적으로 하고 공적인 허가를 얻지 않아서 법인격을 취득하지 않은 사단에 대하여는 조합(Gesellschaft)에 관한 규정이 준용된다.

제2항: 법인격 없는 사단의 이름으로 제3자에 대하여 행하여진 법률행위에 대하여는 행위자가 개인적으로 책임진다; 다수가 행위한 때에는 이들은 연대채무자로서 책임진다."

즉 비법인사단을 영리목적을 가지지 않은 것과 가진 것으로 나누어, 전자에 대하여는 사단법인에 관한 규정을 준용하고, 후자에 대하여는 조합 또는 합명회사에 관한 규정을 준용하기로 한 것이다. 이는 대체로 현재의 판례와 학설을 반영한 것이다. 연방정부의 제안이유서는 다음과 같이 설명하고 있다. 즉 개정전 민법 제54조는 그 동안의 법률발전에 맞추어 바뀌어야 하고, "권리능력 없는 사단"이라는 혼란을 불러일으키는 표현은 오늘날 권리능력이 있는 것으로 간주되고 있으므로 법인격 없는 사단이라는 개념으로 대체되어야 한다고 하였다.

나. 학설

독일의 학설 가운데에는 법에서 법인 아닌 사단을 "권리능력 없는 사단"이라고 하고 있음에도 불구하고, 법인 아닌 사단도 권리능력을 가진다는 주장이 있었다. 이는 2001년 독일 연방대법원이 민법상 조합{(Außen−)Gesellschaft bürgerlichen Rechts}에 대하여 권리능력을 인정한[36] 이후에 유력하여졌다.[37] 구체적으로는 법인 아닌 사단이 부동산을 자신의 이름으로 등기할 수 있는가 하는 부동산 등기능력(Grundbuchfähigkeit)에 관하여 논쟁이 있다. 독일연방대법원이 조합의 권리능력을 인정한 후에도, 법인 아닌 사단의 등기능력을 긍정하는 견해가 다수설은 아니었다고 한다.[38] 지금까지의 판례는, 법인 아닌 사단은 그 이름으로 부동산에 관하여 등기할 수는 없다고 한다. 법인 아닌 사단의 권리능력을 인정하지 않는다면 법인 아닌 사단이 그 이름으로 등기할 수는 없고, 설령 법인 아닌 사단의 권리능력을 인정하더라도, 독일 부동산등기법(Grundbuchordnung) 제47조 제2항은 조합을 위한 권리가 등기되려면 그 조합원도 등기되어야 한다고 규정하고 있으므로, 법인 아닌 사단도 마찬가지라는 것이다.[39][40]

다. 보론-조합의 권리능력

현재 독일에서 법인 아닌 사단에게 권리능력을 인정할 것인가 하는 논의는 앞에서 언급한 것처럼 독일연방대법원이 2001년 민법상 조합에 대하여 권리능력을 인정한[41] 이후로 새로운 양상을 보였다. 그러므로 이에 대하여 살펴볼 필요가 있다. 이 사건에서는 원고가 조합(Arbeitsgemeinschaft)인 피고 1에 대하여 어음금청구를 할 수 있는가가 문제되었다. 항소심은 조합은 소송상 당사자능력이 없으므로 피고 1에 대한 소송은 부적법하다고 하였다. 그러나 연방대법원 제2민사부는 자신의 종래의 판례를 변경하면서, 원심판결을 파기하였다. 연방대법원은 근래의 연방대법원 판례에 의하면 조합은 특별한 반대의 관점이 존재하지 않는 한 모든 법률상 지위를 취득할 수 있고, 이러한 영역에서 고유한 권리와 의무를 설정할 수 있는 한, 조합은 법인이 아니면서도 권리능력이 있다고 하였다. 연방대법원은 그 근거로서 이 점에 대한 법적 규율이 불완전하고, 입법자가 구체적인 확정을 회피하려고 하였으므로, 합수성(Gesamthandsprinzip)을 실현할 실제적인 필요성을 지향하려는 판단에 여지를 주었다고 한다. 그러므로 조합의 대외적으로 존재하는 제한된 권리주체성(nach außen bestehenden beschränkten Rechtssubjektivität)을 인정하는 견해가 타당하다고 하였다. 따라서 이러한 외적 조합의 소송상 당사자능력은 인정된다는 것이다.

이러한 견해는 이미 독일 민법 제정 당시에 기이르케(Otto von Gierke)가 주장하였으나,[42] 플루메(Werner Flume)가 1972년에 그러한 취지의 논문[43]을 발표한 이래 학설상 유력하여졌고,[44] 연방대법원도 이를 언급하고 있다. 현재 독일의 학설도 대부분 이를 지지하고 있다고 한다.[45] 이는 일반적으로 법원에 의한 법형성(richterliche Rechtsfortbildung)으로 받아들여지고 있다.[46] 다만 이는 외적 조합에 타당한 것이고, 외부의 제3자와 거래를 하지 않는 내적 조합(Innengesellschaft)의 경우에는 권리능력을 인정할 필요가 없다고 한다.[47]

이러한 판례의 입장은 입법에 반영되었다. 위에서 언급한 2021. 8. 17. 민법 제54조를 개정하면서 조합에 관한 민법 제705조 이하의 규정도 대폭 개정되어, 권리능력을 가지는 조합과 그렇지 않은 조합을 구분하였다. 즉 조합원의 공통된 의사에 따라 조합이 법적 거래에 참여할 때에는 스스로 권리를 취득하거나 의무를 부담할 수 있는 권리능력 있는 조합(rechtsfähige Gesellschaft)이 되고, 조합원 상호간의 법률관계를 규율할 때에는 권리능력 없는 조합(nicht rechtsfähige Gesellschaft)이 될 뿐이다. 이점에 대한 상세는 본 편 제3장 조합공동체와 법 부분을 참조하기 바란다.

2. 프랑스

1804년 제정된 프랑스 민법에는 법인과 같은 단체에 관한 규정이 없었다. 그러다가 결사계약에 관한 1901년 7월 1일 법률(la loi du 1er juillet 1901 relative au contrat d'association)[48]이 단체에 관하여 규정을 하게 되었다. 이 법은 비영리단체에 대하여, 도청(prefecure)에 설립신고를 하도록 하였다. 설립신고를 하면 신고된 사실이 관보를 통하여 공시된 날로부터 법인격이 인정된다.[49]

그런데 설립신고를 하지 않은 미신고결사(association non déclarée)는 법인격을 가지지 않고, 구성원들 사이에는 구속력이 있지만, 제3자에 대한 관계에서는 영향을 미치지 못한다. 그리하여 미신고결사는 계약을 체결하지도 못하고, 증여를 받을 수도 없으며, 그 재산은 구성원들의 공유에 속한다. 미신고결사는 월권소송(le recours pour excès de pouvoirs)의 경우를 제외하고는 소송의 원고가 될 수 없고, 다만 제3자의 이익을 위하여 피고는 될 수 있다.[50]

그 후 1978년에 이르러서야 프랑스 민법에도 단체에 관한 장이 마련되었다(프랑스 민법 제9장). 그리하여 민법 제1842조가 개정되어, 익명조합(société en participation) 이외의 사단체는 그 등기일로부터 법인격을 향유한다고 규정하였다. 그러나 비영리단체에 대하여는 민법에 여전히 규정이 없다. 한편 제1871조는 권리능력이 없는 영리사단에 대하여 규정하고 있다. 즉 사원들은 영리사단의 등기를 하지 않는 것으로 합의할 수 있는데, 이 경우, 단체는 '익명조합'으로 되고, 익명조합은 법인이 아니며, 공시의 대상도 아니다. 이러한 익명조합에 대하여는 소송능력이 인정되지 않으며, 도산법상의 회생절차를 거친다거나 조정절차의 개시를 청구할 수 없다. 그리고 법인격이 인정되지 않으므로, 익명조합은 그 고유의 재산(patrimoine)이 존재하지 않는다.[51]

3. 일본

일본 민법에는 법인 아닌 사단에 관한 규정이 없다. 다만 1926년에 민사소송법 제46조에서 '법인 아닌 사단 또는 재단으로 대표자 또는 관리인의 정함이 있는 경우에는, 그 이름으로 소를 제기하거나 소를 제기 받을 수 있다'고 규정함으로써, 법인 아닌 사단의 당사자능력에 관한 명문규정을 두었다. 이는 현행 일본민사소송법 제29조에 승계되었다. 그 외에는 법인 아닌 사단에 관한 별도의 입법은 이루어지지 않았다.

학설로서는 법인 아닌 사단의 소유에 관하여 공유설과 신탁설이 주장되었으나 그 후 통설이 된 것은 총유설이었다.[52] 이에 따르면 권리능력 없는 사단의 자산과 부채는 사단 구성원의 총유에 속하고, 구성원 각자는 총회를 통하여 그 관리에 참여할 수 있을 뿐, 개개의 재산에 대한 지분권은 가지지 않으며, 채무에 대하여도 사단

의 총유재산만으로 책임을 진다고 하거나, 구성원의 전체가 독립된 단체로서 소유
권을 가지지만, 그 중 관리처분권은 단체의 권리로서 단체에 귀속하고, 사용수익권
은 사원이 자격으로서 각 사원에게 귀속한다고 한다.

일본의 판례도 권리능력 없는 입회단체(入会団体)[53]의 법적 성질에 대해 '법인
아닌 사단'으로, 그 재산귀속의 형태는 총구성원의 '총유'라고 판시하였다.[54] 그 후
최고재판소는 이를 입회단체뿐만 아니라 다른 법인 아닌 사단에 대하여도 일반적으
로 적용하였다.[55]

그러나 근래에는 법인 아닌 사단은 권리주체성을 가지고, 사단재산은 사단의
단독소유라고 하는 단독소유설, 법인 아닌 사단에는 다양한 법률효과가 발생할 수
있고, 그것을 일의적으로 결정할 수 없기 때문에, 재산의 소유형태를 정해둘 필요가
없고, 각종의 단체에 따라 개별의 효과를 생각하면 족하다는 견해 등도 주장되고
있다.[56]

한편 2008년 12월 1일부터 시행된 일본의 일반사단법인 및 일반재단법인에 관
한 법률(일반법인법) 제22조는 '일반사단법인은, 그 주된 사무소의 소재지에 있어서
설립의 등기를 하는 것에 의해 성립한다'고 하여 종전과 같이 주무관청의 허가를
받아야 하는 것이 아니고, 등기만 하면 법인격을 취득할 수 있도록 하였다. 이러한
준칙주의로의 이행에 대하여, 법인의 설립이 용이하게 되었기 때문에, 그 영향으로
인해 법인으로 되는 것이 가능함에도 불구하고 일부러 그러한 절차를 밟지 않으면
서 사단으로서 인정되는 예는 감소하지 않을까라는 예상이 있었다. 그러나 이러한
예상은 어긋났고, 여전히 법인 아닌 사단을 둘러싼 분쟁이 많다고 한다.[57]

4. 미국

가. 개관

미국에서 한국의 법인 아닌 사단에 대응하는 것으로는 파트너쉽(partnership)과 설
립신고 없는 비영리 사단(unincorporated nonprofit association)[58]이 있다. 전자는 영리
를 목적으로 하는 것이고,[59] 후자는 그렇지 않다. 다만 양자 모두 설립신고
(incorporation)를 하지 않았다는 점은 공통된다. 여기서 설립신고란, 보통 설립이라는

용어로 번역되는데, 회사나 단체 등을 설립하기 위하여 주무장관(secretary of state)에게 기본정관(articles of incorporation)을 제출하는 것을 말한다.[60]

나. 파트너쉽

과거에는 이처럼 설립신고를 하지 않은 파트너쉽은 법인격을 인정받지 못하였다. 그러므로 이들은 자체 명의로 재산을 소유할 수도 없었고, 소송상 원고나 피고가 될 수도 없었다. 파트너쉽은 그 구성원인 파트너들의 단순한 집합(aggregate of its individual members)일 뿐이라고 인식되었으며, 그 자체가 독립한 법인(legal entity)으로 취급되지 않았다. 그러나 이는 변화를 겪게 되었다. 파트너쉽에 관하여는 주법이 규율하는데, 주법에 많은 영향을 미친 것은 통일법률위원회(National Conference of Commissioners on Uniform State Laws, Uniform Law Commission)가 만든 통일파트너쉽법(the Uniform Partnership Act)이다. 이 법은 1914년에 처음 만들어져서, 루이지애나 주를 제외한 모든 주에서 이를 시행하였다. 그 후 1994년 개정통일파트너쉽법(the Revised Uniform Partnership Act)이 만들어졌고, 이후 몇 차례 수정을 거쳐 1997년 개정통일파트너쉽법(the Revised Uniform Partnership Act 1997)이 확정되어 지금에 이르고 있다. 1997년 개정법 역시 대략 4분의 3이 넘는 주에서 채택되어 시행되고 있다.[61]

1914년 통일파트너쉽법은 기초 초기에는 파트너쉽이 독립된 실체(entity)라는 전제에서 작업이 진행되었으나, 나중에는 보통법상의 집합이론(aggregate theory)을 기초로 하였다. 그 결과 1914년법은 두 이론을 다 반영하였다. 그러나 1986년 미국 변호사협회의 소위원회가 통일파트너쉽의 개정에 관한 보고서를 발간하면서, 실체이론(entity theory)을 채택하여야 한다고 주장하였다.[62] 그 이유는, 실체 이론이 가령 파트너쉽이 자기 이름으로 소송을 제기하거나 상대방이 될 수 있는가와 같은 여러 기술적인 문제들을 회피할 수 있기 때문이라는 것이다. 그러므로 집합이론은 가령 조세 문제와 같이 꼭 필요한 경우에만 유지되어야 한다고 주장하였다.[63]

그리하여 1997년 개정통일파트너쉽법은 이러한 실체이론을 채택하였다. 즉 제201조는 "실체로서의 파트너쉽(Partnership as Entity)"이라는 표제 아래 (a)에서 "파트너쉽은 그 파트너와 구별되는 실체이다(A partnership is an entity distinct from its part-ners)"라고 규정한다. 또한 제203조는 "파트너쉽에 의하여 취득된 재산은 파트너쉽의 재산이고, 개별 파트너의 재산이 아니다(Property acquired by a partnership is property of the partnership and not of the partners individually)"라고 규정한다. 그리고 제307조 (a)는 "파트너쉽은 파트너쉽의 이름으로 소송을 제기할 수 있고, 제기당할 수 있다(A partnership may sue and be sued in the name of the partnership)"고 규정한다. 위 개정통일 파트너쉽법 기초자들은, 기초위원회는 파트너쉽을 실체로 보아야 하는가, 아니면 집합으로 보아야 하는가에 대하여 아무런 이념적이나 이론적인 지시를 받지 않았고, 실용적인 문제에 대하여 답변하려고 하였는데, 실체적 접근이 거의 모든 상황에서 채택되었음이 명백하여졌고, 이러한 접근이 단순한 규칙을 제공하고, 파트너쉽에 더 큰 안정성을 주게 되었으므로, 파트너쉽이 실체라는 규정을 추가하게 되었다고 설명한다.[64]

한편 파트너쉽 구성원의 제3자에 대한 책임에 대하여는, 제306조 (a)는 파트너는 다른 채권자와의 약정이나 법규정이 없는 한 파트너쉽의 채무에 대하여 연대책임을 지는 것(liable jointly and severally)으로 규정하고 있다. 그리고 이러한 일반 파트너쉽(General Partnership, GP) 외에 무한책임사원 외에 유한책임사원을 둘 수 있는 유한파트너쉽(Limited Partnership, LP), 무한책임사원을 두지 않아도 되는 유한책임파트너쉽(Limited Liability Partnership, LLP)도 인정된다. 그런데 유한책임파트너쉽이 되려면 주무장관에게 신고를 하여야 한다(제901조). 그리고 유한파트너쉽은 통일파트너쉽법에서 다루지 않고, 별도의 통일 유한파트너쉽법{Uniform Limited Partnership Act (2001)}이 다루고 있다. 유한파트너쉽을 만들기 위하여는 주무장관에게 신고를 하여야 한다(위 법 제201조).

각 파트너는 파트너쉽을 대표할 수 있는데, 외관상 파트너쉽의 업무로 보이는 일을 수행함에 있어 행해진 파트너의 행위는, 그 파트너에게 권한이 없었고, 상대방이 이를 알았거나 통지를 받은 경우가 아닌 한 파트너쉽을 구속한다{제301조 (1)}. 그런데 파트너는 대표권을 주무 장관에게 신고할 수 있다. 이 신고에는 특히 부동산을 처분할 권한이 있는 파트너 또는 그 권한에 대한 제한이 포함되어 있어야 한다. 부동산 양도에 관한 권한이 있다는 신고는 그 신고가 부동산 거래 등록 관서에 보존되어 있을 때에는 이를 신뢰하고 유상으로 거래한 사람이 반대 사실을 몰랐던 한 확정적(conclusive)이다. 그리고 그 외의 거래에 관한 권한을 부여하였다는 신고는 이를 신뢰하고 유상으로 거래한 사람이 반대 사실을 몰랐던 한 확정적이다. 그러나 그 외의 거래에 관한 제한은 그 자체로는 다른 사람이 제한을 알았거나 제한의 통

지가 있었다는 점에 관한 증거가 되는 것은 아니다(제303조).[65]

이처럼 개정통일파트너쉽법에 따르면 파트너쉽은 권리능력 내지 법인격을 가진다고 보아야 할 것이다.[66]

다. 설립신고 없는 비영리 사단

보통법상으로는 설립신고 없는 비영리 사단은 독립된 법인격을 인정받지 못하였고, 이는 개인들의 집합으로 취급되었다. 그리하여 설립신고 없는 사단은 증여를 받을 수도 없었고, 소송상 당사자도 되지 못하였다. 사단 그 자체는 계약상 또는 불법행위로 인한 책임을 지지 않았고, 다만 그 구성원(사원)들은 서로가 본인 및 대리인이 되어,[67] 개인적으로 책임을 부담하였다. 이는 많은 불편을 야기하였으므로, 법원은 설립신고 없는 사단에 대한 증여는 사단의 임원이 수탁받은 것으로 보기도 하였고, 또 각 주는 법률에 의하여 개별적인 경우에 법인으로 보기도 하였으며, 소송상 당사자능력을 인정하는 법률을 만들기도 하였다.[68]

그리하여 통일법률위원회는 1996년 "통일 설립신고 없는 비영리 사단 법 (Uniform Unincorporated Nonprofit Association Act)"을 제안하였다. 이 법은 이 법이 규율하는 목적에 관하여는 설립신고 없는 비영리 사단을 법인으로 다루는 것이지만, 모든 목적에 관하여 법인으로 다루는 것은 아니었다.[69]

즉 이러한 사단은 부동산과 동산을 취득, 보유, 담보제공 또는 양도하기 위한 목적에서는 구성원과는 별도의 법인이고, 그러한 목적으로 부동산과 동산을 취득, 보유, 담보제공 또는 양도할 수 있으며, 신탁이나 계약의 수익자가 될 수 있고, 수유자나 수증자가 될 수 있다(제4조). 또 설립신고 없는 사단은 계약 및 불법행위상의 권리와 의무를 확정하기 위한 목적에 관하여는 구성원과는 별도의 법인이고, 그 구성원은 개인적으로 책임을 지지 않는다(제6조). 또 소송을 제기할 수도 있고, 소송의 상대방 등이 될 수도 있다(제7조). 그리고 이 법은, 부동산 양도를 담당하는 공무소에 부동산을 양도할 권한이 있는 사람이 누구인지를 신고할 수 있고(statement of authority), 이 신고는 이 사람으로부터 대가를 지급하고 부동산을 양도받은 사람이 권한 없음을 통지받지 않은 한 결정적(conclusive)이라고 한다(제5조).[70] 이 법은 2012년 현재 12개 주와 워싱턴 D.C.에서 받아들여졌다.[71]

그 후 위 법은 2008년 개정되었고(Uniform Unincorporated Nonprofit Association Act

(2008)), 2011년 최종 수정되었다.72) 이 법의 특징은 1996년 법과는 달리 포괄적으로 설립신고 없는 사단이 구성원 및 관리자와는 구별되는 실체(entity)라고 하여 법인격을 가짐을 명백히 하였다는 점이다(제5조). 그리고 재산에 대한 권리를 가질 수 있고, 신탁의 수익자 등이 될 수 있다는 점(제6조), 양도될 권한이 있다고 신고된 사람으로부터의 양수인은 보호를 받는다는 점(제7조), 사단 외에 사단의 구성원은 따로 책임을 지지 않는다는 점(제8조), 소송상 당사자가 될 수 있다는 점(제9조)은 1996년 법과 마찬가지이다.

이외에도 이 법은 설립신고 없는 사단에 대하여 포괄적으로 규정하고 있다. 즉 사단의 구성원이라는 것만으로 대리인이 되는 것은 아니며(제14조), 사원의 가입, 제명, 재산의 처분 등 중요한 문제에 대하여 구성원의 동의를 받아야 하고(제15조),73) 사원 총회, 사원의 의무, 가입 및 탈퇴, 임원 등에 관하여 규정하고 있다(제16 – 제24조). 흥미있는 것은 이러한 사단은 원칙적으로 이익을 사원에게 분배할 수 없다는 것이다(제25조). 그리고 이 법은 사단의 해산과 청산(제27, 제28조), 다른 조직과의 합병(제31조) 등에 관하여도 규정하고 있다.

이 2008년 법은 현재 5개 주와 워싱턴 D.C.에서 시행되고 있고, 1개 주에서 시행이 예정되고 있다.74)

Ⅳ. 민법 개정론

1. 현행 민법에 대한 비판론

민법이 법인 아닌 사단의 소유 형태를 법인이 아닌 사단의 사원이 집합체로서 물건을 소유하는 총유로 규정한 것에 대하여는 비판적인 의견이 많다.75) 예컨대 총유는 중세 독일의 촌락공동체 또는 마르크공동체라는 지역공동체의 공동소유형식이므로 우리나라에도 일본의 입회권(入會權)과 유사한 권리가 존재하거나, 촌락의 주민 전체가 집합체로서 권리를 보유하는 경우에는 총유제도가 크게 활용될 수 있고, 이 한도에서 총유제도의 존재가치는 긍정되어야 한다고 한다. 그러나 지역단체의 공동소유형태인 총유의 법리를 문중·종중과 같은 혈연단체의 소유관계에 적용하는 것의 타당성은 의문이라고 한다. 이러한 총유제도에 의한 해결은 우리나라의 문중·종중의 현실태의 요구에 부합하는 해결방안은 아니라고 한다. 결국 현대적인 권리능력 없는 사단의 사회학적 실체와 사단법인의 그것 사이에는 거의 실질적인 차이는 없고, 현대적인 권리능력 없는 사단의 소유관계를 전근대적인 총유제도로 일률적으로 파악하는 것은 잘못이라고 한다. 실제로도 대부분의 경우 권리능력 없는 사단의 소유관계는 민법 제276조에 따라 처리되지 않고, 제275조 제2항에 의하여 사단의 정관이나 규약에 의하여 처리되고 있을 것인데, 그렇다면 사단법인의 경우와 같아지게 되고, 이것이 총유제도의 효용성에 대하여 의문을 품게 하는 중요한 근거라고 한다.[76]

2. 민법 개정안

법인 아닌 사단에 대하여는 법무부 민법개정위원회가 2004년과 2010년에 두 차례에 걸쳐 개정안을 마련하여 국회에 제출하였으나, 모두 입법에 이르지 못하였다. 그리고 민법개정위원회는 2014년에도 법인 아닌 사단과 총유 규정을 개정할 것인가에 대하여 논의하였으나, 결국 새로운 안을 제안하지는 않았다. 여기서는 주로 2010년 개정안과, 2014년에 논의되었던 것을 중심으로 하여 살펴본다.[77]

가. 2010년 개정안[78]

제39조의2(법인 아닌 사단과 재단) 법인 아닌 사단과 재단에 대하여는 주무관청의 인가 또는 등기를 전제로 한 규정 및 제97조에 따른 벌칙을 제외하고는 이 장(章)의 규정을 준용한다.

제39조의3(영리를 목적으로 하는 법인 아닌 사단의 사원의 책임) ① 영리를 목적으로 하는 법인 아닌 사단의 재산으로 사단의 채무를 완제(完濟)할 수 없는 때에는 각 사원은 연대하여 변제할 책임이 있다.

② 영리를 목적으로 하는 법인 아닌 사단의 재산에 대한 강제집행이 주효(奏效)하지 못한 때에도 각 사원은 연대하여 변제할 책임이 있다.

③ 제2항은 사원이 법인 아닌 사단에 변제의 자력(資力)이 있으며 집행이 용이한 것을 증명한 때에는 적용하지 아니한다.

나. 2014년 논의에서 분과위 제안

2014년에는 공동소유를 다룬 제4기 2분과에서, 법인 아닌 사단에 관하여 새로운 규정을 추가하고, 총유 규정은 폐지하자는 제안이 있었으나, 이 제안은 받아들여지지 않았다. 분과위 제안은 다음과 같았다.

제39조의2(법인 아닌 사단과 재단) ① 법인 아닌 사단과 재단에 대하여는 주무관청의 인가 또는 등기를 전제로 한 규정을 제외하고는 본장의 규정을 준용한다(2010년 개정안과 같음).

② 부동산에 관한 대표자의 처분권의 제한은 등기하지 아니하면 제3자에게 대항하지 못한다.

③ 법인 아닌 사단의 재산은 상당한 이유가 있는 때에는 정관 또는 사원총회의 결의에 따라 사원에게 분배할 수 있다.

④ 법인 아닌 사단이 해산하는 경우 정관으로 잔여재산의 귀속권리자를 지정하지 아니하거나 이를 지정하는 방법을 정하지 아니한 때에는 사원총회의 결의에 따라 사단의 목적에 유사한 목적을 위하여 그 재산을 처분할 수 있다. 제2항은 해산의 경우에도 준용한다.

그러나 민법개정위원회의 실무위원회에서는 이 제안에 대하여 반대하였고, 위원장단회의도 마찬가지로 이를 채택하지 않기로 하였다.[79]

3. 개정안에 대한 논의

가. 법인 규정 준용에 대하여

법인 아닌 사단과 재단에 대하여 법인에 관한 규정을 준용하자는 개정안은 대체로 지지를 받았으나, 비판적인 견해도 있었다. 이는 주로 2004년 개정안에 대하여 제기된 것이다. 즉 법인의 본질 및 현행 법률제도의 해석에 관한 철저한 연구·검토가 이루어지지 않은 단계에서 제39조의2를 신설하는 것은 적절하지 않다는 견해이다. 이 견해는 법인 아닌 단체에 관하여 법인격을 전제로 한 것을 제외하고는 모두 이를 유추적용하여야 한다는 통설과 판례에 대하여, 이는 부동산등기법상 법인 아닌 단체의 명의로 등기할 수 있는 규정이 없었던 일본의 판례·통설을 답습하고 있는 것이라고 비판한다.[80] 이른바 권리능력 없는 사단은 권리능력이 없는 것이 아니라 권리능력이 있고, 개정안은 법인과 법인 아닌 단체조직을 엄격히 구별하는 통설을 입법화하려는 것이지만, 이러한 준별론은 법학방법론으로는 이미 극복되었으며, 미등기 사단에 대한 법적 지위에 대해 법실무의 발전에 따라서 법인으로 이론구성할 수도 있으므로 입법이 미리 법인이 아니라고 못박을 것이 아니라 법인이론의 발전에 맡기는 것이 타당하고, 이는 조속한 입법이 필요한 입법론적 흠결의 경우가 아니라 규율흠결의 문제이므로 거래에서의 판례의 형성을 주시하여야 할 필요가 있다고 하는 견해[81]도 비슷한 취지라고 할 수 있다.

나. 영리를 목적으로 하는 법인 아닌 사단에 대하여

개정안 제39조의3은 합명회사에 관한 상법 제212조와 같은 취지이다. 이에 대하여는 이를 지지하는 견해[82] 외에 특별한 반대의견은 없는 것 같다.[83]

다. 분과위원회의 제안이유

분과위원회가 총유규정을 삭제하려고 한 이유는 다음과 같다.[84]

첫째, 총유제도는 전근대적 제도이다. 즉 총유제도는 중세 게르만 공동체의 소유제도에서 유래하는 것인데, 이러한 전근대적인 총유제도는 현대사회에 맞지 않는다.

둘째, 거래현실과 괴리되었다. 즉 총유관계로 규율되어야 할 것은 토지의 총유적 이용관계(입회관계)와 권리능력 없는 사단의 소유관계의 틀이 있으나, 전자는 점차로 없어져 가고 앞으로 아주 소멸할 것이고, 후자는 극히 다양성을 띠고 있어 민법의 간단한 총유규정만으로는 충분히 규율할 수 없다.

셋째, 민법의 총유규정은 체계적·논리적 부정합성을 보이고 있다. 즉 구성원의 개성이 인적 결합체에 흡수되지 않은 합유에서는 합유물의 처분·변경은 합유자 전원의 동의를 요하면서, 구성원의 개성이 단체에 완전히 흡수되어 있다는 권리능력 없는 사단에서의 관리·처분은 사원총회의 결의에 의하여 다수결에 의한 총유물 처분이 가능하도록 하는 것은 균형이 맞지 않는다.

넷째, 총유규정은 사문화되었다. 법인 아닌 사단에서의 소유형태는 그 사단 자체의 단독소유가 된다고 해석하는 것이 법인 아닌 사단의 당사자능력을 인정하는 민사소송법과 등기능력을 인정하는 부동산등기법과도 조화를 이루고, 법인 아닌 사단의 물건이 사단의 단독소유라고 하는 경우의 법률관계와 총유로 파악하는 경우의 법률관계는 결과적으로 동일하므로 민법 총유규정의 존재의의는 거의 없다.

다섯째, 민법 개정안 제39조의2와 조화되지 않는다. 민법개정안 제39조의2는 제1항에서 법인 아닌 사단에 대해서 원칙적으로 법인에 관한 규정을 적용한다고 규정하는데, 법인 아닌 사단에 준용되는, 법인의 인가나 등기 이외의 규정과 민법 제275조 이하의 총유규정은 근본적으로 조화되기 어렵다. 따라서 개정안 제39조의2를 전제로 하는 한, 총유에 관한 민법 규정은 근본적으로 재검토하지 않을 수 없다.

여섯째, 거래안전에도 문제가 있다. 종중 등 법인 아닌 사단의 대표자가 총회결의 없이 부동산을 처분하는 경우 그 상대방은 선의, 악의를 불문하고 부동산 소유권 등을 취득하지 못해 거래안전을 위협하는 문제가 있다는 것이다. 따라서 국민의 편익을 위해서라도 총유제도를 폐지하고, 법인 아닌 사단의 대표자의 대표권 제한을 공시하는 방안을 마련할 필요가 있다.

그리하여 분과위는 총유규정을 삭제하는 대신, 제39조의2에 제2항에서 제4항까지의 규정을 신설하려고 하였다. 첫째, 법인 아닌 사단의 대표자의 처분권 제한의 공시와 관련해서는 우선 거래에 있어 중요한 역할을 하는 부동산에 대해서 그 등기부에 대표자의 처분권 제한을 등기할 수 있도록 함으로써 거래안전을 도모하고자 하였다.

둘째, 법인 아닌 사단의 재산을 사원에게 분배하는 문제와 관련해서는 정관 또는 사원총회의 결의를 기본요건으로 하되, 구체적 타당성을 기할 수 있도록 개정하기로 하였다.

셋째, 법인 아닌 사단이 해산하는 경우 잔여재산처리에 관해서는 종래 사단의 자치에 맡긴 것과는 달리 분명한 규율을 제안하였다.

그리고 부동산등기법 제48조 제3항을 개정하여 이러한 대표자의 처분권 제한을 부동산등기부에 등기할 수 있는 근거규정을 두고자 하였다.

라. 분과위원회의 제안이 받아들여지지 않은 이유

위와 같은 분과위원회의 제안에 대하여 실무위원회는 다음과 같은 이유로 반대하였다.[85]

분과위 안은 법인 아닌 사단의 권리능력이 인정됨을 전제로 하여 총유규정을 삭제하려는 것으로 이해된다. 그러나 입법론으로 법인 아닌 사단의 권리능력을 인정하는 것이 바람직한지는 의문이다. 법인 아닌 사단에게도 권리능력을 인정한다면, 구태여 주무관청의 허가를 받을 필요가 없게 되고, 주무관청의 감독도 불가능하게 되므로, 결과적으로 민법이 법인 설립을 위하여 주무관청의 허가를 받도록 하는 것은 거의 의미가 없게 된다.

다른 한편 법인 아닌 사단에 대해서 원칙적으로 법인에 관한 규정을 적용한다고 규정하는 민법 개정안 제39조의2와 총유 규정은 조화되지 않는다고 주장하기도 하지만, 양자 사이에 모순이 있다고는 할 수 없다. 민법개정안 제39조의2는 기본적으로 비법인사단의 경우에도 법인에 관한 규정이 유추적용된다고 보고 있는 판례를 입법화한 것인데, 판례가 이러한 유추적용을 인정하는 것이 비법인사단의 독자적인 권리능력이 인정됨을 전제로 한 것은 아니다.

그러면 법인 아닌 사단의 권리능력을 인정하지 않더라도 총유규정을 삭제하자는 주장은 어떻게 평가할 것인가?[86] 이 또한 찬성하기 어렵다. 현재 법인 아닌 사단이 실재하고 있다는 것은 아무도 부정하지 않고 있는데, 이에 관한 현재의 규정을 삭제한다는 것은 법인 아닌 사단에 관한 민법상의 공백을 초래하는 것이다. 그리고 민법개정안 제39조의2, 제39조의3에서 규정을 두고, 또 그 권리능력을 인정하지 않는다면, 그 소유권의 귀속에 대하여도 어떤 형태로든 규정을 두어야 할 것이다.

입법론적으로는 총유규정을 좀더 현대에 맞게 수정하는 것은 고려할 가치가 있지만, 이제까지 이러한 논의는 찾아보기 어려웠으므로 현 단계에서 총유 규정을 삭제하는 것은 적절하지 않다.

다른 한편 총유규정을 삭제하지 않더라도, 거래의 안전을 위하여는 대표자의 처분권의 제한은 등기하지 아니하면 제3자에게 대항하지 못한다는 분과위개정안 제39조의2 제2항과 같은 규정은 둘 필요가 있다는 견해도 있다. 그러나 민법총칙에서 부동산에 관하여만 이러한 규정을 두고 동산이나 다른 재산에 대하여는 규정을 두지 않는다는 것은 매우 부적절하다.

마. 새로운 총유규정 폐지론

근래에 다시 제기된 총유규정 폐지론은 법인 아닌 사단의 권리능력을 인정할 필요는 없지만, 총유규정은 폐지하여야 한다고 주장한다.[87] 그 근거는 다음과 같다.

첫째, 총유 규정은 법인 아닌 사단의 실제를 반영하고 있지 못하다. 민법에 따르면 총유물의 관리·처분은 정관 기타 규약이 없으면 사원총회의 결의에 따라야 하지만, 현실적으로 법인 아닌 사단의 대표적인 예인 종중, 교회에서 위와 같은 결의를 통하여 총유물의 관리·처분을 하는 것은 거의 불가능에 가깝고, 대표적인 법인 아닌 사단인 종중의 경우 종원에게 종중 재산에 대하여 총유에서 설명하고 있는 사용·수익권이 있는지에 대하여는 의문이 있다.

둘째, 총유 규정은 재판규범으로서 기능하고 있지 못하다. 교회의 분열이 인정되는가에 관하여, 이를 인정한 종전 판례는 교회라는 비법인사단의 문제를 총유의 시각으로 해결하려고 한 것이라면, 이를 부정한 대법원 2006. 4. 20. 선고 2004다37775 전원합의체 판결은 총유 규정에 근거하지 않고 사단법인에 관한 규정에서 분쟁해결규범을 추출하고 있다. 또한 판례는 종중재산을 종원에게 분배하는 것을 인정하고 있는데, 종중재산의 분배는 총유의 개념과 배치되는 면이 많다. 그리고 판례는 법인 아닌 사단에 대하여는 사단법인에 관한 규정 가운데 법인격을 전제로 하는 것을 제외하고는 이를 유추적용하는데, 이처럼 법인 아닌 사단에 사단법인에 관한 규정이 광범위하게 적용되는 결과, 총유 규정이 재판규범으로서 할 수 있는 역할은 현저히 축소될 수밖에 없다.

셋째, 총유 규정을 적용하는 경우에 부당한 결과가 발생한다. 판례는 총유재산과 관련하여 보존행위로 소를 제기하는 경우에도 사원총회의 결의를 거쳐야 한다고 보고 있는데,[88] 비법인사단의 경우 보존행위를 하려면 반드시 사원총회의 결의를 거치도록 의율하는 것이 타당한지 의문이다. 또한 판례는 법인 아닌 사단이 보유하는 재산을 그 대표자가 처분한 경우에, 정관이나 규약에 따르지 않은 처분이나 사원총회의 결의 없이 한 처분에 대하여 그 처분행위는 절대적으로 무효이고, 여기에 표현대리의 법리가 유추적용될 여지가 없다고 하지만, 법인 아닌 사단의 대표자 등이 적법하게 총유재산을 처분할 권한이 있는 양 외관을 형성하였다면, 그 외관을 신뢰한 거래상대방을 보호하는 것이 '거래 안전의 보호'의 이념에 부합한다.

그리하여 총유 규정을 폐지하고, 그 대신 법인에 관한 규정을 법인 아닌 사단에 준용하면 된다고 한다.

반면 분과위원회의 나머지 제안, 즉 비법인사단의 부동산에 관한 대표자의 처분권 제한 공시, 분배조항의 신설에 대하여는 반대한다. 앞의 점에 대하여는, 거래의 안전은 무리하게 부동산등기부에 대표자의 처분권 제한을 기재하는 방법을 택하지 않더라도 법인의 대표권제한의 법리에 따라 거래의 안전을 도모할 수 있다고 한다. 비법인사단이 대표자의 재산 처분에 관하여 총회의 의결을 거치도록 제한을 하였다고 하더라도 이는 내부적 제한에 불과하므로, 대표자의 처분은 원칙적으로 유효하고, 다만 거래 상대방이 그와 같은 대표권 제한 및 그 위반 사실을 알았거나 과실로 인하여 이를 알지 못한 때에만 거래행위가 무효가 되는 것으로 볼 수 있다는 것이다.

그리고 뒤의 점에 대하여는, 종중재산의 분배 가능 여부에 대하여 논란이 있는 상황에서 굳이 분배가 가능하다는 전제에서의 입법을 시도할 필요가 있었는지 의문이고, 법인 아닌 사단으로 하여금 법인 설립을 하도록 유도하려면 법인 아닌 단체가 누리는 이익이 법인보다 커서는 안 되는데, 위 분과위안은 비법인사단의 재산은 분배가능하다는 점을 명시함으로써 비법인사단으로 하여금 법인을 설립하는 것보다 현 상태를 유지하는 것이 유리하다는 잘못된 인식을 심어줄 수 있다고 한다.

다만 해산 시 잔여재산 처리에 관한 규정을 두자는 분과위안은 타당하다고 한다.

Ⅴ. 종합적 평가

1. 법인 아닌 사단의 존재는 불가피한가?

법인 아닌 사단은 왜 존재하는가? 민법은 사단법인이 되기 위하여는 주무관청의 허가를 받고(제32조) 등기를 마칠 것(제33조)을 요구하고 있다. 이러한 절차가 번거롭기 때문에 단체가 법인이 되기를 포기하고 법인 아닌 사단으로 남을 것으로 생각할 수 있다. 실제로 주무관청의 허가를 받기는 반드시 쉽지 않다.

또 법인이 되면 주무관청으로부터 여러 가지 감독을 받게 되는데, 이를 꺼리는 것도 이유가 될 수 있다. 실제로 우리나라뿐만 아니라 과거의 일본에서도 국가 권력으로부터 독립한 법인의 설립을 부정적으로 보아, 원칙적으로는 자유로 설립할 수 없고, 다만 국가의 허가가 있을 때에만 예외적으로 허용된다는 점을 전제로 하였고,89) 현재에도 법인에 대한 국가의 감독 내지 개입은 상당한 정도로 존재한다. 그러므로 이러한 국가의 개입을 회피하기 위하여 법인 아닌 사단으로 남을 수도 있을 것이다. 따라서 사단법인 설립에 국가의 허가를 필요 없는 것으로 하거나, 국가의 개입을 최소화한다고 하여도 반드시 법인 아닌 사단이 없어지거나 줄어들 것이라고 하기는 어렵다. 이는 독일이나 프랑스, 일본의 예를 보면 알 수 있다. 미국에서도 사단법인에 대한 국가의 개입은 별로 없는데, 그럼에도 불구하고 많은 수의 설립신고 없는 사단이 존재한다.90) 그러므로 법인설립 절차를 어떻게 바꾸든지 관계없이,91) 법인 아닌 사단은 앞으로도 계속 존재할 것이다.

2. 사단법인의 권리능력은 왜 필요한가?

법인 아닌 사단의 권리능력은 점차 확대되어 왔고, 지금도 이를 확대하거나 전면적으로 인정하여야 한다는 주장이 있다. 그러면 기본적으로 사단법인의 권리능력은 왜 인정되는가? 그 이유는, 사단법인에게 자연인과는 별도의 법인격을 인정하는 것이 거래비용(transaction cost)을 낮출 수 있어서 경제적으로 효율적이기 때문이다.92) 예컨대 300명의 회원으로 구성된 학술단체가 사무실을 마련하기 위해서 건물을 임대하려고 할 때, 만약 자연인에게만 권리능력이 인정된다면 300명의 회원 전원이 임대차계약의 당사자로 나서야 하고, 상대방과의 분쟁시에는 전체회원이 원고가 되든지 혹은 반대로 상대방은 전체회원을 상대로 소송을 제기하여야 하는 불편함이 있다. 또한 건물을 매수할 경우에도 전체회원의 명의로 등기해야 할 것이며, 은행에서 계좌를 개설하더라도 전체회원의 명의로 해야 한다. 그러나 이러한 단체가 법인이 되면 법인은 자신의 이름으로 계약을 체결하고, 건물을 취득할 수도 있으며, 소송을 제기할 수도 있어 훨씬 간편해지고, 비용이 절약된다.93)

다른 한편 사단법인의 재산과 그 구성원인 사원의 재산이 구별됨으로써 사단법인의 행위에 대하여 사원은 자신의 재산으로 책임을 지지 않는다는 것도 사단법인의 존재이유로 들기도 한다.[94] 그러나 이를 일반화하여 말하기는 어렵다. 가령 회사를 예로 들자면, 주식회사나 유한회사 또는 유한책임회사의 사원은 자신이 출자한 것 외에는 자신의 재산으로 회사의 채무에 대하여 책임을 지지 않지만(유한책임), 합명회사의 사원이나 합자회사의 무한책임사원은 출자한 것 외에 자신의 전재산으로 책임을 지기 때문이다. 나아가 이른바 법인격부인론에 의하면 원래는 유한책임만을 부담하는 주식회사의 사원도 주식회사의 채무에 대하여 자신의 재산으로 책임을 질 수 있다.[95]

3. 법인 아닌 사단은 권리능력을 가지는가?

그렇다면 현행법에서 법인 아닌 사단은 권리능력을 가지는가? 앞에서 본 것처럼, 현행법상 법인 아닌 사단은 부동산을 그 명의로 등기할 수 있는 이른바 등기능력을 가지고 있다. 또 소송상 당사자능력도 가지고 있다. 그러므로 법인 아닌 사단이라 하여 특별히 불편할 일은 별로 없다. 특히 법인 아닌 사단에게 등기능력이 인정되는 것은 미국을 제외하고 다른 대륙법 국가에서는 찾아보기 어려운 극히 예외적인 일이다. 이렇게 본다면 법인 아닌 사단에게 권리능력이 인정된다고 할 수도 있지 않을까? 법경제학적인 관점에서 보더라도 이것이 거래비용을 낮춘다는 점에서는 합리적이다.

그러면 과연 법인 아닌 사단도 권리능력을 가진다고 결론을 내려도 될 것인가? 이는 어려운 문제이다. 우리나라뿐만 아니라 다른 나라도 기본적으로 자연인과 법인만이 권리능력을 가진다는 전제에서 출발하였다. 그런데 법인 아닌 사단에게 권리능력을 인정하지 않는 것은 여러 가지로 불편하기 때문에 점차 권리능력을 인정하는 범위가 넓어졌다. 예컨대 독일에서는 처음에 법인 아닌 사단에게 소송의 피고가 될 수 있는 소극적 당사자능력은 인정하였고, 프랑스는 현재까지 그러한 태도를 취하고 있다. 일본은 소극적 당사자능력뿐만 아니라 소송의 원고도 될 수 있는 적극적인 당사자능력을 인정하게 되었고, 우리나라는 일찍이 1930년에 법인 아닌 사단의 등기능력까지 인정하는 파격적인 결단을 내렸다. 나아가 미국의 1997년 개정통일파트너쉽법과 2008년 개정 통일 설립신고 없는 비영리사단법은 이러한 단체에게 법인격이 인정된다고 하였다. 이를 어떻게 설명할 것인가?

이 점에 관하여, 법관의 법형성(Rechtsfortbildung)이라는 방법론에 의해 법인 아닌 사단의 권리능력을 논증하려는 견해도 있다. 이 견해는, 민법의 본래의 설계의도는 법인과 권리능력 없는 단체를 엄격히 구별하면서 전자에 대해서만 권리능력을 인정하려는 것이었지만, 법현실에서 사단법인과 마찬가지의 실체조직을 가지면서 사회생활의 하나의 단위로서 활동하고 있는 권리능력 없는 사단의 발전으로 민법 본래의 설계와는 맞지 않는 규범체계상의 불완전성이 드러나게 되었다고 한다. 이러한 규율흠결은 법관의 법형성에 의하여 보충되어야 한다고 본다. 그리하여 민법이 명시적으로 규정한 법인단체의 경우에는 민법이 정한 절차적 요건에 따라서 법인격은 취득되지만, 민법이 예정하지 않았던 포괄적 권리능력 있는 단체의 경우에는 그 법인격 승인에 다른 형태의 법적 승인도 가능하고, 판례에 의해서 포괄적 권리능력이 승인되어 거래상 권리주체로서 등장한다면 이는 판례의 법형성 또는 관습법상 법인격이 부여된 것으로 민법의 법인법정주의의 요건을 충족했다고 볼 수 있다는 것이다.96)

그러나 판례의 법형성이라는 근거만으로 "법인은 법률의 규정에 의함이 아니면 성립하지 못한다"라고 하는 민법의 기본원칙(제31조)에 정면으로 배치되는 결론을 내릴 수 있을지는 의문이다.97) 또한 법인 아닌 사단에 법인격이 있다는 관습법이 존재하는지도 알 수 없다.

그러므로 각종의 법령에서 법인 아닌 사단에 대하여 개별적인 경우에 권리능력을 인정하고 있는 것은 법인 아닌 사단이 이른바 부분적 권리능력을 가지고 있는 것이라고 설명하여야 할 것이다.98)99)

4. 입법론

그러면 입법론적으로는 법인 아닌 사단에 대하여 어떻게 개선하는 것이 좋을까?

이 점은 크게 두 가지로 나누어 볼 수 있다. 그 한 가지는 법인 아닌 사단에 대하여도 법인과 마찬가지로 완전한 권리능력을 인정하는 것이고, 다른 하나는 법인 아닌 사단에 대하여 현재와 마찬가지로 완전한 권리능력은 인정하지 않는 전제에서 부분적인 개선을 꾀하는 것이다.

가. 법인 아닌 사단에 대하여 완전한 권리능력을 인정할 것인가?

먼저 법인 아닌 사단에 대하여도 완전한 권리능력을 인정하는 것은 어떠한가? 우리가 알고 있는 대륙법계 국가 가운데 이러한 예는 찾기 어렵다.100) 그러나 미국의 통일파트너쉽법이나 통일 설립신고 없는 비영리 사단 법은 이러한 길을 택하였다. 우리도 이와 같이 법을 개정하는 것을 생각해 볼 수는 있다. 미국의 위와 같은 입법은 법인이나 권리능력에 대한 어떤 이론적인 근거에서 출발한 것이라기보다는 파트너쉽이나 설립신고 없는 사단에 권리능력을 인정하지 않는 것이 실제상으로 불편하다는 실용적 고려에 입각한 것으로 보인다.101)

그렇지만 이러한 주장은 받아들여지기 어려울 것이다. 그렇게 되면 법인 설립을 위하여는 주무관청의 허가를 받아야 하고, 등기를 하여야 한다는 민법의 규정은 별다른 의미가 없게 될 것이기 때문이다. 법인 설립에 관하여 주무관청의 허가를 받아야 한다는 것을 없애고 법인을 자유롭게 설립할 수 있다고 하더라도, 등기에 의한 공시의 요구는 쉽게 포기할 수 없다. 이는 법인 아닌 사단과 이해관계를 맺는 제3자의 이익과도 직결될 수 있다.

나. 법무부 민법개정위원회의 개정안

그러므로 현실적인 대안은 법인 아닌 사단의 전면적인 권리능력은 인정하지 않는 현행의 상태를 유지하되, 세부적으로는 개선안을 마련하는 것이다. 이것이 바람직하다고 생각한다. 그러면 어떻게 개선해야 할까? 이 점에 관하여는 앞에서 언급한 법무부 민법개정위원회의 민법개정안이 좋은 출발점을 제공한다.

우선 법인 아닌 사단에 대하여 사단법인에 관한 규정을 준용한다는 규정을 두는 것은 바람직하다. 이는 사실 현재의 법상태를 변경하는 것은 아니고, 판례와 학설이 인정하고 있는 내용을 성문화하는 것이지만, 규정을 둠으로써 명확하게 될 것이다. 다만 위 개정안은 주무관청의 인가 또는 등기를 전제로 한 규정은 준용하지 않는다고 하였는데, 실제로는 무엇이 이에 해당하는지에 관하여 다툼이 생길 수 있다.

다음으로 위 개정안은 영리를 목적으로 하는 법인 아닌 사단의 재산으로 사단의 채무를 완제(完濟)할 수 없는 때에는 각 사원은 연대하여 변제할 책임이 있다고 규정하고 있는데, 이 또한 합리적이다. 일반적으로 영리법인과 비영리법인을 어떻게 구별하는가에 관하여는 법인사업에서 발생한 이익을 구성원에게 분배함을 목적으로 하느냐 그렇지 않느냐를 기준으로 하는 것이 통설이다. 즉 이익을 구성원에게 분배하는 경우에는 영리법인이고, 그렇지 않으면 비영리법인이다.102) 그런데 법인 아닌 사단이 이익을 구성원인 사원에게 분배하는 경우에는, 손실도 그 사원이 나누어 부담하는 것이 형평에 맞다. 독일에서도 허가를 받지 않은 영리사단의 경우에는 조합에 관한 규정이 준용된다고 하는 견해가 우세하고,103) 미국의 개정 통일파트너쉽법도 파트너는 다른 채권자와의 약정이나 법규정이 없는 한 파트너쉽의 채무에 대하여 연대책임을 지는 것으로 규정하고 있는 점104)도 이를 뒷받침한다.

다. 총유규정의 개정

논란이 많은 것은 민법상의 총유규정을 그대로 유지할 것인가 하는 점이다. 사견으로는 법인 아닌 사단에 전면적인 권리능력을 인정하지 않는 이상, 법인 아닌 사단 또는 그 구성원이 어떤 형태로 재산을 소유할 것인가에 대한 규정을 두지 않을 수 없으므로, 총유 규정은 존속시켜야 한다.105) 그러나 현행의 총유 규정은 공동소유라는 점에 초점을 맞추고 있을 뿐이고, 그것이 법인 아닌 사단의 소유형태라는 점은 충분히 반영하고 있지 않으므로, 이 점에서 수정의 필요가 있다.

우선 총유규정 폐지론은, 법인 아닌 사단에 대하여 법인에 관한 규정을 준용하는 것은 총유규정과 모순된다고 한다. 그러나 법인 아닌 사단에 대하여 일반적인 법인과 마찬가지로 권리능력을 인정하지 않는 한, 양자 사이에 모순이 있는 것은 아니다. 다시 말하여 법인 아닌 사단의 재산을 법인 자체의 소유로 보아야만 모순이 생기지만, 그렇게 보지 않는다면 특별히 모순을 찾기는 어렵다. 앞에서도 설명한 것처럼, 민법의 총유 규정을 제안한 것은 김증한 교수인데, 김증한 교수는 이와 아울러 총칙편에 권리능력 없는 사단 또는 재단에 관하여는 법인에 관한 규정을 준용한다는 조문을 신설할 것을 제안하였다. 그러므로 김증한 교수가 양자 사이에 모순이 있다고는 생각하지 않았을 것이다.

한편 총유 규정 중에서 가장 비판이 많은 것은 "총유물의 관리 및 처분은 사원총회의 결의에 의한다"고 규정한 민법 제276조 제1항이다. 즉 법인 아닌 사단의 대표자가 총유물을 처분하였는데 사원총회의 결의가 없었다고 하여 무효가 되는 것은 거래의 안전을 해친다는 것이다. 그리하여 여기서 요구되는 사원총회의 결의는 법인 아닌 사단 전체의 의사를 결정하기 위한 내부적 의사결정절차일 뿐이고, 만일 대표자가 자신의 이익을 위하여 그 대표권을 남용한 경우에는 그 남용사실을 상대방이 알았거나 알 수 있었음을 전제로 법인 아닌 사단은 이를 입증하여 상대방에 대하여 그 행위의 무효를 주장할 수 있다고 하는 견해가 있다.[106] 또 앞에서 살펴본 민법개정위원회 분과위원회는 "부동산에 관한 대표자의 처분권의 제한은 등기하지 아니하면 제3자에게 대항하지 못한다"고 하는 규정을 두자고 제안하였다.

우선 민법 제276조 제1항은 강행규정은 아니다. 이 규정은 사단의 정관 기타 계약에 규정이 있는 경우에는 적용되지 않고, 그러한 규정이 없을 때 비로소 적용된다(제275조 제2항). 그리고 제276조 제1항이 적용되는 경우에는, 대표자가 사원총회의 결의를 거치지 않은 채 총유물을 처분하면 이는 무효이고, 이때에는 민법 제126조의 표현대리에 관한 규정이 준용될 수 없다고 하는 것이 판례이다.[107]

이와 비교할 수 있는 것이 주식회사의 이사회에 관한 상법 제393조 제1항이다. 이 조항은 "중요한 자산의 처분 및 양도, 대규모 재산의 차입, 지배인의 선임 또는 해임과 지점의 설치·이전 또는 폐지 등 회사의 업무집행은 이사회의 결의로 한다"라고 규정한다. 여기서 요구하는 이사회의 결의를 거치지 않은 업무집행의 효력에 관하여, 판례는 이와 같은 이사회 결의사항은 회사의 내부적 의사결정에 불과하므로 그 거래 상대방이 그와 같은 이사회 결의가 없었음을 알았거나 알 수 있었을 경우가 아니라면 그 거래행위는 유효하다고 하다가,[108] 최근 판례를 변경하여, 거래행위의 상대방인 제3자가 보호받기 위하여 선의 이외에 무과실까지 필요하지는 않지만, 중대한 과실이 있는 경우에는 제3자의 신뢰를 보호할 만한 가치가 없다고 보아 거래행위가 무효라고 하였다.[109]

생각건대 총유물을 처분하는 경우에는 어떤 형식이든 법인 아닌 사단 구성원의 의사에 근거할 필요가 있다. 이는 사원총회의 결의일 수도 있고, 정관의 규정에 의하여 이사회의 결의일 수도 있다. 다만 문제는 법인 아닌 사단의 대표자가 이러한 사원총회의 결의 등을 받지 않고 처분한 경우에 그 효력을 어떻게 볼 것인가 하는 점이다. 종래의 판례처럼 상대방이 선의인 경우에도 절대적으로 무효라고 하는 것은 거래의 안전을 해친다. 따라서 주식회사의 이사회 결의가 필요한데도 대표이사가 결의 없이 중요한 재산을 처분한 경우와 같이 취급하는 것이 바람직하다. 이는

02 공동체법 총론

판례의 변경만으로도 가능할 수 있지만, 명확하게 하기 위하여 법을 개정하는 것이 바람직하다.

한편 분과위 개정안 가운데 부동산에 관한 대표자의 처분권의 제한은 등기하지 아니하면 제3자에게 대항하지 못한다는 규정을 두려는 것은 찬성하기 어렵다. 이에 대하여는 부동산에 대하여만 따로 취급하는 것이 체계상 이상하다는 점도 있지만, 그보다는 제3자의 선의·악의를 묻지 않는 것은 부당하다는 것이 더 중요하다. 이 개정안은 "이사의 대표권에 대한 제한은 등기하지 아니하면 제삼자에게 대항하지 못한다"고 규정하는 민법 제60조와 맥을 같이 하는 것이다. 그러나 민법 제60조의 입법론적 타당성에 대하여는 논란이 많은데,[110) 굳이 이를 다른 경우에까지 확장할 필요는 없을 것이다. 종래의 판례도 비법인사단의 경우에는 대표자의 대표권 제한에 관하여 등기할 방법이 없어 민법 제60조의 규정을 준용할 수 없고, 비법인사단의 대표자가 정관에서 사원총회의 결의를 거쳐야 하도록 규정한 대외적 거래행위에 관하여 이를 거치지 아니한 경우라도, 이와 같은 사원총회 결의사항은 비법인사단의 내부적 의사결정에 불과하다 할 것이므로, 그 거래 상대방이 그와 같은 대표권 제한 사실을 알았거나 알 수 있었을 경우가 아니라면 그 거래행위는 유효하다고 봄이 상당하고, 이 경우 거래의 상대방이 대표권 제한 사실을 알았거나 알 수 있었음은 이를 주장하는 비법인사단 측이 주장·입증하여야 한다고 보고 있다.[111)

한편 판례[112)가 법인 아닌 사단의 구성원 개인이 총유재산과 관련하여 보존행위로 소를 제기하는 경우에도 사원총회의 결의를 거쳐야 한다고 보고 있는 점에 대하여도 비판이 있다.[113) 그러나 위 판례가 말하듯이, 민법이 공유나 합유의 경우처럼 보존행위는 그 구성원 각자가 할 수 있다는 민법 제265조 단서 또는 민법 제272조 단서와 같은 규정을 두고 있지 아니한 것은, 법인 아닌 사단의 소유형태인 총유가 공유나 합유에 비하여 단체성이 강하고 구성원 개인들의 총유재산에 대한 지분권이 인정되지 아니하는 데에서 나온 당연한 귀결이라고 이해할 수 있다. 따라서 해석론으로서는 위 판례가 부당하다고 할 수 없고, 입법론으로도 굳이 구성원 각자의 보존행위를 인정할 필요가 있는지 의문이다.

다만 판례는 비법인사단 자체가 보존행위를 하는 경우에도 사원총회의 결의를 거쳐야 한다고 보고 있는데,[114) 이는 의문이다. 판례가 법인 아닌 사단의 구성원 개인이 총유재산과 관련하여 보존행위로 소를 제기하는 경우에도 사원총회의 결의를 거쳐야 한다고 보는 것은, 공유나 합유의 경우처럼 보존행위는 그 구성원 각자가 할 수 있다는 민법 제265조 단서 또는 민법 제272조 단서와 같은 규정을 두고 있지 않은 때문이다. 그러나 이러한 규정의 부존재는 구성원 개인 아닌 비법인사단 자체가 보존행위를 하는 경우에도 사원총회의 결의를 거쳐야 한다고 볼 근거는 될 수 없다. 다시 말하여 구성원 개인이 사원총회의 결의를 거치지 않고서도 보존행위를 하기 위하여는 법적인 근거를 필요로 하지만, 비법인사단 자체가 보존행위를 하는 경우에는 따로 특별한 법적인 근거를 필요로 하지 않는다. 오히려 제276조 제1항이 "총유물의 관리 및 처분은 사원총회의 결의에 의한다"고 규정하고 있는 것의 반대해석에 의하면 비법인사단이 보존행위를 하는 경우에는 사원총회의 결의를 필요로 하지 않는다는 결론을 이끌어낼 수 있을 것이다.

그리고 법인 아닌 사단의 사원이 총유물을 사용, 수익할 수 있다는 제276조 제2항의 규정에 대하여도, 예컨대 종중의 종중원은 실제로는 사용수익권을 가지지 않는 것이 현실이라는 비판이 있다. 그러나 이러한 사용수익권은 위 법규정이 말하듯이 정관 기타의 규약에 따라야 하는 것이므로, 정관 등의 규정에 의하여 해결할 문제이다. 종중인 경우에는 정관이 없으면 관습에 따르게 될 것이다.

마지막으로 언급할 것은 법인 아닌 사단의 재산 분배에 관한 문제이다. 분과위 개정안은 "법인 아닌 사단의 재산은 상당한 이유가 있는 때에는 정관 또는 사원총회의 결의에 따라 사원에게 분배할 수 있다"는 규정을 두자고 제안하였다. 이에 대하여 위 분과위안은 비법인사단의 재산은 분배가능하다는 점을 명시함으로써 비법인사단으로 하여금 법인을 설립하는 것보다 현 상태를 유지하는 것이 유리하다는 잘못된 인식을 심어줄 수 있다고 하는 비판이 있음은 앞에서 보았다.[115]

법인 아닌 사단에서 재산 분배의 문제는 실제로 종중과 관련하여 문제된다. 현재 이러한 종중 재산의 종중원에 대한 분배는 많이 이루어지고 있는 것으로 보인다.[116] 이것이 타당한가에 대하여는 논란이 있다.[117]

생각건대 이념적으로는 종중의 존재 이유에 비추어 볼 때 종중 재산을 종중원이나 그 밖의 사람들에게 분배한다는 것에는 저항감을 느낄 수 있다. 그러나 현실적으로 종중이 자체 결의에 의하여 종중 재산을 분배하는 것을 막을 수 있는 실효적인 방법은 없다. 또 종중이 선산 등이 수용되어 종중의 현실적인 필요를 넘는 많은 금액을 보상받았다든지 하는 경우에는 분배의 필요성도 있다. 그러므로 이 문제는 법인 아닌 사단 일반의 문제라기보다는 종중에 특유한 문제로서, 민법에서 이에 관하여 규정을 둘 필요는 없을 것이다.

VI. 글을 맺으며

처음에 언급한 것처럼 공동체를 포함한 법인 아닌 사단을 어떻게 다룰 것인가 하는 점은 어려운 문제이다. 이를 법인과 마찬가지로 다루어야 한다는 사회적 요구 내지 압력이 있는 것은 분명하다. 법경제학적인 관점에서는 이러한 요구는 거래비용의 절감 필요라고 할 수 있다. 그러나 그렇다고 하여 법이 반드시 법인 아닌 사단을 법인과 똑같이 다루어야 하는 것은 아니다. 이 문제는 법이 법인을 어떻게 규율할 것인가 하는 큰 구도에서 살펴보아야 한다. 그런데 아직까지는 현행법이 공동체를 포함한 법인 아닌 사단을 법인으로 인정하는 단계에는 이르지 못한 것으로 보인다.118)

미주

* 이 글은 민사실무연구회, 민사재판의 제문제 제29권, 사법발전재단, 2022에 "법인 아닌 사단의 권리주체성"이라는 제목으로 수록되었다.

1) Elizabeth S. Miller (2012), pp.852−853은 설립신고 없는 비영리 사단(Unincorporated nonprofit associations)은 법에서는 오랫동안 문제되었던 수수께끼 같은 창조물(enigmatic creatures)이라고 한다.

2) 민법과 민사소송법에서는 "법인이 아닌 사단"이라고 하고 있으나(민법 제257조 제1항, 민사소송법 제52조), 비법인사단(非法人社團)이라는 말도 자주 쓰인다. 그리고 권리능력 없는 사단이라는 용어도 사용되고 있다. 그러나 법인 아닌 사단에 대하여도 권리능력을 인정하여야 한다는 논자들은 이러한 용어 사용에 대하여 부정적인 태도를 보인다. 용어의 문제에 관하여는 송호영 (2013a), 15−16면 참조.

3) 민법 제1편 총칙 제2장 인, 제3장 법인.

4) 김용덕 편 (2019), 총칙1 570면(송호영); 권철 외 (2022), 31면 등.

5) 대법원 1968. 4. 30. 선고 65다1651 판결은, 유치원이 어린이 보육을 위하여 원사를 신축하고 관계당국으로부터 개원허가를 받았으며 한편으로 교육법에 따른 원칙을 제정하여 계속 운영하여 왔다면 이는 법인 아닌 재단이라고 하였다.

6) 대법원 1999. 4. 23. 선고 99다4504 판결. 같은 취지, 대법원 1992. 7. 10. 선고 92다2431 판결 등.

7) 대법원 1980. 1. 15. 선고 78다2364 판결; 1999. 1. 29. 선고 98다33512 판결.

8) 대법원 2004. 1. 29. 선고 2001다1775 판결.

9) 대법원 1992. 2. 25. 선고 91누6108 판결.

10) 다만 조합이라는 명칭을 쓰더라도 농업협동조합과 같이 법인격을 가진 것도 많이 있다.

11) 대법원 1992. 7. 10. 선고 92다2431 판결 등 일련의 판례는, 민법상의 조합과 법인격은 없으나 사단성이 인정되는 비법인사단을 구별함에 있어서는 일반적으로 그 단체성의 강약을 기준으로 판단하여야 하는데, 조합은 어느 정도 단체성에서 오는 제약을 받게 되지만 구성원의 개인성이 강하게 드러나는 인적 결합체인 데 비하여, 비법인사단은 구성원의 개인성과는 별개로 권리의무의 주체가 될 수 있는 독자적 존재로서의 단체적 조직을 가지는 특성이 있다고 한다.

12) 권철 (2020d), 119면 이하. 대법원 1974. 9. 24. 선고 74다573 판결의 원심은, 계원 64명을 사원으로 하는 동백흥농계를 비법인사단이라고 보았다. 그러나 대법원은 동백흥농계의 실체는 각 계원의 개성이 각기 뚜렷하게 계의 운영에 반영되게끔 되어있고 사단의 경우처럼 그 사원의 개성이 그 사단에 몰입되고 각기 사원은 집합체의 겉에 현출되지 아니하게끔 되어 있지 아니하므로 동백흥농계의 실체를 조합체로 볼 가능성이 있다고 하였다.

13) 대법원 1992. 7. 10. 선고 92다2431 판결 등.

14) 민법 제712조 참조.

15) 윤진수 (2021a), 952면 이하 (처음 발표: 2017) 참조.

16) 이를 의용민법(依用民法)이라고 부른다.

17) 民事法研究會 (1957), 96−106면. 그런데 이 글은 원래 김증한 교수가 1950년에 발표한 논문을 바탕으로 하여 쓰여진 것이다. 김증한 (1950). 이는 민법논집, 진일사, 1978, 211면 이하에도 게재되어 있다.

18) 그 경위에 대하여는 양창수 (2001a), 109면 이하 (처음 발표 1999); 김대정 (2012), 84면 이하.

19) 원안 제262조.

20) 상세한 것은 이승일 (2000), 171면 이하 참조.

21) 현재의 일본 민사소송법 제29조도 같다.

22) 윤진수 (2021b), 283−285면 (처음 발표: 2014) 참조.

23) 강태성 (2007), 73면 이하. 명순구 (2005), 257−260면도 대체로 같은 취지이다.

24) 남기윤 (2002), 200면 이하.

25) 김교창 (2014), 91면 이하.

26) 독일법상 법인 아닌 사단에 관한 최근의 국내 문헌으로는 위계찬 (2016), 1면 이하가 있다.

27) §54 Nicht rechtsfähige Vereine: Auf Vereine, die nicht rechtsfähig sind, finden die Vorschriften über die Gesellschaft Anwendung. Aus einem Rechtsgeschäft, das im Namen eines solchen Vereins einem Dritten gegenüber vorgenommen wird, haftet der Handelnde persönlich; handeln mehrere, so haften sie als Gesamtschuldner.

28) 독일에서도 용어에 관하여 논란이 있는데, 독일민법은 권리능력 없는 사단이라고 하고 있으나, 등기되지 않았거나 허가를 받지 않은 사단도 권리능력이 있으므로, "등기되지 않은 사단 (nicht eingetragener Verein)"이라고 불러야 한다는 주장이 있다. Lars Leuschner et al. (2018), BGB §54 Rdnr. 1.

29) 위계찬 (2016), 6−7면 참조.

30) Lars Leuschner et al. (2018), §54 Rdnr. 4.

31) 위계찬 (2016), 8면.

32) Lars Leuschner et al. (2018), §54 Rdnr. 5.

33) Lars Leuschner et al. (2018), §54 Rdnr. 9−13. 위계찬 (2016), 9면은 법인이 아닌 영리사단이 사단적 성질을 가지기는 하지만 조합법의 규정을 적용하는 것이 의미가 있다고 서술한다.

34) 처음에는 노동조합의 활동에 대한 위법한 침해를 방지하기 위한 경우에만 적극적 당사자능력을 인정하다가(BGHZ 42, 210＝NJW 1965, 29), 나중에는 포괄적으로 노동조합의 적극적 당사자능력까지 인정하였다(BGHZ 50, 325＝NJW 1968, 1830).

35) BGH NJW 2008, 69. 이 판결은 당해 재판부가 민법상 조합에 대하여 적극적 및 소극적 당사자능력을 인정한 바 있고(BGHZ 146, 341＝NJW 2001, 1056), 학설이 더 이상 권리능력 없는 사단의 적극적 당사자능력을 부정할 수 없다고 보고 있다고 설시하였다.

36) BGHZ 146, 341＝NJW 2001, 1056.

37) Lars Leuschner et al. (2018), §54 Rdnr. 18ff.

38) Lars Leuschner et al. (2018), §54 Rdnr. 22.

39) BGH NZG 2016, 666.

40) 더 상세한 것은 위계찬 (2016), 15-16면 참조.

41) BGHZ 146, 341=NJW 2001, 1056.

42) Otto von Gierke (1895), S.663 [682].

43) Werner Flume (1972), S.177ff. 플루메의 견해에 대하여 상세한 것은 남기윤 (2004), 60-63면 참조.

44) 플루메의 견해를 집단론(Gruppenlehre)라고 부른다.

45) Carsten Schäfer et al. (2020), BGB §705 Rdnr. 309 참조.

46) Carsten Schäfer et al. (2020), BGB §705 Rdnr. 309 참조. 또한 안성포 (2003), 285면 이하; 김세준 (2019a), 101면 이하 등 참조.

47) Stefan J. Geibel et al. (2019), Rdnr. 206.

48) association이라는 단어는 프랑스에서 결사 일반을 지칭하는 용어로 쓰이기도 하지만 위 법률에서는 비영리단체를 가리킨다.

49) 이에 대하여는 박수곤 (2020), 83면 이하 참조.

50) 박수곤 (2013), 43-44면; 윤진수 (2015a), 77면 (처음 발표: 2008) 참조.

51) 박수곤 (2013), 49면.

52) 阿久澤利明 (1984), 256면 이하. 총유설을 주장한 학자는 石田文次郎, 我妻 榮이었다. 총유론을 우리나라에 도입한 김증한 교수도 이 두 사람을 인용하고 있다. 김증한(1950), 213면 이하.

53) 촌락공동체(村)의 주민이 산림의 자원을 이용할 수 있는 입회권을 가지는 단체를 말한다. 일본 민법 제263조는 공유의 성질을 가지는 입회권에 대하여는 각 지방의 관습에 따르는 외에 이 절(공유)의 규정을 준용한다고 하고, 제294조는 공유의 성질을 가지지 않는 입회권에 대하여는 각 지방의 관습에 따르는 외에 이 장(지역권)의 규정을 준용한다고 규정한다.

54) 最高裁判所 1957(昭和32). 11. 14. 판결(民集11巻12号1943頁).

55) 김민주 (2019), 11면-12면 참조.

56) 김민주 (2019), 13면 참조.

57) 김민주 (2019), 7-8면.

58) 김태선 (2017), 155면은 법인격 없는 단체로서 파트너쉽과 법인 아닌 비영리단체를 들고 있다. 그러나 위 글에서도 설명하는 것처럼, 근래에는 미국에서도 이들 단체를 독립된 법적 실체, 즉 법인(legal entity)으로서 법인격을 인정하는 추세에 있으므로 법인격 없는 단체라고 하는 것은 부석설하다.

59) 파트너쉽은 '영리사업을 영위하기 위한 2인 이상의 단체("the association of two or more persons to carry on as co-owners a business for profit')'를 말한다. Uniform Partnership Act (1997) Section 102 (11). 김태선 (2016), 207면 주 12)는 Section 102 (6)이라고 하는데, 오기로 보인다.

60) 임재연 (2008), 428-429면 참조.

61) 김태선 (2016), 210면 참조.

62) National Conference Of Commissioners on Uniform State Laws (2015a), p.2.

63) The UPA Revision Subcommittee of the Committee on Partnerships and Unincorporated Business Organizations (November 1987), p.124.

64) Donald J. Weidner/John W. Larson (1993).

65) Donald J. Weidner/John W. Larson (1993)는, 일상적인 상업 거래에서까지 파트너쉽과 거래하는 당사자에게 대표권에 관한 기록을 확인해 보라고 하는 것은 비효율적이고, 파트너가 그 권한을 초과할 위험은 파트너쉽이 부담하는 것이 낫다고 한다. 김태선 (2016), 217면도 이를 인용하고 있다.

66) 그러나 김태선 (2016), 211면은 이로써 파트너쉽이 회사와 같이 독립된 법적 실체가 된 것은 아니라고 한다.

67) 이른바 co-principal doctrine.

68) National Conference of Commissioners on Uniform State Laws (1996), pp.1f.; Miller (2012), pp.855ff.; 김태선(2016), 211면.

69) National Conference Of Commissioners on Uniform State Laws (1996), pp.3f. 여기서는 다른 목적에 관하여 이러한 사단을 이 법을 유추하여 법인으로 다룰지 여부는 이 법을 채택한 주의 법원에게 맡겨진 문제라고 하였다.

70) 이는 위 개정 통일 파트너쉽법 제303조에 근거한 것이다. National Conference of Commissioners on Uniform State Laws (1996), p.13. 다만 1994년 법을 인용하고 있다.

71) Elizabeth S. Miller (2012), p.853 fn. 6.

72) National Conference of Commissioners on Uniform State Laws (2015b); Miller (2012); 김태선 (2017) 등 참조.

73) 이는 원칙적으로 출석 회원 과반수의 찬성을 받아야 한다. 제16조 (a) (1).

74) https://www.uniformlaws.org/HigherLogic/System/DownloadDocumentFile.ashx?DocumentFileKey=58bbf6a3-aec0-7f6e-725f-4f20d7817593&forceDialog=0 (2023. 04. 06. 확인).

75) 간단한 소개로는 윤진수 (2021a), 952면 이하 참조.

76) 이호정 (1983), 102면 이하.

77) 2004년 민법 제39조의2 개정안은 2010년 개정안과 대체로 비슷하므로 따로 언급하지 않는다.

78) 이 개정안은 2011. 6. 22. 정부가 국회에 제출하였으나, 제18대 국회의 임기 만료로 폐기되었다. 한편 정부는 2014. 10. 24. 법인에 관한 민법개정안을 국회에 제출하였으나, 이 개정안에는 제39조의2, 제39조의3은 포함되어 있지 않았다. 이 개정안도 제19대 국회의 임기 만료로 폐기되었다.

79) 윤진수 (2014), 150면 이하; 권영준 (2017), 469면 이하 참조. 민법개정위원회의 구성 및 논의 절차에 대한 설명은 권영준 (2017), 19면 참조.

80) 고상룡 (2004), 259면.

81) 남기윤 (2002), 200면 이하.

82) 권철 (2010), 54-55면; 송호영 (2013a), 9면 등. 다만 권철 교수는 개정안 제39조의2 제2항은 비법인사단 자체가 재산을 가지는 것을 당연한 전제로 하고 있다고 보고 있으나, 그렇지는 않다. 윤진수 (2014), 161-162면 참조.

83) 윤진수 (2007b), 175면(처음 발표: 2005)는 위와 같은 규정이 포함되어 있지 않았던 2004년 개정안과 관련하여, 비영리사단 아닌 영리사단의 경우에는 사단과 거래하는 제3자의 보호를 위하여 가능한 한 구성원의 무한책임을 인정하여야 한다는 견해에 대하여 이 문제는 앞으로 더 연구할 문제라고 하였다.

84) 분과위의 개정안 제안이유를 작성한 정병호 (2013), 1면 이하 참조.

85) 윤진수 (2014), 153면 이하 참조.

86) 송호영 (2013a)는 그러한 취지로 이해된다.

87) 이계정 (2017), 161면 이하.

88) 대법원 2005. 9. 15. 선고 2004다44971 전원합의체 판결 등.

89) 김진우 (2008), 108면 이하; 윤진수 (2015a), 79면 참조.

90) 앞에서 살펴본 통일법률을 제안하는 통일법률위원회도 설립신고 없는 사단이다. 또 미국변호사협회(American Bar Association)노 1992년까지는 설립신고 없는 사단이었다.

91) 법무부 민법개정위원회의 2004년과 2011년 개정안은 모두 자유재량행위라고 이해되고 있는 법인의 설립 허가를 기속재량행위인 인가로 바꾸려고 하였다.

92) Lars Leuschner et al. (2018), Rdnr. 21ff.

93) 송호영 외(2009), 544면; 송호영 (2013b), 7-8면; 권철 외 (2022), 5-6면은 이를 법률관계의 단순화라고 설명한다.

94) 송호영 (2013), 8면 등.

95) 남기윤 (2002), 198면도 유한책임과 법인격간에는 필연적인 관계가 있는 것은 아니라고 한다.

96) 남기윤 (2002), 200면 이하.

97) 송호영 외 (2009), 655면은 민법 제31조는 물권은 법률 또는 관습법에 의하는 외에는 임의로 창설하지 못한다는 물권법정주의와 유사한 의미를 가지고 있다고 설명한다.

98) 송호영 (2013b), 111면 이하 참조. 위 책 121면은 법에서 권리능력이 없는 것으로 규정된 조직(예: 비법인 사단·재단, 조합 등)이라도 특정한 법률관계에서는 부분적 권리능력을 가지는데 반하여, 법인은 근본적으로 포괄적이면서 혼일적이고 비제한적인 권리능력을 가진다고 한다. 또한 윤진수 (2007b), 173면 참조.

99) 한편 법인 아닌 사단이 완전한 권리능력을 가지지 않는다고 하는 경우에, 법인 아닌 사단이 부동산 등기능력을 가지는 것을 어떻게 설명할 것인가는 쉽지 않은 문제이다. 이계정 (2017), 188-189면은, 비법인사단이 취득한재산은 어떤 사람이 소유한 재산 중 일부가 특정한 목적을 위하여 분리되어 독자적인 재산을 이루는 특별재산(Sondervermögen)에 해당한다고 주장한다. 특별재산의 예로는 조합원의 고유재산과 구별되는 조합재산, 수탁자의 고유재산과 구별되는 신탁재산이 있다.

100) 대만의 법인 아닌 사단에 대하여는 김성수 (2016), 30면 이하 참조. 2020년 5월 제정된 중국 민법은 비법인조직(非法人組織)이라는 이름으로 법인 아닌 사단에 대하여 규정을 두었는데, 비법인조직은 법인의 지위는 없지만 법에 의거 자체 명의로 민사 활동을 할 수 있는 조직이라고 정의하면서(제103조), 비법 인 조직은 법의 규정에 따라 등기해야 하고, 법령 및 행정 규정에서 요구하는 관계 기관의 승인을 받아야 한다(제103조)고 규정하여, 우리나라에서 말하는 법인 아닌 사단과 같이 볼 수 있는지는 의문이다. 이는 梁慧星 교수의 주장을 따른 것으로 보인다. 김성수, 위 글 48면 이하 참조.

101) 위 주 64)의 본문 참조.

102) 송호영 외 (2019), 573면. 자세한 것은 김진우 (2019), 1면 이하. 이 글도 이익분배 여부를 영리법인과 비영리법인의 기본적인 구별 기준으로 받아들이면서도 이를 세부적으로 수정하려고 한다.

103) 위 주 33)의 본문 참조.

104) 개정 통일 파트너쉽법 제306조 (a).

105) 윤진수 (2014), 162면 참조.

106) 김학동 (2011), 201면 이하; 이준현 (2016), 99면 이하 등.

107) 대법원 2009. 2. 12. 선고 2006다23312 판결 등.

108) 대법원 2003. 1. 24. 선고 2000다20670 판결 등.

109) 대법원 2021. 2. 18. 선고 2015다45451 전원합의체 판결.

110) 윤진수 (2007b), 188면 이하 참조.

111) 대법원 2003. 7. 22. 선고 2002다64780 판결; 2007. 4. 19. 선고 2004다60072,60089 전원합의체 판결 등.

112) 대법원 2005. 9. 15. 선고 2004다44971 전원합의체 판결 등.

113) 최문기 (2012), 453면은 입법론으로는 제276조 제1항을 "총유물의 관리 및 처분은 사원총회의 결의에 의한다. 다만, 보존은 각자가 할 수 있다."로 개정할 필요성이 있다고 한다.

114) 대법원 1986. 9. 23. 선고 84다카6 판결; 2007. 7. 26. 선고 2006다64573 판결; 2011. 7. 28. 선고 2010다97044 판결 등.

115) 위 Ⅳ. 3. 마. 참조.

116) 여성도 종중원이 될 수 있다고 한 대법원 2005. 7. 21. 선고 2002다1178 전원합의체 판결은 실제로는 여성도 종중 재산을 분배받을 수 있는가에 관한 다툼 때문에 나온 것이었다. 또한 대법원 2010. 9. 9. 선고 2007다42310, 42327 판결은, 비법인사단인 종중의 토지 매각대금은 종원의 총유에 속하고, 그 매각대금의 분배는 총유물의 처분에 해당하므로, 정관 기타 규약에 달리 정함이 없는 한 종중총회의 결의에 의하여 그 매각대금을 분배할 수 있고, 그 분배 비율, 방법, 내용 역시 결의에 의하여 자율적으로 결정할 수 있다고 하였다.

117) 부정설: 송인권 (2015), 90면 이하 등. 긍정설: 강인철 (2010), 116면 이하 등. 좀더 자세한 것은 권철 외 (2022), 52-53면 참조.

공동체의 가버넌스

Chapter **02**
●

공동체의 가버넌스
– 비영리법인 이사회의 운영을 중심으로* –

Ⅰ. 글머리에

1. 공동체의 가버넌스

가. 공동체 특히 비영리법인의 가버넌스

공동체의 가버넌스 즉 그 지배구조는 통상 의결기관, 집행기관 및 감독기관으로 구성되나 공동체의 성격에 따라 구체적인 내용이 달라진다. 사단의 성격을 가지는 공동체는 의사결정기관으로 구성원총회, 집행기관으로 대표자, 감독기관으로 감사를 둔다. 대표자의 업무집행을 보좌, 견제하기 위하여 이사회를 두기도 한다. 사단인 공동체의 이사회는 구성원총회의 위임을 받아 일정한 사항을 결정하고 집행하는 역할을 한다. 재단의 성격을 가지는 공동체는 의사결정기관 및 집행기관으로 이사회를 두고 감독기관으로 감사를 둔다. 재단인 공동체의 이사회는 공동체의 모든 의사결정과 대내적, 대외적 집행행위를 하는 유일한 기관이라 할 수 있다. 따라서 공동체내 이사회의 지위는 그 공동체의 법적 성격이 사단인가 재단인가에 따라 확연히 달라진다고 할 수 있다. 민법에서는 재단법인과 사단법인을 엄격하게 구별하고 있지만, 실무상으로는 '특정한 목적을 구현하기 위해서 모인 공동체'라는 실질이

사단 또는 재단이라는 법형식보다 중요하게 작용하는 경우도 많다. 이하에서는 공동체 중 비영리법인의 가버넌스 특히 비영리법인의 이사회에 한정하여 살펴보기로 한다.

비영리법인은 설립법인 수, 고용인원, 예산 등의 측면에서 영리법인에 비하여 소규모에 지나지 않지만,[1] 종교, 교육, 보건의료, 사회복지 및 문화, 자선, 환경 등의 영역에서 영리회사들이 수행하지 못하는 사회적 기능을 담당하고 있다. 비영리법인은 민법 제1편 제3장 법인편의 규율에 따라 설립되고 운영되는 법인으로서 그 구성원에 대하여 이익분배가 제한되는 점을 상법상 규율되는 영리법인, 즉 회사와 구별되는 특징으로 한다.[2] 따라서 비영리법인은 구성원들의 이익극대화가 아닌 설립목적의 달성이라는 가치지향적인 원칙에 따라 운영되고, 그 임직원들은 비영리법인이 지향하는 가치에 이바지하는 직무수행을 할 것으로 기대된다. 그렇지만 비영리를 표방하는 단체들에서 자금, 조직 및 인력과 관련된 부정과 비위행위는 동서고금을 막론하고 사회적 문제로 대두된 바 있다.[3] 국내에서도 일부 비영리법인에서의 위법·부정행위가 단편적으로 알려져 왔는데, 최근 몇 년 간 비영리법인의 설립·운영과 회계처리를 둘러싼 일련의 스캔들이 전사회적 비난의 대상이 되면서 비영리섹터 자체에 대한 신뢰의 추락으로 이어지고 있다.[4] 잃어버린 신뢰를 다시 쌓기 위해서는 외부적 개혁과 내부적 자정이 동시에 일어나는 것이 바람직하지만, 2017년 미르재단·케이스포츠재단의 설립 취소와 2020년 정의연사태로 비롯된 비영리단체에 대한 회계감독의 강화를 위한 상속세 및 증여세법 개정등은 비영리섹터의 위기에 대한 대응이 국가기관에 의한 외부적 자극에 의해서 주도되고 있는 현실을 보여준다.[5]

비영리법인에 대한 사회적 신뢰를 회복하기 위해서는 감독 및 규제강화와 더불어 지배구조를 개선하기 위한 자발적 노력이 병행되어야 할 것이다. 본 논문에서는 특히 비영리법인의 최고 의사결정을 담당하는 이사회가 제대로 구성되고 운영되는 것이 지배구조 개선을 위한 핵심이라고 전제하였다. 민법상 비영리법인에서는 이사회가 필수설치기관은 아니지만 대다수의 비영리법인들에서 정관에 의거하여 이사회를 구성, 운영하고 있으며,[6] 공익법인의 설립 및 운영에 관한 법률(이하 "공익법인법"), 사회복지사업법, 의료법 등에서는 각 법률에 따라 설립된 법인에 이사회를 반드시 두도록 한다. 이사회가 설치된 비영리법인들에서는 법률과 정관의 규정에 따라 이사회가 최고 의사결정기구가 되며 이사들은 비영리법인이 지향하는 미션과 비전을 공유하면서 책임성있게 이사회의 이사결정에 참여할 것이 요구된다.

비영리법인의 운영 관련 문제가 지적된 최근 일련의 사태를 보더라도 그 이사회가 어떤 결정을 내렸는지, 이사들은 해당 비영리법인에 대하여 부담하는 의무를 제대로 이행한 것인지, 그 이사들이 자신의 의무를 위반하였다면 그에 따라 어떠한 책임을 져야 하는지에 관하여 전혀 논의가 없다. 언론의 문제제기, 정치적으로 반대 입장을 견지한 세력의 비판, 주무관청의 감독강화, 국세청의 회계·공시의무 강화 등과 같은 외부적 흐름과 달리 비영리법인 내부적인 지배구조 개선 논의를 찾아보기 어려운 상황이다. 본 장은 이러한 문제의식에서 출발하여 실제로 비영리법인의 이사회의 구성원들과 비영리법인의 이사회 운영을 지원하는 실무담당자들을 인터뷰함으로써 비영리법인 이사회의 운영실태를 진단하고 이사회의 구성 및 운영과 관련된 개선방안을 도출하는 것을 목표로 하였다.

나. 비영리법인의 지배구조에 관한 선행 연구

국내에서는 민법 및 상법 분야에서 비영리법인의 지배구조 가운데 특히 이사 개인이 법인에 대하여 부담하는 의무와 책임에 대한 연구가 축적되어 왔다. 구체적으로는 미국, 독일, 일본 등 각국에서의 비영리법인의 규율 법리와 비영리법인 이사의 의무 및 책임에 관한 비교법적 연구가 활발하게 이루어졌고,[7] 상법상 주식회사와 비영리법인의 이사의 의무 및 책임을 비교·검토하는 연구들도 다수 있다.[8] 외국에서는 민법 분야뿐만 아니라 상법 분야에서도 비영리법인의 지배구조에 대한 연구가 적극적으로 행해지고 있는데, 미국의 헨리 한스만(Henry Hansmann) 교수 및 독일의 클라우스 홉트(Klaus Hopt) 교수 등은 회사법 연구의 일환에서 비영리법인의 지배구조에 접근하는 대표적인 학자들이다.[9] 이러한 연구들은 다양한 법적 근거를 가지고 설립되는 조직들의 구성 및 운영원리를 분석하고, 조직의 구성원, 출연자 및 운영자들 간에 발생하는 대리 문제(agency problem)의 본질과 그 해결책을 모색한다는 점에서 '조직법(organizational law)' 분야라고 분류될 수 있다.

한편 사회과학 분야에서는 비영리법인의 의사결정기구로서 이사회 구성과 운영에 관한 양적, 질적 연구들이 시도된 바 있다. 비영리섹터에 관한 양적연구는 데이터의 불충분으로 어려움을 겪었기 때문에 주무관청별로 자체적으로 관리하는 소관 비영리법인에 관한 데이터를 정보공개청구를 통해 취득하여 이를 취합·가공하거나 국세청 공시자료를 바탕으로 비영리법인의 운영 및 재정을 평가하는 가이드스타의 자료를 분석하는 방식을 활용해 왔다.[10] 한편, 질적 연구로서는 비영리법인에서의 이해상충 문제와 관련된 사례연구, 비영리법인들의 지배구조 작동 실태에 대한 분석 등이 이루어진 바 있다.[11]

이처럼 비영리법인의 지배구조에 관한 법학 연구는 각국의 비영리법제에 관한 문헌 연구를 바탕으로 국내법의 해석론 및 입법론에 초점을 맞춘 것이었고, 비영리법인의 실제 운영 행태를 분석한 연구들은 주로 사회과학 분야에 집중되어 있었다. 비영리 부문이 처한 신뢰의 위기를 극복하기 위한 법적·제도적 정비방안을 모색하기 위해서는 현실의 비영리법인 운영 과정에서 현행 법제도가 어떻게 인식되고, 내부규정으로 구체화 되며, 집행상 어느 정도의 강제력을 지니는지를 파악하는 작업도 함께 진행될 필요가 있다. 이러한 작업은 인터뷰를 통한 실태조사라는 사회과학적 방법론을 활용하기는 하지만 현행 법제의 분석, 구체적 법조문의 해석론을 토대로 제도적 대안을 모색한다는 점에서 법학 연구의 한 분야에 속할 수 있다.

다. 본 장(章)의 목표와 구성

본 장은 이 주제에 관한 선행연구의 문제의식을 발전시키면서 비영리법인의 이사들 및 이사회담당 직원들이 이사의 의무와 책임, 이사회의 구성과 운영에 관하여 어떠한 인식을 가지고 참여하는지를 파악하고 관련 법률의 조항이 현실 적합성을 가지는지, 그렇지 않다면 어떠한 방향으로 개선되어야 하는지를 규명하고자 한다. 본 장은 이사회의 구성과 운영에 관한 단편적인 에피소드를 발굴하고 전파하는 목적을 가진 것은 아니다. 인터뷰 대상 비영리법인과 해당 법인의 이사, 실무자를 선정하는 단계부터 이사회 구성과 운영 방식을 개선하려는 고민을 가지고 있는 대상을 섭외하고자 하였다. 본 연구는 이러한 문제의식을 공유하고, 각 비영리법인이 지배구조 발전을 위하여 수행하고 있는 실험을 객관적 시각에서 평가할 수 있는 디딤돌이 되는 것을 목표로 한다.

비영리법인의 이사회는 정관상 목적 달성에 적합한 이사들로 구성되고, 그러한 목적을 달성하기 위한 최선의 방식으로 운영되어야 한다. 특히 비영리법인은 주식회사의 이사회와는 달리 (i) 구성원(사원 또는 출연자)에 의한 통제 메커니즘이 마련되어 있지 않거나, (사단법인의 경우처럼) 있더라도 활발한 작동을 기대하기 어려우며,[12] (ii) 달성해야 하는 목표도 주주들의 이익과 같이 수치로 환원되지 않는 추상적인 가치이고, (iii) 이사들이 이러한 목표를 달성하는데 기여한다고 해도 금전적 보상이 주어지는 것이 제도적으로 금지되어 있다. 즉, 비영리법인의 이사회는 영리법인의 이사회에 못지않게 중요한 역할을 담당할 것으로 기대되는 조직이지만, 그 직무수행에 대한 모니터링이 잘 이루어지지 않고, 성과에 대한 보상이나 임무해태에 대한 제재가 보장되기 어려운 상황이다.[13] 현실에서는 시민사회, 언론, 정부, 출연자 등이 나누어서 비영리법인의 성과와 부실에 대한 감시와 통제 기능을 수행하고 있는데, 이러한 '규제전략'을 넘어 자율적인 지배구조 개선을 통한 신뢰회복을 달성하기 위해서는 최고 의사결정기구인 이사회의 구성과 운영이 제대로 이루어지는 것이 최우선 과제이다.[14]

본 장은 비영리법인의 이사회가 원래 기대되는 역할, 즉, 최고 의사결정기구로서, 조직의 '비전과 미션'을 공유하면서 책임성 있는 의사결정을 하는 역할을 수행하는지에 관하여 인터뷰를 통해 조사한 결과를 검토하고 분석한 후 개선방안을 도출하는 것을 목적으로 한다. 이하 Ⅱ.에서는 비영리법인의 이사회 구성, 특히 이사의 선임을 둘러싼 다양한 이슈들을 검토한다. 다음 Ⅲ.에서는 비영리법인의 이사회가 어떻게 운영되는지를 살펴보고, Ⅳ.에서는 비영리법인의 이사들이 자신의 의무와 책임에 관하여 어떻게 인식하고 있는지를 검토한다. 마지막으로 Ⅴ.에서는 인터뷰 결과를 쟁점별로 분석하고 법제도적 개선방안 및 자율적 개선방안을 모색하고자 한다.

2. 비영리법인의 이사회 관련 법률 규정

가. 민법

대부분의 비영리법인은 민법에 따라 설립, 운영되는 비영리법인으로서 그 설립 목적에 따라 공익법인법 또는 사회복지사업법에 의하여 추가적인 규제를 받고 있다. 민법상 비영리사단법인 또는 재단법인은 이사를 선임해야 하지만 이사회 설치가 필수사항은 아니고(제57조), 이사가 수인일 경우 정관에 다른 규정이 없으면 법인

의 사무집행은 이사의 과반수로 결정하도록 하고 있다(제58조 제2항).[15]

　　민법상 비영리법인의 이사 선임은 등기사항이고(제52조), 이사의 자격과 임기에 관하여 별도의 규정은 없으므로 정관의 정함에 따른다. 민법상 비영리법인 이사는 선량한 관리자의 주의로서 직무를 행하여야 하고(제61조), 법인과 이사의 이익상반 시에는 특별대리인을 선임하여 대표하게 해야 한다(제64조). 상법에서도 이사의 충실의무에 관한 조항이 도입된 것은 1998년으로 비교적 최근의 일이고, 주식회사 이사와 회사간에 발생하는 이익충돌문제를 해결하기 위한 구체적 조문들은 2011년 회사법 개정시에 도입되었기 때문에,[16] 비영리법인 이사의 의무에 관한 법조문들도 현실에서의 수요에 따라 얼마든지 개정될 여지가 있다. 민법상 비영리법인 이사의 주의의무도 일반적으로 위임계약의 수임인이 부담하는 주의의무의 내용과 다르지 않은 것으로 해석한다.[17] 비영리법인 이사가 임무를 해태하면 법인과 연대하여 손해를 배상할 책임을 부담한다(제65조).

　　민법상 비영리법인의 이사회는 필수설치기관이 아니기 때문에 그 운영방식에 관해서도 특별한 규정은 없고, 해석상 소집, 진행 및 결의에 관하여 상법상 주식회사의 이사회와 비교할 때 다소 유연한 운영이 가능한 것으로 본다. 이사회를 설치한 경우 민법 제75조를 유추적용 하여 재적이사 과반수가 출석하여 출석이사의 과반수에 의하여 이사회 결의를 할 수 있다.[18]

나. 공익법인법

　　공익법인법에 따른 공익법인에서는 이사회를 필수적으로 설치해야 한다(제6조 제1항). 공익법인의 이사의 수는 5명 이상 15명 이하로 하고, 감사는 2명을 선임하여야 한다(제5조 제1항). 이사회를 구성할 때 출연자와 특별한 관계에 있는 자의 수는 이사 현원의 5분의 1을 초과할 수 없다(제5조 제5항, 동법 시행령 제12조 제1항). 이사의 임기는 정관으로 정하되, 이사는 4년, 감사는 2년을 초과할 수 없으나(제5조 제3항), 연임은 가능하다. 따라서 공익법인의 이사회에서 승인을 얻는다면 제한없이 연임이 가능한데, 상법상 주식회사의 경우도 일부 상장회사의 사외이사를 제외하면 연임제한이 적용되지는 않으므로,[19] 연임제한이 없다는 사정만으로 이사의 자격과 임기에 관하여 특별히 규제가 허술하게 이루어지고 있다고 보기는 어렵다. 공익법인은 주무관청의 승인을 받으면 상근임직원에게 보수를 지급할 수 있는데(제5조 제8항), 해당

보수의 금액 및 결정 절차에 관한 규정은 없다.

공익법인법은 이사회의 기능(제7조), 이사회의 소집(제8조), 의결정족수(제9조)에 관하여 규정하고 있다. 공익법인의 이사회는 공익법인의 예산, 결산, 차입금 및 재산의 취득·처분과 관리에 관한 사항, 정관의 변경에 관한 사항, 공익법인의 해산에 관한 사항, 임원의 임면에 관한 사항, 수익사업에 관한 사항 등을 결정하는데(제7조 제1항 제1호 내지 제6호), 법률에 반하지 않는 범위 내에서 이사회가 결정할 사안을 정관에서 정할 수 있다. 공익법인법에서는 이사회의 필수 개최 주기를 정하고 있지는 않으며, 이사장이 필요하다고 인정할 때 이사회를 소집할 수 있으나(제8조 제1항), 통상적으로는 정관에서 소집 주기를 정한다.[20] 이사회는 1인 1의결권을 가지며 정관에 특별한 규정이 없으면 재적이사 과반수의 찬성으로 의결하되, 서면결의는 원칙적으로 허용되지 않는다(제9조 제1항 내지 제3항).

공익법인법은 이사장이나 이사가 공익과 이해관계가 상반될 때에 그 사항에 관한 의결에 참여할 수 없도록 하고(제7조 제2항), 그 밖에 이사의 공익법인에 대한 의무와 책임 관련 규정은 없다. 단, 이사가 임원간의 분쟁, 회계부정, 재산의 부당한 손실, 현저한 부당행위 등으로 해당 공익법인의 설립목적을 달성하지 못할 우려를 발생시킨 경우에 주무관청은 그 사유의 시정을 요구하고, 시정을 요구한 날로부터 1개월이 지나도 이에 응하지 아니한 경우에는 이사의 취임승인을 취소할 수 있다(제14조 제2항).

다. 사회복지사업법

사회복지사업법에 따라 설립된 사회복지법인은 이사회를 설치해야 하고, 대표이사를 포함한 이사 7명 이상과 감사 2명 이상을 선임해야 한다(제18조 제1항). 사회복지법인 이사의 임기는 3년, 감사의 임기는 2년으로 하며 제한 없이 연임이 가능하다(제18조 제4항). 사회복지법인의 출연자 또는 출연자와의 특별한 관계에 있는 자는 이사 현원의 5분의 1을 초과할 수 없다(제18조 제3항, 동법 시행령 제9조 제1항).

사회복지법인이 운영하는 사회복지시설에서 일어나는 인권침해 등을 방지하기 위하여 2011년 개정되고 2012년부터 시행된 사회복지사업법에서는 외부추천이사 제도를 도입하였고, 이는 이사회 구성과 관련하여 사회복지사업법이 갖는 가장 큰 특징으로 평가된다.[21] 사회복지법인은 시도사회보장위원회 또는 지역사회보장협의체에서 3배수로 추천한 사람 중에서 이사 정수의 3분의 1 이상을 선임하여야 하고 (제18조 제2항. 이하 "공익이사"라 한다), 해당 기관은 이사후보군을 구성하여 공고한다(제18조 제8항). 시·도지사는 임원의 해임명령권을 갖고 있으며(제22조, 제22조의2), 또 사회복지사업법의 적용을 받는 사회복지법인은 이사회 회의록 작성 및 공개 의무(제25조)가 있다. 사회복지사업법상 사회복지법인에 관하여 별도로 규정하고 있는 사항을 제외하고는 민법과 공익법인법을 준용한다(제32조).

라. 기타 이사회를 두고 있는 법률

사립학교법은 학교법인에 이사회를 두게 하고 학교법인의 예산·결산·차입금 및 재산의 취득·처분과 관리에 관한 사항등을 심의 의결할 권한을 부여하였다(제15조, 제16조). "한국장학재단 설립 등에 관한 법률"은 한국장학재단에 학자금 지원 제도에 관한 사항 등 재단의 중요 사항을 심의·결정하기 위하여 이사회를 두었다(제12조). 의료법은 의료법인에 5명 이상 15명 이하의 이사로써 이사회를 구성하게 하고 있다(제48조의2). 또한 협동조합기본법은 협동조합에 이사회를 두고 협동조합의 재산 및 업무집행에 관한 사항을 의결할 권한을 부여하였고(제32조, 제33조) 새마을금고법은 금고에 이사회를 두고 사업 집행에 대한 기본 방침의 결정 등의 사항을 의결하게 하고 있다(제17조). 나아가 변호사법은 법인인 각 지방변호사회에 이사회를 두고 지방변호사회 업무에 관한 중요 사항을 결의하게 한다(제71조).

3. 연구의 대상 및 방법

가. 인터뷰 대상자의 선정

본 연구는 비영리법인을 규율하는 법제 및 비영리법인의 가버넌스에 대한 이해도를 보유하고 비영리법인의 운영에 참여하는 인터뷰 대상자를 선정하고자 하였으며, 인터뷰 대상의 구성은 성별, 연령별, 이사 선임 경로별 다양성을 확보하고자 노력하였다. 인터뷰 대상 중 이사는 남성과 여성이 각각 3명이며, 실무자 및 실행위원은 모두 여성이다. 인터뷰 대상 이사의 출신 배경도 학계 전문가, 해당 분야 실무 종사자, 회계/법률 전문가, 기업가, 출연자 등으로 다양하다. 본 연구에서 인터뷰한

[표 1] 인터뷰 대상자

구분	인터뷰 대상자	비고
이사(이사장, 상임이사)(6명)	◆ 나○○ A법인	(공익법인)/비상임
	◆ 감○○ A법인	(공익법인)/비상임
	◆ 민○○ B법인	(공익법인)/비상임
	◆ 우○○ C법인	(사회복지법인)/비상임
	D법인	(공익법인)/비상임
	◆ 신○○ E법인	(사회복지법인)/비상임
	◆ 천○○ F법인	(공익법인)/비상임
실행위원(1명)	◆ 방○○ G법인	(공익법인)
이사회 실무책임자(2명)	◆ 유○○ E법인	(사회복지법인)
	◆ 진○○ A법인	(공익법인)
총 9명		

대상자는 아래 표1과 같다. 대상자 및 법인 이름은 모두 가명으로 표시하였다.

인터뷰는 연구자 소속기관 기관생명윤리위원회의 승인을 받은 후 2021년 7월~8월 중에 이루어졌다. 대상자 섭외 후 사전 질문지를 전달한 다음 오프라인에서 면접방식으로 인터뷰를 진행하였다.[22] 질문지는 비영리법인의 이사회의 구성과 운영에 관하여 미국에서 최근 진행한 설문연구를 토대로 구성하였고, 국내의 현실을 반영할 수 있도록 수정을 가하였다.[23]

나. 인터뷰 대상 비영리법인의 선정

인터뷰 대상 비영리법인은 설립연도, 상임이사의 존부, 설립자의 존부, 법적 형태 등에 따라 이사회 구성과 운영 방식에 차이가 나는 7개를 선정하였다. 아래 [표 2]에서 확인되는 바와 같이 신생법인(설립 후 10년 이해), 중견법인(설립 후 50년 이내) 및 기성법인(설립 후 50년 이후)을 고루 선정하여 이사회 운영의 시간적 변화를 관찰하고자 하였고, 사원의 유무(사단법인/재단법인)에 따라 이사회 구성 및 운영 메커니즘이 달라지는지, 출연자와 상임이사의 존재가 이사회 구성 및 운영에 어떠한 영향을 끼치는지도 평가·분석하고자 하였다.[24]

[표 2] 인터뷰 대상 비영리법인의 특성

구분		인터뷰 대상 비영리법인							해당 단체 수
		A법인	B법인	C법인	D법인	E법인	F법인	G법인	
설립연도별	신생법인(설립 후 10년 이내)		√		√				2
	중견법인(설립 후 50년 이내)	√				√	√		3
	기성법인(설립 후 50년 이상)			√				√	2
법적형태[25]	재단법인	√	√	√		√	√		5
	사단법인				√			√	2
출연자(개인 또는 기업)의 존부	출연자 있음		√			√	√		3
	출연자 없음	√		√	√			√	4
상임이사의 존부	상임이사 있음		√		√		√	√	4
	상임이사 없음[26]	√		√		√			3

Ⅱ. 비영리법인 이사회의 구성

1. 이사의 선임과 해임

가. 이사의 선임

인터뷰 대상자들은 다양한 계기를 통하여 비영리법인의 이사로 참어하게 되었다. 한 인터뷰 대상자는 비영리법인이 어떤 미션을 가지고 만들어졌고, 그러한 활동을 잘 수행하고 있는지를 지켜본 다음 이사회에 참여하겠다는 결정을 하였다(감○○). 재능기부 차원에서 비영리법인의 활동에 참여하다가 인연이 이어지는 경우도 있고(나○○), 인적 네트워크를 통해서 제안을 받은 경우도 있었다(천○○). 또, 과거의 업무로 인한 인연을 맺었던 인사가 비영리법인을 새로 설립하게 되면서 이사로 선임하겠다는 제안을 받은 경우도 있고(민○○), 현장 전문가로서 이름이 알려져 있었기 때문에, 그 명성을 토대로 비영리법인의 이사로 선임하고자 한다는 요청을 받기도 하였다(오○○). 공익이사 추천제의 적용을 받는 사회복지법인의 경우에는 지방자치단체의 담당자가 연락을 해 와서 이사직을 수락하는 경우도 있었다(신○○).

비영리법인의 이사 선임은 정관에 기재된 바에 따르는데, 사단법인은 사원총회에서 이사를 선임하지만 재단법인은 설립 당시를 제외하면 이사회에서 이사를 선임하는 경우가 많다.[27] 이사의 사임, 임기 만료로 결원이 생기는 경우 이사회 규정에 따라 사무국과 이사회 멤버가 모두 참여하는 추천 위원회를 구성하는 비영리법인도 있었다. 이사회규정상 신임이사 추천절차가 정해짐에 따라 사무국에서 추천 절차에 적극적으로 참여할 근거가 생기게 되었고, 비영리법인이 지향하는 가치를 잘 구현할 수 있는 인사를 선임할 가능성이 높아지게 되었다(진○○). 신임이사 추천절차가 명문화되어 있지는 않고, 출연자 또는 상임이사의 인적 네트워크를 활용하여 새로 선임될 이사 후보자를 정하는 경우도 있었다(D법인, F법인). 출연자가 있는 경우에는 이사회 구성과 운영에 출연자의 영향력이 절대적이고, 이사회는 출연자의 결심을 승인해주는 기능을 하게 된다(B법인, F법인, G법인). 그 가운데는 설립 후 10년 정도는 출연자 겸 상임이사의 개인적 네트워크를 중심으로 이사회를 구성하여 동질성(homogeneity)이 강했으나, 점차 전문가 중심으로 이사회를 개편하였고, 현재는 충원을 위한 내부적인 추천 프로세스를 마련해야 한다는 고민을 개시한 경우도 있다(천○○). 출연자가 있는 경우라도 이사회 구성 및 운영 양상에 개입하는 정도와 양태는 법인별로 차이가 있다. 한 인터뷰 대상자가 경험한 다른 비영리법인에서는 출연자가 이사를 선임하는 것을 넘어서 명예 이사장이라는 직함을 달고 이사회에도 매번 출석하여 법인 운영의 구체적인 결정방향까지도 영향력을 행사하는 경우도 있었다(천○○). 한편, 상임이사가 있고 법인의 대표자로 재직중인 신설 사단법인에서는 상임이사의 개인적 네트워크로 조직한 이사회 구성이 아직까지 유지되고 있는데, 그러한 구성원 간 유대감이 조직의 안정적 성장에 큰 공헌을 한다고 평가하였다(D법인).

비영리법인 가운데는 내부 규정 및 설립 당시의 양해에 따라 사전에 정해진 이해관계 집단에서 일정 비율의 이사를 선임하기도 한다. 예컨대 종교단체의 영향력이 강하여 종교단체 내·외부의 다양한 이해관계 집단을 대표하는 인사들로 이사회를 구성하는 경우가 그러하다(C법인, G법인). 이와 같은 비영리법인들은 해당 분야에서 이미 명성과 평판을 축적하였고, 그 명성과 평판을 지킬 수 있도록 보수적인 의사결정을 내리는 것을 선호하기 때문에 이사회 구성에 있어서 새로운 시도보다는 집단간 이해관계를 안정적으로 조정할 수 있는 인물들을 선임하는 데 주안점을 두게 된 것이다.

사회복지법인은 지방자치단체가 이사 선임 절차에 관여한다(E법인). 사회복지사업법은 사회복지법인의 이사 정수의 3분의 1 이상을 시·도사회보장위원회 또는 지역사회보장협의체가 관련 법률[28]에 따라 3배수로 추천한 사람 중에 선임하도록 규정하는데, 실제로는 지방자치단체의 담당 부서에서 인재풀을 관리하고, 선임에 적극적·직접적으로 관여하는 것으로 평가된다. 예를 들어 서울시는 담당자 한 명이 공익이사 명단을 관리하면서 이사 선임 수요가 생기면 후보자들과 접촉을 하는데, 지방자치단체의 담당자가 확보하고 있는 전문가의 범위에 한계가 있기 때문에 소규모 사회복지법인의 경우 공익이사를 구하는데 어려움이 많다고 한다(신○○). 사회복지법인의 이사 및 실무자들은 사회복지법인의 공익이사 제도가 법인 조직구성과 운영에 대한 과도한 간섭이라는 단점은 있겠지만, 전반적으로 선임되는 이사들의 전문성이 높아지고, 조직 운영에도 투명성이 강화되는 방향으로 좋은 영향을 미쳤다고 공통적으로 평가하였다(신○○, 유○○).

최근 들어서는 비영리법인 이사를 선임할 때 이름만 올려놓고 일을 하지 않는 명망가보다는 어떻게든 법인 운영에 기여할 수 있는 '전문가'를 선호하는 경향이 관찰된다. 비영리법인 설립 초기에는 법인의 사업과 관련된 평판을 제고시키고 모금에 도움이 될 수 있는 기대를 가지고 사회적 명망가를 이사로 선임하려는 수요가 있는데, 조직의 사업성과가 축적되고 운영이 안정화됨에 따라 명망가를 탈피하고 점차 전문가를 이사로 선임하려는 경향이 있다(천○○). 전문가라고 통칭하더라도 회계·법률·노무전문가, 모금전문가, 사업전문가 등 다양한 범주가 있겠지만, 최근에는 사업과 관련된 전문성을 지닌 인사, 예를 들어 사회복지학 교수를 선임하려고 후보자를 물색하고 있다(천○○). 영리부문에서 주된 경력을 쌓은 전문가들은 비영리법인의 조직문화를 혁신하고, 네트워크를 활용하여 모금실적을 늘리는데 기여할 수 있을 것이라는 기대에 따라 비영리법인의 이사로 선임된다(나○○). 영리부문에서 훈련되고 성장한 전문가들이 비영리조직의 생태를 잘 이해하면서도 새로운 시각을 제공하는 경우에는 좋은 평가를 받지만, 비영리섹터가 갖는 특수성을 이해하지 못하는 상태에서 영리부문에서의 조직운영원리만을 강조하는 경우에는 이사회에서 갈등이나 충돌이 일어나기도 하고, 기대했던 것만큼 비영리법인의 성과에 기여하지 못한다는 평가를 받기도 한다(유○○, 진○○).

나. 이사의 사임과 해임

인터뷰 대상자들의 경험상 임기만료 또는 정관이나 이사회규정상 사유에 해당하는 경우에 자발적으로 사임하는 케이스가 절대 다수라고 하였다. 비영리법인의 정관 등에서 이사의 정치 활동을 금하고 있는데 이사가 정당활동에 적극적으로 참여하거나 또는 기존의 이사가 새로 직위에 취임함에 따라 그 직장에서 겸직을 금하는 경우 등과 같은 사유가 발생하면 임기 만료 전에도 자발적으로 사임한 전례도 있었다(나○○). 이사가 비영리법인의 의사결정과 관련하여 물의를 일으키거나 비영리법인의 사업방향, 가치지향과 충돌하여 자발적으로 사임하거나 해임되는 경우는 인터뷰 사례 중에는 없었다.

대부분의 비영리법인 정관에서는 연임제한을 두고 있지 않기 때문에 임기만료가 되었다고 반드시 이사직을 떠나야 된다는 의미는 아니다. 게다가 한국식 인간관계의 풍토를 감안할 때, 인적 네트워크를 바탕으로 선임한 이사의 임기가 만료되었을 때, 선임 당시의 기대와 달리 조직의 발전에 충분한 기여를 하지 못했다고 해서 "임기가 만료되었으니 더 이상 연임하지 않으시는 것이 좋겠다" 말을 꺼내는 것은 정말 어려운 일이다(천○○). 그럼에도 불구하고 이사회 구성원들 스스로 비영리법인의 새로운 비전을 도모하기 위해서 이사진이 새롭게 구성될 필요성을 인식하고 사임한 경우도 있었는데, 이사들의 자발적인 결단에 의한 일이기는 하지만 조직이 새로운 환경에 적응하고 발전하는 계기가 된 것으로 평가한다(유○○).

2. 이사회의 다양성

가. 이사회의 성별 다양성

인터뷰 대상자들은 비영리섹터 전반적으로 이사회의 성별 다양성이 강화되고 있는 추세라고 인식하고 있었다. 이사회 구성원 전원이 남성이고, 설립 이후 한 번도 여성 이사를 선임하지 않고 운영되어 온 비영리법인의 경우에도, 최근 들어 성별 다양성의 중요성이 강조됨에 따라 신규 이사 선임 시에는 전문성과 함께 성별을 주요 요소로 고려하게 되었다(천○○). 지방자치단체가 사회복지법인의 공익이사 선임에 관여하는 경우 최근에는 이사회 구성의 성별 다양성에도 어느 정도 신경을 쓰는 것으로 보인다(유○○).

비영리법인 조직구조상 사무국 실무자의 비율은 여성이 압도적인데, 사무국을 대표하는 최고운영책임자는 외부에서 영입된 남성인 경우가 많고, 이사회에서도 최근에는 여성 이사들의 비율이 높아지고는 있지만 조직의 대표자는 여성인 경우가 많다. 사무국에서 관찰하기에는 이사회 구성원들의 성별 다양성이 강화되면서 사무국과 이사들, 또는 이사회 개최시 이사회 구성원들 간의 소통 방식에 유의미한 차이가 감지된다(진○○). 비영리부문에 종사하는 근로자들의 수는 여성이 압도적인데, 최근 여성이사 선임이 증가하고는 있지만 이사장이나 대표 등의 직함을 갖는 조직의 장은 여전히 남성이 맡는 경우가 많다는 지적도 있다(감○○).

비영리부문의 전반적인 트렌드는 이사회 구성의 다양성을 강조하지만, 각 비영리법인의 사정에 따라 구체적인 노력의 양상에는 차이가 난다. 비영리법인의 이사장이 여성이거나 상임이사가 여성인 경우에는 이사회 구성 초기단계부터 다양성에 신경을 쓰고, 또 여성대표 또는 여성 상임이사의 네트워크를 중심으로 이사 후보자들을 물색하기 때문에 여성이 선임될 가능성도 높다. 한편으로는 이러한 조직들은 이미 의사결정 과정에 중요한 역할을 차지하는 이사장이나 상임이사가 성별 대표성을 확보했기 때문에 추가적인 여성이사 선임을 위한 노력을 하지 않기도 한다(민○○). 또, 사회복지와 같이 여성 전문가의 비중이 높은 분야에서는 비영리법인 이사회의 성별 다양성이 이미 충족되고 있다고 느끼기도 한다(신○○). 역사적으로 비영리법인의 설립과 운영 과정에 역사적으로 여성들이 주도적으로 참여한 경우에도 이미 다수의 여성이사들이 선임되어 있고, 여성으로 구성된 이해관계자 집단을 대변하는 이사가 선임되도록 암묵적인 합의가 있어서 현 단계에서는 성별 다양성 문제에 특별히 신경을 쓰지는 않는다(C법인, G법인).

나. 이사회의 연령별 다양성

인터뷰 대상 비영리법인들에서는 이사회의 구성원들의 연령별 분포는 대체로 40대 후반에서 70대에 걸쳐 있었다. 인터뷰 대상자들의 경험과 관찰에 따르면

50-60대의 이사들이 많은 비중을 차지한다.[29] 특히 출연자 또는 상임이사와의 인적네트워크를 바탕으로 이사들이 선임되고, 계속 연임을 해 온 경우, 초기에는 비교적 젊은 이사회였다고 하더라도 이들과 동년배인 이사들도 점차 연령이 높아지고 있는 양상이다(B법인, D법인). 40대 이사를 2명 이상 선임한 E법인의 경우는 비교적 젊은 단체라고 스스로 평가하고 있었다. A법인은 최근 40대 이사를 선임한 적이 있는데, 이는 연령별 다양성을 갖추기 위한 고민에서 비롯된 것이라고 자체적으로 평가하고 있다(진ㅇㅇ). 종교 지도자 가운데 이사를 선임하는 경우 연령대가 높아지는 경향도 있다(천ㅇㅇ).

비영리법인의 사업을 수행함에 있어서 20-30대 또는 더 젊은 세대의 호응과 관심에 부합하기 위하여 그들의 목소리를 반영해야 한다는 문제의식이 생기고 있다. 그렇지만 젊은 세대의 취향에 부응하는 사업을 확대하려는 그러한 목적을 충족시키기 위하여 더 젊은 세대의 이사를 선임하자는 논의로까지 이어지는 상황은 아니라고 하였다(진ㅇㅇ). 이사의 연령별 다양성은 이사의 임기 및 연임 문제와 맞물려 있기 때문에, 연임제한에 대한 내부 규정이 마련되지 않는 이상 달성되기 어려운 목표일 수도 있다고 본다(진ㅇㅇ).

다. 근로자대표 이사제 또는 근로자추천 이사제

비영리법인의 이사 선임에 근로자 추천 이사제를 공식적으로 도입하고 있는 곳은 드물어 보였다. 인터뷰 대상 비영리법인 중에서도 해당 법인의 사무국 출신의 이사가 선임된 경우는 찾아볼 수 없었다. 현재로서는 추천 과정에서 사무국 직원의 목소리가 반영될 수는 있어도, 사무국을 대표하는 인사 또는 추천한 인사를 이사의 일정 비율로 선임하자는 논의가 있는 것은 아니다(진ㅇㅇ).

기업에도 사내이사와 사외이사가 있는 것처럼 사무국 출신의 인사가 이사회를 구성하는 장점이 분명히 있고 평가된다(감ㅇㅇ). 비영리섹터에서 축적된 경험을 바탕으로 이사회의 의사결정에 참여하고 더욱 책임성 있는 결정을 내릴 수 있을 것으로 기대되는 면이 있지만 아직까지는 해당 비영리단체에서 성장한 근로자/활동가 가운데 업무적 성과를 평가받아서 바로 이사로 선임되는 구조는 찾기 어렵다. 반면, 한 단체에서 경력을 쌓고, 그러한 경력을 바탕으로 다른 비영리법인의 이사로 선임되는 경우는 있었다. 사회복지 현장에서 활동가로 일하면서 전문성을 쌓았고, 그 평판을 바탕으로 다른 비영리법인의 비상임이사로 선임되어서 활동하고, 또 그 경험을 토대로 새로운 비영리법인을 설립하여 상임이사이자 대표로서 법인 운영을 총괄하는 역할을 하는 사례가 있다(오○○).

3. 이사의 임기 및 겸직

가. 이사의 임기

인터뷰 대상 비영리법인들 가운데는 이사의 임기를 정관 등 내부 규정에서 법률 규정보다 더 단기로 정하는 경우는 없었다. 법률에서 이사직의 연임을 제한하지 않음에도 불구하고 이사를 파송시킨 기관에서의 임기 등과 맞물리면서 내부 규정에 따라 연임이 제한되기도 한다(C법인). 이사 파송 기관에서의 특정 지위가 해당 비영리법인 이사로 선임되기 위한 전제 조건이고, 파송기관에서 해당 지위의 연임이 제한된다면 당연한 귀결이다. 인터뷰 대상 법인은 아니었으나, 한 인터뷰 대상자가 이사를 겸직하고 있는 기업이 설립한 공익재단 등에서 이사의 연임을 2-3회로 제한하는 경우가 있었다(나○○). 비영리법인 설립시에 선임된 이사들이 두 번 연임하고, 정관상 연임 제한 규정이 없었음에도 불구하고 대다수 이사들이 '이제 우리 일은 다 했다. 새로운 사람으로 이사회를 구성하는 것이 더 좋겠다'는 제안을 하여 자발적으로 사임하고, 이후 새로운 전문가를 영입하여 제2기 이사회가 출범한 사례도 있었다(유○○).

이사회 운영을 지원하는 실무진 입장에서는 이사회가 어떤 이들로 구성되는지가 이사회 운영이나 소통에 필수적이라는 생각을 갖고 있다. 이사직을 수행하면서 책임감이 없는 모습을 보이거나, 비영리법인의 목표와 가치를 공유하지 못하거나 비영리부문의 고유한 문제들에 대한 이해도가 떨어지기 때문에 연임제한을 명문화함으로써 이사들이 주기적으로 교체될 수 있는 가능성을 열어두는 것이 조직의 발전에 도움이 된다고 생각하였다(유○○, 진○○).

나. 이사의 겸임·겸직

비영리법인 이사의 충실의무를 해치지 않는 한 이사의 겸임·겸직을 막는 법률

규정은 없다. 인터뷰 대상자 가운데 대부분의 이사들은 다른 비영리법인 이사직을 겸임하고 있었다(나ㅇㅇ, 감ㅇㅇ, 민ㅇㅇ, 오ㅇㅇ, 신ㅇㅇ). 한 인터뷰 대상자는 동시에 최대 15개까지 비영리법인의 이사를 겸임한 경험을 말하면서, 본인의 이러한 경험이 유일무이한 사례라고 생각되지는 않는다고 하였다(나ㅇㅇ). 비영리부문에서도 회계, 법률, 노무 등 분야의 전문가들을 이사로 선임할 수요가 있고, 특별히 인센티브가 생기는 것도 아니기 때문에 한 번 전문가로 알려지면 계속 선임요청을 받게 된다. 그러나 한 법인의 이사장을 맡게 되고 나서부터는 실질적으로 대표자로서 이사회에서 또는 사무국과 의논하고 결정해야 할 사항이 많아졌기 때문에 적어도 주 2회 정도 사무실에 출근한다고 하였다. 그 결과 시간 자원의 효율적 활용 및 이사장 직무의 충실한 수행을 위해서 다른 몇 개 이사직을 사임한 적이 있다고 한다.

사회복지법인의 공익이사를 추천하기 위하여 지방자치단체의 담당자가 해당 분야 전문가에게 이사 선임 의향을 문의하는 경우가 종종 있다고 한다. 한 인터뷰 대상자는 이러한 요청을 받고 '이미 여러 개 비영리법인의 이사직을 겸임하고 있으며, 요청을 수락하는 경우 다섯 개가 넘는 법인의 이사직을 겸임하게 된다'는 이유를 들어 거절했던 적이 있었는데, 담당 주무관이 이를 듣고는 쉽게 단념했던 사례가 있었다고 한다(신ㅇㅇ).

4. 이사의 보수

상임이사들의 경우에는 공익법인법 등 근거법률상 상근임직원에 대한 보수 지급이 허용되기 때문에 그에 따라 일정한 보수를 지급받고 있다고 답변하였다(오ㅇㅇ, 천ㅇㅇ). 비상임이사는 보수가 따로 지급되지는 않고, 매번 회의비 또는 이사회 참석 수당의 명목의 금원을 지급받는 경우가 많았다. 기업 또는 기업경영자 개인이 출연한 재단의 경우에는 이사회 1회당 50만 원에서 최대 200만 원을 지급하는 것으로 알려져 있다(나ㅇㅇ, 민ㅇㅇ). 소규모 사회복지법인 등은 예전에는 전혀 보수를 지급하지 않는 경우가 많았으나 최근에는 회의 참석 시 교통비 등 명목으로 5만 원에서 20만 원 정도를 각 이사들에게 지급하는 경우가 있다(신ㅇㅇ, 오ㅇㅇ, 진ㅇㅇ, 감ㅇㅇ).

비영리법인의 이사직으로 선임되어 활동하는 것은 아는 사람의 부탁에 의한 일종의 재능기부로 생각되는 경향이 있고, 그런 이유로 현재까지도 교통비 등 실비를 포함한 금전적 대가를 전혀 지급하지 않는 비영리법인도 있다(F법인). 비상임이사들 입장에서는 점차 비영리법인의 이사직 수행을 당연한 재능기부로 생각하기보다는 정당한 대가를 지급받을 필요가 있다는 고민을 하게 되었다면서, 이사로서의 직무를 수행한 결과 법인에 문제가 발생하고 그에 따른 책임을 물으려면 책임에 맞는 대가도 주어야 합리성이 있는 것이 아닌가 하는 의문을 제기하였다. 그런데도 비영리법인 이사직 수행은 봉사활동이라고만 생각하고 시간과 노력을 들이는 데 대한 최소한의 대가나, 책임을 부과하기 위한 전제로서의 보상은 전혀 이루어지지 않는 경향이 있는 것 같아서 아쉽다고 하였다(신○○).

Ⅲ. 비영리법인 이사회의 운영

1. 리더십과 다이나믹스: 이사회와 사무국 간의 관계

가. 이사회와 사무국 간의 상호 인식과 소통

이사회 구성에 관한 사무국의 관여는 제한적일 수밖에 없다. 법률이나 정관에 따라 이사의 선임은 사원총회 또는 이사회의 결정사항이고, 출연자가 있는 경우 출연자의 의중이 가장 중요하게 고려되므로 사무국이 직접 관여하지는 않는다. 비영리법인의 사무국이 이사회 후보자 리스트를 만드는데 영향을 끼치는 경우는 종종 있는데, 내부 규정상 신임이사 선출시에는 사무국 직원들과 이사들로 구성된 추천위원회를 거치도록 하는 비영리법인도 있고, 출연자의 의사결정을 돕기 위해서 사무국에서 해당 분야의 전문가 리스트를 몇배수로 작성해서 진달하는 역할을 하기도 한다(유○○, 진○○).

이사회 운영에 있어서 사무국의 역할은 출연자가 있는지, 상임이사가 있는지, 또는 최고운영책임자가 어떤 역할을 수행하는지에 따라 다르게 나타난다. 상임이사가 없는 비영리법인에서는 이사장과 최고운영책임자[30)가 이사회 운영과 관련된 공식적 소통창구가 되고, 실무적으로는 사무국 이사회 담당 부서에서 지원을 한다(나○○). 상임이사가 있으면 상임이사가 이사회와 사무국 간의 소통을 담당한다. 상임이사는 이사회 전담 부서뿐만 아니라 홍보, 사업 등 전영역에서 사무국과 직접 소통을 진행한다(천○○, 오○○-D법인).

　기업경영자가 사재를 출연하여 설립하는 비영리법인에서는 출연자 또는 그 가족이 이사장 또는 명예이사장이 되고, 해당 기업을 퇴직한 지 5년이 경과하여 법률상 특수관계인의 범위에 포함되지 않아서 보수를 수령할 수 있는 기업의 전직 임원이 재단의 최고운영책임자가 되어 실무를 총괄하는 양상이 흔히 관찰된다고 한다. 이러한 비영리법인에서는 이사회와 사무국이 각자의 영역과 의제가 있고 이를 토대로 상호 소통을 한다기보다는, 사무국이 최고운영책임자의 지시에 따라 출연자의 의중을 사업에 반영시키는 통로 역할을 하는 경향이 있다(민○○).

나. 이사회 구성 및 운영에 대한 사무국의 관점

　이사회 결정사항은 법률과 정관에 정해져 있지만 구체적인 회의에서 다루어지는 특정한 어젠다가 법률 및 정관상 반드시 이사회에서 결의할 사항에 해당하는지가 불명확하다. 이사회에서 어떤 내용을 어디까지 다루느냐, 즉 해당 비영리법인에서는 이사회에서 반드시 결의할 내용의 경계가 어디까지인지를 어디까지로 정하는지에 따라서 이사회와 사무국의 관계가 형성된다(진○○).

　이사들의 활동에 대한 사무국의 평가도 이사회의 인적 구성이나 운영방식에 따라 차이가 난다. 이사들이 구체적인 사업의 내용을 잘 이해하지 못한 상태에서 막연하게 아이디어만 제시하는 경우 사무국에 큰 부담이 될 뿐만 아니라 조직 전체의 성과로 연결되지도 못한다는 점은 인터뷰 대상자들의 공통적인 의견이었다. 사무국에서 보기에 일부 이사는 이사회에 출석하는 것만으로 자신의 역할을 다 한다고 생각하는 경우가 많고, 스스로를 비영리법인 조직의 일원이라고 생각하는데 소극적인 편이라는 평가도 있었다. 인터뷰 대상 모든 비영리법인에서 이사들이 비영리법인의 사업과 활동을 이해하고 참여할 수 있도록 다양한 계기를 만들고자 노력하고 있었다. 특정한 인물을 비영리법인의 이사로 선임한 계기는 조직운영이나 사업에 필요한 인적네트워크이든, 사업분야의 전문 지식이든, 법률이나 회계 등 전문성이든, 모금 능력 등 뭔가 하나를 보유하기 때문이다. 비영리법인을 운영하다가 보면 다양한 문제들을 맞닥뜨리게 되는데, 외부에 맡기기보다는 이사들 중에 그런 능력을 갖춘 인사에게 부탁을 하거나 최소한 문제해결 방법에 관하여 상의를 하면서 소속감을 높이기도 한다(천○○).

최고운영책임자가 기대되는 역할에 비추어 이사회와의 소통을 충실히 수행하는지는 평가가 갈린다(진○○, 방○○). 최고운영책임자가 비영리법인 외부에서 영입된 케이스가 많아서 이사회의 중요성을 잘 인식하지 못하거나 소통라인에서 소극적인 역할만을 하려고 해서 이사회 담당 부서에서 이사회 자료, 의사록 작성 등의 실무를 다 책임지고 이사회와의 실질적인 소통에서도 중책을 맡는 경우도 많다(진○○). 비영리섹터에서 흔히 있는 일은 아니라고 알려져 있지만, 최고운영책임자가 사무국에서 내부 승진한 비영리법인에서는 해당 최고운영책임자가 이사회와 소통에도 매우 중요한 역할을 담당하고 있다(G법인).

다. 운영위원회·상임위원회·실무위원회

인터뷰 대상 비영리법인 가운데 A법인, C법인, G법인은 이사회와 사무국간의 가교 역할을 할 운영위원회·상임위원회·실무위원회·실행위원회를 두고 있었다. 이러한 위원회 구조는 이사회가 갖추지 못한 사업내용에 관한 전문성과 책임감 있는 참여의 활성화라는 두 가지 목표를 충족시키기 위한 방편으로 최근에 도입하였다. 명칭은 유사하지만 이사들만이 참여할 수 있고, 그 결의의 효력은 이사회의 결의와 동일하게 취급되는 상법상 주식회사 이사회의 하부 위원회와 구성 취지나 구성 방식에서는 큰 차이가 있다(나○○).

이러한 위원회들이 구성, 운영되는 방식을 보면, 정관이나 별도의 위원회규정을 두고 동 위원회의 위원장은 이사가 맡도록 하고, 이사 및 외부 전문가, 사무국 인사를 일정 비율로 선임한다. 비영리법인의 이사와 달리, 위원회의 위원은 연임제한 규정이 있어서 주기적으로 교체가 되는데, 사안에 대하여 좀 더 기민한 대응을 할 수 있는 위원회 조직을 지향하고 상시적으로 필요한 전문성을 확보할 수 있도록 하는 목적이다(A법인). 인터뷰 대상자가 이사로 참여하는 대규모의 분배형 비영리법인의 경우에도 사무국 실무자와 사업내용 소통을 위해서 소위원회를 운영하고 있다. 오히려 이사로서의 역할보다 소위원회 위원으로서의 역할이 시간적인 측면에서나 업무의 강도의 측면에서나 부담이 더 크게 느껴지는 경우가 있다고 한다(신○○).

인터뷰 대상 비영리법인 중, 이사회와 별개의 ○○위원회를 두고 과거 해당 비영리법인에서 자원봉사를 열심히 한 것으로 검증된 회원을 추천하여 총회에서 ○

○위원회의 구성원으로 선임하고 이사회가 개최되기 전 단계에서 이사회에서 결정할 사업 내용을 논의하고 결정하도록 하는 구조를 둔 사례가 있었다. 이 경우 ○○위원회에서 실무적인 내용을 거의 다 결정해 버리기 때문에 이사회는 법적·회계적 리스크만 지적하고, 향후에 법적 문제가 생길 경우에 대비하기 위해서 감시하는 역할만을 한다. 그러다 보면 이사회 구성원들은 비영리법인 차원에서 진행하고 있는 구체적인 사업 내용을 잘 파악하지 못한다는 단점이 있다고 느껴진다(G법인). 마찬 가지로 몇몇 대규모 비영리법인의 경우 각각 이름은 다르지만 위원회를 두고 그 위원도 총회에서 회원이 직접 선출하여 정당성과 책임성을 강화하고 운영의 효율성도 높이려는 시도가 있는데, 그 평가는 양가적일 수밖에 없다. 즉, 이사회의 부담을 줄이고, 위원회 구성원들이 실무자들과 함께 사업에 관한 논의를 한다는 장점이 있지만 이사회가 사업에 대한 이해와 책임성에서 멀어질 핑계를 제공한다는 단점을 공유하는 것이다(방○○, 진○○).

기업 또는 기업경영자가 출연한 비영리법인은 공익법인법·사회복지법인법상, 그리고 상증세법상 이사회에 이해관계인의 선임이 제한되는 데 따른 영향을 크게 받는다.[31] 즉, 기업이나 계열사의 직원을 상임이사로 선임하고자 하더라도 그 비율이 이사 정원의 5분의 1을 초과하지 못하므로, 이사회 규모를 고려할 때 출연자 또는 그 가족 1인 정도만이 이사회의 구성원이 될 수 있다. 또 상증세법상 특수관계자에 대한 보수지급이 증여로 의제될 수 있다는 점도 부담이 된다. 따라서 기업 또는 기업경영자가 출연한 비영리법인들에서는 이러한 규제를 회피하기 위한 방편으로서 운영위원회·실무위원회 등을 두고 이해관계인을 사업 방향에 적극적으로 개입시키는 경우가 있다. 또 이런 구조를 취하는 경우에는 이사들이 운영위원회 위원으로 참여하는 데 대한 수당을 지급할 수 있기 때문에, 이사들에게 경제적으로 보상하는 우회적 수단으로 활용하기도 쉽다(민○○).

2. 비영리법인 이사회는 어떻게 운영되는가

가. 이사회의 소집 주기 및 출석률

(1) 이사회 소집 주기

이사회 소집주기는 인터뷰 대상 비영리법인마다 달랐다. 몇몇 법인의 이사회 소집 주기는 다음과 같다.

- A법인: 정관상 분기별 개최, 임시이사회 필요시
- B법인: 정관상 2회 개최, 연말에 1회 추가
- C법인: 정관상 5회 개최, 임시이사회 필요시 2회 정도
- E법인: 정관상 1회 개최, 연말에 1회 추가
- F법인: 정관상 3회 개최, 연말에 1회 추가

여러 비영리법인에서 이사직을 맡고 있는 한 인터뷰 대상자는 분기별 1회 정도는 개최해야 심도 있는 논의가 이루어지고 이슈에 대해서 잘 파악할 수 있다고 하였다. 하지만 분기별 2회 이상 개최되고 논의 시간도 2시간을 넘으면 이사회에서 너무 많은 이야기를 한다는 생각을 피할 수 없다는 평가를 내렸다(감○○). 이사회를 자주 소집하기로 유명한 어떤 비영리법인은 월 1회 이사회를 소집 하는데, 매우 실무적인 논의까지도 이사회에서 다룬다고 한다(나○○).

(2) 이사회 출석률

명망가 중심의 "무거운 이사회"의 경우 자주 소집하고 전원 참석하도록 하는 것이 일정상 사실상 불가능하다(민○○). 다년간 이사회 운영 경험에 따르면 출석률은 2/3 정도에서 80퍼센트 이상에 이르기까지 다양하지만, 2/3이상은 늘 유지된다 (A법인, F법인). 출석률이 좋지 않은 이사를 교체할 필요성은 있으나, 이를 강제할 수 있는 규정은 없어서 참석을 독려하는 것 말고는 대안은 없다(민○○). 출석률 자체가 이사로서의 직무에 대한 책임성을 보여주는 최소한의 지표라고 생각되어, 비영리법인 설립당시 선임했던 이사가 출석률이 좋지 않아서 연임하지 않고 다른 사람으로 교체한 사례도 있었다(B법인).

나. 이사회의 안건

인터뷰 대상자들은 이사회에서 어떤 내용을 논의하는지는 이사회의 성격과 직결된 문제라고 평가하였다. 공익법인법 또는 사회복지사업법 등 근거 법률에서는 이사회 의결사항을 정해두고 있고, 대부분의 비영리법인은 정관에서 법률 규정과 유사한 내용을 그대로 규정하고 있으나, 이사회의 운영에 관한 별도의 내부 규정을 두고 좀 더 상세하게 이사회에 승인받을 사항과 이사회에 사후 보고할 사항을 정해둔 비영리법인도 있었다(나ㅇㅇ). 물론 이러한 내부규정에도 불구하고 실무상 이사회와 사무국 일이 명확하게 구별되지 않는 경우도 많다(진ㅇㅇ).

인터뷰 결과 크게 실무형 이사회와 리스크관리형 이사회 등 두 개의 유형으로 나뉘는 경향이 관찰되었다. 각 유형 내에서도 이사회의 역할이 적극적인지, 소극적인지는 이사회의 구성, 해당 법인의 특성 및 역사 등에 따라 다르게 나타났다.

이사회에서 주로 리스크관리에 초점을 맞추어 논의가 이루어지는 배경도 비영리법인별로 달랐다. 출연자의 가족이 이사장으로 선임되어 상근으로 근무하고 사업을 주도하는 경우 이사회에서는 사업 방침에 관해서는 이사장의 의견을 존중하고, 리스크를 걸러내는 것을 중심으로 논의가 이루어지는 경향이 있다(B법인). 종교단체가 설립한 사회복지법인으로서 역사가 오래된 C법인의 경우에는 이사회에서 법률과 정관에서 정한 대로 사무국에서 제안한 신규사업 결정, 고위직 채용 등 법인 운영에 관한 이슈를 논의하는데, 사업에 관한 새로운 아이디어를 교류하거나 하지는 않는다(오ㅇㅇ). 다른 비영리법인의 이사회에서는 사업에 관한 아주 구체적인 논의까지 이루어지지는 않고, 각자가 이사에 선임된 이유에 비추어 기대되는 코멘트를 하는 정도였다. 즉 변호사인 이사는 법적 문제에 주안점을 두고, 회계사인 이사는 재정이나 회계 문제를 중심으로 발언을 하면서 이사회가 진행된다(F법인). 실무자를 포함하여 사업에 관한 사전적 검토를 적극적으로 진행하는 소위원회를 두는 경우에도 이사회의 역할이 소극적, 보수적으로 제한되는 경향이 있었다(G법인).

비영리법인의 사업 분야에 관하여 이사회 구성원들이 전문성이 강한 경우에는 사무국에서 이사회에 사업 진행에 관해서 자문을 구하고, 의견을 듣는 방식으로 이사회가 진행되기도 한다(E법인). 개별 사업 추진에 관한 당부를 검토하는 방식으로 이사회를 진행하는 비영리법인도 많고, 이런 경우는 매우 빈번하게 이사회를 개최하는 경향이 있다(나○○).

　이사회에서 기부금 모집에 관련된 논의가 되는 양상도 비영리법인별로 달랐다. 이사들이 모금에 얼마나 기여할 것인지에 대해서는 조직별로, 이사회 구성원별로 다른 생각을 하고 있다(유○○, 진○○). 출연자가 있는 비영리법인은 모금에 관한 논의를 이사회에서는 잘 하지 않는다. 모금에 관해서 이사에게 어느 정도 압박을 주는 것이 맞는지 판단하기는 어렵지만, 영리섹터 출신의 이사는 그런 역할도 담당해 줄 것이라는 기대를 가지고 선임하는 경우가 많다(나○○). 실제로 영리섹터 출신 이사가 이사회에서 모금에 관한 아이디어를 내는 경우도 많이 있고, 소속 회사의 기부를 이끌어내거나 사회적 여론을 형성하는데 도움을 주기도 한다(나○○).

다. 이사회의 진행과 운영

(1) 이사회의 자료 준비 및 의제의 공유

　이사회 일정이 잡히면 사무국의 이사회 담당부서에서 자료를 준비해서 회람하고, 필요시 상임이사 또는 이사장과 사전에 의견을 교환하는 방식으로 이사회 의제가 공유된다. 이사회가 열리기 일주일 전, 늦어도 수일 전까지는 각 이사에게 이메일로 이사회 자료를 보내고, '이것만 읽고 들어오시라'는 요약자료까지 만들어서 제공하지만 이사회에 배석해 보면 이사들이 얼마나 자세히 읽어보고 이사회에 참석하는지는 의문이다(진○○). 이사들이 숙고에 기반한 결정(informed decision)을 내리는 것이 이사회가 효율적이고 밀도 있게, 즉 '겉돌지 않고' 진행되기 위한 전제인데, 그 전제가 성립하기에는 현실적인 제약이 많다(진○○). 이사들이 숙고에 기반한 결정을 할 수 있도록 충분한 사전 준비가 되어 있는지가 관건이라는 점에 대해서는 다른 인터뷰 대상자들도 의견을 같이한다(A법인, 전○○). 중요한 결성이 필요한 이사회를 개최할 때에는 이사장이 이사회 전에 이사들을 개별적으로 직접 접촉해서 설득하기도 한다(C법인).

(2) 이사회의 운영과 피드백

　통상적으로는 비영리법인의 이사장이 이사회를 진행한다. 출연자가 경영하는 기업의 전직 임원이 최고운영책임자인 경우, 이사회의 준비뿐만 아니라 실질적인 진행까지도 해당 인사가 담당하는 비영리법인도 있다(민○○). 최근 비영리섹터에서는 구성원들간에 지향하는 가치와 비전이 충돌하는 경우 이를 조정하고 소통하는 문화의 중요성이 강조되고 있다. 사무국뿐만 아니라 비영리법인의 이사회도 가치를 중심으로 뭉친 조직이기 때문에 가치의 충돌이 표면화될 경우에는 조직 전체에 영향을 줄 수 있어서, 이사회를 운영함에 있어서도 이러한 상호 소통과 조정의 필요성이 커지고 있다. 또 이사회의 다양성이 강화되면서 소통의 중요성이 더욱 강조되고 있다(감○○).

이사회의 논의 시간도 비영리법인 이사회의 성격에 따라 차이가 있다. 이사들이 개별 사업에 대한 관여가 적고 리스크를 점검하는 데 주안점을 두는 비영리법인의 이사회는 논의 시간도 1시간 이내로 짧게 끝난다(B법인). 연 2~3회 가량 이사회를 개최하고 한 번 이사회가 열리면 2시간 정도 논의가 이루어지는 비영리법인은 해당 이사가 관여하는 비영리법인들 가운데에서는 빈도나 시간 부담이 제일 적은 편이다(방○○, 신○○). 특정 이사회에서 사업 전반에 관해서 상세한 논의가 이루어질 때에는 최대 3시간 정도까지 이어지는 경우도 있다(A법인).

(3) 이사회 의사록 작성 및 피드백 프로세스

모든 인터뷰 대상 비영리법인에서는 이사회 개최시 의사록을 작성하고, 참석자가 이를 확인 후 인감도장을 날인하는 프로세스를 갖추고 있었다. 이사회에서의 논의 및 의결 내용에 따라 책임 소재가 갈리고, 특히 사회복지사업법의 적용을 받는 비영리법인의 경우에는 이사회 의사록을 공개할 의무가 있으므로 이사회를 실제로 개최하고 의사록을 작성하는 관행이 확실하게 자리잡은 것으로 보인다.[32] 통상 다음 이사회 때 지난번 이사회에서의 논의사항이 사업 과정에서 어떻게 반영되었는지에 관한 피드백을 전달하는 경우가 많다(A법인). 이사회 회의 자료에 전차 이사회 회의록을 첨부하여 코멘트를 받고 수정하는 방식을 취하기도 한다(A법인). 인터뷰 대상자가 관여하는 다른 비영리법인의 경우에는 회의를 마치고 바로 의사록을 검토하여 인감을 찍는데, 법에서 정하였기 때문에 이런 절차가 필요하다는 것을 이해하면서도, 실무적으로 인감도장 날인이 무슨 의미가 있는지 와닿지 않고 당사자들 모두에게 번거로운 프로세스라고 생각된다(신○○).

사무국에서는 이사회 개최 후 피드백을 환류하는 과정에서 의제에 대한 이해가 부족한 일부 이사들이 다소 즉흥적인 코멘트를 하고, 그 코멘트가 최고운영책임자 등을 통하여 사무국에 전달되면서 사업이 진행되는 프로세스를 왜곡시키거나 불필요한 자원을 소진시키도록 하는 문제점을 느낄 때가 있다. 사무국 담당자는 이사들이 전문성을 토대로 비영리법인의 발전을 위해서 가치 있는 제안을 하려는 취지를 이해하면서도, 실무상 그러한 코멘트 하나하나가 사업 진행에 부담이 될 때가 있다. 이는 이사회와 사무국 간의 필수불가결한 긴장 관계이기도 하지만, 이사회 밖에서의 즉흥적 제안이 빈번하게 이루어지고, 그 제안에 대해서 책임감이 없는 모습을 보이는 것이 반복되면 이사들에 대한 불신으로 이어지기도 한다(진○○).

Ⅳ. 비영리법인 이사의 의무와 책임

1. 이사의 의무와 책임에 대한 주관적 인식

이사의 의무와 책임에 대한 이사들의 인식은 모두 다르지만, 잘 모르는 일에 대해서 책임을 질 수 있다는 두려움이나 직무수행이 본인의 평판 리스크와 연결될 수 있다는 점에 대해서는 걱정을 하고 있었다. 이사들은 막연하게라도 이사회에서 결정한 사항에 문제가 생기면 이사도 책임을 진다는 인식을 지니고 있으면서, 한편으로는 이사회가 그러한 책임에 상응하는 권한을 가지고 있는지 의문을 갖고 있다(민○○).

인터뷰 대상 비영리법인 중에서는 이사 선임을 위촉하면서 이사가 법령 및 내부 규정에 따라 부담하는 의무와 책임에 관한 별도의 교육 세션을 진행하는 경우는 찾기 어려웠다. 앞으로라도 이사들이 자신의 소임을 정확히 이해하는 데 도움이 되고, 비영리법인의 평판 관리 측면에서도 필요한 이사로 선임될 경우 행동 준칙(dos and don'ts), 법인의 역사와 가치 등을 종합적으로 교육할 수 있는 패키지를 제공해야 할 것으로 보았다(감○○). 인터뷰 대상자가 이사직을 수행하고 있는 일부 외국계 비영리법인의 경우에는 이사의 의무와 책임에 관한 교육 및 자료 패키지를 제공하는 경우가 있다(신○○). 이사로 선임되면 상임이사 또는 사무국 담당자가 방문하여 해당 비영리법인 및 이사회의 운영방식, 이사에게 기대되는 역할 등에 관하여 설명을 제공하는 경우도 있었다(신○○). 이사들은 책임에 상응하는 충분한 정보제공과 교육이 이루어지지 않는다는 아쉬움을 표현하지만, 사무국에서는 과연 이사들이 이사의 의무와 책임에 대해서 인지하고자 할 의지가 있는지 의문을 제기하기도 한다.

예컨대, 이사로의 선임을 수락한 다음에는 바쁘다는 이유로 시간을 할애하는 데 소극적인 태도를 보이고, 이사회 의사록 서명, 이사회 관련 자료 검토 및 피드백 제공과 같이 이사회 운영과 관련된 가장 기본적인 사항에 관해서 소통하는 데 시간을 내기 어려운 이사들도 많다(진○○).

　인터뷰 대상 비영리법인 외에 다른 비영리법인의 이사를 겸직하고 있는 인터뷰 대상자는 공식적인 이사회 외에도 친목모임이나 비영리법인에서 개최하는 행사에 참여하는 것도 비영리법인에 대한 소속감과 이해도를 높이는 데 도움이 된다고 했다(감○○, 민○○).

2. 비영리법인 이사의 이익충돌 문제

　인터뷰 대상 기관 가운데 이사와 비영리법인 간 이익충돌 문제의 해결을 위해 별도로 규정을 두고 있는 곳은 없지만, 그 필요성에 대한 인식만큼은 점차 생겨나고 있었다. 기업경영자가 사재를 출연한 비영리법인에서는 국세청, 공정거래위원회 등 규제기관들이 비영리법인과 이해관계자와의 거래에 대하여 면밀하게 살펴보고 있다는 점을 잘 알고 있었다. 비영리법인이 외부에 용역을 맡기고 자금을 집행하는 경우 그 자금이 출연 기업으로 다시 흘러 들어가면 문제가 될 수 있으므로 자금을 집행할 때마다 그런 우려가 없는지 검토하고, 꼭 필요한 경우 소명할 수 있도록 근거를 남긴다(B법인).

　비영리법인에서는 이사와 법인 간에 직접적인 거래관계가 생기는 경우는 별로 없고, 그 자체가 이사회에서 문제된 경우는 드문 것으로 보인다. 비영리법인 이사가 소속된 회사의 기부행위, 이사가 소속된 언론사의 해당 비영리법인 취재 등 잠재적인 이익충돌 문제와 이사의 인적네트워크 활용을 명시적으로 구별하여 어디까지 허용될 수 있는지를 정해두고 있지는 않았다. 일단 이익충돌의 우려에 관해 내부적 문제제기가 이루어진 조직에서는 이 문제를 매우 민감하게 생각하고 있었다. 비영리법인의 이사 또는 최고운영책임자의 이해관계자에 대해서 용역을 맡기고 비영리법인의 자금이 제공되는 일은 종종 일어나고, 사무국에서 이 점을 문제 삼는 경우가 있었기 때문에, 조직의 리스크 관리 차원에서라도 이해충돌이 발생할 때를 대비한 행위준칙 제정을 검토할 필요성을 느낀다(A 법인).

특정 이사가 설립, 운영하는 비영리법인에 대하여 용역을 맡기고 대가를 지급하는 방식으로 오랫동안 사업을 해 온 비영리법인에서는 법적인 리스크를 낮출 수 있는 방안을 마련하기를 희망하고 있었다. 지금도 용역을 맡기기 전에 공모 절차를 거치도록 하여 공정성을 의심받지 않을 증거를 남기기는 한다. 더 안전하게 하기 위해서는 사전에 공정성을 확보할 수 있는 규범을 만드는 것이 바람직한 것으로 생각된다(유○○). 이사가 소속 비영리법인이 지원하는 공모사업의 심사위원이라는 이유로 이사회에서 해당 그 공모사업을 논의하는 안건에서 빠지는 방식으로 이익충돌 문제를 관리하고 있다(유○○).

V. 비영리법인의 가버넌스 분석과 제언

1. 쟁점별 검토

가. 이사회 구성

(1) 이사회 다양성

지배구조의 관점에서 '다양성'이란 그 자체가 목표라기보다는 조직의 이해관계자들의 생각을 효과적으로 반영하여 비영리법인의 목적 달성에 충실할 수 있는 이사회를 구성하기 위한 수단이다. 인적네트워크를 중심으로 결집된 동질성 강한 이사회는 출연자를 견제하거나 이사들의 감시의무를 이행하는데 취약한 구조일 수밖에 없다. 특히, 비영리법인의 성과는 주주이익극대화와 같은 수치적 지표로 측정될 수 없으므로 다양한 이사회 구성원들의 상호소통, 이사회와 사무국과의 소통을 토대로 조직의 목표가 달성되고 있는지를 지속적으로 점검하는 것이 중요하고, 인터뷰 결과에서도 그러한 점이 잘 반영되고 있다.[33]

이사회 구성의 성별 다양성은 확실히 강화되고 있는 추세다. 다수의 인터뷰 대상 비영리법인에서는 신규 이사를 선임할 때 이사회에서 여성의 비율을 높이는 계기로 삼기 위한 노력을 기울이고 있었다. 비영리법인 이사회의 여성이사 비율은 영리부문에 비해서 훨씬 높기 때문에 토크니즘(tokenism)의 문제가 직접적으로 지적되지는 않았으나, 일정 비율까지만 여성이사를 선임함으로써 다양성 확보의 과제는 달성했다고 보고 추가적 노력을 기울이지 않는 비영리법인도 있었다.[34] 비영리섹터 종사자 가운데 여성 비중이 압도적으로 높다는 점을 감안했을 때는 일정비율의 달성으로 다양성의 목표가 충족되었다고 단언하기 어렵고, 여성이 조직의 장을 맡는 데 소극적인 비영리법인들도 여전히 많다.

전사회적으로 청년세대의 문제에 대한 관심이 증가하면서 비영리법인 이사회에서도 연령별 다양성 확보의 필요성이 대두되고 있고, 실제로 20-30대 이사를 선임하는 비영리법인도 생겨나고 있다. 이사회의 세대교체 자체가 절대선은 아니다. 비영리법인이 설립되어서 안정적으로 운영될 때까지 사업에 대한 이해를 공유하는 하나의 팀으로서 이사회 멤버십이 유지될 필요성도 있다. 한편으로는 해당 비영리법인이 추구하는 가치를 달성하기 위해서는 젊은 목소리가 이사회에 반영되어야 하는 경우도 있고, 출연자와 이사들 간에 유착관계가 장기간 지속됨으로 인하여 이사들 간 상호 감시기능이 작동하지 않아서 새로운 인사 유입이 필요할 때도 있다. 이사회의 연령별 다양성 확보는 이사의 연임 제한 문제와도 맞물린 이슈이기 때문에 이사의 주기적 교체를 원하는 비영리법인에서는 정관 등에서 연임 제한을 두는 것이 바람직할 것이다.

최근에는 비영리 부문에서의 경험이 비영리법인 이사 선임에 긍정적 요인으로 작용하고 있다고는 하지만,[35] 근로자(사무국), 지역공동체 등이 이사회 구성에 직접 영향력을 미치는 경우는 적었다. 현재 공공부문에서 노동이사제 도입 법제화가 추진중이고, 민간부문에서도 근로자추천이사제 또는 근로자대표이사제 도입에 관한 논의가 촉발된 점을 감안할 때,[36] 비영리부문에서는 적극적으로 근로자추천 또는 근로자대표 이사의 선임과 관련된 논의가 잠잠한 것은 예상 밖의 일이다. 사업을 수행하고 집행하는 주체이자 비영리법인의 구성원으로서 근로자 가운데 일정 비율을 이사회 구성원으로 선임하거나 최소한 근로자들이 대표성을 가지고 추천하는 인사를 이사회 구성원으로 선임하는 경우는 인터뷰 대상 비영리법인 중에는 없었다. 근로자대표·근로자추천이사는 현재의 근로자들의 이익을 이사회에서 대변한다는 의미도 있지만, 비영리분야의 고유한 전문성이 축적될 가능성이 높아진다는 점도 큰 의미를 지닌다. 이사 결원시 신규 이사를 추천하는 프로세스가 사전에 내부 규정상 확립되어 있는 경우에는 추천 과정에서 근로자나 지역공동체, 아니면 서비스 수혜자 등의 의견을 반영할 통로를 만들 가능성이 더 높아질 것으로 보인다.[37]

(2) 출연자가 있는 비영리법인 이사회의 구성

출연자가 있는 비영리법인에서는 출연자가 이사회 구성에 절대적인 영향력을 미치고 있었다. 비영리법인의 출연자와의 인적 네트워크를 중심으로 이사가 선임되는 경우의 장점과 그 한계는 매우 명확하다. 이렇게 선임된 이사들은 [1/전체이사수]에 상응하는 의무와 책임을 다하기 보다는 특별히 위험이 없는 이상 출연자가 원하는 방향으로 조직을 운영할 수 있도록 법률상 필요한 결의를 해 주는 것이 자신들의 역할이라고 생각하기 쉽다. 그렇다면 이사회에서 책임성 있는 결정이 내려질 수 없고, 무엇보다 이사가 비영리법인의 목적 달성이 아니라 출연자의 개인적인 의도를 위하여 직무를 수행하는 왜곡된 결과가 발생할 수 있다.[38] 독일, 미국 등에서는 비영리법인의 이사가 부담하는 의무 가운데 목적에 복종할 의무(duty to obedience)를 특히 강조한다.[39] 비영리법인은 이사의 대리비용을 감시·통제하는 주주가 없으므로 이사들은 최우선적으로 법인이 달성하고자 하는 목적을 위하여 복무해야 한다는 취지이다. 그리고 이러한 의무는 이사가 상임이든 아니든, 재단 내부자이건 아니건 차이가 없이 부과된다. 대법원 판례도 비상근이사라고 단지 이사회에 상정된 의안에 대하여 찬부의 의사표시를 하는데 그치지 않고 상근 임원의 전반적인 업무집행을 감시할 의무를 인정하였다.[40]

나. 이사에 대한 보상과 통제

보상 측면에서는 공익법인법 및 사회복지사업법상 비상임이사에 대한 보수를 지급할 수 없다.[41] 한편, 통제 측면에서는 관련 법령상 비영리법인이 자발적으로 이사를 해임하는 절차나 사유에 관한 규정을 두고 있지는 않고, 이사의 중대한 임무해태시 감독기관의 개입에 의한 이사직 박탈을 예정하고 있을 따름이다. 공익법인법에서는 동법 또는 정관의 위반이 있거나 임원간의 분쟁, 회계부정, 재산의 부당한 손실, 현저한 부당행위 등으로 해당 공익법인의 설립목적을 달성하지 못할 우려를 발생시킨 경우 주무관청이 이사의 취임승인을 취소할 수 있도록 하고(제14조 제2항 제1호, 제2호), 사회복지사업법에서는 시·도지사가 이사의 불법행위 또는 부당행위시 법인에 대하여 이사의 해임을 명하는 절차를 둔다(제22조). 각 비영리법인은 이러한 법률상 보상 및 통제 관련 부족한 점을 보완하기 위한 내부 규정을 두고 있지는 않았다. 이사회 또는 전문소위원회 참석에 대한 수당을 지급하는 방식으로 보상에 갈

02 공동체법 총론

음하고, 이사의 부정행위에 대한 제재는 그러한 절차가 필요한 일이 '일어나지 않기를 바라는' 선에서 운영하고 있었다.[42]

이처럼 이사에 대한 보상과 통제 기제가 마련되어 있지 않다는 점은 이사의 적극적이고 책임성 있는 참여를 가로막는 요인으로 작용한다. 인터뷰 대상자들 중 누구도 비영리법인 이사직을 수행함으로써 경제적 대가를 얻으려는 것은 아니었지만, 인센티브와 통제장치가 전혀 없다는 점 때문에 이사직을 적극적으로 수행할 동기를 이끌어 내기 어렵다는 점은 인정하였다. 비영리법인 입장에서도 이사들에게 경제적 보상을 지급할 수 없으므로 이사직 수행을 위한 시간을 '내어줄 것', 즉 가용 자원을 희생해 달라고 부탁하는 입장에 서게 되고, 이사는 전문성과 평판자본을 획득할 수 있는 계기 정도로 이사직을 생각하는 경향이 있다. 비영리법인 이사는 조직 원리상 최고 의사결정기구인 이사회의 구성원으로서 주의의무와 충실의무를 부담하고, 법인에 손해를 발생시키면 그에 따른 책임을 져야하는데 '보수를 받지 않는다'는 이유로 그 역할과 책임을 축소해서 인식하고 있다면 보수제공 금지 규정이 제도와 현실간의 불일치를 초래하는 셈이다.[43]

다. 이사회와 사무국 간의 관계

사무국 담당자가 이사회에 제기한 우려들은 이사들이 이사회에서 결정해야 할 사항에 관하여 충분히 숙지하고 적극적으로 검토하여 논의하지 않는다는 점과 이사들이 비영리섹터의 가치와 경험을 존중하지 않는다는 점 두 가지로 요약된다. 사무국에서는 이사회 의제와 의안에 관한 정보를 가독성있게 제공하고, 다양한 경로를 통해 이사들이 비영리법인에 대한 소속감을 가질 계기를 만들면서 이러한 우려를 불식시키고자 노력중이다.

상임이사가 있는 비영리법인은 이사회와 사무국 간에 적극적이고 원활한 소통이 이루어진다. 그렇다고 비영리법인에 상임이사를 두도록 하는 것이 이사회의 내실있는 운영을 위한 해결책이라고 단정하기는 어렵다. 비영리법인의 재정상황, 발전경로, 사업의 성격상 상임이사가 없는 경우도 있는데 그렇다고 하더라도 다른 이사들의 책임이 경감되거나 소극적인 역할이 정당화될 수는 없기 때문이다. 상임이사와 출연자의 관계가 끈끈하거나, 심지어 상임이사와 출연자가 동일한 인물일 경우에는 다른 이사들이 자신의 역할과 책임을 [1/이사회 전체 구성원의 수]라고 인식하지 못하는 경향이 있다. 그러나 학교법인의 비상근이사들의 손해배상책임에 관한 대법원 판례에서 확인되듯이, 재단법인 정관에서 상근 임원을 따로 두고 있는 경우에도 비상근이사도 상근 임원의 전반적인 업무집행을 감시할 의무가 있고, 그러한 감시의무 위반으로 법인에 손해가 발생하면 그 손해에 대한 배상책임을 부담한다.[44]

한편, 비영리법인이 새로운 사업에 진출하는 등 새로운 리스크를 부담해야 하는 상황에 처하면 상임이사가 있는 경우와 없는 경우는 의사결정 방식에 차이가 있다. 상임이사가 있으면 다른 모든 이사를 설득하는 역할에 적극적으로 나서게 되는 반면, 이사회가 모두 외부자로 구성된 경우 보수적인 선택을 하기 쉽다. 비영리법인의 다양한 사업에 이사들을 참여시키는 데에도 상임이사 또는 출연자의 역할이 중요하게 작용한다.

라. 이사회 운영

법률상 이사회 개최의 주기를 정하고 있지는 않기 때문에 이사회의 개최 빈도와 논의 시간 등은 비영리법인 별로 다르다. 특히 해당 비영리법인 이사회에서 결정하도록 기대되는 의제와 의안의 종류와 성격에 따라 이사회 운영 방식에 차이가 난다. 법인 운영 및 사업에 관한 실무적인 내용은 사무국에 맡기고 리스크를 점검하는 데 중점을 둔 이사회는 사업 내용과 방향, 재정에 관하여 구체적으로 논의하는 이사회에 비해서 개최빈도가 활발하지 않고, 논의 시간도 짧다. 이사회가 서면으로 진행되는 경우는 없었고 다만 코로나 상황으로 인하여 화상회의를 개최하는 빈도가 늘어난 것으로 보인다. 공익법인 및 사회복지법인법에서는 서면회의는 금지하나, 상법과 같이 전화 및 화상회의 개최와 관련된 절차와 근거를 따로 규제하지는 않고 있다.

이사회 진행은 이사장이나 조직의 대표자가 하지만, 사무국의 도움을 많이 받는다. 인터뷰 대상 비영리법인들에서는 이사회 진행이 비교적 협조적으로 이루어지는 편이고, 이사회에서 이사들간의 견해 충돌이 일어나거나 갈등이 표출되는 경우는 거의 없었다. 이사회 개최 전에 문제가 될 만한 안건을 빼거나 수정하는 절차를 포함하여, 이사장, 상임이사 등이 다른 이사들에게 비영리법인에서 필요한 내용을 설명하고 동의를 구하는 방식으로 사전 소통이 이루어지고 있었다. 이사회 담당 부서에서는 원자료, 프레젠테이션 자료, 요약본 등 다양한 수단을 활용하여 이사들이 숙고에 기반한 의사결정을 할 수 있도록 자료를 준비하지만, 이사들이 그 내용을 사전에 다 소화하는지에 대해서는 의문이 있었다.

이사회 의사록의 작성 및 피드백과 같은 절차는 인터뷰 대상 기관에서는 모두 잘 이루어지고 있었다. 이사들도 이사회 의사록 기재에 따라 책임 소재가 갈릴 수 있다는 점을 인식하고 다소 번거로운 절차라고 하더라도 발언 내용을 확인하고 수정하는 데 비교적 적극적으로 임하고 있었다.

마. 이사의 의무와 책임

(1) 이사의 의무와 책임에 관한 인식

인터뷰 대상자들은 자신들의 직무수행이 구체적으로 무슨 법률 몇 조의 적용을 받고, 해당 비영리법인의 정관 및 기타 내부규정상 어떤 의무와 책임을 부담하며, 이사 직무수행 관련한 분쟁이 발생할 경우 받게 되는 불이익이나 분쟁 해결 절차 등에 관해서 정확하게 인식하고 있지 못했다. 출연자·상임이사가 개인적인 네트워크를 활용하여 이사를 선임할 때에는 어떤 일을 하도록 기대되는지 개별적으로 설명하기도 하지만, 이사회 출석을 포함하여 '이것만 하면 된다'는 식의 단편적인 설명에 그치는 경우가 많았다. 일부 외국계 비영리법인을 제외하면, 개별 비영리법인에 이를 교육하는 절차와 자료가 마련되어 있지 않았고, 이사들도 비영리법인 이사직을 사회적 봉사의 일환으로 생각하기 때문에 의무와 책임의 내용을 학습하는데 적극적이지는 않다. 그러나 비영리법인 이사직 경험이 많은 인터뷰 대상자들은, 특히 상임이사가 아닌 이사들은 비영리법인 이사 직무수행에 따른 책임이 언제든 자신에게 불리하게 작용할 수 있음을 인식하고 그 문제에 대비하기 위한 장치가 필요하다는 점에 대해서 공감하였다.

이사들이 자신의 의무와 책임에 관하여 얼마나 잘 인식하고 있는지는 일률적으로 평가하기는 어렵다. 인터뷰 대상 이사들은 모두 적극적으로 이사회에 참여하고 있기 때문에 소속 비영리법인의 설립목적을 이해하지 못하고 이사회의 토의 의결 과정에 소극적으로 임하는 경험을 확인할 수는 없었다. 즉, 법적인 의무에 대해서는 명확하게 이해하지 못하더라도, 기대되는 역할을 수행하는 데는 큰 문제가 없기 때문에 현재와 같은 상황이 유지될 수 있는 것으로 보인다. 이사회 운영을 지원하는 사무국에서는 일부 이사들이 조직의 미션과 비전에 대한 이해도가 떨어지고, 출석에도 소극적이며, 매 이사회에서 논의되는 의제와 의안에 대해서 자료를 숙지하지 않는 등 책임성이 떨어지는 모습을 보이는 경우가 있다고 평가한다. 이에 관해서는 사무국 차원에서도 법인의 대표자가 이사의 의무와 책임, 기대 역할을 교육할 수 있도록 자료를 작성하고 계기를 마련하도록 하는 노력이 필요한 것으로 보인다.

(2) 이익충돌 문제

비영리법인에서도 이사와 법인 간의 이익충돌 문제가 0으로 수렴하지는 않는다. 대표적으로 상임이사는 보수를 받을 수 있으므로, 이사회에서 그 보수의 범위를 정함에 있어서 표결에 참여하는지 여부가 문제될 수 있는데 관련 법률에서는 아무런 제한을 두고 있지는 않다. 또 비영리법인이라고 하더라도 물품을 구매하거나 정관의 목적범위 내에서 이윤추구형 부대사업을 할 수 있는데 그 과정에서 출연자, 이사 또는 이해관계자와의 거래의 조건이 문제될 수 있지만 관련 법률에서는 그러한 '자기거래'의 절차와 내용에 관해서 전혀 규정하고 있지 않다.[45]

비영리법인에서도 이사와 법인 간의 이익충돌과 관련된 문제의식이 생겨나고 있으나, 사전에 이를 저지하기 위한 내부적 규범을 제정하고 실행하는 단계에 이르지는 못하였다. 인터뷰 대상 비영리법인들에서도 (i) 공정거래위원회나 국세청 등의 이해관계인 거래 규제에 따라 문제가 될 수 있기 때문에, (ii) 이사 또는 최고운영책임의 본인 또는 지인들에 대한 용역 발주에 대한 내부적인 문제제기가 있었기 때문에, (iii) 이사가 소속된 기관과 사업을 진행하는 데 대한 공정성의 우려가 있기 때문에 등 다양한 이유에서 비영리법인과 이해관계자 간 거래에 관해서는 원칙과 절차가 마련될 필요성을 느끼고 있었다.

2. 비영리법인 이사회 구성 및 운영 개선방안

가. 비영리법인 자체적 거버넌스 개선방안

(1) 비영리법인 이사회의 역할과 기능에 대한 인식의 개선

비영리법인의 이사회는 무엇을 지향해야 하는가? 비영리법인의 이사와 이사회는 책임감을 가지고 조직의 가치와 비전을 실현시키기 위하여 적극적인 역할을 하

150

도록 기대된다. 인터뷰 결과를 분석해 보면 비영리법인의 이사회의 구성과 운영방식은 크게 '리스크점검형' 이사회와 '실무형' 이사회로 나뉠 수 있다. 각 모델 안에서도 출연자와의 관계, 상임이사의 존부, 비영리법인의 규모, 비영리법인의 역사 등에 따라 조금씩 차이가 있다.

이사의 책임성이라는 측면에서, 전자 유형은 비영리법인의 사업이나 재정 측면에서 '마이너스'가 발생하지 않도록 하는 데 주안점을 두고, 후자의 유형은 '플러스'를 창출하는데 주안점을 두는 것이지 반드시 한 유형이 다른 유형보다 더 우월하다고 평가할 수는 없다. 전자 유형의 단점을 보완하기 위해서 실행위원회/운영위원회/집행위원회 등의 별도 기구를 두고 사무국, 전문가와 이사들이 함께 사업 내용을 논의하고 있는데, 궁극적으로는 이사가 책임성 있는 결정을 해야 한다는 원칙을 무너뜨리지 않는 수준에서 병행되어야 할 것이다.

비영리섹터의 고유한 문제 발견과 해결 과정을 거치면서 명망가 중심의 소위 '병풍 이사회'가 갖는 한계점에 대해서는 공유가 이루어진 것으로 보인다. 최근에서는 명망가 대신 '사업전문가', '모금전문가', '회계 및 법률전문가'에 대한 이사 수요가 증가하고 있다. 이사로서의 전문성을 평가하는 데 비영리부문에서의 경력이 중요하게 고려되는 것은 아니다. 근로자추천 이사제, 근로자대표 이사제를 비롯하여 비영리부문에서 성장하고 활동한 경험을 이사의 직에서도 구현할 수 있도록 하는 제도적 장치를 마련한다면 비영리부문에 적합한 이사회 운영 모델을 구축하는데 도움이 될 것이다.

인터뷰 대상자들이 비영리법인의 활동에 적극적으로 참여하고 있는 상황이었기 때문에, 비영리법인 이사직에 관해서 '지인의 부탁으로 수락은 했지만 이름만 올려놓고 있다'는 식의 소극적 자세는 전혀 보이지 않았다. 그렇다고 모든 이사들이 스스로 엄격한 법적인 의무와 책임 체계에 편입되어 있다는 점을 매번 실감하는 것은 아니고, 막연하게 재직 중 그러한 상황이 발생하지 않기를 바라는 정도에 머무르고 있는 경우가 많았다. 이사회가 최고 의사결정기구로서 작동하기 위해서는 이사들이 자신의 의무와 책임을 정확하게 인식하고, 법인은 그 이행 여부에 관하여 보상과 제재의 기제를 제대로 작동시키는 것이 중요하다. 비영리법인의 이사회가 무엇을 지향하고 어떠한 인사들로 구성되어야 하는지에 대한 공감대는 전반적으로 높아져 가고 있다는 점은 인정되지만, 의무와 책임 및 보상과 제재에 관한 수범자들의 인식은 아직 초기 단계에 머무르고 있는 것으로 평가된다.

(2) 출연자와 이사회의 관계 재정립

비영리법인의 이사회는 출연자와 어떤 관계를 맺어야 할 것인가? 출연자가 상임이사 또는 이사장으로서 실무에 관여하는 경우, 공식적으로 이사에 선임되지 않으면서도 실무에 관여하는 경우, 배후에서 이사 선임에만 관여하는 경우 등과 같이 출연자가 비영리법인 이사회에 관여하는 방식은 비영리법인별로 차이가 있다. 어떤 양태로든 출연자는 비영리법인 이사회 구성과 운영에는 매우 큰 영향력을 행사한다. 엄밀히 따지면 출연자가 이사로 선임된다면 다른 이사들과 같이 [1/이사회 구성원의 수]의 의사결정권과 책임을 분담하는 것이고, 이사로 선임되지 않는 경우에는 이사회의 의사결정에 관여할 근거가 없음에도 비영리법인에서는 출연자와 법인의 분리가 완벽하게 이루어지지 않는 경향이 있다. 비영리법인은 출연자와 분리된 별도의 조직이고, 누차 강조하여 왔지만 최고 의사결정기구는 이사회가 되어야 한다. 그리고 그 이사회를 구성하는 이사들은 각자 [1/전체 이사의 숫자]만큼의 책임을 동등하게 부담하며, 그 점은 대법원 판결을 통해서도 이미 확인되었다.

출연자가 있는 비영리법인에서 이사회 중심성을 확보하기 위해서는, 출연자의 부당한 영향력을 줄이는 방향과 모든 이사의 의사결정권과 책임을 1/n로 만드는 방향으로의 노력이 모두 이루어져야 한다. 전자는 주로 규제법규에 의해서 이루어질 수 있다. 현재로서도 상증세법 및 공정거래법상 공익법인의 이해관계자와의 거래가 엄격하게 규제되고, 규제기관들도 면밀하게 거래 행태를 감시하고 있으며 비영리법인들도 그 점을 인식하고 법적인 리스크를 부담하지 않기 위하여 노력한다. 후자는 어디까지나 개별 이사들이 비영리법인에 대해서 부담하는 주의의무, 충실의무, 감시의무 등을 충실히 이행하도록 하는 수밖에 없나. 인터뷰 결과에 따르면 줄연자가 있는 비영리법인의 이사들은 사업의 구체적 내용을 논의하기 보다는 예상되는 리스크를 지적하는데 주력하는 경향이 있다고 하는데, 이를 이사들의 소극적인 참여라고만 비판할 것이 아니라 이사들 스스로도 사후적으로 책임소재가 문제될 가능성에 대하여 대비하고 있다고도 평가할 수 있다.

(3) 신뢰 회복을 위한 자율 규제의 제정

비영리법인 이사회의 책임성을 강화하기 위한 자율 규제가 필요하다. 비영리법인의 비상임이사에 대해서도 경제적 보상을 제공하는 것을 허용하는 것과 같이 법률의 개정이 필요한 사항도 있지만, 무엇보다 비영리법인 내부적으로 이사회 규정이나 이사의 행위준칙을 제정하고 이를 이사들에게 인식시키고 위반 시 적절히 집행이 이루어지도록 하는 것이 우선적인 과제이다. 민법상 비영리법인은 주무관청이 설립, 인가 및 청산에 이르는 전반적인 절차를 감독하도록 되어 있고, 공익법인법과 사회복지사업법에서도 비영리법인 및 그 임원을 감독하고 잘못이 있으면 제재하기 위한 보다 구체적인 절차들을 두고 있지만 감독 자원에는 한계가 있기 때문에 일상적 운영을 다 들여다 볼 수는 없다.[46] 이사들의 책임감있는 직무수행을 위해서는 비영리법인 자체적으로 보상과 제재의 메커니즘을 작동시킬 시스템을 마련할 필요가 있다. 공익법인법상 상임이사에 대해서만 보수를 지급하도록 한 것은 부의 유출을 방지하기 위한 규제의 일환으로 평가되지만, 책임이 있는 직위 수행에 대해서 언제까지나 봉사 또는 희생의 논리만을 강요할 수는 없다. 언론 등을 통해서 일부 비영리법인의 과다한 보수지급에 대한 주무관청의 문제제기 사례가 보도된 적은 있지만, 아직까지 비영리부문에서 경제적 보상 지급은 낯선 개념으로 받아들여진다.[47] 그러나 이사들에게 무상의 재능기부를 요구하는 현실 하에서 이사직을 수행함에 있어서 정보에 기반하여 심사숙고한 의사결정을 하고, 그 결과 비영리법인에 손해가 발생하면 책임을 부담시키는데 한계가 있다. 덧붙여, 이사의 태만한 직무수행에 대한 제재 방안도 고민해야 한다. 비영리법인의 운영 실무상 이사들의 임기만료전 사임을 유도하거나 더 적극적으로 해임하는 경우는 찾기 어렵지만, 법적으로 해임 근거를 마련해 둔다면, 위법·부당한 직무수행에 대해서는 제재가 이루어질 수 있다는 강력한 신호가 될 수 있을 것이다. 또 각 법인의 사정에 따라 정관 또는 이사회 규정으로 이사직의 연임 횟수를 제한함으로써 소극적으로나마 기대에 부응하지 못하는 이사들을 교체할 수 있는 장치를 마련해야 한다.[48]

최근 일련의 비영리법인의 신뢰위기를 초래한 사건들은 비영리법인의 임직원들이 회계처리를 제대로 하지 못한 문제가 아니라 법인의 이익을 자신의 이익보다 우선시하여야 한다는 충실의무를 제대로 인식하고 이행하지 못한데 더 근본적인 문제가 있다. 비영리법인에서 발생할 수 있는 이익충돌문제를 해결하기 위해서는 회계처리 및 공시에 관한 규제만을 강화할 것이 아니라 이사의 충실의무를 명확하게 규정하고 이사의 직무수행 과정에서 제대로 작동할 수 있도록 관련 법규를 정비할 필요가 있다. 이러한 문제의식 하에서 비영리법인 내부적으로 이익충돌 문제를 관리하기 위한 규범을 제정해야 한다. 비영리법인에서는 이사 또는 출연자가 비영리법인의 이익보다 사익을 우선시하는 이익충돌 문제가 존재한다고 해도, 그로 인하여 취득하는 금전적 대가가 주식회사의 경우보다 크지 않거나 평판과 같은 비금전적 보상에 그칠 수 있다. 그러나 이러한 행위는 비영리법인에 대한 시민사회의 신뢰를 추락시키고 설립목적에 해가 될 수 있으므로 영리법인에 준하는 엄격한 통제가 요구된다.[49] 인터뷰 결과 일부 비영리법인에서는 이익충돌 문제를 해결하기 위한 규범 제정의 필요성을 인식하고 있는 바, 모델 규범(안)을 만드는 것도 효과적일 것이다.

(4) 이사의 책임과 역할에 관한 상시적 교육 실시

이사의 의무와 책임에 관한 교육 패키지 및 내부 가이드라인 제정이 필요하다. 비영리법인 이사가 부담하는 선관주의의무, 감시의무, 충실의무 등과 이를 위반할 때 발생할 수 있는 리스크에 관하여 이사로 취임할 때 제대로 교육할 필요성이 있다. 이사들 입장에서는 '어디까지 주의를 기울여야' 이사로서의 직무를 태만히 하지 않은 것인지 궁금하고, 불안할 수도 있다. 이러한 관점에서 주식회사 이사에게 판례 법리상 적용되는 경영판단의 원칙에 준하여 이사회에 참여하고 결정을 내림에 있어서 충족시켜야 할 기준을 명문화하여 제시할 필요가 있다.[50]

현재 비영리부문에서 얼마나 많은 법인들이 이사의 의무와 책임, 보상과 제재에 관한 내부 규정을 제정하고 정비할 수 있을지는 의문이 된다.[51] 또 대기업이 출연한 몇몇 공익재단 등을 제외하면 예산의 규모 등을 감안할 때 사업이 아니라 내부 규정의 정비를 위해 전문가들의 도움을 받는 데도 한계가 있다. 이러한 상황에서는 비영리법인에 관한 민법 및 공익법인법의 소관부처인 법무부가 주도하여 법개정 사항 및 모범규준 제정 사항을 구별하고, 비영리법인의 규모 및 유형에 적합한 가이드라인 제정을 위한 지원을 하는 것도 효율적일 것으로 생각된다. 아니면 일본의 경우와 같이 공익법인협회 등의 형식으로 중지를 모아서 비영리부문 자체적으로 모범적인 내부규정안을 제정하고 그러한 규정의 채택을 권고하는 것도 신뢰를 회복하기 위한 좋은 방안이다.

나. 정책적, 법제적 개선방안

(1) 주무관청 제도의 개편

주무관청은 공익법인법 및 사회복지사업법에 따라 설립허가 이후에도 임원취임, 기본재산처분, 수익사업 실시 등을 허가하는 단계에서 각 단체의 지배구조에 개입하게 된다. 법무부에서 공익법인법 관련 기본적인 정책을 관장하기는 하지만, 실제 부처별로 담당 부서도 다르고, 지배구조에 개입하는 방침도 다르고 그 구체적인 내용이 전혀 공시되지 않기 때문에 실제로 어떤 잣대가 적용되고 있는지는 업계의 '구전(口傳)'으로 전달되는 실정이다. 공익법인법이 개정됨에 따른 시민공익위원회가 설치, 운영되더라도 현재의 주무관청 제도의 단점을 극복하고, 공익법인의 지배구조 개선을 위한 통계관리, 각종 가이드라인 마련, 교육 프로그램 연구 등과 같은 실제 필요한 지원 기능을 잘 수행할지는 의문이 제기되고 있다.[52]

한편, 지방자치단체는 사회복지사업법에 의거한 공익이사 추천을 담당하기 때문에 해당 비영리법인의 지배구조에 더욱 직접적으로 관여한다. 현재는 각 지방자치단체 담당부서의 담당자가 명단을 관리하면서 업무를 수행하고 있는데, 사회복지법인의 이사직이 경제적 대가를 제공해 주는 것도 아니고 해당 법인이 운영하는 사회복지시설에서 문제가 발생할 경우 예상치 못했던 책임을 부담할 수 있는 자리이기 때문에 담당 공무원이 전문가들을 설득하여 선임에 이르는 양상으로 업무가 진행되고 있다. 그러나 이와 같은 이사 추천기능은 지방자치단체장 및 지방자치단체 의회의 구성 변화에 따라 언제든지 정치적 영향력을 행사하는 수단으로 변질될 가능성이 있다는 점에 유의하여야 할 것이다.

(2) 비영리법인에 대한 규제·감독의 우선순위 재조정

최근 비영리법인의 회계처리에 관한 문제제기가 계속되면서 국세청은 상증세법상 공익법인에 대해서는 이해관계자의 이사 선임 비율, 이해관계자에 대한 급여지급 등을 엄격하게 감시, 통제하고 최근에는 회계처리 및 공시에 관한 규제를 대폭 강화하고 해당 공익법인에 대해서는 실질적인 '감독기관'의 역할을 하고 있다. 상증세법 등 세법 규정은 어디까지나 세무행정의 관점에서 어떤 행위를 하지 말 것을 정하고 있는 것이지, 어떻게 하는 것이 비영리법인의 지배구조를 개선하는데 도움이 되는지에 관한 고민을 담고 있는 것은 아니다. 상증세법 및 하위규범상 지나친 규제 강화가 각 비영리법인에 대해서는 불필요한 규제준수 비용을 증대시키고, 실제로 지배구조 개선 및 투명한 운영에 얼마나 도움이 되는지 확인하기 어렵다.

비영리법인의 지배구조 개선을 위해서는 책임성 있는 이사회가 각 법인의 비전과 미션에 부합하는 결정을 할 수 있도록 구성, 운영될 수 있어야 한다. 정부에서도 이러한 점을 뒷받침할 수 있는 다양한 방안을 논의해야 할 것이고, 세법상 규제만 전방위적으로 강화되는 것은 비영리법인의 지배구조 개선을 위해서는 도움이 될 수 없다. 앞서 언급한 바와 같이 시민공익위원회가 도입되더라도 시민공익법인이 되겠다고 신청한 기존 공익법인의 주무관청이 법무부로 바뀌는 것 말고는 큰 개선이 이루어질 것이라는 기대가 없다.[53] 정부는 대증요법적으로 비영리부문에서 제기되고 있는 문제에 대응할 것이 아니라, 활용할 수 있는 감독자원의 규모와 실력을 감안하여 비영리부문의 신뢰회복을 위하여 필요한 작업, 즉, 각 주무관청에서 감독하고 있는 비영리법인에 대한 데이터의 취합 및 공개, 각 비영리법인의 규모 및 성격에 따른 내부규정 및 이사 교육 프로그램의 개발, 비영리법인의 지배구조 개선을 위한 법제 정비 등을 우선순위를 정하여 시도할 필요가 있다.

다. 소결

비영리부문의 지배구조 개선의 첫 번째 과제는 이사회의 구성과 운영을 재정비하여 비영리법인의 설립목적에 부합하는 의사결정이 이루어지도록 하는 것이다. 문헌연구와 인터뷰 조사를 통해서 파악된 바에 따르면, 비영리법인 내부에서도 최근 들어 큰 변화가 일어나고 있는 것은 사실이다. 첫째, 이사회의 구성 측면에서는 이사의 전문성에 대한 수요가 증대되었을 뿐만이 아니라 성별, 연령, 출신배경의 다양성이 강화되고 이사의 추천 질차가 명문화 될 필요싱에 관한 인식이 확산되었다. 둘째, 이사회의 운영과 관련해서는 출연자 및 상임이사의 영향력이 지나치게 크고 다른 이사들은 소극적으로 참여하는 경향이 있으며, 숙고에 기반한 결정을 내릴 수 있도록 준비 단계에서 소통이 충분하지 않다는 평가가 있다. 셋째, 이사의 의무와 책임과 관련해서는 이사들에 대한 보상과 제재의 메커니즘을 마련하고, 의무와 책임을 보다 명확히 할 수 있도록 내부 규정을 제정하고 이를 이사 선임시에 교육할 필요성이 제기되고 있다.

흔히들 비영리법인은 이윤을 추구하지 않고, 그 성과가 수치로 평가되지 않기 때문에 희생과 봉사의 정신이 강조되는 것으로 오해하기 쉽지만, 비영리법인의 이사가 부담하는 의무와 책임의 수준은 주식회사의 이사의 의무와 책임과 본질적으로 다르지 않기 때문에 이사로 선임되는 당사자나 이사로 선임하는 법인에서나 그 내용을 구체화하여 인식하고 공유하여야 한다. 단, 비영리법인에서는 주식회사와 달리 이사들의 부당한 업무집행을 감시하는 역할을 하도록 하는 주체, 즉, 이사들의 대리비용을 감시하고 통제할 '본인'이 불명확하기 때문에 주무관청도 그러한 역할을 수행할 것이 기대된다. 그렇다고 주무관청이 소관 비영리법인들의 운영 실태를 일일이 감시하고 감독하는 것은 사실상 불가능하기 때문에, 법인 내부적으로도 이사들이 주의의무, 충실의무 및 감시의무를 잘 수행할 수 있도록 하는 기제들을 만들어야 할 것이다.

마지막으로 비영리법인의 법적 성격 즉 사단적 성격을 가진 것과 재단적 성격을 가진 것을 구별하여 가버넌스를 구축할 필요가 있다는 점을 간과하기는 어렵다. 재단적 성격을 가진 비영리법인의 경우 출연자나 그의 영향을 받는 이사회가 출연자 등으로부터 독립하여 운영될 수 있고 집행기관이 되는 최고운영책임자 등을 적절히 통제할 수 있는 가버넌스를 구축하여야 하는 반면 사단적 성격을 가진 비영리법인의 경우에는 최고의사결정기관으로 구성원총회가 있으므로 비영리법인의 이사회가 구성원총회의 의사를 어떻게 효과적으로 구체화할 것인가에 초점이 놓이고 이사회에 대한 통제도 궁극적으로는 구성원총회가 하게 되는 점에 유의하여야 할 것이다.

미주

* 이 글은 2021년도 아름다운재단 기부문화연구소 연구용역 "비영리법인 이사회의 운영실태와 개선방안"의 결과를 반영한 것으로서, 2022년 3월 이화자대학교 법학연구소 법학논집 제36권 제3호에 게재된 논문을 수정, 보완한 것입니다.

1) 2020년 국세통계연보에 따르면, 상속세 및 증여세법상 공익법인에는 39,897개가 해당하고 (8−7−1), 법인세법상 비영리법인은 37,083개에 이른다(8−1−2). 두 통계간의 차이는 종교법인 등의 포함 여부에서 비롯된 것으로 파악된다. 법인세법납부대상 법인의 개수가 838,008개인 점을 감안할 때 영리법인/비영리법인의 대략적인의 비교가 가능하다. 한편, 2021. 7. 30. 시민공익위원회 설치를 위하여 정부가 제출한 공익법인의 설립·운영에 관한 법률 개정안에 따르면, 동법의 적용을 받는 공익법인은 2020년 10월 30일 기준 법무부 전수조사 결과 3,593개이다. 법무부 (2021), 45면.

2) 김용덕 편 (2019), 제1장 제3편 총설 (송호영 집필부분), 572−575면. 구성원에 대한 이익분배 가부에 따라 영리법인과 비영리법인을 구별하는 견해에 반대하는 입장으로는 김진우 (2019), 17−18면.

3) James Fishman (2007), pp.50−55.

4) 사단법인 새희망씨앗에서 임직원들이 120억 원에 달하는 기부금을 횡령한 사례가 대표적으로 꼽힌다. 기부금횡령, '새희망씨앗 회장' 2심에서 6년으로 감형(연합뉴스, 2019. 2. 21.).

5) 통일부, 탈북민·북한 인권 비영리법인 8월 중순 사무 검사"(SBS, 2020. 7. 24.); 윤미향 유탄 맞은 공익법인들 … 정부, 감사강화法 추진 (매일경제, 2021. 6. 24.); 제2의 정의연 사태 막는다 … 공익법인 감독 '시민공익위원회' 신설 (머니투데이, 2021. 7. 27.).

6) 김용덕 편 (2019), 제58조 (문영화 집필부분), 799면.

7) 미국에서의 비영리법인 이사의 의무와 책임에 관해서는 김태선 (2014), 383면 이하; 독일법제와의 비교법적 연구로는 김진우 (2010); 일본법제와의 비교법적 연구로는 권철 (2007).

8) 이중기 (2014a); 김정연 (2019a); 김정연 (2019b).

9) 헨리 한스만 (2017); Klaus J. Hopt/Thomas Von Hippel eds (2010); 松元暢子 (2014).

10) 민간평가기구인 가이드스타에 평가관련 자료 제출을 거부하는 법인이 500개 이상이고, 그 중에 기업 출연법인, 정치적 목적의 기부금모집법인 등 대규모 법인들도 다수 포함되어 있다. 시사저널, "노무현재단, 100억대 민간 기부 받으면서 민간 평가 거부했다." (2021. 6. 24.).

11) 이창민 (2017); 강형구/전한나 (2017).

12) 김정연 (2019b), 373−374면.

13) Henry Hansmann (2010), pp.60−61

14) 회사에서의 대리비용 통제의 방법에 관한 각종 전략에 관해서는 라이니어 크라아크만 외 (2014), 70면 이하. 비영리법인에는 고유한 대리비용의 문제가 있지만, 이러한 전략의 일부를

활용할 수는 있다. 김정연 (2019b), 372면.

15) 상법상 주식회사는 이사회가 필수설치기관이고, 단, 자본금 총액이 10억 원 미만인 주식회사는 이사회를 두지 않을 수 있다.(상법 제383조 제1항).

16) 천경훈 (2017), 259－261면.

17) 대법원 1996. 12. 10. 선고 96다37206 판결: 김용덕 편 (2019), 제57조 (문영화 집필부분), 787면.

18) 김용덕 편 (2019), 제58조 (문영화 집필부분), 802－803면.

19) 해당 상장회사에서 6년을 초과하여 사외이사로 재직했거나 해당 상장회사 또는 그 계열회사에서 각각 재직한 기간을 더하면 9년을 초과하여 사외이사로 재직한 자는 상장회사의 사외이사로 선임될 수 없다. 상법 제542조의8 제2항 제7호, 동법 시행령 제34조 제5항 제7호.

20) 상법상 주식회사의 이사는 3월에 1회 이상 업무의 집행상황을 이사회에 보고하도록 하여(제393조 제4항), 이사회가 분기별 1회 이상 개최될 것을 요구한다.

21) 성범죄자 사회복지시설 종사 금지, 성범죄 발생 사회복지법인에 대한 감독권한 강화를 비롯하여 외부추천 이사제, 전문감사제 도입으로 사회복지법인의 지배구조 변화에도 큰 영향을 미쳤다.; [국회 민생법안] 도가니법 마침내 통과 (서울신문, 2011.12.30.)

22) 인터뷰 대상자와 연구자간의 라포를 형성하고 생생한 진술을 전달받기 위해서 인터뷰 대상자가 소속된 비영리법인의 사무실을 방문하여 오프라인 면접을 실시하는 것을 원칙으로 하였으나, 방역상황으로 인하여 두 건의 인터뷰는 온라인으로 진행하였다. Board Source (2017)

23) Board Source (2017).

24) 기업이 지분 또는 현금을 출자하여 운영하는 비영리법인은 자산 규모나 사업예산 규모에서 상위권을 차지하고 있고, 영리부문에서의 기업문화나 조직운영방식이 비영리부문에 미치는 영향을 관찰할 수 있기 때문에 유의미한 인터뷰 내용을 제공해 줄 것으로 예상하였다. 홈페이지에 공개된 정보 등을 바탕으로 기업이 출연한 공익재단의 이사 또는 실무자를 대상으로 섭외를 차례 시도하였으나 모두 인터뷰를 거절하였다. 대신 익명의 기업출연 비영리법인의 실무자 1인을 면담하여 논의에 전반적으로 참고하였다. 기업이나 기업가가 출자한 비영리재단의 설립과 운영에 관한 최근 연구로는 법무법인(유한) 태평양/재단법인 동천 (2021).

25) 공익법인의 설립·운영에 관한 법률(이하 "공익법인법") 또는 사회복지사업법에 의거하여 설립, 규율되고 있음.

26) 상임이사가 출연자(설립자)인 경우(F법인), 상임이사가 출연자의 가족으로서 이사장으로 선임된 경우(B법인), 상임이사가 출연자와 인적 관계가 없고 실무를 전담하는 경우(D법인), 법인의 종교적 성격에 따라 정관에서 지정된 상임이사가 임명되는 경우 등으로 다양함.

27) 이사의 임면에 관한 사항은 정관의 필요적 기재사항이므로(민법 제40조 제5호, 제32조), 선임방법은 정관에 따르며, 사단법인의 경우 정관에 사원총회의 결의에 의하도록 하는 것이 일반적이다. 김용덕 편 (2019), 제57조 (문영화 집필부분), 784면.

28) 사회보장급여의 이용·제공 및 수급권자 발굴에 관한 법률 제40조 제1항 및 제41조 제1항.

29) 4대그룹(삼성, 현대차, 엘지, 에스케이)에서 출자한 공익재단들도 홈페이지에 공개된 명단을 통해서 확인되는 사실에 의하면 5－60대 남성들이 이사회의 절대다수를 구성한다.

30) 사무총장, 사무국장 등 사무국을 대표하여 이사회와 소통하는 직위를 통칭한다.

31) 공익법인법 제5조 제5항, 상증세법 제16조 제1항 및 제5항, 동법 시행령 제13조 제2항 제1호.

32) 인터뷰 대상 인사(방○○, 신○○, 오○○－C법인)가 이사를 겸직하고 있는 일부 소규모 비영리법인에서 과거에 실제로 이사회를 개최하여 논의를 진행하는 대신, 서면으로 이사회 의사록

만을 작성한 다음 보유하고 있는 도장으로 날인하는 경우도 있었다고 한다.

33) 최근에는ESG 경영이 강조되면서 영리법인에서도 지배구조 개선을 위한 이사회 다양성 확보에 주력하고 있다. 허수정 (2021), 59면.

34) 영리부문에서는 자본시장과 금융투자업에 관한 법률 개정을 통하여 최근 사업연도말 현재 자산 총액이 2조 원인 주권상장법인의 경우 이사회의 이사 전원을 특정 성(性)의 이사로 구성하지 않도록 할 의가 부과되었고, 2022년 8월부터는 해당 조문의 적용을 받는 주권상장법인은 최소 1명의 여성이사를 선임하여야 한다(제165조의20). 일단 여성 이사 선임이 법정 목표치에 달할 경우 추가적인 다양성 확보 노력을 하지 않는 토크니즘에 관한 우려로는 Tyler Winters/Madhuri Jacobs−Sharma (2016), p.39

35) 후원자·봉사자·활동가…비영리 이사회 구성원이 달라진다(조선일보 더나은미래, 2021. 3. 16.)

36) 이학진/고희정 (2021), 48면.

37) 인터뷰 대상 비영리법인은 아니지만, 아름다운 가게의 이사회는 드물게 지역대표, 간사대표 등 다양한 이해관계자를 집단의 대표 자격으로 이사로 선임하고 있다는 점을 참고할 만하다.

38) 자율적 조직인 사단법인과 달리 출연자의 설립의사를 충분히 반영할 수 있도록 하는 것이 재단 법인의 본질적 특성이라는 점을 강조하는 견해가 있다. 김진우 (2012b), 331면 이하. 본 논문에서는 이러한 견해에 따르더라도 출연자의 '재단설립 목적'이 아니라 출연자의 개인적 이익에 복무하는 이사의 의사결정은 바람직하지 않다고 평가한다.

39) 김정연 (2019b), 392면.

40) 대법원 2016. 8. 18. 선고 2016다200088 판결.

41) 이처럼 보수 지급을 가능하게 하기 위한 법리적 근거와 관련하여, 원칙적으로 무보수인 이사의 선임(Bestellung)과 유상의 임용(Anstellung)을 구별하여 접근하는 방법을 긍정적으로 검토해 볼 수 있다. 김진우 (2012a), 80−81면.

42) 민법상 비영리법인의 정관에는 이사의 임면에 관한 규정을 두도록 하고 있고(민법 제40조 제5호), 정관에서 해임에 관한 규정을 두고 있는 경우가 흔하며, 단지 그 해임사유가 정관에서 정하고 있는 사유에서 정하고 있는 범위에 국한되는지가 문제라는 견해로는 김진우 (2015), 765−767면.

43) 비영리법인 이사가 부담하는 주의의무의 수준이 영리법인 이사의 주의의무의 수준보다 높아야 하는지, 아니면 그 기준이 더 완화되어야 하는지에 관해서는 외국에서도 견해가 나뉜다. 자세한 논의는 김정연, (2019b), 382−389면.

44) 대법원 2006. 11. 10. 선고 2005다66947 판결; 대법원 2016. 8. 18. 선고 2016다200088 판결.

45) 김정연 (2019b), 2−3면.

46) 김정연 (2019a), 1−2면; 형사적 제재 방안으로는 한국형사정책연구원 (2019).

47) 비영리법인 임원에 대한 보수 지급 관련 규제의 필요성이 낮다고 주장하는 견해로는 이중기 (2014b), 315면.

48) 더 강력한 수단으로서 해임 및 직무집행정지의 도입을 주장하는 연구로는 이선희 (2019).

49) 김정연 (2019a).

50) 비영리법인 이사의 선관주의의무와 경영판단의 원칙에 관해서는 김정연 (2019a), 399−402면; 김진우 (2010), 24−26면.

51) 외국에 본부를 둔 일부 대규모 기금배분형 비영리법인들은 이사 선임시 교육 패키지를 제공한

02 공동체법 총론

다는 인터뷰 내용에 비추어 보면 국내의 비영리법인보다는 사정이 나을 수는 있겠지만 큰 기대를 하기는 어렵다.

52) 이희숙/정순문 (2021), 77－78면.
53) 이희숙/정순문 (2021), 78면.

조합공동체와 법

Chapter **03**

●

조합공동체와 법*

Ⅰ. 글머리에

조합이라는 명칭은 여러 가지 경우에 사용된다. 많은 조합은 법률에 의하여 법인격이 인정된다. 가령 농업협동조합은 법인이고(농업협동조합법 제4조 제1항), 소비자생활협동조합도 법인이다(소비자생활협동조합법 제3조 제1항).[1] 그러나 여기서 다루고자 하는 것은 민법상 계약으로서의 조합이다. 민법상 조합은 2인 이상이 상호 출자하여 공동의 사업을 경영할 것을 약정하는 계약이다(민법 제703조 제1항). 그런데 조합은 이처럼 계약일 뿐만 아니라 단체로서의 성질도 가지고 있다. 따라서 조합과 법인 아닌 사단의 구별이 어려운 경우도 있다.[2] 그런데 조합도 법인 아닌 사단과 마찬가지로 부분적인 권리능력이 인정될 수 있을까?[3]

우리나라에서는 민법상 조합이 권리능력을 가지지 않는다는 점에 대하여는, 아래에서 언급하는 것을 제외하고는 당연한 것이라고 하여 별다른 논의가 없었다. 그런데 이 문제는 독일에서 활발하게 논의되어, 2001년에는 독일 연방대법원이 판례를 변경하여 조합의 권리능력을 인정하였고, 2021년에는 민법이 개정되어 조합이 원칙적으로 권리능력을 가지게 되었다. 이하에서는 이를 소개하여 보고자 한다.

Ⅱ. 독일에서의 종래의 논의

1. 제정 독일 민법상의 조합 규정

독일 민법 제정 과정에서 초기에는 조합계약을 로마법적으로 구성하려고 하였다. 즉 독일 민법 제1초안(Erster Entwurf)은 조합재산에 대한 조합원 사이의 관계를 공유로 보려고 하였다. 그러나 기이르케(Otto von Gierke)의 강력한 비판을 받고, 제정 독일민법은 조합재산은 조합원의 합유(合有)[4]인 것으로 규정하였다.[5] 독일 민법[6] 제718조 제1항은 "조합원의 출자 및 업무집행에 의하여 조합을 위하여 취득한 재산은 조합원의 공동재산(조합재산)으로 한다."고 규정하고, 제719조 제1항은 합수적 구속(Gesamthänderische Bindung)이라는 표제 아래 "조합원은 조합재산에 대한 지분 및 조합재산에 속하는 개별목적물에 대한 지분을 처분할 수 없다; 조합원은 분할을 청구할 권리가 없다."고 규정하며, 제719조 제2항은 "조합재산에 속하는 채권에 대하여 채무자는 그가 어느 조합원에 대하여 가지는 채권으로써 상계할 수 없다."고 규정한다. 또한 제720조 전단은 "채무자는 그가 제718조 제1항에 의하여 취득된 채권이 조합재산에 속함을 아는 경우에 한하여 그 속함을 자신에 효력 있는 것으로 하여야 한다."고 규정한다.

이는 공유에서 공유자가 그 공유지분을 임의로 처분할 수 있고, 공유재산의 분할을 청구할 수 있는 것과는 다르다. 우리 민법도 수인이 조합체로서 물건을 소유하는 때에는 합유로 하고(제271조 제1항), 합유물을 처분 또는 변경함에는 합유자 전원의 동의가 있어야 하며(제272조), 합유자는 전원의 동의 없이 합유물에 대한 지분을 처분하지 못하고, 합유자는 합유물의 분할을 청구하지 못한다(제273조)고 규정하고 있다.

그러나 독일 민법은 조합이 그 자체로 권리능력을 가지고 있는가에 대하여는 침묵을 지키고 있었다. 참고로 독일 상법(Handelsgesetzbuch)은 기본적으로 조합의 성질을 가지고 있는 합명회사(offene Handelsgesellschaft)[7]에 대하여, 합명회사는 그 상호 아래 권리를 취득하고, 의무를 부담할 수 있으며, 소유권과 부동산에 대한 다른 물권을 취득할 수 있고, 법원에 소를 제기할 수도 있고 소송의 상대방이 될 수 있다고 한다. 그리고 회사재산에 대한 강제집행을 위하여는 회사에 대한 집행권원이 필요하다고 규정한다(제124조). 이 규정은 합자회사(Kommanditgesellschaft)에도 준용된다(제 161조 제2항). 독일에서는 이들 규정에 의하여 합명회사나 합자회사는 법인(juristische Person)은 아니지만, 독일 민법 제14조 제1항이 규정하는, "권리능력 있는 인적회사 (rechtsfähige Personengesellschaft)"에 해당한다고 본다.8)

Ⅲ. 독일연방대법원 2001. 1. 29. 판결

1. 2001년까지의 학설의 전개

독일 민법 시행 후에는 학설은 일반적으로 조합9)의 권리능력을 인정하지 않았 다.10) 그 주된 근거는, 독일 상법 제124조가 마찬가지로 조합의 성질을 가지고 있는 합명회사에 대하여는 권리능력과 소송상 당사자능력을 인정하고 있으므로, 그 반대 해석상 조합의 권리능력이나 당사자능력은 인정되지 않는다는 것이었다.

그러나 1970년대부터 조합에 대하여도 권리능력을 인정하여야 한다는 주장이 제기되었다.11) 이러한 주장이 제기되게 된 것은, 합유를 어떻게 볼 것인가 하는 이 론적인 점뿐만 아니라, 조합의 권리능력을 인정하지 않으면 조합이 거래에 관여할 때 만족스럽지 못한 법률효과가 생긴다는 점 때문이었다. 이러한 주장을 본격적으 로 제기한 사람은 플루메(Werner Flume)였다.12) 그는 합수체인 조합원의 집단 (Gruppe) 자체가 조합재산의 보유자(Trägerin)라고 하였다.13) 이러한 주장은 그 후 지 지자가 늘어서 유력한 학설이 되었다.14) 슈미트는, 이 문제에 관하여 법은 반드시 명확하지 않고, 합유 자체를 권리 주체로 보려는 견해는 입법자의 의사를 원용할 수는 없지만, 합유의 원칙을 채택함으로써 외적 조합의 재산에 관하여 권리주체로 서의 독자성을 가질 수 있는 형상(Gebilde, das der Verselbständigung zum Rechtssubjekt fähig ist)을 창설하였다고 한다.15)

그러나 이에 대하여는 비판도 적지 않았다. 예컨대 쬘너는, 개별 조합원이 조합 의 전체 재산이나 자신의 지분을 단독으로 처분할 수 없다는 것은 집단의 권리주체 성을 인정할 근거가 되지 못하고, 조합원이 조합원의 지위를 상실하면 그 지분이 다른 조합원에게 당연히 이전되는 것은 법이 특별히 그와 같이 규정한 것으로서,

이로부터 집단의 권리주체성이 있다는 결론을 이끌어낼 수는 없다고 한다.16)

2. 독일연방대법원 2001. 1. 29. 판결

독일연방대법원은 2001. 1. 29. 조합의 당사자능력을 인정하는 획기적인 판결을 하였다.17) 이 사건에서 피고 1은 민법상의 조합(Gesellschaft bürgerlichen Rechts, GbR)인 건설사업공동체(bauwirtschaftliche Arbeitsgemeinschaft, ARGE)로서 환어음의 인수인(Wechselakzeptantin)이다. 원고는 피고 1에게 위 어음금을 청구하였다. 그 외에 피고 1의 조합원인 피고 2, 3과 조합원 아닌 피고 4도 있었다.

제1심 법원은 피고 1에 대하여 원고 승소 판결을 내렸으나, 항소심은 피고 1은 조합으로서 당사자능력이 없으므로 원고 청구가 부적법하다고 하였다. 이에 대하여 연방대법원은 원심판결을 파기하고 제1심 판결을 되살렸다.

연방대법원 제2민사부는 자신의 종전의 판례를 변경하여, 외적 조합은 그것이 법적 거래의 당사자로서 권리와 의무의 부담자가 될 수 있는 한 민사소송에서 당사자능력이 있다고 하였다. 연방대법원은 우선 독일 민법 제정 과정에 대하여 언급하였는데, 제1초안은 조합은 로마법에 따라 고유한 조합 재산을 가지지 않는, 조합원 사이의 전적으로 채권법적인 법률관계로 보았으나, 제2초안을 만든 제2초안심의위원회(Die zweite Kommission)는 합수적 재산인 조합재산을 인정하였고, 합수적 권리공동체를 이론적으로 어떻게 구성할 것인가 등에 관하여는 위원회는 이에 대하여 입장을 표명할 필요가 없다고 하였다고 서술하였다. 그런데 위 판결은 기르케와 플루메 및 이를 따르는 문헌들을 열거하면서 민법상 조합에 대하여는 외부적으로 존재하는 제한된 권리주체성을 인정하는 견해가 더 우수하다고 하였다. 이 점에 관하여 위 판결은 다음과 같이 설명하였다.

이러한 조합법상의 합수적 공동체의 법적 성격에 대한 이해는 법이 의도하는 조합재산과 조합원의 개별 재산과의 법적 분리에 대하여 실용적이고 광범위하게 모순 없는 모델을 제공하며, 전통적인 견해는 개념상 약점이 있다. 우선 외부적으로 존재하는 조합의 권리주체성을 인정하는 실무상 의미 있는 장점은, 조합원의 변경이 조합에 관한 법률관계의 존속에 아무런 영향을 미치지 않는 것이다. 또한 재판부가 지지하는 견해는 민법상의 조합이 동일성을 유지하면서 합명회사와 같은 다른 형태로 변경되는 것을 설명할 수 있고, 도산법(Insolvenzordnung)이 민법상 조합의 도산능력을 인정하게 된 것도 권리주체성의 인정을 뒷받침한다.

그리고 독일 민법 제714조가 조합계약에 의하여 어느 조합원이 업무집행권한을 가지는 경우에 의심스러운 때에는 그는 제3자에 대하여 다른 조합원을 대리할 권한이 있다고 규정하고 있는 것도 이에 반대할 근거가 되지 못한다. 이 규정이 조합원을 위한 대리권만을 언급하고 조합을 위한 대리권을 언급하지 않고 있는 것은, 조합이 의무를 부담할 능력이 있는 조직으로서의 조합의 독자성을 생각하지 않았음을 보여주기는 하지만, 이 규정은 합수성의 원리를 알지 못했던 제1초안 제640조 제1항을 받아들인 것으로서, 이 문언으로부터 조합의 법적 성격에 대한 해석을 이끌어낼 수는 없으며, 입법자가 조합의 권리능력을 불문의 법으로서 간주하였는지는 따질 필요가 없고, 입법자가 그러한 가정을 배제하려고 하지는 않았다는 것이 중요하다.

이처럼 조합이 권리와 의무의 보유자가 될 수 있는 능력을 인정한다면, 민사소송의 당사자가 될 수 있는 능력을 부정할 수는 없다. 조합의 당사자능력을 인정하는 것이 조합재산에 관하여 조합원의 필수적 공동소송을 인정하여 왔던 지금까지의 모델보다 여러 가지 점에서 더 낫다. 필수적 공동소송을 인정하는 것은 예컨대 큰 조합이나 구성원의 변경이 잦은 조합에서는 조합채권자에게 많은 문제를 야기한다.

또한 독일 민사소송법 제736조가 조합재산에 대한 강제집행을 위하여는 모든 조합원에 대하여 내려진 판결이 필요하다고 규율하고 있는 것도 당사자능력을 인정하는 데 장애가 되지 않는다. 합수적으로 결합된 조합원 전체에 대하여 내려진 판결은 제736조의 의미에서의 모든 조합원에 대하여 내려진 판결이고, 이 규정은 문언이나 그 목적에 비추어 모든 개별 조합원에 대하여 내려진 판결을 요구하지 않는다. 이러한 규율의 목적은 개별 조합원의 사적 채권자가 강제집행을 하는 것을 방지하려는 데 있을 뿐, 조합의 당사자능력을 배제하려는 것은 아니었다.

조합이 등기부상 공시되지 않는다는 것도 조합의 당사자능력을 인정하는 것에 장애가 되지 않는다. 당 재판부도 공시가 되지 않음으로 인하여 조합의 동일성을 소송상 명확하게 확인할 수 없다는 것을 모르지 않는다. 그러나 이러한 어려움은 당사자능력을 부정할 정도로 중대하지 않다. 조합이 적극적 당사자가 되는 경우에는 조합을 위하여 행동하는 사람이 조합을 구별할 수 있게 서술하는 것을 기대할 수 있다. 조합이 소극적 당사자인 경우에는 조합과 함께 조합원도 피고로 하는 것이 현명하다.

피고 1은 어음능력이 있다(wechselfähig). 이 때에는 조합의 책임과 조합원의 책임은 상법 제128조가 규정하는 합명회사에서의 부종적 조합원 책임과 일치한다.[18]

그런데 이 판결에 대하여는 절차적인 점에서 문제가 있다는 지적이 있다.[19] 우선 이 사건에서는 2001. 1. 8. 연방대법원에서 구두변론이 열렸는데, 피고 1은 출석하지 않았고, 연방대법원은 같은 달 29. 피고 1에 대하여는 궐석판결(Versäumnisurteil)을 선고하였다. 그러나 조합원인 피고 3에 대하여는 그 전인 2000. 8. 21. 도산절차가 개시되었고, 조합계약에 의하면 이 경우 피고 3은 조합에서 탈퇴되며, 피고 3의 지분은 남아 있는 유일한 조합원인 피고 2에게 이전되므로, 피고 1 조합은 더 이상 존재하지 않게 된다. 그리하여 피고 1은 연방대법원에 이의(Einspruch)를 제기하였고, 이 사건의 구두변론기일에서 당사자들은 피고 1에 대한 소송은 종료되었다(für erledigt)고 하였으며, 위 판결을 내렸던 연방대법원 제2민사부는 2002. 2. 18. 결정에서 피고 1에 대한 판결들은 효력이 없다(für wirkungslos)고 선언하였다.[20] 그러나 제2민사부는 위 2001. 1. 29. 판결에서 설시한 조합의 권리능력과 당사자능력에 관한 판시는 그대로 유지한다고 하였다.

다른 한편 위 2001. 1. 29. 판결은 적법한 판례변경 절차를 거치지 않았다는 지적이 있었다.[21] 이에 대하여 연방대법원 제2민사부는 위 2002. 2. 18. 결정에서, 연방대법원의 다른 민사부는 종전의 판례를 고수할 것인가 하는 제2민사부의 문의에 대하여 이를 고수하겠다고 답변하지 않았고, 또 이 점에 비추어 보면 근본적인 의미(grundsätzlicher Bedeutung)를 가진다는 이유로 하는 연방대법원 민사 대재판부(Großen Senats für Zivilsachen des BGH)에 대한 제청도 필요하지 않다고 하였다. 그리고 각 연방 최고법원 판례의 통일 유지를 위한 법률(Gesetz zur Wahrung der Rechtsprechung der Einheitlichkeit der Rechtsprechung der obersten Gerichtshöfe des Bundes)에 따른 공동재판부(Gemeinsamer Senat)에의 제청도 필요하지 않다고 하였다. 다른 연방 최고법원의 종전 판례도 위 2001. 1. 29. 판결과 저촉되는 것으로는 볼 수 없기 때문이라는 것이다.[22]

3. 위 판결에 대한 평가

위 판결에 대하여는 학설상 이를 지지하는 견해가 많으나,[23] 비판하는 견해도 있다.

판례를 지지하는 견해는, 이 판례가 법관의 법형성(Rechtsforbildung)이라고 본다. 그리고 조합의 권리능력을 인정하는 데 장애가 되는 것처럼 보이는 민법 제714조, 제718조, 제719조, 민사소송법 제736조 등의 규정을 달리 해석하여야 한다고 주장한다. 예컨대 조합재산에 대한 강제집행을 위하여는 모든 조합원에 대하여 내려진 판결이 필요하다고 하는 독일 민사소송법 제736조는 합수적으로 결합된 전체 조합원, 즉 조합을 상대로 내려진 판결을 의미하는 것으로 이해해야 한다고 설명한다.[24]

반면 판례를 비판하는 견해는 다음과 같이 주장한다. 첫째, 역사적인 자료는 부분적 권리능력을 인정하는 법률내재적 법형성(eine gesetzesimmanente Rechtsfortbildung)의 근거로는 충분하지 않다. 둘째, 입법자는 독일 상법이 합명회사의 부분적 권리능력을 인정하고 있음을 잘 알면서도 이를 민법상의 조합에 받아들이지 않았는데, 연방대법원은 여기에서 도출될 수 있는, 입법자가 합명회사 모델과는 거리를 두려고 하였다는 결론을 근거제시 없이 받아들이지 않았으나, 이는 역사적 문맥에서의 체계적 해석의 의미를 소홀히 하는 것이다. 셋째, 법률을 뛰어넘는 법형성은 그 자체 헌법 위반이라고 할 수는 없지만, 특히 중요한 근거 제시를 필요로 하는데, 연방대법원의 판례는 이와는 거리가 멀다. 그리고 이 판례로 인하여 여러 가지 어려운 문제가 생겨났다.[25]

4. 조합의 등기능력

한편 독일연방대법원 제5민사부 2008. 12. 4. 결정[26]은 조합의 등기능력을 긍정하여, 조합이 부동산등기부에 소유자로서 등기될 수 있다고 하였다.[27] 이 결정에 따라 2009년 민법상 조합의 권리는 등기될 수 있다는 부동산등기법(Grundbuchordnung) 제47조 제2항과, 조합이 등기된 경우에는 부동산등기부에 등기된 자가 조합원이고 그 외의 다른 조합원은 없다는 것이 추정된다는 민법 제899조의a가 신설되었다.

Ⅳ. 조합의 권리능력에 관한 법의 개정

1. 개정의 경과

2018. 3. 12. 기독교민주당(CDU), 기독교사회당(CSU) 및 사회민주당(SPD)은 제19대 연방의회 회기를 위한 연정협약(Koalitionsvertrag)을 맺었다. 이 협약에서 세 정당은, 조합을 포함하는 인적 회사법(Personengesellschaftsrecht)[28]을 개정하고, 이를 위한 전문가 위원회를 구성하기로 합의하였다.[29]

이에 따라 전문가 위원회가 구성되어, 2020년 초안을 제출하였다.[30] 이 초안은 보통 그 회의가 열렸던 보덴 호수의 마우라하 성(Schloss Maurach am Bodensee)을 따라 마우라하 초안(Mauracher Entwurf)이라고 불린다.[31]

연방법무부는 2021년 1월에 연방 상원(Bundesrat)에, 같은 해 3월에 연방 하원(Bundestag)에 위 초안을 바탕으로 한 개정안을 제출하였고, 연방 하원은 2021. 6. 24. 약간의 수정을 한 위 개정안을 통과시켰으며, 연방 상원도 다음날 위 개정안에 이의가 없다고 하여, 개정법률은 2021. 8. 17. 관보에 공포되었다. 이 개정법률은 일부를 제외하고는 2024. 1. 1.부터 시행된다.[32]

개정법률의 핵심은 첫째, 조합을 권리능력 있는 조합과 그렇지 않은 조합으로 나누는 것, 둘째, 조합도 등기할 수 있게 하는 것의 두 가지라고 할 수 있다. 그 외에도 개정법률은 조합에 관하여 중요한 규정을 두고 있다.[33]

플라이셔(Holger Fleischer)는 개정법률이 만들어지기 전에 개정안의 방향을 다음과 같은 7개의 공식으로 표현하였다. a) 단순한 채권관계로부터 권리능력 있는 인적 조합(Personengesellschaft)으로, b) 합수적 재산조직으로부터 조합이라는 권리주체로, c) 일시적 조합(Gelegenheitsgesellschaft)에서 계속적 조합으로, d) 인적 연속성(Personenkontinuität)으로부터 단체적 연속성으로, e) 계약법적 사고로부터 조직법적 사고로, f) 형제들의 공동체(societas fratrum)로부터 직업적인 인적 조합으로, g) 민사법상의 조합과 상법상의 인적 회사의 분리로부터 접근으로.[34]

다만 개정법률은 여전히 채권법의 계약편에서 조합을 규율하고 있는데, 이 점에 대하여는 권리능력 있는 조합을 이곳에서 규율하는 것은 의문이고, 민법총칙의 사단(Verein) 옆에 규정하는 것이 좋았을 것이라는 비판이 있다.[35]

2. 개정의 내용

가. 비법인사단에 관한 제54조의 개정

현행 독일 민법 제54조는 비법인사단에 대하여 "권리능력 없는 사단(Nicht re-chtsfähige Vereine)"이라는 표제 아래, 다음과 같이 규정한다. "권리능력 없는 사단에 대하여는 조합에 관한 규정이 적용된다. 그러한 사단의 이름으로 제3자에 대하여 행하여진 법률행위에 대하여는 행위자가 개인적으로 책임진다; 다수가 행위한 때에는 이들은 연대채무자로서 책임진다."[36]

그런데 개정법은 그 표제를 "법인격 없는 사단(Verein ohne Rechtspersönlichkeit)으로 바꾸고 그 내용도 다음과 같이 바꾸었다.

"제1항: 영리사업을 목적으로 하지 않으며, 사단등기부에 등기되지 않아서 법인격 없는 사단에 대하여는 제24조에서 제53조까지의 규정이 준용된다. 영리사업을 목적으로 하고 공적인 허가를 얻지 않아서 법인격을 취득하지 않은 사단에 대하여는 조합(Gesellschaft)에 관한 규정이 준용된다.

제2항: 법인격 없는 사단의 이름으로 제3자에 대하여 행하여진 법률행위에 대하여는 행위자가 개인적으로 책임진다; 다수가 행위한 때에는 이들은 연대채무자로서 책임진다."[37]

즉 비법인사단을 영리목적을 가지지 않은 것과 가진 것으로 나누어, 전자에 대하여는 사단법인에 관한 규정을 준용하고, 후자에 대하여는 조합 또는 합명회사에 관한 규정을 준용하기로 한 것이다.[38] 이는 대체로 현재의 판례와 학설을 반영한 것이다.

연방정부의 제안이유서는 다음과 같이 설명하고 있다. 즉 현행 제54조는 그 동안의 법률발전에 맞추어 바뀌어야 하고, "권리능력 없는 사단"이라는 혼란을 불러일으키는 표현은 오늘날 권리능력이 있는 것으로 간주되고 있으므로 법인격 없는 사단이라는 개념으로 대체되어야 한다고 한다.[39]

나. 조합의 권리능력

개정법률은 민법 제705조 제2항을 신설하여 권리능력을 가지는 조합과 그렇지 않은 조합을 구분하였다. 즉 조합원의 공통된 의사에 따라 조합이 법적 거래에 참여할 때에는 스스로 권리를 취득하거나 의무를 부담할 수 있는 권리능력 있는 조합(rechtsfähige Gesellschaft)이 되고, 조합원 상호 간의 법률관계를 규율할 때에는 권리능력 없는 조합(nicht rechtsfähige Gesellschaft)이 될 뿐이다.

권리능력이 있는 조합이 되기 위하여 반드시 아래에서 설명할 등기가 필요한 것은 아니며, 조합원의 공통된 의사에 따라 조합이 법적 거래에 참여하기만 하면 된다. 다만 이에 관한 명확한 합의가 없다면, 조합의 목적으로부터 역으로 추론할 수 있는데, 그 목적상 법적 거래에의 참여를 필요로 하면, 법적 거래에의 참여가 묵시적으로 의욕되었다고 볼 수 있다는 것이다.⁴⁰⁾ 그러나 이 점이 반드시 명확하지 않을 수 있으므로, 개정법률은 추정조항을 두었다. 즉 조합이 공동의 이름 아래 기업을 경영한다면, 법적 거래에의 참여의사는 추정된다(제705조 제3항). 입법자료와 규율의 목적에 비추어 본다면 이러한 추정은 번복이 불가능할 것이라고 한다.⁴¹⁾

제3자에 대한 관계에서는 권리능력 있는 조합은 모든 조합원의 동의를 받아 법적 거래에 참여하는 때에 비로소 성립하지만, 그렇지 않더라도 조합이 조합등기부에 등기를 하였으면 이미 성립한다(제719조 제1항). 이처럼 법적 거래에 참여하는 조합을 외적 조합(Außengesellschaft)이라고 한다.

한편 현행 제705조는, "조합계약에 기하여 조합원은 상호간에 계약에 정하여진 방식으로 공동의 목적 달성을 촉진할 의무, 특히 약정된 출자를 할 의무를 부담한다."고 규정하고 있다.⁴²⁾ 그에 대하여 개정 제705조 제1항은, "조합은 조합계약의 체결에 의하여 성립하는데, 조합계약에서 조합원은 계약에 정하여진 방식으로 공동의 목적 달성을 촉진할 의무를 부담한다."고 규정하였다.⁴³⁾ 개정법을 현행법과 비교하면, 조합은 조합계약의 체결에 의하여 성립한다는 점을 명시한 것 외에 "상호간에(gegenseitig)"라는 말과 "특히 약정된 출자를 할 의무"라는 말을 뺀 것이 눈에 뜨인다.

제안이유서는 이에 관하여 다음과 같이 설명한다. 우선 현행 규정의 "상호간에"라는 말은 권리능력 있는 조합과 권리능력 없는 조합의 구별에 관하여는 명백한 의미를 가지지 않고, 쌍무계약에 관한 제320조 이하의 규정 적용과 관련하여 논란이 되는데, 이 표현은 부적절하고(unglücklich), 제320조 이하 규정의 무제한적인 적용은 문제되지 않는다고 한다. 그리고 출자의무에 대하여는, 그 출자의무의 상대방이 권리능력 있는 조합인 경우에는 조합 자체이고, 권리능력 없는 조합인 경우에는 다른 조합원이 되지만, 이와 같이 구별하는 것은 적절하지 않을 뿐만 아니라, 출자 의무는 조합을 특징짓는 표지도 아니라는 것이다.[44)]

다. 조합의 등기

개정법률은 제707조 이하에서 조합의 등기에 관한 근거규정을 마련하였다. 즉 조합원은 조합의 주소가 있는 지역을 관할하는 법원에 조합 등기를 신청할 수 있는 데, 이 신청에는 모든 조합원이 참여하여야 한다(제707조). 이러한 조합 등기를 할 것인지는 조합이 선택할 수 있지만, 가령 조합이 다른 조합이나 회사의 조합원이나 사원이 된다든지(제707조a 제1항 제2문) 부동산등기부상 권리를 등기하려고 할 때(부동 산등기법(Grundbuchordnung) 제47조 제2항)와 같이 다른 등기부에 등기하려고 할 때에는 조합의 등기가 선행되어야 한다.[45)]

이처럼 조합의 등기가 이루어지면, 이 등기는 상법 제15조의 준용에 의하여 제 3자에 대하여 공신력을 가진다(제707조a 제3항).

입법과정에서는 등기하여야만 조합의 권리능력을 인정하거나 등기의무를 부과 하는 것으로 할 것인가에 관하여 논의가 있었다. 그러나 연방법무부는 등기를 선택 적으로 하되, 등기를 하도록 하는 유인(Anreiz)을 주는 방법을 선택하였다. 그 이유 는, 민법상의 조합이 다양한 점에 비추어, 모든 조합에게 등기의무를 부과하는 것은 비용이나 탄력적인 조정 가능성의 상실 등을 고려하면 균형이 맞지 않고, 또 등기하 여야만 조합의 권리능력을 인정한다는 것도 연방대법원의 "ARGE Weißes Ross" 판 결 전의 시기로 되돌리는 것이 되어 문제가 많을 것이기 때문이라고 한다.[46)]

라. 합수(Gesamthand)에 관한 규정의 삭제

앞에서 언급한 것처럼 현행 독일 민법은 조합재산(제718조), 조합 지분의 처분 금지(제719조), 조합채권임을 알지 못했던 채무자의 보호(제720조)와 같이 조합재산의 합수성을 보여주는 규정을 두고 있다. 그러나 개정법률은 이러한 규정들을 모두 삭 제해 버렸다. 이는 조합의 권리능력을 인정하는 이상 조합재산이 조합원에게 합수 적으로 귀속된다는 것은 자연스럽지 못하기 때문이다.[47)] 그 대신 개정된 제713조는 조합원의 출자 및 조합을 위한 업무집행에 의하여 취득한 재산과 조합에 대하여 부담하는 채무는 조합의 재산으로 한다고 규정하였다. 현행 제718조는 이러한 재산은 조합원의 공동재산으로 한다고 규정하고 있다.

그런데 여전히 조합은 합수적인 것으로 이해해야 한다는 주장이 있지만, 바하만(Bachmann)은 이 문제는 학술적인 성격일 뿐이고, 합수라는 개념이 도움이 될 수도 있지만 반드시 필요한 것은 아니라고 한다.[48]

한편 현행 독일 민법의 해석상 혼인 당사자가 혼인재산계약으로 공동재산제를 약정한 경우, 이들의 공동재산은 합유가 되고(제1419조), 또 공동상속인들의 공동상속재산 소유는 합유로 해석되는데,[49] 이는 이번 개정에 의하여 영향을 받지 않을 것으로 보인다.[50]

마. 조합의 업무집행과 대표

조합의 대표(대리)에 관하여는 종전 규정이 기본적으로 유지되었으나, 약간의 변화가 있었다. 즉 현행법은 조합계약에 의하여 어느 조합원이 업무집행권한을 가지는 경우에 의심스러운 때에는 그는 제3자에 대하여 다른 조합원을 대리할 권한이 있다고 규정하여(제714조), 업무집행조합원이 조합원을 대리할 권한이 없을 수도 있다. 그러나 개정법률 제720조 제3항은, 업무집행조합원의 대표권 제한은 제3자에 대하여는 효력이 없다고 규정한다. 이는 조합원들의 약정으로 배제될 수 없다.[51]

조합원의 의결권과 이익 및 손실에 대한 부담 비율은 현행법과 같이 머리 수(Kopfteil)에 따르는 것이 아니고, 다른 약정이 없으면 합의된 지분 비율(Beteiligungsverhältnisse)에 따른다(개정 제709조 제3항). 조합원이 조합의 의무를 이행할 때 자신의 사무에 대하여 통상 행해지는 주의의무만을 다하면 된다는 규정(현행 제708조)은 폐지되었다.[52]

바. 조합원의 책임

조합원이 제3자에 대한 조합의 채무에 대하여 어떤 책임을 지는가에 대하여, 연방대법원은 합명회사의 사원과 마찬가지로 엄격하고 부종적인 책임을 진다고 하였는데, 개정 법률은 이를 그대로 받아들여 합명회사에 관한 법규정을 그대로 조합에 옮겨왔다. 그에 따르면 조합원은 조합의 채권자에 대하여 연대채무를 부담하고, 그에 반하는 약정은 제3자에 대하여는 효력이 없다(제721조). 이미 존재하는 조합에

176

가입하는 조합원도 가입 전에 존재하는 조합의 채무에 대하여 책임이 있고, 그에 반하는 약정은 제3자에 대하여는 효력이 없다(제721조a). 조합의 채무에 대하여 청구를 받은 조합원은 조합이 제기할 수 있는 항변과 항변권(Einwendungen und Einrede)만을 제기할 수 있고, 조합이 채무에 관하여 행사하면 이행을 거절할 수 있는 취소권, 상계권 기타의 권리가 있으면 조합원은 변제를 거절할 수 있다(제721조b).

이러한 엄격한 조합원의 책임에 대하여는 비판이 있었지만, 그에 대하여 입법자는 이러한 조합원의 무제한적인 책임이 적절하지 않을 때에는 머릿수에 따른 책임이나 지분비율 또는 출자비율에 따른 책임, 조합재산을 한도로 하는 책임 등의 길이 열려 있고, 이러한 책임 제한의 방법으로는 묵시적인 약정, 보충적 계약해석 또는 유추 등이 있다고 하였다.[53] 그러나 법원이 이를 쉽게 인정할 것이라고 믿을 수는 없으므로, 미리 다른 법형태를 선택하는 것이 확실한 방법이라고 한다.[54]

그리고 현행법에 따르면 탈퇴한 조합원은 탈퇴 후 5년까지는 조합의 채무에 대하여 책임을 지는데(현행 민법 제736조 제2항, 독일 상법 제160조), 개정법률은 이를 그대로 유지하면서도, 손해배상책임을 가져오는 의무 위반이 조합원의 탈퇴 전에 발생한 때에만 책임을 지는 것으로 바꾸었다(개정 민법 제728조b 제1항 제2문).

사. 그 밖의 변경

그 밖에도 몇 가지 중요한 변경이 있었다. 첫째, 그 동안 법에는 직접 규정이 없었으나, 인정되고 있던 규칙들을 명문화하였다. 즉 복수의 업무집행조합원이 업무집행에 관여하여야 하는데 그럴 수 없고, 지체하면 조합이나 조합재산에 위험이 생길 경우에는 각 업무집행조합원이 업무를 할 수 있다(제715조a). 종전에는 공동(Gemeinschaft)에 관한 제744조 제2항을 유추하여 해결하였다.[55] 또한 이른바 조합을 위한 소권(訴權)(actio pro socio), 즉 조합원이 필요한 경우 조합채권을 자신의 이름으로 소송상 청구하는 것도 종전까지는 명문 규정 없이 인정되어 왔으나, 개정 민법 제715조b는 이를 명문으로 규정하였다. 그리고 조합원이 한 사람만 남게 된 경우에는 청산절차 없이 조합이 소멸하고, 조합재산은 포괄승계에 의하여 남은 조합원에게 이전된다(개정 민법 제72조a). 그러나 조합원의 충실의무(Treuepflicht)와 같은 것은 종전 판례상 인정되고 있었지만, 명문화되지는 않았다.

아. 권리능력 없는 조합

권리능력 없는 조합에 대하여는 개정법률은 4개의 조문(제740조 – 제740조c)만을 두었다. 제740조는 권리능력 없는 조합은 재산을 가지지 않는다는 것과, 권리능력 있는 조합에 관한 규정들 중 일부를 준용한다는 것을 규정한다. 그러나 조합원의 대리나 조합원의 책임에 관한 규정은 준용되지 않는다. 제740조a는 권리능력 없는 조합의 종료사유를 규정하고, 제740조b는 권리능력 없는 조합이 종료하는 경우에 청산(Auseinandersetzung)절차가 개시된다고 하면서, 권리능력 있는 조합의 청산 (Liquidation)에 관한 일부 규정을 준용하고 있다.[56] 제744조c는 제740조b의 조합 종료 사유 중 일부를 약정이 있는 경우에는 조합원의 탈퇴로 보아 조합이 존속할 수 있다고 규정한다.

자. 소결

개정 법률은 연방 하원의 심의 과정에서 세기의 작업(Jahrhundertwerk)이라고 평가되었으나, 실제로는 20세기의 판례와 학설 발전을 모사(模寫)한 것이고, 이 점에서 개정작업은 교과서적 기능을 한 것뿐이라고 하는 논자도 있지만, 성문법이 실제의 법과 일치하게 되었다는 점에서 이러한 발전을 과소평가할 수는 없다는 견해도 있다.[57]

V. 우리나라에의 시사

그러면 이러한 조합법에 관한 독일의 동향이 우리에게 어떤 시사를 줄 수 있을까? 여기서는 해석론적 관점과 입법론적 관점을 나누어 살펴본다.

1. 해석론적 관점에서

우리나라에서도 해석론적으로 법률초월적 법형성(gesetzesübersteigernde Rechtsfortbildung)이라는 근거에서 조합에 부분적인 권리능력을 인정할 여지가 있다고 하는 주장이 있다.58)59) 그러나 이는 쉽게 받아들이기 어렵다. 우리 민법에는 조합에 권리능력을 인정하여야 한다는 데 대하여 장애가 되는 규정이 여럿 있다. 첫째, 민법은 공동소유의 한 형태로서 합유를 인정하는데, 합유는 수인이 조합체로서 물건을 소유하는 것을 말한다(제271조 제1항). 여기서 물건을 소유하는 주체는 조합이 아니라 조합체의 구성원, 즉 조합원인 것이다. 제704조도 "조합원의 출자 기타 조합재산은 조합원의 합유로 한다."고 규정한다.

둘째, 제709조는 "조합의 업무를 집행하는 조합원은 그 업무집행의 대리권있는 것으로 추정한다."라고 규정하여, 업무집행 조합원이 조합을 "대표"하는 것이 아니라 조합원을 "대리"하는 것이다.

셋째, 독일에서 조합에 권리능력을 인정하여야 한다는 주장은 기본적으로 합명회사나 합자회사가 법인은 아니지만 그에 부분적인 권리능력을 인정하고 있는 독일 상법 제124조와 같은 결과를 조합에도 인정하여야 한다는 것이다. 그러나 우리 상법은 합명회사나 합자회사를 법인으로 규정하고 있고(제169조), 회사는 본점소재지에서 설립등기를 함으로써 성립하는데(제172조), 조합에 회사와 같은 권리능력을 인정할 수는 없다. 조합을 법인 아닌 사단에 준하는 부분적인 권리능력을 인정하여야 한다고 주장할 수도 있지만, 법인 아닌 사단의 경우에는 민사소송법 제52조가 당사자능력을 인정하고 있고, 부동산등기법 제29조가 등기능력을 인정하고 있으나, 조합에 관하여는 그러한 규정이 없다. 이처럼 실정법적인 규정이 없음에도 불구하고 해석론에 의하여 그러한 당사자능력이나 등기능력을 인정하는 것은 허용되지 않을 것이다.

이 점에 관하여 비교할 수 있는 것은 상법상의 합자조합이다(제86조의2 이하). 합자조합은 유한책임을 지는 유한책임조합원과 무한책임을 지는 업무집행조합원으로 구성되지만, 그 실질이 조합이고, 따라서 합자조합에 관하여는 상법 또는 조합계약에 다른 규정이 없으면 민법 중 조합에 관한 규정을 준용한다(제86조의8 제4항 제1문). 합자조합은 등기를 하여야 하지만(제86조의4), 그럼에도 불구하고 권리능력을 가지지는 않는다. 합자조합은 2011년에 미국의 유한파트너쉽(limited partnership, LP)을 받아들여 상법에 들어오게 되었는데, 미국의 유한파트너쉽은 그 명의로 동산 및 부동산을 소유할 수 있고, 소송 및 파산절차의 당사자가 될 수 있는 등 독립된 권리주체로서의 성격을 가지지만, 합자조합은 소송의 당사자가 될 수 없고 법률행위를 할 수도 없으며, 재산을 소유할 수도 없다. 합자조합의 재산은 민법상 조합의 경우와 같이 조합원들이 합유의 형태로 공동소유하게 된다.[60)]

그러므로 현행법상 조합의 권리능력을 인정하자는 것은 해석의 범위를 뛰어넘는 것으로 여겨진다.

2. 입법론적 관점에서

그러나 입법론적으로는 조합에 적어도 법인 아닌 사단에 준하는 권리능력을 인정하는 방안은 충분히 검토할 가치가 있다. 그와 같이 법을 바꾼다고 하여 법체계상 모순이 생기는 것은 아니다. 오히려 조합이 법률행위의 당사자가 될 수 있고, 소송상 당사자가 될 수 있으며, 부동산을 취득하여 이를 등기할 수 있도록 하는 것은 거래의 편리를 도모할 수 있고, 효율을 증진시키는 방법이 될 수 있다.

참고로 미국에서 이와 비교할 수 있는 것은 파트너쉽(partnership)이라고 할 수 있다. 엄밀히 말하면 파트너쉽도 법인 아닌 사단의 일종이지만, 영리를 목적으로 하는 것으로서,[61)] 영리를 목적으로 하지 않는 설립신고 없는 비영리 사단(unincorporated nonprofit association)과는 구별된다. 그렇지만 기능적으로는 미국의 파트너쉽을 우리나라나 독일의 조합에 상응하는 것으로 생각할 수 있다. 파트너쉽과 설립신고 없는 비영리 사단은 모두 설립신고(incorporation)를 하지 않은 것이다. 과거에는 파트너쉽과 설립신고 없는 비영리 사단은 모두 권리능력이 없는 것으로 취급되었으나, 근래의 1997년 개정통일파트너쉽법(the Revised Uniform Partnership Act 1997)과 2008년 통일 설립신고 없는 비영리 사단 법(Uniform Unincorporated Nonprofit Association Act)은 모두 설립신고를 하지 않은 파트너쉽과 설립신고 없는 비영리 사단이 권리능력을 가지는 것으로 규정하였고, 이 법들을 채택한 주가 늘어나고 있다.[62)]

다만 조합이 등기를 하는 경우에만 권리능력을 인정할 것인지 여부는 정책적인 판단의 문제로서, 좀 더 검토하여야 할 필요가 있다.

Ⅵ. 글을 맺으며

이제까지 살펴본 조합의 권리능력에 관한 독일에서의 논의는 우리나라에도 참고가 될 수 있다. 특히 입법론적으로는 조합의 권리능력을 인정하는 방안을 신중히 검토하여야 한다. 다른 한편 현행 민법의 해석론으로서, 조합 재산을 합유라고 규정하고 있는 민법 제271조 제1항이 강행규정인가 임의규정인가에 관하여 논쟁이 있다.[63] 그러나 조합재산을 합유로 할 것인가 아닌가는 조합계약 작성 단계의 문제로서 물권법정주의가 적용되기 이전의 문제이다. 합유를 인정하는 외국의 입법례에서도 합유가 강행규정이라고는 보지 않는다.[64] 개정 독일 민법은 조합의 권리능력을 인정하면서 합유 규정을 삭제하였는데, 이는 우리 법의 해석에도 참고가 될 수 있다.

미주

* 이 글은 법조 제72권 1호, 2023에 "민법상 조합의 권리능력에 관한 독일의 동향"이라는 제목으로 공간되었다.

1) 독일에서 우리나라의 협동조합에 해당하는 것은 Genossenschaft인데, 이 협동조합의 조합원은 3인 이상이어야 하고, 법인격을 가진다(Genossenschaftsgesetz 제3조, 제17조 제1항).

2) 대법원 1974. 9. 24. 선고 74다573 판결; 1992. 7. 10. 선고 92다2431 판결 등 참조.

3) 비법인사단이 부분적 권리능력을 가진다는 점에 대하여는 송호영 (2013), 111면 이하; 윤진수 (2022), 669면 참조.

4) 합유란 원래 독일어의 합수(合手, Gesamthand)를 옮긴 것이다. 합수적(zur gesamten Hand)이라는 표현은, 게르만 법에서 공동으로 권리의 취득행위, 처분행위 또는 의무부담 행위를 할 때 손들을 모으는 상징적 행동에 의하여 권리주체가 결합되었음을 보이는 고래의 법적 관행에서 유래한 것이다. Otto von Gierke (1895), S.664.

5) 이에 대하여는 소재선 (2000), 97면 이하 참조.

6) 여기서 말하는 독일 민법은 2021년 개정 전의 것을 말한다. 조합에 관한 개정 민법은 2024. 1. 1.부터 시행된다.

7) 독일 상법 제105조 제3항은 합명회사에 대하여는 합명회사에 관한 장에서 달리 규정하고 있지 않은 한 민법상의 조합에 관한 규정이 적용된다고 규정한다.

8) Karsten Schmidt et al. (2022), HGB §124 Rn. 1. 독일 민법 제14조 제1항은 자연인, 법인 또는 권리능력 있는 인적 회사가 사업자(Unternehmer)가 될 수 있다고 한다.

9) 여기서는 외부적으로 활동을 하는 외적 조합(Außengesellschaft)이 문제된다. 제3자와는 직접 거래를 하지 않는 내적 조합(Innengesellschaft)의 권리능력을 인정하는 견해는 없다.

10) 이하의 설명은 Carsten Schäfer et al. (2020), BGB §705 Rn. 304ff.; Stefan J. Geibel et al. (2019), BGB §705 Rn. 185ff.를 참조하였다.

11) 독일 민법 세정 전에도 기이드케는 조합의 권리능력을 인정하여야 한다고 주장하였다. Otto von Gierke (1895), 671ff.

12) 그는 Werner Flume (1972), S.177ff.에서 이를 처음 주장하였다고 한다. 또한 Werner Flume (1977), S.50ff. 참조.

13) 플루메의 주장을 소개한 국내 문헌으로는 예컨대 안성포 (2003), 289면 이하; 남기윤 (2004), 60면 이하 참조.

14) 예컨대 Karsten Schmidt (1983), S.413, 466ff.; Peter Ulmer (1998), S.113ff. 다만 앞의 필자는 기업을 지탱하는 조합(unternehmenstragenden Gesellschaften)에 대하여만 권리능력을 인정하려고 한다.

15) Karsten Schmidt (2002), S.204.

16) Wolfgang Zöllner (1993), S.569ff.

17) BGHZ 146, 341 = NJW 2001, 1056. 이 판결은 이 사건에서 문제되었던 조합의 이름을 따서 "ARGE Weißes Ross"라고 불린다.

18) 독일 상법 제128조는 회사원(Die Gesellschafter)은 회사(Gesellschaft)의 채무에 대하여 연대채무자로서 책임을 진다고 규정한다.

19) Rolf Stürner (2021), S.463ff. 참조.

20) BGH NJW 2002, 1207.

21) 독일에서의 판례 변경 절차에 관하여는 윤진수 (2020) (처음 발표: 법조 2002. 1) 참조.

22) Rolf Stürner (2021), S.463ff.는 이에 대하여 비판한다.

23) Carsten Schäfer et al. BGB §705 Rn. 309의 소개 참조.

24) Harm Peter Westermann (2001), 289 – 290. 또한 Karsten Schmidt (2001), 993, 996 ff. 참조.

25) Rolf Stürner (2021), S.468ff.; Reinhard Bork (2011), S. 86(Rdnr. 195a)도, 조합에 권리능력을 인정하는 것은 입법자의 의사나 관련 법조문의 문언 그리고 상법 제124조에 표현된 합수적 법의 체계와 합치하지 않는다고 비판한다. 합수적 단체의 권리능력은 법초월적 법률형성 (gesetzesübergreifende Rechtsfortbildung)의 방법으로만 가능하지만, 이를 위한 필요가 존재하지 않는데, 합수체의 구성원은 법인으로 조직을 할 수 있고, 또한 보호할 가치도 없으며, 법적 거래를 위해서도 합수적 공동체 그 자체가 아니라 그 구성원이 권리의 주체라는 입법자의 구상이 극복할 수 없는 어려움을 가져오지는 않는다는 것이다.

26) BGHZ 179, 102 = NJW 2009, 594.

27) 김세준 (2013), 141면 이하는 이에 관한 독일의 논의를 소개하고 있으나, 위 2008. 12. 4. 결정에 대하여는 언급하지 않고 있다.

28) 인적 회사(Personengesellschaft)란 보통 합명회사나 합자회사와 같이 사원의 개성이 중요시되는 회사로서, 물적 회사(Kapitalgesellschaft)와 대비되는 개념이지만, 독일에서는 조합도 인적 회사에 포함시킨다. 개정 법률은 조합 외에도 합명회사와 합자회사에 관한 상법전의 규정들을 개정하였다.

29) https://www.bundesregierung.de/breg – de/themen/koalitionsvertrag – zwischen – cdu – csu – und – spd – 195906 (2023. 4. 6. 확인)

30) https://www.bmj.de/SharedDocs/Downloads/DE/News/PM/042020_Entwurf_Mopeg. pdf?__blob = publicationFile&v = 3 (2023. 4. 6. 확인)

31) Holger Altmeppen (2020), 822 참조.

32) 개정 법률의 정식 명칭은 Gesetz zur Modernisierung des Personengesellschaftsrechts (Personengesellschaftsrechtsmodernisierungsgesetz – MoPeG)이다. 입법의 경과에 대하여는 독일 연방 하원 홈페이지(https://dip.bundestag.de/vorgang/gesetz – zur – modernisierung – des – personengesellschaftsrechts – personengesellschafts chtsmodernisierungsgesetz – mopeg/ 272775) 참조.

33) Gregor Bachmann (2021), 3073ff. 참조. 이 필자는 베를린 훔볼트 대학교 교수로서 입법 과정에 전문가로 참여하였다.

34) Holger Fleischer (2021), S.430 – 431. 또한 Gesetzentwurf der Bundesregierung (2021), S.106ff. 참조.

35) Holger Fleischer (2021), S.432f.

36) §54 Nicht rechtsfähige Vereine: Auf Vereine, die nicht rechtsfähig sind, finden die Vorschriften über die Gesellschaft Anwendung. Aus einem Rechtsgeschäft, das im Namen eines solchen Vereins einem Dritten gegenüber vorgenommen wird, haftet der Handelnde persönlich; handeln mehrere, so haften sie als Gesamtschuldner.

37) (1) Für Vereine, deren Zweck nicht auf einen wirtschaftlichen Geschäftsbetrieb gerichtet ist und die nicht durch Eintragung in das Vereinsregister Rechtspersönlichkeit erlangt haben, sind die Vorschriften der §§24 bis 53 entsprechend anzuwenden. Für Vereine, deren Zweck auf einen wirtschaftlichen Geschaftsbetrieb gerichtet ist und die nicht durch staatliche Verleihung Rechtspersönlichkeit erlangt haben, sind die Vorschriften über die Gesellschaft entsprechend anzuwenden.
　(2) Aus einem Rechtsgeschäft, das im Namen eines Vereins ohne　Rechtspersönlichkeit einem Dritten gegenüber vorgenommen wird, haftet der Handelnde persönlich; han－deln mehrere, haften sie als Gesamtschuldner.

38) 연방정부의 제안이유서에 의하면, 영리활동의 종류와 범위에 따라서 민법상의 조합(Gesellschaft bürgerlichen Rechts)나 합명회사에 관한 규정이 준용될 것이라고 한다. Gesetzentwurf der Bundesregierung(2021), S.124.

39) Gesetzentwurf der Bundesregierung(2021), S.123.

40) Gregor Bachmann (2021), S.3074.

41) Gregor Bachmann (2021), S.3074.

42) Durch den Gesellschaftsvertrag verpflichten sich die Gesellschafter gegenseitig, die Erreichung eines gemeinsamen Zweckes in der durch den Vertrag bestimmten Weise zu fördern, insbesondere die vereinbarten Beiträge zu leisten.

43) Die Gesellschaft wird durch den Abschluss des Gesellschaftsvertrags errichtet, in dem sich die Gesellschafter verpflichten, die Erreichung eines gemeinsamen Zwecks in der durch den Vertrag bestimmten Weise zu fördern.

44) Gesetzentwurf der Bundesregierung(2021), S.125.

45) Gregor Bachmann (2021), S.3074. 이에 따라 앞에서 언급한 조합의 부동산 등기에 관한 899조 a의 규정은 삭제되었다.

46) Gesetzentwurf der Bundesregierung (2021), S.128.

47) Gregor Bachmann (2021), S.3075. 연방법무부의 초안은, 조합재산을 합의된 조합의 목적을 위하여 계속적으로 확보하고 조합원의 채권자로부터 격리한다는 임무를 가진 합수성의 원리는 조합법의 영역에서 그 임무를 다하였다고 설명한다. Gesetzentwurf der Bundesregierung (2021), S.115.

48) Gregor Bachmann(2021), S.3075.

49) Thomas Gergen et al. (2022), BGB §2032 Rn. 19 참조.

50) Thomas Gergen et al. (2022), BGB §2032 Rn. 19는, 종전의 판례가 조합의 권리능력을 인정하였지만, 이는 공동상속재산에 관하여 적용될 수는 없다고 한다.

51) Gregor Bachmann(2021), S.3075.

52) Holger Fleischer (2021), S.434는 이러한 규정은 로마 조합법(römischen Sozietätsrecht)의 유물일

뿐으로, 조합원의 정당한 행위 기대에 부합하지 않는다고 한다. 좀더 상세한 것은 Holger Fleischer/Nadja Danninger (2016), 481ff. 참조.

53) Gesetzentwurf der Bundesregierung (2021), S.165.

54) Gregor Bachmann(2021), S.3075.

55) Gregor Bachmann(2021), S.3076.

56) 현행 독일 민법은 조합의 청산을 Auseinandersetzung이라고 표현하고 있으나, 개정 법은 권리능력 있는 조합에 대하여는 상법상의 회사와 마찬가지로 Liquidation이라는 용어를 쓰고, 권리능력 없는 조합에 대하여는 Auseinandersetzung이라고 한다.

57) Gregor Bachmann(2021), S.3078.

58) 김세준 (2019a), 112면 이하.

59) 류승훈 (2007), 101면 이하는 조합도 사단과는 구별되는 제3자의 권리귀속주체로서 인정하여야 한다고 주장한다.

60) 정동윤 편 (2013), 52-53면. 원래 상법개정안은 합자조합의 소송상 당사자능력을 인정하고 부동산 등기능력을 인정하는 규정을 두고 있었으나, 조합으로서의 성질에 부합하지 않는다는 이유로 채택되지 않았다. 위 책 50면 참조.

61) 파트너쉽은 '영리사업을 영위하기 위한 2인 이상의 단체("the association of two or more persons to carry on as co-owners a business for profit)'를 말한다. Uniform Partnership Act (1997) Section 102 (11).

62) 상세한 것은 윤진수 (2022), 652-657면 참조.

63) 이를 임의규정으로 보는 것은 물권법정주의에 어긋나므로 강행규정이라고 주장하는 것으로는 남효순 (2017), 162면 이하; 김세준 (2018), 219면 이하 참조.

64) 윤진수 (2021b), 279면 참조.

공동체 구성원에
대한 책벌절차

Chapter **04**

●

공동체 구성원에 대한 책벌절차*

Ⅰ. 글머리에

종교단체, 노동조합, 정당, 학교 등 공동체의 구성원을 단체 내부결의로 징벌(懲罰)하는 경우, 이러한 결의는 사법심사의 대상이 되는가? 된다면 그 결의는 언제 무효가 되는가? 이는 국가가 각 단체의 자율성을 얼마나 존중·보호할 것인지와 관련된 문제이다.1)

이 글에서는 종교공동체, 그중에서도 교회의 결의를 중심으로 이 문제를 살펴본다. 글의 순서는 다음과 같다. 우선 관련 판례의 입장을 정리하고(Ⅱ. 1) 이를 비판적으로 평가해 본다(Ⅱ. 2). 이어서 (a) 단체구성원에 대한 징벌이 법률상 쟁송에 해당함에도 불구하고 사법자제를 근거로 들어 이에 대한 사법심사를 거부하는 것은 타당하지 않고, (b) 종교단체의 결의라고 해서 다른 단체의 결의와 차별취급할 이유가 없다는 필자의 입장을 밝힌다(Ⅲ. 1~5). 사법자제는 사법심사 결과 어느 한 편의 손을 들어주는 것이 타당한지 확신이 서지 않는 경우 현 상태를 존중해야 한다는 뜻으로 이해해야 한다. 즉 사법자제는 저울에 아예 달아보지 않는다는 뜻이 아니라, 일단 저울에 달아 최대한 형량을 해 본 뒤(강조는 필자, 이하 같음) 사법부가 취해야 할 선택지이다. 이러한 필자의 생각을 기초로 목사의 지위에 관한 종교단체 결의의 효력이 문제되었던 2014년 대법원 판례를 비판적 관점에서 검토해 본다(Ⅲ. 6). 끝으로 다소 이론적인 논의를 덧붙인다. 사법자제론은 통상 법으로부터 자유로운 영역의 존재를 전제로 한다(법은 제단(祭壇)에 들어가지 못한다!). 그러나 필자는 '전체법질서'로부터 자유로운 영역은 존재할 수 없다고 생각한다. 단체가 전체법질서에 구속된다는 점은 단체가 자율을 누리기 위한 전제조건이다. 이 글에서는 법으로부터 자유로운 영역을 부정하는 생각, 즉 전체법질서의 관점에서는 위법/적법의 2영역만 존재한다는 생각이 갖는 장점을 살펴보고(Ⅳ. 1), 이러한 관점에 대해 흔히 있을 수 있는 오해를 조금이나마 푸는 작업을 시도해 본다(Ⅳ. 2). 필자의 주장이 법 만능주의, 사법적극주의 내지 사법통치(juristocracy)를 옹호하거나 종교단체의 자율성을 경시하는 취지는 아니기 때문이다.

Ⅱ. 판례의 개관 및 평가

1. 종교단체 내부결의에 대한 사법심사 가부 및 기준

종교단체 내부결의에 대한 판례는 — 교회를 기준으로 본다면 — 크게 3가지 유형(교회재산 관련 분쟁, 권징재판 관련 분쟁, 권징재판 이외의 교인지위 관련 분쟁)으로 나눌 수 있다. 교회재산 관련 분쟁의 경우 법원은 특별히 자제적 입장을 취하지 않고, 다른 민사사건과 동일하게 사법심사를 하고 있다. 그러나 권징재판에 관해서는 권징재판이 교회재산에 대한 분쟁, 피징계자의 법률상 지위 등의 선결문제가 되는 경우가 아닌 한 원칙적으로 사법심사의 대상으로 보지 않는다. 권징재판에 해당하지 않는 교인지위 관련 교회결의의 효력이 문제된 경우, 대체로 사법심사 가능성을 긍정하지만 사법자제를 이유로 소 각하를 한 경우도 있다. 또한 본안판단을 하는 경우에도 교회결의의 하자가 매우 중대하여 현저히 정의관념에 반하는 경우에만 결의의 효력을 부정한다. 상술하면 다음과 같다.

가. 교회재산 관련 분쟁

교회재산의 법률관계에 관하여 강행법규와 저촉되는 교회 고유의 규범은 적용될 수 없다.[2] 한편 종래 판례[3]는 — 다른 비법인 사단과 달리 — 비법인 사단인 교회의 분열이 가능하다고 보았다. 그러나 이후 대법원은 판례를 변경하여, 다른 단체와 마찬가지로 교회의 분열은 가능하지 않다고 본다.4) 위 판례는 교인들 사이에 교리 등을 둘러싼 다툼이 생겨 현재 소속된 교단에 계속 남아있을 것인지와 관련하여 편이 나뉜 경우, 교회의 분열이 일어나 한 개의 비법인 사단이 두 개로 되는 것이 아니고 ① 단체의 구성원들이 단체를 탈퇴할 것인지 아니면 단체에 남아있는 상태에서 구성원들의 결의로 단체가 소속된 교단을 탈퇴·변경할 것인지가 문제될 뿐이며, ② 교단 탈퇴·변경의 경우 — 사단법인의 정관변경에 준하여 — 의결권을 가진 단체구성원 2/3 이상의 동의가 필요하다고 보았다.

나. 권징재판의 경우5)

비위행위를 한 교인을 징계·처벌하기 위해 교회 내부에서 이루어지는 재판을 권징재판이라고 한다.6) 권징재판은 일견(一見) 교리 문제와 관련이 있는, 순수하게 종교적 색채를 띤 결의처럼 보이지만, 실제 교회가 자체적으로 정한 권징사유를 보면 반드시 교리 문제에 한정되지 않고, 다른 일반적인 임의단체의 징계사유와 별 차이가 없는 권징사유도 발견된다.7)

권징재판의 경우 판례는 원칙적으로 사법심사의 대상이 아니지만, 예외적으로 권징재판의 유효여부가 법률상 쟁송의 선결문제인 경우 사법심사가 가능하다고 본다.

"종교단체의 권징결의는 교인으로서 비위가 있는 자에게 종교적인 방법으로 징계·제재하는 종교단체 내부의 규제에 지나지 아니하므로 이는 사법심사의 대상이 되지 아니하고, 그 효력과 집행은 교회 내부의 자율에 맡겨져야 할 것"8)

"대한예수교장로회 총회의 재판국이 목사, 장로 등에 대하여 정직, 면직 등에 처하는 결의(재판)는 종교단체 내부의 규제에 지나지 아니하고 그것이 교인 개인의 특정한 권리·의무에 관계되는 법률관계를 규율하는 것이 아니므로 그 무효확인을 구하는 것은 법률상의 쟁송사항에 관한 것이라 할 수 없다."9)

"종교단체의 징계결의는 종교단체 내부의 규제로서 헌법이 보장하고 있는 종교자유의 영역에 속하는 것이므로 교인 개인의 특정한 권리의무에 관계되는 법률관계를 규율하는 것이 아니라면 원칙적으로 법원으로서는 그 효력의 유무를 판단할 수 없다고 할 것이지만, 그 효력의 유무와 관련하여 구체적인 권리 또는 법률관계를 둘러싼 분쟁이 존재하고 또한 그 청구의 당부를 판단하기에 앞서 위 징계의 당부를 판단할 필요가 있는 경우에는 그 판단의 내용이 종교 교리의 해석에 미치지 아니하는 한 법원으로서는 위 징계의 당부를 판단하여야 한다."[10]

그러나 법원이 징계결의의 유·무효를 판단할 수 있는 경우에도 법원은 징계무효를 인정하는데 신중하다.

"원고교회 대표자의 지위에 관하여 소송상 그 대표권을 부인하면서 그 전제로 권징재판의 무효를 다투고 있는 경우에 있어서는 그 유·무효를 가려보아야 할 것인데 이 때에 있어서도 그 권징재판이 교회헌법에 정한 적법한 재판기관에서 내려진 것이 아니라는 등 특별한 사정이 없는 한 교회 헌법규정에 따라 다툴 수 없는 이른바, 확정된 권징재판을 무효라고 단정할 수 없다고 함이 위 종교단체의 자율권을 인정하는데서 나온 귀결이라고 할 것이다. 원심판결은 원고 교회가 속하고 있던 대한예수교장로회 수도노회 재판국에서 한 원고교회 목사였던 소외 1에 대한 정직 및 면직판결은 변호할 자를 선임 아니하고 또 증거조사를 아니하였다는 절차위배가 있다하여 그 권징재판을 무효라고 판시하고 있으나 이는 위에서 설명한 권징재판에 관한 법리를 오해한데서 나온 위법한 조치라고 아니할 수 없다."[11]

그러나 단체 자신이 설정한 규범(교단헌법)에서 정한 절차를 중대하게 위반한 경우, 목사에 대한 면직결의의 무효를 인정한 판례도 있다(비교적 최근 판례이다).[12] 또한 징계절차를 아예 밟지 않았거나 실체적 징계사유가 없는 경우에는 권징재판을 무효라고 판단할 수 있다는 판례도 있다.[13]

한편 징계의 효력이 민사(民事)상 법률관계의 선결문제가 된다고 볼 여지가 있음에도 불구하고, 사법심사의 대상이 아니라고 본 판례도 발견된다.[14] 이 판례는 비위행위로 사제직에서 면직된 '가톨릭 신부'가 면직치분의 무효확인과 사제생활비 등 금전지급을 청구한 사안에서, 면직처분은 사제신분을 박탈하는 것을 내용으로 하는 종교단체 내부의 종교적 방법에 의한 제재이며, 금전지급청구는 종교상의 지위에 수반하거나 파생되는 것에 불과하므로, 결국 면직처분의 무효확인이나 금전지급 청구는 종교교리의 해석문제에 해당하여 사법심사의 대상이 아니라고 보았다.[15]

참고로 판례는 불교단체 내부의 징계결의에 대해서도 원칙적으로 사법심사를 부정하되, 예외적으로 그 징계결의의 효력이 법률상 쟁송의 선결문제에 해당하는 경우 사법심사를 허용한다. 그리고 사법심사를 하더라도 단체의 자율성을 존중하여

사법심사를 자제한다.[16][17]

"종교단체의 징계결의는 종교단체의 교리를 확립하고 종교단체 및 신앙의 질서를 유지하기 위하여 교인으로서 비위가 있는 자를 종교적인 방법으로 제재하는 종교단체 내부의 규제로서 헌법이 보장하고 있는 종교자유의 영역에 속할뿐더러, 교인 개인의 특정한 권리의무에 관계되는 법률관계를 규율하는 것이 아니므로, 법원으로서는 그 효력의 유무를 판단할 수 없다 … (중략) … 종단으로부터 치탈도첩 또는 승적의 제적이라는 징계를 받았으므로 사찰을 점유·관리할 권원을 상실하였다 하여 그 명도를 청구한 경우에는, 구체적인 권리 또는 법률관계를 둘러싼 분쟁이 존재하고, 또한 그 청구의 당부를 판단하기에 앞서 위 징계의 당부를 판단할 필요가 있으므로,[18] 법원으로서는 그 판단의 내용이 종교 교리의 해석에 미치지 아니하는 한 위 징계의 당부를 판단하여야 할 것이고, 이 경우 그 종교단체 소정의 징계절차를 전혀 밟지 아니하였다거나 징계사유가 전혀 존재하지 아니한다는 등 이를 무효라고 할 특별한 사정이 없으면 그 징계는 여전히 효력을 지속한다."[19]

다. 권징재판이 아닌 교인지위 관련 교회결의[20]

판례는 이러한 교회결의는 사법심사의 대상이 될 수 있지만 사법자제를 근거로 소 각하를 할 수도 있다는 입장이다.

"교인으로서 비위가 있는 자에게 종교적인 방법으로 징계·제재하는 종교단체 내부의 규제(권징재판)가 아닌 한 종교단체 내에서 개인이 누리는 지위에 영향을 미치는 단체법상의 행위라 하여 반드시 사법심사의 대상에서 제외하거나 소의 이익을 부정할 것은 아니다. 그렇다고 하여도 종교단체가 헌법상 종교의 자유와 정교분리의 원칙에 기초하여 그 교리를 확립하고 신앙의 질서를 유지하는 자율권은 최대한 보장되어야 하므로, 종교단체의 의사결정이 종교상의 교의 또는 신앙의 해석에 깊이 관련되어 있다면, 그러한 의사결정이 종교단체 내에서 개인이 누리는 지위에 영향을 미치더라도 그 의사결정에 대한 사법적 관여는 억제되는 것이 바람직하다."[21]

또한 판례는 종교단체의 경우 일반단체와 달리 단체의 자율성을 더욱 존중할 필요가 있다고 본다. 일반단체의 결의무효 사유로 인정될 수 있는 흠이라 하더라도, 종교단체의 결의무효 사유로 인정되기에는 부족할 수 있다는 것이다.

"우리 헌법이 종교의 자유를 보장하고 종교와 국가기능을 엄격히 분리하고 있는 점에 비추어 종교단체의 조직과 운영은 그 자율성이 최대한 보장되어야 할 것이므로, 교회 안에서 개인이 누리는 지위에 영향을 미칠 각종 결의나 처분이 당연무효라고 판단하려면, 그저 일반적인 종교단체 아닌 일반단체의 결의나 처분을 무효로 돌릴 정도의 절차상 하자가 있는 것으로는 부족하고, 그러한 하자가 매우 중대하여 이를 그대로 둘 경우 현저히 정의관념에 반하는 경우라야 한다."[22]

권징재판과 그 밖의 교인지위 관련 교회내부 결정을 구별하는 기준에 관하여, 판례는 교회 내부결의의 직접적 이유 자체가 신앙·교리에 있으면 전자로 보고, 그렇지 않으면 후자로 보는 듯하다.[23] 교회가 아니라 사찰의 경우에도 비슷한 구분법(신앙·교리 그 자체를 이유로 한 징계결의와 그 밖의 교인신분 관련 결의)을 생각해 볼 수 있지만, 그와 같이 구별하여 법리를 설시한 판례는 확인하지 못하였다.

2. 판례에 대한 소감(所感)

종교단체의 징벌결의(=권징재판+그 밖의 교인지위 관련 결의)[24]에 대한 사법심사의 가부(可否) 및 기준을 둘러싼 판례의 입장은 혼란스럽다. 물론 판례의 판시는 개별 사안의 구체적 특수성을 고려하여 결론을 도출하는 과정에서 '부수적으로 수반하여' 나온 것이므로, 판시의 문구(文句)를 섣불리 일반화하여 확대 적용하는 것은 위험하다. 하지만 판례의 '지도적(指導的) 문구'가 후속 판결에 미치는 사실적 영향을 무시할 수 없다. 따라서 판례의 일반론은 ① 가급적 다른 판례의 일반론과 모순·저촉되지 않아야 하고, ② 어느 정도 보편적 합리성을 갖추어야 한다. ③ 판례의 판시가 명확해야 함은 물론이다. 그 취지가 불명확하여 내용의 타당성 여부를 검토하는 것조차 어려운 판시가 지도적 문구가 되어 다른 판례에 영향을 미치는 것은 바람직하지 않다. 이러한 관점에서 판례를 살펴보면, 다음과 같은 의문이 떠오른다.

첫째, 종교단체 내부결의가 사법심사의 대상이 되지 않는다는 말의 취지가 불분명하다. 원래 민사소송의 대상이 되려면 ① 그 사건이 법률적 분쟁(법률의 적용에 의하여 종국적으로 해결할 수 있는 것)이어야 하고, ② 협의의 사건성(당사자 간의 구체적 권리의무 내지 법률관계의 존부에 관한 분쟁일 것)이 인정되어야 한다.[25] 종교단체 내부결의를 둘러싼 다툼은 위 ①, ②요건이 충족되더라도 사법심사의 대상이 될 수 없다는 뜻인가?(1안) 아니면 ①요건이 결여되었기 때문에 사법심사의 대상이 될 수 없다는

뜻인가?(2안)[26]

둘째, 만약 판례가 1안이라면 그와 같이 볼 법적 근거가 있는가?

셋째, 판례는 종교적 방법에 의한 내부제재(권징재판)는 원칙적으로 사법심사의 대상이 되지 않지만, 내부제재의 효력이 법률상 쟁송의 선결문제라면 예외적으로 사법심사의 대상이 된다고 한다. 그런데 '법률상 쟁송의 선결문제'인지 여부는 어떻게 판단하는가? 가령 미주 14에서 소개한 판례는, 신부에 대한 면직처분으로 인해 이후 피면직자가 천주교서울대교구로부터 급여를 받을 수 없게 되었음에도 불구하고, 위 예외요건에 해당하지 않는다고 보아 면직처분 무효확인의 소를 각하하였다. 선결문제성을 인정한 판례와 위 판례는 어떠한 점에서 구별되는가?

넷째, 판례는 신앙·교리 그 자체를 이유로 교인을 징벌하는 경우 이를 권징재판으로 보아 사법심사의 대상에서 배제한다. 다만 징벌의 이유가 오로지 종교적이더라도 징벌의 효과가 피징계자의 법률상 지위에 영향을 미친다면, 사법심사의 가능성을 긍정한다. 그런데 여기서 말하는 피징계자의 법률상 지위가 반드시 '재산법상 이익'(ex. 징벌로 재산상 손해를 입는 경우, 징벌로 단체의 대표자 지위를 상실하는 경우)에 한정되어야 할 이유가 있는가? 가령 오로지 신앙·교리를 이유로 한 징벌로 인해 피징계자의 '인격권' 침해가 문제된다면 이 또한 법률상 쟁송 아닌가?

다섯째, 판례는 권징재판의 경우 원칙적으로 사법심사의 대상이 될 수 없지만, 권징재판이 아닌 교인 관련 교회 내부결의의 경우 사법심사의 대상이 될 수 있다는 입장이다. 그런데 후자의 경우에도 사법자제를 근거로 본안판단을 하지 않고 '소 각하'를 한 판례가 있다.[27] 그렇다면 ⓐ 원칙적으로 사법심사의 대상이 되지 않는 권징재판, ⓑ 예외적으로 사법심사의 대상이 되는 권징재판, ⓒ 사법심사의 대상이 되는 교인 관련 교회 내부결의, ⓓ 사법심사의 대상이 되지 않는 교인 관련 교회 내부결의는 어떻게 구별하는가? 위와 같이 유형을 나눌 법적 근거가 있는가?[28] 구별의 실익은 있는가?

여섯째, 판례는 종교단체 내부결의를 무효로 보는 기준과 그 밖의 일반단체 내부결의를 무효로 보는 기준을 다르게 설정한다. 즉 종교단체의 자율성을 더욱 존중한다. 이러한 입장이 타당한가? 그와 같이 볼 (헌)법적 근거가 있는가?

일곱째, 종교단체 내부결의가 사법심사의 대상이 되는 경우, 사법심사는 절차위반 심사에 그쳐야 하는가? 법원은 실체적 심사를 할 수 없는가? 절차위반이 있으면 언제나 결의가 무효인가? 그렇지 않다면 어느 정도의 절차위반이 있어야 결의가 무효가 되는가? 법원이 실체적 심사를 할 수 있다면 그 기준은 무엇인가? 심사의 밀도는 어느 정도가 되어야 타당한가?

아래에서는 항을 바꾸어 위 자문(自問)에 대하여 자답(自答)을 해 본다.

Ⅲ. 종교단체 내부결의에 대한 사법심사 가부(可否) 및 기준

1. 국민의 재판청구권 제한의 헌법상 근거

판례는 종교단체 내부문제에 대한 사법심사 기준에 관하여 다음과 같은 입장을 밝히고 있다.

"종교활동은 헌법상 종교의 자유와 정교분리의 원칙에 의하여 국가의 간섭으로부터 그 자유가 보장되어 있으므로, 국가기관인 법원은 종교단체 내부관계에 관한 사항에 대하여는 그것이 일반 국민으로서의 권리의무나 법률관계를 규율하는 것이 아닌 이상 원칙적으로 그 실체적인 심리판단을 하지 아니함으로써 당해 종교단체의 자율권을 최대한 보장하여야 한다. 따라서 일반 국민으로서의 특정한 권리의무나 법률관계와 관련된 분쟁에 관한 것이 아닌 이상 종교단체의 내부관계에 관한 사항은 원칙적으로 법원에 의한 사법심사의 대상이 되지 않는다."[29]

위 판시는 부분사회론에 입각한 다음과 같은 일본 최고재판소의 판시를 연상시킨다.

"대학은 … 일반시민사회와 다른 특수한 부분사회를 형성하고 있으므로 … 대학에서의 법률상 분쟁 모두가 당연히 당연히 재판소의 사법심사 대상이 되는 것은 아니고, 일반 시민법질서와 직접관련이 없는 내부적 문제는 사법심사의 대상에서 제외된다."[30]

일본의 부분사회론은 법률상 쟁송에 해당함에도 불구하고 단체의 자율성을 강조하여 사법심사를 자제하는 이론이다. 정당·종교단체·대학과 같은 특수 부분사회의 내부 분쟁에 대하여 원칙적으로 사법부의 심판권이 미치지 않는다는 것이다.[31]

"어떠한 위법상태가 존재하는 경우에 항상 국가사법권의 발동에 의하여 관계자가 구조를 요구할 수 있는 것은 아니다. 구조를 요구할 수 있는 것은 국가가 그 사명을 달성한다는 견지에서 특히 문제를 중요시하고, 이를 자기의 재판권에 복종시킨 경우에 한하는 것으로 보아야 한다. 형벌에 이르지 않은 징계처분에 관해서는 그 사회가 규범을 자유롭게 입법하고, 해석하여 적용하는 것이 가능하다. ⋯이에 관하여 재판소는 심사권을 갖고 있지 않다"[32]

"재판소법 제3조 제1항에서 말하는 '일체의 법률상의 쟁송'이라는 것은 모든 법률상의 쟁송을 말하는 것은 아니고, 법률상의 쟁송 중에는 사안의 특질상 사법재판권의 대상의 밖에 두는 것이 상당하다고 하는 것이 있다. 자율적인 법규범을 갖는 사회 내지 단체에 있어서는 당해 규범의 실현을 내부규율의 문제로서 자치적 조치에 맡기고, 반드시 재판에 의하는 것이 적당하지 않은 것이 있는데⋯"[33]

만약 우리 판례가 일본의 부분사회론처럼 단체결의의 효력문제가 법률상 쟁송[34]에 해당함에도 불구하고 그에 대하여 사법심사의 한계를 설정하는 취지라면,[35] 이는 받아들일 수 없다. 우리 헌법은 국회에 의한 국회의원의 자격심사와 징계 및 제명처분에 관하여는 법원에 제소할 수 없도록 하여 사법심사의 대상에서 제외하고 있지만(헌법 제64조 제4항), 종교단체, 정당, 노동조합 등 다른 단체의 내부결의에 대해서는 어떠한 규정도 두고 있지 않기 때문이다. 일본의 부분사회론은 이미 많은 비판을 받아 온 '특별권력관계이론'의 변형에 불과하다.[36] 부분사회론을 근거로 국민의 헌법상 기본권인 재판청구권(헌법 제27조) 행사를 원천 봉쇄할 수는 없다. 종교단체가 누리는 종교의 자유를 근거로 종교단체 구성원의 재판청구권 행사를 봉쇄할 수도 없다. 법률상 쟁송에 해당하는 한 종교단체 내부결의도 사법심사의 대상이 되어야 한다. 법원의 사법심사를 원천 배제하는 출입문으로서 '법률상 쟁송'이라는 요건 이외에 '종교적 문제가 아닐 것'이라든지 '단체의 자율에 관한 문제가 아닐 것'이라는 등의 별도 요건을 두는 것은 타당하지 않다.[37]

2. 법률상 쟁송의 판단기준

종교단체 내부결의의 효력이 법률상 쟁송으로 인정되는 경우는 언제인가? 이는 추상적·일의적으로 판단하기 어렵고, 사안별로 구체적으로 따져볼 수밖에 없는 문제이다. 판례는 앞서 본 것처럼 "일반국민으로서의 특정한 권리의무나 법률관계와 관련된" 분쟁인지를 기준으로 들고 있다. 그런데 법률이라는 것 자체가 본디 모든 국민에게 적용될 것을 예정하고 있는, 국민의 대표인 입법부가 만든 규범이다. "일반국민으로서의"라는 표현이 위와 같은 취지를 반복·강조하는 것에 불과하다면 별 문제가 없다. 하지만 일반적 문제가 아닌 단체고유의 문제를 법률상 쟁송에서 아예 배제하는 취지라면 이러한 제한은 타당하지 않다. 가령 ① 종교단체가 시설물을 관리하는 근로자를 고용한 경우 이러한 고용계약은 일반 시민법 문제이지만, 사제를 임명하고 사제에게 급여를 지급하는 문제는 시민법과 구별되는 종교적 문제이므로 사제 임명/해임의 효력을 둘러싼 문제는 법률상 쟁송이 아니라든지,[38] ② 종교적 이유를 근거로 한 교인에 대한 징벌은 순수한 종교적 문제이므로 그것이 피징계자의 재산법적 지위(급여청구권의 상실, 교회를 대표하여 법률행위를 할 대표권의 상실)와 관련이 없다면 법률상 쟁송이 아니라든지 하는 논리는 부당하다. 사제 임명계약의 효력, 사제직위를 박탈하는 결의의 효력은 법률상 쟁송에 해당할 수 있다. 나아가 피징계자의 '재산법상' 지위에 영향을 미치지 않더라도 그의 '인격권'이나 '종교의 자유'를 침해하는 징계라면, 오로지 종교적 이유를 근거로 한 징계라 하더라도 법률상 쟁송에 해당할 수 있다.[39] 모든 국민은 인간으로서의 존엄과 가치를 가지며, 행복을 추구할 권리를 가진다(헌법 제10조). 사람은 생명, 신체, 건강, 자유, 명예, 사생활, 성명, 초상, 개인정보, 그 밖의 인격적 이익에 대한 권리를 가진다. 이러한 인격권은 헌법 제10조로부터 도출되는, 법적 보호를 받을 가치가 있는 권리이다. 종교단체 내부징계가 순수히 종교적 이유를 근거로 이루어진 경우에도, 피징계자의 인간으로서의 존엄과 가치나 명예의 훼손이 문제된다면, 또는 피징계자의 종교의 자유 침해가 문제된다면 피징계자에게는 법적 구제수단이 부여되어야 한다. 법원은 교리에 대하여 독자적으로 판단하는 것을 삼가야 하지만, 그렇다고 해서 종교적 문제에 해당한다는 말이 사법심사를 면하게 해주는 '절대반지'는 아닌 것이다.[40][41]

　　동아리 구성원 모두가 A를 '나쁜 사람'이라고 간주하고 A의 동아리원 자격을 박탈하였다고 가정하자. 대다수 사람들이 볼 때 A가 설령 착한 사람이더라도 이러한 동아리 내부결의로 A의 법적 권리가 침해되었다고 단정하기 어렵다. A가 착한 사람인지 나쁜 사람인지는 각 개인이 자신의 가치관에 따라 자유롭게 판단할 문제이다. 선악(善惡)/시비(是非)의 문제라기보다 호오(好惡)/미추(美醜) 문제에 가깝다. 동아리 구성원은 이 문제를 독점적으로 판단할 권한도 능력도 없다. 동아리 구성원들이 위와 같이 판단하였다는 사실만으로 A가 정말로 나쁜 사람이라고 믿을 순진한 (또는 어리석은) 외부인은 많지 않을 것이다. A는 위 결의에 승복할 수 없더라도 다른 동아리에 가입하면 된다. 어차피 자신과 맞지 않는 구성원들과 동아리 활동을 계속하기 어려울 것이다. 그러나 위와 같은 사실이 강한 낙인효과를 가져와 A의 학교생활이나 사회생활에 여러모로 불리한 효과를 미친다면 어떠한가? 명백한 허위 사실에 근거하여 A의 동아리원 자격을 박탈하였다면 어떠한가? 이 경우 사법심사가 가능해야 한다. 종교단체 내부의 분쟁도 이와 다를 것이 없다. 피징계자의 재산법적 지위에 영향을 미치지 않는다고 해서, 순전히 종교적 이유에 의한 징벌이라고 해서 당연히 사법심사의 대상에서 제외된다고 단정하기 어렵다. 종교적 옳고 그름의 문제를 제3자인 사법부가 판단하기 어려운 것은 맞지만, 그 징벌이 피징계자의 인격적 이익에 미치는 효과가 크다면, 일단 사법부는 법률상 쟁송성을 인정한 뒤 그 분쟁을 사법심사의 테이블 위에 올려놓아야 한다. 저울에 달아본 뒤 사법자제를 하는 것과 아예 저울에 올려놓지도 않는 것은 차원이 다른 문제이다. ① 단체의 임의성 및 대체가능성이 낮을수록, ② 단체가 수행하는 사회적 기능이 클수록, ③ 단체구성원이 단체에 부여하는 의미와 중요성이 클수록, ④ 단체구성원이 단체에 대하여 갖는 권한이 클수록, 단체내부의 징벌이 피징계자의 인격권을 침해할 가능성도 늘어날 것이다. 법원은 위 ① 내지 ④요건과 징벌결의의 절차적·실체적 흠을 고려하여,[42] 순전히 종교적 이유에 기초한 징벌의 경우에도 법률상 쟁송성을 인정할 수 있다. 권징재판인지 그 밖의 교인지위 관련 결의인지에 따라 법률상 쟁송성 해당 여부가 갈리는 것이 아니다.

3. 종교단체의 자율성을 더 두텁게 보호할 필요성?

판례는 종교단체의 결의를 무효화하는 절차적 흠의 중대성 요건이, 일반단체의 결의를 무효화하는 절차적 흠의 중대성 요건보다 더 높다고 본다. 그리고 그 근거로 헌법이 종교의 자유를 보장하고 종교와 국가기능을 엄격히 분리하고 있는 점(헌법 제20조 제1, 2항)을 든다. 국가는 국민의 종교활동의 자유에 간섭해서는 안된다. 국가가 특정 종교를 우대하거나 차별해서도 안된다. 종교단체 내부결의의 유·무효를 판단하면서 법관이 해당 종교단체에 대한 편향적 선입견에 기초하여 그 종교단체에 불리한 판단을 한다면, 이는 종교단체(구성원)의 종교의 자유를 침해한 것이다. 그런데 종교단체가 아닌 일반단체(구성원)도 그 단체의 설립목적에 기초하여 자율권을 누린다. 이러한 자율권도 헌법상 기본권이다(헌법 제21조 제1항에 따른 결사의 자유[43]). 단체의 자율권이 종교단체가 누리는 종교의 자유보다 보호가치가 떨어지는 권리라고 볼 근거가 없다. 종교단체의 자율성이 소중한 만큼 다른 단체의 자율성도 소중하다. 종교단체의 징벌결의의 효력은 사인과 사인의 기본권이 충돌하는 문제이다. 종교단체가 종교의 자유를 가질 뿐만 아니라, 피징계자도 종교의 자유, 인격권, 행복추구권 등을 갖는다. 사법부는 두 기본권을 세밀하게 형량하여 사안별로 분쟁을 해결해야 한다.

물론 법원이 종교 교리의 타당성에 관하여 판단하는 것은 불가능하므로, 결과적으로 다른 단체의 결의보다 종교단체의 결의는 유효성이 인정될 여지가 많을 수 있다. 하지만 이는 종교단체의 헌법상 기본권이 다른 단체의 기본권보다 우월해서 발생한 결과가 아니다. 종교단체를 둘러싼 분쟁의 특성{'세속적' 관점에서 종교 관련 문제는 선악(善惡)/시비(是非)의 문제라기보다 호오(好惡)/미추(美醜) 문제에 가깝다}이 반영된 사실상 결과일 뿐이다.

4. 사법심사의 기준

종교단체 내부결의가 법률상 쟁송에 해당하면 사법부는 결의의 효력유무를 판단해야 한다. 법률상 쟁송 개념을 부당하게 좁히거나 법률상 쟁송 요건 이외에 추가 요건을 요구함으로써 법원의 본안판단 자체를 막으려는 주장은, 그 주장이 '사법자제론'에 근거하든 '부분사회론'에 근거하든 '법으로부터 자유로운 영역'이론[44]에 근거하든 모두 타당하지 않다.

그렇다면 본안판단의 기준은 어떻게 설정해야 하는가? 판례는 실체판단 국면에서도 사법자제를 이야기한다. 필자도 이러한 의미의 사법자제론에 동의한다. 적극적으로 해당 분쟁을 저울에 달아보되, 어느 한쪽으로 저울이 기울어졌다고 쉽사리 판단하기 어려운 경우에는 내부결의의 효력을 함부로 무효로 선언해서는 안된다. 이는 "의심스러울 때는 교회의 이익으로(in dubio pro ecclesia)"[45] 판단해야 한다는 취

02 공동체법 총론

지가 아니다. 종교단체에만 그러한 특권을 인정할 수는 없다.[46] "의심스러울 때는 현상을 유지하는 방향으로(in dubio pro status quo)" 판단해야 한다는 것이다.[47] 사법심사의 구체적 기준에 관하여 다음 명제들을 생각해 볼 수 있다. 아래 네 가지 명제 중 첫 번째는 절차적 흠에 대한 사법심사 기준이고, 두 번째는 실체적 흠에 대한 사법심사 기준이다. 세 번째 명제는 사법심사 기준과 법률상 쟁송성 판단기준 사이의 관계를 말하고 있고, 네 번째 명제는 절차적/실체적 흠의 치유를 인정할 수 있는 사유에 관하여 말하고 있다.

첫째, 종교단체 내부절차를 위반하여 징벌절차가 진행된 경우라면, 법원이 적극적으로 징벌결의의 무효를 선언함이 바람직하다. 절차위반 여부는 제3자도 쉽게 확인할 수 있다. 절차위반 여부를 따지는 과정에서 판단자의 주관적 가치관이 개입될 여지는 희박하다. 국가가 단체의 자율성/종교의 자유를 침해할 여지가 작은 것이다. 물론 사소한 절차위반을 이유로 징벌결의를 무효로 돌릴 수는 없다.[48] 그러나 피징계자의 방어권, 청문권 보호를 위해 마련된 절차규정이 위반되었다면 이를 사소한 절차위반으로 보기 어려울 것이다. 징벌결의에 이르기까지의 과정에서 준수되어야 할 내부규칙들이 준수되지 않은 경우, 일률적으로 결의가 무효라고 보긴 어렵다. 그러나 자신이 마련한 규정도 지키지 않은 단체가 단체의 자율성을 내세우는 것은 일종의 자기모순이다. 타인에게 법률상 불이익을 가하는 것이 정당화되려면, 특히 그 불이익이 타인에게 중대한 불이익이라면 자기 자신이 먼저 옷깃을 여미는 자세를 보여야 한다. 이러한 측면에서 볼 때, 중대한 절차상 위반이 있는 경우에만 결의를 무효로 보겠다는 판례의 태도가 단체의 자율성을 근거로 정당화될 수 있는지 의문이다. 미주 22의 판례는 "매우 중대하여 이를 그대로 둘 경우 현저히 정의관념에 반하는 절차상 하자"가 있는 경우에만 결의무효를 인정할 수 있다고 한다. 추상적 판시이기는 하나 결의무효가 인정되기 위한 기준이 너무 높다. ① 해당 절차를 거치지 않았어도 어차피 동일한 결의가 이루어졌을 가능성이 크고, ② 해당 절차의 준수 자체가 공정성 확보라는 측면에서 독자적 의미를 갖지 않는 경우에만(이러한 사유에 대한 증명책임은 결의가 유효임을 주장하는 종교단체가 부담한다) 절차상 흠을 문제삼지 않고 징벌결의를 유효로 봄이 공평하다. ②번 요건 충족여부는 상당부분 법관의 재량에 달려 있을 수밖에 없는데, 사소한 결의가 이루어지거나 사소한 절차가 위반된 경우가 아닌 한 절차자체의 공정성도 무겁게 고려함이 대체로 타당할 것이다. 이러한 필자의 입장은 판례의 입장보다 '조금 더' 절차상 흠을 중요한 흠으로 보는 견해라고 할 수 있다.

둘째, 실체문제도 제3자가 옳고 그름을 판단하는 것이 가능한 경우라면 법원이 심사할 수 있어야 한다. 가령 허위사실에 바탕을 둔 징벌은 아무리 종교적 차원의 징계라 할지라도 법적으로 정당화될 수 없다. 단체가 자신이 정립한 기준을 자의적으로 적용하여 실질적으로 동일한 사안임에도 불구하고 A에게는 불이익한 결의를 하지 않고, B에게는 불이익한 결의를 하였다면, 이 또한 사법심사의 대상이 되어야 한다. 법치국가 안에서 누구도 일반적 법원칙(자의금지원칙!) 위에 있을 수 없다. 같은 것은 같게 취급해야 하고, 다른 것은 다르게 취급해야 한다. 단체 내부규정의 해석이나 적용이 문제된 경우에도, 법원이 외부자의 시각이 아니라 그 규정이 만들어진 취지를 고려하여 내부자의 시각에서 내재적으로, 자율적으로[49] 해석한다면, 이를 종교의 자유에 대한 국가권력의 침해라고 볼 수 없다. 내부자의 시각에서 보았을 때 단체가 자신이 만든 규정을 지키지 않았다고 판단되는 경우라면, 법원은 적극적으로 결의무효를 선언할 수 있어야 한다. 단체가 자신이 정립한 규율을 스스로 위반한 경우이므로, 절차위반 사안과 다를 바 없다. 그러나 단체가 추구하는 목적달성에 필요한 규범을 구성원이 지키지 않아 단체내부 결의를 통해 징계가 이루어진 경우 ㉠ 그러한 목적이 타당한지,[50] ㉡ 그러한 목적달성을 위해 해당 징계가 필요한지, ㉢ 징계가 너무 무거운 것은 아닌지 등의 판단은 가급적 자제해야 한다.[51] 그렇지 않으면 단체가 국가의 가치판단에 종속되는 결과가 되기 때문이다. 그러나 징계목적이 공서양속에 명백히 반한다면[52] 법원은 징계무효를 선언할 수 있다.

셋째, 위에서 본 사법심사 기준은 역으로 해당 분쟁의 법률상 쟁송성을 판단하는 기준이 될 수 있다. 단체결의의 절차적/실체적 흠이 중대할수록 피징계자의 인격적 이익이 침해되는 정도가 크고, 그렇다면 해당 결의의 유·무효 여부는 — 피징계자의 재산적 이익과 관련이 없더라도 — 법률상 쟁송에 해당할 여지가 크다. 분쟁현실에서는 법률상 쟁송성과 실체적/절차적 흠의 존재여부가 단계적으로 판단되기보다 한꺼번에, 즉 동시에 판단될 가능성이 크다.

넷째, 위 첫째 및 둘째 기준에 따라 판단할 때 종교단체가 그 구성원에게 부과한 징벌이 절차적 또는 실체적 흠이 있다면, 해당 종교단체의 구성원 다수가 그 징벌의 정당성을 시인하고 있다고 해서, 그 흠이 치유될 수 없다. 이 경우 종교단체의 자율성 존중을 이유로 흠 자체를 부정하거나 흠의 치유를 긍정하는 것은, 다수에 의한 소수의 억압을 법으로 용인하는 것이다. 법의 존재이유를, 그리고 법치주의 자체를 부정하는 것이다. 존재(Sein)로부터 당위(Sollen)가 도출될 수는 없다. 다수의 종교의 자유를 보호한다는 점을 명분으로 삼아 소수의 종교의 자유 침해를 정당화할 수는 없다.[53] 다수가 흠을 흠이 아니라고 부르는 것만으로 흠의 치유가 인정될 수 없다.

5. 헌법상 정교분리 원칙의 고려: 별도의 추가 기준?

종교단체 내부결의의 사법심사 가부에 대한 필자의 입장은 "법률상 쟁송 요건으로의 일원화"로 요약할 수 있다. 그런데 학설 중에는 '법률상 쟁송' 개념만으로 복잡다단한 종교관련 문제를 해결하기에는 부족한 점이 많으므로 헌법상 종교의 자유와 정교분리 원칙을 고려하여 다양한 원칙을 정립하는 것이 필요하다는 주장도 유력하다.[54] 헌법상 정교분리 원칙을 예리하게 고려할 필요가 있다는 점은 필자도 공감한다. 다만 이를 별도의 추가 기준으로 내세우기보다는 ① 법률상 쟁송성을 판단하거나, ② 본안판단을 하는 과정에서, 헌법상 정교분리 원칙을 충분히 녹여내는 것이 바람직하고 그것으로 충분하다고 필자는 생각한다. 별도의 추가 기준 설정을 정당화하는 실정법상 근거가 없고, 사법심사 범위 축소로 인해 국민의 재판청구권이 침해될 우려가 있기 때문이다. 아래에서는 헌법상 정교분리 원칙이 법률상 쟁송성을 판단하거나 본안판단을 하는 과정에서 어떻게 반영될 수 있는지, 본문 Ⅲ. 2~4에서 산발적으로 언급한 내용을 포함하여 정리해 본다.

정교분리 원칙은 종교에 대한 중립성, 간섭 및 개입금지를 국가권력에 요구한다. 사법부가 종교단체 내부분쟁에 대하여 원고와 피고 중 어느 일방의 승소판결을 선고한다면, 이는 종교적 중립성을 지키지 못한 것일 수도 있고, 사법부가 올바르다고 생각하는 종교적 신념을 패소한 당사자에게 강요하는 것일 수도 있다. 이러한 상황이 발생할 우려가 있다면 사법심사 자체를 하지 않는 것이 맞다. 관건은 사법부가 '법을 선언하는 상황인지, 교리를 선언하는 상황인지'에 달려 있다. 전자의 경우라면 정교분리 원칙 위반은 문제되지 않는다. 후자의 경우에만 정교분리 원칙 위반이 문제된다. 그런데 실제 분쟁에서 대부분의 사안은 두 상황이 분리불가능하게 얽혀 있다. 혼성사안은 원칙적으로 법률상 쟁송으로 보되, 본안판단 단계에서 정교분리 원칙을 가급적 존중해야 한다. 그렇게 보지 않으면 법적 문제에 대하여 사법부의 판단을 받을 기회가 완전히 박탈되기 때문이다. 다만 종교단체 징벌이 피징계자의 재산법상 지위에 별다른 영향이 없고, 인격권을 침해하는지도 불분명한 사안, 즉 법률상 쟁송성 해당여부가 모호한 사안이라면, 정교분리 원칙을 존중하여 소 각하를 할 수 있을 것이다. 정교분리 원칙은 경계사안에서 사법심사 배제를 정당화하는 근거로서 그 효용이 있다.

본안판단을 하는 과정에서도 정교분리 원칙은 존중되어야 한다. 필자가 앞서 말한 "의심스러운 때에는 현상 유지의 방향으로"라는 명제도 정교분리 원칙을 근거로 정당화될 수 있다. 법관이 신중한 법적 판단을 거듭하였음에도 불구하고 결론을 내리기 어려워 경계사안이라고 판단되는 경우 정교분리 원칙을 존중해야 한다. 또한 법관이 신중한 법적 판단을 하는 과정에서도 정교분리 원칙은 존중되어야 한다. 신중한 법적 판단을 어떻게 해야 하는지에 대해서는 본문 Ⅲ. 4.에서 언급하였다. 종교단체 내부결의의 실체적 흠을 심사하는 과정에서 법관은 정교분리 원칙을 늘 유념해야 한다. 실체적 심사는 국가권력이 종교교리의 정당성을 심사하는 것으로 연결될 수 있기 때문이다. 종교단체 스스로 자기모순적 행위를 하였거나 공서양속을 위반하는 등의 특별한 사정이 없는 한, 종교문제 관련 결의의 실체적 흠은 가급적 불인정해야 한다.

6. 본안판단을 자제한 대법원 판례의 비판적 검토

지금까지 밝힌 필자의 견해를 바탕으로, 종교단체 내부결의의 효력에 관하여 본안판단을 하지 않은 대법원 판례(대법원 2014. 12. 11. 선고 2013다78990 판결)를 비판적으로 검토해 본다.[55]

가. 사실관계

대한예수교장로회 교단 내에는 교회의 평화와 질서를 유지하고 행정과 권징의 권한을 행사하는 치리회로서 당회, 노회, 총회를 두고 있는데 그중 총회(이하 '피고 총회')는 위 교단 내 최고 치리회로서 교단 소속 지교회와 산하 기관을 총괄하면서 교단 내 분열과 갈등을 관리하고 각종 쟁송을 처리하는 직무를 담당하고 있다. 위 교단 소속의 원고 교회(대한예수교장로회 강북제일교회)는 A를 원고 교회의 위임목사로 청빙하는 내용의 당회와 공동의회 결의를 거친 후 위 교단 소속 평양노회에 위임목사 청빙의 승인을 요청하였고, 평양노회는 그 청빙을 승인하는 결의를 하였다.[56] 그런데 피고 총회는 그 소속기관인 재판국을 통하여 2회에 걸쳐 평양노회의 위 결의가 무효임을 확인하는 내용의 각 위임목사 청빙승인결의 무효확인 총회판결을 하였고, 위 각 판결 사이에 별도로 A에 대한 목사안수결의 무효확인 총회판결을 하였다. 위 목사안수결의 무효확인 총회판결은 A가 목사안수의 요건인 2년 이상의 전임전도사 경력을 갖추지 못하였다는 점을 그 이유로 하였고, 제1차 위임목사 청빙승인결의 무효확인 총회판결은 A가 위임목사가 될 수 없는 미국 시민권자였다는 점을 그 이유로 하였으며, 제2차 위임목사 청빙승인결의 무효확인 총회판결은 A가 미국 시민권자였고 위 목사안수결의 무효확인 총회판결에 의하여 피고 교단 목사로서의 지위를 상실하였다는 점을 그 이유로 하였다. 이에 원고 교회는 위 각 총회판결에 의하여 A의 피고 교단 목사로서의 지위와 원고 교회 위임목사로서의 지위가 부인되었다고 주장하면서, 피고 총회에 대하여 위 3개의 총회판결이 무효인 점과 A가 원고 교회의 대표자인 점을 확인하여 줄 것을 요구하는 이 사건 소를 제기하였다.

나. 소송의 경과

1심 및 원심은 ① 1차 무효확인 총회판결은 교회헌법상 제소권한이 없는 자에 의해 제기된 소에 기초한 판결인 점, ② 원고와 A는 위 1차 판결이 나오기까지 절차 내에서 아무런 소명기회를 갖지 못한 점(이상은 1차 청빙승인결의 무효확인 총회판결의 흠), ③ A는 2년 이상의 전임전도사 경력을 갖추었고 설령 미비한 점이 있더라도 피고 총회의 안수결의 무효확인 판결 시점에서 그 하자는 치유되었다고 보아야 하므로 안수결의를 무효로 볼 이유가 없는 점, ④ 교단헌법 및 시행규정상 A의 자격구비 여부를 판단할 실질적 권한은 지교회 당회장 및 노회에 있는 점, ⑤ 총회재판국이 치리회(평양노회)의 안수결의가 무효라는 행정재판을 통해 A의 지위를 박탈한 것은 징벌(좁은 의미의 권징재판)을 통하지 않은 사실상 징계로서 A의 방어권을 침해하는 것인 점(이상은 안수결의 무효확인 총회판결의 흠), ⑥ 미국시민권자가 통합교단의 목사가 될 수 없다는 것은 총회결의에 지나지 않고 교단헌법에 명시되어 있지 않은 점, ⑦

총회결의 위반은 청빙승인결의를 무효로 볼 사유에 해당하지 않는 점(교단헌법 또는 규정에 중대하고 명백하게 반해야 하는데, 교단헌법 또는 규정에 위반되는 점이 없고, 중대하고 명백한 흠이 존재한다고 보기도 어렵다)(이상은 2차 청빙승인결의 무효확인 총회판결의 흠)을 근거로, 총회재판국의 판결은 장로교단의 조직규범에 위배되는 중대한 절차상의 하자가 있을 뿐만 아니라, 실체적으로도 재량권을 현저히 일탈남용한 하자가 있다고 할 것이므로, 현저히 정의관념에 반하는 중대명백한 하자가 있는 판결로서 무효라고 보았다.

대법원은 교단의 종교적 자율권과 지교회의 종교적 자율권이 충돌하는 경우57) 지교회의 자율권이 일정한 제한을 받을 수밖에 없고, 그러한 한도에서 사법심사의 대상 자체가 되지 않는다고 보면서, 다음과 같은 일반적 법리를 설시하였다.

"법인 아닌 사단으로서의 실체를 갖춘 개신교 교회는 단독으로 종교활동을 할 수도 있지만, 교리의 내용, 예배의 양식, 신앙공동체로서의 정체성, 선교와 교회행정에 관한 노선과 방향 등에 따라 특정 교단의 지교회로 가입하거나 새로운 교단을 구성하여 다른 지교회의 가입을 유도할 수도 있다. 이때 각 지교회가 소속된 특정 교단은 교리의 내용 등 해당 교단의 고유한 특성과 교단 내에서의 종교적 질서를 유지하는 것을 그 존립 목적으로 하게 된다. 교단은 그 존립 목적을 위하여 필요한 경우 교단 헌법을 제정·개정·해석하고, 행정쟁송 등 교단 내의 각종 분쟁을 처리하며, 목사 등 교역자의 자격 요건을 정하며, 소속 지교회를 지휘·감독하는 등의 기능을 수행한다. 앞서 본 종교단체의 자율권 보장의 필요성은 지교회뿐만 아니라 지교회의 상급단체인 교단에도 동일하게 적용되므로, 양 종교단체의 종교적 자율권은 모두 보장되어야 한다. 그런데 경우에 따라서는 지교회와 교단 사이에 그 종교적 자율권이 상호 충돌할 수 있는데, 이 경우 교단의 존립 목적에 비추어 지교회의 자율권은 일정한 제한을 받을 수밖에 없다. 즉, 교단이 각 지교회의 사율권을 세한 없이 인정하면 해당 교단의 고유한 특성과 교단 내에서의 종교적 질서 유지라는 교단의 존립 목적을 달성하는 것이 곤란하게 된다. 나아가, 지교회가 특정 교단 소속을 유지하는 것은 해당 교단의 지휘·감독을 수용하겠다는 지교회 교인의 집합적 의사의 표현으로 볼 수 있으므로, 소속 교단에 의하여 지교회의 종교적 자율권이 제한되는 경우 지교회로서는 교단 내부의 관련 절차에 따라 문제를 해결하여야 하고, 관련 내부 절차가 없거나 그 절차에 의하여도 문제가 해결되지 않는 경우 지교회로서는 그 제한을 수인할 수밖에 없다. 따라서 지교회의 일반 국민으로서의 권리의무나 법률관계와 관련된 분쟁에 관한 것이 아닌 이상, 교단의 종교적 자율권 보장을 위하여 교단의 내부관계에 관한 사항은 원칙적으로 법원에 의한 사법심사의 대상이 되지 않는다고 보아야 한다.”

이 사건의 경우 교단의 자율권 보장을 위해 지교회의 자율권 제한을 수인할 수밖에 없고, 원고인 지교회는 목사나 위임목사로서의 지위가 부인된 직접 당사자 (A)도 아니므로, 결과적으로 사법심사의 대상이 되지 않아 소 각하를 해야 한다고 보았다.

“가. 지교회의 대표자로서의 위임목사가 비법인사단인 교회의 대표자 지위를 겸유하면서 교회 재산의 관리처분과 관련한 대표권을 가진다고 하더라도, 원고 교회는 목사나 위임목사로서의 지위가 부인된 직접적인 당사자가 아니다. 따라서 목사나 위임목사로서의 지위가 부인됨으로써 원고보조참가인의 권리의무나 법률관계가 영향을 받는다는 점은 원고 교회가 이 사건 소로써 위 각 총회판결의 무효확인을 구할 법률상 이익의 근거가 될 수 없다. 앞서 본 바와 같이 위 각 총회판결에 의하여 침해되었다고 주장하는 원고 교회 자신의 이익은 설교와 예배 인도 등을 담당할 위임목사를 자율적으로 청빙할 수 있는 이익이다. 그런데 위와 같은 이익은 원고 교회의 종교적 자율권과 관계된 사항일 뿐, 그것 자체는 원고 교회의 일반 국민으로서의 권리의무나 법률관계와 관련이 있는 사항이라고 보기 어렵다. 그러므로 종교단체의 내부관계에 관하여 사법심사를 할 수 있는 예외적인 사유가 이 사건에는 존재하지 아니한다.

나. 따라서 교단과 교회 사이에 그 종교적 자율권이 충돌하는 이 사건에서는, 앞서 본 법리에 따라 비록 위 각 총회판결로 인하여 위임목사 청빙과 관련한 원고 교회의 종교적 자율권이 제한받게 되었다고 하더라도, 피고 교단의 종교적 자율권 보장을 위하여 위 각 총회판결은 사법심사의 대상이 되지 않는다고 보아야 한다. 따라서 위 각 총회판결에 대한 무효 확인과 이를 전제로 하여 원고보조참가인의 대표자 지위 확인을 구하는 이 사건 소는 사법심사의 대상이 되지 않는 사항에 대한 소로서 부적법하다.”

다. 촌평(寸評)

대법원 판결의 결론에는 의문이 있다. 그 이유는 다음과 같다. 우선 1심과 원심이 적절히 지적한 것처럼 ① 목사로서의 자격유무와 관련하여 이 사건에서 A에게 교단헌법상 결격사유가 없다.[58] 또한 ② A의 목사지위를 A에 대한 권징재판절차가 아니라, 노회결의를 상급 치리회인 총회에서 무효화함으로써 '우회적으로' 박탈하는 것은, 모든 교인은 재판을 받아 자기권리를 방어할 권리를 갖고, 재판을 받지 않고 는 권징할 수 없다는 교단헌법 제3편 제4조 제1, 2항을 스스로 무시한 것이다. ③ 노회결의에 대한 일종의 '항소절차'로서 총회결의에 대해서 교단헌법 상 절차규정 을 위반하여[59] 항소심 절차가 진행되어 총회결의가 이루어졌고,[60] ④ 노회결의 무 효사유인 "헌법 또는 규정을 중대하고 명백하게 위반"하였다는 사정[61]도 충분히 증 명되었는지 의문이다.

내재적, 자율적으로 교단헌법을 해석하더라도 이 사건에서 문제된 3개의 총회 결의는 교단헌법에 위배될 소지가 있다고 사료된다. 이러한 사안에서 상급단체의 자율성을 우위에 둘 필요가 있으므로 사법심사 자체를 하지 않겠다는 명제는 성립 할 여지가 없다. 상급단체 스스로 자기가 만든 규정을 위반하였기 때문이다. 재판청 구권은 기본권을 확보하기 위한 기본권으로서 상급단체가 누리는 종교의 자유만큼 이나 중요한 기본권이다. 원고 역시 피고와 마찬가지로 종교의 자유를 주장하고 있 다. 만약 상급단체가 자신이 만든 규정을 지키지 않는 자기모순적 행위를 하였다면, 상대방 당사자는 자신의 기본권 보호를 위해 법에 호소할 수 있어야 한다.[62] 설령 위 ① 내지 ④ 사유만으로 총회결의를 무효로 보기 부족하더라도, 법원은 그러한 사유를 구체적으로 적시하여 기각판결을 해야 한다. 비법인 사단의 대표자인 목사 의 지위가 인정되는지에 관한 다툼은 법률상 쟁송에 해당하기 때문이다.[63] 소각하 가 아니라 청구기각을 하는 것이 이 사건 피고가 주장하는 교단 측 종교의 자유를 진성으로 보호하는 방법이다.

IV. 법으로부터 자유로운 영역? 그리고 자율의 전제조건

1. 법으로부터 자유로운 영역을 부정하는 생각이 갖는 장점

종교적 문제에 대한 사법심사 자제론은 법으로부터 자유로운 영역("법적으로 유관 내지 유의미하나 법질서가 법정책적 이유 또는 그 밖의 이유로 규범을 철수시켜 법적 평가를 포기한 영역")64)의 존재를 전제로 하는 경우가 많다(법은 제단에 들어가지 못한다!). 위 Ⅲ. 6.에서 살펴본 대법원 판결은 이러한 생각을 단적으로 보여준다. 교단의 종교의 자유와 지교회의 종교의 자유가 충돌하는 상황에서 법원은 이 문제에 대하여 사법심사를 할 수 없다는 것이다. 위 사건에서 교단총회의 결의는 적법한 것도 아니고, 위법한 것도 아니다. 법이 감히 함부로 그 위법성을 심사할 수 없는 결의인 것이다.

그러나 필자는 — 적어도 이 글의 주제와 관련된 문제상황에서는 — 법적으로 유관하거나 유의미한 영역임에도 불구하고 '전체법질서'로부터 자유로운 영역은 존재하지 않는다고 생각한다. 법적 관련이 없거나 법적 의미가 없는 영역에서는 위법/적법이라는 판단 이외에 무관심이라는 제3의 선택지가 있을 수 있다. 그러나 법적으로 유관 내지 유의미한 영역에서는 법적 평가를 해야 한다. 그리고 그 평가는 위법 아니면 적법 2가지일 수밖에 없다. 법률에는 흠이 있을 수 있다. 법률이 "P이면 Q이다"라고 규정한 경우, P가 아니면 무엇인지는 공백상태로 남아 있다. 법관은 ⓐ 유추를 통해 Q라고 볼 수도 있고, ⓑ 반대해석을 통해 Q가 아니라고 볼 수도 있다. ⓒ P가 아닌 경우는 아예 법률의 관심대상이 아닐 수도 있다. 즉 Q인지 여부가 문제자체가 되지 않을 수 있다. 그러나 전체법질서에는 흠이 있을 수 없다. 법률의 흠을 법관이 메우는 것이 개별 실정법(가령 민법 제1조)과 헌법원리에 따라 예정되어 있기 때문이다.65) 전체법질서 차원에서는 규범적으로 허용되는 것과 허용되지 않는 것이 있을 뿐이다.

이는 공허한 관념적 논의에 불과하다고 생각할 수 있다. 하지만 법흠결을 부정하는 생각은 다음과 같은 2가지 측면에서 공동체 내부의 의사결정과 관련하여 시사점을 줄 수 있다.

첫째, 사법심사를 하지 않는 것이 궁극적으로 해당 행위가 전체법질서의 관점에서 적법함을 법원이 승인해주는 것이라면, 우리는 함부로 사법심사 불가(不可)라는 칼을 뽑으면 안된다. 가급적 문제를 저울에 달아보려고 노력해야 한다. 형량할 이익을 특정하고 그 이익의 무게를 측정하려고 노력해야 한다. 그러한 과정을 통해 하나의 정답에 이르지 못할 수도 있다. 애초부터 하나의 정답은 존재하지 않을 수도 있다. 하지만 이러한 과정을 통해 우리는 미리 편을 갈라 타인의 주장을 논박하는 패거리 담론의 악습(惡習)에서 벗어날 수 있다. 사법심사 자제는 생각의 차이를 은폐

한다. 따라서 사법심사 자제를 통해 그것이 애초 달성하려던 목적('평화')을 달성하는 것이 오히려 어려워질 수 있다. 당사자들의 자율적 분쟁해결을 촉진하기 위해 사법심사를 자제해야 한다는 주장도 설득력이 떨어진다. 당사자들은 자율적 분쟁해결이 어렵기 때문에, 재판청구권 행사 차원에서 분쟁을 사법부에 가지고 온 것이다. 이러한 상황에서 법원이 종교문제는 법으로부터 자유로운 영역이라는 이유로 사법심사를 하지 않는다면, 분쟁은 해결되지 않은 채 방치될 뿐이다.

둘째, 전체법질서의 차원에서 이분법적 사고는 공동체 내부에서 법치주의가 정착되는데 순기능을 할 수 있다. 전체법질서 차원에서는 적법/위법이라는 2개의 선택지만 존재한다. 회색지대는 존재하지 않는다. 패자는 자신의 행동이 전체법질서에서 허용되지 않는 것이었음을 명확히 알게 된다. 따라서 ― 그러한 판단결과가 공개된 절차에서 신중한 형량을 거쳐 도출된 것이라면 ― 판단결과에 대한 승복이 쉬워진다. 적법도 위법도 아닌 회색지대에 놓인 사실상 패자는 자신이 진정으로 패배한 것이 아니라고 생각할 수 있다. 적법절차에 따른 충실한 심리 후 도출된 결과는 설령 만족스럽지 못한 결과라 하더라도 승복해야 한다. 이러한 승복의 자세를 우리 모두가 공유해야 다원주의 사회가 유지될 수 있다. 합법성[66]에 대한 내적 승복의 문화가 긴요한 것이다.[67] 적법/위법의 이진법은 이러한 내적 승복의 문화로 연결될 수 있다. 종교의 자유가 진정으로 중요하다면, 사법부는 단지 해당 분쟁에 개입하지 않는 차원을 넘어 종교의 자유에 기초하여 이루어진 종교단체의 행위가 '적법'하다고 적극적으로 선언할 수 있어야 한다.[68] 이를 통해 내적 승복의 문화에 기초한 진정한 의미의 종교의 자유가 확보될 수 있다.

2. 예상되는 반론과 그에 대한 재반론

모든 단체는 일반적 법원칙에 구속되어야 한다. 이는 진정한 의미의 단체자치의 전제조건이다. 어느 누구도 특권을 누리지 않을 때 비로소 자율(自律)이 작동할 수 있다. 어느 누구도 법 위에 있지 않을 때 비로소 우리 모두는 수단이 아니라 목적으로 취급될 수 있다.

법흠결을 부정하는 이론이 법만능주의, 사법(司法)통치, 사법적극주의로 오해되어서는 안된다. 저울에 달아보는 것을 주저하지 말자는 것이고, 일단 저울에 달아보

앉다면 합법/위법을 명확히 선언하자는 취지일 뿐이지, 법관이 오지랖 넓게 나서서 단체결의를 함부로 무효로 선언하자는 뜻이 아니다. 필자도 다음과 같은 지적에 적극 공감한다.

"법치주의라는 이름으로 포장된 과도한 법의 개입이 자치 영역에 스며들고 있는데, 이로 인한 폐해는 사법 영역 중, 종교, 문학, 예술, 학문 등의 영역에서 발생하고 있다 … 자치가 보장된 영역에 사법이 자칫 잘못 개입하거나 지나치게 개입하는 경우 종교의 자유를 침해하거나, 학문과 예술의 퇴보를 가져오는 등 심각한 폐해를 초래할 수 있기 때문이다."[69]

말할 수 없는 것에는 침묵해야 한다. 법관의 지나친 오지랖은 사회에 해롭다. 그런데 가급적 본안판단을 하면서도 그와 동시에 단체의 자율성을 존중하자는 필자의 생각에 대해서는 다음과 같은 매우 설득력 있는 반론이 제기될 수 있다. 법률상 쟁송성이 인정되는 사건 대부분이 사법자제를 해야 하는 사건이라면, 애초부터 사법심사를 하지 않고 소 각하를 하는 것이 사회전체적으로 현명한 선택일 수 있다는 것이다. 저울에 달아 보는 과정에서 법관은 오판을 할 수 있고(사법자제를 근거로 기각해야 할 사건임에도 불구하고 인용할 수 있고), 제3자인 법원이 공연히 사건에 관여하는 것 자체가 많은 사회적 비용을 유발할 수 있기 때문이다(사건을 외부인이 들쑤신다!). 법률상 쟁송에 해당하는 100건 중 99건이 사법자제를 근거로 청구기각을 해야 하는 사건이라면, 100건 모두에 대해 일률적으로 소 각하를 하는 것(1안)이 100건 모두에 대해 본안판단을 하는 것(2안)보다 사회전체적으로 바람직할 수 있다. 1안을 취하면 99건의 사안에서 법관이 오판을 할 여지가 원천봉쇄되고, 1건의 사안에서 법관은 확실히 오판을 하게 된다. 이에 비해 2안을 취하면 법관은 100건 모두에 대하여 오판을 할 여지가 생기고, 설령 오판을 하지 않더라도 사법심사 과정에서 많은 사회적 비용을 유발할 수 있다. 1안과 2안의 전체적인 편익과 비용을 계산해보면 1안이 2안보다 우월할 수 있다.

일리 있는 반론이지만 동의하기 어렵다. 법원의 침묵으로 인해 100건 중 1건에서라도 억울한 개인이 생긴다면, 법원은 침묵을 원칙으로 삼으면 안 된다. 사회공학적으로는 그리고 정책적 관점에서는 1안이 바람직할 수 있다. 하지만 1안은 아예 입구를 닫아 놓기 때문에 위 1건이 생기는 것을 막지 못하는 근본적 한계가 있다. 사법심사의 문을 열어 둠으로써, 일단 저울에 달아보는 것을 원칙으로 하면 비효율은 초래될 수 있지만, 위 1건을 구제할 길이 열린다. 그렇다면 우리는 2안을 선택해야 한다. 99건에서의 효율이 1건에서의 부정의를 상쇄할 수 없기 때문이다. 내일 지구가 멸망하더라도 오늘 한 그루의 사과나무를 심는 것이 법의 임무이기 때문이다.

이러한 필자의 재반론에 대해서는 1안을 취하더라도 1안을 획일적으로 적용하지 않고 위 1건을 법원이 잘 선별하면 되는 것 아니냐고 재재(再再)반론할 수 있다. 그런데 1안을 위와 같이 유연하게 적용한다면, 이는 결국 실질적으로는 본안판단을 하면서도 판결문 상으로는 '소 각하'를 하는 전략을 취하는 것이다. 하지만 이는 솔직한 논증이 아니다. 사법부는 고권(高權)적 권위에 만족하면 안 된다. 설득적 권위까지 갖추도록 노력해야 한다. 이를 위해서는 투명하고 솔직한, 그리고 세밀한 근거제시가 필수적이다. 어려운 문제라고 해서 사법심사 자체를 하지 않기보다는, 가급적 저울에 달아보고 그 결과를 솔직히 드러내야 한다. 저울에 달아 본 결과 현상을 존중할 필요가 있다면 그와 같이 생각하는 이유를, 적극적으로 위법/무효를 선언할 필요가 있다면 그와 같이 생각하는 이유를 밝혀야 한다. 그 과정에서 오류가 있을 수 있다. 하지만 열린 사회에서 규범의 권위는 솔직함에서 나온다. 판결의 권위가 떨어질 것을 우려하여 사법심사 자체를 하지 않거나 사법심사의 결과를 솔직하게 드러내지 않는 것은 올바른 문제해결 방향이 아니다. 법관은 종교단체 등 자율적 단체의 특수성과 관행에 대해 성실하고 치밀하게 조사해야 하고, 열린 마음으로 소송당사자와 소통해야 한다. 그리고 소송당사자들이 사법심사 자체를 자율성에 대한 침해로 느끼지 않도록 세심하게 배려해야 한다. "종교단체의 내부분쟁에 대한 국가의 중립성은 특정 종교단체에 유리한 결론을 내는 것 자체를 피하는 방법을 통해 달성되지 않는다. 적정한 사실인정을 통해 법규를 적용함으로써 달성되는 것이다."라는 伊藤眞 교수의 지적[70]은 전적으로 타당하다.

V. 글을 맺으며

이 글의 주요 결론을 요약하면 다음과 같다.

첫째, 종교단체 구성원에 대한 징벌결의가 법률상 쟁송에 해당하면 사법심사를 해야 한다. 종교적 이유와 관련된 징벌이라고 해서 당연히 법률상 쟁송이 아니라고 볼 근거는 없다. 징계로 인해 피징계자의 재산법적 지위에 영향이 없더라도 피징계자의 인격권이 침해될 소지가 있다면 법률상 쟁송성은 인정된다.

둘째, 종교단체가 스스로 설정한 절차를 지키지 않은 경우 법원은 원칙적으로 징벌결의 무효를 선언해야 한다. 다만 ① 해당 절차를 거치지 않았어도 어차피 동일한 결의가 이루어졌을 가능성이 크고, ② 해당 절차의 준수 자체가 공정성 확보라는 측면에서 독자적 의미를 갖지 않는 경우라면 징벌결의를 유효로 보아야 한다.

셋째, 실체적 흠도 제3자가 옳고 그름을 판단하는 것이 가능한 경우라면 사법심사를 해야 한다. 허위사실에 바탕을 둔 징벌, 단체 자신이 정립한 기준을 자의적으로 적용한 징벌에 대해 법원은 무효를 선언할 수 있다. 단체 내부규정의 해석이 문제된 경우 법원은 원칙적으로 외부자의 시각이 아니라 그 규정이 만들어진 취지를 고려하여 내부자의 시각에서 내재적으로 규정을 해석해야 한다.

넷째, 위 둘째 및 셋째 기준에 따라 본안판단을 해 본 결과 징벌결의에 절차적·실체적 흠이 있다면, 해당 종교단체의 구성원 다수가 그 징벌의 정당성을 시인하고 있다고 해서 그 흠이 치유될 수 없다.

다섯째, 위 둘째 및 셋째 기준에 따라 본안판단을 해본 결과 징벌결의에 절차적·실체적 흠이 있는지 모호한 경우, 법원은 종교단체의 자율성을 존중하여 해당 결의가 유효하다고 보아야 한다.

여섯째, 종교단체의 내부분쟁에 대한 국가의 중립성은 특정 종교단체에 유리한 결론을 내는 것 자체를 피하는 방법으로 달성될 수 없다. 적정한 사실인정을 통해 법규를 적용함으로써 달성될 수 있다. 법률상 분쟁의 영역에서는 법원이 종교단체의 행위가 '적법' 또는 '위법'하다고 적극적으로 선언할 수 있어야 진정한 의미의 종교의 자유가 확보될 수 있다.

미주

* 이 글은 민사법학 102호(2023)에 게재되었던 바 이 책 전체의 흐름과 일치하지 않는 부분이 있음을 밝혀둔다.

1) 단체 일반의 단체구성원에 대한 징계권 관련 선행연구로는 송호영 (2009), 1이하{단체의 정관은 규범·자치법규라기보다 단체구성원 사이의 다면적 계약이고, 정관에 기초한 단체구성원의 징계는 계약위반에 따른 제재, 즉 계약벌(Vertragsstrafe)이라고 본다. 임의단체는 '법'을 만들 권한이 없으므로 지극히 타당한 견해이다. 판례는 단체의 정관을 계약이 아니라 자치법규로 보는데(대법원 2000. 11. 24. 선고 99다12437 판결), 의문이다. 또한 단체의 정관을 계약으로 보더라도 위 판례와 동일한 결론에 이르는데 아무런 문제가 없다}. 종교단체의 징계권에 대해서는 윤진수 (2015a), 110 – 116(단체 일반의 징계권도 함께 검토하고 있다); 추일엽 (2022), 162이하. 사용자의 근로자에 대한 징계권에 관해서는 김성진 (2013), 163이하.

2) 대법원 1991. 12. 13. 선고 91다29446 판결("대한예수교장로회의 헌법에는 대한예수교장로회 경북노회 소속의 지교회에 속한 부동산은 노회의 소유로 하고 토지나 가옥에 관하여 분쟁이 생기면 노회가 이를 처단할 권한이 있음을 규정하고 있으나, 물권인 부동산소유권의 귀속 등 국가의 강행법규를 적용하여야 할 법률적 분쟁에 있어서는 이와 저촉되는 교회헌법의 규정이 적용될 여지가 없다").

3) 대법원 1993. 1. 19. 선고 91다1226 전원합의체 판결.

4) 대법원 2006. 4. 20. 선고 2004다37775 전원합의체 판결.

5) 권징재판에 대한 사법심사 문제를 교회법의 입장에서 분석한 글로는 황규학 (2014a), 42 이하(한국 교회의 대다수를 차지하는 장로교는 당회, 노회, 총회라는 치리회 형태로 수직적인 구조를 띠어 왔고 이러한 수직적 구조에 따라 권징재판이 이루어져 왔지만, 우리나라의 경우 서구 장로교와 달리 교회 재산은 교단 소유가 아니라 지교회 교인들의 총유이므로, 재산권자인 교인들의 결의가 중심이 된 지교회 정관 등을 통한 권징이 점점 설득력을 얻어 가고 있다고 분석한다. 권징의 주체가 교단에서 비법인 사단인 지교회나 지교회 구성원들로 바뀌고 있다는 것이다).

6) 세속법상 형사재판에 대응된다. 대한예수교장로회총회 헌법 제3편 제1장 제1조는 권징을 "예수 그리스도께서 교회에 주신 권한을 행사하며 그 법도를 시행하는 것으로써 각 치리회가 헌법과 헌법이 위임한 제 규정 등을 위반하여 범죄한 교인과 직원 및 각 치리회를 권고하고 징계하는 것"이라고 정의하고 있다. 징벌의 종류는 ① 견책, ② 근신, ③ 수찬정지, ④ 시무정지, ⑤ 시무해임, ⑥ 정직, ⑦ 상회총대파송정지, ⑧ 면직, ⑨ 출교가 있다(총회 헌법 제3편 제1장 제5조 제1항). 권징재판은 3심제로 운영되며(총회 헌법 제3편 제1장 제4조 제2항), 재판국원에 대한 제척·기피·회피 제도가 마련되어 있다(총회 헌법 제3편 제2장). 또한 총회헌법은 형사소송절차와 비슷하게 여러 규정들을 두고 있다(고소·고발, 기소, 증거능력, 항소 등에 관한 규정). 대한예수교장로회총회 헌법은 다음 홈페이지 참조. (http://new.pck.or.kr/law.php?sca = %EC%A0%9C3%ED%8E%B8%20 %EA%B6%8C%EC%A7 %95#none) (2023. 1. 1 확인)

7) 대한예수교장로회 총회 헌법 제3편 제1장 제3조에 따르면 권징사유는 다음과 같다. 아래 사유들

중 3호 및 5호 내지 15호 사유는 다른 일반적 임의단체들의 징계사유와 별 차이가 없다.

> 1. 성경상의 계명에 대한 중대한 위반행위
> 2. 총회헌법 또는 제 규정(이하 헌법 또는 규정이라 한다.)에 정해진 중대한 의무위반행위
> 3. 예배를 방해한 행위
> 4. 이단적 행위와 이에 적극적으로 동조한 행위
> 5. 허위사실을 유포하여 교인 또는 직원의 명예를 훼손시킨 행위
> 6. 직권을 남용하거나 직무를 유기한 행위
> 7. 파렴치한 행위(성범죄 포함)로 국가 재판에 의해 금고(성범죄의 경우는 벌금) 이상의 형이 확정된 범죄행위(양심범의 경우는 제외됨)
> 8. 재판국의 판결에 순응하지 아니하는 행위
> 9. 타인에게 범죄케 한 행위
> 10. 치리회 석상, 교회의 제직회 또는 공동의회의 석상에서 폭언, 협박, 폭행, 상해, 재물손괴 행위
> 11. 사건 담당직원(재판국원, 기소위원)이 사건과 관련하여 금품을 수수한 행위
> 12. 교회와 각 치리회 및 총회 산하기관 및 단체와 기관 사무실 내·외에서 폭언·협박·폭행·상해·재물손괴·감금·위협·업무 방해와 치리회 재판국 판결 및 치리회 지시에 대하여 불법 항의집회와 시위 등의 행위
> 13. 교회, 노회, 총회 및 총회 산하기관 및 단체와 관련된 문서를 위조, 변조, 개인정보와 문서의 불법 획득 및 유출하는 행위와 각종 증명서 위조 행위 또는 이를 행사하는 행위.
> 14. 교회, 노회, 총회와 총회 산하기관 및 단체의 운영에 있어서의 부정과 공금유용, 횡령, 배임 등의 재정 비리행위
> 15. 노회, 총회의 감사 위원과 총회 산하기관 및 단체의 직원 및 이사,감사가 직무 태만 및 고의적 행위로 노회, 총회 각 상임부서, 산하기관 및 단체에 상당한 손실을 입게 한 행위.

8) 대법원 1981. 9. 22. 선고 81다276 판결 등 다수.

9) 대법원 1978. 12. 26. 선고 78다1118 판결.

10) 대법원 2005. 6. 24. 선고 2005다10388 판결. 가령 징계로 박탈되는 지위가 종교단체의 법률상 대표자 지위와 연결된 경우를 생각해 볼 수 있다. 미주 11의 판례 참조.

11) 대법원 1984. 7. 24. 선고 83다카2065 판결.

12) 대법원 2019. 11. 14. 선고 2017다253010 판결.

13) 대법원 2015. 7. 23. 선고 2015다19568 판결("종교단체 내부에서 확정된 권징재판이라고 하더라도 그 처분이 종교단체 헌법 등에서 정한 적법한 재판기관에서 내려진 것이 아니거나 그 종교단체 소정의 징계절차를 밟지 아니하거나 징계사유가 존재하지 아니하는 등의 특별한 사정이 있는 때에는 법원은 그 권징재판을 무효라고 판단할 수 있다.").

14) 서울고등법원 2014. 5. 19. 선고 2013나34985 판결. 대법원 2014. 8. 20. 선고 2014다24911 판결(심리불속행기각)로 확정.

15) 천주교 신부의 지위에 관한 분쟁은 기독교 목사의 지위에 관한 분쟁과 달리 법률상 쟁송이 아니라고 볼 근거가 있는지 의문이다. 후자는 대체로 비법인사단 대표자 지위와 연결되지만, 전자는 그렇지 않다는 점에서 차이는 있다. 하지만 전자의 경우에도 생계에 필요한 금전을 지급받고, 근로소득세를 자발적으로 납부한다. 천주교 신부의 지위에 관한 분쟁도 원칙적으로 법률상 쟁송에 해당한다고 사료된다. 본문 Ⅲ. 2. 참조.

16) 사찰의 내부결의가 무효라고 본 판례로는 대법원 1992. 7. 14. 선고 91다14727 판결(실체적 흠과 절차적 흠을 모두 문제삼고 있다) 등이 있다.

17) 그러나 대한불교조계종 종정에 대한 해임처분의 무효를 적극적으로 인정한 판례(대법원 1979. 6. 26. 선고 78다1546 판결; 대법원 1981. 2. 10. 선고 80다2133 판결), 사찰주지 임명 무효확인의 소가 법률상 쟁송에 해당한다고 본 판례(대법원 1992. 12. 8. 선고 92다23872 판결) 등을 근거로, 판례가 목사, 장로, 교인에 대한 징계처분에 비해 불교단체의 내부분쟁에 대해 더 넓은 사법심사권을 인정하고 있다는 평가가 있다. 정갑주 (1993), 32. 실제 판례 경향이 과연 그러한지도 따져볼 문제이지만, 만약 판례 경향이 위와 같다면 그러한 차별취급을 정당화할만한 근거가 있는지 의문이다.

18) "사찰의 주지는 종교상의 지위와 아울러 비법인사단 또는 단체인 당해 사찰의 대표자로서의 지위를 겸유하면서 사찰 재산의 관리처분권 등을 갖게 되는 것이므로, 그 주지 지위의 확인이나 주지해임 무효확인 등을 구하는 것이 구체적인 권리 또는 법률관계와는 무관한 단순한 종교상의 자격에 관한 시비에 불과하다고 볼 수는 없"다(대법원 2005. 11. 16.자 2003마1419 결정).

19) 대법원 1992. 5. 22. 선고 91다41026 판결.

20) 이러한 결의의 효력에 대해서는 교회내부의 재판절차를 통해 다툴 수 있도록 교회헌법에 규정한 경우가 많다. 이러한 교회내부 재판은 세속법상 행정재판과 비슷하다. 대한예수교장로회총회 헌법 제3편 제8장은 '행정쟁송'에 대하여 규율하고 있다. '행정쟁송'은 세속법상 형사재판에 대응되는 '징벌 관련 재판'과 구별된다. 제8장 제1절 제138조에 따르면 행정쟁송의 종류는 다음과 같다.

> 1. 행정소송: 치리회장이 행한 헌법 또는 규정에 위반한 행정행위에 대하여 제기하는 소송
> 2. 결의취소 및 결의무효 소송: 치리회 회의의 소집절차 또는 의결방법이 헌법 또는 규정에 위반한 때 또는 그 결의의 내용이 헌법 및 규정에 위반한 때에 제기하는 소송
> 3. 치리회 간의 소송: 치리회 상호 간에 있어서의 권한의 존재 및 부존재 또는 그 행사에 관한 다툼이 있을 때에 제기하는 소송
> 4. 선거무효소송 및 당선무효소송: 총회총대 선거, 노회장 및 부노회장 기타 임원의 선거, 총회장 및 부총회장 기타 임원의 선거에 있어서 선거의 효력 또는 당선의 효력에 관하여 제기하는 소송

교회내부 재판(징벌 관련 재판 및 행정쟁송)과 민사소송절차를 비교하는 문헌으로는, 오시영 (2008), 469−486.

21) 대법원 2011. 10. 27. 선고 2009다32386 판결(갑 교회의 교인 을 등과 담임목사를 비롯한 다른 교인들 사이에 장로 선출을 둘러싼 분쟁 및 담임목사에 대한 이단 고발 등으로 갈등이 심화되어 갑 교회가 정기당회에서 교단 임시헌법에 근거하여 을 등을 교적에서 제적하는 결의를 한 사안에서, ① 갑 교회가 제적결의를 통하여 종교단체로서 교리를 확립하고 신앙상의 질서를 유지하는 한편 해교행위를 하는 교인들을 구성원에서 배제하는 방법으로 조직의 안정과 화합을 도모하려고 하였던 것임이 인정되므로 위 제적결의 및 효력 등에 관한 사항은 갑 교회 내부의 자율에 맡겨야 하고, ② 담임목사의 이단성에 대한 다툼이 제적결의의 원인 내지 이유의 하나로 작용하였으므로 위 제적결의는 갑 교회 및 갑 교회가 속한 교단의 종교상의 교의 또는 신앙의 해석에 깊이 관련되어 있으며, ③ 나아가 제적결의의 효력 유무가 구체적 권리의무에 관한 청구의 전제문제로 다투어지는 사안이라고 보기 어렵고, ④ 제적결의의 교회법적 정당성을 재단할 적법한 권한을 가진 상급 치리회가 존재하여 교단 내에서 자율적 문제 해결이 가능하며, ⑤ 제적결의를 위한 당회 소집 및 결의 절차 등에 정의관념에 비추어 묵과하기 어려울 만큼 중대한

하자가 있다고 할 수 없는 점을 더하여 보면, 위 제적결의 및 효력 등에 관한 사항은 사법심사의 대상이 아니라고 한 판례이다).

　그러나 위 ① 내지 ⑤의 사유가 소 각하 사유, 즉 종교단체 결의의 사법심사 대상성 자체를 부정하는 사유가 될 수 있는지 의문이다. ①은 결론을 선취하는 동어반복 논거로서 문장 안에 본안판단, 즉 제적결의의 유효성에 대한 판단이 이미 담겨있다. ⑤역시 동어반복 논거로서 본안판단(절차적 흠에 대한 판단)이 이미 담겨있다. 법원이 ①과 ⑤처럼 생각한다면 소 각하가 아니라 청구기각을 해야 한다. ③은 법률상 쟁송이 아니라는 취지인데 법률상 쟁송을 너무 협소하게 인정한 것 아닌지 의문이 든다. 교인을 제적하는 결의가 단지 사실상 문제에 불과하다고 보는 것은 ―그러한 판단이 불가능한 것은 아니지만― 신중하게 판단할 문제이다(본문 Ⅲ. 2. 참조). 문제된 분쟁이 법률상 쟁송에 해당한다면 법원은 사법심사를 해야 한다. 법률상 쟁송에 해당함에도 불구하고 ②, ④와 같은 논거를 들어 사법심사를 안 할 수는 없다. 이 문제는 본문 Ⅲ.에서 상세히 검토한다.

22) 대법원 2006. 2. 10. 선고 2003다63104 판결(교회의 목사와 장로에 대한 신임투표를 위한 공동의회의 소집절차에 당회의 사전결의를 거치지 않은 하자가 있지만 그 하자가 정의관념에 비추어 도저히 수긍할 수 없을 정도의 중대한 하자는 아니므로, 공동의회에서의 장로에 대한 불신임결의가 당연무효는 아니라고 보았다).

23) 대법원 2006. 2. 10. 선고 2003다63104 판결. 그러나 미주 7에서 살펴보았듯이 권징재판에서 권징사유 중에는 신앙·교리와 별 관련이 없는 것도 있으므로 이러한 분류기준이 적절한지 다소 의문이다. 보다 근본적으로는 두 유형의 결의를 굳이 나누어 다른 법리를 적용할 필요가 있는지 의문이다.

24) 종교단체 구성원에 대한 징벌결의는 권징재판의 형태로 이루어지는 경우도 있지만, 그 밖의 교회내부 결의 형태로 이루어지는 경우도 있다. 이하에서는 이러한 결의까지 포함하는 의미에서 "종교단체의 징벌결의"라는 표현을 사용한다. 이 글은 주로 종교단체의 징벌결의를 염두에 두고 사법심사 기준과 방법을 검토하였다. 하지만 이 글에서 검토한 내용은 비단 징벌결의뿐만 아니라, 종교단체 내부결의 일반에 대해서도 적용할 수 있다. 이러한 사정을 고려하여 이하에서는 종교단체의 징벌결의를 포함하는 보다 넓은 개념인 "종교단체 내부결의"라는 단어를 주로 사용하기로 한다.

25) 전원열 (2022), 238－239(협의의 사건성 항목에서 종교단체의 징벌결의 관련 판례들을 소개한다. 그러나 이러한 판례들은 '법률적 분쟁일 것'이라는 요건과 더 관련이 있다).

26) 우리 판례에 많은 영향을 끼친 일본판례 중에는 2안에 가까운 것이 있다. 일본판례는 "종교단체가 자율적으로 결정해야 할 사항(가령 교리에 관한 사항)이 구체적 권리의무관계 또는 법률관계에 관한 청구의 당부를 판단함에 있어 전제문제가 되는 경우", "종교단체 구성원의 종교단체 내 지위의 존부(그 선임 또는 파면의 유효 여부)가 구체적 권리의무관계 또는 법률관계에 관한 청구의 당부를 판단함에 있어 전제문제가 되고, 그 지위의 존부에 관한 판단내용이 종교상 교리의 해석에 관한 문제인 경우" 2안을 따른다. 즉 불법행위 손해배상청구권, 부당이득 반환청구권, 소유권에 기한 물권적 청구권 등에 관한 법령을 적용하기 위한 전제가 되는 쟁점, 당사자가 소송물에 해당하는 구체적 권리의무의 발생근거나 소멸근거로서 청구원인, 항변, 재항변 등의 형태로 주장하는 사실이, 오로지 종교단체의 최종판단 또는 자율적 판단에 맡겨야 하는 경우 본문의 ①요건이 결여되었다고 본다. 最高判 1981(昭和56). 4. 7(民集35.3.443)(원고가 착오를 이유로 증여가 무효임을 주장하면서 부당이득반환청구를 하였는데, 착오로 인해 증여가 무효인지 여부를 판단하려면 법원이 종교적 문제에 대하여 판단할 수밖에 없는 경우); 最高判 1989(平成1). 9. 8(民集43.8.889)(교리를 둘러싼 다툼이 있어 종교단체가 결의를 통해 그 구성원의 단체

내 지위를 박탈한 뒤, 종교단체 소유의 건물을 계속 점유하는 위 구성원을 상대로 더 이상 점유할 권한이 없음을 이유로 소유권에 기한 인도청구를 하였는데, 위 지위박탈 결의의 효력을 판단하려면 종교상의 교리나 신앙의 내용에 관하여 법원이 판단할 수밖에 없는 경우).

그러나 이는 본안판단의 문제이지, 소송요건 판단의 문제가 아니다. "오로지 종교단체의 최종판단 또는 자율적 판단에 맡겨야 한다."는 말 자체가 이미 본안판단(문제되는 종교단체의 행위가 적법·유효하다는 법관의 판단)을 선취한 것이다. 미지급 임금청구, 소유권에 기한 물권적 청구권, 불법행위 손해배상 청구, 부당이득 반환청구는 그 권리의무의 발생근거나 소멸근거가 종교적 문제와 관련이 있든 없든 모두 법률상 쟁송에 해당한다. 따라서 법원은 본안판단을 해야 한다. 본안판단을 하는 과정에서 법원은 종교단체의 자율적 판단을 가급적 존중해야 한다.

일본판례의 위와 같은 입장에 대하여, ⓐ 단체의 자율적 판단이 이미 존재하면 법원은 그 판단을 존중하여 청구기각을 해야 하고(위 1981년 최고재판소 판례 사안과 같은 분쟁유형을 염두에 둔 설명이다) 소송요건 결여로 소각하를 할 것이 아니지만, ⓑ 단체의 자율적 판단이 형성되어 있지 않아 법원이 단체의 자율적 판단을 대체해야 하는 경우에는 본문의 ①요건 결여를 근거로 소각하를 해야 한다는 견해가 있다. 伊藤眞 (2022), 70-71, 73. 그러나 ⓐ와 ⓑ의 두 문제상황을 구별하는 것이 현실적으로 가능한지, 설령 가능하더라도 두 상황을 위와 같이 차별취급하는 것이 타당한지 의문이다. 분쟁이 소송까지 왔다는 것은 관련 쟁점에 대하여 소송의 일방당사자인 종교단체의 자율적 판단이 이미 형성되었음을 보여준다. 이러한 자율적 판단도 분쟁 발생 전에 이미 형성된 단체의 자율적 판단과 마찬가지로 존중받을 가치가 있다.

27) 미주 21에서 소개한 대법원 2011. 10. 27. 선고 2009다32386 판결 참조.

28) 권징재판은 교단헌법에 따라 3심제가 적용된다. 이에 반해 그 밖의 교인지위 관련 결의는 교회 내부 행정소송의 대상이 될지언정 결의 자체가 3심제로 이루어지는 것은 아니다. 하지만 이러한 차이가 사법심사 대상(對象)성에 영향을 미칠 수는 없다. 사법심사 대상이 되는지는 '법률상 쟁송'인지에 따라 결정될 문제이지(본문 Ⅲ. 1), 교회 내부에서 여러 차례 심사를 거쳤는지에 따라 좌우되는 문제가 아니기 때문이다.

29) 대법원 2015. 4. 23. 선고 2013다20311 판결.

30) 最高裁判所 1977(昭和 52). 3. 15. 判決(民集 31卷 2号 234頁).

31) 일본의 부분사회론을 상세히 소개하는 문헌으로는 이영진 (2001), 235-244.

32) 最高裁判所 1960(昭和 35). 3. 9. 判決(民集 14卷 3号 355頁).

33) 最高裁判所 1960(昭和 35). 3. 9. 判決(民集 14卷 3号 355頁).

34) 법원조직법 제2조(법원의 권한)
① 법원은 헌법에 특별한 규정이 있는 경우를 제외한 모든 법률상의 쟁송(爭訟)을 심판하고, 이 법과 다른 법률에 따라 법원에 속하는 권한을 가진다.

35) 필자 개인적으로는 우리 판례가 그와 같은 취지라고 생각하지 않는다.

36) 이영진 (2001), 292.

37) 일반단체와 달리 종교단체의 경우 '교회법'이 존재하고 이 교회법을 적용하여 (단체 내부의 결의 차원을 넘어선) '교회재판'을 한다. 우리 법실무가 교회내부의 결의에 대하여 본안판단을 자제하는 배경에는 이러한 고려도 작동하는 것으로 보인다. 이러한 생각에 공감은 가나 동의하기는 어렵다. 존재(Sein)와 당위(Sollen)는 구별해야 하기 때문이다. 교회법과 교회재판은 전체법질서 내에서 단체 내부의 자치규범(정관과 비슷한 자치규범), 단체내부의 결의 이상의 의미를 갖지 못한다. 비록 우리가 통상적으로 교회법과 교회재판에 그보다 더 무거운 의미를 부여하더라도, 이는 '사실적' 차원의 이야기일 뿐이다. 다만 그렇다고 해서 필자가 하나님의 법이 실정법

보다 열등하다고 주장하려는 것은 전혀 아니다. 세속법의 무대 안으로 들어와 이야기를 하는 상황이라면 세속법의 기준을 따라야 하고, 그 기준에 따를 때 교회법은 법이 아니라는 취지일 뿐이다. 미주 28의 서술도 참조.

38) 목사직이라는 생업을 박탈하는 권징결의가 법률상 쟁송이 아니라고 보아 소각하를 하는 것은 부당하다는 비판으로는 오시영 (2008), 499; 김진현 (1985a), 144.

39) 송호영 (2009), 22는 사단벌(社團罰)을 계약벌(契約罰)로 보는 전제 하에, 사적자치의 원칙에 따라 체결된 계약에 있어서 계약당사자 사이의 법적 분쟁과 마찬가지로, 단체내부의 징벌결의에 대해서도 사법심사가 가능하다고 한다. 필자도 위 견해에 동의한다. 다만 계약벌이라 할지라도 그것이 피징계사 입장에서 단지 사실상 불이익을 가져올 뿐이라면, (묵시적) 계약에 기초한 징벌결의의 유효여부는 법률상 분쟁에 해당하지 않을 것이다. 즉 관건은 그 징벌결의가 '법적 의미' 내지 '법적 효과'를 갖는 지이다. 10명으로 구성된 친목동아리에서 구성원 1명을 동아리에서 제명하기로 결의한 경우, 그 징벌결의가 제명된 자에 대해 법적 효과를 갖는다고 단정하기 어려울 것이다.

40) 따라서 징계처분을 받은 자가 교인 또는 신자로서의 지위확인을 구하는 소가 '종교상 지위'의 확인을 구하는 것이지 '법률상 지위'의 확인을 구하는 것이 아니므로, 당연히 법률상 쟁송이 아니라고 단정하는 것은 성급하다. '종교상 지위'는 '법률상 보호가치 있는 지위'에 해당할 수 있기 때문이다. 田中謙太 (2017), 143−145는 종교교리에 대한 판단금지는 사법권의 '내재적 한계'가 아니고, 헌법상 종교의 자유를 보장하고 정교분리원칙을 지키기 위해 '외부로부터 사법권에 부과된 제약'이라고 설명한다. 전자가 사법심사권이 아예 미치지 않는 영역이라면, 후자는 사법심사권이 미치지만 사법부가 종교단체의 자율성을 가급적 존중해야 하는 영역이다.

41) 윤진수 (2015a), 112−114도 종교단체 내부징계의 효력유무가 당연히 법률상 쟁송이 아니라고 볼 근거는 없다고 비판한다. 법원이 순수한 종교적 문제, 가령 교리상의 다툼에 대해 판단할 능력은 없고, 이에 대해 판단한다면 종교의 자유의 침해에 해당할 것이지만, 종교단체의 징계절차가 내부규정에 따른 것인지, 종교단체가 주장하는 징계사유가 과연 존재하는 것인지 등은 법원이 판단할 수 있는 문제로서 사법심사의 대상에서 당연히 제외된다고 볼 수 없다는 것이다. 필자도 이러한 문제의식에 공감한다.

42) 소송요건인 법률상 쟁송성을 판단하는 단계에서 선취된 본안판단의 결과가 반영될 수 있는 것이다. 이에 대해서는 본문 Ⅲ. 4.의 세 번째 명제 참조. 참고로 이영진 (2001), 250은 권징재판의 경우 그것이 아무리 종교단체의 내부문제에 속한다고 하더라도 그 권징결의가 개인의 기본적 권리를 본질적으로 침해하는 등 국가 법질서에 저촉되거나 당해 권징재판 자체에 실체적 절차적으로 중대하고 명백한 하자가 있는 경우에는 종교의 자유보장이라는 측면과 이해관계 있는 당사자 사이의 법률상 이익과의 균형조화의 범위에서 사법심사가 가능하다고 한다. 또한 김창훈/차경일 (2018), 240−241도 권징 그 자체가 발생하게 된 원인이 불법행위나 종교단체 내부의 절차적 규정을 위반하여 이루어졌다면 이는 타인의 종교의 자유를 침해한 것이므로, 사법심사의 대상이 된다는 입장이다.

43) 그러나 단체 자체의 활동의 자유를 결사의 자유로 포섭하는 것에 의문을 표하는 견해도 있다. 윤진수 (2015a), 71−73, 99−100. 이 견해는 결사의 자유는 단체 구성원의 기본권이고, 단체 자체의 활동의 자유는 일반적 행동자유권이나 기타 다른 기본권으로 보호하면 충분하다고 본다.

44) 본문 Ⅳ. 1. 참조.

45) 황우여 (1982b), 32.

46) 또한 두 종교단체가 각자의 종교의 자유를 내세우며 서로 자신의 주장이 맞다고 다투는 경우,

"의심스러울 때는 교회의 이익으로" 원칙을 적용하는 것만으로는 문제를 해결할 수 없다.

47) "의심스러울 때는 현상을 유지하는 방향으로(in dubio pro status quo)"라는 원칙에 입각하여 사법심사를 하면, 법원은 ① '청구기각'을 하는 경우가 많을 것이다. 가령 종교적 이유로 해임처분을 받은 목사 또는 신부가 징계가 무효임을 주장하며 소를 제기한 경우, **다른 특별한 사정이 없는 한** 징계는 적법·유효한 것이고 따라서 원고의 청구는 기각되어야 한다. 징계권한 및 징계사유의 존부는 원칙적으로 징계를 하는 단체가 증명해야 하지만, 단체 내부규정에 따라 징계가 이루어졌다면 그 징계가 적법·유효함이 '사실상' 추정되고, 무효임을 다투는 쪽에서 징계권한이나 징계사유가 부존재함을 적극적으로 주장·증명해야 한다. 참고로 伊藤眞 교수는 종교교리에 관한 사항이 요건사실에 해당하는 경우(ex. 종교교리에 반하는 행위를 하였으므로 징계사유가 존재한다), 법관이 종교교리에 관하여 사실인정을 하는 것은 불가능하다고 한다. 요건사실이 인정되지 않는 경우 증명책임을 부담하는 자에게 불리하게 판단하는 것이 원칙이지만(즉 징계사유가 없으므로 징계결의는 무효이다), 요건사실이 존재하는지 여부에 대한 판단이 종교단체의 자율권에 속하는 사항인 경우에는, 소송당사자는 그 요건사실의 증명 대신 해당 요건사실에 대한 종교단체의 판단내용을 증명함으로써, 자신의 증명책임을 다할 수 있다고 본다. 伊藤眞 (1991), 166 – 170. 이처럼 종교단체의 자율성을 존중하기 위해 **'증명주제의 변경'**을 허용하자는 伊藤眞 교수의 주장은, 비록 설명방식은 다르지만 "의심스러울 때는 현상을 유지하는 방향으로"라는 명제와 일맥상통하는 지점이 있다.

하지만 ② '소각하'를 해야 할 경우도 있다. 해임처분을 받아 대표자 지위를 상실한 자가 종교단체를 대표하여 종교단체의 이름으로 소를 제기한 경우, 원고인 단체의 대표자에게 적법한 대표권이 있는지 여부는 소송요건의 문제이다. **적법한 대표권이 있다는 점이 증명되지 않았으므로** 법원은 소 각하를 해야 한다.

나아가 법원은 ③ '청구인용'을 해야 할 수도 있다. 가령 종교적 이유로 해임처분을 받은 목사 또는 신부가 종교단체 시설을 점유하고 있음을 이유로 종교단체가 소유권에 기한 인도청구를 한 경우, 법원은 해임처분이라는 현상을 존중하여 피고가 자신에게 점유할 권한이 있음을 증명하지 못하였다고 보아 원고의 소유권에 기한 인도청구를 인용해야 한다.

48) 윤진수 (2007a), 377 – 379는 사법상의 단체 가운데 주식회사의 경우에는 총회결의상 흠의 종류와 중대성에 따라 결의무효사유와 결의취소사유를 구별하고 있고, 결의취소사유에 대해서는 법원의 재량기각도 인정하고 있음에 반하여, 다른 단체의 사원총회의 결의는 무효라는 선택지 하나밖에 없어 문제임을 지적한다. 그리고 해석론 차원에서, 주주총회 결의 취소 청구의 재량에 의한 기각을 규정하고 있는 상법 제379조의 이념을 일반 사법상 단체에도 적용하는 방법을 모색할 필요가 있다고 주장한다. 필자도 위 주장에 동의한다. 필자가 본문에서 주장하는 판단기준(절차상 흠을 치유할 수 있는 두 가지 사유; ①, ②)에도 재량기각의 이념이 반영되어 있다.

49) 국내법원이 국제조약을 해석할 때 국내법의 관점과 체계를 투영하지 않고 오로지 조약 자체의 목적과 체계를 기준으로 삼는 경우, 이를 '자율적' 해석이라고 부른다.

50) 가령 종교단체 구성원이 동성애나 동성혼에 찬성하는 의사를 표시하였다는 이유로, 또는 남성만 성직자가 될 수 있는 현행 제도가 남녀를 차별하는 위헌·위법적 제도라고 비판하였다는 이유로 징계를 받은 경우를 생각해 보자. 위 징계의 적법·유효성을 따지기 위해 ① 동성애와 동성혼에 반대하는 종교단체의 교리, ② 남자만 성직자가 될 수 있는 종교단체의 교리의 정당성에 대해 사법부가 심사하는 것은 부적절하다. 국가가 종교단체에 특정 교리를 강제하는 것과 다를 바 없기 때문이다.

51) 즉 법원이 실체문제를 심사하는 경우 심사밀도를 높게 설정하는 것은 타당하지 않다. 같은 취지 高畑英一郎 (2021), 223.

52) 가령 종교단체가 표방하는 일부다처제에 반대하는 의사를 표시하였다는 이유로 교인을 징계하는 경우, 종교단체의 교리를 실현하기 위해 불법행위에 가담하도록 요구받았는데 이를 거절하였다는 이유로 교인을 징계하는 경우.

53) 비슷한 취지 田中謙太 (2020), 232－235(종교단체의 자율권의 기초를 단체구성원의 '묵시적 동의'에서 찾고 있다. 임의단체의 구성원은 단체에 가입하면서, 단체 내부규정에 따른 절차를 준수하여 이루어진 결정에는 승복하겠다는 묵시적 의사표시를 하였다고 보아야 한다. 그러나 단체 내부규정에 따른 절차를 위반하여 이루어진 결정에 대해서까지 승복하겠다는 묵시적 의사표시를 하였다고 볼 수 없다. 절차위반 징벌의 경우 설령 그 결론을 구성원 다수가 동의하더라도, 피징계자의 승복의 묵시적 의사표시를 인정할 수 없다. 피징계자의 묵시적 의사표시가 인정되지 않는다면, 계약벌의 일종인 징벌은 일방당사자의 동의가 없으므로 아예 성립할 수 없다).
   국내문헌 중 이러한 '계약설'에 공감을 표하는 것으로 김진현 (1985b), 265 이하(교회의 헌법, 회칙 등 자치규정은 분쟁당사자 간의 계약조항이고, 교회치리기관은 중재인으로 볼 수 있으므로, 법원은 중재인인 교회치리기관이 중재계약인 교회자치법규에 의거하여 그의 관할사항으로 되어 있는 분쟁에 관하여, **그 규정된 절차를 밟아, 그 규정된 권한 내의 재판을 하였는지 여부만을 심사**하게 되며, 따라서 중재판정의 취소여부를 심사하는 정도로만 개입하면 된다). 그러나 윤진수 (2015a), 114는 ① 교회 또는 교단 내의 기관으로서 소속 교인들을 징계하는 치리회를 독립된 중재인으로 볼 수 없고, ② 교회 내의 권징절차는 형사재판과 유사한 성질의 것으로서, 중재적격이 없다는 점을 지적하며, 위 견해에 비판적이다.
   교회내부 결의와 중재합의의 유사성을 지적하는 위 견해에 대한 필자의 입장은 다음과 같다. 교회 내 징벌결의에 대한 구체적 사법심사 기준을 제시하였다는 점에서 위 견해는 나름의 의미가 있다. 그러나 규정된 절차를 밟아, 규정된 권한 내에서 징벌결의를 한 경우에도, 예외적이나마 법원이 해당 결의의 효력을 부정할 가능성은 열려 있다(본문에서 언급한 사법심사 기준 중 '두번째' 부분 참조). 이러한 실체적 심사의 범위는 중재판정 취소에서 법원의 심사범위(중재법 제36조 제2항 제2호)보다 넓다. 따라서 교회 내 징벌결의에 대한 사법심사 문제를 중재판정의 취소에 빗대어 설명하는 것은 그리 적절한 비유는 아니라고 생각한다.

54) 이영진 (2001), 297.

55) 이 판례에 대한 대법원 재판연구관의 평석으로는 오상진 (2015), 131이하; 이 판례에 대한 비판적 평석으로는 유현정 (2017), 159이하.

56) 교단헌법 제27조 제1항에 따르면 "위임목사는 지교회의 청빙으로 노회의 위임을 받은 목사이다." 즉 지교회가 추천을 하면 노회에서 임명에 관하여 최종 결정을 한다.

57) 지교회 담임목사의 해임 권한이 교단(노회)에 있는지, 지교회에 있는지, 교단(노회)과 지교회가 모두 동의해야만 해임이 가능한 것인지에 관한 분석으로는 정재곤 (2016), 125이하.

58) 교단헌법 제2편 제26조 제1항은 "목사는 신앙이 진실하고 행위가 복음에 적합하며, 가정을 잘 다스리고 타인의 존경을 받는 자로서 다음 사항에 해당하는 자라야 한다. ① 무흠한 세례교인으로 7년을 경과한 자 ② 30세 이상 된 자로서 총회 직영 신학대학원을 졸업한 후 2년 이상 교역 경험을 가진 자(다만, 군목과 선교목사는 예외로 한다) ③ 총회 목사고시에 합격한 자"라고 규정하고 있을 뿐이다.
   그러나 외국시민권자가 교단목사가 될 수 없다는 것은 통합교단의 오랜 관행으로서 (교단 내부의) 관습헌법에 속하며, 목사의 지위나 자격의 인정여부는 교리(성경해석)상의 문제로서 헌법이 보장하는 정교분리 원칙상 국가사법권이 개입할 수 없다는 견해로는 추일엽/서헌제 (2014), 128. 교회법의 비전문가인 필자가 이 문제에 대해 판단하기는 어렵다. 원론적으로 말하자면 교단헌법에 명시되지 않은 사유도 결격사유가 될 수는 있을 것이다. 다만 성문화되지 않은 결격사유의 존재는 **결격에 따른 효과의 중대성**을 고려할 때, 그 존재를 주장하는 측에서 증명책임을 부담하고, 존재 사실도 엄격히 인정해야 하지 않을까 싶다. 종교단체의 자율성도 중요하지만, 뜻밖의 사유로 목사직을 박탈당하는 개인의 직업수행의 자유 또는 자신의 직업에 대한 신뢰도 보호가치가 있기 때문이다.

　　교단(관습)헌법상 A에게 목사자격이 없다고 보는 위 비판론도, 결론에 있어서는 18년 동안 목사로서 역할을 해 온 A의 목사자격을 소급하여 무효화시키는 것은 신뢰의 원칙에 반한다고 본다. 서헌제 (2014b), 33.

59) 교단헌법 제164조 제1항은 치리회의 결의에 대한 무효확인의 소의 제소권자는 '당해 치리회 회원'이라고 규정하고 있다. 그런데 이 사건의 경우 당해 지리회(노회) 회원이 아닌 자가 치리회(노회) 결의 무효확인의 소를 제기하였다.

60) 그러나 교단헌법 제164조 제1항은 '예시규정'이므로, 제164조 제1항에 규정되어 있지 않은 자도 제154조 제2항을 근거로 무효확인의 소를 제기할 수 있다는 반론으로는 서헌제 (2014b), 30 − 31.

61) 교단헌법 제164조 제1항은 치리회의 결의 무효 사유로 "결의의 내용이 중대하고 명백하게 헌법 또는 규정에 위반"되는 경우라고 규정하고 있다.

62) 참고로 이후 A 개인이 원고로서 피고를 상대로 제기한 총회결의무효확인 소송에서 1, 2심 법원은 A의 손을 들어주었다(서울중앙지방법원 2015. 4. 7. 선고 2014가합592269 판결 및 서울고등법원 2015. 12. 18. 선고 2015나2019610 판결. 위 2심 판결은 피고의 상고 취하로 확정되었다). 판결이유는 본문에서 소개한 1심 및 2심의 판결이유와 거의 같다. 결과적으로 A가 대표하는 '단체'가 A가 자신의 적법한 대표자라고 주장하며 제기한 소는 각하되었고, A '개인'이 자신이 대표자임을 주장하며 제기한 소는 인용되었다. 원고가 누구인지에 따라 소송결과가 달라진 것인데, 이러한 결론의 차이가 법적으로 정당화될 수 있는지 의문이 남는다.

63) 지영준 (2020), 69 − 72는 예배 및 종교활동을 주재하는 종교상의 지위로서 위임목사 지위에 있는지 여부는 사법심사의 대상이 아니지만, 교회 재산의 관리처분과 관련한 대표자의 지위로서 위임목사 지위에 있는지 여부는 사법심사의 대상이 된다는 입장이다. 그러나 본문 Ⅲ. 2. 및 미주 40에서 언급한 것처럼 '종교상 지위'의 확인을 구한다고 해서 당연히 법률상 쟁송이 아니라고 말할 수 없다. 또한 위임목사의 지위를 위와 같이 분리하여 사법심사 가부를 달리 판단하는 것도 타당하지 않다. 위임목사라면 두 지위를 모두 갖는 것이고, 위임목사가 아니라면 두 지위를 모두 갖지 못하는 것이다. 이러한 두 가지 선택지 이외에 제3의 길은 존재할 수 없다.

64) 이에 관해서는 일단 심헌섭 (1979), 61이하; Karl Engisch (1952), 385이하; 아르투어 카우프만 지음/김영환 옮김 (2007), 481 − 496, 618 − 704; 안수길 (2022), 265이하; 서부학 (1998), 382이하 참조. 위 문헌들은 형법에서의 문제상황('의무의 충돌')에 주목하여 법으로부터 자유로운 영역이 인정될 수 있는지 논한다. 의무의 충돌 상황에서 법으로부터 자유로운 영역을 인정할 수 있는지에 관하여 형법학계의 견해대립은 팽팽한데, 대체로 부정설이 우세한 것으로 보인다. 한편 국제법의 관점에서 법으로부터 자유로운 영역 문제를 다룬 글로는 박배근 (1996), 65이하(국제법으로부터 자유로운 영역이 있을 수 있음을 인정한다. 즉 국제법 주체의 특정 행위의 합법성 판단을 불가능하게 하는 국제법규칙의 부존재가 있을 수 있음을 인정한다).

65) Ernst A. Kramer (2019), 213 참조.

66) 여기서 '합법성'이라는 말은 '개별 실정법'에 위배되지 않을 뿐만 아니라 '전체법질서' 차원에서 적법하다는 뜻으로 사용하였다.

67) 국민들 중에서도 특히 법을 만들고, 집행하고, 구체화하는 공무원들이 합법성에 대한 내적 확신

을 갖고 있어야 법치국가가 제대로 기능할 수 있다. Andreas Voßkuhle (2018), 3154, 3159는 이러한 내적 확신을 "법치국가적 에토스"라고 표현한다. 법치국가적 에토스는 법철학자 Hart가 말하는 '내적 관점(internal point of view)', 즉 규범의 수범자들 스스로 규범의 구속력을 인정하고 규범을 승인하는 태도와 연결된다. Hart의 내적 관점에 대해서는 우선 강태경 (2018), 261 이하.

68) 두 종교의 자유가 충돌하는 상황에서 법원이 어느 한쪽의 종교의 자유를 우선시하는 것은, 국가가 종교에 개입하는 것으로 비춰질 수 있다. 하지만 그렇다고 해서 법률상 쟁송에 해당함에도 불구하고 소 각하를 하는 것은 타당하지 않다. 소 각하를 하더라도 결과적으로 어느 한쪽의 종교의 자유가 우선시되는 것은 마찬가지이다. 법률상 쟁송에 해당한나민 실체판난을 해야 한다.

69) 남형두 (2017), 172.

70) 伊藤眞 (1991), 170－171. 田中謙太 (2017), 142－143도 같은 취지의 주장을 하고 있다.

공동체의 분열

●

공동체의 분열
- 교회의 분열을 중심으로* -

Ⅰ. 글머리에

공동체의 분열, 특히 교회의 분열이라는 현상은 매우 흥미있는 주제이다. 특히 한국의 기독교에서는 교회의 분열이 매우 잦다. 왜 이렇게 교회의 분열이 많은가, 왜 다른 단체에서는 분열이라는 현상이 별로 문제되지 않는가 하는 점도 연구하여 볼 만한 문제이다. 그러나 이 글에서는 주로 법률적 측면에서 검토하고자 한다.

Ⅱ. 교회 일반론과 교회의 분열

1. 보편교회와 지역교회

기독교에서는 보편교회(ecclesia universalis)와 지역교회(ecclesia particularis)를 구별한다. 개신교에서는 보편교회는 그리스도를 중심으로 모이는 모든 참 그리스도인만으로 구성되는 유일의 교회로서, 이 보편교회는 원칙적으로 무형적 내지 불가견(不可見)적이라고 한다. 즉 관념상으로만 존재한다는 것이다. 이에 반하여 로마 가톨릭교회는 교황과 주교들에 의하여 지도되는 로마 가톨릭교회 자체가 유일의 보편교회

라고 한다.[1)]

　　현실적으로 분쟁이 일어나고 있는 개신교에서는 보편교회가 문제되지는 않으며, 분쟁은 지역교회에서 생긴다. 지역교회에는 교인들이 모여 예배를 드리는 지교회와 지교회의 연합체인 교단(denomination)이 있다. 일반적으로 말하는 교회란 지교회를 말한다. 판례는, "교회가 법인격을 취득하지 않은 경우에도 기독교 교리를 신봉하는 다수인이 공동의 종교활동을 목적으로 집합체를 형성하고 규약 기타 규범을 제정하여 의사결정기관과 대표자 등 집행기관을 구성하고 예배를 드리는 등 신앙단체로서 활동함과 함께 교회 재산의 관리 등 독립된 단체로서 사회경제적 기능을 수행함에 따라 법인 아닌 사단의 일반적인 요건을 갖추었다고 인정되는 경우에는, 그 교회는 법인 아닌 사단으로서 성립·존속하게 된다"고 하는데,[2)] 이는 지교회를 의미한다.

　　교단은 "신앙원칙 내지 신앙고백의 내용인 '교리'와 신앙적 행위양식인 '예배'라는, 본질적이고도 핵심적인 요소를 공통으로 하고 있는 여러 교회들이, 대외적 선교와 대내적 교회행정을 공동으로 행할 목적으로 연합하여 조직한 상급 종교단체"라고 할 수 있다.[3)]

2. 교회의 정체(政體)

　　한편 교회의 다스리는 권력 내지 치리권을 누가 행사하는가를 정치체제 내지 정체(polity)라고 하는데, 일반적으로 이를 감독정체(episcopal polity), 장로정체(presbyterial polity) 그리고 회중정체(congregational polity)로 분류한다.[4)] 감독정체는 교회의 머리이신 그리스도께서 교회의 성치를 사도들(apostoli)에게 위임하셨으며, 그 권위는 사도들의 후계자인 감독들에게 감독직의 계대를 통하여 전승된다는 의미의 '사도적 계승'(apostolicasuccessio)을 기초적 원리로 하는 정체이다. 이 정체에서는 감독이 치리권을 행사하고, 평신도들은 교회정치에 참여할 수 없다. 가톨릭 교회, 동방정교회, 성공회 등이 감독정체를 채택하고 있다.[5)]

　　장로정체는 평신도들이 평신도들 중에서 그들의 대표자로 치리장로(ruling elder, presbyter)들을 선택하여 그들로 하여금 교역자(목사, pastor)와 함께 치리회(judicatory)를 구성하여 치리권을 행사하게 하는 정체이다. 지교회의 대의정치기관이며 치리회

228

인 당회(堂會, church session)는 목사와 치리장로들로 구성된다. 당회 외에 여러 교회에 공통한 사건들과 하급 치리회에서 해결할 수 없는 사건들을 처리하는 광대회의(廣大會議)가 있는데, 장로교에서는 광대회의로는 당회 위에 노회(老會, presbytery)가 있고, 노회 위에 대회(大會, synod)가 있으며, 대회 위에 최고치리회로서 총회(總會, general assembly)가 있다. 다만 우리나라에서는 현실적으로 대회는 운영되고 있지 않다. 장로교 외에 성결교회, 기독교 대한 하나님의 성회, 루터교회 중 일부 교단 등 여러 교단들이 이 정체를 선택하고 있다.

회중정체는 지교회의 완전독립을 인정하며, 광대회의 또는 하급치리회라는 것이 존재하지 아니한다. 그리고 지교회의 치리권도 회중일반(congregation)에게 분속된다. 목사를 포함하여 모든 직원(officer)들은 단순한 지교회의 사역자일 뿐 교회의 회원으로서 가지는 것 이상의 정치권을 가지지 못한다. 회중교회도 연합활동을 위하여 지역적 혹은 전국적인 광대회의를 구성하는 수가 있으나 그 회의는 치리회가 아니라 그 지역 혹은 전국 교회의 협의회에 불과하며, 설사 어떤 결의를 하더라도 그 효력은 구속적인 것이 아니라, 권고적 혹은 선언적인 것에 불과하다. 이 정체를 채택하고 있는 대표적 교파는 침례교회(Baptist Church)이고, 그 밖에 그리스도의 제자교회(Disciples of Christ), 퀘이커교도(Quakers), 그리스도의 교회(Churches of Christ), 루터교회 중 일부 교단들이다.

이 중에서 감독정체와 장로정체는 교계정체(敎階政體, hierarchical polity)라고 분류된다. 감독정체는 교회의 치리권이 감독 1인에게 전속되며 하위성직자 및 평신도들에게는 순종의 의무만이 있고, 장로정체는 치리회 사이에 위계가 있다는 점에서, 지교회 자치(autonomy of local congregation)와 교역자·평신도 평등을 중심적 조직원리로 하는 회중정체와 대비된다.

3. 교회의 법률적 지위

개신교에서 지교회는 일반적으로 권리능력 없는 사단 내지 비법인사단으로 본다. 대법원 2006. 4. 20. 선고 2004다37775 전원합의체 판결은, "교회가 주무관청의 허가를 받아 설립등기를 마치면 민법상 비영리법인으로서 성립한다. 또한, 교회가 법인격을 취득하지 않은 경우에도 기독교 교리를 신봉하는 다수인이 공동의 종교활동을 목적으로 집합체를 형성하고 규약 기타 규범을 제정하여 의사결정기관과 대표자 등 집행기관을 구성하고 예배를 드리는 등 신앙단체로서 활동함과 함께 교회 재산의 관리 등 독립된 단체로서 사회경제적 기능을 수행함에 따라 법인 아닌 사단의 일반적인 요건을 갖추었다고 인정되는 경우에는, 그 교회는 법인 아닌 사단으로서 성립·존속하게 된다."고 하였다. 실제로 지교회가 주무관청의 허가를 받아 사단법인으로서 설립등기를 마치는 일은 거의 찾아보기 어려운 것 같다.[6]

교회가 비법인사단인 경우에는 교회의 재산은 교인들의 총유가 된다. 과거의 판례 가운데에는 이를 합유라고 한 것도 있었으나,[7] 현재의 판례는 총유로 보고 있다.[8]

4. 교회 분열의 의의

아래에서 살펴보는 것처럼 법률상 교회 분열이라는 것을 인정할 수 있는가에 대하여 견해가 나누어지고 있다. 그러나 법률상 교회의 분열을 인정할 수 없다고 하는 학설도 사회적 현상으로서의 교회의 분열이 존재한다는 것을 부정하지는 않는다. 사회적 현상으로서의 교회의 분열이란 교회 교인들의 의견 대립으로 인하여 한 교회가 두 개 이상의 교회로 나누어지는 것을 말한다. 좀 더 구체적으로는 하나의 종전 교회(지교회)에서 두 개(또는 세 개 이상)의 교회가 갈라지고, 이 두 개의 교회가 서로 자신이 종전 교회와 동일성을 가진다고 주장하는 것이다. 그러므로 가령 종전 교회 명의로 등기된 부동산은 어느 교회에게 귀속되는가, 종전 교회의 대표자는 누구인가 하는 점 등이 문제된다. 다만 이러한 교회의 분열 현상은 교회의 정체 가운데 장로정체와 회중정체를 따르는 교회에서만 문제되고, 감독정체를 따르는 교회에서는 문제되지 않는다고 한다.[9]

한편 개별 지교회의 분열 외에 지교회의 연합체인 교단이 분열되는 경우도 많다.[10] 그러나 이러한 교단의 분열은 문제되는 양상에서 지교회의 분열과는 차이가 있다. 이하에서는 지교회의 분열만을 다룬다.

이러한 교회 분열의 유형은 소속교단의 분열과 관련하여 지교회가 분열된 경우, 지교회가 원래 소속해 있던 소속교단과의 갈등으로 교단을 변경함으로써 교회가 분열된 경우, 지교회가 원래 소속해 있던 소속노회와의 갈등으로 노회를 변경함으로써 교회가 분열된 경우, 소속교단과 관련 없이 교회 자체적으로 분열된 경우 등으로 나누어 볼 수 있다.[11] 가장 전형적인 경우는, 지교회 내의 분쟁과 관련하여 관할 노회 또는 총회가 개입하여 어느 한쪽이 옳다고 하는 경우에, 다른 쪽이 이에 불복하면서 교단을 탈퇴하여 다른 교단에 가입하겠다고 하는 것이다.

Ⅲ. 교회의 분열

1. 판례

종래의 판례는 대법원 2006. 4. 20. 선고 2004다37775 전원합의체 판결 전까지는 교회의 분열을 승인하고, 분열된 교회의 재산은 분열 당시 교인들의 총유에 속한다고 보고 있었다. 그러나 위 2006년 전원합의체 판결은 판례를 변경하여, 교회의 분열이라는 개념을 부정하면서, 교단에 소속되어 있던 지교회의 교인들의 일부가 소속 교단을 탈퇴하기로 결의한 다음 종전 교회를 나가 별도의 교회를 설립하여 별도의 대표자를 선정하고 나아가 다른 교단에 가입한 경우, 그 교회 소속 교인들은 더 이상 종전 교회의 재산에 대한 권리를 보유할 수 없게 되고, 다만 특정 교단에 가입한 지교회가 교단이 정한 헌법을 지교회 자신의 자치규범으로 받아들였다고 인정되는 경우에는 이는 사단법인 정관변경에 준하여 의결권을 가진 교인 2/3 이상의 찬성에 의한 결의를 필요로 한다고 하였다.

가. 종전 판례

이 문제에 관한 최초의 대법원 판례로 알려진 대법원 1957. 12. 13. 선고 4289민상182 판결[12]은 다음과 같이 판시하였다. 즉 교도들의 연보헌금 기타 교회의 수입으로 된 재산은 특별한 사유가 없는 한 당해 교회의 소속 교도들의 합유로서 각 교도들이 공동으로 권리를 가지고 의무를 부담하게 되는 것이나, 그 권리가 지분권이 아니므로 이를 단독적으로 처분할 수 없고, 그 재산처분에 있어서는 일반적으로 승인된 규정이 있으면 그에 따라 유효히 할 수 있되 그것이 없는 경우에는 민법의 원칙에 따라 교도총회의 의결에 의하여야 한다고 하였다. 그리고 교도들이 극히 개인적으로 그 교회를 탈퇴하는 것이 아니고 교도들의 분열로 인하여 소파로 분리되고 수 개의 교회로 분립되는 경우에 동 재산의 귀추 여하에 관하여서도 장정 등의 규정이 있으면 이에 따르고 그것이 없으면 종전교회의 교리를 준봉하는 교파의 단독소유로 귀속할 것이 아니고 종전 교회에 소속되었든 교도의 총의 즉 총회의 의결방법에 의하여 그 귀속을 정하여야 할 것이라고 하였다.

그 후에는 판례가 교회 재산을 합유가 아니라 총유인 것으로 보게 되었다. 그리고 판례는 분열된 각 교회는 별개의 독립된 교회로서 각각 상대방 교회의 사용수익을 방해하지 않는 범위 내에서 총유권자로서 교회당 건물 등 종전의 교회재산을 사용·수익할 수 있다고 하였다.[13][14] 민법 제275조 제1항은 "법인이 아닌 사단의 사원이 집합체로서 물건을 소유할 때에는 총유로 한다."고 규정하고, 제276조 제2항은 "각 사원은 정관 기타의 규약에 좇아 총유물을 사용, 수익할 수 있다."고 규정한다.

그리하여 판례는 교회재산 총유권자의 일부인 잔류교인들로써 이루어진 교회가 다른 총유권자들로써 이루어진 교회에 대하여 교회 건물의 명도를 구할 수 없다고 하였다.[15] 또 종전 교회 또는 교단 명의로 등기되어 있던 교회 재산에 대하여 신설 교회 측에서 그 명의로 표시변경등기를 마치고 이에 대하여 종전 교회 또는 교단이 위 등기의 말소를 구하는 경우에는, 판례는 표시변경등기는 총유를 표상하는 것으로 유효하거나 총유재산임을 공시하는 한에 있어서는 실체관계에 부합하여 유효하다고 보아 청구를 배척하거나,[16] 말소등기청구는 총유재산의 관리행위로서 분열 당시 교인들의 총회 결의가 필요한데 이러한 결의가 없었다는 이유로 청구를 배척하였다.[17]

그리고 신실 교회가 종전 교회의 노회 또는 재단을 상대로 명의신탁해지를 원인으로 한 소유권이전등기를 청구하는 경우에, 신설 교회가 종전 교회와의 동일성을 인정받을 수 없으므로 소유권이전등기청구권을 가지고 있지 않다는 이유로 청구를 기각하였다.[18]

한편 한쪽 교회가 다른 쪽 교회의 담임목사에 대하여 교회에서 퇴거를 청구하는 것은 인정될 수 없으나,[19] 한쪽 교회가 다른 쪽 교회에 대하여 예배방해금지는 청구할 수 있다고 보았다.[20]

또한 교회의 구성원이 계속적으로 변경되어 가는 교회의 속성에 비추어 볼 때 분열된 각 교회는 새로운 교인들을 받아들일 수 있음은 물론, 예배행위를 주관할 목사를 청빙하여 총유재산인 교회당을 사용하여 예배행위를 할 수 있는 것이며 반드시 분열당시의 교인들에 한하여서만 그 사용수익의 권리가 있는 것은 아니라고 하였다.[21][22]

이러한 판례를 재확인한 것은 대법원 1993. 1. 19. 선고 91다1226 전원합의체 판결이었다. 이 사건에서는 대한예수교장로회 통합 측 부산노회에 속했던 교회의 일부 교인들이 위 통합파 교단과 노회를 탈퇴하고 대한예수교장로회 합동정통파교단의 경남노회에 가입하기로 하여 교회가 분열되었다. 그리하여 위 통합 측에 잔류하는 교인들로 구성된 원고 교회가 합동정통파교단에 가입하기로 한 교인들로 구성된 피고 교회를 상대로 교회당 건물 명도를 청구하였다. 원심 법원은 종전 판례에 따라 이를 받아들이지 않았고, 대법원도 종전 판례를 유지하여 상고를 기각하였다. 그러나 이 판결에는 두 개의 반대의견이 있었다.

이회창 대법관의 제1반대의견은, 하나의 총유단체인 교회가 두 개의 총유단체인 각 교회로 분열되면 종전 총유단체인 교회에 속한 재산은 분열 후의 두 개의 총유단체인 각 교회의 공유로 되고 각 교회의 공유지분은 총유의 형태로 각 교회 및 그 구성원에게 귀속된다고 보는 것이 타당하고, 이 경우에 각 교회의 공유지분비율은 분열 당시 총유재산에 대하여 개별적 사용수익권을 가진 교인의 각 교회별 비율, 즉 각 교회의 세례교인의 수에 의하여 결정하는 것이 가장 합리적이라고 주장하였다. 그리하여 이 사건에서는 분열 당시의 전체 세례교인수와 원·피고 쌍방의 각 교회에 속한 세례교인수를 조사하여 각 교회의 공유지분을 확정한 다음, 민법 제265조에 의하여 공유물인 이 사건 교회건물에 대한 관리행위를 정할 수 있는 과반수지분권자가 어느 쪽인지를 가려서 원고 청구의 당부를 판단하였어야 한다고 보았다.

그리고 윤관, 김상원 대법관의 제2반대의견은 법적 의미의 분열을 인정하는 대법원의 종전 판례는 더 이상 유지되기 어렵다고 하였다. 그리하여 이 사건에서 문제된 교회 분열 즉 교인 중 일부는 종전 소속교단에 남기를 원하는데 다른 일부가 교단을 변경하기로 결의하여 소속교단을 이탈하고 다른 교단에 가입함으로써 교회가 분열된 경우만을 상정한다면, 달리 특별한 사정이 없는 한 종전 교회가 2개의 교회로 나뉘어 각각 존속한다는 의미의 교회의 분열은 인정될 수 없는 것이며, 종전 소속교단에 속한 교회는 종전교회와의 동일성을 그대로 유지한 채 존속하는 것이고,

종전교단을 떠난 교회는 그 구성원들이 종전교회를 탈퇴하여 새로운 교회를 조직한 것으로 보아야 할 것이라고 보았다. 다만 민법상 사단법인이 총회의 결의에 의하여 법인의 목적을 비롯하여 정관기재사항을 변경할 수 있고, 나아가 법인 자체를 해산할 수 있음을 유추한다면, 교회가 교인들의 총의를 결집하는 일정한 절차를 거쳐 소속교단에서 이탈하여 타교단에 가입하는 등의 교단변경행위는 허용되어야 할 것이라고 주장하였다. 그리하여 이 경우에 사단법인의 해산결의에 관한 민법 제78조를 유추적용하여 사단법인의 총회라 할 수 있는 지교회의 공동의회에서 재적회원의 4분의 3 이상의 찬성으로 교단변경을 결의할 수 있게 함이 타당하다고 하였다.

나. 대법원의 판례변경

그러나 이러한 대법원의 판례는 대법원 2006. 4. 20. 선고 2004다37775 전원합의체 판결에 의하여 변경되게 되었다. 이 사건의 사실관계는 다음과 같다.

종전 교회(기독교대한성결교회 신서교회)는 기독교대한성결교회 소속의 지교회인데, 종전 교회의 목사로 재직하던 정 목사는 장로들과 의견대립이 발생하게 되었고, 위 일로 소속 교단의 징계재판을 받을 지경에 이르자, 정 목사는 지지 교인들을 모아 소속 교단을 탈퇴하여 독립교회가 되기로 결의하고 그 독립교회의 명칭을 신서교회로 하기로 하였다(피고 교회). 소속 교단인 기독교대한성결교회의 강서지방회는 2001. 10. 11. 정 목사에 대하여 면직판결을 하고 2001. 10. 27. 후임 당회장 목사를 파송하였다. 피고 교회는 11. 21. 이 사건 부동산에 관하여 종전 교회로부터 같은 해 11. 5. 매매를 원인으로 한 소유권이전등기를 마쳤으나, 위 등기는 실제로 종전 교회로부터 이를 매수하지 아니하였음에도 종전 교회의 당회원들이 매도 결의를 한 것처럼 임의로 관련 서류를 작성하여 이를 첨부하여 한 것이다. 종전 교회는 원고로서 피고 교회 명의의 소유권이전등기는 원인무효라고 하여 이 사건 부동산에 대한 말소등기청구를 하였다.

원심은 종전 교회는 피고 교회와 잔류 교인들로 구성된 원고 교회로 분열되었다고 판단한 다음, 종래의 판례에 근거하여 교회가 분열되면 종전 교회의 재산은 그 분열 당시 교인들의 총유에 속하고 총유재산의 보존행위는 총회의 결의에 의하여야 하는 것이므로, 이 사건에서 종전 교회가 원고 교회와 피고 교회로 분열될 당시 교인들의 총회 결의가 존재하지 않으므로 원고 교회는 교회 재산의 보존행위로서 이건 소를 제기할 수 없다고 판단하여 원고의 청구를 기각한 1심의 결론을 유지하였다.

그러나 대법원은 원심판결을 파기환송하였다. 다수의견의 요지는 다음과 같다.

(1) 우리 민법이 사단법인에 있어서 구성원의 탈퇴나 해산은 인정하지만 사단법인의 구성원들이 2개의 법인으로 나뉘어 각각 독립한 법인으로 존속하면서 종전 사단법인에게 귀속되었던 재산을 소유하는 방식의 사단법인의 분열은 인정하지 아니한다. 따라서 그 법리는 법인 아닌 사단에 대하여도 동일하게 적용되며, 법인 아닌 사단의 구성원들의 집단적 탈퇴로써 사단이 2개로 분열되고 분열되기 전 사단의 재산이 분열된 각 사단들의 구성원들에게 각각 총유적으로 귀속되는 결과를 초래하는 형태의 법인 아닌 사단의 분열은 허용되지 않는다.

(2) 종전 교회가 분열되어 잔존 교회와 신설교회가 병존한다고 보면서도 종전 교회의 재산에 관하여는 분열 전 교회가 존속하는 것으로 보아 분열 전 교회 구성원의 총유라고 하여 그 자체로서 논리적으로 모순적인 구조를 갖고 있다. 종전 교회의 구성원들인 교인들 외에 분열 후 새로 가입하여 분열 당시 교회의 구성원이 아니었던 교인들까지도 종전 교회 재산에 대한 사용·수익권을 행사할 수 있다고 인정함으로써 총유재산에 대한 사용·수익권은 법인 아닌 사단 구성원의 지위에서만 인정된다는 민법의 대원칙도 부정하는 결과를 초래하였다.

(3) 종전 재산 관리 처분에 관한 소송은 분열 당시 교인들로 구성된 교인총회의 결의를 거쳐 종전 교회 자체가 당사자가 되어 제기하여야 한다고 하여 종전 교회와 그 구성원들이 소 제기시에도 여전히 존재하는 것처럼 의제하여 교인 총회의 소집과 결의가 필요하다는 것을 요구하고 있는바, 이는 비현실적이고 사실상 불가능한 것으로서 원고가 되어 소송을 제기하는 교회가 패소하는 결과를 초래하였다. 더욱이 분열되어 나간 교회가 종전 교회 명의의 교회재산에 관하여 관련 서류를 위조하여 허위의 이전등기를 마치더라도 분열 후의 잔존 교회는 말소등기절차의 이행을 구할 수 없어 실체관계에 부합하지 않는 등기의 존재를 용인할 수밖에 없고, 분열된 교회들이 하나의 교회 건물을 서로 독점적으로 점유하기 위하여 물리력을 행사하더라도 이를 방치할 수밖에 없어 종국에는 다수파에 의한 점거가 사실상 정당한 것처럼 유지되는 결과에 이르렀다. 또한, 분열된 각 교회가 상대방의 사용·수익을 방해하지 않는 범위 내에서 종전 교회의 건물을 사용·수익한다고 하더라도,

교회 건물 외에 목사의 사택, 채권·채무 등 구체적인 재산의 사용·수익이나 처분·변제를 어떠한 방법으로 할 것인가에 대한 해결책은 찾을 수 없는 상태로 남아 있다.

(4) 교회가 법인 아닌 사단으로서 존재하는 이상 그 법률관계를 둘러싼 분쟁을 소송적인 방법으로 해결함에 있어서는 법인 아닌 사단에 관한 민법의 일반 이론에 따라 교회의 실체를 파악하고 교회의 재산 귀속에 대하여 판단하여야 한다. 이에 따라 위에서 본 법인 아닌 사단의 재산관계와 그 재산에 대한 구성원의 권리 및 구성원 탈퇴, 특히 집단적인 탈퇴의 효과 등에 관한 법리는 교회에 대하여도 동일하게 적용되어야 한다. 따라서 일부 교인들이 교회를 탈퇴하여 그 교회 교인으로서의 지위를 상실하게 되면 탈퇴가 개별적인 것이든 집단적인 것이든 이와 더불어 종전 교회의 총유 재산의 관리처분에 관한 의결에 참가할 수 있는 지위나 그 재산에 대한 사용·수익권을 상실하고, 종전 교회는 잔존 교인들을 구성원으로 하여 실체의 동일성을 유지하면서 존속하며 종전 교회의 재산은 그 교회에 소속된 잔존 교인들의 총유로 귀속됨이 원칙이다.

(5) 특정 교단에 가입한 지교회가 교단이 정한 헌법을 지교회 자신의 자치규범으로 받아들였다고 인정되는 경우에는 소속 교단의 변경은 실질적으로 지교회 자신의 규약에 해당하는 자치규범을 변경하는 결과를 초래하고, 만약 지교회 자신의 규약을 갖춘 경우에는 교단변경으로 인하여 지교회의 명칭이나 목적 등 지교회의 규약에 포함된 사항의 변경까지 수반하기 때문에, 소속 교단에서의 탈퇴 내지 소속 교단의 변경은 사단법인 정관변경에 준하여 의결권을 가진 교인 2/3 이상의 찬성에 의한 결의를 필요로 한다. 위의 교단변경 결의요건을 갖추어 소속 교단에서 탈퇴하거나 다른 교단으로 변경한 경우에 종전 교회의 실체는 이와 같이 교단을 탈퇴한 교회로서 존속하고 종전 교회 재산은 위 탈퇴한 교회 소속 교인들의 총유로 귀속된다.

(6) 다만, 교단변경 결의에는 지교회의 종교적 자유와 함께 지교회의 존립목적 유지라는 양 측면에서의 내재적 한계가 존재한다. 따라서 소속 교단의 헌법에서 교단 탈퇴의 허부 및 요건에 관하여 위와 달리 정한 경우에도(민법 제42조 제1항 단서 참조) 그 규정이 지교회의 독립성과 종교적 자유의 본질을 해하는 경우에는 지교회에 대한 구속력을 인정할 수 없다. 다른 한편, 실질적으로 지교회의 해산 등 교회의 유

지와 모순되는 결과를 수반하는 교단변경 결의, 나아가 기독교가 아닌 전혀 다른 종교를 신봉하는 단체로 변경하는 등 교회의 존립목적에 본질적으로 위배되는 교단 변경 결의는 정관이나 규약 변경의 한계를 넘어서는 것이므로 허용될 수 없다.

이러한 다수의견에 대하여는 두 개의 별개의견과 한 개의 반대의견 및 다수의견에 대한 보충의견이 있었다.

손지열, 박재윤, 김용담, 김지형의 별개의견(제1별개의견)은 기본적으로 교회의 분열을 인정하지 않는다는 점에서는 다수의견과 같지만, 교단에 소속된 교회의 교단 변경을 사단법인의 목적 변경과 유사하다고 보고 사단법인의 정관변경에 관한 민법 제42조 제1항을 유추적용하여 의결권을 가진 교인 2/3 이상의 동의가 있으면 된다고 한 견해에는 찬성할 수 없다고 하였다. 제1별개의견은, 교회의 소속 교단의 변경에 관하여는 사단법인의 정관변경에 관한 민법 제42조 제1항을 유추적용할 것이 아니라 사단법인의 해산결의에 관한 민법 제78조를 유추적용하여야 하고, 따라서 교회는 교회의 규약 등에 정하여진 적법한 소집절차를 거친 총회에서 의결권을 가진 교인 3/4 이상의 동의를 얻은 경우에 한하여 적법하게 소속 교단을 탈퇴하거나 변경할 수 있다고 주장하였다. 이는 대법원 1993년 전원합의체 판결에서의 윤관, 김상원 대법관의 제2반대의견과 같은 취지이다.

박시환 대법관의 별개의견(제2별개의견)은, 우리 민법이 사단법인의 분열을 특별히 금지하지도 아니하였고 또 사단법인의 분열을 금지하여야 할 특별한 이유도 보이지 않으므로 사단법인의 분열은 우리 민법하에서도 허용되는 것이라고 보아야 한다고 주장하였다. 다만 교회의 분열을 허용하는 경우에도, 종전 판례의 입장과 같이 종전 교회에 속한 권리의무가 분열 당시 교인들의 총유에 속하게 되는 것으로 볼 것이 아니라, 분열된 각 교회에 공유적 형태로 분리하여 포괄승계되는 것으로 볼 수밖에 없을 것이고, 각 교회의 공유지분 비율은 분열 당시 분열된 각 교회의 등록된 세례교인의 수에 의하여 결정되는 것이 합리적이라고 하였다. 이는 1993년 전원합의체 판결에서의 이회창 대법관의 제1반대의견과 같은 취지이다.

반면 강신옥 대법관의 반대의견은, 종전의 확고한 판례를 변경하여야 할 아무런 필요성이 없다고 하면서, 다수의견에 따를 경우 소수자의 종교의 자유를 침해하는 문제점이 발생한다고 주장하였다.

그리고 김영란 대법관의 다수의견에 대한 보충의견은 주로 2개의 별개의견과 반대의견을 비판하고 있다.

다. 그 후의 판례

위 전원합의체 판결 이후에 특히 주목하여야 할 판례로는 대법원 2010. 5. 27. 선고 2009다67658 판결이 있다. 이 사건에서는 교회의 일부 교인들이 소속 교단을 탈퇴하고 다른 교단에 가입하기로 하는 내용의 교단변경을 결의하였으나 그 결의가 절차적 하자로 인하여 무효로 되자, 종전 교단에 남아 있겠다는 교인들로 이루어진 원고 교회가 탈퇴 결의에 찬성한 교인들로 이루어진 피고 교회를 상대로 하여, 금융기관이 채권자불확지를 이유로 공탁한 종전 교회 명의의 예금채권에 관한 공탁금출급청구권의 확인을 청구하였다. 원심판결은 교단을 탈퇴하는 결의에 찬성한 교인들이 종전 교회를 탈퇴한 것이라고 보아 원고의 청구를 받아들였다.

그러나 대법원은 일부 교인들이 소속 교단을 탈퇴하고 다른 교단에 가입하기로 하는 내용의 교단변경을 결의하는 것은 종전 교회를 집단적으로 탈퇴하는 것과 구별되는 개념으로, 교단변경에 찬성한 교인들이 종전 교회에서 탈퇴하였다고 평가할 수 있을지 여부는 법률행위 일반의 해석 법리에 따라 여러 가지 사정을 고려하여 결정하여야 한다고 하였다. 특히 대법원이 강조한 점은, 교단변경 결의에 찬성한 교인들이 교단변경 결의가 유효하게 이루어지지 아니하는 경우 교회재산의 사용수익권을 잃는 것을 감수하고서라도 새로운 교회를 설립한 것인지, 아니면 사용수익권을 보유하면서 종전 교회에 남을 것인지 사이에서 교인들이 어떠한 선택을 하였다고 볼 것인지 여부와 같은 사정을 종합적으로 고려하여 판단하여야 한다는 것이다.

그리하여 여러 가지 사정을 열거하고 있는데, 특히 이 사건 교단변경 결의가 무효라는 법원의 판결이 확정된 후에는 새로운 교단에 가입한 목사를 따르는 교인들이 새로운 교단에서의 활동을 중단한 것으로 보인다는 점을 강조하면서, 이는 교단변경 결의가 무효라는 사실을 수용하고 종전 교회 교인으로서 지위를 그대로 유지하려는 의사를 적극적으로 나타낸 것으로 볼 수 있는 점 등을 강조하면서, 이러한 여러 사정들을 종합하여 보면 이 사건 교단변경 결의에 찬성한 교인들이 종전 교회에서의 탈퇴까지 의도하였다거나 자신들만을 교인으로 한정하여 종전 교회와 별개의 교회를 설립하였다고 단정하기는 곤란하다고 하였다.

이 사건에 대한 환송 후 원심 판결인 서울고등법원 2011. 1. 14. 선고 2001나

50320 판결은 대법원의 취지에 따라, 피고 교회는 원고 교회와 별개의 실체를 갖춘 독립된 교회로서의 당사자능력을 갖추지 못하였다고 하여 원고의 소를 각하하였다.

2. 학설상의 논의

이 문제에 관하여는 이미 1950년대부터 많은 논의가 이루어졌다. 학설상으로는 종래 판례를 지지하는 견해는 찾기 어렵다. 종래 판례를 비판하는 학설은 크게 법률적으로 교회 분열을 긍정하는 견해와 교회 분열을 부정하는 견해로 나누어 볼 수 있다. 교회 분열을 긍정하는 견해는 대체로 분열된 각 교회가 교회 재산을 공유한다고 보고 있다. 이하에서는 앞의 견해를 공유설, 뒤의 견해를 분열 부정설이라고 부르기로 한다. 반면 교회 분열을 부정하는 견해는 기본적으로 위 대법원 2006년 전원합의체 판결의 다수의견과 같은 취지이다. 이외에도 제한적으로만 교회의 분열을 인정하는 제한적 긍정설, 분열 사유를 따져서 교회의 분열을 인정할 것인지를 결정하여야 한다는 이원설 등이 있으나,[23] 그 구분 기준이 모호하여 지지자가 많지 않다. 이하에서는 이에 대하여는 언급하지 않는다.

가. 종래 판례의 문제점

종래 판례의 문제점은 많은 논자들이 지적하고 있다. 이론적인 면은 차치하더라도, 종래 판례에 따르면 교회의 분열로 인한 분쟁은 해결되지 못하게 된다. 종래 판례에 의하면 분열된 당시의 교회 교인들이 교인총회의 결의를 거쳐 분쟁을 해결하여야 한다고 하지만, 분열된 교인들이 교인총회(공동의회)를 거친다는 것은 현실적으로 불가능하다. 그리하여 위 2006년 전원합의체 판결이 지적하고 있는 것처럼, 교회의 분열로 분쟁이 발생한 경우에 이를 해결하기 위하여 원고가 되어 소송을 제기하는 교회는 어느 쪽도 종전 교회에 의한 결의 요건이나 대표권을 갖출 수 없어 패소하게 되어 법률적인 분쟁 해결이 불가능하고, 더욱이 분열되어 나간 교회가 종전 교회 명의의 교회재산에 관하여 관련 서류를 위조하여 허위의 이전등기를 마치더라도, 분열 후의 잔존 교회는 말소등기절차의 이행을 구할 수 없어 실체관계에 부합하지 않는 등기의 존재를 용인할 수밖에 없으며, 분열된 교회들이 하나의 교회 건물을 서로 독점적으로 점유하기 위하여 물리력을 행사하더라도 이를 방치할 수밖에 없어 종국에는 다수파에 의한 점거가 사실상 정당한 것처럼 유지되는 결과에 이르게 된다.

나. 공유설

공유설은 일찍이 김증한 교수가 1959년에 대법원 1958. 8. 14. 선고 4289민상569 판결의 평석에서 위 판결을 비판하면서 처음 제창한 것으로 보인다.[24] 위 판결은 대법원 1957. 12. 13. 선고 4289민상182 판결을 인용하면서, 동일 교회의 교도가 수파(數派)로 분리되어 수개의 교회로 분립하는 경우에는 그 분리 당시의 교회 소속 재산은 원칙적으로 그 분리 당시의 교회 소속 교도의 합유로서 그 총의(總意)에 의하여 그 귀속을 결정할 것이고 결코 자동적으로 그 분립된 교파 중 어느 것의 단독소유로 되는 것은 아니라고 하였다.

이에 대하여 김증한 교수는 우선 위 판결들이 교회 재산을 총유가 아니라 합유라고 한 것을 비판하였다. 그리고 위 판결들이 분리 당시의 교회 소속 재산은 원칙적으로 그 분리 당시의 교회 소속 교도의 총유라고 하는 것은 성립할 수 없는 관념이고, 지금에 와서 교도들 자신이 그 귀속을 결정할 수 있는 어떠한 방법도 없으므로 판지가 법률상의 불가능을 판시한 것은 실질적으로 재판거절을 의미한다고 한다. 그리하여 교회가 분열한 경우에 교회재산은 분열된 두 교회의 공유에 속하고, 그 공유지분이 각 교회의 교도 전체에 총유적으로 귀속하며, 분열 후의 재산귀속관계를 정함에 있어서 어느 쪽의 교회가 본래의 교회와 동일성을 가진 것이냐의 판단은 결정적인 역할을 하거나 전제가 될 것은 아니라고 하였다.

위 1993년 전원합의체 판결에서 이회창 대법관의 반대의견은, 하나의 총유단체인 교회가 두 개의 종유단체인 각 교회로 분열되면 종전 총유단체인 교회에 속한 재산은 분열 후의 두 개의 총유단체인 각 교회의 공유로 되고 각 교회의 공유지분은 총유의 형태로 각 교회 및 그 구성원에게 귀속된다고 보는 것이 타당하다고 하여 김증한 교수의 주장을 받아들였다. 위 2006년 전원합의체 판결이 선고된 후에도 이러한 공유설을 지지하는 견해가 많다.[25] 그 논거는 다음과 같다.[26]

(1) 교인 사이에 교리 및 예배에 관한 분쟁이 생겨 양분됨으로써 그 공동성의 기초가 상실되어 각각 별개의 신앙단체를 형성하게 되었다면 종전의 신앙단체는 소멸되어 존재하지 않고 각각 별개의 신앙단체로 분열되었고, 기본적인 신앙단체가

분열된 이상 그 사단적 구성도 이에 따라 분열된 것으로 평가할 수밖에 없다. 법인 아닌 사단에 대하여 원칙적으로는 사단법인에 관한 규정이 유추적용되지만 법인 아닌 사단은 조직과 형태가 다양하여 사단법인에 관한 규정이 획일적으로 적용될 수 없는 경우도 있을 것이므로 사단의 기초가 신앙단체인 교회의 경우에는 신앙단체의 특성에 따라 분열을 인정하더라도 반드시 사단의 본질에 반하는 것이라고 단정할 수는 없다.

(2) 현실적으로 교인들이 나누어져 함께 신앙생활을 할 수 없는 파탄상태에 빠졌다면 분파된 교인들이 각각 별도의 교회를 이루어 신앙생활을 할 수밖에 없을 것인바 이러한 측면에서 현실적으로 발생한 사회현상으로서의 교회의 분열을 반가치적이라고 볼 수는 없으므로 법적으로 이를 직시하여 수용하는 것이 형평의 원칙에 부합한다.

(3) 교회 분열을 인정하지 않을 경우 소수파가 고의로 교회의 운영을 저해하여 다수파를 탈퇴케 함으로써 그 재산을 독점하는 현상을 막을 수 없다. 또한 사단에서 적용되는 다수결의 원리에도 한계가 있고, 교회분열에 있어서는 다수결 원리에 따르지 않는다 하더라도 이에 대한 비난 가능성은 없다.

(4) 교회 재산은 대부분 개별 교인들의 헌금으로 이루어지는바, 분열시 재산귀속의 문제에 있어서 신앙적인 문제로 부득이 나누어지게 된 개별 교인들이 자신들의 기여로 이룩한 교회재산에 대하여 전혀 재산적 권리를 가지지 못한다는 것은 형평의 원칙에 어긋나 타당하지 못한 결과가 된다. 따라서 총유의 형태로나마 그 재산에 대한 권리를 가질 수 있게 해주어야 한다.

다. 분열 부정설

분열 부정설은 법적으로 교회의 분열을 인정하지 않으며, 일부 교인들의 탈퇴로 인하여 교회가 사실상 분열되더라도, 법률적으로는 종전 교회와 동일성을 유지하는 교회의 교인들에게 재산이 총유로 귀속된다고 본다. 따라서 사용수익권도 동일성을 유지하는 교회의 교인들이 가지게 되고 이탈한 측은 사용수익권도 상실하게 된다.[27]

분열 부정설의 논거는 다음과 같다.[28]

(1) 우리 민법은 사단법인 구성원의 탈퇴나 사단법인의 해산은 인정하지만 사

단법인의 분열은 인정하지 않으며, 따라서 사단법인이 분열되는 경우에 종전 법인의 재산의 귀속에 관하여도 규정하고 있지 않다.

(2) 사회현실에서 교회의 구성원들이 나뉘어 별개의 교회를 구성하는 사실상의 교회 분열현상은 흔히 일어나지만, 그 법적 해결책은 실정법규의 해석 또는 유추적용 등을 통하여 마련되어야 하는 것이지 실정법이 전혀 상정하지 않는 법률관계를 창출하여 해결할 수는 없다.

(3) 교회 이외에도 비법인 사단이 사실상 분열되는 경우도 있을 터이지만 이에 대하여 분열의 개념을 도입하여 해결하자는 의견이 없는 것을 보면 법적 의미에서 교회 등 법인 아닌 사단의 분열은 인정될 수 없다.

다만 분열 부정설도 교회의 분열이 있더라도 종전 교회의 교인총회(공동의회)에서의 적법한 절차에 의하여 기존 교단을 탈퇴하거나 다른 교단에 가입하는 경우에는 이 교회가 기존 교회와 동일성을 가진다고 보게 된다. 이때 교단 탈퇴 등을 위하여 요구되는 교인들의 동의가 어떤 것인가에 관하여는 의견이 갈린다.

한 설은 교단의 변경은 사단의 목적 변경에 준하는 것으로 보아 교인 전원의 동의를 요한다고 본다.[29] 다른 설은 교단 변경은 사단법인의 해산결의에 관한 민법 제78조를 유추적용하여 교인 3/4 이상의 동의를 얻어야 한다고 주장한다.[30] 또 다른 설은 사단법인의 정관변경에 관한 민법 제42조 제1항을 유추적용하여 교인 2/3 이상의 동의를 얻으면 된다고 주장한다.[31]

Ⅳ. 미국에서의 논의

참고가 될 수 있는 외국에서의 논의로는 미국의 예를 들 수 있다. 이에 대하여는 국내에도 소개된 바 있다.[32]

1. 왓슨 판결

미국에서는 미국연방대법원이 1871년에 선고한 왓슨(Watson v. Jones) 판결[33] 전까지는 영국의 판례[34]에 따라 교회 내의 분쟁이 있는 경우에는 법원은 교회 조직에서 신앙의 진정한 기준(the true standard of faith)이 무엇이고, 다투는 당사자들 중 어느 쪽이 이러한 기준을 준수하는가를 탐구하여야 한다고 보고 있었다.[35]

그러나 왓슨 판결은 이러한 교리 탐구를 허용할 수 없다고 보았다. 이 사건에서는 켄터키 주의 월넛 스트리트 장로교회(Walnut Street Presbyterian Church)가 노예 문제를 둘러싸고 분열되었다. 장로교 총회(general assembly)는 노예 반대파가 옳다고 판단하였다. 그렇지만 켄터키 주 법원은 총회가 장로를 임명한 것이 교회 헌법을 위반하였다고 판단하였다. 그리하여 사건은 연방대법원에 이르게 되었다.

법정의견을 집필한 밀러(Miller) 대법관은 이를 다음과 같은 세 가지로 나누었다.

첫째, 다툼이 되고 있는 재산이 날인증서(deed)나 증여자의 유언 또는 다른 문서에서 명시적인 조항에 의하여 특정한 종교적 교의나 신앙의 교육, 지지 또는 전도를 위하여 바쳐진 경우.

둘째, 재산 보유자인 종교적 회중이 다른 종교적 연합체로부터 엄격하게 독립되어 다른 상급의 권위에 충성하거나 복종하지 않는 경우(회중정체).

셋째, 재산을 보유하는 종교적인 회중이나 기구가 일반적인 교회 조직에 종속된 구성원이고, 그 교회 조직에는 일반 조직의 모든 회원에 대하여 포괄적이고 종국적인 통제권을 가지는 상급 교회 법정이 있는 경우.

밀러 대법관은 첫 번째 경우에는 그와 같이 바쳐진 재산이 그 사용을 위하여 부가된 신탁(trust)으로부터 벗어나지 않도록 하는 것이 법원의 의무이고, 당사자적격을 가지는 자는 그러한 재산의 이탈을 막을 수 있어야 한다고 보았다. 이때에는 교회의 다수파라 하여도 이러한 재산을 새로운 교리를 지지하기 위하여 사용할 수는 없다는 것이다.

두 번째 경우에는 기구의 분열이 있으면 재산 사용에 관한 기구의 권리는 자발적 단체(voluntary association)를 규율하는 통상적인 원리에 의하여 정해져야 한다고 보았다. 그 원리가 다수결이면 다수의 구성원이 재산 사용의 권리를 통제할 수 있고, 다른 조직으로 분리될 것을 선택하고 치리기구의 권위를 승인할 것을 거부하는 소수파는 그들이 교회나 회중의 구성원이었다는 사실에 의하여서는 재산에 대한 아무런 권리를 주장할 수 없다고 한다.

그리고 세 번째 경우에는 징계, 신앙, 교회 규칙, 관행이나 법의 문제가 최고위 교회 법정에서 결정되면 법원은 이러한 결정을 최종적이고 구속력 있는 것으로 받

아들여야 한다고 하였다.[36)

밀러 대법관은 영국의 판례를 따르지 않는 이유로서, 미국에서는 완전하고 자유로운 종교적 신앙의 권리가 모든 사람에게 인정되고 있고, 자발적인 종교 단체를 조직하고 단체 내의 신앙 문제에 관하여 법정을 창설할 권리에 대하여는 의문이 없으며, 그러한 기구에 의하여 연합을 만든 사람들은 모두 그러한 정체에 묵시적으로 동의를 한 것인데, 그러한 법정에 의하여 불이익을 받은 사람이 세속 법정에 소를 제기하여 이를 번복할 수 있다면 그러한 동의는 공허한 동의가 될 것이라고 하였다. 그리고 이러한 결정을 통상적인 법원에서 심사하는 것이 정의를 촉진하지도 않는데, 일반 법원의 판사들이 이러한 종교적 법과 믿음에 관하여 이러한 조직의 능력 있는 사람들만큼 유능하다고 말할 수도 없다고 한다.[37)

이러한 왓슨 판결이 정립한 원칙은 원래 헌법상의 원칙은 아니었고, 보통법상의 원칙이었다. 그런데 1952년 연방대법원이 선고한 케드로프(Kedroff v. St. Nicholas Cathedral of Russian Orthodox Church in North America) 판결[38)은 이를 헌법적 원칙으로 승격시켰다.[39)

2. 중립적 원칙(neutral principles)

그런데 1969년에 이르러 이러한 왓슨 판결의 원칙은 수정을 받게 되었다. 즉 연방대법원의 블루 헐(Presbyterian v. Blue Hull) 판결[40)은 왓슨 판결의 제1원칙을 폐기하고 이른바 중립적 원칙(neutral principles)에 의하여 해결되어야 한다고 판시하였다. 이 사건은 교계정체를 취하는 장로교회의 지교회 둘이 전국교회가 교단의 확립된 교리를 이탈했다는 이유를 들어 교난탈퇴를 하여, 그 교회의 재산귀속을 놓고 지교회와 소속교단인 미국 장로교회(Presbyterian Church in U.S.) 사이에 벌어진 분쟁이다. 1심 법원에서 배심원에게 지시된 것은 교단의 행위가 원래의 교의와 교리를 근본적으로 또는 상당하게 저버렸는가 하는 점이었고, 배심원단이 이를 긍정하여 1심 법원은 지교회에게 승소판결을 하였으며, 조지아 주 대법원도 이를 받아들였다. 그러나 연방대법원은 원심판결을 파기환송하였다.

다수의견을 집필한 브레넌(Brennan) 대법관은, 미국 헌법 수정 제1조[41)는 법원이 교회 재산 분쟁을 해결함에 있어서 할 수 있는 역할을 중대하게 제한하고 있고,

모든 재산 분쟁에 관하여 적용되기 위하여 발전된 법의 중립적 원칙(neutral principles of law)이 적용될 수 있지만, 교회 재산 소송이 종교적 교리와 관행에 관한 분쟁을 법원이 해결하는 것이 된다면 헌법 수정 제1조의 가치는 명백히 위협을 받게 되고, 위 조문은 법원이 교회 재산 분쟁의 바탕이 되고 있는 종교적 교의에 관한 분쟁을 해결하지 않고 재판할 것을 명한다고 하였다. 그런데 조지아 주 법원이 이 사건에서 적용한 묵시적 신탁 이론(implied trust theory)의 교리로부터의 이탈(departure—from—doctrine) 요소는 법원이 교단의 행위가 지교회가 가입하였을 당시의 신앙 교리와 관행으로부터 현저하게 이탈하여 교단을 위한 신탁이 종료되었다고 선언되어야 하는지를 따질 것을 요구하는데, 이 교리로부터의 이탈 요소는 법원이 종교의 핵심 문제를 결정하라는 것이고, 헌법 수정 제1조는 법원이 그러한 역할을 하는 것을 금지한다고 하였다. 그리하여 교리로부터의 이탈이라는 요소는 앞으로의 재판에서 아무런 역할을 할 수 없고, 법원은 교회 교의를 해석하거나 형량하지 않은 채로 가장 좁은 의미에서 교회의 결정을 심사하는 것 — 즉 그 결정이 사기(fraud), 통모(collusion) 또는 자의(恣意, arbitrariness)로 인한 것인가 — 에 의하여 재판을 하여야 한다고 하였다.42)43)

이 판결은 "교리로부터의 이탈" 여부를 법원이 심사하는 것은 헌법 수정 제1조에 의하여 허용되지 않는다는 점을 명확히 하였고, 교회 재산 분쟁은 중립적 원칙에 의하여 해결될 수 있다고 하였으나, 그 중립적 원칙이 무엇인지는 명확히 하지 않았다. 이에 대하여는 그 후 몇 차례 연방대법원 판례가 있었는데,44) 그 중 한 가지는 1970년의 샤프스버그(Maryland and Virginia Eldership v. Sharpsburg) 판결45)이다. 이 판결은 법원의 의견을 누가 집필하였는가를 밝히지 않은 간이판결(per curiam decision)인데, 브레넌 대법관은 별개의견에서 다음과 같이 설시하였다.

즉 각 주는 교리적 문제에 관하여 고려하지 않는 한 교회 재산 분쟁을 해결하는 데 있어서 여러 가지 방법 중 어느 하나를 선택할 수 있다고 하면서, 그 방법으로 세 가지를 들었다. 첫째는 왓슨 원칙으로서, 이 원칙에 따르면 교회 정체에 따라 내려진 결정을 집행하는 것이라고 한다. 다만 이 원칙은 관계 교회의 치리권자가 교리 문제의 해결과 종교정책에 대한 광범위한 조사 없이 결정될 수 있을 때에만 가능하다고 하였다. 둘째는 중립적 원칙으로서, '형식적 권원' 이론에 따르면 법원은 양도증서(deeds), 복귀조항(reverter clause)46)과 일반적인 주의 회사법에 따라 소유권을 결정할 수 있다고 하였다. 다만 예컨대 교리로부터 이탈하는 경우에는 재산이 지교회로부터 교단으로 복귀한다는 조건이 붙은 양도증서나 교단의 헌법의 조항과 같이 재산법의 일반 조항이 교리 문제를 해결할 것을 요구하는 때에는 적용될 수 없다고 하였다. 셋째, 교회 재산에 관한 특별법을 만드는 것이다. 그러한 법은 교회 정책이나 교의를 교회의 치리회에 맡기도록 주의 깊게 만들어져야 한다고 하였다.[47)]

이 문제에 관한 가장 최근의 연방대법원 판례는 1979년의 존스(Jones v. Wolf) 판결이다.[48)] 이 사건은 조지아 주에서 발생한 바인빌(Vineville) 장로교회의 분열을 둘러싼 분쟁이다. 위 교회는 미국장로교회(Presbyterian Church in the United states)에 소속된 지교회였는데, 1973년 위 교회의 공동의회에서 동 교단을 탈퇴하고 타 교단에 가입할 것에 164명이 찬성하였고, 94명이 반대하였다. 위 다수파는 바로 아메리카 장로교(Presbyterian Church in America)라는 다른 교단에 가입하였다. 이에 미국장로교회의 지역노회에서 분쟁을 조사하고 해결할 특별위원회를 구성하였는데, 위 위원회는 원 교단 지지파가 참 지교회이고, 다수파는 아무런 권한이 없다고 판단하였다.

원 교단 지지파는 재산을 되찾기 위하여 조지아 주 법원에 제소하였다. 조지아 주 대법원은 블루 헐(Blue Hull) 판례를 근거로 중립적 원칙을 적용하여 다수파에게 권리가 있다고 판결하였다. 그에 따르면 조지아 주의 법률이나 바인빌 교회의 헌장 어디에도 교단이 교회 재산에 관하여 이익을 가진다고 하는 말이 없고, 교단 헌법에도 교단을 위한 신탁을 표현하지 않고 있으므로, 바인빌 교회의 재산에 대한 법적 권원은 지교회에 있다고 하여 원 교단 지지파의 청구를 받아들이지 않았다.

그러나 연방대법원은 원심판결을 파기하였다. 블랙먼(Blackmun) 대법관이 집필한 다수의견은, "법의 중립적 원칙"은 헌법과 합치하고, 각 주는 헌법적으로 중립적 원칙을 채택할 권한이 있다고 하였다. 이 사건에서의 4인 대법관의 반대의견은, 중립적 원칙을 버리고 교회 재산에 관한 분쟁이 발생하면 법원은 교회 내의 분쟁에 대한 권한을 가진 결정을 존중하라고 하지만, 이는 법원이 교회의 정체(polity)와 행정을 조사하여야 하는 것이 되고, 교회 정체에 대한 허용될 수 없는 탐구를 요구한다고 하였다. 다만 연방대법원은 조지아 주 대법원이 이러한 중립적 원칙을 제대로 적용하였는지를 따져 보아야 한다고 하면서, 추정적 다수결 원칙을 채택하여, 지교회의 정체성이 다수결이 아닌 다른 방법에 의하여 결정될 수 있음이 증명된다면 이는 중립적 원칙과 헌법 수정 제1조와 합치된다고 하였다. 즉 교회 헌장이나 교단의 헌법이 지교회의 정체성을 결정하는 방법에 관하여 달리 규정하고 있거나 지교회의 재산이 교단과 교단에 충실한 사람들을 위하여 신탁되었음을 증명하는 경우에는 이러한 다수결의 추정이 번복된다고 하였다. 그런데 이 사건에서는 조지아 주 법원이 이러한 점을 따져보지 않았으므로 원심판결을 파기환송한다고 하였다.[49]

이 판결 이후로 더 이상 연방대법원의 판결은 나오지 않고 있고, 각 주의 판례는 통일되어 있지 않다. 2008년에 나온 한 연구에 따르면, 9개 주에서는 왓슨 판결에 따라 교회의 위계질서 내에서 내려진 결정을 존중하고, 29개 주에서는 중립적 원칙을 적용하는데, 이 29개 주 중에서도 9개 주는 이른바 엄격한 접근(strict approach)을 택하여, 양도증서나 신탁 등의 법리에 의하여 교회 재산의 귀속을 결정하며, 또 다른 9개 주는 혼성적 접근(hybrid approach)을 택하여, 중립적 원칙을 따른다고 하면서도 지교회가 교단을 위한 묵시적 신탁을 인정하였다고 하거나, 교단의 내부적 규칙에 동의하였다고 본다고 한다.[50] 가령 교단 헌법에 "모든 지교회에 주어진 재산은 교단의 유익을 위하여 교단에 신탁된다"는 조항이 있다면 지교회의 재산은 교단에게 귀속된다는 것이다.[51]

V. 검토

1. 법이론적 측면에서

과연 법적인 개념으로서 교회의 분열을 인정할 수 있는가? 교회의 분열을 인정한다고 하는 경우에도 종래 판례가 취하고 있던, 교회의 재산이 분열 당시 교인들의 총유라고 하는 이론은 더 이상 유지될 수 없다. 문제는 그 대안으로서 학설상 주장되고 있는, 분열된 두 개의 교회가 교회 재산을 공유한다고 하는 주장이 성립할 수 있는가 하는 점이다.

이처럼 공유를 인정하여야 한다는 주장의 논거는 앞에서 살펴보았는데, 이를 다른 말로 바꾸어 말한다면 교회는 신앙단체라는 특수성이 있으므로 일반적인 권리능력 없는 사단의 법리로 규율될 수는 없고, 주식회사의 분할이 인정되는 점에 비추어 보면 교회의 분열도 인정될 수 있으며, 교회재산은 교회를 유지하기 위한 필요적 요소이므로 교회의 분열을 인정하여 종전의 교회 재산에 대한 분열된 교인들의 권리를 인정하여야 분열된 교인들의 계속적인 종교행위도 보장될 수 있다는 점 등이다.

그러나 이러한 견해는 수긍하기 어렵다.[52] 우선 주식회사의 분할(상법 제530조의 2 이하)은 사원총회의 결의에 의하여 이루어지는 것으로서 상법이 인정하고 있는 것이고, 분할을 위하여도 가중된 요건(상법 제530조의3, 제434조)을 필요로 하므로, 이러한 결의 없이 사실상 교회가 갈라지는 교회의 분열과는 전혀 다른 개념이다. 교회나 기타 일반 사단의 경우에도 그 구성원들이 별도의 결의 또는 합의를 통하여 종전 사단을 분할하는 행위가 사적자치의 원칙상 허용됨은 당연하다.[53] 그런데 교회의 분열에서는 이처럼 분할하는 결의가 있는 것이 아니고, 사실상 분열된 것일 뿐이며, 서로가 자신들이 종전의 교회와 동일성이 있다고 주장하는 것이다.

나아가 분할의 경우에도 단순히 단체가 사단이 분할하기로 결의하였다는 것만으로 바로 그에 따른 권리의 변동이 생길 수는 없고, 등기와 같이 권리변동에 요구되는 별도의 요건을 갖추어야 할 것이다. 이러한 요건을 갖추지 않았음에도 불구하고 교회가 사실상 분열되었다는 이유만으로 종전의 총유 상태가 포괄적으로 공유의 상태로 바뀔 수 있는 아무런 근거가 없다.

그리고 종교의 자유를 그 근거로 들고 있으나, 종교의 자유가 그 권리자의 의사와는 관계없이 종교 단체의 재산을 이용할 자유를 포함하는 것은 아니다. 종교 단체라 하더라도 그 재산을 누가 이용할 수 있는가는 일차적으로는 그 재산 보유자의 의사에 따라야 할 것이고, 누가 그 재산을 보유하고 있는가 하는 점은 일반 재산법의 원리에 의하여 결정될 것이다. 위와 같은 주장은 결국 분열의 경우에 분열된 두 교회에 기존 교회의 재산에 대한 재산권을 인정하여야 하는 것에 귀착된다. 그러나 기존 교회의 재산에 대한 권리는 일반적인 단체의 의사결정에 관한 법리에 따를 수밖에 없는 것이다. 이를 부정하는 것은 단체의 존재이유를 부정하는 것과 마찬가지이다.[54] 미국의 판례가 중립적 원칙(neutral principles)을 강조하는 것도 같은 취지이다.

또한 교회 아닌 다른 단체에서는 이러한 분열이라는 것이 인정되고 있지 않다. 원래 일본에서는 노동조합의 분열이 인정될 수 있는가에 대하여 논의가 있었다. 하급심에서는 이를 인정한 예가 있었으나, 최고재판소에서 구체적인 사례에서 분열을 인정하지 않은 후,[55] 더 이상 노동조합의 분열을 인정한 예가 없다고 한다.[56]

다른 한편 분열 부정설도 교회 총원 가운데 일정한 비율을 넘는 교인들이 동의를 한 경우에는 기존 교단을 탈퇴하고 새로운 교단에 가입하는 것은 인정되며, 이때에는 기존 교단을 탈퇴한 교회가 종전 교회와 동일성이 있는 것으로 보고 있다. 이 점도 수긍할 수 있다.

위 대법원 2006년 전원합의체 판결은, 의결권을 가진 교인 2/3 이상의 찬성에 의한 결의가 있으면 종전 교회가 소속 교단을 탈퇴하고 다른 교단으로 변경할 수 있다고 하면서, 소속 교단의 헌법에서 교단 탈퇴의 허부 및 요건에 관하여 위와 달리 정한 경우에도, 그 규정이 지교회의 독립성과 종교적 자유의 본질을 해하는 경우에는 지교회에 대한 구속력을 인정할 수 없다고 하였다. 이 점은 미국의 일부 판례와 차이가 있다. 미국의 일부 판례는 교단 헌법에 모든 지교회에 주어진 재산은 교단의 유익을 위하여 교단에 신탁된다는 조항이 있다면 지교회의 재산은 교단에게 귀속된다고 보고 있기 때문이다.

이렇게 교단 헌법에서 그 소속 지교회의 재산은 교단에게 귀속된다고 하거나, 지교회의 탈퇴를 금지하는 조항이 있다면 이를 어떻게 볼 것인가는 중요한 문제이다. 그런데 현실적으로 교단 헌법에서 그 소속 지교회의 탈퇴를 금지하고 있다고 하여 지교회의 탈퇴가 허용되지 않는다고 말할 수는 없을 것이다. 지교회가 소속 교단과는 독립된 단체이므로, 그 소속 교단을 변경하는 것도 지교회 교인들의 총의에 의하여 결정할 수 있는 문제이다. 위 대법원 2006년 전원합의체 판결도, 원칙적으로 지교회는 소속 교단과 독립된 법인 아닌 사단이고 교단은 종교적 내부관계에 있어서 지교회의 상급단체에 지나지 않으며, 다만 지교회가 자체적으로 규약을 갖추지 아니한 경우나 규약을 갖춘 경우에도 교단이 정한 헌법을 교회 자신의 규약에 준하는 자치규범으로 받아들일 수 있지만, 지교회의 독립성이나 종교적 자유의 본질을 침해하지 않는 범위 내에서 교단 헌법에 구속된다고 하였다.

참고로 대법원 1991. 5. 28. 선고 90다8558 판결은, 기독교 한국침례회의 규약에는 가입과 징계에 관한 규정이 있을 뿐이고, 탈퇴에 관한 규정이 없지만, 일반적으로 교회는 교인전원의 총의에 의하는 경우 소속교단의 변경이 가능하다고 하였고,[57] 대법원 2012. 8. 30. 선고 2010다52072 판결은, 피고 교단 명의로 등기된 부동산이 원고인 지교회가 명의신탁한 것으로 보고, 피고는 원고에게 행정청에 대하여 기본재산 처분에 따른 재단법인 정관변경허가 신청절차를 이행하고, 행정청의 정관변경허가를 조건으로 이 사건 부동산에 관하여 명의신탁해지를 원인으로 한 소유권이전등기절차를 이행할 의무가 있다고 판단한 원심판결을 수긍하였다.

이 경우에 그러한 교단 변경을 위한 결의의 정족수를 어떻게 보아야 할 것인가? 이는 교회의 조직에 관한 중요한 사항이므로 단순과반수로는 부족할 것이다. 앞에서 본 것처럼 이에 관하여는 교단의 변경은 정관의 필요적 기재사항인 목적의 변경과 같이 보아 교인 2/3 이상의 찬성으로 가능하다고 하는 견해와, 교단탈퇴, 변경질의는 교회의 해산·소멸로 보아 교인 3/4 이상의 찬성이 필요하다고 하는 견해 및 교단의 변경을 목적변경으로 보고, 사단법인의 목적변경에는 독일 민법 제33조와 같이 사원 전원의 동의를 요한다고 보는 견해 등이 있다.

그러나 교단의 변경을 목적의 변경이라고까지 볼 수 있는지도 의문이지만, 이를 목적의 변경으로 본다고 하더라도 우리 법상 사단법인의 목적 변경의 경우에 사원 전원의 동의를 요한다고 볼 근거가 없다. 그리고 교단의 변경을 사단법인의 해산과 같이 본다면 김영란 대법관의 보충의견이 지적하는 것처럼 법률적 효과에 관하여도 사단법인 해산에 관한 민법 제80조 이하를 유추적용하여 청산 절차에 들어가 교회 재산을 처분하고 종국적으로 종전 교회의 실체를 소멸시켜야 할 것이나, 위 별개의견도 이러한 결론까지 인정하는 취지는 아니라고 생각된다. 따라서 교단변경의 경우에는 사단법인의 정관 변경에 준하는 것으로 보아 교인[58] 2/3 이상의 찬성만 있으면 된다고 보아야 할 것이다.[59]

한편 위 대법원 2010. 5. 27. 선고 2009다67658 판결이, 교회의 일부 교인들이 소속 교단을 탈퇴하고 다른 교단에 가입하기로 하는 내용의 교단변경을 결의하였으나 그 결의가 절차적 하자로 인하여 무효로 된 경우에, 교단변경에 찬성한 교인들이 종전 교회에서 탈퇴하였다고 평가할 수 있을지 여부는 법률행위 일반의 해석 법리에 따라 판단하여야 한다고 하면서, 결론적으로 교단변경 결의에 찬성한 교회의 교인들이 종전 교회에서의 탈퇴까지 의도하였다거나 자신들만을 교인으로 한정하여 교회와 별개의 교회를 설립하였다고 단정하기는 곤란하다고 한 것은 어떻게 보아야 할 것인가?

위와 같은 대법원 판결이 나오게 된 것은 당해 사건에서는 교단 변경 결의에 찬성한 교인들이 전체 교인들 중 2/3 이상에 달하는데, 그 결의가 절차상 하자로 인하여 무효가 되었다는 점을 중시한 때문으로 추측된다.[60] 그러나 위 판결의 결과적인 타당성은 인정될 수 있다고 하여도, 그 근거로서 교단변경 결의에 찬성한 교인들이 결의가 무효인 경우에까지 교회를 탈퇴하려고 한 것으로 볼 수 없다고 한 점은 이론적으로 문제가 있다.[61] 위 판결은 이 사건 교단변경 결의가 무효라는 법원의 판결이 확정된 후에 당사자들이 새로운 교단에서의 활동을 중단하였다는 사정을 중요시하여, 이는 교단변경 결의가 무효라는 사실을 수용하고 종전 광성교회 교인으로서 지위를 그대로 유지하려는 의사를 적극적으로 나타낸 것으로 볼 수 있다고 하였다. 그렇다면 교단변경 결의가 무효라는 법원의 판결이 확정되기 전의 당사자들의 행동은 어떻게 평가할 것인가? 교단변경 결의가 유효할 것을 조건으로 하는 탈퇴라는 것은 이론적으로 인정하기 어려울 것이다.

또 이 판결은 피고 교회의 실체 자체를 부정한 취지로 보이는데, 실제로 종전 교단에서 탈퇴하고 다른 교단에 가입한 교회의 실체 자체를 부정한다는 것은 전혀 현실에 부합하지 않는다. 대법원 1991. 11. 26. 선고 91다30675 판결은, 교회가 다수의 교인들에 의하여 조직되고, 일정한 종교활동을 하고 있으며 그 대표자가 정하여져 있다면 민사소송법 제48조 소정의 비법인사단으로서 당사자능력이 있다고 보아야 할 것이고, 그 교회가 종전에 있던 같은 명칭의 교회와 같은 단체인 것인지, 종전에 있던 같은 명칭의 교회가 합병으로 소멸된 것인지, 그 교회의 구성원이 다른 교회에서 이탈한 것인지 여부나 그 동기는 그 당사자능력을 좌우할 사유가 된다고 할 수는 없다고 하였다.

이 판결에 대하여는 일단 교단변경결의가 무효라는 판결이 선고되었다면, 일시적, 임시적으로 별도의 예배를 보는 것은 몰라도 계속적, 상시적으로 종전 교회와 별도의 담임목사를 대표자로 하여 별도의 조직과 재정을 가지고 별도의 예배를 본다면 교회탈퇴로 보아야 할 것이라는 주장이 있다.[62]

결국 위 판결의 기본 의도는 종전 교회와 동일성이 있는 것으로 평가될 수 없는 새로운 교회를 만든 사람도, 교단변경 결의가 무효라는 확정판결을 받아들이고 새로운 교회에서의 활동을 중단하였으면 종전 교회의 교인으로서의 지위를 인정하여야 한다는 점에 있다고 보인다. 그렇다면 이는 처음부터 탈퇴 의사가 없었다기보다는 일단 탈퇴하였다가 다시 복귀한 것으로 평가하는 것이 사건의 실체에 부합할 것이다. 위 판결의 설시도 오히려 탈퇴하였던 교인들이 종전 교회에 복귀하겠다는 의사를 표시한 것이라고 설명하는 것이 훨씬 자연스럽다.[63)

다만 문제는 일단 탈퇴하였던 교인들이 복귀의 의사를 표시하는 것만으로 바로 종전 교인의 지위를 회복한다고 볼 수 있는가 하는 점이 문제될 것이다. 그러나 위와 같은 경우에 자신들이 만든 새로운 교회가 종전 교회와 동일성이 있다고 하는 주장을 포기하고 상대방 교회의 정통성을 인정한다면, 법률적인 분쟁의 원인이 소멸하였다는 점에서 반대 측의 교인들도 탈퇴하였던 교인들이 종전 교인의 지위를 회복하는 것에 반대할 명분이 없을 것이다. 그렇지 않다면 이 사건과 같이 교단 변경 결의에 찬성한 교인들이 압도적 다수인 경우에도 그들의 종전 교회 재산에 대한 권리를 완전히 박탈하는 것이 되어 가혹한 결과가 된다. 이 판결이 나오게 된 궁극적인 배경도 여기에 있는 것으로 보인다. 그리고 새로운 교회는 권리능력이나 당사자능력 자체를 가지지 못하는 것은 아니고, 다만 교인들이 더 이상 존재하지 아니하여 해산된 것으로 보아야 할 것이며, 따라서 필요하다면 청산 절차에 들어가야 할 것이다.

2. 분쟁의 예방과 해결 측면에서

이러한 법적 측면을 떠나, 과연 법원이 어떻게 하는 것이 교회 분열로 인한 분쟁을 예방하거나 이를 종식시키는 데 도움이 될 것인가를 따져 본다.

가. 분쟁의 예방 측면에서

종전에 대법원이 교회가 분열된 경우에, 분열 당시 교인들의 총유라고 보는 것에 대하여는 이는 결과적으로 교회의 분열을 조장하는 것이 되어 부당하다는 비판이 있었다.[64) 이에 대하여 위 대법원 1993. 1. 19. 선고 91다1226 전원합의체 판결에서 공유설을 지지하는 이회창 대법관의 반대의견은, "당원판례가 교회의 분열을 인정하기 이전부터 교회의 분열은 존재해왔던 것이므로 법원이 교회의 분열을 인정함으로써 결과적으로 분열을 조장한다는 논리는 맞지 않을 뿐 아니라, 법원이 교회의 분열을 인정하지 않음으로써 신앙단체의 분열현상이 종식 내지 감소될 수 있다고 생각하는 것은 실증되지 않은 추론에 지나지 않는다"고 주장하였다.

그렇지만 위 대법원 2006. 4. 20. 선고 2004다37775 전원합의체 판결의 다수의 견은 교회의 분열을 부정하는 것으로 판례를 변경하면서, 다음과 같이 설시하였다. "앞으로 교회 내부에서 교단 탈퇴 및 변경을 둘러싸고 분쟁이 발생하는 경우 교단 탈퇴를 의도하는 교인들로서는 최소한 결의권자의 2/3에 이르는 교인들로부터 지지를 얻고 적법한 소집절차에 따른 결의를 거칠 것이 요구되고, 반대로 교단 탈퇴에 반대하는 교인들로서도 만약 위의 요건을 갖추어 결의가 이루어진 경우에는 여기에 승복할 것이 요구됨으로써, 민주주의 원칙과 민법의 법인 아닌 사단에 관한 일반 법리에 따른 교회 운영이 가능해지고 교회 분쟁에 대한 예방적 기능을 수행할 수 있게 된다."

또 학설 가운데에도, 점차 판례의 취지가 교회 운영에 적용됨으로써 이 판례로 인하여 앞으로는 교회 분열이 감소할 것으로 기대된다는 설명도 있다.[65]

이 문제는 실제로 실증적인 조사를 해 보아야만 정확한 답변을 할 수 있을 것이다. 그러나 교회의 분열을 부정하는 것으로 판례가 변경되었다고 하여 교회의 분열이 과연 감소할 것인지는 확실하지 않다. 위 2006년 전원합의체 판결이 선고된 후에도 교회의 분열은 계속 일어나고 있다.

미국에서의 연구에 의하면, 교회 재산을 둘러싼 판례가 1948년에서 1957년까지는 166건, 1958년부터 1967년까지는 109건, 1978년에서 1987년까지는 123건, 1988년에서 1997년까지는 81건, 1998년부터 9년간은 91건이었다고 한다.[66] 미국의 학자는 이 숫자가 교단 내의 분쟁으로 인하여 증가할 것이라고 예측하면서 다음과 같이 분석하였다. 즉 교단이나 지교회는 그들의 문서를 재산에 관하여 분쟁이 발생하는 경우에 그들의 의사를 명확하게 표현하도록 다시 작성함으로써 법원에 끌려들어가는 것을 피할 수 있음에도 불구하고 그렇게 하지 않고 있는데, 그 이유는 두 가지라고 한다. 첫째, 법원이 두 가지 기준과 더 많은 변형을 채택함으로써 교회가 법원에 가지 않으려면 어떻게 해야 하는지가 불확실하다고 한다. 둘째 이유는 종교적 신앙의 성격, 더 구체적으로는 세속의 회사와 다른 비종교적 조직과는 매우 대조적인 내재적인 요소와 관계가 있다고 한다. 즉 세속의 조직들은 행동을 결정할 때 실패의 가능성을 태연하게 고려하는 반면, 종교적 공동체의 신앙 체계의 속성의 본질적인 부분은 그들의 공유된 신앙이 일시적인 통합이 영속적이고 확고할 것이라는 희망이므로, 분열될 것이라는 비관적인 전망은 종교 공동체에게는 끔찍한 출발점이

라고 한다.[67]

그러므로 앞으로도 교회의 분열이라는 현상은 위 2006년 전원합의체 판결에도 불구하고 계속 일어날 것이다.

나. 분쟁의 해결 측면에서

그러면 분쟁의 해결이라는 측면에서는 어떠한가? 종래의 판례가 택하고 있던, 분열 당시 교인들의 총유라는 것은 사실상 법원이 분쟁의 해결을 포기한다는 점에서 많은 비판의 대상이 되었다. 이 점은 공유설에도 마찬가지로 적용될 수 있다. 공유설에서는 분열된 두 개의 교회가 교회 재산을 공유한다고 하는데, 교회 재산의 관리나 사용·수익에 관하여 원만한 합의가 이루어질 것으로 기대할 수는 없다. 뿐만 아니라 공유설에서는 각 교회의 공유지분비율은 분열 당시 각 교회의 세례교인의 수에 의하여 결정하여야 한다고 주장한다. 그러나 실제로 교회 분열이 있으면 교회를 이탈하는 교인들이 많아서, 정확한 교인들의 수를 파악하는 것이 쉽지 않다.

이 점에 대하여 2006년 전원합의체 판결에서 공유설을 지지하는 박시환 대법관의 별개의견은, 세례교인의 수를 파악하는 것이 현실적으로 매우 어렵다는 비판에 대하여, 사찰의 경우와 달리 교회에 등록된 세례교인의 수를 파악한다는 것이 불가능한 것은 아닌 점 등을 참작하면 위와 같은 비판은 수긍할 수 없다고 반박한다. 그러나 특히 교인들의 수가 많은 경우에는 이와 같은 문제점을 부인할 수는 없다.

그러면 분열 부정설은 어떠한가? 이 설에 의하면 교회 재산의 귀속은 어떠한 형태로든 정해지므로 적어도 1차적인 분쟁 해결은 가능하다. 그런데 이에 대하여는, 실제로 교회의 내분의 경우에 총 교인의 3분의 2의 결의로 교회를 집단적으로 이탈하는 것은 현실적으로 불가능하고, 법원이 교회재산 귀속문제에 관하여 형식적으로는 소극주의에서 적극주의로 전환하였다고 하지만, 그 실질은 교회의 정통성과 계속성을 유지하는 분파에 교회재산 전부가 귀속토록 하고 있다고 평가된다는 주장이 있다.[68] 그러나 실제로는 민법 제70조 제3항에 의하여 교인들이 법원의 허가를 받아 교인총회(공동의회)를 열어 교단 변경을 한 사례들이 있다고 한다.[69]

그러므로 분열 부정설에 의하면 분쟁의 해결은 가능하다고 평가하여야 할 것이다. 그러나 현실적인 어려움으로 인하여 가령 교단 변경을 원하는 교인이 2/3가 넘는 경우에도 교단 변경이 불가능할 수도 있고, 또 교단 변경을 원하는 교인이 2/3

는 넘지 못하지만 과반수에 이르는 경우에도 과반수에 미치지 못하는 종전 교단 잔류를 원하는 교인들이 교회 재산을 차지하게 되는 경우도 있을 수 있다. 그러나 이는 민법이 소수자 보호를 위하여 중요한 사항에 대하여는 2/3나 3/4과 같은 가중된 정족수를 요구하고 있기 때문에 생기는 불가피한 현상이다.

다른 한편 일단 분열된 교회가 다시 화합하는 것은 법이나 법원이 할 수 있는 일은 아니다. 이는 혼인이 파탄에 이른 후에 법원이 이를 회복시킬 수 없는 것과 마찬가지이다.

Ⅵ. 글을 맺으며

서론에서 언급한 것처럼, 인위적 공동체의 분열, 특히 교회의 분열은 매우 흥미 있는 현상이다. 초기의 판례는 교회의 분열에 대하여 법원의 개입을 회피하였다. 이는 교회의 분열이 성문법에서 규율되어 있지 않은 상태에서 교회에 대하여 잘 모르는 법원이 개입을 회피한 것으로도 볼 수 있고, 다른 한편으로는 소수파 교인들이라 하여도 그들의 권리를 모두 박탈하는 것은 가혹하다는 판단에 따른 것일 수도 있다. 그러나 결국 2006년 전원합의체 판결은 교회의 분열을 부정하여야 한다는 결론에 이르렀다. 이는 교회의 분열을 법적으로 인정하는 것이 단체법의 일반적인 법리와는 모순되기 때문이다.[70]

앞으로는 좀 더 실증적인 연구가 필요할 것이다. 즉 공동체 중 교회의 분열은 왜 잦은가 하는 법사회학적인 고찰과 함께, 변경된 판례가 교회의 분열을 해결하는 데 어떤 영향을 미치는가 하는 점에 관하여 실제 사례를 바탕으로 하는 연구가 요망된다.

미주

* 이 글은 "교회 분열의 법률적 검토"라는 제목으로 「새봄을 여는 民法學」(정태윤·지원림교수 정년기념 논문집), 홍문사, 2023에 수록되었다.

1) 백현기 (2021), 14면 이하. 이 책은 백현기 (2010)을 바탕으로 한 것이다.

2) 대법원 2006. 4. 20. 선고 2004다37775 전원합의체 판결.

3) 대법원 2006. 4. 20. 선고 2004다37775 전원합의체 판결에서의 손지열, 박재윤, 김용담, 김지형 대법관의 별개의견.

4) 이하의 설명은 백현기 (2021), 21면 이하를 요약한 것이다. 또한 김진현 (1985a), 108면 이하 등 참조.

5) 감리교회(Methodist Church)는 흔히 감독정체를 채택하는 교회로 분류되지만, 실제로는 감독정체와 후술하는 장로정체의 절충형이라는 편이 정확하다고 한다. 백현기 (2021), 23면.

6) 다만 교회가 그 유지를 위하여 재단을 설립하는 일은 있다. 서울 영락교회는 1965. 4. 7. 재단법인 서울영락교회 유지재단을 만들었다. http://www.youngnak.net/departments/#toggle-id-27 (2023. 04. 07. 확인) 기관 및 부서안내/법인 및 기관단체 참조.

7) 대법원 1957. 12. 13. 선고 4289민상182 판결; 1958. 8. 14. 선고 4289민상569 판결; 1970. 2. 24. 선고 68다615 판결 등. 초기의 판례가 이처럼 교회의 재산이 교인들의 합유라고 한 것은 "교인들의 연보, 헌금 기타 교회의 수입으로 된 재산"이라는 표현에 비추어 볼 때 교회재산은 교인들의 출연에 의하여 형성되었다는 특수성으로 인하여 조합재산과 유사하게 파악한 것으로 추측된다는 설명이 있다. 민유숙 (2006), 42면 참조. 또한 오영준 (2014), 967면도 같은 취지이다.

8) 대법원 2006. 4. 20. 선고 2004다37775 전원합의체 판결 등.

9) 김용덕 편 (2019), 총칙2 169－170면 참조. 대법원 1986. 7. 8. 선고 85다카2648 판결은, 구세군은 지역교회 중심인 일반교회와는 달리 강력한 중앙집권적인 조직을 갖추어 산하 영문의 재산에 관하여 일체의 사권행사를 부인하고 있고, 따라서 재대한구세군유지 재단법인이 구세군 광주문화영문의 회당으로 사용하기 위하여 이 사건 대지를 구입하고 건물을 신축함에 있어서 그 비용 가운데 구세군 교인들의 헌금이 일부 들어갔다 하더라도 위 법인의 이름으로 등기된 그 대지 및 건물이 교인들의 총유에 속하는 것이라거나 그 등기를 원인없는 무효의 것이라고 할 수도 없다고 하였다.

10) 한국 기독교 장로교 교단의 분열에 대하여는 예컨대 민경배 (2015), 181면 이하 참조.

11) 백현기 (2021), 245－248면 참조.

12) 공간되지 않았다.

13) 대법원 1988. 3. 22. 선고 86다카1197 판결 등.

14) 이 점에 대하여는, 초기 판례는 교회재산의 소유형태를 교인들의 합유로 보았기 때문에 교회가

분열되더라도 그 재산의 합유자인 교인들이 여전히 교회재산에 대하여 합유지분권을 갖는다고 본 결과 분열되어 나온 교인들에게까지 권리를 인정한 것으로 해석할 수 있는데, 제정민법 시행 후 대법원판례는 합유와 그로 인한 교회분열시 합유지분권의 귀속에 관하여 별도로 고려하지 않고 신설된 민법조문에 맞추어 교회는 법인 아닌 사단이고 따라서 그 재산은 교인들의 총유라고 판시한 것이 아닐까 추측되고, 그렇다면 교인들은 교회 구성원으로서의 지위를 상실하면 교회재산에 대한 사용수익권도 상실하여야 할 것이지만, 판례는 합유설에 입각하였던 구민법 시대의 판시를 유지하면서 합유를 총유로 바꾸기만 한 결과 현재와 같은 판례에 이르게 된 것으로 추측하는 견해가 있다. 민유숙 (2006), 43-44면.

15) 대법원 1993. 1. 19. 선고 91다1226 전원합의체 판결 등.

16) 대법원 1985. 2. 8. 선고 84다카730 판결 등.

17) 대법원 1985. 2. 8. 선고 84다카730 판결; 대법원 1990. 12. 7. 선고 90다카23561 판결 등.

18) 대법원 1998. 2. 24. 선고 97다45327 판결.

19) 대법원 1990. 12. 21. 선고 90다카22056 판결.

20) 대법원 1988. 3. 22. 선고 86다카1197 판결.

21) 대법원 1988. 3. 22. 선고 86다카1197 판결.

22) 상세한 것은 민유숙 (2006), 45면 이하 참조.

23) 백현기 (2021), 271-274면 참조.

24) 김증한 (1959), 209면 이하. 위 글에는 사건번호만 나오고 선고일자는 나오지 않는다.

25) 비교적 초기에 공유설을 지지하는 문헌으로는 조용연 (1986), 75-76면이 있다. 또한 오시영 (2006), 181면 이하; 김민규 (2007), 191면 이하; 송호영 (2007), 191면 이하; 김교창 (2007), 248면 이하; 양형우 (2007), 59-94면 이하 등. 그 밖에 자세한 문헌의 소개는 백현기 (2021), 268면 주 95) 참조.

26) 홍기태 (2007), 628면 이하에 요약된 것을 참조하였다.

27) 분열 부정설을 최초로 주장한 것은 최식 (1974), 64면 이하로 보인다. 또한 1993년 전원합의체 판결 전에 분열부정설을 주장한 것으로는 김상기 (1986), 111면 이하; 변동걸 (1992a), 52면 이하, 변동걸 (1992b), 69면 이하; 홍광식 (1991), 51면 이하가 있다. 그 외에 분열 부정설을 지지하는 것으로는 민유숙 (2006), 31면 이하; 백현기 (2021), 275면 이하; 홍기태 (2007), 613면 이하; 윤진수 (2008a), 692-693면 (처음 발표: 2007); 배성호 (2007), 47면 이하 등. 더 상세한 문헌의 소개는 백현기 (2021), 269면 주 100) 참조. 다만 여기서는 양형우 (2007)을 분열 부정설로 잘못 인용하고 있다.

28) 홍기태 (2007), 632면 이하에 요약된 것을 참조하였다.

29) 제철웅 (2007), 113-116면.

30) 남윤봉 (2006), 379면; 이완근 (2000), 428면.

31) 변동걸 (1992a), 63면; 민유숙 (2006), 70면; 윤진수 (2008a), 693면.

32) 백현기 (2021), 387면 이하; 김진현 (1985a), 110면 이하; 황규학 (2014b) 등.

33) 80 U.S. 679, 20 L.Ed. 666, 13 Wall. 679.

34) Attorney-General v Pearson, (1817) 36 Eng. Rep. 135; 3 Merivale 353. 영국의 대법원 (Supreme Court)은 2014년에도 이러한 판례를 재확인하였다. Khaira v Shergill, [2015] A.C. 359.

35) Michael W. McConnell/Luke W. Goodrich (2016), 307, 311. "신앙의 진정한 기준(the true standard of faith)"이라는 표현은 Watson 판결이 사용한 것으로(80 U.S. 727), Attorney-General v Pearson 판결에서는 "원래 조직의 성격(the nature of the original institution)"이라고 하였다. (1817) 3 Merivale 353, 400.

36) 80 U.S. 679, 722-727.

37) 80 U.S. 679, 728ff.

38) 344 U.S. 94 (1952).

39) 상세한 것은 김진현 (1985a), 120면 이하 참조.

40) Presbyterian Church in U.S. v. Mary Elizabeth Blue Hull, 393 U.S. 440 (1969).

41) "의회는 종교를 만들거나, 자유로운 종교 활동을 금지하거나, 발언의 자유를 저해하거나, 출판의 자유, 평화로운 집회의 권리, 그리고 정부에 탄원할 수 있는 권리를 제한하는 어떠한 법률도 만들 수 없다."

42) 393 U.S. 440, 449ff.

43) 이 사건을 환송받은 조지아 주 대법원은 묵시적 신탁 이론을 적용하지 않고, 재산에 대한 법적 권원(legal title)은 지교회에 있다고 하여 환송 전 원심과 마찬가지로 지교회 승소 판결을 내렸다. Presbyterian Church in U. S. v. Eastern Heights Presbyterian Church, 225 Ga. 259. 이 판결에 대한 이송명령(writ of certiorari) 신청은 기각되었다.

44) 김진현 (1985a), 125면 이하 참조.

45) 90 S.Ct. 499, 24 L.Ed.2d 582.

46) 증여된 물건이 증여된 용도대로 사용되지 않을 경우 증여자에게 소유권이 복귀된다는 조항.

47) 이 사건에서는 지역교회와 지교회 사이의 분쟁에서 메릴랜드 주 법원이 종교 단체에 관한 메릴랜드 주법을 적용하여 교회 재산이 지교회 것이라고 하였는데, 연방대법원은 중요한 연방 문제(substantial federal question)가 결여되었다고 하여 상고를 기각하였다.

48) 99 S.Ct. 3020, 61 L.Ed.2d 775.

49) 이 사건을 환송받은 조지아 주 대법원은, 다수결의 추정을 깨뜨릴 근거가 없다고 하여 환송 전 판결을 그대로 유지하였고{Jones v. Wolf, 244 Ga. 388 (1979)}, 이 판결에 대한 이송명령 신청은 기각되었다.

50) Jeffrey B. Hassler (2008), 399, 415ff. 이 글의 457면 이하는 자세한 주 법원의 판례를 분류하여 부록으로 실었다. 또한 Michael W. McConnell & Luke W. Goodrich (2016), p.320 참조.

51) 판례의 소개는 황규학 (2014b), 107면 이하 참조.

52) 윤진수 (2015a), 117면 이하 (처음 발표: 2008).

53) 위 2006년 전원합의체 판결에서의 김영란 대법관의 보충의견 참조.

54) 위 2006년 전원합의체 판결에서의 김영란 대법관의 보충의견은, 다수결의 원리가 적용되는 결과 소수파로 되는 교인들이라 하더라도 자신들이 신봉하는 교리를 좇아 스스로 교회를 선택하거나 선택하였던 교회에서 탈퇴하여 원하는 교회를 찾아감으로써 종교의 자유를 향유할 수 있는 이상, 이를 넘어서서 개개 교인들의 종교의 자유를 내세워 이를 기준으로 교회 재산의 귀속을 결정하여야 한다는 것은 구성원의 개성이 매몰되는 단체법원리를 부인하는 것으로서 받아들일 수 없다고 지적한다.

55) 最高裁判所 1974(昭和 49). 9. 30. 판결(民集 28권 6호 1382면).

56) 조용연 (1986), 71-72면; 민유숙 (2006), 50-54면 등 참조.

57) 그러나 여기서 교인 전원의 총의라는 것이 반드시 교인들 전원이 동의하여야 한다는 의미인지는 불명확하다.

58) 여기서의 교인은 세례교인을 말한다.

59) 윤진수 (2008a), 693면. 대법원 2006. 6. 9.자 2003마1321 결정은, 교단에 소속되지 않은 독립교회 특정 교단에 가입하기로 결의하는 경우에도 사단법인 정관변경에 준하여 의결권을 가진 교인 2/3 이상의 찬성 결의를 필요로 하므로, 찬성자가 의결권을 가진 교인의 2/3에 이르지 못한다면 종전 교회는 여전히 독립 교회로서 유지되므로, 교단 가입 결의에 찬성하고 나아가 종전 교회를 집단적으로 탈퇴한 교인들은 교인으로서의 지위와 더불어 종전 교회 재산에 대한 권리를 상실하였다고 볼 수밖에 없다고 하였다.

60) 이 판결에 대한 재판연구관의 해설인 김민기 (2010), 11면 이하 특히 40면 이하 참조.

61) 윤진수 (2015b), 496-497면(처음 발표: 2011) 참조.

62) 백현기 (2021), 335면.

63) 민유숙 (2011), 342면은 교단변경결의와 교회탈퇴는 개념적으로 구별되지만, 현실적으로는 교단변경결의에는 교회탈퇴 의사가 포함되어 있는 경우가 대부분이고, 교회탈퇴를 수반하지 않는 교단변경결의는 실제적으로 인정하기 어렵다고 하여 이 판결에 대하여 비판적이다.

64) 예컨대 변동걸 (1992a), 60면.

65) 백현기(2021), 307면.

66) Kent Greenawalt (1998), 1843, 1844 fn. 1; Jeffrey B. Hassler (2008), pp.454f.

67) Jeffrey B. Hassler (2008), pp.455

68) 김상용 (2010), 70-71면. 서헌제, 97면도 2006년 전합판결이후 교단탈퇴가 문제된 사례에서 단 한건도 2/3 요건을 입증한 사례는 없고, 따라서 2006년 전합판결이 교회분열의 해결기준으로 제시한 교단변경요건이 과연 한국교회현실에 비추어 타당성이 있는가에 대하서는 큰 의문이 제기된다고 주장한다.

69) 이정용 (2014), 241면. 또한 황규학 (2013).

70) 오영준 (2014), 974-975면은, 위와 같이 판례가 변경되게 된 배경으로서, 소송에서 드러난 분쟁의 대부분은 신앙과 교리의 본질적 차이에 따른 분쟁이라기보다는 교회재산 자체를 둘러싼 분쟁으로서의 성격을 더 강하게 지니고 있고, 교회재산이 상당한 재산적 가치를 지니게 되었으며, 수많은 교단의 분립과 지교회의 비대화, 교회 재산가치의 상승 및 다수인의 첨예한 이해관계 대립에도 불구하고, 대법원이 종전과 같이 분열되어 나온 양측의 교인들에게 모두 권리를 인정한다는 취지의 종래 판시를 고수한다면, 분쟁해결기능을 상실하게 될 뿐 아니라, 교단 상호간 및 교인 상호간의 분쟁을 더욱 조장하는 결과를 초래할 수 있는 상황에 이르게 되었다는 점을 들고 있다.

| 공동체와 법 |

03

자연적 공동체와 법

민족공동체와 법

●

민족공동체와 법
- 법제를 통한 초국가적 민족의 창출 -

Ⅰ. 글머리에

이 장(章)에서는 민족공동체를 실정법으로 정의하고 법에 의해 경계가 설정된 집단으로 주조해내며, 집단의 성원에게 특수한 법적 지위를 부여하는 여러 나라의 시도들을 살핀다. 그러한 시도들을 "초국가적(transnational)" 민족의 창출이라는 부제로써 성격 규정하는 이유는 그것들이 국가의 지리적 그리고 인적 경계 너머에 존재하는 집단을 법적으로 만들어내는 작업이기 때문이다. 글로벌시대에 들어 많은 나라들이 재외동포를 대상으로 하는 정책을 개발했다. 그러한 정책을 통해 국가의 경계 밖에 존재하는 특정 집단에 대해 민족적, 역사적, 문화적 유대를 이유로 다가가고 그들을 활용해 국가의 전략적 목표들을 달성하려 한다. 재외동포와의 유대를 헌법에 명시하기도 하고, 법령으로써 그러한 유대를 가진 외국인을 우대하고 그들에게 특별한 지위를 부여하기도 한다. 그렇게 함으로써 국가의 인적, 영토적 경계를 넘어, 국민과 구별되는 민족성원을 창출해내는 것이다. 이 글에서는 재외동포에 다가가고 그들을 포섭하는 다양한 방식들을 분류하고, 그러한 전략들을 규범적으로 평가하기 위한 국제법적 원칙과 규칙들을 검토하며, 그러한 방식의 초국가적 민족의 창출을 국민과 민족의 일치를 지향하는 국민국가(nation-state)의 이상에 비추어 어떻게 볼 것인지를 논한다.

　서론을 제외하면 이 글은 기존의 연구를 바탕으로 한다.[1] 이 글에서는 「민족공동체의 법제화」라는 문구를 사용하여 제목을 바꾸었다. 『공동체와 법』을 주제로 하는 이 책의 취지에 충실하고자 함이다. 그러한 제목 사용의 타당성을 검토하는 것으로 글을 시작하고자 한다.

　한국에서 사용하는 공동체라는 단어는 영어의 커뮤니티(community), 독일어의 게마인샤프트(Gemeinschaft)에 조응하는 용어이다. 공동체, 커뮤니티, 게마인샤프트는 다양한 의미로 사용된다. 그 용어로 지칭하는 집단의 층위도 마을이나 친족집단에서부터 유럽경제공동체(European Economic Community, Europäische Wirtschaftsgemeinschaft)에 이르기까지 무수하며, 그들 사이에 공통점을 찾기는 쉽지 않다. 그 용어가 분석적(analytical) 범주로만 사용되는 것이 아니라 연대의 이상을 담은 레토릭으로 발화되는 경우도 적지 않다. 그럼에도 불구하고 지난 수십년간 한국 사회과학계에서 사용된 공동체 개념이 합의된 의미를 결여한 것은 아니다. 이 책의 제3편 제4장에서 심희기는 조선후기 마을의 자치질서를 연구한 이영훈을 비판하면서, 커뮤니티(community)와 어소시에이션(association)을 이분법적으로 구별하는 것이 한국 사회과학계의 부적절한 사고방식임을 지적하고, 학계가 "퇴니스에 기인하는 이 단순한 발상"에서 벗어날 것을 제창했다.

　퇴니스(Ferdinand Tönnies)는 그의 저서 『게마인샤프트와 게젤샤프트』(Gemeinschaft und Gesellschaft)에서 게마인샤프트와 게젤샤프트를 대립 개념으로 사용했다. 그는 게마인샤프트를 "인간의지가 통일되는 시원적이고 자연적인 상태", "출생으로부터 유래하는 무의식적이고 자율신경적인 삶의 포괄적인 성격을 공통의 뿌리로 삼는 관계들", "총체의 성원으로서 하나됨을 가져오는 사회적 힘과 동지적 느낌"에 바탕한 "상호이해와 일치성" 등으로 특징짓는다. 반면 게젤샤프트는 "선험적이고 미리 정해진 통일성으로부터 도출되는 활동이 없는" 상태에서, 상호배타적인 이해의 계산에 기초한, 분리된 개인들간의 긴장 상태로 묘사한다. 퇴니스는 게마인샤프트를 원초적이고 자생적인 본질의지(Wesenwille)에, 게젤샤프트를 개인의 합리적 선택을 내용으로 하는 선택의지(1887년판에서는 Willkür, 1912년판에서는 Kürwille)에 의거하는 것으로 보았다. 그에 따르면, 게마인샤프트의 성원됨은 주어진(ascriptive) 지위, 게젤샤프트의 성원됨은 개인의 의지에 따라 선택되는 지위이다.[2] 『게마인샤프트와 게젤샤프트』의 영어 번역판들은 제목에서 게마인샤프트를 community로 번역하는 데는 일치하지만 게젤샤프트에 대해서는 association, society, civil society 등 여러 번역을 제시한다. 한국어 번역판은『공동사회와 이익사회』라는 제목을 가지고 있지만, 사회사학계에서는 게마인샤프트를 공동체로, 게젤샤프트를 결사체로 번역하기도 한다. 커뮤니티와 어소시에이션의 이분법을 비판하는 심희기도 커뮤니티를 공동체로, 어소시에이션을 결사체로 번역한다. 같은 글에서 심희기가 소개하는 김필동의 논문도 결사체를 공동체에 대립하는 개념으로 사용하고 있다.3)

이영훈에 대한 비판에서 심희기는 게마인샤프트＝커뮤니티＝공동체 대(對) 게젤샤프트＝어소시에이션＝결사체의 이분법이 공동체라 불릴 만한 조직 내에 존재할 수 있는 협약적, 결사체적 요소들을 무시하는 것이라 갈파한다. 김필동도 공동체와 결사체를 이분법적으로 대립시키는 태도를 비판한다.4) 공동체와 결사체의 이분법이 퇴니스에 기인하는 발상이라 본 심희기의 진단은 퇴니스에 대한 많은 학자들의 평가와 일치한다. 퇴니스의 이분법을 비판하는 학자들은 게마인샤프트와 게젤샤프트를 사회적 행위의 이념형(Idealtypus)으로 제한한 막스 베버(Max Weber)에 주목한다. 베버는 공동체성(Vergemeinschaftung)을 하나에 속한다는, 정서적(affectual)이거나 전통적인 주관적 느낌에 기초한 사회적 행위 지향성으로, 결사체성(Vergesellschaftung)을 상호간의 합의를 바탕으로 하는, 그리고 이익의 합리적 조정에 기초한 행위 지향성으로 정의한다.5) 현실세계의 집단이나 관계들에는 이 두 이념형의 요소들이 혼재되어 있으며, 실재의 차원에서는 공동체성과 결사체성이 양립불가능하지 않다.6) 퇴니스도 다음의 말로써 이를 인정한다. "게마인샤프트와 게젤샤프트는 모든 종류의 결합에 대해서 적용되고 있고, 또 적용되어야 하는 카테고리이다. 모든 것 — 전체로서의 제관계가 조직체와 마찬가지로 — 은 직접적인 상호간의 긍정, 다시 말해서 본질의지에 입각하고 있는 정도에 따라서는 게마인샤프트적인 것이고, 또 반면에 이러한 긍정이 합리화, 즉 선택의지에 의해서 확정되어 있는 정도에 따라서는 게젤샤프트적인 것이다."7) 이를 종합하면, 한 집단이 공동체적인가 결사체적인가는 한편으로는 정도의 문제이고, 다른 한편으로는 해당 집단의 삶 속의 어떤 층위와 맥락에서 성원들이 어떤 주관적 의미들을 투사하느냐의 문제이다. 공동체적 조직원리를 가진 집단 내부에 협약과 같은 결사체적 계기들이 포함되어 있거나, 사적 소유자들의 협약에 의해 형성된 집단도 공동체적 조직원리를 가질 수

있는 것이다.8)

민족은 어떠한가? 수십년간 한민족의 원류를 연구해온 신용하는 다음과 같이 단언한다. "민족은 사회학적으로는 결사체가 아니라 공동체(Gemeinschaft)이다. 민족은 넓은 의미로 문화공동체(Kulturgemeinschaft)의 특성과 생활공동체(Lebensgemeinschaft)의 성격을 가진 공동체라고 할 수 있다."9) 이 명제의 타당성을 판단하기에 앞서, 이 글에서 사용하는 "민족"이라는 개념을 글로벌한 논의의 맥락에서 정의해야 한다. 이 글은 한국을 대상으로 하는 것이 아니라 세계 여러 나라의 동향을 다루기 때문이다.

이 글의 부제에서 말하는 "초국가적 민족"은 transnational nation에 상응하는 문구이다. 국제연합(United Nations)이라는 명칭에서 보듯이 nation은 국가를 뜻하기도 한다. 부제의 transnational이라는 수식어에 포함된 nation은 국가(state)를 말한다. 반면 후속하는 nation은 "초국가적"이라는 수식어가 말해주듯이 국가와 반드시 일치하지 않는 인민의 집단이다. 네이션(nation)은 로마시대의 개념인 natio에서 유래한다. 같은 혈통으로부터 출생한, 즉 조상을 같이하는 사람들의 집단을 의미했다. 그러한 집단은 거주지, 언어, 관습과 전통 등을 공유한다는 인식을 바탕으로 했다. 중세에 들어 같은 언어를 사용한다는 것이 네이션의 중심적 의미가 되었고, 다른 곳에서 온 사람들을 타자화하는 맥락에서 용어를 사용했다고 한다. 그러다가 그것이 일반 주민, 귀족에 대항하는 제3신분을 뜻하는 말로 진화했고 프랑스혁명을 계기로 주권인민의 집단을 뜻하는 용어로 발전했다.10) 나씨옹(nation)이 국민집단(citizenry)과 동일시된 것이다. 프랑스 최초의 헌법에 해당하는 1789년의 「인간과 시민의 권리선언」(Déclaration des Droits de l'Homme et du Citoyen) 제3조는 "모든 주권의 원리가 나씨옹에 있다"고 선언했다. 니씨옹은 국가를 구성하는 인민의 총체이며 국가는 나씨옹의 인격체로 간주된다. 네이션과 국가를 동일시하는 개념적 관행이 이렇게 생겨났다.11)

그러나 이처럼 인민을 정치적으로 조직화해 네이션으로 주조하는 과정에서 혈통, 역사, 문화의 공유집단이라는 네이션의 본래적 의미가 소환되었음을 잊어서는 안된다. 즉 네이션=국민을 향한 강력한 정치적 통합의 동력을 제공한 정신적 원천이고 네이션은 역사적·문화적 아이덴티티를 공유하는 집단이며 그런 집단이 하나의 국가를 구성해야 한다는 이상을 담은 내셔널리즘이었던 것이다. 네이션의 이러한 두 측면을 Volksnation과 Staatsnation으로 표현하기도 한다.[12] 국민국가로 번역되는 nation－state의 개념에는 두 의미의 네이션이 일치해야 한다는 믿음이 담겨 있다.

베버는 Volk(영어로는 단수형 people)를 혈통을 공유한다는 믿음에 바탕을 둔 집단으로 보았다.[13] 그와 같은 의미의 Volk/people은 종족(種族)으로 번역되는 ethnic group보다 느슨한 개념이지만 양자의 차이는 크지 않다. 일각에서는 이 집단을 종족과 네이션 사이에 존재하는 역사공동체로 자리매김한다.[14] 이 집단과 종족은 상당한 중첩성을 가지지만, 이 글에서는 양자를 구별하기 위해 전자를 인족(人族)으로 표현한다.[15]

김광억은 종족을 "혈통, 언어, 종교, 의식주와 같은 물질생활의 전통, 신화, 역사의식, 생계경제의 유형, 대대로 살아오는 터전으로서의 영토적 경계 등에 의하여 인식되는 문화적인 구성 내지 문화적으로 구축된 경계"로 정의한다.[16] 앤토니 스미스는 종족(그는 ethnie라 명명)의 요소로서 집단의 명칭, 혈통(descent)을 공유한다는 신화, 공유된 역사, 다른 집단과 구별되는 공유된 문화, 특정 영토와의 연고, 유대감을 거시한다.[17] 워커 코노도 종족의 요체를 혈통을 공유한다는 믿음에서 찾는다.[18] 일찍이 막스 베버도 종족을 그렇게 정의하면서, 혈통을 공유한다는 믿음이 신체적 외형에 기인하는 것인지 전승된 문화에 기인하는 것인지는 중요하지 않다고 보았다. 베버는 종족적 유대를 형성하는 데 기여하는 요소로서 언어, 혈연, 생김새, 종교, 일상적 행동 등을 열거한다.[19] 아자 가트(Azar Gat)는 종족의 개념적 요건으로서 "혈통을 공유한다는 인식"이 지나치게 협소하다고 생각하여 혈통 대신 "친족관계(kinship)"를 공유한다는 인식을 종족적 통합의 근거로 본다.[20] 즉 종족과 인족의 요소로서 혈통을 공유한다는 인식은 역사적·문화적 아이덴티티를 같이함으로써 생겨나는, 친족의식과 같은 강력한 동류의식을 말한다. 종족에 대한 이러한 정의들 사이에는 큰 차이가 없다.

인족·종족과의 관계에서 네이션을 어떻게 볼 것인지를 둘러싸고 서로 다른 관점 사이에 논쟁이 치열하다. 대체로 세 관점으로 나눌 수 있다.[21] 첫째는 원초주의(primordialism)로서 네이션을 자연적인 것, 주어진 것으로 보는 관점이다. 이 관점에 따르면, 네이션은 종족 및 인족과 일치한다. 한민족의 원류를 고대사에서 찾는 신용하가 그러한 관점을 대표한다. 두 번째는 근대주의(modernism)라 불릴만한 시각으로서 네이션은 근대로의 이행과정에서 발생하는 정치적·경제적·사회적 변화의 산물이며, 근현대의 네이션과 종족성에 바탕을 둔 전근대의 집단 사이에는 연속성이 없다고 본다.[22] 이 관점은 네이션의 형성과정에서 사람들의 이익추구적, 목적합리적 행위들이 개입되어 있음을 강조하는 도구주의적 설명과 연결되어 있다.[23] 세 번째의 관점은 종족적-상징적 접근(ethno-symbolic approches)으로서, 원초주의와는 달리 실제의 종족을 주어진, 경계가 자명한 집단으로 전제하지는 않지만 네이션을 형성하는 과정에서 원초주의적 믿음과 종족적 과거의 기억들이 강렬히 동원된다는 현실을 직시한다. 앤토니 스미스가 저술한 책의 제목 『네이션의 종족적 기원』(The Ethnic Origins of Nations)이 그것을 잘 표현한다.

위와 같은 복잡한 개념 정의와 관점의 차이가 "민족공동체"라는 용어 사용에 어떤 영향을 주는가? 이 글에서 선택한 "민족"이라는 용어로써 네이션을 지칭하는 것은 타당한가?

한국인에게 익숙한 "민족"은 국가(state)와 동의어인 nation은 물론이고 국가 성원들의 집단인 Staatsnation과 일치하지 않는다. 그러한 nation은 "국민"으로 번역하는 것이 일반적이다. 이 글에서 "민족"은 역사적·문화적 아이덴티티에 의해 통합된 Volksnation을 지칭한다. 그러한 집단을 공동체로 특징짓는 것은 타당한가?

원초주의적 접근을 취하게 되면 인족 또는 종족과 네이션의 차이가 소거되고, "민족"이라는 용어를 네이션에 상응하는 개념으로 사용하는 것이 자연스럽다. 그리고 당연히 민족을 공동체로 규정하게 된다. 퇴니스가 대표적이다. 퇴니스는 "국가적"이라는 뜻으로 national이라는 형용사를 사용하기도 했지만, 엄밀하게 말할 때는 나찌온을 인족(Volk)의 확대된 형태로서 게마인샤프트에 해당하는 것으로 취급한다. 퇴니스는 말하기를, "공통의 관습과 공유된 믿음과 같이 높은 실현 상태에서 표상되는 공통의 인식이 있다. 그러한 인식이 인족[Volk/people-필자 삽입]과 나찌온[Nation/nation-필자 삽입]의 성원들을 관통하면서 그 집단의 삶의 통일성과 평온함을, 비록 보장하지는 못하더라도, 나타낸다."[24] 그러한 인식은 후기 저술에서 사용한 인족공동체(Volksgemeinschaft)라는 개념에서 더 분명해진다. 그러한 공동체는 언어, 관습, 법, 예술, 과학, 전통과 역사에 의해 하나가 되는 집단으로 묘사되었다. 퇴니스는 『게마인샤프트와 게젤샤프트』에서 국가를 게젤샤프트를 지탱하는 기구로 보았지만, 후기에는 독일 국가를 인족공동체의 의지로부터 유래하는 "조직화된 인족

(Volk)"으로 보았다.25)

중국과 구소련 공화국들과 같은 다종족국가들은 원초주의적 관점에서 민족정책을 추진하는 경향이 있다. 그런 나라들은 "중화민족"과 같이 국가 전체를 포괄하는 큰 민족(nation)을 상정하고 민족을 구성하는 인족·종족들을 영어로 표현할 때 nationalities로 칭한다. 중국에서는 그러한 집단도 "민족"이라 부른다.26) 중국과 구소련 공화국들의 민족정책에서는 그러한 단위의 민족 문화를 고정된 것으로 인식하고 민족에의 소속을 주어진 것으로 간주해 각 개인의 민족 소속을 신원의 중요한 요소로 공식화한다.27)

종족적-상징적 접근을 취하는 경우에도 네이션을 민족으로 번역하고 민족을 공동체로 보는 것은 자연스럽다. 근래 학자 중 이 접근방법을 대표하는 아자 가트의 저서 Nations를 『민족』으로 번역한 것은 저서의 취지에 잘 부합한다. 가트는 "종족-민족공동체"라는 표현을 사용함으로써 네이션의 종족적 배경 및 양자의 중첩성을 강조한다. 다만 민족=네이션은 국가의 바탕을 이루는 집단이라는 점에서 인족·종족의 특수한 발전형태이다. 가트는 한 인족이 한 nation-state의 지배적 다수인 국민(Staatsvolk)이 되거나 다종족(multiethnic) 국가/제국의 정치적 중심을 이루게 될 때 민족=네이션이 된다고 보았으며, 민족을 "친밀감(친연성), 정체성, 연대감으로 맺어진 정치/국가공동체, 그리고 주로 특정한 문화와 친족 감정으로 정의되는 한 인족과 한 국가의 연합체"로 정의한다.28) 민족이 하나의 국가를 이룰 때 정치적 협약과 성문법 제정과 같은 결사체적 계기들이 크게 작용하지만, 그 바탕을 이루는 인간집단으로서 민족의 형성은 강력한 동질성의 상징을 포함하는 공동체의 논리에 의거한다.

네이션에 대한 근대주의적 입장에 서면 어떤가? 전술했듯이, 근대주의자들은 네이션 형성 이전의 종족과 네이션의 연속성을 부정한다. 그들에게 네이션은 정치적 목적 등 여러 동기에 의해 만들어진 근대적 산물로서, 퇴니스가 말하는 선택의지에 의거한다. 이 점을 가장 잘 표현하는 것이 1882년 어네스트 르낭의 유명한 강연 「나씨옹이란 무엇인가(Qu'est-ce qu'une nation?)」이다. 이 강연에서 르낭은 "나씨옹의 존재는 매일매일의 국민투표(plébiscite)"라는 유명한 말을 남겼다.29) 르낭은 나씨옹이 언어공동체와 같은 원초적 집단과 달리 동의와 선택에 바탕을 둔 집단이라 하면서도 그 집단이 "오랜 노력과 희생 및 헌신의 결실"이며, "준비된 희생의 감정으로 구성된 거대한 유대"임을 강조했다.[30] 그런 의미에서 나씨옹은 공동체이다.[31] 근대주의자들은 네이션의 종족적 배경과 역사적 연속성은 부정하지만 네이션이 역사적 상징들을 통해 결속한다는 사실은 당연히 인정한다. 그 점에서 종족적 – 상징적 접근과 다르지 않으며, 그러한 네이션을 "민족"이라 칭하는 것이 부자연스럽지 않다.[32]

어떤 관점을 취하든 이 글의 주제어인 네이션을 "민족"으로, 이 글의 주제를 "민족공동체"의 창출이라 표현함은 무리가 없다. 이 글에서 말하는 네이션이 국민과 경계가 일치하지 않는 역사적·문화적 아이덴티티를 공유하는 집단일 뿐만 아니라, 서술하려는 사실들이 그러한 아이덴티티를 법제화하여 민족을 만들어내는 시도들이기 때문이다. 그러나 네이션을 분명히 국가 또는 국민의 의미로, 또는 국민과 민족의 이중적 의미로 사용한 사례를 언급할 때에는 "네이션"이라는 용어를 그대로 쓴다. "민족주의"와 "내셔널리즘"도 같은 견지에서 병용한다.

Ⅱ. 초국가적 민족의 창출이란

국민(Staatsvolk, Staatsnation, citizenry)은 법에 의해 그 경계가 분명히 정의되어 있다. 반면 민족(Volksnation)은 역사·문화공동체로서 그 경계가 분명치 않다. 이 글에서 탐구하려는 것은 경계가 분명치 않은 민족의 경계를 설정하고 국민과 일치하지 않는 그 성원들에게 법적 지위를 부여하는 정책들, 즉 민족공동체를 법적 집단으로 주조해내는 작업들이다. 국가 내에 거주하고 국적을 가진 국민만을 탐구해서는 국가를 뛰어넘는 민족의 실제를 알 수 없다. 국민국가(nation – state)는 영토국가이며 주권인민(sovereign people)의 국가이다. 이 글에서 말하는 "초국가적 민족의 창출"은 국민국가의 영토적 경계와 인적 경계를 뛰어넘어 특정 외국인 집단을 민족에 편입시키는 전략으로서 국제규범에 비추어 민감한 문제를 일으킨다.

국경 너머에 있는 민족의 성원들을 지칭하는 용어로는 대한민국 법률에 도입된 "재외동포"가 있다. 동포(同胞)는 혈통, 역사, 운명을 같이하는 공동체로서 국가의 흥망에 무관하게, 국가의 영토와도 무관하게 존재하는 집단이라는 한국 고유의 의미를 가진 용어이지만, 종족성을 같이하는 사람들을 뜻하는 "coethnics"에 상응하는 개념으로 넓게 사용할 수도 있을 것이다.[33] 세계적 공론상의 용어로 "디아스포라(diaspora)"도 널리 사용된다. 디아스포라는 기원과 관계없이 외국에 거주하는 자국출신인과 동포를 널리 지칭하는 느슨한 개념이 되었다.[34] 국적과 무관하게 외국에 상주하는 디아스포라와 재외동포에게 다가가고 그들의 삶에 관여하는 정책을 디아스포라 인게이지먼트 정책(diaspora engagement policy)이라 부른다. 그러나 디아스포라는 고유한 거주지를 떠나 다른 곳으로 이산(離散)했다는 의미를 함축하여, 동유럽 몇 나라의 사례처럼 이주 없이 국경의 변동에 의해 고국과 분리된 사람들을 포함하는 용어로 적합한가라는 의문이 있다. 그런 사람들을 "우연적(accidental) 디아스포라"라 부르기도 한다.[35] 그러나 개념의 분석적 효용을 위해서는 두 경우를 용어상 구별하는 것이 바람직하다. "재외동포"는 디아스포라에 비해 종족적(ethnic) 어감이 강한 반면, 이주 없이 분리된 사람들도 포함하는 이점이 있다.

종족성의 의미를 강하게 가진 개념으로 혈연소수민족(kin–minorities), 혈연외국인(kin–foreginers), 혈연국(kin–state)이 있다. 이 개념들은 후술할 헝가리의 인근국 동포에 대한 정책으로 인해 발생한 분규를 계기로 유럽평의회(Council of Europe) 베니스위원회(Venice Commission)가 발행한 「혈연국에 의한 소수민족 우대에 관한 보고서」(Report on the Preferential Treatment of National Minorities by Their Kin–State)에 소개되었다.[36] 혈연소수민족은 타국의 소수민족이 되어 있는 자민족 집단을 뜻한다. 중국 조선족이 한국의 관점에서 혈연소수민족이 된다. 혈연외국인은 외국의 국적을 가진 동포를 뜻한다. 대한민국의 법률(「재외동포의 출입국과 법적 지위에 관한 법률」)에서는 그런 사람을 "외국국적동포"라 명명하는데, 이 용어를 한국의 맥락을 떠나서 사용하는 것도 가능할 것이다. 외국국적동포의 고국이 혈연국이다. 후술하듯이, 혈연외국인에게 특별한 법적 지위와 권리를 부여하는 혈연국들이 적지 않다. 오스트리아의 정치학자 바우뵉은 "에스니즌십(ethnizenship)"이라는 용어로 그러한 지위를 설명한다.[37] 에스니즌십은 초국가적 민족을 구성하는 개인들을 창출하는 주된 방법으로서 이 글의 중요한 주제이다.

"초국가적(transnational)"이라는 용어는 국민국가 중심의 질서를 극복한다는 뜻이 아니라 국가의 경계가 의연히 존재한다는 전제 위에 그 경계를 넘나든다는 의미를 담고 있다. 김재은은 재외동포에 대한 인게이지먼트를 "초국경 멤버십(transborder membership) 정치"로 표현했는데 "초국가적"보다 "초국경"을 선호하는 이유로서 "민족주의 또는 국민국가 체제를 초극한다는 것처럼" 말하지 않으면서도 "국가의 영토적 관할권 밖에 있으면서 같은 민족에 속하는 사람들"을 더 잘 부각시킨다는 점을 든다.[38] 그러나 초국가성(transnationalism) 연구자들은 "초국가적"이라는 말이 민족주의나 국민국가 체제를 초극한다는 함의를 지니지 않도록 하는 데 이미 충분한 주의를 기울여왔다.[39] 이 글에서는 "초국가적"에 영토의 경계를 넘는 것에 더하여 인적 경계를 넘는 것도 포함하는 의미를 부여해, 영토의 경계를 넘는 것만을 뜻하는 "초국경"과 구별하고자 한다. 후술하듯이, 재외동포에게 부여된 권리는 혈연국에 입국하여 누리는 경우가 더 많으므로 "초국경"보다 "초국가적"으로 묘사하는 것이 적절할 때가 많다. 그렇지만 엄연히 국경 너머에 있는 사람들을 대상으로 하는 조치나 제도에 대해서는 "초국경"이라는 용어를 사용할 것이다.

국가와 인적 경계가 일치하지 않는 민족공동체를 법률에 담아내고 초국가적 민족을 창출하는 것은 세계 인구를 국민국가(nation-state)로 분절화한 현대 국제질서의 조직화원리와 부조화를 이루는 것처럼 보인다. 오늘날의 국제질서에서는 민족(nation)과 국가(state)는 일치하거나 일치해야 한다는 믿음이 굳건하며, 국적으로부터 분리된 민족성원권이 설 자리는 마땅치 않다. 이러한 국민국가의 지배적 논리는 많은 곳에서 민족과 국가가 불일치하는 현실을 은폐하는 이데올로기이면서 동시에 양자를 실제로 일치시키려는 동력의 원천으로 작용한다. 마찬가지로 국가로부터 민족의 분리(decoupling)는 현재 세계의 여러 곳에서 발견되는 경험적 사실이면서, 적어도 일부에게는 현대 국민국가의 프로젝트에 대항하는 전략이기도 하다. 그러한 초국가적 민족의 창출과 재생산은 얼마나 광범위하게 이루어지고 있는가? 국제규범은 그러한 현상에 어떻게 반응하고 있는가?

이에 답하기 위해 외국국적동포에 대한 인게이지먼트 정책에 근거를 부여하는 헌법 규정의 사례들을 개관하는 것에서 논의를 시작한다.[40] 그러한 사례는 유럽과 아시아, 예외적으로 기타 지역에서 찾을 수 있으나 대부분은 동유럽에 집중되어 있다. 공산체제의 붕괴 및 연방의 해체와 더불어 그간 억눌렸던 초국경 민족성원에 대한 관심이 폭증한 것을 배경으로 한다. 후속하는 지면에서는 그러한 전략을 수행하는, 인게이지먼트의 양식들을 살핀다. 가장 주목되는 양식은 혈연외국인의 범주를 창출하고 그들에게 특별한 지위를 부여하는, 앞에서 언급한 에스니즌십 제도이다. 해당 소절에서는 에스니즌십과 혈연외국인 우대의 다양한 형태를 열거한다. 이

03 자연적 공동체와 법

어 인게이지먼트의 규칙들(rules of engagement)을 검토한다. 즉 국제규범에 비추어 그러한 양식들의 합법성과 정당성을 논한다. 그 일환으로 2001년 헝가리가 제정한 「인근국 거주 마자르인에 관한 법률(법률 제62호)」(2001. évi LXII. törvény a szomszédos államokban élő magyarokról, 영어 문헌에서는 Hungarian Status Law로 약칭되며 이하에서는 「헝가리인지위법」으로 표기한다)에 대해 베니스위원회(Venice Commission)가 제시한 원칙들을 검토하면서 몇 개의 기준을 추가 적용해 본다. 어떤 사례는 왜 문제시되고 어떤 사례는 왜 국제적으로 수용되는지, 그것을 가름하는 요인이 무엇인지를 보여주고, 초국가적 민족 전략의 정당성은 물론 합법성도 정치적 요인에 좌우된다는 점을 드러낼 것이다.

이 글에서 다루는 주제들은 동유럽의 헌법민족주의(constitutional nationalism), 재외동포법과 종족적(ethnic) 시민권 레짐, 디아스포라 정책과 위로부터의 초국가성(transnationalism from above) 등에 대한 분산된 연구들에서 다루어졌다.[41] 기존 연구는 역사적 배경이 깊은 유럽 국가들의 고국민족주의(homeland nationalism)와 이민이출국의 초국가주의 전략들을 마치 무관한 실재들인 것처럼 분리해 다루는 경향이 있었다.[42] 이 글은 혈연소수민족(kin-minorities)을 겨냥한 유럽의 재외동포법과 유럽과 아시아의 디아스포라 법정책을 하나의 비교연구에 담음으로써, 분리되었던 두 흐름의 연구를 연결시키는 데 이바지하고자 한다.

Ⅲ. 헌법을 통한 초국가적 민족의 창출

대한민국 헌법 제2조 제2항은 "국가는 법률이 정하는 바에 의하여 재외국민을 보호할 의무를 진다"고 규정한다. 그러한 재외국민 보호 조항은 많은 헌법에서 볼 수 있다. 그러한 규정이 재외국민을 보호한다는 명분 아래 국경을 넘어 국가권력을 행사하는 근거로 활용될 수 있다고 하더라도, 보호 대상을 국민에 한정한다는 점에서 기존 규범에 어긋나지는 않는 것처럼 들린다. 반면에 일부 국가의 헌법은 국적을 불문하고 국경 밖의 민족성원들에 대한 관심을 표출한다. 국민과 외국국적동포를 하나의 집단 범주 속에 포함하기도 하고, 혈통이나 민족소속을 같이하는 사람을 대상으로 하는 조항을 재외국민 규정과 별도로 두기도 한다. 그와 같은 초국경

(transborder) 개입의 근거 규정을 가진 헌법은 의외로 적지 않다.

1. 이스라엘과 독일

디아스포라 정책, 재외동포 전략을 논할 때 가장 먼저 떠오르는 국가는 이스라엘과 독일일 것이다. 이스라엘은 단일의 성문헌법을 가지고 있지 않고 여러 개의 기본법(basic laws)으로 통치기구와 기본권을 규정한다. 그러나 초국가적 민족을 창출하는 것은 「귀환법」(Law of Return)이다. 유대인에게 귀환권을 부여함으로써 영토국가를 뛰어넘는 민족의 개념을 제도화한다.[43]

독일은 국민(Staatsnation)과 문화적 네이션(Kulturnation) 또는 민족(Volksnation)의 미묘한 관계로부터 비롯된 많은 역사적 경험을 가지고 있다. 그러한 경험을 배경으로 하여 기본법(Grundgesetz) 제116조 제1항이 탄생했다. 이 조항은 두 종류의 독일인 — 독일 국적을 가진 사람과 독일 민족에 소속된 지위(deutscher Volkszugehörigkeit)를 가진 사람 — 을 설정한다. 후자는 난민 또는 피추방자 및 그 배우자나 자손으로서 1937년 12월 31일 당시의 독일제국의 영토에 입경했을 것을 요한다.[44] 후자, 즉 "독일인의 지위를 가진 사람(Statusdeutscher)"은 아직 독일 국민은 아니지만 독일계라는 자격으로부터 대부분의 헌법상의 권리를 독일 국민과 동등하게 향유하는 잠재적 국민이다. 이러한 지위 설정은 국적(Staatsangehörigkeit)과 민족소속(Volkszugehörigkeit)의 분리를 보여준다. 이 헌법규정의 취지는 1953년 제정된 「연방 피추방자 및 난민 관련법」(Gesetz über die Angelegenheiten der Vertriebenen und Flüchtlinge, BVFG)에 의해 구체화되었다. "독일인의 지위를 가진 사람"은 재이주자(Aussiedler) 또는 후기재이주자(Spätaussiedler)로서 고국에 귀환한 후에야 권익을 누릴 수 있지만, 지위의 분류(taxonomy) 자체가 나라 밖에 있는 독일 민족의 범주를 창출하는 점에서 초국경 효과를 가진다. 독일은 또한 중앙아시아 등 현재와 과거의 독일 영토 밖에 정착한 민족성원에 대해 문화적 지원을 제공한다.[45]

2. 중동부 유럽

독일 기본법과 달리 동포가 국적국/상주국에 있는 상태에서 그들을 지원하도

03 자연적 공동체와 법

록 하는 헌법규정을 가진 나라가 적지 않다. 그러한 사례는 동유럽과 유라시아의 일부에 집중되어 있다. 헝가리가 대표적인 사례이다. 헝가리의 현행 헌법(기본법, Alaptörvénye)은 2011년에 공포되었고 2020년에 마지막으로 개정되었다. 동 헌법의 전문(前文)은 다음의 말로 시작한다. "우리 헝가리 민족성원들은 새 천년의 첫머리에서, 모든 헝가리인에 대한 책임감을 가지고 다음과 같이 선언한다." 헝가리 헌법의 제D조는 국경 너머의 민족 및 민족성원을 규정하는 그 어떤 나라 헌법규정에 비해서도 강력한 어조를 띠고 있다.

> 헝가리는 모두 함께 하는 헝가리 민족(Magyar nemzet)이 단 하나 뿐임을 명심하면서, 국경 너머에 거주하는 헝가리인의 운명에 대해 책임을 지며, 그들의 공동체의 존속과 발전을 도모하고, 헝가리 아이덴티티를 보전하기 위한 그들의 노력, 그들의 개인적 그리고 집단적 권리의 효과적인 사용, 그들의 공동체 자치의 확립, 그리고 현지 국가에서 그들이 누리는 번영을 지원하며, 그들 상호간 그리고 헝가리와의 협력을 증진한다.[46]

트란실바니아(Transylvania)의 마자르인에 대한 헝가리의 개입으로 인해 헝가리와 루마니아의 관계가 불편하다는 것은 잘 알려진 사실이다. 루마니아 헌법도 동포를 지원할 국가의 의무를 규정하지만 훨씬 약한 어조로 그리할 뿐만 아니라 동포들의 국적국의 법을 존중한다는 점을 명시하고 있다. 1991년 제정된 루마니아의 현행 헌법 제7조는 다음과 같이 규정한다. "국가는 국경 밖의 루마니아인과의 유대를 강화하며, 그들의 국적국 법률을 존중하면서 그들의 종족적(ethnic), 문화적, 언어적, 종교적 아이덴티티를 보전, 발전, 표현하도록 힘쓴다."

슬로바키아도 헝가리의 민족정책(nemzetpolitika)에 불편함을 느끼는 나라이다. 그러나 슬로바키아 헌법도 재외동포 조항을 담고 있다. "슬로바키아공화국은 재외(在外)슬로바키아인의 민족의식과 문화적 아이덴티티를 지원하며, 그러한 목적으로 설립된 기구들 및 그들의 모국과의 관계를 지원한다"(제7A조).

1997년 제정된 폴란드 현행 헌법은 전문에 "세계에 퍼져 있는 우리 동포(rodakami)와의 공동체 속에서"라는 표현을 담고 있으며, 제6조 제2항에서 다음과 같이 규정한다. "폴란드공화국은 재외 폴란드인이 그들의 민족문화 유산과의 유대를 지속할 수 있도록 지원해야 한다."

알바니아 헌법(1998년 제정)은 제8조 제1항에서 "알바니아공화국은 국경 외부에 거주하는 알바니아인의 민족적 권리를 옹호한다"고 선언하며, 제3항에서 "알바니아 공화국은 해외에 거주하고 일하는 알바니아인이 민족적 문화유산과의 유대를 보전하고 발전시킬 수 있도록 지원을 확약한다"고 규정한다. 일각에서는 제3항이 울트라민족주의(ultra-nationalism)를 표출한다고 보지만 국제사회의 비판은 두드러지지 않다.[47] 이는 알바니아의 성공적인 비개입주의 때문으로 보인다.[48]

불가리아 헌법 제25조 제2항은 "불가리아 출신인(persons of Bulgarian origin)은 간이절차에 의해 불가리아 국적을 취득한다"고 규정하고 있다.[49]

3. 구유고슬라비아

유고슬라비아사회주의연방공화국이 해체되면서 독립한 공화국들은 초국경 민족을 창출하는 혈연국(kin-state) 정치를 담아내는 헌법이 얼마나 널리 존재하는지를 보여준다. 세르비아와 크로아티아는 1990년대 들어 구연방내 다른 공화국에 거주하는 동포를 동원하는 종족적 민족주의 전략을 구사한 것으로 악명이 높다. 그들의 헌법이 영토 밖의 민족성원에 대한 지원을 약속하는 것은 이상하지 않다. 유고내전의 상당 부분은 세르비아의 종족적 헤게모니 추구와 각 공화국의 독립에 대항하는 해당 공화국내 세르비아인들의 저항에 기인한다.[50] 세르비아공화국은 유고사회주의연방이 해체되기 전인 1990년에 초국경 민족 유대를 선언하는 다음의 규정을 헌법에 도입했다. "세르비아공화국은 세르비아공화국 밖에 거주하는 세르비아인이 그들의 민족적, 문화·역사적 아이덴티티를 보전할 수 있도록 그들과의 관계를 지속한다."[51] 이 헌법은 "종족적(ethnic)" 성격보다는 "시민적(civic)" 성격이 강하다고 평가되지만, 다른 한편으로는 코소보와 보이보디나(Vojvodina)의 자치를 폐지하는, 강력한 종족정치의 색채를 담고 있었다.[52] 사회주의연방의 해체 후 남은 유고슬라비아연방의 후신인 세르비아-몬테네그로국가연합마저 해소된 2006년에 세르비아공화국은 새 헌법을 채택했는데, 그 제13조는 재외국민의 권익 옹호를 언급하는 데 이어 "재외세르비아인과 혈연국의 관계를 발전시키고 증진하여야 한다"는 규정을 담고 있다.[53]

유고사회주의연방으로부터 분리독립한 나라들이 강력한 초국경 민족 유대를 추구한 것은 당연했다. 1991년 가장 먼저 독립을 선언한 슬로베니아는 헌법 제5조에 "인근국의 토착(autochtonous) 슬로베니아 소수민족 및 슬로베니아 이민(emigrants)과 재외노동자에 대한 배려를 지속하며 고국과 그들의 접촉을 함양한다"는 규정을 두었다. 이에 더해 동조는 "슬로베니아 국적을 가지지 않은 슬로베니아인은 슬로베니아 내에서 특별한 권리와 특권을 향유할 수 있다"고 규정함으로써 귀환 외국국적동포를 위한 특수한 지위의 근거를 마련했다. "그러한 권리와 특권의 성격과 정도는 법률이 규정"하도록 되어 있다. 슬로베니아는 사회주의연방공화국 아래에 있던 1974년에 이미 "인근국의 슬로베니아 소수민족에 대한 배려" 조항을 도입했다는 점에서 흥미롭다.[54]

1991년 제정된 크로아티아 헌법 제10조는 종족적 민족주의를 두드러지게 표현한다. "타국에 있는 크로아티아 민족의 구성부분(parts of the Croatian nation in other states)은 크로아티아공화국의 특별한 배려와 보호를 보장받는다." 외국국적동포에 대해서까지 "보호(protection)"를 보장한다는 규정은 다른 어느 헌법에서도 볼 수 없다.[55] 후술하듯이, 동 헌법의 전문은 크로아티아 민족의 역사적 경험을 서술함으로써 타국에 있는 "민족의 구성부분"을 포함하는 전 민족의 아이덴티티를 명문화한다.

마케도니아공화국도 1991년 헌법을 제정했다.[56] 동 헌법의 제49조는 다음과 같다. "공화국은 마케도니아 인족(people)에 속하는 인근국 사람들 및 재외마케도니아인(Macedonian expatriates)의 지위와 권리를 보살피고, 그들의 문화적 발전을 도우며, 그들과의 유대를 증진한다."

보스니아-헤르체코비나와 코소보 헌법은 재외국민 보호 조항만을 가지고 있을 뿐 외국국적동포를 포함하는 재외동포 일반에 대해서는 규정을 두고 있지 않다. 그에 비해, 2007년 몬테네그로공화국 헌법은 국내 "소수민족(minority nations)과 민족공동체들(national communities)"이 "종교적 신념과 민족적·종족적 배경, 문화적·역사적 유산을 공유하는 몬테네그로 국외 국민 및 단체들과 접촉을 형성하고 유지할 권리"를 규정한다(제29조 제12호). 즉 국가가 국명(國名)대표 민족(titular nation, 세르비아나 크로아티아와 같이 국가의 이름을 배태한 민족)의 재외성원들과 유대를 형성하게끔 하는 다른 공화국의 헌법과 달리 몬테네그로 헌법은 국내 소수민족들로 하여금 자기들의 재외동포, 즉 외부의 혈연국 국민과의 관계를 발전시킬 권리를 보장하는 것이다.[57]

같은 내용의 규정은 1992년 세르비아와 유고슬라비아연방을 형성했을 때 몬테네그로공화국 헌법에도 도입되어 있었고, 두 나라의 연방 헌법에도 담겨 있었다.[58) 그 조항들은 시간적 선후관계와 무관하게 1992년말 UN이 채택한 「민족적 또는 종족적, 종교적, 언어적 소수집단에 속하는 사람들의 권리선언」 제2조 제5항, 그리고 1998년 발효한 유럽평의회의 「소수민족보호기본협약」(Framework Convention for the Protection of National Minorities) 제17조와 동일한 취지를 담은 것이었다.[59)

4. 구소비에트연방

구소련 공화국 중에는 소수만이 외국국적동포를 대상으로 하는 규정을 가지고 있다. 러시아연방은 디아스포라를 대상으로 적극적인 초국경 인게이지먼트 정책을 전개하지만, 헌법에는 재외국민에 관한 조항만을 두고 있다(제61조 제2항). 반면 우크라이나 헌법은 국적을 불문하고 재외동포에게 문화적 지원을 약속한다. "우크라이나는 국외 우크라이나인의 민족적·문화적 그리고 언어적 요구를 충족하기 위해 대책을 마련한다"(제12조).

아르메니아는 유대인과 함께 가장 전형적인 디아스포라 경험을 가진 민족으로 회자된다. 그러나 독립 후 제정한 1995년 헌법은 재외아르메니아인에 대해 아무런 언급을 하지 않았다. 그러한 조항이 삽입된 것은 2015년이었다. 아르메니아 헌법의 영어 번역문은 "디아스포라"라는 용어를 사용한다(제19조 제1항). "아르메니아공화국은 아르메니아 디아스포라와의 총체적 유대를 발전시키고 아르메니아적 요소를 보존하기 위한 목적의 정책을 수행하여야 한다." 아르메니아 정부에는 디아스포라부 (Ministry of Diaspora)를 별도로 두고 있다.

중앙아시아 공화국 중에는 타지키스탄만이 외국국적동포를 대상으로 하는 규정을 가지고 있다. 타지키스탄 헌법 제11조는 "국가는 재외동포(compatriots [living] abroad)와 협력한다"고 규정한다.

5. EU15

동유럽 8개국이 가입한 2014년 직전의 15개 유럽연합 회원국들을 흔히 EU15

03 자연적 공동체와 법

이라 부른다. EU15은 동유럽 "후진국"과 구별되는 서유럽 "선진국"을 한마디로 표현하는 용어이기도 하다. 얼핏 생각하면 초국경 민족을 명문화하는 헌법규정은 종족적 민족주의에 특유한 것이라 서유럽에서는 찾을 수 없을 것처럼 생각하기 쉽다. 초국경 민족 정치가 동유럽에서 두드러진 것을 보면 동유럽의 종족적−문화적 민족주의와 서유럽의 시민적−정치적 민족주의를 이분법적으로 대립시키는 한스 콘의 고전적 테제를 상기하게 된다.[60] 여기서 그리는 헌법의 지형도가 그러한 이분법을 강화시켜주는가?

헌법을 통한 초국경 민족의 창출은 서유럽에도 없는 것은 아니다. 뒤에서 보듯이, 디아스포라 인게이지먼트 정책은 모종의 초국경 민족을 만들어내며, 이는 해당 국가의 국민이 가지는 아이덴티티의 성격에 반드시 좌우되는 것은 아니다.

EU15 중에서 디아스포라 인게이지먼트를 헌법에 삽입한 국가로는 그리스와 아일랜드를 들 수 있다. 그리스 헌법 제108조 제1항은 다음과 같이 국가에게 의무를 부여한다. "국가는 재외이주(emigrant) 그리스인들을 보살피고, 그들이 조국과 유대를 유지할 수 있도록 주의를 기울여야 한다. 국가는 국외에서 일하는 그리스인의 교육적, 사회적, 전문직업적 발전을 위하여 주의를 기울여야 한다." 제2항은 "전 세계 그리스인 공동체를 대변하기 위한 목적을 지닌 재외그리스인협의회(Council of Hellenes Abroad)"의 운영을 위한 규칙 제정을 법률에 위임하고 있다.[61]

아일랜드 헌법 제2조는 아일랜드의 네이션 관념을 다음과 같이 표현한다. "도서와 해양을 포함하는 아일랜드섬에서 출생한 모든 사람은 아일랜드 네이션(nation)의 일부가 될 선천적 권리를 가진다. 법에 의해 제한되지 않는 한 모든 사람은 아일랜드의 국민(citizen)이 될 권리를 가진다. 나아가 아일랜드 네이션(nation)은 해외에 거주하면서 아일랜드의 문화적 아이덴티티와 유산을 공유하는 아일랜드계 사람들(people of Irish ancestry)과의 특별한 인연을 소중히 간직한다."[62] 이 조문은 1998년 체결된 성금요일협정(Good Friday Agreement)에 따라 개정된 헌법에 새로 삽입된 것이다. 1937년 제정 당시부터 그때까지의 제2조는 "아일랜드 영토는 아일랜드 본토 전부와 그에 따른 섬들 그리고 영해로 구성된다"고 하여 북아일랜드까지 영토에 포함하고 있었다.[63] 이 헌법에서 규정하는 네이션은 철저히 국민에 한정된다. 국민이 아닌 민족성원, 즉 "아일랜드계 사람"들은 따로 언급하고 있다. 아일랜드는 2004년까지 무조건적 출생지주의에 의해 국적을 부여할 정도로 강한 영토중심적 네이션=

국민의 관념을 가지고 있다. 개정 헌법은 영토 조항을 담고 있지 않지만 북아일랜드 출생자도 아일랜드 네이션에 포함하여 국민이 될 권리를 부여하므로 그 한도에서 초국경 네이션=국민이 조성되었다. 아울러 제2조가 "아일랜드계 사람들"을 규정함으로써 혈통(ancestry)에 바탕한 초국경 민족공동체를 상상한다.

포르투갈 헌법은 "재외이주자(emigrants)의 자녀들이 포르투갈어를 배우고 포르투갈의 문화에 접근할 수 있도록 만전을 기한다"는 조항을 가지고 있을 뿐이다(제74조 제2항).

6. 아시아

중국의 화교정책은 디아스포라 인게이지먼트의 좋은 사례로 손꼽히지만 초국가적 민족을 제도적으로 만들어내고 있는지에 대해서는 논란이 있다. 1982년 제정된 중화인민공화국의 현행 헌법 제50조는 "중화인민공화국은 외국에 거주하는 화교의 정당한 권익을 옹호하고, 귀국한 교민과 권속(僑眷)의 합법적 권익을 보호한다"고 규정한다.[64] 여기에서 "교(僑)"는 공식적으로는 재외국민을 뜻한다. 즉 중국 국적을 소지한 사람에 한한다. 그러나 실제로 중국계를 통칭하는 화인(華人)과 화교는 잘 구별되지 않으며, 뒤에서 언급하듯이 권속(僑眷)의 자격을 통해 많은 비국적자가 중화인민공화국의 보호대상이 될 수도 있다.

중국이 적극적 인게이지먼트 정책을 명문화하지 않은 것은 동남아시아의 화인들에 대한 접근에 조심스러울 수밖에 없는 역사적 이유가 있기 때문이다. 인도네시아에서 보듯이, 화교와 현지인 및 정부의 관계에는 상당한 긴장이 있었다.[65] 베트남은 그러한 우려에서 자유롭다. 베트남은 초기부터 재외동포에 대한 입장을 헌법에 명시했다. 재외베트남인(Vietnamese abroad)의 권익을 옹호하겠다는 국가의 의지는 1948년에 개정된 1946년 베트남민주공화국 헌법(제36조)과 1959년 헌법(제36조), 그리고 1980년의 베트남사회주의공화국 헌법(제75조)으로 표출되었다.[66] 그러나 이때, 특히 통일 후 일정 기간 동안 재외베트남인과 공화국 사이에는 이데올로기적 간극이 커서 재외동포정책이 현실성을 가지지 못했다. 재외동포와의 관계가 바뀌고 적극적 인게이지먼트로 전환한 것은 1986년 도이모이(doi moi)가 시작되면서였다.[67] 1992년 헌법은 재외동포에 대한 강화된 관심 및 기저의 경제적 동기를 표출하였다.

동 헌법은 제25조에서 "국가는 해외거주 베트남인이 나라에 투자할 수 있도록 우호적 조건을 마련한다"고 규정했고, 1980년 헌법의 제75조를 존치하여 다음과 같이 규정했다. "국가는 재외베트남인(Vietnamese people residing abroad)의 정당한 이익을 옹호하여야 한다. 국가는 재외베트남인이 가족 및 고국과 밀접한 유대를 유지하고 국가 건설에 이바지할 수 있게끔 필요한 여건을 조성하여야 한다."[68] 2001년 개정으로 "재외베트남인은 베트남 민족들의 공동체(Vietnamese nationalities community)의 일부를 구성한다"는 구문이 제75조에 추가되었다. 다민족으로 구성된 초국가적 베트남 민족의 존재를 언명한 것이다.[69] 아울러 재외베트남인의 대표들을 베트남조국전선(Vietnam Fatherland Front)에 포함시켰다(제9조).[70] 제75조는 2013년 개정에 의해 제18조로 옮겨졌다. 그 조문에 따르면,

① 재외베트남인은 베트남 민족들의 공동체(nationalities community)의 불가분의 일부를 구성한다.
② 베트남사회주의공화국은 재외베트남인이 베트남의 문화적 아이덴티티를 보전하고, 그들의 가족 및 고국과 밀접한 유대를 지속하며, 조국 및 민족의 건설에 이바지하도록 고무하고 여건을 마련한다.

동 개정헌법은 "재외베트남인"의 이익을 옹호한다는 조항은 제거한 반면, 일반적인 재외국민(citizen residing abroad) 보호 조항을 도입했다(제17조 제3항).

조선민주주의인민공화국 헌법도 동포를 언급한다. "조선민주주의인민공화국은 해외에 있는 조선동포들의 민주주의적 민족권리와 국제법에서 공인된 합법적 권리와 리익을 옹호한다"(제15조). 이 조문은 1972년 개정(사회주의 헌법으로 개칭) 때 도입된 후 2019년 제14차 개정 이후에도 변함없이 자리를 지키고 있다.[71] 이처럼 대한민국과 달리 재외동포의 권익을 옹호한다고 명언했지만 대한민국과 비교하여 그다지 적극적으로 재외동포정책을 구사하지는 못했다. 북한이 가장 역점을 둔 재외동포는 재일동포로서 그들은 외국국적동포가 아니라 잠재적 공민이었다. 만주에 있는 조선인에 대한 정책은 중국의 강력한 국민만들기(nationalizing) 정책에 직면하여 1950년대 후반에 이르러 사그라들었다.[72] 소련의 한인들에 대해서는 관여하지 않기로 소련 정부와 협정을 체결하였고, 그들과의 연고를 재생산하려는 노력을 하지

않았다.[73)]

인도 헌법은 제8조에서 "인도출신인(persons of Indian origin)"을 언급한다. 여기에서 말하는 인도출신인의 대부분은 1840–1930년의 기간 중 노동자 또는 상인으로 인도에서 다른 영국 식민지로 이주한 사람들과 그 자손이다.[74)] 1949년 제정 당시부터 존재한 동 조항은 그러한 사람들이 등록에 의해 인도 국적을 취득할 수 있게 하는데, 이는 최초국민의 확정을 위한 것이며 디아스포라와의 유대를 강화하려는 목적을 가진 것이 아니다. 나중에 도입된 인도출신인(PIO) 우대 제도에 대해서는 후술한다.

그밖에도 적극적 재외동포정책을 추구하는 나라가 많지 않지만 그것을 헌법에 명시한 경우는 없다. 종족과 국가의 경계가 불일치하여 종족분규로 몸살을 앓는 아프리카에서도 국경을 넘어 외국국적동포를 포섭하는 전략의 근거를 헌법에서 마련한 예는 없다.[75)]

Ⅳ. 인게이지먼트의 양식들

초국가적 민족을 상상하고 창출하는 헌법들은 개입의 폭과 깊이, 그리고 그것을 집행하는 인게이지먼트의 양식 면에서 상당한 편차를 보인다. 재외동포와의 유대를 유지하고자 하는 일반적 희망을 표현하거나 문화적 지원에 관한 국가의 추상적 의무를 규정하는 정도에 그치는 경우가 많지만, 일부는 매우 강력한 표현을 담고 있다. 그러나 적극적 어조의 헌법규정이 공세적 인게이지먼트를 필연적으로 가져오는 것은 아니며, 공세적 인게이지먼트의 필요조건도 아니다.

1. 헌법을 통한 민족만들기

위에서 보았듯이, 국경을 넘는 민족의 유대를 가장 강력하게 규정하는 헌법의 사례들은 동유럽, 특히 구유고슬라비아에 집중되어 있다. 유고사회주의연방으로부터 분리독립한 나라들의 헌법을 보면서 인류학자 헤이든은 다음과 같이 말했다. "근대 nation–state의 정치적 정의는 영토주권이었지만, nation–state의 정치적 본

03 자연적 공동체와 법

질은 민족주권(national sovereignty)이다."[76] 헤이든은 새로 탄생한 국가들이 그들의 영토 내에서 기세등등한 국민만들기 작업을 수행하는 것에 더하여 국경 밖에서 엄청난 민족적 동원을 수행하고 있었음에 주목했다. 일례로, 1990년과 1992년 크로아티아 국정선거에서 유고슬라비아 국적이 없거나 아직 크로아티아 국적을 취득하지 못한 사람 중에도 투표한 사람들이 있을 정도였다.[77] 크로아티아 헌법이 "타국에 있는 크로아티아 민족의 구성부분(parts of the Croatian nation in other states)"을 명시한 것은 그러한 종족정치의 배경에서였다. 후술하듯이, 크로아티아 헌법은 소위 "헌법 민족주의(constitutional nationalism)"의 대표적 사례로 거론된다.

그러나 지금은 크로아티아 헌법이 큰 비판을 받고 있지 않다. 특히 헝가리에 비해 그러하다. 2011년 헝가리가 지금의 헌법을 채택하기로 결정했을 때 베니스위원회는 몇 개의 이유로 헝가리를 꾸짖었다. 그 중 하나는 초국경 민족주의의 표출이었다. 베니스위원회에 의하면,

> 헝가리 민족은 다른 국가에 사는 헝가리인도 포함한다. 헌법 전문에서는 "우리는 지난 세기의 폭풍에 의해 찢겨진 우리 민족의 지적·정신적 통합성을 보전하기로 약속한다"고 말한다. 이 성명은 명백한 역사적 지시대상을 가지는 것으로서 "국경 너머에 거주하는 헝가리인의 운명에 대해 책임을" 진다는 제D조와 함께 읽어야 한다. 헝가리 민족과 헝가리의 책무를 그렇게 넓게 이해하면 국가간 관계를 해치고 종족간 긴장을 불러일으킬 수 있다.[78]

> ...

> "국경 너머에 거주하는 헝가리인의 운명에 대해 책임을" 진다는 제D조의 성명은 주권국가들의 매우 미묘한 문제를 건드린다. 폭넓고 명확성을 결여한 그 규정은 우려를 야기할 수 있다. 베니스위원회는 특히 "책임"이라는 말을 이 맥락에서 사용하는 것을 유감스럽게 생각한다. 이 용어는 헝가리 당국으로 하여금 다른 국가에 있는 헝가리계 사람들을 위한 결정을 내리거나 역외에서 행동을 취할 수 있게끔 하는 것으로 해석될 수 있고, 따라서 헝가리 당국과 해당국 당국간에 권한을 둘러싼 갈등으로 이어질 수 있다. 특히 "그들의 공동체 자치의 확립" 또는 "그들의 개인적 그리고 집단적 권리의 주장"을 지원한다는 것이 그러한 행위에 포함된다.[79]

헝가리의 1989년 헌법은 "헝가리공화국은 국경 너머에 거주하는 헝가리인(마자

르)의 운명에 책임감을 가지며 그들과 헝가리의 관계를 증진하고 양성한다"는 조항을 가지고 있었다(제6조 제3항). 탈공산체제의 첫 총리인 요세프 언탈(József Antall)은 자기가 1천만 헝가리공화국 국민의 총리에 머무르지 않고 "1,500만 헝가리인의 총리"임을 주장함으로써 이 탈공산주의 개정헌법의 취지를 정치적 성명으로 표출했다.[80]

　　그러나 헌법의 텍스트나 정부수반의 발언만으로는 국제법 위반이라 단정할 수 없다. 2006년 세르비아 헌법에 대한 의견서에서 베니스위원회는 세르비아공화국이 "세르비아인의 국가"라고 선언한 제1조가 "국가의 종족적 성격을 강조하는 것"으로서 비판받을 수 있다고 지적하면서도 "실제로 아무런 법적 결과가 없어야 할 것"이라 부언하는 데 그쳤다.[81] 동 의견서는 재외세르비아인과의 관계를 증진할 국가의 의무를 부과하는 제13조에 대해서는 언급조차 하지 않았다.

2. 에스니즌십과 혈연외국인의 우대

　　그렇다면 위와 같은 헌법상의 책무를 집행하기 위해 어떤 정책적 조치를 취하는가? 그러한 헌법규정을 가지고 있지 않은 나라는 어떠한가?

　　베니스위원회는 헝가리의 신헌법에 대한 의견서에서 동 위원회가 채택한 「혈연국에 의한 소수민족 우대에 관한 보고서」(Report on the Preferential Treatment of National Minorities by Their Kin-State)를 원용했다.[82] 그 보고서는 2001년 「헝가리인지위법」(Hungarian Status Law)에 대해 루마니아 및 슬로바키아가 강력히 반발하자 베니스위원회가 개입하여 조사를 수행한 결과였다. 「헝가리인지위법」은 6개의 인근국 — 루마니아, 슬로바키아, 우크라이나, 유고슬라비아, 크로아티아, 슬로베니아 — 에 거주하는 250만 "마자르종족출신인"(persons of Hungarian ethnic origin, magyar nem-zetiségünek)에 특별한 지위를 부여하려는 입법이었다. 루마니아와 헝가리의 요청에 의해 베니스위원회는 「헝가리인지위법」이 국제규범에 합치하는지를 판단하기 위해 유럽의 유사한 입법례를 조사했다. 조사 결과 이탈리아의 볼자노(Bolzano) 지방에 거주하는 독일어와 라딘어(Ladin)를 사용하는 사람들을 지원하기 위해 1979년 오스트리아가 제정한 법률을 필두로 불가리아, 그리스, 이탈리아, 루마니아, 러시아, 슬로베니아, 슬로바키아가 동포를 우대하는 법률 또는 행정입법을 가지고 있음을 밝혔

　　　　　　　　　　　　　　　　　　　　　　　03 자연적 공동체와 법

다. 유럽의 9개 사례 중 오스트리아의 입법을 제외하면 모두 1990년대 후반에서 2000년대 초에 제정되었다.[83)]

그러나 유럽 밖에는 더 일찍 제정된 입법례들이 있었다. 예를 들어, 멕시코는 1993년 선천적 국민이었다가 멕시코 국적을 상실한 사람들로 하여금 국민과 동등하게 부동산소유권을 누릴 수 있도록 국적법을 개정했다.[84)] 1995년 터키는 로나법 (Lex Rona)이라 일컬어지는 국적법개정법률을 통해 터키계 외국인에게 "핑크카드 (pink card)"를 발급하기 시작했다. 핑크카드를 소지하는 혈연외국인은 토지소유, 노동시장에의 접근 기타 경제생활에서 국민과 동등한 대우를 받는다. 후에 핑크카드는 "블루카드(blue card)"로 개칭되었다.[85)] 1999년 인도는 인도출신인(PIO) 지위를 입법화하여 인도계 외국인으로 하여금 비거주인도인(non-resident Indian, NRI)과 동등한 처우를 받을 수 있게 했다.[86)] 대한민국은 슬로바키아가 재외동포법을 제정한 1997년부터 입법화 시도들이 있다가 1999년 「재외동포의 출입국과 법적 지위에 관한 법률」(재외동포법)을 제정했다.[87)]

재외동포법안을 준비한 김준규 당시 법무부 국제법무과장(후에 검찰총장 역임)은 법안을 기초할 당시 아무런 해외 입법 사례를 참고하지 않았다고 회고했다.[88)] 당시 기초자들에게 외국국적동포의 지위는 순수한 발명품이었다.[89)] 이는 이상한 일이 아니었다. 베니스위원회 보고서가 나오기 전에는 세계 전체가 그러한 입법례들을 알지 못했기 때문이다.[90)] 베니스위원회의 조사 결과가 한국에 알려진 것은 2003년 정인섭의 논문을 통해서였다.[91)]

그 후 동유럽의 일부 나라가 재외동포법 제정 대열에 합류했다. 2004년 우크라이나는 「외국적 우크라이나인의 지위에 관한 법률」(Law on the Status of Foreign Ukrainians)을, 2007년 폴란드는 「폴란드종족증에 관한 법률」(Act on the Polish Ethnicity Card)을, 2009년 세르비아공화국은 「디아스포라와 역내 세르비아인에 관한 법률」 (Law on Diaspora and Serbs in the Region)을 제정했다.[92)] 법률이 아닌 의회 결의에 기초해 인근국의 토착(autochtonous) 동포공동체를 지원하던 슬로베니아도 2006년 「슬로베니아공화국과 재외슬로베니아인의 관계를 규율하는 법」(Act Regulating Relations between the Republic of Slovenia and Slovenes Abroad)을 제정하여 재외동포 일반을 지원하기 시작했다.[93)] 개인에게 권리를 부여함이 없이 루마니아인 공동체에만 문화적 지원을 해온 루마니아도 2004년 "루마니아종족출신인(persons of Romanian ethnic origin)"에게 개인적 권리를 부여하는 법안을 마련했으나 입법화에는 이르지 못했다.[94] 슬로바키아는 2005년 「재외슬로바키아인에 관한 법률」(Act on Slovaks Living Abroad)을 제정하여 1997년 법률을 대체했다.[95] 그리스도 몇 개의 입법과 행정조치를 취했고, 러시아는 2013년에 이르기까지 8회에 걸쳐 「재외동포 국가정책에 관한 연방법률」(Federal Law on State Policy in Respect of Compatriots Abroad)을 개정했다.[96] 헝가리는 유럽 기구들의 질책 아래 인근국과의 갈등을 피하기 위해 2003년에 「지위법」을 개정했다.[97]

「헝가리인지위법」은 6개 인근국 중 4개국이 EU 회원국이 됨으로써 상당 부분 의미를 상실했다. 그 4개국 국민에 대해서는 자유이동 원칙이 적용되며 다른 회원국 국민과의 사이에도 차별적 조치를 취할 수 없기 때문이다. 또 헝가리는 2010년 마자르종족 출신인들로 하여금 헝가리에 거주함이 없이, 그리고 현재의 국적을 포기함이 없이 원격지 귀화(remote naturalization)를 할 수 있게끔 국적법을 개정함으로써 복수국적을 용인하는 국가의 국적을 가지는 재외동포는 굳이 「지위법」이 부여하는 지위를 누려야 할 필요가 없게 되었다.[98] 그럼에도 불구하고 2001년 「헝가리인지위법」은 혈연외국인 우대의 가장 대표적인 입법례로 회자되며, "지위법"은 일반 개념으로 발전하여, 재외동포법의 확산을 "지위법 신드롬(status law syndrome)"이라 지칭하기까지 한다.[99]

이러한 입법에 의해 생겨나는 법적 지위를 가리키는 용어로 에스니즌십이 주조되었음은 앞에서 언급했다. 용어의 주조자인 바우뵉은 에스니즌십을 "혈통 및 공통의 종족성에 기초하여" 혈연국이 다른 나라에 거주하는 소수집단 성원들에게 부여하는 "외부적 준시민권(external quasi-citizenship)"으로 정의한다.[100] 그러나 필자는 혈언국과 대상 집단을 잇는 연고관계를 넓게 정의함으로써 에스니즌십의 외연을 확대하여, 비국민 해외이주자, 디아스포라 성원, 재외동포의 다양한 집단을 포섭할 것을 제안한다. 실제로 지위법들이 특별한 지위를 부여할 때 혈통만을 요건으로 삼는 것은 아니며, 지위법의 대상 집단이 혈연소수민족(kin-minorities)에 한정되는 것도 아니다. 또 많은 경우 특별한 지위는 거주국이 아닌 혈연국 내에서 주어진다. 그런 점을 고려하여 에스니즌십을 "한 국가가 종족적 또는 민족적 연고를 이유로 타국에 거주하거나 타국으로부터 입국한 비국민에게 부여하는 우대적 지위"로 재정의하고자 한다. 대한민국의 외국국적동포, 터키의 블루카드 소지자, 인도출신인(PIO)

과 재외인도시민(Overseas Citizens of India, OCI)은 이렇게 정의된 에스니즌의 좋은 예들이다.101) 에스니즌십은 유럽과 아시아 외 다른 지역에서도 예를 찾을 수 있다.102) 이디오피아는 일찍이 2002년에 "이디오피아계 외국국적자(foreign nationals of Ethiopian origin)" 지위를 도입했고, 2014년에는 수리남이 「수리남출신인의 지위를 창설하는 법」(Law Establishing the Status of Persons of Surinamese Origin, PSA Law)을 제정했다.103)

에스니즌십을 입법화한 나라 중에는 초국경 동포 지원에 관한 규정을 헌법에 둔 나라도 있고 그렇지 않은 나라도 있다. 오스트리아, 이탈리아, 러시아, 터키, 인도, 이디오피아, 수리남, 대한민국은 후자에 속한다.104)

에스니즌을 정의하는 준거 기준도 다양하다. 같은 언어 사용(오스트리아), 종족적 출신(ethnic origin)과 문화(불가리아, 그리스, 헝가리, 슬로바키아, 슬로베니아, 세르비아, 우크라이나), 지리적 출신(인도, 우크라이나, 러시아, 수리남), 과거국적(러시아, 터키, 인도, 이디오피아, 대한민국) 등이 주된 준거 기준이며, 그 중 복수의 요건을 채택한 경우도 있다. 에스니즌을 어떻게 정의하느냐는 인게이지먼트 정책의 배후에 있는 민족적 아이덴티티의 성격과 무관하지 않다.

에스니즌십 부여 대상자의 거주국이나 지역을 제한하지 않는 나라로는 불가리아, 슬로바키아, 우크라이나, 터키, 이디오피아, 수리남이 있다. 반면 오스트리아, 그리스, 헝가리, 폴란드는 대상자를 특정 인근국으로 제한하는 예이다. 이 요소도 인게이지먼트 전략의 성격을 시사한다. 오스트리아와 헝가리는 1차대전 후 평화조약에 의해 국경이 변경됨으로써 모국과 분리된 사람들을 대상으로 한다.

세계 곳곳의 디아스포라에 대한 정책과 특정 동포 집단을 대상으로 하는 정책을 하나의 입법에 담은 예가 있는 반면 별개의 입법으로 추진하는 예도 있다. 러시아의 「재외동포 국가정책에 관한 법률」은 구소련 영토에 거주하는 동포에 대한 규정과 기타 국가 거주 동포에 대한 규정을 분리해 담고 있다. 슬로베니아의 2006년 법률은 모든 재외동포를 하나로 포괄하지만 인근국의 토착 혈연소수민족에만 적용되는 조항들도 두고 있다.105) 세르비아의 2009년 법률은 대상 집단을 "디아스포라"로 규정하면서 여기에 "세르비아공화국 영토로부터 이주한 세르비아 민족성원"과 "역내 세르비아인", 즉 슬로베니아, 크로아티아, 보스니아-헤르체코비나, 몬테네그로, 마케도니아공화국, 루마니아, 알바니아, 헝가리에 거주하는 세르비아 민족성원을 모두 포함한다.106) 인도의 인도출신인(PIO)과 재외인도시민(OCI) 정책은 파키스탄, 방글라데시 및 법률이 명시하는 국가의 디아스포라를 제외한다.107) 대한민국의 재외동포법은 대한민국정부수립 이전 이주 동포를 절차적으로 차별함으로써 중국과 구소련 동포를 배제했으나 그러한 차별이 헌법불합치 판정을 받아 2004년 개정을 거쳐 모든 외국국적동포를 포함하게 되었다. 이어 중국과 구소련 동포를 위한 방문취업제를 도입했다.108)

집단에 대한 일반적 지원만을 제공하는가, 개인적 권리를 부여하는가, 아니면 양자를 모두 추진하는가에 따른 유형화도 가능하다. 이탈리아와 루마니아는 "공동체" 또는 "소수집단"에 문화적 지원을 제공할 뿐 개인적 권리는 부여하지 않는다. 이런 사례에 에스니즌십이라는 개념을 적용하는 것은 적절치 않다. 그 외 상기 모든 재외동포법은 개인을 위한 모종의 편익을 제공한다.

에스니즌에게 부여하는 혜택이 경제적 성격의 것인가 문화적 성격의 것인가, 이민법상의 우대도 누리는가도 중요한 구분 기준이다. 세르비아 법률은 문화적 지원만을 약속한다. 「헝가리인지위법」은 계절노동의 기회를 부여했다가 2003년에 폐지했다. 2006년 헝가리는 「지위법」과 별도로 입국 우대를 목적으로 하는 사증제도를 마련했다.109) 영주귀국이든 일정 기간의 체류든 모종의 이민법상 우대를 제공하는 경우가 대부분이다. 불가리아, 그리스, 폴란드, 슬로베니아, 터키, 인도, 대한민국, 이디오피아, 수리남은 노동시장에의 접근을 허용한다.

혜택을 국적국 및 상주국 현지에서 제공하는가 아니면 혈연국 국내에서만 부여하는가도 매우 중요하다. 불가리아, 헝가리, 러시아, 세르비아, 슬로베니아는 국적국/상주국 영토 내에 들어가서 문화적 혜택을 공여한다. 경제적 혜택은 혈연국 국내에서 주는 것이 일반적이다. 외국에 기주하는 그 나라 국민을 민족에 포함시키는 분류방식만으로써 국경을 넘어 정책을 집행하는 것으로 간주될 수도 있지만, 대부분의 경우 혈연국에 입국해서만 성원 자격에 부착된 편익을 누리는 것이 현실이다. 그렇기 때문에 에스니즌십의 사례들은 "종족적 귀환이주(ethnic return migration)"의 양상으로 취급되기도 한다.110) 같은 이유에서, 이러한 멤버십 정치에 의해 창출되는 민족에게는 "초국경"보다는 "초국가적"이라는 수식어가 더 적절하다. 앞에서 시사한대로, "초국경"이 국경을 공간적으로 넘는 활동을 나타내는 것과 달리 "초국가적"은 국경의 공간적 횡단 유무와 관계없이 국가의 인적 관할권의 경계를 넘는 것

290

도 포함한다고 개념화하는 데 용이하기 때문이다.

V. 인게이지먼트의 규칙들

　　에스니즌십을 통한 초국가적 민족의 창출 시도는 헝가리처럼 국제사회의 질책에 직면할 수 있다. 「지위법」 파동의 초기에 유럽안보협력기구(OSCE) 소수민족고등판무관(High Commissioner on National Minorities) 롤프 에케우스(Rolf Ekéus)는 다음과 같이 단언했다. "국가가 영토와 국민(citizenry)에만 미치는 관할권의 범위 내에서만 행동할 수 있다는 것은 국제법의 기본원칙이다."[111] 2년 후 네덜란드의 법률가 에릭 위르겐스(Eric Jürgens)는 유럽평의회 의회(Parliamentary Assembly) 결의를 위해 제출한 해설자료(explanatory memorandum)에서 다음과 같이 갈파했다. "유럽평의회와 일반국제공법은 '국가'와 '국적(citizenship)'의 개념에 입각할 뿐 … '민족(nation)'에 아무 자리도 내어주지 않는다."[112]

　　그러나 이러한 까칠한 반응은 현실의 일부에 불과하다. 대다수의 에스니즌십 그리고 디아스포라 인게이지먼트의 사례는 큰 논란을 불러일으키지 않는다. 한 나라의 경험이 다른 나라에 모델로 받아들여져 계속 확산되고 있다. 이처럼 상이한 반응의 이유는 무엇이며, 어떤 조건 아래 인게이지먼트 전략이 용인되는가?

　　에스니즌십에 대한 규범적 분석은 많지 않다. 베니스위원회의 2001년 보고서가 아마도 그러한 사례에 대해 최초의 규범적 아웃라인을 제시한 문건일 것이다. 에스니즌십의 규범적 측면을 다루는 소수의 연구들은 동 보고서를 시발점으로 인용한다.[113] 루마니아의 2004년 「재외루마니아인을 위한 지원에 관한 법률시안」(Draft Law Concerning the Support for Romanians Living Abroad)에서는 베니스위원회의 2001년 보고서와 OSCE고등판무관의 성명을 존중할 것임을 명시했다.[114] 2008년 OSCE고등판무관은 「국가간 관계에서 소수민족에 관한 권고」(Recommendations on National Minorities in Inter-State Relations)를 발했다. 「볼자노/보젠(Bolzano/Bozen) 권고」로 불리는 이 문서는 2001년의 베니스위원회 보고서와 OSCE고등판무관 성명에서 제시한 원칙들을 출발점으로 삼고 있음을 밝히고 있다.[115]

　　베니스위원회 보고서는 에스니즌십 사례들을 평가할 네 개의 원칙을 제시했다.

① 영토주권의 원칙, ② 합의는 지켜져야 한다는 원칙(pacta sunt servanda), ③ 우호선린관계, ④ 차별금지를 비롯한 인권과 기본적 자유가 그것들이었다. 유럽의 경험들과 「헝가리인지위법」을 넘어 논의를 일반화하려면 국제평화와 관계된 ①과 ③을 하나로 묶고, 규범적 콘센서스에 이바지할 다른 원천들을 포함하도록 ②의 적용범위를 넓힐 필요가 있다. 여기에서는 그에 몇 가지 쟁점을 추가하여 에스니즌십의 규범적 평가를 위한 틀을 마련하고자 한다.

1. 주권존중과 우호선린의 원칙

주권침해의 문제가 야기되는 것은 혈연국이 일방적으로, 즉 상대국의 동의 없이 행동할 때이다. 종족적 독일인에 대한 독일의 문화적 지원 정책은 관련국들과의 협정에 기초함으로써 이 문제를 피해갔다.[116] 「디아스포라와 역내 세르비아인에 관한 법률」도 양자 및 다자협정을 체결하여 디아스포라와 역내 세르비아인의 권리를 보호할 것임을 명시적으로 선언했다(제4조 제1항). 루마니아의 2004년 법률시안도 같은 태도를 명언했다(제5조).

베니스위원회는 다른 나라의 영토주권을 침해할 가능성과 관련하여 두 종류의 행위를 검토했다. ① 외국 국민에게 효과를 미치는 법의 제정과 ② 국경 밖에서의 국가권력 행사가 그것이었다. 동 위원회는 "영토"주권의 문제에만 집중하면서, 국가가 외국 국민을 대상으로 하는 법을 제정하더라도 그 법의 효과가 혈연국 영토 내에 한정된다면 정당화된다고 언명했다. 이 해석에 비추어 보면, 다수의 에스니즌십 사례들에서는 영토주권의 문제는 일어나지 않는다. 반면 불가리아, 헝가리, 러시아, 세르비아, 슬로베니아의 입법은 상대국의 국경 넘어까지 효과를 미친다.

베니스위원회는 재외동포법의 효과가 상대국의 영토에서 발휘되는 경우 상대국의 명시적 동의 또는 관습에 근거하지 않는다면 위법한 영토주권의 침해가 된다고 보았다. 「볼자노/보젠권고」는 "타국의 영토 내에서 그 타국의 인구 또는 인구의 부분에 대해 그 국가의 동의 없이 관할권을 행사할 수 없다"고 선언했다(제1조). 그리고 이를 구체화하는 조문들을 두고 있는데, 그에 따르면 "종족, 문화, 언어, 종교, 역사 등에 따른 유대를 기초로 타국에 거주하는 소수민족에 속하는 사람들을 지원하고자 하는 관심, 심지어 헌법에 선언된 책임감을 가질 수 있지만" 상대국 영토 내에서 당해국의 동의 없이 관할권을 행사하는 것은 용인되지 않고(제4조), 영토주권을 침해할 목적 또는 효과를 가지는 일방적인 편익의 지원은 삼가야 하며(제10조), 교육 지원과 문화적·종교적 단체 지원에는 명시적 또는 묵시적 동의가 필요하다는 것이다(제12·13조). 그 취지를 종합하면, 상대국의 영토 내에서 수행되는 관할권 행사에는 영토주권의 원칙상 당해국의 동의가 필요한데, 교육, 문화, 종교 등의 영역에서 이루어지는 지원에 대한 상대국의 동의는 묵시적일 수 있다는 것이다. 그리고 베니스위원회 보고서를 인용하면서 묵시적 동의를 조약 또는 관습으로부터 도출할 수 있다고 보았다.117)

　　문화적 또는 교육상의 편익을 현지에서 제공하는 것은 관습상 인정되는데, 그 경우에도 지원·육성의 대상이 되는 행위가 혈연국 문화와 연관성을 가져야 한다.118) 2001년 「헝가리인지위법」이 문제가 된 것은 헝가리계 대학생과 교사들을 그들의 전공 분야나 담당 분야와 관계없이 현지에서 지원했기 때문이었다. 그러나 허용되는 정책과 아닌 것의 경계는 애매하다. 가상적인 예를 들면, 해롤드 고(Harold Koh) 전 예일대 로스쿨 학장이 미국 법학교육에 기여했음을 이유로 대한민국이 그를 글로벌 코리언이라 부르며 미국 내에서 시상하는 것이 미국의 영토주권에 대한 침해가 되는가? 그러한 행위가 합법적이 되려면 미국이 명시적 동의를 해주어야 하는가? 침묵이나 무관심으로부터 추정되는 동의로는 불충분한가?

　　국경 밖에서 권력을 행사하는 국가의 행위는 「헝가리인지위법」이 마자르종족 출신인 자격의 요건으로서 국적국/상주국 내 마자르 종족단체의 인증을 요구한 것 때문에 중요한 문제로 부각되었다. 베니스위원회는 그러한 절차가 외국의 사적 단체에게 공권력의 행사를 위임한 것으로서 영토주권의 침해에 해당한다고 보았고, 헝가리는 2003년 법개정을 통해 이를 제거했다. 이러한 실무는 다른 에스니즌십의 사례에서는 찾아볼 수 없다.

　　혈연국이 자국 내에서만 조치를 취하면 주권침해의 문제는 전혀 일어나지 않는가? 종족적 또는 민족적 연고를 이유로 특별한 사람 범주를 창출하는 것 자체가 국가간의 관계에 악영향을 미칠 수도 있겠으나 베니스위원회는 단순한 입법의 채택만으로는 주권을 침해했다고 볼 수 없다는 입장인 것으로 보인다. 그러나 그러한 범주 창설이 문서화된 표현에 이르는 경우, 예컨대 종족증을 혈연외국인에게 발급하는 경우, 상황에 따라 우호선린관계를 해할 수 있다. 베니스위원회는 혈연국이 혈연외국인에게 신분증에 해당하는 증서를 발급함으로써 정치적 유대관계를 형성해서는 안된다고 경고한다. 신분증을 현지에서 발급하는 것과 혈연국 내에서 발급하는 것을 구별하지는 않는다. 그러나 상대국에서 발급하는 것은 분쟁을 야기할 가능성이 더 클 것임이 분명하다. 그리스, 헝가리, 폴란드, 슬로바키아, 우크라이나, 터키, 인도, 대한민국, 이디오피아는 모종의 증서를 발급하는데, 대부분의 경우 종족 또는 민족적 소속에 대한 증명서로서 기능한다.[119] 대한민국의 태도는 신중하다. 즉 "한민족증," "재외동포등록증"이 아닌 "거소신고증"을, 외국국적동포가 국내 거소를 신고했을 때에만 발급한다.

2. 합의는 지켜져야 한다(pacta sunt servanda)

이 원칙은 특히 유럽에서 의미가 크다. 유럽에서는 여러 양자 및 다자조약이 소수민족 보호를 명분으로 하는 혈연국의 개입을 규제한다. 인근국간의 우호선린조약, 소수민족 보호를 위한 양자조약이 있고 특히 전술한 유럽평의회 주도의 「소수민족보호기본협약」이 있다. 다른 지역에서는 에스니즌십 정책이 혈연소수민족의 보호를 목적으로 하지 않을 뿐만 아니라 대부분 일반적 인권보호규범 외에 소수민족 보호를 위한 조약을 가지고 있지 않으므로 사정이 다르다. 그러한 상황에서는 국제적 컨센서스를 지향하는 연성법(soft law) 등 다양한 규범적 원천에 따라 국가들의 행위를 평가할 수밖에 없다.

유럽의 기구들은 혈연소수민족을 대상으로 하는 유럽의 지위법들을 평가할 때 주권과 우호선린의 침해 그리고 고토회복주의(irredentism)를 경계하지만, 일반적 디아스포라 인게이지먼트에 대해서는 한결 긍정적 태도를 취힌다. 유럽평의회 의회는 1999년과 2004년 「재외유럽인과 출신국의 유대」(Links between Europeans Living Abroad and Their Countries of Origin)라는 제목의 보고서를 채택하고 권고를 발하였으며, 근래에는 「유럽인 디아스포라 인게이지먼트」(Engaging European Diasporas)라는 제목의 보고서, 권고, 결의를 채택함으로써 회원국들로 하여금 디아스포라와의 관계를 돈독히 하도록 고무했다.[120] 이 문건들은 재외국민을 포함하는 국외이주자(expatriates)와 그들의 출신국의 관계는 물론 혈연국과 혈연소수민족의 관계 증진도 언급함으로써 초국가적 민족 프로젝트의 정당성 주장을 강화해 주었다. 1999년 권고의 해설자료는 내셔널리티(nationality)의 개념을 재정의하고 민족과 국가의 관계를 재고할 것까지 제안했다.

마지막으로, 그리고 더욱 담대하게, 새로운 유럽을 건설하는 데 내셔널티리와 시티즌십 개념의 함의와 중요성을 심층적으로 탐구하는 것이 필요하다. 유럽평의회의 1997년 「유럽국적협약」(European Convention on Nationality)에서는 "시티즌십"과 "내셔널리티"기 동일하게 개인과 국가 사이에 존재하는 법적 언관(legal connection)을 뜻하지만, "국가"와 "민족(nation)"이 동일하지 않는 나라, 복수의 법적으로 승인된 "내셔널리티들(nationalities, 민족들)"에 시티즌십을 적용하는 나라들도 있기 때문이다.
두 개의 권리 세트 — 주어진 지리적 영역에서의 거주에 연계된 권리들("시티즌십 권리들")과 주어진 문화적, 시민적 및 민족적(national) 아이덴티티와 연계된 권리들 — 를 명확히 구분하고, 영토의 개념에 기초한 주권국가의 전통적 정의를 탈각함으로써 많은 문제를 해결할 수 있다.[121]

유럽평의회 의회는 디아스포라 인게이지먼트의 문제를 국내 이민자와 소수자 집단 등 민주적 절차에서 배제되는 여러 집단들에 대한 정책적 고려와 같은 맥락에서 다룬다. 그러한 접근은 두 가지 차원의 "민족과 국가의 분리(decoupling of the nation and state)"를 포함한다는 점에서 흥미롭다. "민족과 국가의 분리"는 국민을 넘어 재외동포를 포섭하는 초국가적 민족만들기를 설명하기도 하지만 국적과 거주권의 분리라는 이민이입국의 현실을 강조하는 문구로 발화되기도 하는데, 위의 문건은 양자를 모두 포함하는 "민족과 국가의 분리"를 보여주는 것이다.[122] 이처럼 민족을 심각한 논의 대상으로 삼았다는 점에서, 후에 「헝가리인지위법」을 질책하면서 국제공법에는 "민족"이 설 자리가 없다고 단언한 에릭 위르겐스의 동 의회 제출 해설자료와는 대조적인 모습을 보인다. 이는 재외동포에 대한 인게이지먼트를 규율하는 국제규범의 확립되지 못한 모습을 보여준다.

3. 평등과 차별금지

베니스위원회의 평등원칙 적용은 매우 혼란스럽다. 동 위원회는 세 종류의 차별을 말한다. 우대받는 에스니즌과 혈연국 국민간, 에스니즌과 국적국/상주국 국민간, 혈연외국인과 일반 외국인간의 차별이다. 이 상이한 차원의 차별은 관할 주체를 달리하는 영역들에 속하는 것임에도 불구하고 베니스위원회는 이들을 혼효한다. 그러한 문제점은 혈연외국인과 국적국/상주국 국민 사이의 차별에 적극적 우대조치(affirmative action)의 법리를 적용하는 데에서 볼 수 있다.[123] 혈연국은 국적국/상주국 국민에 대해 관할권이 없으므로 적극적 우대조치는 불가능하다. 그러나 같은 논리로 적극적 우대를 고려했을 만한 사정에서는 그것을 언급하지도 않았다. 루마니아의 2004년 법률시안에 대한 의견서에서 베니스위원회는 혈연외국인 학생에 대한 주거와 생활 지원이 루마니아의 일반 학생들에 대한 부당한 차별이 될 수 있음을 지적한 것이다.[124]

베니스위원회는 교육과 문화 분야에서만 우대가 적법하고, 다른 분야에서는 예외적 사정에서만 허용된다고 보았다. 이는 2001년 「헝가리인지위법」이 루마니아의 마자르인을 위해 3개월의 계절적 노동허가를 부여하도록 한 것에 대한 루마니아의 반발에 대한 응답이었다. 헝가리는 결국 모든 루마니아인에게 노동허가를 개방했고, 2003년 법개정을 통해 노동허가 규정을 아예 제거했다.

그러나 베니스위원회의 견해는 문화와 교육 외의 분야에서 광범하게 이루어지는 우대의 현실을 제대로 파악하지 못한 것이다. 동 위원회도 인정하듯이, 국적법에서는 종족성에 기초한 우대가 흔하다.[125] 「유럽국적협약」은 종족적 출신(ethnic origin)에 따른 차별을 금지하면서도 과거국민을 위해 간이의 국적취득 경로를 개설하는 것은 고무한다(제9조). 이러한 국적취득에서의 우대를 종족적 시민권(ethnic citizenship)이라는 말로 형용하기도 하지만,[126] 그것을 에스니즌십의 한 모습으로 보게 되면 에스니즌십 개념의 예리함이 감퇴될 수 있다. 에스니즌십은 국적과 무관하게 동포를 우대하는 것이기 때문이다. 입국과 노동시장에의 접근에서 우대를 받는 것은 에스니즌십의 중요한 모습이다. 2001년 베니스위원회가 파악한 9개국 중 최소한 3개국 — 불가리아, 그리스, 슬로바키아 — 이 입국과 노동시장 접근에서 우대를 제공하고 있었다. 대한민국, 터키, 인도도 이 유형에 속하며, 슬로베니아와 폴란드도 이에 합류했다. 이와 같은 경제적 성격의 혜택은 2001년 「헝가리인지위법」(제18조 제2항 d호)이 예정한 역사적 조형물의 복원과 같은 문화적 지원에 비해 갈등을 야기할 소지가 적다. 「볼자노/보젠권고」는 허용되는 편익에 취업허가를 포함하고 있어

보다 현실적인 접근을 취하고 있음을 볼 수 있다(제9조).

「볼자노·보젠권고」는 사증발급에서의 우대도 허용되는 편익으로 명시하는데 (제9조), 에스니즌십의 한 요소로서 이민법상의 우대는 누구를 받아들일 것인가라는 이민정책의 보다 넓은 문제로 귀결된다. 이와 관련해, 욥케(Christian Joppke)의 책 『출신에 따른 선택』(Selecting by Origin)은 사고의 폭을 넓히는 데 도움을 준다. 욥케는 세 개의 상이한 이민정책 유형을 검토한다. 미국과 호주 같은 정착국가형(settler-state constellation), 유럽의 탈식민주의형(postcolonial), 그리고 이스라엘과 독일의 종족이민형(ethnic immigration)이 그것이다. 욥케는 세 유형을 차별의 방식에 따라 긍정적 차별(우대)과 부정적 차별(배제)의 두 유형으로 재분류한다. 그러한 분석을 통해 제시하는 결론은 오늘날의 자유주의 국가가 탈종족화와 재종족화의 십자포화 아래 있으며, 자유주의적 제약 속에서나마 종족적 이주가 계속될 것이라는 것이다.127)

특별한 비국민 범주를 창출하고 우대하는 것은 국제인권법 못지않게 헌법상의 문제이기도 하다. 헝가리의 정치철학자이자 정치인인 야노스 키스(János Kis)는 「지위법」은 헌법이 인정하는 두 개의 범주 ─ 국민과 모든 사람 ─ 외의 제3의 범주를 헌법의 위임 없이 만들어내는 것이기에 위헌이라 단언했다. 헌법이 동포에 대한 국가의 책임감을 규정했더라도 그러한 지위를 창설하는 근거를 부여할 만큼 구체적이지 않다는 것이다.128) 헝가리 신헌법은 강화된 책임을 규정하고 있지만 조문의 성격은 바뀌지 않았다. 그렇더라도 초국가적 민족의 근거를 제공하는 헌법은 아무래도 공세적 재외동포정책을 추진하는 혈연국의 마음을 편하게 해줄 것이다.

대한민국 헌법재판소는 재외동포법에 대한 헌법소원심판에서 상이한 외국인 집단간의 차별을 다루지 않았다. 그러나 국가인권위원회는 개정법률안에 대한 의견서에서 이 문제를 판단했다. 그에 따르면, 혈통에 따라 달리 취급하는 것은 헌법상의 평등원칙에 반하지만 과거국적에 따른 우대는 용인된다는 것이다.129) 욥케도 그러한 견지에서 이 문제를 접근했다.130) 과거국적을 근거로 삼는 것이 유럽의 재외동포법처럼 종족성을 근거로 삼는 것에 비해 더 시민적(civic)으로 들린다. 그러나 과거국민의 자손을 우대함으로써 혈통을 유일한 요건으로 고정시킬 위험도 있다. 종족성의 요소로서 언어 또는 문화적 속성을 근거로 삼게 되면 오히려 개인의 선택이 폭넓게 인정될 수 있음을 유럽의 사례에서 볼 수 있다.131)

4. 에스니즌십의 광범한 존재

국적에 대한 정보에 비해 에스니즌십에 대한 정보는 구하기 어렵다. 따라서 이 글에서 비교·분석하는 사례들은 예시적일 수밖에 없다. 대부분의 나라에서 재외동포 또는 과거국민에 대한 우대는 행정 곳곳에 산재해 있다. 위에서 살핀 사례 외에도 비교의 대상으로 삼을만한 우대의 사례들이 적지 않다. 일본이 남미의 일계인(日系人)을 노동력 수입에서 우대하고 있음은 잘 알려져 있다.[132] 종족적 민족주의와 무관한 나라로 생각되는 영국이 영국계사증(UK Ancestry Visa) 제도를 두어 영국계 외국인을 우대하는 것은 덜 알려져 있지만 흥미로운 사례이다.[133]

중국이 에스니즌십 제도를 가지고 있는지는 논란의 여지가 있다. 1990년 중국은 귀교교권권익보호법(歸僑僑眷權益保護法)을 제정하여 귀환화교를 우대하고 있다. 이 법률은 헌법 제50조와 마찬가지로 화인이 아닌 화교를 대상으로 삼고 있으나 귀환화교의 권속(僑眷)이라는 자격을 통해 많은 화인이 혜택을 얻고 있다.[134]

이러한 예들은 에스니즌십이 생각보다 널리 존재하고 있음을 시사한다. 즉 에스니즌십은 예외적인 현상이 아니다.

5. 에스니즌십과 복수국적

에스니즌십을 옹호하는 사람과 비판하는 사람 공히 에스니즌십을 복수국적을 가진 재외국민의 지위와 비교한다. 재외동포법 제정 당시 중국 정부가 재외동포법을 사실상의 이중국적 창설을 위한 것이라 비판했음은 잘 알려져 있다.[135] 실제로 에스니즌십은 재외국민의 시티즌십에 대한 논의 속에 포함되어 다루어지는 경향이 있다.[136] 실제로 재외국민이 참정권을 제한받는 등 국민이 누리는 권리를 충분히 누리지 못한다면 양자 사이의 간격은 크지 않다. 그러나 국제법의 눈으로 보면 양자의 차이는 분명하다. 국적을 가지는지의 여부는 상대적인 것이 아니며, 에스니즌은 혈연국의 여권을 소지하지 못하고 외교적 보호의 대상이 되지 못한다는 점에서 국적자와 확연히 구별된다. 그런 점에서 재외인도시민권(OCI)은 그 명칭과 달리 국제법상의 국적에 해당하지 않는다.[137] 이처럼 에스니즌십이 국적에 비해 제한된 지위임을 감안할 때, 아예 국적을 부여해 이중국적자를 만들어내는 나라도 있는데 재외

03 자연적 공동체와 법

동포 지위를 주어 우대하는 것이 무슨 문제가 있느냐는 식으로 에스니즌십을 옹호하는 논리가 부자연스럽지 않다.[138]

실제로 복수국적을 야기하는 국적 부여는 초국경 민족을 창설하는 효과적인 수단으로 구실한다.[139] 에스니즌십은 대한민국이나 인도에서 보듯이 그에 대한 대안적 수단이 되며, 헝가리에서 보듯이 복수국적으로 향하는 징검다리가 되기도 한다. 또 독일에 귀화한 터키 이민자들을 위한 블루카드에서 보듯이, 복수국적에 관대하지 않은 거주국의 제도 때문에 발생하는 어려움을 해결해주기도 한다.

복수국적을 초래하는 국적 부여는 상대국의 반발을 불러일으키기 쉽다.[140] 크로아티아, 루마니아, 헝가리가 좋은 예이다. 러시아가 조지아 국민인 압하지아와 남오세티아의 주민에게 국적을 부여해 자국민으로 전유한 것은 복수국적을 초국가적 민족 확대의 방편으로 삼은 가장 극적인 예이다.[141] 유럽연합의 조지아분쟁독립국제사실조사미션(Independent International Fact-Finding Mission on the Conflict of Georgia)은 그러한 대량의 국적 부여는 국제법에 부합하지 않고 구속력을 가지지 않는다는 입장을 밝혔다.[142] 유럽평의회 의회도 그와 같은 "대량의 여권 발급(mass passporti-zation)"이 허용되지 않음을 일반화된 원칙으로 선언했고,[143] 「볼자노/보젠권고」도 그 점을 명시하고 있다(제11조). 그러나 복수국적을 초국경 민족주의의 수단으로 사용하는 것을 효과적으로 억제하는 국제적 장치는 거의 없다. 일각에서는 "진정한 유대(genuine link)"의 원칙을 언급하지만 그 원칙은 그러한 목적의 복수국적을 규제하도록 고안된 것이 아니다.[144]

재외민족성원을 혈연국의 공식적 국민으로 편입시키는 노골적인 전략에 비해 에스니즌십은 온건하다. 그러나 국가는 자국민을 정할 주권적 권한을 가지고 있으며 국민을 상대로 권력을 행사할 수 있다. 반면 에스니즌십은 비국민으로부터 민족성원을 만들어내는 것을 의미한다. 복수국적이 그 정치적 함의가 무엇이든 국민(Staatsnation)과 민족(Volksnation)을 일치시키는 데 이바지한다면, 에스니즌십은 양자의 불일치를 가져오고 그 간극을 벌리는 것이기 때문에 국민국가의 원리에 더 어긋나는 것으로 보일 수 있다.[145]

6. 헌법민족주의를 수반하지 않는 초국가적 민족의 헌법적 정초

모든 에스니즌십과 혈연외국인 우대 정책이 같은 반응에 직면하지 않듯이 헌법상의 재외동포 규정이 모두 같은 정치적 함의를 가지지 않음은 물론이다. 왜 어떤 헌법은 초국경 민족만들기에 대한 강한 의지를 표현하는 문구를 담고 있음에도 불구하고 비판에서 벗어나 있는 반면 어떤 것은 비난을 받는가? 왜 아일랜드 헌법 제2조는 문제시되지 않는 반면 크로아티아 헌법 제10조와 헝가리 헌법 제D조는 의심의 눈총을 받는가? 왜 매리 로빈슨은 대통령 취임 연설에서 아일랜드 국민을 넘어 아일랜드 혈통(descent)을 가지는 모든 사람을 대표하겠다고 말하여 박수갈채를 받은 반면 요제프 언탈은 같은 방식으로 헝가리 민족을 대변하겠다고 말하여 논란을 빚었는가?146) 그러한 취지를 집행하는 방식이 차이를 가져올 수 있다. 더 근본적인 것은 민족적 아이덴티티의 정치에서 그러한 헌법규정이 가지는 함의이다. 어떤 헌법은 짙은 민족적 자기정의를 표현하고, 그것을 본질화하여 다른 집단적 아이덴티티에 우선하는 특권을 부여한다. 그것은 국명대표(titular) 민족의 범위를 국경 너머로 확장함과 동시에 영토 내 다른 민족들에 대한 배타적 태도를 불러일으킨다. 인류학자 로버트 헤이든은 이러한 현상을 지목하는 "헌법민족주의(constitutional national-ism)"라는 용어를 개발했다. 이는 "한 국가 안에서 종족을 중심으로 정의된 한 민족의 성원들이 다른 주민들에 대해 특권을 가지게 하는" 그리고 "어느 특정 민족(narod)이 주권의 소재가 되는 국가, 그 민족의 성원이 국가 형태와 아이덴티티에 관한 근본적 문제를 결정할 수 있는 국가를 구상하는 헌법적-법적 구조"로 정의된다.147)

헌법민족주의는 종종 헌법 전문의 이구로써 스스로를 표출한다. 크로이디아 헌법을 보자. "크로아티아 민족의 구성부분들"에 대한 특별한 배려와 "보호"에 대한 크로아티아의 약속은 "역사적 토대(Historical Foundation)"에 관한 제1장과의 연관성 속에서 읽어야 한다. 그 부분은 전문과 기능적으로 동일하다. 678개 단어로 구성된 이 텍스트는 크로아티아공화국이 "크로아티아 민족(nation)의 국민국가(nation state)"임을 강조하는 방향으로 분리독립에 이르기까지의 역사적 사건을 열거한다.148) 그 전문은 크로아티아공화국이 세르비아인, 슬로베니아인, 보스니아인, 몬테네그로인, 마케도니아인 및 체코인, 독일인, 러시아인, 투르크인 등 "소수민족 성원들"의 국가라는 점도 인정한다. 이를 통해 세르비아인을 비롯한 유고사회주의연방의 구성민족들은 소수민족으로 전락한 한편 크로아티아인은 국명대표(titular) 민족으로 확립된 것이다.

헝가리의 2011년 헌법 전문도 논란을 빚었다. 베니스위원회가 그 헌법을 심사했을 때 민족적 자기이미지를 공식적으로 고정하는 방향으로 역사적 사건들을 언급하는 "민족적 선언(national avowal)"을 발화한 것과 전문이 표상하는 민족적 아이덴티티의 짙은 성격을 비판했다. 그에 따르면, "헌법의 전문 또는 일반원칙을 담은 장(章)이 헌법의 기저를 이루는 가치에 관한 규정을 포함하는 경우가 드물지 않지만, 헌법은 정당화될 수 있는 상이한 관념을 수반하는 가치들을 확정적으로 정의 또는 확립하는 것을 피해야 한다."149) 베니스위원회에 따르면,

전문은 헝가리 민족(nation)과 헝가리에 거주하는 (다른) 민족들(nationalities)을 구별하는 전제 위에 서 있는 것으로 보인다. 전문은 … 이어 다음과 같이 말한다. "우리와 함께 사는 민족들은 정치공동체의 일부를 이루며 국가의 구성부분이다." 이 말은 포용을 향한 노력 같이 보이지만 전문이 "우리 헝가리 민족 성원"의 이름으로 쓰여져 "우리와 함께 사는 민족들"이 헌법을 제정한 인민의 일부를 이루지 않는 것처럼 암시하는 점도 주목해야 한다. 헌법은 나라 국민 전체의 민주적 의사형성의 결과로 간주되어야 한다. 그러므로 여기에서의 언어는 (예를 들면, "우리 헝가리 국민(citizens)은"이라는 문구와 같이) 더 포용적이었어야 했고 그렇게 할 수 있었을 것이다.150)

초국가적 민족을 창출하는 모든 헌법의 사례가 특정 민족의 헤게모니를 강화하는 헌법민족주의로 귀결되지 않음은 물론이다. 아일랜드는 혈통을 공유하는 재외동포와의 연대를 고양하는 헌법 텍스트를 가졌지만 유럽에서 가장 리버럴한 국적제도를 운영하고 있다. 그러한 헌법 조항을 가지지 않은 오스트리아나 이탈리아의 보수적인 태도와 대조를 이룬다.151) 아일랜드의 사례는 초국경 민족 유대를 헌법에 담는 것이 민주주의 및 포용적 국적·이민정책과 병존할 수 있으며, 종족성 중심의 내셔널 아이덴티티와 필연적 관련성이 없음을 보여준다. 초국경 민족을 헌법에 정초하면서도 다른 나라의 주권 및 우호선린관계를 해치지 않아야 함을 특히 명시한 예도 있다. 루마니아가 그러하다(제7조). 아르메니아는 국제법 준수의 의무를 명시했다(제19조 제2항).

초국가적 민족의 헌정을 규범적으로 평가할 때 현재의 정치 현실이 크게 영향을 미친다. 크로아티아 헌법의 민족규정은 변하지 않았지만 유럽연합은 크로아티아의 EU가입준비에 대한 평가에서 그 부분을 문제삼지 않았다.[152] 앞에서 보았듯이, 세르비아 헌법에 대해서도, 베니스위원회는 세르비아 민족 중심의 국민 정의를 지적했을 뿐 더 이상의 조치를 요구하지 않았다. 반면, 헝가리에 대해서는 엄중한 비판을 가하였다. 밀로세비치(Milošević) 없는 세르비아와 투지만(Tudjman) 없는 크로아티아보다 오르반(Victor Orbán)의 청년민주동맹(FIDESZ) 정부 아래 헝가리에서 진행되는 입헌민주주의의 퇴색이 헌법민족주의에 대한 경계심을 더 크게 자극하고 있는 것이다.

VI. 글을 마치며

세계 많은 나라에서 외국에 거주하는 외국 국적의 동포를 포용하는 정책과 입법을 통해 국가와 경계가 일치하지 않는 민족을 법적으로 주조한다. 그 과정에서 동질성과 하나됨을 구가하는 이데올로기와 레토릭이 작용한다. 그 차원에서 초국가적 민족만들기는 공동체적이다. 혈연국은 동포라 정의된 사람들의 집단을 공동체(community)라 부르면서 그 전체를 대상으로 문화적 지원을 할 수는 있으며, 실제로 많은 나라가 그러한 정책을 시행한다. 그러나 그러한 공동체, 즉 민족공동체의 법제화가 민족에 법인격 기타 단일한 법적 단체의 지위를 부여하는 것은 아니다. 그런 작업은 혈연국이 수행할 수 없다. 오히려 동포의 거주국이 소수민족에게 자치권을 부여하고 그들이 집단적으로 거주하는 지역적 단위를 법적 인격체로 만들 수 있다. 혈연국은 재외동포들이 만든 단체들을 매개로 문화적 지원을 할 수 있는데, 그러한 단체에 공권력을 위임하거나 혈연국의 공적 의무를 부과하는 경우 거주국에 대한 주권침해의 문제가 발생할 수 있다. 2003년 개정되기 전의 「헝가리인지위법」이 그러했다. 혈연국이 디아스포라 또는 초국경 민족공동체를 어떻게 조직화하는가는 흥미로운 주제이다.

이 글에서 주목한 것은 개인들에게 특수한 법적 지위 및 권리를 부여하는 에스니즌십의 전략이다. 상상된 또는 믿어진 집단적 아이덴티티를 준거로 그 성원이 정의되고, 그 성원을 에스니즌으로 만듦으로써 그들의 공동체를 구축한다는 것이 여기에서 말하는 민족공동체의 법제화이다.

국가와 구별되는 민족공동체의 법제화는 민족적 연고를 가진 비국민을 대상으로 삼는 초국가적 인게이지먼트를 통해 이루어진다. 이 글에서는 초국가적 인게이지먼트의 상이한 법적 레짐들을 하나의 비교 프레임에 넣어보았다. 그렇게 함으로써 인근국의 혈연소수민족의 보호와 세계 도처의 디아스포라에 대한 인게이지먼트라는 두 개의 현실을 각각 대상으로 삼는 연구 사이의 간극을 좁히고자 했다. 바우뵉이 지적했듯이, 국경의 변경에 의해 혈연국으로부터 분리되어 다른 나라의 소수민족으로 전락한 사람들은 이주자들에 비해 복잡한 규범적 위치에 있다. 따라서 두 유형을 구별할 필요가 있고, 출신국을 떠난 모든 사람에게 디아스포라라는 용어를 적용하는 식으로 양자의 차이를 뭉뚱그리는 것은 적절치 않다고 본다. 그러나 양자를 한 데 모으려는 까닭은 두 현실이 유럽과 여타 지역이라는 지리적 구분선에 따라 나뉘는 것이 아니라는 점을 강조하고 싶기 때문이다. 유럽의 지위법들이 대상으로 삼는 사람들도 다수는 여러 세대에 걸쳐 모종의 이주를 경험하였고, 이민이출국의 디아스포라 정책이 대상으로 삼는 사람 중에도 동유럽 구공산권의 오도가도 못하게 된 소수민족에 비해 적지 않은 트라우마를 겪은 역사적 디아스포라가 있다. 바우뵉도 이 점을 인지하여 "두 초국가적 정치의 유형을 분석적으로 구별하는 것은 설명과 규범적 판단을 위해 중요하지만 실제 세계의 사례들에서 양자를 구별하기는 어렵다"고 토로했다.[153] 그런 견지에서 볼 때, 스크렌트니 등이 수행한 종족적 귀환이주 비교연구는 종족·문화적 성격을 가지는 유럽형 접근과 도구적 성격을 가지는 동아시아형 접근을 이분법적으로 대립시킨다는 점에서 비판을 받아 마땅하다.[154] 동유럽의 정책들도 재외동포들로부터 문화적, 정치적 자원들 못지않게 경제적 자원을 얻고자 하는 바램에 의해 추동되며,[155] 이민이출국들도 인게이지먼트 정책을 정당화하기 위해 집단적 정서를 건드리는 역사적, 문화적 논리를 구사한다. 퇴니스가 게젤샤프트의 조직수단으로 본 법을 통해, 그리고 목적합리적으로 행동하는 개인들에게 권리와 편익을 제공함으로써 민족적 게마인샤프트를 구축하는 한편, 게마인샤프트의 논리와 레토릭으로써 국가의 이익과 동포 개인들의 이익을 정당화하는, 즉 게마인샤프트와 게젤샤프트가 서로를 매개하는 모습을 여기에서 보게 된다.

이 글은 초국가적 민족 프로젝트의 규범적 측면을 다루었다. 국민 밖에서 민족성원을 만들어내고 종족적 또는 민족적 연고를 이유로 그들을 우대하는 정책이 상당히 폭넓게 존재하고 있음이 분명해졌다. 그러한 정책들은 법률에 기초하고 있고 때로는 헌법에 근거를 두기도 한다. 혈연외국인 또는 에스니즌의 창출과 대우의 형태는 종족성, 문화적 아이덴티티, 혈통, 과거국적 등의 기준 중 무엇에 의해 대상집단을 정의하는가, 법과 정책이 특정 국가에 있는 동포만을 대상으로 하는가 모든 외국에 거주하는 동포까지 대상으로 삼는가, 법과 정책의 효과가 어느 정도로 외국의 영토에서 발휘되는가, 외국국적동포가 향유하는 권리와 편익의 성격이 무엇인가 등의 기준에 따라 유형화될 수 있다. 인게이지먼트의 양식들은 종족적 민족주의에의 호소와 초국경 권력 투사의 정도에 따라 펼쳐진 스펙트럼을 구성한다. 그러한 법적－정책적 실천들을 규율하는 국제규범은 충분히 확립되어 있지 않다. 다른 나라의 주권에 대한 존중과 평등 및 차별금지의 원칙은 그러한 실천들을 평가할 가장 주된 규범적 준거이다. 그러나 일반적이고 추상적인 법적 규칙들은 구체적 상황에 적용할 적절한 가이드라인을 제시해주지 못하고 있다. 인게이지먼트 규칙의 빈곤 속에 초국가적 민족만들기 프로젝트의 합법성과 정당성은 영향 받은 나라와 국제사회의 반응에 정치적으로 좌우된다.

국제법질서의 헤게모니적 시선 아래 초국가적 민족정책은 비정상적으로 보일지 모른다. 그것은 국가로부터 민족의 분리를 나타내며, 국민국가 개념의 중심에 자리잡은 민족－국가의 일치 신화를 동요시킨다. 「헝가리인지위법」을 옹호하는 사람들은 이 점을 강조하면서 반대 방향에서 「지위법」을 합리화한다. 「지위법」이 제정될 때 헝가리 외교장관 머르토니(János Mártonyi)는 말하기를,

> 미래에는 영토에 규성된 국가가 모든 것을 결성하지 않을 것이다. 그것의 역할은 중요하게 남겠지만, 그와 병행하여 예컨대 민족공동체들 역시 강화될 것이다. 내가 볼 때, 미래에는 소수민족은 없고 오직 공동체들(communities)만이 있을 것이다. 그리고 우리의 대륙은 공동체들의 공동체가 될 것이라 믿는다.[156]

이러한 일차적(first－order) 진술에 동의하여 「헝가리인지위법」이 포스트모던 국가 개념의 등장을 알린다는 이차적(second－order) 해석을 내어놓는 학자도 있다.[157] 그러나 이와 같은 국가와 민족의 분리는 베스트팔렌 국민국가의 논리에서 벗어나는

것이라 할 수 없다. 국민국가의 논리에 대항한다고 머르토니가 합리화한 정책 역시 국가의 기획이다. 그의 말은 민족과 국가, 민족과 국민의 불일치라는 국민국가의 항상적 면모를 드러낼 뿐이다.158)

　네이션의 자기정의가 시민적(civic)이냐 종족적이냐라는 이분법을 따르지 않더라도 민족들이 서로 다른 자기이해를 가지고 있음을 부정할 수는 없다. 위에서 살핀 초국가적 민족만들기의 사례들은 사람들이 국가와 민족의 관계를 상념하는 다양한 방식에 대한 관심을 촉발시킨다. 위르겐스의 해설자료는 국제공법이 "'민족(nation)'의 개념에 아무 자리도 내어주지 않는다"고 했지만, 유럽평의회 의회의 결의 자체는 그러한 문구를 채택하지 않았을 뿐만 아니라 "'네이션'의 개념에 대한 유럽 공통의 법적 정의는 없다"고 인정했다.159) 그 후 동 의회는 유럽 각국의 네이션 개념을 탐구하여 2005년과 2006년 각각 「네이션의 개념」(The Concept of Nation)이라는 제목의 보고서와 권고를 채택했다. 이 문건들은 헌법민족주의에 대한 비판적 관점과 국경을 넘어 혈연소수민족에 관여하려는 혈연국의 정책에 대한 조심스런 접근을 담는 한편, 민족과 국가의 관계에 대한 유럽 민족들의 관념이 가지는 다양성을 강조하고 국가로 환원될 수 없는 문화공동체로서 네이션의 개념적 가능성을 긍인했다.160) 헝가리의 저명한 민족주의 연구자 칸토르는 그것을 "유럽 수준에서 사고의 전환"을 보여주는 것으로 받아들여 환영의 뜻을 표하였다.161) 그러나 사고의 전환이라기보다는 복잡한 현실에 대한 유럽의 규범적 입장이 확립되지 못했음을 보여주는 미묘한 언설로 해석하는 것이 나을 것이다. 앞서 소개한 유럽안보협력회의(OSCE) 소수민족고등판무관 롤프 에케우스는 헝가리에게 다른 나라의 관할권을 존중하라고 훈계하면서도 "민족과 국가의 경계가 일치하는 경우는 드물다. 사실 순수한 '네이션스테이트(nation-state)'는 거의 없다"고 말했다.162)

미주

1) 이 글의 본론은 『유럽연구』 제37권 제4호 (2019)에 게재된 필자의 논문 「재외동포정책과 초국가적 민족의 헌법적 정초」 및 해당 논문의 영문 심화 버전인 "Nation v. State: Constitutionalizing Transnational Nationhood, Creating Ethnizens, and Engaging with Kin-Foreigners in Europe and Asia," Asian Journal of Law and Society, Vol.7, No.1 (2020)을 바탕으로 한다.

2) Ferdinand Tönnies (2001). 이 책에서는 Wesenwille을 자연적 의지(natural will)로, Kürwille을 자의적 의지(arbitrary will)로 번역했다. 영역판 중에는 전자를 본질의지(essential will)로, 후자를 합리적 의지(rational will)로 번역한 예도 있다. 황성모의 한국어 번역판 『공동사회와 이익사회』 (삼성출판사, 1976)에서는 "본질의지"와 "선택의지"로 번역했다. Gemeinschaft und Gesellschaft 에서 사용한 개념의 번역례에 대해서는 위의 Community and Civil Society 중 Glossary/Niall Bond (2009), pp.162-186 참조.

3) 김필동 (2002), 18-23면.

4) 같은 글, 46면.

5) Max Weber (1968), pp.40-43.

6) 게마인샤프트와 게젤샤프트에 관한 퇴니스와 베버의 차이 및 베버에 입각한 퇴니스의 이분법 비판에 대해서는 베버의 『경제와 사회(Wirtschaft und Gesellschaft』 영역판 Economy and Society의 해당 부분을 번역한 파슨스(Talcott Parsons)에 의해 삽입된 주)24(60면); Sung Ho Kim (2004), pp.65-67; Niall Bond (2012), pp.25-57.

7) 인용문은 황성모가 번역한 『공동사회와 이익사회』 서두에 게재된 퇴니스의 「제6판 및 제7판에 대한 서언」에서 발췌한 것으로서 번역된 용어 "공동사회"와 "이익사회"를 "게마인샤프트"와 "게젤샤프트"로 치환했다. 퇴니스가 베버에 선행하여 제안한 정상개념(Normalbegriffe) 또는 정상형(Normaltyp)과 베버의 이념형 사이의 공통점과 차이, 그리고 퇴니스가 1912년 개정판의 부제를 1887년 초판의 『경험적 문화 형태로서 공산주의와 사회주의 논의』(Abhandlung des Communismus und Socialismus als empirische Kulturformen)에서 『순수사회학의 기본개념』 (Grundbegriffe der reinen Soziologie)으로 바꾼 것의 함의는 게마인샤프트와 게젤샤프트 개념에 대한 퇴니스의 생각을 이해하는 데 중요한 쟁점이지만 이 글에서 이 문제를 천착할 수는 없다.

8) 퇴니스가 게마인샤프트의 대표적 유형으로 지목한 촌락공동체 중 유럽 중세사에서 검출되는 형태는 맑스가 말하는 게르만적 공동체(germanische Gemeinde, Germanic community)에 해당한다. 맑스는 게르만적 공동체가 사적 소유자의 합의에 의해 만들어졌으며(즉 게젤샤프트적이며), 단체가 개인의 소유를 매개하는 것이 아니라 개인이 단체 및 공동소유를 매개한다고 보았다. Karl Marx (1965), pp.78-79.

9) 신용하 (2009).

10) Jürgen Habermas (1996), pp.126-127; 박명규 (2009), 62-65면.

03 자연적 공동체와 법

11) 박명규 (2009), 65-67면; 강경근 (1987), 143-163면.

12) Jürgen Habermas (1996), p.126.

13) Max Weber (1968), p.395.

14) 아자 가트/알렉산더 야콥슨 (2020), 38면.

15) People을 "인족"으로 번역한 예로는 이철우 (2010), 78면; 아자 가트/알렉산더 야콥슨 (2020).

16) 김광억 (2005), 20면. 김광억은 종족을 인종(race)과 구별하지만 실제로 종족을 구분할 때 신체적 외형에 대한 생물학적 관찰이 동원됨을 인정한다.

17) Anthony D. Smith (1986), pp.22-31.

18) Walker Connor (1994), pp.100-103.

19) Max Weber (1968), pp.385-398. 베버는 종족의 개념이 불명확하며, 엄밀한 분석을 위한 도구로서 부적합하다고 보았다.

20) 아자 가트/알렉산더 야콥슨 (2020), 33-34면.

21) 이 분류는 Anthony D. Smith (1996), pp.358-365에 의거.

22) 홉스봄은 근현대의 네이션은 전근대에 같은 영토에 존재한 원생적 네이션(proto- nation)으로부터 유래한 것이 아니라 근현대에 새로이 형성된 것이라 본다. 겔너는 그러한 단절을 "Nation은 배꼽(navel)을 가지고 있는가?"라는 질문을 던지고 그에 부정적으로 답함으로써 강조했다. "상상의 공동체"라는 말로 잘 알려진 베네딕트 앤더슨은 네이션을 인쇄술의 발전 등 근세에 일어난 변화의 산물로 본다. Eric J. Hobsbawm (1992); Ernest Gellner (1996), pp.366-370; Benedict Anderson (1998).

23) 김광억은 원초주의와 도구주의를 종족성을 설명하는 관점들로 분류한다. 그러한 관점들은 주로 네이션을 설명하는 방식들로 거론되지만, 종족성도 마찬가지로 설명할 수 있다.

24) Ferdinand Tönnies (2001), p.35.

25) 퇴니스는 그러한 독일의 국가를 게젤샤프트의 대명사라 할 수 있는 영국의 계약적(contractual) 국가와 대비시켰다. Arthur Mitzman (1971), pp.523-524.

26) "중국은 고래로 한족을 포함한 56개 민족으로 이루어진 중화민족으로 형성"되었다고 한다. 이진영 (2005), 339-340면.

27) 공봉진 (2004), 185-205면; Rogers Brubaker (1996), chap. 2.

28) 아자 가트, 앞의 책, 38, 42면. 민족=네이션은 반드시 기성의 국가의 구성원집단을 뜻하지 않더라도 국가를 지향하는 집단이라 할 수 있다. 즉 쿠르드족처럼 독자적인 정치적 단위가 될 잠재력을 가지거나, 조선족처럼 같은 민족의 구성원(동포)이 이미 다른 국가를 형성하고 있는 경우에 적용되는 개념이다. 인족이나 종족 중에는 많은 원주민(indigenous peoples) 집단과 같이 국가를 지향하지 않거나 그럴 만한 잠재력을 가지지 못한 경우가 많이 있다.

29) Ernest Renan (1882), p.51.

30) 같은 글, 50-51면.

31) 박명규는 르낭이 말하는 민족을 감정공동체이자 운명공동체로 해석하는 한편, "공동체의 삶"을 영위하겠다는 선택과 의지에 근거한다고 보았다. 박명규 (2009), 67-68면. 민족은 결사체적 행위를 통해 구성되지만, 조직원리와 기대되는 성원들의 의식은 공동체적인 것이다.

32) 르낭의 강연의 한국어 번역은 제목을 『민족이란 무엇인가』로 삼았다. 에르네스트 르낭 (2002).

33) 동포의 의미와 용어 사용의 변천에 대해서는 Jaeeun Kim (2009), pp.133-164.

34) 윤인진 책 나중에 인용

35) 브루베이커가 그러하다. Rogers Brubaker (2000). 국경 변동에 의해 분리된 사람들을 디아스포라에 포함하는 다른 문헌으로는 Judit Tóth (2000), pp.37−64; Myra A. Waterbury (2010a).

36) European Commission for Democracy through Law (Venice Commission), "Report on the Preferential Treatment of National Minorities by Their Kin−State," CDL−INF(2001)19, 22 October 2001, reprinted in Venice Commission (2002), para. 42.

37) Rainer Bauböck (2007), p.2396.

38) Jaeeun Kim (2016), p.8.

39) Rainer Bauböck/Thomas Faist eds. (2010).

40) 그러한 사례들에 대한 탐구는 2018년 재외동포재단의 요청에 따라 강광문(서울대) 및 조희문(한국외대)과 함께 수행한 「OECD 회원국을 중심으로 한 각 국 헌법의 재외동포 관련 조항 연구」에서 시작되었다.

41) 일부만 나열한다면, 정인섭 편 (2002); 정인섭 (2003), 189−217면; Robert M. Hayden (1992), pp.654−673; Venice Commission (2002); Zoltán Kántor/Balázs Majtényi/Osamu Ieda/Balázs Vizi/Iván Halász eds. (2004); Christian Joppke (2005); Osamu Ieda ed. (2006); John D. Skrentny/Stephanie Chan/Jon Fox/Denis Kim (2007), pp.793−825.; Alan Gamlen (2008), pp.840−856; Enikő Horváth (2008); Harris Mylonas (2012); Costica Dumbrava (2014); Ngo Chun Luk (2018); Rainer Bauböck/Thomas Faist eds. (2010).

42) 이 두 유형을 연결하거나 비교하는 데 소홀했던 것은 민족주의 또는 소수민족 연구와 이주 연구가 분리되어 있었던 것과 무관하지 않다. 그 간극을 극복하는 것의 필요성을 역설한 Myra A. Waterbury (2010b); 유럽의 민족주의적 시민권 정책만을 다루면서도 이 두 유형을 분리하는 것의 문제점을 지적한 Enikő Horváth (2008), p.284.

43) Ayelet Shachar (2000).

44) Grundgesetz für die Bundesrepublik Deutschland, https://www.gesetze−im−internet.de/gg/BJNR000010949.html.

45) Rainer Münz (2003); Rogers Brubaker/Jaeeun Kim (2011), pp.33−40; Enikő Horváth (2008), pp.152−153; 이규영 (2000), 29−64면; 권형진 (2018), 83−137면; 강광문/이철우/조희문 (2018).

46) 이 글에서 인용하는 각국 헌법 텍스트의 출처는 Constitute: The World's Constitutions to Read, Search, and Compare, https://www.constituteproject.org/?lang=en. 다만 출처가 다른 정보는 별도로 언급한다.

47) 알바니아의 해당 조항을 울트라민족주의의 표현으로 보는 견해로는 Natalia Ereminal/ Sergei Seredenko (2015), pp.95−96.

48) Elvin Gjevori (2018), pp.171−193. 20세기 발칸 지역의 민족분규의 배경 중 하나가 대(大)알바니아주의로 묘사되는 알바니아 민족주의였다는 점을 감안할 때 특히 그렇게 평가할 만하다. 김철민 (2012), 35면.

49) Constitute 데이터베이스에서는 "불가리아계 국민(citizens of Bulgarian origin)"이 그러한 지위를 가진다고 번역하여 논리적 모순을 보여주는데, 해당 조항의 불가리아어 원문은 "불가리아 출신인"으로 번역된다.

50) 보스니아−헤르체코비나 내에서 세르비아계 스르프스카공화국(Republika Srpska)이 독립을 선

포한 것이 가장 극적인 예이다.

51) Art. 72, Republic of Serbia: The Constitution 1990, http://unpan1.un.org/intradoc/groups/public/documents/UNTC/UNPAN019071.pdf.

52) Jelena Vasiljević (2012), pp.326, 334.

53) 영어 번역문에 혈연국(kin-state)으로 번역된 것의 원어는 matičnom državom으로서 "고국(home country)"을 뜻한다. Ustav Republike Srbije (Constitution of the Republic of Serbia), https://www.paragraf.rs/propisi_download/ustav_republike_ srbije.pdf.

54) Dejan Valentinčič (2014), p.66.

55) 세르비아에 비해 크로아티아가 더욱 강력한 종족적 내셔널리즘의 언어를 헌법에 담고 있다. 세르비아는 연방의 보존 속에서 종족적 헤게모니를 누릴 수 있었기 때문에 국가-영토-민족의 일치를 담는 내셔널리즘을 지향하는 것이 유리했음에 비해 크로아티아는 연방으로부터 분리되어야 했기 때문에 종족적-문화적 성격의 민족적 아이덴티티를 고취했다고 볼 수 있다. 그러한 차이는 양차대전 사이의 유고슬라비아에서도 볼 수 있었다. 김철민 (2014), pp.203-233.

56) 현재 공식 국호는 북마케도니아공화국(Republic of North Macedonia)이다.

57) 2006년 세르비아인, 크로아티아인, 보스니아인은 알바니아인, 무슬림 등과 함께 소수민족으로 인정되었다. Jelena Džankić (2012), pp.41-42.

58) Art. 74, Constitution of the Republic of Montenegro 1992, https://www.venice.coe.int/webforms/documents/?pdf=CDL(2005)096-e; Art. 48, Constitution of the Federal Republic of Yugoslavia 1992, https://www.refworld.org/docid/3ae6b54e10. html. 그러나 그 연방의 후신인 세르비아-몬테네그로국가연합(State Union of Serbia and Montenegro)의 헌법은 그러한 규정을 가지고 있지 않았다.

59) Declaration on the Rights of Persons Belonging to National or Ethnic, Religious and Linguistic Minorities, UN General Assembly Resolution 47/135 (1992), https://www.ohchr.org/en/professionalinterest/pages/minorities.aspx; Framework Convention for the Protection of National Minorities, https://www.coe.int/en/web/minorities/text-of-the-convention.

60) Hans Kohn (1994), pp.162-165; 김철민 (2014), 203-233면. 이 구별은 EU15과 동유럽 국가의 구분과는 일치하지 않는다. EU15의 중심국 중 하나인 독일이야말로 한스 콘이 분류하는 동유럽형의 전형이었기 때문이다. 한편 브루베이커는 그런 식의 종족적 v. 시민적의 이분법이 더 이상 학계의 신용을 얻지 못함을 보여준다. Rogers Brubaker (1998), pp.272, 298-301. 박명규는 프랑스와 독일을 거론하며 두 유형이 다른 길을 걸은 것이 아니라 다른 방식으로 같은 길을 걸었다고 평한다. 박명규 (2009), 70-71면.

61) 제1항은 1975년부터 헌법에 있었고, 제2항은 2001년에 삽입되었다. 재외그리스인협의회는 1989년에 설립되었다. Michael Damanakis (2005), p.39.

62) 강광문/이철우/조희문 (2018), 11-12, 53-54면 [조희문 집필] 참조.

63) 김남국 (2018), 72-73면.

64) 세계법제정보센터, http://world.moleg.go.kr/web/wli/lgslInfoReadPage.do?A=A&searchType=all&searchText=%25ED%2597%258C%25EB%25B2%2595&searchPageRowCnt=10&searchNtnlCls=1&searchNtnl=CN&pageIndex=1&CTS_SEQ=45514&AST_SEQ=1086&ETC=2.

65) 그러한 배경 아래 1950년대 중화인민공화국은 인도네시아, 말레이시아, 태국과 각각 조약을

체결하여 화교로 하여금 국적을 선택하도록 해 이중국적 상태를 해소했다. Li Buyun/Wu Yuzhang (1999), p.161. 1965년 수하르토 정부에 의한 화교 탄압이 있기 전에도 중국인(처음에는 공산계, 1950년대 후반에는 국민당계)에 대한 상당한 견제가 있었다. 여운경 (2014), 45-69면.

66) Constitution of the Democratic Republic of Vietnam 1946 as amended 1948, http://www.worldstatesmen.org/Vietnam_North_1948.doc; Constitution of the Democratic Republic of Vietnam 1959, http://web.hcmulaw.edu.vn/humanrights_en/index. php?op-tion=com_content&view=article&id=50:constitution-of-the-socialist-republic-of-vietnam-1959&catid=28:constitution-of-vn&Itemid=44; Constitution of the Socialist Republic of Vietnam 1980, Review of Socialist Law, Vol.7 (1981), p.365.

67) Clair Sutherland (2012), p.6.

68) Viet Nam: Constitution 1992, https://www.refworld.org/docid/3ae6b573c.html.

69) Mark Sidel (2009), pp.95-96, 123-124. "민족들의 공동체"는 베트남을 구성하는 여러 민족(nationalities)이 연합해 만든 공동체라는 의미이다.

70) Constitution of the Socialist Republic of Vietnam 1992 as amended 2001, http://www.vietnamlaws.com/freelaws/Constitution92(aa01).pdf.

71) 통일법제 데이터베이스, https://www.unilaw.go.kr/Index.do.

72) Jeanyoung Lee (2001), pp.87-131.

73) Natsuoka Oka (2006), pp.359, 373.

74) Constantino Xavier (2011), pp.37-38.

75) 문화적 연고를 이유로 특정 외국인 집단에게 특별한 지위를 부여하는 예를 찾자면 포르투갈어를 모국어로 삼는 외국인에게 특별한 권리를 부여하는(제23조 제3항) 케이프 베르데(Cape Verde)가 유일하다.

76) Robert M. Hayden (1992), p.670. National sovereignty는 국가주권으로 번역해야 마땅한 경우가 많지만 여기에서의 네이션은 민족으로서의 의미를 가진다.

77) Robert M. Hayden (1992), p.667. 선거법상 비국민 민족성원에게 선거권을 부여한 것은 아니지만 민족동원의 와중에서 비국민의 투표가 변칙적으로 이루어진 것을 지적한 것으로 이해된다.

78) Venice Commission (2011), para. 39.

79) Venice Commission (2011), para. 41.

80) Myra A. Waterbury (2010a), pp.4-5.

81) Venice Commission (2006), para. 10.

82) Venice Commission (2011), para. 42.

83) Venice Commission (2001).

84) Jorge A. Vargas (1998), pp.828, 835-836, 845.

85) Christian Rumpf (2003), p.369; Ayse S. Caglar (2004); Zeynap Kadirbeyoglu (2012), pp.3-7; Ngo Chun Luk (2018), p.300.

86) High Level Committee on the Indian Diaspora (2001); 김경학 (2006); Ngo Chun Luk (2018), chap. 4.

87) 1997년 두 개의 「재외동포기본법안」이 제출되었다.

88) 2012. 1. 25. 인터뷰. 인터뷰에 응해준 김준규 전 검찰총장께 감사한다.

89) 재외동포법 제정시 국회 법제사법위원회 검토보고에서 아일랜드, 그리스, 폴란드가 과거국적
자를 입국절차에서 우대하는 법률을 가진 것으로 언급했는데, 그 내용이 무엇인지에 대해서는
누구도 알고 있었던 것으로 보이지 않는다. 제200회 국회(법제사법 제2차) 『법제사법위원회회
의록』 제2호, 1999. 2. 5, 11면, http://likms.assembly.go.kr/record/mhs−40−010.do#none.

90) "혈연국이 국내 법률이나 행정입법을 제정하여 혈연소수자에게 특별한 권리를 부여하는 근래
의 경향은 최근까지 특히 주목받거나 국제공동체의 별다른 관심을 불러일으키지 못했다."
Venice Commission (2001), p.33.

91) 정인섭 (2003).

92) Oxana Shevel (2010), pp.159−187; Agata Górny/Dorota Pudzianowska (2009),
pp.133−134; Jelena Vasiljević (2012), pp.330−331; Law on Diaspora and Serbs in the
Region, http://www.dijaspora.gov.rs/wp−content/uploads/2014/04/LAW−on−
diaspora−and−Serbs−in−the−Region.pdf.

93) Dejan Valentinčič (2014), pp.67−76; Felicita Medved (2009), pp.321−322.

94) Venice Commision (2004) 및 이 의견서에 첨부된 Draft Law Concerning the Support for
Romanians Living Abroad.

95) Act on the Slovaks Living Abroad and on Amendments and Additions to Certain Laws,
http://www.uszz.sk/sk/act−on−the−slovaks−living−abroad−and−on−amend−
ments−and−additions−to−certain−laws.

96) Harris Mylonas/Marko Žilovic (2019), pp.613−635; Federal Law on State Policy of the
Russian Federation in Respect of Compatriots Abroad (last amended 2013),
https://www.global−regulation.com/translation/russia/2942117/on−state−policy−
of−the−russian−federation−in−respect−of−compatriots−abroad.htm.

97) The consolidated text inclusive of Act LVII of 2003 on Amendments of the Act LXII of
2001, reprinted in Kántor et al. (eds.), The Hungarian Status Law, pp.517−528.

98) Rainer Bauböck eds. (2010); Mária M. Kovács/Judit Tóth (2013), pp.9−11.

99) Venice commission. (2002); Zoltán Kántor eds. (2004); Osamu Ieda ed. (2006); Judit Tóth
(2003), pp.201−227; Brubaker et al. (2006), pp.350−355; Enikő Horváth (2008); Myra A.
Waterbury (2010b); Myra A. Waterbury (2010a), chap. 4; Andrea Udrea (2014),
pp.324−346 등 참조.

100) Bauböck (2007), p.2396.

101) 재외인도시민권(Overseas Citizenship of India)은 2003년 국적법개정법률(Citizenship
(Amendment) Act)에 의해 도입되었고, 2005년 같은 이름의 법률에 기초하여 2006년에 재시
행되었다. 2015년 PIO카드와 OCI카드를 하나로 통일하는 결정이 내려졌다. Ngo Chun Luk
(2018), chap. 4.

102) 아시아의 에스니즌십 사례도 더욱 늘어날 것으로 전망된다. 대한민국 재외동포법을 모델로 삼
아 인도네시아에 "반(半)이중국적"을 제안하는 연구로 Bilal Dewansyah (2019), pp.52−63
참조.

103) Bronwen Manby (2016), chap. 5.

104) 불가리아 헌법은 동포의 국적취득을 간소화하는 규정만을 두고 있어 헌법이 에스니즌십을 규

정했다고 할 수 있는지 생각해 볼 여지가 있다.

105) Dejan Valentinčič (2014), pp.67－76.

106) Art. 2, Law on Diaspora and Serbs in the Region.

107) Ministry of Home Affairs Notification on PIO Card Scheme, 30 March 1999, F. No. 26011/4/98－IC I－2(b), High Level Committee on the Indian Diaspora (2001), p.371: Section 7A, Citizenship Act 1955, https://indiacode.nic.in/bitstream/123456789/4210/1/Citizenship_Act_1955.pdf.

108) 헌재 2001.11.29. 99헌마94. 방문취업제 도입 전에는 방문동거체류자격을 변형한 취업관리제를 통해 중국 및 구소련 동포를 우대했다.

109) Mária M. Kovács/Judit Tóth (2007), p.158.

110) John D. Skrentny/Stephanie Chan/Jon Fox/Denis Kim (2007).

111) "Sovereignty, Responsibility, and National Minorities," Statement by Rolf Ekéus, OSCE High Commissioner on National Minorities, 26 October 2001, reprinted in Zoltán Kántor et al. eds. (2004), pp.581－582.

112) Explanatory Memorandum to Resolution 1335 (2003): Preferential Treatment of National Minorities by the Kin－State: The Case of the Hungarian Law of 19 June 2001 on Hungarians Living in Neighbouring Countries ("Magyars"), reprinted in Zoltán Kántor et al. eds. (2004), pp.574－581.

113) Zoltán Kántor et al. eds. (2004); Enikő Horváth (2008), pp.168－185.

114) Preamble and Article 5, Draft Law Concerning the Support for Romanians Living Abroad; Venice Commission, "Opinion on the Draft Law Concerning the Support for Romanians Living Abroad of the Republic of Romania."

115) The Bolzano/Bozen Recommendations on National Minorities in Inter－State Relations & Explanatory Note, OSCE High Commissioner on National Minorities, June 2008.

116) Enikő Horváth (2008), p.153.

117) Explanatory Note on the Bolzano/Bozen Recommendations, art. 9.

118) Venice Commission (2001), pp.34－35. 「볼자노/보젠권고」에 대한 해설서도 지원이 혈연국 문화와 "진정한 유대를 가져야(genuinely linked)" 함을 명시하고 있다(제9조).

119) 그 중 그리스동포(homogenis)증명서와 슬로바키아종족인증서(ethnic origin certificate)가 가장 신분증에 가깝다고 평가된다. Csongor Istvan Nagy (2007), p.302.

120) Parliamentary Assembly, Council of Europe [이하 PACE로 표기함], "Links between Europeans Living Abroad and Their Country of Origin," Report of the Committee on Migration, Refugees and Demography, Doc. 8339, 5 March 1999; "Links between Europeans Living Abroad and Their Country of Origin," Recommendation 1410 (1999), 26 May 1999; "Links between Europeans Living Abroad and Their Country of Origin," Report of the Committee on Migration, Refugees and Population, Doc. 10072, 12 February 2004; "Links between Europeans Living Abroad and Their Country of Origin," Recommendation 1650 (2004), 2 March 2004; "Engaging European Diasporas, Recommendation: The Need for Governmental and Intergovernmental Responses," Report of the Committee on Migration, Refugees and Population, Doc. 12076, 5 November 2009; "Engaging European

Diasporas, Recommendation: The Need for Governmental and Intergovernmental Responses," Recommendation 1890 (2009), 20 November 2009; "Engaging European Diasporas, Recommendation: The Need for Governmental and Intergovernmental Responses," Resolution 1696 (2009), 20 November 2009.

121) PACE, "Links between Europeans Living Abroad and Their Country of Origin," Report of the Committee on Migration, Refugees and Demography (1999), paras. 107–108.

122) "민족과 국가의 분리"를 말하는 두 상이한 맥락에 대해서는 Chulwoo Lee (2010), pp.230–251.

123) Venice Commission (2001), p.40. 한국의 방문취업제를 적극적 우대조치로서 옹호하는 연구로는 Hye–Kyung Lee (2010), pp.559–591.

124) Venice Commision (2004), para. 20.

125) 「인종차별철폐협약」(International Convention on the Elimination of All Forms of Racial Discrimination)은 국적과 귀화에 관한 조치가 특정 집단을 적극적으로 차별하지 않는 한 차별 금지의 대상에서 제외함을 명시적으로 규정한다(제3조 제1항).

126) Costica Dumbrava (2014).

127) Christian Joppke (2005).

128) János Kis, "The Status Law: Hungary at the Crossroads," in Zoltán Kántor et al. eds. (2004).

129) 국가인권위원회 (2002).

130) Christian Joppke (2005), pp.15, 20.

131) 대한민국은 혈연을 기준으로 작성된 일제시대의 호적에 의거한 인구관리의 경험상 과거국민과의 관계를 생물학적 혈통의 입증을 통해 주장하게 된다. Chulwoo Lee (2012), pp.85–102; Jaeeun Kim (2011), pp.760–786.

132) Takeyuki Tsuda/Wayne A. Cornelius (2004), pp.455–456.

133) UK Ancestry Visa, https://www.gov.uk/ancestry–visa.

134) Mette Thunø (2001), pp.910–929.

135) 이진영 (2002), 70면.

136) Costica Dumbrava (2014); Wiebke Sievers (2009).

137) Constantino Xavier (2011), p.45.

138) 예를 들어, 노영돈 (2003), 98면.

139) 이철우 (2008), 27–61면.

140) 멕시코가 복수국적을 용인하자 일부 미국인들은 멕시코의 조치가 캘리포니아 등을 미국으로 귀속시킨 과달루페이달고(Guadalupe Hidalgo)조약을 되돌리려는 시도라 비난했다. Sam Howe Verhovek (1998).

141) Szabolcs Pogonyi/Mária M. Kovács/Zsolt Körtvélyesi (2010). 러시아는 러시아 종족성에 기초해 그리한 것이 아니라 구소련 국적을 근거로 삼았다는 점에서 동유럽 국가들의 복수국적 전략과 구별된다.

142) Independent International Fact–Finding Mission on the Conflict in Georgia, Report of the Independent International Fact–Finding Mission on the Conflict in Georgia, Vol.1 (2009),

p.18, https://echr.coe.int/Documents/HUDOC_38263_08_ Annexes_ENG.pdf. 크림반도 주민이 러시아 국적을 취득한 것은 크림반도를 영토로 편입했기 때문에 성격에 차이가 있고, 우크라이나 돈바스(Donbas) 지역의 러시아계 주민에 대한 국적 부여는 분쟁이 현재 진행 중이라 언급을 자제한다.

143) PACE, "Engaging European Diasporas, Recommendation: The Need for Governmental and Intergovernmental Responses," Report of the Committee on Migration, Refugees and Population, para. 7.

144) 국제사법재판소(ICJ)의 노테봄 사건(Lichtenstein v. Guatemala, Second Phase, 1955)에 대한 판결로부터 발전한 "진정한 유대"의 법리는 진정한 유대를 결여한 국적자에 대한 외교적 보호를 배제하는 소극적 원칙으로 활용되거나 「유럽국적협약」에서 보듯 그 결여가 국적박탈 금지의 예외 사유로 인정된다. 그 법리를 국적 부여를 제한하기 위한 목적으로 사용할 수 있는지는 의문이다.

145) 이철우 (2008), 49－51면.

146) "지구상에는 아일랜드 혈통을 주장하는 7천만명의 사람들이 있습니다. 저는 그들을 대표하는 것을 자랑스럽게 생각할 것입니다." Address by the President, Mary Robinson, on the Occasion of Her Inauguration as President of Ireland, 3 December 1990, https://president.ie/en/media－library/speeches/address－by－the－president－mary－rob－inson－on－the－occasion－of－her－inauguration.

147) Robert M. Hayden (1992), pp.655－656.

148) 전세계 헌법 전문에 대한 한 비교 연구는 전문의 평균 길이가 175개 단어이며, 75퍼센트의 헌법이 300개 미만의 단어로 구성되어 있다고 한다. Tom Ginsburg, Nick Foti and Daniel Rockmore, "'We the Peoples': The Global Origins of Constitutional Preambles," George Washington International Law Review, Vol.46 (2014), p.315. 헌법 전문은 국제적으로 공인된 일정한 패턴을 가지고 있지만, "국가의 아이덴티티, 역사, 가치를 표현하는 이상적인 장소"임을 부정할 수 없다. David Law (2016), p.162.

149) Venice Commission (2011), para. 38.

150) 같은 의견서, paras. 39－40.

151) Marc Morjé Howard (2009), p.28.

152) European Commission (2008); European Commission (2013).

153) Rainer Bauböck (2010), pp.311－313.

154) "동아시아 국가들은 동포 우대를 경제적 목표를 위해 도구적으로 활용하며 동포 투자자들도 우대한다. 유럽 국가들은 동포를 보호하거나 상징적 유대를 표현하기 위해 큰 비용을 들여 우대를 제공한다. 그처럼 유럽에서는 국가가 재외동포를 도울 의무를 가지는 반면, 아시아에서는 외국국적동포가 국가를 돕는다." John D. Skrentny et al. (2007), p.793.

155) Myra A. Waterbury (2010a).

156) Brigid Fowler, "Fuzzing Citizenship, Nationalising Political Space: A Framework for Interpreting the Hungarian 'Status Law' as a New Form of Kin－state Policy in Central and Eastern Europe," in Zoltán Kántor et al. eds. (2004), p.178에서 재인용.

157) 같은 글.

158) Chulwoo Lee (2010), pp.230－251. 디츠는 「헝가리인지위법」에 내재하는 신중세주의

(neo-Medievalsim) 지향의 동력을 과장했다. 그는 "그러나 아직은 베스트팔렌의 그림자가 짙다"고 결론지었다. 유럽 기구들이 헝가리의 시도를 제약함으로써 신중세주의를 저지했다는 것이다. Stephen Deets (2008), pp.195-215. 그러나 유럽 기구들이 가로막기 전에 헝가리가 시도한 것이 실로 베스트팔렌 국제질서의 틀을 깨는 것이었는지를 물었어야 했다.

159) PACE, "Preferential Treatment of National Minorities by the Kin-State: The Case of Hungarian Law on Hungarians Living in Neighbouring Countries ("Magyars") of 19 June 2001," Resolution 1335 (2003), 25 June 2003.

160) PACE, "The Concept of Nation," Report of the Committee on Legal Affairs and Human Rights, Doc. 10762, 13 December 2005; "The Concept of Nation," Recommendation 1735 (2006), 26 January 2006.

161) Zoltán Kántor, "The Recommendation on the Concept 'Nation' of the PACE," Regio (2006/1), p.99. 2006년 부다페스트의 연구실을 방문했을 때 유럽평의회 의회에서 전개되는 논의에 대해 알려주고 문건을 제공한 칸토르 박사께 감사한다.

162) "Sovereignty, Responsibility, and National Minorities," Zoltán Kántor et al. eds. (2004), p.581.

혈연공동체와 법

혈연공동체와 법
‒ 종중을 중심으로 ‒

Ⅰ. 글머리에

2022년 2월의 신문 기사에 의하면 오랫동안 반목을 거듭해 오던 두 종중이 화해했다고 한다.[1] 현행 판례에 따르면 당연히 이 종중의 구성원인 서울 거주 22세 여대생 윤모양에게 이 기사는 과연 어떤 의미를 가지고 다가 왔을까 ? 나아가 50년 후에도 이런 기사가 신문에 실릴 수 있을까?

하지만 우리나라 특유의 혈연공동체[2]인 종중은 적어도 현시점에서는 우리 사회에 엄연히 존재하고 있으며, 그 부산물로서 각종 대내외적인 분쟁과 이에 따른 판례를 여전히 생산해 내고 있다.[3] 그리고 이에 대한 우리 법학계의 대응은 크게 다음과 같은 세 가지 측면에서 이루어져 왔다.[4]

첫째, 전(前)근대적 존재로서의 종중을 근대법 질서에 편입시키는 과정에서 이루어진 조선고등법원(朝鮮高等法院)[5]의 판례와 이를 답습하는 우리 대법원의 입장(이른바 자연발생설, 명의신탁법리 등) 및 우리 민법상의 총유제도에 대한 비판과 그 밖의 실무상의 문제점들에 대한 지적이다.

둘째, 대법원 2005. 7. 21. 선고 2002다1178 전원합의체 판결(이하 ‘2005년 전원합의체 판결’)을 계기로, 그동안 적어도 판례상으로는 당연시되었던 종중 구성원의 문제 및 이와 밀접한 관련을 맺고 있는 종중의 자율성에 관한 논의이다. 요컨대 위 판결이 성년남자만 종중구성원이 될 수 있다는 기존의 관습법은 변화된 법질서에 부합하지 아니하여 폐기되었다고 본 것은 타당하다고 하더라도, 종래의 자연발생설을 유지하면서 성년이면 누구든 자신의 의사와 관계없이 부계 성씨의 종중(대법원 판례에 따르면 망인에게 두 사람 이상의 성년자인 후손만 있으면 종중이 성립하므로 결과적으로 무수히 많은 종중들)에 당연가입된다고 하는 결론을 취한 것이 사법상의 단체의 자율성이나 헌법상의 결사의 (소극적) 자유와 조화를 이룰 수 있는지를 중심으로 하는 문제이다.

셋째, 종중 관련 입법의 불비로 인한 문제점을 해결하고 향후 종중을 지속가능한 존재로 만들기 위한 특별입법의 제안이나 종중운영의 합리적 개선방안과 관련된 논의이다. 나아가 도시화·국제화·핵가족화 등 법외적인 환경은 차치하고라도, 가족법·장사법(葬事法)[6]·농지법 등 관련법령의 개정에 따라 미래의 종중이 과연 오늘날과 같은 모습으로 존속할 수 있을지에 관한 검토도 최근 부분적으로나마 이루어지고 있다. 나아가 종중의 본질 및 존속이라는 관점에서 볼 때, 최근 빈번하게 이루어지고 종중재산의 수용에 따른 분배를 허용할 수 있을지에 관한 논의이다. 요컨대 이는 종중의 미래에 관한 논의라고 할 수 있다.

본장에서는 위의 세 측면을 중심으로 법학적 관점에서 종중의 공동체적 성격을 살펴보기로 한다.

Ⅱ. 종중의 개념과 법적 성격

1. 종중의 개념

가. 종중의 정의

종중(宗中) 즉 고유의미의 종중이란 판례에 따르면 공동선조의 분묘수호와 제사 및 종원 상호간의 친목 등을 목적으로 하는 자연발생적인 관습상의 종족집단체라고 할 수 있다.[7] 종중은 자손이 포함되는 범위에 따라 대종중(大宗中)·파종중(派宗中)·소종중(小宗中)으로 구분된다. 대문중은 동성동본의 혈족인 모든 사람을 포함하며, 파문중은 중시조를 중심으로 하고, 소문중은 일정지역의 입향조(入鄕祖)를 중심

으로 이루어져 있다.[8]

나. 문중과의 차이

통상 문중(門中)이라 함은 성(姓)과 본(本)이 같은 가까운 집안을 말하는 것으로서 종중과 같은 뜻으로도 사용되기도 하나 엄격히 구별하면 문중은 일족(一族)의 한 지파(支派)로 파종중(派宗中)이나 소종중(小宗中)을 가리킨다. 최협의로는 통제(通祭) 4대(代)의 관습에 따라 일반인의 제사(祭祀) 최고한(最高限)인 고조(高祖)를 공동시조(共同始祖)로 하는 친척간을 말하며[9] 이 경우 8촌 이내의 일가를 말하는 당내(堂內)를 구성원으로 하는 소종중을 의미하게 된다.

다. 종계와의 구별

종계(宗契)란 조상의 분묘 수호 및 묘제를 지내기 위하여 종중 구성원이 조직한 계(契)를 말한다. 종계는 5대조 이상의 분묘 수호와 묘사봉행을 위해 별도의 재산을 설정하고 이를 관리하기 위하여 구성된 조직으로 문중계 또는 종약(宗約)이라고도 불렀다. 종계 규약은 주로 제사 및 위토(位土)의 관리, 종계 구성원 간의 권선징악이나 상부상조, 절제와 검약, 인화 등을 강조하였으며 종계의 참여자 명단인 종계안(宗契案, 문중계안, 족계안)을 작성하였다.[10] 종계는 봉사대수(奉祀代數)와 규모에 따라 대종계(大宗契), 소종계(小宗契) 및 사종계(私宗契)로 나누기도 하는데 종계의 계원은 모두 족인(族人)들이었던 점에 있어서는 공통하나 대종계의 계원은 종중의 전 성원이었고, 소종계의 경우에는 소종파에 속하는 사람들이 따로 계원이 되었으며 사종계의 경우에는 계원들이 아주 적을 수도 있었다고 한다.[11] 조선고등법원은 종계를 종중과 다른 것이라 하여 종계문제를 종중문제에서 제외시켰다.[12] 종계는 별도의 조직행위를 필요로 한다는 점에서 종중이 자연발생적 성격을 가진다면 종계는 인위적 조직체라 할 수 있다.

라. 오키나와의 문쮸(門中)

우리나라의 종중과 유사한 현존하는 공동체로는 오키나와의 '門中'(일본 발음으로는 몬쮸이지만 오키나와 방언으로는 문쮸라고 함)을 들 수 있다. 이 '문쮸'는 1609년 일본 사쓰마 번의 오키나와 침공 이후 들어온 신분제도의 확립과 함께 발달한 것으로 추측된다고 한다.13) 이는 우리나라의 종중 역시 임진왜란 이후의 신분질서 재편기에 본격적으로 형성되었다는 사실과 연결시켜 볼 때, 종중이나 '문쭝'는 단순히 중국의 종법제도의 영향이라기보다는 신분질서의 확립과 밀접한 관련이 있음을 시사해 주는 것이라고 생각한다.

마. 종중유사단체와의 구별

판례는 종중과 구별되는 종중유사단체의 개념을 인정한다. 즉 판례는 자연발생적 존재로서의 종중을 '고유한 의미의 종중'이라고 하면서, 공동선조의 후손 중 특정지역 거주자나 특정범위내의 자들로 구성된 종족집단은 사회조직체로서 성립하여 고유의 재산을 소유·관리하면서 독자적인 활동을 하고 있으면 이는 종중 유사의 권리능력 없는 사단이라고 보아, 고유한 의미의 종중과 종중유사단체를 구별한다.14) 그러나 판례는 '종중에 유사한 비법인사단은 반드시 총회를 열어 성문화된 규약을 만들고 정식의 조직체계를 갖추어야만 비로소 단체로서 성립하는 것이 아니고, 실질적으로 공동의 목적을 달성하기 위하여 공동의 재산을 형성하고 일을 주도하는 사람을 중심으로 계속적으로 사회적인 활동을 하여 온 경우에는, 이미 그 무렵부터 단체로서의 실체가 존재한다'15)고 판시함으로써, 종중유사단체에 대해서도 일반적인 비법인사단과는 달리 그 성립요건을 완화하는 입장을 취하고 있다. 요컨대 판례는 후술하는 바와 같이 종중은 자연적 공동체의 성격을 가진다고 보는 반면 종중유사단체는 인위적 공동체로 이해하고 있다.

2. 종중의 공동체로서의 성격

공동체를 자연적 공동체와 인위적 공동체로 나눈다면 종중은 어느 공동체로 분류될 수 있는가. 이에 관하여는 이른바 자연발생적 단체로 보는 견해와 이에 대해 비판적인 견해가 대립하고 있다.

가. 자연발생적 공동체로 보는 견해

종중은 자연발생적인 관습상의 종족집단체로서 특별한 조직행위를 필요로 하는 것이 아니고, 그 공동선조의 후손 중 성년 이상의 남자는 당연히 그 구성원(종원)

이 되는 것이며, 그중 일부 종중원을 임의로 그 구성원에서 배제할 수 없다는 견해이다. 이와 같은 종중의 자연발생설의 기원은 1940. 3. 30.자 中樞院議長回答에서 찾을 수 있다.[16]

당시 일제치하 조선총독부 中樞院議長은 1940. 2. 7.자 大邱覆審法院의 질의[17]에 대해 다음과 같이 회답하고 있다[18]: 一. 한국의 종중 또는 문중은 奉祀할 各先祖 단위로 성립하며 그 代數에 限定이 없다. 문중은 종중과 同義이다. 二. 종중 또는 문중은 先祖祭祀에 관한 관습상 당연히 성립하는 것이며 조직행위로 인하여 발생하는 것이 아니다. 三. 동일인에게 자손이 二人 이상 있을 때에는 그 者의 사망과 동시에 그 자손에 의하여 종중이 성립한다.[19] 이 中樞院議長回答은 종중의 자연발생설의 기원을 이루는 것으로서 조선고등법원 판례의 입장이 되었으며 뒤에서 살펴볼 이른바 당연가입론의 토대가 될 뿐만 아니라 종중에 관한 우리 판례 법리 전반을 관통하고 있는 논리라고 할 수 있다.

대법원도 조선고등법원의 입장을 따르고 있다. 대표적으로, 종중은 그 성립을 위하여 특별한 조직행위를 필요로 하지 않으므로 특별한 명칭의 사용 및 서면화된 종중규약이 있어야 하거나 대표자가 선임되어 있는 등 조직을 갖추어야 종중이 성립하는 것은 아니며,[20][21] 종중은 그 선조의 사망과 동시에 그 자손에 의하여 성립하는 것으로서 그 代數에 제한이 없다[22][23]는 대법원 판례의 입장은 모두 이 회답에 기원을 둔 자연발생설에 뿌리를 둔 것이다. 나아가 이 자연발생설에 따르면 종중은 후손이 아무도 없게 된 때에만 소멸하며, 설사 종중재산이 없고 공동선조에 대한 제사를 봉행하지도 아니하는 등 외형적으로 아무런 활동을 하지 않고 있더라도 후손이 있는 한 종중은 존재, 존속한다[24]는 결론에 이르게 된다.[25]

나. 인위적 공동체로 보는 견해

자연적 공동체설에 대한 비판은 출생을 통해 성립하는 단순한 혈연관계와 단체로서의 종중은 구별하여야 한다는 점에서 출발한다. 즉 종중이 법적인 의미의 단체가 되기 위해서는 최소한의 의식적인 조직행위와 실행행위가 필요하므로 종중은 인위적 단체로 파악하여야 한다는 것이다. 우선 법학분야에서 본격적으로 이를 주장한[26] 심희기 교수는 일제하의 자연적 발생설이란 종중을 원시적인 종족공동체의 잔존형태로 파악하고자 한 일본인들 특히 和田一郞의 저술[27]에 뿌리를 두고 있음을 지적한 다음, 조선 후기 종중들에 대한 실증적 고찰을 통해 종중이 실재하는 공동체가 되려면 의식적인 조직행위와 그 실행행위가 필요했음을 논증하고 있다.[28] 그밖에 이른바 '속된 의미의 종중'과 '법적인 의미의 종중'을 구별하여, 전자는 특정 공동선조의 후손들의 집단이 있기만 하면 그 존재를 인정할 수 있지만, 후자는 전자의 구성원들이 그 종중을 종족단체로 만들어서 단체활동을 한 사실이 있어야만 그 존재를 인정할 수 있다는 견해[29] 역시 같은 맥락에 있다고 할 수 있다.

이러한 인위적 단체설이 현재 법학계에서는 압도적 다수설[30]이라고 할 수 있지만, 종래의 자연발생설은 종중의 존재에 관한 입증을 용이하게 하고 사원명부작성의무를 면제(족보에 의한 대체)하며 참칭종중을 배제(종원자격의 박탈이나 제한의 금지)하는 긍정적 측면이 있었다[31]는 지적도 이루어지고 있다. 나아가 종중을 자연발생적 단체로 인정하는 입장은 현대의 단체 법리에 부합하지 아니한다는 학계의 비판은 종중의 자연발생론이 사실과 규범의 차원을 아우르는 양면이 있음을 이해하지 못하고 종중의 자연발생론의 사실명제의 면에만 주목하여 비판하는 것이기에 다소 일방적이고 성급한 면이 있다[32]는 견해도 있다.

생각건대 종중의 자연발생설은 인위적 단체설의 지적대로 비록 잘못된 사실명제에서 출발한 것이라 하더라도 종래 판례를 통한 법(강행적 관습법)적용의 토대를 이루고 있었기 때문에, 위의 견해가 지적하는 것처럼 자연발생설의 규범적 측면을 무시할 수는 없다. 그리고 이는 이른바 종원의 당연가입론의 타당성 여부로 직결된다. 따라서 이에 관해서는 아래의 Ⅲ. 2. 이하에서 검토하기로 한다.

3. 종중의 법적 성격

종중의 법적 성격과 관련해서는 다음과 같은 세 가지 견해가 있을 수 있다.

가. 사단설

우리 판례는 종중을 권리능력없는 사단으로 본다. 일본의 판례도 '문쮸'(=오키나와의 蔡氏門中)를 비법인사단으로 인정하였다.[33] 그러나 이 판례는 자연발생설을 따르는 우리 판례와는 달리 그 요건과 관련하여 비교적 높은 정도의 조직과 활동(구성원의 범위의 특정가능성, 대표기관과 업무집행기관의 존재, 문중재산의 소유, 그 수익에 의한 제사

등의 행사, 門中模合=契, 기타 상호부조사업 등)을 설시하고 있는 점에서 흥미롭다.[34]

나. 재단설

종중을 일종의 권리능력없는 재단으로 보는 견해이다. 일제 초기 교회가 사단적 성격을 가짐에도 총독부로부터 재단법인 허가를 받아 그 재산을 등기한 선례가 있었다는 점에서 종중도 법적으로는 재단으로 구성하는 것이 불가능하지는 않아 보이나 우리나라에서는 이러한 견해를 명시적으로 표명한 예는 없다. 대만에는 '祭祀公業'이라는 조직이 있어 우리나라의 종중과 유사한 기능을 담당하고 있는 것으로 보이는데 일본학자의 연구에 의하면, 이 '祭祀公業' 역시 우리나라의 종중과 마찬가지로 일본의 식민통치 하에서 근대법의 개념과 모순 충돌하였으며, 중화민국이 대만을 통치한 이후부터는 재단법인으로 모습을 바꾼 뒤에도 여전히 대만 사회에 존속하면서 동족결합의 기능을 유지하고 있다고 한다.[35]

다. 병유설(竝有說)

종중을 권리능력없는 사단과 권리능력없는 재단의 성격을 병유한 단체로 보는 견해이다. 기본적으로 종중은 종중원으로 구성된 사단이지만 묘산(墓山)·위토(位土)·제각(祭閣) 등 종중의 재산적 기초를 이루는 종중재산을 필히 보유하고 있고 종중 재산의 보존과 관리에 존재의의가 있다는 점에서 사재단(社財團)의 성격을 띤다는 견해이다.[36]

Ⅲ. 종중의 성립과 소멸

1. 종중의 성립요건

대법원은 종중의 성립요건에 관하여 위에서 살펴본 바와 같이 "종중이라 함은 원래 공동선조의 후손 중 성년 이상의 남자를 종원으로 하여 구성되는 종족의 자연발생적 집단으로서 선조의 사망과 동시에 자손에 의하여 성립하는 것이고 성립을 위하여 특별한 조직행위를 필요로 하는 것이 아니며, 다만 목적인 공동선조의 분묘

수호, 제사봉행, 종원 상호간의 친목을 위한 활동을 규율하기 위하여 규약을 정하는 경우가 있고, 또 대외적인 행위를 할 때에는 대표자를 정할 필요가 있는 것에 지나지 아니하며, 반드시 특정한 명칭의 사용 및 서면화된 종중규약이 있어야 하거나 종중의 대표자가 계속하여 선임되어 있는 등 조직을 갖추어야 하는 것도 아니다."고 판시하고 있다.[37]

2. 종중의 구성원(종원, 종중원)

종중의 구성원은 일반적으로 종원 또는 종중원(이하 종원)이라 불리며, 2005년 전원합의체 판결에 따르면 공동선조의 후손으로 성과 본을 같이하는 모든 성년자(그 이전에는 그 가운데 성년 남자[38])는 본인의 의사와는 무관하게 종원이 된다(이른바 당연가입). 그리고 이 종원이 종중이라는 비법인 사단의 사원으로서 사원총회인 종중총회의 구성원이 된다. 문헌[39]에 따라서는 종원과 종회원을 구별하여 전자는 공동선조의 모든 후손을 가리키는 것이며 후자는 종중총회의 구성원을 의미하는 것이라고 한다. 그러나 곧 이어 살펴 보는 것처럼 공동선조의 후손이기만 하면 종중에 당연가입된다는 결론이 헌법상의 결사의 자유에 배치된다는 점을 감안하면 굳이 이러한 당연가입의 범위를 미성년자인 후손에게까지 확대하는 것은 바람직하지 못할 뿐 아니라, 비법인 사단인 종중의 구성원과 종중총회의 구성원을 구별하는 것은 사단의 법리에도 배치된다고 볼 수 있다.[40]

이와 같이 판례에 의하면 공동선조의 후손으로서 성년자이기만 하면 당연히 종중의 구성원이 되므로 임의로 종원이 종중으로부터 탈퇴하는 것이 허용되지 않을 뿐 아니라[41] 종중이 징계처분으로써 종원의 자격을 박탈하는 이른바 힐종(割宗)도 허용되지 않는다[42]고 한다. 그리고 반대로 종원이 될 수 없는 자에게 종원 자격을 부여하거나 그 자를 대표자로 선임하는 결의도 무효이다.[43]

나아가 판례는 종중규약이나 종중총회의 결의로 일부 종원의 자격을 제한하거나 종중총회에서의 의결권을 제한하는 것은 종중의 성격과 법적 성질에 비추어 볼 때 그 구성원인 종원이 가지는 고유하고 기본적인 권리의 본질적인 내용을 침해하는 것으로 무효라고 한다.[44][45] 그리고 이에 따라 대법원 2007. 9. 6. 선고 2007다34982 판결은 2005년 전원합의체 판결 이후에 봋 종중이 2005. 11. 21.자 임시총회의 결의로써 종중 규약을 개정하면서 '女孫 본인이 종원 자격을 원할 경우에 한하여 준종원 자격을 주며, 준종원은 총회에서의 의결권을 인정하지 않는다.'고 한 것과 2005. 12. 18.자 임시총회의 결의로 종중 소유의 부동산에 관한 수용보상금의 처리 방법을 정하면서 '남자 종원에 한하여 일정금액을 대여한다.'고 정한 것은 모두 여성의 종원으로서의 자격 자체를 부정하는 전제하에서 한 처분이어서 종원으로서 가지는 고유하고 기본적인 권리의 본질적인 내용을 침해하는 것이므로 무효라고 판단하였다.

그리고 최근의 대법원 2021. 11. 11. 선고 2021다238902 판결은 공동선조의 후손들로 구성된 원고 종중의 회칙에는 구성원의 자격을 '남자'로 한정하는 내용이 없었는데, 2005년 전원합의체 판결이 있은 후 원고 종중이 자신의 실체를 고유 의미의 종중이 아니라 종중 유사의 권리능력 없는 사단이라고 표방하면서 구성원의 자격을 공동선조의 후손 중 남자로 제한하는 내용의 회칙을 마련한 다음, 위 회칙에 따라 남자들에게만 소집통지를 하여 개최한 총회에서 대표자로 선출된 사람이 원고 종중을 대표하여 소송을 제기한 사안에서, 원고 종중은 실체가 고유 의미의 종중임에도 총회를 개최하면서 남자 종원들에게만 소집통지를 하고 여자 종원들에게는 소집통지를 하지 않은 것으로 보이므로, 위 총회에서 이루어진 대표자 선출결의는 무효이고, 따라서 위 소는 적법한 대표자에 의해 제기된 것이 아니어서 부적법하다고 볼 여지가 상당하므로, 대표권의 적법성에 관한 심리, 조사 없이 본안으로 나아간 원심의 판단에는 법리오해 등 잘못이 있다고 판시하였다.

3. 2005년 전원합의체 판결[46]

가. 사실관계

피고 종중은 종중 소유 부동산을 매각하고 그 대금 중 다른 토지를 매수하고 남은 돈을 종원들에게 성별, 연령에 따라 차등 배분하면서, 공동선조의 후손 가운데 기혼 여성인 원고들은 아예 배분에서 제외하였다. 그런데 피고 종중의 규약은 '공동선조의 후손으로서 성년이 되면 회원 자격을 가진다'라고만 규정하고 있었다. 이에 원고들은 주위적으로는 이 규약을 근거로 피고 종중의 종원 자격을 주장하고, 예비적으로 피고 종중은 이른바 유사종중에 해당한다고 주장하면서, 피고 종회의 회원(종원)임을 확인하는 소를 제기하였다.

나. 1심 판결 및 원심 판결

1심 판결[47]은 종래 판례의 입장에 따르면 성년 남자만이 종원이 될 수 있으며 종중의 구성원이 될 수 없는 자에게 종원의 자격을 부여한 규약은 종중의 본질에 반하여 부적법하므로, 피고 종중의 규약이 명시적으로 성년 남자로 제한하고 있지는 않지만 이로 인해 성년 여자도 종원 자격을 갖는다고 할 수는 없다고 판단하였다. 나아가 1심 판결은 피고 종중이 유사 종중에 해당한다는 원고들의 예비적 주장에 대해서는, 피고 종중이 종중 규약을 통해 유사 종중으로 변경하려는 의사를 인정할 수 없다고 판단하였다.

원심 판결[48]은 1심 판결의 이유를 그대로 인용하면서, 성년 남자만을 종원으로 하는 종래의 관습이 헌법상 남녀평등의 원칙과 조화를 이루지 못한다고 하더라도 헌법상의 기본권은 사법의 일반원칙을 통해 간접적으로만 사인관계에 적용될 뿐 아니라, 종래의 이러한 관습이 선량한 풍속 기타 사회질서에 반한다고 보기 어렵다는 판단을 추가하였다.[49]

다. 전원합의체 판결의 요지[50]

(1) 다수의견

(가) 성년 남자만을 종원으로 하는 종래의 관습법은 변화된 우리의 전체 법질서에 부합하지 아니하여 정당성과 합리성이 있다고 할 수 없으므로, 더 이상 법적 효력을 가질 수 없게 되었다.

(나) 종중이란 공동선조의 분묘수호와 제사 및 종원 상호간의 친목 등을 목적으로 하여 구성되는 자연발생적인 종족집단이므로, 종중의 이러한 목적과 본질에 비추어 볼 때 공동선조와 성과 본을 같이 하는 후손은 성별의 구별 없이 성년이 되면 당연히 그 구성원이 된다고 보는 것이 조리에 합당하다.

(2) 별개의견

(가) 고유한 의미의 종중에 있어서 묘산의 수호, 제사에 소요되는 물자의 조달·부담 등 종원의 주된 의무는 법률적으로 강제되는 것이 아니고 도덕적·윤리적

의무에 불과하여 그들의 권리가 실질적으로 침해되는 바가 없었으므로 법률이 간섭하지 않더라도 무방하다고 보기 때문에 종래의 관습법상 성년 남자는 그 의사와 관계 없이 종중 구성원이 된다고 하는 부분은 현재로서는 문제될 것이 없고, 결국 관습법과 전통의 힘에 의하여 종래의 종중관습법 중 아직까지는 용인되는 부분이 있을 수 있으므로, 그러한 바탕 없이 새롭게 창설되는 법률관계에 대하여서까지 다수의견이 남녀평등의 원칙을 문자 그대로 관철하려는 것은 너무 기계적이어서 찬성할 수 없다.

(나) 일반적으로 어떤 사적 자치 단체의 구성원의 자격을 인정함에 있어서 구성원으로 포괄되는 자의 신념이나 의사에 관계없이 인위적·강제적으로 누구든지 구성원으로 편입되어야 한다는 조리는 존재할 수 없으며 존재하여서도 안 되는데, 특히 종중과 같이 개인의 양심의 자유·종교의 자유가 보장되어야 할 사법적 결사에 있어서는 더욱 그러하다는 점 등에서 공동선조와 성과 본을 같이 하는 후손은 성별의 구별 없이 성년이 되면 조리에 따라 당연히 그 구성원이 된다고 보는 다수의견의 견해에는 반대하고, 성년 여자가 종중에의 가입의사를 표명한 경우 그 성년 여자가 당해 종중 시조의 후손이 아니라는 등 그 가입을 거부할 정당하고 합리적인 이유가 없는 이상 가입의사를 표명함으로써 종중 구성원이 된다고 보아야 한다.

(다) 종원 자격과 종중재산의 분배의 문제는 전혀 별개의 문제로 보아야 할 것이다. 대법원은 종중을 비법인사단으로 보면서 종중재산은 종원들의 총유라고 판시하여 왔는바, 종중재산의 형성과정, 목적, 관리·처분관계를 종합적으로 고려하면 여기에서는 일종의 신탁유사의 관계가 성립한다고 보는 것이 합리적이다. 즉, 종중의 재산은 제사의 봉행 및 공동선조의 후손 전체의 이익을 위해 종중에게 신탁된 것으로 보아, 종중은 신탁목적에 맞게 종중재산을 관리·처분하여야 한다고 해석되므로, 종중재산을 처분하여 이를 개인에게 귀속시킴에 있어서는 신탁의 법리를 유추하여 성년 여자뿐만 아니라 미성년자들을 포함한 전체 후손 전원에게 합리적 기준에 따라 배분하여야 하며, 종원에게만 분배하는 것은 허용될 수 없다고 해석하여야 할 것이다.

4. 당연가입론과 종중의 자율성

2005년 전원합의체 판결에 대한 법학계의 반응[51]은 헌법과 관습법의 관계, 기본권의 제3자적(對 私人 간) 효력, 판례변경의 소급효 문제 등 다양한 이론적 쟁점에 걸쳐 이루어지고 있지만, 종중의 미래와 관련하여 실천적인 관점에서 가장 중요한 부분은 이 판결에 의해서도 그대로 유지되고 있는 종래 판례법상의 당연가입론에 대한 비판이라고 할 수 있다.[52] 즉 2005년 전원합의체 판결의 다수의견은 성년 남성 뿐 아니라 성년 여성도 당연히 종원이 된다고 함으로써 당연가입의 대상이 되는 범위를 오히려 확장하였으며, 별개의견 역시 성년 여성의 경우에는 가입의사를 문제 삼으면서도 성년 남성의 당연가입은 그대로 유지함으로써, 사법상의 단체에 대해 일반적으로 인정되어야 할 자율성 또는 사적 자치의 원칙, 나아가 헌법상 결사의 (소극적) 자유와의 관계에서 큰 문제점을 드러내고 있다는 것이다.

이러한 비판적 견해는 앞서 소개한 인위적 단체설의 입장에 서서, 당연가입론의 전제인 종중의 자연발생설을 부정하고, 종중이 자연발생적이라는 의미는 공동선조의 후손이면 누구든 원하기만 하면 종원이 될 수 있는 자격을 가지고 있다는 의미일 뿐 본인의 의사와 관계없이 당연히 종원이 된다는 의미는 아니라고 한다. 그리고 과거에는 시제 등에 참석하는 것이 종원으로서의 중요한 활동이었으므로 이러한 행사에 참여하면 특별한 가입절차 없이 종원으로 취급되었지만, 종중을 권리능력 없는 사단이라는 근대법으로 개념으로 파악하는 이상 누가 종원인가 하는 문제 역시 근대법적 관점에서 재해석되어야 하므로 헌법상의 결사의 자유에 따라 종원이 되기 위해서는 본인의 가입의사가 필요하다고 보아야 하며 종중으로부터 탈퇴할 자유 역시 보장되어야 한다고 한다.[53] 그밖에 사적 자치의 원칙 및 개인의 자기결정권의 침해라는 관점에서 판례의 당연가입론에 대한 비판[54]도 이루어지고 있다.

이와 같이 종원의 당연가입을 부정하고 종중의 자율성을 강조한다면 종원의 자격이나 가입절차 등은 종중규약에서 정하여야 한다.[55] 여기서 우선 종중규약을 통해 종원의 당연가입을 규정하는 것이 가능한지 여부가 문제될 수 있다. 이러한 규약은 성년후손의 결사의 자유, 양심의 자유, 종교의 자유 등을 침해하는 것으로 볼 수 있으나 판례와 달리 탈퇴의 자유를 인정한다면 성년후손의 자유권 등에 대한 침해의 정도가 비교적 약하므로 종중의 특성에 비추어 유효하다고 보아도 무방할 것이다.[56] 그리고 종원 자격자를 대상으로 다시 가입절차를 거치도록 규정하는 종중규약은 대상자의 파악이 어렵다는 점 등의 현실적인 이유로 실제로는 제정되기 어려울 것이다.[57]

330

그 밖에 공동후손의 자녀 가운데 미성년자, 출계자 및 그 후손,[58] 출가여성의 자녀(외손), 사위, 며느리 등도 종원에 포함시키는 규약은 종중의 자율권을 존중하는 이상 그 유효성을 부정할 이유가 없을 것이다. 다만 성년여성을 종원 자격에서 적극적으로 배제하는 규약은 헌법상의 남녀평등의 원칙과 민법 제103조에 따라 무효로 판단될 것이다.

나아가 징계를 통한 종원에 대한 제재나 회비납부 등 종회에서의 의결권 행사 요건을 정한 규약 역시 합리성을 결하지 않은 이상 자율성을 존중하는 측면에서 유효성을 인정할 수 있을 것이다. 다만 징계의 일종으로 제명(割宗)을 규정하는 규약은 종중의 혈연단체성을 고려할 때 피징계자에 대한 과도한 처벌이라는 점에서, 유효성을 인정받기 힘들다고 생각한다.[59]

5. 공동선조의 후손에 해당하는지 여부

2006년 개정 전 민법에 의하면 출생자는 父의 성과 본을 따르고, 예외적으로 인지를 받지 못한 혼외자와 父가 외국인인 경우에만 母의 성과 본을 따르도록 되어 있었다. 그러나 2006년 개정 민법은 그 이외에도 부모가 혼인신고시 母의 성과 본을 따르기로 협의한 경우에는 母의 성과 본을 따르도록 규정하고 있다(제781조 단서). 그리고 개정 전 민법은 혼외자가 인지된 경우에만 성과 본의 변경을 허용하였으나, 현행 민법은 그 이외에도 많은 경우 성과 본의 변경을 허용하고 있다. 즉 子의 복리를 위하여 성과 본을 변경할 필요가 있다[60]고 인정되어 법원의 허가를 얻은 경우(제781조 6항)와 친양자의 경우(제908조의3)에는 성과 본의 변경이 허용된다.[61]

여기서 현행 판례상 당연히 종원이 되는 '공동선조의 후손으로서 성과 본을 같이 하는 성년자'를 어떻게 해석할 것인지가 문제된다. 이에 관해 아직 본격적으로 판례가 형성되지는 않고 있으나, 우선 처음부터 母의 성과 본을 따른 경우와 父의 성에서 母의 성으로 변경한 경우에는 2005년 전원합의체판결이 성년여성도 당연히 종원이 된다고 판시하고 있는 이상, 母가 속한 종중의 종원이 된다고 보아야 할 것이다.[62] 그리고 친양자는 민법상 양부모의 친생자로 의제되며 친생부모와의 친족관계가 단절된다는 점에서 더 이상 친가의 종원이 아니며 양가의 종원이 된다고 해석할 수 있다. 그러나 일반입양에서 양부의 성으로 변경한 異姓 양자와 계부의 성으로 변경한 가봉자는 양부 또는 계부와 성과 본은 같이 하지만 '공동선조의 후손'에는 해당하지 않기 때문에 이들을 양가나 계부가 속한 종중의 종원으로 해석할 수 있을 지는 논란의 여지가 있다.[63]

6. 종원의 확정

종중에 대한 규율상의 문제점은 여러 측면에서 지적될 수 있지만,[64] 가장 핵심적인 부분은 판례가 인정하는 종중의 자연발생적 단체성에서 비롯된다. 즉 종중은 반드시 서면으로 된 규약을 갖추지 않아도 성립할 뿐 아니라, 종래 판례에 따르면 공동선조의 후손으로 성과 본을 같이하는 성년 남자(2005년 전원합의체 판결 이후에는 모든 성년자)는 모두 종원이 되므로 특정 시점에서의 종원의 확정이 어렵다. 그리고 이는 필연적으로 종중총회 등 종중의 의사결정의 적법성 여부로 연결된다. 나아가 외부에서는 종중의 대표자 및 그 권한을 확인하기가 쉽지 않으므로 종중과의 거래에 있어서의 안전성도 문제된다. 통상 종원은 다음과 같이 확정된다.

종중의 의사결정의 정당성 확보를 위해서는 의사결정 시점에서 전체 종원을 구체적으로 확정하는 것이 필요하지만 이는 사실상 불가능하므로, 판례는 특별한 사정이 없는 한 족보를 기준으로 종중총회의 소집통지의 대상이 되는 종원의 범위를 확정토록 한다.[65] 그러나 족보는 비용 등의 문제로 인해 상당한 시간적 간격을 두고 발간되기 때문에 경우에 따라서는 실제 종원과 소집통지 대상자 사이에 상당한 간극이 발생할 수 있으며, 이는 총회결의의 적법성 문제로 연결된다. 최근의 한 대법원 판결[66]은 이러한 사정을 고려하여, '특별한 사정이 없는 한 세보에 기재된 종원은 물론, 기타 세보에 기재되지 아니한 종원이 있으면 이 역시 포함시켜 소집통지대상이 되는 종원의 범위를 확정한 후 소재가 분명하여 연락 가능한 종원에게 개별적으로 소집통지를 하여야 하고 원고 종중의 세보의 발간 시로부터 총회의 개최 시까지 20여 년 정도밖에 경과되지 아니한 점을 고려하여 볼 때, 원고 종중이 종원을 확정하고 그 소재를 파악함에 있어서는 세보의 발간시에 기울였던 노력에 상당한 정도의 노력을 기울여야 마땅하고, 그것이 불가능하였다면 그에 대한 합리적인 이유가 뒷받침되어야 한다'고 판시하면서, 이를 결여한 종중총회결의는 무효라고 판단하였다.

7. 종중의 존속과 해산

앞서본 바와 같이 종중에 대한 자연발생설에 따르면 종중은 후손이 아무도 없게 된 때에만 소멸하며, 설사 종중재산이 없고 공동선조에 대한 제사를 봉행하지도 아니하는 등 외형적으로 아무런 활동을 하지 않고 있더라도 후손이 있는 한 종중은 존속한다고 보는 반면, 인위적 단체설에 의하면 종중총회의 결의로 종중을 해산할 수도 있다고 본다. 대법원은 자연발생설을 취하면서도 "민법 제77조 제2항이 "사단법인은 사원이 없게 되거나 총회의 결의로도 해산한다"라고 규정하고 있는 점에 비추어 보면, 법인격 없는 사단의 일종인 종중의 경우에도 종원이 남아 있거나 총회에서 해산결의가 이루어지지 않은 이상 종중이 사실상 운영되고 있지 않다는 이유만으로 종중의 성립요건을 결하였다고 볼 수 없"다고 판시하여[67] 종중이 총회의 해산결의로 해산할 수 있다고 보고 있다. 그러나 이는 일관성이 없다는 비판을 받을 수 있다. 인위적 단체설의 입장에서는 종중 규약이 종중의 해산을 인정하더라도 그 결의 요건을 어떻게 정할 수 있는가에 관하여는 견해가 나누어 질 수 있다.

Ⅳ. 종중의 권리능력과 재산 소유

1. 종중의 권리능력

가. 종중에 권리능력을 인정할 수 있는지 여부

1912년의 조선민사령에 의해 한반도에는 일본민법(이하 '의용민법'이라 한다)이 적용되게 되었으며,[68] 그 당시의 의용민법은 비영리법인의 설립에 대해서는 법률준칙주의(관습법에 의한 법인설립의 부정)와 함께 허가주의를 취하고 있었다.[69] 한편 의용민법과 함께 동 민사령(제1조 7호)에 의해 적용되게 된 일본 민법시행법 제19조는 민법시행 전부터 존재한 이른바 관습상의 법인에 대해서는 인가주의를 채택하고 있었으며,[70] 이 민법시행법 제19조에 의해 일본의 경우에는 촌락, 신사, 사원 등이 법인격을 인정받았다.[71]

그러나 종래 우리 관습상 권리 의무의 주체로 인정되어 왔던[72] 우리나라의 종중은 일제 당국에 의해 애당초 관습상의 법인으로 인정받지 못했으며[73] 의용민법 제34조에 따라 주무관청의 허가를 얻는 등 법인 설립절차를 갖출 경우에만 권리능력을 가질 수 있게 되었다.[74] 이에 따라 거의 모든 종중은 권리능력을 갖지 못하는 존재에 머무르게 되었으며, 그 결과 종중재산 역시 종중 명의로는 등기가 불가능하였기 때문에 종원 전원의 명의에 의한 등기[75]가 이루어지지 않는 이상 종손이나 종중 대표자 등의 개인 명의로 이른바 명의신탁 등기가 이루어질 수밖에 없었다.[76]

그 뒤 이러한 실체관계와 등기명의 간의 불일치로 인한 분쟁이 빈번하게 발생하게 되자 조선총독부는 1930년 조선부동산등기령을 개정하여 종중 명의의 등기가 가능하도록 하였고[77][78] 이는 현행 우리 부동산등기법 제26조로 이어지고 있다. 그러나 이미 명의신탁등기가 이루어진 종중재산의 경우에는 이를 다시 종중 명의로 이전등기하는 일은 매우 드물었으며, 이에 따라 거의 100년이 경과한 현시점에서도 상당수의 종중재산은 명의신탁의 형태로 등기되어 있다.[79] 그리고 1995년부터 시행된 부동산실명법은 이러한 현실을 고려하여 종중의 부동산명의신탁에 대해서는 예외적으로 그 유효성을 인정하고 있다(제8조 1호). 이같이 현재에도 그 유효성을 인정받고 있는 종중재산의 명의신탁에 관해서는 아래의 3.에서 다시 상세히 살펴보기로 한다.

나. 종중의 당사자능력

현행 민사소송법 제52조(개정 전 제48조)는 법인 아닌 사단이나 재단은 대표자 또는 관리인이 있는 경우에는 그 사단이나 재단의 이름으로 소송당사자가 될 수 있다고 규정하고 있다.[80] 따라서 비법인 사단의 성격을 갖는 종중은 대표자 또는 관리인이 있으면 민사소송의 당사자가 될 수 있다.

다. 종중의 불법행위능력

대법원은 민법 제35조(법인의 불법행위능력)를 유추적용하여 비법인사단에 대해서도 불법행위능력을 인정한다. 즉 판례는 "비법인사단의 대표자가 직무에 관하여 타인에게 손해를 가한 경우 그 사단은 민법 제35조 제1항의 유추적용에 의하여 그 손해를 배상할 책임이 있고, 비법인사단의 대표자의 행위가 대표자 개인의 사리를 도모하기 위한 것이었거나 혹은 법령의 규정에 위배된 것이었다 하더라도 외관상,

객관적으로 직무에 관한 행위라고 인정할 수 있다면 민법 제35조 제1항의 직무에 관한 행위에 해당한다"고 판시하고 있다.[81]

이에 따라 비법인사단의 성격을 갖는 종중에 대해서도 불법행위능력이 인정된다. 예컨대 종중의 대표자가 종중 소유의 부동산을 개인 소유라 하여 매도하고 계약금과 중도금을 지급받은 후 잔대금지급 이전에 매수인이 종중 소유임을 알고 항의하자 종중의 결의가 없는데도 종중 대표자로서 그 이전을 약속하고 종중총회 결의서 등을 위조하여 등기이전을 해 주고 잔금을 받았는데 그 후 종중이 소송으로 부동산을 되찾아간 사안에서, 대법원은 종중의 불법행위를 인정하고 매수인이 지급한 잔대금 상당액을 배상할 의무가 있다고 판시하였다.[82]

라. 종중의 납세능력

대법원은 임야가 종중의 소유이나 등기부상 개인 명의로 등재되어 있는 것은 종중의 대표자인 개인에게 명의신탁한 것이고 또 종중 결의에 의하여 임야를 타에 매각한 것이라면 양도의 주체 및 양도소득세의 납세의무자는 실질과세의 원칙에 따라 명의수탁자인 개인이 아니라 종중이라고 판시하였다.[83] 나아가 대법원은 소득이나 수익 및 거래의 법률상 귀속은 명목뿐이고 사실상 귀속자가 따로 있을 때는 명목상의 귀속자에 세금을 부과하지 아니하고 실질상의 귀속자에 이를 부과한다는 취지인 만큼 실질상의 귀속자가 과세단위로 볼 수 있는 여부에 불구하고 명목상의 귀속자에겐 과세할 수 없는 것이라고 해석되며, 종중이 국세기본법상의 법인격이 없는 사단, 재단 또는 단체에 해당되지 아니한다 하여도 소득세법상 단체의 대표자 또는 관리인이 선임되어 있고 이익의 분배방법 및 비율이 정하여져 있지 아니하는 단체로서 거주자로 볼 수 있고,[84] 또 법인세법상 법인격 없는 사단, 재단, 기타 단체는 비영리 내국법인으로 보고 법인세법을 적용한다는 규정[85]에 따라 과세단위로 볼 수 있다고 판시하였다.[86]

2. 종중재산의 소유 형태 – 총유

종중이 소유하는 재산은 여러 묘택(墓宅)에 딸려 있는 토지와 종가의 위토(位土)로 이루어져 있다. 이는 주로 제사경비를 충당하는데 쓰인다. 종가에 속한 토지는 종중을 찾아온 손님들을 접대하는데 쓰이며, 그 밖에도 종중단위로 부조를 하거나 종회 등을 소집할 때 드는 모든 경비를 조달한다. 또한, 종중은 종중산을 소유하여 자손들에게 묘지를 제공하여 준다. 종중이 소유하고 있는 재산은 구체적으로 종답(宗畓)·종위토(宗位土)·문중답(門中畓)·제전(祭田)·묘전(墓田)·묘위토(墓位土)·제위토(祭位土)·종산(宗山)·선영(先塋)·사당(祠堂)·제각(祭閣) 등이다. 이를 모두 위토라고 통칭한다. 이러한 재산은 조상 중의 중심적 인물이 장만하는 수도 있지만 대개 종중에서 함께 장만한다.[87]

조선고등법원은 위토, 묘산 등이 종중재산인지 종손 개인의 소유인지 여부는 사실문제에 속한다는 입장[88]을 취한 다음, 종중재산으로 판단할 경우에는 이를 종원의 공유로 파악하여 의용민법 제249조 내지 제263조(현행 우리 민법 제262-270조)의 '지분적 공유'의 법리를 적용하였다.[89] 그러나 1921년 종중재산인 위토에 대해서는 종원의 분할청구와 지분양도가 허용되지 않는다는 일제 당국의 회답[90]이 있은 이후, 1927년 조선고등법원은 이른바 '합유설'로 입장을 바꾸었다.

먼저 조선고등법원은 1927. 4. 19.의 이른바 侍天敎 판결[91]에서 최초로, 지분적 공유와는 성격을 달리하는 '합유'의 법리를 인정하였는데 그 요지는 다음과 같다: 1. 단일한 소유권이 불가분하게 복수 주체로 귀속되는 상태는 총유(總有) 또는 합유(合有)라고 칭해지는바 보통 공유와 그 성질을 달리 하는 것으로 한다. 2. 합유는 통상 그 권리주체의 총원으로부터 이루어지는 바 공동주체의 이익을 위해 공동사업의 경영 수행을 가능하게 함을 목적으로 하는 것이므로 각원(各員) 개유(個有)의 지분이 존재하지 않는다. 따라서 각원이 독립하여 그 가진 권리를 양도하고 담보로 제공하는 등의 처분을 할 수 없음은 물론 각원 개개의 이익을 위해 목적물을 사용하는 권리를 가지지 않는 것으로 한다. 3. 합유에 속하는 불건 또는 권리의 관리 및 처분에 관해서 특별한 규정이 없을 때는 일반 관습 기타 단체 내에서 행해지는 규약 등에 따라 이를 결정하는 것으로 한다. 4. 조선에 있어서 시천교 단체는 종교 유사의 사항에 관한 사단(社團)인 것이 현저한 사실이다. 5. 시천교 단체의 목적 수행에 제공되는 것으로 교도 전원을 권리주체로 한 부동산은 그 합유(合有)에 속하는 것으로 보는 것이 지당하다.[92]

곧이어 조선고등법원 1927. 9. 23. 연합부 판결[93]은, 피고 명의로 査定과 소유권보존등기가 이루어진 종중 소유 부동산에 대해 종원인 원고들이 명의신탁계약을 해지하고 원고들 각자 명의로 지분에 따른 소유권이전등기를 청구한 사안에서, 위에서 제시된 '합유'의 법리를 종중에 대해서도 그대로 적용하여 다음과 같이 판시하면서 원고들의 청구를 기각하였다: 1. 2인 이상이 한 개의 물건을 공동소유하는 경우에는 하나의 소유권이 분수적(分數的) 할합(割合)에 의해 여러 사람에게 속하는 상태와 완전히 단일하게 불가분한 것으로서 포괄적으로 여러 사람에게 속하는 상태가 있는데 전자는 공유에 후자는 이른바 합유(合有)에 속한다. 2. 합유는 공유자 전원이 공동의 목적을 수행하기 위해 생기는 것으로 공유와 다른 목적물에 대해 각인 각개의 지분으로 존재하지 않고 그 목적물에 대해 각인 각개의 권리는 이를 임의로 처분할 수 없다. 3. 조선에서 문중 또는 그 일파가 선조의 묘지 또는 제위토(祭位土)를 공동소유하는 경우에 있어서는 관습상 이른바 합유의 법률관계로서 공유의 법률관계는 존재하지 않는다.[94]

그 뒤 이러한 '합유'의 법리는 조선고등법원의 판례를 통해 보다 구체적인 내용을 획득하여 갔는데,[95] 요약하면 '합유'물에 대한 공동소유자의 지분 및 개인적인 사용수익권은 인정되지 아니하며, '합유'물의 처분은 권리자 전원의 승낙 또는 규약이나 관습에 따른 결의에 의해서만 가능하다는 점에서, 이는 현행 우리 민법상의 합유가 아니라 '총유'에 해당한다고 할 수 있다.[96] 그리고 이러한 '합유'의 법리는 현행 민법의 제정과정에서 권리능력 없는 사단 일반의 공동소유형태인 '총유'로서 민법에 규정되게 되었다.[97]

이러한 총유규정(민법 제257~259조)의 타당성에 대해서는 다양한 비판이 제기되고 있지만, 그 핵심은 현대적인 권리능력 없는 사단의 소유관계를 전근대적인 총유제도로 일률적으로 파악하는 것은 잘못이며, 실제로도 대부분의 경우 권리능력 없는 사단의 소유관계는 민법 제276조에 따라 처리되지 아니하고 제275조 제2항에 의해 사단의 정관이나 규약에 의하여 처리되고 있을 것이므로 결과적으로는 사단법인의 경우와 같아지게 된다[98]는 것이다. 반면 민법 제275조 이하의 총유규정이 있기 때문에 권리능력의 개념에 변화를 주지 않으면서도 법인 아닌 사단에 관한 소유관계가 잘 설명된다는 견해[99]도 있다.

3. 종중재산의 명의신탁

종중 재산은 종중의 대표자 명의로 등기되어 있는 경우가 많다. 이처럼 대표자가 종중을 대신하여 명의를 보유하는 것을 설명하는 종중 부동산의 명의신탁에 대한 판례 법리는 앞서 본 것처럼 일제하에서의 매우 이른 시기에 이미 확립되었다. 우선 조선고등법원은 양도담보의 목적물을 채권자가 제3자에게 처분한 경우 이른바 '신탁행위'의 법리를 원용하여, "구한국의 법률에 의하면, 신탁행위에 의하여 수탁자는 신탁자 이외의 자에 대하여 신탁자의 승낙을 얻지 아니하면 목적물을 처분할 수 없는 채무부담 하에 소유권을 취득하고 그 후 위 채무에 위배하여 목적물을 제3자에게 양도하는 경우에 있어서도 양수인이 선의인 때에는 완전히 그 소유권을 취득한다"[100]고 판시하였다.

곧 이어 조선고등법원은 종원 명의로 등기된 종중재산이 제3자에게 처분된 사안과 관련하여, 종중이 종원을 소유명의자로 한 행위가 "신탁행위에 터 잡은 때에는 신탁자와 수탁자의 내부관계에서는 소유권이전의 효과가 생기지 않더라도, 제3자에 대한 외부관계에서는 표면상의 소유자는 진정한 소유자로 간주하여야 하기 때문에 제3자가 그와 매매를 한 경우에는 그 매매는 유효하다"[101]고 판시하였으며, 이는 종중의 명의신탁[102]에 관한 최초의 판결이었다. 그 뒤 조선고등법원은 제3자의 선의, 악의를 불문하고 명의신탁된 종중부동산의 처분행위의 유효성을 인정[103]하는 등 오늘날 명의신탁 법리의 원형에 해당하는 일련의 판결[104]을 선고했으며, 이는 우리 대법원의 판결로 이어졌다.[105]

이러한 종중부동산의 명의신탁 법리에 대해서는 제3자의 선·악의를 불문하고 수탁자의 처분행위의 유효성을 인정함으로써 일제가 종중재산의 붕괴를 가속화시켰다는 비판[106]을 비롯하여, 애당초 명의신탁 자체가 독일 민법학상의 '신탁행위' 개념과는 무관한 통정허위표시에 불과하므로 대법원 판례의 입장과는 정반대로 이를 무효로 보아야 한다는 견해[107] 등이 제기되어 왔다. 반면 처음에 조선고등법원이 종중의 소유형태를 공유로 해석한 것은 지금의 시점에서는 문제가 있다고도 할수 있지만, 당시의 상황에서는 부득이한 선택이었으며, 직접적으로 종중을 당시의 일본 민법에서 규정하는 권리능력을 갖는 법인으로 인정하는 것도 곤란하였을 것이므로, 결국 종중재산에 대한 종원 1인에 의한 등기에 대하여 그 당시에는 최첨단이론이었던 신탁적 양도라는 이론구성을 동원한 것은 나름대로 일리가 있다는 견해108)도 있다. 나아가 이 견해에 의하면 신탁적 양도의 대부분의 케이스는 타인명의로 토지소유권의 査定을 받고 등기를 한 것인데, 그러한 등기를 개별적 케이스에 따라 유효·무효로 구분한다는 것은 등기제도의 시작에 있어서 취하기 힘든 태도였을 것이므로, 결국 명의신탁 법리는 등기제도의 정착, 査定의 효력의 유지 나아가 종중의 소유권인정을 위한 부득이한 선택으로 이해하는 것이 온당할 것109)이라고 한다.110)

4. 농지법·장사법(葬事法)과 종중재산

현행 농지법에 의하면 농지는 이를 자신의 농업경영에 이용하는 자가 아니면 소유하지 못하므로(동법 제6조 1항), 위토로 이용하기 위해 종중명의로 농지를 취득하는 것은 불가능하다. 다만 종원 등의 명의로 과거 명의신탁되었던 농지에 대해서는 종중이 명의신탁계약을 해지하고 종중 명의로 소유권이전등기를 할 수 있다. 그러나 이 경우에도 위토대장111) 소관청 발급의 증명서를 첨부해야만 소유권이전등기가 가능하다(등기예규 제920호).

한편 구 매장 및 묘지 등에 관한 법률을 대체하여 2000년 제정된 장사 등에 관한 법률(이하 장사법, 葬事法)은 종중묘지에 대하여 규제하고 있으며112) 나아가 분묘의 설치기간에 대한 제한113)을 규정하고 있다. 그리고 현행 장사법은 이 설치기간의 제한을 동법 시행 이전에 설치된 분묘에 대해서는 소급적용하지 않고 있지만(동법 부칙 제2조), 국토의 효율적 이용과 환경보전을 위해 설치기간을 소급적용하도록 동법을 개정해야 한다는 의견114)도 제시되고 있다.

이와 같이 농지법과 장사법 등에 의해 위토 소유 및 분묘설치가 제한되므로 적어도 과거와 같은 형태의 종중이 새로이 설립되는 것은 사실상 불가능하게 되었다.115) 나아가 분묘의 설치기간 제한을 소급 적용하는 입법이 이루어질 경우에는 기존 종중 역시 새로운 활동방향을 모색해야 할 것이다.

V. 종중의 운영

1. 종중의 의사결정

종중 규약의 제·개정, 종중재산의 관리·처분, 기타 종원의 권리의무와 관련되는 중요한 사항은 특별한 규약이나 관행이 없는 한 종중의 유일한 의사결정 기구인 종중총회(총회)의 의결을 거쳐야 한다. 종중총회는 규약이나 관행에 따라 매년 일정한 일시와 장소(통상 공동선조의 時祭에 맞추어 時祭 직후에 개최)에서 열리는 정기총회와 임시총회로 나뉘며, 판례에 따르면 정기총회는 따로 소집통지를 하거나 안건을 종원에게 미리 알려 줄 필요가 없다[116]고 한다. 즉 종중이 매년 정해진 날짜의 시제에 특별한 소집절차 없이 정기적으로 총회를 열어 종중 재산관리에 관하여 결의를 하여 왔다면 위 결의는 종중의 관례에 따른 것으로서 유효한 것으로 보아야 한다고 한다.[117] 반면 임시총회는 소집절차를 요하여, 소집권자는 종중의 대표자이지만 대표자가 없는 경우에는 판례[118]에 따르면 종장이나 문장이 소집권자가 된다. 그리고 소집통지 대상자는 판례에 따르면 앞서 본 것처럼 특별한 사정이 없으면 족보를 기준으로 정하고, 통지는 반드시 서면으로 할 필요는 없으며 다른 종원이나 세대주를 통하여도 무방하다고 한다.[119]

종중총회 결의의 정족수에 관해서는 권리능력 없는 사단에 유추적용되는 민법 제75조 1항에 따르면 종원 과반수의 출석과 출석 종원 과반수의 찬성을 요하지만,[120] 판례의 주류적 태도는 의사정족수에는 제한을 두지 아니하고 단순히 출석 종원 과반수의 찬성으로 의결하는 것이 관습이라고 한다.[121] 나아가 판례는 의결정족수 산정에 있어서의 출석 종원이란 총회에 참석한 모든 종원이 아니라 의결 당시 회의장에 있었던 종원만을 의미한다고 한다.[122] 이는 엄격한 의사정족수와 의결정족수를 요구할 경우 종중총회의 결의가 사실상 이루어지기 어렵다는 점을 고려한 것이지만,[123] 앞서 본 것처럼 종원 확정의 어려움으로 인해 실제의 종원과 소집통지 대상자 사이에 이미 상당한 간극이 발생한다는 점을 생각해 보면, 결국 종중의 의사결정은 소수의 전횡으로 흐를 위험을 항상 내포하고 있으며, 이는 궁극적으로 총회결의 무효, 대표자 직무집행정지 가처분 등 법적 분쟁으로 발전하게 된다.

한편 최근 대법원은 종중의 대의원회가 종중총회를 대체할 수 있다고 규정한 종중규약의 유효성 여부가 다투어진 사안에서, 종중규약은 종원이 가지는 고유하고 기본적인 권리의 본질적인 내용을 침해하는 등 종중의 본질이나 설립 목적에 크게 위배되지 않는 한 그 유효성을 인정하여야 한다는 이유로, 그러한 규약을 유효하다고 판단하였다.124) 이 역시 앞서 본 것처럼 엄격한 의사정족수와 의결정족수를 요구할 경우 종중총회의 성립 및 의결이 사실상 매우 어렵다는 점을 고려한 것으로 볼 수 있으나, 대의원 선정방식과 절차의 공정성이 담보되지 않으면 소수 종원에 의해 종중의 의사결정이 좌우될 가능성이 매우 높다고 생각한다.

2. 종중 대표자의 지위

가. 종중 대표권의 유무와 범위

우선 종중과의 거래를 위해서는 누가 종중의 대표자인지 확인하여야 하는데 외부에서는 이를 확인하기가 용이하지 않다. 종중 명의로 등기된 부동산의 경우에는 부동산등기법 제48조 3항에 의해 대표자의 인적 사항도 등기부에 표시되게 되고 이와 아울러 부동산등기용 등록번호(동법 제48조 2항)를 부여받는 과정에서 행정관청의 등록부(이른바 종중등록부)에 대표자가 등록되기는 하지만, 그 뒤 대표자가 변경되면 변경등기가 이루어지지 않는 이상 등기부나 종중등록부를 통해 종중의 대표자를 확인할 수 있는 방법은 없다.

나아가 종중재산의 관리 및 처분행위에는 종중규약에서 정한 바가 없는 이상 민법 제276조 1항에 따라 종중총회의 결의가 필요하며 이를 갖추지 못한 경우에는 판례125)에 의하면 그 법률행위는 절대적으로 무효인데, 결의의 존재 여부에 관해 외부에서 확인하기 용이하지 않을 뿐 아니라 앞서 본 것처럼 종중총회 결의의 효력이 절차상의 하자를 이유로 다투어질 소지가 많은 점을 감안하면 종중재산 거래에 있어서의 법적 안정성은 매우 낮다고 할 수 있다.

뿐만 아니라 종중재산의 보존행위에 관하여도 판례는 "총유재산에 관한 소송은 법인 아닌 사단이 그 명의로 사원총회의 결의를 거쳐 하거나 또는 그 구성원 전원이 당사자가 되어 필수적 공동소송의 형태로 할 수 있을 뿐 그 사단의 구성원은 설령 그가 사단의 대표자라거나 사원총회의 결의를 거쳤다 하더라도 그 소송의 당

사자가 될 수 없고, 이러한 법리는 총유재산의 보존행위로서 소를 제기하는 경우에
도 마찬가지라 할 것"이라고 판시하여126) 종원 개인은 물론 종중 대표자의 보존행
위도 허용하지 않고 있다.

나. 종중 대표자와의 이해충돌행위의 효력

판례는 종중이 타인에게 명의신탁되어 있던 토지의 반환을 위하여 소제기 등
에 필요한 모든 권한을 회장에게 위임하였고, 이에 회장이 종중을 대표하여 종토반
환소송을 제기하여 승소판결이 확정되었는데, 그 후 종중이 '종토 환원을 위하여 사
비를 출연하고 소송실무를 대행하여 종토 전부를 종중으로 환원하여 감사의 의미로
환수 종토의 일부를 증여하기로 한다'면서 회장 등에게 종토 일부를 증여하기로 하
는 결의를 한 사안에서, 회장 등이 종중재산의 회복에 기여한 부분이 있다고 하더라
도 이는 선관주의의무를 부담하는 종중의 임원으로서 당연히 해야 할 업무를 수행
한 것에 지나지 않으므로 이들에게 실비를 변상하거나 합리적인 범위 내에서 보수
를 지급하는 외에 이를 벗어나 회복한 종중재산의 상당 부분을 회장 등에게 분배하
는 증여 결의는 내용이 현저하게 불공정하거나 사회적 타당성을 결하여 무효라고
판시하였다.127)

3. 종원의 권리의무

종원은 종중 행사인 제례에 참석할 수 있고 종중총회에 참석하여 의견을 진술
하고 의결권을 행사할 수 있다. 또한 규약이 정하는 바에 따라 종중 재산을 이용할
수 있고 종중재산을 매각하는 경우 종원 수에 따라 균등하게 매각대금을 분배받을
권리가 있다. 종원의 자격은 생애 동안 지속되며 할종(割宗) 등으로 영구 박탈할 수
없다.128) 종원은 종중의 제례에 참석할 의무를 지며 종중총회 등의 종중행사에 불
참한 종원에게는 일정한 불이익을 부과할 수 있다. 종중에게 회비 기타 납부금을
부과할 수 있는지 여부에 관하여는 논란이 있을 수 있으나 종원이 누리는 편익의
범위 내에서는 종원에게 부담을 지울 수 있다고 할 것이다. 다만 종원에 대한 징계
처분에 관하여 판례는 종중의 구성원인 종원에 대하여 장기간 동안 종중의 의사결
정에 참여할 수 있는 모든 권리를 박탈하는 징계처분은 종원이 가지는 고유하고 기

본적인 권리의 본질적인 내용을 침해하는 것으로서 무효라고 판시하였다.[129] 또한 종원에 대한 징계처분을 함에는 징계대상자인 종원에게 변소의 기회를 주어야 한다.

4. 종중재산 분배의 한계

종중재산의 핵심을 이루는 묘산(墓山), 위토(位土), 재실(齋室) 등은 공동선조의 분묘수호 및 봉제사라는 종중의 목적 달성을 위한 기본재산으로서 과거에는 이를 처분하거나 분배할 수 없는 것으로 인식되어 왔다.[130] 그러나 최근 국토개발 사업으로 인하여 종중 부동산이 수용되는 사례가 빈번하게 발생함에 따라 그 수용보상금을 종원에게 분배하는 것이 타당한지가 문제되게 되었다. 이에 관해 학계에서는 사단법인의 기본재산의 처분 및 잔여재산의 분배에 관한 규정을 유추적용하거나, 종중이 재단적 성격도 함께 가지고 있음에 비추어 보상금 등 재산의 분배를 허용하지 않아야 한다는 견해가 강하게 주장되고 있다.[131]

그러나 판례는 종중 토지의 수용보상금 역시 종원의 총유에 속하고 그 분배는 총유물의 처분에 해당하므로 정관 기타 규약에 다른 정함이 없는 한 종중총회의 결의에 의해 이를 분배할 수 있다[132]는 입장을 취하고 있다. 그리고 분배 비율과 방법, 내용 역시 판례에 의하면 종중총회가 자율적으로 이를 결정할 수 있으며, 다만 그 내용이 현저하게 불공정하거나 선량한 풍속 기타 사회질서에 반하는 경우 또는 종원의 고유하고 기본적인 권리의 본질적인 내용을 침해하는 경우 그 결의는 무효이고, 여기서 종중재산의 분배에 관한 종중총회의 결의 내용이 현저하게 불공정한 것인지 여부는 종중재산의 조성 경위, 종중재산의 유지·관리에 대한 기여도, 종중행사 참여도를 포함한 종중에 대한 기여도, 종중재산의 분배 경위, 전체 종원의 수와 구성, 분배 비율과 그 차등의 정도, 과거의 재산분배 선례 등 제반 사정을 고려하여 판단하여야 한다[133]고 한다.

이와 같이 적어도 판례에 의하면 종중재산의 처분 및 분배는 원칙적으로 허용되며, 그 결과 종중의 기본재산이라고 할 수 있는 위토 등의 처분대금이 종원에게 분배되고 나면 더 이상 종중의 존속을 기대하기 어려운 상태가 발생할 수 있다. 나아가 판례가 제시하는 분배기준 역시 매우 추상적일 뿐 아니라 2005년 전원합의체 판결에 의해 성년여성도 모두 종원에 포함되므로, 분배결의의 효력과 관련된 분쟁이 갈수록 격화되리라는 점도 충분히 예측할 수 있다.

VI. 종중의 미래

1. 종중에 대한 현행법상 규제의 문제점

그동안 일제 시대를 포함하여 100년 이상 법원은 종중 분쟁을 해결하기 위하여 판례를 정립하여 왔으며 일정한 성과를 거두지 않았다고 할 수는 없다. 그러나 앞서 본 것처럼 종중 외 종중유사단체의 인정, 자연발생설로 인한 종원 확정의 어려움, 종중총회를 둘러싼 분쟁, 대표자 확정의 어려움, 종중재산의 관리와 보존 등에 있어 아직도 법리가 완벽하게 확립되었다고 하기는 어렵다. 부분적인 입법에 의해 종중의 소송상 당사자능력과 부동산등기능력은 인정되고 있으나, 지금도 여전히 종중 관련 분쟁은 지속되고 있다.

2. 종중관련 특별입법의 제안

앞서 본 종중에 대한 규율상의 문제점을 해결하기 위해 종중관련 특별입법을 제정하여야 한다는 주장도 비교적 일찍부터 제기되어 왔다.[134] 그 가운데서 제시된 구체적인 입법안(가칭 종중관리법안)의 주된 내용을 소개하면, 우선 이 안은 등기종중과 비등기종중의 능력에 차등을 둠으로써[135] 종중등기 및 이를 통한 법인화를 유도하고자 한다. 그리고 종중의 규모에 따라 특별종중[136]과 일반종중으로 나누어 전자에 대해서는 종중총회를 없애고 이사회로 대체하며, 후자의 경우에도 종중총회는 유지하되 이사회의 권한을 강화하는 방안을 제시한다. 그 밖에도 이 안은 종중재산의 처분에 대한 허가제의 도입, 종중에 대한 주무관청의 감독과 의무부과 및 벌칙규정, 종중총회의 결의 하자와 관련된 소송절차에 관한 규정 등을 그 내용으로 하고 있다.[137]

그밖에 부동산등기법상 종중소유 토지에 관해서는 간소화된 등기회복절차 규정을 두어야 하며 종중이 위토로 이용할 목적으로 농지를 취득하는 것은 耕者有田의 원칙에 반한다고 보기 힘들므로 농지법에 종중을 위한 예외규정을 두어야 한다는 주장, 나아가 특별한 수익을 거두지 못하는 종중 토지에 대해서는 토지보유세를 완화하는 세제상의 혜택을 주어야 한다는 주장 등도 제기되고 있다.138)

3. 종중운영의 합리적 개선 방안

전통적으로 종중은 농촌에 기반을 둔 농업경제사회에서 출발하였으나 현대자본주의 하에서 종중을 구성하는 구성원들은 대부분 도시에 거주하므로, 이로 인해 발생하는 참여율의 지속적인 저하 등 종중운영상의 어려움과 불합리성을 해결하고 종중을 미래에도 지속가능한 단체로 만들기 위한 종중운영의 합리적 개선방안도 제시되고 있다. 그 가운데 몇 가지만 소개하면 종중재산의 토지로부터 수익형 자산(임대용 건물이나 금융자산)으로의 전환이나, 신탁제도의 활용 또는 신용협동조합 제도로의 편입 등을 들 수 있다. 그밖에 종중 고유의 정신적 가치를 문화적 콘텐츠로 활용하여 미래세대와 소통하는 방안도 제시되고 있다.139)

VII. 글을 맺으며

조선 중후기 이후 우리 사회의 중요한 혈연공동체였던 종중은 근대화를 통해 근대법상의 단체로 편입되는 과정에서 많은 어려움을 겪었으며, 이로 인한 규율상의 문제점은 앞서 본 것처럼 오늘날에까지 이어지고 있다. 그리고 이러한 문제들은 이른바 종중의 자연발생설 및 이를 전제로 하는 종중 구성원의 당연가입론으로부터 시작되었으며, 이는 일제치하 일본인 판사들의 종중에 대한 잘못된 이해에서 비롯된 것이라고 종래 지적되어왔다. 그러나 앞서 언급한 것처럼 종래의 자연발생설은 종중의 존재에 관한 입증을 용이하게 하고 사원명부작성의무를 면제(족보에 의한 대체)하며 참칭종중을 배제(종원 자격의 박탈이나 제한의 금지)하는 긍정적 측면도 있었음을 부정할 수 없다. 요컨대 이는, 자율성을 전제로 하는 근대법의 순수한 의미의 사단 개념으로 근대 이전의 단체인 종중을 파악할 경우 법적 규율이 곤란하다는 점을 고려하여, 종중에 대해 법원이 일종의 후견적 역할을 해 왔던 것이라고 볼 수도 있다.

나아가 2005년 전원합의체 판결 이후 종중에 관한 논의는 판례상의 당연가입론에 대한 비판 및 종중의 자율성 문제에 주로 초점이 맞추어져 있다. 그러나 역시 앞서 지적한 것처럼 당연가입론을 부정하고 종중의 자율성을 강조하여 종원의 자격과 가입절차를 종중규약에서 정하게 하더라도, 실제로는 종원 자격자를 대상으로 다시 가입절차를 거치도록 규정하는 종중규약은 대상자의 파악이 어렵다는 점 등의 현실적인 이유로 제정되기 어려울 것이다. 따라서 대부분의 종중이 종중규약에서 종원의 당연가입을 규정할 경우, 앞서 본 종중에 대한 규율상의 문제점은 여전히 해소되지 않을 뿐 아니라, 2005년 전원합의체 판결을 통해 종원의 범위가 확대됨으로 인해 종중 관련 분쟁은 더욱 격화될 소지가 크다. 여기서 혈연단체로서의 종중의 특수성과 그 규모를 고려한 특별법의 제정이 요청되며, 특별법이 제정되기 이전 단계에서는 최소한 국가에 의한 표준적인 종중규약의 제공이라도 할 필요가 있다. 요컨대 과거 법원이 담당해 왔던 종중에 대한 후견적 역할을 이제 입법이나 행정이 담당해야 할 시점이 되었다고 할 수 있다.

뿐만 아니라 오늘날 종중은 관련 법제의 제개정과 도시화 및 장례문화의 변경 등 주위 환경의 변화로 인해, 향후 지속가능한 단체로서의 존재성에 대한 위협을 받고 있다. 따라서 이러한 위협에 대응하기 위해서는 종중 스스로에 의해 기존의 종중과는 다른 모습을 취할 필요가 있다. 그밖에 종중재산의 처분 및 분배를 통한 종중의 소멸을 방지하기 위해 최소한 문화유산을 보유하고 있는 종중에 대해서는 국가적 차원에서 이를 재단법인으로 전환하는 입법을 고려해 볼 필요가 있다. 그리고 이를 위해서는 2차 대전 이후 우리의 종중과 유사한 난체를 새단법인화한 대만의 사례[140]를 향후 연구해 볼 필요도 있다고 생각한다.

미주

1) 성희제 (2022. 2. 12.), "'400년 갈등' 기호학파 통합의 씨앗 뿌렸다 –파평 윤씨–은신 송씨 송회 화합의 장 행사 개최", 충청뉴스; 김방현 (2022. 2. 19.), "尹 종친 파평 윤씨와 얽힌 은진 송씨 … 병자호란 350년 갈등 풀다", 중앙일보. 그밖에 서애 유성룡 문중과 학봉 김성일 문중 간의 화해를 다룬 기사로, 권광순 (2020. 11. 19.), "400년 가문의 전쟁 … 안동 유성룡·김성일 갈등 끝났다", 조선일보; 김정혜 (2020. 11. 22.), "퇴계 옆 2인자 자리 놓고 다툰 두 가문, 400년 만에 '화해'", (한국일보.

2) 우리나라 종중과 유사한 오키나와의 門中과 대만의 '祭祀公業'에 관하여는 후술한다.

3) 후술하는 대법원 2005. 7. 21. 선고 2002다1178 전원합의체 판결 이후의 종중 관련 대법원 민사 판결 만으로도 170여 건(년 평균 약 10건)이 검색된다. 그리고 뒤(주 61)에서 보는 것처럼 최근에는 母의 성과 본으로 변경한 원고가 母가 속한 종중을 상대로 종원 지위 확인을 구하는 소송까지 제기되고 있다.

4) 법학 이외의 분야에서 조선 중후기 종중의 형성 및 변천과정에 관한 최근의 연구로, 김문택 (2005), 50–51면; 김문택 (2004), 333–369면; 김문택 (2013), 161–194면; 이근호 (2015), 168–196면; 백옥경 (2014), 271–310면 등이 있다. 그리고 이덕승 (1994), 16–46면은 법학논문이기는 하지만 안동지역 40여 개 문중의 실태조사(방문 및 설문지)를 토대로 작성된 것이서, 비록 안동지방에 국한되기는 하지만 비교적 최근의 종중의 실제 모습을 잘 보여 주고 있다.
   그 밖에 법학 이외의 분야에서 종중에 관해 개괄적으로 다루고 있는 문헌으로 김두헌 (1969); 이광규 (1990) 등이 있다.

5) 일제시대에는 법원의 심급제는 지방법원, 복심법원 조선고등법원의 3심제로 되어 있어 조선고등법원은 조선 내 최고법원이었다.

6) "장사(葬事)등에 관한 법률"의 약칭으로 시신의 매장, 화장 등 장사의 방법과 장사시설의 설치·조성 및 관리 등에 관한 사항을 정한 법률이다.

7) 대법원 1992. 9. 22. 선고 92다15048 판결 등 우리 대법원이 내린 확립된 정의이다.

8) 한국민족문화대백과사전, "문중(門中)", http://encykorea.aks.ac.kr/Contents/Item/E0019673.

9) 한국민족문화대백과사전, "문중(門中)", http://encykorea.aks.ac.kr/Contents/Item/E0019673.

10) 한국민속대백과사전, "종계", https://folkency.nfm.go.kr/kr/topic/detail/410.

11) 한국민족문화대백과사전, "종계(宗契)", http://encykorea.aks.ac.kr/Contents/Item/E0052892.

12) 종중과 종계간의 관계에 관하여는 沈羲基 (1993) 참조.

13) 이경희 (2000), 14면.

14) 대법원 1982. 11. 23. 선고 81다372 판결; 대법원 1989. 6. 27. 선고 87다카1915·1916 판결 등.

15) 대법원 1996. 3. 12. 선고 94다56401 판결; 대법원 2010. 4. 29. 선고 2010다1166 판결 등.

16) 일제하에서 형성된 종중법리(조선고등법원 판례, 조선총독부 중추원의장의 회답, 관습조사보고

서 등) 전반에 관해서는 정긍식 (2002), 제4장; 김찬우 외 (2019), 제2장 제3절 이하 참조.

17) 질의는 다음과 같이 구성되어 있다: 一. 한국의 종중 또는 문중이라 함은 五代祖 이상을 공동시조로 하여 祭祀하는 경우에 한하여 성립하는지. 二. 右종중 또는 문중의 성립에는 조직행위 즉 출자 祭祀繼續 기타 조직에 관한 협의를 요하며 이러한 협의가 없을 때에는 종중 또는 문중은 성립하지 않는 것인지. 三. 동일인에게 자손이 二人 이상 있을 때에는 그 者의 사망과 동시에 그 자손에 의하여 당연히 종중 또는 문중이 성립하는 것인지.

18) 司法協會雜志 제19권 5호, 49면. 번역은 정광현 (1967), 172면에 의함.

19) 1941. 7. 10.자 광주지방법원의 질의에 대한 1941. 8. 4.자 中樞院議長의 답변 역시 종중의 자연 발생을 전제로 하고 있다. 상세한 것은 정광현 (1967), 175－177면 참조. 그리고 이 자연발생설의 원형은 1939년 발간된 野村調太郎 (1939), 512면에서 이미 발견된다: 상세한 것은 심희기 (1989), 11면 참조.

20) 대법원 1983. 2. 22. 선고 81다584 판결; 대법원 1985. 10. 22. 선고 83다카2396·2397 판결; 대법원 1997. 11. 14. 선고 96다25715 판결 등.

21) 다만 일부 판례(예컨대 대법원 1991. 8. 27. 선고 91다16525 판결)는 종중의 성립에는 특별한 조직행위가 필요하지 않다고 하면서도, 규약이나 관습에 따라 선출된 대표자 등에 의하여 대표되는 정도로 조직을 갖추고 지속적인 활동을 하고 있다면 비법인 사단으로서의 단체성이 있다고 판시함으로써, 자연적 단체로서의 종중의 성립과 비법인사단으로서의 종중의 성립을 구별하는 입장을 취하고 있다: 同旨, 김재형 (2005b), 20－21면.

22) 대법원 1992. 7. 24. 선고 91다42081 판결; 대법원 1994. 11. 11. 선고 94다17772 판결 등.

23) 따라서 종중 안에 다시 수 많은 소종중이 있을 수 있으며, 판례에 따르면 상위 종중과 하위종중은 별개의 종중이므로 소 제기 당시의 소송당사자인 종중의 공동선조를 변경하는 것은 소송법상 당사자 변경에 해당하며(대법원 2002. 5. 10. 선고 2002다4863 판결), 하위종중의 종중원이 모두 사망하고 후사가 없다고 하여 그 재산이 상위종중에 귀속하는 것은 아니라(대법원 1999. 2. 23. 선고 98다56782 판결)고 한다.

24) 허규 외 (1973), 17－18면.

25) 한편 대법원 2010. 5. 13. 선고 2009다101251 판결은 '법인격 없는 사단의 일종인 종중의 경우에도 종원이 남아 있거나 총회에서 해산결의가 이루어지지 않은 이상 종중이 사실상 운영되지 않고 있다는 이유만으로 종중의 성립요건을 결하였다고 볼 수 없는바'라고 판시함으로써, 총회의 해산결의에 의해 종중이 소멸할 수도 있다는 해석의 여지를 남기고 있다. 그리고 대법원 1990. 11. 13. 선고 90다카28542 판결은 종중총회 소집권이 없는 자의 주도하에 이루어진 종중 및 종회의 해산결의에 대해 절차상의 하자를 이유로 그 결의를 무효로 판단하고 있다. 그 밖에 대법원 1990. 2. 27. 선고 89도2172 판결은 유사종중(ㅇㅇㅇ씨△△△파 전주종중)에 대해서는 해산결의에 의한 소멸을 인정하고 있다.

26) 법학 이외의 분야에서는 이미 그 이전에 김두헌 (1969), 91면에서, "대저 종중은 공동선조의 제사에 의하여 맺어진 자손의 一團이므로 그것은 자연적이라 하겠지만, 그 一團의 종족의 의식으로써 구성되는 한, 그것은 인위적이라고 할 수 있을 것이다. (중략) 종중이란 것은 역시 일정한 혈족의 사이에 의식적으로 구성되는 일종의 사회집단이다. 종중이 인위적 一面을 갖고 있다는 所以이다."라는 서술이 이루어지고 있다. 그리고 법학분야에서는 정귀호 (1985), 78－94면에서 필자가 조사한 바로는 최초로, 자연발생설을 따르는 판례법리에 대한 의문이 제기되고 있다.

27) 和田一郎 (1920).

28) 심희기 (1989), 11－33면. 그밖에 이 논문은 일제하 자연발생설이 종중과 宗契나 宗約을 구별한

348

것은 잘못임을 지적하고 있다(20-1면). 일제하에서의 종계나 종약에 관한 판례에 관해서는 정긍식 (2002), 284-285면 참조.

29) 이재성 (1995), 163면 이하. 아울러 이 논문은 판례의 입장과는 달리, 5대 이상의 조상에 대해 時祭를 지내는 종중과 4대조 이하의 조상에 대한 제사를 지내는 堂內間은 구별되어야 한다고 한다.

30) 정긍식 (2002), 285-286면; 김재형 (2005b), 17면 이하; 윤진수 (2007c), 62-67면; 이우석 (2007), 41면 이하 등. 한편 배병일 (2006), 237-261면 이하는 단체로서의 활동과 조직행위를 구별하면서, "후손들이 분묘수호와 제사봉행 및 종원 상호간의 친목도모를 목적으로 모여서 조상의 분묘를 위한 임야를 취득하고, 제수를 준비하여 조상의 분묘에 시제를 지내고, 벌초를 하는 등 임야를 관리하는 등 단체적 활동을 하게 되면 그것만으로 고유한 의미의 종중이 성립되었다고 보아야 한다. 따라서 고유한 의미의 종중은 명칭사용이나 종중규약의 제정, 대표자선출 등의 특별한 조직행위가 필요하지 않는 자연발생적 단체라고 보아야 한다"고 주장한다. 그러나 이는 종래의 자연발생설과는 달리 종중의 성립에는 최소한 종중의 단체적 활동을 요건으로 한다는 점에서 인위적 단체설로 보아야 할 것이다.

31) 이우석 (2007), 40-41면; 박해선 (2020), 30면 주105. 반면 이창현 (2010), 79면에 의하면 판례의 자연발생적 단체설은 조직활동 이전 단계의 종중을 보호하고 종중원의 범위 제한을 방지하는 목적을 갖고 있었지만, 이는 조직활동의 개념을 넓게 해석하고 종중원의 범위를 제한하는 규약의 효력을 부정함으로써 목적 달성이 가능하므로 굳이 이를 이유로 자연발생적 단체설을 고수할 필요는 없다고 한다.

32) 송민경 (2013), 136-164면. 이 견해에 의하면 종중의 자연발생론은 종중 성립시기에 관한 사실인정의 문제를 넘어, 영속적인 제사공동체로서 당연히 지녀야 할 본질과 이념을 강행의 관습법이라는 형식으로 파악하여 포착하는 규범정립의 문제와 직결된다는 점을 이해할 때 비로소 종중의 자연발생론으로부터 시발되는 종중 법리에 대한 온전하고도 근본적인 비판이 가능할 것이라고 한다.

33) 最高裁判所 1980. 2. 8. 判決(民集 34·2·138, 判例時報 제961호)

34) 이 판결에 관해서는 일본 森泉章, 77면 참조.

35) 後藤武秀 (2001).

36) 법인의 경우 사단법인으로 분류되는 것에도 재단적인 요소가 있을 수 있으며, 반대로 재단법인에도 사단적인 요소가 있을 수 있다는 점에 관해서는, 송호영 (2015), 62-63면 참조.

37) 대법원 1992. 12. 11. 선고 92다18146 판결; 대법원 1995. 11. 14. 선고 95다16103 판결; 대법원 1997. 10. 10. 선고 95다44283 판결; 대법원 1998. 7. 10. 선고 96다488 판결 등 참조.

38) 일제시대에는 이 가운데 호주만이 종회에 참석할 수 있었으나, 해방 직후 대법원 1946. 5. 14. 선고 4279 민상3 판결에 의해 성년남자로 확대되었다. 이에 관해서는 김재형 (2005b), 25-26면 참조.

39) 이러한 문헌들에 관해서는 김재형 (2005b), 22면, 주38 참조.

40) 판례 역시 대부분 종원이라는 용어를 종중총회의 구성원이라는 의미로 사용하고 있다, 단 일부 판례(예컨대 대법원 1997. 2. 28. 선고 95다44986 판결)는 '종원 중 성년 이상의 남자'를 대상으로 종중총회의 소집통지를 하여야 한다고 함으로써 종원과 종중총회의 구성원은 별개라는 전제를 하고 있다. 그러나 이 판결도 곧이어 '소집통지 대상이 되는 종원의 범위를 확정한 후 소재가 분명한 모든 종원에게 개별적으로 소집통지를 하여야 한다'고 함으로써 종원=종중총회의 구성원이라는 결론에 도달하고 있다.

41) 대법원 1983. 2. 8. 선고 80다1194 판결; 대법원 1998. 2. 27. 선고 97도1993 판결.

42) 대법원 1983. 2. 8. 선고 80다1194 판결.

43) 대법원 1992. 12. 11. 선고 92다30153 판결; 대법원 1994. 11. 22. 선고 93다40089 판결 등.

44) 이러한 판례들에 대해서는 김용덕 편 (2010), 126면 주106 참조.

45) 다만 판례에 의하면 이는 자연발생적 단체인 고유한 의미의 종중에 한정되며 이른바 '유사종중'
의 경우에는 종원의 자격을 거주지역 등 일정범위로 제한하는 것이 가능하다고 본다. 이에 관해
서는 앞의 주15 참조.

46) 이 판결의 사실관계, 원심판결 등에 관해 보다 상세한 것은 윤진수 (2007c), 44-46면; 김재형
(2005b), 1-3면 참조.

47) 수원지방법원 2001. 3. 23. 선고 2000가합5711 판결.

48) 서울고등법원 2001. 12. 11. 선고 2001나19594 판결.

49) 이는 원고들이 상고이유에서 헌법상의 기본권은 사인 간에도 적용되어야 한다고 주장하였기
때문이며, 그 밖에도 원고들은 공동선조의 후손으로 구성되는 종중과 그 가운데서 성년 남자로
구성되는 종회는 구별되어야 한다고 주장하였다.

50) 전원합의체 판결은 관습법과 헌법을 비롯한 전체 법질서의 관계, 판례 변경과 소급효 문제 등
여러 가지 쟁점에 대해 판단하고 있으나, 이 글에서는 종원의 자격과 당연가입 여부에 대한 판
결요지만 소개하기로 한다.

51) 이 판결에 대한 본격적인 평석으로는 윤진수 (2007c), 김재형 (2005b), 이창현 (2010), 송민경
(2013) 이외에, 김제완 (2006), 93면 이하; 박찬주 (2006), 19면 이하 등이 있다. 그리고 이러한
평석은 모두 성년여성을 성년남성과 동일하게 취급하여야 한다는 점에 대해서는 이의를 제기하
지 않는다. 반면 이 판결 이전에 나온 문헌 가운데는, 종중의 제사공동체로서의 성격과 종중재
산의 본질에 비추어 성년여성은 출가하면 종원 자격을 잃는다고 보아야 한다는 견해도 있다:
이진기 (2001), 314-315면.

52) 2005년 전원합의체 판결 이전에도 당연가입론에 대한 의문이 제기되기는 하였지만(예컨대 정귀
호 (1985), 78면 이하, 91-92면; 정긍식 (2002), 286면, 본격적인 비판이 이루어진 것은 이 판
결 이후라고 할 수 있다.

53) 윤진수 (2007c), 62-65면; 같은 취지로 김재형 (2005b), 28-29면. 그 밖에 2015년 전원합의체
판결의 다수의견이 성년여성도 당연히 종원이 된다고 봄이 조리라고 판시한 것에 대해, 위에서
소개한 것처럼 별개의견은 결사의 자유를 근거로 이를 비판하고 있다.

54) 김재형 (2005b), 27면.

55) 이창현 (2010), 92면은 2005년 전원합의체 판결이 종래의 관습법의 법직 효력을 부정한 이상,
조리에 의해 문제를 해결할 것이 아니라 종중의 자율권을 존중하여 자치법규인 종중규약을 적
용했어야 한다고 한다.

56) 同旨: 이창현 (2010), 92면.

57) 예컨대 같은 비법인사단으로 분류되는 동창회의 경우에도 대부분 회칙상 일정한 요건만 갖추면
특별한 가입절차 없이 구성원이 되는 것으로 규정하고 있다.

58) 종래 판례(대표적으로 대법원 1983. 2. 22. 선고 81다584 판결)는 종중이 공동선조의 제사봉행
을 주목적으로 하는 점과 양자제도의 목적 등에 비추어 보면, 타가에 출계한 자와 그 자손은
친가의 생부를 공동선조로 하는 종중에는 속하지 않는다고 판시하고 있다. 그리고 학설에 따라
서는 이러한 결론이 민법이 추구하는 완전양자 내지 친양자제도의 취지에 비추어 타당하다는
견해(배병일 (2006), 238면; 한삼인 (2007), 158면)도 있다. 반면 최근의 한 하급심 판결(서울고

03 자연적 공동체와 법

등법원 2009. 9. 17. 선고 2009나4000 판결)은 타가에 출계한 자 및 그 후손들도 엄연히 '생가의 공동선조의 성과 본을 같이 하는 후손'인 이상 성년이 되면 당연히 그 공동선조의 분묘수호와 제사 및 종원 상호 간의 친목 등을 목적으로 하여 구성되는 자연발생적인 종족집단의 구성원이 된다고 판시하였다.

59) 판례(주 42)는 앞서 본 것처럼 종원의 당연가입론에 따라 할종을 무효로 판단하고 있다.

60) 이혼시 양육권자로 지정된 母의 성으로 변경하고자 하는 경우, 이혼모가 재혼하여 가봉자가 계부의 성으로 변경하고자 하는 경우, 일반 입양의 경우에 양부의 성으로 변경하고자 하는 경우가 주로 여기에 해당한다.

61) 성과 본의 변경을 허용하는 개정 민법이 시행된 후 2008년 한 해 동안 성과 본의 변경신청 사건 수는 14,566건에 달하며, 친양자 입양은 1,799건이라고 한다: 김종국 (2009), 6면.

62) 최근 대법원 2022. 5. 26. 선고 2017다260940 판결은 母의 성과 본으로 변경한 원고가 母가 구성원으로 있는 피고 종중을 상대로 종원 지위의 확인을 구한 소송에서, (1) 2005년 전원합의체 판결의 취지에 비추어 볼 때 공동선조와 성과 본을 같이 하는 성년 여성의 후손이 모계혈족이라는 이유만으로 종중의 구성원이 될 수 없다는 관습도 법적 규범으로서 효력을 가진 관습법으로 남아 있다고 보기 어렵고 (2) 개정 민법이 부계혈족과 모계혈족을 차별하지 않고 친족의 범위를 규정하고 있으며, 자녀의 복리를 위해 자녀의 성과 본을 변경할 필요가 있을 때에는 법원의 허가를 받아 이를 변경할 수 있도록 한 점 등을 보면 母의 성·본을 따라 종중의 공동선조와 성·본을 같이 하게 된 후손의 종원 자격을 父의 성·본을 따른 후손과 달리 판단할 수는 없으며 (3) 출생 시부터 母의 성·본을 따르게 된 경우 자녀는 母가 속한 종중의 구성원이 된다고 보아야 하므로 출생 후 자녀의 복리를 위해 성·본을 변경할 필요가 있어 법원의 허가를 받아 변경한 경우에도 달리 볼 이유가 없고 (4) 법원의 허가를 받아 母의 성과 본으로 변경된 자녀는 父가 속한 종중에서 탈퇴하게 되므로 출생 후 母의 성·본으로 변경된 경우에 母가 속한 종중의 구성원이 될 수 없다고 본다면 종중의 구성원 자격을 박탈하는 것이 되어 헌법상 평등의 원칙에 반하며 (5) 종래 관습법에서도 입양된 양자는 양부가 속한 종중의 종원이 되는 등 종중 구성원의 변경이 허용되었다는 점 등을 이유로 설시하면서, 원고는 성과 본의 변경에 의해 피고 종중의 공동선조와 성과 본을 같이 하는 후손이 되었으므로 당연히 피고 종중의 구성원이라고 판시하였다.

63) 김종국 (2009), 12면은 민법상 양친자관계는 법정친자관계에 해당한다는 이유만으로 일반입양의 이성양자로서 성을 변경한 자도 양가의 종중에 속한다고 보고 있으나, '공동선조의 후손'은 아니라는 점에서 의문의 여지가 있다.

64) 이에 관해서는 우선, 이동명 (1997), 559－562면 참조.

65) 이에 관해서는 김용덕 편 (2010), 136면 참조.

66) 대법원 2000. 7. 6. 선고 2000다17582 판결. 이 판결의 사안에서는 원고 종중이 세보를 기준으로 1998. 8. 9.자 총회를 소집하면서 당시 연락 가능한 종원 458명 중 451명에 대하여 개별적으로 통지를 하여, 위 통지에 따라 1998. 8. 9. 종원 중 93명이 출석하고 42명이 서면위임장을 제출하여 총회가 개최되었으며, 이 총회에서 이루어진 결의에 대해 원심은 유효로 판단하였다. 그러나 대법원은 이 사건의 경우, 1977년에 발간된 원고 종중의 세보에는 1940년 이후에 출생한 남자의 수가 4,800여 명에 이르고, 그 이외에 1940년 이전에 출생한 남자와 1977년 이후에 출생하여 성인이 된 남자의 수를 고려하여 보면 원고 종중의 종원은 그 이상에 이를 것으로 보이며, 원고 측 증인에 의하더라도 원고 종중의 종원은 8,000여 명에 이르고 세보에 기재되지 아니하였으나 원고 종중의 종원으로 등록된 자도 70여 명에 이른다는 점 등을 지적하면서, 본문의 판시와 같은 이유로 원심판결을 파기하였다.

67) 대법원 2010. 5. 13. 선고 2009다101251 판결 등 참조.

68) 다만 일본민법 가운데 능력, 친족 및 상속에 관한 규정은 적용되지 않고 관습이 적용되었다(동령 제11조).

69) 일본 민법 제33조: 법인은 본법 기타 법률의 규정에 의하지 않으면 성립할 수 없다. 제34조: 제사, 종교, 자선, 학술, 기예 기타 공익에 관한 사단 또는 재단이면서 영리를 목적으로 하지 않는 것은 주무관청의 허가를 얻어 이를 법인으로 할 수 있다.

70) 일본 민법시행법 제19조: "민법 시행 전부터 독립의 재산을 가지는 사단 또는 재단이면서 민법 제34조에 게재한 목적을 가지는 것은 이를 법인으로 한다. 전항의 법인의 대표자는 민법 제37조 또는 제39조에 게재한 사항 기타 사원 또는 기부자가 정한 사항을 기재한 서면을 작성하여 민법 시행일부터 3개월 내에 이를 주무관청에 差出하여 그 인가를 請함을 요한다. (이하 생략)"

71) 이에 관해서는 「判例體系 民法總則 1」, 173－6면; 「新判例體系 民法總則」, 20의 43－7면 참조.

72) 이에 관해서는 이호규 (1987), 43－51면 참조.

73) 1910~12년에 걸쳐 조선총독부가 발간한 관습조사보고서에는 종래 관습상 법인격이 인정된 존재로 국가, 왕실과 부락(洞, 里), 寺院, 학교(성균관, 학교 등), 射亭, 상속인부존재의 유산 등이 열거되는 반면, 종중은 누락되어 있다. 그 대신 관습조사보고서는 종중을 법적으로 조합의 성격을 갖는 일종의 契(宗契, 文契)로 파악하고 있다: 한국법제연구원 (1992), 106－113면, 306면.

74) 이러한 태도는 현행 민법으로 이어져 현행 민법의 기초자들은 "제사상속을 인정하지 않는 이상 이에 수반되는 종중, 족보, 祭位土 역시 특별한 신분법적 효과를 발생하는 것은 아니겠으므로 이를 규정하지 않기로"(민의원 법제사법위원회 민법안심의소위원회 (1957), 2면) 하였다: 이호규 (1987), 96－7면 참조.

75) 아래의 2.에서 보는 것처럼 1927년의 조선고등법원 연합부 판결이 나오기 이전까지는 종중재산은 종원의 '공유'로 취급되고 있었다.

76) 그밖에 이미 토지조사사업 등의 단계에서 종중재산에 대하여는 개인 명의로 신고할 수 있도록 하면서 신고자 이름 옆에 괄호를 하여 종중재산이라고 부기하도록 한 것도 명의신탁을 촉발시킨 원인으로 생각된다. 이에 관하여는 배병일 (2021), 163－5면 참조.

77) 조선부동산등기령 제2조의4: ① 종중, 문중, 기타 법인에 속하지 아니하는 사단 또는 재단으로 조선총독이 정하는 것에 속하는 부동산의 등기에 대하여는 그 사단 또는 재단을 등기권리자 또는 등기의무자로 본다. ② 전항의 등기는 그 사단 또는 재단의 이름으로 그 대표자 또는 관리인이 신청하여야 한다. 그밖에 1929년 일본 민사소송법의 개정에 의해 권리능력 없는 사단과 재단에 대해 당사자능력이 인정되었으며, 이는 현행 우리 민사소송법 제52조로 이어지고 있다.

78) 반면 일본의 경우에는 그 당시는 물론 지금까지도 권리능력 없는 사단이나 재단 명의의 부동산 등기를 인정하는 규정을 두고 있지 않다. 따라서 조선부동산등기령이 제2조의4와 같은 규정을 신설한 것은 그 당시 이미 종중재산의 명의신탁으로 인한 분쟁이 빈번하게 발생했음을 보여주는 것이라고 할 수 있다.

79) 1994년 당시 경북 안동지방의 50개 종중에 대한 실태조사에 의하면, 종중부동산의 등기명의가 종손 명의로 되어 있는 것이 15건, 종중 대표자들의 連名이 18건, 종중 자체 명의가 15건, 虛無人 명의가 2건이라고 한다: 이덕승 (1994), 35면.

80) 이러한 비법인 사단 또는 재단의 당사자능력은 이미 의용(일본) 민사소송법 제29조에 의해 인정되고 있었다.

81) 대법원 2003. 7. 25. 선고 2002다27088 판결(주택조합의 경우).

82) 대법원 1994. 4. 12. 선고 92다49300 판결. 그밖에 대법원 2008. 1. 18. 선고 2005다34711 판결 등 참조.

83) 대법원 1981. 2. 24. 선고 80누376 판결; 대법원 1981. 6. 9. 선고 80누545 판결 등 참조.

84) 소득세법 제1조 제3, 4항, 동법 시행규칙 제2조 제1항 참조.

85) 법인세법 제1조 제2항 참조.

86) 대법원 1981. 6. 9. 선고 80누545 판결.

87) 한국민족문화대백과사전, "문중(門中)", http://encykorea.aks.ac.kr/Contents/Item/E0019673.

88) 이에 관해 상세한 것은 정긍식 (2002), 제4장, 291−295면 참조. 그리고 이러한 입장은 현행 대법원 판례로도 이어지고 있다: 예컨대 대법원 1989. 10. 10. 선고 89다카13353 판결.

89) 이러한 조선고등법원의 판결례에 관해서는 정긍식 (2002), 제4장, 295−296면 참조.

90) 朝鮮總督府中樞院 (1933), 390면. 이는 1922년 多田吉鍾 (1922)라는 논문을 발표한 多田吉鍾 가 당시 판사로 재직하고 있던 해주지방법원의 질의에 따른 것이다. 이에 관해 상세한 것은, 정긍식 (2002), 제4장, 297면 주61 참조.
　　한편 종중을 일종의 契로 파악하고 있던 관습조사보고서는 계원은 다른 계원 과반수의 승낙 이 없으면 원칙적으로 지분을 처분할 수 없다고 기술하고 있다: 한국법제연구원 (1992), 307면.

91) 고등법원서기과 (2011), 122면. 이 판결의 사실관계에 관해 상세한 것은 양창수 (2012), 113면 주19 참조.

92) 대법원, 「국역 조선고등법원 판결록」, http://khd.scourt.go.kr/JO/main/index.jsp.

93) 고등법원서기과 (2011), 321면.

94) 대법원, 「국역 조선고등법원 판결록」, http://khd.scourt.go.kr/JO/main/index.jsp.

95) 이에 관해 보다 상세한 것은 양창수 (2012), 116면 참조.

96) 참고로 의용민법이었던 일본민법은 그 당시는 물론 지금까지도 조문상으로는 합유나 총유라는 용어를 사용하지 않으며(예컨대 조합의 경우에 일본 민법 제668조는 조합원의 공동소유를 공 유라고 표현하면서도 제676조에서 지분처분을 제한하고 조합재산의 분할청구를 금지함으로써 우리 민법의 합유에 가깝게 규정하고 있다), 합유 및 총유의 개념은 강학상으로만 인정되고 있다. 그리고 양창수 (2012), 117면에 의하면 본문의 조선고등법원 판결들은 그 이후 학설이 구분하여 말하게 된 바의 합유인지 총유인지에 대해 명확한 태도를 밝힌 바가 없었으며, 아예 이러한 문제 자체를 의식하지 못했다고 말하는 것이 보다 정확할지 모른다고 한다.

97) 그 과정에 관해 상세한 것은 양창수 (2012), 117면 참조.

98) 대표적으로 이호정 (1983), 102−118면.

99) 임상혁 (2013), 189−209면.

100) 조선고등법원 1912. 10. 29. 판결(고등법원서기과 (2006), 43면): 이 판결에 관해 상세한 것은, 김상수 (2010), 85면 참조.

101) 조선고등법원 1913. 9. 9. 판결(고등법원서기과 (2006), 315면). 이 판결에 관해 상세한 것은 김상수 (2010), 85−86면 참조.

102) 다만 이 판결은 아직 제3자의 선·악의에 관해서는 특별히 언급하지 않고 있다. 그리고 이 판결 을 비롯하여 이후 조선고등법원의 판결에서는 '명의신탁'이라는 용어가 직접 사용되지는 않고 있다. 따라서 '명의신탁'이라는 용어는 우리 대법원이 당시까지 일반적으로 법조계에서 통용되 고 있던 용어를 판결에서 사용하기 시작한 것이라고 한다: 김상수 (2010), 80면.

103) 조선고등법원 1917. 11. 13. 판결(고등법원서기과 (2011), 956면).

104) 이에 관해서는 김상수 (2010), 86-87면 참조.

105) 종중재산의 명의신탁에 관한 우리 대법원 판례 전반에 관하여는 김용덕 편 (2010), 91-97면 참조.

106) 예컨대 배병일 (2021), 175면. 나아가 김상용 (1995), 270면에 의하면, (戰後)일본에서는 명의신탁을 통정허위표시로서 무효로 취급하는 것에 비추어 보면, 명의신탁제도는 그 시작이 우리나라의 공동체조직의 파괴에 있었으며, 명의신탁을 통하여 종중내부의 분쟁을 촉진하고자 하였던 것으로 평가된다고 한다.

107) 대표적으로 곽윤직 (1974), 5-24면.

108) 김상수 (2010), 97면.

109) 김상수 (2010), 97-98면.

110) 그밖에 종중의 명의신탁을 넘어서서 명의신탁 자체와 관련하여, 자기가 사실상 그 이익을 전적으로 향유하는 부동산을 다른 사람의 소유로 하는 것은 각자의 자유에 속하는 문제이므로 명의신탁 자체를 '그 성질상 당연히' 위법하다고는 할 수 없으며, 대법원이 오랜 동안 명의신탁을 사법적으로 유효하다는 태도를 취한 것은 단지 일제 때의 판례를 답습한 것이 아니라, 이러한 명의신탁의 본질을 제대로 파악한 것에 기초한 것이라는 지적도 있다: 양창수 (2001b), 176면.

111) 구 농지개혁법은 위토는 국가의 매수대상에서 제외하고 이를 위토대장에 등재하도록 하였다 (동법 제6조 7호).

112) 종중·문중묘지를 설치·관리하려는 자는 해당 묘지를 관할하는 시장 등 기초지방자치단체장의 허가를 받아야 하며(장사법 제14조 제4항 전단) 종중·문중묘지는 종중 또는 문중별로 각각 1개소에 한정하여 설치할 수 있으며, 그 면적은 1천㎡ 이하여야 한다(장사법 제14조 제9항, 동법 시행령 제15조 및 별표 2 제3호).

113) 30년이며 1회에 한해 허가를 얻어 연장 가능하므로 최대 60년(동법 제19조). 그리고 이에 대해서는 외국의 입법례를 참고하여 20-30년으로 단축하거나, 10-20년 마다 최장기간 60년을 10년씩 단계적으로 감축하는 방안이 제시되고 있다. 김성욱 (2015), 282면; 이은기 (2017), 203면.

114) 이은기 (2017), 203면.

115) 그밖에 매장으로부터 화장으로의 급격한 장례문화의 변화 역시 신규 종중의 성립을 불가능하게 할 것이다.

116) 대법원 1994. 9. 30. 선고 93다27703 판결; 대법원 2005. 12. 8. 선고 2005다36298 판결; 대법원 2007. 5. 11. 선고 2005다56315 판결 등 참조. 이에 관한 상세는 김용덕 편 (2010), 135면, 주147의 판례 참조.

117) 대법원 1967. 11. 21. 선고 67다2013 판결; 대법원 1991. 8. 13. 선고 91다1189 판결; 대법원 1992. 12. 11. 선고 92다18146 판결; 대법원 1993. 7. 16. 선고 92다53910 판결 등 참조

118) 이에 관해서는 김용덕 편 (2010), 135면, 주150의 판례 참조. 그리고 이러한 판례에 의하면 종중이나 문장이 정해져 있지 않은 경우에는 항고연장자가 종장이나 문장이 되는 것이 일반관습이라고 한다.

119) 이에 관해서는 김용덕 편 (2010), 137면, 주158의 판례 참조.

120) 이를 따르는 판결로 대법원 1994. 11. 22. 선고 93다40089 판결이 있음.

121) 이에 관해서는 김용덕 편 (2010), 138면의 주165의 판례 참조. 다만 종원 과반수의 출석을 요

하지 않으면서도, 출석 종원이 전체 종원에 비해 극소수인 경우에는 판례는 그 결의를 무효로 판단한다.

122) 대법원 2001. 7. 27. 선고 2000다56037 판결.

123) 송민경 (2013. 8.), 152면에 의하면, 이는 대법원이 종중의 구성과 법적 운명에 관하여는 종중관습의 고유성(＝타율성)을 강하게 관철하는 한편, 종중의 일상적인 운영과 재산처분행위에 관하여는 단체의 자율성을 크게 존중하고 나아가 거래상대방까지 보호하려는 양면전략적 해석을 구사하고 있다고 평가할 수 있는데, 이러한 태도는 어느 한쪽의 논리나 요구에 치우치지 않은 채 구체적 타당성을 도모하며 사안을 해결하고자 하는 최고법원 특유의 현실적인 정의감을 반영한 것이라고 한다.

124) 대법원 2022. 8. 25. 선고 2018다261605 판결. 반면 원심판결인 수원지방법원 2018. 7. 19. 선고 2018나54491 판결은 사단에는 반드시 원칙적·최종적 의사결정기관으로 사원총회를 두고 연 1회 이상 통상총회를 소집하여야 하고, 정관으로 이사 등 임원에게 사무처리를 위임할 수는 있으나 그 위임은 특정한 업무에 관하여 개별적으로 이루어져야 하며, 사원총회를 두지 않거나 이를 두더라도 사원총회 아닌 다른 회의체나 이사 등 임원에게 사단의 사무 전반에 관하여 포괄적으로 그 의사결정과 처리를 위임할 수 없으므로, 만약 정관이 이에 위반한 경우 그 정관은 강행법규나 법인 제도의 본령에 어긋나 무효라고 판시하였다(이에 따라 이 사건 종중이 그 규약을 근거로 대의원회 결의를 거쳐 제기한 소송을 부적법하다고 보아 이를 각하함).

125) 대법원 1992. 10. 13. 선고 92다27034 판결; 대법원 2000. 10. 27. 선고 2000다22881 판결 외 다수.

126) 대법원 2005. 9. 15. 선고 2004다44971 전원합의체 판결; 대법원 2010. 2. 11. 선고 2009다 83650 판결.

127) 대법원 2017. 10. 26. 선고 2017다231249 판결 참조.

128) 대법원 1983. 2. 8. 선고 80다1194 판결(주42).

129) 대법원 2006. 10. 26. 선고 2004다47024 판결. 이 사건의 경우 특히 60대 후반부터 80대까지의 고령인 원고들의 경우 10년 내지 15년 간 종원의 자격을 정지하는 것은 사실상 생전에 종원자격의 회복을 기대하기 어려울 수도 있어 영구히 종원으로서의 자격을 박탈하는 것과 다름이 없다고 보았다. 그리고 원심인 서울고등법원 2004. 8. 10. 선고 2003나76133 판결은 종중의 규약 제26조에 "종원 중 부정불미한 행위로 종중에 대하여 피해를 끼치거나 명예를 오손하게 한 종인은 이를 변상시키고 이사회의 결의를 거쳐 벌칙을 가하고 총회에 보고한다"고 추상적으로 규정되어 있고 구체적인 징계처분의 종류나 내용에 관하여 아무런 규정을 두고 있지 아니하여 위 규약 제26조가 이 사건 각 징계처분의 근거규정이 된다고 볼 수 없고, 달리 이 사건 각 징계처분과 같이 종원의 자격정지를 허용하는 관습이나 관행이 있음을 인정할 증거도 없어 징계처분은 무효라고 판시하였다.

130) 예컨대 불천위토(不遷位土) 유언과 같이 재산을 출연한 선조가 영구히 처분할 수 없다는 유명(遺命)을 한 경우 그 재산을 처분할 수 있는지에 관하여는 논란이 있다.

131) 대표적으로 김제완 (2006), 121－126면. 반면 이진기 (2001), 322－326면은 종중재산은 실정법상 불융통물이 아니므로 그 처분을 금지할 수는 없으며, 다만 처분에 필요한 종중총회의 결의요건을 강화함으로써 처분대금이 장학재단이나 기금 설립 등에 사용되도록 해야 한다고 주장한다.

132) 대법원 2010. 9. 30. 선고 2007다74775 판결 등. 그러나 아직 종중총회의 분배결의가 없으면

종원이 종중에 대해 직접 분배청구를 할 수는 없다고 한다(대법원 1994. 4. 26. 선고 93다 32446 판결 등).

133) 대법원 2010. 9. 9. 선고 2007다42310,42327 판결 등.

134) 정귀호 (1985), 93-95면; 이동명 (1997), 563면 이하.

135) 등기종중 만이 원고로서의 소송행위, 등기권리자로서의 등기신청행위, 공탁금출급청구행위를 할 수 있도록 한다. 다만 미등기 종중에 대해서도 피고로서의 소송행위와 등기의무자로서의 등기신청행위, 피공탁당사자능력은 인정한다: 이동명 (1997), 565면.

136) 원칙적으로 8대손 이상의 후손으로 구성된 종중.

137) 그러나 이러한 입법안에 대해서는, 현행 민법이 종중에게 법인화의 길을 열어두고 있음에도 불구하고 이를 선택하지 않은 종중의 의사결정을 침해하는 결과가 된다는 등의 이유로 이를 반대하는 견해도 있다: 이진기 (2001), 327면 이하.

138) 박해선 (2020), 161면 이하.

139) 김찬우 외 (2019), 176면 이하.

140) Ⅱ. 2. 나. 에서 소개한 '祭祀公業'에 관한 서술 참조.

마을공동체와 법

마을공동체와 법

I. 글머리에

역사적으로 촌락공동체는 자연적으로 형성되어 오랫동안 지속되어 왔으나 산업화와 도시화에 따른 농어촌의 붕괴와 함께 급격히 쇠퇴해가고 있어 멀지 않아 역사적 유물로 사라질 것처럼 보인다. 반면 우리나라의 총 주택은 2021년 기준 1881만호이고 이 중 공동주택은 1473만호로 전체 주택 중 78.3%를 차지하였으며 공동주택 중 아파트가 1195만호(63.5%)이고 연립·다세대 주택 278만호(14.8%)로서 전체 공동주택 중 아파트가 차지하는 비율은 81%였다.[1] 이처럼 전국민의 80% 가까이가 아파트 등 공동주택에 살고 있어 아파트를 중심으로 마을공동체를 건설할 수 있다면 쇠락해 가는 촌락공동체를 대신하여 도시 한가운데 새로운 마을공동체들이 출현하게 될 것이다. 그러나 도시의 주민들은 농어촌의 주민들에 비하여 정주성(定住性, sedentarity)이 떨어지고 이동성(mobility)이 강하며 직장과 주거 간에 거리가 있어 직장과 주거지가 서로 다른 행정구역에 속한 경우가 많다. 나아가 도시인들은 일상의 많은 시간을 직장에서 보내고 주거에서는 수면하는데 대부분의 시간을 소비할 뿐이다. 따라서 일상의 대부분을 거주하는 지역 밖에서 보내는 도시 주민들에게 마을공동체를 만들어 보라는 주문은 현실성이 없는 것으로 생각될 수 있다. 그러나 21세기에 들어와서 한국 사회에서는 '마을공동체'에 관한 담론이 새로이 부상하여 요원의 불길처럼 타오르고 있다. 이러한 담론은 두 가지 관점에서 논의되었다. 그 하나는 붕괴, 소멸해 가는 농어촌공동체를 유지, 부활시키고자 하는 것이고 다른 하나는 도시 안에서 새로이 마을공동체를 형성해 보자는 것이다. 이 두 가지 담론은 전혀 동떨어진 논의는 아니다. 왜냐하면 농어촌에도 아파트들이 건설되기 시작하여 농어민의 생활 패턴도 도시화하여 가고 있기 때문이다.

본 장에서는 이러한 관점에서 한국에서의 마을공동체의 유지와 형성을 위하여 먼저 마을공동체의 개념과 역사를 살펴보고(Ⅱ), 마을공동체에 관한 법제의 현황과(Ⅲ), 도시 주거공동체에 관한 법제를 검토한 뒤(Ⅳ), 마을공동체의 문제점과 개선 방안을 모색하고 나서(Ⅴ) 마지막으로 그러한 개선을 위한 법제 정비 방안을 제안하는(Ⅵ) 순서로 고찰해 보고자 한다.

Ⅱ. 마을공동체의 개념과 역사

1. 마을공동체의 개념과 성격

가. 마을공동체의 개념

마을공동체라고 할 때의 마을은 무엇을 말하는 것일까? 마을의 사전적 의미는 "여러 집이 한동아리를 이루어 모여 사는 곳"이라고 한다.[2] 과거에는 마을이라고 하면 촌락을 의미하였으나 오늘날은 도시에서도 마을만들기를 하고 있으므로 사회학적으로 마을공동체는 촌락이든 도시이든 불문하고 마을이라는 공간에 거주하는 사람들이 생활 속에서 사회적으로 상호작용하며 공동의 목표 또는 가치를 추구해 가는 정서적 유대감을 갖는 집단[3]이라고 할 수 있다. 사회학자들은 마을공동체와 유사한 지역공동체에 관하여 "공통의 지역적 기반 위에서 그 구성원이 이해관계를 공유하고 귀속감을 가지는 사회적 그룹(Community is a social group with a common ter-ritorial base; those in the group share interests and have a sense of belonging to the group)"[4]이라고 정의하기도 하고 지역공동체의 주요 구성요소로 (i) 지리적 영역(geographical area), (ii) 사회적 상호작용(social interaction), (iii) 사회생활, 규범, 생활수단, 목적과 같은 공통한 결탁점(common tie)을 언급하였다.[5] 이영훈교수는 역사적으로 촌락공동체의 성립요소로서 (i) 구성원의 평등성, (ii) 가입강제성,[6] (iii) 공동체의 독자적인격 보유성, (iv) 재산의 공동소유 또는 공동이용성 및 (v) 공동체 수행 공동업무의 광범성을 들었다.[7] 이 다섯 가지의 요소 중 오늘날의 마을공동체에서는 적어도 구성원의 평등성과 가입강제성의 요건은 필요하지 않다고 하여야 할 것이다. 왜냐하면 오늘날은 공동체가 다양한 종류의 주민으로 구성될 수도 있고 주거의 변동에 따라 가입과 탈퇴가 허용되어야 할 것이기 때문이다.[8]

그런데 최근의 마을만들기 운동에서 말하는 마을공동체는 전통적 의미의 공동체보다 훨씬 느슨한 개념으로 사용하고 있다. 예컨대 "마을공동체 및 지역사회혁신 활성화 기본법(안)"에 따르면 마을공동체란 읍·면·동(같은 시·군·구내에 속해있는 서로 붙어 있는 둘 이상의 읍·면·동을 포함한다) 내에서 "경제·문화·환경 등을 공유하며 일상생활을 영위하는 주민들이 상호작용을 하며 자발적으로 구성한 단체"를 말한다고 하고[9] "마을공동체만들기 지원 등에 관한 표준조례(안)"에 따르면 마을공동체란 "주민 개인의 자유와 권리가 존중되며 상호 대등한 관계 속에서 마을에 관한 일을 주민이 결정하고 추진하는 주민자치 공동체를 말한다"[10]고 정의한다. 그러나 학문적으로는 마을공동체도 공동체의 개념에 포섭될 수 있어야 하므로 본장에서는 "마을 주민들간에 정서적 유대를 가지고 인격적인 교류와 상호부조를 행하고자 하는 집단"으로 그 범위를 좁혀서 정의하기로 한다.[11] 이러한 정의에 부합하지 않으나 정부나 지자체가 행정목적을 위하여 마을공동체로 부르는 조직은 학문적으로는 "유사 마을공동체"라 부르기로 한다.

나. 마을공동체의 공동체로서의 성격

마을공동체는 대체로 종중과 같은 혈연공동체와 함께 일종의 자연적 공동체이나 주민들이 일정한 목적을 달성하기 위하여 결성한 인위적 공동체도 많이 존재한다. 자연적 공동체인지 여부를 떠나 마을공동체는 지연(地緣)공동체이다. 과거 집성촌과 같이 혈연·지연공동체의 성격을 가진 마을공동체도 있었으나 집성촌이 사라진 오늘날은 지연공동체의 성격만 가진다. 마을공동체와 같은 지연공동체는 혈연공동체 다음으로 긴 역사를 가지고 있다. 마을공동체는 지연공동체로서 상대적으로 폐쇄성, 안정성, 대면성, 협동성, 도덕적·관습적 규범체계성을 가지고 있다.

다. 마을공동체의 기능과 역할

사람들의 생활세계는 크게 노동활동과 유희활동, 제의활동, 의례활동으로 이루어져 있으며 이러한 네 가지 범주의 활동들이 한데 모여 전통적인 촌락에서는 유기적인 마을공동체를 형성하였다. 전통사회에서는 네 범주의 활동이 그 경계가 명확하지 않아 노동과 유희가 다른 의례 활동과 함께 어우러지는 등 각각의 활동범주를 넘나들며 공동체 구성원들이 함께 공유하고 상호 연결고리로 이어져 공동체에 유기적인 생명력과 동인(動因)을 부여하였다. 21세기에도 마을공동체는 여전히 그 기능을 할 수 있다. 즉 마을공동체는 가장 자연스러운 주민들 간의 상호부조와 연대의 삶의 공간이 될 수 있고 나아가 마을공동체는 민주주의를 체화하는 풀뿌리 민주주의를 실천하는 장(場)이 될 수 있다. 같은 관점에서 주민 자치를 실현하는 지역정부체제(local governance) 정립의 관점에서 사회와 정치를 연계시키는 방법이 될 수 있다. 나아가 마을공동체의 경제공동체로서의 기능에 주목할 필요가 있다.[12] 이 네 가지 마을공동체의 기능은 농어촌에서는 물론 도시의 마을공동체에서도 유용할 수 있다.

라. 주민자치회와의 관계

주민자치회는 읍·면·동에 해당 행정구역의 주민으로 구성되는 자치조직이다. 그 법적 근거는 지방자치분권 및 지방행정체제개편에 관한 특별법(이하 "지방분권법"이라 한다)[13]과 대다수의 지자체가 제정한 주민자치회에 관한 조례이다.[14] 주민자치회는 주민자치회 구역 내 주민의 화합 및 발전을 위한 사항과 지방자치단체가 위임 또는 위탁하는 사무의 처리할 권한 등이 있으나[15] 주민자치회의 위원은 조례로 정하는 바에 따라 지방자치단체의 장이 위촉하게 되어 있어 그 자치권에 한계가 있다.[16] 주민자치회와 마을공동체는 그 개념, 설립 목적, 관할 지역, 구성원, 운영 주체 등을 달리하나 지방자치회를 관 주도에서 벗어나 민간 중심으로 운영한다면 읍면동 단위의 마을공동체의 가버넌스 구축과 운영의 주축이 될 수 있을 것이다.

2. 마을공동체의 유형

마을공동체는 마을의 도시화의 정도에 따라 촌락공동체와 도시 마을공동체로 나눌 수 있다.[17] 촌락공동체란 전근대적 지역 사회의 일반적인 형태로서, 주민이 토지의 전부 또는 일부를 공유하면서 생산 및 일상생활을 자연적 상호 부조에 의하여 자체적으로 해결하는 자급자족의 공동체를 말한다. 생산활동의 특성상 공동노동이 필수적이므로 자연스럽게 공동체가 형성되었다. 도시 마을공동체란 도시 속에 형성된 마을공동체를 말한다. 앞서 언급한 바와 같이 오늘날 농어촌의 쇠퇴로 마을 공동체에 관한 논의의 중심이 도시 마을공동체로 이행하고 있다. 마을공동체는 그 공동체성에 차이가 있으나 그 구성원에 따라 이주민마을공동체, 마을어머니공동체, 마을노인공동체, 마을청년공동체 등으로 나눌 수 있고 마을공동체의 기능에 따라서는 마을거주공동체, 마을교육공동체, 마을취미공동체, 마을기업공동체로 분류할 수도 있다. 이하에서는 그 마을의 소재지 내지 도시화에 따른 촌락공동체, 도시 마을 공동체와 마을기업공동체를 차례로 살펴보기로 한다.

3. 마을공동체의 역사 - 촌락공동체

가. 동계 이전: 향도와 촌계

촌락공동체로서 역사적으로 가장 일찍 등장하는 것이 향도(香徒)이다. 신라 진평왕대 김유신의 용화향도(龍華香徒)가 가장 이른 시기의 것으로 나타나는데, 향도는 신앙공동체로서 나라에 헌신하는 모임으로 출발하였으나 삼국 통일 이후에는 촌 또는 군현 단위로 승려, 촌주(村主) 등 지방의 유력자를 중심으로 경제적 빈곤을 구휼하는 역할을 하였다.[18] 신라시대에 형성된 향도는 고려시대를 거쳐 조선시대에까지 전승되었다.

향도 외에는 늦어도 조선 시대 초기부터 존재한 것으로 보이는 촌계(村契)가 있다. 촌계는 자연 촌락 단위로 전 주민이 참여하였던바 후술하는 바와 같이 사족 지배 체제를 유지하기 위한 목적으로 결성된 동계나 향약과는 그 기원을 달리하는 것으로 보아 상민(常民)들이 생활상의 자생적 필요를 바탕으로 만든 공동체로 보는 견해[19]가 유력하다. 조선 후기에 이르러서 촌계는 동계나 향약의 하부 조직으로 흡수되거나 기능과 역할을 통제받는 속에서도 계속 유지되어 왔다. 그러나 근세조선 마을공동체의 대표적인 것은 동계라고 할 수 있으므로 이하에서는 동계를 중심으로 살펴본다.

나. 동계의 개념과 성격

동계(洞契, 洞稧)[20]는 한국 사회 특유한 공동체인 계(契, 稧)[21]가 지역을 구성단위로 하여 발현한 형태로서 마을 또는 동리의 복리증진과 상호부조를 위하여 동재(洞材)라고 불리는 공유재산을 마련하고 관리하는 자치조직이었다. 동계의 주된 역할은 마을이나 지역 단위의 공공사업, 즉 도로·교량·제방의 건설과 수리, 서당의 건립, 조세 징수의 보조, 농기구의 공동 구입과 사용, 산림의 공동 관리, 동리의 제전과 기우제의 거행 등의 행사를 주관하는데 있었다. 동계의 발생 시기는 명확하지 않지만, 주자학과 향약이 전래되는 고려말 조선초로 추정된다. 동계는 성리학 수용 이후 양반층의 결속과 신분적 차별성 및 경제적 우위를 바탕으로 촌락 내 하층민을 적절하게 통제하기 위해 출발하였다는 점에서 하층민의 결사체였던 향도나 촌계와는 그 성격을 달리한다. 동계의 공동체성에 관하여는 이를 부정하는 견해[22]가 있으나 이를 긍정하는 견해[23]가 다수설이다. 마을공동체를 앞서본 바와 같이 정의하는 입장에서는 동계의 공동체성은 물론 긍정된다.

다. 동계의 구성과 조직

동계가 본격적으로 등장한 시기는 16세기이다. 이때 재지사족(在地士族)은 고을 지배를 위해 각종 상치를 마련하면서, 자신들이 거주하고 있는 촌락 지배를 위하여 동계를 조직하여 길흉과 환난시 상부상조를 표방하였다. 반촌(班村)과 그 영향력 아래에 있는 민촌(民村)을 포괄하는 여러 개의 촌락을 단위로 하였고, 그 안에 살고 있는 상인(上人)과 하인(下人) 모두를 대상으로 하였다. 따라서 반촌·상인을 대상으로 하는 상계(上契)와 민촌·하인을 대상으로 하는 하계(下契)가 위계적으로 공존하였다. 그러나 임진왜란으로 향촌사회가 황폐해지고 양반들의 세력 조직이 붕괴하자 양반들은 전후 복구를 추진하면서 상계와 하계를 합계(合契)하여 동계를 복구하였다.

동계를 운영하려면, 크게 규약, 재산, 임원, 계소(契所)가 있어야 하였다. 규약은 동계의 회의, 재산의 운용, 임원의 선정, 농업 노동의 동원, 경제예속과 신분질서 및 유교예속 저해 사범에 대한 처리 등의 내용을 담고 있다. 규약의 집행력을 높이기 위하여 이를 수령에게 제출하여 공적 승인을 받기도 하였다.[24] 규약에 위반하는 행위를 한 자에 대하여는 출동(黜洞)처분이라는 강력한 제재수단까지도 가지고 있다. 동계의 임원으로는 수인의 유사(有司)가 있었으며 그중 우두머리를 도유사(都有司)라고 불렀다. 유사는 동계의 업무를 처리하는 대가로 마을 공동의 부역을 면제받거나 마을 공유재산 수익금의 이자를 보수로 받기도 하였다. 동계는 공유재산으로 일반적으로 토지·임야·혼상구(婚喪具)·그릇·농악기구 등을 소유하였다. 상호부조를 위한 곡물을 그때그때 수합하거나, 기금을 마련하여 그 이식으로 조달하거나, 토지를 마련하여 그 소출로 조달하였으며 동계의 회의는 동계소에서 하였다.

동계는 18세기 후반 군포와 환곡이 촌락 단위로 부과되는 공동납(共同納)제도가 등장하자 동계는 부세(賦稅)를 담당하는 창구 역할을 하기도 하였다. 이처럼 조선 후기 이후 동계는 양반 중심의 조직에서 촌락의 모든 구성원이 참여하여 상부상조에 중점을 두는 촌락공동체로 변모하여 마을의 공동체적 활동을 관장하는 자율성과 안정성을 가진 제도화된 조직체가 되었다 할 것이다.[25]

라. 향약과의 구별

향약(鄕約)은 사족이 주도하여 향촌 사회의 구성원들이 자치적인 질서 유지와 상호 협조 등을 위해 만든 유교적인 규약으로서 덕업상권(德業相勸), 과실상규(過失相規), 예속상교(禮俗相交), 환난상휼(患難相恤)의 4대 덕목을 기초로 하였다.[26] 조선시대 최초로 향약이 실시된 것은 1517년(중종 12년)이었다.[27] 향약에는 사족만 참여한 것과 상하민(上下民)이 모두 참여한 향약이 있었다. 예컨대 퇴계 이황이 1556년 시행한 예안향약(禮安鄕立約條)은 사족만 참여한 반면에 율곡 이이가 1571년 시행한 서원향약(西原鄕約)은 사족뿐 아니라 고을의 상하민 모두가 참여한 것으로 향촌 사회 상하 신분 질서의 안정을 추구하고자 하였다.[28]

향약과 동계는 일부 중복되기도 하나 그 구성단위와 시행의 주체가 달랐던바 동계는 개별 촌락을 단위로 하여 규약을 바탕으로 민간인인 재지사족이 주도하여 독자적으로 운영한 반면 향약은 국가행정체계인 군현을 단위로 하여 수령이 그 시행을 주도하였다. 즉 향약은 향촌을 그 대상으로 하나 읍－면－리의 세 단계로 구성하되 실질적 운영은 면을 단위로 하여 면의 계장(契長) 주관 하에 계회, 처벌, 상장(喪葬)에서의 부조(扶助) 등을 하였던바 다만 향약의 경우에도 사족이 면 단위의 계장을 담당하여 실제 운영을 하였다는 점에서는 동계와 유사하였다.[29] 또한 향약의 경우 면 단위의 분쟁 해결을 주도하였고, 계원의 잘못에 대해 태(笞) 40대 이하의 형벌권도 가졌다는 점에서 그러한 권한을 가지지 못한 동계와 차이가 있었다.[30]

마. 목적계와의 구별

근세조선에서는 마을공동체인 동계 외에도 족계(族契)와 종계(宗契)[31]와 동계에서 비롯한 각종 목적계(目的契)들이 성행하였다. 근세조선 지배집단의 사교계에서 출발한 계가 15~16세기에 동계, 종계로, 17~18세기에 학계(學契), 상계(喪契), 송계(松契)[32]로 발전하고 나아가 19세기에 이르러서는 군포계(軍布契), 호포계(戶布契), 보민계(保民契) 등 각종 목적계로 분화되었는바[33] 이들은 공동체의 성격을 전혀 가지지 않는 것은 아니었으나 특수한 목적의 달성을 위한 사적 조직에 불과하였으므로 동계와는 그 성격을 달리 하였다. 다만 이들은 동계의 외부 조직의 형태로 동계와 연계하여 활동하기도 하였다.

바. 향회와의 구별

조선시대의 향약과 구별되는 것으로 향회(鄕會)가 있었다. 향회는 지방 거주 사족(士族)이 향안(鄕案)[34]을 기반으로 향촌을 지배하기 위한 지방자치회의였다. 그 구조는 유향소(留鄕所)[35] 조직을 이용하는 형태, 유향소 조직 위에 따로 상부구조를 갖춘 형태의 두 가지 유형이 있었다.[36] 향회가 가진 권한은 향촌 내의 모든 일을 지휘 감독하는 것으로서 주로 향안에 이름이 기재될 사람을 결정하고, 향임(鄕任)[37]을 추천하여 임명하며, 지배질서를 벗어난 행위를 적발하여 향소(鄕所)나 백성으로 하여금 처벌하도록 하는 한편, 선행자를 포상하기도 하였다. 입의(立議)·약속(約束)·향규(鄕規)[38] 등으로 불리는 규범을 제정하여 사족을 결속시키고 향리와 백성을 지배하며 부역체제를 실시하였다. 임원으로는 향헌(鄕憲)[39]·향유사(鄕有司) 등을 선출하였는데 이들을 향집강(鄕執綱)으로 불렀다.[40] 회의는 지방에 따라 차이가 있으나, 대개 봄·가을 두 차례에 걸쳐 열렸다. 향회는 16세기 향약이 전국적으로 보급된 이후에

03 자연적 공동체와 법

도 향약과 병존하였다. 향회와 향약간의 차이를 보면 향회는 통치기구의 성격을 가졌으나 향약은 성리학적 가치를 향민에게 투영시킬 목적으로 상호부조를 기반으로 하는 공동체 조직이었고 그 구성원에 있어서도 향회는 향촌 사림(士林)들만으로 구성된 반면 향약은 사림과 일반 향민 모두로 구성되었다는 점에서 차이가 있었다.

18세기 중엽 이후 지방관의 주도로 향촌사회 권력구조가 수령과 이향(吏鄕)을 중심으로 재편되면서 향회는 수령의 부세자문기구로 그 성격이 변질되었다. 이와 함께 경제력을 갖춘 부민층(富民層)의 비중이 커지고, 부세 운영을 둘러싼 계층 간의 갈등을 조정하는 임무를 수행하였다. 19세기에 들어와서는 피지배층의 성장에 따라 일부 평민들까지 참여하였고, 그 성격도 기층사회의 성장한 힘이 안으로 결집되어 형성된 자치조직으로 변하였다. 1894년 갑오개혁 때 조세 징수를 담당할 지방기구로 법제화하려는 시도가 있었으나 실현되지 못하였다.[41] 1907. 5. 통감부의 공식적인 향회 폐지에도 불구하고 여전히 잔존한 곳도 많았으며, 근대적인 형태로 발전하여 민회(民會)·민의소(民議所) 등이 설립되기도 하였다.[42] 향회 체제는 조선 후기 이래 양반 중심의 지방 사회를 개혁하여 지방 사회를 민주화하는 방향으로 발전하였다고 할 수 있다. 향회는 기본적으로 사림들의 조직으로 동계와 같은 마을공동체에 이르지는 못하였다고 할 것이다.

사. 소결

조선중기에 사족층의 향촌지배기구로 등장했던 동계는 조선후기에 들어서, 특히 19세기를 경과하면서 자연촌 단위의 마을자치기구로 전환하였다. 그 결과 반촌과 민촌을 불문하고 널리 확산되었으며 다양한 목적계와 계조직의 네트워크를 형성하는 구심점의 역할을 하였다. 동계가 마을자치조직으로 전환되는 경로나 동계가 마을의 자율적 운영에서 차지하는 위상과 역할은 다양했지만, 동계는 국법질서에 편입되지 않고 동약, 규약 등의 자치규범의 지배를 받은 순수한 자치조직으로서 마을의 공동체적 활동을 관장하는 자율성과 안정성을 갖춘 제도화된 마을공동체였다고 할 수 있다.[43] 이러한 동계의 전통은 일제강점기와 해방 후 경제개발기를 거치면서 오늘날의 촌락에도 직·간접적으로 전승되고 있다고 할 것이다.

Ⅲ. 마을공동체에 관한 법제의 현황

1. 마을공동체에 관한 기본적 법리

가. 마을공동체의 법적 성격

과거 동계가 법주체성을 가졌는지에 관하여는 견해의 대립이 있으나[44] 전통적인 촌락공동체는 오늘날의 법개념 하에서는 일종의 법인아닌 사단으로 이해되고 있다. 그러나 우리나라는 마을공동체의 일종이라 볼 수 있는 많은 단체들 즉 재개발·재건축조합, 농업협동조합, 수산업협동조합, 교육협동조합, 사회적협동조합, 협동조합인 마을기업 등은 아래에서 보는 바와 같이 모두 법인으로 설립될 것을 요구하는 법제를 취하고 있다. 아파트공동체 등 공동주택공동체에 있어서나 법인으로 설립할 것을 강제하고 있지 않는 정도이다. 법인으로 규율되지 않는 마을공동체는 대체로 법인아닌 사단의 성격을 가져 법인격은 인정되지 않더라도 소송상 당사자능력과 등기능력 등을 가지게 될 것이나 소수의 주민으로 구성되어 그 실질이 조합[45]의 성격을 가지는 마을공동체는 그러한 제한적 법주체성도 인정받지 못할 것이다. 마을공동체는 거의 언제나 자신의 재산을 가지고 있었으므로 그러한 경우에는 재단으로서의 성격도 병유하였다고 할 것이다.

나. 마을공동체의 소유 형태

마을공동체가 소유하는 재산이나 부담하는 채무는 그 공동체의 법적 성격에 따라 누구에게 귀속하는지가 결정될 것이다. 마을공동체가 법인인 경우는 그 법인의 단독소유가 되고 법인 아닌 사단인 마을공동체에 있어서는 마을공동체가 총유[46]하게 될 것이다. 마을공동체가 보유하는 재산의 예로는 경남 사천시 정동면 대곡마을에는 마을 소유재산으로 보이는 임야 약 59만5000㎡가 '대곡원일(大谷源一)', '대곡원이(大谷源二)'라는 명의로 등기되어 있는 바 이 임야는 1943년경 대곡마을 주민들이 땔감 등을 판매한 금액에다 부족한 임야매입 대금을 가구당 분담하여 매수한 것으로 사천시는 주민들에게 마을의 총유재산으로 정리할 것을 지도하고 있으나 아직 정리가 되지 않고 있다고 한다.[47] 법인이거나 법인아닌 사단인 마을공동체의 구성원은 공동체의 재산을 규약에 좇아 사용, 수익할 수 있을 뿐 자신이 그에 대한 소유권을 가질 수는 없다.[48] 이와 관련하여 우리 민법은 촌락 주민의 수목채취권에 관하여 특수지역권이라는 표제로 "어느 지역의 주민이 집합체의 관계로 각자가 타인의 토지에서 초목, 야생물 및 토사의 채취, 방목 기타의 수익을 하는 권리"가 있는 경우에는 관습에 의하는 외에 민법의 지역권[49]에 관한 규정을 준용하도록 하고 있다.[50] 이 규정은 주민공동체가 법인아닌 사단으로서 수목채취권을 준총유[51]하는 것으로 이해되고 있다. 조합인 마을공동체는 조합재산을 합유한다.[52] 마을공동체가 법인화 하는 것과 무관하게 재산을 소유할 수 있는 제도가 도입되어야 할 것이다.

다. 마을공동체 구성원의 권리의무

마을공동체의 구성원이 되기 위해서는 규약에서 정하는 가입절차를 밟아야 하며 소정의 가입비 등을 납부하여야 한다. 예컨대 마을공동체의 일종인 어촌계의 계원으로 인정되기 위해서는 어촌계 정관 소정의 가입결정 절차를 준수하여야 한다.[53] 이처럼 마을공동체의 구성원이 되기 위한 일정한 자격과 절차를 요구하는 것은 공동체의 성격상 허용된다고 할 것이다. 마을공동체의 구성원의 권리는 공익권과 자익권으로 구분할 수 있는데, 공익권으로는 공동체 총회에 참석하여 의결권을 행사할 수 있는 권리 등이 있고, 자익권으로는 규약이 정하는 바에 따라 공동체의 시설 등 재산을 사용하고 수익에 대한 배당을 받을 권리 등이 있다. 구성원은 권리에 상응하여 공동 노역을 할 의무, 회비납부의무 등의 의무를 부담한다. 구성원의 지위는 원칙적으로 양도나 상속이 허용되지 않으나[54] 규약에 이를 허용하는 규정이 있으면 소정의 절차를 밟아 양도 또는 상속할 수 있을 것이다.

공동체 구성원의 자격은 규약이 정하는 바에 따라 이를 박탈할 수 있으나 구성원에 대한 영구제명은 공동체의 목적 달성이 어렵게 되거나 공동의 이익을 위하여 불가피한 경우에 최종적인 수단으로서만 인정된다고 할 것이다. 대법원도 마을공동체의 일종인 어촌계의 계원이 정관상 제명사유에 해당하는 행위를 하였고 제명결의 외에 달리 제재할 수 있는 방법이 마련되어 있지 않더라도 제명으로 인하여 생계의 터전인 권리를 잃게 된다는 점 등의 제반 사정에 비추어 볼 때, 제명은 위 행위로 인하여 어촌계의 목적 달성이 어렵게 되거나 공동의 이익을 위하여 불가피한 경우에 최종적인 수단으로서만 인정된다고 판시하여[55] 공동체의 구성원에 대한 제명권을 제한적으로만 인정하였다.

2. 마을공동체에 관한 법제의 유형

가. 마을공동체 법제 개관

마을공동체에 관한 법제는 크게 두 가지로 대별할 수 있다. 마을공동체가 제정한 법제 기타 규범이 그 한 가지이고 다른 한 가지는 국가나 지자체가 마을공동체에 적용하기 위하여 제정한 법제이다. 전자는 마을공동체가 자신과 그 구성원의 권리의무를 정하기 위한 목적으로, 규약 등 성문규범인 경우가 대부분이지만 촌락공동체와 같이 오랜 역사를 가진 공동체에 있어서는 관행에서 나아가 관습법으로 된 규범도 있을 수 있다. 후자는 모두 성문법규이며 마을공동체에 대한 지원과 함께 규제와 간섭을 하는 내용으로 되어 있는바 이중에는 마을공동체에 직접 적용되는 것은 아니나 간접적으로 또는 결과적으로 적용되는 것도 있다. 아래에서는 마을공동체 자치 규범에 관하여 먼저 살펴보고 그에 이어 국가나 지자체가 규율하는 법제는 다시 이를 촌락공동체를 규율하는 법제와 도시 마을공동체를 규율하는 법제로 나누어 고찰한다.

나. 마을공동체 자치 규범

마을공동체 자치 규범으로는 각 마을공동체가 스스로 제정한 규약이 있다. 마을공동체 규약에는 마을 전체를 대상으로 하는 마을자치규약과 마을 내 특정 공동체를 대상으로 하는 공동체규약[56]이 있다. 마을공동체규약에는 마을공동체 주민의 자격, 마을총회, 마을임원회 등 마을공동체의 가버넌스에 관한 규정, 공동재산 관리에 관한 규정을 두고 있는바 이주민에게 배타적인 마을공동체규약의 내용, 마을발전기금의 운영 규정의 불투명성 등의 문제가 노정되었다. 이러한 문제를 해결하기 위하여 지자체는 마을공동체 표준 규약[57]을 제정하여 그 채택을 권장하기도 한다. 마을간 상생협약 등 마을공동체간에 체결되는 협약도 마을공동체의 구성원이 그에 구속된다는 점에서 마을공동체 자치규범의 일종이라 할 수 있을 것이다.

공동체에 관한 특별법에서도 자치 규약에 관한 입법적 근거를 발견할 수 있다. 아파트공동체의 자치규범으로는 공동주택의 입주자등이 자신을 보호하고 주거생활의 질서를 유지하기 위하여 정하는 자치규약인 관리규약이 있고[58] 재개발·재건축조합에는 사업시행자인 토지등소유자가 자치적으로 정한 재개발·재건축조합규약이 있다.59) 또한 어업권을 가진 어촌계와 지구별수협은 어업의 시기, 어업의 방법, 입어료(入漁料)와 행사료(行使料), 그 밖에 어장관리에 관한 어장관리규약을 제정할 수 있고60) 자율관리어업공동체는 공동체 자체규약을 제정한다.61)

3. 촌락공동체 관련 법제

가. 촌락공동체 관련 법제 개관

촌락공동체는 그 주민의 생업을 중심으로 하여 농촌공동체, 어촌공동체, 반농반어공동체으로 나눌 수 있다.62) 촌락공동체에 관한 일반적 법률 규범은 존재하지 않으며 촌락의 쇠락을 막고 이를 유지, 발전시키기 위한 특별법으로 농어업인 삶의 질 향상 및 농어촌지역 개발촉진에 관한 특별법, 귀농어·귀촌 활성화 및 지원에 관한 법률, 후계농어업인 및 청년농어업인 육성·지원에 관한 법률, 농어업경영체 육성 및 지원에 관한 법률63) 등이 제정되어 있다.

나. 농촌공동체와 그 관련 법제

농촌공동체는 농업에 종사하는 농민들로 구성된 촌락공동체이다. 현대적 개념의 농촌이란 농업 즉 농작물재배업, 축산업, 임업 및 이들과 관련된 산업에 종사하는 농민들이 주로 거주하는 촌락을 말한다. 농업의 특성상 요구되는 협업과 공동물관리, 재난에의 공동 대처를 위하여 농민들이 강한 유대 속에서 상호 부조하는 지역공동체이다. 농민들의 일상생활 서비스제공을 위한 농촌 서비스 공동체의 형성도 논의되고 있다.64) 농촌공동체에 관련한 법률로는 농업협동조합법, 농업·농촌 및 식품산업 기본법 등이 있다. 본고에서는 농업협동조합에 관하여만 살펴보기로 한다.

농업협동조합(이하 '농협'이라 한다)은 농업인의 경제적·사회적·문화적 지위를 향상시키고, 농업의 경쟁력 강화를 통하여 농업인의 삶의 질을 높이기 위한 농업인의 자주적인 협동조직이고자 한다.65) 농협에는 지역을 단위로 결성되는 지역조합과 품목별·업종별로 결성되는 품목조합이 있고 지역조합은 지역농업협동조합과 지역축산업협동조합으로 나누어진다.66) 지역조합이나 품목조합은 그 구역에서 조합원 자격을 가진 20인 이상이 발기인으로 정관을 작성하고 창립총회의 의결을 거친 후 농림축산식품부의 인가를 받아 설립등기를 함으로써 성립하며 법인이다.[67] 지역조합, 품목조합 및 품목조합연합회를 회원으로 하는 농협중앙회가 결성되어 회원에 대한 교육·지원 사업, 회원을 위한 구·판매 사업 등 농업경제사업과 축산경제사업, 상호금융사업, 금융업 등을 하면서 농협을 지원, 감독하고 있다.[68] 농협의 점진적인 관료화로 오늘날의 농협이 농업인의 진정한 자주 조직으로서 공동체로 볼 수 있는지에 관하여는 의문이 있다.[69]

다. 어촌공동체와 그 관련 법제

어촌공동체라 함은 주로 어민 즉 어업[70]에 종사하는 사람들로 구성된 공동체이다. 어촌이란 주민의 대부분이 어업을 영위하는 촌락, 즉 하천·호수 또는 바다에 인접하여 있거나 어항의 배후에 있는 지역 중 주로 어업으로 생활하는 지역을 말한다. 어촌공동체의 대표적인 것으로는 어촌계와 수산업협동조합이 있다. 어촌공동체의 유지, 발전을 위하여 수산업·어촌 발전 기본법 외에도 수산업협동조합법 등이 있다. 어촌공동체에 관한 자세한 설명은 어촌계 등 어업공동체에 관한 다음 장(章)을 참고하기 바란다.

4. 도시 마을만들기와 마을공동체의 형태

가. 도시 마을만들기 운동의 전개

도시에도 마을공동체가 형성될 수 있음은 위에서 언급한 바와 같다. 도시 마을공동체의 형성에 관하여 주목하여야 할 것은 마을만들기 운동이다. 마을만들기란 마을 주민들이 스스로 공동체를 만들어나가는 것, 즉 마을 주민 스스로가 소통과 협동을 통해 공동체적 관계망을 만들고 생활환경을 향상시켜 살고 싶은 마을로 만들어 가는 활동을 말한다.[71] 마을만들기는 마을 텃밭을 가꾸는 사업, 동네 주민끼리 공동육아 공동체를 만드는 사업, 교양 인문학 또는 실용강좌를 함께 듣는 사업 등 마을을 기반으로 주민들이 자발적으로 추진할 수 있는 모든 영역에서 이루어지고 있다. 마을만들기는 주민간의 교류와 소통이 증대되고 마을에 대한 관심과 애착심을 고양시킴으로써 마을공동체를 형성하는 기반이 되고 있다. 종래의 마을 개념에서는 하나의 마을공동체에 속하면 다른 마을공동체에는 속할 수 없는 것과는 달리 오늘날의 마을공동체는 다원적으로 형성되므로 여러 공동체에서 동시에 활동할 수도 있다. 주민들이 마을공동체에 참여함으로써 공동체의식이 형성될 뿐 아니라 공공의식과 시민의식을 고양하는 데에도 도움이 될 수 있다.[72]

1995년 지방자치제의 실시와 함께 주민 주도로 마을만들기 사례가 나타났고 그에 관한 학술연구와 시민운동이 전개되었으며 이어 지자체가 마을만들기를 행정적으로 지원하기 시작하였으며 2000년대 들어 정부 주도로 "살고 싶은 도시 만들기"를 추진하기에 이르렀다. 2010년대에 들어 지자체의 마을만들기 사업은 전국적으로 확산되었다.[73] 이러한 마을만들기의 종류로는 정보화마을, 평화생태마을, 체험휴양마을, 자연생태우수마을, 마을기업, 희망마을 등이 있다고 한다. 마을만들기 사업의 내용을 보면 전통시장이나 상가 활성화, 자연생태관광사업, 수익 사업, 생활공간 개선이나 사회복지 시설 확충 사업 등으로 확산되어 가고 있다. 2015년 기준 전국의 마을만들기 운동을 하는 곳은 1만 2000개소를 넘어섰다고 한다. 한국지역진흥재단에 따르면 지자체가 지원하는 곳이 8184곳, 정부가 지원하는 곳이 3540곳에 이르며 시도별로는 경기도, 전북, 경북 순으로 마을만들기 사업이 많다고 한다. 이들 중에 마을공동체에 해당하는 조직이 얼마나 되는 지는 별도의 기준에 따라 평가를 해보아야 할 것이다. 농어촌에서는 전통적인 촌락공동체가 존재하였으므로 이하에서는 도시에서 형성되는 마을공동체를 중심으로 살펴본다.

나. 도시 마을공동체의 형태

마을만들기 운동이 맹렬하게 전개된 결과 촌락은 물론 도시에 있어서도 다양한 마을공동체가 나타나고 있다. 도시 마을공동체에는 지자체별 일반형 마을공동체, 마을교육공동체, 도시협동조합공동체 등의 형태가 있을 수 있다. 그 외 마을기업도 공동체적으로 운영될 수 있는바 이에 관하여는 상세한 법제가 마련되어 있으므로 따로 살펴보기로 한다.

다. 도시 마을교육공동체

마을공동체 운동의 일환으로 마을교육공동체운동이 전개되고 있다. 마을교육공동체의 활동으로는 작은 도서관, 아파트 휴게시설에서 생태, 역사, 인문예술, 지역탐방 등을 하는 마을학교제도, 학교 정규수업에서 교사와 함께 창의적 체험활동과 동아리활동 등 협력수업을 진행하는 마을교사제도, 마을교사와 함께 학교에서 돌봄과 공부를 돕는 교육자원봉사자제도, 학생들이 마을에서 스스로 배움을 기획·실천하는 동네방네프로젝트 등이 있다. 지자체는 마을교육공동체 지원 조례를 제정하여[74] 행정적으로 마을교육공동체 활동을 지원하고 있다. 지자체는 교육청 내 교육지원센터 등 마을교육공동체 전담조직의 설치, 마을교육공동체 추진위원회의 설치, 그밖에 마을교육공동체의 민·관·학 거버넌스 정립, 교육혁신지구의 지정 및 운영, 교육(학교)협동조합[75]의 운영 등을 할 수 있다. 지자체의 마을 교육공동체 지원 외에 아직까지 정부 차원의 관련 입법은 미비한 상태에 있다.[76] 마을교육공동체가 이름에 그치지 않고 진정한 공동체로서 자율적으로 주민자치와 교육자치를 실현할 수 있도록 국가와 지자체가 체계적으로 뒷받침하는 지원 시스템을 갖추어야 할 것이다. 바람직하기로는 초중등학교에 그치지 않고 대학도 마을과 연계하여 마을교육공동체를 자율적으로 구성하는 데까지 나아가는 것이다.

라. 도시 협동조합공동체

도시 협동조합공동체를 지향하는 것으로 사회적협동조합이 있는 바 사회적협동조합은 지역 주민의 권리·복리증진 관련 사업을 수행하거나 취약계층에 사회 서비스, 또는 일자리 제공 등을 하는 비영리 협동조합을 말한다. 사회적협동조합은 주사업의 40% 이상을 공익사업으로 수행해야 하는바[77] 공익사업이란 지역사회 공헌, 지역주민 권익의 증진, 취약계층의 지원, 일자리 제공, 공공기관 위탁사업 등 공익을 위한 사업을 말한다. 사회적협동조합을 설립하고자 하는 때에는 5인 이상의 조합원 자격을 가진 자가 발기인이 되어 정관을 작성하고 창립총회의 의결을 거친 후 관계 중앙행정기관의 인가를 받아[78] 등기하여야 한다.[79] 사회적협동조합은 비영리 법인이다.[80] 일반 협동조합은 잉여금의 10% 이상 적립하고 남는 잉여금을 조합원에게 배당할 수 있는데 반해 사회적협동조합은 잉여금을 배당할 수 없으며 잉여금의 30% 이상을 법정적립금으로, 남은 잉여금이 있으면 임의적립금으로 모두 적립하여야 한다.[81]

사회적협동조합으로 성공적인 도시 협동조합공동체를 형성한 예로는 서울 마포구 성산동 성미산마을과 강북구 수유동 삼각산재미난마을이 있다. 이 두 마을은 아이들의 성장단계에 맞추어 먼저 공동육아협동조합을 결성하고 이어 초등 방과후 협동조합과 대안학교 등의 협동조합을 결성하였다. 또한 생활협동조합, 마을카페, 마을식당, 공동주택 등 소비, 주거 등 주민이 함께 살아가기 위한 사회적협동조합이 지속적으로 조직되어 사업을 영위함으로써 공동체를 형성한 사례라고 할 수 있다. 두 마을의 성장은 대도시에서 아이들의 성장과 가족의 변화에 따라 단절되기 쉬운 관계를 새로운 협동조합 결성과 사업을 매개로 지속적으로 형성하였기 때문에 가능하였다.[82]

5. 마을만들기 법제

가. 지방자치단체의 마을만들기 지원 조례

마을공동체의 지원에 관한 법제는 각 지자체의 조례에서 비롯되었다. 마을공동체에 관한 조례는 광역지자체와 기초지자체가 각각 자신의 조례를 제정, 시행하고 있으며 교육청은 또 자신의 교육공동체 지원 조례를 보유하고 있다. 우리나라 최초의 마을공동체의 지원 조례는 기초지자체인 광주광역시 북구에서 2004. 3. 25. 제정, 시행한 "광주광역시 북구 아름다운 마을만들기 조례"인 것으로 보이며 이어 경기도 안산시에서 2007. 9. 27. 제정, 시행한 "안산시 좋은 마을 만들기 조례"가 뒤따랐다.[83] 광역지자체 단위의 조례는 제주특별자치도가 2009. 1. 7. 제정, 시행한 "특별자치마을 만들기 지원 조례"가 최초인 것으로 보인다. 이후 수많은 광역지자체와 기초지차제에서 경쟁적으로 조례를 만들기 시작하였던바 정부는 이를 마을공동체 만들기 운동으로 전화(轉化)하여 2013. 4. "마을공동체 만들기 지원 등에 관한 표준 조례(안)"를 제정하여 자자체로 하여금 활용하게 하였던 바 2017. 5. 현재 광역자치단체 14개, 기초자치단체 130개 도합 144개의 마을만들기 관련 조례가 제정되었다고 한다. 마을만들기 조례에 의하면 지자체는 마을공동체 만들기 기본계획과 연도별 시행계획을 수립, 시행하고, 마을만들기 분야를 위한 전담부서를 지정하며, 마을공동체 만들기 위원회 및 마을공동체 지원센터를 설치하되 지원센터의 운영은 관련 단체에 위탁할 수 있도록 하고 있다. 지자체의 핵심적 역할은 마을공동체 만들기

사업[84])의 사업비를 지원하는 것이다.[85]) 그 외 마을별로 구성되는 주민협의회는 주민 의견을 반영한 마을종합발전계획을 수립하여 지자체의 시·군·구 마을공동체 만들기 기본계획에 반영하도록 하고 있다.

이러한 마을만들기 지원 조례는 어느덧 마을공동체 만들기를 지원하는 조례로 바뀌었으며 이러한 일반적인 조례 외에 특별한 목적에 봉사하는 마을공동체미디어 지원 조례, 자율관리어업 공동체 지원 조례, 골목상권 공동체 지원 조례, 마을학습 공동체, 아동돌봄공동체, 100세건강공동체 등 특수한 마을공동체를 지원하는 조례 등이 제정, 시행되고 있다. 그 중 언급할 가치가 있는 것은 마을공동체미디어 지원 조례이다. "마을미디어"란 미디어를 통한 주민소통 및 공동체 문화 활성화를 위하여 마을을 기반으로 주민이 직접 참여하고 운영하는 영상, 음성, 인쇄 매체 등을 통한 정보 전달 매체를 말한다. 각 지자체는 조례를 제정하여 마을공동체미디어를 지원하고 있다. 마을미디어 지원 조례가 최초로 제정된 곳은 광역 지자체 단위에서는 2016년 전라북도와 제주도에서였으며, 기초 지자체 단위로는 2018. 8. 제정된 서울 노원구에서였다.[86]) 동 조례에는 지자체는 마을미디어 지원센터를 설치·운영하고 마을미디어에서 생산한 공익성이 인정되는 우수콘텐츠는 공공기관 및 공공시설에서 활용할 수 있도록 지원하는 내용을 담고 있다.[87])

나. 도시재생법

도시 마을공동체의 형성을 지원하는 입법으로는 2013. 12. 5. 시행된 도시재생 활성화 및 지원에 관한 특별법(이하 "도시재생법"이라 한다)이 있다. 동법은 "도시재생" 즉 인구의 감소, 산업구조의 변화, 도시의 무분별한 확장, 주거환경의 노후화 등으로 쇠퇴하는 도시를 지역역량의 강화, 새로운 기능의 도입·창출 및 지역자원의 활용을 통하여 경제적·사회적·물리적·환경적으로 활성화하기 위한 입법이다.[88]) 도시재생은 공동체의 회복과 공동체의 적극적인 참여를 가능하게 한다는 목표를 설정하고 그를 통하여 도시 내 인간관계의 회복과 인간의 내적 활력을 높임으로써 도시의 사회적 통합을 유도하고 도시문화의 품격을 제고할 수 있게 될 것이다. 따라서 지자체는 동법에 의거하여 주민 제안에 따라 해당 지역의 물리적·사회적·인적 자원을 활용함으로써 공동체를 활성화하는 사업 등 도시재생사업을 할 수 있으며 이 사업은 도시재생활성화지역에서 도시재생활성화계획에 따라 시행한다.[89]) 도시재생활성화계획에는 공동체 활성화, 생활권 단위의 생활환경 개선, 기초생활인프라 확충, 골목경제 살리기 등을 위한 근린재생형 활성화계획이 포함된다.[90]

　　도시재생사업에 주민들의 자발적인 참여를 유도하기 위하여 도시공동체 상생협약제도를 도입하였다. 즉 도시의 주민 등은 지역활성화와 상호이익증진을 위하여 도시재생상생협약을 체결할 수 있는 바[91] 상생협약의 당사자는 도시재생활성화지역 내의 (i) 주민 또는 주민협의체, (ii) 상가건물의 임대인과 임차인 및 관할 지방자치단체이다.[92] 상생협약에는 당사자별 의무적인 이행사항, 차임과 차임인상률 안정화에 관한 사항, 임대차기간의 조정에 관한 사항, 상생협약 이행 시 우대조치에 관한 사항, 상생협약 위반 시 제재사항 등이 포함된다.[93] 국가 또는 지방자치단체는 도시재생사업의 지원을 위하여 그에 소요되는 비용의 전부 또는 일부를 해당 사업 또는 업무를 수행하는 자에게 보조하거나 융자한다.[94] 도시재생법에 따른 도시재생사업의 문제점에 관하여는 후술한다.

6. 마을기업공동체와 법

가. 마을기업의 개념

　　마을기업이란 지역주민이 지역자원을 활용하여 소득과 일자리를 창출하는 마을단위의 기업을 말한다.[95] 최근 마을기업은 지역 주민의 자발적인 참여를 통해 그 지역 문제를 주도적으로 풀어 가는 등 주민 간의 교류와 상호작용을 빈번하게 함으로써 사회적 자본을 증대시키고 있다. 마을기업의 요소로는 (i) 먼저 지리적으로 일정 지역 내의 주민간에 상호 이해관계나 정서적 유대가 있는 마을을 배경으로 하여 (ii) 지역에 존재하는 유·무형의 자연적·문화적·역사적 자산 즉 지역 자원을 소재로 하고 (iii) 전체 주민의 생활의 질 향상에 도움이 되는 지역문제를 해결하며 (iv) 마을기업의 이익뿐만 아니라 지역사회 전체가 이익을 얻을 수 있어야 한다는 점을 들 수 있다. 마을기업은 도농을 막론하고 그 설립이 권장되고 있다. 농촌의 경우에도 시장개방의 확대, 영세한 토지환경 및 고령화, 농가소득 정체 등으로 인하여 농업의 경쟁력이 저하되고 있어 농촌 마을기업을 육성하여 이에 대처할 필요가 있고 도시에 있어서도 마을의 소득수준을 향상시키고 주민간의 공동 활동의 장을 마련하

여 소통을 강화하는데 도구로 활용할 수 있기 때문이다.[96)]

나. 마을기업 성공 사례

도시 마을기업의 성공 사례로는 서울 성북구 '나무와열매사회적협동조합'을 들 수 있다. 동 협동조합은 장애 가족의, 장애 가족에 의한, 장애인을 위한 협동조합으로 장애부모들이 주체가 되어 만든 장애, 비장애 형제자매를 위한 공동 돌봄터로 2013년 안전 행정부, 서울시 인증 마을기업, 공동 돌봄, 긴급 돌봄, 일시 돌봄터 운영 및 상담치료를 병행한 서비스를 하고 있는바 기존 장애인 돌봄 시스템에서 제공하지 못했던 짧은 시간 돌봄과 찾아오는·찾아가는 돌봄 서비스를 병행하고 있다. 또한 비장애인의 긴급·일시·상시 돌봄도 함께 지원하고 있는데, 매출액과 순이익도 꾸준히 증가하는 성과를 거두었다.[97)]

농촌 마을기업 중 특이한 사례는 섬진강 기차 마을관광개발 사업을 영위하기 위하여 전라남도 곡성군이 설립한 "섬진강 기차 마을공사"이다. 이 공사는 곡성군이 지방공기업법에 의거하여 지자체 예산 100억 원을 출자하여 만든 주식회사로서 폐선된 철도를 활용하여 증기기관차, 레일바이크 체험 등을 할 수 있는 기차 테마파크인 곡성 섬진강 기차마을을 운영하여 한국 관광 100선에 5회 선정되는 등 성공적으로 사업을 하고 있다.[98)]

다. 마을기업 육성의 법적 근거

마을기업에 관한 직접적인 법적 근거로는 앞서 본 도시재생법이 있고[99)] 마을기업에 관하여 직접적인 규정을 두고 있지는 않으나 농어촌의 마을기업과 관련하여 농어업인 삶의 실 향상 및 농어촌지역 개발촉진에 관한 특별법('농어업인삶의질법'),[100)] 농촌융복합산업 육성 및 지원에 관한 법률('농촌융합산업법')[101)]이 있다. 그 외 사회적기업육성법에 따라 사회적기업인 마을기업을 육성하고 있다. 사회적기업에는 사회서비스 제공형, 일자리 제공형, 지역사회 공헌형, 혼합형 등의 유형이 있다.[102)] 마을기업 육성을 위한 조례로는 지자체별로 제정한 지역공동체사업 지원,[103)] 지역창업공동체 지원,[104)] 자율관리어업 공동체 지원,[105)] 골목상권 공동체 지원,[106)] 지역 내 식당 지원[107)] 등을 위한 조례가 있다.

라. 도시재생법상의 마을기업에 대한 지원

도시재생법에 따르면 지자체는 마을기업 등 지역자원을 활용한 도시재생사업의 발굴 및 추진을 위한 전담조직을 설치하여야 하고[108] 마을기업의 창업 및 운영 지원을 위하여 도시재생센터를 설치하며,[109] 마을기업 등 지역 주민 단체는 도시재생사업의 시행자로 지정될 수 있고,[110] 마을기업 등은 국가나 지자체로부터 지역활성화사업 사전기획비 및 운영비를 보조 또는 융자받을 수 있다.[111] 그 외 법률의 근거 없이 행정안전부가 2011년부터 제정하여 시행하고 있는 "마을기업 육성사업 시행지침"[112]과 "마을기업 육성 정책협의회 설치·운영에 관한 규정"[113]이 있고 각 지자체가 제정한 마을기업 관련 조례가 있다.[114] 이 조례에 관하여는 마을공동체의 자치법규로서 전술하였다.

마. 농어촌 마을기업에 대한 지원 법제

농어업인삶의질법은 농어촌 마을기업을 위하여 국가와 지방자치단체에 농어촌의 특산물 등[115]을 활용한 식품가공 등 제조업과 문화관광 등 서비스업 등의 농어촌산업을 육성할 의무를 부과하고[116] (i) 특산물등의 조사·발굴 및 권리보호, (ii) 특산물등의 상품화를 위한 기술 개발, (iii) 특산물등의 판매촉진을 위한 상표·포장 개발 및 홍보, (iv) 특산물등의 생산 및 판매 자금, (v) 특산물등의 생산기술의 전수·계승 및 인력 육성, (vi) 농공단지 등 기업집적화 및 농어촌산업 인프라 조성, (vii) 농어촌산업 창업 및 역량 강화 등의 지원을 할 수 있도록 하고 있다.[117]

농촌융합산업법은 농업을 제조·가공·유통·관광 등 타 산업과 연계한 융복합산업으로 육성하여 농업의 경쟁력을 강화하기 위한 입법이다. 동법은 농촌 지역의 농특산물 등 유·무형의 자원을 이용하여 가공·유통·관광 및 이와 관련된 재화 또는 용역을 제공함으로써 경제적 부가가치를 창출하는 농촌융복합산업을 정부가 지원, 육성하여 새로운 농업의 소득원 창출을 도모하고 부가가치를 높여 농촌의 활력을 제고시키는 내용을 담고 있다. 이러한 마을기업 지원 법제가 마을기업을 하나의 마을공동체로 만들기에 충분하다고 할 수는 없다.

Ⅳ. 도시 주거공동체와 법

1. 도시 주거공동체의 중요성

앞서 모두에서 언급한 바와 같이 우리나라에서는 아파트 등 공동주택이 도시 주거의 일반적 형태로 되어 도시 마을공동체를 논함에 있어 도시재생사업과 함께 대표적 도시 주거공동체인 아파트공동체에 주목하지 않을 수 없다. 만약 아파트에 마을공동체가 정착될 수 있다면 나머지 마을공동체도 그에 기반하여 활성화 될 수 있을 것이나 우리나라의 마을공동체 운동은 이점에 역점을 두고 있지 않다. 아파트 공동체의 구축이야말로 주민 자신들의 노력만으로 성취될 수 없고 국가와 지자체의 행정적인 설계와 입법적 뒷받침이 요구된다고 할 것이다. 본 장에서는 아파트공동체를 통상적 의미의 아파트뿐 아니라 공동주택 모두를 포함하여 공동주택에 거주하는 주민들이 공동주택의 관리와 주거 환경 개선 등 주거공동체의 형성을 위하여 공동으로 활동하는 단체를 의미하는 것으로 사용한다.

2. 공동주택 건설과 마을공동체 형성

가. 주택건설관련법상 공동체 형성에 관한 고려 여부

주택법은 복리시설의 설치기준을 포함한 주택 건설 기준을 정하게 하고 있는 바118) 이 복리시설에는 주택단지의 입주자 등의 생활복리를 위한 공동시설로서 어린이놀이터, 근린생활시설, 유치원, 주민운동시설 및 경로당 등이 포함된다.119) 주택법의 위임에 따른 "주택건설기준에 관한 규정"은 주민공동시설(경로당, 어린이놀이터, 어린이집, 주민운동시설, 작은도서관, 다함께돌봄센터가 포함된다), 근린생활시설, 유치원의 설치의무와 최소 면적에 관하여 규정하되 지자체가 상황에 따라 이 기준을 조정할 수 있도록 하고 있다.120) 특기할 것은 다함께돌봄센터는 입주예정자의 과반수가 서면으로 반대하면 설치하지 않을 수 있다는 특별 규정을 두고 있다는 점이다.121) 주무부처가 정한 "공동주택 디자인 가이드라인"을 보아도 (i) 공동주택 및 주택단지의 공개 공간 및 공유시설물과 공간적, 형태적으로 통합되고 지역 고유성과 역사성을 반영하여 품격 높은 주거환경을 조성하고 (ii) 소비자 요구 및 시대의 변화와 자연

환경에 순응하는 지속가능하고 경제적이며, 아름다운 공동주택을 건설하며 (iii) 도시와 지역의 특성을 살리고, 지역 커뮤니케이션 활성화를 위한 고품격 주거단지를 조성한다는 추상적인 목표만을 설정하고 있을 뿐[122] 공동주택을 주거공동체로 형성하고자 하는 입법 의도는 어디에서도 찾아 볼 수 없다.

나. 공동주택을 건설하는 방법

주택건설은 건설업자나 지자체 등이 직접 할 수도 있지만[123] 주민 등이 주택법에 따라 주택조합을 결성하거나 도시 및 주거환경정비법("도시정비법")[124]에 따라 재개발·재건축조합을 결성하여 건설하게 된다. 여기에서는 주택조합 결성에 의한 주택조합공동체의 가능성을 살펴보고 재개발·재건축조합공동체에 관하여는 항을 바꾸어 살펴보기로 한다.

주택조합에는 같은 지역에 거주하는 다수의 주민이나 같은 직장의 근로자가 주택을 마련하기 위하여 설립하는 지역주택조합과 직장주택조합이 있고 그 외 공동주택의 소유자가 그 주택을 리모델링하기 위하여 리모델링주택조합이 있다.[125] 주택조합 설립을 위한 조합원 모집은 공개모집으로 하여야 하며 해당 주택건설대지의 50퍼센트 이상 토지의 사용권원을 확보하여 관할 기초 지자체에 신고하여야 한다.[126] 조합원 모집주체는 주택조합 가입 신청자와 주택건설대지의 사용권원 및 소유권을 확보한 면적 및 비율 등이 포함된 주택조합 가입계약을 체결하도록 하고 있다.[127] 그 계약 조항에는 주택조합의 사업개요만 포함될 뿐 공동시설등에 관한 사항 등 조택조합이 주체적으로 주거공동체를 형성하도록 하는 규정은 없다.

주택조합을 설립하려면 해당 주택건설대지의 80퍼센트 이상 토지의 사용권원과 15퍼센트 이상 토지의 소유권을 확보하여 관할 지자체로부터 주택조합설립인가를 받아야 한다.[128] 인가 신청을 하기 위하여서는 주택을 소유하지 아니하거나 소형 주택 1채만을 소유하는 조합원 중 주택건설예정 세대수의 1/2 이상(20인 이상)이 모여 조합설립을 위한 창립총회를 개최한 후 총회 회의록, 조합장 선출동의서, 조합규약,[129] 조합원 명부, 사업계획서 등 제반서류를 제출하여야 한다. 주택조합을 법인화하도록 강제하고 있지는 않다. 이처럼 주택법은 주택조합을 통하여 주거공동체를 형성하려는 입법적 노력을 거의 하고 있지 않다.

3. 재개발·재건축조합공동체와 법

가. 도시정비법과 마을공동체 형성

도시정비법도 도시환경을 개선하고 주거생활의 질을 높이는 데 입법 목적을 두고 있을 뿐이고[130] 주거환경개선과 관련하여 마을공동체 형성을 입법 목적으로 명시하지 않고 있다. 다만 시사체가 주거환경개선구역 내 공동이용시설 사용 허가 시 마을공동체 활성화 등 공익 목적을 위하여 그 사용료를 면제할 수 있는 근거를 두고 있을 뿐이다.[131] 도시정비법에 따른 주거환경정비계획 수립시에 마을공동체의 형성에 관한 배려와 준비가 되면 재개발·재건축되는 아파트나 상가에 마을공동체의 형성의 기반이 조성될 수 있을 것이다. 따라서 시장 등이 10년 단위로 수립하는 도시·주거환경정비기본계획(이하 "기본계획")에는 (i) 주거지 관리계획, (ii) 토지이용계획·정비기반시설계획·공동이용시설설치계획 및 교통계획, (iii) 녹지·조경 등 환경계획 및 (iv) 사회복지시설 및 주민문화시설 등의 설치계획 등을 포함하게 되어 있는 바[132] 그 계획 속에 마을공동체 형성 계획도 포함시켜야 할 것이다.

토지등소유자는 재개발·재건축조합을 결성하여 공동주택등을 건설사업을 시행할 수도 있고 시장·군수등 또는 토지주택공사나 지자체에게 사업 시행을 위탁할 수 있다. 위탁 시행의 경우에는 토지등소유자의 과반수의 동의와 지자체의 승인을 받아 주민대표회의를 구성하여야 한다. 본장에서는 재개발·재건축조합을 중심으로 마을공동체 형성 방안을 살펴보기로 한다.

나. 재개발·재건축조합의 설립

재개발·재건축조합이란 도시 정비구역 안에서 정비기반시설을 정비하고 주택 등 건축물을 개량하거나 건설하는 사업을 시행하기 위해 토지 등 소유자가 설립한 단체를 말한다. 재개발·재건축조합은 도시기능의 회복이 필요하거나 주거환경이 불량한 지역을 계획적으로 정비하고, 노후·불량 건축물을 효율적으로 개량하기 위한 목적으로 설립된다. 시장·군수 등, 토지주택공사 등 또는 지정개발자가 아닌 자가 정비사업을 시행하려는 경우에는 토지등 소유자로 구성된 조합을 설립하여야 한다.[133] 조합은 그 명칭에 "정비사업조합"이라는 문자를 사용하여야 하는 바[134] 이는 주택법상 직장조합, 지역조합 또는 다른 사업의 시행자와 혼동을 방지하기 위한 것이다. 입주자를 모집하는 사업주체는 시장·군수·구청장의 승인을 받아야 하는데, 조합설립인가를 받은 조합은 별도의 주택건설사업자로 등록하지 않아도 조합설립인가일부터 주택법에 의한 사업주체로 간주된다.[135]

다. 재개발·재건축조합의 법적 성격

재개발·재건축조합은 법인이어야 하고, 조합설립인가를 받은 날부터 30일 이내에 주된 사무소의 소재지에서 등기하는 때 성립한다.[136] 조합에 관하여는 도시정비법에 규정된 것을 제외하고는 민법 중 사단법인에 관한 규정을 준용한다.[137] 동 조합의 법적 성격에 관하여는 공법인이라는 견해와 민법상 사단법인이라는 견해가 대립되고 있다. 공법인설은 조합은 비영리·공익 사단법인으로서 공행정주체로서의 지위를 가짐과 더불어 사업시행자로서의 지위를 가진다고 본다. 즉 조합은 관할 행정청의 감독 아래 정비구역 안에서 도시정비법상의 '도시재개발사업'이나 '주택재건축사업'을 시행하는 행정주체로서의 지위를 가진다는 것이다.[138] 이러한 행정주체로서의 지위는 정비사업에 있어서 조합원에 대하여 보다 더 많은 공익성이 강조되고 조합원의 권리보장을 위한 운영이 강조되기 때문이라고 한다.

민법상 사단법인설은 조합은 기본적으로 개별 토지 등 소유자들이 거주공간의 개선이라는 사익의 추구를 위하여 주민총회 결의를 통하여 설립하는 민법상 비법인 사단으로 본다.[139] 주민들이 조합창립총회를 개최하고 조합정관을 확정하는 합동행위를 함으로써 사단으로서의 실질을 갖추며 조합정관은 자치법규로서 조합원에 대하여 강제력을 가지게 된다고 본다.

생각건대 공법인설이 조합 인가가 조합에 행정주체의 지위를 설권적으로 부여하고, 그 행정주체가 사업시행계획과 관리처분계획을 수립한다고 하는 것은 재개발·재건축 사업의 실질에 비추어 보아 지나친 이론이며 도시정비법상 인가는 이미 비법인 사단의 실체를 갖춘 조합의 공익적 성격상 공법적 규제를 할 수 있도록 법인격을 부여하기 위한 전제로서 민법 제32조가 규정하는 주무관청의 허가행위에 해당한다 할 것이다.[140] 따라서 재개발·재건축조합은 민법상 사단법인이며 행정작용을 하는 범위 내에서는 공무수탁사인(公務受託私人)[141]이 된다고 할 것이다.

라. 재개발·재건축조합 공동체의 형성

재개발·재건축조합의 설립과정에서 조합원들은 정비사업 시행계획의 수립과 방법에 관여하고 또 사업 시행과정에서 수년간 조합총회에 참석하여 결의를 하는 등 조합의 사무에 관여하고 조합장, 이사, 감사, 대의원 등 간부들도 조합의 사무를 집행하기 위하여 자주 집회를 가짐으로써 재개발·재건축이라는 공동 목적을 달성하기 위하여 함께 노력하는 과정으로 거친다. 그 과정에서 재개발·재건축조합 공동체가 형성될 수 있다. 더욱이 도시정비법이 개정되어 마을공동체 형성이 도시정비법의 한 목적으로 된다면 재개발·재건축조합은 출범 때부터 마을공동체의 성격을 띠게 될 것이다.

4. 아파트공동체와 법

가. 아파트공동체의 구성원과 가버넌스

아파트에 주민들이 입주하여 아파트공동체를 형성하는 경우 그 구성원에는 두 종류가 있다. 하나는 공동주택의 주민이고 다른 하나는 공동주택의 소유자이다. 공동주택의 주민으로 구성된 공동체를 아파트주민공동체, 공동주택의 소유자로 구성된 공동체를 아파트소유공동체라 부를 수 있다. 공동주택관리법[142]상으로는 소유자와 임차인 모두를 구성원으로 하되[143] 양자의 지위를 구별하여 선거권은 소유자와 임차인 모두에게 부여하나 피선거권은 원칙적으로 소유자에게만 부여한다.[144] 공동주택관리법은 아파트공동체의 가버넌스에 관련하여 입주자대표회의를 두고 있다. "입주자대표회의"란 공동주택의 입주자등을 대표하여 관리에 관한 주요사항을 결정하는 자치 의결기구를 말한다.[145] 즉 공동주택의 입주자등은 공동주택을 관리하기 위하여 동(棟)별 대표자를 선출해 자치기구인 입주자대표회의를 구성하고, 자치규약인 관리규약을 제정하여 운영한다.[146] 입주자대표회의는 4명 이상으로 구성하되, 동별 세대수에 비례하여 관리규약으로 정한 선거구에 따라 선출된 대표자(이하 "동별 대표자"라 한다)로 구성되며 입주자대표회의에는 회장, 감사 및 이사를 임원으로 두도록 되어 있다.[147]

그 외 아파트를 비롯한 공동주택은 집합건물이기 때문에 공동주택관리법 외에도 집합건물의 소유 및 관리에 관한 법률(이하 "집합건물법"이라 한다)의 적용도 받는다. 집합건물공동체라 할 수 있는 집합건물의 관리단의 구성원은 구분소유자이며 그 집행기구는 관리위원회와 관리인이라 할 수 있다. 즉 집합건물법에 따르면 구분소유자들이 관리위원을 선출해 관리위원회를 구성하고 집합건물을 관리하도록 하고 있는 바[148] 집합건물의 관리단은 관리업무에 관한 권리·의무의 귀속주체이고 법인 아닌 사단이며, 관리인은 관리업무의 집행기관이고, 관리위원회는 의결·감독기관으로 관리단의 대의기관이다. 아파트공동체와 집합건물공동체간의 관계를 보면 두 공동체가 일정 부분 중첩된다고 할 것이나[149] 아파트공동체 내에 공동주택 건물의 관리와 권리행사를 위하여[150] 그 소유자로 구성되는 집합건물공동체가 별도로 존재한다고 할 수 있을 것이다.[151]

나. 입주자대표회의의 법적 성격

입주자대표회의 법적 성격에 관하여는 독립한 법인 아닌 사단으로 보는 견해와 입주자단체의 내부기관으로 보는 견해가 대립되고 있다. 판례는 "입주자대표회의는 단체로서의 조직을 갖추고 의사결정기관과 대표자가 있을 뿐만 아니라, 또 현실적으로도 자치관리기구를 지휘, 감독하는 등 공동주택의 관리업무를 수행하고 있으므로 특별한 다른 사정이 없는 한 법인 아닌 사단으로서 당사자능력을 가지고 있는 것으로 보아야 한다"고 판시하여 법인 아닌 사단으로 보고 있다.[152] 그러나 입주자대표회의는 그 자신의 목적도 없고, 입주자단체의 규약에 근거하여 조직이 구성되어 있을 뿐 자체 규약을 가지고 있지 않고, 구성원의 가입은 입주자등의 선출에 의하므로, 이론상으로는 독립된 단체로 인정할 수 없고 관리주체가 관리업무를 집행하도록 하는 의결기관 및 입주자단체의 대의기관의 역할을 수행하는 입주자단체의 내부기관으로 보는 견해가 타당하다고 할 것이다. 그러나 입주자대표회의에게 입주자단체의 원활한 업무 수행을 위하여 입주자단체와 별도의 당사자능력을 인정하는 것이 불가능한 것은 아니라 할 것이다.[153]

다. 아파트공동체의 법적 성격

아파트공동체의 법적 성격은 입주자총회, 입주자대표회의 및 관리소장을 가버넌스로 하는 법인 아닌 사단으로 보는 것이 일반적이다. 입주자대표회의의 법적성격을 입주자단체의 내부기관으로 보는 견해는 아파트공동체를 법인 아닌 사단으로 보는데 아무런 논리적 문제가 없다. 그러나 입주자대표회의의 법적 성격을 독립한 법인 아닌 사단으로 보는 견해는 아파트공동체와의 관계 설정에 문제가 있다. 생각건대 법인 아닌 사단의 실체를 가지는 것은 아파트공동체라 할 것이고 입주자대표회의는 아파트공동체의 대외적인 법률문제 처리를 위하여 당사자능력과 등기능력이 예외적으로 의제되는 법인 아닌 사단으로 이해하면 아파트공동체에 있어서 주체의 중복을 피할 수 있을 것이다.

라. 위스테이 아파트공동체의 사례

아파트공동체의 형성과 관련하여서는 2016년부터 시작된 사회적협동조합 주도의 위 스테이(We Stay) 아파트가 주목을 끈다. 위 스테이 아파트 사업은 남양주시 별내지구(491세대)와 고양시 지축지구(539세대) 두 군데에서 진행되었던 바 이 사업은 개발 단계와 입주 이전부터 마을공동체를 표방하여 건설된 최초의 아파트 단지라는 점에 특징이 있다. 별내지구 위스테이 사업을 중심으로 살펴보면 먼저 2017. 4.에 창립총회를 개최하여 입주 이후 운영을 위한 '위스테이별내사회적협동조합'을 설립하여 이를 중심으로 예비 입주자를 대상으로 공동체 의식을 함양하는 사전 교육과 공용시설 설치에 관한 논의 등의 활동을 전개하였다.

아파트 단지 중심에 잔디광장을 조성하는 등 앞서 본 바와 같이 주택건설기준 등에 관한 규정이 요구하는 복리시설 기준의 2배 이상의 넓은 공유 부엌, 동네카페, 동네돌봄센터, 동네체육관, 동네창작소 등으로 명명한 공동이용시설을 건설하였다.[154] 2020. 7. 입주와 함께 조합원이 깅좌를 자유로이 개설할 수 있도록 허용하여 수십 개의 교육 동아리가 결성되었다. 건물 하자 문제와 커뮤니티 운영비 납부 문제가 제기되자 주민들이 집회를 열고 단톡방과 온라인 커뮤니티 중심으로 소통하여 문제를 해결하고 아파트 단지의 관리사무소장에 해당하는 '동네지기'가 공식 카페에 "위스테이 주간 브리핑"을 매주 올리는 등 주민간의 소통과 활동이 활발하게 진행되었다.[155]

이러한 위 스테이 사업의 성공적인 진행은 아파트를 투기나 투자의 대상이 되는 상품으로 보는 시각을 극복하고 주민들이 마을공동체를 형성하여 안정적인 주거공간을 확보하는 관점의 도시개발의 공동체적 전환을 이루어 내고 있다는 점에서 높이 평가할 만하다.[156] 다만 위 스테이 사업은 임대아파트로서 정부의 지원으로 비교적 좋은 조건으로 모집되었으며 8년간의 임대기간이 종료하고 분양 등의 절차를 거친 이후에도 공동체로 유지될 수 있는지 여부에 관심이 집중되고 있다. 협동조합과 정부는 모처럼의 성공 사례가 안착될 수 있도록 임차인과 소유자가 공동체의 구성원으로서 공존하는 방안 등의 대책을 미리 마련하여야 할 것이다.

V. 마을공동체 지원과 운영 방식의 개선 방안

1. 마을공동체의 과제

이상에서 마을공동체를 촌락공동체와 도시 마을공동체로 대별하고 도시 마을공동체는 다시 아파트공동체, 재개발·재건축공동체, 마을 교육공동체, 마을 협동조합공동체, 마을기업공동체로 나누어 살펴보았다. 정부와 지자체는 위에서 살펴본 바와 같이 다양한 형태로 마을공동체 지원제도를 도입, 시행함으로써 형식상으로라도 마을공동체가 양적으로 크게 확산된 것은 고무적이라 할 수 있다. 그러나 마을공동체 특히 도시 마을공동체의 주민들이 진정한 공동체로서의 형성과 발전에 의욕적으로 참여할 동기나 유인이 크지 않다. 주민들은 자녀 교육을 위한 마을공동체 내 학교, 자신들이 거주하는 공동주택의 관리 정도에 공통적인 관심을 가질 유인이 있을 뿐이다. 그나마도 자녀가 성장하고 하면 그에 관한 교육에 대한 관심도 사라지고 공동주택도 거주하던 곳을 떠나 다른 곳으로 이사를 가버리면 종전의 주거공동체와는 아무런 연결 고리도 없어지고 만다. 이러한 현실 하에서는 공동체의 형성은 요원한 과제가 될 수밖에 없다. 진정한 공동체를 지향하지 못하는 정부나 지자체의 마을만들기 운동은 그 지원하는 정책의 방향이나 방법에 있어서 많은 문제를 노정하고 있다. 그동안 마을만들기 운동의 문제점으로는 기초지자체 중심의 사업구상과 사업추진, 중간지원조직 간 연계 및 협업의 부족, 국비지원 이후 조성된 시설물 등 운영관리의 어려움, 국비지원 이후 성과관리의 부재 등이 지적되고 있다. 아래에서는 이러한 문제점을 열거하고 그 개선점을 살펴보기로 하되 그에 앞서 근세조선의 촌락공동체에서 얻을 수 있는 시사점을 먼저 보기로 한다.

2. 근세조선 촌락공동체로부터의 시사점

앞서 본 바와 같이 근세조선에서는 동계가 전국적으로 형성되었던 바 이처럼 동계가 정착할 수 있었던 것은 역사적으로 오랜 기간 동안 촌락공동체가 형성되어 주민들 간에 소통이 원활하고 그 유대는 돈독하였던 데에서 기인하였다고 할 수 있다. 또한 동계가 재지사족을 중심으로 하는 지방자치조직의 성격을 가지고 있었고 사족들의 강력한 리더십이 있었기 때문이며 농촌의 경우 공동노동을 하여야 할 필요가 컸고 어촌의 경우 어장이라는 공동의 재산을 기초로 공동어로를 하는 어촌계가 형성되었기 때문이었다.

근세조선에서 마을공동체를 구성함에 있어 향약과 동계의 2중 구조를 통한 역할 분담에서 그 성공요인을 발견할 수 있다. 즉 향약은 군현 단위로 구축하되 그 수령이 사무를 관장한 반면 동계의 경우 마을 단위로 구축하되 재지사족이 자치적으로 활동하였다는 점이 바로 그것이다. 또한 근세조선에서는 동계 외에도 수많은 목적계가 있어 일정한 사업이나 공동활동을 하여 동계와 유기적으로 연결되어 있었던 점도 지적될 수 있다. 미래의 마을공동체도 근세조선의 촌락공동체에서 그 형성과 발전의 시사점을 발견할 수 있을 것이다.

3. 마을공동체의 문제점과 개선 방안

가. 관 주도 마을만들기의 개선

지금까지의 마을만들기는 일부 예외를 제외하고는 지자체와 정부가 주도하고 주민이 참여하는 형태로 진행되었다. 지자체가 주도하다 보니 지자체의 장은 선거를 의식한 표 관리와 단기적 성과에 집착하고 형식적으로 그럴듯한 공동체 활동으로 포장하는 전시행정 위주로 흘러가고 있다는 비판을 받고 있다. 지자체가 마을공동체의 형성을 지원하기 위하여 만든 지원센터 등 중간지원조직도 관료화하거나 시민단체가 실제 운영하는 등의 문제가 지적되고 있다.

이러한 문제를 해결하기 위해서는 마을공동체를 민간 주도로 형성하고 자치적으로 운영할 수 있는 여건을 마련하여야 한다. 진정한 마을공동체는 민간 주도로 형성되어야 한다는 당위론은 오래 전부터 주장되었으나 아직 실현되지 못하고 있다. 이는 제도적인 뒷받침이 있어야 가능하며 그 첫 번째 단추는 마을공동체에 어느 정도의 자치권을 부여하는 것이 될 것이다. 마을공동체가 근세조선의 동계와 같은 자치권을 가진다면 자연스럽게 민간 주도로 전화(轉化)될 것이다. 나아가 동계에서 재지사족들이 리더십을 발휘하였듯이 현대의 마을공동체에 있어서도 리더십을 재구축할 필요가 있다. 그동안 마을공동체의 리더십은 시민단체 중심으로 행사되었다. 마을만들기 사업을 직업적으로 하는 사람들이 주축이 되어 때로는 지자체의 중간지원조직의 책임자가 되기도 하면서 마을공동체 운동을 주도하여 왔다. 이제 마을공동체 내에서 지식이나 재산 또는 시간에 여유가 있는 자가 마을공동체에 대한 사명감을 가지고 리더십을 발휘할 수 있는 여건을 조성하여야 할 것이다. 이들이 리더십을 발휘할 수 있도록 마을공동체 교육시스템을 구축할 필요가 있을 것이다.

나. 정부와 지자체의 마을공동체에 대한 참여 방식의 개선

중앙 정부와 광역지자체도 마을만들기 운동에 직접 나서거나 기초지자체 등의 마을만들기 운동에 지나치게 간섭하는 경향이 있다. 앞서 본 바와 같이 전국 1만 300개의 세칭 마을공동체 중 정부가 직접 지원하는 곳이 3540개나 된다는 통계가 이를 웅변하고 있다. 이러한 중앙 정부와 광역지자체의 직접적인 마을공동체 운동 관여와 관여 방식은 오히려 마을공동체의 형성과 발전에 방해가 되기도 한다.

정부는 마을만들기 운동이 체계적이고 종합적이며 지속적으로 전개될 수 있도록 마을공동체에 관한 국가적 비전을 제시하여야 한다. 광역지자체도 자신의 행정구역 내 마을공동체들이 가진 애로를 해결해주고 스스로 활동할 수 있는 마을공동체간의 연계와 협동이 가능할 수 있도록 지원하여야 할 것이다. 또한 정부와 광역지자체가 하여야 할 역할은 표준 마을만들기 조례의 제정이나 우수 마을공동체 표창 정도에 그치고 오히려 마을공동체의 리더를 양성하는 마을공동체 교육시스템을 구축하고 마을공동체에 이 교육의 이수를 장려하는데 주력하여 진정한 마을공동체로 거듭날 수 있도록 하여야 할 것이다.

기초지자체와 단위 마을의 역할 분담도 개선되어야 한다. 근세조선 향약과 동

계의 관계처럼 시군구 등의 기초지자체를 주축으로 하는 광역 마을공동체와 읍면동
과 같은 단위 마을공동체로 2원적으로 구축하는 것이다. 광역 마을공동체는 주민들
간의 유대가 상대적으로 약한 반면 지자체가 지방정부로서 강한 행정력을 가지는
장점이 있고 단위 마을공동체는 정부로서의 행정력은 가지지 못하는 반면 주민간의
유대가 강하므로 각각 장점을 살려 역할을 분담하고 상호 보완적으로 활동하는 것이
다.

다. 주민간 소통 부족의 개선

공동체 형성의 장애요인으로 주민의 무관심과 시민단체의 지나친 관여를 들
수 있다. 앞서 본 바와 같이 마을 주민들이 공동체 활동에 의욕적으로 참여할 동기
나 유인이 크지 않아 대체로 무관심한 등의 이유로 시민단체가 마을만들기 운동에
주도적으로 참여하여 진정한 마을공동체의 형성과 발전을 등한히 하거나 오히려 저
해하는 현상이 나타나기도 하였다. 그러면 어떻게 하여 주민간의 소통을 강화하고
유대를 형성할 것인가? 1980년대 관제적으로 부활하였던 반상회를 복원하는 것은
개인주의가 심화된 오늘날에는 현실성이 없어 보인다.

먼저 마을기업 등 마을공동체의 사업 경영에 주민들의 참여를 적극 권장하는
방안이다. 근세조선 이전부터 오늘날까지 건재한 어촌계나, 앞서 소개한 곡성군 기
차마을공사와 같은 마을기업을 주민들이 공동으로 운영하는 것도 주민간의 소통을
강화하고 마을공동체로서 장기적으로 유지, 발전시키는데 큰 도움이 될 것이다. 각
마을은 자신들의 여건에 맞고 자생력을 가진 사업을 스스로 계획을 세워 실천하고
지자체는 이를 지원하는 형태를 취하여야 할 것이다. 마을기업의 성장 단계별로 '액
셀러레이터' 시스템을 도입하는 등 지속적인 발전을 지원하는 제도도 도입하여야
할 것이다.

사업 활동을 할 수 없는 주민들 간에는 상호 봉사활동을 통하여 주민간에 소통
하는 통로를 마련할 수 있을 것이다. 예컨대 주거 부족에 시달리고 있는 도시민들에
게 제안할 수 있는 상호 봉사방법으로 방나누기가 있다. 집을 나누어 쓸 수 있는
주민이 방이 필요한 학생이나 청년 등에게 방을 제공하는 것이다. 독거노인이나 노
부부의 집에 청년이 함께 거주한다면 청년은 월세를 절약할 수 있고 노인들은 덜
외로우며 자신들이 하기 어려운 일에 청년의 도움을 받을 수 있다. 특히 세대 간

정보격차를 해소하는데 도움이 될 것이다.[157] 또 다른 봉사활동은 각 마을에 거주하거나 사무소를 가지고 있는 변호사, 의사 등 전문직들이 주민을 위한 무료 상담, 무료 진료 등의 봉사에 시간을 할애하는 것이다. 이러한 봉사활동을 매개하거나 소개하는 웹사이트나 유튜브를 개설하여 운영한다면 주민간의 소통 증대에 큰 도움이 될 것이다. 그 외에도 독거노인 돌보기 봉사 등 초고령화 사회에 맞는 복지활동을 통하여 마을공동체를 형성, 발전시켜 나갈 수 있을 것이다.[158]

라. 주거공동체의 개선

마을공동체의 출발은 주거공동체라 할 수 있다. 도시에서 주거공동체를 형성하는 방법에는 도시재생사업과 재개발, 재건축 사업의 두 가지가 있다. 마을공동체의 형성에는 도시재생사업이 재개발, 재건축사업보다 이상적이나 최근까지의 도시재생사업은 성공적이라고 보기 어렵다.[159] 그 주된 이유는 민간이 참여할 유인이 적기 때문으로 분석되고 있다.[160] 도시재생사업으로 인한 지가 상승은 주민들에게는 오히려 부담으로 작용하고 있으며 재개발, 재건축을 선호하는 지역도 존재한다. 도시재생사업이 장기간의 노력에도 소기의 성과를 거두지 못한다면 도시의 마을만들기는 이미 주민들에 밀집하여 거주하고 있는 아파트공동체를 형성, 정착시키는 데로 방향 전환을 하여야 할 것이다. 앞서 보았듯이 아파트공동체와 그 전 단계인 재개발·재건축조합공동체는 주거공간의 건축이나 관리에 국한하여 활동하고 있을 뿐 주민들의 소통과 연대라는 공동체로서의 초보적 기능도 하지 못하고 있는 것이 현실이다. 즉 재개발, 재건축에 이은 아파트 등 주거공동체의 형성과 정착을 재개발, 재건축 계획 단계부터 고려하는 것이다. 도시에 아파트공동체 등 마을공동체가 형성되면 주민의 정주성이 증가하고 정주성이 증가하면 마을공동체에의 참여의식도 높아지는 선순환을 이룰 수 있을 것이다.

마. 지원 대상 마을 선정 기준의 개선

정부와 각 지자체는 마을만들기 사업을 대체로 3년간 단계별로 지원하며 3년이 지나면 추가 지원을 하지 않는다는 원칙을 시행하고 있는 바 이는 마을공동체를 자발적이고 자조적인 조직으로 형성, 성장시켜야 한다는 기본 정신에 충실한 타당한 정책이라 할 것이다. 그러나 정부나 지자체의 지원이 종료된 마을공동체의 잔존

율은 10%에도 미치지 못하는 것으로 알려지고 있다.[161] 이는 지원을 받는 마을이나 일부 조직이 지원 예산에 의존할 뿐 자립을 위한 노력을 게을리한다는 측면과 정부나 지자체가 전시행정의 차원에서 무분별한 지원을 계속할 뿐 장기적으로 자립을 할 수 있는 가능성에 대한 고려를 충분히 하지 않았던 데에도 이유가 있다.

이를 개선하기 위하여서는 자립적 마을공동체의 형성과 지원금 사용에 대한 통제 시스템을 갖출 필요가 있다. 동일한 마을공동체에 대하여 매년 예산 배분과 실적 평가를 계속할 것이 아니라 사업 단위 별로 지원 요청을 받아 이를 심사하여 지원여부를 결정하는 방식을 채택하되 그 지속가능성에 평가의 중점을 두며 지원을 점진적 체감하여 자립도를 제고하여 나가는 방향으로 개선하여야 할 것이다. 향후 위와 같은 제반 문제를 종합적이고 대폭적으로 시정, 개혁하는 새로운 발상과 제도적 뒷받침이 있어야 할 것이다.

VI. 마을공동체 법제의 개선방안

1. 마을공동체 지원 법안과 개선점

가. 마을공동체 지원 법안의 내용

앞서 본 바와 같이 마을공동체에 관한 체계적인 입법은 아직 없는 상황이나 마을공동체 관련 법안이 여러 개 발의되었다. 마을공동체 활성화 기본법안, 지역공동체 활성화 지원법안, 농촌 마을공동체 활성화 지원에 관한 법률안, 사회적경제기본법안 등이 그것이다. 이러한 법안 중 대표적인 것이 "마을공동체 및 지역사회혁신 활성화 기본법(안)"[162]이라 할 수 있다. 동 법안은 마을공동체를 행정구역상 읍면동 등 지역[163] 내에서 경제, 문화 등을 공유하며 일상생활을 영위하는 주민들이 상호작용을 하며 자발적으로 구성한 단체라고 정의하면서[164] 입법 목적을 마을공동체와 지역사회의 혁신과 역량 강화 및 기반을 조성하고 주민 자치 활동 등을 통한 지역사회의 지속가능한 발전 및 지역주민의 삶의 질을 향상하는데 두고 있다.[165]

동 법안이 행정안전부가 마을공동체 및 지역사회혁신 활성화 기본계획을, 지자

03 자연적 공동체와 법

체가 지역별로 마을공동체 및 지역사회혁신 활성화계획을 각 수립하고, 행정안전부와 지자체 내에 지역공동체혁신정책위원회를 각 설치하는 일, 행정안전부에 지역공동체혁신종합지원센터를, 자자체에는 지역지원기관을 각 설치·운영하는 일, 행정안전부와 지자체가 재정·금융 및 행정적 지원과 국·공유 재산 활용을 지원하는 일 등을 규정하는 점에 있어서는 여느 마을공동체법안과 차이가 없다. 이 법안의 특징은 마을공동체가 주민의 의견을 수렴하여 마을공동체활동계획을 수립·시행함에 있어 지역사회주체[166]가 지역사회의 문제에 대해 의제 단위로 지역사회혁신의제계획을 수립하여 시장·군수·구청장에게 제안할 수 있도록 하고 있다는 점이다.[167] 이 지역사회주체에 "지역주민과 관련된 자조조직"이 포함되는 바 마을공동체 외에 어떤 자조조직을 의미하는지 마을공동체의 개념과 관련하여 흥미롭다. 지역사회조직화(community organization)에 따라 형성된 지역사회주민조직을 말하는 것으로 보인다. 적어도 공동체에 이르지 못한 사회적 기업 중에서 사회적 목적을 갖고 지역사회에서 필요로 하는 재화 및 서비스를 생산하여 지역사회에 제공하고 발생한 이익은 지역사회에 재투자하는 '지역사회친화형 사회적 기업' 등이 포함될 수 있을 것이다.

나. 마을공동체 지원 법안의 수정 방향

동 법안은 마을공동체가 주체적으로 수립한 계획을 지자체에 제안할 수 있는 근거를 설치하였다는 점에서 진일보한 입법이나 여전히 정부와 지자체가 마을공동체 활성화 계획의 수립과 그 집행을 주도하는 형태를 기본 골격으로 한다는 점에서 자조적이고 자립적인 마을공동체의 형성과 활동의 관점에서는 미흡하며 기본법으로서의 역할을 제대로 하기 위하여 기존 입법을 체계적으로 정리하는 입법을 병행하여 중복 입법을 피하면서 전체적으로 마을공동체 법체계를 정비하는 조치가 이루어져야 할 것이다. 특히 마을공동체가 주민들이 상호작용을 하며 자발적으로 구성한 단체에 그치지 않고 진정한 공동체로 발전해 가야 한다는 목표를 명확히 제시하여야 할 것이다.

2. 마을공동체 법제의 개별적 개선방안

가. 지자체 조례의 개선방안

지자체의 마을만들기 조례도 그동안 진화를 거듭하여 왔다. 그러나 앞서 지적한 마을공동체와 그 법제의 문제점을 개선하기 위하여서는 마을만들기 조례가 환골탈태하여야 할 것이다. 무엇보다도 주민들이 지치적으로 마을공동체를 구성하고 운영하는 것을 기본으로 하고 지자체는 마을공동체 인큐베이팅에서 출발하여 지속가능한 마을공동체의 형성, 발전을 지원하는 문자 그대로 주도가 아니라 지원에 충실한 법제로 바뀌어야 할 것이다. 따라서 마을공동체 활성화 기본계획이나 연차별 시행계획 따위를 수립할 것이 아니라 진정한 마을공동체의 형성에 도움이 되는지 여부를 기준으로 선별 지원하여야 할 것이다. 마을공동체 만들기 위원회도 관 조직이 아니라 민간 조직으로 전환하고 광역지자체의 조례에는 마을공동체 리더 양성 기관의 설치의무와 마을공동체간의 교류와 협업의무를 명시하여야 할 것이다. 또한 마을공동체의 외곽에 있는 사회봉사단체, 복지단체들과 연계하여 그들이 적극적으로 참여하여 공동체의 일원이 될 수 있도록 지원하는 내용을 포함하여야 할 것이다.[168]

나. 마을공동체 지원 조직에 관한 법제의 개선방안

같은 취지에서 마을공동체지원센터 등 마을공동체 지원 조직에 관한 법제도 개편되어야 할 것이다. 마을공동체지원센터는 마을공동체가 자치공동체로 형성, 성장할 수 있도록 행정적으로 지원하는 중간지원조직으로서 사람과 정보가 모이는 거점 공간이 되고 주민들이 지자체 내에 소재하는 물적 인적 자원을 활용해 경관·교육·문화·복지·환경 등 각 분야에서 자신들의 삶의 질을 향상시킬 수 있도록 지원하는 조직으로 거듭나야 할 것이다. 이를 위하여 개별 마을공동체별로 조직되어 있는 마을공동체 지원센터를 종합적인 고려와 지원을 하기 위하여 당해 지역 내 모든 마을공동체를 지원하는 통합중간지원조직으로 개편할 필요가 있다.[169] 또한 마을공동체지원센터의 업무를 외부 단체에 위탁하는 경우가 많은 바 그 부작용도 발생하고 있으므로[170] 이를 공동체 정신으로 무장된 독립한 외곽 조직으로 하는 것도 하나의 방안이 될 수 있을 것이다. 예컨대 마을공동체재단을 설립하여 그 재단을 통하여 마을공동체를 지원함으로써 마을공동체 지원조직의 독립성과 재원 조달의 안정성을 도모하는 방안도 고려할 수 있을 것이다.[171)]

3. 마을 주거공동체 형성을 위한 법제의 개선방안

가. 마을 주거공동체 형성을 위한 법제 개편의 기본 방향

우리 한국적 현실에서 마을공동체의 형성은 주거공동체의 형성에서 출발하여야 함은 앞서 본 바와 같다. 주거공동체를 형성하기 위하여서는 먼저 도시계획이 그에 맞게 설계되어야 한다.

그에 관련한 법제로는 국토계획법, 도시개발법, 도시재생법 및 도시정비법 등이 있고 공동주택의 건설과 관리에 관련하여서는 공동주택관리법과 아파트공동체 규약 관련 법제가 있다. 이하에서는 각 법제의 개선방향을 검토해 보기로 한다.

나. 국토계획법의 개편

국토의 이용·개발과 보전을 위한 계획의 수립 및 집행을 위하여 "국토의 계획 및 이용에 관한 법률"("국토계획법")이 제정되어 있다.[172)] 동법은 정부로 하여금 각 지자체 관할 구역의 공간구조와 발전방향에 대하여 도시·군계획을 수립하게 하며 이 계획은 도시·군기본계획과 도시·군관리계획으로 구분된다.[173)] 도시·군관리계획에 지구별로 건축물의 용도제한, 건축물의 건폐율 또는 용적률, 건축물 높이의 최고한도 또는 최저한도, 건축물의 배치·형태·색채 또는 건축선에 관한 계획 등을 포함하는 지구단위계획을 수립하여야 한다.[174)] 지자체는 도시·군기본계획을 수립함에 있어 국토교통부 등 관련 중앙행정기관과 협의한 뒤 지방도시계획위원회의 심의를 거쳐야 하고, 도시·군관리계획은 시·도지사가 주민과 지방의회의 의견을 청취한 후 관계 중앙행정기관과 협의하여 결정한다.[175)] 도시·군관리계획의 일부를 구성하는 지구단위계획에 주거공동체의 형성을 반영하여야 하며 그 계획 수립에 주민들은 적극적으로 의견을 제시하여야 할 것이다.

다. 도시개발법의 개정

쾌적한 도시환경을 조성하는 계획적이고 체계적이며 민간부문이 참여를 촉진하는 도시개발을 위하여 도시개발법이 제정되어 있다.176) 동법에서 말하는 도시개발사업은 도시개발구역에서 주거, 상업, 산업, 유통, 정보통신, 생태, 문화, 보건 및 복지 등의 기능이 있는 단지 또는 시가지를 조성하기 위하여 시행하는 사업을 말한다.177) 광역지자체, 인구 50만 명 이상의 시 등은 도시개발사업의 계획을 수립하고 도시개발구역을 지정하여야 하는 바 이 개발계획에는 분양주택과 임대주택178)으로 구분한 주택별 수용계획을 포함한 인구수용계획이 입안되어야 한다.179) 도시개발계획을 수립하는 지자체는 주민의 의견을 청취하고 관계 행정기관의 장과 협의한 후 도시계획위원회의 심의를 거쳐야 한다. 도시개발사업의 시행은 도시개발구역의 토지 소유자로 구성되는 도시개발조합이 할 수 있다.180) 도시개발조합 등 사업시행자는 지구단위계획을 포함하는 도시개발사업에 관한 실시계획을 작성하여 지자체 등 지정권자의 인가를 받아야 한다.181) 이러한 인구수용계획을 포함하는 도시개발계획과 도시개발사업 실시계획을 수립함에 있어 주거공동체의 형성을 반드시 고려하게 하는 입법 조치가 필요하다고 할 것이다.

라. 도시재생법의 개편

도시재생법은 지역 공동체의 회복을 입법 목적의 하나로 하여 근린재생형 활성화계획에 공동체 활성화를 포함하고182) 동법에 따라 시행하는 도시재생사업에 주민 제안에 따라 해당 지역의 물리적·사회적·인적 자원을 활용함으로써 공동체를 활성화하는 사업이 들어 있으나183) 도시정비부분이 빠져 있어184) 근린재생형 사업을 함에 있어서도 노후 주거환경의 물리적 정비를 할 수 없는 입법적 결함이 지적되고 있다.185) 또한 도시재생사업을 민간주도 내지 시장주도로 할 필요가 있으나 수익성이 떨어져 민간의 사업 참여가 저조한 현실이다.186) 도시근린재생사업을 설계함에 있어 공동체적 구조를 갖추도록 하는 등 도시가 진정한 마을공동체의 연합으로 재생될 수 있는 구체적인 입법과 실시 방안이 마련되어야 할 것이다.

마. 도시정비법의 개편

도시정비법이 재개발·재건축조합을 설립하여 단순히 재개발·재건축하는 데에 그치지 않고 재개발·재건축된 마을에서 함께 살아갈 것을 계획하고 실행한다면 재개발·재건축조합이 더 효율적으로 더 바람직한 방향으로 나아갈 수 있을 것이다. 재개발·재건축의 단계에서 입주할 주민들 간에 공동체가 형성된다면 재개발·재건축이 완료되어 거주할 공동주택에서의 공동체 형성은 이미 시작되었다고 할 수 있다. 따라서 재개발·재건축되는 곳에 마을공동체를 형성할 수 있도록 재개발·재건축조합의 조직과 활동 범위를 조정하여야 할 것이다. 도시정비법이 공동주택관리법과 함께 공동체의 관점에서 개편된다면 이러한 공동체의 형성을 더욱 촉진할 수 있을 것이다.

바. 공동주택관리법의 개편

공동주택관리법은 그야말로 아파트 등 공동주택 건물의 관리만을 목적으로 한 입법으로 거주공동체로서의 아파트공동체의 형성과 발전과는 거리가 있는 입법이다.187) 공동주택관리법을 공동주택을 단순한 거주공간이 아니라 주민이 공동으로 생활하는 공간의 개념으로 바꾸고 텃밭 등 공동 작업장, 회의실, 주민휴게실 등 공동생활시설을 대폭 늘리며 주민들로 형성된 생활협동조합, 학부형회, 노인회, 대학생회 등 주민의 공통 연령대가 활동할 수 있는 모임을 공동주택 단위로 만들어 가야 할 것이다. 국민의 80%가 거주하는 공동주택의 공동체화야말로 도시 마을공동체 운동이 중점적으로 벌여야 할 분야라 할 것이다. 이를 위하여서는 공동주택법을 공동생활공간법으로 개편하여 위에서 언급한 기능을 갖춘 공동주택이 되도록 제도화하여야 할 것이다.

사. 아파트공동체 규약의 보급

앞서 본 바와 같이 지자체들은 공동주택 관리규약준칙을 제정하여 아파트공동체에 그 채택을 권장하고 있는바 이러한 공동주택관리규약준칙이 아파트 등 공동주택의 관리에 그치지 않고 아파트공동체의 형성과 운영의 지침이 될 수 있도록 획기적으로 개편하여야 할 것이다. 예컨대 서울시는 2017. 7. "공동체주택 관리규약 표준안"을, 2020. 6. "대규모 공동체주택 공동체규정(안)"을 각 제정하여 아파트공동체에 그 채택을 권장하고 있다. 이처럼 주민들이 오래도록 살고 그곳에서 함께 활동하고 싶은 아파트공동체로 만들어 가는 법제가 주민과 지자체의 공동 노력으로 마련되어야 할 것이다.

아. 소결

현실적인 방안은 위에서 설명한 법제의 순서를 역으로 실천하는 것이다. 즉 아파트공동체 규약은 입주자들의 결의만으로 개정할 수 있다. 다음으로 아파트공동체의 건설에 직접 관련되는 입법인 공동주택관리법을 공동체 형성의 관점에서 개정하는 것이다. 나아가서는 도시재생법과 도시정비법을 마을공동체의 형성이 가능한 법제로 개편하여야 할 것이다. 마지막으로 도시개발법이나 국토계획법에 추상적이나마 마을공동체 추진의 입법적 근거를 삽입토록 하여야 할 것이다.

Ⅶ. 글을 맺으며

우리 한국인의 행복지수는 국제적으로 매우 낮다.[188] 이처럼 저조한 한국 국민들의 행복도를 제고하는데 2010년경부터 일어난 마을만들기 운동은 우리의 인간성 회복과 사회적 유대감을 조성하여 마을공동체를 형성하는데 큰 기여를 할 수 있을 것으로 본다. 우리는 동계와 향약이라는 마을공동체를 운영한 역사적인 경험을 가지고 있다. 시대적 환경은 크게 달라졌지만 마을공동체의 조직 원리와 구성원의 정신에 있어서는 과거와 오늘은 공통의 요소를 가지고 있다. 이러한 전통에 따라 마을공동체의 체계를 정립함에 있어 마을 단위로는 동계와 같은 자치조직을 구성하고 시군구와 같은 기초지자체 단위에서는 민관합동의 조직을 구성하는 방안을 고려할 수 있을 것이다. 그렇게 함으로써 지금처럼 정부, 광역지자체, 기초지자체가 마을만들기 운동에 각개 약진함으로 인하여 진정한 마을공동체의 형성을 방해하는 폐해를 줄일 수 있을 것이다. 도시계획의 입안 단계부터 마을공동체 건설을 목표로 하여 도시재생사업을 마을공동체 구축사업의 일환으로 추진하고 재개발·재건축조합을 공동체의 기반으로 하여 그에 따라 건축되는 아파트를 공동체적으로 형성하여 주민

들이 참여하고 함께 활동하는 바람직한 마을공동체의 미래상을 정립하여 나가야 할
것이다. 결국 사회학적으로 도시민이든 농어민이든 정주성을 제고하여야 공동체의
식이 생겨나고 마을공동체가 융성할 것이며 마을공동체가 잘 운영되어야 주민의 정
주성이 상승할 것이다. 그 선순환의 고리를 제공하는 법제의 마련과 정부 및 지자체
의 정책이 기대된다.

미주

1) 시지영 기지, 전체 주택 중 공동주택이 78.3% … 아파트는 63.5%, 아파트관리신문 2022. 08. 09자 기사. http://www.aptn.co.kr/news/articleView.html?idxno=100848(2022. 12. 20. 방문)

2) 다른 말로는 교리(郊里). 동리(洞里). 방촌(坊村). 부락(部落). 촌(村). 촌락(村落) 또는 동네라고 도 한다.

3) 하현상 외 (2020), 7면 참조.

4) Robert Stebbins (1987) p.534.

5) George A. Hillery, Jr. (1995), pp.111-123.

6) 가입이 강제된다는 것의 다른 측면은 탈퇴의 자유가 없다는 것이다.

7) 이영훈, 18·19세기 대저리의 신분 구성과 자치 질서, 안병직/이영훈 (2001), 245면 이하 참조. 이교수는 대저리의 당시 상황에 관하여 (i) 동성 반촌으로, (ii) '하민'들, (iii) 다층이심의 연대, (iv) 분열, 그리고 재통합의 순서로 논증한다. 동 논문 상 촌락공동체의 조건을 심희기 (2021), 313-364면으로 게재되었으나 본 장에서는 동교수의 2023, 1, 공동체와 법 포럼에 기고된 수정 원고를 심희기 (2023)으로 인용한다) 4면에서 재정리한 것에 의하면 이영훈교수는 공동체의 성 립요건으로 구체적으로는 (i) 구성원 상호 간에 권리 의무의 일정한 차별은 있어도 일방이 타방 의 인신을 신분적으로 지배하는 일은 배제될 것, (ii) 그런 위에 자발적 가입의사와 무관하게 생득적으로 강한 귀속의식을 느끼는 대상일 것, (iii) 그러한 한에서 개별 구성원으로부터 일정 하게 분리된 독자의 권위 내지 인격으로 성립할 것, (iv)공동의 재산이 소유된 위에 추구되는 공동의 경제적 이해가 구성원의 사회적·경제적 재생산에서 긴요한 역할을 수행할 것, 및 (v) 공동체가 수행하는 공동업무에 통합성이 있을 것이라 한다.

8) 심희기 (2023)은 촌락공동체의 성립요소에 있어서도 이러한 요소가 포함되어야 하는지에 관하 여 회의적인 입장을 표명하고 있다.

9) 동법안 제2조 참조. 2020. 9. 23. 이해식국회의원이 대표발의한 마을공동체 활성화 기본법안도 동일한 정의를 하고 있다.

10) 동 표준조례안 제2조 참조.

11) 지역공동체를 정의하여 국가의 하위 공간단위로서 '일정한 지역을 주요기반으로 공동의 사회적· 정서적 유대감을 가지고 서로 긴밀하게 상호작용하면서 공동의 가치와 목표를 추구하는 주민집단' 을 말한다(행정안전부 (2007))고 하는 것에 유사하다고 할 수 있다.

12) 이상의 설명은 나종석 (2013), 1-32면 참조.

13) 동법 제27조는 풀뿌리자치의 활성화와 민주적 참여의식 고양을 위하여 읍·면·동에 해당 행정 구역의 주민으로 구성되는 주민자치회를 둘 수 있다고 규정하나 주민자치회의 설치 및 운영에 필요한 사항은 따로 법률로 정하도록 되어 있고(동법 제29조 제3항) 이 따로 정하게 되어 있는 법률은 아직 제정되지 않고 있다. 다만 행정안전부장관은 주민자치회를 시범적으로 설치·운영 하기 위한 행정적·재정적 지원을 할 수 있다(동조 제4항).

03 자연적 공동체와 법

14) 행정안전부는 2013. 6. 20. "주민자치회 시범실시 표준조례"를 제정하여 각 지자체가 이를 채택할 수 있도록 하였는 바 이에 따라 전남 담양군은 2017. 12. 28. 주민자치 활성화 조례를 제정하여 읍면단위로 12개의 마을자치회를 구성한 것으로 비롯하여 2023. 1. 1. 현재 222개의 지자체가 주민자치회에 관한 조례를 제정하였다.

15) 동법 제28조.

16) 동법 제29조 제1항

17) 그 외 아직은 현실화되지 않고 있으나 가상세계에서 형성된 마을공동체가 존재할 수 있을 것이다.

18) 한준수 (2018), 109－138면; 이해준 (1990b), 417－476면; 김성순 (2016), 42－48면 각 참조.

19) 촌계를 동계와는 연원을 달리하는 공동체로 보는 견해는 자연촌 단위로 조직된 상천민(常賤民)의 동린계로서 존속하였으며, 16－17세기에 사족중심의 상하합계적 동계의 하부단위로 편제되었지만, 18세기 중엽 이후에는 사족지배에서 벗어나 독자적인 촌락운영 주체로 활성화되었다고 한다. 그리고 촌계류 조직은 동제(洞祭)시행, 동회(洞會) 운영, 공동노역, 상부상조, 동유(洞有)재산 운영, 공공시설 관리 등 마을 운영의 전반적인 사항을 관장하는 마을공동체의 중심으로 본다. 김성순 (2016), 49면 참조.

20) 동계는 지역과 시대에 따라 동약(洞約), 이계(里契), 이약(里約), 동의(洞議), 동안(洞案), 동헌(洞憲), 동규(洞規), 대동계(大洞契)·이중계(里中契)·동중계(洞中契)·동리계(洞里契)라고도 불렀다.

21) 계란 특정 목적을 위하여 여러 사람이 모여 공동으로 기금을 염출하고, 그 기금으로 식리(殖利)하여 목적을 달성하려는 결사체를 말한다.

22) 대표적인 것이 안병직/이영훈 (2001)이다.

23) 김필동 (2002), 19－20면; 심희기 (2023) 4면 이하 등 참조.

24) 정극인(丁克仁) (2011), 209－229면 참조, 심희기 (2023) 각주 47)에서 재인용.

25) 전근대 한국사회의 공동체는 존재하지 않았으며 다만 '다층이심의 연대'만 존재하였다거나 동계가 형해화하고 촌계의 활성화되었다는 견해(안병직/이영훈 (2001)도 있으나 반드시 그렇지 않다는 비판론도 존재한다. 이용기 (2008b), 261－311면; 이용기 (2017), 309－358면 참조.

26) 향약은 향헌(鄕憲), 향안(鄕案), 향규(鄕規), 향립약조(鄕立約條), 입법(立法), 일향입법(一鄕立法), 일향약속(一鄕約束), 입의(立議) 등 다양한 명칭으로 일컬어졌는데, 글자 그대로 '일향의 약속' 또는 '향인 간의 약속'이란 의미를 갖는다.

27) 당시 경상도 관찰사 金安國이 "주자증손여씨향약언해본"을 간행, 반포하여 향약이 급속도로 보급되었다.

28) 심재우 (2009) 참조.

29) 동계와 향약간의 관계에 관하여 동계를 향약 성격을 갖춘 것과 촌락공동체 성격을 갖춘 것으로 나누는 견해도 있다. 한국민족문화대백과사전, "동계(洞契)" 참조.

30) 한국민족문화대백과사전, 동계 편.

31) 족계는 친목계에서 가장 먼저 분화된 것으로 문중의 족인을 중심으로 길흉부조의 목적으로 만들어졌고 종계는 조상의 분묘 수호 및 묘제를 지내기 위하여 문중 구성원이 조직한 계인데 초기의 족계는 16세기 말부터 점차 祖先奉祀의 기능을 강화한 종계로 발전하여 종중 형성의 기초가 되었다. 족계나 종계는 인위적 공동체로서 대법원에서 말하는 "종중유사단체"로 분류할 수 있다. 대법원 1982. 11. 23. 선고 81다372 판결; 대법원 1989. 6. 27. 선고 87다카1915·1916 판결 등 참조.

32) 송계는 촌락의 산림을 보호하고 공동으로 이용하기 위한 계이다. 금송계(禁松契)라고도 하였다.

33) 안병직/이영훈 (2001) 참조.

34) 향안이란 조선시대 각 지역사회의 지배층인 사족들의 모임인 계(契)의 구성원인 향원(鄕員)의 명부를 말한다.

35) 유향소는 고려 말기·조선 시대에 지방의 수령(守令)을 보좌하던 자문 기관으로 지방의 풍속과 향리(鄕吏)의 부정을 단속하며 주민을 대표하여 향권을 행사한 민간 기관으로 향청(鄕廳) 또는 향소(鄕所)라고도 불렸다.

36) 그 구성원은 향안에 이름이 오른 사람으로 제한하는 지역이 있는가 하면, 그 지역 사족 모두 포함되는 곳도 있었으나, 역시 향안에 이름이 오른 사람이 중심이 되었다.

37) 향임에는 대동유사(大同有司)·감관·약정(約正) 등이 있었고 승진하면 별감과 좌수가 될 수 있었다.

38) 향규는 향원들간의 규약으로 향안 입록절차, 향헌·좌수 선출절차, 향임의 자격과 소관업무 등을 규정하였다.

39) 향선생(鄕先生) 또는 향대부(鄕大夫)라고도 하였다.

40) 유향소 좌수는 계를 대표하는 기관이 아니라 계의 집행기관으로서 향집강 등의 감독을 받았다.

41) 1894년 1차 시도에 이어 1895. 11. '향회조규(鄕會條規)'를 제정하였던바 이에 따르면 신분에 따른 참정권 제한을 철폐하고 각 지방에 이회·면회·군회 등 세 등급의 향회를 설치하여 군수가 행사하던 세금 징수권을 향회에서 선출한 민선대표가 행사하도록 하였다.

42) 한국민족문화대백과사전, "향회(鄕會)", http://www.iidd222.net › zboard › view.

43) 이용기(2017), 309−358면 참조.

44) 이점에 관하여는 심희기 (2023) 4면 이하 참조.

45) 여기에서 말하는 조합은 2인 이상이 상호출자하여 공동사업을 경영할 것을 약정하는 조합계약에 의하여 성립된 단체를 말하며(민법 제703조 제1항 참조) 협동조합과는 그 개념을 달리한다. 상세는 이책 제2편 제3장 참조.

46) 총유란 공동소유의 한 형태로서 법인아닌 사단이 동산이나 부동산 등 물건을 소유하는 형태를 말한다.

47) 경남일보, 2015년 12월 7일자 기사 참조.

48) 민법 제276조 제2항 참조.

49) 지역권이라 함은 일정한 목적을 위하여 타인의 토지를 자기토지의 편익에 이용하는 권리를 발한다(민법 제291조 참조).

50) 민법 제302조 참조.

51) 준총유란 물건이 아닌 채권 기타 권리를 총유하는 것을 말한다. 총유에서는 사단이 목적물의 관리·처분권을 가지고 사단의 구성원은 일정한 범위 내에서 각자 사용·수익하는 권리를 가진다.

52) 민법 제704조 참조. 합유란 조합체로서 물건을 소유하는 형태를 말하며 합유물은 조합계약 등에 따라 조합원이 사용, 수익할 수 있으나 그 처분 또는 변경에는 조합원 전원의 동의가 있어야 한다(민법 제272조 참조).

53) 대법원은 어촌계가 대부분의 면허어장을 사실상 독점적으로 소유 경영하도록 되어 있고(수산업법 제9조 참조), 어업권이 공익적 성질이 강한 재산권이며 피고 어촌계의 정관상 계원자격이 있는 자가 계원가입신청을 하여 온 이상 신청자에게 정관 소정의 가입을 승낙하지 아니할 특별

한 사정이 없는 한 그 가입을 거부하거나 무작정 보류할 수는 없다고 규정되어 있다 하여도 마찬가지라 할 것이며, 달리 피고 어촌계가 원고들을 기존의 계원들과 똑같은 대우를 하였다고 볼만한 사정이 없다면 피고 어촌계의 기존의 계원들이 정관 소정의 가입결정 등의 엄격한 절차를 거침이 없이 계원의 지위를 누리고 있으면서 원고들에 대하여는 정관 소정의 절차에 의한 계원가입을 고집하면서 그 계원의 지위를 부인하고 있다 하여 그것이 형평의 원칙이나 금반언의 원칙에 위배된다고 볼 수도 없다고 판시하였다(대법원 1994. 9. 13. 선고 94다16250 판결 참조).

54) 민법은 "비영리 사단법인의 사원의 지위는 양도 또는 상속할 수 없다."고 규정하는 바(제56조) 이 규정은 비영리 사단인 마을공동체에 유추적용될 수 있을 것이다.

55) 대법원 2004. 11. 12. 선고 2003다69942 판결; 대법원 1994. 5. 10. 선고 93다21750 판결 등 참조. 대법원의 이러한 입장은 공동체 구성원의 제명에 한정되지 않고 결속력 있는 사단 일반으로 확대되고 있다.

56) 예컨대 마을공동체 텃밭 운영을 위한 규약 등이 있다.

57) 그 명칭은 마을자치규약 표준(안)으로 부르는 것이 통례이다.

58) 공동주택관리법 제18조 제2항, 제2조 제9호 참조. 이를 위하여 각 지자체는 공동주택 관리규약 준칙을 제정하여 아파트공동체에 그 채택을 권장하고 있다.

59) 도시정비법 제2조 제11호 나목 참조.

60) 수산업법 제37조 참조.

61) 자율관리어업 육성 및 지원에 관한 법률 제10조에 의하면 자율관리어업공동체 자체규약에는 (i) 해중림(海中林)의 조성, 어장환경 개선, 어장면적 조정, 어장휴식 등 어장관리에 관한 사항 (ii) 어구사용량의 축소, 그물코 크기의 확대, 휴어제(休漁制)의 운영 등 수산자원관리에 관한 사항 (iii) 공동 생산·판매, 체험어장의 운영 등을 통한 어업 외의 소득증대 등 경영개선에 관한 사항 (iv) 불법어업 근절대책, 수산 관계 법령의 준수, 공동체 간 분쟁 해결 등 질서유지에 관한 사항을 포함하게 되어 있다.

62) 촌락에는 그 외 산촌(산림기본법상 산촌은 산림면적의 비율이 현저히 높고 인구밀도와 경지면적의 비율이 낮은 지역을 말한다. 동법 제3조 제2호 참조)이 있어 산촌공동체도 논의의 여지가 있으나 산촌이 희소하고 산촌민이 영위하는 임업은 광의의 농업에 포함될 수 있으며 또 공동체를 형성할 단계에 이르지 못한 경우도 많으므로 생략하기로 한다.

63) 동법은 2009. 4. 1. 법률 제9620호로 제정되어 2009. 10. 2. 시행되었다. 동법 제16조는 영농조합법인과 영어조합법인제도를 두고 있는 바 영농조합법인은 협업적 농업경영을 통하여 생산성을 높이고 농산물의 출하·유통·가공·수출 및 농어촌 관광휴양사업 등을 공동으로 하는 농업인 또는 농업생산자단체 5인 이상을 조합원으로 하는 법인으로 기초 지자체에 설립신고를 하여야 한다. 영어조합법인도 같다.

64) "농촌 서비스 공동체"는 농민이 일상생활을 하는 데 필요한 경제·사회 서비스 부족 문제 등을 해결하기 위해 자발적으로 결성한 단체를 말하는바 농촌 서비스 지역 공동체와 농촌 서비스 특화 공동체로 나누어진다. 농촌 경제·사회 서비스에는 농민의 일자리·소득, 주거·교통·교육·보건의료·복지·문화·정보통신 등의 서비스가 포함된다. 2021. 12. 24. 서삼석의원이 대표발의한 "농촌지역 공동체기반 경제·사회서비스 활성화에 관한 법률(안)" 참조.

65) 농업협동조합법 제1조 참조.

66) 동법 제2조 제1호 내지 제3호 참조.

67) 동법 제15조, 제107조. 제112조 제4조 참조.

68) 동법 제113조, 제115조 등 참조.

69) 농협의 경영의 전문성을 제고한다는 명분으로 일정 규모 이상의 조합의 조합장을 비상임으로 하고 조합경영은 전문경영인인 상임이사가 담당하게 하고 중앙회 이사회의 권한을 강화하는 2010년의 개정법를 관료화의 한 사례로 들 수 있다.

70) 어업에는 수산동식물의 포획(捕獲)·채취(採取)·양식을 업으로 하는 것 외에 염전에서 소금을 생산하는 염전업까지 포함시킬 수 있을 것이다(수산업기본법 제3조 제1호 가목 및 마목 참조). 넓게는 어획물운반업, 수산물가공유통업 즉 수산업 전반을 포함시킬 수도 있다(동호 나목 내지 라목 참조).

71) 논자에 따라서는 마을재생운동이라고도 부르나 과거 도시에 마을이 존재하지 않았다면 마을은 새로이 형성되는 것이고 재생된다고 할 수는 없으므로 적절한 용어는 아니라고 할 것이다.

72) 마을공동체사업은 공동체의식과 사회적 자본을 넘어 시민성 함양과 공공성 증대에 효과가 있는 공공사업으로 마을정체성, 마을공동체의식, 시민덕목과 기초질서 확립에 도움이 된다고 한다.

73) 한국의 '마을만들기'란 용어는 일본의 '마치즈쿠리(まちづくり)'라는 용어를 본받은 것이다. 일본에서의 마치츠쿠리는 우리나라의 마을만들기보다 폭넓은 개념으로 이해되고 있다. '마치 まち'는 한자로 '町, 街'로 표기할 수 있고 '즈쿠리 づくり'는 한자로 '作, 造, 創'로 표기할 수 있어 그 용어에서 도시재생사업을 포함하는 등 그 함의가 넓다. 따라서 일본에서는 지자체별로 인재마치즈쿠리, 관광마치즈쿠리, 평생학습마치즈쿠리 등의 다양한 형태로 활동하고 있다. 일본 최초의 마치츠쿠리 관련 조례는 2001. 4.부터 시행 한 혹카이도의 니세코 쵸 마을 만들기 기본조례(ニセコ町まちづくり基本条例)라고 한다. https://www.town.niseko.lg.jp/chosei/keika‒ku/machizukuri_jorei/machizukuri_jorei/?wovn=ko(2023. 1. 2. 방문)

74) 2015년에 제정된 "광주광역시 어린이·청소년 친화적 마을교육공동체 조성에 관한 조례"를 비롯하여 2023. 1. 현재 광역지자체, 기초지자체, 교육청 등이 전국적으로 45개의 마을교육공동체 지원 조례를 제정, 시행하였다.

75) 이는 개별 학교(초·중등교육법 제2조에 따른 학교를 말한다)를 기반으로 학생, 교직원, 학부모, 지역주민 등이 공동으로 설립한 협동조합기본법상의 사회적 협동조합으로서 공통의 교육적, 경제적, 사회적, 문화적 필요와 욕구를 충족시키는 것을 목적으로 한다.

76) 2021. 8. 22. 이용호의원이, 2021. 11. 4. 권인숙 의원이 각 마을교육공동체 활성화법을 대표 발의하였다.

77) 협동조합기본법 제93조 제2항 참조.

78) 일반 협동조합이 지자체에 설립신고를 하면 족한 것(협동조합기본법 제15조 참조)에 대비된다.

79) 협동조합기본법 제85조.

80) 협동조합기본법 제4조 제2항.

81) 협동조합기본법 제97조, 제98조 참조.

82) 서울혁신로드, 서울, 주민이 마을을 가꾸다, 2020. 5. 1.자 https://brunch.co.kr/@mayac102/17(2023. 1. 2. 방문)

83) 윤주선 (2008), 134면 이하.

84) 이 사업에는 (1) 주민 주도의 마을공동체 활동 지원을 위한 사업, (2) 공동체에 기반한 마을기업 등 공동체경제 활성화 사업, (3) 마을공동체를 만들기 위한 활동가 역량강화 등 지원사업, (4) 생활환경 및 공공시설 개선사업, (5) 마을공동체 공간조성 및 운영 지원사업, (6) 마을경관·생

03 자연적 공동체와 법

태환경의 보전 및 개선사업, (7) 마을공동체 복지증진 사업 및 공동체 활성화를 위한 동아리 활동지원 사업, (8) 마을의 문화·예술 및 전통·역사의 계승 보전 사업 등 지역특성 사업, (9) 마을자원을 활용한 일자리 창출 및 소득증대 사업 등이 포함된다.

85) 다만 서울특별시의 경우 마을공동체 활성화 사업 과정에서 특정 시민단체에 혜택이 집중된다는 이유로 2012. 1. 설립되어 지난 10년간 2,200억 원의 예산을 사용하여 온 서울마을공동체종합지원센터의 운영을 2022. 9. 30. 종료하고 이어 2022. 12. 22. 서울시 의회는 '서울시 마을공동체 활성화 지원조례'를 폐지하였다.

86) 서울마을미디어지원센터, 전국 마을공동체미디어조례 한눈에 보기, http://www.maeulmedia.org/board/contents_center/view/no/53(2023. 1. 16. 방문) 2023. 1. 현재 진국에 총 26개의 마을공동체미디어 지원 조례가 제정되어 있다.

87) 한편 각 지자체는 주요 소셜미디어에 기관 소셜 계정을 개설할 수 있는 조례를 제정하여 행정서비스의 신속한 제공과 주민의 행정 참여를 도모하고 있는 바 2023. 1. 현재 전국적으로 94개의 소셜미디어 관리 및 운영에 관한 조례가 제정, 시행되고 있다.

88) 동법 제2조 제1항 제1호 참조.

89) 동법 제2조 제1항 제7호 3).

90) 동법 제2조 제6호 나목.

91) 동법 제2조 12호, 제27조의2 제1항.

92) 동법 제2조 12호. 제27조의2 제1항, 동법 시행령 제33조의2.

93) 동법 제27조의2 제3항.

94) 동법 제27조 제1항.

95) 실정법상 마을기업에 대한 정의를 보면 "마을기업이란 지역주민 또는 단체가 해당 지역의 인력, 향토, 문화, 자연자원 등 각종 자원을 활용하여 생활환경을 개선하고 지역공동체를 활성화하며 소득 및 일자리를 창출하기 위하여 운영하는 기업을 말한다."고 한다. 도시재생 활성화 및 지원에 관한 특별법 제2조 제9호 참조.

96) 김문준/임원호 (2019) 참조.

97) 2019부터 2021년 3년간 연 평균 매출액 102억 원을 달성하였다고 한다. 라이프인 뉴스, 2022. 6. 16, 자 기사 http://www.lifein.news/news/articleView.html?idxno=14246(2023. 1. 2. 방문)

98) 한국경제신문 2022. 12. 23. 자 기사 https://www.hankyung.com/economy/article/202212132782Y (2023. 1. 2. 방문)

99) 이준호 (2015) 참조.

100) 동법은 일찍이 2004. 3. 5. 법률 제7179호로 제정되어 2004. 6. 6. 시행되었다.

101) 동법은 비교적 최근인 2015. 6. 4. 법률 제12730호로 시행되었다.

102) 사회적기업육성법에 관하여는 본서의 사회적 기업 공동체에 관한 장(章)을 참고하기 바란다.

103) 예컨대 양양군 지역공동체사업(커뮤니티 비지니스) 육성에 관한 지원 조례.

104) 예컨대 무안군 마을공동체 및 지역창업공동체 활성화 지원 등에 관한 조례

105) 2016년에 제정된 경상남도 자율관리어업 육성 및 지원에 관한 조례를 효시로 하여 2023. 1. 현재 모두 5개의 광역지자체가 이 조례를 제정, 시행하고 있다.

106) 2013년에 제정된 제주특별자치도 상권활성화를 위한 특화거리 지정 및 지원 조례를 필두로 2023. 1. 현재 18개의 조례가 제정, 시행되고 있다.

107) 예컨대 춘천시 상생하는 지역공동체를 위한 참 좋은 식당 지원 조례.

108) 동법 제9조 제6호.

109) 동법 제11조 제4호.

110) 동법 제26조 제1항 제5호.

111) 동법 제27조 제1항 제8호. 마을기업 외에 사회적기업, 사회적협동조합 등도 지원 대상이 될 수 있다. 그 외 관련 비용으로 마을기업이 추진하는 도시재생기반시설의 설치·정비·운영 등에 필요한 비용도 지원 대상이 될 수 있다.

112) 그 외 행정안전부훈령 제157호로 2020. 9. 2. 제정, 시행된 마을기업 육성 정책협의회 설치·운영에 관한 규정이 있다.

113) 2020. 9. 2. 행정안전부훈령 제157호로 제정, 시행하였다.

114) 광역지자체로는 제주특별자치도가 2020년 "제주특별자치도 마을기업 등 육성 및 지원 조례"를, 기초지자체로는 전라남도 곡성군이 2018년 "곡성군 섬진강기차마을공사 설립 및 운영에 관한 조례"를 각 제정하였다.

115) 농어촌에 고유하거나 독특한 특산물·전통문화·경관 등 유형·무형의 자원을 말한다(동법 제31조 제1항 참조).

116) 농어업인삶의질법 제31조 제1항 참조.

117) 농어업인삶의질법 제31조 제2항 참조.

118) 주택법 제35조 제1항 참조.

119) 주택법 제2조 제14호 참조. 그 외 종교시설, 소매시장 및 상점, 교육연구시설, 수련시설, 금융업소, 지식산업센터, 사회복지관, 공동작업장, 주민공동시설, 시장 등이 포함된다(주택법 시행령 제7조 1호 내지 14호 참조).

120) 동 규정 제 50조, 제52조, 제55조의2 각 참조.

121) 동 규정 제55조의2 제3항 참조.

122) 동 가이드라인은 국토해양부가 2009. 9. 8. 고시 제2009-855호로 제정, 시행하였다.

123) 대부분의 민영주택은 건설업자가 사업주체가 된다.

124) 도시및주거환경정비법은 2002. 12. 30. 법률 제6852호로 제정되어 2003. 7. 1. 시행된 것인바 1970년대 이후 산업화·도시화 과정에서 대량 공급된 주택들이 노후화됨에 따라 이들을 체계적이고 효율적으로 정비할 필요성이 커지고 있으나, 현행 재개발사업·재건축사업 및 주거환경개선사업이 각각 개별법으로 규정되어 이에 관한 제도적 뒷받침이 미흡하므로, 이를 보완하여 일관성 있고 체계적인 단일·통합법을 제정하였다.

125) 주택법 제2조 제11호.

126) 주택법 제11조의3 제1항 참조.

127) 주택법 제11조의3 제8항 참조.

128) 주택법 제11조, 특히 동조 제2항 참조.

129) 조합규약에는 조합원 전원이 자필로 연명(連名)하여야 한다. 그러나 조합규약에도 공동체 형성에 관한 내용의 포함이 강제되지 않는다. 주택법 시행령 제20조. 특히 동조 제2항 참조.

130) 동법 제1조 참조.

131) 동법 제100조 참조. 동 규정도 2017. 2. 8., 동법 전부 개정시에 신설되었을 뿐이다.

132) 동법 제5조 제1항 제4호 내지 7호 참조

133) 도시정비법 제35조 제1항.

134) 도시정비법 제38조 제3항.

135) 도시정비법 제35조 제6항.

136) 도시정비법 제38조 제1항, 제2항.

137) 도시정비법 제49조.

138) 대법원도 현행 "도시정비법상의 주택재건축정비사업조합(이하 '재건축조합'이라 한다)은 정비구역 안에 있는 토지와 건축물의 소유지 등으로부터 조합설립의 동의(이하 '조합설립결의'라 한다)를 받는 등 관계 법령에서 정한 요건과 절차를 갖추어 관할 행정청으로부터 조합설립인가를 받은 후 등기함으로써 법인으로 성립한다(도시정비법 제35조, 제38조). 그리고 이러한 절차를 거쳐 설립된 재건축조합은 관할 행정청의 감독 아래 정비구역 안에서 도시정비법상의 '주택재건축사업'을 시행하는 목적 범위 내에서 법령이 정하는 바에 따라 일정한 행정작용을 행하는 행정주체로서의 지위를 갖는다. 따라서 행정청이 도시정비법 등 관련 법령에 근거하여 행하는 조합설립 인가처분은 단순히 사인들의 조합설립행위에 대한 보충행위로서의 성질을 갖는 것에 그치는 것이 아니라 법령상 요건을 갖출 경우 도시정비법상 주택재건축사업을 시행할 수 있는 권한을 갖는 행정주체(공법인)로서의 지위를 부여하는 일종의 설권적 처분의 성격을 갖는다고 보아야 한다."고 판시하였다(대법원 2009. 10. 15. 선고 2009다10638, 10645 판결 등 참조).

139) 도시정비법 개정전의 주택조합의 법적 성격에 관하여 대법원은 주택법에 따라 설립된 주택조합의 법적 성격을 "비법인 사단"으로 보았다. 주택조합이 조합이라는 명칭을 사용하고 있지만, 고유의 목적을 가지고 사단적 성격을 가지는 규약을 만들고 이에 근거하여, 주택조합의 의사결정 기관인 총회와 운영위원회 및 집행기관인 대표자를 두는 등의 조직을 갖추고 있기 때문이다(대법원 2006. 10. 26. 선고 2004다17924 판결 등 참조).

140) 황태윤 (2014) 참조.

141) 공무수탁사인이란 국가나 지방자치단체로부터 공권을 부여받아 자신의 이름으로 공권력을 행사하는 사인이나 사법인을 말한다.

142) 현행 공동주택관리법은 2015. 8. 11. 법률 제13474호로 제정되어 2016. 8. 12. 시행되었다.

143) 공동주택법은 입주자, 사용자 및 입주자등의 개념을 사용한다. 즉 "입주자"란 공동주택의 소유자 또는 그 소유자를 대리하는 배우자 및 직계존비속(直系尊卑屬)을 말하고 "사용자"란 공동주택을 임차하여 사용하는 사람(임대주택의 임차인은 제외한다) 등을 말하며 입주자와 사용자를 합쳐 "입주자등"이라고 규정한다(동법 제2조 제5, 6 및 7호 참조).

144) 다만 소유자인 동별 대표자 후보자가 없는 선거구에서는 일정한 요건을 갖춘 사용자도 동별 대표자로 선출될 수 있도록 하였다.

145) 공동주택관리법 제2조 제8호 참조.

146) 공동주택관리법 제14조 및 제18조 참조.

147) 공동주택관리법 제14조 참조.

148) 집합건물법 제23조 참조.

149) 대법원은 상인공동체인 상가번영회와 집합건물관리단과의 관계에 관련하여 "상가번영회가 비록 그 구성원에 구분소유자 아닌 세입자가 포함되어 있다 하더라도 경우에 따라서는 구분소유자만으로 구성되는 관리단으로서의 성격을 겸유할 수도 있고, 상가번영회의 상가관리규약을

제정함에 있어서도 점포당 1명씩만이 결의에 참여하였다면 세입자가 구분소유자를 대리하여 의결권을 행사하였거나 서면에 의한 결의를 하였다고 볼 여지가 있으며 그러한 경우 그 상가 관리규약은 관리단 규약으로서의 효력을 갖게 된다는 이유로, 일부 구분소유자와 세입자로 구성된 상가번영회와 그 상가관리규약이 집합건물법 소정의 관리단 및 규약에 해당"할 수 있다고 보았다(대법원 1996. 8. 23. 선고 94다27199 판결 등 참조).

150) 대법원은 집합건물법 제9조에 의한 하자담보추급권은 집합건물 구분소유자에게 귀속하고, 입주자대표회의는 사업주체에 대하여 하자보수를 청구할 수 있을 뿐 하자보수추급권을 행사할 수 없다고 판시하였으나(대법원 2003. 2. 11. 선고 2001다47733 판결; 대법원 2004. 1. 27. 선고 2001다24891 판결; 대법원 2006. 8. 24. 선고 2004다20807 판결 등 참조) 2017년 공동주택관리법을 개정되어 입주자대표회의등에게 하자보수청구권과 손해배상청구권이 명시적으로 부여되었다(동법 제37조 제1항, 제2항 참조).

151) 집합건물법과 공동주택관리법의 중복 규제에 관하여는 임숙녀 (2017), 345−359면; 윤성호 (2022), 3275−3289면 각 참조. 홍윤선 외 (2016)은 집합건물법과 공동주택관리법을 통합하고 구분소유에 관하여 민법에 규정을 두자고 제안한다.

152) 대법원 1991. 4. 23. 선고 91다4478 판결 등 참조.

153) 진상욱 (2015), 21−48면 참조.

154) 이 같은 공동이용시설은 입주 이전 9개월에 걸쳐 선모집 조합원들이 가진 마흔여섯 번의 모임을 통해 기획되었다고 한다. 박윤혜/백일순 (2021), 208−245면 참조.

155) 이승철 (2020), 99−148면 참조.

156) 정헌목 (2022), 47−92면 참조.

157) 읍면동의 주민센터는 웹사이트를 개설하거나 실제 신청을 받음으로서 방나누기를 주선할 수 있을 것이다. 지자체나 정부도 마을 내의 학교에 재학하는 학생이나 직장을 다니는 직업인들에게 방을 내어주는 가정에 보조금을 지급하거나 재산세를 감면하는 등의 인센티브를 제공하여 이러한 운동을 지원할 수 있다.

158) 각 지자체의 사회복지관은 이러한 봉사활동의 매개 역할을 할 수 있을 것이다.

159) 도시재생사업 대상지역으로 2014년 13개 지역이 선정된 이래 2020년에 117개 지역이 선정되는 등 총 447개 지역이 선정되어 사업이 완료되었거나 진행중에 있으나 그 성과는 미미하다. 지난 2017년부터 2020년까지 도시재생사업에 국가 및 지자체 예산 9조 9,513억 원을 포함하여 11조 5,758억 원이 투입되었으나 실질적인 도시재생 효과가 크지 않다.

160) 머니투데이 2021. 9. 9. 기사 https://news.mt.co.kr/mtview.php?no=2021090617505024899 (2023. 1. 19. 방문)

161) 서울시의 경우 2012년부터 지원한 공동체의 1단계와 2단계의 사업건수는 각각 1632건과 1250건에 이르지만, 3단계와 4단계로 가면 각 312건, 113건으로 크게 줄어들며, 종합적 마을계획 수립 지원단계인 5단계에 가서는 79건으로 줄어든 것으로 나타났다고 한다.

162) 서영교의원 외 14인이 2021. 11.18. 의안번호 2113383로 발의하였다.

163) 구체적으로는 지방자치법 제3조에 따른 읍·면·동과 같은 시·군 및 자치도 내에 속해 있는 서로 붙어 있는 둘 이상의 읍·면·동 마을 주민이 자발적으로 구성한 단체를 포함한다(동 법안 제2조 제1호 참조)

164) 동 법안 제2조 제1호 참조.

165) 동 법안 제1조 참조.

166) "지역사회주체"란 지역주민과 경제적·사회적·문화적 기반을 공유하는 자로서 (i) 마을공동체, (ii) 비영리민간단체(비영리민간단체 지원법 제2조 참조), (iii) 비영리법인(민법 제32조) 및 (iv) 그 밖에 일정한 지역주민과 관련된 자조조직이나 법인, 기관 또는 단체를 말한다(동 법안 제2조 제3호 참조).

167) 동 법안 제7조 참조. 이는 지자체의 마을공동체 조례가 마을별 주민협의회에게 주민 의견 반영한 마을종합발전계획을 수립하여 지자체의 시·군·구 마을공동체 만들기 기본계획에 반영할 수 있도록 하는 권한을 부여하는 것과 같은 취지이다.

168) 우수명/김태동 (2019), 3－31면 참조.

169) 예긴대 충남 태안군은 "태안군 공동체통합지원센터"를 설치하여 공동체 활동을 통합적으로 지원하고 있다.

170) 서울시 마을공동체종합지원센터는 2012년 사단법인 마을이 운영기관으로 선정되었으나 방만 운영, 불공정과 비효율, 운영 독점, 저조한 성과 등의 문제가 발생하여 2022. 12. 말 그 운영이 중단되었다.

171) 예컨대 충남 청양군은 2019. 12. 19. "청양군 지역활성화재단 설립 및 운영 조례"를 제정하여 재단을 운영하고 있다.

172) 동법은 도시계획법과 국토이용관리법을 통합하여 비도시지역에도 도시계획법에 의한 도시계획기법을 도입하기 위한 목적으로 제정되었다.

173) 동법 제2조 제2호 내지 제4호.

174) 동법 제52조 제1항 제4호, 제5호 참조.

175) 동법 제18조 내지 제35조 참조.

176) 동법은 종전의 도시계획법의 도시계획사업에 관한 부분과 토지구획정리사업법을 통합한 것으로 2000. 7. 1 시행되었다.

177) 동법 제2조 제2호.

178) 임대주택에는 「민간임대주택에 관한 특별법」에 따른 민간임대주택과 「공공주택 특별법」에 따른 공공임대주택의 2가지가 있다.

179) 동법 제5조 제1항 제6호 참조.

180) 동법 제11조 제1항 제6호. 동법 제13조 이하 참조.

181) 동법 제17조 참조.

182) 동법 제2조 제1호.

183) 동법 제 조

184) 당초의 의도는 도시재생법에 「도시정비법」과 「도시재정비촉진법」을 통합하는 것이었으나 재정비사업 관련 2개 법률이 그대로 남은 채로 도시재생법이 제정되었다.

185) 예컨대 서울 종로구 창신동 봉제거리는 2014년 박원순 서울시장이 도시재생 1호 사업으로 지정하여 1,000억 원 이상의 예산을 투입하여 마을의 주택을 보존하면서 도로정비, 지정주차장, 주민교육시설, 공원, 놀이터, 도서관, 지역 공작소, 공동운영조합 설립 등 주거 환경을 개선하고 거리를 가꾸는 다양한 도시 재생사업을 시도하였으나 실패하여 2023년부터 이 지역을 아파트로 재개발하는 계획이 진행되었다.

186) 이재삼 (2017), 31－61면 참조.

187) 다만 공동주택관리법 제21조는 공동체 생활의 활성화를 위하여 다음과 같은 규정을 두고 있

다. ① 공동주택의 입주자등은 입주자등의 소통 및 화합 증진 등을 위하여 필요한 활동을 자율적으로 실시할 수 있고, 이를 위하여 필요한 조직을 구성하여 운영할 수 있다. ② 입주자대표회의 또는 관리주체는 공동체 생활의 활성화에 필요한 경비의 일부를 재활용품의 매각 수입 등 공동주택을 관리하면서 부수적으로 발생하는 수입에서 지원할 수 있다. ③ 제2항에 따른 경비의 지원은 관리규약으로 정하거나 관리규약에 위배되지 아니하는 범위에서 입주자대표회의의 의결로 정한다.

188) 유엔 산하 자문기구인 지속가능발전해법네트워크(Sustainable Development Solutions Network)가 2022. 3. 18. 발표한 "2021년 세계 행복보고서(2021 World Happiness Report)"에 의하면 핀란드, 덴마크, 아이슬란드, 스위스, 네덜란드 등 북유럽을 비롯한 유럽 국가들이 상위를 차지한 반면 한국인의 행복지수는 전체 146개국 중 59위를 기록하였다. BBC뉴스 코리아 2022. 2. 19.자 기사 https://www. bbc.com/korean/news−60792505(2023. 1. 18. 방문).

조선시대의 촌락공동체

Chapter **04**

●

조선시대의 촌락공동체
─ 그 존재 여부를 중심으로* ─

Ⅰ. 글머리에

한국의 마을공동체사업 및 활동에 대하여는 2000년 이후 도시정책이 재생으로 전환되면서 중앙정부뿐만 아니라 지방정부, NGO, 민간단체, 시민들까지 관심을 가지게 되었다. 가장 활발하게 사업을 전개하고 있는 서울시는 2012년 3월 서울시 마을공동체 만들기 지원조례를 제정하고 그 해에 부모 커뮤니티, 마을 미디어 등 400개가 넘는 마을공동체사업을 전개하였다.[1] 한국의 마을공동체사업은 광역지방자치단체 등의 조례(條例)로 재정지원이 이루어지고 있다.[2] 마을공동체 만들기가 활성화되어 있는 것으로 유명한 일본의 경우, 관련 조례의 수가 3,000개에 달한다[3]고 한다.

그런데 2001년에 근세조선에서는 촌락공동체가 검출되지 않는다는 주장이 논문의 형태로 한 책자에 실려 간행되었다. 이 논문은 '근세조선 촌락공동체부재론'을 상세히 분석하여 조금이라도 역사적 사실에 근접하여 보려는 작은 시도이다. 이하에서 근세조선의 촌락공동체 부재론의 논거를 하나씩 드러내 논평을 가한 후 결어에 갈음하여 향후 검토되어야 할 연구과제를 제시하려고 한다.

II. 근세조선의 촌락공동체 존부에 관한 학설의 개황(概況)

2001년에 일본의 어느 경제사학자는 동아시아와 동남아시아 전체의 촌락사를 비교사적 방법으로 분석하면서 다음과 같은 결론을 내렸다.

> "이 지역에서는 공동체가 있었던 사회와 공동체가 없었던 사회의 대조(對照)가 있다. 공동체가 있었던 사회는 일본과 베트남 (…) 중국, 조선은 먼 과거는 몰라도 소농민 사회로서 성숙하였음에도 불구하고 일본과 같은 촌락공동체가 존재하지 않았던 것으로 알려지고 있다."[4]

이 경제사학자는 카를 마르크스의 저술인 '전(前)자본주의적 생산의 여러 형태들'의 기본논지를 따르는 계열의 일본의 선행하는 마르크스주의 학자들의 저술을 섭렵한 후 위와 같은 논평을 한 것이다. '전자본주의적 생산의 여러 형태들'의 기본논지는 생산수단인 토지(택지와 채마밭, 경지, 산림 등)를 공동소유·공동이용하기 위하여 공동체의 발생이 불가피하였고, 공동체의 해체 이후에 비로소 자본주의가 생성된다는 점이다. 우연의 일치인지 몰라도 거의 비슷한 시기(2001년)에 한국에서 발표된 이영훈 교수(이하 '이영훈'으로 약칭함) 논문의 결론도 비슷하다. 이영훈은 '토지의 공동소유·공동이용'을 강조하지는 않았지만 경북 예천군 저곡면 대저리의 박(朴)씨 가문이 남긴 일기를 비롯한 풍부한 자료들이 전하는 18세기 초 이래 20세기 동안의 대저리[5] 동리(洞里)의 역사를 추적하여 치밀하게 분석작업을 경유한 후 18세기 초~20세기 초 사이의 대저리에서 "주민을 성원으로 하는 통합적 기능과 권위의 주체로서 공동체의 존재는 발견되지 않는다."[6]는 결론을 내렸다. 미리 언급하여야 할 사항은 이영훈이 상상하는 촌락공동체는 '주민(inhabitants)을 성원으로 하는 동리(洞里)'이어야 한다는 점이다.

위와 같은 '근세조선 촌락공동체부재론'에 동의하지 못하는 연구자들이 있을 것이다. 2002년에 발표된 논문에서 김필동 교수(이하 '김필동'으로 약칭함)는 공동체로 판정하기 위한 7가지 속성을 제시한 후 "7가지 특징들의 대부분(적어도 상당 부분)을 갖고 있는 집단·조직"이라면 공동체로 볼 수 있다[7]고 주장하고, 그런 관점에서 김필동은 조선 시대의 대표적인 공동체로 종족공동체(문중)와 촌락공동체를 지목[8]하였다. 상세한 논증은 없지만 김필동이 상상하는 촌락공동체도 '주민을 성원으로 하는 동리(洞里)'였다. '주민을 성원으로 하는 동리(洞里)'를 촌락공동체로 설정하면서도 이영훈은 부재설, 김필동은 존재설로 갈리는 기이한 모습이 전개되고 있는 셈이다. 그런데 또 하나의 다른 견해가 있다.

16세기 이후에 조선의 사료에 등장하기 시작하는 동계(洞契)에 관한 연구논문이 1980년대 말부터 지속적으로 발표되었는데 일부의 연구자들은 동계를 근세조선의 '촌락공동체'로 지목9)하고 있다. 여기서 근세조선의 촌락공동체의 존부에 관한 3가지 학술적 입장을 분명히 할 필요가 있다.

제1설은 16세기부터 사료상 등장하는 동계를 근세조선의 촌락공동체로 지목하는 입장(이하 '동계촌락공동체설'로 약칭함)이다.10) 제2설은 계(契)의 공동체성을 부정하고 그런 맥락에서 동계도 공동체가 아니라고 생각하고, 동계와 구별되는 '주민을 성원으로 하는 동리'가 촌락공동체의 후보인데 근세조선에서는 '주민을 성원으로 하는 공동체적 동리'가 검출되지 않는다는 입장(이영훈)이다. 제3설은 계의 공동체성을 부정하지만 촌락 자체가 공동체라고 보는 설(김필동, 이하 '촌락자체공동체설'로 약칭함)이다. 김필동은 "촌락은 그 자체가 상대적으로 '느슨한 공동체'11)를 이루는 것이지만, 좀 더 구체적인 촌락의 모습들은 다양한 2차적 공동체 및 자발적 결사체들의 복합으로 인하여 더욱 활성화된다."12)고 하여 좀 더 구체적인 구상은 김필동의 향후의 저술에 기대할 수밖에 없다.

이하에서는 이영훈의 '공동체적 동리 부재설'에 대하여 상세한 논평을 가하고 싶다. 이영훈의 논문은 2001년 당시의 학계 상황에서는 실증과 이론 양면에 걸쳐 뛰어난 논문이었지만 그로부터 20년이 지난 현재의 상황에서는 철저한 재검토가 필요하다고 생각하기 때문이다. 이영훈 논문에 대한 철저한 비판적 고찰은 향후 근세조선의 촌락사 연구에서 필요한 연구과제를 찾는 데 초석이 될 것이다.

Ⅲ. 김필동의 논평

이영훈의 논문에 대하여 처음으로 논평한 학자는 김필동이다. 그는 이영훈이 제시한 공동체 개념에 대하여 다음과 같이 논평하였다.

"이 교수는 나름대로 공동체의 개념을 규정짓고, 19세기 조선의 촌락(좁게는 대저리)은 공동체가 아니라고 하고 있지만 이 교수의 공동체 개념이 지나치게 엄격하다는 생각을 평자는 갖게 된다. 이 교수는 네 가지 정도의 요건을 들고 있는데, 이를 온전하게 충족시킬 공동체는 역사적으로 쉽게 찾기 어려울 것이다."[13]

이영훈은 자신의 논문의 서두에서 자신의 연구초점이 근세조선 촌락생활사의 '비교사적 특질'의 검출에 있음을 명시[14]하였다. 그러나 이영훈은 조선 후기 촌락 분석의 비교 대상이 되는 촌락이 '어느 시기 어느 지역의 촌락'인지를 명시하지 않았다. 이영훈이 비교대상으로 설정한 타국의 촌락이 '어느 시기 어느 지역의 촌락'인지를 분석해 내지 못하면 이영훈의 노작(勞作)을 정확히 이해하기 어려울 뿐만 아니라 향후에 무엇이 더 연구되어야 하는지를 추출하기도 어렵게 된다. 따라서 이하에서는 이영훈이 19세기 조선 촌락의 비교 대상으로 설정한 타국의 촌락이 '어느 시기 어느 지역의 촌락'이었을까를 모색하는 데 주의를 기울이면서 이영훈이 제시한 5가지 요건들을 징후발견적 독해(a symptomatic reading)의 방식으로 분석해 보겠다. 김필동은 이영훈이 공동체의 존재를 인정하기 위하여 제시한 요건을 "온전하게 충족시킬 공동체를 역사적으로 쉽게 찾기 어려울 것"이라고 논평하였지만 이영훈이 마음속에 품고 있었던 비교대상은, 1차적으로는 근세 일본의 촌락공동체[무라, 村]이고, 2차적으로는 중세 유럽의 촌락공동체로 보인다. 그가 사용하는 전문용어들은 대체로 일본의 촌락공동체 관련 문헌에서 사용되는 용어이고, 그가 언급하는 '주민을 성원으로 하는 동리(洞里)'라는 발상은 중세 영국의 촌락(vill, village community, village commune)에 관한 저작물에서 시작된 것[15]이기 때문이다.

Ⅳ. 이영훈이 제시한 공동체·촌락공동체가 되기 위한 5가지 요건

이영훈이 촌락공동체[16]의 존재를 검출하기 위하여 필요하다고 제시한 5가지 요건은 다음과 같다. 4가지 요건([요건1]~[요건4])은 직접 명시되었지만 1가지 요건([요건5])은 간접적으로 드러나고 있다.

"어느 '인적 단체'가 공동체로 규정되려면 적어도 다음의 몇 가지 조건이 필요하다.

[요건1] 구성원 상호 간에 권리 의무의 일정한 차별은 있어도 일방이 타방의 인신을 신분적으로 지배하는 일은 배제될 것,

[요건2] 그런 위에 자발적 가입의사와 무관하게 생득적으로 강한 귀속의식을 느끼는 대상일 것[이하 이 요건은 '가입·탈퇴의 선택불가능성' 요건으로 약칭함],

[요건3] 그러한 한에서 [(촌락)공동체가: 필자 추가] 개별 구성원으로부터 일정하게 분리된 독자의 권위 내지 인격으로 성립할 것,

[요건4] 공동의 재산이 소유된 위에 추구되는 공동의 경제적 이해가 구성원의 사회적·경제적 재생산에서 긴요한 역할을 수행할 것,17)

[요건5] 동리가 수행하는 공동업무의 통합성"18)

1. 공동체가 취급하는 공동업무의 통합성·광범성([요건5])

이영훈은 촌락을 인적 '단체'로 설정(인용문의 첫 부분)하고, 재생산이라는 경제사적 용어를 구사하고 있으며([요건4]), 촌락이 수행하는 (사회적·경제적 생활에 긴요한 제반 공동) '업무'([요건5])라는 용어를 구사하는 특성을 보이고 있다. 필자는 위와 같은 세 가지 특성을 공유하고, 명청(明淸) 시대의 중국 촌락과 근세 일본의 촌락을 비교하는 일본인 연구자(아다치 게이지)의 저술에서 다음과 같은 매우 유사한 논증을 발견하였다. 이 논증이 이영훈의 발상을 이해하는 데 큰 도움을 주므로 그 부분을 상호 비교해 보자.

첫째, 근세 일본의 촌락공동체[村=무라]를 단체로 보는 아다치의 논증은 다음과 같다.

"일본의 봉건사회는 자율능력이 있는 단체가 사회의 기반이었다. 무라[村]는 작은 국가로서 이미 하나의 권력이었다 … 단체의 지배자인 영주의 지배는 단체의 관리능력의 어느 부분을 특정 개인이 집행하는 것을 의미하고 … 단체에 대한 지배는 하위 단체와의 일정한 합의를 바탕으로 그 단체의 자립능력을 매개로 실현된다. 연공(年貢)은 영주가 직접 농민으로부터 징수하는 것이 아니고 무라우께[村請]라는 형태로 무라가 영주와 지불계약을 맺고, 무라의 내부행위로 징수행위에 나섰다. 상급권력의 지배는 사회의 안정적인 단체규범을 매개로 하는 강고한 지배였다 …(명청의) 전제국가는 강력하게 사회에 개입했다. 영주편성에 선행하여 독립한 단체로서의 무라가 존

재했던 사회와는 양상을 달리하고 있다."19)

이영훈은 공동체가 되려면 문제의 실체가 단체이어야 하고, 그 단체는 일정한 단체규범을 제정하여 실천함을 전제하고 있다. 위의 인용문에서 보듯이 아다치의 논증도 그렇다. 다음에 재생산이라는 경제사적 용어를 사용하고, 또 이영훈이 제시하는 [요건5]와 유사한 내용을 언급하는 아다치의 논증은 다음과 같다.

"일본의 무라[村]는 광범한 공동업무를 수행한다. 도로(道路)의 건설과 수리(修理), 수리(水利)와 하천관리, 이리아이 임야(入會林野)의 관리, 소방 등 개개의 (소)경영이 직접적으로 생산·재생산하는 범위를 넘는 일반적 공동업무를 무라의 업무로서 수행한다 … 중국의 촌락이 집행하는 업무는 극히 한정되어 있다. 화북(華北) 농촌에서 일반적 공동업무로서 수행하는 것은 반드시 전원이 참가하지 않는 묘제(廟祭)를 제외하면 간청(看靑)이라 불리우는 작물(作物)의 절도방지 업무 정도이다 … (중국 촌락은) 촌락에 의한 자기규율능력의 결여를 보여준다. 극히 소극적인 공동업무이다. 일본의 전통 사회에서는 자명하게 (촌락의) 공동업무로 간주되는 여러 업무가 거기(중국 촌락: 필자 첨가)서는 사적(私的)으로 수행된다. 도로의 수리는 현(縣) 등의 행정기관이 부담을 할당하는 경우를 제외하면 도로에 접한 경지의 소유자가 수행한다."20)

아다치의 '광범'이라는 표현과 이영훈의 '통합성'이라는 표현은 비슷한 이미지를 담고 있다. 이영훈은 "(대저리에서: 필자 첨가) 사회적·경제적 생활에 긴요한 제반 공동업무가 하나의 통합적 공동체(동리: 필자 첨가)에 의해서가 아니라 복수의 임의적 결사체(각종의 목적계: 필자 첨가)에 의해 분산적으로 수행되었다."고 하면서 공동체라고 말할 수 있으려면 공동체가 공동으로 추구하는 생활영역이 포괄적이어야 한다는 전제를 깔고 있다. 김필동도 그가 제시하는 7요건 중의 하나로 이 측면을 제시21)하였다.

요컨대 '광범성'이든 '통합성'이든 촌락공동체의 존재를 말하려면 촌락공동체가 취급하는 생산·생활상의 공동영역(이영훈과 아다치의 용어법으로는 '공공업무' 혹은 '공공재')이 도로의 건설과 수리(修理), 수리(水利)와 하천관리, 토지의 공동이용[예를 들어 이리아이 임야(入會林野)의 공동이용], 소방, (그리고 경찰도 추가할 수 있다) 등 넓어야 한다는 점이 제시되고 있다. 그러나 이영훈이 보기에 근세조선에서 발견되는 계(契)는 달성하

418

려는 목적이 대부분 협소(이른바 목적계)하여 이 요건을 충족시키기 어렵다. 그런데 이영훈이 보기에도 예외적으로 일부의 동계가 취급하는 생산·생활상의 공동영역은 이 요건을 충족할 가능성이 있다.22) 또 강성복이 추정하는 충청남도 제원면 용화리의 대동회의는 다음과 같은 포괄적인 업무를 수행하였다.

> "용화리 대동회의는 아랫말, 웃담(울말), 화상동, 가마골 등 전 주민의 호주가 참석하는 마을 내의 최고회의, 의결구조이다 … 초기의 대동회의는 일반적으로 확인되는 동사(洞事)의 여러 문제들, 곧 한 해의 품삯, 교량의 증축, 제방의 보수, 동답(洞畓)과 동산(洞山)의 운영, 당제(산신제, 거릿제, 탑제)의 비용 마련 및 제관의 선출, 그리고 그밖에 울력을 내는 문제라든가 주민간의 분쟁 조정 등 잡다한 동중지사(洞中之事)를 논의하는 마을 자치조직으로서 자리를 잡았을 것이다."23)

강성복의 추정이 맞다면 용화리는 [요건1](구성원 사이의 평등성 요건)을 제외하면 이영훈이 상상하는 촌락공동체에 합치한다. 아마도 이영훈은 [요건1]의 불충족을 이유로 용화리와 대저리의 촌락공동체성을 부정한 듯하다.

그런데 과연 이 측면(공동체가 취급하는 공동업무의 통합성·광범성[요건5])을 촌락공동체의 존재를 인정하기 위한 필수요건으로 제시할 필요가 있는지 깊은 고민이 필요하다. 유럽 중세의 촌락공동체를 논한 논자들이 유럽 중세의 촌락공동체의 이념형을 제시한 후 그 요건을 구비하지 못하면 촌락공동체의 존재를 부인하여야 한다고 주장한다면 그 주장은 자기문화중심주의(ethnocentrism)라는 비난을 받게 될 것이기 때문이다.

2. 촌락자원의 공동이용([요건4])

역사가 중에서도 경제사가들이 가장 중요시할 요건은 아마도 [요건4]일 것이다. 전(前)자본주의(precapitalism) 사회에서 가장 중요한 생산수단은 토지였다. 전자본주의 시대에는 생산력 수준이 낮기 때문에 공동체의 존재 자체가 생산양식이라는 발상이 생겼고, 마르크스는 그 역사적 발전단계를 진화론적으로 파악하여 아시아적 공동체 → 고전·고대적 공동체 → 봉건적 공동체(혹은 게르만적 공동체=촌락공동체)의 순서로 진화된다고 생각하였다. 봉건적 공동체에서는 생산력을 보다 제고시키려는 방편으로 촌락 성원의 개인적 욕심을 억제하고 촌락민 전체를 위한 규율에 순응하게 하는 메커니즘의 기획과 실천이 탄생하였다. 촌락민이 제정한 규율에 촌락민이 순응하는 모습을 오오츠카 히사오(大塚久雄)의 용어법을 빌려 '공동체적 규제'24)로 부르기로 하자.

유럽 중세의 촌락공동체(village community 혹은 village commune 혹은 Dorfgemeinde)에서의 공동체적 규율의 예로는 개방경지제(open field system)와 삼포식 농업(The three crop rotation system, Dreifelderwirtschaft), 경구제(耕區制, Gewannsystem), 지조(地条, Streife)제, 휴한지(fallow)에의 가축 방목의 허용, 목초지와 산림의 남용 억제(가축의 수량 제한 등)를 위한 각종의 촌법(village regulations, village bylaws)의 운용 등을 들 수 있다. 유럽 중세의 촌락민 중 자유민(free holder, copyholder)과 농노(villein 혹은 serf)는 촌락의 구성원으로서 촌락의 경지 등을 특정 구획으로 소유·이용한 것이 아니라 전체 경구와 지조, 공용지에 대한 지분(share)으로 소유·이용25)하였으므로 촌락민들 사이의 연대감(solidarity)과 단일성(unity) 의식은 매우 단단한 것이었을 것이다. 유럽 중세의 촌락민들의 결합관계를 공동체(community, commune, Gemeinde)로 표현한 학자들의 의도는 촌락민들 상호간의 일체성과 그 결합의식이 매우 강고함(cohesion)을 비유적·상징적으로 보여주는 데 있다.

근세조선의 통상적인 촌락 농민들은 농경지에 대하여 경계가 확실히 그어진 토지를 개별적으로 소유하면서 개별적으로 경작하였고, 예외가 없지 않지만 산림(山林)과 천택(川澤)까지도 경계를 명시하여 사점[私占, 예를 들어 임야는 사양산(私養山)]하는 사례와 관행을 발전시켜 왔으며, 미역바위 채취 어민 등을 제외하면 통상적인 농민들이 경지를 유럽 중세의 촌락처럼 지분(share, Teil)으로 '공동소유·공동이용'한 사례는 발견되지 않고 있다. 그런데 뜻밖에도 이영훈의 논문에서는 근세조선의 촌락이 [요건4]를 충족한다든가 미충족한다는 논평을 찾아볼 수 없다. 이영훈이 제시하는 [요건4]는 '촌락토지의 공동소유·공동이용'보다는 현저히 완화되어 있는 특성을 보여주고 있지만 이 점에 대한 상세한 논의가 없어서 그의 진심이 무엇인지는 알기 어렵다. 이영훈의 공동체 부재론의 명시적 논거는 오히려 다른 요건들의 미충족·부재에 있다.

3. 촌락의 독자적인 법인격([요건3])

이영훈이 제시하는 [요건3]의 내용이 무엇인지 선뜻 이해가 되지 않는다. 다음의 추가적인 설명이 약간의 힌트를 준다.

> "상대적으로 평등한 자격의 성원들이 강한 귀속 의식을 공유하는 대상으로서 하나의 인격으로 승화된 공동체를 거기서(대저리에서: 필자) 발견할 수는 없다. 19세기의 대저리를 두고 역사적 실체로서 공동체로 규정함은 무리이며, 이 점은 다른 수많은 동리도 마찬가지이다."26)

첫째, 이영훈이 언급하는 "하나의 인격으로 승화된 공동체"를 선의(善意)로 해석하면 중세 유럽의 촌락이 촌락의 이름으로 각종의 법률행위를 하고 권리와 의무의 주체로 등장하는 현상을 가리키는 용어법이 아닐까 추측된다. 예를 들어 중세 유럽의 사료(史料, 주로 장원재판소의 재판기록들인 manor court rolls)에는 촌락 전체(village as a whole)가 장원 영주(a lord)의 차지인(a collective tenancy)이 된다든가, 촌락민의 규칙 위반이 발견되는 경우 촌락이 국왕이나 장원 영주로부터 벌금(fine)을 부과받는 실체(entity)로 기록되는 현상이 자주 등장한다. 촌락연구자들은 사료에 나타나는 이 현상을 보고 촌락이 촌락 내에 거주하는 촌락민과 구별되는 별도의 인격(personality)이라고 파악한 것이다. 사료상 드러나는 이 현상을 보고 중세 영국의 촌락사 전문가 크리스토퍼 다이어는 수많은 증거를 들어 사례를 제시한 후 "촌락공동체(village community)는 실재(real)하는 현실적 존재(a practical existence)였다. 촌락(vill)은 고유한 내적 위계(an internal hierarchy)를 가지고 있었고 자치(a self regulation)를 수행하였다. 영주와 국왕은 촌락의 (자생적) 운영기구를 활용하였을 뿐"27)이라고 썼고, 또 다른 중세 영국의 촌락사 전문가 워렌 올트는 상징적으로 "촌락(vill)은 촌락의 이름으로 제소할 수도 있고 제소당할 수도 있다(vills could sue and be sued)."28)고 기술(記述)하였다. 다이어는 다시 중세 영국의 촌락이 법적 인격을 가질 정도로 매우 의미 있는 사회적 실체(social entity)였다고 자리매김하였다.29)

토쿠가와[德川] 시대의 일본 근세 촌락도 재산을 소유하고, 재산을 매입하고 매각하기도 하고, 금전을 빌리기도 하고 제소하기도 하고 제소당하기도 하였다. 이런 사실을 토대로 일본의 촌락사 연구자들은 당시의 일본 촌락이 법적 실체(a legal en-tity), 단체적 실체(a corporate body)였다[30]고 자리매김하였다.

이영훈은 근세조선에서는 위와 같은 사례가 검출되지 않는다고 본 것 같다. 그러나 이영훈이 기술하는 저곡리(행정동리) 동계는 "제반 공공업무의 비용을 조달하기 위하여 동답(洞畓)을 소유"하였고, 그로부터의 "수입과 지출 사항은 담당 유사(有司)가 '동계하기(洞楔下記)'로 꼼꼼히 기록하여 매년 12월 하순에 정기적으로 개최되는 동회(洞會)에 보고"하였고, "유사(有司)는 1년을 임기로 교체됨이 원칙"이었다. 사정이 이렇다면 저곡리 동계는 단체로서 움직인 것이고, 근세적 법인격을 가진 것으로 보기에 손색이 없다. 아마도 이영훈은 주민 중의 일부만이 계원(契員)으로 선택적으로 가입한 동계는 확인되지만 '주민을 성원으로 구성되는 동리의 법인격'이 검출되지 않는다는 취지로 보인다. 과연 그럴까?

1599년(선조32), 양좌동 주민들은 경주 관아에 마을 앞에 물길을 내어 자기 마을의 토지를 개간하려고 하는 이웃 마을 품관의 기도를 저지하기 위하여 '安康縣良佐洞居民等狀'을 올렸다. 양좌동이라는 촌락이 소송행위의 주체로 나선 사례이고 경주부윤은 "바로 이 소장을 가지고 당장 이군옥 등에게 분부하여 일을 정지하게 할 것이니 너희들은 모두 안심하고 물러가라"고 응답[31]하였다.

4. 다산 정약용이 제시하는 사례와 이정법(里定法)

정약용은 목민심서(牧民心書)에서 군첨(軍簽) 관계의 이슈로 두 마을이 서로 다투는 사례를 기록[32]하고 있다. 이 분쟁의 당사자는 이(里)(동산리와 남천리)였다. 이 분쟁의 과정에서 디짐[侤音]히는 자는 이(里)의 두민(頭民)이었고 결국 패소하여 태(笞)를 맞는 자도 이(里)의 두민이었다. 법인격은 이(里)에 있지만 패소[理曲]하여 형벌을 받는 사람은 이(里)의 두민이었다. 이 문맥에서 이(里)가 단체(a corporate body, Verband)였고, 두민은 단체의 대표 자격으로 형벌을 받은 것이다.[33] 김인걸은 "동계를 관(官)의 통제하에 두려고 했던 것이 이른바 숙종 37년의 양역변통절목에 포함된 이정법(里定法) 체제[34]라고 파악한다. 이정법은 양역에 응하는 군정의 수는 국가(중앙정부-도-군)가 정하고 구체적으로 응하여야 할 군정은 동리가 정하게 한다는 발상이다. 동리가 자율적으로 정할 수 있다는 믿음이 없으면 있을 수 없는 발상이다. 이정법의

03 자연적 공동체와 법

발상은 군첨이 아닌 다른 영역으로도 끊임없이 확산되는 추세35)에 있었다.

통감부 시기부터 조사되기 시작한 조선관습조사보고서류에서도 동리(洞里)의 법인격의 존부가 문제되었는데 법인격이 있는 것으로 조사되었다. 그 중 하나만 소개하면 다음과 같다.

"1. 이(里)는 재산을 소유하고 재판상 및 재판외에서 독립한 단체로 인정될 수 있다.
2. 이는 그 명의로 소송을 하는 관습이 있다.
3. 이가 소송하는 경우에 대표자는 이장(里長)이 되는 수가 있고, 이장 및 두민(頭民)이 되는 수가 있고 혹은 이민 중에서 중요한 위치에 있는 자가 되는 수도 있다. 종전에는 등소(等訴)로 칭하여 이민 다수가 연명(聯名)하여 하는 일이 많았던 것 같다. 대표자를 정할 때에는 이민의 협의를 경유한다. 위의 사항은 현재 아직 조사 중에 있다."36)

요컨대 근세조선에서는 이영훈이 말하는 동리(洞里)뿐만 아니라 동계, 서원(書院), 향교(鄕校) 등에도 법인격이 부여되어 있었다. 이 쟁점에 대한 논의는 뒤에 다시 상론하겠다.

5. 조선시대 촌락이 자치를 수행하였다는 증거들

앞에서 인용한 아다치는 일본의 무라가 '작은 국가'였다고 비유적으로 표현하였다. 이 표현은 영주나 국가권력이 행사하여야 할 권력의 일부를 촌락이 행사하였다는 비유이고 현대 민주주의 사회에서는 이를 자치(自治, a self governance, an internal control)라고 부른다. 논자에 따라서는 이를 자율(autonomy)로 지칭하기도 한다. 몇몇 연구자들은 이영훈의 '자치' 용어 사용법을 답습하고 있는데 이 용어법은 시정될 필요가 있다.

촌락이 영주나 국가권력이 행사하여야 할 영역에 관한 규약을 제정하거나 경찰권, 형벌권, 재판권을 행사할 때 자치권을 행사한다고 말할 수 있는 것이지 촌락이나 동계가 "수리(水利), 공동노동, 영림(營林) 등"을 수행하는 것을 가지고 자치권을 행사한다고 말하는 것37)은 자연스럽지 못하다.

그러나 문제의 핵심은 근세조선의 촌락이 일정한 자치(自治)를 수행한 적이 있었는가, 있다면 어떤 자치를 수행하였는가 하는 점의 규명에 있다.

　이영훈은 대저리 동계에 관하여 "1843년 연말의 정기 동회(洞會)에서 하리(下里)의 모(某) 상민(常民)을 매질하였는데, 소나무를 베었다는 이유에서였다(1843. 12). 이렇게 동회는 필요에 따라 하민을 징벌하는 재판정(裁判廷)이기도 하였다."[38]고 적었다. 그런데 이 사실은 그의 논지(촌락공동체 부재론)에 정면으로 배치되는 사실이다. 동(洞)의 규약을 위반(부당하게 소나무를 베었다)하였음을 이유로 동민을 매질하는 사례는 이른바 공동체적 규제의 형식으로 대저리가 일정한 형벌권을 행사하는 사례이다. 혹시 이영훈은 이 사례에서 형벌권을 행사한 주체는 '주민으로 구성된 대저리'가 아니라 '대저리 동계'였으므로 주민으로 구성된 대저리가 자치권을 행사한 사례가 아니라고 주장할지 모른다. 대저리 동계가 매질을 했다면 사료에서 동계(洞契)나 계회(契會)에서 처벌하였다고 표현했을 것이다. 그러나 그렇게 하지 않고 사료에서 '동회(洞會)에서 매질을 집행'한 것으로 표현되었다면 그 동회는 이영훈이 상상하는 '주민으로 구성된 대저리 동회'인 것이다.

　또 하나의 중요한 증거를 추가로 언급하겠다. 근세조선의 촌락에서는 촌락이 설정한 규범(입약 혹은 약조)에 위반하는 행위를 한 자를 출동(黜洞)시키는 사례가 보고되고 있다.

　1614년에 작성된 구림 대동계(鳩林大同契)의 완의(完議) 제10조는 '유죄출동(有罪黜洞)'이라는 제목으로 "洞中之人 或於父子叔姪兄弟朋儕鄰里間 如有悖惡不道之事 則一切擯斥 使不得共參約會 下人則論罪嚴治事"[39]로 기재되어 있다. 이 사료에서 동중(洞中)이란 구림동 동계원뿐만 아니라 구림리에 거주하는 사람 모두를 의미한다[40]는 해석이 있다. 이 외에도 출동사례는 지속적으로 보고[41]되고 있다. 출동이란 문자 그대로 물리적으로 동네 밖으로 내쫓는 것이라는 견해[42]도 있고 사회적으로 고립시키는 것을 의미한다는 견해[43]도 있지만 어쨌든 어느 지역 집단[洞里]이 용납할 수 없는 비행(非行, wrong-doing)이 적발된 경우에 그 위반자에 대하여 가하는 가장 강력한 제재조치(sanction)가 출동이다. 구림 대동계의 약조(約條)에는 비행(非行)에 대하여 태(笞) 20, 태 30을 시벌(施罰)하는 규약도 있다.[44] 그런데 이영훈이 생각하는 문제틀(framework)의 입장에서는 출동이라는 강력한 처벌을 시행하는 주체가 '구림에 사는 주민으로 구성되는 구림동'이 아니라 주민 중 일부만이 가입된 동계라는 점이 의아스럽게 느껴질 것이다.

동계는 민간에서 설립하는 것이 보통이다. 그래서 국가 측 기록에는 계의 설립을 '사적으로 약조를 만든다(私立約條)'45)고 기재하였다. 사적으로 만든 것이므로 "강한 자는 그 약조를 깔보고 악한 자는 그 약조를 무너뜨리는" 수가 있다. 당연히 동계를 조직한 사람들 사이에 동계의 약조의 집행력을 높이는 방안이 모색되었을 것이다. 이리하여 동계의 약조를 수령에게 제출하여 국가적 승인을 얻으려는 시도가 자주 행하여졌다.46) 촌락이 신청하여 수령이 승인한 동계의 약조는 이제 사설 약조가 아니라 국가가 국가권력의 일부를 동계·동리에 정식으로 승인·추인한 것이므로 이 경우의 동계·동리는 아다치가 말하는 '작은 국가'의 기능을 행사하는 것으로 해석할 수 있다.

출동은 일본 근세의 '무라하치부(村八分)'에 상당하는 조치로서, 근세조선의 촌락이 행사한 처벌사례이다. 동계 자료에는 출동(a village ostracism) 이외에도 다수의 마을규약(village codes, village bylaw)과 그 위반행위자를 처벌하는 사례들이 등장하여 향후 그 방면에 대한 치밀한 비교 연구가 필요하다. 박현순과 심재우의 논문이 있지만 그들의 주제는 출동이 아니라 출향(黜鄕)이었다. 물론 향(鄕)과 동(洞)이 전혀 관계 없는 실체는 아닐 것이다.

또 하나의 중요한 증거를 추가로 언급하겠다. 경상도 상주(尙州) 청남면 덕산에 거주하는 양녀(良女) 손악지(孫惡只)의 아버지 손순문(孫順文)은 자신의 딸이 시아버지 김태회(金太回)에게 당한 피해 상황을 시아버지가 거주하는 동오리(桐梧里) 동중(洞中)에 투서하였다. 김태회는 며느리 손악지가 가난하고 병든 남편과 시댁에 불만을 품고 다른 곳에 시집가기 위해서 자신이 며느리를 강간하려 했다고 거짓 고소했다고 항변하였다. 손순문은 동오리 동중에 투서(投書)하면서 "김태회가 대낮에 며느리인 자신의 딸 손악지를 강간하려다 실패하자 며느리를 소박했는데도 이런 자를 왜 '훼가출동(毁家出洞)'하지 않느냐"고 주장하였다. 손순문의 행위는 동(洞)에 일정한 경찰권과 사법권이 있음을 전제하지 않으면 이해될 수 없는 행위이다. 손순문이 투서한 이후 동중(洞中)에서 손순문을 불러 그 곡절을 물었다.47)48) 위와 같은 동중의 조치도 동(洞)에 일정한 경찰권과 사법권이 있음49)을 전제하지 않으면 이해될 수 없는 행위이다. 김선경이 전하는 촌락문서에는 수령이 "사소한 쟁송은 해당 동리의 존위와 노인이 먼저 곡직을 가려 비리로 제소를 남발하지 못하게 하라(些少爭訟之事 該洞尊位與老成人 先卞曲直 無使非理健訟)"50)는 지시를 내리고 있다.

거제도 항리의 신묘년(1891) 완의에도 동중완의를 위반하는 자를 '훼가출송(毁家出送)'하는 취지를 영구준행(永久遵行)하겠다[51]는 의지가 포함되어 있다.

6. 구성원들 사이의 평등성([요건1])

이영훈은 이 요건을 앞에서는 "구성원 상호 간에 권리 의무의 일정한 차별은 있어도 일방이 타방의 인신을 신분적으로 지배하는 일은 배제될 것"[52]으로 표현하고 있고, 다른 곳에서는 "상대적으로 평등한 자격의 성원들"[53]이라고 표현하였다.

'구성원들 사이의 평등성'이라는 발상은 공동체에 관한 막스 베버의 언급(Gleichheit[54])으로부터 시작된다. 그런데 16·17세기부터 조선에서 발견되는 상하합계(上下合契) 형태의 동계에서 양반 주가(主家)와 그 양반가에 인신적으로 예속되는 노비 가족이 같은 동계의 구성원이 되는 모습은 평등한 구성원들의 단체·집단이라고 할 수 없는 게 아니냐는 논증이 이영훈의 발상이다.

중세 유럽의 촌락이나 근세 일본의 촌락의 구성원 중 일방이 타방의 인신을 신분적으로 지배하는 일은 없었어도 촌락민 사이에 계급(class), 계층(status) 간의 틈이 생기고 그로부터 첨예한 갈등과 대립은 끊임없이 발생하였다. 또 이론가(예를 들어 막스 베버)의 머릿속에서 형성된 추상적 원리와 현실 사회에서 생성되는 경험적 데이터는 반드시 일치하지 않는다.

영국 중세 초기의 촌락에는 정식 주민(villani proper) 외에 오두막 농민(cottier), 노예(slave)가 공존하였다.[55] 크리스토퍼 다이어는 중세 후기 잉글랜드 지역의 촌락 공동체(village community)가 "평등한 사람들의 연합체(an affiliation)였던 적이 없었나."[56]고 말한다. 일본 근세의 무라오키데[서초: 근세조신의 입규에 상당한 실체이디]에는 낮은 지위의 농민들을 억제하고 촌락의 엘리트 그룹을 보호하는 규정이 발견되고 있고, 또 그룹 사이에 분쟁이 발생하면 낮은 지위의 농민들을 그르다(wrong)고 판정하도록 유도하는 불평등한 규정도 발견된다.[57] 허만 옴스는 근세 일본의 촌락은 "자율적이고, 조화롭고, 평등주의적인 사회가 아니었다(villages no longer resemble autonomous, harmonious, egalitarian communities)."[58]고 진단하였다. 허만 옴스는 공동체라는 모호한 용어를 사용하는 데도 동의하지 않는다.

반면 2015년에 정진영은 "신분제적 지배란 사실상 농민의 경제적인 안정을 전제로 하지 않는다면 이룰 수 없는 이상일 뿐"이었고 "농민의 생존을 위협한 것은 신분이 아니라 늘 경제"59)였다고 썼다. 그는 또 2018년에 18세기 경주최씨가 일기를 분석하여 "앙역노비들의 신역(身役)은 무한정으로 착취 가능한 것이 아니었다. 그들의 헌신과 복종, 또는 노동력 제공에 대한 보답이 뒤따라야 했다. 월료(月料)가 지급되었고, 과외의 활동이나 성과에 대해서도 특별한 보상이 주어졌다. 무엇보다도 생계를 보장해 줄 수 있어야 했다. 이러한 사정에서 노비와 상전가와의 관계는 불완전한 것이라 하더라도 상호보험적 또는 상호호혜적인 관계였다"60)고 파악하였다. 양반 주가와 그 양반가에 인신적으로 예속되는 노비 가족이 같은 동계의 구성원이 되는 모습을 근세조선형 단체·집단의 특성·변형으로 보면 몰라도 촌락공동체성(동계를 촌락공동체로 보는 입장을 취하는 경우)을 부정하는 요소로 볼 일은 아니다.

근세조선의 촌락공동체성을 논할 때 '중세 유럽형'과 '근세 일본형'을 비교대상으로 설정하는 발상은 유익한 일이지만 중세 유럽형과 근세 일본형을 소재로 일정한 요건을 추상적으로 뽑아낸 후 그 요건이 충족되지 않으면 촌락공동체성을 인정할 수 없다는 식의 발상은 공정한 발상이라고 할 수 없을 것 같다. 이영훈의 [요건 1]은 어느 특정 사례(중세 유럽형 촌락이나 근세 일본형 촌락)를 기준으로 요건을 뽑은 다음 그 요건에 합치하는 사례가 보이지 않으므로 '검출되지 않는다.'고 말하는 격이다. 더구나 비교 대상이 중세 유럽형 촌락인지 근세 일본형 촌락인지도 명시되지 않아 적절한 논평이 매우 어렵다.

많은 연구자들의 분석대상이 되고 있는 거제 항리(구조라리)를 보자. 항리의 주민들 사이에는 양반과 평·천민과 같은 신분상의 갈등이 존재하지 않았다. 항리는 민촌(民村) 동리의 모습을 보여주고 있었다. 1863년 당시 거제도의 항리(項里)는 남자 141명, 여자 106명 총 247명이 거주하는 어촌이었다. 동리민 중 유학(幼學)과 충의위(忠義衛)를 칭하는 양반층도 일부 보이기는 하지만 대부분의 주민은 평민이었다.61) 항리는 다른 마을들과 산을 공유하였고, 여객주인(旅客主人)과 어조(漁條)를 공동소유하는 등 이영훈이 제시하는 촌락공동체의 요건을 거의 구비한 마을이다.62) 항리 촌락문서에는 계(契)란 용어가 거의 사용되지 않았지만 19세기 중후반의 항리는 이영훈이 제시한 촌락공동체의 거의 모든 요건을 충족시키고 있었다. 거제부 항리 촌락문서 영인본은 이영훈이 2001년에 논문을 공간(公刊)하기 2년 전에 공간된 바 있다.

7. 가입·탈퇴의 선택불가능성([요건2])

이영훈이 이 요건을 공동체의 요건으로 제시한 후 김필동도 이 발상을 수용하였다. 김필동이 제안하는 공동체가 되기 위한 7요건에서는 무려 2개[63]가 이 요건과 관련이 있다. '자발적 가입의사'를 문제 삼는 것으로 보아 이 요건은 근세조선의 계, 특히 동계를 의식하여 제시된 요건으로 보인다. 근세조선의 계·동계에서는 가입과 탈퇴가 비교적 각 개인의 선택에 달려 있었던 것으로 보고되어 왔다.[64] 이영훈과 김필동은 공동체가 되려면 통상의 계·동계와 달리 개인에게 자발적 가입의사가 없더라도 생득적인 계기나 그에 상응하는 계기로 구성원이 되어야 하고 가입에 진입 장벽이 있어서는 안 된다고 생각하는 것 같다.

> "이상과 같은 운영 양태의 동계가 양반 신분의 연대(連帶)로서 상민(常民) 신분의 동리민을 차별하고 지배하는 구조를 지녔음은 동계에 가입할 수 있는 자격의 제한에서 분명히 드러나고 있다. 1871년 12월 13일 득녕의 일기에는 '진사가 동안(洞案)에 가입할 차로 술과 음식을 갖추어 동원(洞員)을 모았다'라고 적혀 있다 … 이처럼 동계에 가입함은 곧 동안(洞案)에 그 이름이 등록됨을 말하며, 이를 위해서는 일정 형식의 통과의례와 기존 성원으로부터의 동의가 필요하였다. 가입을 승인받은 신입자는 일정액의 명전(名錢)을 가입금으로 납부하였다 … 생득적으로 양반신분에 속한다 해서 모두가 동계의 성원으로 가입한 것은 아니다 … 단자(單子)를 혼자 힘으로 작성할 정도의 능력을 갖추지 못할 경우 가입은 불가능하였다."[65]

그러나 이영훈이 제시하는 대저리 동계의 사례와 상반되는 사례(아래 인용문의 ②)가 있다. 1911년 4월 22일자 해주(海州) 구재판소(區裁判所) 조회(照會)에 대한 같은 해 5월 12일자 조선총독부 취조국 장관의 회답을 보자.

> "① 조선에서 보통으로 보이는 동계는 동민(洞民)의 협의(協議)로 동내(洞內) 각호(各戶)로부터 균일하게 혹은 등급을 달리하여 금전·미곡류를 갹집(醵集)하고 이를 대부(貸付) 혹은 전답을 구입하여 그 수익으로 동내 각호의 호포세(戶布稅)에 충당하고 혹은 교량, 도로의 수축비, 기타 동내 공공비용 등에 충당하므로 그 재산은 동유(洞有)에 속하는 것이다.

② 새로 그 동내에 이주하여 1호(戶)를 구성한 자는 당연히 계원이 됨과 동시에 입동(入洞)한 때 및 정시에 그 부담을 분담한다. 또 동외에 주거를 이전한 자는 당연히 계원인 자격을 상실하고 동시에 그 부담을 면하게 된다. 그러나 종래 지출한 부담액의 반환을 구할 수 없다.

③ 계원인 호주가 사망하는 경우에 상속인이 당연히 계원의 지위를 승계하지만 지분과 같은 관념은 없다. 호주의 지위를 상속하는 것에 의하여 당연히 계원의 자격을 승계하는 것이다.

④ 동민의 일부가 조직한 동계는 종래의 조사에서는 아직 적절한 사례에 접하지 못했다. 그리고 동내에 있는 호(戶)중 빈궁한 자에 대하여 특히 그 부담을 면해주는 예가 없다고 할 수 없다. 이 경우에 부담을 면해 줄 따름이지 이를 동계 밖의 호(戶)로 보지 않는다. 만약 또는 실제로 동민의 일부만으로 조직되는 계가 있다면 설사 그를 동계로 칭하는 경우에도 그 성질은 조합(組合) 또는 공유(共有)에 속하는 계이지 동계가 아니다. 다만 해주지방에 있는 동계에 대하여는 아직 충분히 조사를 수행하지 못했다."[66]

일본인 조사 당국의 질문사항에 대한 조선인 응답자들은 이영훈이 상상하는 '주민 모두가 구성원이 되는 동리(洞里)'와 동계를 구분하지 못하는 한편 '새로 이주한 가구가 있으면 그 가구는 이주와 동시에 계원이 되고 전출하면 전출과 동시에 계원자격을 상실한다.'고 답변(②)하였다. 1900년대 조선의 상황은 주민들의 시각에서 볼 때 동리와 동계는 구분이 불가능한 상태에 있었다.[67] 중요한 사실은 1900년대 조선의 상황은 적어도 일부는 이영훈이 상상하는 '주민 모두가 구성원이 되는 동리(洞里)·동계'의 모습을 보여주고 있었다는 사실이다.

그런데 유럽 중세의 촌락에서 주민 모두가 촌락구성원으로 취급되는 것은 아니었다. 1281년 롬슬리(Romseley) 빌리지는 어느 주민에게 공동목초지의 이용을 거부하였는데 빌리지는 '그는 공동체의 멤버도 아니고 토지보유자도 아님'을 근거로 삼았다.[68] 이 문제에 대하여는 이 논문의 'Ⅷ. 결어: 조선 촌락사 연구 수준 제고를 위한 제언 1. 촌락 구성원 자격의 부여를 위한 신입례의 존부' 부분에서 재론하겠다.

8. '커뮤니티와 어소시에이션'을 대조적으로 활용하는 담론의 불모성

이영훈은 "동계(洞契)는 … 하나의 결사체였다. 자발적인 결사인 만큼 성원 간에 알력이 생기고 연대가 철회되면 그것은 해체되었다."고 하면서 동계를 공동체로 볼 수 없다고 판단하였다. 이 논증에 대하여는 다음의 3가지를 지적할 필요가 있다.

첫째, 이영훈은 어떤 경우에는 동계를 분석대상으로 삼고, 어떤 경우에는 동리를 분석대상으로 삼아 근세조선의 동계는 공동체가 아니라고 판단하였고, 이어서 (촌락공동체로서의 요건을 구비한) 동리도 검출되지 않는다고 판단하였다. 이영훈의 논문을 여러 번 통독하면 이영훈의 궁극적인 분석대상은 동계가 아니라 (주민 모두로 구성되는) 동리임을 알 수 있다. 그런데 이영훈은 왜 동계 기타의 계를 그렇게 심혈을 기울여 정교하게 분석할까?

이영훈의 입장에서는 '주민 모두가 구성원이 되는 동리(그리고 그 동리는 포괄적인 공동업무를 취급하여야 한다.)'의 부존재를 입증하면 된다. 그러나 한국에는 이른바 동계를 촌락공동체로 설정하는 연구자들이 있으니 그 연구자들을 설득하기 위하여 근세조선의 동계도 촌락공동체가 아님을 논증하려는 것 같다.

둘째, 이영훈이 생각하는 '주민 모두가 구성원이 되는 동리(洞里)'라는 발상과 비슷한 발상을 영국 중세의 경제사가인 포스탄에게서 발견할 수 있다. 포스탄은 영국 중세의 'Vill'을 다음과 같이 기술하였다.

> "전형적 촌락의 주민들은 촌락공동체를 구성하여 집단적으로 운영하였고 공식적 비공식적 기구, 법정, 회의체, 기금과 길드를 가동하였다. 이들은 농가의 규율을 만들고 집행하였으며, 토지보유와 상속에 관한 지역적 관습을 감시하였고 지역의 평화와 질서를 유지하였다."[69]

포스탄의 "촌락의 주민들(inhabitants, residents)이 촌락공동체를 구성하여 집단적으로 … 운영하였다."는 기술과 이영훈의 '주민 모두가 구성원이 되는 동리(洞里)'라는 기술이 유사해 보인다. 그러나 포스탄은 자신의 기술(記述)이 '이념형적인 추상'(ideal abstraction)[70]이라고 말한다. 중세 유럽의 촌락을 연구하는 학자가 촌락에 관한 이념형적인 추상을 제시한 데 불과하였는데 그 추상을 따다가 근세조선에서 촌락공동체를 검출하기 위한 요건으로 제시한다면 그 발상은 적절하지 않다. 포스탄은 엄밀하게 '주민 모두가 구성원이 되는 촌락'을 염두에 두고 위와 같은 기술을 한 것이 아니다. 포스탄의 위 저술에서 '누가 촌락공동체의 구성원이 되는가' 하는 문제는 본격적인 관심대상이 아니었다. 중세 유럽의 촌락공동체에서 '누가 촌락공동체의 구성원이 되는가' 하는 문제를 규명하려면 엄청난 사료(史料)의 소화와 논증이 필요하다.

셋째, 이영훈은 계의 성격이 커뮤니티(community, 공동사회)인가 어소시에이션(association, 이익사회＝결사체)인가를 따져 어느 하나로 결론(예를 들어 결사체)이 나면 그것이 계의 전부는 아닐지라도 계의 본질을 상당한 정도로 밝혀줄 것이라는 순진한 논증에 빠져 있다. 이것은 이영훈 이전에 생성된 한국사회사학계의 부적절한 사고방식이다. 한국사회사학계는 퇴니스에 기인하는 이 단순한 발상에서 한시바삐 벗어날 필요[71]가 있다. 촌락공동체의 존부를 규명하는 문맥은 그렇게 간단하지 않다. 13세기 영국의 빌리지에 대하여 478페이지에 달하는 저술을 한 조지 캐스퍼 호만스는 자신의 저술의 마지막에 해당하는 제25장을 '사회의 해부(the anatomy of society)'라는 제목으로 14페이지에 걸쳐 논하고 있다. 그는 촌락을 분석하는 분석 도구로 (1) 상호작용(interaction), (2) 감정(sentiments), (3) 기능(function)을 구분하고, 덧붙여 (4) 상호작용·감정의 상호의존성, (5) 감정·기능의 상호의존성을 설정한 다음 각각의 층위에 대한 분석을 시도[72]하였다. 하타다 다카시(旗田巍)는 자신의 저서에서 "촌(村)의 토지와 촌의 인(人)－촌의 경계와 촌민의 자격－"이라는 주제로 무려 110페이지에 걸쳐 논의를 전개하였으면서도 끝내 확신을 얻지 못하고 있다.[73] 어느 단체·집단의 성격을 공동체냐 결사체냐는 양자택일적인 문제로 설정하고 결론이 나면 그 집단의 전모를 구체적으로 검토하지 않아도 대강 결판이 날 것이라는 단순한 사고방식에서 벗어나야 한다. 더이상 이 담론을 전개하는 것은 생산적이지 않다. 크리스토퍼 다이어는 일정한 사람들의 결합을 때로는 커뮤니티로, 때로는 어소시에이션으로, 때로는 그룹(group)으로, 때로는 어셈블리(assembly)로 다양하게 표현하였지만 하나하나의 단어에 집단의 성격을 결정짓는 비밀스런 의미를 담지 않았다.

V. '근세조선의 동리'의 사회적 성격에 대한 이영훈의 추상(抽象): '다층이심(多層異心)의 연대(連帶)'설의 제창

유럽의 연구자들이 중세 유럽의 촌락(vill=village)이 실재(real)하는 공동체(village community 혹은 village commune 혹은 Dorfgemeinde)라고 말할 때 그 공동체는 촌락의 구성원들(members) 사이의 인적 결합의 강도가 매우 높음(共同性, cohesiveness)을 비유적으로 표현한 것이다. 중세 유럽의 촌락연구자들은 촌락공동체의 실재성(reality)을 사료(史料)로 입증하려고 무진 애를 쓴다. 다시 말해서 촌락공동체가 실재한다고 말할 때는 입증작업이 수행되어야 그 기술(記述)을 신뢰할 수 있게 된다. 2001년 당시의 이영훈은 그 이전 시기에 나타난 한국의 어느 연구자보다 입증작업과 이론구성을 열정적으로 시도한 연구자라고 평가하여 손색이 없다.

이영훈은 박씨가의 생활일기에 나오는 동계·동약(洞約)과 각종의 목적계 등 계 관련 자료들을 발굴하고 이를 토대로 김필동의 결론을 따라 일단 동계와 기타 모든 계는 결사체이지 공동체가 아니라고 진단한 다음, "하나의 인격으로 승화된 공동체를 거기서(대저리에서: 필자) 발견할 수는 없다. 19세기의 대저리를 두고 역사적 실체로서 공동체로 규정함은 무리이며, 이 점은 다른 수많은 동리도 마찬가지"라고 말한다. 이영훈은 대저리를 전형적인 반촌(班村)이라고 규정하면서 자신의 사례연구는 반촌 하나에 대한 사례연구에 그치며 "수적으로 다수인 민촌(民村)에 어떠한 질서공간이 성립하였는지에 대하여 자신은 아무것도 아는 바가 없다."고 겸손하게 말한다. 그러면서도 그는 "이 점(역사적 실체로서 공동체의 부존재)은 다른 수많은 동리도 마찬가지"라고 일반화한다.

그러면 '대저리 동계와 기타 대저리라는 지역석 범위를 전세로 결성된 수많은 계와 그 누적(累積)의 사회적 성격은 무엇인가?'라는 의문이 제기된다. 이영훈의 답변은 "그것은 그 범위와 重心을 달리하는 다수의 연망(緣網)과 결사(結社)(이영훈에게 결사란 계이고 연망도 결국은 공동체적인 끈이 아니고 결사체적인 끈중의 하나이다)가 중첩된 관계일 뿐"74)이고 대저리에서 '주민으로 구성되어 통합적인 공동업무를 취급하는 촌락공동체'는 발견되지 않는다는 것이다.

이영훈이 2001년 당시 종래의 연구자들과 달리 새롭게 도입한 용어가 '연망(緣網)'이라는 용어이다. 그가 활용하는 연망이라는 용어가 어떤 방식으로 활용되고 있

03 자연적 공동체와 법

는가 하는 점에 주목하여 그의 논증을 정리하면 다음과 같다.

"19세기 대저리에서 성립한 인간관계와 단체의 모형은 그림 7-3과 같다고 생각한다. 아래에 동 → 면 → 군의 지역 경계를 표시하고 중앙에 박씨가를 축으로 세웠다. 우선 박씨가와 2인계의 형태로 관계한 동리 내외의 인간들을 선(線)으로 그렸다. 각 양반가마다 구축한 그러한 개별적 연망을 주요 기제로 하여 대저리의 상하 두 인간집단은 하나의 질서체로 동합되었다. 이 촘촘한 인연의 그물 위에 원의 형태로 그려진 여러 단체가 송계(松契) → 동계(洞契) → 천방계(川防契) → 학계(學契) → 종계(宗契) → 면계(面契) → 향계(鄕契)의 순서로 중첩되어 있다. 순서는 각 단체의 지역 범위에 따른 것이다…"75)

"대저리의 박씨가문이 남긴 일기를 비롯한 풍부한 자료들이 전하는 18세기 초 이래 2세기간의 동리의 역사를 추적하였다. 그 성과를 간단하게 요약한다…

3) 1810년대에 상리, 하리, 백학리로 분동(分洞)된 이후 상·하리의 박·권씨 두 양반집단의 연합으로 성립한 동리지배체제는 1860년대까지 안정적으로 유지되었다. 반상(班常)의 상하질서는 엄격하였으며 동계·천방계(川防契)·송계(松契)를 주체로 한 제반 공공업무의 수행은 원활하였다.

4) 반상(班常)의 두 집단을 통합한 중요 기제는 단체적 규범이라기보다 선(線)의 연망(緣網)으로 상호 의존과 신뢰를 구축한 2인계(契)였다. 수많은 2인계가 촘촘히 깔린 바탕 위에 양반신분을 정상 성원으로 하는 자발적 결사(結社)로서, 기금(基金)·기답(基畓)에 대한 지분의 연합으로서, 송계·동계·천방계·학계·종계·면계·향계 등이 그 위에 중첩되어 있었다. 각 계의 구성원과 지역 범위는 각각 달랐고 그 중심(重心)이 모두 본 대저리에 있지도 않았다. 이렇게 각종 형태의 연망과 결사가 다층이심(多層異心)으로 걸쳐 있음이 19세기 대저리의 구조였다."76)

우선 이영훈의 연망이라는 용어 사용은 그의 독창적인 발상일까 아니면 국내외에 선행하는 다른 학술적 성과가 있는 용어일까?

앞에서 인용한 아다치의 저술에 다음과 같은 기술이 있다.

"봉건제의 성숙 이래 일본 사회는 집단중적(集團重積)형의 구조를 특징으로 움직인다. 나까네 찌에(中根千枝)씨의 지적에 의하면 일본 사회는 폐쇄적인 집단을 단위로하고, 그것이 깨지지 않는 집단의 집합으로서 상위의 집단이 구축되어 간다. 개개의 집단은, 전근대에는 자율능력을 가진 공동단체였다. 사회인류학자는 동남아시아 등에서 보이는 사회를 네트워크 사회로 특징짓는다. 사람들이 단체를 구성하지 않고 개별적인 이자(二者) 관계를 맺고 있다. 무한하고 종횡(縱橫)으로 연결되는 이자간 관계의 총화가 되는 네트워크 사회로서 존재한다 … 중국은 기본적으로 비단체적인 이자간 관계적인 사회에 속한다. 그러나 그 연결 짓기는 동남아시아 사회보다도 강고하다고 생각된다."[77]

아다치가 소개하는 네트워크와 이영훈의 연망 개념, 아다치가 소개하는 '이자(二者) 관계'와 이영훈이 대저리에서 발견한 '2인계' 개념은 친화성이 있는 개념들이다. 아다치의 분석의 초점은 중국 명청 시대의 촌락과 일본 근세의 촌락을 대조(對照)하는 데 있었다. 어느 각주에서 아다치는 조선의 계에 관하여 다음과 같은 흥미있는 인식을 보여주고 있다.

"촌락 전체를 표현하는 공동단체가 포괄적으로 공동기능을 발휘한 일본의 무라와, 그와 같은 단체가 존재하지 않고 사회적 기능은 사적(私的)으로 수행되든가 목적별 임의단체에 의하여 수행된 중국 촌락을 대비하면 조선 촌락은 양자의 중간적인 성격을 보여준다고 생각된다. 거기서는 목적별로 다수의 계로 불리우는 집단이, 사회적 제기능을 수행하였다. 계에는 일본의 강(講)과 같이 목적별 임의단체도 존재했지만 동시에 동리계와 같이 촌락 전체를 표현하는 단체도 존재했다."[78]

조선의 계에 대하여 어느 정도의 지식이 있는 아다치는 조선에서 "동리계와 같이 촌락 전체를 표현하는 단체"가 존재하였음을 알고 있었다. "조선 촌락은 양자의 중간적인 성격을 보여준다."는 기술에서 아다치는 일단 조선의 촌락이 중국의 촌락과는 질적으로 다름을 인정한 것(물론 근세 일본의 촌락과도 다름을 인정한 것)이 아닐까 짐작된다. 또한 아다치는 모든 동계는 아닐지라도 적어도 일부의 동계에는 일본 근세의 무라와 유사한 모습을 보이는 사례가 있음을 인정한 게 아닐까?

요컨대 이영훈의 연망 개념도 기존의 '결사체(계)' 개념과 크게 차이나는 개념이 아님을 알 수 있다.

이영훈은 "대저리 그 자체는 말단 행정단위로서 주민의 거주지 이상의 의미를 갖지 못하였다. 주민을 성원으로 하는 통합적 기능과 권위의 주체로서 공동체의 존

434

재는 거기서 발견되지 않았다."⁷⁹⁾ 혹은 "이들 선(線)의 연망과 원(圓)의 결사체를 걷어낸다면 맨 아래 대저리라는 행정단위에 무엇이 남을까. 주민의 주거지와 그를 둘러싸고 있는 경지와 산림이 평면으로 배치되어 있을 뿐"⁸⁰⁾이라고 하여 그가 말하는 '주민 모두가 구성원이 되는 동리'로서의 대저리가 행한 업무가 전혀 없는 것처럼 논증한다. 그러나 그는 다음과 같이 3군데에서 '동리로서의 대저리'가 행한 업무를 인정한 바 있다.

"ⓐ 대저리의 상하 두 인간집단을 통합한 가장 포괄적이며 중요한 조직은 동약으로도 불린 동계였다. 박씨가의 여러 자료에서 보는 동계의 조직 및 운영 양태는 이미 잘 알려진 다른 여느 동리의 그것과 별로 다르지 않다. 동계가 수행한 공공업무로서는 동제(洞祭), 서당(書堂), 공동납(共同納), 공동노동(共同勞動), 부조(扶助), 치안(治安) 등을 들 수 있다."⁸¹⁾

"ⓑ 공동납은 예천군이 대저리에 총액으로 부과한 환곡전을 동리민이 공동으로 납부함을 말한다. 1845년 6월 6일의 일기에는 환곡을 전(錢)으로 납부할 일로 동중의 대소를 불문하고 모두 모였다고 적혀 있다."⁸²⁾

"ⓒ 두레로 보이는 공동노동도 동리에 의하여 조직되었다. '동중에서 3파(派)를 나누어 논의 김매기를 하였다(1852.5.24.)라고 한 것을 보아 세 단위의 두레패가 있었던 듯하다. 동군(洞軍)으로도 불린 두레패가 김을 매어주면 답주(畓主)는 그 보답으로 운답전(耘畓錢)을 지불하였다. 1857년 6월 득령가는 두락당 8푼의 운답전을 내고 15두락의 논을 두벌매기 하였다. 운답전의 징수의 지출의 주체는 동리였다. 1849년 10월 10일의 일기에는 동회가 운답전을 거두어 비용과 잡리를 맞추었다고 적혀 있다."⁸³⁾

첫째, 대저리 동계가 동제(洞祭), 서당(書堂), 공동납(共同納), 공동노동(共同勞動), 부조(扶助), 치안(治安) 등의 공공업무를 수행하였다(ⓐ, ⓑ, ⓒ)면 이 동계는 거의 동리가 수행할 만한 공공업무를 수행한 것이다. 누락된 것은 겨우 수리(水利), 산림의 공동소유·공동이용 정도이다.

둘째, 대저리 동계가 공동납을 수행(ⓑ)하였다면 그 동계는 적어도 대저리 동리가 수행하여야 할 공적 업무의 중요한 일부를 수행한 것이다. 유럽 중세의 촌락이나 근세 일본의 촌락의 가장 중요한 업무 중의 하나가 공동납이었다. "환곡을 전(錢)으로 납부할 일로 동중의 대소를 불문하고 모두 모였"다면 이 모임은 동계의 모임이 아니라 이영훈이 상상하는 동리의 모임이다.

셋째, 대저리 동리는 공동노동을 주관하였다(ⓒ). 공동노동의 주관은 유럽 중세의 촌락이나 근세 일본의 무라가 수행한 공통적인 업무였다.

요컨대 이영훈이 전하는 대저리 동계·동리는 '산림천택의 공동소유·공동이용'을 제외한 포괄적인 공동업무를 수행하였다. '산림천택의 공동소유·공동이용'을 뺀 나머지의 광범하고 포괄적인 공공업무를 대부분 수행하는 촌락이 있을 경우 단지 '산림천택의 공동소유·공동이용'이 없거나 미약하다는 이유만으로 촌락공동체의 존재를 부정하여야 할 것인가?

그런데 다음에서 살펴볼 충청북도 옥천군과 괴산군의 마을들에서는 동계·동리가 '산림천택의 공동소유·공동이용'도 하고 있었다.

Ⅵ. 충청북도 옥천군과 괴산군의 사례

수원박물관에 '이유재산처분(里有財産處分)에 관한 사항'이라는 문건이 보관되어 있다. 내용상 1910년에 발간된 관습조사보고서 초판에서 요약·정리[84]하기 전(前)의 기초자료로 보인다. 관습조사보고서에는 누락되었지만 필자가 궁금해하는 내용이 담겨 있어 관습조사보고서보다 이 문건의 내용을 중심으로 충청북도 옥천군과 괴산군의 사정을 살펴보려고 한다. 이 문건이 묘사하는 내용 중 (1) 동리의 법인격, (2) 동리가 취급하는 공공사무, (3) 동리 소유의 재산, (4) 동계와 동리의 관계를 중심으로 살펴보자.

1. 옥천군(沃川郡)의 사례

일본인 조사 당국이 설정한 질의사항에 대하여 응답한 조선인 응답자는 1. 전(前) 의관(議官) 강경희(옥천면 문정리, 66세), 2. 농민 유인원(옥천면 하계리, 65세), 3. 농민 김태성(옥천면 문정리, 48세), 4. 전(前) 주사(主事) 정태국(옥천면 죽향리, 52세), 5. 현(現) 구장(區長) 송지헌(47세) 등 5명이다.

"① 상존위(上尊位)(나중에 '係任'으로 개칭)의 사무는 동내(洞內) 조세(租稅)의 수납(收納)을 맡는 외에 공공사무(公共事務), 예를 들어 도로·교량의 수축(修築) 등 동민(洞民) 전부가 부담해야 할 일 등으로서 이 사무의 수당(手當)으로 세(稅) 1량당 엽전 2푼을 지급한다(조세금납의 시대).

② 약 17·18년 전(광무의 막바지 경) 상존위의 명칭이 이장(里長)으로 바뀌었다. 이장의 사무는 대체로 상존위의 그것과 같다.

③ 동(洞)이 소송하는 일이 있다. 소지(所志)(소장)로 하되 동민과의 협의 하에 동민 전부 혹은 중요한 위치에 있는 자와의 연서(連署)로 한다. 인장(印章)이 없을 때 혹은 원래 인장이 없는 자는 무인(拇印)을 찍는다.

④ 연명(連名) 없이 상존위와 동장(洞長)만의 명의로 소지를 제출하는 경우가 있다. 이 경우에 고신(考信)으로 불리는 동(洞)의 인장이 있어 반드시 그 연월일에 그것을 압날하면 동민의 협의를 경유한 증거가 된다. 이것이 없으면 동민의 협의가 없는 것이 되어 군수가 수리하지 않는다. 고신은 '모(某) 동(洞)의 인장'이라는 글자를 새겨 나무로 만들어 관(官)에서 동(洞)에 교부하고 상존위 혹은 동장(洞長)이 보관한다.

⑤ 타동(他洞)과 상담(相談)할 일이 있는 경우에는 동민(洞民)과 먼저 협의하고 그 협의의 취지에 따라 동장이 교섭하는 수가 있다. 예를 들어 도로 혹은 교량의 수축·가설에 있어 타동과 공동작업을 할 필요가 있을 때 혹은 산판(山坂)[송계(松契)]이 타동과 연접(連接)할 때에는 동장이 대표자가 되어 교섭하는데 이 경우에도 마지막 결정은 동민의 협의로 하며 동민의 협의 없이 동장이 하는 경우는 없다.

⑥ 이장(里長)이 생긴 이후에는 상존위도 없고 동장도 없다. 상존위와 동장이 하던 사무를 이제는 이장이 한다. 소송행위는 이장과 중요한 지위에 있는 자, 즉 두민(頭民)이 연서하여 관에 소지를 제출하고 이장 1인만이 제출하는 경우는 없다. 타동과 교섭하는 경우에도 이장 독단으로 처치하는 경우도 없다. 협의는 그 대다수로 결정하고 이장은 거기에 참여하는 것이다.

⑦ 이(里)는 재산을 소유한다. 이가 소유하는 재산으로는 동유산(洞有山), 전답, 현금, 송계(山坂)[산판은 송계와 다르나 당지(當地)에서는 산판이 곧 송계라고 함) 등이 있다. 이유(里有) 산판은 각리(各里)에 있다고 한다. 주로 송(松)을 금양하고 그 수목의 벌채로 얻은 수입은 이의 공동비용에 충당한다고 한다. 원복전답(元卜田畓)은 송계의 수입으로 구입하거나 갹금(醵金)으로 매입하였다. ⑧ 현금(이하 생략)"

이장(里長)이 담당하는 사무가 동리(洞里)의 사무이다. 옥천군 관내의 이(里)는 조세(租稅)의 수납(收納), 도로·교량의 수축(修築)을 담당하였다(①). 이(里)에는 동유산(洞有山)이 있고(⑦), 산림자원을 효율적으로 관리하기 위하여 송계(松契)를 운영하고 있으며(⑤), 법인격도 있다(③, ④). 이 정도의 공공업무를 수행하는 1910년대 옥천군 관내의 동리는 이영훈이 상상하는 통합성 요건을 구비하였다고 말할 수 있다. 특이한 점은 옥천군 관내의 이(里)는 이의 명의로 다른 동리와 협의도 한다는 사실이다. ④에서 언급되는 '동(洞)의 인장'은 다른 사료[85]로 입증되고 있다. 위와 같은 조선인의 응답 내용은 어느 정도로 실체에 부합하는 것일까?

1980년대를 전후하여 전라남도 완도군 장좌리에서 운용하던 동약(洞約)을 분석하여 장좌리의 민속지(民俗誌)를 작성한 디터 아이케마이어는 조선의 촌락은 "고립되어 주변 촌락과 경쟁하거나 협조하여야 할 유인을 받지 않았을 것"으로 추정[86]하였지만 그런 추정과 다른 모습(⑤, ⑥)이 보인다.

이영훈은 '주민 모두가 구성원이 되는 동리'로서의 대저리(행정동리이다)가 행한 업무가 전혀 없는 것처럼 논증하였지만 그 논증에 정면으로 배치되는 사례를 옥천군의 동리가 보여주고 있다.

그뿐만이 아니다. 이용기가 전하는 전남 장흥군 '어서리 동계·어서리 동리'도 옥천군 관내의 동리와 유사한 모습을 보여주고 있다.

"어서리 동계는 부세의 공동납에 대응하고 마을 주민들의 공공복리를 뒷받침하기 위하여 동유재산을 운영하였는데, 이와 관련해서는 범례에 주산시초(主山柴草), 주산가경(主山加耕), 혼상구(婚喪具) 운용에 대한 규정이 있다. 주산은 어서리에 있는 작은 산으로 현재에도 동유지(洞有地)로 남아 있는 동산(洞山)이며, 주산시초는 전통적으로 어서리의 주요 수입원이었음을 동안(洞案) 서문에서도 확인했었다. 주산가경은 동산인 주산을 개간하여 밭을 일구는 것을 말하는데, 동민들이 가경전(加耕田)을 만들 때 경시가 균등하지 않아 분란이 생기는 경우에는 공사원(公事員)의 책임하에 해결하도록 규정하였다. 그리고 어서리는 동산인 주산 이외에도 상여·차일·목기 등 상장혼례에 사용되는 기물을 동계 차원에서 공동으로 장만하여 공동으로 이용하고 있다. 어서리는 동계가 중수될 당시에 부세의 부담을 견디기 힘들 정도로 경제 곤란을 겪고 있었는데, 동계 차원에서 동유지인 주산을 관리하고 혼상구 같은 동유기물(洞有器物)을 장만하여 동민들에게 경제적 뒷받침을 한 것이다."[87]

옥천군의 마을 사례는 이영훈이 제시하는 [요건1], [요건2]를 제외하고, [요건

3], [요건4], [요건5]를 완벽하게 충족시킨다.

2. 괴산군(槐山郡)의 사례

일본인 조사 당국이 설정한 질의 사항에 대하여 응답한 조선인들은 농민 송준영(괴산면 서부리), 현(現) 구장(區長) 김동헌(괴산면 동부리), 농민 이기영(괴산면 서부리), 농민 이규철(옥천면 동부리), 현(現) 구장(區長) 신상우 등 5명이다. 괴산군(槐山郡)의 사례는 옥천군(沃川郡)의 사례와 거의 비슷하다(②,③,⑤,⑥). 그러므로 중복을 피하기 위하여 옥천군의 사례에 나타나지 않은 특이한 점만을 추가로 언급하겠다.

> "① 갑오년 전후에 이동(里洞)의 장(長)을 상계(上稧)로 부른 일이 있다(옥천군의 상존위에 해당). 상계의 명칭이 있음은 양반계급이 많은 지방으로서 당군(當郡: 괴산군)의 특칭이다. 이동민 중에 일좌(一座), 이좌(二坐), 삼좌(三坐)를 선정한다. 일좌는 상계, 이좌는 그 후보자, 삼좌는 일좌의 보조이다. 각 1명씩 정한다 …
> ② 이장은 세금, 공공사업에 관한 사무를 집행하는 외에 주민의 협의로 결정하는 사항을 집행하는 자(대표)로서 주민을 대표하는 일이 있다. 예를 들어 타동과의 교섭 사항 등과 같다.
> ③ 소송을 하는 경우 혹은 이동(里洞)의 이해에 관한 사건은 이동민의 결의를 경유함을 통례(通例)로 하고 이장 독단으로 집행할 수 없다 …
> ④ 상계에는 수당이 없지만 이장에게는 이의 크기에 따라 다르지만 보통 월 1원 내지 3원을 지급한다. 이전(갑오 전후보다 이전)에는 실무자에게 미(米)나 맥(麥) 약간을 지급했다고 한다.
> ⑤ 이(里)는 재산을 소유한다. 전답, 금전, 산림 등이다.
> ⑥ 동부리는 원복산림(元卜山林) 약 10정보를 갖고 있다. 몇 대 전부터의 일로서 취득원인불명이지만 동민은 연료를 채취하여 왔다. 그러나 토지조사시 국유로 편입된 후 …"

"갑오년 전후에 이동(里洞)의 장(長)을 상계(上稧)로 부른 일이 있다(옥천군의 상존위에 해당)"(①)는 부분이 주목된다.

첫째, "16, 17세기 성행했던 상계·하계의 합계 형태가 신분갈등으로 점차 분동(分洞)의 과정을 밟아 19세기에는 상하합계가 소멸하였다."는 것이 종래의 연구결과였다. 그러나 괴산군(槐山郡)의 사례는 19세기에도 상하합계의 동계가 지속되고 있는 모습을 보여준다.[88] 다음에서 소개하는 강원도 원주부의 요선계·요선동리도 괴산군의 사례와 일치하므로 괴산군의 사례가 예외적인 사례라고 치부하기 어렵다.

둘째, 괴산군에 사는 주민들의 감각으로는 동계와 동리의 구분이 희미하다(④). 여기서 '동계와 동리를 확연히 구분하여 왔던 종래의 파악방식에 수정이 필요한 것이 아닐까?'하는 의문이 제기된다.

3. 1865년의 거제부(巨濟府) 항리(項里)의 사례

거제도 항리(項里, 구조라리)의 마을회관에는 18세기 말에서 20세기 초에 이르는 시기에 작성된 184건의 고문서가 소장되어 있다.[89] 이 고문서를 분석하면 앞에서 소개한 옥천군과 괴산군 관내의 동리에 관한 보고가 사실에 근접하는 보고임을 알 수 있다. 항리는 진상(進上)과 요역(徭役)을 납부하기 위하여 여러 마을이 촌락군을 형성하여 하나의 납세단위가 되어 부세와 부역을 수행하였다. 개별 가호(家戶)가 아닌 촌락 하나 혹은 여러 촌락이 납세단위가 되는 것이다. 또한 옥천군의 사례 ③에서 언급하는 연명(聯名) 관행과 '동(洞)의 인장'에 관한 기술(記述)이 빈말이 아닌 사실임을 알 수 있다.

"을축(乙丑)년 완의(完議)는 1865년에 항리, 왜구리, 망치리, 양화리, 와일곶(와현) 다섯 마을의 이임(里任)이 함께 작성하여 문서 본문의 내용을 약조한 완의문이다. <圖 10>을 보면 본문이 작성된 후에 '후(後) 참원(參員)'이라 하여 참가한 이임들의 이름과 착명이 적혀 있는 별지가 본문이 적힌 문서에 점련(粘連)이 된 형태이다. 작성 날짜인 을축 5월 15일 마지막 부분에 찍힌 [항리인(項里印)]이라 쓰여 있는 직방형의 인장은 항리 마을의 것이며 …" [90]

이 184건의 고문서는 마을이 작성주체인 희귀한 고문서이므로 다음 기회에 상세히 분석할 예정이다.

4. 1895년 11월의 향회조규급향약판무규정(鄕會條規及鄕約辨務規程)과 그 후속조치

1895년 11월 지방제도 개혁의 일환으로 성립된 '향회조규급향약판무규정(鄕會條規及鄕約辨務規程)'[91]과 그 후속조치를 주목할 필요가 있다. 위 규정은 향회를 소회(小會)·중회(中會)·대회(大會)로 나누어 구성할 것을 지시하였는데 이 글의 관심사는 소회에서 취급할 업무의 내용에 있다. 이 규정에 의하면 촌락이 담당해야 할 촌락의 공동업무는 다음과 같다.

1리(里) 30호를 기준으로 소회[里會]를 구성한다. 이회(里會)에서 논의할 안건은 ① 권농·권학과 제반 교육 등사(等事), ② 호적(戶籍)·지적(地籍)의 교정(校正) 등사, ③ 염황·환난의 상구(相救)와 위생(衛生) 등사, ④ 사창곡(社倉穀) 영호사(另護事), ⑤ 도로·교량의 수축사, ⑥ 식산흥업 등사, ⑦ 공공산림과 제언수축 등사, ⑧ 제반세목과 납세사, ⑨ 부랑난류잡기흥주 불효·불제·불목 등 영칙(令飭) 금단사, ⑩ 제반계회(諸般禊會) 등사, ⑪ 범관령거행(凡官令舉行) 등사[92]였다. 촌락의 공동업무가 위와 같이 설정되면 적어도 1895년 11월 이후의 조선 촌락의 공동업무는 이영훈이 상상하는 동리의 요건을 모두 충족시킨다. 그중에서 주목을 요하는 사항은 '⑩ 제반계회 등사'이다. 동계는 물론이고 촌락 안에서 거행되는 모든 계회의 업무를 동리가 취급하는 것으로 규정하고 있는 점[93]이 주목된다. '향회조규급향약판무규정'과 그 후속조치는 이영훈의 주민 모두로 구성되는 동리 부재론에 정면으로 배치되는 사례이다.

VII. 1744년에 결성된 요선계·요선동리의 분석

이제 특정의 근세조선의 촌락사료를 가지고 이영훈의 논증을 검증해 보자. 필자가 선택한 샘플은 1744년에 작성된 요선계·요선동리 자료이다.

요선계·요선동리는 조선 중기 이래 중방동·도곡동·두릉동·하동·도내 등 5개 자연동리[94]에 거주한 재지사족 가운데 원주 원씨(元氏)·원주 이씨(李氏)·청주 곽씨(郭氏)가 결성한 이른바 상하합계 형태의 동계·동리[95]이다. 요선계·요선동리의 특이성은 18세기 이후에는 상하합계가 깨지고 분동이 일반화된다는 종래의 향촌 사회사학의 통설과 달리 상하합계의 상태로 20세기 초반까지 지속되었다[96]는 점이다. 1744년 당시에는 다음과 같이 계원·동리민(洞里民)이 양반인가 상천민인가 여부에 따라 동계·동리조직으로부터 받는 권리의무가 달랐다.

> "㉠ 상계(上契)원이 상을 당하면 동임(洞任)이 발문하여 모두에게 알리고, 동내(洞內)에서 모두 모여 염빈할 때에 잘 거두어 돌본다. 장사 지낼 때에는 밤을 새워 상을 호상(護喪)하고 잘 살펴 무덤을 만든 후에야 귀가한다(上稧有喪 則洞任發文通告 洞內齊會 董護殮殯 葬時徹夜護喪 因爲行葬 看撿成墳後罷歸事)."[97]
> "㉡ 시집가고 장가가는 예식을 행할 때는 술·과일·닭·꿩 중에서 부조하되 상계원의 예식 때에만 이 규정을 준수한다(嫁娶行禮時 或酒果鷄雉中扶助 而上稧只用此規事)."[98]

1772년과 1774년 두 번에 걸쳐 원주부사(原州府使)가 수결한 절목[99]이 붙어 있어 적어도 1772년 이후에는 원주부가 요선계와 요선동리의 행정동리 자격을 인정한 것으로 보아야 한다. 그런데 이영훈의 기준에 따르면 요선계·요선동리[100]는 촌락공동체 자격이 부정될 것이다. 요선계·요선동리는 일견 '주민 모두로 구성되는 동리'가 아닌 것처럼 보이기 때문이다. 그러나 앞에서 보았듯이 적어도 19세기 조선의 촌락민들 중 일부는 동계와 동리를 혼동하여 구별하지 못할 정도로 동계와 동리는 혼용·중첩되어 있는 상태인 점을 감안할 필요가 있다. 다음에 ㉠에서 언급되는 '동내(洞內)'란 이중(里中) 혹은 동중(洞中)[101]을 지칭한다는 해석이 가능하다. 그 해석이 맞다면 동계조직이 이영훈이 상상하는 동리의 업무도 수행하고 있음을 알려 준다는 사실에 주목해야 한다.

다음에 강신회(講信會)와 공회(公會)를 구분하여 기록한 요선계·요선동리 입약(立約)을 보자.

> "㉢ 강신일이나 공회시에 모두의 의견을 따르지 않고 자기말만 고집하며 공손하지 못한 어투로 술에 취해 시끄럽게 다투고 큰소리로 서로 힐난하며 동(洞)의 규약을 어지럽히면 죄가 무거우면 손도하고 죄가 가벼우면 모두의 면전에서 질책한다. 하인(下人)이면 경중에 따라 태벌(笞罰)을 다소간 시행한다(講信或公會時 不從僉議固執私見

03 자연적 공동체와 법

言辭不恭 使酒喧爭高聲相詰渴亂洞規者 重則損徒輕則面責齊進 下人則從輕重笞罰多少
事)."102)

강신(講信)은 요선계의 계회(契會)를 지칭하고 이와 구별되는 공회(公會)는 요선
동리의 공동업무를 처리하기 위한 공적 회의(formal assembly)를 지칭한다. 요선계는
상하합계이므로 요선계의 구성원은 동리의 주민과 대체로 합치할 것이다. 1910년대
충청북도 옥천군과 괴산군의 주민들이 동계와 동리의 구분을 잘하지 못한 이유는
바로 여기에 있다.

다음에 "㉠ 상계(上契)원이 상을 당하면 동임(洞任)이 발문하여 모두에게 알리
고, 동내(洞內)에서 모두 모여 염빈할 때에 잘 거두어 돌본다."는 입규(立規)를 보자.
동임은 요선동이란 행정동리의 일을 맡아보는 직임이다. 갑오년(영조50, 1774) 절목의
제목이 '水周二里 頭民及洞任'103)으로 되어 있어 그렇게 해석된다. '동임(洞任)'이나
두민(頭民)'이란 동계에 친한 직임이 아니고 동리에 친한 직임104)이다. 본래 사적인
계기로 동계가 조직되었지만 상하합계의 형태로 대부분의 동민이 동계의 구성원이
되는 때에는 그 동계가 동시에 이영훈이 상상하는 동리도 되는 것이 아닐까?105) 동
계와 동리의 관계를 좀 더 선명히 파악하는 방안이 필요해 보인다.

이용기는 "조선 중기에 사족층의 향촌지배기구로 등장했던 동계는 조선 후기
에 들어서, 특히 19세기를 경과하면서 자연촌 단위의 마을자치기구로 전환"106)되었
고, "그 결과 반촌(班村)과 민촌(民村)을 불문하고 널리 확산되었으며, 다양한 목적계
와 계조직의 네트워크를 형성하는 구심 역할을 했다."107)고 파악하였다. 이용기는
위의 인용문에서 동계를 '마을(이영훈의 동리에 상응하는 실체로 보인다: 필자 첨가) 자치기
구'로 표현하였는데 다른 곳에서는 "마을과 동계의 통합성",108) 혹은 "동계가 마을
운영의 중심조직"109)이라는 인식을 보여주고 있다.

동계와 동리의 관계를 이용기나 안승택처럼 관찰(동계가 마을운영의 중심조직)하는
것도 한 방법이지만 필자가 보기에 19세기 말이 되면 동계와 동리는 혼용·중첩되
는 단계로 진입하는 것처럼 보인다. 몇몇 연구자들은 동중(洞中)을 특이한 논의구조
로 파악110)하고 있다. 그러나 동중은 동(洞)의 구성원 전체(village as a whole)를 지칭
하는 용어로써 이영훈이 상상하는 동리와 같은 의미이다. 이에 대하여는 별고에서
상세히 논증할 예정이다. 여기서는 하나의 증거만 제시하겠다. 거제도 항리는 이민

으로부터 토지를 매수하여 항리 자체의 재산으로 삼았다. 그 매입계약서가 남아 있는데 매수인 명의를 항리동(項里洞)으로 작성된 것이 있는가 하면 매수인 명의를 항리동중(項里洞中)으로 작성된 것도 있다.111) 2021년에 발표된 논문에서 송양섭은 동계(洞契)와 동중(洞中)에 관하여 다음과 같이 적고 있다. 아래 인용문에서 동중을 동리로 치환하여 읽어도 문맥파악에 전혀 지장이 없다.

> "이 글이 주로 다루고자 하는 동전(洞錢)과 관련해서는 전라도 장흥지역 촌락에 대한 일련의 사례연구가 많은 시사를 준다. 이들 마을은 서로 미묘한 차이를 보이면서 공통적으로 동계·동중 차원의 식리전(殖利錢)에 대한 구체적인 운영양상이 관찰된다. 어서리의 경우 동계차원의 식리전을 운영하여 마을에 가해지는 각종 부담에 대처하고자 하였고, 모산리의 경우 동중(洞中)과 동계(洞契)가 연동하면서 식리수입을 통해 마을에 가해지는 각종 부세에 공동대응하고 있다. 도서지역인 금당도 차우리는 동계전(洞契錢)을 통해 행정·부세 관련 비용에 지출하였으며 목계전(木契錢)을 운영하여 동중연역(洞中烟役)에 충당하였다. 목계전의 수입은 일제 강점기에 접어들어 간척, 어장관리, 부동산 매입 등의 용도로 쓰여졌다."112)

향후에 거제도 항리와 유사한 촌락공동체 사례를 더 많이 발굴할 필요가 있다. 이와 같은 문제의식을 가지고 이하에서는 요선계·요선동리의 사례를 기초로 요선계·요선동리의 촌락공동체성을 검토해 보겠다.

1. 이영훈의 [요건1], [요건2], [요건3] 기준을 적용할 것인가의 문제

필자는 이영훈이 제시하는 [요건1(구성원 사이의 평등성)]과 [요건2(가입과 탈퇴의 선택불가능성)]의 기준을 잘못된 기준으로 보고, 조선의 촌락은 [요건3(독자적 인격)]의 요건을 구비한다고 보고 있으므로 여기서는 더 이상 검토할 필요가 없다.

2. 요선계·요선동리가 이영훈의 [요건5(공동체가 취급하는 공동업무의 통합성·광범성)]의 기준을 충족하는지 여부

요선계·요선동리가 취급하는 공동업무에 다음과 같이 경찰·치안(治安)(ⓔ, ⓜ)

444

이 들어가는 것은 물론 도로의 보수와 교량의 수리가 포함(ⓗ)되므로 요선계·요선 동리가 이영훈의 [요건5]의 기준을 충족하지 못한다고 섣불리 판정할 일은 아니다.

"ⓓ 앞에서는 옳다 하고 뒤에서는 비방하며, 다른 이의 선행은 감추고 잘못만을 드러내며, 하찮은 일로 다투고 싸움이 그치지 않으며, 없는 일을 꾸며 남을 죄에 빠지게 하고, 남의 재산을 빼앗을 것을 모의하여 이치에 맞지 않은 일로 송사를 일으키고, 뜬소문을 조작하여 사람들이 보고 듣는 것을 어지럽히는 등 행실이 착하지 않아 잘못이 크면 관에 보고하여 처벌받게 하고, 잘못이 작으면 그 죄를 논하여 손도하거나 출동시킨다(面是背非 隱人之善 揚人之過 爭猊小故鬪鬩不息 誣罔搆捏陷人罪罟 非理起訟謀奪人財 造作浮言亂人聽聞 爲行不善者 大則報官科罪小則論罪損黜事)."[113]

"ⓔ 남의 재물을 도둑질하고 남의 노비를 숨겨주는 자가 발각되면 동계 내에서 모두 모여 그 죄를 중히 다스린다. 백성들 간에 농작물을 도둑질하는 것 역시 금지하고 경중에 따라 태벌을 과한다(盜竊人財者 匿人臧獲者 現露則洞內齊會重治厥罪 閭閻間草竊亦爲禁斷 從輕重笞罰事)."[114]

"ⓕ 산골 간에 길이 험하고 초목이 무성하여 마을 사람들이 각자 적당히 힘을 모아 7~8월에 풀을 깎아 길을 닦고 9~10월에는 다리를 고치는 것으로 규칙을 정하여 이로써 편하게 왕래하도록 한다. 혹 성실하게 시행하지 않으면 유사는 잘 보고 살펴서 벌을 준다. 한 사람당 벌전미 1말을 징수하고 또 납부하지 않으면 태벌 20대를 부과한다(山谷間道路險阻草木茂盛 閭里之人各宜出力 七八月則伐草除道 九十月間治橋梁以爲定式 以便往來 而或有不謹施行者 則有司看審用罰 每名徵罰田米一斗 又不納米者 則笞罰二十度事)."[115]

3. [요건4(촌락자원의 공동이용)]의 충족여부

가장 문제가 되는 것은 요선계·요선동리가 이영훈이 제시하는 [요건4(촌락자원의 공동이용)]의 기준을 충족하는지 여부이다.

중세 유럽의 촌락을 기준으로 삼아 근세 일본의 촌락을 판단하면 근세 일본의 촌락도 넉넉하게 촌락공동체성을 인정할 만한 것인지 의문이다. 근세 일본의 촌락이 중세 유럽의 촌락처럼 삼포식 농경 등 긴밀하게 공동이용하는 것이 아니었고, 대부분의 촌락이 산림을 공동소유·공동이용한 것도 아니었기 때문이다. 반면에 근세조선의 대부분의 촌락에서 산림과 천택을 공동소유·공동이용한 것은 아니지만 산림과 천택을 공동소유·공동이용한 사례가 없는 것도 아니다. 충청도 옥천군과 괴산군이 대표적 사례였다.

일제 당국의 관습조사 위촉에 따른 다음과 같은 내용의 복명서(復命書)도 있다. 수원박물관에 보관되어 있는 1930년 12월자 문건인데 조사사항에 대한 복명 중 촌락조직과 산림의 보호와 그 소유권 귀속에 관한 보고 등을 발췌하면 다음과 같다. 박재화와 신필원 2명이 전주, 광주, 목포, 군산 등지에 출장하여 조사한 바를 복명한 것이다.

"㊀ [촌락조직] 예날에 오가(五家)를 1통(一統)으로 삼은 바 기호(幾戶) 기통(幾統)을 물론하고 합거일처(合居一處)하야 하나의 기관이 도어 행정 등 제반사무를 행하는 것을 촌락이라 일컬었다. 그러니 촌락은 동리(洞里)의 별칭이다. 이(里)에 이정(里正)이 있으니 즉 이중(里中)의 장(長)이다. 이정이 군부행정상(郡府行政上) 동리자위상(洞里自衛上) 제반사무를 담임하여 부세의 수납과 조적(糶糴)의 출납 등을 때에 맞주어 납부[無失其時]하고 도로 교량 하천 등의 수리와 이내(里內) 공유물의 정리와 관혼상장보조 등에 자임하여 그 책임에 당함. 이정의 밑에 하소임(下所任)이 있으니 하소임은 즉 이정에 속한 보조원이요, 이정의 위에 면집강이 있으니 집강은 즉 현재의 면장이다. 이정은 집강에 예속하여 그 지도하에 근무함."

"㊀ [산림보호] 사유산은 각 그 산주가 간수인을 두어 초채도작(樵採盜斫)을 금지하고 동리중 공동소유산은 동리인이 송계를 결성하여 송목보호에 임하니 계에 계장을 두고 유사 약간인이 이를 관리하되 사유산·공동산을 막론하고 춘분시에 원송목(元松木) 외에 잡초를 예획(刈劃)하여 전답에 비료로 하니 이를 일컬어 시초(時草)라 하고 추분시에 위와 같이 예취하여 연료에 수용하게 하니 이를 일컬어 절초(節草)라 한다."

요컨대 이영훈이 제시하는 [요건1(구성원 사이의 평등성)], [요건2(생득적 요소로 귀속결정)]를 필요한 요소로 보지 않으면 근세조선에 촌락공동체가 검출되지 않는다고 섣불리 판정할 일이 아니다.

Ⅷ. 글을 맺으며

우선 촌락사 연구의 걸음마 단계에 불과한 대한민국 학계에서 근세조선 촌락
생활사의 '비교사적 특질'의 검출 작업을 진지하게 수행한 이영훈 교수에게 경의를
표하고 싶다. 이 논문에서 필자는 이영훈이 제안한 여러 부분에 대하여 이견(異見)
을 제시하였지만 학술적 담론의 수준을 높이려면 향후에도 많은 토론과 논쟁이 필
요하고, 사료의 발굴과 적절한 자리매김도 필요하다. 이하에서는 결론에 갈음하여
조선촌락사 연구 수준의 제고를 위하여 필요한 사항에 대하여 추가적인 제언을 하
겠다.

1. 촌락 구성원 자격의 부여를 위한 신입례의 존부

전근대사회에서는 특정한 단체·집단의 구성원이 되려면 모종(某種)의 통과의례
나 신입례, 가입금의 납입 등과 같은 진입장벽이 있는 것이 오히려 자연스러운 현상
이다. 이영훈은 비교사적 고찰을 강조하는 연구자이므로 무라[村]를 근세 일본의 촌
락공동체로 설정하는 일본인 연구자는 이 문제에 관하여 어떤 입장에 서 있는지를
간단히 살펴보자.

어느 특정 시점에서 특정 촌락 A의 촌내인(村內人)과 촌외인(村外人)의 구분이
있다고 가정하자. 조선 후기 상황에서 일어날 가능성이 높은 두 가지 문제를 들어보
겠다. 이영훈의 논증에 의하면 조선 후기에는 도망노비가 대량으로 발생하였다.[116]
다른 촌락에서 도망한 노비의 가장이 가족을 동반하여 촌락 A로 이래(移來)하는 경
우 그 도망노비는 이래하자마자 촌락 A의 촌민이 되는가 아니면 통과의례나 신입례
와 같은 진입장벽이 있는가? 또 조선 후기에도 남귀여가(男歸女家) 혼속[117]은 지속적
으로 행하여졌다. 타성(他姓) 받이 신랑이 촌락 A에 들어오면 촌민으로서의 자격심
사나 신입례[예를 들어 동상례(東床禮) 등] 없이 바로 촌락 A의 촌민이 되는가? 이영
훈과 김필동은 촌락공동체가 되려면 이런 진입장벽이 있어서는 안 된다는 전제에
서 있다.

관습조사보고서에 "동리를 떠나면 수익(受益)의 자격을 상실하고 새로 동리 안
으로 이주하면 그 자격을 얻는다."[118]는 기술이 있지만 다른 증거들을 찾아볼 필요

가 있다. 동상례(東床禮)의 존재119)는 다른 동리의 사람이 촌락 A에 이주하려고 하면 촌민으로서의 자격심사나 신입례가 존재함을 암시한다. 1744년에 작성된 요선계·요선동리 입약문에는 다음과 같은 기재가 있다.

"뿌리 없이 타관에서 온 유민이 본동에 내접하여 군보에 들었다가 도망치면 그 번전(番錢)을 인동(隣洞)에 침징(侵徵)하려는 것이니 병폐가 이보다 더 큰 게 없고 동내에서 감당할 수 없다. 동내의 상하가 굳게 약조하여 절대 접촉하는 것을 불허하고 그런 사람이 있을 경우 즉시 쫓아낸다. 혹 은닉해 주는 자가 있으면 두두인(頭頭人)과 허접한 자 모두를 각별히 무겁게 다스려 나중에 있게 될 폐단을 미리 방지하여야 한다(無根着他官流民來接於本洞 而入於軍保固爲逃躱 則其番錢侵徵於隣洞 而其爲弊瘼莫此爲巨 洞內不能支當 此後則洞內上下牢約絶不許接卽爲驅逐 或有隱匿者 在村頭頭人并許接者各別重治以防後弊事)."120)

신원(身元)이 확실하지 않은 외래인을 함부로 허접(許接)하면 안되고 이 약조를 위반하면 은닉자는 물론이고 두두인까지 무거운 징계를 내리겠다는 약조이다. 앞에서 소개한 아다치 게이지는 이 문제와 관련하여 근세 일본의 무라와 명청 시대의 중국의 촌락에서 촌외인(村外人)이 촌내인(村內人)이 될 수 있는 조건에 초점을 맞추어 다음과 같이 말한다.

"일본의 무라는 특정한 이에(家)로 구성된다. 이에(家)는 가명(家名)·가업(家業)·가산(家産)을 계승하는 안정성이 높은 단체였다. 이에의 안정성은 이에의 입장에서도 수호의 필요가 있었지만 무라의 입장에서도 무라를 구성하는 구성원으로서의 일관성이 요구되었다. 일본의 무라는 구성원이 대대로 특정된 폐쇄적·배타적 집단이었다. 무라사회란 지금도 여전히 배타적 집단의 대명사이다 … 이에 반하여 중국의 촌락은 일반적으로 개방적이다 … 화북 농촌의 몇 가지 사례에 의하면 (촌외자였던 가족이: 필자 추가) 가족을 동반하여 거주할 의사로 (촌락 A의 경내로 들어오면: 필자 추가) 촌민으로 간주된다. 촌민이 되는 진입장벽이 없다. 공동업무도 독자의 기구도 존재하지 않는 촌락에는 촌내인과 촌외인을 구별하는 명확한 지표(指標)가 존재하지 않으므로 '촌민의 자격조건'이라는 질문에 적절한 답변이 나오리라고 기대하기 어렵다 … 내주(來住)가 용이한 것과 촌민이 되어도 특별한 권리가 없는 것은 표리일체이다. 촌내인이 촌외인과 비교하여 향수(享受)할 수 있는 촌내인의 특별한 우선권이 존재하지 않는다."121)

특정 동리의 주민이기만 하면 자동적으로 그 동리의 촌민이 되거나 그 동리를 지역적 기반으로 결계(結契)된 동계의 계원이 되어야 한다면 그 상황은 일본인들이 1940년대에 조사한 화북(華北) 농촌의 촌락 상황과 유사한 것이다. 아다치 게이지는 그 정황을 오히려 '촌락공동체 부재론'의 논거로 사용하고 있다. 아다치 게이지가 촌락공동체 부재론의 논거(1940년대의 중국 화북지방의 농촌)로 사용하는 정황을 이영훈과 김필동은 촌락공동체 검출의 요건으로 설정한 셈이다.

유럽 중세의 촌락에서 발견되는 공동체를, '토지를 공동소유·공동이용하는 공동체론'의 견지에서 자리매김하면 이른바 봉건적(게르만적) 공동체이다. 오오츠카 히사오에 의하면 봉건적 공동체는 "인위적인 형성의 결과(막스 베버)"이고 "역사적 소산인 제2차적 구성(카를 마르크스)"122)이다. 막스 베버가 이념형의 하나로 설정하는 '게르만적 공동체=촌락공동체'에서는 외래자를 촌민(村民=공동체성원)으로 승인할 때 이웃(vicini)들 전원의 합의가 필요하다고 한다.123)

게르만 관습법의 전형으로 불리우는 살리카 법전 XLVII은 다음과 같이 기술하였다.

"§1. 다른 사람들의 마을에 이주하고자 하는 자는 그 마을을 구성하고 있는 사람들 중의 일부가 그를 수용하고자 하더라도 마을 사람들 중 한 사람이라도 나서서 그에 반대하면 이주의 허가를 받지 못한다.

§2. 한두 사람의 반대에도 불구하고 그 마을에 정주(定住)하려고 하는 경우에는, 반대자들은 증인들을 대동한 자리에서 그 이주희망자에게 열흘 주야 이내로 그 곳에서 퇴거해 줄 것을 요구해야 하며, 그 열흘이 지났는데도 여전히 응하지 않는 경우에는 재차 증인들과 함께 그를 찾아가서 그에게 또 다른 열흘 주야 이내로 떠나줄 것을 요구한다. 이에도 응하지 않는 경우에는 또다시 세 번째로 열흘 주야 이내로 퇴거해 줄 것을 통지한다. 이 서른 주야가 채워졌는데도 여전히 퇴거에 불응하고 있는 경우에는 반대자는 그 다음 절차로서 그를 법정에 소환하고, 또한 그에게 위 요청을 할 때에 함께 동행했던 자신의 증인들과 함께 법정에 출석한다. 소환을 받은 자가 출석에 불응함에 있어 어떠한 정당한 이유도 대지 못하며 또한 그 소환이 위에서 말한 법절차에 따라 이루어진 경우, 그를 소환한 자는 자신의 위험부담으로 왕의 관원에게 현장으로 가서 그를 추방해 줄 것을 요청하며, 이 때에 피추방자는 그 곳에 경작해 온 것이 있다 할지라도 법절차를 따르고자 하지 않았기 때문에 그에 대한 권리를 인

정받지 못하며, 이에 더하여 1,200 데나리우스, 즉 30 솔리두스의 책임을 진다.

§3. 이주의 약정이 맺어지기도 전에 타인을 다른 사람들의 마을에 이주하도록 초청한 자는 그 가액 및 손해와는 별도로 1,800 데나리우스, 즉 45 솔리두스의 책임을 진다.

§4. 마을에 이주해 온 자가 있는데 그에게 열두 달 이내에 법에 따른 이의(異議)가 제기되지 않은 경우에는 마을의 다른 사람들처럼 그 곳에 정주한다."124)

아다치 게이지는 "일본의 무리는 구성원이 대대로 특정된 폐쇄적·배타적 집단이었다. 무라 사회란 지금도 여전히 배타적 집단의 대명사"라고 언급하였는데 근세 조선의 마을에도 배타적 측면이 없지 않았다.125)

요컨대 이영훈과 김필동이 제시하는 [요건2(생득적 귀속: 가입과 탈퇴의 선택불가능성)]는 촌락공동체성을 인정할 때 지표로 설정될 수 없는 비합리적인 지표이다.

2. '토지의 공동소유·공동이용'을 공동체 존재의 필수요건으로 삼을 것인가?

근세조선의 촌락에서 산림과 천택을 공동소유·공동이용한 사례가 없는 것은 아니지만 산림과 천택을 공동소유·공동이용한 사례가 많지 않은 것도 사실이다. 따라서 '토지의 공동소유·공동이용'을 촌락공동체 존재의 필수요건으로 설정할 것인가 하는 문제는 매우 어려운 문제이다.

와타나베 다카시는 촌락공동체의 3조건으로 "① 생산력의 발전이 상대적으로 저급한 단계에서 사람들이 물질적 생산활동을 할 때 불가피적으로 결합하는 사회관계일 것, ② 그 집단 성원의 사회적 생활과정에서 다양한 요구의 많은 부분이 기본적으로 그 집단 내부에서 충족되는 것 같은 사회일 것, ③ 사람들이 자유의지에 의하여 형성되는 것이 아니라 그들에게는 주어진 것으로 나타나는 것 같은 사회집단일 것"126)을 들고 있다. 그가 제시한 ①은 카를 마르크스와 막스 베버의 공동체 이론과 친화성이 있는 요건이고, ②는 이영훈이 제시한 [요건5(공동업무의 통합성·광범성)], ③은 이영훈이 제시한 [요건2(가입·탈퇴의 선택불가능성)]와 친화성이 있는 요건이다. 그러나 일본에서 와타나베 다카시의 ③의 요건 제시에 배치되는 견해127)도 제시되고 있다.

와타나베 다카시가 제시하는 가장 중요한 요건은 ①이다. 이에 상응하는 이영훈의 [요건4]는 "공동의 재산이 소유된 위에 추구되는 공동의 경제적 이해가 구성원의 사회적·경제적 재생산에서 긴요한 역할을 수행할 것"으로 제시되었지만 막상 이영훈의 논문에서는 이 부분에 관한 상세한 논증이 전혀 없다.

크리스토퍼 다이어는 영국 중세 촌락공동체(medieval village community)를 "특정한 영역 안에 사는 사람들의 결합(association)으로서, 자원(주로 경지나 목초지)의 이용을 통제할 정도로 충분히 조직되고, 국가 등의 상위의 권위와 교섭하는 주체"[128]로 자리매김하였다. 물론 이것은 중세 영국의 촌락공동체에 대한 자리매김이지 지구적 규모에서 검출되는 촌락공동체의 정의나 요건을 제시한 것은 아니다. 필자는 '토지의 공동소유·공동이용'을 공동체 존재의 충분조건으로 볼 수는 있지만 필수조건으로 볼 필요는 없다고 생각한다. 산림과 천택을 공동소유·공동이용한 사례가 적다고 촌락공동체의 카테고리에서 배제하는 것은 지나친 자민족중심주의적 사고방식(ethnocentrism)이 될 것이다.

영국 중세의 촌락에 관하여 고전으로 통하는 저술의 저자 조지 캐스퍼 호만스는 그의 저술 21장 '촌락과 바깥세상'에서 '촌락의 중세적 법인격'에 대하여만 언급하였고,[129] 그가 강조하는 평등은 신분적 평등이 아니라 경제적 기회의 평등이었다.

3. 행정동리와 자연동리, 공동납에 대한 보다 세밀한 검증의 필요성

이영훈의 분석대상은 4개의 자연동리[백학(白鶴), 텃골(基洞), 대저하리(大渚下里), 대저상리(大渚上里)]를 아우르는 '대저리'라는 행정동리였다. 필자가 샘플로 선택하여 분석한 요선동리는 중방동·도곡동·두릉동·하동·도내 등 5개 자연동리가 묶인 행정동리였다. 행정동리는 어떤 원칙으로 설정되는가? 이에 대하여는 국내에서 아직 연구가 충분히 수행되지 못하였다.

공동납 분야에서 연구가 깊은 송양섭은 2021년에 "수취단위로서 독립성을 유지할 수 있는지 여부가 관건이었다."[130]고 파악하였다. 19세기 초반까지는 대체로 위와 같이 부세징수의 편의성 차원에서 몇 개의 자연동리가 묶여 행정동리로 편제되었다. 2008년에 이용기는 19세기 중반부터는 "동계가 결성되는 범위가 농민의 기초생활단위인 자연동리 범위로 소규모화된다."[131]고 보고하였다. 다른 지역에서도 송양섭과 이용기의 보고와 비슷한 양상으로 검출되는지 후속 연구가 필요하다.

송양섭은 공동납의 양상에 관하여 3가지의 흥미 있는 발견을 하였다. 첫째, "(특정한) 세역(稅役)의 공동부담으로 묶여진 촌락군(村落群)은 내부의 의견을 조율하고, 외부적 요인에 공동으로 대응하는 느슨한 협의체적 유대를 맺고 있었"으며, "세역 운영의 가장 중요한 원칙은 촌락 사이에 치우침 없는, 공정하고도 균평한 부담"이었고, 촌락 사이에 "이해의 충돌이나 갈등이 해결되지 않을 경우 관(官)이 나서 중재역"을 담당하였으며, "마을 내의 주요사안들은 동임(洞任)들에 의해 수시로 관에 보고되었고 각종 합의 문서(완문 혹은 완의: 필자 첨가)는 관의 인증을 통해 공신력을 얻는 경우가 많았다."는 점이다. 둘째, "부세를 매개로 넓어진 관(官)과의 접촉면은 계방(契房)과 같이 이서집단과의 사적인 결사가 맺어지는 토양이 되기도 했다."132) 셋째, "분동(分洞)과 합동(合洞)의 중요 요인은 각종 부세 부담과 관련되어 일정한 수취단위로서 독립성을 유지할 수 있는지 여부"133)였으며, 촌락들은 "각종 부세·잡역을 항목별·물종별로 공동부담"134)하였다. 근세조선의 촌락의 공동납의 구체적 모습은 여전히 규명되어야 할 영역이 많이 남아 있다.

4. 근세조선의 촌락과 근세 일본의 촌락의 본격적인 비교의 필요성

이영훈은 자신의 논문의 서두에서 자신의 연구초점이 근세조선 촌락생활사의 '비교사적 특질'의 검출에 있음을 명시하였지만 여러 가지 징후로 비추어 볼 때 그가 주로 참조한 비교대상은 근세 일본의 촌락공동체로 보인다. 그러나 그런 문제의식에서의 선구적인 업적은 1998년에 발표된 김현영의 논문135)이다. 김현영은 조선후기와 일본 근세를 비교할 때 "일본 근세의 신분 계층 구성의 특징은 백성(百姓), 정인(町人) 등의 평민(平民)이 점하고 있는 비율이 매우 높"지만 "전 인구의 반 이상을 점하고 있는 백성을 동일 계층으로 파악하는 것은 좋은 방법이 아니"고, "백성 내부의 계층구성을 보다 구체적으로 이해할 필요가 있다."136)고 지적하였다. 반면에 조선 후기의 지배신분으로 간주되고 있는 양반층의 비율은 꾸준히 증가하여 19세기 초에는 전인구의 70.3%가 되어 19세기가 되면 양반의 지배신분으로서의 의미는 이미 사라지게 되었다.137) 2010년에 김현영은 "한국의 전근대 촌락의 개방성이나 불평등성에 비교하면, 일본의 전근대 촌락은 매우 폐쇄적이지만 백성 간의 평등성에 주목해야 한다."는 문제의식 하에 "조선시대 중후기 경주 양좌동의 촌락공동체 관련 문서들을 중심으로 조선시대의 촌락 조직과 그 성격에 대하여 비교사적 시각에서 검토"한 논문138)을 발표하였다.

　요컨대 근세조선의 촌락과 근세 일본의 촌락의 비교는 김현영이 첫발을 내디딘 데 불과하다. 다른 한편 이영훈의 근세조선 촌락공동체부재론은 이론과 실증 모두 충분하지 못한 상태에서의 성급한 판단으로 보인다. 그러나 이영훈과 김현영의 문제의식을 이어받아 근세조선의 촌락과 근세 일본의 촌락의 비교 수준을 고도화하고 심화시킬 필요가 있다.

　그런데 현재의 상황은 무엇과 무엇을 비교하는 것이 적합한가 하는 문제조차 본격적으로 검토되지 않았다. 예를 들어 근세 일본의 무라와 비교적격이 있는 근세조선의 동리는 행정동리인 대저리인가 아니면 대저리를 구성하는 자연동리인가? 이영훈과 김현영의 논문에서는 이런 문제조차도 거론되지 않았다.

　필자는 근세조선에서는 입약(立約)·약조(約條)·완의(完議)를 생산해 낸 동계·동리, 근세 일본에서는 무라오키데[村掟]를 생산해 낸 무라야말로 비교적격이 있는 실체들이라고 생각한다. 이영훈이 언급한 '단체적 규범'139)이란 유럽 중세의 촌락에서는 촌락이 제정한 촌락규범(village code 혹은 village by-law),140) 근세 일본에서는 무라오키데인데 이것들에 상당하는 근세조선의 실체는 '입약(立約)·약조(約條)·입의(立議)·완의(完議)' 등이기 때문이다. 이런 맥락에서 김현영이 2010년의 논문에서 경상도 경주 양좌동 마을의 '完議'에 주목141)한 것은 시의적절한 시각으로 보인다.

미주

* 본 장은 "조선후기 촌락공동체 부재론에 대한 비판"이라는 제목으로 「東北亞法研究」 제15권 제2호 (2021년 9월) 313－364면에 게재된 논문을 수정·보완한 논문임을 밝힌다.

1) 김흥주(2013), 77면.

2) 노주은/박병현/유영미 (2021), 370면.

3) 노주은/박병현/유영미 (2021), 372면.

4) 福本勝清 (2001), 30면.

5) 이영훈의 치밀한 분석에 의하면 대저리는 4개의 자연부락[백학(白鶴), 텃골(基洞), 대저하리(大渚下里), 대저상리(大渚上里)]을 아우르는 행정동리였다. 그러나 '부락(部落)'은 근세 일본의 특성이 드러나는 특수한 명칭이므로 '자연촌' 혹은 '자연동리'라는 용어사용이 더 적절하다.

6) 이영훈 (2001), 297면.

7) 김필동 (2002), 19－20면.

8) 김필동 (2002).

9) 예를 들어 김흥주 (2013), 82면 이하는 동계를 촌락공동체로 간주하였다.

10) 심희기 (1992), "1900～1910년 무렵에 동계가 소멸된다는 견해는 재고를 요한다."고 주장하는 이용기는 "동계는 신분제적 성격을 갖는 사족 중심의 향촌지배기구에서 벗어나 마을 단위의 생활공동체적 성격의 동계로 전화(轉化)되고 있었다. 이것은 동계가 마을의 자율적 운영의 주체, 즉 마을자치조직으로 재정립되었음을 의미한다."고 파악한다. 이용기 (2017), 320면. 이해준 (1996), 201면 이하는 '동계＝결사체, 촌계류＝공동체'설이다.

11) 福本勝清 (2001), 30면에는 근세 일본의 단단한 촌락공동체를 'tight 공동체', 그보다는 느슨한 공동체를 'loose 공동체'라고 지칭하는 견해가 있다고 소개하고 있다.

12) 김필동 (2002), 34면은 "이런 맥락에서 두레나 황두, 향도, 동회, 동제, 각종 계, 그리고 동계 등이 주목되고, 그밖에 촌락 내부의 근린집단간의 좀 더 제한적이고 소규모적인 연대의 형태들도 관심을 끌만하다"고 덧붙인다.

13) 김필동 (2001), 191면.

14) 이영훈 (2001), 245면, 250면.

15) 대표적인 저술은 W. O. Ault (1982), pp.188～211; Christopher Dyer (1985), pp.27－32.

16) 이영훈은 '공동체가 되기 위한 요건'으로 적었지만 내용상 '촌락공동체가 되기 위한 요건'으로 해석된다.

17) 이영훈 (2001), 249면.

18) 이영훈은 "(대저리에서: 필자 첨가) 사회적·경제적 생활에 긴요한 제반 공동업무가 하나의 통합적 공동체(대저리: 필자 첨가)에 의해서가 아니라 복수의 임의적 결사체(대저리에서 생성된 각종의 목적계들: 필자 첨가)에 의해 분산적으로 수행되었다."고 파악하면서 대저리의 촌락공동

체성을 부인[이영훈 (2001), 282면]하였으므로 촌락공동체가 되기 위한 요건으로 '동리가 수행하는 공동업무의 통합성'을 든 것이나 마찬가지이다.

19) 足立啓二 (1998), 75면.

20) 足立啓二 (1998), 57−58면.

21) "5) 공동체 생활은 성원들의 생활의 많은 부분(거의 대부분)을 포괄한다. 이 때문에 공동체의 성원들은 공동체의 틀을 벗어나서는 생활하기가 어렵다." 김필동 (2002), 19면.

22) 이영훈 (2001), 245면은 대저리는 "17−19세기 농촌사회에서의 여느 동 또는 리(이하 동리로 통칭)와 마찬가지로 지방행정의 말단 단위이자 주민의 일상생활의 대부분을 포괄한 하나의 자율적인 질서공간이었다. '자율적'이라 함은 치안·수리·공동노동·영림·교육 등과 같은 주민의 일상생활에 불가결한 공공업무가, 경제학적 표현으로 공공재가, 관료제를 대신한 주민의 자치로 수행 내지 생산되었다"고 기술하였다. 사정이 그렇다면 대저리의 촌락공동체성을 인정하여야 논리적이다. 그럼에도 불구하고 이영훈은 본문(297면)에서 "18세기초−20세기초 사이의 대저리에서 "주민을 성원으로 하는 통합적 기능과 권위의 주체로서 공동체의 존재는 발견되지 않는다."고 논한다. 어느 입장이 이영훈의 입장인지 애매하지만 이영훈의 궁극적인 진심은 297면에서 기술된 내용(촌락공동체부재론)으로 보인다.

23) 강성복 (1992), 99−100면.

24) 大塚久雄 (1978), 42−46면.

25) 大塚久雄 (1978), 81−108면.

26) 이영훈 (2001), 282면.

27) Christopher Dyer (1994), pp.407−429, 특히 p.418.

28) Warren O. Ault (1954), pp.188−211, 특히 pp.191−192.

29) Christopher Dyer (2000).

30) Harumi Befu (1965), p.26.

31) 김현영 (2010), 392−396면.

32) 「牧民心書」刑典六條 【聽訟·斷獄·愼刑·恤囚·禁暴·除害】 ○ 聽訟下 "군첨에 관한 송사로 두 마을이 서로 다툴 때에는 그 근맥(根脈)을 상고하여 확실하게 어느 한쪽으로 귀결지어야 한다 (軍簽之訟 兩里相爭 考其根脈 確然歸一) … 양편으로 하여금 각기 전후 서류를 하나도 빠짐없이 가지고 오게 하여 양편이 나와 대변(對辨)하게 한다 … 수령이 스스로 입안(立案)을 작성한다."

33) "지금 관정(官庭)에서 벌주기로 판결하여 태(笞) 20을 때리니 그제서야 전후에 마주 송사했던 문권을 가지고 불태워 없애기를 진정으로 원하며 다시는 송사를 일으키지 않겠다고 하였다. 이에 동산리 두민 이태운 등이 죄상을 승복한 고음에 의거하여 이와 같이 입안하니 영구히 증거로 삼아 다시는 부당하게 서로 침해하지 말아야 한다."

34) 김인걸 (1984), 122면.

35) 손병규 (2011), 213−250면.

36) "(23) 이(里)의 소송능력에 관한 건"(1911년 1월 11일자 함흥지방재판소 민사부 재판장 조회(照會)에 대한 같은 해 3월 9일자 취조국 장관 회답), 朝鮮總督府中樞院 (1933), 43−44면. 25−26면에도 같은 취지의 회답이 있다.

37) 이영훈(2001), 245면.

38) 이영훈(2001), 273면.

39) 靈巖郡 (2004), 106면.

40) 김혁 (2014), 283면. 이해준 (1996), 210면, 각주 90)도 출계(黜契)와 출동(黜洞)을 구분한다.

41) 강원도 영월군 수주면 요선계 (2012), 22면. 김인걸에 의하면 거의 모든 동계의 규약에 출동이 마련되어 있었다고 한다. 김인걸 (1984), 104면.

42) 심재우 (2020). 심재우가 직접 언급한 것은 출동이 아니라 출향(黜鄕)이지만 출동에 대하여도 같은 논의를 할 수 있다.

43) 박현순 (2008). 박현순이 언급한 것은 출향(黜鄕)이다.; 김필동 (2002), 39면.

44) 약조 위반에 대하여 벌칙을 가하는 사례는 매우 많다. 박현순 (2017), 204면.

45) "且我國之俗 內自都下 外曁鄕曲 皆有洞隣之契 香徒之會 私立約條 欲相檢攝 而第以各從己意 粗率無章 不足爲綱紀而藉賴 又其約束不出於朝廷 而私自造立 故强者侮之 惡者壞之 終不能糾正" [선조실록, 선조 6년(1573) 8월 17일]

46) 정극인(丁克仁) (2011), 209−229면에는 총 60개소에 관인(官印)이 찍혀 있고 원문 영인본 229면에는 고현 수령의 화압(花押)이 찍혀 있다. 수령의 제사는 "凡此所約乃所以正名分厚風俗 其意非偶然 約因是文 以强凌弱反病小民 則誠不幸 各別惕念勉戒哉"였다; 제25 完文(253−258면); 동학당전답안(298−293면)에도 관인과 수령의 화압이 있다. '古縣鄕約案'이라는 명칭이 부여되어 있지만 내용상 고현동약이다.

47) 商山錄 (1987), 289−356면.

48) 심재우 (2020), 29−30면에서도 이 사안을 언급하고 있다.

49) 김인걸 (1984), 122면.

50) 김선경 (1984), 66면에서 재인용함. 그런데 김선경이 출처로 적시한 《牒移》에서 '重岩一洞'에 대한 下帖'은 찾을 수 없다. 출처 표시에 착오가 있는 것 같다.

51) 전민영 (2017), 252면.

52) 이영훈 (2001), 249면.

53) 이영훈 (2001), 282면.

54) 大塚久雄 (1978), 44면.

55) Frederic Seebohm (1905), p.105.

56) Christopher Dyer (1994), p.429.

57) Harumi Befu (1965), p.29.

58) Herman Ooms (1996), p.242

59) 정진영 (2015), 154면.

60) 정진영 (2018). 국문요약 부분.

61) 정순우/안승준 (1998); 송양섭 (2021b), 393면.

62) 18세기 말에서 20세기 초에 이르는 시기의 항리(구조라리)의 주민들이 공동소유·공동이용하는 공동재산은 여객주인(旅客主人)과 어조(漁條)였다. 여객주인은 여객에 대한 주인(主人)으로서 여객이 위탁하는 상품의 매매 등을 수행하는 존재였다. 동리(洞里)로서의 항리는 동리의 대표인 존위와 공사원에게 여객주인의 역할을 일임하는 동시에 관원이 행차할 때 접대를 수행하는 역 등 공적인 업무를 수행하게 하였다. 여객주인의 역할은 권리이자 의무였다. 다음에 어조는 물고기가 다니는 길에 배를 세워 두고서 망(網)을 설치해 놓고 물고기를 잡는 설비였다. 항리에는 13곳의 어조가 있었는데 이것도 항리의 공동재산에 속했다. 여객주인과 어조를 어떻게 활용할

03 자연적 공동체와 법

것인가에 대하여는 동리에서 자체적으로 합의하고 합의가 형성되면 완의(촌락규범)를 작성한 다음 관에 제출하여 인증을 받았다. 항리는 반촌이라기 보다는 전형적인 민촌에 속한다. 전민영 (2017), 237면. 여객주인과 어조는 통상의 산림·천택과 이질적인 것이지만 필자는 항리를 근세조선적 유형의 촌락공동체로 자리매김하는 데 주저할 이유가 없다고 생각한다.

63) "1) 공동체는 그 기원에 있어 자연발생적이고 자라나는 것이다. 이 관점은 공동체는 의도적·인위적으로 만들어진 것이 아니라는 점을 강조한다(공동체의 '자연발생설'). … 3) 공동체에의 참여는 선택적이거나 노력과 실력에 의해 획득되는 것이 아니라 출생과 더불어 자동적으로 이루어지거나 무의식적이고 다소 우연적인 귀속(ascription)에 의해 이루어진다." 김필동 (2002), 19면.

64) 그러나 관내에 있는 전원을 동계에 가입시키려는 시도가 없지 않았다. 김인걸 (1984), 101면 각주 15)에서 재인용함.

65) 이영훈 (2001), 271~272면.

66) 朝鮮總督府中樞院 (1933), 50~53면.

67) "계장은 대개 동장에 해당하는 존위, 집강 등이 겸하여 이를 맡아 행하는 것이 보통이며, 계의 소임은 동임이 맡거나 혹은 계원 중 상당한 자산과 신용이 있는 사람 가운데 계원이 이를 뽑기도 한다." 김경일 (1984), 170면.

68) Zvi Razi (1981), p.13.

69) "The inhabitants of typical village formed a village community collectively administered and possessing formal and informal bodies, courts, assemblies, chests and gilds, which issued and administered the rules of husbandry, watched over local customs of tenure and in-heritance, and enforced local peace and order." M. M. Postan (1972), p.124.

70) M. M. Postan (1972), *ibid*.

71) Dieter Eikemeier (1980), pp.7-12.

72) George Caspar Homans (1975), pp.402-415.

73) 旗田巍 (1973), 57-174면.

74) 이영훈 (2001), 282면.

75) 이영훈 (2001), 281-282면.

76) 이영훈 (2001), 296-297면.

77) 足立啓二 (1998), 70-72면.

78) 足立啓二 (1998), 74면 각주 4).

79) 이영훈 (2001), 282면.

80) 이영훈 (2001), 297면.

81) 이영훈 (2001), 269-270면.

82) 이영훈 (2001), 270면.

83) 이영훈 (2001), 270면.

84) 조선총독부중추원 (1913), 35-36면.

85) 전민영 (2017), 251면에는 항리(項里)의 인장이 찍힌 완의(完議)의 이미지가 게재되어 있다. 이 문맥에서 완의(完議)란 항리 주민들의 의사합치로 일종의 촌락규범을 지칭한다.

86) Dieter Eikemeier (1980), p.80.

87) 이용기 (2008b), 276면.

88) 이 기술(記述)에 합치하는 연구성과도 있다. "19세기 이래 동계는 약화되는 추세에 있었고 결국 20세기에 접어들면서 소멸한다."는 종래의 연구성과는 재검토가 필요하다. 19세기 동계는 "① 동계의 범위가 마을(자연촌=舊洞里) 단위로 소규모화하는 경향"을 보이며, "② 동계의 기능이 부세의 공동납에 대응하는 것에 무게를 두는 경향"을 보이며, "③ 일반적으로 신분제적 질서가 상당히 약화되는 양상을 보인다." 이용기 (2017), 314-319면.

89) 전민영 (2016), 135면.

90) 전민영 (2016), 158면.

91) 송양섭 (2007), 221면.

92) 신안군 향토문화진흥원 (1992), 70-73면.

93) 1895년 11월의 '향회조규급향약판무규정(鄉會條規及鄉約辦務規程)'이 현실적으로 작동하였음은 이용기와 안승택의 조사에서 드러나고 있다. "20세기 후반에 이르러서도 동계(洞契)나 동회(洞會)와 같은 마을자치기구가 마을 내 각종 조직들의 구성과 활동을 제어하고 지탱하는 역할을 하고 있었음을 확인했다. 그럼에도 불구하고 각종의 계들은 마을자치기구의 하부조직이 되는 것이 아니라 일정하게 독립한 별도의 조직으로 존재하였음도 확인된다." 안승택 (2014), 7면.

94) 5개 자연동리는 1914년 행정구역 통폐합 때 무릉리와 도원리로 통합되었다고 한다. 오영교 (2003), 33면 각주 7)에서 재인용.

95) 오영교(2003), 30면, 38면.

96) 오영교(2003), 31면.

97) 원문은 강원도 영월군 수주면 요선계 (2012), 29-30면을 인용하였지만 번역은 필자가 수정하였다. 이하 같다.

98) 강원도 영월군 수주면 요선계 (2012), 34면.

99) 이서층(吏胥層)과 서원(書員)들의 농간을 엄금하겠다는 취지로 원주부사가 요선계·요선동리에 다짐하는 내용의 절목이다.

100) 요선계의 기초가 된 지리적 의미의 행정동리는 끊임없이 변화되는데 임진년(영조48, 1772)에는 '水周面'(임진년 節目)[강원도 영월군 수주면 요선계 (2012), 65면.], 갑오년(영조50, 1774) [강원도 영월군 수주면 요선계 (2012), 69면.]에는 '水周二里'(갑오년 節目)였다.

101) 정약용 (1819), "今俗里爲洞 里中曰洞內 里甲曰洞長 里會曰洞會." 김인걸 (1984), 98면 각주 3)에서 재인용.

102) 강원도 영월군 수주면 요선계 (2012), 32면.

103) 강원도 영월군 수주면 요선계 (2012), 66면은 '水周二里 面民及洞任'으로 탈초하였으나 영인된 69면을 잘 보면 '水周二里 頭民及洞任'으로 보인다.

104) 신안군 향토문화진흥원 (1992), 67면."두민은 관의 지시를 받아 마을의 일을 맡는 사람이다. 두민이라 칭하는 것은 마을의 장로이자 일에 밝아서 그렇게 부르는 것이다."

105) 오영교 (2003), 31면은 면리제 기구의 담당자인 동임(洞任)이 수행하는 역할을 '공적 사회제도', 동계조직이 수행하는 역할을 '사적 사회조직'으로 지칭하면서, 향촌사회조직의 이중성, 즉 '면리조직과 향약·동계 조직이 동일한 촌락단위 위에 공존하는 현상'(65면)으로 인식하고 있다.

106) 이 보고는 1895년 11월의 향회조규급향약판무규정(鄕會條規及鄕約辦務規程)과 그 후속조치와 관련성이 있을 것 같다.

107) 이용기 (2017), 310면.

108) 이용기 (2017), 336면.

109) 이용기 (2017), 345면.

110) 송양섭 (2021b), 393면, 397-409면.

111) 한국정신문화연구원 (1998), 438-439면.

112) 송양섭 (2021b), 395면.

113) 강원도 영월군 수주면 요선계 (2012), 24면.

114) 강원도 영월군 수주면 요선계 (2012), 35면.

115) 강원도 영월군 수주면 요선계 (2012), 36면.

116) 이영훈 (2001), 263-266면.

117) 남녀가 혼인하면 신랑이 신부가 사는 동네로 가서 상당한 기간이 경과한 후 본가로 돌아오는 혼속이다.

118) 조선총독부중추원 (1913), 36면.

119) 박순(林焞), "전라도(全羅道) 동계문서(洞契文書)에 나타난 동상례(東床禮)연구",「고문서연구」 6권(1994)에 의하면 동상례는 나주(羅州)의 금안동계(金鞍洞契), 해남(海南)의 산막동계(山幕洞契), 영암(靈巖)의 망호동계(望湖洞契), 남원(南原)의 둔덕방동계, 태인(泰仁) 고현동약 등에서 발견된다.

120) 조선총독부중추원 (1913), 37면; 오영교 (2003) 참조.

121) 足立啓二 (1998), 59-60면.

122) 大塚久雄 (1978), 86면.

123) 大塚久雄 (1978), 88면.

124) Katherine Fischer Drew (1991), pp.191-192.

125) "우리나라 속(俗)에 정초가 되면 두 마을이 편을 나누어 돌을 던져 승부를 다투는데 이를 편투라 한다. 비록 사람이 죽더라도 뉘우치지 않고 관청에 신고하지도 아니한다. 서울의 약점산과 영남의 안동부에서 이 속이 더욱 성행한다. 이것이 진짜 희살이다[吾東之俗 每正月之初 兩里分偏 擲石以角勝 名之曰偏鬪 雖死不悔 亦不申告 京城之藥岾山 嶺南之安東府 此俗尤盛 此眞是戲殺 又凡角抵戲(較脚力) 拖鉤戲(挽索以被曳者 爲不勝) 踏索戲(空中踏索而行) 因而殺人者 近於戲殺 餘不可誤稱也]" 국역은 박석무/정해렴 (1999), 2권 276면의 국역을 참고하였다.

126) 渡辺尚志 (1994).

127) 후카야 가쓰미(深谷克己), 105면은 "이미 근세 시대엔 촌락공동체를 자연발생적인 운명공동체로 볼 수는 없다. 그 이상의 정치적 성격을 띤 '기관'이자 촌락과 가족 주민을 매개로 하는 대표자 회의체였던 것이다."라고 적었다.

128) Christopher Dyer (1994), p.408.; Dieter Eikemeier (1980), p.10도 대동소이하다.

129) George Caspar Homans (1975), pp.328-338.

130) 송양섭 (2021a), 382면.

131) 이용기 (2008), 262면.

132) 송양섭 (2021a), 424－425면.

133) 송양섭 (2021a), 423－424면.

134) 송양섭 (2021a), 381면.

135) 김현영 (1998).

136) 김현영 (1988), 173－174면.

137) 김현영 (1988), 171면.

138) 김현영 (2010).

139) 이영훈 (2001), 296－297면

140) Warren O. Ault (1954), pp.378－394

141) 김현영 (2010), 388－398면.

어업공동체와 법

어업공동체와 법
– 어촌계를 중심으로 –

Ⅰ. 글머리에

어촌계(漁村契)는 전통적인 마을공동체 중 아직도 강력한 생명력을 유지하고 있는 몇 안 되는 공동체 중의 하나이다. 이처럼 어촌공동체가 현대에까지 존속할 수 있었던 것은 농촌과는 달리 어장이라고 하는 공유재(共有財)가 있었기 때문에 가능하였으며 그동안 어촌계는 가족노동중심의 어민들에게는 생계를 보장하는 경제적, 사회적 안전망 역할을 하여 왔다. 특히 젊은 어촌계원들을 중심으로 생산을 하고 어촌계가 그에 소요된 비용을 부담하고 남는 소득을 원로 어촌계원을 포함한 모든 어촌계원들에게 공동 분배함으로써 어촌계는 노후 소득을 보장하는 훌륭한 복지제도의 기능을 하여 왔다. 이처럼 어촌계는 어촌에 거주하는 어민들의 어업 생산성을 높이고 생활 향상을 위한 공동사업의 수행을 목적으로 설립한 전통적인 조직이라 할 수 있다.

그러나 어촌의 인구변화, 어장의 규모, 시장성, 어장의 형성과정 등 여러 요인으로 인하여 '공동점유 → 순환점유 → 사적 점유 → 개별 소유'로 분화되면서[1] 일부 어촌계를 비롯한 어촌공동체는 위기에 직면하고 있다. 어촌계는 대체로 전국에 약 2000개가 결성되어 있으나 최근 그 숫자가 일부 감소하였다. 어촌공동체의 구조적 변화로 인하여 그 지속가능성에 회의론도 제기되고 있다.2) 어촌 마을의 공동재산인 마을 해안가 앞 어장 즉 지선어장(地先漁場)과 자원 규모의 영세성, 외부 지역과의 지리적 고립성, 구성원의 혈연, 지연과 그로 인한 통합적 사회관계의 폐쇄성,3) 어업권과 어장의 이용 관리를 특정 계원이 주도하는 비민주성, 구성원의 고령화와 숫자의 감소 등이 문제되고 있다. 일부 어촌계는 그 수입의 대부분을 어촌계원에게 배당하여 신규 사업을 위한 재원이 부족하고 따라서 운영능력이 떨어지며 어촌계도 점점 계원 개인의 이익을 중시하여 계원 간 또는 다른 공동체와 사이에 갈등이 발생하며 지방자치단체 및 지구별 수협이 이 갈등을 적절하게 해소하지 못하는 문제점도 지적되고 있다.

최근 어촌계는 인구 감소와 고령화에 따라 발생한 어촌의 사회적·경제적 위기에 대처하고, 어촌의 활성화를 위해 정부나 지방자치단체와 연계하여 다양한 사업을 벌이는 환경 속에서 그 사회적 역할을 더욱 확대할 필요가 있고 또 그럴 가능성이 있는바 본고에서는 이러한 어촌공동체 내지 어업공동체4)로서의 어촌계의 현황을 살펴보고 이를 법적으로 분석하며 바람직한 어촌계로 발전하여 나아갈 수 있는 새로운 방향을 모색해 보기로 한다.

Ⅱ. 어촌계의 개념과 현황

1. 어업공동체의 범위를 정하는 개념 요소

어촌계는 어입공동체라 할 수 있으므로 어입공동체의 개념 요소를 실펴본다. 먼저 어업공동체는 어촌이라는 지역을 기반으로 한다. 법률상 "어촌"이란 하천·호수 또는 바다에 인접하여 있거나 어항의 배후에 있는 지역 중 주로 수산업으로 생활하는 지역을 말한다.5) 통념상의 어촌이 바다에 인접한 지역인데 반하여 하천, 호수에 인접한 지역까지 포괄하고 있는 점에서 법률상의 어촌의 개념이 더 넓다고 할 수 있다.

또한 어업공동체는 어업을 공동으로 하는 조직이다. 법률상 "어업"이라 함은 "수산동식물을 포획(捕獲)·채취(採取)하는 산업, 염전에서 바닷물을 자연 증발시켜 소금을 생산하는 산업"을 말한다.6) 어업은 어업활동이 이루어지는 장소가 어디냐에 따라 해면어업(海面漁業)과 내수면어업(內水面漁業)으로 나누어지고, 해면어업은 거안(距岸) 거리에 따라 다시 연안어업, 근해어업, 원양어업으로 분류된다. 수산동식물을 양식하는 산업인 양식업7)은 광의의 어업에 포함된다. 이러한 어업과 양식업 외에 어획물운반업8), 수산물가공업9) 및 수산물유통업10)을 포괄하여 수산업이라 정의한다.11) 이처럼 수산업은 수산물에 관한 1차 사업 뿐 아니라 2차 산업 및 3차 산업까지 포함하는 넓은 개념이다.

나아가 어업공동체의 구성원은 어민(漁民)이다. 통상 어민이라고 하면 수계(水界)에서 서식하는 수산자원을 채취, 포획하고 양식하는 것을 생업으로 하는 직업인을 말하며 어업자본가, 어가어민(漁家漁民),12) 어업 임금노동자13)를 포함한다. 일반적으로 어민이라 함은 이 중 어업자본가를 제외한 어가어민과 어업 임금노동자만을 말한다고 할 수 있다.14) 법률상으로는 과거에는 어민을 어가어민으로 보아 "어업을 경영하거나 어업에 종사하는 가구주 개인" 또는 "어업을 경영하거나 또는 이에 종사하는 자"15)로 정의하기도 하였으나 어민이라는 개념을 버리고 "어업인(漁業人)"이라는 용어로 대체하였는바 어업인에는 어업자16) 및 어업종사자17) 외에 양식업자18)와 양식업종사자19)도 포함하여 정의한다.20)21) 어업인과 어업법인22)을 합쳐 어업경영체라 부른다.23) 수산업에 종사하는 자에 관한 개념도 입법하였는데 수산업을 경영하거나 이에 종사하는 자로서 일정한 기준에 해당하는 자를 '수산인(水産人)'이라 정의한다.24)

일반적으로 "공동체"라 하면 일상생활이나 산업활동 등에서 지역사회의 구심점이 되고 대내적으로 구성원의 특정이 가능하며 대외적으로 조직적 실체가 인정되는 집단을 말하는 바25) 어업공동체는 어촌을 지역적 배경으로 하고 어민을 구성원으로 하여 어업을 공동으로 영위하는 공동체를 말한다고 할 수 있을 것이며 어업공동체의 대표적인 것이 어촌계이다.

2. 어촌계의 개념과 성격

어촌계라 함은 어촌에 거주하는 어민들이 공동어장을 중심으로 공동어업을 영위하는 어업공동체를 말한다. 어촌계는 어촌을 배경으로 하므로 마을공동체의 성격을 가진다. 그러나 자연 마을인 어촌의 주민과 어촌계의 계원이 일치하지 않는 경우가 많고 2개 이상의 자연 마을인 어촌을 포괄하는 어촌계도 있기 때문에 자연마을 공동체와는 약간의 차이가 있다. 역사적으로 어촌계는 지연(地緣)공동체이며 자연적 공동체였다고 할 수 있다. 그러나 오늘날은 계원의 자격을 양수도하면서 어장의 분배, 이용방식, 생산, 수입의 분배 등에 중점이 놓여 자연적 공동체의 성격이 희석되고 있다. 뒤에서 언급하는 바와 같이 어촌계를 중심으로 어업인들이 지역어업공동체를 구성할 수 있도록 법제화됨으로써 어촌계의 지역어업공동체로서의 성격이 두드러지고 있다.

3. 어촌계의 현황

1962년 수산업협동조합법이 제정된 이후의 통계를 보면 어촌계는 1964년 1,955개를 시작으로 1972년 2,258개로 증가하였고, 2005년에는 내수면양식계를 포함한 총 어촌계가 2,291개에까지 이르렀다가[26] 2022년 기준 어촌계수는 2044개, 어촌계원 수는 108,754명을 기록하여 소폭 감소하는 경향을 보였다. 지역별로는 전남 857개, 경남 436개, 충남 172개, 경북 147개의 순이었다. 어촌계가 보유하는 어업권 수는 모두 10,513개로 마을어업 3,794개, 패류양식 3,030개, 해조류양식 2,325개의 순이었다. 어촌계에 가입한 어촌계원의 수를 보면 20명－49명대가 858개로 가장 많고 19명 이하의 영세한 어촌계도 424개나 되는 반면 200명 이상이 되는 어촌계도 57개나 되었다. 어촌계원의 연령대를 보면 70대 이상이 44,382명, 60대 이상이 35,279명으로 60대 이상이 전체 어촌계원의 70% 이상을 점하여 고령화가 심각함을 보여주고 있다. 어촌계 가입금액은 100만 원 미만이 1,226개로 가장 많았고, 100만 원－300만 원이 402개로 중위권을 형성하였으며 1,000만 원을 초과하는 것도 108개나 있었다. 어촌계원이 연간 올리는 소득이 1,000만 원 이하인 어촌계가 1,063개로 가장 많고, 1,000－3,000만 원이 380개, 1억 원을 초과하는 어촌계가 225개를 기록하였다. 이들 어촌계는 어선어업 외에 갯벌어업, 해조류양식, 동해안 전복채취, 제주도의 나잠어업 등을 하며 공동생산을 하고 있다.[27]

4. 수산업협동조합과의 관계

가. 수산업협동조합의 개념과 설립

어촌계와 유사한 조직으로 수산업협동조합(이하 '수협'이라 한다)이 있다. 앞서 본 바와 같이 법률상으로 어촌계는 지구별 수협의 기초조직을 형성하고 있다. 수협은 어업인과 수산물가공업자의 경제적·사회적·문화적 지위의 향상과 어입 및 수산물 가공업의 경쟁력 강화를 도모하는 어업인과 수산물가공업자의 자주적인 협동조직 으로 특별법인 "수산업협동조합법(이하 '수협법'이라 한다)"28)에 근거하여 1962. 4. 1.부 터 설립, 운영되고 있다. 수협에는 지구별 수산업협동조합, 업종별 수산업협동조합 및 수산물가공 수산업협동조합의 세 종류가 있다. 지구별 수협은 지역명칭이 앞에 붙는 수협을 말하는데 기본적으로 바다가 있는 지역에 있다. 업종별 수협은 업종명 이나 품종명 예컨대 대형기선저인망수협 등을 명칭으로 사용한다. 수산물가공조합 으로는 통조림가공수협 등이 있다.

지구별 수협을 설립하려면 해당 구역의 조합원 자격을 가진 자 20인 이상이 발기인이 되어 출자금액 등을 정한 정관을 작성하고 창립총회의 의결을 거친 후 주 무부장관의 인가를 받아야 한다.29) 설립된 수협은 법인격을 가진다.30) 지구별 수협 의 구역에 주소·거소 또는 사업장이 있는 어업인에 한하여 수협 조합원의 자격이 있는 바31) 수협 조합원 자격이 제한적이어서 수협의 폐쇄성이 문제되고 있다. 수협 은 기관장인 조합장을 선거로 뽑는데, 현직 조합장이 연임하거나 어촌계에서 어촌 계장을 역임한 사람 등이 선출된다고 한다. 2023. 8. 현재 전국에 91개 수협과 153,678명의 조합원이 있다. 91개 수협 중 70개가 지구별 수협이라고 한다.

나. 수산업협동조합의 역할

수협은 어업 등의 생산성을 높이고 조합원이 생산한 수산물의 판로 확대 및 유통의 원활화를 도모하며, 조합원에게 필요한 자금·자재·기술 및 정보 등을 제공 하는 사업을 한다.32) 이러한 사업은 경제사업, 신용사업 및 지도사업으로 나눌 수 있다. 수협은 어민들이 포획한 어패류 등의 수산물 유통 사업을 한다. 바다마트라는 브랜드로 수산물 판매망을 확보하고 있다. 수협도 각 회원조합에서 상호금융을 실시하고 있다. 수산업 종사자들이 출자하여 만들어진 이러한 회원수협을 연계하고 각 회원수협을 관리, 감독하기 위한 전국적 조직으로 수협중앙회가 있다.[33] 수협중앙회는 서울에 본부가 있고 9개 지역 본부가 있으며 산하기관으로 수산경제연구원과 연수원을 두고 있다. 회원수협은 수협중앙회의 산하 조직이 아니라 각각의 회원수협과 수협중앙회는 별개의 독립 법인으로 되어 있다.[34] 2009년 중앙회장이 이사장을 겸하는 수협재단을 설립해 수협 장학관을 운영하는 등 수산인들을 지원하고 있다. 수협중앙회는 2016. 12. 1. 종래의 신용사업부문을 분할하여 수협은행을 설립하였고 수협은행 외에 수협개발, 수협사료, 수협유통, 노량진수산 등을 자회사로 두고 있다.

다. 어촌계와의 구별

어촌계는 뒤에서 언급하는 것과 같이 역사적이고 자연발생적인 존재였던 반면 수협은 구한말 어업법과 일제의 어업령에 의하여 설립된 어업협동조합이 1962년 수협법에 의하여 개칭된 인위적인 기관이다. 그러나 실정법적으로는 전술한 바와 같이 어촌계를 조직할 수 있는 자격이 있는 사람은 지구별 수협의 조합원으로 한정되어 있어 어촌계는 지구별 수협의 산하기관처럼 되어 있다. 수협 제도 도입 후 일부 어촌계는 법인화 등의 과정을 거치면서 해산되어 지구별 수산업협동조합으로 재편되기도 하였으며,[35] 다른 어촌계는 지선어장을 개발하여 신규 설립되기도 하였다.

Ⅲ. 어촌계의 역사적 발전

1. 관습법상 존재기(存在期)

성문법으로 어촌계가 인정되기 이전에 관습법상으로 어촌계가 존재하던 시기이다. 어촌계의 기원은 삼한(三韓)시대부터 존재하던 협동공동체인 두레나 계에까지 소급할 수 있다고 한다. 계(契)는 상고시대부터 마을을 중심으로 존재하여 온 조직으로 어촌에도 계가 존재하였을 것인바 고려시대에도 어량소(魚梁所), 곽소(藿所), 망소(網所) 등 어촌을 지칭하는 행정구역이 있었고[36] 이는 어촌부락으로 통칭되어 어촌계와 유사한 공동체가 있었을 것으로 추정되고 있다. 조선시대에는 어망계(漁網契), 어선계(漁船契) 등 다양한 어업 중심의 계[37]가 존재하였다.

관습법상 어촌계는 옛날부터 어촌에 자생적으로 존재했던 상부상조 조직인 계에서 유래된 어촌공동체의 구심적 조직으로서[38] 지선어장을 관리, 이용하는 주체의 역할을 하였다. 전통적 어촌공동체는 어촌계를 중심으로 혈연과 지연을 근간으로 하여[39] 어장 즉 어업권을 공동소유, 공동이용 및 공동분배하는 배타적이고 폐쇄적인 경제공동체를 형성하였으며[40] 사회문화적 동질성을 바탕으로 개인의 권리 보호보다는 공동체 규범의 준수를 우선하여 왔다.[41]

이러한 어촌계의 어장에 대한 소유 내지는 지배권은 민법상 특수지역권[42]의 일종으로 이해할 수 있다. 즉 당시 어촌계에 귀속하였던 어업권은 주민의 토지수익권에 상응한 합유적/총유적 "수면(水面)수익권"이라 부를 수 있는 권리였다. 따라서 그 법적 성격은 인역권(人役權)[43]이라 할 것이다.

2. 어촌계 부정기(否定期)

구한말인 1908. 11. 11. 일제 통감부에 의하여 법률 제29호로 "어업법(漁業法)"이 제정되었다.[44] 동법은 우리나라에서 어업에 대한 규제를 하는 최초의 근대적 법률이나 그 주된 목적은 일본인들에게 어업권을 부여하기 위한 것이었다. 동법은 어업을 어업의 규모에 따라 면허어업,[45] 허가어업,[46] 신고어업[47]의 3종류로 구분하고 관의 허락을 받아야 어업을 영위할 수 있게 하였다. 지선어장을 이용하던 어촌마을에 수산물의 채조(採藻)·포패(捕貝)를 포함하는 어업권을 부여함으로써 어촌 주민들은 과거부터 해 온 마을 앞바다에서 어업을 계속할 수 있었다고 하나[48] 어업법 시행을 전후하여 어업조합이 결성되기 시작하였고[49] 어업법 시행 후에는 어업권은 어업협동조합에 귀속하게 된 반면 어촌계의 지선어장 이용에 관한 권리는 허가 또는 신고의 대상이 됨으로써 종래의 배타적인 권리로서의 성격을 상실하였다고 할 수 있다.

일제 강점기에 들어서자 조선총독부는 1911. 6. 대한제국의 어업법을 대체하는 어업령을 공포하였고 이 법령에 의거하여 어업조합과 수산조합이 설립되기 시작하여[50] 어업권이 일본인 어업조합에 집중되었던 바 1916년에는 어업조합 수가 47개,

조합원 수가 1만 2백여 명이 달했다고 한다. 어업의 면허는 원칙적으로 어업조합만이 취득할 수 있었고 어업계에는 어촌의 경영 또는 유지를 위하여 필요한 경우에 한하여 예외적으로 부여되어 어민은 어업조합의 조합원으로서 조합의 어업권을 이용하여 어업을 할 수밖에 없었다.[51] 이 어업령은 1929. 1. 26. 조선어업령으로 대체되었다. 이러한 법제에도 불구하고 일제강점기 어업계는 '전용어업' 제도하에서 지선어민의 생업을 보장하고 어업자원을 보호하기 위한 자치적 공동관리체제로 존속하였다. 해방 이후에도 조선어업령을 의용하다가 1953. 9. 9. "수산업법"을 제정하였던 바 동법은 과거 지선어장을 이용하는 관행적 어업인 전용어업의 명칭을 공동어업으로 변경하였다.[52] 어업계의 명칭도 해방 이후 어촌계로 바뀌었으나 어촌계가 실정법적으로 공인된 것은 아니었다.

3. 어촌계 입법기(立法期)

어촌계가 실정법상 사회적 실체로 인정된 시기이다. 어촌계가 최초로 법제화된 것은 1962년 제정된 "수산업협동조합법"에서였다.[53] 수협법은 종래의 어업조합을 포함하는 수산업협동조합제도를 도입하면서 지구별 어업협동조합 산하에 자연마을별로 어촌계를 조직할 수 있다고 규정하였다.[54] 법 제정 당시에는 종래의 제도에 따라 지구별 어업협동조합이 어업권을 취득하고 어촌계원이 이를 이용하는 방식을 취하였다.[55] 어업권은 개인·법인·어촌계·어업협동조합 등 법인격이 있는 개인이나 단체에만 부여되었으므로 법인격이 없는 어촌계는 어업협동조합에 면허된 어업권에 대한 이용권만 인정하는 구조였다. 그 결과 어업권의 귀속주체인 어업협동조합과 그 이용주체인 어촌계 간에 이용료 등에 관한 갈등이 발생하기도 하였다.

이에 정부는 1963년 수산업법을 개정하여 공동어업권의 주체로 어업협동조합 외에 어촌계를 포함시켜 어촌계의 계원도 정관이 정하는 바에 따라 당해 어촌계가 향유하는 어업권의 범위 안에서 각자 어업을 할 수 있도록 하였다.[56] 1966. 8. 3. 개정된 수산업협동조합법은 어촌계를 법인으로 설립하는 것을 유도하였으나[57] 곧 이러한 시도를 포기하고[58] 법인격이 없는 일반 어촌계에도 어업권의 주체로서의 지위를 부여하여 어업권을 총유할 수 있도록 하였다. 이어 어업협동조합과 어촌계가 경합할 때는 어촌계에 우선적으로 어업권을 부여하였다. 1977. 4. 1. 시행한 개정

수협법은 어업협동조합을 지구별 수협으로 개편하는 한편 자연마을 단위의 어촌계를 통합하여 어촌계를 법인화하는 작업을 재차 추진하였으나,[59] 1979년에 이르러 이러한 법인화 작업은 중단되었다고 한다.[60][61] 1981년에는 어촌계의 계원이 지구별 수협 및 업종별 수협의 조합원과 동등하게 당해 어촌계가 향유하는 어업권의 범위 안에서 어업을 할 수 있도록 수협법이 개정됨으로써[62] 이때부터 공동어업권뿐만 아니라 양식어업권도 어촌계로 집중되었다.

전용어업은 1953년 수산업법 제정 시 공동어업으로 명칭만 바뀌었고, 어업의 내용은 동일하였음은 전술한 바와 같았던바 정부는 지선어장을 활용하여 어촌주민의 공동이익과 새마을 소득을 증대시키기 위하여 1975년 법을 개정하여 어촌계도 어업협동조합과 같이 공동어업의 면허를 받을 수 있도록 하였을 뿐 아니라 어업협동조합과 어촌계가 경합할 때에는 어촌계에 면허의 우선권을 부여하였다. 이에 따라 수협이 보유하고 있던 공동어업권이 어촌계로 이양되어 현재에는 어업권의 대부분을 어촌계가 보유하고 있다. 1970~80년대에는 연안 어촌에서 공동어장의 수심이 깊은 곳에 서식하여 지선어민들이 직접 포획·채취를 할 수 없는 전복, 소라 등 패류와 해삼, 성게 등 정착성 수산동물의 채취권을 입찰 또는 수의계약으로 일정 기간 제3자에게 부여하는 이른 바 어장 빈매(濱賣)[63]가 성행하기도 하였으며 어촌인구 감소와 고령화 등으로 어촌계의 공동어업의 관리가 부실해 지고 양식기술의 발달로 양식수산물의 생산이 급증하면서 공동어장 생산물의 경제적 가치가 저하함에 따라 공동어장에서 공동작업조직을 결성하여 채조·포패업을 영위하는 생산구조가 무너지는 현상이 전국적으로 생겨나 한 때 어촌계가 위기에 봉착하는 역현상을 보이기도 하였다.

4. 어업권 주체 인정기(認定期)

이 시기는 어촌계가 입법적으로도 어업권의 부수적인 주체가 아니라 주된 주체로 인정된 시기이다. 먼저 1991년 시행된 개정 수산업법은 법인이 아닌 어촌계가 취득한 어업권은 이를 그 어촌계의 총유로 한다고 명시하였다.[64] 1995. 12. 30. 개정된 수산업법은 공동어업을 수심 한계에 따라 마을어업[65]과 협동양식어업[66]으로 나누었는바 이 마을어업과 협동양식어업 구간이 어촌계가 관리하는 어장의 범위에 속하게 되었다. 1996. 12. 31. 시행된 개정 수산업법은 입법적으로도 어촌계가 지구별 수협에 우선하여 면허어업권을 가지는 것으로 규정하기에 이르렀다.[67] 이로써 어촌계는 어업권의 주체로서 마을어업권에 대한 면허를 일반적으로 부여받아 기존 지선어장에 대한 독점적 이용권 등을 보유하는 자치 단체로서의 지위를 확고히 하게 되었다.

5. 어업공동체 인정기(認定期)

2020년 이후 어촌계 등이 법률에 의거하여 자율어업공동체로 인정받고 정부의 지원까지 받는 시기이다. 정부는 2020. 2. 18. "자율관리어업 육성 및 지원에 관한 법률(이하 단순히 '어업공동체법'이라 한다)"을 제정하여 2021. 2. 19.부터 시행하고 있다.[68] 어촌계원, 수산업 면허 등 보유자, 내수면어업 면허 등 보유자 및 양식업 면허 보유자인 어업인은 지역어업공동체를 구성할 수 있는 바 이들 어업공동체는 후술하는 바와 같이 마을어업공동체를 비롯하여 어선어업공동체,[69] 양식업공동체,[70] 내수면어업공동체,[71] 복합어업공동체[72] 및 광역어업공동체[73]의 6가지로 분류, 관리되고 있다. 정부가 어촌계의 어업권 귀속주체성을 인정함을 넘어 자율적인 어업공동체로 인정하고 육성하기에 이른 것은 어촌계의 역사적 발전과정에 정점을 찍은 것이라 할 수 있다.

Ⅳ. 어촌계의 법적 성격과 활동

1. 어촌계의 실정법적 근거

위에서는 어촌계의 법제사적 연혁을 살펴보았던바 현행법상 어촌계의 근거는 수협법 제15조이다. 동조 제1항은 "지구별수협의 조합원은 행정구역·경제권 등을 중심으로 어촌계를 조직할 수 있으며, 그 구역은 어촌계의 정관으로 정한다."고 규정한다. 수협법 시행령은 어촌계의 관리와 관련하여 어촌계의 목적, 명칭·설립, 정관, 어촌계원 및 준어촌계원, 어촌계의 사업, 해산 사유, 설립인가의 취소, 지도·감독에 관한 규정을 두었다.74) 어촌계는 "어촌계"라는 명칭을 반드시 사용하도록 되어 있다.75) 이처럼 수협법령이 어촌계를 지구별 수협의 하부조직으로 하여 법에 편입함으로써 어촌계는 관제조직의 일부로 되어 정부의 지도와 감독을 받게 되었다.76)

2. 어촌계의 성격

가. 어촌계의 경제적·사회적 성격

어촌계는 어촌을 기반으로 하는 마을공동체 내지 어촌공동체의 성격과 어민의 경제공동체 내지 어업공동체의 성격을 모두 가지고 있다고 할 수 있다. 그러나 앞서 본 바와 같이 자연 마을의 구성원과 어촌계의 계원이 일치하지 않는 경우가 많고 2개 이상의 자연 마을을 포괄하는 어촌계도 있기 때문에 어촌계가 가지고 있는 마을공동체의 성격은 제한적인 반면 최근 양식어업이 전개되고 어촌계 계원의 관심이 어장의 분배, 이용방식, 생산, 수입의 분배 등에 점점 더 쏠리게 됨으로써 합리적·타산적 경제공동체적 성격이 강화되고 있다. 사회적으로 어촌계는 마을어장의 배타적 독점적 이용권이라는 강력한 물적 재산을 보유한 어업인의 인적결합에 의한 협동공동체로 자리매김하고 있다.

나. 어촌계의 법적 성격

어촌계가 민법상 사단인지 조합인지에 관하여는 의견이 나누어질 수 있다. 종래 계의 법적 성격에 관하여는 이를 조합계약으로 이해하는 것이 일반적이었고,77) 특히 종전의 수산업법령하에서는 어촌계가 조합으로 이해될 수 있는 여지가 있었다.78) 그러나 오늘날은 어촌계가 권리능력없는 사단이라는 점에 학설은 일치하고 있다.79) 앞서본 바와 같이 1991년 개정 수산업법은 "법인이 아닌 어촌계가 취득한 어업권은 그 어촌계의 총유(總有)로 한다"고 규정하여80) 간접적으로 어촌계의 법적 성격이 권리능력없는 사단임을 명시하였다. 판례도 수산업법의 규정에 의거하여 어촌계를 권리능력없는 사단으로 보고 있다. 즉 어촌계는 "계원들이 정관 소정의 공동목적을 위하여 조직한 법인 아닌 사단으로서 이 사건 어업권은 물론 그 소멸에 따른 손실보상금도 특별한 사정이 없는 한 피고 어촌계의 총유에 속"한다고 판시하였다.81)

3. 어촌계의 설립과 활동

가. 어촌계의 설립

어촌계는 어촌계원의 어업 생산성을 높이고 생활 향상을 위한 공동사업을 수행할 목적으로 설립한다.[82] 어촌계를 설립하기 위해서는 구역에 거주하는 지구별 수협의 조합원 10명 이상[83]이 발기인이 되어 설립준비위원회를 구성하고, 어촌계 정관을 작성하여 창립총회의 의결을 거쳐 시장·군수·구청장의 인가를 받아 설립한다.[84] 어촌계 정관에는 (i) 목적, (ii) 명칭, (iii) 구역, (iv) 주된 사무소의 소재지, (v) 어촌계원의 자격 및 권리·의무에 관한 사항, (vi) 어촌계원의 가입·탈퇴 및 제명에 관한 사항, (vii) 총회 및 그 밖의 의결기관과 임원의 정수(定數)·선출 및 해임에 관한 사항, (viii) 사업의 종류와 그 집행에 관한 사항, (ix) 경비 부과, 수수료 및 사용료에 관한 사항, (x) 적립금의 금액 및 적립방법에 관한 사항, (xi) 잉여금의 처분 및 결손금의 처리방법에 관한 사항, (xii) 회계연도 및 회계에 관한 사항, (xiii) 해산에 관한 사항이 포함되어야 한다.[85] 어촌계 정관을 변경하려면 원칙적으로 기초지자체장의 인가를 받아야 한다.[86] 어촌계의 대표는 계장(契長)이라 부르며, 총회에서 계원의 투표로 선출한다.

나. 어촌계원의 자격

지구별 수협의 조합원으로서 어촌계의 구역에 거주하는 사람은 어촌계원으로 어촌계에 가입할 수 있다.[87] 어촌계의 계원 자격을 이양받는 사람[88]에게도 어촌계에 가입할 수 있는 자격이 주어진다.[89] 어촌계가 소유한 마을어장은 개인의 추가적인 비용 부담 없이도 생산이 가능하기 때문에 소득이 높은 어촌계의 경우 서로 계원 가입을 원하게 된다. 각 어촌계별로 규약을 통해 가입조건을 달리 적용하는데 가입금 납부, 최소 거주기간 등 별도의 조건을 부과하고 있다. 수협중앙회의 실태조사 결과에 의하면 가입조건을 설정한 어촌계는 58.7%이고 나머지 41.3%는 가입조건 없이 희망자는 모두 가입시키고 있다고 한다. 가입금은 100~300만 원이 24.4%로 가장 많고 거주기간은 3~5년이 29.1%로 제일 많았으며 어촌계의 3.9%는 어촌계 자산의 1/n을 가입금으로 책정하고 있다고 한다.[90] 어촌계에 가입하기 위하여는 규약이 정한 소정의 절차를 밟아야 한다.[91] 어촌계에 가입한 계원은 어촌계의 구성원으로서의 권리의무를 가진다.[92]

계원에는 어촌계원 외에 준어촌계원 제도가 있다. 어촌계원의 자격이 없는 어업인 중 (i) 어촌계가 취득한 마을어업권 또는 어촌계의 구역에 있는 지구별 수협이 취득한 마을어업권의 어장(漁場)에서 입어(入漁)[93]를 하는 사람, 또는 (ii) 어촌계의 구역에 거주하는 사람으로서 어촌계의 사업을 이용하는 것이 적당하다고 인정되는 사람이 총회의 의결을 받으면 준어촌계원이 될 수 있다.[94]

다. 어촌계의 사업

어촌계는 정관으로 정하는 바에 따라 (i) 교육·지원사업, (ii) 어업권·양식업권의 취득 및 어업의 경영, (iii) 소속 지구별 수협이 취득한 어업권·양식업권의 행사, (iv) 어업인의 생활필수품과 어선 및 어구의 공동구매, (v) 어촌 공동시설의 설치 및 운영, (vi) 수산물의 간이공동 제조 및 가공, (vii) 어업자금의 알선 및 배정, (viii) 어업인의 후생복지사업, (ix) 구매·보관 및 판매사업, (x) 다른 경제단체·사회단체 및 문화단체와의 교류·협력, (xi) 국가, 지방자치단체 또는 지구별 수협의 위탁사업 및 보조에 따른 사업, (xii) 다른 법령에서 어촌계의 사업으로 정하는 사업, (xiii) 앞에 열거된 사업에 부대하는 사업, (xiv) 그 밖에 어촌계의 목적 달성에 필요한 사업을 수행할 수 있다.[95]

구체적으로 보면 어촌계는 어장의 생산성을 유지하기 위해 별도의 어장 관리 제도를 운영하며 개인별 최대 채취·포획·어획량을 제한하거나 어장 등의 범위를 구분하여 생산을 일정기간 동안 쉬는 어장 순환이용제, 어장 휴식년제 등도 시행하고 어장 내 종묘 방류나 인공어초의 투입, 해중림(海中林) 조성 활동을 한다. 어촌계는 어업환경을 보전하기 위해 불가사리, 성게와 같은 해적생물(害敵生物)[96]을 구제하고 주기적으로 마을어장을 포함하여 바닷가에 버려진 쓰레기를 수거, 청소하며 수협중앙회, 지구별 수협 등으로부터 '푸른 바다 가꾸기' 사업 시행 등의 지원을 받는다. 또한 어촌계는 풍어제와 같은 어업 관련 행사를 주관·시행함으로써 지역 문화를 보존, 계승하는 사업도 하고 있다.[97]

4. 어업권에 대한 법적 검토[98]

가. 어업권의 법적 성질

어업권이란 면허를 받아 어업을 경영할 수 있는 권리를 말한다.[99] 면허어업에는 일정한 지역에 거주하는 어업인이 해안에 연접(連接)한 일정 수심 이내의 수면을 구획하여 패류·해조류 또는 정착성(定着性) 수산동물을 관리·조성하여 포획·채취하는 어업인 마을어업과 일정한 수면을 구획하여 어구를 일정한 장소에 설치하여 수산동물을 포획하는 어업인 정치망어업(定置網漁業)의 두 가지가 있으므로 어업권도 마을어업권과 정치망어업권으로 나눌 수 있다.[100] 마을어업권은 어촌계 또는 지구별 수협이 독점하고 정치망어업권은 어촌계, 지구별 수협 또는 영어조합법인이 보유할 수 있다.[101] 이러한 어업권은 지자체의 면허를 받아 발생하는 사권이다.[102] 주류적 견해는 어업권은 행정청이 면허대상자에게 부여하는 설권적 권리로서 강학상 특허에 해당하는 공법상의 권리로 본다.[103] 어업권은 어업면허가 대인적 처분의 성격을 가지므로 그 양도, 담보제공, 임대 등이 엄격하게 제한된다.[104] 일단 설정된 어업권은 타인에게 배타적인 권리를 주장할 수 있는 물권으로[105] 특정수면을 직접 이용·지배하는 권리라기보다는 일정한 어업을 배타적으로 영위할 수 있는 어장지배권의 성격을 가진다. 관습상의 어업권은 앞서 본 바와 같이 민법이 규정하는 특수지역권의 일종으로 법인 아닌 어촌계는 어업권을 총유하며[106] 지자체의 면허는 이러한 관습법상의 권리를 확인하는 행위라 할 수 있다.

나. 어업권의 내용

어업권을 부여하는 방식에는 특정 어장에서 모든 어업을 무제한적으로 허용하는 어장주의(漁場主義)와 특정 어업이나 대상 어종을 한정하여 허용하는 어업주의(漁業主義)로 나눌 수 있으나 수산업법은 특정 어업에 대하여 어업권을 부여하는 어업주의를 취하고 있다. 어업권은 수산 동식물 자체를 지배할 수 있는 권리가 아니고, 일정 수면에서 수산 동식물을 포획·채취 또는 양식할 수 있는 행위를 독점할 수 있는 권리이다. 따라서 타인이 어업권을 침해하는 어업을 하는 경우 어업권자는 그 어업행위의 금지를 청구할 수 있을 뿐이고 당해 수면에 어업을 하여 포획·채취 또는 양식한 수산물의 인도를 청구할 수 있는 권리는 없다. 또한 어업권은 어업행위에 만 미치고 어업 이외의 수면 이용에 관한 권리에는 미치지 않는다.107) 어업권의 목 적이 되는 어장에 관해서는 1물1권주의의 원칙이 적용되어 먼저 설정되어 있는 어 업권의 목적인 어장과 위치가 중복되는 어장에 관하여 뒤에 이루어진 어업권 면허 는 무효이다.108) 어업권의 유효기간은 일단 10년으로 법정되어 있으나109) 어업권 자는 면허기간이 끝난 날부터 10년의 범위에서 유효기간의 연장을 신청하여 허가받 을 권리가 있다.110) 기존의 어업면허권자는 어업권면허를 받을 권리와 이익이 있으 므로 법령상 근거 없이 정부 훈령인 어업면허사무취급규정에 근거하여 어업면허를 거부할 수 없다.111) 다만 어업권의 대상인 수면이 다른 법령상 어업행위가 제한 또 는 금지된다는 이유로 어업권의 갱신이 거절된 경우 어업권자는 손실보상을 청구할 수 없다고 한다.112)

다. 어업권의 취득과 처분

어업권은 기초지방자치단체장에게 어업면허를 신청하여 그 면허를 받거나 어 업권을 이전 또는 분할받는 방법으로 취득할 수 있으며 어업권의 취득은 어업권원 부에 등록하여야 한다.113) 어업권은 양도나 분할을 할 수 없음이 원칙이나114) 어촌 계 또는 지구별 수협의 합병, 분할, 업무구역의 변경 또는 상호 합의에 따라 어촌계 와 어촌계 사이, 지구별 수협과 지구별 수협 사이 또는 어촌계와 지구별 수협 사이 에 서로 이전하거나 분할하는 경우115)나 그 외 지자체의 인가를 받는 등 일정한 예 외적인 사유가 있는 경우116)에는 그 어업권을 이전하거나 분할할 수 있다. 그러나 어민들의 생계 보장을 위하여 어업권의 담보 제공이나117) 어업권의 임대차는 허용 되지 않는다.118) 어업권을 목적으로 하는 권리의 설정·보존·이전·변경·소멸 및 처분의 제한, 지분 또는 입어(入漁)에 관한 사항은 어업권원부에 등록하여야 한 다.119) 어업권에 관한 등록은 등기를 갈음하는 효력이 있으며120) 그 권리변동에 관 한 효력 요건이다.

라. 어업권의 행사

어업권을 취득한 어촌계나 지구별 수협은 어장관리규약을 제정하여 그 어장에 입어하거나 어업권을 행사할 수 있는 자의 자격, 입어방법과 어업권의 행사방법, 어업의 시기, 어업의 방법, 입어료(入漁料)와 행사료(行使料), 그 밖에 어장관리에 필요한 사항을 정하여야 한다.[121] 정부는 어업권의 행사방법과 행사의 우선순위, 어촌계별·어촌계원별·조합원별 시설량 또는 구역의 조정(調整), 그 밖에 어장관리에 필요한 사항을 정한다.[122] 마을어업의 어업권자는 입어자(入漁者)[123]에게 어장관리규약으로 정하는 바에 따라 해당 어장에 입어하는 것을 허용하여야 한다.[124] 어업권자와 입어자는 협의에 따라 수산동식물의 번식·보호 및 어업의 질서유지를 위하여 필요하다고 인정되면 어업에 대하여 제한을 할 수 있다.[125]

마. 어업권에 대한 어촌계원의 권리

어촌계가 총유적으로 보유하는 마을어업권에 대하여는 원칙적으로 어촌계원만이 어장관리규약에 따라 그 권리를 행사할 수 있다. 어업권은 앞서 본 바와 같이 임대차의 목적으로 할 수 없고 어촌계원이나 지구별 수협의 조합원이 아닌 제3자가 어업권을 행사하는 것은 빈매로서 원칙적으로 금지된다.[126] 따라서 어촌계의 어장관리규약에 계원이 아닌 자에게 어업권의 행사나 어업권의 대상인 어장에 입어를 허용하는 규정을 두었더라도 그러한 규정은 무효이다.[127] 다만 어업권에 대한 어촌계원의 독점적 행사에 대하여는 두 가지 예외가 인정된다. 먼저 지구별 수협의 조합원 또는 영어조합법인이 어장관리규약으로 정하는 바에 따라 그 어촌계 또는 지구별 수협이 보유하는 어업권을 행사하는 것은 임대차로 보지 않는 바[128] 이는 어촌계원이나 지구별수협의 조합원으로 구성된 영어조합법인으로 하여금 어업권을 행사할 수 있도록 하기 위한 것이다.[129] 두 번째 예외는 마을어업권의 경우 어촌계원이 아닌 자라도 (i) 해당 어촌계의 관할 구역에 주소를 두고 있고, (ii) 마을어업권의 행사에 대한 어촌계 총회의 의결을 받았으며 (iii) 입어를 위한 이업의 신고를 마친 경우에는 마을어업권을 행사할 수 있다.[130] 어업권을 행사하는 어촌계원, 영어조합법인 기타 제3자는 행사료를 어촌계에 납부하여야 한다. 이 행사료는 어업권 이용이라는 특전에 대한 대가의 성격을 가지는 것이다.[131] 그런데 이처럼 어업권의 행사를 원칙적으로 어촌계원에 한정하는 것에 대하여는 검토의 여지가 있다. 실제에 있어서는 앞서 본 바와 같이 빈매가 여전히 이루어지고 있고 활력을 잃고 있는 일부 어촌계의 생산 활동을 진작할 필요가 있으므로 어족 자원을 보존하는 조치를 전제로 제한적으로 제3자에게 어업권 행사를 허용하는 제도를 도입하여야 할 것이다.

나아가 어촌계원은 어촌계가 올린 이익에 대하여 분배청구권을 가지나 어촌계 재산에 대한 분배청구권을 가지는 것은 아니다. 그러나 어촌계원에게 어업권 소멸로 인한 손실보상금 분배청구권은 어촌계 총회가 결의하는 바에 따라 인정된다. 그 분배의 기준에 관하여 대법원은 "법인 아닌 어촌계가 취득한 어업권은 어촌계의 총유이고(수산업법 제16조 제4항), 그 어업권의 소멸로 인한 보상금도 어촌계의 총유에 속하므로 총유물인 손실보상금의 처분은 원칙적으로 계원총회의 결의에 의하여 결정되어야 할 것이지만, 어업권의 소멸로 인한 손실보상금은 어업권의 소멸로 손실을 입은 어촌계원들에게 공평하고 적정하게 분배되어야 할 것이므로, 어업권의 소멸로 인한 손실보상금의 분배에 관한 어촌계 총회의 결의 내용이 각 계원의 어업권 행사 내용, 어업 의존도, 계원이 보유하고 있는 어업 장비나 멸실된 어업 시설 등의 제반 사정을 참작한 손실의 정도에 비추어 볼 때 현저하게 불공정한 경우에는 그 결의는 무효"라고 하고, 한편 어업권의 소멸로 인한 손실보상금을 분배하는 총회결의가 현저하게 불공정하여 무효인지 여부는 "그 어촌계 내부의 어업권 행사의 관행과 실태가 가장 중요한 기준이 된다고 할 것이고, 그 밖에 어업권 행사자가 되기 위한 경쟁의 정도, 어촌계원 중에서 어업권 행사자들이 차지하는 비율, 어업권 비행사자들이 어업권 행사자가 되지 못한 이유, 분배방법에 대한 행사자와 비행사자들의 태도, 그 어촌계에서의 과거의 보상금 분배의 선례 등도 판단 자료로서 참작되어야 할 것이다"고 판시하였고[132] 나아가 대법원은 어업권 행사자에게 주된 보상청구권을 인정한다. 즉 "어촌계의 계원에게 어촌계가 보유하는 어업권을 행사할 수 있는 잠재적인 권리가 있다고 하더라도 수산업법 관련 규정[133]의 취지에 비추어 현실적으로는 어촌계와의 어업권 행사계약을 체결한 자만이 어업권을 행사할 수 있고, 어업권의 소멸로 인하여 직접 손실을 입게 되는 자는 바로 어업권 행사자들인 점도 충분히 감안되어야 한다"고 한다.[134]

바. 어업권의 소멸

어업권은 존속기간의 만료, 어업 면허의 취소, 어업권의 포기 등에 의하여 소멸한다. 먼저 어업권의 면허기간 10년이 경과되면 어업권은 자동적으로 소멸하며 다만 갱신될 수 있다.[135] 또한 어업권은 법정 취소사유가 있는 때에는 면허권자의 취소처분에 의하여 소멸할 수 있다.[136] 어업권 취소의 효과는 원칙적으로 장래에 향하여 효력이 있으므로 철회의 성질을 가지고 취소에 따른 어업권 소멸 등록이 된 때에 비로소 어업권은 소멸한다. 나아가 어업권의 포기에 의하여서도 어업권이 소멸한다. 어업권과 같은 재산권은 자유롭게 포기할 수 있는 것이 원칙이나, 이해관계인 보호를 위하여 입어권 등 등록한 권리자가 있을 경우에는 그 등록 권리자의 동의를 얻어야 포기할 수 있다.[137]

V. 어촌계에 대한 규제와 지원

1. 수산업법상 어촌계에 대한 규제와 지원

가. 어촌계의 기금조성권 및 자금차입권

어촌계는 위와 같은 사업을 위하여 기금을 조성·운용하거나 수협중앙회, 수협은행[138] 또는 지구별 수협으로부터 자금을 차입할 수 있다.[139] 어촌계 기금의 예로는 낙도, 벽지 및 접경지역 등 정주여건이 불리한 조건불리지역에 주소지를 두고 어업경영체에 등록한 어업인에게 수산직접지불제 시행에 관한 법률에 따라 안정적인 정착을 위하여 지급하는 수산직불제 지원금 중 30% 이상의 범위에서 조성하는 어촌마을공동기금이 있다. 마을공동기금은 어촌계 명의로 별도 계좌를 개설하여 구분 관리하여야 하며 위원장 또는 어촌계장은 회계관리 담당자를 겸할 수 없다.

나. 어촌계에 대한 지도감독권

어촌계는 관할 시구별 수협 또는 지방자치단체의 지도·감독을 받으며 그들의 감사를 받을 수도 있다.[140] 지방자치단체장은 어촌계원 등의 소득이 균등하게 증대될 수 있도록 일정 기준에 해당하는 자에 대하여는 어촌계(또는 지구별 수협)의 어장에 대한 어업권의 행사를 제한하거나 금지할 수 있고,[141] 어촌계 등이 정한 어장관리규약이 법률[142]이나 법률에 따른 명령·처분 등의 제한을 위반한 경우에는 어장관리규약의 변경 등 필요한 조치를 명할 수 있다.[143] 어촌계는 (i) 정관으로 정한 해산사유의 발생, (ii) 총회의 해산의결, (iii) 어촌계원의 수가 10명 미만이 되는 경우 또는 (iv) 어촌계 설립인가가 취소된 경우에는 해산한다.[144] 어촌계가 (i) 그 부채가 그 자산을 초과한 경우, (ii) 어촌계의 사업량으로 보아 어촌계의 운영이 매우 곤란하다고 인정되는 경우 또는 (iii) 마을어업권[145]을 행사할 때 분쟁의 조정상 필요하다고 인정되는 경우에는 지방자치단체장은 어촌계의 설립인가를 취소할 수 있다.[146] 지방자치단체는 어촌계에 대하여 어업권의 행사제한 또는 금지권, 어장관리규약 변경권과 설립인가 취소권을 가짐으로써 어촌계에 대한 생사여탈권을 쥐게 되어 어촌계의 자율성을 침해할 소지가 있다.

2. 어업공동체법에 의한 어촌계에 대한 규제와 지원

가. 어업공동체법의 제정

종래 어촌계 등 자율관리어업에 대하여는 "수산자원관리법"에 법적 근거가 있었지만 자율관리어업을 수산자원의 보전, 관리, 이용을 넘어 미래 지향적인 공동체 운동으로까지 확산하고 수산자원의 효율적 보전·관리와 지속가능한 어업생산기반을 구축하기 위하여 정부는 2020. 2. 18. 어업공동체법(정식 명칭은 "자율관리어업 육성 및 지원에 관한 법률"이다)을 제정하여 2021. 2. 19.부터 시행하고 있다.[147] 동법에 따르면 어촌계원, 수산업법 또는 내수면어업법에 따른 면허 등 보유자 등 자격을 가진 어업인은 자율관리어업공동체를 구성할 수 있도록 되어 있다.[148] 동법에서 말하는 "자율관리어업"은 지속가능한 어업생산기반의 구축과 어가의 소득증대를 위하여 어업인이 자율적으로 공동체를 결성하고 지역특성에 맞는 자체규약을 제정하여 수산자원을 보전·관리·이용하는 어업을 말하며 동법상 어업공동체는 자율관리어업에 참여하기 위하여 소정의 자격을 가진 어업인이 모여 결성한 단체를 말하고, "어업인"에는 어업을 경영하는 어업자 외에 어업종사자도 포함된다.[149]

나. 어업공동체의 종류

어업공동체는 그 구성 대상에 따라 지역(地域) 어업공동체와 어구(漁具)·어법(漁法) 어업공동체로 나누어진다.[150] 지역 어업공동체는 지구별 수협, 어촌계, 내수면어업계, 행정리 또는 이들의 연합체가 구성할 수 있고, 어구·어법 어업공동체는 업종별 수협, 같은 어구·어법을 사용하는 자 또는 이들의 연합체가 구성할 수 있다.[151]

어업의 종류에 따라서 보면 어업공동체는 마을어업 관련 어촌계 또는 어촌계원[152] 이 만드는 마을어업공동체를 비롯하여 어선어업 공동체,[153] 양식업 공동체,[154] 내 수면어업공동체,[155] 복합어업공동체[156] 및 광역 어업공동체[157]의 6가지로 분류된 다. 어업공동체는 원칙적으로 공유수면을 대상으로 하여야 하나 개인사유지와 사유 수면의 경우에도 수산물 위생 안전, 유통구조개선, 시설 및 장비의 공동구매 등 어 업생산 기반을 공고히 하고자 하면 시·도 단위 또는 그 이상의 광역지역으로 하여 어업공동체를 구성할 수 있다.[158][159]

다. 어업공동체의 결성

어업공동체를 구성할 수 있는 어업인은 어촌계의 계원, 수산업 면허 등 보유자, 내수면어업 면허 등 보유자 및 양식업 면허 보유자이다.[160] 지역마을어업공동체를 결성하려면 자격자 20명 이상의 최소 구성원을 가져야 하며 다른 어업공동체의 경 우에도 소정의 최소 구성원의 요건을 충족하여야 한다.[161] 어업공동체는 어장관리, 수산자원관리, 경영개선, 질서유지 등에 관한 사항을 고려하여 공동체자체규약을 제정하여야 한다.[162] 공동체자체규약에는 (i) 해중림의 조성, 어장환경 개선, 어장 면적 조정, 어장휴식 등 어장관리에 관한 사항, (ii) 어구사용량의 축소, 그물코 크기 의 확대, 휴어제(休漁制)의 운영 등 수산자원관리에 관한 사항, (iii) 공동 생산·판매, 체험어장의 운영 등을 통한 어업 외의 소득증대 등 경영개선에 관한 사항, (iv) 불법 어업 근절대책, 수산 관계 법령의 준수, 공동체 간 분쟁 해결 등 질서유지에 관한 사항을 규정하여야 한다.[163] 공동체는 공동체 대표를 위원장으로 하고, 관계 어업 인 대표를 위원으로 하는 자율관리어업위원회를 구성하여 규약을 제정한다.[164]

라. 어업공동체의 중앙 조직과 관련 단체

어업공동체의 중앙조직으로 (사)한국자율관리어업연합회가 있다. 이 한국자율 관리어업연합회는 시·도 연합회장으로 구성하며 시·도 연합회는 관내 참여공동체 시·군·구 연합회장으로 구성한다. 이러한 연합회를 설립하는 목적은 자율관리어업 참여어업인간의 정보교환과 친목도모를 통하여 확산분위기를 조성하고 정부와 참 여공동체 지도자간의 가교역할을 수행하기 위한 것이다.[165] 그 외 수산업협동조합 중앙회와 한국수산회 등의 관련 기관이 있다.

482

마. 어업공동체에 대한 정부의 지원과 간섭

정부의 재정지원 등을 받으려는 어업공동체는 대표자를 선정하여 지방자치단체에 등록하여야 한다. 정부는 어업공동체에 대하여 활동실적 평가 결과에 따라 행정적·기술적 지원, 어업공동체 운영과 업무수행 경비를 지원한다.[166] 이러한 지원을 위하여 정부[167]는 어업공동체의 활동실적에 대하여 평가를 하여 공동체 등급을 부여한다. 어업공동체 등급에는 1등급(선진공동체),[168] 2등급(자립공동체),[169] 3등급(모범공동체),[170] 4등급(협동공동체),[171] 5등급(참여공동체)[172]의 다섯 등급이 있다. 평가결과 활동실적이 우수한 공동체에 대하여는 육성사업비 지원, 공동체 지정패 수여, 정부포상, 해외연수기회 제공 등 인센티브를 부여하여 반대로 사업추진여건 불비, 불법어업 과다, 어업권 타인지배, 행정처분, 어업분쟁, 사업비 부당수령 등의 비리가 있는 어업공동체는 육성사업비 지원 대상에서 배제한다.[173] 정부는 이처럼 어업공동체에 대한 지원을 무기로 어촌계 등을 새로이 조직하고 통제할 수 있는 수단을 가진다.

3. 어촌계 관련 분쟁의 해결

가. 어촌계 관련 분쟁의 유형

어촌계 관련 분쟁에는 어촌계 내부 분쟁, 어촌계간의 분쟁, 어촌계와 비어업인 간의 분쟁 등이 있다. 먼저 어촌계에는 여러 가지 내부 갈등이 발생하고 있다. 그 원인으로는 여러 가지가 지적되고 있으나 업무상의 충돌과 인간관계상의 충돌이 대종을 이루고 있다고 한다.[174] 보상금의 분배를 둘러싸고 어촌계원간의 분쟁 또한 첨예하다.[175]

어촌계간의 분쟁으로는 인근 어촌계를 상대로 어업권 확인을 구한 아래와 같은 사례가 발견된다. 대법원은 "시장·군수·구청장 등으로부터 면허를 받아 어업권을 취득하기 전이라면 법적으로 보호되는 어촌계의 업무구역이 존재한다고 할 수 없다"면서 시장 등이 "다른 어촌계의 업무구역과 중복된다는 등의 이유로 어업면허를 거부하거나 취소하는 등의 처분을 하는 경우에는 행정처분의 효력을 다투는 항

고소송의 방법으로 그 처분의 취소 또는 무효확인을 구하는 것이 분쟁을 해결하는 데에 직접적인 수단이 되는 것이므로, 그와 별도로 민사상 다른 어촌계를 상대로 업무구역의 확인을 구하는 것은 원고의 법적 지위에 대한 불안·위험을 제거하는 데 가장 유효·적절한 수단이라고 보기도 어렵다"고 판시하여 어촌계는 어업면허처분 취소 등 행정소송으로 다투어야 하고 인근 어촌계를 상대로 업무구역확인에 관한 민사소송으로 다툴 것이 아니라고 판시하였다.176)

그 외 어촌계와 해루질하는 비어업인간의 갈등이 빈번하게 발생하고 있다. 낚시 등을 이용하여 놀이를 목적으로 수산동식물을 포획·채취하는 행위는 "유어(遊漁)"177) 또는 해루질이라고 하여 일반적으로 허용된다. 왜냐하면 수산업법은 어업을 규제하는 법률이고 개별 어로행위를 규율하는 것이 아니기 때문이다. 따라서 비어업인들이 물이 빠진 갯벌 등 연안 바다에서 어패류를 채취하는 행위는 사업적으로 하지 않는 한 허용되나 남획 등으로 어업권을 침해당할 위험이 있는 어촌계와 갈등이 자주 발생하고 있다. 지자체는 비어업인들에게 허용되는 해루질의 범위를 명확히 하고 채취 한도를 설정하는 등 기준을 명확히 하여 분쟁의 소지를 제거하여야 할 것이다. 그밖에 어촌계와 비어업인간의 분쟁으로는 어업권 침해에 관련한 손해배상이나 손실보상청구 분쟁이 있는 바 이는 어촌계 뿐 아니라 그 외 다수의 어민들이 관련되고 또 분쟁규모도 커서 대부분 소송으로 해결되고 있다.

나. 수산조정위원회의 조정

어업에 관한 분쟁 조정을 위하여 수산조정위원회와 한국수산회 자율조정협의회가 설치되어 있다. 수산조정위원회는 3단계로 설치되어 있는바 해양수산부에 중앙수산조정위원회를, 시·도에 시·도수산조정위원회를, 시·군·자치구에 시·군·구수산조정위원회를 두고 있다.178) 수산조정위원회는 어업에 관한 분쟁의 조정외에 보상·재결 또는 양식업 등에 관한 사항을 심의하는 권한을 가진다. 어업별 분쟁의 사전·사후 조정과 시·도 사이의 어업에 관한 분쟁의 조정(구체적으로는 어구·어법의 갈등 및 분쟁의 조정과 어업간 조업구역·기간, 채포물의 종류 및 기타 어업과 관련된 분쟁의 조정을 포함한다)을 위하여 중앙수산조정위원회에 어업조정위원회를 두는데 어업조정위원회의 조정은 중앙수산조정위원회가 한 조정으로 본다.179) 어업조정위원회는 동해, 서해 및 남해의 각 어업관리단의 관할 구역별로 어업조정위원회가 설치되어 있는

바[180) 어업조정위원회는 어업분쟁의 조정을 분과위원회에 위임하여 처리한다.[181)
어업조정위원회의 공동위원장이나 위원을 지자체가 추천하게 되어 있어 그 민주성
에 의문이 있다.

다. 한국수산회 자율조정협의회의 조정

또한 어업공동체법은 어업공동체 관련 분쟁의 해결을 위하여 자율조정협의회를
두고 있다. 어업인간 또는 지역간·업종간 발생하는 문제와 분쟁을 당사자간 협의와
토론에 의하여 자체 해결토록 조정하기 위하여 한국수산회 전문위원, 민·관·학계
전문가, 어업인대표 등 20명 이내로 구성되는 자율조정협의회를 한국수산회에 설치
하며 위원장은 한국수산회장이 되고 한국수산회에서 사무국역할을 수행한다. 협의
회는 총괄협의회와 분과협의회로 운영하며 해양수산부, 지자체, 각 시·도 전담기
관, 수협, 어업인 등이 요청한 사항을 조정한다.[182) 자율조정협의회와 같은 느슨한
조직으로는 어업공동체 관련 분쟁을 효율적으로 해결하기 어려우므로 전문가로 구
성되는 조정위원회를 설치하여야 할 것이다.

VI. 어촌계의 미래

1. 어촌계의 미래에 관한 논의의 필요성

지금까지 어촌계를 비롯한 어촌공동체는 현실에 잘 적응하고 사회적으로 유익
한 존재로 자리 잡았으나 앞으로는 구성원 감소 및 고령화, 신규인력의 진입 장벽
존재, 신규 사업을 위한 재원의 부족, 새로운 환경에 맞는 운영 능력 미흡, 정부의
지도 감독 부족 등 다양한 이유로 위기에 봉착하고 있거나 미구에 봉착할 것이 예
상되는 곳이 있다. 이러한 현실하에서 정부가 어업공동체법을 제정하여 자율관리어
업공동체를 육성하려는 시도는 환영할만하며 향후 어업공동체의 바람직한 운영 방
향을 제시할 수 있는 제도적 수단이 될 수도 있을 것이다. 이러한 관점에서 어촌계
의 미래에 관하여 논의해 보고자 한다.

2. 어촌계 가입 조건의 완화

탈도시화의 경향과 정부의 적극적인 귀농어·귀촌정책에 힘입어 농어촌지역에로의 귀촌인구는 2007년 이래 증가하고 있는바 특히 연안지역의 어촌의 경우 어촌지역의 순유입 인구는 2013년 이후 계속 늘어나고 있으며[183] 어촌지역에의 귀촌인구에는 은퇴자는 물론 청년들도 포함되고 있다.[184] 그러나 앞서 본 바와 같은 어촌계에의 가입요건으로 3~5년의 거주기간을 요구하는 어촌계가 약 30%를 점하는 등 어촌계의 엄격한 가입요건이 귀어자의 어촌계에 대한 진입 장벽을 형성하고 있다. 가입비는 어촌계 및 마을어장 관리에 따른 기존 계원의 노력에 대한 보상이며 최소 거주기간은 신규 인력이 어촌계 및 마을에 적응하고 동화하는데 필요한 기간으로 가입비 부과와 최소 거주기간 등의 가입조건은 어촌사회와 마을어장의 유지 존속을 위하여 필요한 요건으로 이해할 수 있으나 어촌계원들이 어촌계의 지속적 발전에는 젊은 인력의 공급이 반드시 필요하다는 인식을 하여야 하고 정부도 그러한 정책을 일관성 있게 추진하여 장기의 거주기간이나 과도한 가입금 요구로 인하여 귀어를 포기하는 일이 없도록 하여야 할 것이다.[185]

3. 새로운 어업공동체 사업의 모색

기존 어업공동체에 다양한 종류의 어업인이 참여하고 어업뿐 아니라 각종의 수산업과 협력적인 관계를 정립하여 새로운 어업공동체로 재편해 나가야 할 것이다. 즉 어업공동체의 구성원들은 어민뿐만 아니라 수산물 가공업, 유통업, 체험관광업, 숙박업 등과 같이 수산업을 넘어 새로운 어촌 관련 산업에 종사하는 지까지 망라하여 어업공동체를 넘어 새로운 모습의 어촌공동체로 발전하여 나가야 할 것이다. 새로운 어촌공동체는 기존의 어업공동체가 원칙적으로 하나의 어촌마을을 중심으로 한 것을 극복하고 인접한 어촌공동체와 연대 협력하여 보다 광역의 어촌공동체를 조직하여 장점을 극대화 하고 약점을 상호 보완하여 기존 사업규모를 확대하거나 신규 사업을 공동으로 추진하여 지속가능한 어촌공동체를 형성하도록 하여야 할 것이다.[186]

4. 어촌관광사업 기회의 활용

이러한 새로운 사업 중 대표적인 것이 어촌관광사업이라고 할 수 있다. 실제로 어촌계는 어업 외 활동도 하는 바 어촌체험마을을 운영하는 것이 그 예이다. 어촌체험마을은 2001년 이후 시행하고 있는 사업으로 어업체험을 중심으로 어촌의 자연환경, 생활문화 등과 연계한 관광기반시설을 조성하여 관광객을 유치하는 사업을 한다.[187] 또 다른 어업 외 활동으로 마을기업이 있다. 어촌계 또는 어촌주민들을 중심으로 마을기업을 설립하고 운영하며 마을어장의 생산물을 직접 판매하거나 활용한다. 식당, 특산물 판매 매장 등 다양한 형태로 운영되고 있는 이 마을기업은 어촌계원뿐 아니라 일반 어촌 주민도 참여한다. 이외에도 어촌계가 보유한 시설을 임대하고,[188] 민박이나 수산물 판매장을 운영하는 등의 어업 외 활동을 장려할 수 있다.[189] 이처럼 어촌은 소득과 여가시간의 증가에 따라 도시인들이 자연경관과 전통문화를 즐기고 바다를 체험할 수 있는 관광과 휴양의 장소로 발전하고 있으므로 어촌계는 어촌관광사업으로까지 사업영역을 확대함으로써 공동체로서의 새로운 활로를 개척해 나가야 할 것이다.

5. 어촌계 복지 기능의 강화

앞서 본 바와 같이 어촌계는 정관이 정하는 바에 따라 어업인의 후생복지사업을 할 수 있고 그 수익의 일부를 어촌계원들 간에 공동 분배함으로써 연로한 어촌계원의 노후 소득을 보장하는 복지제도로서의 기능을 가지는 바 이를 체계화하여 상병하거나 은퇴한 어촌계원에게 치료비와 연금을 지급하는 등 어촌계의 복지 기능을 강화하는 제도를 도입하여야 할 것이다. 어민이 은퇴한 후에도 어장으로부터 일정 소득이 보장된다면 남획을 하기 보다는 장기적으로 어족 자원을 보존하는데 더욱 유의하게 되는 부수적인 장점도 거둘 수 있을 것이다.

6. 각종 특별법의 통합적 적용

앞서 본 바와 같이 수산업과 어촌에 관하여는 수많은 특별법이 제정되어 있다.

수산업·어촌 발전 기본법, 수산업법, 수산자원관리법, 양식산업발전법,190) 내수면어업법, 어장관리법, 공유수면 관리 및 매립에 관한 법률, 어촌특화발전 지원 특별법, 어촌·어항법, 섬 발전 촉진법, 농어업경영체 육성 및 지원에 관한 법률, 수산업·어촌 공익기능 증진을 위한 직접지불제도 운영에 관한 법률 등이 그것이다. 이러한 각종 특별법은 어촌계와 직·간접적으로 관련될 수 있다. 예컨대 어촌·어항법에 관련하여 정부는 어촌·어항발전기본계획을 수립하여 어촌종합개발사업, 어항개발사업, 어촌·어항재생사업 등과 어촌지역 주민들의 교통편익 증진 등을 시행하게 되어 있으므로191) 이러한 계획과 사업 시행을 함에 있어 어촌계의 육성과 발전을 고려하여야 할 것이다. 한편 이처럼 수많은 입법으로 인한 중복규제, 중복 지원의 위험이 있으므로 이를 통합, 정리할 필요가 있다 할 것이다.

Ⅶ. 글을 맺으며

이상 살펴본 바와 같이 어촌계는 오랜 역사속에서 현대에 이르기까지 연면히 이어져 내려오는 지역공동체이자 직업공동체로서 오늘날에도 개별 어민과 어촌 마을의 생존과 번영에 중대한 영향을 미치고 있는 사회적으로 유의의한 존재라고 할 수 있다. 특히 어촌계의 역사적 변천과 발전과정은 사회학적으로 매우 흥미롭다고 하지 않을 수 없다. 일제 강점기 일본이 도입하였던 어업협동조합에도 불구하고 어촌계는 살아남았으며 광복 후에도 장기간 서자 취급을 받아 오다가 1962년 수협법에 법적 근거를 두기 시작하였고 수차례에 걸친 법인화의 압력을 극복하고 1980년대에 이르러 어업공동체의 적자(嫡子)로서의 지위로 발놋움하였으며 2021년에 이르러 자율관리어업공동체법의 핵심대상으로 특별법을 입법하게 만드는 상황으로까지 발전하였다. 향후 어촌계가 자율관리어업공동체의 주역으로서 정부의 지원을 넘어 문자 그대로 자율적으로 발전하여 21세기 한국 공동체의 모범이 되기를 기원한다.

미주

1) 김준 (2011), 245-272 참조.

2) 윤보경 (2013) 참조.

3) 김창민 (2011), 29-44면 참조. 이러한 폐쇄성은 귀어인(歸漁人) 등 어촌공동체에 신규로 진입하려는 사람들에 대해 이중적인 가입 요건을 설정하는 등 진입 장벽을 형성하고 있다.

4) 어촌공동체, 어민공동체 또는 어업공동체라고 불리나 미래지향적인 공동체는 산업을 중심으로 재편되어야 한다는 관점에서 본고에서는 어업공동체라는 용어를 사용하기로 한다.

5) 수산업·어촌 발전 기본법 제2조 제6호 참조. 그 지역 중 읍·면의 전 지역과 동의 지역 중 국토의 계획 및 이용에 관한 법률 제36조 제1항 제1호에 따라 지정된 상업지역 및 공업지역을 제외한 지역에 한정한다.

6) 수산업·어촌 발전 기본법 제2조 제1호 가목 참조.

7) 양식산업발전법 제2조 제2호 참조.

8) 어업현장에서 양륙지(揚陸地)까지 어획물이나 그 제품을 운반하는 산업을 말한다.

9) 수산동식물 및 소금을 원료 또는 재료로 하여 식료품, 사료나 비료, 호료(糊料)·유지(油脂) 등을 포함한 다른 산업의 원료·재료나 소비재를 제조하거나 가공하는 산업을 말한다.

10) 수산물의 도매·소매 및 이를 경영하기 위한 보관·배송·포장과 이와 관련된 정보·용역의 제공 등을 목적으로 하는 산업을 말한다.

11) 수산업·어촌 발전 기본법 제2조 제1호 가목 내지 마목 참조

12) 작은 규모의 자본과 자가 노동을 바탕으로 자영하는 소상품생산적인 어민을 말한다.

13) 어업자본가나 어가어민에게 고용되어 임금을 받는 노동자를 말한다.

14) 한국민족문화대백과사전, "어민(漁民)" 참조.

15) 1963. 12. 5, 법률 제1467호로 개정된 수산업협동조합법 제11조 제2항 참조. 다만 동일 가구내에 2인 이상이 있을 때에는 그 중의 연장자에 한한다고 하여 어가어민의 개념을 채용하였다.

16) "어업자"란 어업을 경영하는 자를 말한다(수산업법 제2조 제13호).

17) "어업종사자"란 어업자를 위하여 수산동식물을 포획·채취하는 일에 종사하는 자와 염전에서 바닷물을 자연 증발시켜 소금을 생산하는 일에 종사하는 자를 말한다(수산업법 제2조 제14호).

18) 양식산업발전법 제2조 제12호 참조.

19) 양식산업발전법 제2조 제13호 참조

20) 수산업법 제2조 제10호 참조.

21) 수산업·어촌 발전 기본법은 어업인을 어업을 경영하거나 어업을 경영하는 자를 위하여 수산자원을 포획·채취하는 일 또는 양식업자와 양식업종사자가 양식하는 일 또는 염전에서 바닷물을 자연 증발시켜 소금을 생산하는 일에 종사하는 자로서 일정 기준에 해당하는 자로 정의하기도

하나 실질적인 개념 범위는 수산업법상의 정의와 같다(동법 제2조 제3호 참조).

22) 농어업경영체 육성 및 지원에 관한 법률 제2조 제5호 참조.

23) 수산업·어촌 발전 기본법 제2조 제4호 참조.

24) 수산업·어촌 발전 기본법 제2조 제2호 참조.

25) 어촌특화발전 지원 특별법 제2조 제5호 참조.

26) 다만 2004년 12월 31일 법 개정으로 내수면양식계는 법률상으로는 어촌계에 포함되지 않게 되었다.

27) 어촌계의 지역 및 업종별 분포, 구성원의 연령, 어업 세력 등에 관한 상세는 수산업협동조합중앙회 (2022); 이창수 (2022), 2면 및 19면 이하 참조.

28) 수산업협동조합법은 1962. 1. 20. 법률 제1013호로 제정되어 1962. 4. 1.시행되었다.

29) 수협법 제16조 참조.

30) 수협법 제4조 제1항 참조.

31) 수협법 제20조 참조. 그 외 영어조합법인과 어업회사법인으로서 그 주된 사무소를 지구별수협의 구역에 두고 어업을 경영하는 법인은 지구별수협의 조합원이 될 수 있다. 영어조합법인과 어업회사법인에 관하여는 "농어업경영체 육성 및 지원에 관한 법률" 제16조와 제19조 참조.

32) 수협법 제13조, 제104조 및 제109조 참조.

33) 수협중앙회와 별도로 같은 종류의 조합을 회원으로 하는 수산업협동조합협의회를 각각 구성하여 조합간의 공동사업 개발과 그 권익 증진을 도모하고 있다(수협법 제114조 참조).

34) 수협법 제4조(법인격 등) 제1항은 "조합과 중앙회는 법인으로 한다."고 규정한다.

35) 예컨대 서천 서부수협, 죽왕 수협 등이 있다. 전남 광양읍 황금리 외 6개 리를 관할구역으로 하는 골약서부법인어촌계가 1978. 12. 9. 수산청인가 제168호에 의하여 설립되었다가 1982. 11. 16. 골약어촌계가 광양수산업협동조합에 합병되어 해산되자 골약어촌계에 속해 있던 황방부락 주민 38명이 1983. 8. 14. 창립총회를 개최하여 계장을 선출하고 관할 관청의 인가를 받음으로써 황방어촌계가 별도로 설립된 사례도 있다(대법원 1998. 8. 21. 선고 98다21045 판결 참조).

36) 이들은 특산물을 전문적으로 생산하는 소(所)의 일종으로 어물을 전문적으로 생산하는 어촌의 이름이라고 한다. 한국민족문화대백과사전, "어업(漁業)" 참조

37) 이광남 외 (2010) 3면 참조. 그 외에도 조선시대 어촌사회에서는 양식계(養殖契), 해조계(海藻契), 포패계(捕貝契) 등의 자연마을을 중심으로 한 자생적 협동조직체들이 있었으며 어업관련 계 조직으로 어망계, 어서계 외에도 선박계(船舶契), 선계(船契), 선촌계(船村契), 해업계(海業契), 어계(漁契), 어부계(漁夫契), 선창계(船倉契), 압조계(鴨鳥契) 등 10종류 이상이 있었다고 한다. 김경호 (1984), 6면 참조.

38) 장수호 (1980) 참조.

39) 어업 중심의 촌락일수록 지연이 더 중요하게 작용한다는 점에서 농업 중심의 촌락일수록 혈연이 더 크게 작용하는 것에 대비된다고 한다. 김창민 (2011), 29−44면 참조.

40) 김준 (2010) 참조.

41) 김준 (2011), 245−272면; 김대영 (2017), 901면 참조.

42) 민법 제302조는 "어느 지역의 주민이 집합체의 관계로 각자가 타인의 토지에서 초목, 야생물 및 토사의 채취, 방목 기타의 수익을 하는 권리"를 특수지역권이라 부른다. 여기서 타인의 토지를 바다로 바꾸면 어업권이 된다.

03 자연적 공동체와 법

43) 인역권은 특정인의 편익을 위하여 다른 사람의 물건을 이용하는 물권적 권리를 말하며 특정토
　　 지의 편익을 위하여 다른 사람의 물건을 이용하는 지역권에 대비된다.

44) 이하는 이영학 (2019), 453-482면을 요약하였다.

45) 농상공부대신의 면허를 받아야 하는 면허어업의 대상은 다음과 같다. 1. 일정한 수면에 漁具를
　　 建設 또는 敷設하고 일정한 漁期間을 定置하여 做事하는 어업(제1종 면허어업) 2. 일정한 區域
　　 內에서 捕貝 採藻 또는 養殖을 하는 어업(제2종 면허어업) 3. 陸地 또는 巖礁 등에 地點을 定하
　　 여 漁網을 曳揚 또는 曳畸하는 장소로 하고 일정한 漁期間에 頻數 使用하는 漁業(제3종면허어
　　 업) 4. 일정한 水面을 漁網의 建設 또는 敷設하는 장소로 하고 일정한 漁期間에 頻水를 使用하
　　 는 어업(제4종면허어업)(농법 제2조)

46) 농상공부대신의 허가를 받아야 하는 어업은 다음과 같다. 1. 陸地 또는 巖礁 등에 漁網을 曳揚
　　 또는 曳畸하는 어업으로 제2조 제1항 제3호의 어업에 속하지 아니한 者, 2. 風力 汽力 또는 潮流
　　 에 의하여 囊網을 水中에 引曳하는 어업, 3. 인력에 의하거나 또는 機力을 응용하여 漁網으로써
　　 魚類를 圍繞하여 漁船에 繰揚하는 어업, 4. 潛水機械를 사용하는 漁業, 5. 제2조 제2항의 어업으
　　 로서 면허를 받지 아니한 者(동법 제9조)

47) 나머지 어업 즉 면허어업과 허가어업 이외의 어업을 영위하려고 하는 자는 군수 또는 부윤에게
　　 신고하여 감찰(鑑札)을 받도록 하였다(동법 제10조).

48) 해양수산부 (2019) 참조.

49) 1908. 7. 10. 거제도에 거제한산가조어기조합(巨濟閑山加助漁基組合)과 거제한산모곽전조합(巨
　　 濟閑山毛藿田組合)이 국내 최초로 설립되었은 바 이는 어업법 시행 이전이었다.

50) 그 법적 근거는 조선총독부가 일본의 어업조합령을 모방하여 1912. 2. 제정, 시행한 「어업조합
　　 규칙」과 「수산조합규칙」으로 그에 따라 1912. 11. 거제어업조합이 최초로 설립되었다. 김예슬
　　 (2020), 143-144면 참조.

51) 1937. 5. 조선어업조합이 설립되었고 1944. 4. 조선수산업회로, 1949년에는 한국수산협회로 개
　　 칭되었다 1962. 4. 수산업협동조합법 시행과 함께 회원조합과 중앙회를 결성하였다.

52) 당시 수산업법 제10조는 "공동어업은 일정한 지역내에 거주하는 어업자의 어업경영상 공동이익
　　 을 증진하기 위하여 필요한 때에 한하여 면허한다."라고 규정하여 공동어업의 면허의 근거를
　　 두었다.

53) 법 제정 당시에는 수산업협동조합을 어업협동조합, 수산제조업협동조합과 수산업협동조합중앙
　　 회(以下 中央會라한다)로 나누었다(제2조 참조).

54) 동법 제16조 제3항은 "지구별어업협동조합은 정관의 정하는 바에 의하여 필요한 곳에 지소를
　　 둘 수 있고 각령의 정하는 바에 의하여 어촌계를 조직할 수 있다."고 하여 어촌계의 법적 근거를
　　 마련하였다.

55) 동법 제67조 (어업의 경영) 제1항은 "조합은 조합원의 공동이익을 위하여 어업 및 그에 부수하
　　 는 사업을 경영할 수 있다."고 규정하고 동법 제35조 (전용계약) 제1항은 "조합은 정관의 정하
　　 는 바에 의하여 2년을 초과하지 아니하는 기간에 한하여 조합원이 당해조합의 시설의 일부를
　　 전용할 수 있는 계약을 조합원과 체결할 수 있다."고 규정하였다.

56) 1963. 4. 11. 개정 수산업법 제10조 제2항 신설

57) 개정 수협법 제4조 제2항을 신설하여 "어촌계가 법인이 되고자 할 때에는 수산청장의 인가를
　　 받아야 한다"고 규정하였다.

58) 1970. 8. 12. 수협법 개정시 법인 어촌계에 관한 제4조 제2항은 삭제되었다. 그 이유는 어촌계가

규모가 영세하고 경영이 부실하였으며 해당 지역의 지구별수협과 사업중복으로 인한 갈등 때문이라고 하나 성장하는 어촌계도 있었으므로 이러한 이유는 적절하지 않고 법인이 되면 주무관청의 엄격한 감독을 받아야 하므로 어촌계가 정관의 규정과 총회결의에 따라 자유롭게 재산을 처분하기 위하여 법인으로 등록하지 않는다는 것이 정확한 이유일 것이다. 김인유 (2018), 103－104면 참조.

59) 1977. 4. 1. 개정 수협법 제16조의2는 (어촌계)라는 표제하에 제1항과 제2항을 다음과 같이 규정하였다. "① 지구별 수산업협동조합의 조합원은 행정구역·경제권등을 중심으로 어촌계(새마을 양식계를 포함한다. 이하 같다)를 조직할 수 있으며, 그 업무구역은 어촌계의 정관으로 정한다. ② 어촌계는 대통령령이 정하는 바에 의하여 수산청장의 인가를 받아 법인으로 할 수 있다."

60) 1982년 당시 법인어촌계가 46개에 달하였다고 한다. 한국민족문화대백과사전, "수산업협동조합(水産業協同組合)" 참조.

61) 이 법인화 유도 규정은 실질적으로 사문화하였으나 2000. 1. 28. 수산업법 개정으로 동법 제16조의2 제2항이 삭제될 때까지 존속하였다. 이러한 어촌계의 역사는 법인격을 중시하는 현대법제에 있어 역사의 수레바퀴를 거꾸로 돌린 기이한 현상으로서 정부의 어촌계의 법인화 노력까지 무산시킨 어촌계의 사회적 힘은 흥미로운 법사회학적 연구의 대상이라 할 것이다.

62) 1981. 3. 20. 개정 수협법 제10조 (공동어업의 면허등) 제2항 참조.

63) 빈매는 어장에 대한 이용, 관리, 채취권 등을 타인에게 일정 기간 임대하는 행위를 말하는 바 지선어민들이 해조류나 어패류를 직접 채취하거나 포획하는 것이 기술적으로 어렵기 때문에 나잠업을 전문으로 하는 어촌계원 또는 외부인들에게 공개입찰 또는 수의계약 형식으로 어업권을 대리 행사하게 하는 것인 바 매입자는 기간내 최대 수익 창출을 위해 자원을 남획하고 환경을 파괴할 위험이 있으므로 원칙적으로 금지된다.

64) 1990. 8. 1., 법률 제4252호로 전부 개정되어 1991. 2. 2. 시행된 수산업법 제15조 제4항 참조.

65) 일정한 수심이내의 수면을 구획하여 패류·해조류 또는 수산청장이 정하는 정착성수산동물을 관리·조성하여 포획·채취하는 어업을 말한다. 마을어업은 창설 이후 많은 변화와 운영의 허점을 노정하였다. 최치훈 (2019), 179－204면 참조.

66) 일정한 수심범위안의 수면을 구획하여 해조류, 패류, 어류등 또는 이를 복합한 방법으로 양식하는 어업을 말한다.

67) 1996. 12. 31. 시행된 개정 수산업법 제9조(마을어업 등의 면허) 제1항은 "마을어업은 일정한 지역에 거주하는 어업인의 공동이익을 증진하기 위하여 어촌계(漁村契)나 지구별수산업협동조합(이하 "지구별수협"이라 한다)에만 면허한다."고 규정하여 수산업법 입법사상 처음으로 면허어업권자로 지구별 수협에 앞서 어촌계를 언급한다.

68) 동법의 시행을 위하여 자율관리어업 관리 등에 관한 규정(2021. 7. 2.자 해양수산부훈령 제602호)이 제정되어 있다.

69) 「수산업법」에 따라 어선 및 어구를 이용한 어업허가를 받은 자로 구성된 공동체

70) 「양식산업발전법 시행령」 제9조 제1항부터 제4항까지에 따른 양식업면허(바닥식양식업 및 축제식양식업은 제외한다)를 받은 자로 구성된 공동체

71) 「내수면어업법」 제6조, 제9조, 제11조에 따른 면허를 받은 자, 허가를 받은 자, 신고한 자 또는 「양식산업발전법 시행령」 제9조 제8항에 따른 양식업면허를 받은 자로 구성된 공동체를 말한다.

72) 마을어업 공동체 구성원과 일정 비율 이상의 어선 어업인으로 구성된 공동체를 말한다.

73) 마을어업공동체 내지 내수면어업공동체 등이 시·도 단위 또는 그 이상의 광역지역으로 구성된

공동체를 말한다.

74) 동법 시행령 제2조 내지 제10조 참조.

75) 동법 시행령 제3조 참조.

76) 어촌계의 설립인가권과 마을어업 면허권을 지방자치단체장이 가지고 있고 후술하는 바와 같이 지방자치단체가 보조한 사업에 대해서는 해당 지방자치단체장이 지도·감독할 수 있으므로 어촌계를 순수한 수협의 하부조직으로만 볼 수는 없다는 견해로는 김인유 (2018), 103면 참조.

77) 대법원 1958. 2. 13. 선고 4290민상502 판결; 대법원 1962. 7. 26. 선고 62다265 판결 등 참조.

78) 1973. 9. 26. 시행된 수협법 시행령 제8조는 "계가 그 재산으로써 계가 부담하는 채무를 변제할 수 없을 때에는 계원은 연대로 그 채무를 부담한다"고 규정하였으나 2000. 7. 1. 동법 시행령 전부개정시 삭제되었다.

79) 이덕승 (1995); 임종선 (2012); 김인유 (2018) 각 참조.

80) 1991. 2. 2. 시행된 전부 개정 수산업법 제15조 제4항에 규정되었다. 그후 제18조 제4항으로 옮겨 규정하였다가 2009. 4. 22. 법률 제9626호로 전부 개정되고 2010. 4. 23. 시행된 현행 수산업법 제16조 제4항에 규정하고 있다.

81) 대법원 1992. 7. 14. 선고 92다534 판결 참조. 따라서 동 판결은 어촌계의 "총유물인 위 손실보상금의 처분은 정관 기타 규약에서 달리 정하지 않는 한 계원총회의 결의에 의하여야" 한다(민법 제276조 제1항 참조)고 판시하였다.

82) 수협법 시행령 제2조 참조.

83) 다만 낙도벽지 지역, 즉 「섬 발전 촉진법」 제2조에 따른 섬의 경우에는 조합원 5명 이상의 발기인만으로 설립준비위원회를 구성할 수 있다(동조 제1항 단서 참조).

84) 수협법 시행령 제4조.

85) 수협법 시행령 제5조 제1항.

86) 수협법 시행령 제5조 제2항.

87) 수협법 시행령 제6조 제1항. 그런데 과거 입호(立戶)제도의 전통을 이어 받아 대부분 어촌계의 계원이 될 수 있는 자격은 그 마을에 거주하고 있는 자로서 집을 가진 자라야 한다고 한다(박정석 (2001) 174면).

88) 「수산업·어촌 공익기능 증진을 위한 직접지불제도 운영에 관한 법률」 제14조 제3호 및 같은 법 시행령 제5조 제1항에 따라 어촌계의 계원 자격을 이양받는 사람을 말한다.

89) 수협법 시행령 제6조 제2항.

90) 이상은 김현용 (2019)에 의거하였다. 어촌계에 관한 각종 통계에 관하여는 수산업협동조합중앙회 (2022) 참조.

91) 대법원은 "어촌계는 그 가입이 강제되지 아니할 뿐만 아니라 어촌계의 계원은 그들의 총유에 속하는 재산을 정관 또는 기타의 규약에 좇아 사용·수익할 수 있는 권리가 있는 한편 출자의무나 노무제공의 의무 등도 부담하여야 하는 점에 비추어 볼 때, 수산업협동조합법시행령 제6조가 "계의 구역 내에 거주하는 자로서 지구별 조합의 조합원은 계에 가입할 수 있다."라고 규정하였다고 하여 가입요건을 갖춘 지구별 수산업협동조합의 조합원이라고 하여 가입신청만으로 곧바로 그 계원의 지위를 취득한다고는 보기 어렵고, 다른 한편 피고 어촌계의 정관에 의하면, 계장이 신규가입의 신청서를 접수한 때에는 총회에 부의하여 계원으로서의 자격 유무를 심사하고 가입의 가부를 결정한 다음 승낙한 경우 서면으로 그 결과를 통지하고 계원 명부에 기재하도록 규정하고 있으므로, 비록 가입신청자가 계원이 될 수 있는 실질적 요건을 갖추었다고 하더라도,

총회의 동의 및 계장의 승낙통지라는 계원지위부여절차를 거치거나 그러한 절차를 거쳤다고 볼 만한 객관적 사정이 인정되지 아니하는 한, 피고 어촌계의 계원의 지위를 취득하였다고 볼 수 없"다고 판시하였다(대법원 1994. 9. 13. 선고 94다16250 판결; 대법원 1998. 8. 21. 선고 98다21045 판결 등 참조),

92) 대법원은 "어촌계의 계원과 같은 비법인사단의 구성원은 총유재산에 대하여 특정된 지분을 가지고 있는 것이 아니라 사단의 구성원이라는 지위에서 총유재산의 관리 및 처분에 참여하고 있는 것에 불과하고, 그 신분을 상실하면 총유재산에 대하여 아무런 권리를 주장할 수 없는 것이므로, 비록 그가 어촌계의 계원으로 있을 당시 어촌계가 취득한 보상금이라 하더라도 그 분배결의 당시 계원의 신분을 상실하였다면 그 결의의 효력을 나툴 법률상의 이해관계가 없다"고 판시하였다(대법원 1996. 12. 10. 선고 95다57159 판결 참조).

93) "입어(入漁)"란 마을어업의 어장(漁場)에서 수산동식물을 포획·채취하는 것을 말한다(수산업법 제2조 제10호).

94) 수협법 시행령 제6조 제3항.

95) 수협법 시행령 제7조 제1항 참조.

96) 해적생물이라 함은 수산 생물의 생육과 번식을 해롭게 하거나 직간접적으로 피해를 주는 생물을 말한다.

97) 해양수산부 (2019) 참조.

98) 어업권의 법적 성격과 내용에 관하여는 김철수 (2018), 85-88면 참조.

99) 수산업법 제2조 제7호.

100) 수산업법 제7조 제1항 제1호, 제2호.

101) 수산업법 제8조 제1항, 제2항 참조.

102) 수산업법에 따르면 어업권은 동법 제7조에 따라 면허를 받아 어업을 경영할 수 있는 권리를 말한다.

103) 대법원도 어업면허는 독점적·배타적으로 어업을 할 수 있는 권리를 설정하여 주는 특허로서의 성격을 가진다고 본다(대법원 1999. 5. 14. 선고 98다14030 판결; 대법원 2007. 5. 10. 선고 2007다8211 판결; 대법원 2018. 12. 27. 선고 2014두11601 판결 등). 따라서 수산업법 제40조 이하의 규정에 의하여 어업허가를 받은 자의 권리는 여기에서 말하는 어업권이 아니다(대법원 1998. 2. 27. 선고 97다46450 판결 참조).

104) 수산업법 제18조, 제19조, 제33조 참조.

105) 수산업법 제16조 제2항. 물권의 내용은 수산업법에서 정한 것 외에 민법 중 토지에 관한 규징이 준용된다.

106) 민법 제302조, 수산업법 제16조 제4항 참조.

107) 김철수 (2018), 85-88면 참조.

108) 대법원 1978. 4. 25. 선고 78누42 판결; 대법원 2007. 5. 10. 선고 2007다8211 판결 등 참조

109) 그 취지는 어업권을 특정인에게 영구적으로 독점시키는 것은 어업의 민주화와 어장의 종합적인 이용 및 개발의 관점에서 바람직하지 않다는데 있다고 한다.

110) 수산업법 제14조. 반면 허가어업이나 신고어업의 경우에는 그에 관한 허가 또는 신고는 어업면허와 달리 유효기간연장제도가 마련되어 있지 아니하므로 그 유효기간이 경과하면 그 허가나 신고의 효력이 당연히 소멸하며, 재차 허가를 받거나 신고를 하더라도 허가나 신고의 기간

만 갱신되어 종전의 어업허가나 신고의 효력 또는 성질이 계속된다고 볼 수 없고 새로운 허가 내지 신고로서의 효력이 발생한다고 한다(대법원 2011. 7. 28. 선고 2011두5728 판결; 대법원 2014. 5. 29. 선고 2011다57692 판결 등).

111) 대법원 1988. 2. 9. 선고 86누579 판결 등 참조.

112) 대법원 1999. 5. 14. 선고 98다14030 판결; 대법원 2002. 12. 26. 선고 2002다14983 판결 등 참조.

113) 수산업법 제8조 제1항, 제16조 제1항.

114) 수산업법 제19조 제1항 본문.

115) 수산업법 제19조 제3항

116) (i) "어장관리법"에 따른 어장정화·정비에 따라 변경하는 경우, (ii) 어업권(마을어업권은 제외한다)을 등록한 후 어업을 시작한 날(시설물의 설치를 끝낸 날을 말한다)부터 1년이 지난 후 지방자치단체장의 인가를 받은 경우 또는 (iii) 법인의 합병 또는 상속으로 이전하거나 분할하는 경우에는 어업권을 이전·분할하거나 변경할 수 있다(수산업법 제19조 제1항 단서).

117) 수산업법 제21조. 따라서 어업권과 이를 목적으로 하는 권리에 관하여는 「민법」 중 질권(質權)에 관한 규정은 적용되지 않는다(동법 제16조 제3항).

118) 수산업법 제33조. 어업권 임대차를 금지하는 취지는 적격성과 우선순위 등의 판단을 거쳐 자영할 의사가 있는 자에게 해당 수면을 구획·전용하여 어업을 경영하게 하고 그 이익을 제3자로부터 보호함으로써 수산업의 발전을 도모할 목적 아래 마련된 어업면허제도의 근간을 유지함과 아울러 어업권자가 스스로 어업권을 행사하지 않으면서 이른바 부재지주적 지대를 징수하는 것을 금지하고, 자영하는 어민에게 어장을 이용시키려는 데 있다(대법원 2007. 5. 31. 선고 2007다8174 판결).

119) 수산업법 제17조 제1항.

120) 수산업법 제17조 제2항.

121) 수산업법 제38조 제1항

122) 수산업법 제37조 제3항 참조.

123) "입어자"란 나잠어업(裸潛漁業, 산소공급장치 없이 잠수한 후 낫·호미·칼 등을 사용하여 패류, 해조류, 그 밖의 정착성 수산동식물을 포획·채취하는 어업을 말한다)이나 맨손어업(손으로 낫·호미·해조틀이 및 갈고리류 등을 사용하여 수산식물을 포획·채취하는 어업을 말한다)을 위한 어업신고를 한 자로서 마을어업권이 설정되기 전부터 해당 수면에서 계속하여 수산동식물을 포획·채취하여 온 사실이 대다수 사람들에게 인정되는 자 중 어업권원부(漁業權原簿)에 등록된 자를 말한다(수산업법 제2조 제11호 참조).

124) 수산업법 제40조 제1항. 어촌계가 가지는 지선어장에 대한 어업권은 현재와 같이 인정하더라도 어촌계원과 준계원에게만 인정되는 행사계약과 입어계약을 제3자에게도 확대하여야 한다는 견해로는 임종선 (2012) 참조.

125) 수산업법 제40조 제2항.

126) 대법원도 "수산업법 제33조가 어업권의 임대차를 금지하고 있는 취지는, 적격성과 우선순위 등의 판단을 거쳐 자영할 의사가 있는 자에게 해당 수면을 구획·전용하여 어업을 경영하게 하고 그 이익을 제3자로부터 보호함으로써 수산업의 발전을 도모할 목적 아래 마련된 어업면허제도의 근간을 유지함과 아울러 어업권자가 스스로 어업권을 행사하지 않으면서 이른바 부재지주적 지대를 징수하는 것을 금지하고, 자영하는 어민에게 어장을 이용시키려는 데에 있으

므로, 어촌계의 계원이 아닌 자로 하여금 어촌계의 사업을 이용시키는 것과 같은 방식으로 어촌계 명의의 어업권을 행사케 하고 그 대가를 징수할 수 있다고 해석하는 것은 어촌계 명의의 어업권에 대한 임대차를 사실상 널리 허용하는 셈이 되고, 이는 곧 어업권의 임대차를 금지하는 수산업법의 근본 취지를 몰각시키는 결과가 되어 부당하다"고 판시하였다(대법원 1995. 11. 10. 선고 94도2458 판결; 대법원 1996. 6. 28. 선고 95도2604 판결; 대법원 2007. 5. 31. 선고 2007다8174 판결 등).

127) 대법원은 수산업법 제36조 제1항은 "마을어업권의 경우 계원이 아닌 자도 동항 각 호 소정의 요건을 갖춘 때에는 마을어업권을 행사할 수 있는 것을 제외하고는, 어촌계가 가지고 있는 어업권은 어장관리규약이 정하는 바에 따라 당해 어촌계의 계원이 행사하도록 규정하고 있는바, 이 규정과 어업권의 임대차가 금지되는 수산업법의 근본 취지에 비추어 보면, 어촌계가 마을어업권이 아닌 어업권에 관하여 어촌계원이 아닌 자와 사이에 체결한 어업권행사계약은 무효"라고 판시하였다(대법원 1995. 11. 10. 선고 94도2458 판결; 대법원 1996. 6. 28. 선고 95도2604 판결; 대법원 1997. 10. 10. 선고 96다3838 판결; 대법원 2007. 5. 31. 선고 2007다8174 판결 등 참조).

128) 수산업법 제32조 제2문.

129) 또한 대법원은 "어장을 대상으로 한 공유수면매립사업을 시행하기 위하여 어업권자로부터 어장의 매립에 관한 동의를 받고 어장의 매립에 따른 어업권의 소멸을 전제로 그 피해를 보상해 주기로 하는 약정은 어업권의 행사에 대한 대가를 지급하기로 하는 약정이 아니어서 구 수산업법 규정에 따라 무효가 된다고 볼 수 없다"고 판시하여(대법원 2009. 12. 24. 선고 2007다64556 판결) 제3자의 어업권 행사가 아니라고 보았다.

130) 수산업법 제37조 제1항 참조. 지구별수협이 보유하는 어업권에 대하여도 유사한 제약이 있다(동조 제2항).

131) 사용·수익할 권원이 있는 다른 계원을 배제한 데에 대한 대가라는 견해로는 김인유 (2018), 111면 참조.

132) 대법원 1999. 7. 27. 선고 98다46167 판결; 대법원 2003. 6. 27. 선고 2002다68034 판결 등 참조

133) 동법 제8조, 제9조, 제38조, 구 수산업법(1990. 8. 1. 법률 제4252호로 전문 개정되기 전의 것) 제8조, 제10조 및 제51조 등 참조.

134) 대법원 1996. 12. 10. 선고 95다57159 판결 등 참조.

135) 수사업법 제14조 제6항 참조.

136) 수산업법 제35조 참조.

137) 수산업법 제24조.

138) 수협법 제141조의4에 따른 수협은행을 말한다.

139) 수협법 시행령 제10조 제2항

140) 수협법 시행령 제10조

141) 수산업법 제39조 참조.

142) 수산업법, 어장관리법, 양식산업발전법, 또는 수산자원관리법을 말한다.

143) 수산업법 제38조 제2항 참조.

144) 수협법 시행령 제8조 제1항.

145) 수산업법 제8조 제1항 제6호에 따른 마을어업권을 말한다.

146) 수협법 시행령 제9조.

147) 동법의 시행을 위하여 자율관리어업 관리 등에 관한 규정(2021. 7. 2.자 해양수산부훈령 제602
호)이 제정되어 있다.

148) 동법 제9조.

149) "어업자"란 어업을 경영하는 자를 말하고 "어업종사자"란 어업자를 위하여 수산동식물을 포획·
채취하는 일에 종사하는 자와 염전에서 바닷물을 자연 증발시켜 소금을 생산하는 일에 종사하
는 자를 말한다. 동법 제2조 제1호 내지 제3호 참조. 양식산업발전법 수정의 양식업자와 양시
업종사자를 포함한다. 수산업법 제2조 제12호, 제14호 참조.

150) 자율관리어업 관리 등에 관한 규정 제4조 참조.

151) 자율관리어업 관리 등에 관한 규정 제4조 참조.

152) 어촌계 외에도 양식산업발전법 시행령 제9조 제1항부터 제4항까지에 따른 양식업 중 바다식양
식업 면허를 받은 자 또는 수산업법 제47조에 따라 신고한 자로도 마을어업 공동체를 구성할
수 있다.

153) 수산업법에 따라 어선 및 어구를 이용한 어업허가를 받은 자로 구성된 공동체

154) 양식산업발전법 시행령 제9조 제1항부터 제4항까지에 따른 양식업면허(바다식양식업 및 축제
식양식업은 제외한다)를 받은 자로 구성된 공동체

155) 내수면어업법 제6조, 제9조, 제11조에 따른 면허를 받은 자, 허가를 받은 자, 신고한 자 또는
양식산업발전법 시행령 제9조 제8항에 따른 양식업면허를 받은 자로 구성된 공동체를 말한다.

156) 마을어업 공동체 구성원과 일정 비율 이상의 어선 어업인으로 구성된 공동체를 말한다.

157) 마을어업공동체 내지 내수면어업공동체 등이 시·도 단위 또는 그 이상의 광역지역으로 구성
된 공동체를 말한다.

158) 자율관리어업 관리 등에 관한 규정 제5조 제1항.

159) 2023년 현재 마을어업공동체 509개, 어선어업공동체 233개, 양식업공동체 105개, 내수면어업
공동체 86개, 복합어업 공동체 193개 도합 1126개의 어업공동체가 결성되어 있다.
https://korjayul.or.kr/main.do(2023. 3. 31. 방문)

160) 어업공동체법 제9조, 동법 시행령 제5조 참조.

161) 자율관리어업 관리 등에 관한 규정 제5조 제2항.

162) 어업공동체법 제10조.

163) 어업공동체법 제10조 참조.

164) 다만, 마을어업공동체 또는 복합어업공동체 구성원 중 어촌계원의 수가 과반 이상일 경우 어촌
계의 어촌계장이 위원장이 된다. 자율관리어업 관리 등에 관한 규정 제7조.

165) 어업공동체법 제28조.

166) 어업공동체법 제11조.

167) 시·도지사, 한국자율관리어업연합회, 수협 및 내수면평가협의체가 평가를 하며(자율관리어업
관리 등에 관한 규정 제8조 참조) 한국수산회가 공동체 평가위원회 사무국역할을 한다(자율관
리어업 관리 등에 관한 규정 제9조 참조).

168) 자립공동체 중 전체 공동체 활동실적 평가 결과 3회 이상 상위 5%이내에 포함된 공동체가
해당된다.

169) 활동실적이 우수하여 육성사업비를 5회 또는 6억 원 이상 지원 받은 공동체가 이에 해당한다.

170) 활동실적이 우수하여 육성사업비를 3회 또는 3억 원 이상 지원 받은 공동체가 이에 해당한다.

171) 참여 및 모범 이상 등급 공동체에 속하지 아니한 공동체가 이에 해당한다.

172) 참여기간이 등록일 기준으로 1년이 경과하지 아니한 공동체가 이에 해당한다.

173) 자율관리어업 관리 등에 관한 규정 제10조 참조.

174) 김진백 (2021) 참조.

175) 김철수 (2018), 83−97면 및 동 논문에 인용된 부산광역시 용호어촌계(대법원 2003. 6. 27. 선고 2002다68034 판결), 의창수산업협동조합(대법원 2000. 9. 8. 선고 2000다20342 판결), 미포어촌계(2014. 2. 11. 선고 2013나6360 판결), 충남 보령시 학성어촌계(대법원 2000. 5. 12. 선고 99다71931 판결), 경기 옹진군 영흥면 내리어촌계(대법원 1999. 7. 27. 선고 98다46167 판결), 충남 당진군 교로어촌계(대법원 1997. 10. 28. 선고 97다27619 판결) 등 참조.

176) 대법원 2017. 7. 11. 선고 2017다216271 판결 참조.

177) 수산업법 제2조 제17호 참조.

178) 수산업법 제95조

179) 수산업법 제97조

180) 수산업법 시행령 제61조. 어업조정위원회의 활동의 예로는 남해어업조정위원회가 전남 장흥, 보성 및 고흥군 지역을 아우르는 득량만 해역에서는 오래전부터 낙지조업을 둘러싸고 연안통발, 새우조망 및 연승어업인간 분쟁을 조정하여 2020. 4. 23. 어업자간 협약을 체결하게 하였는데 전남 득량만 기점 3구역에서의 연안연승 조업시기를 5개월간 축소하고, 연안통발 조업시기는 6개월간 신규 지정해 조업을 할 수 있게 하며, 각 업종별 요구사항에 대하여 시기별로 상호협의 하에 신축 조정할 수 있게 하는 내용이었다. 이 협약은 2015. 10.과 2016. 4.에 각 체결된 것을 개정한 것이다.

181) 어업조정위원회 설치 및 운영 등에 관한 규정 제12조, 제22조 참조.

182) 자율관리어업 관리 등에 관한 규정 제27조(자율조정협의회) 참조.

183) 귀어인구의 수는 2017년 991명, 2018년 986명, 2019년 959명, 2020년 967명, 2021년 1,216명 총 5,119명으로 꾸준히 증가 추세에 있다. 대한뉴스 2022. 10.18.자 http://www.dhns.co.kr/news/articleView.html?idxno=293926(2023.4.11.방문)

184) 김대영(2017) 참조.

185) 예컨대 이 문제의 해결방안으로 어촌계원당 평균 순자산을 최고 한도로 책정하여 그 범위 내에서 가입금을 받도록 하는 등의 기준의 제시, 가입금의 분납, 귀어 거주기간 동안의 귀어교육과 실습 등의 프로그램을 실시할 수 있을 것이다. 김대영(2017) 참조.

186) 김대영/이헌동 (2017), 906, 907면 참조.

187) 경남 남해군 홍현 어촌계에서는 방풍림과 석방렴, '홍현 해라우지 체험관'을 활용한 어촌체험과 민박을 주요 사업으로 10곳의 명소를 지정하여 '이야기 따라 동네 한바퀴' 프로그램과 '석방렴축제' 등을 운영하고 있으며 부산광역시 동삼 어촌계는 2010년부터 '어촌체험관광마을 조성사업'을 추진하여 신석기시대 유적인 동삼동 패총과 풍어제 행사를 홍보하고 요트 운행과 해상 낚시터 등을 운영하고 있다고 한다.

188) 경남 거제군 남부면 갈곶리 해금강마을을 구역으로 하는 해금강 어촌계는 수산업협동조합법 제16조의2의 규정에 의하여 설립되었는데 합계 60명의 계원으로 구성되어 있는데 위 어촌계

03 자연적 공동체와 법

는 1978년 이래 해금강 집단시설지구 내인 위 갈곶리 산 2의 28 해안지선에 설치된 부잔교를 소유·관리하면서 소외 주식회사 세모 등의 여객선 또는 유람선업자를 상대로 이를 선착장으로 임대하여 그 임대료 수입을 위 어촌계의 사업자금 등으로 사용하고 있는 사례가 있다(대법원 1995. 8. 22. 선고 94누8129 판결 참조).

189) 해양수산부 (2019) 참조.

190) 동법은 수산업법의 양식업 관련 조항이 분법(分法)된 것으로 2020. 8. 28.시행되었다.

191) 어촌·어항법 제2장, 제3장 및 제4장의2 각 참조.

지역어민회와 법

Chapter **06**

●

지역어민회와 법[*]

Ⅰ. 글머리에

어촌지역을 중심으로 하는 공동체로는 전통적으로 존재하였던 어촌계와 법률에 의해 설립된 수산업협동조합(이하 '수협')이 있다. 그런데 그 외에도 '어민회'라는 조직이 자주 등장한다. 어촌계에 대해서는 후술하겠지만, 현행법령상 어촌계는 수산업협동조합법에 의하여 조합의 최말단 하부조직으로 역할하도록 조직된 어촌 주민들의 자치단체이다.[1] 그렇다면 어촌지역의 공동체 중에서 지역어촌계와 지역수협은 법령상의 조직이지만, 지역어민회는 그 설립에 관한 법적 근거가 따로 존재하지 않아 민법상 법인으로 설립되지 않는 이상 법인 아닌 단체에 머무는 임의조직이다. 그렇지만 어촌사회에서는 현실적으로 지역어민회가 막강한 영향력을 행사하는 경우가 드물지 않다. 특히 지역어촌에서 어업권의 소멸로 인한 손실보상금을 분배하는 과정에서 지역어민회가 지역어촌계나 지역수협을 포괄하는 상위조직으로 역할을 하는 경우가 종종 있다. 그런데 지역어민회는 법률에 의해 설립된 조직도 아니고 지역어민들이 어업활동을 위해 자율적으로 설립되기보다 주로 손실보상금의 배분 등 특정한 목적을 위해 인위적으로 설립된 조직이라는 점에서 단체법적 관점에서 살펴보아할 문제점들이 많이 내포되어 있다. 그렇지만 어민회에 관해서는 아직까지 학술적으로 논구된 자료도 보이지 아니하거니와 어민회에 관련한 대법원 판결은 아직까지 등장하지 않았다.[2]

이 글에서는 어촌지역의 공동체조직인 지역어민회에 관하여 제기될 수 있는 단체법적 기본문제들을 살펴보고자 한다. 다만, 어민회 조직자체가 법령상의 조직이 아니라, 지역을 중심으로 한 임의조직이므로 어민회를 일률적으로 설명하기는 어려우므로, 실제 법원에 사건화 된 포항지역어민회의 사례를 중심으로 보되, 어민회와 관련되어 제기될 수 있는 여러 문제 중에서 특히 어민회의 법적 성질과 가입·탈퇴 문제를 중심으로 살펴본다.

Ⅱ. 구체적 사안

1. 사실관계

우선 포항지역어민회와 관련하여 문제된 사실관계를 알아보자.

원고는 경북 영일군 바다에 있는 어장에 대해 어업면허를 받아 어업권자로 등록된 자로써, 포항수협에 소속된 조합원이다. 피고 P사(이하 '피고')는 포항시 일대에 제철소를 설치·운영하면서 그에 따라 발생하는 폐기물을 매립하기 위해 제4투기장을 건축하여 폐기물 매립 용도로 사용하였다. 원고는 이 사건 제4투기장의 관리자인 피고가 동 투기장에서 발생한 유해 침출수의 외부 유출을 차단하여 영일만 해역의 오염을 방지하여야 할 주의의무가 있음에도 이를 위반하여 유해 중금속 등이 포함된 침출수가 영일만 해역으로 유출되도록 하여 오염물질에 의해 이 사건 어장의 어업권자인 원고에게 어획량이 감소하는 손해를 입혔음을 이유로 손해배상을 청구하는 소를 제기 하였다.

원고의 소제기에 대해 피고는 본안전항변을 통해, 원고가 소속된[3] 포항지역어민회와 사이에 피고가 포항지역어민회에 합계 2백억 원의 보상금을 지급하면 포항지역어민회 회원들은 피고회사의 건설·조업 및 이 사건 제4투기장의 건설·운영과 관련하여 어떠한 보상요구나 이의를 제기하지 않기로 하는 내용의 합의를 하였고, 원고는 이러한 합의 내용을 잘 알면서 이 사건 어장의 어업권자로서 해당 어장에 대한 보상금을 모두 수령하였으므로, 원고의 이 사건 소는 위와 같은 부제소합의에 반하여 제기된 것으로 부적법하다고 주장하였다. 이러한 피고의 본안전항변에 대해

03 자연적 공동체와 법

원고는 피고와 포항지역어민회 사이에 부제소합의가 있었다고 하더라도 포항지역
어민회에 가입하지 않은 원고에게는 위 부제소합의의 효력이 미치지 않는다고 반론
하였다.4)

2. 사건의 경과와 쟁점

가. 사건의 경과

사건을 담당한 1심 법원이 인정한 사실 중에서 단체법적으로 의미를 가지는
내용을 정리하면 다음과 같다.5)6)

① 영일만 해역에서 조업하여 오던 어민들은 1985년경부터 피고에 대하여 제철소의 설립
및 운영에 따른 피해 보상을 요구하여 오던 중 조직적인 의견 수렴 및 협상력 강화
등을 목적으로 1987. 4. 1. 포항지역어민회를 설립하였다. (포항지역어민회의 설립)

② (i) 포항지역어민회는 회칙에서 포항수협 조합원 및 구룡포수산업협동조합 호미곶
면 4개 어촌계 조합원에 한하여 회원 자격을 부여하였다. (포항지역어민회의 회원
자격)

(ii) 각 조합 및 어촌계가 작성한 조합원명부 제출로 회원으로 가입된 것으로 처리
하였다. (포항지역어민회의 가입절차)

(iii) 당시 원고는 포항수협조합원으로서 포항지역어민회가 설립됨에 따라 동 어민
회에 회원으로 가입되었다. (원고의 당시 지위)

(iv) 원고가 제출한 회칙에 의하면, 포항지역어민회는 총회, 대의원, 이사회, 위원
장단, 감사, 직원, 청산인 등으로 구성되어 있고, 총회의 의사는 구성원 과반
수의 출석으로 개최하고 출석구성원 과반수의 찬성으로 의결을 원칙으로 하
였다. 회칙은 회원의 자격에 관한 사항뿐만 아니라 회원의 제명에 관한 규정
도 두고 있다.

③ 피고와 포항지역어민회 사이의 협상이 진행되지 않던 중 포항시장의 적극적인 주
선에 따라 1994. 4. 29. 어민피해보상대책협의회가 개최되었고, 포항시장은 위 협
의회에서 피고와 포항지역어민회에 대하여, 피고는 최고책임자인 회장으로부터 그
리고 포항지역어민회는 피해어민의 80% 이상으로부터 각 전권 위임을 받고, 양측
에서 합의 가능한 보상금액을 제시할 것을 요청하였다.

④ (i) 이에 따라 포항지역 어민회는 1994. 5. 16. 전체 회원 2,177명 중 80%가 넘는 1,853명이 참석한 가운데 총회를 개최하여 회장에게 피해보상과 관련한 협상권을 위임하는 것을 만장일치로 가결하였다. (총회개최)

　　(ii) 회원들이 어민회에 제출한 권한위임동의서에는 다음과 같이 기재되어 있었다: "본인은 P사로 인한 영일만 전역 어민피해 보상청구에 있어 피해 금액의 결정, 이에 대한 협상·의결 등을 포항·영일지역 어민회 총회 구성원 또는 회장에게 전권을 위임하고 결과에 승복하며 어떠한 경우에도 개인적 사유로 진정이나 소송 등을 하지 않겠음을 이 각서에 서명합니다."

⑤ 이후 1995. 5. 12. 포항시, 피고, 포항지역어민회 사이에 어민피해 보상금 및 지원금에 관한 최종합의가 성립되었고, 피고는 포항지역 어민피해 보상금 및 지원금조로 150억 등 합계 2백억 원을 지급하였다.

⑥ 포항지역어민회는 1996. 8. 19. 지역 일간지에 보상금 및 지원금 지급 신청에 관한 안내사항을 공고하였고, 포항시는 그 무렵부터 피해 어민들에 대한 보상금 지급을 개시하였다. 1997. 10.경 대부분의 지급 업무를 마무리하고 1997. 12. 10. 잔여 보상금 및 지원금을 포항수협에 인계하였다. (포항지역어민회의 청산)

⑦ 포항수협은 1999. 7. 15일 이 사건 제1, 2 각 어장의 어업권자인 원고에게 보상금 2천여만원을 1999. 8. 20. 까지 수령할 것을 최고하였고, 원고는 1999. 7. 21. 동 보상금을 수령하면서 미수령 보상금이 장학기금으로 전용되어도 이의를 제기하지 않겠다고 확약하였다.

1심 법원은 피고가 주장하는 부제소합의의 효력이 원고에게 미치는지에 대해 검토하면서, 법원은 ① 포항지역어민회의 법적 성격은 비법인사단이며, ② 이 사건 부제소합의는 포항지역어민회의 1994. 5. 16.자 총회 결의를 통하여 포항지역어민회 회원들로부터 피해보상에 관한 협상권을 위임받은 포항지역어민회 회장에 의하여 체결된 것으로써 포항지역어민회의 회원인 원고에게 당연히 효력이 미치게 되며, ③ 가사 원고가 위 협상권을 위임하지 아니하였더라도, 원고는 1999. 7. 21. 별다른 이의 없이 이 사건 제1, 2 각 어장의 보상금 2천여만 원을 수령하였으므로, 이로써 원고는 이 사건 합의를 추인하였다고 할 것이라는 점 등을 들어 원고에게 부제소합의의 효력이 미침을 이유로 피고의 본안전항변을 받아들여 원고의 청구를 각하하였다.

이에 불복하여 원고는 항소하였는데, 2심 법원은 여러 쟁점들 중에서 원고가 포항지역어민회의 회원인지의 여부에 관하여 1심 법원과 달리 다음과 같이 판단하였다.[7] 포항지역어민회는 회원들의 권익을 수호하고자 하는 고유의 목적을 가지고 '회칙'이라는 사단적 성격의 규약에 근거하여 총회, 이사회, 회장 등 의사결정기관 및 집행기관인 대표자를 두는 등 조직을 갖추고 활동하고 있어 비법인사단에 해당한다고 전제하면서, 포항지역어민회를 종중이나 자연부락처럼 자연발생적으로 성립되거나 집합건물의 관리단처럼 법률에 의하여 당연 설립된 것으로 볼 수 없는 이상, 원고를 포항지역어민회의 회원으로 인정하기 위해서는 원고가 포항지역어민회의 회원으로 가입한 사실이 증거에 의하여 증명되어야 한다고 설시하였다. 그런데 재판에서 인정한 사실 및 피고가 제출한 증거들만으로는 원고가 포항지역어민회에 가입하였다고 인정하기에 부족하므로 이 사건 어장의 어업권자인 원고가 포항지역어민회의 회원임을 전제로 이 사건 합의의 효력이 원고에게 미친다는 피고의 주장을 받아들이지 않았다. 그렇지만 2심 법원은 1심 법원과 마찬가지로 원고가 이 사건 합의에 따른 보상금을 수령함으로써 이 사건 제4투기장의 설치·운영으로 인한 손해배상청구권을 모두 포기한 것으로 판단된다는 이유로 원고의 청구를 기각하였다.

2심 판결에 불복한 원고가 대법원에 상고하였으나, 동 사건은 대법원에서 심리불속행으로 기각되었다.[8]

나. 사건의 쟁점

사안은 피고 회사의 침출수 유출에 따라 원고의 어업권이 침해받았는지, 이에 따라 원고의 손해배상청구권이 인정되는 것인지가 본안의 쟁점이다. 그런데 이에 대해 피고는 본안전항변을 통해 원고가 소속된 포항지역어민회와 피고 사이에 포항제철소 및 제4투기장의 건설·운영과 관련한 어떠한 보상요구나 이의를 제기하지 않기로 하는 내용의 합의가 있었고, 원고가 이러한 합의 내용을 알면서 보상금을 수령하였으므로[9] 이 사건 소는 부제소합의에 반하여 제기된 것으로서 부적법하다고 반박하였는데, 원심법원은 이러한 피고의 본안전항변을 그대로 받아들인 것이다. 이에 따라 사안의 쟁점은 손해배상에 관한 문제에서 부제소합의의 효력유무로 옮겨지게 되었다. 그런데 원고에게도 부제소합의의 효력이 미치는지의 여부는 다시 당시 피고와 보상 등에 관한 합의를 한 포항지역어민회가 원고와 어떤 관계에 있는지의 문제로 소급하게 된다. 즉 피고 측으로서는 원고가 당연히 포항지역어민회에 소속되어 있었기 때문에 그러한 합의는 원고에게도 효력이 미친다는 입장인데 반해, 원고 측으로서는 원고가 포항지역어민회에 가입한 적이 없기 때문에 그러한 합의의 효력이 원고에게 미치지 않는다는 입장이다. 이러한 극명한 입장의 차이는 포항지역어민회를 어떠한 성질의 단체로 이해해야 하는지, 단체에의 당연 가입은 원칙적으로 인정되는 것인지 등 단체법상 본질적인 문제의 시각차에서 비롯된다. 본 사안에는 단체의 설립과 운영에 관련된 여러 단체법적 쟁점들이 함의되어 있으며, 또한 결사의 자유와 사유재산권의 보장과 같은 헌법상 기본권에 관한 쟁점들과도 연관되어 있다. 필자가 본 사건에 대해 관심을 가지는 것은 손해배상에 관한 본안의 쟁점보다 피고가 제기한 본안전항변, 즉 원고와 포항지역어민회의 관계에 관한 단체법적 문제들이다. 1심 법원과 2심 법원은 원고가 포항지역어민회의 회원인지를 두고 단체법적 시각을 달리하고 있다. 대법원에서는 심리불속행으로 더 이상 이 문제를 다루지 아니한 아쉬움이 있다. 이하에서는 본 사건을 판단함에 있어서 재판과정에서 소홀히 다루어졌거나, 보다 진지하게 고민해보아야 할 쟁점들에 대해 좀 더 상론한다.

Ⅲ. 어민회의 법적 성질

1. 어민회의 구성

어민회는 지역 어촌을 중심으로 어업인들을 회원으로 하는 지역공동체라고 할 수 있는데, 각 지역마다 어민회가 실제로 존재하는지[10] 만약 존재한다면 어떠한 구성으로 되어있는지에 관하여 일괄적으로 파악하기는 매우 어렵다. 최근의 언론기사를 보면, '전국어민회총연맹'이라는 조직이 CPTPP(포괄적·점진적 환태평양 경제동반자협정) 가입 반대운동을 펼치는 가운데 NGO(비정부기구) 단체로 거듭나기 위해 사단법인 설립을 추진하고 있다고 한다.[11] 그 기사로 추측하건대, 지역어민회 조직이 아직까지는 전국적인 단위에서 체계적으로 정비되어 있는 것은 아니라고 보인다.[12]

사안에서 문제가 된 포항지역어민회는 1987. 2.경 가칭 「포항지구어민피해대

508

책위원회」라는 단체의 발기선언을 통해 설립된 조직체인데, 회칙에서 포항영일지역내(영일만)에 거주하는 어업을 경영하거나 어업에 종사하는 자를 회원으로 하고 있다. 동 어민회는 포항수협 조합원전체(1,870명) 및 구룡포수협 호미곶면 4개 어촌계(대동배1,2어촌계, 구만리 1,2어촌계) 조합원(380명)에 한하여 회원자격을 부여하며, 이들 조합 및 어촌계가 작성한 조합원명부의 제출로 포항지역어민회의 회원으로 가입된 것으로 인정하고 있다. 이러한 구성상의 요소에서 포항지역어민회의 법적 성격을 무엇으로 보아야 하는지, 그리고 회원의 지위는 언제 어떻게 부여되는 것인지가 문제된다.

2. 수협 및 어촌계와의 관계

위에서 보는 바와 같이, 포항지역어민회는 지역 수협 및 어촌계를 포괄하는 조직체이다. 포항지역어민회의 법적 성격을 이해하기 위해서는 먼저 지역 수협 및 어촌계의 성격을 이해할 필요가 있다.

수산업협동조합법에 의하면 수산업협동조합(이하 '수협')은 지구별 수산업협동조합, 업종별 수산업협동조합 및 수산물가공 수산업협동조합으로 나뉘는데(제2조 4호), 조합은 법인으로 한다(제4조). 지구별 수협의 구역은 원칙적으로 시·군의 행정구역에 따르는데(동법 제14조), 지구별 수협을 설립하려면 해당 구역의 조합원 자격을 가진 자 20인 이상이 발기인(發起人)이 되어 정관을 작성하고 창립총회의 의결을 거친 후 해양수산부장관의 인가를 받아야 한다(동법 제16조). 이 경우 조합원 수, 출자금 등 인가의 기준 및 절차는 대통령령으로 정하도록 되어 있는데, 동법 시행령에 의하면 지구별 수협의 설립인가를 받기 위해서는 ① 조합원 자격이 있는 설립동의자의 수가 구역에 거주하는 조합원 자격자의 과반수로서 최소한 200명 이상이어야 하며, ② 조합원 자격이 있는 설립동의자의 출자금납입확약총액이 3억 원 이상이어야 한다. 조합원은 지구별 수협의 구역에 주소·거소 또는 사업장이 있는 어업인이어야 한다(동법 제20조 제1항).13) 지구별 수협은 출자금의 납입이 완료된 날부터 2주 이내에 주된 사무소의 소재지에서 설립등기를 함으로써 법인으로 성립한다(동법 제92조, 제19조 참조).

한편 어촌계의 법적 성질은 좀 더 복잡한 모습이다. 어촌계는 우리나라에서 전통적으로 이어져 오는 계(契)의 일종으로서,[14] 전통적인 어업인을 계원으로 하는 어업공동체이다.[15] 전통적인 촌락공동체가 그 지역에 거주하는 모든 사람을 포괄하는 조직이라면, 어촌계는 어촌마을에 거주하더라도 어업활동에 종사하는 자들만이 어촌계의 계원이 될 수 있다는 점에서 지역공동체의 성격과 직업공동체의 성격을 겸유하고 있다고 할 수 있다.[16] 그런데 전통적으로 존재하던 어촌계는 1962. 1. 20. 수산업협동조합법이 제정되면서 법령 속으로 들어오게 된다. 즉, 동법 제16조 제3항은 "지구별어업협동조합은 정관의 정하는 바에 의하여 필요한 곳에 지소를 둘 수 있고 각령의 정하는 바에 의하여 어촌계를 조직할 수 있다."고 하여 어촌계를 수협의 하부조직으로 편입시켰던 것이다. 이후 1966. 8. 3. 개정된 수산업협동조합법에서는 "어촌계가 법인이 되고자 할 때에는 수산청장의 인가를 받아야 한다."고 하여 어촌계가 법인으로 될 수 있는 길을 터주었다(동법 제4조 제2항 참고). 그러나 법인인 지구별 수협과 법인인 어촌계 사이에 사업중복으로 인한 갈등, 법인인 어촌계의 영세성 및 부실한 경영상태 등의 문제로 말미암아 1970. 8. 12. 개정된 수산업협동조합법에서는 법인 어촌계에 관한 제4조 제2항을 삭제하였다.[17] 이에 따라 이미 법인격을 취득한 일부 어촌계를 제외하고는[18] 현행법상 법인 아닌 어촌계만 인정된다. 그런데 현행법상 어촌계를 설립하기 위해서는 어촌계는 지구별 수협의 조합원 10명이상이 발기인이 되어 설립준비위원회를 구성하고, 어촌계 정관을 작성하여 창립총회의 의결을 거쳐 특별자치도지사·시장·군수·구청장의 인가를 받아야 한다(수산업협동조합법 시행령 제4조 제1항). 이는 비영리법인의 설립절차와 유사한데, 이 때문에 어촌계의 법적 성질에 대해 논란이 될 수 있다. 어촌계의 설립을 위한 시장·군수 등의 인가는 다른 개인이나 단체보다 어촌계에 대해 어업권을 우선적으로 인정하기위한 인가이지 법인설립에 있어 필요한 주무관청의 인가·허가와는 다르다. 그렇지만 어촌계의 설립을 위해 설립준비위원회의 구성, 정관작성, 창립총회의 의결, 시장·군수 등의 인가 등의 요소를 고려하면 어촌계의 법적 성질은 법인설립등기를 전제로 한 것을 제외하고는 사단법인의 설립과 크게 차이나지 않으므로 법인 아닌 사단으로 보는 것이 타당하다.[19][20]

여기서 어촌계의 설립에 있어 관행상 지역 어민으로 구성되어 있지만 시장·군수 등의 인가를 받지 못한 어촌계의 지위가 문제될 수 있는데, 그러한 경우에도 어업권의 우선부여가 제한될 수 있을 뿐이지 그러한 어촌계의 존재까지 부인되는 것은 아니라 할 것이다.21) 한편 수산업협동조합법이 어촌계가 법인으로 될 수 있는 규정을 삭제하였음을 이유로 어촌계가 법인으로 되는 것은 불가능한 것인지가 문제될 수 있을 것인데, 필자의 사견으로는 수산업협동조합법에 근거하여 법인으로 될 수는 없지만, 지역어민으로 구성된 경제공동체로서 영리추구를 목적으로 한다면 상법의 적용을 받는 영리법인(회사)으로 설립될 수 있고, 만약 비영리를 목적사업으로 한다면 민법에 근거를 둔 비영리법인으로 설립될 수 있다고 생각한다.22) 다만, 그러한 조직체가 '어촌계'라는 명칭을 사용하는데는 제약이 있을 것이며23) 현실적으로 주무관청인 해양수산부24)가 어촌계에 대해 수협과 중복되거나 유사한 사업을 영위하려는 조직체에 대해 법인설립을 허가하는 것은 기대하기 어렵다고 본다.

위 수협과 어촌계가 법령상 인정된 조직이라면, 어민회는 법령에 근거하지 아니한 임의조직이다. 어민회를 규율하는 법령은 없으므로 어민회에 관한 법적 성질이나 가입·탈퇴의 문제는 순전히 학설과 판례에 맡겨져 있는 셈이다.

3. 어민회의 법적 성질

어민회는 법령에 근거한 조직이 아니므로 어민회의 구성이나 그에 따른 법적 성질도 상이할 수 있는 바, 여기서는 사안의 포항지역어민회의 법적 성질에 대해 검토해본다.

가. 포항지역어민회가 자연발생적 조직인지의 여부

우선 포항지역어민회가 자연발생적 조직인지에 대해서 살펴본다. 대법원 판례에서는 자연발생적인 조직이라는 표현이 간혹 등장한다. 이를 테면 종중에 대해 "공동선조의 후손들에 의하여 그 선조의 분묘수호 및 봉제사와 후손 상호간의 친목을 목적으로 형성되는 자연발생적인 종족단체로서 특별한 조직행위가 없더라도 그 선조의 사망과 동시에 그 후손에 의하여 성립"한다는 판시가 그에 해당한다.25) 또한 특정 지역에서 자연부락으로 형성되어 주민들이 동민회를 구성하여 활동해 온 조직을 촌락공동체라 하여 자연발생적 조직의 일종으로 본 경우도 있다.26) 한편 대법원은 수산업협동조합 및 동 시행령에 의하여 조직된 어촌계 외에도 동 법령에 의하지 아니하고 "관행에 의하여 성립되어 온" 어촌계의 존재를 인정하고 있다.27)

그렇다면 이 사건에서 문제된 포항지역어민회는 위와 같은 자연발생적 조직인가? 만약 포항지역어민회가 자연발생적 조직에 해당한다면 원고의 동 어민회에 대한 회원지위는 쉽게 판가름 날 것이고, 그렇지 않다면 그 회원지위에 대해서는 달리 판단해야 할 것이다.

위에서 살펴 본 바와 같이 포항지역어민회는 포항수협 전체조합원과 지역의 4개 어촌계 계원에 한하여 조합원명부의 제출로 회원가입을 인정한 조직체이다. 즉, 포항지역어민회는 포항지역의 특정한 촌락공동체나 혈연공동체와 같은 자연발생적 조직이 아니라 일정하게 설립된 기존의 조직체(즉 수협조합과 어촌계)로부터 그에 속한 회원을 넘겨받는 식으로 새로이 조직된 인위적인 단체이다. 설령 어촌계를 자연발생적 조직으로 이해하고, 수개의 어촌계를 포괄하는 조직체로서 어민회가 성립되었다고 하더라도 이를 자연발생적 조직으로 볼 수는 없다. 1심 법원은 이에 관한 언급이 없으나, 2심 법원은 "포항지역어민회를 종중이나 자연부락처럼 자연발생적으로 성립하거나 집합건물의 관리단처럼 법률에 의하여 당연설립된 것으로 볼 수 없는 이상", 원고가 포항지역어민회의 회원인지는 증거에 의해 증명되어야 한다고 판시하였다. 타당한 설명이다.

나. 포항지역어민회가 비법인사단인지의 여부

사안과 관련하여 1심 법원과 2심 법원은 공히 포항지역어민회를 비법인사단으로 보았다. 어떤 단체가 조합인지 아니면 비법인사단인지 가리는 기준에 대해 우리 판례는 다음과 같이 설시하고 있다. "비법인사단은 구성원의 개인성과는 별개로 권리·의무의 주체가 될 수 있는 독자적 존재로서의 단체적 조직을 가지는 특성이 있다 하겠는데, 어떤 단체가 고유의 목적을 가지고 사단적 성격을 가지는 규약을 만들어 이에 근거하여 의사결정기관 및 집행기관인 대표자를 두는 등의 조직을 갖추고 있고, 기관의 의결이나 업무집행방법이 다수결의 원칙에 의하여 행하여지며, 구성원의 가입, 탈퇴 등으로 인한 변경에 관계없이 단체 그 자체가 존속되고, 그 조직에 의하여 대표의 방법, 총회나 이사회 등의 운영, 자본의 구성, 재산의 관리 기타 단체로서의 주요사항이 확정되어 있는 경우에는 비법인사단으로서의 실체를 가진다."고 한다.[28] 이에 의하면 어떤 단체가 사단으로 인정될 수 있는지를 판가름 하는 핵심적인 표지(標識)로는 ① 사단적 성격의 규약(즉 정관)의 존재, ② 의사결정기관 및 집행기관 등 조직의 형성, ③ 다수결 원칙에 의한 의사결정, ④ 사원의 변경에 영향을 받지 않는 단체의 존속, ⑤ 조직에 의한 대표의 방법, 총회나 이사회 등의 운영, 자본의 구성, 재산의 관리 기타 단체로서의 주요사항의 확정 등으로 요약된다.

위와 같은 단체의 표지에 비추어 포항지역어민회가 비법인사단으로서의 실체를 갖추었는지 살펴본다.

① 정관의 존재여부: 포항지역어민회 회칙에서 포항수협 조합원 및 구룡포수산업협동조합 호미곶면 4개 어촌계 조합원에 한하여 회원 자격을 부여한 것을 보면 정관은 존재하였다.

② 기관 조직의 형성여부: 동 회칙에 의하면 총회, 대의원, 이사회, 위원장단, 감사 등으로 구성되어 있으므로 대표기관, 의사결정기관, 감독기관 등이 모두 조직되어 사단으로서의 기관구성이 있었음을 인정할 수 있다.

③ 다수결원칙에 의한 의사결정: 동 회칙에서 총회는 구성원 과반수의 출석으로 개최하고 출석구성원 과반수의 찬성으로 의결함을 원칙으로 하고 있으므로 포항지역어민회의 의사는 다수결원칙에 의해 결정되는 것을 원칙으로 삼고 있다고 볼 수 있다.

④ 사원의 변경에 따른 단체 존속의 영향 여부: 동 회칙에서는 회원의 자격에 관한 사항뿐만 아니라 회원의 제명에 관한 규정을 두고 있다. 규정의 외형상으로는 회원의 자격이 상당히 포괄적으로 규정되어 회원의 증감을 예정한 듯이 보이고 또한 회원을 제명하더라도 단체가 해산되지 않는 점을 보면 회원의 증감변동은 위 어민회의 존속에 영향을 미치지 않는 것으로 보인다. 그렇지만 실제로 포항지역어민회의 회원이 누구인지에 대해서는 회칙만으로는 명확하지 않기 때문에[29] 회원의 증감변동여부가 동 어민회의 존립에 어떠한 영향을 미치게 되는지는 알 수 없다. 종중이나 교회의 경우에도 이와 유사한 문제가 발생할 수 있지만, 종중원 자격을 가진 자가 출생 또는 사망하거나 교회의 신도가 가입하거나 탈퇴하더라도 종중이나 교회의 존립에는 영향이 없다.[30] 그러나 이러한 상황을 포항지역어민회에 똑같이 적용할 수 있는지는 의문이다. 왜냐하면 종중이나 교회와 같이 항시적인 목적을 가진 단체와 달리, 포항지역어민회의 설립목적은 실제로는 피고회사의 건설·운영행위와 관련하여 주변 해역의 어업적 피해보상을 받을 목적으로 조직된 것이기에 누구에게 어민회의 회원자격이 주어지는지, 그에 따른 회원자격의 득실변경에 관한

사항은 위 어민회의 존립에 상당한 영향을 미치게 되기 때문이다.

⑤ 조직에 의한 단체의 운영과 주요사항의 확정 등: 대법원 판례는 어떤 단체를 (비법인)사단으로 인정하기 위해서 정관 등 외관으로 나타나는 단체의 모습 외에도 실제로 그 단체가 사단으로서 실질적인 기관운영이 이루어지고 각 조직이 유기적으로 작동하여 대외적으로 그 단체에 사단법인에 준하는 권리주체성을 인정할 만한 수준인지를 실질적으로 파악하고 있다.[31] 예컨대 특정 채무자에 대한 채권자들로 구성된 이른바 청산위원회의 경우에 비법인사단으로 인정한 경우도 있지만,[32] 부도난 회사의 채권자들이 조직한 채권단에 대해 비법인사단으로서의 실체를 갖추지 못했다는 이유로 그 당사자능력을 부인한 사례도 있다.[33] 여기서 판례는 채권단이 사단성을 갖추었는지를 심사하면서, "종중 또는 문중과 같이 특별한 조직행위 없이도 자연적으로 성립하는 예외적인 사단이 아닌 한, 비법인사단이 성립하려면 사단으로서의 실체를 갖추는 조직행위가 있어야 하는바, 만일 어떤 단체가 외형상 목적, 명칭, 사무소 및 대표자를 정하고 있다고 할지라도 사단의 실체를 인정할 만한 조직, 그 재정적 기초, 총회의 운영, 재산의 관리 기타 단체로서의 활동에 관한 입증이 없는 이상 이를 법인이 아닌 사단으로 볼 수 없는 것이다. 그리고 사단으로서의 실체를 갖추는 조직행위가 사단을 조직하여 그 구성원으로 되는 것을 목적으로 하는 구성원들의 의사의 합치에 기한 것이어야 함은 앞서 본 사단의 특성에 비추어 당연하다고 할 것이다."라고 판시하여,[34] 단체의 외관에 의해서가 아니라 실질적인 조직운영의 작동여부를 중요하게 판단하고 있다. 나아가 판례는 단체의 규약이 만들어지고 사회단체로 설립신고까지 마쳐진 단체에 대해서도 회원의 구체적인 자격, 총회의 운영, 재산의 관리, 대표의 방법 등의 실체에 관한 입증이 없었음을 이유로 법인격 없는 사단으로 인정하지 아니한 경우도 있다.[35] 그렇다면 포항지역어민회의 조직·운영이 정상적으로 작동하였는지에 대해서도 실질적으로 파악하여야 할 것이지만, 이에 관해서는 원고와 피고의 주장이 상충하므로 정확한 내용을 파악하기는 어렵다.

요컨대, 포항지역어민회는 기본적으로 법인 아닌 사단으로서의 표지를 갖추고는 있다. 그렇지만 좀 더 자세히 살펴보면, ①, ②, ③의 표지는 갖추었다고 할 수 있으나, ④와 ⑤의 표지의 존재에 대해서는 확신을 가지기에 미흡하다.

다. 소결

이상을 검토한 결과, 포항지역어민회의 법적 성격에 대해서는 다음과 같은 평가를 할 수 있다. 첫째, 포항지역어민회는 관습상 인정되거나 자연발생적으로 조직된 단체가 아니라, 포항제철소 및 관련시설의 건설·운영과 관련하여 영일만해역의 어업적 피해보상을 목적으로 한 인위적인 조직체이다.

둘째, 자연발생적 조직이 아닌 이상, 포항지역어민회는 종중이나 촌락공동체와 같은 차원의 비법인사단으로 인정되지 아니하며, 그에 대한 법적 성격은 단체의 설립·조직·운영 등을 구체적으로 살펴서 판단하여야 한다.

셋째, 현재 판례가 단체의 사단성을 심사하면서 검토하는 5가지 기준에 의하면, 포항지역어민회는 ① 정관(회칙)을 가지고 있고, ② 일정한 기관을 구성하고 있으며, ③ 다수결원칙에 따라 의사결정을 하는 등 사단적 요소를 갖추고 있지만, ④ 사원의 가입과 탈퇴에 따른 어민회의 존립가능성에 대해서는 의문의 여지가 있고, ⑤ 조직에 의한 단체의 규정에 부합하는 운영여부 등은 명확하지 않다.

종합하면, 포항지역어민회는 비법인사단으로서의 형식을 갖추고 있지만, 내부적으로 민법상 사단법인에 관한 규정의 준용 또는 총유에 관한 규정을 그대로 적용할만한 실질을 갖추었는지에 대해서는 단언하기 어렵다. 그럼에도 불구하고 필자는 포항지역어민회의 법적 성격을 잠정적으로 비법인사단으로 분류하고자 한다. 그것은 독일법의 영향을 받아 우리 법이 단체의 이념형(Idealtypus)으로 사단(Verien)과 조합(Gesellschaft)으로 양분하고 있기 때문에 양자 중 어느 하나로 보아야 하는 불가피함 때문이다. 그렇지만 그것이 곧 포항지역어민회에 비법인사단에 관한 법리가 온전히 적용될 수 있음을 의미하지는 않는다. 또한 포항지역어민회를 비법인사단으로 본다고 하더라도 그것은 포항지역 해역의 어업권 피해보상을 목적으로 하였다는 점에서 단체의 목적이 항시적[36]이 아닌 한시적인 사업으로 제한되어 있는 임시적인 조직체로서의 성격을 띠고 있다.[37]

IV. 가입 및 탈퇴의 문제

1. 문제점

만약 어떤 단체가 판례가 인정하는 '관습상 형성된 조직'이거나 '자연발생적 조직'이라면, 별도의 회원가입절차 또는 회원자격부여행위가 없더라도 단체의 회원구성은 이루어지게 된다. 그에 반해 포항지역어민회가 관습상 형성된 조식이거나 사연발생적 조직이 아닌 이상, 포항지역어민회에서 누가 회원이 되는지(회원자격의 문제) 그리고 어떻게 회원이 되는지(회원가입절차의 문제)는 포항지역어민회의 존립과 회원과의 법률관계에서 대단히 중요한 의미를 가진다. 이에 대해서는 상반된 입장이 대립할 수 있다.

첫째는 원고가 포항지역어민회에 가입신청을 하지 않았다면 포항지역어민회의 회원이 되지 아니하며, 포항지역어민회는 회원의 의사에 반하여 회원을 가입하거나 강제시킬 수 없다는 입장이다. 둘째는 그와 반대로, 수협 및 어촌계의 회원자격은 법령에 의해 확인할 수 있는데 포항지역어민회는 포항수협 조합원 전체 및 포항영일지역 4개 어촌계원으로 이루어진 단체로써 별도의 가입절차 없이 회원지위가 부여되기 때문에 결국 추후 별도의 탈퇴의사를 명시적으로 표시하지 않았다면 포항수협의 조합원이었던 원고로서는 당연회원으로서의 지위를 가진다는 입장이다.

이에 대해 1심 법원은 다음과 같이 판단하고 있다. 포항지역어민회는 포항지역수협 조합원 및 4개 어촌계 계원에 한하여 회원 자격을 부여하였고, 위 각 조합 및 어촌계가 작성한 조합원명부 제출로 회원으로 가입된 것으로 처리하였는데, 원고는 포항수협 조합원으로서 포항지역어민회의 회원으로 가입되었음을 전제하면서, 비법인사단인 포항지역어민회 회원들로부터 피해보상에 관한 협상권을 위임받은 포항지역어민회 회장에 의해 체결된 보상합의는 포항지역어민회 회원인 원고에게 당연히 효력이 미친다고 판시하였다. 그에 반해 2심 법원은 포항지역어민회를 비법인사단으로 보면서도 원고가 포항지역어민회의 회원임을 전제로 이 사건 합의의 효력이 원고들에게 미친다는 피고의 주장을 받아들이지 않았다.

여기서 어떤 단체의 회원자격이 정관에 기재되어 있다고 할 때, 별도의 가입절차 없이도 회원자격을 부여할 수 있는지, 사안처럼 일정한 단체(예, 지역수협, 어촌계

03 자연적 공동체와 법

등)의 명단제출로 그 단체에 속한 회원전부가 다른 단체(여기서는 포항지역어민회)에 가입이 가능한 것인지가 문제된다.

2. 단체에의 가입행위

가. 가입행위의 의미

사단법인에게 있어서 사원자격의 득실에 관한 규정은 정관에 반드시 명시되어야 하는 필요적 기재사항이다(민법 제40조 제6호). 그렇지만 민법은 사단법인에게 있어서 사원의 가입에 관한 명문의 규정은 두고 있지 않고 해석론에 맡겨두고 있다. 비록 사단의 구성원인 사원이 되기 위한 절차로 가입행위에 관한 명문규정이 없더라도 사단의 사원이 되기 위해서는 가입절차가 필요함은 당연하다. 이러한 사정은 비법인사단 나아가 조합의 경우에도 마찬가지이다. 사단의 회원으로 가입한다는 것은 자치법규 또는 단체계약으로서의 정관의 규율에 스스로 구속됨을 의미한다. 따라서 단체의 정관에 구속되기 위해서는 관습상의 조직이나 자연발생적 조직이 아닌 이상 단체에의 가입행위가 필요하다. 이러한 문제를 다룬 우리 문헌은 찾아보기 어렵다. 그렇지만 독일의 통설과 판례는 사단의 가입행위는 사단과 가입희망자(Beitrittswillige) 사이에 가입계약의 체결로 이루어진다고 본다.[38] 따라서 가입행위의 성부에 관해서는 민법상 계약체결에 관한 법리 및 의사표시의 하자에 관한 규정이 그대로 적용된다.[39]

이러한 독일의 통설과 판례의 입장은 우리 대법원의 판례에서도 찾아볼 수 있다. 대표적인 우리 판례는 어촌계의 가입문제와 관련하여, 기존의 사단에 대한 신규가입은 그 단체의 특성에 따라 차이가 있으나 통상적으로는 법인격의 존부에 불문하고 가입희망자의 신청과 사단 측의 승낙에 의하여 성립한다고 전제하면서, 어촌계는 그 가입이 강제되지 아니할 뿐만 아니라 어촌계의 계원은 그들의 총유에 속하는 재산을 정관 또는 기타의 규약에 좇아 사용·수익할 수 있는 권리가 있는 한편 출자의무나 노무제공의 의무 등도 부담하여야 하는 점에 비추어 볼 때, 수산업협동조합법시행령 제6조가 '계의 구역 내에 거주하는 자로서 지구별 조합의 조합원은 계에 가입할 수 있다.'라고 규정하였다고 하여 가입요건을 갖춘 지구별 수산업협동조합의 조합원이라고 하여 가입신청만으로 곧바로 그 계원의 지위를 취득하는 것은 아니라고 한다. 나아가 가입신청자가 계원이 될 수 있는 실질적 요건을 갖추었다고 하더라도, 총회의 동의 및 계장의 승낙통지라는 계원지위부여절차를 거치거나 그러한 절차를 거쳤다고 볼 만한 객관적 사정이 인정되지 아니하는 한, 피고 어촌계의 계원의 지위를 취득하였다고 볼 수 없고, 다만 어촌계의 정관에서 가입신청자가 계원 명부에 기재됨으로써 계원의 자격을 취득한다고 규정하였다고 하더라도 계원 명부에의 등재는 단지 내부적인 후속처리절차에 불과할 뿐 계원 자격취득의 효력발생 요건이라고는 볼 수 없다고 한다.[40]

　　강조하건대, 우리 판례는 "기존의 사단에 대한 신규가입은 그 단체의 특성에 따라 차이가 있으나 통상적으로는 법인격의 존부에 불문하고 가입희망자의 신청과 사단 측의 승낙에 의하여 성립"한다고 판시하고 있는바, 이를 분설한다. '기존의 사단에 대한 신규가입'이란 사단의 설립을 위해 발기인으로 참여하여 원시사원이 된 경우가 아니라는 의미이다. '그 단체의 특성에 따라 차이가 있다'는 것은 관습상 혹은 자연발생적 사단의 경우처럼 특수한 경우에는 당연가입이 가능하지만 그렇지 않은 경우에는 이와 다를 수 있음을 전제한 것이다. 당연가입이 가능한 경우가 아니라면, '통상적으로는 법인격의 존부에 불문하고 가입희망자의 신청과 사단 측의 승낙에 의하여 성립'한다고 하여 법인인 사단이든 비법인사단이든 가입행위는 신청(청약)과 승낙에 의해 성립됨을 명확히 하고 있다.

나. 포항지역어민회의 경우

　　그렇다면 원고가 포항지역어민회에 회원으로 가입되었는지에 대해, 1심 법원과 2심 법원의 판단은 엇갈린다. 이에 대해 살펴본다.

(1) 가입신청이 있었는지의 여부

　　원고는 포항지역어민회에 가입신청을 하지 않았기에 포항지역어민회의 회원으로 인정될 수 없다는 입장인데 반해, 피고는 원고가 포항지역어민회에서 회원자격을 부여한 포항수협의 조합원이었기 때문에 포항지역어민회에 당연회원으로 인정된다는 입장이다.

　　살피건대, 원고는 당시 포항수협의 조합원이었음은 사실이지만 원고가 포항지역어민회에 가입하겠다는 신청은 없었으며, 어민회 측에서도 당시 포항지역어민회가 결성될 당시 별도로 가입절차를 밟았던 적은 없었다.[41] 사정이 이와 같다면 바로 위에서 살펴본 판례[42]의 취지에 비추어 볼 때 원고의 가입신청(청약)은 없는 상태에서 포항지역어민회 측의 승낙에 관한 주장만 있어 결과적으로 동 어민회의 가입계약은 성립하지 않았고, 따라서 원고는 포항지역어민회의 회원이 아니었다는 결론에 이르게 된다. 더군다나 동 판례에 의하면, 어촌계의 가입에 관하여 수산업협동조합법시행령 제6조가 '계의 구역 내에 거주하는 자로서 지구별 조합의 조합원은 계에 가입할 수 있다.'라고 규정했다 하여도 가입요건을 갖춘 지구별 수산업협동조합의 조합원이라고 하여 가입신청만으로 곧바로 그 계원의 지위를 취득한다고는 보기 어렵다고 설시하고 있는바, 설사 법령에서 가입요건을 갖추고 있는 조합원이라고 하더라도 가입신청만으로 당연가입의 효력은 부여되지 않음을 분명히 하고 있다.

눈을 돌이켜, 포항어민회의 경우를 보면 동 어민회의 회칙 상 "회원은 포항영일지역내(영일만)에 거주하며 어업을 경영하거나 어업에 종사하는 자"로 하는데, 비록 원고가 포항영일지역 내에 거주하는 어업을 경영하는 자에 해당하고, 또한 포항수협의 조합원이라고 하더라도 포항지역어민회라는 법령상 가입요건이 요구되는 조직도 아닌 임의단체에 가입신청조차 하지 않은 상태에서 당연회원으로 인정된다는 것은 법률행위(가입행위)의 기본적인 원리에 부합하지 않는다.

(2) 위임 또는 사실적 계약관계의 가능성

원고가 포항지역어민회에 명시적이든 묵시적이든 회원 가입신청을 하지 않은 것은 분명하다. 그렇다면 포항지역어민회에서 원고를 회원으로 받아들인 것은 원고의 개인적인 가입신청에 기한 것이 아니라, 포항수협 측의 조합원명부 제출에 터 잡아 이를 가입신청을 한 것으로 보고 이를 어민회가 승낙함으로써 원고의 가입계약이 성립한 것으로 다툴 여지는 있다. 여기에는 2가지 사항을 검토하여야 한다.

첫째, 포항수협 측에서 조합원명부를 제출한 것으로 조합원전체가 가입신청을 한 것으로 볼 수 있기 위해서는 포항수협과 그에 속한 개별조합원 사이에 가입신청에 관한 위임이 있었어야 한다. 그러나 법원이 인정한 사실 어디에도 가입신청에 관한 위임은 찾아볼 수 없다.

둘째, 포항수협 측의 조합원명부 제출이라는 사실에 터 잡아 조합원사이에 집단적인 가입신청이 있었다고 볼 수 있느냐에 대한 문제이다. 이것은 조합원명부의 제출을 일종의 사실적 계약관계(faktische Vertragsverhältnisse)로 보아 계약의 성립을 인정할 수 있을 것인지에 대한 의문인데, 결론적으로 이는 부정함이 타당하다. 왜냐하면, 우선 포항수협의 조합원명부의 제출을 청약에 갈음하는 사실(Faktum)로 본다고 하더라도 그것은 조합원의 위임 또는 결의를 전제로 한 것인데, 그러한 과정이 생략되었다면 외관상 '사실'로 볼 수 있는 요소가 있더라도 그것은 계약을 이끌어낼 수 있는 '사실'로 인정될 수 없다.

요컨대 포항수협 측의 조합원명부 제출을 단체가입에 대한 소속조합원의 위임이 있었다거나 혹은 가입신청의 의사표시에 갈음하는 '사실'이 있은 것으로 볼 수 없어서, 원고가 포항지역어민회에 당연가입된 것으로 보는 것은 타당하지 않다.

3. 이른바 가입강제(加入强制)와 관련하여

가. 가입강제의 의미

포항지역어민회 회칙은 회원의 자격에 대해 포항영일지역 내에 거주하며 어업을 경영하거나 어업에 종사하는 자로 규정하고 있다. 이에 근거하여 피고 측은 포항수협 조합원 전체 및 4개 어촌계 조합원은 당연회원이 되었다고 주장하는데, 여기서 수협이나 어촌계처럼 법령에 근거하여 설립된 단체와는 별도의 조직체가 이들 단체의 회원을 구성원으로 받아들일 경우, 그들 단체의 회원이 그 조직체의 회원으로 가입이 강제되는지에 대해 검토할 필요가 있다.

강학상 법인의 설립에 관한 입법주의에 대해서 국가의 조력에 따라 자유설립주의, 준칙주의, 인가주의, 허가주의, 특허주의 등으로 구별되고, 법인설립의 강제성 여부에 따라 강제주의와 임의주의로 구별된다.[43] 여기서 이른바「강제주의」는 국가가 법인의 설립을 강제하는 것(이른바 '설립강제')과 일정한 유자격자는 설립행위에 참여하지 않았어도 당연히 그 회원이 되는 것(이른바 '가입강제') 등 양자를 포괄하는 의미로 사용된다.[44] 설립강제의 예는 대한변호사회, 공인회계사회, 약사회 등 다수의 조직에서 찾아볼 수 있지만, 가입강제의 예는 찾아보기 매우 힘들다. 다만, 지역상공회의소는 공동으로 대한상공회의소를 설립하고, 대한상공회의소의 정회원이 된다는「상공회의소법」제34조 및 제37조가 가입강제의 예시로 설명된다.[45]

이에 대해 유력설은 "위와 같은 법인의 설립 또는 법인에의 가입을 강제하는 강제주의는 사람의 자유를 크게 제한하는 것이므로, 사회 일반의 이해관계에 큰 영향이 있는 경우에 한하여 취하여야 한다."고 주장한다.[46] 이러한 입장은 지극히 타당하다. 이른바 가입강제는 개인의 자유의사를 그르치고 개인의 자기결정권을 침해할 우려가 크기 때문에 그에 대한 근거가 법령에 명확히 존재하고 또한 그것이 공익적 차원에서 정당성을 충분히 확보할 수 있는 경우에 한해서만 엄격히 제한적으로 인정된다고 할 것이다.

나. 포항지역어민회의 경우

(1) 법적 근거 부재

피고 측이 내세우는 바와 같이, 포항수협이나 사건의 어촌계는 모두 수산업협동조합법에 의한 조직으로 누가 포항수협의 조합원인지 혹은 어촌계원인지 여부는 쉽게 파악할 수 있다. 그렇지만 수협이나 어촌계에 속한 조합원이라고 하여 수협이나 어촌계를 포괄하는 포항지역어민회에 가입이 강제된다고 할 수 없다. 왜냐하면 강제주의(특히 가입강제)는 "법인"의 경우에 법률에 근거해서만 인정되며, 또한 사람의 자유를 크게 제한하는 것이므로 사회 일반의 이해관계에 큰 영향이 있는 경우에 한해서만 인정될 수 있을 것인데, 포항지역어민회는 임의적인 조직일 뿐만 아니라 그에 대한 가입을 강제할만한 어떠한 법령상의 근거도 없다. 따라서 포항수협의 회원으로 있었다고 하여 포항지역어민회에 당연히 가입되거나 가입이 강제될 만한 어떠한 근거도 없다.

(2) 헌법상 결사의 자유 침해

피고의 주장처럼, 포항지역어민회는 비법인사단이고 동 어민회가 결성될 당시 별도로 가입절차를 밟은 것도 아니며, 결국 추후 별도의 탈퇴의사를 명시적으로 표시하지 않았다면 포항수협의 조합원이었던 원고에게 당연회원으로 가입이 인정되는 것일까? 만약 법률(혹은 관습법)상의 근거도 없이 어떤 단체가 특정개인을 단체가입의 의사도 없이 당연회원으로 받아들일 수 있다고 한다면 이것은 헌법이 보장하는 기본권인 결사의 자유(헌법 제21조 제1항)를 본질적으로 침해하는 것이다.[47] 대법원도 법인 아닌 사단인 국립대학 기성회가 학생들에게 일률적으로 수백만 원의 회비를 부과하면서 가입을 강제하고 탈퇴를 불허하는 것은 헌법상 결사의 자유를 침해하는 것으로서 법적으로 용인될 수 없기에 학생의 부모 또는 보호자를 당연회원으로 하는 기성회의 규약과 학생에 대한 기성회비의 강제적인 부과는 법률상 효력이 없다고 판시한 바 있다.[48]

결사의 자유는 개인의 인격발현을 위한 중요한 요소이면서, 또한 자유민주적 기본질서를 구성하는 요소이다.[49] 결사의 자유는 적극적으로는 단체결성의 자유, 단체존속의 자유, 단체활동의 자유, 결사에의 가입·잔류의 자유를 그리고 소극적으로는 기존의 단체로부터 탈퇴할 자유와 결사에 가입하지 아니할 자유를 내용으로 한다.[50] 기본권으로서 결사의 자유는 기본적으로 공권력에 대한 개인의 방어권적 성격을 가지지만, 오늘날 헌법상 기본권이 개인과 국가의 관계를 넘어서 개인과 개인의 관계에서도 효력을 가지는 것으로 봄이 보편화되어 있다.[51] 그러한 점에서 사법상 단체로부터 탈퇴할 자유 및 사법상 단체에 가입하지 아니할 자유와 같이 소극적 결사의 자유도 당연히 헌법이 보장하는 결사의 자유로서 보호되어야 한다.[52]

그렇다면 피고 측의 주장처럼 원고가 포항수협의 조합원이라는 이유만으로 자신이 가입신청도 하지 않은 단체에 당연가입된 것으로 간주하는 것은 헌법이 보장하는 결사의 자유를 위반한 해석이다.

4. 어민회의 탈퇴와 관련하여

가입강제가 적용되는 경우가 아니라면, 어떤 단체에 가입할 것인지 말 것인지는 개인의 자유이듯이 이미 가입한 어떤 단체에 탈퇴할 것인지 말 것인지도 전적으로 개인의 자유이다. 단체에의 탈퇴는 논리필연적으로 가입을 전제로 한다. 그런데 피고 측은 원고가 포항지역어민회에 탈퇴의사를 명시적으로 표시하지 않았다면 포항수협의 조합원이었던 원고가 당연회원의 지위를 가진다고 한다. 여기에는 다음과 같은 문제점이 내포되어 있다.

첫째, 원고가 탈퇴의사를 표시하기 위해서는 원고가 포항지역어민회에 회원으로 가입되었음이 전제로 되어야 한다. 그런데 앞서 본 바와 같이 원고가 포항지역어민회에 가입된 것으로 볼 수 없다면 탈퇴 자체가 문제될 수 없다.

둘째, 설령 어떤 단체에 가입된 것인지, 아닌지가 애매한 경우에 과연 탈퇴의사를 표시하지 않으면 가입된 것으로 볼 수 있는지가 문제된다. 즉 기본전제를 가입된

03 자연적 공동체와 법

것으로 하여 그와 반대되는 의사가 없으면 가입한 것으로 봐야 할 것인지, 아니면 이와 반대로 기본전제를 가입되지 아니한 것으로 하여 가입의 의사가 있을 때 비로소 가입된 것으로 봐야 할 것인지의 문제이다. 필자는 이에 대해 후자의 입장이다. 단체에 가입하는 것은 사원으로서의 권리도 가지지만 의무도 부담하게 되기 때문에 가입여부가 불분명한 경우에는 가입되지 아니한 것으로 보아야 한다. 타인에 의한 임의적인 간주나 추정으로 본인의 권리·의무가 속박되어서는 안 되기 때문이다. 이것은 민법에서 무권대리의 경우에 상대방의 본인에 대한 추인에 대해 본인이 확답을 발하지 아니하면 추인한 것으로 보는 것이 아니라 거절하는 것으로 보는 것과 같은 법리이다(민법 제131조 참조).

5. 소결

이상을 검토한 결과, 원고가 포항지역어민회의 회원인지에 대해서는 다음과 같이 판단된다. 첫째, 대법원 판례는 기존 사단에 대한 신규가입은 통상 법인격의 존부에 불문하고 가입신청자의 신청과 사단 측의 승낙에 의해 성립하는 것으로 보기 때문에,[53] 원고의 가입신청 없이 포항지역어민회에 당연가입을 인정할 수는 없다.

둘째, 원고의 개인적인 가입신청이 없었다면, 그가 속한 포항수협이 포항지역어민회에 명단을 제출한 것으로 가입을 의제할 수 있는지가 문제될 수 있는데, 이 경우에도 원고가 포항수협에게 포항지역어민회에 가입의 위임을 하지 않았다면 수협의 명단제출로 어민회에 가입된 것으로 인정할 수 없다. 만약 수협의 명단제출로 조합원 전원이 가입한 것으로 볼 수 있기 위해서는 이에 동의하는 조합원총회의 결의가 있었어야 한다.[54]

또한 명단제출이라는 사실에 터 잡아 가입의 의사표시에 갈음하는 이른바 "사실적 계약관계"도 인정될 수 없다.

셋째, 포항지역어민회는 법률에 의거해서 설립된 조직도 아니거니와 사회일반에 영향을 미치는 공익적 단체도 아니기 때문에 일정한 자격을 갖춘 자에게 회원가입을 강제하는 강제주의가 적용되지 않는다.

넷째, 만약 포항지역어민회가 일정한 자격이나 지위에 있는 자들을 가입신청행위도 없이 당연 가입하는 것으로 인정하게 되면, 이는 헌법이 인정하는 기본권인 결사의 자유를 본질적으로 침해하는 것이다.

다섯째, 포항지역어민회에 가입여부가 불분명한 경우에 탈퇴하지 않으면 가입된 것으로 본다는 논리는 본말이 전도된 논리로써, 개인의사 자유의 원칙을 근간으로 하는 민법의 기본원리에도 부합하지 않는다.

결론적으로 원고는 포항지역어민회의 회원으로 가입된 것으로 볼 수 없다.

V. 기타: 어업권소멸에 따른 보상청구 문제

1. 어업권

사안에서 피해보상의 대상은 포항지역 어민들이 향유하던 어업권이다. 어업권이란 수산업법상 개념으로써, 정치망어업[55])이나 마을어업[56])을 하려는 자가 시장·군수·구청장의 면허를 받아 어업을 경영할 수 있는 권리를 말한다(동법 제2조 제9호 및 제8조). 어업권의 주체, 즉 어업권의 면허를 받을 수 있는 자는 마을어업의 경우에는 어촌계, 지구별 수협에 한정되고(수산업법 제9조 제1항), 마을어업 외의 어업에 대해서는 영어조합법인도 될 수 있다(동조 제4항). 다만 마을어업권이 설정되기 전부터 해당 수면에서 계속하여 수산동식물을 포획·채취하여 온 사실이 대다수 사람들에게 인정되어 어업권원부에 등록된 "입어자"도 소정의 신고에 따라 어업권을 행사할 수 있다(수산업법 제2조 제11호 및 제47조).

수산업법상 어업면허를 받은 자와 어업권을 이전받거나 분할받은 자는 어업권원부에 등록을 함으로써 어업권을 취득한다(동법 제16조 제1항). 수산업법은 어업권을 물권으로 규정하며, 동법에서 정한 것 외에는 「민법」 중 토지에 관한 규정을 준용한다(제16조 제2항). 지구별 수협은 법인이므로 지구별 수협이 취득한 어업권은 수협에게 귀속되지만, 법인이 아닌 어촌계가 취득한 어업권은 그 어촌계의 총유(總有)가 된다(동법 제16조 제4항). 여기서 어업권이라는 물권의 귀속주체와 어업권을 실제로 행사하는 자가 다름을 유의하여야 한다. 지구별 수협이 가지고 있는 어업권은 어장관리규약으로 정하는 바에 따라 그 지구별 수협의 조합원이 행사하며(수산업법 제37조 제2항), 어촌계가 가지고 있는 어업권은 어장관리규약으로 정하는 바에 따라 그 어촌계의 계원이 행사한다(동법 제37조 제1항). 그런데 어촌계의 계원이나 지구별 수협의 조합원이 어업권을 행사할 수 있다고 하더라도 그들이 어업권의 귀속주체는 아니므로, 어업권의 소멸로 인한 손실보상금은 어촌계의 총유에 속하거나[57] 지구별 수협에 귀속된다.[58] 그렇지만 대법원은 어촌계에 귀속된 어업권의 소멸로 인한 손실보상금에 대해서는 어촌계원들에게 분배하는 것을 인정하고 있다.[59] 이것은 대법원이 총유물인 종중재산을 처분하여 종중원들에게 재산을 분배하는 것을 인정하는 것과 같은 입장으로 보인다.[60] 판례는 보상금의 분배방법에 관하여 "비법인사단인 어촌계가 가지는 어업권의 소멸로 인한 보상금은 어촌계의 총유에 속하는 것으로서 그 분배 방법은 정관의 정함이 있으면 그에 따라, 그렇지 않으면 총회의 결의에 따라 분배할 수 있고 계원이 이러한 결의 없이 보상금지급청구를 하는 것은 허용되지" 않는다고 한다.[61]

2. 포항지역어민회의 경우

어업권은 어촌계나 지구별 수협이 가지는 것이 원칙인데, 어업권의 귀속주체가 될 수 없는 지역어민회가 어업권소멸에 따른 보상금의 분배권한이 있는지를 살펴본다.

사안에서 1994. 5. 16. 개최된 포항지역어민회의 총회에는 전체회원 2,177명 중 80%가 넘는 1,853명이 참석하여 회장에게 피해보상과 관련한 협상권을 위임하는 것을 만장일치로 가결하였다. 여기서 총회가 적법한 절차에 따라 개최되었고 그 총회에서의 결의절차 또한 적법하게 이루어진 것으로 전제로 하더라도, 과연 포항지역어민회가 지구별 수협 및 어촌계의 계원에 대해 보상금을 분배할 권한이 있는지에 대해 의문이다.

포항지역어민회의 법적 성질을 일종의 비법인사단이라고 본다면, 재산귀속관계에 대해서는 총유에 관한 규정이 적용된다(민법 제275조~제278조). 민법은 비법인사단의 사원이 집합체로서 물건을 소유할 때에는 총유로 하면서(민법 제275조 제1항), 사단의 정관 기타 계약에 의한 경우 외에는(민법 제275조 제2항) 총유물의 관리 및 처분은 사원총회의 결의에 의하도록 하고(제276조 제1항), 이러한 총유에 관한 규정은 소유권 이외의 재산권에 준용한다(제278조). 그렇다면 포항지역어민회는 비법인사단으로서 회원들의 어업권 피해보상에 관한 권리를 준총유하는 것이고, 그에 관한 권리의 행사나 처분은 상기 총회의 결의에 따라 정해지게 되는 것인가? 이에 대해 필자는 다음과 같은 의문을 가지고 있다.

어업권은 어촌계나 지구별 수협이 가지는 것인데, 어업권소멸에 따른 보상금에 대해서는 어촌계원들 또는 조합원들이 분배청구권을 가진다. 어업권소멸에 따른 보상금청구에 관한 사항은 어촌계에 있어서는 총유물의 관리·처분에 해당하여 어촌계총회의 결의가 있어야 하며(민법 제276조), 지구별 수협에 있어서는 어업권의 처분에 해당하여 조합원총회의 의결을 거쳐야한다(수산업협동조합법 제37조 제1항 10호 참고). 포항지역어민회의 회원을 구성하는 어촌계나 지구별 수협이 어업권소멸에 따른 보상에 관한 일체의 권한을 어민회에 위임하기 위해서는 그러한 위임을 내용으로 하는 어촌계총회의 결의 및 조합원총회의 결의가 있었어야 한다. 그런데 그러한 총회의 존부에 대해서는 법원의 사실인정 부분에서 드러나지 않는다. 1994. 5. 16. 개최된 포항지역어민회의 총회에서 참석자 전원이 회장에게 피해보상과 관련한 협상권을 위임하는 것을 만장일치로 가결하였기 때문에, 포항지역어민회가 어촌계 및 지구별 수협의 구성원들로부터 보상금에 관한 일체의 권리를 부여받았다고 할 수도 있다. 그렇지만 그러한 논리는 비법인사단인 포항지역어민회가 어업권을 가지고 있다는 것을 전제로 할 때에 비로소 가능한 것이다. 그렇다면 위 어민회총회에서의 결의로 어민회에 속한 어촌계의 총회와 수협의 총회를 포함하거나 갈음한 것으로 볼 수 있을 것인지도 생각해 볼 수 있다. 그 경우에는 어촌계나 수협이 총회를 소집한 것이 아니어서 소집절차나 결의방법 및 결의내용의 하자로 인해 어민회의 총회의 하자가 다투어질 여지가 있다. 즉 어민회총회로 어촌계총회 및 수협총회를 갈음할 수는 없고, 양자는 구분하여 소집 및 결의가 이루어져야 한다.

VI. 글을 맺으며

전통적으로 어촌사회에 존재하던 어촌계나 법령에 의해 조직된 지구별 조합 외에 어촌사회에는 지역어민회가 존재하는 경우가 드물지 않은데, 어민회의 조직 자체가 정형적이지 않으므로 그 법적 성질을 일률적으로 정의하기 어렵다. 어촌계가 어촌지역에서 전통적으로 존재하던 직업공동체라고 한다면, 지역어민회는 어업권의 소멸에 따른 손실보상금의 분배 등 특수한 목적이나 지역어민 공동의 이익을 위해 설립된 임의적인 조직체라고 할 수 있다. 그러한 점에서 회원의 당연가입이 전제될 수 있는 자연발생적 조직은 전혀 아니다. 지역어민회의 구성은 각 지역어민회마다 상이할 수 있으나, 판례가 제시한 사단성의 기준에 비추어보면 대개 비법인사단으로 분류될 가능성이 크다. 지역어민회의 법적 성질이 자연발생적이 아닌 인위적인 조직체로서의 비법인사단이라면, 어민회의 회원지위에 관한 득실도 사원의 가입 및 탈퇴에 관한 일반적인 법원리가 적용되어야 한다. 그렇다면 어민회의 회원자격을 가지기 위해서는 가입희망자의 신청과 어민회 측의 승낙이 있어야 하고, 그러한 절차를 거쳤다고 볼만한 객관적 사정이 인정되지 않는 한 어민회의 지위를 취득하였다고 할 수 없을 것이다. 1심 법원은 이에 대한 관념이 별로 없었던 것으로 보이며, 2심 법원은 이러한 점을 의식하긴 하였지만 세밀하게 다루지 못한 한계가 있었다. 사안은 기본적인 단체법적 쟁점들을 많이 내포하고 있음에도 피고의 본안전항변에 가려져서 특별히 부각되지 못하였으며 대법원에서도 더 이상 다루어지지 못하였다는 점에서 아쉬움을 남기고 있다.

사안에서 살펴본 포항지역어민회 사례는 지역어민회로서 특이한 경우라고 보기 어려우며, 어업권 소멸에 따른 보상금분배 업무를 효율적으로 수행하기 위해 어민회를 조직하여 현실적으로 어민회에 보상금분배업무를 위탁하는 것이 불가피한 면도 없지 않다. 그러기에 어민회의 회원가입에 관한 사항을 사안처럼 대상자의 명단제출로 회원가입절차를 갈음한 것으로 처리하지 않는다면 실무적으로 보상금 분배문제를 해결하기 매우 어려울 것이라는 주장도 있을 수 있다. 그러나 그러한 효율성만을 위해 단체법적 효력을 발생시키기 위한 절차가 생략되거나 무시되어서는 안 된다. 사안에서는 지역어민회의 회원가입에 관한 절차 및 효력의 적법성이 명확하게 드러나지 않는다. 또한 어업권의 귀속주체인 지구별 수협이나 지역어촌계가 어업권 소멸에 따른 보상금에 관한 일체의 권리를 어민회에 위임하기로 한 총회결의가 있었는지가 분명하지 않으며, 지역어민회의 총회로 지구별 수협 및 지역어촌계가 했어야 할 위 총회를 갈음할 수 있을 것인지에 대해서도 회의적이다. 본고는 이러한 점을 지적하면서, 이와 유사한 사건이 발생할 경우에 관련당사들로 하여금 단체법적 주의를 환기시키는데 도움이 되기를 바란다. 이러한 점은 비단 지역어민회에만 국한된 것은 아니며, 회칙에 회원의 자격을 명시하고 있지만 실제 회원가입여부가 다투어질 수 있는 단체에 일반적으로 적용될 수 있는 문제이기 때문이다.

미주

* 본 장은 2022. 8. 25. 「공동체와법」 포럼에서 발표된 것으로써, 이후 "지역어민회의 법적 성질과 회원의 가입·탈퇴의 문제"라는 제목으로 「법학연구」 통권 제69집(2022. 9), 269~300면에 출간된 글을 토대로 작성된 것임을 밝힌다.

1) 대법원 1998. 8. 21. 선고 98다21045 판결. 김용덕 편 (2019), 총칙2 248면.

2) '어민회'라는 단어로 판례를 검색한 결과, 대전고등법원 1999. 5. 26. 선고 96나844 판결에서는 '해수욕장어민회'라는 표현이 나오기는 하지만, 어민회의 본질에 관한 쟁점이 드러나지는 않는다.

3) 원고가 포항지역어민회에 소속되었는지에 대해서는 다툼이 있다. 원고가 포항지역어민회에 소속되었다는 것은 피고의 주장이고, 원고는 이를 부인한다.

4) 또한 원고는 부제소합의의 효력이 원고에게 미친다고 하더라도 그 합의는 피고의 적법한 행위에 대한 손실보상에 관한 것일 뿐, 이 사건 제4투기장의 중금속 등 오염물질 유출로 인한 불법행위로 인한 손해배상은 포함되지 않는다고 주장하였으나, 이 쟁점은 단체법적 쟁점과는 다른 문제이므로 본고에서는 다루지 않는다. 실제로 법원에서도 이에 관한 쟁점은 부제소합의에 관한 문제에 가려져서 부각되지 못하였다.

5) 서울남부지방법원 2015. 10. 5. 선고 2011가합24440·2014가합8852 판결

6) 아래에서 ( ) 표기는 필자가 이해의 편의를 위해 표시한 것임.

7) 서울고등법원 2016. 9. 22. 선고 2015나28861 판결.

8) 대법원 2017. 3. 15. 선고 2016다49252 판결.

9) 원고 측의 주장에 의하면 원고에게 보상금으로 책정된 2천여만 원은 원고의 어장피해에 비하면 턱없이 부족한 액수임에도 이를 수령한 것은 당초 보상금수령을 끝까지 거부하였으나 포항지역어민회가 포상금지급업무를 종료하여 청산하게 됨으로써, 그나마 2천여만 원이라도 수령하지 않으면 아무런 보상조차 받을 수 없게 될 것이라는 우려에서 수령하였다고 한다.

10) 각 어촌지역마다 지역수협이나 지역어촌계가 존재하는 것은 분명하지만, 단순히 지역의 어민들을 총칭하는 어민회가 아니라 실제 조직체로서 지역어민회가 얼마나 존재하는 지는 정확히 알 수 없다.

11) 한국수산신문사, 인터넷기사(2022. 5. 23.), "전국어민회총연맹, 사단법인 설립 본격화, CPTPP 가입반대 집회이후 NGO 단체로 전환 모색", http://www.susantimes.co.kr/etnews/?fn = v&no = 20143&cid = 21010100 (2022.8.7. 최종접속) 참고.

12) 이에 반해 전국적인 농업공동체 조직으로 농협 외에 전국농민회총연맹(약칭 전농)이 있는데, 이 조직은 1990년 전국 100여개 시군농민회로 이루어진 농민단체들의 연맹체로서 그 산하에 경기도연맹, 강원도연맹, 충남도연맹, 충북도연맹, 부산경남연맹, 경북도연맹, 광주전남연맹, 전북도연맹, 제주도연맹의 9개의 광역연맹체가 존재한다.

13) 다만, 사업장 외의 지역에 주소 또는 거소만이 있는 어업인이 그 외의 사업장 소재지를 구역으로 하는 지구별수협의 조합원이 되는 경우에는 주소 또는 거소를 구역으로 하는 지구별수협의

조합원이 될 수 없다(동조 단서).

14) 어촌계가 언제부터 유래한 것인지에 대해서는 알 수 없으나, 한국의 契가 고려시대와 조선시대에 나타난 것으로 보는 연구에 따라 어촌계도 그 시대 즈음에 발생한 것으로 보는 견해가 있다. 강원식 (1970), 7면.

15) 김인유 (2018), 99면.

16) 김인유 (2018), 100면도 같은 취지로 설명하고 있다.

17) 김인유 (2018), 103 – 104면.

18) 법인으로 등록된 어촌계라 하더라도 대부분 해산되었거나 일부는 지구별 수협으로 개편되어 현재는 일부만 법인형태로 남아 있다고 한다. 김인유 (2018), 104면 참조.

19) 김인유 (2018), 102면; 임종선 (2012), 297면; 조미옥 (1998), 21면; 이덕승 (1995), 158면; 김용덕 편 (2019), 총칙2 249면.

20) 판례도 같은 입장이다. 대법원 1967. 1. 24. 선고 66다2184 판결; 대법원 1992. 7. 14. 선고 92다534 판결 등

21) 대법원도 수산업협동조합법이 어촌계를 조직하려면 규약을 만들어서 관할 도지사의 인가를 받을 것을 요구하고 있지만, 이 법령의 취지는 이 법령에 의하지 아니하고 관행에 의하여 성립되어 온 어촌계의 존재까지 부인하려는 취지라고는 아니라고 하면서, 어촌계가 비법인사단으로서 대표자가 있는 조직체라면 민사소송법상의 당사자능력이 있다고 판시한 바 있다(대법원 1967. 1. 24. 선고 66다2184 판결).

22) 이학수 (1998), 23면 이하는 어촌계의 법적 성질에 관하여 ① 비재단법인성, ② 향사단성, ③ 향비영리성 등을 들고 있는바, 이러한 주장에 의하면 어촌계는 영리법인으로는 될 수 없게 된다.

23) 수산업협동조합법 시행령 제3조는 어촌계는 "어촌계"의 명칭을 사용하여야 한다고 정하고 있는바, 이에 따라 수산업협동조합의 적용을 받지 않는 어민공동체가 '어촌계'라는 명칭을 사용하는 것은 어렵다고 본다.

24) 「행정권한의 위임 및 위탁에 관한 규정」 제41조의2 제6항 제1호에 의하면 해양수산부장관은 민법에 따라 설립되는 비영리법인의 설립허가에 관한 권한을 특별시장·광역시장·특별자치시장·도지사 또는 특별자치도지사에게 각각 위임한다고 정함으로써, 실제 법인설립허가 권한은 특별시장·광역시장·특별자치시장·도지사 또는 특별자치도지사가 행사하게 된다.

25) 대법원 2013. 1. 10. 선고 2011다64607 판결. 종중이 자연발생적 단체라는 것에 대해 비판하는 글로는 이우석 (2007), 29면 이하 및 송인권 (2015), 69면 이하 참조.

26) 대법원 2008. 11. 13. 선고 2008다24081 판결.

27) 대법원 1967. 1. 24. 선고 66다2184 판결.

28) 대법원 1999. 4. 23. 선고 99다4504 판결. 또한 대법원 2008. 5. 29. 선고 2007다63683 판결도 같은 취지임.

29) 즉, 당연가입 또는 가입강제가 적용되지 않는 이상 회칙 상 회원이 될 수 있는 자격과 실제 회원이 누구인지는 다른 문제이다.

30) 물론 종중이나 교회의 경우에도 극단적으로 구성원이 모두 사망한 경우에는 무인사단이 되는 것이고 그럴 경우 해산·청산의 과정을 밟게 됨은 당연하다.

31) 대법원 1966. 9. 20. 선고 63다30 판결(신태인천주교회 사건): "피고 신태인 천주교회는 신자의 단체라는 면에서 보더라도, 내부적으로 단체의사를 결정할 수 있는 자율적 기관이 없을 뿐 아니라, 대표자의 정함이 있는 단체라고는 볼 수 없고, 또 외부적으로 보더라도, 그 단체를 구성하는

개개의 신자의 개성을 초월하여 자기재산을 가지고 독립한 사회적 활동체로서 존재하는 단체라고는 볼 수 없으므로, 민사소송법 제48조 규정의 법인아닌 사단이나, 재단에 해당하는 것이라고 할 수 없고…"; 대법원 1974. 9. 24. 선고 74다573 판결(동백홍농계 사건): "동백홍농계의 실체는 각 계원의 개성이 각기 뚜렷하게 계의 운영에 반영되게끔 되어있고 사단의 경우처럼 그 사원의 개성이 그 사단에 몰입되고 각기 사원은 집합체의 겉에 현출되지 아니하게끔 되어 있지 아니하다."

32) 대법원 1968. 7. 16. 선고 68다736 판결(신흥가구청산위원회 사건).

33) 대법원 1999. 4. 23. 선고 99다4504 판결(하이센코리아 채권단 사건).

34) 상기 판례. 점선은 필자가 강조를 위해 가한 것임.

35) 대법원 1997. 9. 12. 선고 97다20908 판결(북한반공애국투사유족회 사건).

36) 독일의 통설과 판례는 비법인사단의 성립요건으로 사단의 지속적인 활동(Vereinsdauer)을 요구한다(이에 관한 상세한 자료에 관해서는 Martin Schöpflin (2003), S.165.) 우리 문헌에서는 이에 대한 언급이 별로 없으나, 판례가 인정한 비법인사단의 성립요건으로 목적 및 계속성을 가진 단체이어야 함을 요구하는 견해가 있다(임정수, 「종중관계 소송실무」, 진원사, 2009, 37면). 이에 관한 대법원의 입장은 명확치는 않으나, 만약 대법원이 이에 관한 문제를 인식하고 단체활동의 지속성을 사단성 판단기준의 하나로 삼는다면 한시적인 사업을 목적으로 하는 조직체에 대해서는 사단을 인정하기 어려울 수 있다.

37) 재단의 경우에는 항시적인 사업을 추구하는 법인 아닌 재단, 즉 비법인재단 외에 일시적인 사업(예, 수재민돕기)을 위해 출연된 재산을 칭하는 集積財産(Sammelvermögen)이라 하여 이를 구분하는 용어가 강학상 존재하지만, 사단의 경우는 항시적 사업을 추구하는 비법인사단 외에 일시적 사업을 조직된 단체를 칭하는 별도의 용어가 없다. 그렇다고 그러한 일시적 사업조직을 조합으로 분류할 수도 없기 때문에 여기서는 임시적인 조직체의 성격을 가진 비법인사단이라고 표현하였다.

38) 이에 관해 가장 상세히 다룬 문헌으로는 Bernhard Reichert (2005), Rz. 935 f. 판례로는 BGHZ 28, 131/134; BGHZ 101, 193/196=NJW 1987,2503 등 다수.

39) Bernhard Reichert (2005), a.a.O., Rz. 937f.

40) 대법원 1998. 8. 21. 선고 98다21045 판결. 점선은 필자가 강조를 위해 가한 것임.

41) 포항지역어민회는 당시 포항수협 조합원전체(약=1,870명) 및 구룡포수협 호미곶면4개 어촌계(대동배1,2어촌계, 구만리 1,2어촌계) 조합원(약=380명)에 대해, 이들 조합 및 어촌계가 작성한 조합원명부의 제출로 포항지역어민회의 회원에 가입한 것으로 처리하였다.

42) 대법원 1998. 8. 21. 선고 98다21045 판결.

43) 송호영 (2015), 100면.

44) 곽윤직/김재형 (2017), 164면.

45) 곽윤직/김재형 (2017), 171면.

46) 곽윤직/김재형 (2017), 164면.

47) 자연발생적 집단인 종중에 대해 공동선조의 후손이라 하여 자신의 의사와 관계없이 당연히 종중의 구성원이 된다는 것은 일종의 강제가입에 해당하여 헌법상 결사의 자유에 어긋난다는 견해로는 윤진수 (2008b), 20면, 김재형 (2005a), 360면 이하.

48) 대법원 2015. 6. 25. 선고 2014다5531 전원합의체 판결.

49) 한수웅 (2021), 829-830면.

50) 윤진수 (2008b), 6면; 성낙인 (2021), 1347면; 허영 (2019), 640면. 또한 헌재 2006. 5. 25. 2004 헌가1 참조.

51) 이른바 기본권의 對 사인적 효력 또는 기본권의 제3자효

52) 한수웅 (2021), 832－833면.

53) 대법원 1998. 8. 21. 선고 98다21045 판결.

54) 이에 관해서는 Ⅴ.에서 후술.

55) 일정한 수면을 구획하여 대통령령으로 정하는 어구(漁具)를 일정한 장소에 설치하여 수산동물을 포획하는 어업을 말한다(수산업법 제8조 제1항 1호).

56) 일정한 지역에 거주하는 어업인이 해안에 연접한 일정한 수심(水深) 이내의 수면을 구획하여 패류·해조류 또는 정착성(定着性) 수산동물을 관리·조성하여 포획·채취하는 어업을 말한다 (수산업법 제8조 제1항 6호).

57) 대법원 2003. 6. 27. 선고 2002다68034 판결. 동 판결에 대한 평석으로는 박정기/강용주 (2004), 149면 이하 참조

58) 대법원 2000. 9. 8. 선고 2000다20342 판결.

59) 대법원 1997. 10. 14. 선고 97다21277 판결; 대법원 1997. 10. 28. 선고 97다27619 판결; 대법원 1999. 7. 27. 선고 98다46167 판결; 대법원 2000. 5. 12. 선고 99다71931 판결; 대법원 2003. 6. 27. 선고 2002다68034 판결 등.

60) 대법원 2005. 7. 21. 선고 2002다13850 전원합의체 판결 등. 종중원들에게 종중재산의 분배를 허용한 판례의 태도에 대한 비판으로는 이우석 (2008), 1면 이하 및, 송인권 (2015), 87면 이하 참조.

61) 대법원 1992. 10. 27. 선고 92다12346 판결. 동 판결의 평석에 대해서는 김경종 (1993), 83면 이하 참조. 대법원 1996. 12. 10. 선고 95다57159 판결.

| 공동체와 법 |

04

인위적 공동체와 법

상인공동체와 법

상인공동체와 법

Ⅰ. 글머리에

인류 문명에 있어 생산자와 소비자 간의 거래가 일상화 되는 단계 즉 상업이 생겨나면서부터 상업을 직업으로 하는 상인 계급이 탄생하였고 이 상인들은 자신들의 이익을 보호하고 시장 질서를 유지하기 위하여 상인공동체를 결성하였다. 중세 유럽의 상인 길드가 대표적인 예이다. 중세 유럽의 길드는 단순한 직업공동체를 넘어 생활공동체의 일종이었고 길드의 사회적 구속력은 대단하였던 것으로 보인다. 이러한 유럽의 길드는 국민국가의 등장과 산업혁명으로 소멸하였으나 20세기 자본주의의 발전과 함께 상인들의 파워는 엄청나게 커졌으며 상인들이 공동체를 형성하지 않더라도 자신의 권익을 보호할 수 있는 사회적 힘을 가지게 되었고 국가가 상세한 법률로 상거래를 규율하면서 상인들의 권익을 보호해 주고 있는 오늘날의 상황에서 상인공동체는 더 이상 필요하지 않은 것이 아닌가, 오늘날 존재하는 상인공동체는 어떠한 사회적 의미와 존재가치를 가지는가, 대기업에 대항하기 위한 중소상인들의 공동체는 존재의의가 있는가, 국가법이 미치지 못하는 국제거래에 있어서는 그 안전과 발전을 도모하기 위한 국제상인들의 공동체가 필요한가, 21세기에 상인공동체가 존재한다면 어떤 형태로 존재하며 그 법적 의미는 무엇인가, 우리나라의 현실을 보면 진정한 상인공동체라고 볼만한 조직이 존재하는가, 미래에도 상인공동체는 살아남을 수 있는가, 바람직한 상인공동체를 만들려면 어떻게 해야 하는

가, 이를 위한 법제는 어떤 모습을 띠어야 하는가 하는 점 등에 대한 문제의식을 가지게 된다.

구체적으로 본 장에서는 (i) 상인공동체의 개념과 유형을 살펴보고, (ii) 이어 역사상의 상인공동체와 법을 유럽, 한국, 일본을 중심으로 살펴보고 이를 비교하며, (iii) 현대 한국의 상인공동체와 법을 근대적 상인공동체의 형성, 상인공동체의 유형, 상인공동체에 대한 규제와 지원, 한국 상인공동체에 대한 법적 평가를 중심으로 검토하고, (iv) 나아가 국제 상인공동체와 법을 고찰한 후, (v) 상인공동체에 대한 법적 분석을 한 뒤, (vi) 마지막으로 상인공동체의 미래를 전망하여 보기로 한다.

Ⅱ. 상인공동체의 개념과 유형

1. 상인공동체의 개념

공동체를 "구성원 간에 정서적 유대를 가지고 인격적인 교류와 상호부조를 행하고자 하는 인간의 집단"이라고 정의하는 예에 따라 상인공동체를 정의해 보면 "구성원 간에 정서적 유대를 가지고 공동의 목적 달성과 상호부조를 행하는 상인의 집단"이 될 것이다. 중세 유럽에 존재하였던 상인 길드(merchant guild)가 그 대표적인 예이다. 그러나 현대 사회에는 다양한 유형의 상인공동체가 존재하며 상인공동체의 특성상 구성원간의 정서적인 유대보다는 공동의 목적 달성에 초점을 맞추어 활동하는 단체도 많이 있으므로 본 장에서는 이들을 포함하는 광의의 상인공동체를 그 대상으로 삼기로 한다. 상인공동체는 과거에는 생산자와 소비자를 연결하는 전형적인 상인들로 구성된 공동체가 주를 이루었지만 생산자공동체나 프로슈머공동체도 자신들이 만든 제품이나 서비스를 판매 하는 등 상행위를 한다는 점에서 새로운 유형의 상인공동체로서 상인공동체의 개념에 포섭할 수 있다.

2. 상인공동체의 유형

먼저 상인공동체는 지역 내지 일정 상권을 중심으로 하는 지역상인공동체와 일정한 업종을 중심으로 하는 업종 상인공동체로 분류할 수 있다. 상인공동체의 성립이나 존속에 관의 허가가 필요한지 여부에 따라 관허 상인공동체(법정 상인공동체 포함)와 민간 상인공동체로 나눌 수 있다. 좀 더 구체적으로는 관이 주도하여 만든 상인공동체, 즉 관제 상인공동체와 상인들이 자생적으로 조직한 상인공동체, 즉 자생적 상인공동체로 구분할 수 있다. 전자는 법인격을 취득하는 경우가 많고 후자는 법인격을 취득하지 않는 경우가 많으나 반드시 그런 것은 아니다. 역사적으로는 자생적 상인공동체에서 출발하여 관이 관리하는 체제로 발전하는 경우가 많았다. 국제성 유무에 따라 국내 상인공동체와 국제 상인공동체로 나눌 수 있고 온라인 상인을 중심으로 하는지 여부에 따라 온라인 상인공동체와 오프라인 상인공동체로 나누기도 한다.

어떠한 유형의 상인공동체이든 경쟁억제적인 동업자간의 단체 결성은 세계사적으로 보아도 상인들 사이에서는 거의 보편적인 경향이라 할 수 있다. 이러한 상인공동체의 사회적 성격과 기능으로 인하여 그에 대한 법적 간여가 불가피하다고 할 수 있다. 이에 역사적으로 존재하였던 상인공동체와 그에 관한 법제에 대한 고찰에서 출발하기로 한다.

Ⅲ. 역사상의 상인공동체와 법

1. 유럽의 상인공동체 길드와 법

가. 길드의 개념과 종류

길드(guild)는 중세에서 근세에 이르기까지 유럽의 도시를 중심으로 장인이나 상인이 조직한 조합이다. 독일에서는 광의의 상인조합을 협의의 상인조합인 길드(Gilde)와 수공업자조합인 쭌프트(Zunft)로 구분하며 영국과 프랑스 등에서는 일반적으로 길드가 상인조합, 수공업자조합, 종교적 형제단을 아우르는 포괄적인 상위개념으로서의 동업조합을 의미한다.[1] 본래 상인길드는 상인들끼리 모여 상부상조하며 조합원으로서의 권익을 보호하기 위해 발족된 것인데 나중에는 정치집단화되는 경우도 있었다.[2]

나. 길드의 역사

(1) 로마시대의 콜레기아(Collegia)

길드의 기원은 고대 로마의 콜레기아(Collegia)로 거슬러 올라간다. 콜레기아 중에는 지역상인들의 조직인 직역조합(職域組合)으로 일정 도시에서 상업적 활동을 한 것이 있었다.3) 콜레기아는 로마 원로원이나 황제의 허가를 받아 법적 단체가 되었으며 공동재산과 공동 재정에 대한 권리뿐 아니라 변호사를 선임할 권리까지 보유하였다고 한다.4) 콜레기아는 조합원의 사망 시 장례 지원금과 유족의 생활비를 지급하기도 하는 상호부조기관의 역할을 하였다. 콜레기아는 동로마제국시대에는 자금 조달과 징세의 목적으로 국가의 엄격히 통제를 받았으며 동로마제국에서 살아남은 콜레기아는 중세에 들어 규모가 커지고 배타성이 강화되면서 7세기경부터 길드로 진화하였다고 한다.5)

또 한 가지 길드의 형성에 영향을 미친 조직은 "선서공동체(conjuratio)"이다. 선서공동체는 이미 6세기 전반 갈리아 지역 성직자들 사이에서 시작되었는데 서약하의 결합체라고 할 수 있다. 8세기 후반에는 성직자들 뿐 아니라 코뮨(commune), 도시(municipality)의 주민들이 협약으로 선서공동체를 결성하기도 하였는데 이를 "길드(gildonia, gellonia, gelda)"라 부르기 시작하였다.6) 후일 독일에서는 Eidgenossenschaft(선서단체) Schwurbruderschaft(선서형제단) 또는 Bruderschaft(형제단)으로 불리게 되었고7) 상호 결속, 상호 부조 또는 사회적 자선 사업을 하는 사회집단으로서 기능하였다.8)

(2) 중세 유럽의 길드

전형적인 길드는 10세기 중엽 내지 11세기 이래 서유럽에서 돈 있는 상인들이나 돈 되는 기술을 지닌 장인들끼리 모여 조합원의 이익과 권리를 보호하기 위해 스스로 결성한 조직에 기원한다고 한다.9) 원래 길드는 일정 지역 내에 활동하는 모든 상업인들이 참여했으나, 12세기경부터는 상인 길드와 수공업자 길드로 분리되었다고 한다. 13세기경에 이르러 상인 길드는 독일의 수많은 자유 도시에서 번창하였고 그 영향력이 커져서 봉건 영주의 권력을 견제할 정도였으며 자유도시의 경제적 발전과 자치권 획득에 중요한 역할을 하는데서 나아가 시 참사회(Schöffenrat, council of aldermen)10)를 장악하여 도시의 행정권을 행사하기까지 하였다.11) 한편 수공업자

04 인위적 공동체와 법

길드도 상인 길드와 경쟁하면서 도제와 직인제도를 정립하는 등 경제적, 교육적, 사회적 역할을 하였으며, 유럽의 생산업을 주도하다가 산업혁명으로 그 역사적 사명을 다하였다.

길드는 군주, 영주 등 지역의 통치자로부터 특허장을 받는 방식으로 사업 면허를 받아 해당 지역의 상권이나 생산권을 독점하였으며 도시 정부에 면허료(Inningsgelder)를 납부하고 길드 정관을 승인받아야 하며 감독관이 파견되는 등의 통제를 받았으나 회원의 충원, 도제의 고용과 훈련, 생산 도구의 소유와 관리 등에 대한 자치권을 인정받았으며12) 14세기 이후에는 길드 회장(Gildemeister)을 스스로 선출할 수 있게 되었다.13) 길드는 "강제가입(Zunftzwang)"과 배타성을 그 본질로 하였으며 부정한 거래를 한 회원을 추방하고 회원이 아닌 자가 길드의 이익을 방해하면 은밀하게 제거해버리기도 하였다.14)15)

(3) 한자동맹

중세 유럽의 도시의 상인들은 해상 무역을 위하여 연맹을 형성하였으니 그 대표적인 예가 한자동맹(die Hanse, Hanseatic League)이다. 최초의 한자는 1267년에 등장하였다고 하나 14세기 초 플랑드르 백작령16)이 강력한 세력으로 등장하면서 라인강과 발트해의 상업도시들이 해상 교통의 안전 보장과 상권 확보를 위하여 길드와 한자를 설치한 것을 시초이다. 상인들은 자신의 이익을 극대화하기 위하여 국가나 황제의 지배를 받지 않는 네트워크를 형성하였고 이를 중심으로 자유 도시(Freie Reichsstadt)들이 발전하기 시작하였던바 한자 상인의 출신도시가 무역활동을 보호하기 위하여 사후적으로 연합세력을 형성한 것이 도시 한자이다. 북 독일 뤼벡(Luebeck)을 맹주로 하여 쾰른, 브레멘, 함부르크, 리가, 런던까지 최대 150개에 가까운 도시가 참여하였다.17) 한자는 외국 군주로부터 관세 경감, 상인의 재산과 신변보장, 상업활동의 자유와 같은 통상권을 보장받는 특권(Privilegien)을 취득하고 유지하는 한편 외국 경쟁자의 활동을 제한하거나 규제하였다.18) 한자 도시들은 상인과 상품에 적용되는 일반적인 법체계를 점진적으로 발전시켜 나갔다. 한자 동맹은 자신만의 국기를 가졌으며 해적으로부터 자신의 상품을 보호를 위해 해군을 운영하기도 하였다. 한자동맹은 5세기에 걸쳐 장기간 유지되었으며 도시 한자는 대동단결하여 전쟁, 강화, 조약 체결, 사절파견, 경제봉쇄, 협상 등 대외문제 있어서 국가적인 기능까지 수행하기도 하는 등 강력한 조직으로 발전하였다.19) 한자동맹의 지배구조를 보면 한자 의회(Tagfahrt)와 3분회(Drittel)의 조직을 통하여 행정적, 정치적 기능을 수행하였다.[20] 한자 의회는 동맹의 유일한 기관으로 만장일치제로 운영되었다. 구성원들의 대표가 참석하는 회의의 결과에 이의가 없으면 만장일치로 간주되었으며 만약 만장일치에 이르지 못하면 소수의 구성원을 임명하여 절충을 하도록 하였다.

한자동맹은 해외의 주요 무역거점에는 콘토레(Kontore)를 두어 한자 법제만을 적용하는 치외법권을 가진 상관(商館)을 상설적으로 운영하였다. 개별 콘토레는 주식거래소와 유사하게 독립적인 재정관, 법원 그리고 인장(seal)을 가지고 있었다.[21] 콘토레는 길드와 마찬가지로 참사(Ältermänner, aldermen)들이 주도하였는데 동맹 구성원들의 동등한 대표권을 보장하기 위하여 지역별로 3분회(Drittel), 즉 세 그룹으로 나누어져[22] 각 분회는 2인의 참사와 18인위원회(Achtzehnmännerrat)의 구성원 6인을 선임하여 일정기간 콘토레를 운영하게 하였다. 각 분회는 동맹 의회에 제시할 의견을 조정하기 위하여 3분회의(Dritteltage)를 자주 개최하였다. 사법권에 관하여는 후술하는 바와 같이 자유도시의 상인법정도 광범한 권한을 행사하였다. 뤼벡의 상인법정에서 내려진 판결은 한자동맹의 회원 도시를 포함하여 200개의 도시에서 승인, 집행될 정도로 강력한 효력을 가졌다고 한다. 그러나 한자는 15세기 이후 신항로 개척으로 무역의 중심이 지중해에서 대서양으로 이동하면서 쇠퇴하기 시작하여 17세기에 소멸되었는데 그 결정적 계기는 1648년 베스트팔렌조약의 영향으로 국민국가(nation state)들이 등장함으로써 도시 연합체인 한자가 더 이상 지정학적인 권력을 유지할 수 없게 되었기 때문이었다.[23]

(4) 영국의 길드

초기 영국의 길드에는 세 종류, 즉 종교적 길드, 사회적 길드, 보호적 길드가 있었다. 초기에는 종교적 길드에서 출발하였으나 곧 사회적 길드가 출현하여 병사자들을 돌보고 불행을 당한 자를 도우며 화재보험기금을 적립하기도 하였다. 보호적 길드(protective guild)는 구성원간 서로 보호를 제공하는 것으로 한 구성원이 입은 피해를 나머지 구성원이 분담하였다.[24] 상인 길드가 최초로 출현한 나라는 영국이다. 노르만 정복 이후 노르망디와 잉글랜드 사이의 무역이 활발해지자 상인 길드가 빠른 속도로 증가하였으며 바러(borough)내의 재편과 더불어 특허장을 받아 자유권, 관세 및 법률 면제의 특권을 받았다. 13세기 말엽 영국에는 92개나 되는 상인 길드가 활약하였으며 길드의 특허장을 받은 바러는 도시로 발전하였다.[25] 길드의 일종으로서 15세기부터 18세기말까지 네델란드와 북독일과의 무역을 독점하였던 런던의 머천트 어드벤처러(Merchant Adventurers of London)라는 조합을 보면 그 구성원은 형제들이고 부인들은 자매들로서 함께 종교일이나 장례식에 참석하고 구성원들에게 말싸움, 욕설, 모욕, 만취, 결투 등을 금지하는 등 올바른 행동거지를 요구하였다. 이처럼 길드는 도덕적인 결합체이자 법인체로서 상업적 독점권을 항구적으로 승계할 수 있는 특권을 가지고 있었다.[26]

(5) 길드의 쇠퇴

14~15세기 르네상스와 종교개혁[27]으로 길드는 점차 쇠퇴하기 시작하였으며 16세기에는 절대왕정의 중상주의 정책으로 새로운 시장과 대자본의 출현으로 수공업 길드가 먼저 약화되기 시작하였고 17세기에 들어서자 상인 길드는 상인들이 회사를 설립함으로써, 수공업 길드는 기술혁신과 새로운 거래형태의 등장으로 독점적 지위를 잃어 갔다. 18세기 자유 시장을 적극 옹호하는 계몽주의자들은 길드는 자유무역을 방해하고 기술혁신을 가로막으며 산업발전의 걸림돌이 된다고 주장하였다. 프랑스는 혁명 직후인 1791년 제조업법을 재정하여 길드의 독점권을 폐기하였고[28] 1840년 스페인에서, 1859년 및 1860년 독일과 오스트리아에서, 1864년 이탈리아에서 각 수공업 길드를 폐지하는 법령을 제정함으로써 길드에 대하여 법적인 사망선고를 하였다.

다. 길드의 조직

길드에는 회원으로 구성된 총회(Morgensprache)가 있었는데 길드장의 선출, 종교행사, 재정에 대한 승인 등의 권한을 가지고 있었다. 의결과정에서 표결이나 다수결원칙 등이 광범위하게 적용되지 않아 일반회원은 적극적인 역할을 할 수 없었다. 따라서 조합장 혹은 집행위원의 재량이나 조합의 전통적인 관행에 따라 대부분의 일들이 처리되었다. 길드 총회는 회원 간의 분쟁 등에 관하여 재판권을 행사하였으며 회원의 규정위반에 대해 대체로 벌금이나 맥주 납부의무를 부과하였으나 길드로부터 강제로 추방하는 가혹한 처벌을 하기도 하였다. 길드 법정은 길드회장이 주재하였으며 엄격한 절차를 거쳤다.[29] 길드는 이 재판권을 토대로 회원의 직업상의 행위는 물론 일상생활까지도 규제할 수 있었다. 도시 내에서도 길드에 따라 사회적 지위, 영향력 및 자율성에 상당한 차이가 있었다. 또한 길드들은 내부 문제를 가급적 자율적으로 해결하려고 하였으며 따라서 길드의 재판에 대하여는 시에 상소할 수 있었으나 길드 자치권의 핵심적 내용인 재판권을 유지하기 위하여 시에 대한 상소를 최대한 자제하였다.[30]

라. 길드의 자치법규

(1) 길드 내부의 규범

길드의 규범은 초기에는 관습의 형태로 존재하다가 길드의 성장에 따른 복잡한 상황에 대처하고 신규 회원들에게 길드의 규범을 교육하며 길드의 배타성을 강화하고 또 길드간의 분쟁을 해결하거나 규제하는 시의 법정에서 길드의 기득권을 방어하기 위하여 정관을 제시할 필요가 있었던[31] 등의 이유로 점차 성문화되었던 바[32] 1350년경에 성문화되기 시작하여 15세기경에 성문화가 일반화되었다. 정관은 관습을 성문화한 탓으로 대체로 오랜 기간 중대한 개정 없이 사용되었다.[33] 길드가 정관을 제정함에는 길드 총회의 결의를 거쳐 시 참사회의 동의를 받아야 하였고 길드의 영향력에 따라 시 참사회의 간여의 정도가 달랐다. 시 참사회의 수정을 거친 정관은 다시 길드 총회의 동의를 받는 절차를 거쳤다.[34] 길드의 정관은 길드가 자치적 조직으로서 도시 내에서 공동생활을 위한 회원들의 결속과 자치원칙 및 생존 전략 등을 제시하였으며 구체적으로는 길드의 조직, 회원의 노동 혹은 경제행위에 관한 것 외에도 종교적·사회적 영역과 회원 가족의 복지에 이르기까지 망라적으로 규정하여 당시 길드의 규제가 회원의 모든 생활 영역에 미치고 있었음을 알 수 있다.[35][36]

(2) 길드 외부의 거래 규범

앞서 본 바와 같이 초기 길드 법정은 특별준사법적 법원의 역할을 하였다. 이러한 길드 법정은 박람회 분쟁을 비롯한 상인 간 분쟁을 다루는 상인 법정으로 발전하였다.[37] 이 상인법정은 중세봉건법제가 자신들의 교역에 적용하기에 적절하지 아니하였으므로 상거래관행에 기초한 상관습법과 원칙을 적용하였다. 이태리 피렌체에는 다른 모든 길드의 법률문제를 다루고 분쟁의 중재인으로서 역할을 하는 판관/공증인 길드까지 생겨났다고 한다.[38] 이 법제는 당시의 봉건법제나 교회법(canon law)과는 그 체계를 달리하는 것으로서 이 법체계를 중세 상인법(lex merca‐toria)이라 부른다. 상인들은 자신의 신용과 공동체 구성원의 자격을 유지하기 위하

04 인위적 공동체와 법

여 상인법정의 판결에 자발적으로 복종하였다. 이 상인법은 18세기 근대국가가 성립하여 자국법의 적용을 강제하고 lex mercatoria의 존재를 부정하기 시작할 때까지 약 800년간 존속하였으며 20세기 국제무역이 활발하게 이루어지자 다시 상인법이 부활하였는바 이를 신상인법(new lex mercatoria)이라 부른다.[39]

2. 한국의 역사적 상인공동체와 법

가. 한국의 상인공동체 - 보부상단의 개념과 종류

조선시대의 상인은 크게 좌상(坐商)과 행상(行商)으로 나누어지며 좌상[40]에는 객주, 거간, 전당포 등이 있었다고 한다.[41] 행상은 곧 보부상(褓負商)을 말하는 바 보부상단은 한국의 전통적인 상인공동체로서 대표적인 것이라 할 수 있다. 보부상은 부상(負商)과 보상(褓商)을 총칭하는 것으로서, 부상은 일용품 등 가내수공업품을 지게에 지고 다니며 파는 행상을 말하고 보상은 비교적 값비싼 필묵(筆墨), 금·은·동 제품 등과 같은 정밀 세공품(細工品)을 보자기에 싸서 들거나 걸머지고 다니며 파는 행상으로[42] 부상과 보상은 두 개의 별개의 상단(商團)으로 분리되어 있어 서로의 상권을 침범하지 않았다. 이들은 대개 하루에 왕복할 수 있는 거리에 있는 향시(鄕市)를 돌면서 각지의 물화(物貨)를 유통시켰으나 대부상이나 대보상들은 수운(水運)과 우마차로 다량의 상품을 일시에 운반, 판매하기도 하여 당시 지방경제에 큰 영향을 주었다. 이처럼 보부상은 평화 시에는 상인이었으나 국가비상시에는 병역을 담당하는 반상반병(半商半兵)의 역할을 하였다. 이러한 보부상은 외부적으로는 군현이나 비변사(備邊司) 등으로부터 허가를 받아 독점권을 행사하는 한편 내부적으로는 강한 단결력과 엄격한 규율을 바탕으로 한 자치적 조직이었다.[43]

나. 보부상의 역사

보부상은 고대사회에서부터 기원하며 고려시대에도 농촌 장시(場市)를 순회하며 그 상권을 연결하는 행상이 있었다고 한다.[44] 부상단은 조선 초기에 '부상청(負商廳)'이라는 조직이 만들어졌고[45] 보상은 조선 후기에 이르러 전국적인 조직을 가지게 된 것으로 보인다.[46] 보부상들은 목기, 토기, 가마솥, 소금, 어물의 다섯 가지식필품(食必品)의 전매특허권을 가졌고 전국 각처에 임방(任房)을 설치하여 보부상들의 숙식과 건강을 도모하였다. 보상과 부상은 별개의 조직으로 성장하다가 1866년 보부청(褓負廳)이 설치되어[47] 보상과 부상을 하나의 조직으로 통합되었으나 완전한 통합이 이루어진 것은 1880년(고종 20년) 혜상공국(惠商公局)이 설치된 이후로서 군국아문(軍國衙門)에 부속되었다가 1899. 5. "상무사장정(商務社章程)"[48]이 만들어짐에 따라 상무사(商務社)[49]로 설립되었다.[50] 1910년 일제강점 후 부상단과 보상단은 탄압을 받아 거의 소멸되었으며 광복이 되자 김구의 임시정부 세력에 가담하였던 윤용주 등이 1946년 전국의 보부상 조직으로 상무사의 재건을 시도하였으나 독립협회를 계승하고자 한 이승만 정부 수립과 함께 힘을 잃었다고 한다.[51] 지금 남은 보부상 단체로는 충청남도의 부여·한산을 일원으로 하는 충청우도 저산팔구(苧産八區) 보부상단[52]과 예산·덕산을 중심으로 하는 예덕상무사(禮德商務社)[53]가 있다.

다. 보부상단의 조직

보부상은 내부의 규율과 규약을 갖춘 조직 집단이었다.[54] 각 지역 보부상들의 본부인 '임방(任房)'의 조직을 보면 그 임원의 명칭과 수가 때와 곳에 따라 달랐으나, 그 우두머리인 본방(本房)[55]이 사무를 총괄하고, 본방들 중에서 접장(接長)을 선출하여 그 지역을 대표하게 하고 행상들을 통솔하였다. 접장 위에 명예직으로 반수(班首)[56]와 영위(領位)[57]가 있었다. 그 위계는 대체로 반수(班首) → 접장(接長) → 본방(本房) → 서기(書記) → 집사(執事)로 되었다고 한다. 보부상은 전국적인 조직으로 중앙 조직에도 임원이 있었던바 한성부를 비롯한 각 도에 보부상 단체의 본부로 도임방(道任房, 일명 都家)이 있었고 한성부에서는 접장들 중 다시 도접장(都接長)을 뽑아 8도의 각 단위를 대표하게 했다고 한다.[58] 보부상의 조직에서 주목하여야 할 점은 임원을 민주적으로 선출하였다는 점,[59] 안건 심의를 위하여 정기적으로 총회("公事"라 부름)를 열었다는 점, 그리고 총회의 참석이 강제되었다는 점이다.[60] 반수와 접장의 임기는 1년으로 되어 있으나 임기 중이라도 근무 실적이 좋지 않으면 총회에서 개선할 수 있었다고 한다.[61]

라. 보부상단의 권한과 활동

보부상은 일종의 관허상인이었다.[62] 어물, 소금, 철물, 도기, 목제품의 5개 품목에 대한 독점권을 부여 받았으나 이 전매특권은 객주(客主)[63]와 여각(旅閣)[64]에게는 적용되지 않았다. 보부상단은 국가의 공인을 받음으로써 포교(捕校)와 같은 관리들에 대하여서 뿐 아니라 토호(土豪)와 거상(巨商)의 수탈에 효과적으로 대처할 수 있었다.[65] 보부상은 공식적으로 국가에 등록을 하고 소속 임방과 성명이 기재된 채장[66]이라고 하는 신분증을 받고 활동했다. 국가에 세금 형태로 돈도 내었고 국가에서 노역도 시켰다. 이를 통해 보부상단은 전국적 네트워크를 갖추어 영향력을 발휘하였다. 보부상들 간의 연락 수단으로 사발통문(沙鉢通文)[67]을 활용하여 신속하게 통신하였다.

마. 보부상단의 자치법규

보부상단 내부 상규로 환난상구(患難相救),[68] 조동모서(朝東暮西),[69] 병구사장(病救死葬)[70]이 있었으며 이를 위하여 봄, 가을로 춘수전(春收錢)과 추보전(秋步錢)을 징수하여 각 치료비와 장례비에 사용하였다. 보부상단은 자치법규인 절목(節目)을 제정하였는데 잘못을 저지른 단원에 대한 처벌 규정을 두어 위반자에 대하여는 자체적으로 처벌을 하였다.[71] 절목 외에 관청에서 보부상단에 사실을 확인하거나 특권을 인정하는 문서로 보부상단의 청원에 대한 회시의 형태로 발급되는 완문(完文)이 있었고[72] 절목과 완문은 구한말 장정(章程)으로 그 명칭이 바뀌었다.[73] 절목에 규정된 처벌 규정에 의하면 보부상의 규율은 매우 엄격하여 체벌(體罰)과 함께 벌금을 물리기도 하였다. 불효 등 행실이 불량한 경우, 행수나 윗사람의 정당한 지시에 따르지 않은 경우, 사전에 약조한 물건이 아닌 다른 것을 취급한 경우, 도둑, 사기, 겁간과 같은 죄를 범한 경우 등에는 정해진 법도에 따라 사형(私刑)을 가하였는데 매우 참혹하였다고 한다. 보부상들은 처벌 우선권을 가져 자체적으로 형벌을 내린 뒤라야 육방관아의 관속이 개입할 수 있었다고 한다. 보부상들 간의 분쟁해결방법으로는 다른 임방의 보부상들을 청하여 집합하고 중재 결정하였으며 그 소요 비용은 요청한 임방에서 전부 부담하였다고 한다.[74]

3. 보부상단에 대한 평가

보부상단에 대한 역사적 평가는 상반된다. 우선 그 성격이 자치조직인지 관제

조직인지에 대한 이해에 있어서도 견해의 차이를 노정하고 있다. 앞서 본바와 같이 후일 보부상단이 관권의 지나친 개입으로 황국협회로 전신하여 우리나라의 근대화를 저지하는 부정적인 역할을 하였다는 평가가 있는 반면 그 존속의 장구성, 규모의 방대성, 조직의 공고성, 정신의 숭고성 등에 있어 중세의 길드에 비교할 수 없는 독보적인 존재라는 예찬론도 있다.[75]

4. 일본의 상인공동체와 법

가. 일본의 상인공동체 - 나카마(仲間)의 개념과 종류

에도시대의 상인들의 활동을 보면 생산품은 생산자로부터 도매상(돈야, 問屋)[76]으로, 도매상에서 소매상으로 소매상에서 소비자로 유통되었는데 생산자와 도매상간, 그리고 도매상과 소매상간에 유통을 담당하는 나까가이(仲買)[77]가 있었다.[78] 당시 이들 상인과 수공업자들은 일종의 동업조합을 결성하였는데 이것을 나카마(仲間)라 하며 상인 나카마, 양조 나카마, 간장 나카마, 대장간 나카마, 곡물상 나카마, 목재 나카마, 소금 나카마 등이 있었다.[79] 이러한 나카마 중 막부나 번(藩)의 공인을 받은 나카마를 카부나카마(株仲間)라 한다.[80] 카부(株)는 영업권이라는 의미로 일종의 면허증인데 상인들은 카부(株)를 소유함으로써 카부나카마의 구성원으로 인정받았다.[81] 나카마에 신규 가입하기는 어렵고, 매매, 양도 등으로 카부를 취득한 자만 일정한 절차를 거쳐 가입이 허용되었다. 카부는 막부가 상거래 질서를 확보하고 이를 감독하기 위하여 상인에게 준 공인 자격증명으로서 '株鑑札'이라고 명기하였다.

에도시대에는 오사카(大阪)를 중심으로 카부나카마 조직이 성행하였다. 초기에는 육·해상운송, 전당포인 사찌야(質屋), 금융업인 료가에야(兩替屋)를 중심으로 되었으나, 점차 일상생활용품의 거래를 포함한 대부분의 영역으로 확대되었다. 카부나카마는 막부와 상인의 쌍방에 유용하였다. 상인은 이러한 조직으로 배타적이고 독점적인 이익을 확보할 수가 있었던 반면 막부도 이러한 자주적인 조직을 통하여 상인의 행동을 행정적으로 장악, 통제할 수 있었고 재정 수입[82]을 확보할 수 있었기 때문이다.[83] 이처럼 三都라 불리는 불리는 쿄토(京)·오사카(大坂)·에도(江戸)의 카부나카마는 막부에 일정한 기부금을 납부하고 그 정책에 협조하면서도 기본적으로는 동업자간의 이익을 옹호하는 자율적 조직이었으나 지방 죠우카마치(城下町)[84]의 경우 예컨대 센다이번(仙台藩)의 '六仲間'는 번(藩)의 상품유통세 수취를 대행하고 그 대가로 각종 상품에 대한 유통독점권을 행사하는 등 어용조직으로의 성격을 가지기도 하였다.[85] 이처럼 카부나카마는 에도시대의 가치체계에 부합하고 중앙지향적인 봉건체제하의 정치경제적 조건에 의거하여 존재할 수 있었다.[86]

나. 가부나카마(株仲間)의 역사

헤이안(平安)시대[87]부터 전국(戰国)시대까지 봉건영주의 보호 하에 상공업자와 예능인의 동업조합인 "자(座)"[88]가 결성되어 점포 독점권을 가지고 사적, 공적인 교역을 하였다. 그런데 오다 노부나가가 座를 폐지하고 영업의 자유를 인정하는 라쿠이치·라쿠자(樂市·樂座) 정책을 실시하였으며 에도막부도 초기에는 이 정책을 계승하였으나 座와 유사한 조직이 상공업자간에 비공식적으로 존재하였다.[89] 그러다가 획기적으로 상업이 발전한 겐로쿠(元祿)시대[90] 이후 막부는 경제활동을 포함한 사회질서 유지의 관점에서 나카마 조직을 공인하는 정책으로 전환하였다.[91] 이러한 정책 전환은 전반적으로 볼 때 서서히 진행되었다.[92] 17세기 중엽에는 범죄를 단속하기 위하여 상당수 업종에 나카마의 조직이 용인되었는데, 오사카에서는 1660~70년대에 면돈야(綿問屋), 유돈야(油問屋) 등의 영역에 있어서 다수의 나카마가 공인되었고 에도에서도 1694년 도매상 나카마(問屋仲間)의 연합체인 도쿠미 돈야나카마(十組問屋仲間)[93]가 결성되었다. 그러나 이러한 나카마에는 아직 카부 수(株數)에 제한이 없었고 따라서 영업 독점권도 공식적으로는 인정되지 않았다.[94]

그런데 1720년대에 들어 미가(米價)가 상대적으로 떨어지면서 연공미 수입에 기초한 무사 경제가 위축되고 경제의 중심이 민간으로 옮겨가는 조짐이 나타나자 막부는 무사계급의 수입 확보를 위해 三都의 상인 나카마를 활용하여 적극적으로 물가를 통제하고자 하였다. 이를 위하여 막부는 1단계의 공식화 조치로 개별 나카마에게 회원 명부(名前帳)를 제출하게 하여 카부나카마로 인정하고 이들에게 물가조절기능을 부여하였다. 이어 제2단계로 18세기 후반에 들어 막부의 경제정책이 중상주의적인 성격을 띠면서 카부나카마로 하여금 고액의 기부금(冥加金)을 납부하는 대가로 특권을 인정하기에 이르렀다. 막부는 기득권을 가진 비공인 나카마를 카부나카마로 인가하여 독점권을 부여하는 외에 신흥 소상인을 포함한 새로운 카부나카마의 결성을 장려함으로써 막번제(幕藩制)적 유통구조를 재정비하는 것을 정책기조로 삼았다. 또한 이 무렵 재향상인(在鄕商人)95)들의 활약으로 인해 종래의 영업 형태를 위협받던 도시의 특권상인들도 자신의 특권을 방어하기 위하여 권력의 비호를 받을 필요가 있어 막부의 정책에 적극 호응하였다.96) 이리하여 에도 말기에는 三都나 죠우카마치(城下町) 혹은 각지의 항·포구에 다양한 성격의 카부나카마가 존재하게 되었다.97)

1841년에 이르러 막부는 당시 최대의 경제 현안이었던 물가 앙등의 원인이 카부나카마의 인위적인 가격 조작에 있다고 보고 경쟁체제를 도입하여 물가 하락을 유도하기 위하여 카부나카마 해산령(解散令)을 공포하였으나 물가 인하 효과를 거두지 못하고 오히려 물자공급에 난맥상을 보였으므로 1861년 카부나카마 재흥령(再興令)을 내렸다.98) 이 재흥령에서는 카부나카마 해산 후에 다수 발생한 중소 돈야(問屋)와 생산지의 재향상인(在鄕商人)까지도 카부나카마로 흡수하여 새로운 막번제적 유통기구 창설을 도모할 목적으로 해산령 이전과 같은 상납금 납부 의무나 카부 수(株數)를 고정하는 특권 등을 폐지하였다. 이로써 카부나카마는 전과 같은 유통독점권을 상실하고 상인간 자유경쟁체제로 전환되었다.99) 이리하여 가부나카마는 막부 말기 개항 이후 약화되기는 하였으나 메이지유신 이후 폐지될 때까지 존속하였으며100) 현재에도 그 전통이 일본의 유통부문에 강하게 남아 있다.

다. 카부나카마의 권한과 상호부조

카부나카마는 가입자 수를 제한하고 구성원 이외의 상인이 동종 영업을 하지 못하게 하는 시장 독점·경쟁방지·가격협정 등의 특권을 가졌으며 이를 침해하는 사람은 관에 소를 제기하였다. 나카마의 구성원은 적극적인 선전활동을 하여 고객을 쟁탈하는 행위 등 내부의 부정한 경쟁이 금지되고 누구도 정해진 상품의 유통을 무시하는 밀수를 할 수 없었다. 만약에 부도덕한 거래가 발견되면 전원거래정지를 명하였다. 보통 같은 마을에서 가깝게 생활하고 있었으므로 구성원은 서로 감시하고 상품의 분량과 가격 및 품질을 통제하여 거래를 안정시켰다. 나카마의 구성원은 서로 신용을 주고받았으며 재해가 발생한 경우에는 서로 도왔다. 유력한 나카마 중에는 공동의 저장시설과 운송수단을 이용하여 비용의 절감을 도모하거나 공제(共濟) 방식의 일종의 상호보험제도를 운영하기도 하였다.101)

라. 카부나카마의 자치법규

나카마내에서 정한 규칙[102]을 나카마의 구성원들은 엄격히 지켜야 하였다. 나카마는 상품 검사, 도량형(度量衡) 책정, 포장(包装) 협정 등도 하여 신용을 유지할 수 있도록 하였다. 이윤(口銭)과 장인(職人) 등 피용자(奉公人)의 임금(手間賃)은 나카마 구성원의 집회인 요리아이(仲間寄合)에서 결정하였다. 이러한 집회에서 行事·年寄·取締 등의 역원을 선출하고 공통의 문제를 민주적이고 공적인 규칙을 기초로 논의하였다.[103] 또한, 공동의 사원과 수호신을 가졌으며 제례는 모든 구성원이 공동으로 행하였다. 나카마의 구성원들은 이러한 공적 규율을 '어상(卸商)[104]의 법도(法度)'라고 하여 잘 따랐다고 한다.[105]

5. 유럽·한국·일본 간 길드 유사조직의 비교

유럽의 길드나 한국의 보부상단 그리고 일본의 (카부)나카마는 상인(수공업자 포함)들의 자율적인 조직으로 규범 제정권, 총회 개최, 임원 선출 등 민주적인 시스템을 갖추고 상당한 자치를 누리는 한편 관(官)의 허가를 받는 시스템을 통하여 자신들의 독점권을 공인받았다는 점에서 공통한 요소를 발견할 수 있다. 종래 길드는 대외적 독점과 대내적 평등을 기본원리로 하는 보수적 단체로서 관념되었으나 독일 길드는 종교적 목적과 자신들 권리보호의 목적으로 한 반면 영국 길드는 보험 조합적인 자선 단체적 성격에 그 기능적 특징이 있었던 점에서 차이를 발견할 수 있다.[106] 길드는 형제단 등의 선서단체 위에 구축된 길드의 사회적 연대와 참여를 통한 사회적 통합기능을 가진 사회단체로서 상인법에 기초하여 특권을 부여받은 도시공동체의 한 부분공동체로 이해된다.[107] 반면 보부상단이나 나카마에 있어서는 사회적 연대로까지 나아가지는 못하였고 공동체의 한 부분을 형성하지도 못하였다고 할 것이다.

한편 유럽의 길드는 근대 국가 성립 전에 자유도시를 중심으로 생겨났으나 한국과 일본의 상인조직은 중앙집권적인 체제하에서 자생적으로 생겨난 조직이라는 점에서 차이를 발견할 수 있고 유럽의 길드는 주권국가의 등장과 함께 쇠퇴의 길에 접어들었으나 한국이나 일본의 상인조직은 자본주의체제의 도입시까지 유지되었다는 점에서 다르다. 에도시대의 상인조직인 가부나카마는 유럽의 길드와 유사한 점이 많지만[108] 그 역사적 운명은 서로 달랐다. 한국의 보부상단이나 일본의 카부나카마는 독점적 동업조합이란 점에서 중세 유럽의 길드와 유사하지만 도시 자치의 주체가 아니라는 점에서 길드와는 결정적인 차이가 있다. 일본 근세의 도시 주민은 지연공동체인 '마치(町)'를 통해 영주로부터 위임된 일정 부분의 자치권을 행사할 수 있었으나 이는 유럽에서의 도시 자치와는 거리가 먼 것이었고, 오히려 막번 영주는 종전의 마치(町)을 통한 도시 지배에 더하여 반(半) 목적집단인 나카마로 하여금 도시 행정의 일익을 담당하게 하여[109] 도시 지배를 강화하였다는 점에서 차이를 발견할 수 있다. 우리나라의 보부상단은 지방행정에 직접 참여하지는 않았으나 전쟁 등 국가의 변고에는 적극 참여하여 국가 역할의 일부를 수행하였다는 점에서 특징이 있다.

Ⅳ. 현대 한국의 상인공동체와 법

1. 근대적 상인공동체의 형성

가. 개항기 상인공동체의 형성

1876년 개항과 함께 외국 상인들이 국내에 진출하고 특히 일본인 상인들이 상업회의소를 설립하자[110] 국내 상인들은 이에 대항하기 위하여 상회사를 설립하거나 객주조합을 결성하였다. 객주조합을 비롯한 상인단체는 1880년대 초부터 조직되기 시작하여 개항장을 중심으로 결성되었다. 대표적인 것으로는 1883년 원산항의 '원산상의소(元山商議所)', 1885년 인천항의 '인천객주상회(仁川客主商會)',[111] 1886년 서울의 '한성상업회의소(漢城商業會議所)', 1889년 부산항의 '부산상법회사(釜山商法會社)', 1898년 목포항의 '목포상객주회(木浦商客主會)' 등이 설립되었다. 관련 법령으로는 부산의 경우 1890년 "부산항객주영업세장정(釜山港客主營業稅章程)"이 제정되어 정부는 객주들에게 화물거래를 허가하는 대가로 부산상법회사는 매년 2만 냥을 시강원(侍講院)[112]에 납부하도록 하여 정부와 허가객주 사이에 상호보상관계가 형성되었다.[113]

1894년 갑오개혁에 따라 육의전 등 기존의 특권 상인층이 해체되고 근대적 회사가 출현하는 등 근대적 상공업 발전의 계기를 맞이하였다.114) 이를 배경으로 상업회의소 조직에 법적 근거를 최초로 부여하는 "상무회의소규례(商務會議所規例)"가 1895. 11. 10. 제정되었고 이에 따라 1896. 6. 23. 한성상무회의소(漢城商務會議所)가 설립되었다. 그러나 앞서 본바와 같이 1897년 대한제국 출범 후 친러파 내각의 출범으로 1899. 2. 12. "상무회의소규례"는 보부상단 중심의 "상무사장정(商務社章程)"으로 대체되어 상무회의소는 상무사로 개칭되었다. 러일전쟁 후 당시 일제 통감부의 화폐개혁으로 금융경색을 겪던 종로 시전상인들은 1905. 7. 5. 경성상업회의소를 창립하고 통감부에 구제책과 정책 시정을 요구한 것을 전후하여 각 지방에서도 도청소재지와 개항장을 중심으로 그 지방 일본인 상공업자단체에 대항하여 상업회의소·상의소(商議所)·민의소(民議所)·객주회(客主會) 등의 이름으로 17개소에 상인단체가 설립 또는 재건되었다.115) 시장상인회도 구한말 조직되기 시작하였다. 우리나라 최초의 시장상인회는 동대문시장의 상인들이 1905. 7. 설립한 광장주식회사인 것으로 보인다. 1905년 일제가 화폐정리사업을 단행하면서 조선 상인들의 기반을 흔들자 조선 상인들은 순수 조선인 자본을 바탕으로 한 광장주식회사 설립하여 조선인의 상권을 지키고자 하였다.116)

나. 일제강점기의 상인공동체

1910년 한일합병 후 조선총독부는 1915년 7월 14일 제령 제4호로 "조선상업회의소령"을 공포하고 이어 같은 해 8월 10일 조선총독부령 제78호와 제79호로 동 시행령과 시행규칙을 공포하였다. 이에 따라 경성일본인상업회의소와 한국인들의 경성상업회의소(京城商業會議所)가 통합되었고 다른 한국인들의 상인 단체도 통합되었다. 경성상업회의소는 일본인이 주도하여117) 총독부의 상공업 정책에 관해 건의하거나 진정하는 사업을 하였으며 이를 위한 조사와 연구와 그 결과를 간행하는 사업을 하였다. 이어 1930. 11.에는 제령 제94호로 조선상공회의소령과 조선총독부령 제95호로 동 시행령을 공포하여 임의단체였던 '조선상업회의소연합회'가 1932. 1. 1. 공법인인 '조선상공회의소'로 바뀌었다. 이때부터 종래의 상업회의소라는 이름을 버리고 상공회의소라 칭하게 되었다. 그에 따라 '경성상업회의소'는 경성지방상공회의소로 '조선상공회의소'의 일원이 되었으며, 명칭도 '경성상공회의소'로 바뀌었다.

태평양전쟁으로 전시동원체제로 전환한 조선총독부는 1944. 8. 제령 제30호로 조선상공경제회령 및 조선총독부령 제300호와 301호로 동시행령과 시행규칙을 공포하여 '조선상공회의소'를 '조선상공경제회'로 바꾸었으며 상공회의소는 도(道)단위로 반관반민 단체인 상공경제회로 개편되었고, 경성상공회의소도 경성상공경제회로 탈바꿈하였다.[118] 또한 조선총독부는 1914. 9. 조선총독부령 제136호로 재래시장을 근대화한다는 명목으로 시장규칙을 제정하였던 바[119] 이 시장규칙의 시행으로 개설된 상설 도소매시장, 이른 바 공설시장에 시장번영회 등의 자치 조직이 생겨나기 시작하였다.

다. 해방 후 상공회의소의 활동

8·15 광복 후 미 군정하에서 조선상공인들은 구 상공회의소 조직을 기반으로 1946년 임의단체인 조선상공회의소와 22개 지방상공회의소를 재건하였다. 이 조선상공회의소는 1948년 대한상공회의소로 개칭되었으며 광복과 6·25전쟁의 혼란 속에서 당시 유일한 민간 경제단체로서 역할을 하였다.[120] 상공회의소의 존립 기반을 확립하기 위하여 상공업계 지도자들이 1949년부터 상공회의소제도의 법제화를 추진한 결과 전쟁의 와중에서도 1952. 12. "상공회의소법"이 제정되어 1953. 10. 서울 등 24개 지방상공회의소가 설립인가됨으로써 오늘날과 같은 상공회의소제도가 확립되었다. 상공업자는 소재지 상공회의소의 회원으로 가입할 수 있으나[121] 일정 규모 이상의 상공업자는 당연히 회원이 되는 가입의무가 있다.[122] 상공회의소는 정부 등의 상공업 정책에 관한 자문·건의 등[123]의 사업을 하고 관할구역의 상공업계를 대표하여 그 권익을 대변하고 회원에게 기술과 정보 등을 제공하여 회원의 경제적·사회적 지위를 높이는 활동을 하는 한편[124] 정부의 위탁을 받아 국가기술자격시험을 시행하는 등 국가 기능을 대신하기도 한다.[125] 회원은 상공회의소의 사업에 참여하고 상공회의소 운영 시설을 이용할 수 있는 권리를 가지는 반면[126] 상공회의소의 운영 및 사업에 성실히 참여할 의무가 있고[127] 정관으로 정하는 회비를 납부할 의무를 진다.[128] 2023년 기준으로 73개 지방 상공회의소가 있으며 지방 상공회의소는 법률상 당연히 대한상공회의소의 정회원이 되고[129] 상공업과 관련된 업무를 하는 비영리법인 및 단체의 중앙회 등과 업종별 사업자단체는 대한상공회의소의 특별회원이 될 수 있다.[130]

라. 경영자단체의 형성

위에서 살펴본 상공회의소 외에 기업 경영자들의 자생적 상인단체가 생겨 났는 바 그 대표적인 것이 전국경제인연합회와 경영자총연합회이다. 전국경제인연합회(全國經濟人聯合會)는 삼성그룹 이병철 회장이 일본 게이단렌(経団連)을 모델로 하여 대기업을 모아서 1961년에 '한국경제인협회'로 창립한 사단법인으로 1968년 업종별 단체·금융기관·국책회사 등을 회원으로 영입하면서 전국경제인연합회(이하 "전경련"이라 함)로 개칭하였다. 현재는 제조업, 무역, 금융, 건설 등 전국적인 업종별 단체 약 70개와 공기업을 제외한 대기업 450개사의 회원이 있으며 여기에는 외자계 기업도 포함되어 있다.[131] 전경련은 자유시장경제의 창달과 올바른 경제정책의 구현 및 우리 경제의 국제화 촉진을 목적으로 하여 경제 문제에 대한 조사·연구, 주요 경제 현안에 관한 대정부 정책 건의, 국제기구 및 외국경제단체와의 교류협력 등의 사업을 하면서 주로 국내 재벌기업의 이해관계를 대변하여 왔다. 한국경영자총협회(이하 "경총"이라 함)는 기업경영자들의 이해관계를 대변하기 위하여 1970. 7. 15. 사단법인으로 설립된 상인단체이다. 경총은 자유시장경제에 기반한 경제사회정책 구현과 기업경쟁력 제고 및 노사간 협력체제 확립을 목적으로 하며 그동안 경영자를 대변하여 노사정합의에 참여하여 왔다. 2023년 현재 15개의 지방 경총 조직과 4,300개 가까운 기업을 회원으로 하고 있다.[132] 전경련과 경총은 특별법에 의거하지 않고 민간경제인들의 자발적인 의지에 의해 설립된 민간 경제단체라는데 그 특징이 있다.

마. 시장상인공동체의 형성

앞서 본바와 같이 해방 전부터 상설시장의 개설과 함께 시장상인들을 중심을 시장번영회나 상가번영회가 결성되기 시작하였으며 이러한 시장상인회는 시장의 성장과 함께 같이 성장하였다. 1969년 설립된 부산 국제시장 상인연합회, 1970년 설립된 부산 동래시장번영회, 2004년 설립된 서울 경동시장 인터넷상인회 정선재 등이 그 예이다. 이들은 민간 주도의 임의 단체로 자생적 상인회라 부를 수 있다. 이들 중 민법에 따라 법인으로 설립한 것은 시장상인법인이라 부른다.[133] 상가건물에서 영업을 하는 상인들로 구성된 상가번영회인 상인회는 집합건물관리단의 성격도 겸유할 수 있다.[134]

2. 상인공동체의 유형

가. 상인공동체의 분류

상인 단체는 크게 기업인 상인단체와 기업이 아닌 상인 단체 즉 기업적 규모에 이르지 못한 상인들의 단체로 구분할 수 있고, 법률에 근거가 있는지 여부에 따라 법정단체와 임의단체로 나눌 수 있다. 오늘날 기업이 아닌 상인 단체는 여러 기준으로 분류할 수 있다. 먼저 전통시장[135]의 상인을 중심으로 조직된 (시장)상인회, 시장 상인 사업협동조합 등과 상점가상인을 중심으로 조직된 상점가진흥조합, 소상공인을 중심으로 조직된 지역별 소상공인회로 나눌 수 있다. 아래에서는 이를 나누어 고찰한다.

나. 전통시장법상의 상인회

전통시장의 상인들은 상인회를 조직할 수 있다. 이는 종래의 자생적, 임의적 상인 조직이었던 시장번영회 등을 입법화한 것이다. "전통시장 및 상점가 육성을 위한 특별법"(이하 "전통시장법"이라 함)상 "전통시장"이란 자연발생적으로 또는 사회적·경제적 필요에 의하여 조성되고, 상품이나 용역의 거래가 상호신뢰에 기초하여 주로 전통적 방식으로 이루어지는 장소를 말한다. 동법에 따르면 전통시장은 등록시장, 인정시장, 임시시장[136] 및 기타시장[137]으로 나눌 수 있는 바 등록시장은 동법에 의하여 등록된 시장,[138] 인정시장은 동법에 따라 인정된 시장,[139] 기타 시장은 등록이나 인정을 받지 못한 시장으로서 임시시장이 아닌 것을 말한다. 시장 등에서 사업을 직접 경영하는 상인들은 상인회를 자율적으로 설립할 수 있으나[140] 지방자치단체에 등록하여야 한다.[141] 법인인 상인회를 설립하려면 정관을 작성하여 지방자치단체의 인가를 받아 주된 사무소의 소재지에 설립등기를 하여야 한다.[142] 상인회는 시장 시설 및 경영의 현대화를 위한 사업, 상인의 매출 증대 및 영업활성화를 위한 공동사업, 상업기반시설의 관리 등을 할 수 있으며[143] 이에 필요한 경비를 회원으로부터 징수할 수 있다.[144] 법인화된 상인회는 사단법인이 되고 법인화되지 않은 상인회는 권리능력 없는 사단이 된다.

다. 상점가진흥조합

상점가에서 도매업·소매업·용역업이나 그 밖의 영업을 하는 자는 해당 상점가의 진흥을 위하여 상점가진흥조합을 결성할 수 있다.[145] 상점가란 30개 이상의 도매점포·소매점포 또는 용역점포가 밀집하여 있는 가로(街路) 또는 지하도를 말한다.[146] 상점가진흥조합의 구역은 다른 상점가진흥조합의 구역과 중복되지 않게 설정되어야 한다.[147] 상점가진흥조합의 조합원이 될 수 있는 자격은 중소기업자인 도소매 등 업자에 한한다.[148] 상점가진흥조합은 조합원의 자격이 있는 자의 3분의 2이상의 동의를 받아 결성한다.[149] 상점가진흥조합의 법적 형태는 후술하는 중소기업협동조합 또는 중소기업사업협동조합으로 설립하게 되어 있다.[150]

라. 상인연합회

위에서 본 상인회, 상점가진흥조합, 상인을 회원으로 설립한 법인·조합·단체 및 상법상 회사인 시장을 회원으로 하는 상인연합회가 지역별로, 전국적으로는 전국상인연합회가 결성되어 있다.[151] 상인연합회는 주무부의 설립허가를 받아 주된 사무소의 소재지에서 설립등기를 함으로써 성립하는 법인이다.[152] 상인연합회는 시장과 상점가 상인의 상권활성화 등[153]의 사업을 한다. 지역별 상인연합회는 후술하는 상인인 중소기업을 회원으로 하는 지역별 중소기업협동조합연합회와 병치되어 있는 양상을 보인다.

마. 소상공인연합회

그밖에 소상공인[154]의 공동이익을 증진하고 사회적·경제적 지위를 향상시키기 위하여 단체를 설립할 수 있고 이 단체는 소상공인에게 영향을 주는 불합리한 제도의 개선, 공정거래에 관한 사항 등에 관하여 정부, 지방자치단체 또는 중소기업 옴부즈만[155]에게 의견을 제시할 수 있다.[156] 이러한 단체로서 "소상공인 보호 및 지원에 관한 법률"[157]에 의거하여 소상공인을 회원으로 하여 설립한 법인·조합 및 단체를 회원으로 하는 소상공인연합회[158]가 설립되어 소상공인의 권익을 대변함으로써 그들의 경제적 지위 향상을 도모하고 있다. 소상공인연합회는 소상인들의 단체를 구성원으로 하는 상향식 조직이 아니라 소상공인 자신이 회원으로 되는 단체이며 오히려 하향식 조직으로 소상공인연합회가 지역별 사업을 위하여 지회(支會)를 둘 수 있도록 하고 있다.[159] 소상공인연합회는 사단법인으로 되어 있다.

바. 중소기업협동조합

그 외 시장상인이 조합원으로서 "중소기업협동조합법"[160]에 따라 설립한 사업협동조합 또는 협동조합이 있다.[161] 중소기업협동조합에는 협동조합,[162] 사업협동조합,[163] 협동조합연합회[164] 및 중소기업중앙회[165]의 4종류(이하에서는 이들을 "협동조합 등"이라 통칭함)가 있으며[166] 이들은 모두 법인 즉 비영리특별법인이다.[167] 협동조합의 조합원이 될 수 있는 자는 원칙적으로 조합 구역에서 같은 업종의 사업을 영위하는 중소기업자와 조합 구역에서 같은 업종 또는 관련 업종의 사업을 영위하는 사업조합이다.[168] 협동조합 등은 조합원 또는 회원의 상호부조를 목적으로 하며 영리를 목적으로 할 수 없으나[169] 예외적으로 설립 목적을 달성하기 위한 수익사업은 할 수 있는바 생산, 가공, 수주, 판매, 구매, 보관, 운송, 환경 개선, 상표, 서비스 등의 공동 사업과 이를 위한 단지 및 공동 시설의 조성·관리 및 운영 등[170]의 사업을 하고 있다.[171] 협동조합 등은 정치에 관한 행위를 할 수 없고 정치에 이를 이용하여서도 안 된다.[172] 조합원은 가입시 인수출자좌수(引受出資座數)에 대한 금액을 납입할 출자의무를 지고[173] 각각 한 개의 의결권과 선거권을 가진다.[174] 총회의 의사(議事)는 원칙적으로 총 조합원 과반수의 출석과 출석 조합원 과반수의 찬성으로 의결한다.[175] 협동조합은 저축공제, 연금공제, 화재공제, 상해공제 등 농협, 수협, 신협 및 기타 공제조합들이 하는 각종 공제사업을 수행할 수 있다.[176] 한편 이와 별도로 중소기업중앙회는 1984년부터 중소기업공제사업기금을 설치하여 이를 운용 및 관리하면서 공제사업을 하고 있고[177] 이와는 별도로 중소기업의 화재, 영업배상책임 등의 위험으로부터 파란우산손해공제제도를 운영하고 있으며[178] 소기업과 소상공인의 생활안정을 위하여 노란우산공제라는 공제사업을 하고 있다.[179]

사. 사업자협동조합

상인들은 협동조합기본법에 따라 사업자협동조합을 설립할 수도 있다. 협동조합에는 사업자(생산자)협동조합, 직원협동조합, 소비자협동조합, 다중이해관계자협동조합, 사회적협동조합 등이 있는 바 사업자협동조합은 개인사업자, 소규모 법인 등의 사업자들이 주인이 되는 협동조합으로 전체 협동조합의 2/3 가량을 차지하고 있다.[180] 사업자협동조합은 원가절감을 위한 원재료 공동구매, 규모의 경제 달성을 위한 장치나 공간 등의 공유, 공동판매, 사업적 보완관계의 협업화 등 조합원의 복리 증진과 상부상조를 목적으로 하며, 조합원의 경제적 수요에 부응하여야 한다.[181] 사업자협동조합은 동종업종 뿐 아니라 이종업종 간에도 설립할 수 있다. 조합원으로는 협동조합의 설립 목적 및 특성에 부합되는 자 등 정관으로 정하는 자격을 가진 자가 가입할 수 있다.[182] 협동조합은 법인이어야 하며 대체로 영리법인일 것이므로[183] 협동조합에는 상법상 유한책임회사에 관한 규정이 준용된다.[184]

3. 상인공동체에 대한 규제와 지원

가. 개관

우리 헌법 제123조 제5항은 "국가는 … 중소기업의 자조조직을 육성하여야 하며, 그 자율적 활동과 발전을 보장한다"[185]고 규정하여 자조조직인 중소기업공동체의 활동을 헌법적으로 보장한다. 상인공동체에 관한 법률로는 가장 역사가 오래된 상공회의소법을 비롯하여 중소기업기본법, 중소기업협동조합법, 전통시장 및 상점가 육성을 위한 특별법, 유통산업발전법, 소상공인기본법, 소상공인 보호 및 지원에 관한 법률, 협동조합기본법, 도시 및 주거환경정비법 등이 있다.

나. 상공회의소에 대한 규제와 지원

상공회의소법은 상공회의소와 대한상공회의소의 설립·운영에 관한 사항을 규정하여 상공업자의 경제적·사회적 지위를 높이고 상공업의 경쟁력을 강화함을 목적으로 한다.[186] 상공회의소는 법인이어야 하므로 그 설립, 회원의 자격, 기관의 활동에 관한 법정 사항에 따라야 하는 외에 정부의 엄격한 감독을 받는다. 정부는 대한상공회의소를 통하여 지방 상공회의소를 감독한다. 대한상공회의소는 사업계획과 예산을 정부에 보고하여야 하고 정부는 업무와 회계에 관하여 자료 제출을 요구하거나 검사하게 할 수 있으며[187] 대한상공회의소로 하여금 상공회의소의 업무와 회계에 관하여 지도·감독하도록 하고 있다.[188] 나아가 정부는 상공회의소의 임원을 사실상 해임할 수 있는 권한을 가지는 바 임원이 상공회의소법이나 정관을 위반하였을 때에는 그 임원의 개선(改選)을 요구할 수 있고 개선대상 임원은 의원총회에서 절대 다수[189]의 찬성으로 재신임 받지 못하는 한 면직된다.[190] 이와 같은 엄격한 감독의 대가로 상공회의소는 자신의 사업에 대하여 지방자치단체로부터 보조금을 받는다.[191]

다. 상인회/상점가진흥조합에 대한 규제와 지원

상인회와 상점가진흥조합에 대한 규제와 지원을 하는 법제는 전통시장법과 유통산업발전법이다. 전통시장법은 전통시장과 상점가의 시설 및 경영의 현대화와 시장 정비를 촉진하여 지역상권의 활성화와 유통산업의 균형 있는 성장을 도모함을 목적으로 제정되었고[192] 유통산업발전법은 유통산업의 효율적인 진흥과 균형 있는 발전을 꾀하고, 건전한 상거래질서를 세움으로써 소비자를 보호할 목적으로 제정되었다.[193] 전통시장법에 따라 등록된 상인회에게 일정한 사유가 있는 경우에는 지방자치단체는 그 등록을 취소할 수 있다.[194] 그 외 정부와 지방자치단체는 시장관리자 지정을 통하여, 또 지원자금의 집행 명세 등에 관한 자료 제출요구와 조사를 통하여 상인회 등을 통제한다.

대규모점포에는 그 개설자의 업무를 수행하는 자가 있어야 한다.[195] 직영하지 않는 대형마트, 백화점, 전문점 등 대규모점포에는 점포시설을 관리하는 시장관리자를 두어야 하며 상인회 등이 아니면 시장관리자가 될 수 없다.[196] 시장관리자 지정 절차를 보면 대규모점포 개설자의 업무를 수행하는 자가 없으면 지방자치단체는 해당 시장에 시장관리자를 지정한다. 시장관리자가 될 수 있는 자는 (i) 전통시장법의 규정에 따라 설립한 상인회나 상인조직 (ii) 사단법인이나 회사법인 (iii) 시장상인을 조합원으로 하여 설립한 중소기업협동조합법상의 사업협동조합이나 협동조합 또는 (iv) 그 밖에 지방자치단체가 그 업무를 수행할 능력이 있다고 인정하는 공공법인·단체이다. 시장관리자는 상업기반시설의 유지 및 관리 등의 업무를 처리한다.[197] 지정된 사장관리자에게 일정한 사유가 발생한 경우에는 지방자치단체는 그 지정을 취소할 수 있다.[198] 지방자치단체는 정부에 시장등, 상인회 및 상권관리기구의 현황 등을 보고할 의무를 지고,[199] 전통시장법에 따라 보조금등을 지원받은 상인, 상인회, 연합회, 상점가진흥조합, 상인조직, 법인·단체, 시장정비사업 시행자

등은 정부 또는 지방자치단체의 요구에 따라 지원자금의 집행 명세 등에 관한 자료를 제출할 의무를 진다.[200]

상인회 등은 정부와 지방자치단체의 지원을 받는다. 그 내용을 보면 정부와 지방자치단체는 전통시장의 등록 여부, 개설 주기 및 주체, 상권의 범위 및 특성 등에 따라 시장을 체계적으로 육성하여야 하고[201] 전통시장법에 따른 상인회 또는 유통산업발전법에 따른 상점가진흥조합이 상업기반시설 현대화사업 등 상점가 활성화 사업을 추진하는 경우 전통시장법의 관계 규정에 따라 지원할 수 있으며,[202] 상인회, 상인연합회 또는 상점가진흥조합이 사업을 수행할 때 필요한 비용을 지원하고 있다.[203]

라. 소상공인연합회 등 소상공인단체에 대한 규제와 지원

소상공인에 대한 지원과 규제에 관한 입법으로는 소상공인기본법을 비롯하여 소상공인 보호 및 지원에 관한 법률(이하 "소상공인지원법"이라 약칭함), 전통시장법, 도시형소공인 지원에 관한 특별법, 대·중소기업 상생협력 촉진에 관한 법률 등이 있다. 소상공인기본법[204]은 소상공인시책에 참여하려는 자에게 소상공인 해당여부를 확인할 수 있는 자료를 소상공인시책실시기관에 제출할 의무를 부과하고 정부에게는 국세청 등의 기관과 단체에 소상공인 해당여부 확인 자료의 제출을 요청할 수 있는 권한을 부여하였다.[205] 정부는 소상공인연합회의 사무에 관하여 지도·감독할 수 있으며 필요한 경우에는 연합회에 서류 등의 제출을 요구할 수 있을 뿐 아니라 연합회의 업무나 회계가 법령이나 정관에 위반된다고 인정되는 경우에는 기한을 정하여 업무의 시정과 그 밖에 필요한 조치를 명할 수 있으며 연합회가 그 명령에 따르지 아니하면 임원의 해임 또는 연합회의 해산까지 명할 수 있는 강력한 권한을 보유하고 있다.[206]

한편 정부는 소상공인의 협동조합[207] 설립을 지원하거나 소상공인공동물류센터를 건립하여 운영하는 등 소상공인의 조직화 및 협업화를 지원하는 사업을 할 수 있고[208] 소상공인연합회에 보조금을 지급할 수 있으며 지방자치단체는 관할 구역에 있는 소상공인연합회 지회의 운영을 위하여 연합회를 통하여 보조금을 지급할 수 있다.[209]

마. 중소기업협동조합에 대한 규제와 지원

중소기업협동조합의 입법적 근거는 중소기업기본법 제13조[210]에 있다. 중소기업협동조합법은 중소기업자가 서로 힘을 합하여 협동 사업을 추진하는 협동 조직의 설립·운영 및 육성에 관한 사항을 정하여 중소기업자의 경제적인 기회 균등을 기하고 자주적인 경제 활동을 북돋우어 중소기업자의 경제적 지위의 향상을 꾀함을 목적으로 하며[211] 이를 위하여 정부는 중소기업협동조합 활성화 추진계획을 수립, 집행한다.[212] 정부는 중소기업 조성 정책을 중소기업중앙회를 통하여 실시함을 원칙으로 하되 필요하다고 인정되는 사항에 관하여는 중소기업협동조합연합회 또는 협동조합, 사업조합을 통하여도 할 수 있다고 하여 중앙회를 비롯한 협동조합 등을 정부 정책의 도구나 창구로 간주하고 있다.[213]

중소기업협동조합 등은 인가주의 하에서 그 설립부터 제반 활동에 있어 주무관청의 엄격한 감독을 받는다. 즉 전국을 업무 구역으로 하여서 설립되는 협동조합 등(업종별 중소기업협동조합연합회 포함)은 중소벤처기업부의 감독을 받고 그 대상이 아닌 협동조합, 사업조합 및 행정구역의 명칭을 붙인 연합회는 공제사업[214]을 제외하고는 광역 지방자치단체의 감독을 받는다.[215] 협동조합 등은 총회의 개최와 그 결과 등 일정사유가 발생한 경우에는 주무관청에 보고할 의무를 지며,[216] 정기총회 직후 사업보고서 등 재무제표를 주무관청에 제출할 의무를 진다.[217] 주무관청은 협동조합 등의 업무 또는 회계가 동법이나 정관에 위반된다고 인정할 만한 상당한 이유가 있으면 필요한 보고를 받거나 그 업무나 회계의 상황을 검사할 수 있고,[218] 협동조합 등이 업무나 회계가 법령이나 정관 또는 규약을 위반하는 등 일정 사유에 해당하면 업무의 시정 요구 등 조치를 명할 수 있고 이 명령을 위반하면 임원의 해임 또는 그 단체의 해산을 명하기까지 할 수 있다.[219] 주무관청은 협동조합 등이 실제 활동하지 아니한다고 인정되면 휴면조합으로 지정할 수 있고 그로부터 1년을 경과하여도 활동을 재개하지 않는 경우에는 그 해산을 명할 수 있다.[220]

소상공인연합회에 대한 정부의 보조금 지급방법과 마찬가지로 주무관청은 중소기업을 육성하기 위하여 중소기업중앙회의 운영 경비를 보조할 의무를 지고 광역 지방자치단체는 관할 구역에 있는 중소기업중앙회 지회의 운영 경비를 중앙회를 통하여 보조할 수 있도록 되어 있으며 나아가 정부와 지방자치단체는 협동조합 등(중앙회를 제외한다)의 품질 규격의 제정, 검사 사업, 유통 구조의 개선 사업, 그 밖에 운영 경비를 보조할 수 있도록 되어 있다.221)

4. 한국 상인공동체에 대한 법적 평가

한국 상인공동체의 큰 특징은 그 대부분이 법정 단체이며 관의 과도한 간섭과 의존적 지원을 받는 준 관제조직으로 되어 있다는 점이다. 이는 상인공동체의 형성에 관한 역사적인 맥락에서 전혀 이해할 수 없는 바는 아니다. 원래 상인들은 자신의 상권을 보호하고 상거래질서를 유지하기 위하여 자치적인 상인들의 조직을 만들었으며 중세의 길드, 우리나라의 보부상단, 일본의 나카마도 출발은 자생적, 자치적 조직이었으나 통치자들은 이들에 대한 통치와 수세의 목적으로 상인공동체를 통제하기 시작하였으며 상인조직은 관권을 등에 업고 활동을 하는 것이 유리하였으므로 상인 조직은 관권과 결탁하였다. 우리나라의 보부상단이 상무사라는 관 조직의 일부로 편입되거나 황국협회라는 어용단체로 전락한 것이나 일본의 나카마들이 후기에는 카부나카마로 재편된 것도 그러한 결탁 내지 관제화의 한 예라 할 것이다.

그런데 특히 우리나라에 있어 관제화의 경향은 일제 강점기의 "조선상업회의소령"과 그에 이은 상공회의소법의 영향 하에 그 이후에 결성된 상인단체가 관 주도로 만들어졌기 때문으로 보인다. 즉 개항기 이후 자생적으로 생겨났던 객주조합과 같은 임의 단체도 일본의 통치가 시작되자 관변 단체로 변화해 갔으며 일제는 식민통치를 위하여 "조선상업회의소령"을 제정하여 임의 조직이었던 상무회의소 등을 엄격하게 통제하기 시작하였다. 이러한 일제 강점기의 전통은 해방 이후에도 계속되어 대표적인 상인 조직이었던 상공회의소는 조선상공회의소령을 대체하는 상공회의소법에 의거한 법정 단체로 출발하였다. 이점은 전통시장의 시장번영회 등이 자발적인 조직으로 성장하여 왔으나 전통시장을 육성하겠다는 정부의 의지로 관제 조직화의 과정을 밟고 있다는 유사점을 발견할 수 있다. 특히 소상공인연합회는 자율적인 자조조직이 아니라 중앙에 소상공인연합회를 먼저 만들고 지역별로 지회를 두는 관제적 조직 구성을 하고 있다.

대부분의 공동체가 그러하듯이 상인공동체도 정부 주도로 조직을 결성하고 이를 육성하며 그 운영 경비를 정부가 보조하는 시스템을 가지고 있다. 한국의 법제는 상인공동체를 설립함에 있어 법인화 등 엄격한 진입 규제를 함으로써 해산명령 등 퇴장 규제도 하지 않을 수 없는 딜레마에 빠져 있다. 이러한 상인공동체에 대한 관의 간섭은 상인공동체의 성격상 정부의 보호와 규제가 필요하다는 점에서 불가피한 측면이 있음을 간과할 수는 없으나 중소기업 조직의 자조성과 자율성을 보장하여야 한다는 헌법의 규정에 반하는 입법과 행정이 아닐 수 없다. 이처럼 상인공동체의 본령과 헌법 규정 모두에 반하는 우리나라의 상인공동체 법제에 대하여는 근본적인 사고의 반성과 전환이 필요하다고 할 것이다.

Ⅴ. 국제 상인공동체와 법

1. 개설

앞서본 한자동맹은 국제적인 상인공동체라고 할 수 있다. 산업혁명 후 국제거래의 증가와 함께 국제적인 상인공동체도 형성되기 시작하였다. 국제적인 상인공동체는 제1차 세계대전 후 자유무역이 활성화되기 시작한 때에 본격적으로 형성되기 시작하였으며 21세기를 맞아 다양한 국제 상인공동체가 나타나고 있다. 그중 대표적인 단체로 국제상업회의소, 정기선 해운동맹, 국제항공운송협회, 국제무역협회연합회 등을 언급하기로 한다.

2. 국제상업회의소

가. 국제상업회의소의 역사와 역할

역사적으로 상업회의소(chamber of commerce)를 공식적으로 처음 설립한 것은 1599년 프랑스 마르세이유의 시 참사회였다고 한다. 이 상인들의 단체는 독일을 거쳐 전 유럽으로 퍼져 나갔다. 상업회의소는 기본적으로 상인들이 자신들을 공동의 적으로 부터 보호하고 상거래에 적용될 지침을 정한다는 방어적인 목적에서 단체를 결성한 것이었으나 나중에는 정부에 영향력을 행사하고 입법을 하는 수단으로 확장되었다.[222] 제1차 세계 대전이 끝난 1919. 10. 미국 뉴저지주 애틀랜틱시티에서 미

04 인위적 공동체와 법

국, 영국, 프랑스, 이탈리아, 벨기에 등의 기업계 대표가 모여 개최한 전후 세계 경제 재건과 국제통상의 부흥을 위한 회의에서 국제상업회의소(International Chamber of Commerce)가 창설되어 그 본부를 파리에 두었다. 국제상업회의소의 회원은 원칙적으로 국제상업회의소 국가위원회(national committee)를 통하여 될 수 있고 그러한 국가위원회가 결성되어 있지 않은 나라의 기업가는 ICC사무국에 직접 가입할 수 있다. 국제상업회의소는 100개 이상의 국가위원회로 구성되어 있으며 130개국 이상에서 수 만명의 회원사를 가지고 있다.

국제상업회의소는 국제거래에 관하여 규범 정립, 분쟁해결 및 정책 변호(policy advocacy)의 3가지의 주된 활동을 하여 왔다. 규범 정립에 관하여는 아래에서 살펴보기로 하고 분쟁해결에 관하여 보면 국제상업회의소는 1923년 산하에 국제적 상사분쟁의 합리적인 해결을 도모하기 위해 국제중재법원(International Court of Arbitration)을 설치한 이래 지금까지 100년간 세계에서 가장 권위 있는 국제상사분쟁해결기관으로서의 위상을 공고히 하였다. 2015년부터 국제상업회의소는 DOCDEX[223]를 확대하여 신용장, 국제 추심, 청구 보증, ICC 은행규칙 등 국제거래 금융 관련 서류에 관한 분쟁에 대하여 독립적이고 중립적이며 신속한 전문가 결정을 제공하고 있다. 또한 국제상업회의소는 유엔, 세계무역기구(WTO), G20회의 등의 작업을 지원하면서 국제거래의 쟁점에 관하여 자신의 입장을 표명하여 왔으며 유엔 경제사회이사회(United Nations Economic and Social Council)의 자문역과 유엔회의의 옵서버 자격을 획득한 최초의 민간기구로 활동하여 왔다. 국제상업회의소는 가장 성공적으로 운영되고 있는 국제 상인공동체라 할 수 있다.

나. 국제상업회의소의 국제거래규범 정립 활동

국제상업회의소는 국제거래규범의 정립에 다대한 기여를 하여 왔던 바 그 중 대표적인 것이 신용장통일규칙과 무역거래조건이다. 즉 국제상업회의소는 1933년 최초로 "화환신용장통일규칙(Uniform Customs and Practice for Documentary Credits: UCP)"를 채택한 이래 1936년에는 정형적 국제거래조건에 관한 "무역거래조건의 해석에 관한 국제규칙(International Rules for the Interpretation of Trade Terms, 약칭으로 International Commercial Terms: Incoterms)"을 성안하였다.[224] 이와 같은 국제상업회의소의 국제거래규범 정립활동은 큰 호응을 얻어 국제거래에 종사하는 자들이 자발적으로 이 규범을 이용, 준수하고 있다. 그 외 국제상업회의소는 표준계약서를 제정하는 작업을 하여 국제매매계약, 국제대리점계약, 프로젝트턴키계약 등 각종의 모델계약서를 제정하여 관계자들이 사용할 수 있도록 하고 있다.[225]

다. 양국간 상공회의소

각국에는 그 나라에 진출한 주요 외국인 기업들과 국내 기업들로 구성된 양국간 상공회의소가 설립되어 있다. 주한미국상공회의소(Amcham), 한－EU상공회의소, 한독상공회의소 등이 그 예이다.

3. 기타 국제 상인공동체

가. 국제해운동맹과 국제해운회의소

국제해운업계의 상인공동체로는 정기선 해운동맹(Shipping Alliance)과 국제해운회의소(International Chamber of Shipping)를 그 예로 들 수 있다. 해운동맹은 선박을 할당하는 주요 해운사간에 운임 경쟁은 허용하되 회원사 선박에게 적재 공간인 슬롯(slots)을 제공하는 방법으로 경쟁을 제한하는 느슨한 해운동맹을 말한다.[226] 2023년 현재 2M, Ocean Alliance 및 THE Alliance 3개의 해운동맹이 운영되고 있다.[227] 과거에는 특정 해운 노선에서 공통 운임 등 거래 조건을 설정하는 운송인들의 그룹인 정기선 해운동맹(Liner Shipping Conference)이 있었고 이러한 해운동맹은 한때 독점규제법상 경쟁제한행위 금지에 대한 집단면제(block exemption)의 혜택을 누렸으나 2008년 유럽을 비롯하여[228] 전 세계에서 금지되어 위와 같은 느슨한 해운동맹으로 대체되었다. 국제해운회의소는 1921년 국가 선주협회들을 회원으로 하여 설립된 해운단체이다.[229] 2023년 현재 세계 40개 이상의 선주협회가 가입하여 있으며 전세계 물동량의 80%를 점한다고 한다. 국제해운회의소의 중요한 역할은 국제해사기구(International Maritime Organization) 등 국제기구의 해사 규제와 해운에 관한 자문에 응하는 것이다.

나. 국제항공운항동맹과 국제항공운송협회

국제항공운송업계에 있어서의 상인공동체로는 항공운송동맹(Airline Alliances)과 국제항공운송협회(International Air Transport Association, IATA)를 들 수 있다. 먼저 항공사들은 공동운항 등 상호간의 협력을 위하여 항공사 협력체(Airline Alliances)를 구성하여 활동하고 있다.[230] 현재 각기 다른 구성원을 가진 SkyTeam, Star Alliance 및 Oneworld의 세 협력체가 있다. 한편 국제항공운송협회는 항공사 활동을 지원하고 산업 정책 및 표준을 수립하며 항공료를 설정하는 항공사들의 단체로서[231] 1945. 4. 19. 설립되었으며 캐나다 몬트리올에 사무소를 두고 있다. 2023년 기준 120개 국가에서 290개 항공사를 회원으로 하고 있으며 총 항공 교통량의 83%를 차지하였다.[232] 동 협회는 가격담합을 이유로 고발당하기도 하였다.

다. 국제무역협회연합회

또한 온라인으로 연결되는 국제 상인공동체로는 국제무역협회연합회(Federation of International Trade Associations, FITA)를 들 수 있다. 국제무역협회연합회는 1984년 설립되어 시장조사기법을 활용하여 미국, 캐나다, 멕시코 등의 회원사들이 윤리적이고 합법적으로 국제거래를 할 수 있도록 하고 있다. 회원사는 무역에 종사하는 무역대리점, 판매점 및 부대 서비스 제공자들로 구성되어 450개의 협회와 450,000개의 연결된 회사 회원을 가지고 있으며 8,000개의 국제거래 웹사이트와 연결되어 온라인 청산거래소(online clearinghouse)의 역할을 하고 있다.[233]

4. 한국의 국제 상인공동체

가. 한국무역협회

한국무역협회는 우리나라의 무역진흥과 무역업계의 권익증진을 도모할 목적으로 1946. 7. 설립된 사단법인이다.[234] 회원은 무역에 관련이 있는 영리 또는 비영리 법인, 단체, 자연인 등으로 구성되어 2023년 기준 약 75,000개의 회원사가 가입되어 있다. 동 협회는 해외시장 개척 및 통상마찰 대응, 지방무역 활성화, 전문 무역인력

양성, 중장기 무역전략 개발 및 무역진흥자금의 운용235) 등의 사업을 하고 있다. 대외무역법령은 정부가 통상진흥 시책을 세울 때 한국무역협회 등의 단체에 필요한 협조를 요청할 수 있다고 규정하여 한국무역협회를 통상진흥 자문기관의 하나로 열거하였고,236) 대외무역법시행규칙에 따라 전문무역상사 지정업무, 무역업고유번호 부여 업무 및 수출실적 인정금액의 확인 및 증명 발급 업무를 담당하고 있으며,237) 그 임직원은 뇌물죄의 적용에 관하여는 공무원으로 의제된다.238) 한국무역협회는 법정 단체가 아닌 민간단체로 결성되었다는 점에서 큰 특징을 발견할 수 있으며 한국 정부의 필요에 의하여 일정한 공적 기능을 수행하는 특수한 민간단체로 발전하였다.

나. 세계한인상공인총연합회

재외 한국상인공동체로는 세계한인상공인총연합회가 있다. 세계한인상공인총연합회는 재외동포 상공인들을 네트워크화해 세계경제 속에서 한인의 역할 증진을 위하여 1993. 2. 19. 전 세계 68개국 246개 한인상공인단체와 상공인들을 조직화하여 설립된 단체이다. 2002년부터 매년 세계한상대회를 개최하고 있으며 이어 세계한상지도자대회도 개최하고 있다. 한상(韓商)이란 국적을 불문하고 해외에서 거주하는 한민족 혈통의 비즈니스 종사자를 말한다. 이 대회에는 해마다 50여 국 1,000여 명의 해외 한상이 참여하고 있으며, 각 지방자치단체와 공동 주관으로 진행하여 지방자치단체에서 추천된 우수 중소기업이 전시회를 열고 있다.239) 재외동포재단법240)에 따라 설립된 재외동포재단은 재외동포 교류사업 특히 국내기관과 재외동포사회와의 인적교류사업의 일환으로241) 세계한상센터를 설치하여 세계한상대회를 지원하고 있다. 세계한인상공인총연합회는 공동체라고 이르기에는 조직이 느슨하나 세계한상대회를 지속적으로 개최하는 등 재외 동포들을 연결하는 구심점 역할을 하고 있다.

다. 한국외국기업협회

한국외국기업협회는 국내에 진출한 외국기업의 활동을 지원하고 회원들의 권익을 보장하며 회원 상호간의 질서유지를 목적으로 1978. 4. 7. 사단법인으로 설립되었다. 동 협회는 외국인 투자 및 경영 환경 개선을 위한 대정부 건의, 수출물품

구매, 알선업에 관한 신고, 외국기업을 위한 공동이용시설 조성 및 관리 등의 사업을 하고 있으며 2001년부터 매년 외국기업의 날 행사를 주관하고 있다.[242] 2023년 현재 약 1,500여 글로벌 기업이 회원사로 참여하고 있다.

이상에서 열거한 상인 단체가 상인공동체라고 부를 수 있는 지 여부는 상인공동체 개념의 광협에 따라 달리 검토되어야 할 것이다.

Ⅵ. 상인공동체에 대한 법적 분석

1. 상인공동체의 기본적 특징과 그 목적

상인공동체가 다른 공동체와 다른 특징은 기본적으로 이익공동체(Gesellshaft)라는 점이다. 구성원의 공동의 이익을 추구하는 조직이다. 반드시 공동의 사업을 하여야 하는 것도 아니고 공동의 재산이 있어야 하는 것도 아니다. 직접적인 이익의 공유를 목적으로 하지도 않으며 상호부조도 미약하다. 상인공동체의 핵심적 이익은 상거래 질서이다. 그러한 목적에 필요한 범위 내에서 구성원간의 친목을 도모하고 상부상조하며 규율을 준수한다. 상인공동체를 결성하는 목적을 세분하여 보면 다음과 같은 3가지가 있을 수 있다. 첫째는 카르텔의 형성이다. 상인들은 매도인 또는 매수인의 입장에서 가격을 담합하거나 물량을 공동으로 조절함으로써 거래상의 우위를 점하고 이익을 극대화하기 위하여 상인공동체를 결성한다. 이러한 이유로 상인공동체에 대하여는 독점규제법의 적용 문제가 항상 거론되는바 이점에 관하여는 뒤에서 다시 보기로 한다. 둘째는 상거래의 활성화이다. 상인공동체를 결성하여 거래와 사업의 기회에 관한 정보를 교환하고 조건이 맞는 경우에는 서로 간에 거래를 하기 위한 목적이다. 셋째는 상거래규범의 정립이다. 상거래의 안전과 신속을 도모하기 위하여 상거래 관행을 체계화하여 규범화하고 그 준수를 공동체 구성원들에게 강제하는 것이다. 그 외 부분적이기는 하나 상호부조 등 복지제도와 자율적 분쟁해결제도를 운영하고 있다.

2. 상인공동체 자율규범의 존재와 형성

상인공동체가 정립하는 자율규범은 오랜 기간의 조탁을 거쳐 성립한 것으로 국가권력의 필요에 의하여 수시로 변화하는 실정법으로부터 보호받을 가치와 필요가 있다 할 것이고 이점은 국제상업회의소가 정립한 무수한 국제거래규범에서 그 진가를 발견할 수 있다. 상인공동체는 자신들이 만드는 자율규범의 중요성을 인식하고 바람직한 규범의 정립과 그 집행에 힘써야 할 것이다. 한편 국가는 상인공동체의 자율규범의 형성을 지원하고 그 실태를 조사하여 입법이나 사법에 반영할 수 있도록 하여야 할 것이다.

3. 상인공동체의 자율적 분쟁해결제도

앞서본 바와 같이 보부상들 간에 분쟁이 발생하면 소속 임방의 비용 부담으로 다른 임방의 보부상들을 청하여 집합하고 중재 결정하게 하는 자치적 분쟁해결방법이 있었으며 한자동맹을 비롯한 중세의 상인법정은 상인공동체의 자율적 분쟁해결 시스템의 한 예인 바 그 전통을 국제상업회의소가 이어 받아 국제상사중재제도를 발전시켜 왔다. 우리나라에서도 1966년 중재법 제정당시에는 상사중재의 경우 대한상공회의소의 상사중재규칙에 의하는 것으로 추정하여[243] 대한상공회의소의 상사중재제도의 이용을 사실상 강제하였다. 나아가 대한상공회의소가 상사중재규칙을 제정하거나 변경하고자 할 때에는 대법원의 승인을 얻도록 하는 한편[244] 정부가 대한상공회의소에 국제상사중재에 필요한 경비를 보조할 수 있도록 하였다.[245] 그 후 중재법의 개정하여 독립한 사단법인 상사중재협회를 설립하고 이어 대한상사중재원으로 개편되었다. 상사분쟁의 자율적 해결이라는 측면에서는 대한상공회의소의 상사중재제도를 유지하는 것이 나았을 수도 있다.

4. 상인공동체의 복지 제공 기능의 법제화

로마시대의 콜레기아나 중세 유럽의 길드, 조선시대의 보부상단, 일본의 나카마 등에서 발견할 수 있는 바와 같이 상인공동체는 고래로 구성원간의 상호보험과 복지제공기능을 하여 왔다. 이러한 상인공동체의 복지 제공 기능은 근대적 상인공동체에서는 많이 약화되었으나 현대법으로 부활한 상인회 공제제도나 중소기업중앙회의 노란우산공제제도 등은 상인공동체의 지속성을 담보하는 중요한 수단이 되고 있다. 이것이 상인공동체를 위한 정교한 공제제도의 설계와 운영이 요구되는 소이이다. 성공적인 공제제도의 안착이야 말로 자조조직으로서의 상인공동체의 징표가 된다 할 것이고 이를 위해서는 상인공동체 구성원의 귀속의식과 참여의식이 전제되어야 할 것이며 공제제도의 법제화도 이를 전제로 이루어져야 할 것이다. 그런 의미에서 중소기업중앙회가 운영하는 노란우산공제제도는 좀 더 자조조직으로서의 성격을 강화, 확대할 필요가 있을 것이다.

5. 상인공동체에 대한 독점규제법의 적용

상인들이 공동체를 형성하여 매도인 또는 매수인으로서의 독점적 지위를 획득하면 시장지배적 지위의 남용 문제가 생기고 상인공동체가 카르텔을 형성하여 가격담합, 집단적 거래거절 등의 경쟁제한행위를 하게 되면 부당한 공동행위의 문제가 생겨 독점규제법의 적용이 문제된다. 정기선 해운동맹이나 IATA협정이 독점규제법 위반 제소를 당한 것도 이러한 문제 때문이다. 이에 관련하여 독점규제법은 소규모의 사업자 등의 상호부조를 목적으로 하는 조합이나 조합연합회 등 일정한 요건을 갖춘 조합의 행위에 대해서는 적용 제외 규정을 두고 있다.[246] 협동조합기본법에도 협동조합 등에 독점규제법의 적용을 제외하는 규정을 두고 있다.[247] 상인공동체로서는 상인들 간의 지나친 가격경쟁을 지양하고 건전한 상거래 질서를 유지할 필요가 있으나 카르텔의 형성으로 거래 상대방이 피해를 보지 않도록 자발적으로 가격담합의 배제 등 경쟁제한 행위를 삼가는 경쟁체제를 구축, 유지하여야 할 것이다.

Ⅶ. 글을 맺으며

1. 상인공동체의 존재의의를 살리는 법제

가. 상인공동체의 필요성에 관한 재고(再考)

앞서본 바와 같이 상인공동체를 만드는 이유로 카르텔의 형성, 상거래의 활성화 및 상거래규범의 정립이라는 3가지를 들었다. 그러나 이러한 목적이라면 구태여 상인공동체를 만들지 않아도 상인간의 협정이나 정보포탈의 공유, 국가법의 제정 등의 방법으로 해결할 수도 있을 것이다. 그럼에도 상인공동체를 만들어야 할 필연적인 이유가 있는가. 21세기에 있어서도 상인공동체를 형성할 필요로는 (i) 국가의 부당한 횡포에 대항하기 위하여, (ii) 중소상인의 경우 대기업과 경쟁하기 위하여, 특히 전통시장상인의 경우 대규모 유통기업과의 경쟁을 위하여, (iii) 인터넷기업 나아가 플랫폼 기업에 함몰되지 않고 생존하기 위하여, (iv) 소비자단체와 노동조합에 대항하기 위하여 등등의 목적 달성을 위하여 상인공동체를 결성할 필요를 상정할 수 있다. 이하에서는 이를 나누어 살펴본다.

나. 국가의 부당한 횡포를 방지하는 상인공동체 법제

국가는 정당한 목적 달성을 위하여 때로는 부당하게 상인이나 기업들에게 불이익을 부과하고 당해 상인이 국가의 요구에 응하지 않으면 세무조사, 금융지원 중단, 인허가 취소 등의 방법으로 자신의 요구를 관철시키고자 한다. 심지어는 기업의 해체도 불사한다. 기업의 해체는 이미 사회적 존재가 되어 고용 등 일정한 역할을 하고 있는 존재를 소멸시키는 것으로서 우리 사회에 끼치는 해악이 적지 않다.[248] 상인공동체는 이러한 국가의 부당한 횡포에 대항하여 자신들의 권익을 옹호할 수 있어야 할 것이며 국가는 이러한 일이 가능하도록 지원하는 법제를 갖추어야 할 것이다.

다. 대기업으로부터 중소상인을 보호하는 상인공동체 법제

오늘날 대기업의 등장 특히 대규모 유통기업의 증가로 전통시장 상인, 골목상권 상인들은 중대한 위기에 봉착하였다. 대기업들이 자신이 직접 백화점 등 대형

04 인위적 공동체와 법

상점을 운영할 뿐 아니라 프랜차이즈방식으로 골목 상권까지 위협하고 있다. 이에 대처하는 방법으로는 중소상인들이 공동체를 형성하여 집단적으로 경쟁하는 것이고 다른 하나는 대기업과 중소상인들이 상생협력(相生協力)의 관계를 정립하는 것이다. 후자의 경우에도 대기업과 함께 중소기업이 동반성장할 수 있기 위하여는 중소기업을 대변하는 상인공동체의 역할이 중요하다. 우리나라는 대기업과 중소기업의 상생협력을 위하여 "대·중소기업 상생협력 촉진에 관한 법률"을 제정하고 대·중소기업 간 동반성장을 위한 합의를 도출하기 위하여 동반성장위원회를 설치하는 등 관주도의 상생협력을 도모하고 있으나249) 중소상인들로 구성된 업종별 상인공동체가 주체가 되어 대기업과의 협의체를 구성하는 방안을 법제화하는 등 경제 주체들이 자신의 문제를 직접 해결할 수 있도록 제도화 하는 것이 바람직할 것이다.

라. 인터넷기업/플랫폼기업과 경쟁할 수 있는 상인공동체 법제

나아가 전자상거래를 비롯한 생산자와 소비자 간의 직거래는 상거래 질서와 상인공동체에 큰 충격을 주고 있다. 전자상거래는 중간 상인들은 물론 시장 상인들의 존재가치를 위협하고 있으며 상인공동체의 역할이나 그 기능의 저하를 불러왔다. 이제 전자상거래사업자들은 스스로 플랫폼을 형성하여 자신이 하나의 기업공동체로 부상하였다.250) 이러한 플랫폼 사업자의 시장지배적 지위를 견제하고 유통 상인들의 생존을 담보할 법제, 특히 후자의 상인들로 구성된 상인공동체로 하여금 플랫폼기업의 독점력에 대항하게 할 수 있는 새로운 상인공동체 법제가 필요하게 되었다. 이러한 법제는 플랫폼기업의 초국가성(transnational, supranational)을 고려하여 국내적으로는 물론 국제적인 관점에서의 접근이 요구된다고 할 것이다.

마. 소비자단체 및 노동조합과의 갈등 해결을 위한 상인공동체 법제

오늘날 상인공동체는 소비자단체의 소비자보호운동에 대응하여야 할 필요성에 직면하였다. 과거에는 상인 즉 기업의 힘에 비하여 소비자의 힘은 미약하여 상인공동체 차원에서 대응할 필요가 크지는 않았으나 오늘날은 소비자가 단체를 결성하여 전국적인 규모로 활동할 뿐 아니라 국제적인 연대까지도 하고 있어 개별 상인이나 기업이 대응하기에는 벅찬 현실이 되었다. 이러한 이익집단간의 갈등과 분쟁을 상인공동체와 소비자단체간의 협의와 분쟁해결절차를 마련하여 이를 예방하고 적절한 해결을 도모하는 법제의 필요성이 제기된다 할 것이다. 소비자단체 이외에 상인들에 대한 강력한 압력단체로는 노동조합이 있다. 전국단위의 노동조합, 즉 민노총이나 한국노총은 전국적인 규모로 활동하고 있으므로 상인공동체도 전국적인 규모로 이에 대항하여 자신의 권익을 지킬 수 있어야 할 것이다. 전경련, 경총 및 대한상의 등이 이러한 문제에 대처하고 있으나 각 분야별 상인공동체가 자신의 판단에 따라 합법적인 대응을 할 수 있는 법제가 마련되어야 할 것이다.

2. 사회적 연대를 실천하는 상인공동체 법제

역사적으로 상인공동체는 혈연공동체, 지연공동체, 종교공동체에 이은 최초의 직업공동체 이자 사회적 공동체로서 성장하였다. 앞서 본바와 같이 중세의 길드는 조합원의 일거수 일투족을 통제하는 대신 상호부조를 실천함으로서 직업공동체를 넘어 사회적 연대를 도모하는 사회적 공동체의 성격을 가졌던 점은 주목할 만하다. 오늘날은 국민에 대한 복지는 대체로 국가가 담당하고 있으나 사회의 여러 측면에서 비효율과 도덕적 해이 현상을 보이고 있으므로 상인공동체가 중심이 되어 축적한 부(富)를 기반으로 구성원들을 위한 공제사업을 운영하는 등 국가의 역할을 대신하거나 적어도 보완할 수 있을 것이다. 이런 관점에서 미래의 상인공동체 법제는 상인공동체가 중세의 길드와 같이 조합원의 강한 연대의식 속에서 사회적 과제를 실천할 수 있게 하는 신선한 사고와 방법으로 접근하는 것이어야 할 것이다. 그 하나의 예가 상인공동체가 그 구성원에 대한 복지 제공기능의 강화할 수 있도록 지원하는 법제일 것이다.

3. 전통상인 공동체의 형성과 유지를 위한 법제

앞서 본바와 같이 상가나 시장 상인들이 공동체를 형성할 필요가 큰데 비하여 우리나라의 전통상인들의 공동체는 매우 취약한 것이 현실이다. 상가나 시장의 상인공동체는 대체로 그 상가나 시장에 입주한 임차인으로 구성되어 있고 상가나 건물주는 상인공동체에 관심도 없고 가입하지도 않고 있다. 한국의 상가 건물주는 자신이 소유하는 건물의 가격 상승과 고액의 임대료에 주된 관심이 있고 누가 자신의 상가에 입주하여 상인공동체를 형성하고 유지하는가 하는 문제에는 별다른 관심이 없다. 상가의 임차인 중심으로 형성된 한국의 상인공동체는 영업의 계속성이 보장되지 않는다. 임대차계약의 지속성이 담보되지 아니하고 영업의 계속성이 불투명하여 상가공동체를 결성하더라도 그 결속력이 미약할 수밖에 없다. 그런데 일본의 경우 상가공동체는 건물주를 중심으로 형성되고 건물주는 자신의 건물 주변에 장기적으로 상권이 형성, 유지되는 것에 관심을 가지고 상인공동체의 임원으로 참여하려고 하는 경향이 있다고 한다. 우리나라에 있어서도 건물주의 상가공동체 참여와 관심을 유도하는 사회 운동과 조세지원 등의 법제를 마련하여야 할 것이다.

일단 형성된 상가 상인공동체라 하더라도 여러 가지 요인으로 퇴락하거나 해체되어 버리는 현상이 발생한다. 그 하나의 예가 젠트리피케이션(gentrification)이다. 젠트리피케이션이란 도심 인근의 낙후지역이 개발되면서 지가(地價) 및 임대료 상승으로 원주민이나 전통 상인이 밀려나는 현상을 말한다. 상점가거리, 골목상점가, 시장 등이 형성되었더라도 젠트리피케이션으로 인하여 그곳에 입주해 있던 상인들이 이주하고 새로운 상인이 입점하는 경우 공동체의 결속력과 동질성이 훼손되고 따라서 형성되었던 상인공동체가 약화되거나 해체될 수 있다. 과거에는 우리 사회의 변동성이 현저하여 가까운 장래에 대한 예측가능성조차 많지 않아 장기 계획을 세우기가 힘들었으나 이제는 상대적으로 지가가 안정되고 사회변동성이 완만해 짐에 따라 상인공동체의 지속성이 제고되고 있는 점은 긍정적인 요소이다. 젠트리피케이션을 방지하고 젠트리피케이션에도 불구하고 상인공동체를 유지하려면 건물주와 임차상인이 상생을 도모하는 정신을 가지고 상인들이 젠트리피케이션에 불구하고 계속하여 상업에 종사할 수 있는 사회적, 문화적 환경과 법제가 개선되어야 할 것이다. 그런 관점에서 상가임대차보호법도 임차인 보호 일변도로 기울 것이 아니라 임대인과 임차인이 상가공동체의 일원으로 참여하는 법제로 전환되어야 할 것이다.

4. 미래지향적 상인공동체법의 모색

앞서 지적한 바와 같이 한국의 상인공동체는 그 역사적 맥락과 행정부의 과도한 간섭에 따라 준(準) 관제조직의 경향을 띄고 있다. 이렇게 형성된 상인공동체를 그 본질과 헌법적 결단에 따라 자립성과 자율성을 가진 자조조직으로 바꾸어 나가는 작업이 1차적으로 추진되어야 할 것이다. 이를 위하여 상인공동체의 본질과 역할, 그 조직과 활동 양태에 관하여 좀 더 깊이 있는 연구를 통하여 상인공동체가 자립할 수 있고 자율적으로 작동할 수 있는 이론적 배경을 제공하고 그 이론에 기초하여 입법으로 실현되어야 할 것이며 그렇게 함으로써 상인공동체에 대하여 관(官)이 간여하는 방법과 간여할 수 있는 한계를 적절히 설정하는 지침을 제공할 수 있을 것이다. 그런 관점에서 새로운 상인공동체의 형성과 그에 관한 조직론과 물적 기초론을 비롯한 대내 관계, 다른 상인공동체 및 정부간의 대외관계, 상인공동체의 대내, 대외적 분쟁의 자율적 해결론 등에 대한 이론적 탐구와 그에 기초한 제도화가 진행되어야 할 것이다.

미주

1) 박흥식 (2000), 65면 참조.

2) 이덕훈 (2013), 341면 참조.

3) 그러나 콜레기아는 상인조합의 성격을 가진 것 외에도 정치적, 종교적, 군사적, 장례적 조합의 성격을 가진 것도 있었다고 한다.

4) Alan Watson (2009), pp.96−97.

5) 서로마제국의 멸망과 함께 대부분의 collegia는 소멸하였기 때문에 동로마제국의 collegia가 길드로 진화하였다는 주장에 의문을 품는 견해로는 Gary Richardson (2008) 참조.

6) 박흥식 (2000), 66면 참조.

7) 중세봉건사회에서 도시공동체, 상인길드나 수공업자 길드가 확립된 이후에 형제단은 그러한 길드의 보호를 받지 못하는 도시의 수공업자의 직인 등의 계층을 대변하는 단체로 발전하였다는 견해도 있다. 이덕훈 (2013), 342면 참조.

8) 이들은 종교적 길드로 당시의 연옥이론(Doctrine of Prugatory)에 따라 조합원의 기도로 연옥에 마무는 기간을 단축할 수 있다는 믿음이 종교적 길드의 융성을 가져 왔다고 한다. Gary Richardson (2008) 참조.

9) 그 이전에도 중세 전기 유럽에는 비기독교인들로 구성된 자치적인 지역 공동체가 있었는데 엄격한 회원제로 운영되었으며 공동체에 충성을 약속하는 선서를 하였으며 스스로를 길드라고 불렀다고 한다.

10) 시 참사회는 자유도시 등 지방자치단체의 집행기관으로 구성원은 시의회에서 선출된다. 시장이 그 의장이 되며 그 회의는 공개되지 않는다고 한다.

11) 14세기 초반 파리에만 350개가 넘는 길드가 조직되었다고 한다.

12) 영국에서는 바러(borough)를 중심으로 길드가 설립되었으며 길드의 특허장을 받은 바러는 다른 지역보다 도시적 기능이 강하였다고 한다. 이순갑 (2005), 17면, 18면 참조.

13) 박흥식 (2000), 73면 참조.

14) 길드의 역할에 관하여는 박흥식 (2000), 66면, 67면 참조.

15) 중세 도시와 길드간의 자치권과 지배권을 둘러싼 길항에 관하여는 Arie van Steensel (2016), pp.37−56.

16) 오늘날의 벨기에 지역에 있던 자치국가이다.

17) 최재수 (1997), 45면 참조.

18) 한자의 상업정책에 관한 상세는 곽정섭 (2002), 100−126면 참조.

19) 곽정섭 (1997), 145−146면 참조.

20) 김영술 (2012), 203−248면 참조.

21) Cynthia Clark Northrup (2015), pp.443 et seq.

22) Wendish and Saxon Drittel, Westphalian and Prussian Drittel 및 Gothlandian, Livonian and Swedish Drittel이 그것이다.

23) 한자동맹은 1669년 마지막 회의를 끝으로 몰락하였으나 가장 비중이 컸던 뤼벡, 함부르크, 브레멘의 세 도시는 1806년까지 도시국가로 살아남아 이후 독일 경제발전의 토대가 되었다.

24) Edwin R. A. Seligman (1887), pp.9－113.

25) 이순갑 (2005), 1－18면 참조.

26) 이덕훈 (2013), 341면 참조.

27) 종교개혁으로 종래의 연옥이론이 힘을 잃고 국가 권력이 강화되어 길드가 약화되기 시작하였다는 견해로는 Gary Richardson (2008) 참조.

28) Liana Vardi (1998), pp.704－717.

29) 박흥식 (2000), 84－87면 참조.

30) 박흥식 (2000), 91면 참조.

31) 실제로 14세기 이후에 법적인 문제로 갈등을 빚을 때 시 참사회의 기록과 정관들은 법정에서 근거자료로 제시되었다.

32) 박흥식 (2000), 69면 참조.

33) 예컨대 1350년경 성문화된 뤼네부르크(Lüneburg, 함부르크 동남쪽에 위치한 한자동맹 회원도시)의 잡화상 정관은 1621년 부분 개정 시까지 수백 년간 그대로 사용되었다고 한다.

34) 박흥식 (2000), 71면 참조.

35) 박흥식 (2000), 72면－90면 참조.

36) 예컨대 1350년 뤼네부르크 잡화상정관의 표제어를 보면 가입을 위한 조건과 절차/가입비용/회원자녀의 가입/신입회원이 길드 연회에서 할 일/총회출석의 의무/회원 부인의 가입/법정에의 제소/일요일과 축일의 영업 금지/회원의 품위에 어긋나는 행위/회장에 대한 복종의무와 총회동안의 불법행동/길드의 재판과 항소/욕설과 가벼운 폭력, 채무문제/영업점포수의 제한/허가되지 않은 상품의 취급/직인의 대여/일요일 노동의 금지와 예외/직인과 장인 사이의 노동계약의 취소/(잡화상길드에 소속되었던) 띠제조공과 피대재단공의 도제 영입 시 의무/회장의 결정에 대한 복종의무/총회－재판의 개최, 무기소지의 금지, 거래하는 상품을 둘러싼 회원 간의 다툼, 총회를 위한 미사 참석과 목욕의무, 담보에 대한 고지, 의결사항에 대한 비밀유지의무, 연회 시에 "가장 좋은 옷"으로 단장할 의무, 도박과 과음에 대한 벌칙/자선행위 의무/부활절 기간에 길드와 이를 위한 성직자에 대한 납부의무/사망 회원에 대한 기부와 의무/사망 회원 권한의 부인에게로의 상속/시장에서 교역시간 규제/외지인에게 년 3일간만 교역허용/상품의 종류에 따른 교역허용범위/총회시의 좌석 배분/성 마틴일 축제와 기부의무/ 길드의 예배와 종교적 의식의 수행/도시 방위에 대한 길드의 의무/총회출석의무/회장의 연회준비/회장의 종교적 과제와 길드재정을 위한 모금/가죽제품에 대한 추가규정/부활절 총회의 기부의무/피대재단공, 띠제조공, 자루제작공의 도제가 되기 위한 조건/도제의 도제와 불성실에 대한 처벌 등이 규정되어 있다고 한다. Lüneburger Zunfturkenden, pp.130－137; 박흥식 (2000), 71면에서 인용.

37) 그 대표적인 것이 11세기 시작된 영국의 피파우더 법원(piepoudre court)으로 동 법원은 박람회가 개최되는 도시에 개설되었으며 판관은 상인들로 구성되어 박람회 무역과 시장에서 생긴 민·형사상의 분쟁을 관할하였던 바 1심 법원으로서 신속한 판결을 하였다. 피파우더 법원에 관한 사례연구에 관하여는 Stephen Edward Sachs (2002), pp.1270－1324.

578

38) Matthew A. McIntosh (2020) 참조.

39) 손경한 (2016), 4면 이하 참조.

40) 좌상의 대표적인 것은 서울의 육의전이었다. 육의전(六矣廛)은 종로에서 종이, 어물, 명주, 모시, 비단, 무명을 독점 판매하던 어용상점으로, 각 전 별로 도중(都中)이라는 동업자 단체를 결성하여 도령위(都領位)·대행수(大行首)등의 상공원(上公員)과 서기(書記) 등의 하공원(下公員)을 두고 경시서(京市署)를 통해 각 전의 능력에 따라 나누어 공납하였으며 그 대가로 (i) 자금대여, (ii) 외부압력으로부터의 보호, (iii) 난전(亂廛)의 금지 등 강력한 특권을 부여받았다. 본고에서는 도중(都中)에 관한 논의는 생략한다.

41) 박원선 (1981), 109 – 127면 참조.

42) 김재두 (2005), 433면 참조.

43) 김재두 (2005), 434면 참조.

44) 金東哲 (1985), 219면 참조

45) 이훈섭 (2005), 76면. 부상청이 만들어질 수 있었던 계기는 이성계가 조선을 개국할 당시에 부상들에게 도움을 받았기 때문에 조직을 만드는 것을 허용했다고 한다. 실제 보부상들에게는 이성계에게 하사받은 옥도장 '부보상지인장(負褓商之印章)'과 현재도 보부상의 자취가 남아 있는 충청남도 지역에 "태조대왕 등극 후에 우리 생명 건져냈고"라는 보부상 노래의 사설에서 태조 이성계의 관련성을 확인할 수 있다.

46) 다만 1879년(고종 19년)의 『한성부완문(漢城府完文)』은 "전국에 흩어진 보상들을 전국적인 상단으로 조직한 것이 '보상단'이며, 신분증인 도서(圖書)를 발급하여 보상의 신분을 보장하였다."고 한다.

47) 그해 프랑스함대가 조선을 침입해왔을 때 보부상은 대원군의 명에 따라 상병단(商兵團)을 조직, 강화도에 군량을 운반하여 프랑스함대를 물리치는 데 기여한 것을 기회로 보부청이 설치되어 대원군이 도반수(都班首)가 되고, 대원군의 큰아들 이재면(李載冕)이 청의 사무를 관장하였다.

48) 〈商務社章程〉은 부상과 보상 각각의 취급물종을 명시하였는데 부상의 취급물종은 魚物, 소금, 미역, 生水鐵, 土器, 木物, 담배, 누룩, 竹物, 蘆席, 꿀, 마소바리[牛馬駄], 뱃짐, 靑麻 등이었고, 보상의 취급물종은 布, 帛, 錦, 綾, 紙物, 紬物, 苧屬, 金, 銀, 銅, 蔘, 돈피[貂], 수달피[獺], 면화, 피혁 등이었다. 이헌창 (1992) 참조.

49) 상무사(商務社)는 1899년 상업과 국제무역, 기타 상행위에 관한 업무를 관장하기 위해 설립되었던 기관으로 전국 보부상단(褓負商團)의 업무도 관장하였다.

50) 1885년 혜상공국을 상리국(商理局)으로 개칭하면서 부상을 좌단(左團), 보상을 우단(右團)으로 개칭하였고 1894년 농상아문(農商衙門) 하에, 1897년에는 황국중앙총상회(皇國中央總商會)에 각 소속되었다가 다시 황국협회(皇國協會)로 이속되었다. 앞서 본바와 같이 1899년에는 상무사(商務社)로 이속되고 다시 이규항(李圭恒)이 통솔하는 진흥회사(進興會社)에 소속되었다. 1903년 공제소(共濟所)로 이관되었다가 다시 상민회(商民會)로 옮기고, 1904. 11. 진명회(進明會)에, 같은해 12월에는 공진회(共進會)에 각 이속시키는 등 그 관할 관청에 극심한 변화가 있었다. 한국민족문화대백과사전, "혜상공국(惠商公局)"편 참조.

51) 洪性讚 (2007), 138 – 164면 참조.

52) 충청우도의 저산팔읍(苧産八邑:扶餘·定山·鴻山·林川·韓山·庇仁·藍浦·舒川)을 중심으로 모시를 주로 거래하던 보부상단으로 공식적으로는 충청우도 저산팔구 상무사 좌사(忠淸右道苧産八區商務社左社)와 충청우도 저산팔구 상무사 우사로 불리었다.

53) 예덕상무사는 과거 충청남도 덕산군·예산군·당진군·면천군 일대에서 활동해왔던 예덕산 상
    무사 좌우사(禮德山商務社左右社)를 말하며 고려 말부터 조선 초까지 조직돼 전해 내려온 예산,
    덕산 지방의 보부상을 관리하던 정부관서였다고 한다.

54) 이헌창 (1992), 152면 이하 참조.

55) 지방에 따라 도공원, 본방공원, 명사장, 명사공원, 공사장, 공사공원 또는 한산공원으로 불리었
    으며 임방(任房)의 실무를 총괄하는 직책이었다.

56) 반수는 접장을 거친 사람에게 부여하는 일종의 명예직이었고 절목(節目) 4권에 의하면 반수(班
    首) 1인, 부반수 1인, 공원 2~3인, 별공원(別公員) 2~4인, 도집사(都執事) 3~5인, 서기 2~4
    인 등 모두 11~18인으로 되어 있다. 한국민족문화대백과사전, "보부상(褓負商)"편 참조.

57) 반수 위에 영위라는 직책이 있었다고 하는 바 『임홍청금록(林鴻靑衿錄)』에 의하면 각 1인의 영
    위·부영위·구임반수(舊任班首)·전함반수(前啣班首)·구임(舊任)·시재반수(時宰班首)·창설접
    장(刱設接長)·본방공원(都公員)·도공원(都公員)·별공원·도집사 및 서기가 있었다고 한다. 한국민족문
    화대백과사전, "보부상(褓負商)"편 참조.

58) 『판하상리국절목(判下商理局節目)』에 의하면 팔도임방도존위(八道任房都尊位) 1인, 팔도임방
    부존위 1인, 팔도임방삼존위 1인, 팔도임방 도접장 1인, 공원(公員) 8인, 본방공원(本房公員) 7
    인, 집사 8인, 팔도도반수(八道都班首) 8인 등 모두 35인이 있었다고 한다. 상리국(商理局)은
    1883년에 설치되어 보부상을 관할하던 惠商公局을 1885년(고종 22년)에 개칭한 정부조직으로
    부상을 左社, 보상을 右社로 구별하였다고 하며 절목(節目)이란 규칙의 조목(條目)이란 뜻이다.

59) 다만 도(道)내의 각사(各社)를 통합하는 도접장과 도반수(道班首)는 선거를 통해 선출되는 것이
    아니라 중앙에서 임명하였고, 기타 중앙의 각 임원도 여러 도의 접장 중에서 임명되었다.

60) 저산팔읍(苧産八邑)의 보부상단 가운데 보상회인 상무사우사(商務社右社)의 경우를 보면, 정기
    총회를 중점(中點) 또는 공사(公事)라고 부르며 매년 음력 3월 3일부터 수일간 개최하는데 모든
    회원은 의무적으로 참석해야 하였으며 회의장은 일정하지 않았고 가장 중요한 안건은 임원 선
    출이었다고 한다. 한국민족문화대백과사전, "보부상(褓負商)"편 참조.

61) 한국민족문화대백과사전, "보부상(褓負商)"편 참조.

62) 이헌창 (1992), 153면 참조.

63) 객주는 지방의 큰 장시에서 직물·약재·가죽류 등 광범한 종류의 물화의 매매를 중개하고, 부수
    적으로 운송, 보관, 숙박, 금융 등의 영업도 하였던 상인을 말한다. 박원선 (1968) 참조.

64) 여각이란 연안의 각 포구에서 곡물·어염(魚鹽)·해패류(海貝類) 등을 위탁판매 또는 매매하던
    상인으로 객주보다 큰 자본을 가지고 넓은 창고와 소·말 등을 관리하는 마방 같은 설비를 갖추
    었으며 여관업도 겸하였다.

65) 예컨대 충청도 저산읍의 보상단은 1839년부터 1850년까지에 걸쳐 부여의 은산시에서 도고의
    폐해에 대한 紙商들의 대응에 관여하였던 것 같은데, 그 효과적인 대응의 필요성이 관의 공인을
    요청하는 동기로도 작용하였을 것이다. 이헌창 (1992), 157면 참조.

66) 도서(圖書), 험표(驗標), 상표(商標) 등으로도 불리었는데. 보부상들이 서로 인사를 나눌 때는 이 채장으로
    신분을 확인하였다고 한다.

67) 최대한 멀리 내용을 전파하기 위해 여러 사람이 돌려 보는 문서로서 사발 모양으로 둥글게 이름
    을 적어 발신자나 주동자가 누구인지 알 수 없게 작성하는 것이 특징이나 보부상들이 사용할
    때에는 사발을 둘러 이름을 쓰지는 않고 통문만 사용하였다.

68) 단결하여 어려울 때 서로 돕는다는 뜻이다.

69) 떠돌아다니며 장사를 하더라도 근면성실하게 일하며 서로 같은 소속임을 잊지 말자는 뜻이다

70) 모르는 단원일지라도 객지에서 급병난 보부상을 돕고, 객사한 보부상을 반드시 묻어줘야 한다
   는 뜻이다.

71) 1851년(철종 2)에 충청도 예산의 보부상 조직이 만든 문서인『예산임방입의절목(禮山任房立議
   節目)』을 보면 (1) 부모에 불효하고 형제간에 우애 없는 자는 볼기 50대, (2) 시장에서 물건을
   강매한 자는 볼기 30대, (3) 술주정하면서 난동을 부린 자는 볼기 20대, (4) 놀음 등 잡기(雜技)
   를 한 자는 볼기 30대 및 벌금 한 냥, (5) 문상(問喪)하지 않은 자는 볼기 15대 및 벌금 5전
   (6) 계 모임에 참석하지 않은 자는 볼기 10대 및 벌금 한 냥에 각 처하는 처벌규정을 두고 있다.

72) 예건대『예산임빙질목부한싱부완문(禮山任房節目附漢城府完文)』1851, 참조.

73) 서경림 (2001), 1–17면 참조.

74) 育士道 (2005) 참조.

75) 박원선교수는 자신의 저서 "負褓商" 서문에서 "일반적으로 상인길드라면 중세기의 과도적인 현
   상에 불과함이 원칙이다. 그런데 우리나라의 부보상은 상인길드에 속하지만 특이한 성격을 띠
   고 있다. 즉 그 역사가 특히 장구하고, 그 규모가 참으로 방대하고, 그 조직이 실로 공고하고,
   그 정신이 실로 비할 수 없이 숭고하여서 찬란한 전통과 혁혁한 업적으로 인하여 국가에 공헌하
   는 바 지대함에 있어서 진실로 상법사상 유례를 찾을 수 없는 세계 독보의 존재"라고 찬탄하고
   있다. 박원선 (1965) 참조.

76) 돈야(問屋)는 도매거래 외 거래 중개, 창고 관리 및 선적 관리를 맡았는 바 12 세기 초에 처음
   등장하여 에도시대애 중요한 경제적 역할을 하였다.

77) 나까가이(仲買)는 여러 생산자로부터 물자를 구매하여 돈야에 도매하고 또 도시부(都市部)의
   나까가이는 돈야에서 구입하여 소매상에 도매하여 상품유통과정의매매거래를 원활하게 하는
   역할을 하였다.

78) 에도 시대에 도시에 거주하던 장인과 상인을 총칭하여 '조닌(町人)'이라 불렀다. 16세기 후기부
   터 17세기 전기에 사회적 분업에 근거하여 무사(武士)와 백성(百姓) 계급과 구별되는 신분으로
   조닌이 성립하였다.

79) 임경택 (2012), 103면 참조.

80) 박경수 (2004), 46면 참조.

81) 이덕훈 (2014), 198면 참조.

82) 막부는 가부나카마로부터 면허료(약 1,000 양) 외에도 상인, 수공업자, 운송업자등에게 부과한
   잡세인 운죠킨(運上金), 기부금인 미요오가낀(冥加金) 등을 징수하였다. 삼성경제연구소
   (1999), 42면 참조.

83) 김대원 (1997), 230면 참조.

84) 봉건 영주의 성곽을 중심으로 발달한 도시를 말한다.

85) 朴慶洙 (2003), 125頁 이하; 박경수 (2004), 46면 참조.

86) 김대원 (1997), 231면 참조.

87) 헤이안 시대는 794년 간무 일왕이 헤이안쿄로 천도한 때로부터 1192년 가마쿠라(鎌倉) 막부의
   설립까지의 약 390년간을 지칭한다.

88) 座는 귀족이나 절 또는 신사 등에게 돈을 지불하는 대신 영업과 판매의 독점권 등의 특권을
   인정받았다.

89) 김대원 (1997), 229면 참조.

90) 1688년부터 1704년까지 히가시야마(東山) 일왕의 치세기간을 말한다.

91) 김대원 (1997), 229면 참조.

92) 김대원 (1997), 230면 참조.

93) 에도 시대, 오사카에서 에도로 운송하는 상품을 취급하는 에도 도매상(問屋)들이 만든 도매상 나카마를 말한다.

94) 박경수 (2004), 46면.

95) 일본 근세 중기 이후 주로 그 지방의 특산물을 취급함으로써 성장한 비특권적인 농촌 상인을 말한다.

96) 박경수 (2004), 46면.

97) 1868년 오사카에는 217종의 카부나카마가 활동하였는데 각 구성원으로 평균 100개의 상가(商家)가 있다고 보면 약 2만개의 상가가 이에 소속되어 이는 당시 오사카 전체 가구수의 약 20%에 해당하는 거대 조직을 형성하였던 것으로 추정된다. 박경수 (2004), 47면.

98) 당시 물가의 등귀는 각지의 국지적 시장권 발달과 새로운 민간 해운업자가 광범위하게 등장하여 오사카와 에도로 반입되는 물품의 총량이 대폭 감소하고 그에 따라 카부나카마의 유통 지배력이 저하되어 물가조정능력을 상실한 때문이었다.

99) 박경수 (2004), 49면. 이리하여 재흥령(再興令)을 기화로 유통 지배를 부활, 강화하려는 대도시 특권상인과 이에 대항하는 소생산자 및 재향상인이 충돌하는 가운데 1850년대 개항을 맞이하였고 1859년부터 시작된 요코하마·코오베 등지의 거류지 자유무역에 종사하는 신흥 상인이 급격히 늘어나 특히 수출품인 생사·차를 중심으로 이전의 유통기구가 붕괴되는 반면 기존 대도시 상인에게는 수입품인 면사포나 모직물을 취급하는 새로운 기회가 생기기도 하였던 바 이와 같은 내적, 외적 요인으로 막번제적 유통구조가 동요, 재편되어 근대 일본의 유통경제가 생겨났다고 한다. 박경수 (2004), 50면.

100) 김대원 (1997), 231면 참조.

101) 김대원 (1997), 230면 참조.

102) 예컨대 기름상인들의 나카마에는 油商仲間規則이 있었다.

103) 김대원 (1997), 230면 참조.

104) 오로시쇼라는 것으로 도매(卸売り)를 업으로 하는 상인을 말한다.

105) 삼성경제연구소 (1999), 43면 참조.

106) 이덕훈 (2014), 341면 참조.

107) 이덕훈 (2014), 343면 참조.

108) 김대원 (1997), 230면 참조.

109) 박경수 (2004), 47면.

110) 1886년 100여 명 남짓이던 한성 일본인들이 '경성일본인상업회의소'를 설립하였으며 1904년 일본 상업회의소법에 따라 조직을 개편하였다고 한다.

111) 인천의 객주조합에 관하여는 류상윤 (2021), 3-36면 참조.

112) 조선시대 왕세자의 교육을 맡아보던 관아를 말한다.

113) 한국민족문화대백과사전, "객주조합(客主組合)"편 참조.

114) 1894년 이후 객주조합은 정부의 수탈과 지배에서 벗어나 객주의 상권 보호에 노력하였으며 외국 상인과의 교역 및 상권 침투에 대해서도 객주의 상권을 옹호하고자 하였다. 개항장 관리의 횡포에 대한 항의, 각종 잡세의 폐지 요구, 개항장에서의 외국상인의 불법행위의 규탄, 고발, 시정 요구 등을 하였고 외국상인과의 교역에서 객주 구문율의 결정, 곡물거래규칙, 가격협상, 대금결제방식 등에 있어 객주의 상권을 보호하고자 노력하였다. 한국민족문화대백과사전, "객주조합(客主組合)"편 참조.

115) 한국민족문화대백과사전, "대한상공회의소(大韓商工會議所)"편 참조.

116) http://www.kwangjangmarket.co.kr/?page_id=1259(2022. 9. 28.방문)

117) 전성현 (2002), 3-111면 참조.

118) 정진각(2001년)·강명숙(2009년), 경성상업회의소(京城商業會議所), 한국민족문화대백과사전, http://encykorea.aks.ac.kr/Contents/(2022. 9. 15. 방문)

119) 이 시장규칙은 예부터 내려온 시장을 '재래시장', 식료품이나 생활용품을 판매하는 '공설시장', 어물 및 청과물을 위탁받아 경매하는 조매시장(糶賣市場)으로 구분하였으며 1961년에 공포된 시장법에 의하여 폐지될 때까지 존속하였다.

120) 대한상공회의소 (1984) 참조.

121) 상공회의소법 제10조 제1항

122) 상공회의소법 제10조 제3항

123) 그 외 2. 상공업에 관한 조사·연구 3. 상공업에 관한 지원 계획의 수립·시행 4. 상공업에 관한 정보·자료의 수집·간행 5. 상공업에 관한 지도·교육 및 거래의 중개·알선 6. 상공업에 관한 증명·검사와 감정(鑑定) 7. 상공업에 관한 기술 및 기능의 보급과 검정(檢定) 8. 대기업 및 중소기업 간의 협조와 조정 9. 상사중재(商事仲裁)와 관련한 국내외 관계 기관과의 협력 10. 상공업을 영위하는 자의 복리 증진 11. 상공업의 진흥을 위한 박람회·전시회 등의 개최·알선 12. 전시장, 연수시설 등 상공업 관련 시설의 설치·운영 13. 경제윤리의 확립과 상도의(商道義)의 앙양 14. 국제통상의 진흥과 국제경제협력 15. 직업능력개발과 교육·훈련 16. 국가와 지방자치단체로부터 위탁받은 사업 17. 그 밖에 이 사업에 부대(附帶)하는 사업을 한다. 상공회의소법 제3조.

124) 상공회의소법 제4조

125) 대한상공회의소는 1984년부터 정부의 위탁을 받아 국가기술자격시험을 시행하고 있다.

126) 상공회의소법 제13조 제1항

127) 상공회의소법 제14조 제1항

128) 상공회의소법 제14조 제2항

129) 상공회의소법 제37조 제1항

130) 상공회의소법 제37조 제2항

131) http://www.fki.or.kr/

132) https://www.kefplaza.com

133) 전통시장법에 의하면 시장상인법인은 "「민법」에 따라 (전통)시장·상점가·골목형상점가 또는 상권활성화구역의 상인이 설립한 법인"으로 유형화되어 있다. 동법 시행령 제3조 제4호 참조.

134) 대법원은 상가번영회가 비록 그 구성원에 구분소유자가 아닌 세입자가 포함되어 있다고 하더라도 경우에 따라서는 구분소유자만으로 구성되는 관리단으로서의 성격을 겸유할 수도 있고,

상가번영회의 상가관리규약을 제정함에 있어서도 점포당 1명씩만이 결의에 참여하였다면 세입자가 구분소유자를 대리하여 의결권을 행사하였거나 서면에 의한 결의를 하였다고 볼 여지가 있다고 하여 일정한 제한 하에 상가번영회의 관리규약을 집합건물의 소유 및 관리에 관한 법률에서 정하는 관리단의 관리규약으로서의 효력을 인정하고 있다(대법원 1996. 8. 23. 선고 94다27199 판결; 대법원 2016. 2. 18. 선고 2012다3746 판결 등 참조).

135) 법률적으로는 "전통시장"이란 자연발생적으로 또는 사회적·경제적 필요에 의하여 조성되고, 상품이나 용역의 거래가 상호신뢰에 기초하여 주로 전통적 방식으로 이루어지는 시장을 말한다. 전통시장법 제2조 제1호 참조. 동법은 전통시장을 보호, 육성하기 위하여 2004. 10. 22. 제정되고 2005. 3. 1. 시행 된 "재래시장 육성을 위한 특별법"을 2010년 "전통시장 및 상점가 육성을 위한 특별법"으로 개칭한 것이다.

136) 임시시장이란 다수(多數)의 수요자와 공급자가 일정한 기간 동안 상품을 매매하거나 용역을 제공하는 일정한 장소를 말한다. 유통산업발전법 제2조 제5호.

137) 기타시장이란 등록시장 또는 인정시장은 아니지만 시·군·구에서 전통시장의 기능을 행하고 있다고 임의로 분류한 시장을 말한다.

138) 등록시장이란 「유통산업발전법」상 대규모점포로 등록된 시장을 말한다. 대규모점포는 하나 또는 둘 이상의 연접되어 있는 건물 안에 하나 또는 여러 개로 나누어 설치되는 매장, 상시 운영되는 매장, 매장면적의 합계가 3,000㎡ 이상인 곳이라는 세 요건을 갖춘 매장을 보유한 점포의 집단으로서 일정한 요건을 충족하는 것을 말한다(유통산업발전법 제2조 제3호, 제8조 참조).

139) 인정시장이란 등록시장과 같은 기능을 하고 있으나 대규모 점포의 요건은 갖추지 못한 곳으로서 전통시장법에 따라 지방자치단체로부터 일정한 요건을 충족한다는 인정을 받아야 한다. 동법 제2조 제1호 참조.

140) 전통시장법 제65조 제1항

141) 전국에 2010년 기준 1,550개 상인회가 시군구 지방자치단체에 등록되었다고 한다.

142) 전통시장법 제65조 제2항, 제3항, 동법 시행령 제3조 제1호 참조.

143) 전통시장법 제65조 제4항

144) 전통시장법 제65조 제5항

145) 유통산업발전법 제18조 제1항

146) 유통산업발전법 제2조 제7호, 동 시행령 제5조, 전통시장법 제2조 제2호 참조.

147) 유통산업발전법 제18조 제5항

148) 유통산업발전법 제18조 제2항. 중소기업자의 정의에 관하여는 중소기업기본법 제2조.

149) 유통산업발전법 제18조 제3항 본문. 다만, 조합원의 자격이 있는 자 중 같은 업종을 경영하는 자가 2분의 1 이상인 경우에는 그 같은 업종을 경영하는 자의 5분의 3 이상의 동의를 받아 결성할 수 있다(동항 단서).

150) 유통산업발전법 제18조 제4항 전통시장법 시행령 제3조 제2호 참조.

151) 전통시장법 제66조.

152) 전통시장법 제66조 제2항, 제3항

153) (i) 시장과 상점가 상인의 공동 상품개발과 판로 확보 (ii) 시장과 상점가 상인의 구매·판매 및 물류에 관한 공동사업 (iii) 상인의 자조조직 육성 및 지원 (iv) 정부와 지방자치단체의 장이 위탁하는 사업 등을 말한다. 전통시장법 제66조 제4항.

154) 소상공인기본법 제2조 제1항에 따르면 "소상공인"이란 「중소기업기본법」 제2조 제2항에 따른 소기업(小企業) 중 상시 근로자 수가 10명 미만일 것 등의 요건을 모두 갖춘 자를 말한다.

155) 중소기업 옴부즈만은 중소기업에 영향을 주는 기존 규제의 정비 및 애로사항의 해결을 위하여 중소벤처기업부장관 소속으로 중소기업기본법 제22조에 따라 설치된 제도이다.

156) 소상공인기본법 제34조.

157) 동법 제24조 참조.

158) www.kfme.or.kr 동 연합회는 2012. 7. 18. 시행된 개정법에 따라 업종별 56개의 소상공인 단체를 회원으로 하여 2014. 4. 30. 설립되었다.

159) 소상공인지원법 제24조 제5항 참조.

160) 중소기업협동조합법은 1961. 12. 제정, 공포되었다.

161) 전통시장법 시행령 제3조 제3호.

162) 협동조합이란 동일업종을 영위하는 중소기업이 지역별(지방조합) 또는 전국적으로(전국조합) 설립하는 조합을 말한다.

163) 사업협동조합은 특정한 사업을 추진하기 위하여 중소기업이 업종과 무관하게 설립한 조합을 말한다.

164) 협동조합연합회는 지방 또는 사업조합을 회원으로 하는 상위 조직으로서 업종별 연합회와 지역별 연합회의 두 종류가 있는바 업종별 연합회는 전국 단위로 창설할 수 있다.

165) 중소기업중앙회는 협동조합, 사업조합, 종소기업협동조합연합회, 중소기업 관련 단체를 회원으로 하는 단체이다. 2006. 8. 종전 전국 단위의 '연합회 및 전국조합'에서 지방 단위의 '지방조합, 사업조합'뿐만 아니라 '중소기업관련단체'까지 회원으로 확대하였으며 그 명칭도 '중소기업협동조합중앙회'에서 '중소기업중앙회'로 변경하였다.

166) 중소기업협동조합법 제3조 제1항.

167) 중소기업협동조합법 제4조 제1항. 법인 인가주의를 취하여 협동조합을 설립하려면 정관, 사업계획, 임원의 성명과 주소, 그 밖에 필요한 사항을 적은 서면을 주무관청에 제출하여 설립의 인가를 받아야 한다. 동법 제32조.

168) 동법 제13조 참조.

169) 중소기업협동조합법 제7조 제1항. 또한 조합, 사업조합, 연합회 또는 중앙회는 특정한 조합원 또는 회원의 이익만을 목적으로 하여 사업을 하여서는 아니 된다. 동법 제7조 제2항.

170) 그 외 2. 조합원 사이의 사업 조정에 관한 기획과 조정 및 중소기업 외의 자가 그 조합의 사업 분야를 침해한 경우 주무관청에 대한 조정 신청 3. 「대·중소기업 상생협력 촉진에 관한 법률」에 따른 위탁 기업체와 조합원인 수탁 기업체 사이의 수탁·위탁 거래의 알선과 이에 따른 조정 4. 제품의 단체표준과 공동검사 및 시험 연구에 관한 사항 5. 조합원에 대한 사업 자금의 대부(어음 할인을 포함한다) 또는 대부의 알선과 조합 자체 사업을 위한 자금의 차입 6. 조합원의 사업에 관한 경영·기술 및 품질 관리의 지도, 조사 연구, 교육 및 정보의 제공에 관한 사업 7. 조합원의 경제적 이익을 도모하기 위한 단체적 계약의 체결 8. 조합원이 생산하는 제품의 수출과 제품의 생산에 필요한 원자재 및 시설재의 수입과 가격조사 9. 조합원에 대한 복리 후생 10. 국가, 지방자치단체, 중앙회 또는 연합회로부터 위탁받은 사업 11. 조합원의 수출 진흥을 위한 해외 전시·판매장의 설치와 관리 12. 설립 목적을 이루는 데 필요한 수익 사업으로서 주무관청의 승인을 받은 사업 13. 「하도급거래 공정화에 관한 법률」에 따른 원사업자와 조합원인 수급사업자 간의 하도급대금 협의 및 조정 지원 14. 공제사업(조합원의 채무

또는 의무 이행 등에 필요한 보증사업은 제외한다) 15. 그 밖에 이 사업에 부대 사업을 할 수 있다. 중소기업협동조합법 제35조 제1항.

171) 윤병섭 (2022) 참조.

172) 중소기업협동조합법 제8조 제1항, 제3항.

173) 중소기업협동조합법 제15조 내지 제18조 참조.

174) 중소기업협동조합법 제19조 제1항.

175) 중소기업협동조합법 제48조 제1항.

176) 중소기업협동조합법 제12조 제4항, 제35조 제1항 제14호, 제82조 제1항 제10호, 제93조 제1항 제15호 참조.

177) 중소기업협동조합법 제106조 제8호, 제22호 참조. 이는 중소기업이 납입하는 부금과 정부출연 금으로 재원을 조성하여 가입자 도산방지 및 경영안정을 지원하는 제도로 단기운영자금대출, 어음·수표대출, 부도매출채권대출 등의 사업에 2021년까지 약 10조원 이상의 자금을 지원하였다. 2021년 기준 5,577억 원의 공제부금 등이 적립되어 있다.

178) 중소기업협동조합법 제106조 제1항 제20호 참조.

179) 중소기업협동조합법 제106조 제9호 참조. 노란우산공제는 소기업 및 소상공인의 폐업이나 노후를 위해 2007년 마련된 공제제도로서 납입 부금에 대해서는 연간 최대 500만 원까지 소득공제 혜택(임대사업자 제외)과 연복리 이자를 지급받을 수 있고 지자체로부터 가입일로부터 최대 1년간 연 최대 24만 원의 지원금을 받을 수 있다. 2022. 5. 11.기준 재적 가입자수 160만 명, 부금액 19조 3,000억 원을 넘어섰다. https://www.kbiz.or.kr/ko/contents/bbs/vie-w.do?mnSeq = 207&seq = 152242(2022.
    9.15. 방문)

180) 총 14,526개의 협동조합 중 9,767개가 사업자협동조합이다. 2020. 3.31. 기회재정부 자료.

181) 협동조합기본법 제5조.

182) 협동조합기본법 제21조 제2항.

183) 그러나 비영리법인으로 설립할 수 없는 것은 아니라 할 것이다. 협동조합기본법 제4조 제2항이 사회적협동조합은 비영리법인으로 한다고 명시함에 반하여 협동조합은 단순히 법인으로 한다고만 규정한다(동법 제4조 제1항 참조).

184) 협동조합기본법 제14조 제1항 참조.

185) 그에 앞서 헌법 제123조 제3항은 "국가는 중소기업을 보호육성 하여야 한다."고 규정한다.

186) 상공회의소법 제1조.

187) 상공회의소법 제51조.

188) 동법 제50조.

189) 재적정원 3분의 2 이상의 출석과 출석한 자 3분의 2 이상을 말한다.

190) 동법 제49조 참조.

191) 동법 제54조. 예컨대 정읍시가 정읍상공회의소의 사옥신축예산의 70%에 해당하는 25억 원의 보조금 예산을 편성해 논란이 된 바 있다. 유롱 (2022) 참조.

192) 전통시장법 제1조.

193) 유통산업발전법 제1조.

194) 전통시장법 제65조 제8항 이하. 거짓이나 그 밖의 부정한 방법으로 상인회 등록을 받은 경우에는 필수적으로 취소한다. 상인회의 등록 취소 절차에 관하여 필요한 사항은 시·군·구의 조례로 정한다.

195) 유통산업발전법 제12조 제1항 내지 제3항 참조.

196) 유통산업발전법 제8조 이하, 전통시장법 제67조 참조.

197) 그 외 (i) 화재예방과 화재안전관리를 위한 체계 구축·운영, 청소 및 방범 활동 (ii) 고객의 안전유지 및 고객과 인근 지역 주민의 피해·불만의 처리 (iii) 상거래 질서의 확립 (iv) 그 밖에 시장 관리를 위하여 필요하다고 지방자치단체가 인정하는 업무가 포함된다. 전통시장법 제67조 제1항 및 제2항.

198) 전통시장법 제68조. 거짓이나 그 밖의 부정한 방법으로 시장관리자 지정을 받은 경우에는 취소된다. 지방자치단체의 조례로 시장관리자 지정의 취소 절차, 그 밖에 필요한 사항을 정한다.

199) 전통시장법 제69조 제1항.

200) 전통시장법 제69조 제2항. 이를 위하여 관계 공무원은 해당 시장과 상점가, 법인·단체 등의 사무소 또는 사업장에 출입하여 장부, 서류 및 시설 등을 조사할 수 있다(동법 제70조).

201) 전통시장법 제3조 제1항.

202) 전통시장법 제11조 제1항. 제20조 참조.

203) 전통시장법 제65조 제7항, 제66조 제5항, 유통산업발전법 제19조 참조.

204) 소상공인기본법은 소상공인의 법적 지위와 권리를 보장하고, 소상공인 정책의 통일성, 체계성과 지속성을 확보하며, 이를 통해 소상공인의 지속가능한 성장과 경영안정, 사회적·경제적 지위향상 및 고용안정에 이바지하기 위하여 2020. 2. 4., 제정되어 2021. 2. 5. 시행되었다.

205) 소상공인기본법 제36조. 소상공인이 아니면서 거짓 자료를 제출하여 소상공인시책에 참여한 자에게는 500만 원 이하의 과태료를 부과한다. 동법 제37조.

206) 소상공인지원법 제26조 및 제27조 참조.

207) 중소기업협동조합법에 따른 협동조합을 말한다.

208) 소상공인지원법 제11조.

209) 소상공인지원법 제25조의2. 다만 후술하는 바와 같이 중소기업중앙회에 대한 보조금지급은 의무사항인데 반하여 소상공인연합회에 대한 보조금 지급은 임의 사항으로 되어 있는 점에 차이가 있다.

210) 중소기업기본법 제13조는 "정부는 중소기업자가 서로 도와 그 사업의 성장발전과 경제적 지위향상을 기할 수 있도록 중소기업협동조합 등 단체의 조직 촉진과 그 운영의 합리화에 필요한 시책을 실시하여야 한다."고 규정한다.

211) 중소기업협동조합법 제1조.

212) 동법 제12조의2.

213) 동법 제134조.

214) 동법 제35조 제1항 제14호, 제82조 제1항 제10호 및 제93조 제1항 제15호이 규정하는 공제사업을 말한다.

215) 동법 제12조.

216) 동법 제130조.

217) 동법 제129조.

218) 동법 제131조

219) 동법 제133조.

220) 동법 제132조

221) 동법 제135조.

222) https://www.chambernation.com/history-of-chambers

223) ICC Rules for Documentary Instruments Dispute Resolution Expertise은 1997년 제정되었으며 개정규칙은 2015. 5. 1.부터 시행되었다. https://iccwbo.org/publication/icc-docdex-rules-english-version/

224) 이어 1937년에 최초의 국제광고강령(International Code of Advertising Practice)을 제정하였고, 1956년에는 추심에 관한 통일규칙(Uniform Rules for Collections, URC), 1967년 상업어음 추심통일규칙(Uniform Rules for the Collection of Commercial Paper), 1992년 통일독립보증규칙(Uniform Rules for Demand Guarantees, URDG, 2010년 개정), 1997년 전문 신용장 분쟁해결 규칙(Rules for Documentary Instruments Dispute Resolution Expertise, ICC DOCDEX Rules, 2015년 개정), 1998년 국제스탠바이신용장규칙(International Standby Practices), 2002년 국제표준은행거래규칙(International Standard Banking Practice, ISBP)을 각 제정하여 시행하고 있다.

225) 손경한 (2016), 10-11면 참조.

226) 해운동맹은 글로벌 차원에서 회원 간에 해상운송노선을 할당, 공동 운항하는 전략적 협력 협정을 체결하고 있다.

227) 한국의 HMM은 2019. 7. 1. THE Alliance에 가입하였다.

228) Council Regulation 1419/2006은 제한적으로 해운동맹을 허용하던 EC Regulation No. 4056/86을 폐지하였다. 그러나 2009년 EU는 정기선 공동운항(joint liner shipping services)을 허용하는 Consortia Block Exemption Regulation (Commission Regulation (EC) No 906/2009)을 제정하였다.

229) https://www.ics-shipping.org/

230) 예컨대 대한항공이 가맹한 SkyTeam은 2000. 6. 22.에 결성되었으며 항공화물운송을 위하여 SkyTeam Cargo를 두고 있다.

231) 저가 항공사들은 이 IATA의 정회원이 아니다.

232) https://www.iata.org/en/about/

233) Kaiping Zhang (2008), pp.59-65.

234) https://www.kita.net. 설립 직후인 1948. 4. 일본에 동경지부(東京支部)를 설치하여 당시 외교관계가 없던 일본과의 교역 증진에 기여하였다.

235) 무역진흥자금은 한국무역협회가 중소수출업체의 수출지원을 위해 자체 조성한 자금으로 저리로 융자를 해주고 있다. https://membership.kita.net/fai/fund/fundLoanGuide2.do

236) 대외무역법 시행령 제7조 제4호 참조. 한국무역협회가 대외무역법 시행령에 언급된 것은 1997. 3. 1. 시행된 개정령 때부터이다.

237) 동 시행규칙 제7조의2, 제24조 및 제28조 제1항 참조. 한 때 즉 1969년부터 1997년까지에는 민간차원의 수출진흥활동 지원을 명목으로 수입을 승인할 때 수입액의 일정 비율(최종적으로는 0.1%)을 의무적으로 징수하던 무역특계자금(또는 화역특계자금, 貨易特計資金)을 운영하였

으나 남용의 폐해가 있어 폐지되었다.

238) 대외무역법 제58조, 대외무역법시행령 제93조 제1호 참조.

239) 김재기 (2013), 153－186면 참조.

240) 동법은 법률 제5313호로 1997. 4. 28. 시행되었다.

241) 동법 제7조 제1항 제1호, 동법 시행령 제1호 나목 참조.

242) http://www.forca.org/bbs/content.php?co_id＝page2(2022. 9. 15.방문)

243) 동법 제4조 제3항, 제7조 제3항 참조.

244) 동법 제18조.

245) 동법 부칙 제2조.

246) 동법 제118조(일정한 조합의 행위)는 "이 법은 다음 각 호의 요건을 갖추어 설립된 조합(조합의 연합체를 포함한다)의 행위에 대해서는 적용하지 아니한다. 다만, 불공정거래행위 또는 부당하게 경쟁을 제한하여 가격을 인상하게 되는 경우에는 그러하지 아니한다. 1. 소규모의 사업자 또는 소비자의 상호부조(相互扶助)를 목적으로 할 것, 2. 임의로 설립되고, 조합원이 임의로 가입하거나 탈퇴할 수 있을 것, 3. 각 조합원이 평등한 의결권을 가질 것, 4. 조합원에게 이익배분을 하는 경우에는 그 한도가 정관에 정하여져 있을 것."이라고 규정한다.

247) 동법 제13조 제3항은 일정한 요건에 해당하는 협동조합등 및 협동조합연합회등의 행위에 대하여는 독점규제 및 공정거래에 관한 법률을 적용하지 아니한다. 다만, 불공정거래행위 등 일정한 거래분야에서 부당하게 경쟁을 제한하는 경우에는 그러하지 아니하다고 규정한다.

248) 그 대표적인 예가 1985년에 전두환정권이 행한 전격적인 국제그룹 해체이다. 1985. 2. 21. 재무부는 국제그룹이 부실기업이라는 명목으로 전면 해체 결정을 발표하였고 같은 해 7월부터 21개 계열사 모두를 청산, 다른 기업으로 합병되며 정리되었다. 이에 대해 당시 국제그룹의 총수 양정모가 회장을 역임한 부산상공회의소나 국제그룹으로부터 많은 회비를 받았던 전국경제인연합회는 아무런 의견도 피력하지 못했다. 이 사례는 상공회의소나 전경련이 적어도 그 구성원의 해체는 저지할 힘을 가진 진정한 상인공동체에 이르지 못하였음을 보여준다.

249) 동법 제20조의2 참조.

250) 미국에서는 'FAANG(Facebook, Apple, Amazon, Netflix, Google)', 한국에서는 '네.카.쿠.배(네이버, 카카오, 쿠팡, 배달의민족) 등 소수의 거대 플랫폼 기업이 '디지털 플랫폼 경제'를 형성하고 있다.

기업공동체와 법

기업공동체와 법

Ⅰ. 글머리에

오늘날 기업은 우리 삶에 밀접하게 연관되어 있는 존재로서 자본주의 발전의 핵심적인 역할을 담당해 왔다. 국가의 경제가 빠르게 성장할 수 있었던 배경에는 기업이 있었으며, 재화와 서비스를 생산하고, 고용 기회를 확대하는 등 국가 경제의 발전을 주도해 온 우리 사회의 한 구성원이자 법률적 인격체라고 할 수 있을 것이다.

전통적인 관점에서 기업의 존재 이유이자 본질은 이윤 극대화를 추구하는 것이며, 주주의 이익을 원활하게 창출하는 것으로 기업의 존재이유를 충족할 수 있다고 설명되어 왔다. 1960년대 밀튼 프리드먼은 그의 저서 <자본주의와 자유>에서 기업의 유일한 사회적 책임은 규정 내에서 이윤을 극대화하는 것이라 주장한 바 있으며, 기업은 주주가치를 극대화해야 한다는 주주 자본주의의 이론적 기반이 되었다.[1] 그러나 기업의 영향력이 국가를 넘어 글로벌 차원으로 확대되었고, 개인 일상에 미치는 영향력이 커짐에 따라 사회 문제를 해결함에 있어 기업의 역할이 점차적으로 강조되고 있다. 특히, 온실가스 배출, 노동 환경, 공급망에서의 인권문제, 프라이버시 보호 등 현재 우리 사회에서 발생하고 있는 문제의 상당 부분은 기업에 의해 발생하고 있고,[2] 이러한 사회적 문제를 해결함에 있어 국가나 시민사회뿐만 아니라 기업들도 적극적으로 나서야 한다는 시대적 요구가 강해지고 있다. 즉, 단순히 자발적이고 단기적인 사회공헌과 같은 활동이 아닌, 기업 본연의 활동을 수행하면서 그 업무가 동시에 사회적 가치 창출에 기여해야 한다는 의식이 확산되고 있다.3)

특히 지난 몇 년간 전 세계가 겪고 있는 COVID-19 사태는 기업들로 하여금 지역공동체, 공급사, 협력사, 직원 등 이해관계자들과 얼마나 밀접하게 연결되어 있는지, 따라서 이들과 함께 공존하는 것이 얼마나 중요한지를 깨닫게 해주었으며, 생존이 위협받는 상황에서도 공생이라는 가치의 중요성이 더욱 강조되었다. 기업은 주주, 고객, 공급사, 협력사, 지역사회 그리고 임직원 등 다양한 이해관계자들과의 관계 속에서 존재하며 국제사회의 일원으로서 인류가 직면한 문제에 공감하고 해결하기 위해 기존에 경제적 이윤 극대화를 추구하는 것을 넘어, 경제적 가치와 사회적 가치를 동시에 창출할 수 있는 방법을 나서야 할 시점이다.

최근 전세계적으로 활발하게 논의되고 있는 ESG(Environmental, Social, Governance)4)를 통해서도 기업경영의 방향성에 변화가 필요하다는 것을 알 수 있다. 과거에는 기업의 가치를 평가할 때 재무적 성과만을 고려했지만, 지난 몇 년 사이 전 세계적으로 ESG와 같은 비재무적 요소도 고려해야 한다는 목소리가 높아지고 있으며 국민연금을 포함한 세계적인 연기금 및 기관투자자들이 ESG 투자를 선언하고 있다. 세계적인 자산운용사인 블랙록(Blackrock)의 설립자이자 CEO인 래리 핑크(Larry Fink)는 2018년, 블랙록이 투자한 대형 상장회사들의 경영자들에게 보내는 연례 서한5)에서 회사가 목적을 가져야 하고, 재무성과 창출뿐만 아니라 사회에 대한 긍정적 기여를 할 것을 강조하면서부터 전 세계적으로 ESG 열풍이 촉발되었다고 볼 수 있다. 이러한 흐름에 따라 2019년 8월 19일, 미국의 대표 기업들의 CEO들로 구성된 모임인 비즈니스 라운드 테이블(Business Round Table, BRT)에서 주요 기업 181명의 CEO들은 주주의 단기적 이익만 추구하기보다 고객, 근로자, 공급자, 지역사회 등 회사와 관련된 이해관계자(stakeholders) 모두에게 기여할 것과, 주주들에게 장기적 가치(long-term value)를 제공할 것을 선언한 바 있다.

오늘날 기업의 존재 이유이자 목적은 전통적인 관점에서 주주의 이익만을 창출하는 것으로는 더 이상 충족될 수 없게 되었으며, 기업이 단순 공헌 활동을 넘어 기업 가치를 창출하는 과정에서 다양한 이해관계자들과 협력하고 공생/공존하며 장기적인 이윤을 창출하도록 요구하는 세상으로 변하고 있다. 이러한 관점에서 향후 기업이 추구해야 할 경영 방향은 기업공동체, 즉 다양한 이해관계자와의 협력을 기반으로 한 공동체 의식을 통해 사회적 가치와 경제적 가치의 선순환을 이끌어 내는 것이며, 이를 통해 기업가치 제고 및 경쟁력 상승과 더불어 지속가능한 기업으로 성장할 수 있을 것이라고 생각한다. 나아가 기업공동체의 핵심 가치이자 이를 구현할 수 있는 방안으로써 'ESG 경영'의 필요성과 그 중요성을 강조하고자 한다.

Ⅱ. 기업공동체에 관한 일반적 고찰

1. 기업의 개념

가. 개념

기업(企業)의 개념에 관한 통일적인 이론은 정립되어 있지 않다. 기업이라는 개념이 법률적 개념으로 형성된 것이 아니고 경제학에서 정립된 이후 법학에서 수용한 것이므로 법체계 내에서 통일적 이론으로 정립하기는 대단히 어렵다. 20세기 초 독일에서 정립된 상법의 대상으로서의 기업의 개념에 따르면 기업이란 물적 인적 설비를 투입하여 영리활동을 실현하는 경제적 조직체로 정의하였다. 비란트(Wieland)에 따르면 기업이란 불특정의 재산증가를 실현하기 위하여 경제상의 힘인 자본과 노동력을 투입하는 것이라고 하였다. 이러한 비란트의 정의는 경제학상의 기업기념을 그대로 상법에 도입하는데 그치고 있을 뿐 법률상의 기업개념을 정립하지는 못하였다고 평가되고 있다. 법률상의 기업개념을 보다 체계적으로 정립한 사람은 기에르케(J.V.Gierke)로 알려지고 있다. 그에 따르면 기업에는 주관적 요소로서의 경영활동, 객관적 요소로서 경영활동에 의하여 취득된 재화와 권리 및 기업주와 노동자 사이의 경영공동체가 존재해야 한다고 정의하였다.[6]

우리나라와 일본에서는 독일에서 정의된 기업 개념을 상법의 해석학에서 수용하였다. 그에 따르면 기업은 대체로 상인적 설비와 방법에 의해 영리활동을 하는 경제적 단일체로 정의되고 있다. 이에 따르면 영리목적이 기업의 요소이며, 기업주와 근로자의 결합체인 독립한 사업체로 파악되지 못하고 자본 또는 그의 소유자인 기업주와 자본의 증식 면에서 파악되고 있다. 결국 우리 상법학에서 기업 개념은 주체적 측면과 객체적 측면의 양 측면에서 파악되고 있는데, 주체적 측면에서는 상인 또는 자본가의 영리활동이 강조되고 있으며, 객체적인 측면에서는 영리활동의 결과 형성된 유기적 일체로서의 기업재산으로 파악되고 있다. 이러한 측면에서 보면 자본가와 노동자의 사회적 공동체로서 유럽에서 형성된 기업의 개념과는 거리가 있다고 볼 수 있다.

우리 상법의 해석학에서 정의되고 있는 이러한 기업 개념에 따르면 기업의 주체는 자본가이고 기업의 의사결정권한은 전적으로 자본가에게만 귀속되고 있다. 기업의 물적 설비는 동산, 부동산 기타 경영에 필요한 유형, 무형의 재산을 포함하며 인적 설비에는 상인, 상업사용인, 노동자 등이 포함된다. 기업을 광의로 정의할 때에는 노동자가 포함되나 상법상 기업은 노동자가 포함되지 않은 협의의 기업을 말한다. 전통적인 상법의 대상으로서 기업에서는 그 주체가 자본가인 주주이며 경영자와 노동자는 주체적 지위를 인정받지 못하고 있다. 우리 상법상의 의사결정 절차를 살펴보아도 주주총회에서 경영자인 이사를 선임하고 있으며 경영자가 대부분의 기업 의사결정을 담당하고 있다. 경영자인 이사에게 일정한 권한이 위임되어 있기는 하나 이사의 선임권과 해임권이 주주총회에 있기 때문에 그 권한 행사에 있어서의 독립성이 보장되기 어렵다. 우리나라 기업에 있어서 현행법제는 이사회제도를 통해 소유와 경영을 어느 정도 분리하고는 있으나 대주주가 대표이사를 겸하는 경우도 많기 때문에 이러한 경우에는 권한의 분산이 이루어지기 어렵다고 볼 수 있다.

이러한 기업법제 하에서는 기업경영상의 결정이 대주주에게 이익이 되는 방향으로만 이루어지기 때문에 채권자, 노동자, 소비자 등의 이해관계자의 이익 또는 피해에 대한 요구가 기업 내에서 반영되기 어렵다. 이와 같이 기업 내에서 의사결정 절차가 대주주의 이익만을 추구하는 방향으로 집중될 경우, 기업 영업 활동으로 인한 피해 당사자의 불만을 해소할 방법이 없으므로 사회에서의 반기업감정이 증폭되게 된다. 이러한 상황이 계속될 경우 기업이 사회로부터 배척당하기 때문에 사회 내에서 기업의 영속적 발전은 어렵게 된다.

나. 기업의 존재의의에 관한 논의

이에 따라 우리나라 상법 개정 논의 시 항상 다루어지는 이슈 중 하나는 기업의 지배구조적 관점에서 경영의 건전성과 효율성을 어떻게 확보해야 할 것 인가이며, 이러한 논의는 '기업 지배구조(Corporate Governance)'라는 미국의 회사법이론의 영향을 받아 "(공개/주식)회사는 누구의 것이며, 누구의 이익을 위해 운영되어야 할 것인가"라는 문제와 "회사 경영관리기구의 조직 운영 경영 감시 방법"을 둘러싼 문제를 중심으로 전개되어 왔다.[7]

미국의 경우, 1930년대에 두 학자 Berle 과 Means가 회사는 '소유와 지배의 분리(separation of ownership and control)' 개념 하에서 회사는 주주의 이익을 위해 경영되어야 하며, 회사의 지배권은 내부 경영자가 주축이 되어 경영자 지배에 맞는 회사지배구조를 설정해야 한다는 주장을 시작으로 기업지배구조에 관한 논의가 시작되었다.[8] 그 이후, Dodd 등의 학자들은 기존에 Berle 등이 주장한 주주 우선주의 견해를 반박하며 주주 이외에도 채권자, 종업원, 소비자, 고객 그리고 영업소 소재의 지역사회 등을 회사의 이해관계자로 정의하고, 경영자는 주주뿐만 아니라 이해관계자들의 이익도 함께 고려하는 법적 의무가 요구되어야 한다는 주장을 제기하면서[9] '주주중심주의'와 '이해관계자주의' 이론 이른바 'Berle-Dodd 논쟁'으로 기업지배구조에 대한 논의가 확대되기 시작하였다.[10]

주주중심주의 이론(Shareholderism, Shareholder Privacy Theory)은 주주 이익 극대화를 회사의 목적으로 하는 것을 의미하는 이론으로서 1970년대부터 미국과 영국에서 많은 지지를 받았으며, 우리나라의 법률·경제 및 경영방식에도 깊게 뿌리를 내리고 있는 이론이라고도 할 수 있다. 이러한 주주중심주의 관점에서 회사란 실제 존재하는 것이 아니며 주주의 이익 극대화를 위해 주주가 지명한 자에 의해 운영되어야 한다고 말하고 있다.

주주중심주의를 주장하는 신자유주의 경제학자 밀턴 프리드먼(Milton Friedman)은 경영자의 책임은 주주의 요구에 따라 기업을 경영하는 것이며 사회에서 규정하는 기본적인 법과 윤리규범의 체계를 준수하면서 최대한 주주에게 많은 이익을 내는 것이라고 주장하였다. 즉, 주주중심주의 관점에서 이사의 의무는 주주의 이익을 극대화하는 것이며 만약 이사가 수탁 받은 자본을 그 외의 다른 목적을 위해 사용할 경우 부적절하다고 평가된다. 그러므로 이사에게 사회적 책임이란 회사가 자유시장 경제에 효율적으로 참가할 수 있게 하여 주주의 부를 증대하는 것으로 볼 수 있다.

주주중심주의의 핵심적인 논거는 첫째, 회사는 주주의 소유 재산이며, 둘째, 주주만이 유일한 잔여이익청구권자로서 투자위험을 최종적으로 부담하므로 회사경영에 직접적 이해관계가 있고, 셋째, 계약에 의한 직접적인 청구권을 가진 다른 이해관계자들에 비해 주주에 대한 보호책이 상대적으로 약하고, 넷째, 경영자가 최종 투자위험을 부담하는 주주를 위해 회사를 운영하지 않는다면 마치 도박사가 다른 자의 판돈으로 도박하는 것처럼 실패 확률이 높은 비효율성을 초래하는 것이므로 주주중심주의 이론은 대리인비용을 줄일 수 있는 가장 효과적인 이론이라고 한다.

그러나 전통적으로 주주중심주의가 주류였던 가장 대표적인 미국에서도 회사를 주주의 사유재산으로 보는 이 이론에 대하여 여러 비판을 제기했는데, 번서 (i) 회사는 주주 소유권의 객체가 아니며, 주주는 주식으로 회사의 소유권이 아닌 사원권을 취득하는 것이라고 말한다. 이로써 (ii) 회사에 대한 주주의 권리는 일반적인 소유권과는 별개이므로 주주는 회사 자산을 직접 관리 또는 처분할 수 없으며, 회사에 대하여 제한된 범위 내에서만 청구할 수 있을 뿐이다. 나아가 (iii) 계약론에서 말하는 회사란 계약의 집합체로서, 주주는 회사 자체에 대하여 소유권을 주장할 수 없으므로 기업을 주주이익 극대화라는 좁은 관점에서만 파악한다면 이는 다원적인 계약들로 구성 및 운영되고 있는 기업의 본질을 깨뜨릴 뿐 아니라 대다수의 소액주주들과 지배주주의 이해관계 충돌을 무시하는 것이라고 비판한다.

다음으로 주주를 유일한 잔여이익청구권자로 인정하는 주주중심주의의 논거에 대하여 주주는 여러 집단 중 하나로서, 회사에 대한 잉여 또는 잔여이익을 청구할 수 있는 집단은 주주 이외 채권자(장기적으로 기업에 금융을 제공하고 있는 자), 이사(경영자), 근로자(종업원) 등도 포함된다고 비판한다. 실제로 회사법은 회사 파산 시에만 유일하게 주주를 잔여이익청구권자로서 인정한다고 지적하면서 주주중심주의에서도 마찬가지로 이러한 경우, 채권자를 경영자의 충실의무 대상으로 포함하고 있기 때문에 이에 대한 주주의 청구권은 실효성이 없다고 말한다.

마지막으로 대리인 비용은 주주중심주의 이론에서 가장 초점이 맞춰져 있는 부분인데, 소유와 경영이 분리된 환경에서 광범위한 재량권을 부여 받은 이사가 주주의 이익을 어떻게 극대화할 수 있을 것인가가 핵심 문제이다. 이에 대하여 경제학자들은 대리인 비용을 '경영진들이 자신의 이익을 위해 회사에 해를 끼칠 수 있는 것'이라고 설명하는데, 이에 따라 주주중심주의 이론은 누군가 이러한 경영진들의 업무를 감독하고 통제한다면 대리인 비용이 감소할 수 있기 때문에 이 이론이 가장 효율적이라고 주장한다. 하지만 경영자가 주주가 아닌 다른 집단들의 요구를 충족하는 경영을 할 때, 대리인 비용은 증가하나 사회적 부는 상대적으로 감소하는 결과를 불러올 수 있다는 주장은 주주 이외 특정 기업과 관계된 다른 집단의 이익을 전혀 고려하지 않았을 뿐 아니라, 환경문제와 같이 회사의 행위로 초래된 다양한 사회적 문제를 간과하였다고 비판한다.

　　이해관계자주의(stakeholder theory)는 1930년대, 이사는 주주의 부를 극대화해야 할 의무가 있다고 주장한 Berle에 대하여 Dodd가 이의를 제기하면서 시작되었다고 할 수 있다. 이 이론은 회사의 경영자는 회사의 수탁자로서 주주가 아닌 회사를 위해 봉사하고, 회사의 자원을 합법적으로 사용하여 다른 집단들의 이익을 고려하며 사회적 책임을 다하는 경영을 해야 한다는 내용을 바탕으로 발전하였다.11) 기업인수 합병이 활발하게 진행되었던 1980년대 당시, 인수합병의 대상이 되었던 기업의 이사들이 주주의 이익 및 회사가치를 극대화하기 위해 노동력을 감축하기 위한 수단으로써 근로자를 해고하고 실적이 낮은 부서를 청산하려는 경향이 강해지면서 주주 vs. 이해관계자의 논쟁은 더 격화되었다. 미국 법원도 이러한 기업의 움직임에 따라 '이해관계자법'(Constituency Statutes)을 제정하여 이사회는 회사경영에 관한 의사결정 시, 주주 이외 다른 이해관계자들의 이익도 반드시 고려하도록 강제하였다.12)

　　이해관계자주의에서 정의하는 회사란 공동체와 이해관계자의 이익을 고려해야 할 의무가 있으며, 주주뿐만이 아니라 채권자, 이사, 경영자, 근로자 및 소비자 또한 회사와 관련된 법적 이해관계를 가진 집단이기 때문에 이들도 그 투자에 상응하는 이익을 얻을 수 있어야 한다고 주장한다.13) 회사에 제공되는 자본의 유형은 금융자본, 노동자본, 지적자본, 사회자본, 환경자본 등과 같이 다양한데, 주주는 그 중 일부분만을 제공하고 있으며 그 외 자본들은 여러 이해당사자들로부터 제공되고 있다. 그러므로 회사지배구조는 주주이익의 극대화가 아닌 회사결정에 영향을 받는 모든 이해관계자들의 의견이 적극적으로 반영되어야 하며, 그 이익이 조정될 수 있는 체계를 갖춰져야 한다고 말한다. 따라서 주주중심주의 이론과는 달리 이해관계자주의에서 '회사'란 순수 이익단체가 아닌 주주 이외 종업원, 근로자, 고객 등을 포함하는 사회공동체이자 하나의 준공적기관 또는 준정치적기관으로 본다. 나아가 회사의 이익이란 "주주, 채권자 등 이해관계자들의 일시적 또는 단기적 손익이 아니라 법인의 계속적 존속을 전제로 현재 및 미래의 다양한 이해관계자들의 변동 가능한 모든 이해관계가 결합된 독자적인 손익"으로 볼 수 있는데, 이러한 측면에서 이

해관계자주의는 곧 '법인이익독립론'으로 귀결되어야 한다는 주장과 이를 부정하는 주장도 존재한다.[14]

　하지만 이해관계자주의에 대한 반론으로, 경영자에게 주주 이외에 근로자 등 다른 이해관계자들의 이익까지 고려할 의무를 부과할 경우 이해관계자들의 이해관계가 단일하지 않으므로 경영자는 이를 핑계로 자의적인 사익을 추구할 수 있으며 이에 대한 견제는 더욱 어려워진다는 것이다.[15] 그러나 이와 같은 문제는 주주중심을 따르더라도 서로 다른 이해관계를 가지고 있는 단기투자자와 장기투자자 사이에서 동일하게 발생할 수 있을 것이다. 주주중심주의에 따라 단기투자자를 우선시한다 하더라도, 이는 단기적 관점에서의 경영 폐해에 대한 해결책이 될 수 없으며, 장기투자자를 우선시해야 한다면 '장기적 이익 관점의 주주중심주의'에서 경영진이 고려해야 할 여러 이해관계자들의 이익이라는 요소는 이해관계자주의에 따르는 경우와 크게 다르지 않을 것이다. 왜냐하면 장기적 이익 관점의 주주중심주의에서는 기업의 지속적인 발전 및 장기적 자금조달을 위해 시장에서의 기업 평판을 고려하여 채권자 등의 이해관계자 이익을 무시할 수 없기 때문이다. 따라서 '장기적 주주중심주의'나 '이해관계자주의' 모두 경영진의 재량으로 다양한 이해관계자들의 이익을 잘 조율하여 회사를 장기적으로 발전시켜야 한다는 점에서는 큰 차이가 없을 것이다.

　이 외에도 이해관계자주의의 한계로 지적되는 부분은 이해관계자의 범위를 설정하는 문제이다. 일반적으로 이해관계자의 범위는 주주 이외의 경영진과 이사, 종업원, 공급자, 소비자, 지역사회 등을 모두 포함하는 것으로 인식되고 있어 이에 따른 이해관계자들의 법적 책임에 대한 개념이 모호할 뿐만 아니라 그 의무 대상도 불분명하다는 점에서 비판을 받고 있다. 특히, 사회적 책임에 관한 의무도 명확하게 부여하고 있지 않기 때문에 행위규범으로서의 기능을 할 수 없다고 말하기도 한다.[16]

　이러한 관점에서 살펴보면 우리나라의 기업경영은 전통적인 주주중심적 지배구조를 바탕으로 발전되어 왔다. 회사 경영진의 궁극적인 목표는 물적 자본을 제공하는 주주들의 이익을 극대화하는 것이었으며 회사의 이익 창출이 곧 주주의 이익 창출을 의미하는 것으로서 회사와 주주를 동일한 개념으로 인식하여 왔다. 하지만 오늘날 기업은 더 이상 주주와 동일한 개념으로 인식되지 않으며, 단기적 이익 창출에 초점을 둔 경영 방식으로부터 벗어나 장기적 가치 창출 및 지속가능 경영의 중요성이 강조되고 있다. 우리나라는 오랜 시간동안 흔히 '재벌 기업'으로 알려진 대기업을 중심으로 주주들의 이익을 위한 주주중심적 경영을 해왔으나, 최대한 빠른 시간 내 많은 이익을 창출하기 위해 이어온 경영 방식은 결국 현대 사회의 여러 경제적·사회적·환경적 문제를 발생시키기도 하였다. 이러한 관점에서 기업의 지속적인 발전을 위해서는 주주뿐만이 아닌 기업과 관련된 근로자(종업원)·채권자 협력사 등 여러 이해관계자들의 이익도 수렴하여 경영할 수 있어야 한다. 왜냐하면 기업의 지속가능성 및 장기적인 이익이란 기업 자신의 이익을 주목적으로 할지라도 기업을 둘러싼 다양한 이해 당사자들의 이익을 적절히 조절할 때만이 이를 달성할 수 있기 때문이다.

2. 기업공동체의 개념 및 이념

가. 기업공동체의 개념

최근 우리나라는 이전에 경험하지 못했던 저출산과 고령화, 이민가구 증가, 각종 환경훼손 및 지구온난화 등 여러 가지 문제들을 마주하고 있으며 세상은 점점 더 양극화되고 있다. 과거의 기업은 주주의 이익만을 원활하게 창출하는 것으로 기업의 존재 이유와 그 목적을 충족할 수 있었으나, 오늘날 기업은 사회 구성원의 일원으로서 더 이상 사회문제로부터 자유로울 수 없으며, 투자자(연기금 및 기관투자자등)로부터 이러한 문제 해결에 기업이 적극적으로 참여할 것을 요구받고 있다.

그러므로 오늘날 기업은 기업 그 자체를 하나의 공동체로서, 기업과 관계된 다양한 구성원(주주, 근로자/종업원, 협력사/공급업체 등)과 함께 동질성, 상호 의존성, 책임감 공유, 대면적 관계, 공동의 목표 등을 공유하는 '공동체 의식(sense of community)'17)을 바탕으로 기업을 발전시키고, 나아가 그 구성원에게 충분한 복지를 제공하는 기업공동체 시스템을 구축해 나갈 필요가 있다. 여기서 '기업공동체'란 주주의 이익만을 위해 기업을 경영했던 전통적인 사고방식을 벗어나 기업 구성원 전원을 위해 사업을 영위하고, 나아가 그 기업이 속한 사회를 최대한 배려하며, 장기적이고 지속가능한 기업 경영을 목표로 한 공동체라고 볼 수 있을 것이다.

기업공동체 의식을 바탕으로 경영한다는 것은 이윤을 희생하는 것이 아니라 창의적 혁신과 성장이라는 기업의 본질을 달성하기 위한 전략으로 연계될 수 있다. 특히, 연결, 소통, 협력, 상생과 같은 키워드들이 강조되고 있는 오늘날의 전환의 시대에서 이제 기업도 생존하기 위해서라도 기존의 경영방식에 버리고 새로운 변화가 필요한 시점이다. 이러한 변화의 일환으로 기업을 경영하는 경영진들이 기업공동체 의식을 갖고 어느 한쪽의 이익을 위한 경영이 아닌, 공동체 구성원 모두 상생할 수 있는 지속가능한 경영을 하기 위해 노력해 나간다면 구성원간의 협력뿐만 아니라 그 기업이 속한 사회에서도 경쟁력을 갖출 수 있을 것이다.[18]

나. 사회적기업과 기업공동체

일반적으로 사회적기업(social enterprise)이란 사업의 주된 목적이 사회적인 것(사회활동)이고, 그 목적을 위하여(사회문제의 해결을 목적으로 하여) 수익사업을 영위(영업활동)하는 기업이라고 할 수 있다.[19] 즉, 이윤추구와 함께 공익적 측면을 함께 고려하는 새로운 형태의 기업으로 영리를 목적으로 하는 일반적 '기업'과는 구분되는 개념이다. 일반적인 기업의 주된 목적이 이윤 추구인 것에 반해, 취약계층에게 일자리나 사회서비스 등을 제공하는 사회적 목적을 추구하고 이를 위해 수익창출 등의 영업활동을 수행하는 조직을 사회적기업이라고 한다. 사회적기업의 목적은 사회적 문제해결에 초점을 맞추고 있지만, 이러한 목적을 달성하기 위한 수단으로 일반 기업들과 같이 수익창출을 위한 영업활동을 이용하기 때문에 비영리 조직과 영리 기업의 중간 형태라고 볼 수 있다.[20]

사회적기업은 1990년대 초반 유럽에서 발생한 사회적 협동조합, 사회적 목적 회사, 사회적 창안 협동조합 등이 발전하여 오늘날에는 사회적기업이라는 용어로 널리 사용되고 있다. 우리나라에서도 2007년 「사회적기업 육성법」이 시행되면서 사회적기업에 대한 인식 확산 및 공감대 형성에 많은 영향을 주었다. 정부에서는 사회적기업을 인증하고 지원해주는 정책을 통해 사회적 기업을 육성하고 이를 통해 국가 전체의 복지 수준 향상을 도모하고 있다.[21]

사회적기업은 자체 영업 활동을 통해 창출한 수익뿐만 아니라 정부나 공공기관, 대기업 등의 지원이나 민간의 프로보노(pro bono) 활동, 자원봉사나 기부금과 같은 수익 외 요인의 투입을 통해서도 조직의 존속이 가능하다는 특징을 갖고 있다.

　　　　　　　　　　　　　　　　　　　　04 인위적 공동체와 법

사회적기업의 지속가능성은 경제적 자립 혹은 비즈니스 모델을 통한 수익활동을 기반으로 사회적 목적을 실현하는 것이라고 볼 수 있는데, 이러한 특징은 사회적기업의 지속가능성 여부가 다양한 이해관계자들의 사회적기업에 대한 지지 또는 지지의 철회에 달려있다고 할 수 있으며, 결국 사회적기업에 대한 이들의 지지 또는 지지의 철회는 사회적기업의 경제적 성과와 사회적 성과 여부가 그 기대를 충족하느냐의 여부에 달려있다고 할 수 있다.[22]

사회적기업과 기업공동체는 '영리성'과 '다양한 이해관계자 구성원을 고려한 공동체 의식'을 고려한다는 점에서 공통점을 가지고 있지만, 기업공동체는 '기업'의 영리활동을 전제로 지속가능한 발전을 위해 주주뿐만이 아닌 여러 이해관계자의 이익을 고려해야 한다는 의미를 내포한다. 반면, 사회적기업은 사회적 과제의 해결에 대처하는 것을 목적으로 하는 사회성과 민간 기업처럼 수익을 얻고 계속적으로 영업을 행하는 영업성(사업성) 모두를 포함한다.[23] 따라서 주주이익을 최우선적으로 고려하여 수익의 대부분을 분배하거나, 다수결에 따른 지배구조 등 영리기업의 특성을 가지는 것은 허용될 수 없다.

3. 기업공동체의 발전

가. 가족기업(가업공동체)

사회에서 가장 흔하게 접할 수 있는 기업공동체의 형태로는 '가족기업'이 있다. 가족기업(Family business, family-owned business, family-controlled business)은 세계적으로 가장 일반적인 기업의 형태로 가족이 직접 경영에 관여하거나 대주주인 기업을 의미한다.[24] 가족 기업은 부의 생성, 고용창출, 그리고 경쟁력 제고와 같은 중요한 역할을 수행하며 한 나라의 경제적 안정에도 결정적인 역할을 수행한다.

Miller & Le Breton-Miller는 장수하는 가족기업들만의 네 가지 공통분모("the four Cs")로 지속성(Continuity), 공동체(Community), 관계(Connection), 지휘통제(Command)를 제시하였다.[25] 지속성(Continuity)은 가족기업에 있어 가족과 기업의 꿈을 동시에 추구하는 행동이며, 공동체(Community)는 가족기업의 구성원들이 공동의 목표 달성을 위해 끈끈하고 결속력 높은 집단을 형성하여 창출하는 보편적 가치를 의미한다.

가족기업에 있어서 관계(Connection)는 기업의 가족들이 오랜 시간에 걸쳐 형성해 온 사회적 관계를 말하며, 마지막으로 지휘통제(Command)는 비가족기업에 비해 효율적인 가족기업의 의사결정에 관한 것이다. Miller는 이 네 가지의 공통분모가 서로 조화롭게 유기적으로 이루어 질 때 그 가족기업은 장수할 수 있다고 설명한다.

가족기업은 21세기에 들어서 급성장하고 있는데, 컨설팅업체인 맥킨지에 따르면 2010년에는 글로벌 대기업의 15% 정도가 가족기업이었는데 2025년에는 이 비율이 40%까지 늘어날 전망이라고 발표하였다.[26] 대표적인 가족기업으로는 월마트, 폭스바겐, 버크셔 해서웨이, 포드, BMW 등 세계 굴지의 기업들이 대부분 가족기업이며 포춘(Fortune) 500대 기업의 약 37%, S&P 500 중 약 35%가 가족기업이다.[27] 우리나라의 대기업은 대부분 가족이 직접 경영에 관여하거나 대주주인 가족기업의 형태로 '재벌'이라는 고유 명칭이 있을 정도로 독특한 문화를 가지고 있는데, 이러한 재벌 기업도 가족기업/가업공동체의 발전적 형태로 볼 수 있을 것이다.

나. 현행법상 공동기업형태의 유형

우리나라는 조합, 합명회사, 합자회사, 유한회사 및 주식회사를 공동기업의 형태로 인정해왔으나 2011년 4월, 상법 일부개정법률(법률 제10600호)을 통해 새로운 공동기업의 형태로 합자조합과 유한책임회사제도를 도입한 바 있다.

합자조합은 미국의 LP(Limited Partnership)와 유사한 공동기업형태로서 업무집행자로서 조합의 채무에 대하여 무한책임을 지는 조합원(업무집행조합원) 1인 이상과 출자가액을 한도로 하여 유한책임을 지는 조합원(유한책임조합원) 1인 이상이 상호 출자하여 공동사업을 경영할 것을 약정함으로써 성립된다. 유한책임회사는 미국의 유한책임회사(Limited Liability Company)제도를 참고하여 도입된 공동기업형태로서, 조직구성과 투하자금 회수와 관련한 자율성을 인정하고, 회사 채권자에 대한 유한책임을 인정하고 있다. 오늘날 우리나라 대부분의 기업의 형태는 '주식회사'로, 자본이 주식으로 분할되어 주식의 인수를 통해 출자하거나 기발행주식을 취득함으로써 사원(주주)이 되며, 사원은 주식의 인수가액의 한도에서 출자의무를 질뿐(상법 제331조, 유한책임) 회사 채무에 대해서는 직접적인 책임을 지지 않는 형태이다.

아래에서는 주식회사 형태의 기업공동체 위한 경영 방식 및 지배구조 등에 대해 중점적으로 논의해보고자 한다.

　　　　　　　　　　　　　　　　　　　　　　　　04 인위적 공동체와 법

Ⅲ. 기업공동체 경영에 대한 논의

1. 기업공동체와 ESG: 왜 ESG 경영인가?

가. ESG 경영의 의의 및 중요성

ESG(Environmental, Social, Governance)는 기업 가치를 평가함에 있어 전통적인 재무적 요소와 함께 고려해야 할 '비재무적 요소'로서 환경, 사회, 지배구조를 뜻한다. 한국거래소는 ESG를 "기업의 전략을 실행하고 기업의 가치를 높이기 위한 능력에 영향을 미칠 수 있는 환경, 사회 및 지배구조에 관한 요소들을 포괄하는 개념"[28]으로 정의하였으며, 대표적인 ESG 평가기관 중 하나인 MSCI는 "ESG 투자는 지속가능한 투자, 사회적 책임 투자, 미션 관련 투자 또는 스크리닝과 동의어로 자주 사용되는 용어"로 정의하였다.

ESG에 대한 논의는 2004년, UN 산하 국제기구인 UN Global Compact와 스위스 정부의 주도로 진행된 "Who Cares Wins" 이니셔티브를 통해 시작되었다고 보는 것이 일반적이다. 당시 이니셔티브에 참여한 세계적인 금융기관과 국제기구들은 일련의 회의를 통해 회사의 의사결정 및 투자자의 투자결정 요소로 ESG를 반영하는 것이 튼튼하고 회복력 있는 금융시장의 조성과 사회의 지속가능한 발전에 기여한다는데 동의하였다.[29] 이후 2006년 코피 아난 UN 사무총장의 주도 하에 여러 기관투자자들이 투자 분석과 의사결정에 ESG 문제들을 고려하고 이러한 실무를 투자업계에 확산시키겠다는 내용 등으로 구성된 UN 책임투자원칙(UN Principles for Responsible Investment, UNPRI)을 발표하면서 ESG 투자에 대한 내용이 구체화되었다.[30]

그러나 최근 몇 년 사이 전 세계적으로 ESG 열풍이 시작된 주된 이유는 세계적인 자산운용사인 블랙록(Blackrock)의 설립자이자 CEO인 래리 핑크(Larry Fink)가 2018년에 블랙록이 투자한 대형 상장회사들의 경영자들에게 보내는 연례 서한에서 회사는 목적을 가져야 하며, 재무성과 창출뿐만 아니라 사회에 대한 긍정적 기여를 해야 한다는 점을 강조하면서부터 본격화되었다고 볼 수 있다. 이후 국내 기업들도 매우 빠른 속도로 ESG를 경영전략의 한 축으로 도입하기 시작하였고 'ESG 경영'이라는 개념이 적극적으로 사용되고 있다.

물론 기업마다 ESG에 대한 인식과 접근 방식이 상이하나 일반적으로 'ESG 경영'이란 사회를 위한 공익적 가치를 지향하면서 주주를 비롯한 채권자, 근로자, 소비자, 지역사회 등 이해관계자에게 이익을 환원하는 것을 회사의 목적으로 삼고, 환경 및 사회적 이슈 그리고 지배구조적 관점[31]에서 발생하는 이해관계자에 대한 부정적 외부효과를 내재화(internalization of externality) 함으로써 자체적으로 문제를 해결하고, 회사에 손해를 야기할 수 있는 잠재적 리스크를 미리 예방하며, 궁극적으로는 회사의 지속가능한 성장(sustainable growth)을 추구하는 경영이념의 새로운 패러다임을 의미한다.[32]

최근 COVID-19로 촉발된 가뭄, 홍수 등의 이상기후 현상과 환경 문제의 심각성, 그리고 비대면(untact) 문화 확산으로 빅데이터, 인공지능(AI), 클라우드 등을 기반으로 한 디지털 기술 전환이 가속화된 현 시점에서 기업에게 요구되는 '사회적 책임'의 강도가 과거와는 달리 매우 높아지고 있다. 과거에는 소비자들도 상품 중심으로 기업을 인식했으나 이제는 기업의 운영 방식이나 경영권 승계 등과 같은 부분으로 기업을 평가하기도 하며, 나아가 기업 오너나 경영진의 잘못된 행위로 불매운동을 하는 등 기업 경영에도 적극적으로 참여하는 방향으로 변하고 있다.[33] 그렇기 때문에 '사회적 양극화 해소' 및 '디지털 기술 전환'을 동시에 해결할 수 있는 경영 철학으로 'ESG 경영'이 더욱 부각되고 있으며, 장기적인 관점에서 기업의 지속적인 성장을 이끌어낼 수 있는 경영 방식으로도 인정되고 있는 것으로 보인다. 실제로 ESG 경영의 긍정적 효과를 연구한 많은 선행 연구들이 있으며, ESG를 잘하는 회사일수록 COVID-19나 금융위기와 같은 위기에 강하다는 연구결과도 있어 이를 통해서도 ESG 경영은 기업에 대한 신뢰성이 중요하게 평가받는 경제 위기 시에 중요한 역할을 함으로써 기업의 생존가능성을 높여 준다는 것을 보여준다.[34]

이와 같이, 'ESG 경영'은 오랜 시간 기업이 추구해 온 단기성과 극대화 중심의 기존 경영방식의 한계를 극복하고, 장기적으로 지속가능한 성장을 이끌어낼 수 있는 새로운 경영전략으로 고려해볼 수 있을 것이다.

나. ESG 관련 개념의 논의 동향

ESG가 새로운 경영 방식으로 도입되기 전에도 이와 비슷하게 기업으로부터 이윤 창출만을 위한 경영이 아닌 사회적 기여와 책임을 기반으로 한 경영을 요구하는 개념들이 존재하였다. 대표적으로는 기업의 사회적 책임(Corporate Social Responsibility, 이하 "CSR")과 공유가치창출(Creating Social Value, 이하 "CSV"), 사회적 가치(Social Value) 등이 있다.

기업의 사회적 책임(Corporate Social Responsibility, CSR)이라는 개념은 매우 다의적으로 정의되고 있으며, 주요 국제기구들 또한 통일된 정의를 제공하고 있지는 않지만 각 기구의 특성과 시대의 흐름에 따라 다양한 정의를 제시하고 있다. 우선 국제표준화기구(International Standardization Organization: ISO)는 기업의 사회적 책임을 '기업이 경제·사회·환경문제 등에 대한 기여를 통해 사람·사회 전체에 혜택을 가져오는 것'이라고 정의하고 있으며, 국제부흥개발은행(International Bank for Reconstruction and Development: IBRD)은 '선량한 경영개발을 통한 지속가능한 경제적 발전과 직원 및 그들의 부양가족, 지역사회 등 사회가치 증진에 기여하는 일련의 기업 활동'이라고 정의하고 있다.[35]

일반적으로 기업의 사회적 책임을 기업의 자발적 이행으로만 인식했던 당시의 고정관념을 뛰어넘어 규제의 필요성을 강조하는 방향으로 이끌었던 시도로 유럽연합(European Union: EU)이 대표적이다.[36] 물론 EU 내부에서도 기업의 사회적 책임을 법률로 제정해야 할지에 대해서는 끊임없는 논란이 이어지긴 했으나, 2001년 7월에 발표된 EU Green Paper에서는 "그럼에도 불구하고 기업의 사회적 책임은 사회 권리 또는 환경 기준에 관한 규정이나 법령의 대체물로 간주되어서는 안 된다. 그러한 규정이 존재하지 않는 국가에서는 사회적으로 책임 있는 관행을 개발할 수 있는 수준의 적절한 규제 또는 입법 체계를 마련하는 데 집중해야한다."[37]고 주장하면서 동시에 기업의 사회적 책임을 '기업 영업 활동에 있어 사회 및 환경 문제를 이해관계자와의 상호작용을 통해 자발적으로 통합하는 기업의 경영활동'으로 정의함으로써 기업의 의무로서 이행되는 것이라는 일차원적인 사고에서 벗어나야 하되 본질적으로 자발성이 기초되어야 함을 강조하고 있다.[38]

기업의 사회적 책임론의 형성은 일반적으로 앞서 언급한 1930년대 두 학자 아돌프 버얼(Adolph Berle)와 메릭 도드(E. Merrick Dodd)의 논쟁으로부터 본격적으로 시작되었다고 볼 수 있다. 당시 미국은 대공황으로 대기업에 의한 부의 편중 현상에 시달렸고, 소유와 지배의 분리 현상으로 말미암아 경영자의 권한이 강화되면서 기업의 주된 목적이었던 주주의 이익조차 제대로 담보되지 못하는 상황에 놓여 있었다. 과연 기업의 경영자는 주주만을 위한 수탁자인지 아니면 회사 그 자체인지, 나아가 주주의 이익을 넘어 다른 이해관계자 집단의 이익 및 사회적 목적을 추구하는 경영을 할 수 있는가에 대해 Berle은 "기업은 주주(shareholder)의 소유이므로 경영자는 법률과 정관에서 부여된 권한을 오직 주주의 이익을 위해 행사하며 기업을 운영해야 하고, 기업의 경영진은 주주를 위한 수탁자 또는 대리인으로서 주주의 이익을 우선하여야 한다"라고 주장하였다.[39] 반면, Dodd는 "기업이 법에 의해 허용되는 이유는 기업이 사회에 대하여 기여를 하기 때문이므로, 경영자는 주주 이외의 자에 대하여 공적 의무(public duty) 내지 사회적 책임(social responsibility)을 부담해야 한다"고 주장하였고[40] 이 같은 Dodd의 주장은 오늘날 기업의 사회적 책임론의 이론적 기초가 되었다고 평가되고 있다.[41]

이후 기업의 사회적 책임(CSR) 활동이 사회공헌활동(Corporate Social Contribution, CSC)으로 축소되어 시행되거나 동의어로 간주되는 상황이 발생하면서 CSR이 기업의 수익활동과 무관하다는 이유로 주주들의 반대에 직면하는 등 CSR 본연의 목적이 구현되는데 있어 한계가 있었다. 이로 인해 CSC로 구현되는 CSR 측정과 평가 및 성과 보고가 기업의 부담으로 인식되기 시작하면서, 이러한 문제를 보완하는 방식으로 기업의 가치사슬에서 사회적 성과 창출이 가능한 부분을 찾아 사업화하는 '전략적 CSR'이 검토되기 시작하였다.

2011년, 마이클 포터 교수(Michael Porter)와 마크 크레이머(Mark Kramer) 대표는 전략적 CSR과 동일한 개념으로 '공유가치창출(Creating Shared Value, CSV)'이라는 새로운 용어를 발표하였고, 이후 CSV라는 개념이 전 세계적으로 확산되기 시작하였다.[42] 포터 교수는 CSV를 기존에 존재하던 CSR의 상위 개념이자 이를 대체할 수 있는 것으로, CSV는 자본주의의 문제점을 해결할 수 있는 대안으로써 기업의 경제적 이익 창출과 동시에 사회적 가치를 창출할 수 있는 전략적 접근이라고 주장하였다. 당시 그들이 발표한 논문 2011년 Harvard Business Review 논문상(McKinsey Award)를 수상하면서 EU의 공식적인 CSR 전략에 '공유가치(Shared Value)'가 명시될 정도로 주목을 받았다.[43] 그러나 해외의 선진 기업들은 CSV를 포터와 네슬레 사(社)가 만들어 낸 하나의 성공 사례로만 여겼으며, 실제로 세계적인 CSR 선도 기업 중 CSV 개념을 사용하는 기업은 거의 없는 것으로 파악된 바 있다.[44]

사회적 가치라는 개념은 오늘날 사회적 성과, 사회적 목적, 소셜 임팩트 등

04 인위적 공동체와 법

의 다양한 용어를 활용하여 논의되고 있는데, 이는 Social Purpose, Social Performance, Social Value 등의 용어를 번역하는 과정에서 비롯된 것이며, 특히 사회적 경제의 제도화 및 확산 과정에서 혼란이 가중되었다고 볼 수 있다. 현재 제21대 국회에 계류 중인 법안들 중 '사회적 가치'를 정의하는 내용을 포함하는 것으로는 「공공기관의 사회적 가치 실현에 관한 기본법(안)」45), 「사회적 경제 기본법(안)」46) 등이 있다. 이와 같은 법률안에서 정의되고 있는 사회적 가치는 "사회 경제 환경 문화 등 모든 영역에서 공공의 이익과 공동체의 발전에 기여할 수 있는 가치"47)라고 규정하고 있다.

사회적 가치에 관한 국내외 선행연구와 논의를 종합했을 때, 사회적 가치는 크게 경제적 가치와 대비되는 사회적 가치(Social Value)와 헌법적 가치에 부합하는 사회적 가치(Societal Value)의 두 가지 차원으로 구분할 수 있다. 경제적 가치와 대비되는 사회적 가치는 사회적 가치의 개념이 부상하게 된 배경 즉, 경제적 가치가 우선시되는 기업, 시장경제 시스템, 개발전략에서 비롯된 부작용과 이에 대한 반성으로 사회적 측면을 논의하는 관점이며, 이는 CSR 논의의 확산 과정과 맥락을 같이 한다.48)

이후 사회적 가치 창출을 확산하고 이를 측정하려는 국제기구의 노력들이 더해지면서 ISO26000, GRI 가이드라인 등과 같은 측정지표가 개발되었고 지표와 방법론에 대한 심도 있는 논의는 보다 근본적인 관점에서 '사회적'인 가치가 무엇인지를 논의하기에 이르게 되었다. 즉, 경제적 가치와 대비되는 개념에서 나아가 좋은 사회를 만들기 위해 필요한 가치 등으로 철학적이고 규범적인 논의로 확장되었다. 더 나은 사회, 바람직한 사회를 만드는데 얼마나 기여하고 있는가라는 물음은 단순히 기업이나 조직단위에서 실현할 수 있는 것이 아니라 국가차원에서 논의해야 하는 거대 담론이며, 이러한 내용들이 헌법에 기반을 두어 수립된 국가라면 마땅히 지향해야 하는 것이므로 '사회적 가치'에 대한 논의는 곧 헌법적 가치 실현과 일맥상통한 것으로 논의되기도 하였다.49)

사회적 가치를 측정하는 지표들(ISO26000, GRI, SDGs 등)50)을 살펴보면 한 국가 내에서 모든 사람들이 최소수준 이상의 삶을 영위하는 것, 공동체 의식을 회복하고 지역경제를 활성화하며 일상에서 민주주의를 실현하고 평등한 사회를 이룩하는 것 등이 포함된다. 이와 같은 논의는 인류 역사 속에 항상 추구되어 온 개념이었기 때문에 사실상 사회적 가치가 그 자체로 완전히 새로운 개념이라고 단정 지을 수는 없을 것이다. 다만 각 국가 및 사회에서 노력하거나 지향해야 하는 부분이나 정도의 차이가 있을 수 있다(예: 양성평등의 필요, 환경문제의 해결 등).

2. 기업환경 패러다임의 전환과 ESG 경영

가. 국내외 ESG 최근 동향: ESG 문제에 대한 사회적, 정치적 요구

최근 국내외 기업들 사이에 ESG 경영에 대한 관심이 높아진 데에는 기존에 기업의 재무적 성과만을 주목하던 연기금과 투자자의 요구 및 수요가 변화함에 따른 영향도 있지만, ESG 관련 법제가 빠르게 정비되고 있다는 점에서도 ESG경영이 급부상하고 있다.

먼저 ESG를 향한 움직임이 매우 빠르게 관찰되는 곳은 투자금융기관이라고 할 수 있다. 세계 최대 자산운용사인 미국 블랙록이 2020년 1월, ESG 중심의 자산운용기준을 선언하면서 모든 투자과정에서 ESG를 고려할 것이며, 화석연료 관련 매출이 전체 매출의 25%를 초과하는 기업들은 투자대상에서 제외할 것이라고 선언하였다. 이에 따라 많은 금융기관들은 단순히 ESG 선언만 한 것이 아니라 실제로 그들의 투자 행태를 바꾸기 시작하였는데, Ernst & Young의 자료에 의하면, 설문에 응답한 투자자 중 98%가 기업의 비재무 성과를 투자 결정에 참고한다고 답변하였다.[51] 또한, 투자자의 72%가 기업의 비재무 성과를 평가할 시에 ESG 관련 정형화된 방법론을 사용한다고 답변하였는데, 이는 설문 대상 투자자의 32%만이 사용했던 2018년에 비해 크게 개선되었다고 볼 수 있다.

또한, 기존에는 기업이나 투자 및 금융기관의 ESG에 대한 관심은 자발적인 움직임으로부터 비롯되었으나 이제는 법 제정을 통해 기업의 ESG활동 또는 ESG경영을 하는 기업에 대한 투자를 강제화하려는 움직임도 나타나고 있다. 특히, 세계금융위기 이후 미국이나 유럽에서는 주주우선주의나 헤지펀드 등의 단기이익 추구에 대한 반감이 점점 높아졌고, 지난 미국 대선 과정에서 엘리자베스 워렌 상원의원, 버니 샌더스 상원의원과 같은 유력 정치인들은 근로자의 이사회 참여, 이해관계자 이익 중시, 근로자에 대한 회사 주식 이전 등과 같은 법안들을 제출한 바 있다.[52] 영국에서는 2016년에 회사법(Companies Act 2006) 개정을 통해 이사는 의사결정 시 이해관계자의 이익을 고려하여야 한다는 의무 규정을 포함[53]하였고, 2019년 프랑스에서는 엠마뉴엘 마크롱 대통령의 주도 하에 회사가 의사결정을 함에 있어 사회, 환경적 영향을 고려하여야 한다는 등의 내용 등이 포함된 빡뜨법(Loi Pacte)이 입법되기도 하였다.[54] 이외에도 공급망에서의 인권 문제 등이 전 세계적으로 문제되고 있음에 따라 2021년 3월, EU 의회에서는 인권실사 등을 내용으로 하는 기업 실사와 기업 신뢰성 관련 법령을 제정할 것을 권유하는 내용의 결의한 바 있다.[55]

우리나라 국민연금도 의결권 행사 시 환경, 사회, 지배구조 등 책임투자 요소를 고려하여야 한다는 내용을 의결권 행사 지침에 포함하였고,[56] 위탁 운용사 선정 및 평가 시에도 책임투자 현황을 면밀히 검토하겠다고 선언한 바 있다.[57] 이러한 사회적, 정치적 압박은 기관투자자들을 통해 투자 기업들에게 전달되고, 그 결과 기업의 CEO들은 회사의 운영에 있어 ESG 요소를 고려한 경영을 할 수밖에 없는 상황이라고 볼 수 있다.[58]

나. 국내 및 해외 ESG 법제화 동향

국내에서, 2021년 8월 말 기준으로 21대 국회에 상정된 E(환경), S(사회), G(지배구조) 관련 법안 중 '실질적으로 기업의 ESG 경영'과 밀접하게 관련이 있는 법률안은 약 35개로 각 분야별로 대략 환경분야 10개 법률안,[59] 사회분야 5개 법률안,[60] 그리고 지배구조분야 5개 법률안(1개는 이미 통과해 발효),[61] 그리고 공공기관을 대상으로 한 15개 법률안[62]이 있는 것으로 파악된다.[63] 현재 21대 국회는 기업의 실질적인 ESG 경영을 유도하기 위해 가장 적극적으로 활용하는 분야는 회사법이나 금융법과 같은 기업 경영에 직접적으로 관련되는 법률분야가 아닌 간접적인 공적 금융분야에서의 투자를 통해 기업의 행동에 변화를 시도한다는 특징이 나타난다.[64]

환경 분야의 내용 측면에서 보면 환경분야에 속하는 것으로 환경오염 피해 배상책임의 강화, 자원재활용 촉진에 관한 포장 관련 정보 제공, 환경책임투자기업의 환경 정보 공개를 규정한 환경기술 및 환경산업지원법 일부 개정법률안 그리고 녹색채권에 대한 인센티브 제공과 탄소세 부과를 내용으로 한 법률안 등은 기업의 ESG 경영에 직간접적으로 영향을 미칠 것으로 보인다. 사회분야에 속하는 법률안 중에서는 공정거래, 노동조건, 산업안전, 대중소기업 상생의 이슈들이 기업의 ESG

경영에 영향을 미칠 것으로 보인다. 그 외 지배구조 분야에 속하는 것으로는 대표소송 등 주주의 권리와 이사 보수 및 내부통제에 관한 법률 개정안들이 기업의 ESG 경영에 상당한 영향을 미칠 것으로 예상된다.[65]

이 외에도 2021년 1월, 금융위원회는 기업들의 ESG 관련 공시를 단계적으로 의무화하는 '기업공시제도 종합 개선방안'을 발표하였다.[66] 이에 따라 2025년부터 자산 2조원 이상 등 일정규모 이상 코스피 상장사는 환경(E)과 사회(S) 정보를 포함한 '지속가능 경영보고서[67]'를 의무 공시해야 하며 지배구조(G) 정보는 2026년부터 모든 코스피 상장사로 확대 추진된다. 2030년부터는 ESG 관련 공시가 모든 코스피 상장사에 의무 적용됨에 따라, 오는 2025년까지는 환경(E) 사회(S) 정보를 포함한 기업의 지속가능경영보고서를 자율 공시할 수 있도록 금융위는 1월 18일에 'ESG 정보공개 가이던스'를 제공한 바 있다. 이와 같이 ESG 공시 의무를 강화하는 한편, 기업의 공시 부담은 완화될 수 있도록 분기보고서 별도서식을 마련해 공시항목을 약 40% 축소할 계획과 소규모기업의 공시 부담을 줄이기 위해 공시특례 대상을 확대하고 공시 생략항목도 늘린다고 발표한 바 있다.

최근에야 ESG에 대한 관심이 높아지고 있는 우리나라와는 다르게, 미국과 유럽에서는 ESG를 포함한 기업의 지속가능성을 고려한 투자 및 경영에 대한 중요성이 2000년대 중반부터 본격적으로 논의되기 시작하였다. 특히, 유럽의 경우 미국보다 일찍 '기업의 사회적 책임'에 대한 문제를 다루기 시작하였으며, 2014년에는 비재무적 정보 보고에 관한 지침(Directive 2014/95/EU)을 의결하여 해당 지침이 적용되는 기업들에게 비재무적 정보에 대한 사실에 부합하는 개념, 결과 및 리스크를 밝히도록 하였다.[68] 이 지침의 적용 대상 기업은 종업원 500명 이상의 공적 이해관계가 있는 대기업[69]으로 해당 기업들은 영업보고 시, 환경보호에 관한 사항, 근로자 요구사항, 사회적 요구사항, 인권의 존중, 부패 및 뇌물과의 전쟁에 대한 개념, 상당한 주의 절차, 기업이 당면한 실질적인 위험, 비재무적 급부지표와 같은 비재무적정보를 포함하여 작성하도록 하였다.[70]

이후, EU는 '지속가능개발'을 EU 정책의 핵심 원칙으로 설정하고 지속가능성을 최우선적으로 반영하여 내 외부 정책을 본격적으로 수립하기 시작하였다. 특히 EU 현 정부의 6대 핵심 정책[71] 중 그린딜, 사회적 공정성 및 지속가능성 보장, 유럽 가치 및 법치 수호 등은 ESG와 매우 밀접하게 연관되어 있음을 알 수 있다. 최근

EU에서 통과된 ESG 관련 주요 법으로는 EU 지속가능금융공시 규정(EU Sustainable Finance Disclosure Regulation: SFDR),[72] EU 비재무정보/기업지속가능성 보고지침(EU Corporate Sustainability Reporting Directive: CSRD)[73], EU 분류체계 규정(EU Taxonomy Regulation),[74] EU 공급망 실사제도(EU system of Due Diligence for Supply Chain)[75] 총 4개가 있다. EU의 ESG 법제화는 우리나라 기업에게도 적지 않은 영향을 미칠 것이라는 평가가 있으며, 이와 같이 기업의 ESG 준수 의무 법제화는 기업에게 EU 시장의 진입장벽이자 기회가 될 수 있다고 본다. 나아가, ESG 고려한 기업 경영이 해외 투자 유치와 매출 증대를 위한 필수 조건으로 부상하고 있는 만큼 기업들은 ESG 경영을 입증할 수 있는 데이터 구축 및 시스템 개발에 힘써야 한다는 의견도 제시되고 있다.[76]

유럽 개별 국가 차원에서 살펴보면, 영국은 앞서 언급한 바와 같이 EU 비재무정보 보고지침의 효과적인 이행을 위해 2016년 회사법(Companies Act 2006)을 개정하여 대상 기업의 이사 의무로써 이해관계자의 이익을 고려하고, 전략보고서(Strategic Report)를 통해 환경, 노동, 사회, 인권, 반부패 등 비재무정보의 공개 관련 사항을 확대할 것을 명시하였다.[77] 한편 영국은 TCFD(Task force on Climate-related Financial Disclosures)[78] 권고안을 적극 도입하며 기후변화 관련 규제에 동참하고 있을 뿐만 아니라 TCFD 권고안을 기준으로 기후관련 정보의 공시 의무화 추진 및 2025년까지 경제 전반에 걸쳐 TCFD에 따른 공개를 의무화하고 있으며, 2023년까지 의무 요건의 상당 부문을 마련하겠다는 계획을 발표하였다.[79]

프랑스의 경우, 이미 2001년 Law No. 2001-420(2003년부터 시행됨)을 통해 상장기업들이 사회 및 환경 관련 정보를 공시하도록 의무화한 바 있으며, 2012년부터는 국가적으로 에너지 전환에 대한 논의가 구체화되면서 2015년 Law No. 2015-992(녹색성장을 위한 에너지 전환 법) Article 173을 통해 상법 내 기후변화 관련 강화와 통화 및 금융법에 기관투자자의 ESG 보고 명시 의무화 등을 골자로 하는 내용이 도입되었다. 이를 통해 2016년부터는 기후/에너지를 포함한 ESG 관련 정보를 연차보고서에 공시하도록 하고 있다.[80] 2017년에는 엠마뉴엘 마크롱(Emmanuel Macron) 대통령이 취임하면서 그의 주도에 따라 2019년에 기업의 성장과 변화에 관한 법률인 빡뜨법(Loi PACTE)[81]이 통과되었다. 빡뜨법 상 ESG 논의와 관련된 것으로는 먼저 회사가 회사 활동의 사회적, 환경적 영향을 고려하여 회사의 이익을 위해 경영되어야 한다는 점을 법률에 명시하고(프랑스 민법 제1833조), 이사회가 의사결정 시 회사 활동의 사회적, 환경적 영향을 고려하여야 할 의무를 부담하게 되었다(상법 제L225-35조 제1항).[82]

독일은 2017년 경영진 및 그룹 경영 보고서에서 기업의 비재무보고 강화를 위한 법률(Act to strengthen the non-financial reporting of companies in their management and group management reports-CSR Directive Implementation Act, CSR-RUG)[83]을 통해 EU의 비재무정보 공개지침(NFRD)을 법제화하였으며, 본 법이 제정되면서 독일 기업을 대상으로 한 투명성 표준인 '지속가능성 코드(the Sustainability Code)'를 개정하였다. 또한, 2021년 6월에는 '공급망 실사법(Supply Chain Due Diligence Act, LkSG)'이 의회를 최종 통과하여 2023년 1월부터 시행되고 있으며, 독일의 공급망 실사법은 영국과 프랑스, 네덜란드에 이어 유럽에서 네 번째로 도입되었으며 현재까지 인권 관련 실사 의무화법 중 가장 강력하다고 평가되고 있다.[84]

다. ESG경영의 선행 조건: 이사회의 역할 및 책임

국내외 최근 동향 및 법제화의 동향을 살펴보았을 때, 기업은 더 이상 과거의 기존 경영 방식이 아닌 ESG 관점에서의 경영 방식을 추구해야 할 필요가 있다. 나아가 ESG 경영을 위한 준비 없이는 기업이 생존하기 어려운 현실이기 때문에 기업 내부에서 ESG 경영이 실질적으로 이루어지기 위한 선행 조건 중 하나로 이사회의 역할 및 책임이 요구된다.[85]

ESG 경영 방식으로의 전환은 기업의 전반적인 사고 체계에 영향을 미치는 것임에 따라 ESG 관련 경영전략 및 활동에 대한 이사회의 역할이 더욱 중요해졌다. 이에 따라 경영진이 ESG와 관련된 전략을 제대로 수립하고 활동하는지, 해당 사항에 대한 공시의무를 준수하는지 등에 대한 감독 책임이 강화되고 있는 상황이다. 블랙록(BlackRock) 래리 핑크 회장은 2020년 서한에서 "이사회는 기업이 직면한 중요한 문제를 효과적으로 해결하지 못할 때 책임을 져야 하며, 특히 ESG 관련 정보를 제공하지 않거나 ESG 경영에 대한 관리가 이루어지지 않는다면 이사회 구성원에게 책임이 있는 것"이라며 이사회의 역할을 강조한 바 있다.[86]

최근 해외 가이드라인에서는 기업 경영상의 ESG 책임 사항을 단순히 개별적인 영역으로 고려하기 보다는 이사회 차원에서의 비재무적 리스크에 대한 관리로 보고 있다. 특히, 환경 사회 영역의 경우, 업종 및 비즈니스 모델 등에 따라 중요(material)한 요소가 달라지기 때문에 개별 기업 내 이사회 차원에서의 판단이 추가적으로 요구된다고 보고 있다. 미국의 환경단체인 세레스(Ceres)가 발표한 2019년 보고서에서 이사회는 기업의 장기적인 성과를 책임지므로, ESG 리스크에 대해 감독 책임이 있다고 보고 이사회 차원에서의 ESG 리스크 관리체계를 제시하기도 하였다.[87] 또한, 한국기업지배구조원(KCGS)에서 2021년 8월 5일에 발표한 '개정 ESG 모범규준'[88]에서 기업은 비재무 위험을 '전사적 위험관리체계(Enterprise Risk Management)'에 통합하여 관리해야 하며, 이사회는 지속가능성을 둘러싼 이슈를 중요한 위험관리 사항으로 인식하여 경영자원 및 자본의 배분에 환경경영 및 사회책임경영 정책을 고려할 것을 권고하였다.[89]

해외 사례를 살펴보면 향후 기업에게 ESG 경영을 하도록 주주권을 행사할 가능성이 있으며, 이 경우 주주들이 이사의 의무 위반을 이유로 대표소송을 제기하거나 내부통제 미비를 이유로 감시의무 위반 및 이에 따른 대표소송을 제기할 가능성도 존재한다. 실제로 위험관리 및 감독을 실패하여 이사의 신인의무 위반을 인정한 사례로 Marchand v. Barnhill이 대표적이다. 100년이 넘는 역사를 가진 아이스크림 제조업체 블루벨(Blue Bell)은 2015년, 식중독을 야기하여 소비자 3명이 사망하는 등의 사회적 문제를 일으켰고, 결국 재정적 위기에 봉착해 근로자의 3분의 1을 해고하는 등 심각한 피해를 입었다. 이에 회사의 주주들은 경영진을 상대로 주주대표소송을 제기하였고 경영진이 식품 안전을 위한 내부감독 규정을 적절히 운영하지 않은 것을 문제 삼았다. 이에 2019년, 델라웨어주 대법원에서는 아이스크림을 판매하는 단일사업을 영위하는 입장에서 블루벨은 이사회(at the board level) 수준에서 직접 식품안전을 모니터링하기 위한 시스템을 마련하고 있지 않았으므로 경영진은 의무 위반 책임을 부담한다고 판시하였다.[90] 이와 같이 앞으로는 기업에게 이사회 중심의 지속가능한 ESG경영 방식을 이행하고, 이사회가 보다 적극적인 역할과 책임을 수행하도록 요구할 것으로 보인다.

Ⅳ. 기업공동체의 지배구조: 이해관계자 참여형 거버넌스 모델

1. 기업공동체를 위한 거버넌스 모델의 필요성

기업이 하나의 공동체로서 그 기업의 구성원과 협력하여 지속가능한 발전을 가능하게 하고, 그 구성원에게 충분한 복지를 제공하는 시스템으로 재구축하기 위해서는 기존에 '주주'만이 기업의 주인이며 주주의 이익을 극대화하기 위한 '주주중심의 기업 지배구조'로는 한계가 있다. 이에 따라 기업의 이해관계자(주주를 포함한 경영자, 종업원 및 협력업체)가 기업의 구성원으로서 경영감독 기능 등을 통해 경영 과정에 적극적으로 참여할 수 있는 거버넌스를 구축해야 할 필요가 있다. 이러한 관점에서 기업의 다양한 구성원들이 참여할 수 있는 '이해관계자 참여형 거버넌스'를 구축하는 것은 구성원들 각자의 권리를 보호함과 동시에 기업의 건전성을 회복함으로써 주주 및 경영자 중심주의적 현실에서 발생하는 문제를 방지하며 나아가 투명한 기업으로 성장하기 위한 수단이 될 수 있을 것이다.[91]

2. 이해관계자 참여형 모델: 수탁자 모델 & 대표자 모델

기업의 구성원들 중의 하나인 주주만을 기업의 소유자로, 그리고 경영자를 주주의 대리인으로 보아 주주이익의 극대화를 강조하는 '주주중심 모델(shareholder primacy model/shareholder−oriented model)'은 기업 그 자체 또는 구성원 전체의 집단적인 이익을 소홀히 하게 되는 문제가 발생함에 따라 '이해관계자중심 모델(stakeholder−oriented model)' 모델이 나타났다. 이해관계자중심 모델은 주주의 이익만을 우선시하지 않고 다양한 이해관계자의 이익을 고려해야 한다는 관점으로 노동자/근로자(employee) 뿐만 아니라 채권자, 소비자 등 다양한 이해관계자가 함께 경영에 참여하는 형태이다.[92] Hansmann과 Kraakman은 이를 다시 '수탁자 모델(Trustee Model)'과 '대표자 모델(Representative Model)'로 분류하여 설명하고 있다.[93]

가. 수탁자 모델

수탁자 모델(Trustee Model)은 기업의 이사회 및 경영진에게 주주, 노동자, 채권자 및 경영자 등으로 구성된 회사 자체의 수탁자로서 경영할 것을 요구하고 있다. 수탁자 모델 상에서의 경영진은 자신을 선임한 주주들을 대표하는 것이 아닌 기업 전체(enterprise as a whole)를 대표한다. 콜린 마이어(Colin Myer) 교수는 기업에게 일정한 목적(corporate purpose)을 정하고, 경영진은 주주의 영향력으로부터 자유롭게 회사의 목적에 따라 운영할 수 있도록 함으로써 환경, 사회, 지배구조와 같은 비재무적 목표도 달성할 수 있다고 주장한 바 있는데,[94] 이러한 점에서 그의 주장은 수탁자 모델에 해당한다고 볼 수 있을 것이다.

수탁자 모델의 입장을 받아들인 것으로 볼 수 있는 사례로는 프랑스의 임무회사제도(entrepise à mission)가 있는데, 이는 회사 정관에 존재의 이유를 기재할 수 있도록 하거나 일정한 임무를 수행하는 것을 목표로 하는 제도로 프랑스 상법(L.210-10조 이하)에 도입되어 있다.[95] 그러나 회사의 목적을 정하더라도 듣기 좋은 선언에 불과할 가능성이 있고 경영진이 이를 제대로 준수하는 여부가 불명확할 수 있다는 문제점이 있다.[96] 이에 따라 마이어 교수도 이러한 문제점을 인식하여 회사의 목적이 장황한 수사(verbiage)에 해당하면 안 되고 매우 구체적인 내용을 담고 있어야 한다고 강조했다.[97]

나. 대표자 모델

대표자 모델(Representative Model)은 주주 이외의 다양한 이해관계자들이 기업의 이사회 등에 참여하는 모델로 '이해관계자 경영 참여 모델'이라고도 볼 수 있다.[98] 해당 모델은 주주가 기업 내 법적 이해관계를 가진 유일한 집단이 아니라는 점을 분명히 하며, 기업의 모든 행동 주체들, 즉 채권자, 이사, 경영자, 근로자, 소비자 모두가 집단적으로 기업에 기여하므로 '이해관계자들이 모두 자신들의 투자에 상응하는 수익을 얻어야 한다'고 본다.[99] 따라서 기업은 근시안적으로 단기성과주의(short-termism)에 치중하지 않고 의사결정 단계에서 여러 이해관계자들의 이익이 고려될 수 있도록 이해관계자들의 대표가 회사 경영에 참여하는 방식을 채택할 수 있으며, 독일의 기업들이 해당 모델의 대표적인 사례로 꼽힌다.

독일은 공동결정제도를 도입한 국가로, 기업의 감사회에 종업원 대표가 참여하여 주주 대표와 함께 기업 경영에 관한 의사결정을 하는 '노사공동결정제'를 채택하여 운영하고 있으며 종업원 숫자에 따라 감독이사회의 최대 절반이 근로자 대표로 선출될 수 있다.100) 이에 따라 기업은 순수 이익 단체의 개념을 넘어 종업원, 주주, 고객, 사회 공동체의 모든 이해관계자가 부를 창출할 수 있도록 기여할 것을 강조하며, 독일은 이 제도를 바탕으로 노사합의에 초점을 맞춘 공동책임제도를 기업 문화로 정착시켜 이해관계자가 직접 경영에 참여할 수 있는 '참여적 공동체'를 형성했을 뿐만 아니라 이는 기업의 생산성 향상에도 많은 영향을 미쳤다. 이와 같은 독일 기업의 공동책임문화는 기본적으로 기업 역시 공동체의 일원으로서 기업의 활동이 지역과 사회의 경제적 안정에 도움을 주어야 한다는 소명의식을 기반으로 발전해왔다.101) 이러한 특징은 크게 네 가지로 분류되는 독일 기업의 운영체계에서도 나타나는데, 그 중 하나인 '공동체적 운영체계'는 공동체정신에 의해 독일의 기업문화가 발전해왔다는 것을 의미한다.102) 역사철학적 측면에서 독일 기업문화를 분석한 연구에서는 공동체 정신이 독일의 개성적인 기업문화, 특히 기업제도와 운용방식을 형성하는데 중요한 영향을 미쳤다고 주장하기도 하였다.103)

이러한 독일 기업문화의 공동체적 특성은 기업의 외부적 차원과 내부적 차원으로 구분하여 구체화할 수 있다. 먼저 "외부적 또는 환경적 차원"에서는 기업 구성원들이 기업의 사회적 책임에 대한 인식 등과 같이 '사회적 연대의식'을 바탕으로 지역 사회 등과 연대하며 일어나는 상호 작용을 기업의 문화로 보는 것이다. 독일 중소기업들의 공동책임의식을 파악하기 위해 기업들을 대상으로 진행한 설문조사에서 독일 기업들은 기본적으로 사회의 이익이나 기업의 이익 어느 한쪽에 지나친 관심을 두지 않았으며, 결과적으로는 회사의 규정을 잘 지킴으로써 지속가능한 방향으로 회사의 평판을 향상시키고 사회가 충분히 수행하지 못하는 지역 사회의 문제를 기업이 함께 분담해야 한다고 인식하고 있다는 사실을 통해 독일 기업의 구성원들이 '연대의식'에 대해 충분히 공감하고 있음을 알 수 있다.104)

기업의 "내부적 차원, 즉 거버넌스 측면"에서는 기업의 경영권 승계, 기업의 공동결정 과정 등과 같이 기업 내부적 공동체 요소를 기업의 문화로 보는 것인데, 특히, 독일 기업은 전통적으로 주주 이익보다 근로 조건 및 임금 수준 등에서 구성원들과의 협력을 중시하였고, 이러한 문화가 제도화된 것이 앞서 언급한 '노사공동결정제(Mitbestimmung)', '산업별 임금협상', '근로자평의회(Betriebsrat)'이다.105)

노사공동결정제(Mitbestimmung)는 1976년에 시작된 제도로 노동자가 기업경영에 관한 모든 문제의 결정에 참여할 수 있는 권한을 법으로 규정하였다. 500명 이상

1,000명 이하 규모의 중소기업에서는 노동자 대표의 1/3 참여 원칙이 적용되고, 2,000명 이상의 직원을 고용한 기업의 경우, 직원들과 기업경영진의 대표로 구성되는 경영감독위원회(또는 감사위원회 Aufsichtsrat)가 노사동수로 구성된다. '주식회사'는 이와 같은 공동결정이 잘 이루어지는 기업 형태로, 경영감독위원회가 기업경영진을 감독하는 방식을 적용하고 있기 때문에 구성원 공동의 책임의식을 갖게 된다.

근로자평의회(Betriebsrat)는 사업장조직법(Betriebsverfassungsgesetz, 1952)에 따라 5인 이상의 정규직 근로자를 고용한 사업장이 근로자의 경영참여권을 보장하도록 마련된 제도로, 300명 이상 사업장의 근로자평의회는 사업장위원회를 구성하여 회사 현안에 대해 주도적으로 참여할 수 있다. 근로자평의회에서는 인사, 작업 환경, 교육, 복지 등 경영 전반에 관하여 직원의 의견을 수렴하기 위해 만들어진 제도라고 볼 수 있다.

종업원 2,000명 이상을 고용하고 있는 대기업의 경우, 경영전략 결정권을 갖는 감독이사회 회원의 절반을 근로자 대표가 맡도록 법으로 규정하여 근로자의 경영 참여를 보장하고 있다.

노사공동결정제, 근로자평의회 등의 공동결정 제도는 기업 구성원들을 통해 기업 거버넌스를 이끌어내는 이른바 '협력 우선의 조합주의적 가치가 빚은 제도'라고 볼 수 있다.[106] 이를 통해 기업 구성원들은 구체적인 경영 정보를 공유하고 직접 경영에 참여함으로써 경영의 책임감을 증가시킬 뿐 아니라, 이 과정을 통해 독일 기업은 구성원의 이익을 증가시키는 방식이 결코 기업의 이윤 증가와 무관하지 않다는 것을 깨닫게 된다. 이러한 흐름은 이후, 독일이 철저히 이해관계자주의에 의거한 기업의 사회적 책임의 대상을 구성원, 공동체 및 지역사회 등 기업에 연계된 이해관계자들로 한정 짓고 이를 생산성 증가에 연계시키는 측면에서도 많은 영향을 미쳤다고 볼 수 있을 것이다.

미국은 이사회 다양성 관련 제도를 도입하였는데, 최근 자본시장과 금융투자업에 관한 법률에 도입된 것과 같이 특정 성별의 이사가 이사회의 일정 비율 이상을 차지하여야 하는 이사회 다양성(board diversity) 관련 제도도 여기에 해당한다고 볼 수 있다.[107] 미국에서는 캘리포니아주가 상장회사에 대해 여성 이사의 선임을 강제하는 법안을 도입하였고,[108] 최근에는 나스닥(Nasdaq)이 일정한 요건을 갖춘 나스닥 상장회사에 대해 여성 이사 1인과 유색 인종, LGBTQ＋ 관련 소수자 1인을 각각 이사로 선임하거나 만일 선임하지 않는 경우 그 이유를 설명하도록 상장 규정을 개정하여 미국 증권거래위원회(Securities and Exchange Commission)의 승인을 받았다.[109]

독일의 공동결정제도나 미국의 이사회 다양성 관련 제도와 같은 이해관계자 경영 참여 모델을 도입하는데 있어 기업의 근로자, 채권자, 하청업체, 소비자, 지역사회 등 모든 이해관계자들에게 이사 선출권을 주는 것은 현실적으로 불가능하다. 그렇기 때문에 어느 특정 이해관계자 집단에게만 경영 참여 기회를 부여할 경우 그에 대한 정당성이 인정되어야 할 것이다.[110] 독일에서 공동의사결정제도가 성공적으로 운영된 것은 독일의 사회적, 경제적 환경에 기반한 것이기 때문에 미국 등의 국가에서 동일한 방식으로 도입하더라도 노사갈등 해소라는 목적을 달성하기 어려울 수 있다는 연구도 있다.[111] 또한, 특정 이해관계자 집단으로부터 선출된 이사가 해당 집단의 이익만을 추구해야 하는지 아니면 다른 이사들과 마찬가지로 회사나 주주를 포함한 전체의 이익을 추구해야 하는지, 이사를 선출한 이해관계자 집단을 어떻게 특정할 것이지 등과 같은 문제에 대한 해결책을 마련하는 것도 필요하다.

3. 검토: 우리나라 현실에 맞는 기업 거버넌스 모델

우리나라의 대기업은 대부분 가족이 직접 경영에 관여하거나 대주주인 '가족기업(family owned business)'의 형태로 '재벌'이라는 고유 명칭이 있을 정도로 독특한 문화를 가지고 있다.[112] 이러한 가족기업의 형태는 한국만의 현상이 아니고 전 세계 여러 국가에서도 발견된다. 월마트, 폭스바겐, 버크셔 해서웨이, 포드, BMW 등 세계 굴지의 기업들이 대부분 가족기업이며 포춘(Fortune) 500대 기업의 약 37%, S&P 500 중 약 35%가 가족기업이다.[113] 그러나 경영방식에 있어서 우리나라는 전문가 경영의 비율보다 가족 경영의 비율이 월등하게 높은 편에 속하며, 이러한 가족경영 체제 사에서 소유와 경영의 괴리에서 나타나는 다양한 문제들이 발생한다.[114] 특히, 지배주주가 직접 보유하는 지분율을 낮춰 경제적 책임 부담을 줄이면서도 대규모 기업 집단 소속 계열사 지분을 이용하여 회사의 경영권 보유가 가능하여 지배주주의 각종 기회주의적 행동으로 인한 소액 주주 이익 침해 문제가 많이 발생하고 있다.

이와 같이 지배주주가 존재하는 우리나라 기업현실에서는 기관투자자가 상장회사 대부분의 지분 과반수를 보유하고 있는 미국이나 영국에서 기관투자자의 의결권 행사나 주식 처분 등의 방법으로 회사의 경영에 영향을 주는 방식에는 한계가 있을 수밖에 없을 것이다. 또한 앞서 살펴본 수탁자 모델은 지배주주가 동의하지 않는 한 회사의 목적 자체를 변경하기 어렵다는 한계가 있으며, 대표자 모델/이해관계자 경영 참여 모델도 현행법 체제 하에서는 도입이 쉽지 않다는 한계가 존재한다. 특히 독일의 공동결정제도는 기업 구성원 모두가 자신을 객체화 하지 않고 공동체를 이루는 주체로 인식하며, '사회 공동 책임'이라는 가치가 기업의 기본 의식으로 깔려 있었기 때문에 존재할 수 있었다고 본다. 독일의 기업 문화는 공동체적 특성을 기반으로 공동 결정을 위한 다양한 제도를 마련, 활용하고 있으며, 기업 구성원들은 기업이 내외부적으로 사회적 책임을 다해야 한다는 점에 공감함에 따라 이러한 제도 하에서 각 구성원의 의견 및 결정이 기업의 결정에 영향을 미칠 수 있다는 책임감을 갖고 임할 수 있었기 때문에 가능한 것이었다.

　　따라서 우리나라 현실에 맞는 기업공동체를 실현하기 위해서는 우선 기업공동체에 대한 지배주주의 태도와 인식 개선이 필요하다고 본다. 나아가 기업공동체의 경영 방식으로써 앞서 설명한 ESG 경영이 필수적이므로 이를 효과적으로 이행하기 위해서는 단순히 기업에게 압박을 가할 수 있는 기관투자자의 ESG 투자에만 의존하여 기업의 태도가 개선되길 기대해서는 안 된다. 그보다는 우선 국가적인 측면에서 다양한 법제도 개선을 통해 기업과 지배주주가 기업 운영 과정에서 ESG 요소를 고려할 수 있도록 적절한 인센티브를 제공하고 이를 위한 사회적 분위기를 조성하는 것이 필요하다고 생각한다. 또한, 우리나라와 같이 지배주주가 존재하는 회사에서는 소비자의 불매 운동, 보이콧 등과 같이 소비자가 행사하는 영향력이 훨씬 효과적[115]일 수 있기 때문에 ESG 공시 강화를 통해 소비자를 포함한 다양한 이해관계자들에게 보다 많은 정보를 제공하는 방안도 효과적일 것으로 보인다. 더불어 우리나라의 경우에는 국민연금이 국내 여러 상장회사의 상당한 지분을 보유한 기관투자자이기 때문에 지배주주라 하더라도 국민연금의 의견을 무시하기에는 어려운 현실이므로 주주제안을 통해 제안할 수 있는 ESG 관련 안건의 범위를 넓히고, 소액주주에 의한 의결권 참여를 촉진하는 방안도 검토해 볼 필요가 있을 것이다.

V. 글을 맺으며

최근 몇 년간 전 세계적으로 많은 영향을 끼친 COVID-19 사태는 경제, 정치, 문화 등 다양한 영역에서 많은 변화를 일으켰다. 뿐만 아니라 인류가 직면하는 기후변화, 환경오염, 소득 양극화 등의 문제를 직면하게 되면서 이러한 문제들을 해결하기 위해서는 국가, 공공, 민간, 시민사회 그리고 기업 모두가 함께 공감하고, 나아가 서로 협력하는 것이 그 무엇보다 중요하다는 것을 깨닫게 되었다. 이러한 관점에서 기업도 이윤을 추구하는 경제 주체로서의 역할에 머물러 있지 않고 사회의 한 일원으로서 다양한 이해관계자들과 협력하고, 지속가능한 발전을 위해 사회적 가치 창출과 더불어 더 큰 경제적 가치를 창출하는 기업공동체로 나아갈 시점이라고 생각한다.

따라서 이 글에서는 기업공동체에 관한 일반적 고찰과 더불어 기업공동체의 경영 전략 및 방식으로써 ESG 경영에 대한 내용을 소개하였다. 기업공동체는 기업이 주주를 포함하여 그 기업의 구성원이자 이해관계자(근로자 또는 종업원, 투자자, 협력사 등)와 협력하고 그들의 이익을 고려하는 경영 방식을 통해 기업을 발전시키며, 나아가 그 구성원에게 충분한 복지를 제공하는 것을 기반으로 한다는 점에서 ESG 경영이념과 동일한 가치를 추구하는 것으로 생각된다. 또한, 미국과 유럽, 그리고 국내에서도 ESG 경영의 중요성을 강조하며 이를 법제화하는 추세이기 때문에 기업은 구체적인 대응 방안을 빠르게 마련해야 할 것으로 보인다.

물론 우리나라 기업지배구조 현실과 현존하는 법제도 등을 고려할 때 어떠한 방식으로 ESG 경영을 효과적으로 이행할 수 있을지에 대해서는 많은 고민이 필요한 부분이다. 특히, 우리나라의 경우 '재벌기업' 등과 같이 지배주주가 존재하는 기업 현실에서 미국이나 영국과 같이 기관투자자의 의결권 행사나 주식 처분 등의 방법으로 회사의 경영에 영향을 주는 방식에는 한계가 있으며, 독일과 같이 이해관계자가 경영에 참여하는 거버넌스 모델의 경우에도 현행법 체제 하에서는 도입이 쉽지 않다는 한계가 존재한다. 따라서 우리는 기업공동체를 실현하는데 있어 이미 존재하는 단 한 가지의 모델을 따라갈 것이 아니라 우리나라 상황에 맞는 모델을 구축해 나갈 필요가 있다. 이의 일환으로 우리나라 정부에서도 기업공동체를 형성하는데 기초가 될 수 있는 'ESG 경영'을 확산시키기 위해 ESG 우수기업에 대한 인센티브 제공, 대기업 및 중소·중견 기업 지원 제도 등 다양한 방안을 마련하고 있기 때문에 향후 국내 기업이 ESG 경영에 대한 부담을 줄이고 체계적으로 준비할 수 있는 환경이 마련되지 않을까 생각한다. 하지만 구성원의 이익과 만족을 고려하는 독일 기업 문화의 발전을 이루는데 있어 그 무엇보다 기업 구성원들의 '공동책임 의식'이 기반이 되었기에 가능했던 것처럼, 우리나라도 기업공동체를 형성하고 발전시켜 나가기 위해서는 기존의 전통적 '가족주의적', '위계적' 특성의 유교 자본주의를 벗어나 주주중심에서 이해관계자중심의 인식 개선이 필수적이며, 우리나라 기업 환경과 현실에 맞는 거버넌스와 시스템을 모색하고 구축해가야 할 것이라고 생각한다.

미주

1) 곽수근 외 16명 (2020), 22면.

2) 정준혁 (2021), 26면.

3) 곽수근 외 16명 (2020), 10면.

4) 2015년 UN총회는 2016년부터 2030년까지 인류가 달성해야 하는 지속가능개발목표(Sustainable Development Goals, UN SDGs)를 결의하면서 빈곤 해소, 교육 보장, 양성 평등, 불평등 완화, 지속가능한 생산과 소비, 기후변화 대응 등 17가지 목표를 제시한 바 있다. UN SDGs 는 2000년부터 2015년의 기간 동안 시행된 새천년개발목표(Millenium Development Goals, MDG)를 대체하는 것으로 반드시 ESG 투자나 경영을 전제로 한 것은 아니지만, 이러한 목표를 달성하기 위한 기업의 역할 을 중시하고 ESG 활동이 달성하려는 여러 목표들을 제시하였다는 점에서 의미가 있다.

5) LARRY FINK'S 2018 LETTER TO CEOS https://www.blackrock.com/corporate/invest−or−relations/2018−larry−fink−ceo−letter.

6) 안택식 (2000), 147면.

7) 남기윤 (2001), 110면.

8) Adolph A. Berle/Gardiner C. Means (1932), pp.5−19.

9) Merrick Dodd, Jr. (1932), 1145, 1932.

10) 이에 대해 독일법에서는 이미 1910년대 후반부터 기업지배구조에 관한 논의가 진행되기 시작하였고, 1920년대에는 기업자체이론(企業自體理論)으로 발전하였는데, 이 이론을 바탕으로 독일에서는 제2차세계대전 이후에 대기업은 더 이상 사적(私的)인 존재가 아니고 공익과 관련한 이익다원적(利益多元的)(종업원, 소비자, 고객 등)인 존재로서 이에 적합한 기업체제(經營體制)를 갖추어야하며, 대기업 경영자의 권력도 출자자인 주주의 의사만으로 정당화될 수 없고 경영권의 통제도 전통적 회사법의 틀안에서는 발생할 수 없다는 기업법 사상이 활발하게 논의되었다. 남기윤 (2001), 111면.

11) Judd F. Sneirson (2007), pp.444−446.

12) Cheri A. Budzynski (2006), p.443.

13) David Millon (1995), pp.12−13.

14) 전현정 (2000), 337면.

15) 송옥렬 (2013), 998면.

16) 이철송 (2006), 61면.

17) 공동체 의식(sense of community)에 대한 개념과 정의는 다양하게 논의되고 있는데, Nisbet (1962)은 공동체 의식을 "함께 살고 일하며 겪는 그리고 함께 있는 것을 전제로 한 작은 규모와 안정된 구조의 공동체 안에서 형성된 집단 의식"이라고 주장함. Unger & Wandersamn(1985)

은 "구성원이라는 느낌, 소속감, 공유된 사회 정서적 유대와 관련된 심리"라고 정의함. Glynn(1981)은 공동체 의식의 특성으로 동질성, 상호 의존성, 책임감 공유, 대면적 관계, 공동의 목표 등이 있다고 소개함. 이남겸/황일영/최영근/이용탁 (2020), 49면.

18) 곽수근 외 16명 (2020), 234면.

19) 손영화 (2012), 41-42면.

20) 유재욱/이근철/선정훈/김주권 (2011), 254면.

21) 장원봉 (2009), 47면.

22) 이남겸/황일영/최영근/이용탁 (2020), 51-52면.

23) 강영기 (2012), 4면.

24) Jim Lee (2004).

25) Danny Miller/Isabelle Le Breton-Miller (2005).

26) 급증하는 가족회사, 2025년 글로벌 기업의 40% 전망 전문경영인 우대하고 후계자 육성해야 지속 성장 (2017. 9. 11기사) http://economychosun.com/client/news/view. php?boardName=C24&t_num=12291

27) 국내선 '경영권 세습' 비판 ⋯ 글로벌선 '오너기업 우월성' 확인(2020. 5. 12) 기사. http://www.munhwa.com/news/view.html?no=2020051201030242000001

28) 한국거래소, "ESG 정보 공개 가이던스" (2021), 2면.

29) The Global Compact, "Who Cares Wins-Connecting Financial Markets to a Changing World", 2004, p.ii.

30) 책임 투자의 여섯 가지 원칙은 아래와 같다. Principle 1: We will incorporate ESG issues into investment analysis and decision-making processes. Principle 2: We will be active owners and incorporate ESG issues into our ownership policies and practices. Principle 3: We will seek appropriate disclosure on ESG issues by the entities in which we invest. Principle 4: We will promote acceptance and implementation of the Principles within the investment industry. Principle 5: We will work together to enhance our effectiveness in implementing the Principles. Principle 6: We will each report on our activities and progress towards im-plementing the Principles.

31) 각각의 카테고리에 속하는 과제들은 매우 다양하지만 대체로 E(환경)에는 기후변화, 온실가스의 삭감, 수자원 등 자원의 고갈과 오염, 폐기물, 산림 파괴, 생물다양성 등의 과제가 포함되는 경향이 있고, S(사회)에는 노동환경, 지역사회, 건강과 안전 등의 과제가, 그리고G(지배구조)에는 임원보수, 주주권, 비즈니스윤리, 이사회의 다양성, 구성, 독립성, 효과적인 감독, 공시, 내부통제와 위험관리 등이 포함되는 경향이 있다.

32) 신현탁 (2021), 96면.

33) 남양유업, 마르지 않는 불매 샘물⋯폐쇄된 조직문화가 일 키웠다(2021. 4. 17) 기사 https://www.sedaily.com/NewsVIew/22L4C2UHM6; "착취 기업 쿠팡 탈퇴합니다" ⋯ 번지는 소비자 불매 운동(2021. 6. 20) 기사 https://imnews.imbc.com/news/2021/econo/article/6280198_34887.html

34) 기업이 자발적 공시를 통해서 ESG 활동과 관련한 정보를 제공하는 경우 기관투자자의 장기투자를 유도하고 자본비율을 낮출수 있으며(Dhaliwal et al., 2011), ESG 활동의 성공적 실행이 시장에서 상대적으로 높은 수익률로 이어진다고 보고하였다(Dimson et al., 2015; Welch &

Yoon, 2020). 또한, COVID−19 기간(2020.1.31.~2020.3.31.) ESG 펀드가 비ESG 펀드보다 더 높은 수익률을 달성했으며, 성과가 나쁜 펀드 가운데서도 비 ESG 펀드보다는 ESG 펀드의 수익률이 더 높았다고 한다(Glow, 2020).

35) 김성택 (2015), 13면.

36) Michael Hopkins (2012), p.25.

37) Commission of the European Communities (2001), p.4.

38) Commission of the European Communities (2001), op. cit., p.4.

39) Adolf. A. Berle, Jr. (1932), p.1365.

40) E. Merrick Dodd, Jr. (1932), p.1145

41) 서의경 (2014), 6면.

42) Michael E. Porter/Mark R. Kramer (2011), p.5.

43) 김종대 외 (2016), 293면

44) 김종대, "선진기업들 언급조차 안하는 CSV … 한국은 왜 열광하는가", 조선일보 (2015.4.14) https://futurechosun.com/archives/8904

45) 박광온 의원 대표발의(의안번호 2100001, 2020. 6. 1. 발의) 및 홍익표 의원 대표발의(의안번호 2103712, 2020. 9. 10. 발의) 2개의 법안이 존재함.

46) 윤호중 의원 대표발의(의안번호 2101880, 2020. 7. 14. 발의), 강병원 의원 대표발의(의안번호 2102535, 2020. 7. 30. 발의), 김형배 의원 대표발의(의안번호 2104663, 2020. 10. 26.발의), 장혜영 의원 대표발의(의안번호 2104988, 2020.11.5. 발의), 양경숙 의원 대표발의(의안번호 2105051, 2020. 11. 6 발의) 등 5개의 법안이 존재함.

47) 제21대 국회에 제출된 「공공기관의 사회적 가치 실현에 관한 기본법안」 제2조(정의)에서는 "사회적 가치란 사회, 경제, 환경, 문화 등 모든 영역에서 공공의 이익과 공동체의 발전에 기여할 수 있는 가치로서 다음 각 목의 내용을 포괄한다"고 규정하고 있다.
   가. 인간의 존엄성을 유지하는 기본 권리로서 인권의 보호
   나. 재난과 사고로부터 안전한 근로·생활환경의 유지
   다. 건강한 생활이 가능한 보건복지의 제공
   라. 노동권의 보장과 근로조건의 향상
   마. 사회적 약자에 대한 기회제공과 사회통합 증진
   바. 협력업체와의 상생협력 및 공정거래
   사. 품위 있는 삶을 누릴 수 있는 양질의 일자리 창출
   아. 지역사회 활성화와 공동체 복원
   자. 경제활동을 통한 이익이 지역에 순환되는 지역경제 공헌
   차. 윤리적 생산과 유통을 포함한 기업의 자발적인 사회적 책임 이행
   카. 환경의 지속가능성 보전
   타. 시민적 권리로서 민주적 의사결정과 참여의 실현
   파. 그 밖에 공동체의 이익실현과 공공성 강화

48) 이은선/최유경 (2021), 27면.

49) 이일청 (2020), 2면.

50) GRI와 ISO 26000지표의 연관성에 대해서는" GRI G4 Guidelines and ISO 26000:2010 How to use the GRI G4 Guidelines and ISO 26000 in conjunction" 참고

https://www.iso.org/files/live/sites/isoorg/files/archive/pdf/en/iso−gri−26000_2014−01−28.pdf

51) Ernst & Young (2020).

52) Edward B Rock (2020), "For Whom is the Corporation Managed in 2020?: The Debate Over Corporate Purpose", 2020, 3−4.

53) 2007년 10월 1일부터 시행된 영국 회사법(2006년) 제172조(이사의 회사의 성공증진을 위한 의무)는 이사의 일반적 의무(general duty) 에 해당하는 동시에 이사의 충실의무(duty of loyalty) 중 하나로 간주되는 조항으로 이사가 성실하게 회사 구성원의 이익을 위하여 회사의 성공을 증진시킬 수 있는 방법으로 업무집행을 할 때 장기적으로 고려하여야 할 사항을 명시하고 있는데, 여기에는 주주 이외의 이해관계집단으로 회사 피고용인, 공급자, 고객, 지역 사회 등이 포함되어져 있다.

54) French PACTE Act ("loi relative à la croissance et la transformation des entreprises"); ESG Trending Topics − France (April 21, 2021) https://www.jdsupra.com/legalnews/esg−trending−topics−france−8510375/

55) EU report on due diligence, https://www.europarl.europa.eu/doceo/document/TA−9−2021−0073_EN.html

56) 국민연금기금 의결권 행사지침 제4조의2

57) 국민연금기금운영본부 책임 투자 부분 참조. https://fund.nps.or.kr/jsppage/fund/mcs/mcs_06_01.jsp

58) Bainbridge, Stephen M. "Corporate Purpose in a Populist Era." Neb. L. Rev. 98, 2019, p.574

59) 환경오염피해배상책임 및 구제에 관한 법률 일부개정법률안(송옥주 의원 대표발의), 자원의 절약과 재활용촉진에 관한 법률 일부개정법률안(이수진 의원 대표발의), 기후위기 대응을 위한 녹색금융 촉진 특별법안(민형배 의원 대표발의), 환경기술 및 환경산업지원법 일부개정법률안(정태호 의원 대표발의), 기후위기 대응 및 탄소중립 이행에 관한 기본법안(이수진 의원 대표발의), 기후위기 대응을 위한 탄소중립, 녹생성장 기본법안(환경노동위원장 대표발의), 조세특례제한법 개정안(민형배 위원 대표발의) 등이 있음.

60) 중대재해에 대한 기업 및 책임자 처벌 등에 관한 법률안(강은미 의원 대표발의), 중대재해 처벌 등에 관한 법률 일부 개정법률안(이탄희 의원 대표발의), 산업안전보건법 일부개정법률안(이해식 의원 대표발의_근로기준법 일부개정법률안(정희용 의원 대표발의), 공정거래 관련 집단소송법안(전해철 의원 대표발의) 등이 있음

61) 상법 일부개정법률안(김병욱 의원), 2020년 8월에 발의된 상법 일부개정법률안(다중대표소송제, 감사위원 분리선출제 등이 기도입됨), 자본시장법 일부개정법률안(민형배 의원/양경숙 의원 대표발의) 등이 있음.

62) 대표적으로는 2021년 8월 3일, 더불어민주당 이낙연 전 대표가 국민연금 등 공적 연기금 및 공공기관의 ESG(환경·사회·지배구조) 투자를 의무화하는 내용의 'ESG 4법'(공공기관운영법, 국가재정법, 국민연금법, 조달사업법)으로 각각 ESG 요소를 반영하는 내용이 골자이며, 공공기관의 경영활동, 공적 연기금 운용, 공공조달 사업 절차에 ESG 요소를 반드시 고려하고 그 노력의 정도를 평가에 반영하도록 하고 있음. "이낙연, ESG 4법 대표발의 … 연기금 의무 강화" (2021/8/3) 기사 https://news.einfomx.co.kr/news/articleView.html?idxno=4160803

63) 안수현 (2021), 22−33면.

64) 안수현 (2021), 33-34면.

65) 안수현 (2021), 34면.

66) 금융위원회 보도자료(2021. 1. 14), https://www.fsc.go.kr/no010101/75176

67) 지속가능 경영보고서: 환경 관련 기회·위기요인 및 대응 계획, 노사관계·양성평등 등 사회이슈 관련 개선노력 등 지속가능경영 관련 사항을 담은 보고서.

68) DIRECTIVE 2014/95/EU 은 'CSR 지침'이라고도 불리며, 특정 대규모 기업 및 단체의 비재무적 및 다양성 정보 공개에 관한 지침인 Directive 2013/34/EU의 일부 내용을 개정한 지침이다.

69) DIRECTIVE 2014/95/EU: (14).

70) DIRECTIVE 2014/95/EU 'Article 19a Non-financial statement.

71) EU 정부의 6대 핵심 정책은 j그린딜, k사회적 공정성 및 지속가능성 보장, l유럽가치 및 법치 수호, m디지털 전환 및 통상, n민주주의 수호, o대외관계 강화 등이다.

72) EU 금융기관(보험회사·중개사, 퇴직급여 관련 회사, 투자회사·신용기관, 대체투자펀드, 양도성 증권 집합투자 관련 회사 등) 투자상품(투자회사·신용기관 관리 포트폴리오, 대체투자펀드·양도성집합투자, 보험기반 투자상품 등)의 지속가능성 정보 공개를 의무화하는 규정으로 2021년 3월 10일부터 (1단계) 기업의 지속가능성과 투자상품의 비재무 정보에 대한 금융기관의 공시의무가 부여되었고, 2022년 1월 1일부터 (2단계) 투자대상 기업의 탄소배출량, 화석연료기업 또는 위험도가 높은 기업 등의 정보공시 의무가 부여됨.

73) 유럽연합 집행위원회(EC)는 2014년 채택 및 2018년에 시행된 EU 비재무정보보고 지침(EU Non-Financial Reporting Directive: NFRD)이 다루는 다양한 영역에서 '중요한' 정보가 무엇인지에 대해 기업에 상당한 재량권을 부여함에 따라, 신뢰할 수 있고 비교 가능한 지속가능성 공개를 이끌어내지 못한다는 비판을 수용하여 2020년에 기존 NFRD를 CSRD로 수정하는 작업에 착수함. 이에 따라 2021년 4월 21일, EU 집행위는 적용대상 기업 범위 확대, 정보보고에 대한 감사 의무, 상세 비재무정보보고 지침 등을 담은 수정안을 제안하였음. CSRD 제안에 따라 승인되면 대기업이_ 경우 2024년부터 CSRD 에 따른 보고를 시작하게 될 것으로 예상됨. https://eur-lex.europa.eu/legal- content/EN/TXT/?uri=CELEX:52021PC0189

74) EU는 지속가능금융 행동계획 이행수단으로 2020년 7월 12일 분류체계 규정을 발효하여 기업이 수행하는 사업의 녹색경제 활동 여부 판단기준을 수립함. EU 집행위원회는 이번 EU 분류체계상 기후위임법률(Delegated Act)을 통해 기후변화와 관련하여 좀 더 구체적인 기준을 제시함. 기후 위임법률은 어떤 경제적 활동이 기후변화 완화 및 적응에 실질적으로 더 기여하는가를 명확히 규정하고, 판단기준의 단순화 및 기준의 확대 등을 제시함. European Union(2020), Regulation (EU) 2020/852 on the establishment of a framework to facilitate sustainable investment and amending Regulation (EU) 2019/2088.

75) EU 공급망 실사제도는 기업에게 공급망 전체의 환경 및 인권 보호 등의 현황에 대한 실사의무를 부여하는 것으로 2020년 11월 EU 의회는 기후변화 대응, 노동 및 인권보호를 위해 산업 전반에 걸쳐 기업의 공급망 실사를 의무화하는 방안을 발표함. 2021년 3월, EU의회에서 공급망 실사 결의안을 채택하면서 집행위 법안 작업이 본격 가속화되었으며, 집행위의 공급망 실사 법안 초안 발표시기는 2021년 6월로 예정되었으나 현재까지 두 차례 연기된 상태임. 해당 법률안이 시행될 경우, EU 기업과의 비즈니스 유지 및 추진을 위해서 비EU 기업도 EU 공급망 실사 준수가 불가피할 것으로 예상됨. 현재 역내 공급망 실사를 채택한 회원국으로는 프랑스, 독일, 네덜란드 등이 있으며 프랑스가 2017년에 실사법을 채택하면서 회원국 중 가장 빨리 실사를 도입한 후 네덜란드(2019년), 독일(2021년) 등이 실사 법안을 채택함. European Parliament,

Towards a mandatory EU system of due diligence for supply chains, 2020.10.

76) 한국과 EU, ESG 관련법 뭐가 있나…ESG 입법동향 웨비나, 임팩트온 기사(2021.07.05)
http://www.impacton.net/news/articleView.html?idxno=2083

77) UK Companies Act 2006, https://www.legislation.gov.uk/ukpga/2006/46/part/15/
chapter/4A

78) TCFD: G20의 요청에 따라 금융안정위원회(FSB)가 기후변화 관련 정보의 공개를 위해 2015년
설립한 글로벌 협의체

79) Policy paper: UK joint regulator and government TCFD Taskforce: Interim Report and
Roadmap (2020).

80) France: ESG Reporting(2021).

81) French PACTE Act ("loi relative à la croissance et la transformation des entreprises"); ESG
Trending Topics—France (2021).

82) 그 외에도 회사의 정관에 회사가 도입하고 경영활동을 수행함에 있어 자원을 분재하는 것과
관련한 원칙으로 구성된 존재의 이유(raison d'être)를 기재할 수 있다(프랑스 민법 제1835조).
임무기업(entrepise à mission) 제도를 신설하여 회사가 존재의 이유를 정관에 기재하고, 회사
가 추구하는 사회적, 환경적 목표를 정관에 규정하며, 이러한 임무의 수행 준수 여부를 독립된
제3자로부터 평가받는 절차를 거칠 경우 임무기업 명칭을 사용할 수 있도록 하였다(프랑스 상
법 L.210−10조 이하).

83) Using The Sustainability Code to comply with the CSR Reporting Obligation
https://www.deutscher−nachhaltigkeitskodex.de/en−GB/Home/DNK/CSR−RUG

84) 독일 공급망 실사법은 2023년부터 직원 수 3000명 이상 기업을 대상으로 시행되고 2024년
1000명 이상 기업으로 확대 적용된다. https://www.business−humanrights.
org/en/latest−news/german−due−diligence−law/

85) ESG 경영을 위한 선행 조건으로 이사회의 역할과 ESG 성과 평가 두 가지가 제시되고 있는데
여기에서는 이사회의 역할에 대한 부분을 살펴보고자 한다. 곽수근 외 16명 (2020), 117−118.

86) BlackRock, 2020, Larry Fink's 2020 letter to CEO's

87) ESG 리스크/이슈 관리를 위한 이사회의 역할로는 jESG 위험 파악, kESG 위험 평가, lESG위험
관련 의사 결정, mESG 위험 감독, nESG 위험 공시가 있다. Ceres (2019).

88) KCGS는 국내기업에 건전한 ESG (환경·사회·지배구조) 경영의 방향을 제시하기 위하여 국내
에서 유일하게 ESG 모범규준을 제정하여 발표하고 있으며, ESG 모범규준은 현재까지 KCGS의
ESG 평가에 활용됨과 동시에 국내 상장회사들의 ESG 경영 기준 및 정부의 각종 정책 관련 참
고자료로 활용되고 있음. http://www.cgs.or.kr/business/best_practice.jsp

89) KCGS (2021), 83면.

90) Marchand v. Barnhill, 212 A.3d 805 (Del.2019).

91) 신현탁/조은석 (2018), 149−150면.

92) Henry Hansmann/Reinier Kraakman (2004), pp.62−63.

93) Id. pp.62−64.

94) 마이어 교수는 회사에 대한 지배나 이사 선출 자체는 주주가 해야 한다고 보고, 이해관계자가
이사 선출 등에 관여할 경우 회사의 자금조달 자체가 어려워질 수 있으므로 이해관계자의 경영

참여에 반대한다. (관련 논의에 대한 내용은 아래 링크에서 참고함) Guido Ferrarini (2020), pp.38-39.

95) 프랑스 임무회사제도에 대한 내용은 미주 54 참고.

96) Luigi Zingales (2020).

97) Colin Mayer (2020).

98) Henry Hansmann/Reinier Kraakman (2004), pp.63-64.

99) David Millon (1995), pp.12-13.

100) §1, §7 Mitbestimmungsgesetz

101) 최정애 (2020). 157-158면.

102) 독일의 기업 운영체계는 크게 위계적 기업문화, 교환적 기업문화, 공동체적 기업문화, 참여적 기업문화 이렇게 네 가지로 분류되며 이러한 기업의 문화가 독일 기업을 움직인다면, 이들은 결과적으로 자신의 소명을 다해 지역과 사회의 공동체에 기여하게 되는 것이라고 저자는 설명한다. 김성국 (2001), 19-33.

103) 노명환 (1999), 49면

104) 2011년, 쾰른 독일 경제 연구소(IW-Köln)가 독일의 중소기업(미텔슈탄트) 4400개를 대상으로 진행한 '기업의 우선과제에 대한 설문조사'에서 기업들이 <사회에 관한 우선과제>로 가장 높은 점수를 받은 항목은 "지역공동체 의식을 강화시킬 수 있는 지역 주체를 지원해야 함(81점)" 이었고 다음으로는 "사회가 충분히 수행하지 못하는 일을 기업이 분담해야 함(71점)"으로 꼽혔다. <기업에 관한 우선과제>에서는 "회사의 규정을 지키는 것은 회사 생활을 위한 일부임(76점)" 항목이 가장 높았으며, 그 다음으로는 "일반 대중에서 우리 회사의 평판을 향상시켜야함(68점)" 항목이 높은 점수를 받음. 최정애 (2020), 159-160면 참고

105) 김은경 (2016).

106) 최정애 (2020), 160-161면

107) 「자본시장법」 제165조의20(이사회의 성별 구성에 관한 특례): 최근 사업연도말 현재 자산총액[금융업 또는 보험업을 영위하는 회사의 경우 자본총액(재무상태표상의 자산총액에서 부채총액을 뺀 금액을 말한다) 또는 자본금 중 큰 금액으로 한다]이 2조원 이상인 주권상장법인의 경우 이사회의 이사 전원을 특정 성(性)의 이사로 구성하지 아니하여야 한다(2020. 2. 4. 개정, 2020. 8. 5. 시행, 2년 경과조치).

     자산총액 2조 원 이상 기업에 대해서는 2020년 자본시장법 개정으로 특정 성만으로 이사회를 구성할 수 없도록 되었고, 2년의 경과 조치 후 2022년 8월 5일부터는 해당 규정이 전면 적용된다. 2021년 1분기 기준 사업보고서를 제출한 상장법인2,246개의 성별 임원 현황을 조사한 결과, 여성임원 비율은 5.2%로 나타났으며, 자산 총액 2조 이상 기업 152개 중 85개는 여성 등기임원을 1명 이상 선임한 것으로 확인되었다. 정책브리핑 (2021. 08. 05.) https://www.korea.kr/news/pressReleaseView.do?newsId=156465089

108) AB-979 Corporations: boards of directors: underrepresented communities, California Legislative Information https://leginfo.legislature.ca.gov/faces/billNav Client.xhtml?bill_id=201920200AB979

109) SECURITIES AND EXCHANGE COMMISSION(Release No. 34-92590; File Nos. SR-NASDAQ2020-081; SR-NASDAQ-2020-082) August 6, 2021. 나스닥 규정 개정에 대해서는 많은 찬반 논쟁이 있었고, SEC 단계에서도 민주당 추천 SEC 위원 3인은 찬성의견을, 공

화당 추천 SEC 위원 2인은 반대의견을 표명한 바 있다. https://www.sec.gov/rules/sro/nas-daq/2021/34−92590.pdf; https://www.sec.gov/
news/public−statement/gensler−statement−nasdaq−proposal−disclosure−board−diversity−080621?utm_medium=email&utm_source=govdelivery

110) 정준혁 (2021), 53면

111) Jens Dammann/Horst Eidenmueller (2020).

112) 이재용 삼성전자 부회장이 구속되었을 때 미국 뉴요가임스는 '돈, 권력, 가족: 한국의 재벌 내부'라는 기사를 냈을 정도이다. Money, Power, Family: Inside South Korea's Chaebol (February 17, 2017) https://www.nytimes.com/2017/02/17/business/south−korea−chae−bol−samsung.html

113) 국내선 '경영권 세습' 비판···글로벌선 '오너기업 우월성' 확인(2020.5.12) 기사, http://www.munhwa.com/news/view.html?no=2020051201030242000001

114) 영국의 경우 가족경영 비중이 10%, 미국 30%, 유럽국가 70%, 홍콩 75%이다. "소유구조 단순화, 한국식 가족경영 문제 해결 비법"(2020. 9. 25 기사) https://www.thebell.co.kr/free/content/ArticleView.asp?key=20200925135714532010516& lcode=00

115) 남양유업, 마르지 않는 불매 샘물 ··· 폐쇄된 조직문화가 일 키웠다(2021.4.27 기사); "이젠 포기한다" 쿠팡 불매운동 심상찮다 ··· SNS 탈퇴 인증샷 릴레이(2021.6.22.)
https://www.sedaily.com/NewsVIew/22L4C2UHM6
https://www.mk.co.kr/news/business/view/2021/06/602902/

종교공동체와 법

Chapter **03**
•
종교공동체와 법

I. 글머리에

1. 교회는 하나의 신앙공동체라 할 수 있다. 신약성서에서 '교회'로 번역된 그리스어 에클레시아(ekklesia)는 본래 세속적이며 정치적인 개념으로서 '선택받은 사람들의 모임'을 의미한다.[1] 예컨대 고대 그리스 민회 의원에 당선된 자가 회기가 시작되어 회의에 출석한 경우에 사용한 것이라고 한다. 이 단어가 '교회'로 번역된 것은 교회가 예수를 구세주로 고백한 자들을 세상으로부터 (선택하여) 불러낸 자들의 모임이기 때문이다. 이러한 에클레시아로 번역된 '교회'라는 단어가 신약성서 상에 114회 나오는데, 그 대표적인 전거들은 다음과 같다:

- 또 내가 네게 이르노니 너는 베드로라 내가 이 반석 위에 내 교회(밑줄은 필자가 부기했음: 이하도 같음)를 세우리니 음부의 권세가 이기지 못하리라(마태복음 16장 18절): 그리스도를 믿는 자들 모두를 포괄하는 모임(세계교회)
- 온 교회와 이 일을 듣는 사람들이 다 크게 두려워하니라(사도행전 5장 11절): 특정 지역에 있는 신자들의 모임(지역교회)
- 또 저의 집에 있는 교회에도 문안하라 내가 사랑하는 에배네도에게 문안하라 그는 아시아에서 그리스도께 처음 맺은 열매니라(로마서 16장 5절): 한 가정에서의 모임(가정교회)

이상에서 언급한 '교회'라는 말은 신약에서만 사용되는 것은 아니다. 예컨대

BC 3~2세기에 번역된 그리스어 역 구약성서 셉투아긴타(Septuaginta: 70인 역)에서도 히브리어 Kahl의 번역어로 100회나 나오는데, 주로 유대인의 '회중'이나 '집회'와 같은 종교 목적의 모임(신명기 9장 10절, 18장 16절)을 가리킬 때 에클레시아를 사용했다[2]. 그러나 진정한 의미의 교회는 예수 그리스도가 십자가에 달려 돌아가시고, 부활한 뒤 그의 제자들에게 "복음을 전하라."는 명령에 따라 이러한 제자들이 유대교 회당을 모방하여 자신들의 공동체를 건설한 것이라 할 수 있다. 이러한 교회에는 앞서 언급한 바와 같이 전 세계에 걸쳐 그리스도를 믿는 자들의 모임과 특정한 지역에 있는 신자들의 모임 및 특정인의 집에서 갖는 모임인 가시적 교회뿐만 아니라, 비가시적 교회를 포함하는 넓은 개념이다.[3]

2. 이러한 교회가 지니어야 할 공동체의 요소에 대한 신약성서 상 전거로 대표적인 것은 다음과 같다:

- 믿는 사람이 다 함께 있어 모든 물건을 서로 통용하고, 또 재산과 소유를 팔아 각 사람의 필요를 따라 나눠 주며, 날마다 마음을 같이하여 성전에 모이기를 힘쓰고 집에서 떡을 떼며 기쁨과 순전한 마음으로 음식을 먹고, 하나님을 찬미하며 또 온 백성에게 칭송을 받으니 주께서 구원받는 사람을 날마다 더하게 하시니라(사도행전 2장 44-47절)

- 믿는 무리가 한 마음과 한뜻이 되어 모든 물건을 서로 통용하고 자기 재물을 조금이라도 자기 것이라 하는 이가 하나도 없더라. 사도들이 큰 권능으로 주 예수의 부활을 증언하니 무리가 큰 은혜를 받아, 그중에 가난한 사람이 없으니 이는 밭과 집이 있는 자는 팔아 그 판 것의 값을 가져다가, 사도들의 발 앞에 두매 그들이 각 사람의 필요를 따라 나누어 줌이라(사도행전 4장 32-35절).

통상 공동체란 "지리적 접근성과 사회적 단일성 및 문화적 동일성을 가지는 공동 사회적 집단"이라 한다.[4] 다시 말해 동질성을 가진 사람들이 자연적, 생태적, 지리적으로 한정되고 근접한 지역에 살면서, 역사적 유산을 공유하고, 기본적 봉사 기관을 가지고 공동 생활방식에 참여하며, 단일성의 의식을 가지고 협동생활을 할 수 있는 여건을 갖춘 사회 집단을 의미한다.[5] 퇴니스의 구별에 따른 공동체(Gemeinschaft)는 인간의 신념, 자연적 성정 및 양심에 나타난 '본질적 의지'가 일치의 근본 동기로 작용한다. 이에 반해 이익사회(Gesellschaft)는 자연의 정복, 외부 침략에 대한 방어, 구체적인 이익의 추구 등을 더욱 효율적으로 수행할 목적으로 발동된 '선택된 의지'가 근본 동기로 작용하는 것이다.6) 이러한 공동체의 원형이 바로 사도행전에서 기록하고 있는 초대교회 공동체이다. 예컨대 위의 전거에서 알 수 있는 바와 같이 1) 믿는 사람이 다 함께(공동체의 구성원), 2) 재산을 출연하여 서로 통용하고(공동체의 재산 관계), 3) 마음을 같이하며 성전에 모여(공동체의 회합), 4) 하나님을 찬미하였다(공동체의 목적). 이러한 이해들을 종합해 보면 초대교회 공동체란 함께 생활하며 재산을 공유하고, 공동이익과 목적을 갖는 사회집단으로 총체적인 삶 내지 생활 공동체였다. 이러한 공동체의 모습은 구성원들의 의식주뿐만 아니라 삶 전체가 투영되어 있지만, 그 중심은 그리스도 안에서 그의 교훈에 따라 서로를 섬기며 서로 사랑하는 것이었다.7) 오늘날 기독교 공동체로서 교회 역시 하나님의 뜻에 순종하여 그의 나라를 확장하기 위해 모인 신앙 중심의 모임이다. 이러한 사도행전의 초대교회 공동체는 로마의 모진 박해에도 불구하고 다양한 형태로 유지 발전하였다. 초대교회는 AD 325년 니케아 신조에 따라 단일성, 거룩성, 보편성, 사도성이라는 4가지 특성을 본질로 삼았다. 종교개혁 후 개신교는 이러한 특성 중 어느 것을 강조하느냐에 따라, 그리고 그것을 어떻게 해석하느냐에 따라 루터교, 장로교, 감리교, 성결교 등 다수의 분파로 나누어졌다.

3. 이러한 개신교가 19세기 후반부터 유럽, 특히 미국 선교사들로부터 본격적으로 한국에 전해졌다. 기독교는 선교 초창기와 일제강점기를 거쳐 우리 민족의 개화와 의식 발전에 크게 기여하였다. 특히 기독교가 근대식 대학과 병원을 설립하여 국민 계도와 건강 증진에 도움을 주었을 뿐만 아니라 성경 번역과 우리말 찬송가의 보급을 통해 한국인의 언어적 정서적 재구조화에 선도적 역할을 하였다.8) 더 나아가 기미 독립선언에 참여한 자들의 출신에서 알 수 있듯이 일제하의 독립운동뿐만 아니라, 해방 후에도 교회의 '세상을 향한 여정'을 통해 한국 사회 발전에 많은 영향을 미쳤다.9) 한국교회의 성장은 세계 선교역사에서도 보기 드문 폭발적이다. 특히 해방 후 혼란기와 6.25 한국전쟁을 거치면서 교회의 역할이 더욱 증대되었다. 한국 경제의 고도성장기에 부합하는 성장 위주의 교회 운영은 양적 물적 팽창을 가져왔다. 그러나 이러한 한국교회의 순기능적 역할은 불행하게도 1980년대 접어들면서 물신주의적 역기능으로 전도(顚倒)되어, 한국 사회의 발전이나 통합에 크게 기

여하지 못하고 있다. 예컨대 대형교회 목사들의 횡령이나 배임 사건, 성범죄 및 교회의 분열과 같은 문제로 사회가 교회를 걱정해야 하는 사태에 이르렀다. 최근 COVID-19 이후 종교집회의 제한으로 말미암아 교회가 정부와 대립하는 양상도 보였다. 때로는 신천지나 전광훈 목사가 시무하는 '사랑제일교회' 사건에서 확인할 수 있듯이 종교활동이 사회문제화되기도 하였다. 종교의 자유는 자유권 중 가장 원초적인 것으로 오랜 역사를 지니고 있다. 이러한 종교의 자유에는 신앙과 포교의 자유뿐만 아니라 종교단체의 설립, 운영, 해산에 이르는 전 과정을 포함하는 포괄적이다. 이러한 종교단체의 설립이나 운영 및 해산은 모두 직·간접적으로 법률의 영향을 받고 있으므로, 다양한 법률문제가 발생한다. 그러나 개신교회의 문제는 교회의 정체성이나 본질과 관련해서도 다수 발생하고 있다. 특히 '내면을 향한 여정'의 순수성과 무오류성 등 개인 구원을 강조하는 교회들과 '세상을 향한 외적 여정' 등 사회구원을 강조하는 교회들이 서로 분리되어 분파주의를 더욱 촉진했다. 교파간의 상호반목과 정파적 운영에 따라 2000년대에 들어서는 교회 성장이 둔화 내지 쇠락하고 있다. 특히 2030년쯤에는 기독교 교인 수가 1/3 정도로 감소할 것이라는 비관적인 전망도 있다.10)

4. 본 장에서는 한국교회 공동체, 특히 개신교의 현황과 여러 가지 문제를 논구해 보고자 한다. 천주교를 제외한 개신교를 중심으로, 한국 개신교회의 현실과 신학적 문제들을 먼저 살펴보고(Ⅱ), 이어서 한국 교회공동체의 법적인 문제를 지교회(Ⅲ)와 총회 유지재단으로 나누어 법적인 관점에서 문제들을 검토해 본(Ⅳ) 다음, 이러한 문제들에 대한 필자의 단상을 기술해 보고자 한다.

Ⅱ. 한국교회의 현황과 문제점

1. 한국 종교 및 개신교의 현황

인간은 홀로 존재할 수 없다. 인간이 인간으로서 존재할 수 있는 것은 '인간과의 관계'를 유지할 수 있기 때문이다.11) 이러한 인간 상호 관계를 효율적으로 증진하고 유지하기 위한 모색이 인적 결합, 즉 단체로 나타난다. 인간의 구원 등을 위해 창시된 각종 종교 역시 인간의 모임으로서, 그 모임이 존속하는 동안 정신 활동에 주요한 역할을 해 왔다. 2015년에 조사한 통계청 자료에 따르면[12] 내국인 약 4,900만 중에서 종교인 수는 대략 2,155만 명으로 전체 인구대비 44%에 이른다. 종교별로 보면 불교 760만 명, 개신교 970만 명, 천주교가 390만 명, 원불교 8만 명, 유교 7만 5천 명, 천도교 6만 6천 명, 대순진리 4만 명, 대종교 3천 명, 기타 9만 8천 명에 달한다.[13] 오랜 역사를 자랑하는 불교의 경우 다양한 종단의 활동을 통해 유지 발전하였다. 법인으로 등록되어 확인 가능한 종단이 146개에 이르며,[14] 확인을 할 수 없거나, 확인하지 못한 종단이 336개에 이른다.[15] 이러한 불교의 종단과 마찬가지로 법인으로 확인할 수 있는 개신교 교단이 126개이며,[16] 확인되지 않거나 확인할 수 없는 개신교 교단이 248개에 이른다.[17] 천주교는 로마교황청을 중심으로 교구별로 운영되고 있어 분파주의와는 거리가 멀다. 신앙공동체의 관점에서 보면 개신교의 분열은 이해할 수 없는 부끄러운 현상이다. 가장 분열이 심한 장로교의 분열은 1938년 일제의 신사참배 문제로 시작되었다. 일제의 한국교회 지배가 분열의 씨앗이 되었다.[18] 일제의 신사참배 강요에 대해 순교로 항거하면서 신앙을 지킨 고신파(고려신학대학)가 먼저 분리되었으며, 해방 후 교리문제로 김재준 목사를 비롯한 진보주의적 목사들이 대한예수교장로회를 탈퇴하여 한국기독교장로회(한신대학교)라는 하나의 교단을 설립하였다. 더 나아가 남아있던 대한예수교장로회 소속 교회들에서도 1956년에 WCC 가입과 교리해석의 문제로 충돌하여 중도적인 대한예수교장로회 통합(장로회신학대학교)과 보수적이라 할 수 있는 대한예수교장로회 합동(총신대학교)으로 분열되었다. 이후 대표적인 대한예수교장로회의 3개 교단으로부터 '핵분열'이라 해야 할 정도로 심각하게 분열되었다. 예컨대 전술한 바와 같이 공식적으로 확인된 개신교 126개 교단 중 예수교장로회가 101개에 이른다. 미확인된 곳에서도 248개 교단 중 185개가 예수교장로회라는 이름으로 설립되었다. 예컨대 대한예수교장로회 총회라는 원조 교단을 개혁한다는 미명 아래 대한예수교장로회 총회개혁이 설립되었는데, 이 개혁에 대해 또 개혁한다는 개혁 A, B, C, D, 개혁개신, 개혁혁신, 개혁연대, 개혁 선교, 개혁 예음, 개혁 정통, 개혁 종로, 개혁 총연, 개혁 합동, 고려개혁<A, B> 등으로 다시 분열되었다. 이러한 극심한 분열로 말미암아 한국교회는 소위 에쿠메니컬한 운동에 반하는 개교회주의로 흐르게 되었다. 더 나아가 개교회 혹은 군소 교단들은 경쟁에서 살아남기 위해 교회의 본연에 임무나 사명보다는 극도의 이기주의와 개교회의 성장에 몰두하는 등 후술하는 다양한 문제를 야기한다. 이에 따라 한국교회는 '문제 덩어리 종합선물 세트'라는 비판이 제기될 정도에 이르렀다.[19] 물론 한국교회 모두가 다 그렇다는 것은 아니다. 진정으로 하나님 나라의 확장을 위해 헌신하며, 이웃과 세상을 섬기는 교회, 복음을 위해 전심으로 이름도 없이 노력하는 교회, 비록 작은 교회지만 생태와 환경 보호나 마을 보호를 위한 공동체로써 교회들이 존재한다는 것까지 부정하는 것은 아니다.

2. 한국 개신교회의 신학적 문제

가. 개설

기독교공동체로서 교회는 예수를 구세주로 믿고, 그의 가르침에 따라 거룩한 삶을 살고자 고백한 사람들의 모임이다. 따라서 기독교공동체는 구성원 모두가 '함께 일치'를 향해 나아가는 삶의 과정이라 할 수 있다. 이러한 기독교공동체의 사명은 나눔과 돌봄에 의한 섬김의 자세로(Stewardship of Sharing and Caring), 동일한 하나님의 백성으로 율법 아래서 평등함을 유지하며, 종에 대한 권리보호, 애굽 노예 생활로부터 속량을 상기하는 일(신명기 15:15)들이라 할 수 있다. 따라서 공동체를 이루는 구성원 간의 관계와 원리를 한마디로 요약한다면 소위 '동반자 관계(Partnership)'라 할 수 있다. 동반자 관계란 상호 존엄성을 가지고 동등한 자유와 권리를 누리면서 협동하여 공존 공영할 수 있는 공동의 삶을 창조하는 것을 의미한다. 그런데 이러한 관계가 한국 교회공동체에서 무너지고 있다는 것이 문제다. 그 이유는 다양하다. 우선 급속도로 성장하는 한국 경제에 맞추어 교회 역시 성장 위주의 경제적 성취를 최고 미덕으로 삼았다. 이러한 과정에서 교회공동체에 대한 시각 내지 교리 해석상의 문제로 극심한 분열이 일어났으며, 분열된 교단 간의 경쟁이 심화하였으며, 교세 확장과 성장에 유리한 개교회주의가 팽배해졌다. 이러한 개교회주의에 따른 당연한 결과로 '우리 교회'만을 위한 활동이 강화되고, 그에 부합하는 개인 구원 중심의 기복 신앙이 주류를 이루게 되었다. 물론 개인 구원을 바탕으로 한 뜨거운 기도와 열정적인 신앙생활은 신자로서 기본적인 것으로, 한국교회 성장의 동력이 되기도 하였다. 그러나 이러한 개교회주의와 개인 구원 중심으로 말미암아 예수의 가르침인 '복음'이나 교회의 '내적인 여정'이 뒷전으로 밀리게 되었다. 즉 개신교회의 정체성이 사라졌다. 특히 교회의 공동체적 요소가 점점 희박해졌다. 오늘날 한국 사회는 합리적인 사고방식에 따라 가치관이 크게 변화되었다. 예컨대 산업화 및 도시화에 따른 개인주의적 생활양식의 변화, 물량주의적 가치관에 의한 성공 주의가 주류를 이루게 되었다. 이러한 변화는 교회에도 그대로 적용되었다. 이에 따라 하나님의 백성으로 지녀야 할 구원의 공동체적 요소를 강조하지 못하고, 번영의 신학을 중심으로 한 성장주의 강조, 개교회 만능주의 내지 개인의 축복 장소로서 교회가 강조되었다. 결과적으로 바울서신에 나타난 '교회'에 대한 성경적 이해와 말씀과 더불어 나타나는 삶의 실천을 이룩하지 못했다. 성령 안에서 나눔과 돌봄으로 표현되는 섬김의 자세 등을 상실하였다. 이러한 문제는 결국 '신앙과 삶의 분리'라는 이원주의라는 현상으로 나타났다. 신앙과 삶의 이원적 태도는 궁극적으로는 '말씀'에 대한 이해 부족 내지 왜곡으로부터 기인한다. 여기에서는 한국교회의 문제점을 신학적 관점에서 분파주의, 과도한 성장주의, 개교회주의, 목회자의 일탈 행위 등으로 나누어[20] 간략하게 살펴보고자 한다.[21]

나. 분파주의

교회의 현황에서 살펴본 바와 같이 한국 개신교회에는 세계 모든 개신교의 종파들을 다 합한 것이라 할 수 있을 만큼 다양한 종파가 있다. 회심을 강조하는 감리교나 세례 등을 강조하는 침례교회, 성결을 강조하는 성결교회 등 교파 창시부터 뚜렷한 교리에 의해 설립된 교단들이 한국에 전파되어 활동하는 것은 충분히 이해할 수 있다. 그러나 하나의 통일된 교리에 의해 창시된 교단이 자신의 이해득실에 의해 분열되는 것은 큰 문제가 아닐 수 없다. 예컨대 법인화된 대한예수교장로회만도 100여 개의 교단과 미확인된 것을 합하면 300여 개 파로 나누어져 있다. 이로말미암아 끊임없이 서로 반목하고, 하나님 앞에서 통합과 일치를 중요한 사명으로 삼는 종교활동은 교파별로 분열되어 소모적인 양상을 보여준다. 특히 교역을 담당하는 목회자의 양성도 교파별로 나누어져, 교단별로 목회자를 배출하는 신학교를 가지고 있다. 예컨대 대한예수교장로회 합동 측의 총신대학교[22]와 통합 측의 장로회신학(장신)대학교,[23] 한국기독교장로회의 한신대학교 및 대한예수교 장로회 고신파의 고신대학교가 장로교회의 대표적인 신학대학들이다. 이 밖에도 감리교신학대학교와 서울신학대학교(성결교), 침례교신학대학교 등과 같은 전통 있는 교단의 신학대학뿐만 아니라 군소 교단들도 별도 신학대학교를 설립하여 목회자를 양성하고 있다. 이러한 정식 인가를 받은 신학교를 운영하는 교단은 전체 기독교 교단 가운데 25개에 달할 뿐, 200개에 달할 것으로 추정되는 작은 교단들 대부분은 무인가 신학교로서 무자격 목사들을 해마다 수천 명씩 배출하고 있다. 자신의 교파 확장 내지 성장을 위해 악용하고 있는 무인가 신학교 문제가 사회문제화된 지 오래다.24) 이러한 신학교에서 매년 수천 명의 수준 미달의 목회자를 양산하고 있으며, 그로 말미암아 극단적인 경쟁이 초래되어 온갖 술수와 위법이 난무하고 있다.

다. 과도한 양적 성장주의

6.25 한국전쟁은 국민의 삶 자체를 파괴하고, 온갖 참화로 인한 고통과 함께 정신적 불안감 등을 야기하였다. 이러한 정신적 불안 해소와 새로운 가치관의 모색, 현세의 고난을 잊고자 하는 내세적 구원에 대한 욕망 등으로 많은 사람이 교회로 모여들었다. 특히 월남한 기독교인들과 반공주의자들이 교회에 집중적으로 몰려들었다.25) 이에 따라 한국교회는 1960년대에 접어들면서 급속하게 성장하기 시작하여, 1980년대 절정을 이루었다. 이러한 성장의 배경에는 사경회나 부흥회 등을 통한 신앙교육과 각종 교회운동, 다양한 교회의 프로그램, 한국교회의 자력 전도, 교회 성장의 이념과 방안, 그리고 무엇보다 한국인의 종교적 심성 등이 종합적으로 기여한 것이라고 한다.26) 이러한 교회 성장이 순기능도 없지 않았다. 그러나 교회가 신자들의 신앙생활을 성숙하게 하여 이웃과 세상을 섬기고 봉사해야 하는데, 그렇지 못하고 주로 물량적인 외적 성장에 치우치게 되었다. 예컨대 한국교회는 주일에 단일교회의 출석성도가 50만 명을 넘는 세계 최대교회가 출현하는 등 외적으로 엄청난 성장을 이룩하였다. 그러나 한국사회의 산업화에 따른 상업주의와 물신주의 사고가 팽배하여 교회 내에서도 세속적 가치에 의한 '성공주의'가 판을 치게 되었다. 이러한 양적 팽창을 교회 성장으로 인식하고, 그것이 성공한 목회라고 여겨지게 되자, 교인 수를 늘리기 위해 수단과 방법을 가리지 않는 경쟁이 벌어졌다. 십수 년 전부터 개신교회의 전체 교인 수는 증가하지 않고, 오히려 감소하고 있다. 따라서 특정 지역의 여러 교회 중에서 한 교회가 성장한다는 것은 다른 교회 신자들의 이

동을 의미하고, 이로 말미암아 신실한 소규모의 교회들이 존속하지 못하고 사라지는 경우도 비일비재하다.

　　이러한 과도한 양적 성장주의는 교회공동체의 정체성을 상실하는 결과를 초래하였다. 교회가 외형적으로 비대해지면서, 목회자와 성도 간의 교통이나 성도 간의 영적으로 친밀한 교제인 코이노니아(Koinonia)는 점차 축소되고, 공동체적 관계보다는 조직(hierachical system)에 더 민감한 조직교회 형태로 변모했다. 특히 대형교회의 특성상 구성원 간의 교제는 형식적으로 이루어져 조직의 역할이 중시되었다.27) 이에 따라 초대교회에서 누리던 공동체 구성원 사이의 친밀성과 연대성이 희박해져, 신자들은 공동체의 구성원으로서가 아니라 교회를 드나들며 극장에서 영화 보듯 '예배를 보는' 신자가 주류를 이루게 되었다. 전형적으로 외식하는 자가 판을 치는 교회가 되었다. 소위 삯꾼 목사와 친밀성과 연대성을 상실한 신자들을 통해서는 공동체성을 회복할 수 없다. 이에 따라 일부 교회공동체는 사회에서 교회로서 역할을 할 수 없는, 즉 '빛과 소금'의 역할을 저버린 무익한 집단이라는 비판까지 받게 되었다.28) 이러한 성장주의의 부작용으로부터 해방되기 위해서는 한국교회 역시 얼마 전에 타계한 라칭어 전 교황의 제안처럼 "작아져야 하고, 나아가 아주 새롭게 다시 시작해야 한다. 그러나 시험을 거치고 나면 내면화되고 간소화된 교회에서 대단한 힘이 솟아날 것이다. 철두철미하게 계획된 세계의 사람들은 말할 수 없이 외로워질 것이다 … 그렇게 되면 작은 규모의 신앙인공동체가 전혀 새로운 어떤 것으로 발견하게 될 것이다".29) 교회는 복음이 공공의 힘으로 유지될 수 있도록 많은 상상력을 동원하고 개발해야 한다.30) 예수님이 제시한 '작디작은 공동체', 지상의 누룩이 되고 소금이 되는 공동체는 바로 작은 교회로서, 전체를 위해 책임을 지는 것이다.31) 이러한 가르침에 정면으로 반하는 것이 한국 대형교회의 성장지상주의이다. 이와 같은 성장지상주의에 반대하며 '작은 교회운동', 특히 '탈성직, 탈성장, 탈성별'을 통한 평신도의 작은 교회운동이 전개되고 있는 것은 다행스러운 일이다.32)

라. 개교회주의와 개인 구원 중심의 신앙

　　현대사회의 특징 중의 하나인 '개인주의'가 교회에도 만연하고 있다. 원래 개인주의는 인간 개개인의 가치를 중시하는 의미로 이해하거나, 개별 인간 자신의 사고와 판단을 중시하는 자율성을 의미하기도 한다.33) 특히 후자의 자율성은 '자기를 향한 자유와 도덕의 독립성'을 의미한다.[34] 국민 개개인들이 이러한 개인주의를 지닌다고 해서 그 자체가 문제 되지 않는다. 특히 교회에서도 인간 개개인의 가치를 무시하는 집단주의를 지향하는 것은 더욱 아니다. 성서에서 추구하는 개인은 개인 중심이나 자기만족을 앞세우는 것이 아니라 하나님 안에서 이웃과 더불어 하나님의 나라를 지속시켜 나가는 공동체의 일원으로서 개인을 의미한다. 이러한 개인은 하나님의 나라 안에서 서로의 필요를 채워주는 나눔과 섬김의 자세를 통해 완성될 수 있다. 한국교회의 개교회주의는 교회 운영의 기본적인 원리로서 여러 가지 원인이 복합되어 나타날 뿐만 아니라 한국교회의 성격을 결정하고 여러 가지 문제를 발생시키는 근원이 되고 있다.[35] 개교회주의가 내포하고 있는 팽창주의적 속성은 한국교회의 양적 성장에 크게 기여하였다. 그러나 개교회의 지나친 성장 경쟁은 목적이 수단으로 전락하는 목적의 전도 현상을 초래하였다. 특히 개교회의 예산 확대, 시설 확장이 개교회의 주된 관심사였다.[36] 이에 반해 복음선포, 교회구성원들을 성숙한 성도로 만드는 일, 사회적 책임은 관심 밖으로 밀렸다. 이로 말미암아 신앙은 전적으로 하나님과 사람과의 수직적 관계로 개인 구원이 우선이라는 가르침이 개교회주의와 결합하여, 사회구원을 등한시하는 풍조를 낳게 되었다. 특히 개인구원 중심으로 인한 관계적 집단적 인간성 결여로 말미암아 '교회의 공동체성'을 상실하는 결과를 초래하였다. 따라서 진정한 교회공동체는 교회 안에 내재해 있는 공동체성, 즉 단일성과 거룩성 및 사도성과 보편성을 바탕으로 사회와 이웃을 향한 '외적 여정'을 확대해 나가야 할 것이다.

마. 목회자의 권위주의와 일탈행위

한국교회는 목회자의 역량에 따라 좌우되는 조직체의 성격을 지닌다. 특히 스스로 교회를 개척하여 성장시킨 경우 목회자의 권위는 절대적이다. 구약의 제사장으로 생각하는 목회자의 권위주의는 개신교의 '만인 제사장주의'에 반하는 것으로 비성경적이다. 이러한 목회자의 권위주의는 교회 내에서 다양한 문제를 야기한다.[37] 목회자는 축복권을 가진 제사장처럼 군림하여, 평신도와는 같은 공동체의 구성원이 아니라고 생각한다. 이러한 교회에서는 목회자와 평신도와 관계를 통상 수직적으로 설정하고, 목회자는 상위에서 그 권위를 행사하고자 한다. 교회공동체 구성원 상호 간의 만남은 서로를 위한 섬김의 모습을 가질 때 큰 의미를 지닌다. 여기서 섬김이란 "창조 안에서 하나님의 충만하심과 그 성취를 드러내는 조화로운 행위"로 이해될 수 있다.[38] 따라서 섬김이란 단순한 봉사에 그치는 것이 아니라 공동체 안에 있어야 하는 상호 인격적 관계성에 대한 진지한 표현이며, 하나님 나라를 확장하는 창조적인 행위이다.

그런데 한국교회, 특히 대형교회에서는 이러한 인격적인 관계를 구현하는 수평적 섬김이 상실되고 있다. 그 주된 원인은 목회자와 평신도 간의 친밀성이 결여된 것이라 할 수 있다. 특히 목회자들은 성도들과 관계를 수직적 상하 관계로 인식하여 절대적인 권한을 행사하기 때문이다. 이것은 교회를 하나의 세상의 조직으로 여기는 목회자의 교회 운영에는 도움이 될 수 있을 것이다. 그러나 예수의 가르침에서 확인할 수 있듯이, 성경의 기본정신에 반한다. 더 나아가 이러한 수직적 상하 관계는 교회의 공동체성을 파괴하는 주된 원인이 되기도 한다. 목회자와 신자, 신자들 사이의 참다운 교제, 소위 코이노니아가 없는 교회는 진정한 교회공동체라 할 수 없다. 왜냐하면 코이노니아는 예수 그리스도를 믿는 '복음의 효능'으로 말미암아 그리스도 안에서 맺어지는 '새로운 인간관계'인데,[39] 이러한 공동체적 관계가 성립될 수 없기 때문이다. 더 나아가 담임목사는 당회장으로서 거의 모든 영역에 막강한 힘을 행사할 수 있다. 이 때문에 재정 운용에도 깊이 관여하여 배임이나 횡령 등 경제 범죄를 저지르거나 여성 신도들에 대한 성범죄도 자주 발생하고 있다. 종국에는 교회공동체를 사유물로 생각하는 목회자들은 자신이 가진 절대권력을 통해 교회 재산과 권력을 자식에게 세습하는 비성서적인 추태가 한국을 대표하는 교회들에서 나타나고 있다.[40]

Ⅲ. 한국 지교회 공동체의 법적인 문제

1. 개설

앞에서 언급한 바와 같이 2018년에 발표된 한국 내 개신교 신자는 약 970만 명으로 인구대비 19.7%에 달한다. 이러한 개신교 신자는 대개 지교회에 소속되는데, 확인할 수 있는 개신교 교회는 총 83,838개에 이른다. 미확인 교회들까지 합하면 10만 개에 이를 것으로 추정된다.[41] 한국의 대표적인 개신교 교단으로서 대한예수교장로회 총회 합동 측은 가장 많은 11,937개 교회를 보유하고 있다. 두 번째로 대한예수교장로회 통합 측은 9,050개 교회를, 셋째로 대한예수교장로회 총회 백석 대신에 속하는 교회로서는 7,100개에 이른다. 넷째로 기독교 대한 감리회에서는 6,710개 교회를, 다섯째로 대한예수교 장로회 총회(합동 개혁)는 4,023개를, 역사가 긴 대한 예수교장로회총회 고신파는 2,056개 교회를, 민주화운동 등 한국 사회 개혁에 큰 영향력을 미친 한국기독교장로회는 상대적으로 적은 1,650개 교회를 보유하고 있다. 이러한 정통 교단에 속하지 않은 교회뿐만 아니라 단독 교회의 교단도 하나의 법인이 될 수 있고, 민법상의 법인설립 요건을 갖추지 못한 교회도 법인이 아닌 사단으로서 독립적인 종교단체로 인정받고 있다. 교단에 소속된 지교회의 경우는 통상 교단 헌법이나 노회의 정관을 근거로 자체 정관을 제정해야 한다. 물론 교단에 속하지 않은 무교단의 단독 교회는 말 그대로 독립적인 종교단체로서 활동한다. 이러한 (지) 교회는 여러 사람이 모인 법률상의 단체이기 때문에 다양한 형태의 법적인 문제가 발생한다.[42] 법적인 관점의 문제로서, 먼저 교회의 의의와 그 법적 성질, 그리고 사단 혹은 법인 아닌 사단의 설립을 위한 정관 제정의 문제, 구성원의 자격 취득과 상실의 문제가 발생한다. 또 교회의 특성상 예배의 처소로 부동산을 이용하고 있으므로 이러한 교회 재산에 대한 법률문제와 구성원들의 갈등으로 교회가 분열될 경우의 법률문제, 더 나아가 교회 활동의 범위와 한계 그리고 상급단체인 노회나 총회 유지재단과의 관계 등 다양한 문제가 발생한다. 여기서는 지교회와 관련한 문제 중 몇 가지만 검토해 보고자 한다. 그러나 지교회와 총회 유지재단과 관련한 문제는 절을 달리하여 검토하고자 한다.

2. 공동체로서 지교회의 의의와 기능

가. 지교회의 의의와 성립

지교회[43]와 관련하여 비교적 자세히 규정하고 있는 한국 기독교장로회 헌법(이하에서는 '기장 헌법'으로 약칭함) 제11조에 따르면, "지교회는 예수그리스도를 믿기로 고백한 신도들과 그 자녀들이 일정한 장소에 자원하여 하나님께 거룩한 예배를 드리고 경건하게 생활하며 성서의 교훈을 배우고 일정한 정치에 순종하여 선교함으로 이룩된다.”고 정의되고 있다(동조 1호). 이러한 지교회의 법적 지위와 관련하여 대법원은 “법인 아닌 사단으로서의 실체를 갖춘 교회가 특정 교단 소속 지교회로 편입되어 교단의 헌법·장정에 따라 의사 결정 기구를 구성하고 교단이 파송하는 목사를 지교회의 대표자로 받아들이는 경우 지교회는 교단이 정한 헌법·장정을 교회 자신의 규약에 준하는 자치 규범으로 받아들임으로써 그의 독립성이나 종교적 자유의 본질이 침해되지 않는 범위 내에서 교단의 헌법·장정에 구속된다.”고 판시하였다.44) 이러한 법인 아닌 사단으로서 지교회는 비록 독립성과 종교적인 자유를 행사할 수 있지만, 그 독립성과 종교의 자유의 본질이 침해되지 않는 범위 내에서 교단의 헌법이나 장정에 구속된다는 것이다.

지교회의 설립과 관련하여(기장 헌법 제11조 2호), 공동으로 모이는 전용 예배처와 세례교인(입교인) 10인 이상과 전담 교역자의 존재를 설립요건으로 하고, 이 요건을 충족하여 지교회를 설립하고자 하면 우선 노회에 청원하여 허락을 받아야 한다. 타 교회에서 전입한 신도는 이명증서를 제출하고, 새롭게 신앙을 고백하여 교인이 되려는 사람은 정관에서 정한 절차에 따라 심사한 후에 입회가 허락된다. 각 지교회는 헌법 규정에 따라 자체 내의 조직과 제도와 기구, 그리고 운영방식을 조속히 정비해야 한다. 이러한 것들을 정비하여 당회를 구성한 교회를 조직교회라 하고, 당회가 없는 교회를 미조직 교회라 한다. 미조직교회가 당회를 조직하고자 할 경우에는 헌법 조항에 따라 장로를 선임한 다음에야 그 설립이 가능하다.

나. 지교회의 기능과 역할

지교회는 감사, 기도, 찬송 및 하나님의 말씀을 읽고 해석하는 일과 신앙 문답과 상례전과 기타 예식을 거행하는 일, 헌금과 선교와 교육과 봉사와 친교, 기타 경건한 생활에 관한 일, 축복하는 일을 주된 사명으로 한다(기장 헌법 제11조 3호). 이러한 지교회의 분립, 합병은 지교회의 당회와 공동의회의 결의로 노회의 허락을 받아야 한다(기장 헌법 제11조 4호). 지교회의 폐지는 당해 시찰위원회의 청원으로 노회가 처리한다. 지교회가 설립된 후 세례교인 (입교인)이 10명 미만의 상태로 2년이 지나면 노회는 이를 기도처로 변경한다(기장 헌법 제11조 5호).

초대 교회공동체는 주로 박해받는 대상으로, 신자들은 서로 생사를 함께하였다. 따라서 성령 충만함으로 친밀함과 예수 안에서 형제애로 무장한 총체적인 삶의 공동체였다. 그러나 오늘날 지교회에서는 초대 교회와 같은 총체적인 삶의 공동체로 역할하는 데 많은 한계가 있다. 지교회는 통상 예수를 구세주로 믿고 함께 모여 찬미하고, 그의 교훈에 따라 이웃과 사회를 섬기는 것을 주된 사명으로 삼는다. 후술하는 바와 같이 지교회는 사단법인 혹은 법인 아닌 사단으로 교회의 재산은 단독소유나 총유에 해당한다. 이것은 순수 교회 재산을 의미한다. 초대교회 '공유'는 오늘날 기독교 신자들의 모든 재산을 공유한다는 의미로 해석할 수는 없을 것이다. 그렇다면 무엇을 공유해야 하는가? 교회공동체 구성원들은 먼저 교회의 의미와 사명을 공유하고, 능력에 따라 재물을 나누고, 모든 삶의 영역에서 함께할 수 없지만 가능한 한 많은 시간을 공유하여 새로운 동반자 관계를 창설하여 하나님 나라의 확장에 기여하고자 하는 것이다.

3. 지교회의 법적 성질

가. 사단 혹은 법인 아닌 사단으로서 지교회

지교회는 소수의 사단법인으로 등기된 교회를 제외하고, 대부분 법인 아닌 사단이다. 예컨대 지교회가 다수의 교인들에 의해 조직되고, 지교회에서 제정한 정관에 따라 일정한 종교활동을 하고 있으며 그 대표자가 정해져 있다면 법인 아닌 사단으로서 인정되고 있다.[45] 기장헌법에 따르면 지교회의 설립은 전용 예배처와 10명 이상의 성인 신도 및 한 명의 대표교역자를 최소요건으로 삼고 있다. 원래 교회란 예수를 그리스도(구세주)로 고백한 사람들의 모임이므로, 교회(예배)당으로 표현되는 건물을 포함하지 않는다. 그런데도 현실적으로는 소유나 임대의 여부와 독립건물 혹은 건물 일부이든 묻지 않지만, 최소한 예배 처소는 있어야 한다. 또한 종교활동을 위한 내부규칙 등 총회 헌법이 위임한 범위 내에서 지교회의 정관을 제정해야 한다. 이러한 조직화한 공교회만을 지교회라 칭하는 것이며, 이 경우에는 법률상 법인 아닌 사단으로 인정받을 수 있다. 이러한 단계에 이르지 못한 가족교회나 성경모임과 같이 고유의미의 교회들은 기도처로서, 소위 디아스포라적 교회는 법인 아닌 사단으로 취급할 수 없다. 양자의 교회가 모두 공동체적인 의미는 지니고 있지

04 인위적 공동체와 법

만, 법적인 의미에서는 달리 취급해야 한다. 예컨대 개척교회로 출발하여 점차 성장해 가는 동안 처음 접하게 되는 법적인 문제가 가정이나 특별한 장소에서 소규모로 예배드릴 때, 이것 역시 교회이지만 정관 등 체제가 갖추어져 있지 않기 때문에 법인 아닌 사단으로 취급할 수 없다. 이 경우 상호출자하여 교회를 개척했다면 조합으로 볼 수도 있을 것이다.

나. 조합과 법인 아닌 사단과 구별

여기서 조합과 법인 아닌 사단과의 구별이 문제 될 것이다. 대법원에 따르면 "민법상의 조합과 법인격은 없으나 사단성이 인정되는 법인 아닌 사단을 구별함에 있어서는 일반적으로 그 단체성의 강약을 기준으로 판단하여야 하는바, 조합은 2인 이상이 상호 간에 금전 기타 재산 또는 노무를 출자하여 공동사업을 경영할 것을 약정하는 계약관계에 의하여 성립하므로(민법 제703조) 어느 정도 단체성에서 오는 제약을 받게 되는 것이지만 구성원의 개인성이 강하게 드러나는 인적 결합체인 데 비하여 법인 아닌 사단은 구성원의 개인성과는 별개로 권리의무의 주체가 될 수 있는 독자적 존재로서의 단체적 조직을 가지는 특성이 있다 하겠는데 민법상 조합의 명칭을 가지고 있는 단체라 하더라도 고유의 목적을 가지고 사단적 성격을 가지는 규약을 만들어 이에 근거하여 의사결정기관 및 집행기관인 대표자를 두는 등의 조직을 갖추고 있고, 기관의 의결이나 업무집행방법이 다수결의 원칙에 의하여 행해지며, 구성원의 가입, 탈퇴 등으로 인한 변경에 관계없이 단체 그 자체가 존속되고, 그 조직에 의하여 대표의 방법, 총회나 이사회 등의 운영, 자본의 구성, 재산의 관리 기타 단체로서의 주요사항이 확정되어 있는 경우에는 법인 아닌 사단으로서의 실체를 가진다."고 한다.[46)]

4. 지교회 구성원의 권리와 의무

가. 담임 목사

담임목사란 통상 지교회의 대표자인 목회자를 말한다. 담임목사는 지교회로부터 담임목사로 청빙을 받고 노회로부터 위임받아 시무하므로 위임목사라고도 한다.

또한 지교회에는 사단법인의 사원총회 성격의 당회가 존재하는데, 담임목사가 당연직으로 당회장이 되므로 당회장 목사라고 부르기도 한다.[47] 지교회의 담임목사는 법적으로는 사단법인 혹은 법인 아닌 사단의 대표자로서 대외적인 대표권과 대내적인 업무집행권의 가진다. 따라서 사단법인인 지교회에서 담임목사는 사단을 대표하여 재판상은 물론 재판 이외의 모든 행위를 할 수 있다(민법 제34조). 사단법인의 대표자로서 행한 모든 법률행위나 불법행위의 효과는 사단에 귀속되기 때문에 담임목사의 행위에 대해 사단법인인 교회가 책임을 진다. 이러한 사단법인에 관한 규정은 법인 아닌 사단에도 원칙적으로 유추 적용된다.[48] 따라서 통상의 권리능력이 없는 사단인 교회의 담임목사의 행위 역시 교회가 책임을 진다. 예컨대 담임목사가 교회를 대표하여 부동산을 거래한 경우나 교회 재산을 처분하는 행위, 금전대차 행위뿐만 아니라, 불법행위 등에 대해서도 교회가 책임을 진다(민법 제35조).

교회 운영의 절대적인 권한을 지닌 담임목사의 선임은 교회의 성쇠를 좌우하는 가장 중요한 사항이다. 특히 대형교회 담임목사 자리는 엄청난 부와 명예가 오가는 것이기 때문에 부자간의 세습을 비롯한 각종의 위법과 편법이 난무하기도 한다. 이러한 상황을 대비하기 위해 장로회 정체에서는 지교회의 공동의회가 청빙을 결의하고 청빙서를 소속 노회에 제출하면, 노회에서 관련 규정과 절차에 따라 담임목사의 청빙을 최종적으로 확정한다. 이러한 노회의 위임 절차는 필수적이다. 따라서 지교회 단독으로 담임목사를 청빙하지 못하며, 반대로 청빙 요청이 없으면 노회에서 직권으로 담임목사를 파송하지 못한다.[49] 물론 여러 가지 상황에 따라 담임목사가 없는 경우 후임 목사가 청빙 될 때까지 노회에서 직권으로 임시 당회장을 파송하기도 한다. 이것은 노회에 소속되어 있는 지교회의 경우이고, 교단에 속하지 않은 순수 독립 교회는 교회의 정관에 따라 담임목사가 결정된다. 만약 지교회가 담임목사의 청빙을 결의하고 노회에 승인을 요청했으나 노회에서 승인하지 않는 경우 노회에 대해서는 대표권이 없지만 제3자에 대한 관계에서 대표자의 자격과 교인들의 뜻에 따라 선임된 대표자의 효력은 인정된다.[50]

담임목사의 권한은 통상 강단권과 치리권으로 구분한다.[51] 다시 말해 담임목사는 목회자로서 종교적인 강단권과 사단법인의 대표자로서 치리권을 가진다. 대법원도 "교회의 헌법 등에 다른 정함이 있는 등의 특별한 사정이 없으면, 교회의 대표자(담임목사)는 예배 및 종교활동을 주재하는 종교상의 지위와 아울러 법인 아닌 사단의 대표자 지위를 겸유하면서 교회 재산의 관리처분과 관련한 대표권을 가진다"고 판시한[52] 바 있다. 그러나 이와 같은 담임목사의 권한은 교단 헌법 등에서 추상적으로 규정하고 있으므로 지교회마다 그 권한의 범위에 차이가 있을 수 있다. 담임목사는 모든 지교회에서 통상 당회장으로 활동하면서, 교회 운영의 최고 의결기관인 공동의회 의장인 동시에 제직회 회장을 겸한다. 따라서 교회 운영에 절대적인 영향력을 가진다. 예컨대 담임목사는 전술한 바와 같이 민법상 사단법인 혹은 법인 아닌 사단의 대표자로서 교회 행정 업무 전반을 관장하고 집행할 권한을 지닌다. 물론 업무집행권의 구체적인 범위는 정관에 따라 정해지나, 통상 교회의 인사권과 예산집행권뿐만 아니라, 예배당 등 중요 시설물의 보존관리 등을 포함한다.[53]

    담임목사의 법적 지위는 지교회와 청빙 계약에 의해 정해진다. 그러나 극소수 예외적인 교회를 제외하고, 통상 담임목사는 한번 위임받으면 정년퇴직할 때까지 임기도 없고 재신임의 절차도 없는 무제한적 지위를 보장받는다. 목사 이외의 어떤 직역에서도 이와 같은 강력한 지위는 찾아볼 수 없을 정도이다.[54] 그러나 민법상으로는 계속적 계약이기 때문에 다양한 원인에 의해 계약을 해지할 수 있다. 우선 가장 빈번한 것은 담임목사 스스로 사임을 하는 것이다. 중도 사임의 원인은 다른 교회로부터 청빙을 받은 경우를 비롯한 일신상의 사유에 의해서도 이루어질 수 있다. 둘째로는 범죄나 그 밖의 사유에 의해 교인들이 노회에 담임목사를 해임해 달라는 청원으로 노회가 해임한 경우다. 이에 따라 지교회의 담임목사는 그 직위를 상실한다. 다시 말해 지교회의 담임목사가 소속 노회로부터 해임당한 경우에 통상 지교회 담임목사로서의 대표권은 상실한다. 여기서 문제는 지교회의 해임청구가 공동의회의 결의 사항인가 여부다. 통상 공동의회의 의장은 담임목사이기 때문에 공동의회의 결의에 따라 해임을 청구하는 것은 거의 불가능할 것이다. 법원에서도 "목사를 해임하는데 반드시 공동의회 결의를 거친 교회의 청원이 필요하다고 볼 수 없으므로, 교회의 청원 없이 소수 교인의 청원만 있는 경우라도 노회는 당사자의 의견을 들은 다음 목사를 해임할 수 있다"고 한다.[55] 절대적인 영향력을 지닌 담임목사가 노회나 총회에 의한 해임을 수용하지 않는 경우, 교단의 탈퇴나 분열 등 다양한 문제가 발생한다. 이것이 교회 내 심각한 분쟁 중의 하나다.

나. 개별 교인의 법적 지위

교파마다 표현상의 차이는 있지만, 신학적인 의미에서 기독교 교인이란 예수를 구세주로 믿고 그의 가르침에 따라 살기를 고백한 사람이라 할 수 있다. 이러한 교인이 지교회의 구성원이 되는 절차는 대부분 지교회의 정관에 따른다. 따라서 지교회의 구성원으로서 교인은 그 교회의 교리를 받아들이고, 소정의 절차를 걸쳐 교인으로서 등록한 자를 말한다. 교인의 등록절차는 교회마다 다르나 통상 6개월 이상 출석을 하고 소정의 교육을 거처 등록한 사람을 말한다. 교회의 등록절차는 교인카드를 작성하여 제출하면 교회에서는 이들을 교인명부에 기재하고 교회에서는 등록 교인으로 선언하는 일종의 의식을 통해 결정한다.[56] 그러나 대부분의 교회에서는 교세 확장을 위해 새로 전입해 오는 교인들을 환영하는 분위기 때문에 등록절차와 교육은 어려운 것이 아닌 거의 요식적으로 행해지기도 한다.

교인은 통상 원입교인, 유아세례교인, 세례교인, 이명교인으로 구분한다. 최근에는 원입교인보다는 교회를 옮기는 전입교인이 주류를 이루고 있다. 사단의 총회 성격인 공동의회 의결권을 가진 교인의 자격은 지교회마다 나이와 교인의 유형에 따라 차이가 있다.[57] 여기서 발생하는 문제 중의 하나가 세례 여부와 연령, 출석 기간 등 여러 가지 요건을 갖춘 교인이 등록을 원할 경우 교회에서 그 등록을 거부할 수 있는가의 여부다. 지교회의 정관에 따라 달라진다. 이단의 출입을 금지하는 차원의 소극적인 조치는 가능할 것이다. 그러나 문제는 교회 내 세력 다툼이 있는 경우 기득권을 유지하려는 측에서 오히려 교회 내의 분쟁의 소지를 방지한다는 명분으로 반대파에 속할 가능성이 있는 교인의 입회를 막는 수단으로 악용할 소지가 있다는 점이다. 이것을 방지하기 위해서는 등록거부 사유를 구체적으로 정하여 남용의 소지가 없도록 해야 할 것이다[58]. 또 다른 문제는 등록요건을 갖추었음에도 등록하지 않고 출석하는 자들의 지위이다. 이들은 공동의회 등의 의결권은 없지만 교회 재산을 사용 수익을 할 수 있을 것이다. 종교의 특성상 이들을 배척할 명분이 없으며, 오히려 '거리에 내몰리는 자'들에 대한 배려 차원에서도 이들의 교회 출석을 권면해야 할 것이다. 다만 교회 재산을 사용 수익하는 경우 그 한계가 문제 될 것이다.

교인 자격 상실은 교인의 지위 박탈과 탈퇴로 구분된다.[59] 전자는 교인의 의사에 반하는 것임에 반하여 탈퇴는 자발적으로 교인의 지위를 포기하는 것이다. 이러한 교인 자격 상실은 통상 교단 헌법이나 정관에서 정한 요건과 절차에 따라 이루어진다. 대부분 지교회 정관에서 정하고 있는 교인 자격 상실의 요건은 특별한 사유 없이 6월 이상 출석하지 않고, 교인의 의무를 이행하지 아니하거나 제명 및 출교 처분과 같은 징계를 받은 경우이다. 특히 박탈의 경우는 대부분 권징에 의한 깃이기 때문에 강행규정적 성격을 지닌 관련 규정에 따라 행해진다. 교인의 자격을 상실하면 교인으로서 권리를 행사할 수 없게 된다. 예컨대 교회 재산을 사용 수익할 수 없게 되며, 종국에는 교회 출입 자체가 금지될 수 있다.[60]

여기서 특히 문제가 되는 것은 개별적 탈퇴가 아닌 집단 탈퇴의 경우이다. 교인들은 자신이 신봉하는 교리에 쫓아 자유롭게 교회를 선택하거나 선택했던 교회를 탈퇴하는 것은 종교 자유로서 당연히 인정된다. 그러나 집단으로 탈퇴하는 경우에는 다른 법률문제를 야기한다. 예컨대 집단으로 탈퇴한 후 새로운 교회를 독자적으로 설립할 수 있으나, 종전 교회의 재산권을 유지하려면 적법한 절차에 따라 소집된 공동의회에서 결의권자 3분의 2 이상 찬성을 얻어야 한다.[61] 이 경우 대법원은 법인 아닌 사단의 분열을 허용하지 않기 때문에[62] 기존교회가 탈퇴한 신자와 남아 있는 신자의 두 개 교회로 분열되어 양존할 수 없다. 이와 달리 일부 교인들이 소속 교단을 탈퇴하고 다른 교단에 가입하기로 하는 내용의 교단 변경을 결의하는 것은 종전 교회를 집단으로 탈퇴한 것과는 구별되는 개념이다. 따라서 교단 변경에 찬성한 교인들이 종전 교회에서 탈퇴하였다고 평가할 것인가의 여부는 법률행위의 일반 해석 법리에 따라 여러 사정을 종합적으로 판단해야 할 문제다.[63]

5. 지교회 활동과 그 한계

가. 종교 자유의 의의와 내용

모든 국민에게 보장된 종교의 자유는 지교회에도 당연히 인정된다. 지교회가 법인이든 법인이 아닌 사단이든 불문하고 신앙고백이나, 종교적 의식과 집회 및 결사의 자유 등 포괄적인 종교의 자유를 향유한다. 또 비영리법인이나 종교단체로 등록된 경우 다양한 세제 혜택을 받을 수 있다. 교회가 향유하는 종교의 자유 중에서도 그 특수성 때문에 집회 및 결사의 자유가 핵심이다. 먼저 교회의 종교적 집회는 일반적 집회보다 헌법상 강한 보장을 받는다.[64] 또한 교회에도 동일한 신앙을 가진 구성원들에게 종교상 공동의 목적을 위한 결사의 자유도 폭넓게 인정된다. 이러한 교회의 종교 활동 중 구성원을 징계하는 결의가 사법심사의 대상이 될 수 있는가? 교회의 징계 결의는 지교회의 정관 등 자치 법규에 따라 진행되므로, 교회 내부의 문제로 원칙적으로는 법원이 개입할 필요가 없을 것이다. 그러나 구체적인 권리 또는 법률관계를 둘러싼 분쟁이 존재하고, 그 징계의 옳고 그름을 판단할 필요가 있으면 그 판단 내용이 종교 교리에 미치지 아니한 범위 내에서는 법원이 판단해야 할 것이다.[65]

나. 지교회의 종교활동에 대한 제한

개인의 내적인 신앙의 자유는 절대적 기본권으로 어떤 상황에서도 제한할 수 없다. 그러나 교회가 종교활동의 일환으로 종교적 의식이나 집회 및 종교 교육과 선교 활동 등은 외부로 표현되는 과정에서 다른 이익과 충돌되는 경우가 많다. 이러한 형태의 종교의 자유는 신앙의 자유와 달리 상대적 기본권에 불과하다. 상대적 기본권으로서 종교의 자유가 다른 이익과 충돌되는 경우 양 이익을 비교 형량하여 조화롭게 실현 내지 보장할 필요가 있다. 따라서 이러한 행위들은 헌법 제37조 제2항에 따라 제한받는다.[66] 예컨대 교회가 국가안전 보장을 위협하는 행위를[67] 하거나 사회질서를 위협하는 행위[68] 및 공공복리를 위협하는 행위 [69]등은 제한을 받는다.[70]

다. 코로나 방역을 위해 종교 집회를 금지하는 행정조치가 적법한 것인가?

2019년 말부터 시작된 코로나 사태는 전 세계인의 패러다임을 바꾸어 놓았다. 사고나 행동이 COVID19의 이전과 이후로 확연히 달라졌다. 법의 영역에서도 다양한 문제들이 발생하고 있다. 특히 교회 활동의 특성상 많은 수 신도가 "밀접하게 밀집한 상태로 밀폐된 공간"에서 장시간 함께하는 관계로 방역에는 치명적인 결과를 초래하였다. 코로나 발병 초기 대구 신천지 사건뿐만 아니라 2020년 8월 15일 광화문 집회도 큰 사회문제를 야기했다. 불교뿐만 아니라 천주교와는 비교할 수 없을 만큼 개신교회에서 많은 확진자가 발생하였다. 이에 따라 교회에 대한 방역지침이 상대적으로 강하게 되자, 종교의 자유를 침해한다는 비판이 제기되었다. 예컨대 2021년 1월 6일 개신교 단체인 '한국교회언론회'와 '예배 회복을 위한 자유시민연대'에서는 대면 예배를 금지하는 행정조치가 종교의 자유를 침해한다고 행정소송을 제기하였다. 이후에도 여러 교회에서 코로나 확진자들이 집단으로 발병하자 정부와 지자체는 해당 교회들에 집합금지조치를 내렸다. 이러한 정부나 지자체의 방역지침은 종교의 '자유'와 공동체의 '안전'이라는 근본적인 문제에 봉착하였다. 현행 감염예방법 제49조에 따르면 국가에 의한 집합제한이나 집합금지를 위반할 경우 300만원 이하의 벌금을 부과할 수 있다. 그러나 종교의 자유를 제한할 경우에는 명확한 법적 근거를 기반으로 엄격하게 그 범위와 정도를 확정해야 한다. 특히 종교의 자유는 표현의 자유에서 요구되는 "명백하고 현존하는 위험의 원칙(Clear and present danger rule)"이 적용되어야 한다. 종교에 대한 국가의 개입은 최소한도에 그쳐야 하므로, 낮은 수준에서 제한할 수 있는 다른 대안이 없는 경우에만 최후 수단으로 제한해야 할 것이다.[71] 이러한 관점에서 교회의 대면 예배를 금지하는 행정조치는 과도한 것이라고 비판하면서 예배를 허용하는 집합제한 조치나 예배 제한 권고로 충분하다는 주장도 있다.[72] 이 문제는 결국 헌법상 기본권 제한에 대한 비례의 원칙에 따라, 목적의 정당성과 방법의 적절성, 피해의 최소성, 법익의 균형성 등을 고려하여 판단해야 한다. 따라서 종교의 자유를 침해할 위험성이 높은 경우에는, 비록 행정조치가 국민의 안전과 건강을 위한다는 목적에 부합하더라도 엄격하게 적용되어야 할 것이다. 그러나 그 어떤 자유권도 인간의 생명보다 중하다고 할 수 없다.[73] 따라서 종교의 자유가 이웃과 국가공동체의 안전, 즉 국민의 생명을 위협하는 경우에는 제한할 수밖에 없다. 교회는 자신들의 종교 자유만을 우선시하는 이기적 종교 공동체가 아니라 때로는 타자의 자유를 위해서도 존재하는 '비종교적 기독교공동체' 도 되어야 하기 때문이다.[74] "교회는 타자를 위해 존재할 때 교회이다"[75]라는 말을 고려한다면, 전염병이 창궐하는 시대에는 교회가 향유하고 있는 종교의 자유보다 이웃과 공동체의 안전을 우선시하는 것이 교회공동체의 본래 의미에도 부합한다고 생각한다.

6. 지교회의 재산 보유 형태와 유지재단과 관계

가. 개설

지교회는 통상 대략 세 가지 형태로 부동산을 보유한다. 우선 사단법인화된 지교회뿐만 아니라 법인 아닌 사단인[76] 지교회는 교회 명의로 부동산등기를 할 수 있다.[77] 이에 따라 지교회 명의 혹은 지교회가 설립한 유지재단의 이름으로 부동산을 소유할 수 있다. 사단법인인 경우 법인의 단독소유가 될 것이지만, 법인 아닌 사단의 경우 전 교인의 '총유'에 속한다. 둘째로는, 지교회에 속해 있는 목사나 장로 혹은 재무담당자 등 특정인의 명의로 등기하는 방식이다. 셋째로는, 지교회보다 상급기관에 속해 있는 노회 유지재단이나 총회 유지재단에 편입시키는 방식이다.

2010년 '부동산실권리자명의등기에관한법률'(이하에서는 '부동산실명제법'으로 약칭한다)의 개정으로 종교 단체에도 명의신탁이 예외적으로 인정되고 있기 때문에 부동산실명제법 이전의 기존 명의신탁에 대한 법률문제나 이후 새로운 명의신탁 계약 역시 입법적으로 해결되었다. 따라서 총회 유지재단이나 노회유지재단에 재산을 편입시키면서 명의신탁의 약정을 체결하는 것은 법적으로 문제 되지 않는다. 그러나 목사나 장로 등 특정인의 이름으로 등기하는 방식은 부동산실명제법 위반으로 사법상 무효인 동시에 처벌 대상이 될 것이다.[78]

이러한 지교회 재산의 관리형태는 교단에 따라 차이가 있다. 예컨대 대한 감리회는 모든 지교회(감리 교회에서는 '개체교회'라 칭함)의 재산을 원칙적으로 유지재단에 편입시키도록 규정하고 있다. 이에 따라 대한 감리회 소속 지교회는 90% 이상을 유지재단에 편입시키고 있다고 한다.[79] 이에 반해 자유롭게 지교회가 보유 형태를 선택할 수 있도록 규정하고 있는 한국 기독교장로회나 대한예수교장로회 총회 통합 측 혹은 백석 측의 경우에는 지교회의 명의나 상급단체인 노회 유지재단에 편입할 수 있도록 하고 있다. 감리교와는 달리 노회에 편입시키는 것은 안정적인 부동산관리가 주된 목적이다. 이러한 재산 관계와 관련하여 발생하는 문제는 기본적으로 교단의 헌법과 유지재단 정관의 내용에 따라 달라질 것이다. 가장 명확한 차이와 성격을 보여주는 두 개의 교단을 살펴본다.

나. 기독교 대한 감리회의 경우

기독교 대한 감리회의 헌법에서는 모든 지교회의 재산을 원칙적으로 총회 유지재단으로 편입시키도록 규정하고 있다(감리교 헌법 제28조). 유지재단으로 편입은 독립 교회로서 총회의 승인을 받지 못할 정도의 규모나 특수한 상황을 제외하고는 증여방식에 따르고 있다. 예컨대 기독교 대한감리회 유지재단 헌법 제28조는 "감리회의 개체교회·기관·단체가 소유하고 있는 부동산은 재단법인 기독교 대한감리회 유지재단의 명의로 등기하여 관리한다."고 규정하여, 감리회 소속의 모든 교회의 재산들을 유지재단에 편입하도록 강제하고 있다. 이러한 강제 조항에 따라 유지재단에 편입된 부동산을 처분하거나 기채 등 의무부담행위를 하고자 할 때는 유지재단 이사회의 사전 승인을 받아야 한다(감리교 헌법 제28조 3항). 이러한 헌법 규정을 근거로 재단법인 기독교 대한 감리회 유지재단 정관(이하에서는 '감리교 재단정관'이라 약칭함)에서는 이사회에서 기본재산으로 정한 부동산, 유지재단의 목적을 위해 재단에 기부되는 재산, 유지재단의 소유 재산으로 생기는 재산과 특별한 목적과 조건에 따라 기부한 재산을 기본재산으로 정하고(감리교재단 정관 제18조 1항), 이러한 기본재산을 처분(매도, 증여, 교환)하고자 할 때는 정관변경 허가의 절차를 거쳐야 한다(감리교재단 정관 제19조 2항). 재단법인 기독교 대한 감리회는 유지재단 소유의 모든 재산을 정관에 명시한 재산 처리 및 관리 규정에 따라 합리적으로 관리 운영하기 위하여 재단법인 기독교 대한 감리회 유지재단 관리사무 규정을 두고 있다. 이 규정 제2조 1항에 따르면 교회에 속한 모든 부동산의 소유권은 재단법인 기독교 감리회 유지재단에 속하며, 유지재단은 교회로부터 교회에 속한 모든 부동산을 증여받아서 그 등기를 필하여야 한다. 만약 교회 재산이 재단에 편입 등기되지 아니한 모든 교회 회원들에 대해서는 총회의 각종 피선거권을 박탈함으로써 재단으로 재산 편입을 강제하고 있다. 또한 교회의 분규로 말미암아 교회 재산의 관리권 다툼이 발생한 경우에는 감리회를 이탈한 측은 모든 권리를 주장할 수 없도록 하고 있다(재단법인 기독교 대한 감리회 유지재단 관리사무 규정 제2조 2항). 유지재단이 소유한 기본재산, 특히 부동산을 처분(처분전환, 교환, 공공용지협의 처분) 할 때는 기본재산 처분전환신청서를 통해 할 수 있으나, 기본재산을 감소시키는 처분행위는 하지 못한다(감리교 사무규정 제3조 단서). 물론 이러한 기본재산 매각 처리에 의해 처분되는 재산의 매매계약은 재단 명의로 체결하되 당해 교회 구역회 의결을 거쳐 담임자 또는 관리부장이 대리하고, "본 계약은 주무관청의 허가가 있어야 효력이 발생한다."는 특약을 해야 한다. 더 나아가 공공용지 협의 처분이나 대체 재산이 준비되지 않은 상태에서 처분하는 보상금 또는 매매대금은 재단 명의로 예치해야 한다. 다만 재단 명의가 아닌 계약행위, 재단 명의가 아닌 매도대금 영수증에 의하여 주장되는 소유권은 인정되지 않으며, 이에 따라 발생하는 민사 및 형사상 책임을 재단에서 지지 않는다(감리교 사무규정 제4조).

다. 한국 기독교장로회의 경우

한국 기독교장로회는 2022년 1월 현재 대략 1,650여 개 지교회를 보유하고 있다. 예전에는 지교회 재산을 총회 유지재단에 편입시켜 관리하였는데, 현재는 30개에 이르는 노회유지재단에서 관리하거나 지교회의 명의로 자유롭게 등기하도록 규정하고 있다. 전세나 임대교회를 제외한 전술한 세 가지 보유 형태가 행해지고 있는 이유는 한국 기독교장로회 헌법에서 총회 유지재단에 지교회 재산의 편입을 강제하지 않고 있기 때문이다. 재단법인 한국 기독교장로회 총회 유지재단은 "한국기독교장로회 총회 재산을 소유 관리함을 목적으로" 설립되었다(재단 법인 한국 기독교장로회 총회 유지재단 정관 제3조: 이하에서는 '기장 재단정관'이라 약칭함). 이 유지재단은 이러한 목적을 달성하기 위해 다양한 사업을 유지 경영하는데, 특히 이 유지재단 소유 재산의 관리 및 처분을 주된 사업으로 적시하고 있다(기장 재단정관 제4조 1호). 이 유지재단의 자산은 기본 재산과 보통 재산으로 나누어지는데, 기본재산은 이사회의 의결에 의해 정한 재산으로 하며, 그 목록은 연도 말 보고 목록과 같다(기장 재단정관 제20조). 이러한 기본 재산을 처분(매도, 증여, 교환을 포함한다)하고자 할 때에는 정수의 3분의 2 이상의 찬성으로 총회의 승인을 얻어 서울시장의 허가를 받는 등 정관 변경 허가 절차를 거쳐야 한다(기장 재단정관 제21조 1호). 물론 기본재산은 연 1회 그 목록을 작성하여 서울시장에 보고하여야 한다. 한국 기독교장로회 총회 산하 각 지교회가 총회 유지재단 명의로 등기된 재산을 처분하고자 신청할 때는 유지재단은 그 이유가 타당할 때 정관 제21조에 의해 처리해야 한다. 이러한 처분을 신청하고자 하는 지교회는 신청서(그 사유를 명기할 것), 교회의 당회 및 공동회의록과 노회 동의서, 처분 계획서, 재산 감정서(매도, 증여, 교환) 등의 서류를 제출하여야 한다(재단 법인 한국 기독교장로회 총회 유지재단 유지관리세칙 제9조). 물론 지교회에서 유지재단에 등기된 총회 기

본재산을 담보로 하여 금융기관에서 대출받을 수 있다.[80]

　　한국 기독교장로회 헌법 제75조에 의하면 지교회와 노회 및 총회를 포함하는 교회의 재정은 신도의 헌금과 소속 단체 및 개인이 헌납하는 재산과 교회가 조성하는 재산 등으로 구성된다. 계층 상 상회는 그 운영과 사업을 위해 하회에서 상회비를 받을 수 있고, 하회의 운영과 사업을 보조할 수 있다. 신도가 동산이나 부동산을 교회에 헌납했을 때에는 헌납과 함께 교회의 재산이 되며 헌납자는 그 후 권리를 주장할 수 없다. 총회 소유의 부동산은 한국 기독교장로회 총회 유지재단에 편입 보존한다. 또 노회와 지교회의 재산은 노회 관리하에 보존하되 총회 유지재단에 편입하여 보호받을 수 있다(기장 헌법 제76조 제1호, 제2호 참조). 기독교장로회 소속 지교회는 비록 법인 아닌 사단이라 하더라도, 부동산등기법 제26조에 의해 교회의 명의로 부동산등기가 가능하므로 지교회의 선택에 따라 교회의 명의로 소유권이전 내지 보존등기를 할 수 있다. 이 경우는 자신의 소유를 자신의 명의로 등기하는 것이므로 특별한 문제가 생기지 않는다. 다만 지교회 소속의 담임목사나 장로 혹은 재무담당자의 이름으로 등기하는 것은 부동산실명제법이 금지하고 있는 명의신탁에 해당한다. 더 나아가 총회 유지재단에 재산을 편입시키는 행위 역시 비록 증여라는 계약을 통해 이전하는 것이지만, 다른 재산으로 대체가 가능하고, 또 지교회의 필요에 따라 제한물권의 설정 등 법률상의 처분이 가능하기 때문에 이 경우에는 판례에서처럼 명의신탁으로 해석하는 것이 타당하다고 생각한다.

7. 지교회의 분열과 교단의 탈퇴

가. 지교회의 분열의 인정 여부

　　교회공동체가 비록 신앙공동체라 하더라도, 기본적으로 이해관계를 가진 인간의 집단이기 때문에 갈등이 빈번하게 발생한다. 특히 비성경적인 물량주의나 분파주의에 물든 세속화된 교회 내에서 구성원들의 갈등이 자주 발생한다. 신자들 사이의 갈등으로 말미암아 파벌이 생겨 서로 처소를 달리하여 예배를 드리는 등 종국에는 교회의 분열로 나아가게 된다. 신학적으로는 교회의 분열을 인정하지 않는다.[81] 그러나 현실적으로 한 교회 내에서 같은 시간에 A 파는 본당에서, B 파는 교육관에서 예배드리는 등 분열의 양상이 자주 발생하여, 법인 아닌 사단의 구성원인 교인 전체의 총유인 교회 재산을 놓고 다투게 된다. 이에 대해 대법원은 "우리 민법이 사단법인에 있어서 구성원의 탈퇴나 해산은 인정하지만 사단법인의 구성원들이 2개의 법인으로 나뉘어 각각 독립한 법인으로 존속하면서 종전 사단법인에게 귀속되었던 재산을 소유하는 방식의 사단법인의 분열은 인정하지 아니한다. 그 법리는 법인 아닌 사단에 대하여도 동일하게 적용되며, 법인 아닌 사단의 구성원들의 집단적 탈퇴로써 사단이 2개로 분열되고 분열되기 전 사단의 재산이 분열된 각 사단들의 구성원들에게 각각 총유적으로 귀속되는 결과를 초래하는 형태의 법인 아닌 사단의 분열은 허용되지 않는다. 교회가 법인 아닌 사단으로서 존재하는 이상, 그 법률관계를 둘러싼 분쟁을 소송적인 방법으로 해결함에 있어서는 법인 아닌 사단에 관한 민법의 일반 이론에 따라 교회의 실체를 파악하고 교회의 재산 귀속에 대하여 판단하여야 하고, 이에 따라 법인 아닌 사단의 재산관계와 그 재산에 대한 구성원의 권리 및 구성원 탈퇴, 특히 집단적인 탈퇴의 효과 등에 관한 법리는 교회에 대하여도 동일하게 적용되어야 한다. 따라서 교인들은 교회 재산을 총유의 형태로 소유하면서 사용·수익할 것인데, 일부 교인들이 교회를 탈퇴하여 그 교회 교인으로서의 지위를 상실하게 되면 탈퇴가 개별적인 것이든 집단적인 것이든 이와 더불어 종전 교회의 총유 재산의 관리처분에 관한 의결에 참가할 수 있는 지위나 그 재산에 대한 사용·수익권을 상실하고, 종전 교회는 잔존 교인들을 구성원으로 하여 실체의 동일성을 유지하면서 존속하며 종전 교회의 재산은 그 교회에 소속된 잔존 교인들의 총유로 귀속됨이 원칙이다."라고 판시하여[82] 교회의 분열을 사단법인의 법리에 의해 부정하고 있다. 다시 말해 교회분쟁의 법률문제를 부분사회의 법리를 적용하여 상당 부분 자치를 인정해 주던 태도를 변경하여 자치법규가 아닌 민법상 사단법인 및 법인 아닌 사단을 규율하는 일반 법리에 따라 해결한 것이다.[83] 법원이 교회의 자정 능력을 상당 부분 부정한 것이라 할 수 있다.[84]

나. 지교회의 소속교단으로부터 탈퇴의 인정 여부

지교회가 원래 소속된 교단으로부터 임의로 탈퇴할 수 있는가? 법인 아닌 사단인 교회에도 사단법인에 관한 민법 규정 중 법인격을 전제로 하는 규정을 제외하고는 유추 적용할 수 있다.[85] 따라서 사단법인의 정관에 관한 규정을 유추 적용해 보면, 지교회의 정관은 자치법규이다.[86] 이러한 정관은 교회의 최고 의결기관인 공동의회(즉 사원총회)의 결의에 따라 제정 변경할 수 있다. 지교회의 정관에 의결정족수가 규정되어 있다면, 그에 따르면 될 것이고, 그렇지 않은 경우에는 총 사원의 3분의 2 이상의 동의로 변경할 수 있을 것이다(민법 제42조 1항). 결국 지교회에서는 신자들의 공동의회 결의에 따라 교단 변경을 위한 정관 변경도 가능할 것이다. 지교회와 교단과의 관계는 기본적으로 사법상 계약관계이기 때문이다.[87] 더 나아가 "교단에 소속되어 있던 지교회의 교인들의 일부가 소속 교단을 탈퇴하기로 결의한 다음 종전 교회를 나가 별도의 교회를 설립하여 별도의 대표자를 선정하고 나아가 다른 교단에 가입한 경우, 그 교회는 종전 교회에서 집단적으로 이탈한 교인들에 의하여 새로이 법인 아닌 사단의 요건을 갖추어 설립된 신설 교회라 할 것이어서, 그 교회 소속 교인들은 더 이상 종전 교회의 재산에 대한 권리를 보유할 수 없"을 뿐이라고 한다.[88] 정관의 절차에 따라 교단을 탈퇴하는 경우에는 기존교회나 교단과는 전혀 별개인 신설 교회가 된다는 것이다.

Ⅳ. 기독교유지재단의 운영에 관한 법적 문제

1. 개설

대부분 교단은 지교회나 교단의 재산을 보존·관리하기 위하여 독자적인 유지재단 또는 신탁회사[89]를 설립하여 운영한다. 이러한 유지재단의 설립을 위해서는 주무관청의 허가(민법 제32조)와 등기(민법 제33조)를 요건으로 하기 때문에, 허가와 등기를 경료한 유지재단은 민법상 (권리능력이 있는) 재단법인들이다. 대한예수교 장로회(합동)와 한국기독교 장로회(기장), 대한감리회 등은 하나의 총회 유지재단을 설립하여 통일적으로 운영하는 데 반하여, 대한예수교 장로회(통합)의 경우는 시찰 별로 여러 개의 유지재단을 설립·운영하고 있다. 특히 대한예수교 장로회(통합)에서는 최근 대법원 판례 등을 고려하여 교단 헌법을 개정하였다. 이에 따라 지교회 소유부동산은 원칙적으로 지교회의 명의로 등기하지만, 필요에 따라서는 상급기관인 노회유지재단에 명의신탁할 수 있도록 규정하였다.[90]

이상에서 언급한 대표적인 교단 중 총회 유지재단을 독특하게 운영하는 대한감리회와 한국기독교장로회를 중심으로 검토해 보고자 한다. 먼저 대한감리회는 교단 산하의 모든 지교회의 재산을 거의 강제적으로 단일 유지재단에 편입시켜 운영하고 있다. 이에 반해 한국 기독교장로회는 하나의 유지재단을 설립하여 운영하는 점은 같으나, 지교회의 자유로운 선택에 따라 지교회의 명의나 노회 유지재단 혹은 예외적으로 총회 유지재단에 편입 여부를 결정하도록 규정하였다.[91]

일정 규모 이상의 개신교회는 단독 예배 처소를 비롯한 다양한 부동산을 보유하고 있다. 이러한 부동산을 보유하는 방식이나 형태는 전술한 바와 같이 각 교단의 정책에 따라 많은 차이가 있다. 특히 총회 유지재단에 편입된 재산과 관련하여 다양한 문제들이 발생한다. 우선 이러한 유지재단으로 편입을 강제하는 교단의 헌법 내지 장정의 법적 효력이 문제 된다. 교단의 가입이나 가입 후의 권리와 의무 등을 규정한 교단의 헌법은 계약인가 아니면 자치법규인가 하는 점이다. 자치법규 혹은 계약의 여부에 따라 재단에 편입된 재산의 환수에 많은 차이가 발생한다. 둘째는 재단에 편입시킨 행위가 어떤 법적 성질을 지닌 것인가 하는 점이다. 통상 지교회는 자기 교회 소유의 부동산을 유지재단에 증여형식으로 소유권을 이전하지만, 그 재산들을 계속 점유하면서 사용·수익권을 행사한다. 때로는 채무변제나 건축비의 충당을 위해 담보로 제공하는 등 법률상의 처분도 할 수도 있다. 이 경우의 증여는 재산을 이전하기는 했지만, 내부적으로는 지교회가 소유권을 계속 보유하는 것이 되기 때문에 명의신탁에 해당할 것이다.

그러나 대한 감리회의 헌법인 교리와 장정에서는 편입된 재산을 영구적으로 환수할 수 없도록 규정하고 있다.[92] 이 규정을 판례의 태도와 같이 자치법규로 보고, 모든 사단의 구성원들이 준수해야 한다면 실제 소유자라 할 수 있는 지교회는 영구적으로 소유권을 회복할 수 없다. 이러한 법률관계 아래에서는 재단에 편입된 재산을 명의신탁된 것이라고 할 수 없고, 사용·수익권의 유보를 조건으로 하는 증여가 될 것이다. 따라서 유지재단에 편입시키는 행위가 명의신탁이 아니라고 한다면, 어떠한 법적 성질을 지니고 있는가 하는 점이 문제 된다. 만약 유지재단에 편입된 재산을 명의신탁이라고 해석한다면, 개정 전의 '부동산실명제법'에서는 종중과 배우자 간의 명의신탁만을 예외적으로 인정하였기 때문에 이러한 명의신탁 역시 무효가 되고, 과징금이나 형사처벌을 받게 되었다. 상황이 이러함에도 불구하고 구세군을 제외한 많은 교단이 이와 같은 방식으로 재산을 관리하였다. 어떤 단체보다 도덕성을 강조하는 교회가 공동체의 질서를 유지하기 위한 가장 기초적인 규범인 실정법을 무시하는 이와 같은 태도는 큰 문제가 아닐 수 없었다. 반대로 유지재단의 재산을 명의신탁이 아니라고 해석하는 때에는, 지교회가 편입시킨 재산의 소유권은 회복할 수 없게 되며, 이러한 많은 재산을 소유한 재단들은 재단소유의 모든 부동산이 합산되어 누진에 의한 과도한 종합부동산세를 부담하게 되었다. 지교회가 소유할 경우에는 거의 부담하지 않아도 되는 세금을 유지재단에 편입시킴으로써 유지재단이 막대한 세금을 부담하게 된 것이다. 이러한 종합부동산세가 문제였다. 그런데 2010년 부동산실명제법의 개정을 통해 이 문제를 입법적으로 해결하였다. 총회 유지재단과 관련하여 이러한 명의신탁한 지교회의 재산을 환수하는 문제뿐만 아니라, 교단 헌법의 법적 성질과 규범력 등도 문제가 될 것이다.

2. 총회 헌법 내지 장정의 법적 성질

유지재단의 설립은 거의 모든 교단의 총회 헌법 혹은 장정(章程)에 근거를 두고 있다. 교단에 따라서는 총회 헌법에서 지교회의 모든 재산을 유지재단에 편입시키도록 직접 규정하기도 하지만, 대부분은 유지재단의 정관에 위임한다. 따라서 유지재단에 편입된 재산 관련 분쟁은 해당 교단 총회 헌법의 법적 성질에 의해 좌우된다.93) 우선 지교회와 총회 헌법과의 관계에 대해 대법원은 "법인 아닌 사단으로서의 실체를 갖춘 교회가 특정 교단 소속 지교회로 편입되어 교단의 헌법·장정에 따라 의사결정기구를 구성하고 교단이 파송하는 목사를 지교회의 대표자로 받아들이는 경우 지교회는 교단이 정한 헌법·장정을 교회 자신의 규약에 준하는 자치규범으로 받아들임으로써 그의 독립성이나 종교적 자유의 본질이 침해되지 않는 범위 내에서 교단의 헌법·장정에 구속된다."고 판시하였다.94) 이 판결에 의하면 지교회는 교단이 정한 헌법·장정을 교회 자신의 규약에 준하는 자치 규범으로서 교단에서 탈퇴하지 않는 한 준수해야만 한다. 같은 관점에서 교단의 헌법을 사단법인의 정관으로 보는 대법원은 이 정관에 대해 "사단법인의 정관은 이를 작성한 사원뿐만 아니라 그 후에 가입한 사원이나 사단법인의 기관 등도 구속하는 점에 비추어 보면 그 법적 성질은 계약이 아니라 자치법규로 보는 것이 타당하므로, 이는 어디까지나 객관적인 기준에 따라 그 규범적인 의미 내용을 확정하는 법규해석의 방법으로 해석되어야 하는 것인지, 작성자의 주관이나 해석 당시의 사원의 다수결에 의한 방법으로 자의적으로 해석될 수는 없다 할 것이어서, 어느 시점의 사단법인 사원들이 정관의 규범적인 의미 내용과 다른 해석을 사원총회의 결의라는 방법으로 표명하였다 하더라도 그 결의에 의한 해석은 그 사단법인의 구성원인 사원들이나 법원을 구속하는 효력이 없다."고 판시하여[95] 헌법이나 장정을 계약이 아닌 자치법규로 보고 있다. 개신교 교단 총회의 헌법이나 장정의 규범성과 제정과정 등을 고려해 볼 때 자치법규로 해석하는 판례의 태도는 타당하다고 생각한다.

개신교 교단 총회의 헌법이나 장정을 자치법규로 해석한다면, 특정 교단에 가입하는 지교회는 교단 총회의 헌법이나 장정 등을 준수하겠다는 의사를 자발적으로 표시한 것으로 해석된다. 따라서 교단 총회 헌법이나 장정으로 표현되는 자치법규인 정관은 이를 작성한 사원뿐만 아니라 그 후에 가입한 사원이나 사단법인의 기관 등도 구속한다. 그러므로 지교회는 교단 총회의 헌법에 따라 교단에 대한 권리와 의무의 주체로서, 유지재단에 대한 편입된 재산권에 관한 규정 역시 준수해야 한다. 만약 유지재단에 편입된 재산을 항구적으로 환수할 수 없도록 제한하는 규정이 있다면, 그 규정 역시 준수해야 하는가? 만약 준수해야 한다면 항구적으로 소유권을 상실하는 것이 되므로 명의신탁의 법리에 반한다.[96] 다만 편입된 동산이나 기타 채권 등이 명의신탁에 해당한다면 명의신탁의 해지 법리에 따라 처리해야 할 것이다.

대법원은 지교회 재산을 총회 유지재단 등에 증여한 경우, 그 지교회가 교단을 탈퇴할 때는 재산권이 없어진다는[97] 권리상실조항에 대해 구속력을 인정하지 않고 있다. 즉 교단의 총회 헌법이 자치법규라고 한다면, 목사 등의 임면권뿐만 아니라 재산권의 행사와 관련한 모든 규정은 지교회를 구속하기 때문에 지교회는 이 규정에 복종해야 한다. 그런데도 교단 변경이나 대표자 임명 등의 조항에 대해서는 지교회가 준수하도록 강제하면서, 재산권 귀속 조항은 준수하지 않아도 되는 것으로 해석하는 것은 합리적인 근거가 없는 자의적인 해석이라 여겨진다.[98]

3. 편입된 재산이 '명의신탁'인가?

가. 개설

대부분의 개신교 교단에서는 지교회의 재산을 총회 유지재단에 편입시키도록 강제 내지 권장하고 있으므로 특별한 사유가 없는 한 대한감리회 등 대형교단 소속의 많은 교회에서는 지교회 소유의 재산을 유지재단에 편입시키고 있다. 유지재단으로 편입은 주로 지교회와 유지재단 간에 증여 방식에 의한다. 특히 지교회에서 추가로 부동산을 매입하는 경우에는 이 부동산의 소유권을 매도인 명의에서 곧바로 유지재단으로 이전시킨다. 이러한 방식에 대해 다른 특별한 약속이 없는 한 전자를 등기명의신탁, 후자를 3자 간 등기명의신탁 혹은 계약명의신탁으로 해석할 수 있다. 그러나 이러한 명의신탁 방식은 부동산 실권리자명의 등기에 관한 법률에서도 예외적으로 인정하고 있으므로 시세차액이나 조세회피, 법령을 회피할 목적이 아닌 한 실정법상 문제가 되지 않는다.

나. 침례교회 사건을 통해 본 명의신탁의 여부

침례교회가 교인들의 헌금에 의해 소유하게 된 교회당 건물 등 재산을 총회 유지재단에 편입시킨 후 교단과 갈등이 생겨 교단을 탈퇴한 후에도 예배 처소로 계속 사용하고 있는 상황에서, 교단이 이 부동산의 명도를 청구하였다. 이에 대해 대법원은 "신청인을 관장하는 교단인 침례회는 교리를 같이하는 가입교회를 구성원으로 하는 종교단체이기는 하지만, 자주성을 지닌 가입교회들이 자발적으로 구성한 연합체에 불과하며 모든 가입교회는 행정적으로 독립적인 사실, 침례회의 규약상 침례회 가입교회 재산의 2/3 이상이 신청인 앞으로 등기되지 아니하면 그 교회 시무자는 침례회에서의 피선거권이 없다고 규정하고 있을 뿐 그 교회의 재산의 소유권 자체의 양도까지 규정하고 있지는 아니한 사실, 위 교회의 신도들은 그들의 헌금으로 같은 교회의 부지를 매입하고 교회 건물을 신축하여 신도 대표인 위 소외 1 명의로 등기하여 두었다가 신청인 앞으로 증여를 원인으로 한 소유권이전등기를 마쳐 주기는 하였지만, 신청인이 이를 직접 사용·수익하지는 아니하여 위 교회가 그 재산에 대하여 종전과 같이 사용·수익함에 아무런 제한이 없었던 사실, 침례회의 가입교회는 침례회로부터 탈퇴할 자유도 가지고 있는 사실을 알 수 있다.

위와 같은 사실에다 예배행위를 그 존립 목적으로 하는 교회로서는 교회 건물 (예배당)은 필수 불가결한 존재여서 교회 건물이 없으면 교회의 존립 자체가 위태롭게 된다는 사실을 보태어 볼 때, 위 교회가 그 교회 건물과 그 부지인 이 사건 부동산을 신청인 명의로 등기한 것은 그 소유권을 신청인으로 하여금 종국적으로 취득하게 하겠다는 데에 있었다고 보기보다는 가입교회의 침례회에 대한 소속감을 강화하고 침례회의 결집성을 확보하기 위한 상징적 의미로서, 또는 침례회의 가입 회원으로서의 권리와 의무를 성실히 이행하고 침례회의 설립목적에 어긋나는 행위를 하지 아니하겠다고 다짐하는 취지의 신표로서 한 것으로서 일종의 명의신탁에 해당한다고 보아야 할 여지가 충분히 있다 할 것이다. 만일 그렇지 아니하면 위 교회는 침례회로부터 탈퇴는 하면서도 그 존립의 기초가 되는 예배 장소는 반환받지 못하는 결과가 되어 부당하다."고 판시하여,[99] 침례교회가 재단법인 기독교 한국침례회 유지재단 명의로 등기한 것을 명의신탁으로 보고 있다.

개정된 부동산실명제법 제8조에서 "1. 종중이 보유한 부동산에 관한 물권을 종중(종중과 그 대표자를 같이 표시하여 등기한 경우를 포함한다) 외의 자의 명의로 등기한 경우, 2. 배우자 명의로 부동산에 관한 물권을 등기한 경우, 3. 종교단체의 명의로 그 산하 조직이 보유한 부동산에 관한 물권을 등기한 경우"에 조세포탈, 강제집행의 면탈 또는 법령상 제한의 회피를 목적으로 하지 아니하는 경우에만 예외적으로 명의신탁을 인정하고 있다. 이에 따라 종중은 제4조(명의신탁의 약정 및 물권변동의 무효), 제5조(과징금), 제6조(이행강제금), 제7조(벌칙) 및 제12조(실명등기 의무위반의 효력 등) 제1항·제2항의 규정이 적용되지 아니한다. 이 법의 제정 당시에는 교회나 사찰, 향교 등 종교단체는 예외의 대상에서 배제되었다. 이에 따라 종중과 기타 종교단체와 형평성 등이 문제되자 부동산실명제법 제11조 제1항 단서에 의해 종교단체가 조세포탈, 강제집행의 면탈을 목적으로 하지 아니하고 명의신탁한 부동산으로서 대통령령으로 정한 부동산에 대해서는 위 법 시행일로부터 1년 이내의 유예기간 이내에 실명등기로 전환하여야 하는 의무를 면제해 줌으로써 위 법 시행 전의 교회 재산의 명의신탁에 대해서는 그 유효성을 제한적으로 인정하였다. 예컨대 부동산 실권리자 명의 등기에 관한 법률 시행령 제5조(종교단체 및 향교 등의 실명등기 등) 제1항은 종교법인·부동산등기법 제41조의2 제1항 제3호의 규정에 따라 등록번호를 부여받은 법인 아닌 사단·재산으로서 종교의 보급 기타 교화를 목적으로 설립된 종단·교단·유지재단 또는 이와 유사한 연합종교 단체 및 개별 단체 및 종단에 소속된 법인 또는 단체로서 종교의 보급 기타 교화를 목적으로 설립된 소속종교단체 등을 종교단체로 인정함으로써 지교회 역시 종교단체로 인정하고 있고, 동조 제2항은 위 종교단체의 종단과 소속 종교단체 간에 명의신탁한 부동산 및 종교단체가 그 고유목적을 위하여 사용하는 농지법에 의한 농지 등에 대한 실명 전환의무를 면제하는 부동산으로 지정해 놓고 있다. 그 후 2010년에 동법 제8조의 3호를 신설하여 종교 단체의 명의신탁을 예외적으로 인정하고 있다.

4. 편입된 재산의 환수 여부

가. 문제의 소재

지교회는 주무관청의 허가와 등기를 경료한 경우에는 사단법인으로서 법인격을 취득하게 되고, 등기하지 않는 경우에는 법인격 없는 법인 아닌 사단이 된다.[100) 이에 반해 설립등기된 교단은 물론 유지재단 역시 법인격을 지닌 법인이다. 따라서 총회와 지교회는 내부적으로는 상급 치리 단체와 소속 지교회라는 상하 관계이지만, 법적으로는 법인과 법인 혹은 법인 아닌 사단이라는 별개의 권리주체라 할 수 있다. 이러한 상하 관계의 특수성 때문에 교단은 그 소속 지교회 재산의 재단을 편입시켜 교단의 정체성 확립이나 지교회에 대한 통제 혹은 관리를 도모하고 있다. 그런데 지교회가 교단을 탈퇴한 경우나 기타 사정에 따라 유지재단에 편입시킨 재산을 환수하고자 할 때, 환수가 가능한 것인가의 여부가 문제 된다.

앞서 살펴본 기독교 침례교 교단이나 대한 감리회의 경우, 지교회가 교단을 탈퇴할 때는 유지재단에 편입시킨 재산에 대한 소유권을 회복할 수 없는 권리상실 규정을 두고 있다. 지교회는 특별한 사유가 없는 한 소속 교단을 탈퇴하지 않으며, 교단을 탈퇴하지 않는 한 유지재단에 편입시킨 재산을 환수하려고 하지 않는다. 그러나 지교회가 소속 교단을 탈퇴할 경우에는 편입시킨 재산을 환수하고자 할 것이다. 왜냐하면 유지재단에 재산을 증여형식으로 편입시킬 때도 소유권을 완전히 이전해 준다고 생각하지 않았기 때문이다. 이러한 정서는 대한 감리회에서 거액의 종부세가 부과되자 유지재단의 재산이 명의신탁된 것이라고 주장한 것에서도 알 수 있었다. 그런데 문제는 이러한 교단의 탈퇴가 적지 않게 발생하고 있다는 점이다. 실정법상 탈퇴의 허용 여부가 문제 될 수 있다. 교단의 가입이 법적으로 '계약'에 해당하는 것이기 때문에, 교단의 탈퇴 역시 특별한 사정이 있다면 인정할 수밖에 없을 것이다.

대법원 역시 "특정 교단에 가입한 지교회가 교단이 정한 헌법을 지교회 자신의 자치규범으로 받아들였다고 인정되는 경우에는 소속 교단의 변경은 실질적으로 지교회 자신의 규약에 해당하는 자치규범을 변경하는 결과를 초래하고, 만약 지교회 자신의 규약을 갖춘 경우에는 교단변경으로 인하여 지교회의 명칭이나 목적 등 지교회의 규약에 포함된 사항의 변경까지 수반하기 때문에, 소속 교단에서의 탈퇴 내지 소속 교단의 변경은 사단법인 정관변경에 준하여 의결권을 가진 교인 2/3 이상의 찬성에 의한 결의를 필요로 하며, 만일 소속 교단에서의 탈퇴 등에 관한 결의를 하였으나 이에 찬성한 교인이 의결권을 가진 교인의 2/3에 이르지 못한다면 종전 교회의 동일성은 여전히 종전 교단에 소속되어 있는 상태로서 유지된다. 그러므로 의결권을 가진 교인의 2/3 이상의 찬성에 의하여 소속 교단에서 탈퇴 또는 소속 교단의 변경결의가 적법·유효하게 이루어졌다는 점은 이를 주장하는 자가 입증하여야 한다."고 판시하여[101] 교회의 분열을 부정하는 태도와는 달리 정당한 절차를 통한 교단의 탈퇴는 인정하고 있다. 이렇게 지교회가 교단을 탈퇴한 경우, 지교회 측에서는 당연히 유지재단에 편입시킨 재산을 환수받고자 한다. 이러한 재산환수청구를 염려하여 여러 교단은 재산권 상실 조항들을 정관이나 헌법에 규정하고 있다. 여기에서 재산권 상실조항의 구속력의 문제와 유지재단에 귀속시킨 행위의 법적 성질에 따른 환수절차가 문제 될 것이다. 소속 교단을 탈퇴한 지교회는 재산권 상실조항의 무효와 함께 명의신탁해지에 의한 소유권반환청구소송을 제기할 수 있고, 이에 반해 유지재단 측에서는 재단에 편입된 부동산을 '유지재단에 증여한 재산'이라고 주장하게 되므로, 양자가 충돌할 수밖에 없다.

나. 권리상실 조항의 유효성 여부

교단과 지교회 사이의 재산 귀속 관계에 대해 대법원은 "만일 원고 교회가 침례회(교단)로부터의 탈퇴가 유효한 것이고 침례회가 교리를 같이하는 가입교회를 구성원으로 하는 종교단체이나 가입교회와의 사이에 독립성을 보장하면서 별개의 단체로서 종교활동을 하고 있고, 가입교회는 주로 교회의 예배당 건물과 그 부지를 피고(침례회)에게 이전등기를 하고 있는데 가입교회가 그 재산을 피고에게 이전등기를 하더라도 피고는 이를 재산의 기본재산에 편입해 둘 뿐 이를 직접 사용·수익하지는 아니하여 가입교회가 그 재산에 대하여 종전과 같이 사용·수익함에는 아무런 제한이 없으며, 원고(지교회)는 처음에는 침례회에 가입하지 아니하였으나 침례회 산하의 한미교회기금위원회로 부터 대출받기 위하여 침례회에 가입하여야 할 필요가 있어 교회부지 중 일부를 예배당으로 사용되고 있던 이 사건 건물과 함께 피고명의로 등기해 주고 침례회에 가입하여 대출받은 후 그 원리금을 모두 변제하였고, 한편 피고는 원고로부터 이 사건 부동산에 관한 등기를 경료받은 뒤 이를 재단의 기본재산으로 편입하기는 하였으나 원고가 이를 사용·수익함에 대하여는 아무런 제한을 가하지 아니하여 원고 교회가 종전대로 이 사건 부동산을 사용하여 온 점 등을 비추어 볼 때 가입교회의 침례회에 대한 소속감을 강화하고 침례회의 결집성을 확보하기 위한 상징적 의미로서, 또는 침례회의 가입회원으로서의 권리와 의무를 성실히 이행하고 침례회의 설립목적에 어긋나는 행위를 하지 아니하겠다고 다짐하는 취지의 신표로써 한 것으로서 일종의 명의신탁에 해당한다고 보아야 할 것이다. 따라서 침례회에 가입하면서 형식상 증여계약서를 작성하였다고 하여 달리 볼 것은 아니다"라고 판시하여[102] 비록 증여형식으로 지교회가 유지재단에 소유권을 이전하여 주었다고 하더라도 이것을 일종의 명의신탁이라고 보고 있다.[103]

더 나아가 "교회신도들이 교회를 건립하기 위하여 기부금을 모집하여 교회용의 대지를 매수하여 그 위에 교회를 건립하였다면 특별한 사정이 없는 한 신도들은 그 소속 노회의 헌법규정이 어떻게 되었던지 간에 그 토지와 교회 건물은 그 소속 신도가 교회원으로서 그 총의에 의하여 영구히 사용할 권리를 보유할 의사였다고 할 것이다." 라고 판시하였다.[104] 또한 "대한 예수교장로회의 헌법에는 대한예수교장로회 경북노회 소속의 지교회에 속한 부동산은 노회의 소유로 하고, 토지나 가옥에 관하여 분쟁이 생기면 노회가 이를 처단할 권한이 있음을 규정하고 있으나, 물권인 부동산소유권의 귀속 등 국가의 강행법규를 적용하여야 할 법률적 분쟁에 있어서는 이와 저촉되는 교회 헌법상의 규정이 적용될 여지가 없다."고 판시하여[105] 교단의 헌법이나 장정이 실정법상의 강행규정을 위반한 경우 그 효력을 부인하고 있다. 다시 말해 물권변동에 관한 규정들의 강행규정성과 지교회 교인들의 의사 등을 고려할 때 헌법이나 장정의 재산권상실 규정은 지교회에 대해 구속력이 없다는 것이다. 이러한 판결 태도에 의하면 지교회가 교단을 탈퇴하는 경우에, 비록 교단 헌법이나 장정에서 "유지재단에 편입된 재산의 소유권이 교단에 귀속한다"는 취지로 규정하고, 이러한 규정에 따라 지교회가 형식적으로 유지재단에 증여형식으로 소유권을 이전하였다고 하더라도, 이러한 증여는 재단에 대한 영구적인 소유권 귀속이 아니다. 따라서 지교회의 증여의사는 소유권을 영구적으로 포기하는 진정한 증여의 사라기 보다는 명의신탁의사로 보아야 한다.106) 이렇게 유지재단 명의로 등기된 재산의 법적 성질을 명의신탁으로 본다면, 재산권 상실 규정이 물권변동에 관한 강행규정의 위반으로 무효이므로 지교회에 대해 구속력이 없다고 주장할 수 있다. 그러나 이러한 이론 구성보다는 명의신탁의 해지를 영구적으로 제한하는 것은 지교회에 대해 구속력이 없는 것으로 해석하는 것이 타당하리라 생각한다.107)

다. 환수 절차의 곤란성

이상에서 살펴본 바와 같이 침례교회와 같은 방식으로 지교회가 교단이나 유지재단에 증여한 재산은 명의신탁에 해당한다. 따라서 지교회가 교단을 탈퇴할 경우에는 예배당 건물 같은 지교회 재산은 명의신탁 해지에 의한 부당이득반환이 허용되어야 한다. 그러나 판례에 의하면 일단 증여된 재산이 유지재단의 기본재산으로 편입된 경우 이는 정관의 기재사항으로서, 기본재산의 변경은 정관의 변경을 초래하기 때문에 주무장관의 허가를 받아야 한다. 또한 기존의 기본재산을 처분하는 행위는 물론 새롭게 기본재산에 편입시키는 행위도 주무장관의 허가가 있어야만 한다.108) 예컨대 대법원은 "일단 주무장관의 허가를 얻어 기본재산에 편입하여 정관 기재사항의 일부가 된 이후에는 비록 그것이 명의신탁관계에 있었던 것이라 하더라도 이것을 처분(반환)하는 것은 기본재산변경에 해당되어 정관을 변경하여야 하므로 주무장관의 허가 없이 이를 이전등기할 수는 없다고 보아야 할 것이다."라고 판시하였다.109) 지교회가 소속 교단을 탈퇴한 경우 판례에 따르면 이론상 명의신탁을 해지하여 신탁된 재산을 환수받기 위해서는 기본재산의 변동에 따른 이사회의 결의와 주무관청의 허가가 있어야 이전등기를 할 수 있다. 이처럼 명의신탁된 재산이 이미 유지재단의 정관상 기본재산에 등기되어 있다면 기본재산의 처분은 정관 변경

사항이다. 따라서 이사회의 결의와 함께 주무관청의 허가를 받지 않으면 그 반환을 청구하지 못한다는 견해 자체는 타당한 것이라 여겨진다.110) 이러한 견해에 따르면 유지재단 이사회의 2/3 찬성 결의와 주무관청의 허가를 통한 재산권의 환수는 사실상 불가능하다. 왜냐하면 자기 교단을 탈퇴하고자 하는 지교회를 위해 이사회가 정관 변경을 위한 2/3의 찬성 결의를 하지 않을 뿐만 아니라, 주무관청의 허가를 적극적으로 받아 주지도 않을 것이기 때문이다. 더 나아가 이렇게 이사회가 정관 변경에 소극적일 때 이사회의 소집이나 결의를 대신할 어떠한 법적인 조치도 마련되어 있지 않기 때문이다.111) 그러므로 유지재단의 이사회가 기본재산 변경을 위한 정관 변경을 결의하지 않거나 주무관청에 허가 신청을 하지 않을 경우 지교회는 명의신탁의 해지에 의한 방법으로는 소유권을 반환받을 수 없게 된다. 이에 따라 탈퇴한 지교회가 계속 사용 수익해 온 사실상의 자기 부동산을 포기하지 않는 한 분쟁은 계속될 수밖에 없다.

라. 소결

재산권 상실 규정과 관련하여 대법원은 "원래의 위 지교회가 소속한 대한 예수교장로회 통합파 헌법 제94조 제3항(개정된 현행 헌법 제96조 제3항 해당)이 '대한 예수교장로회 교리나 법규를 준행하지 않거나 이탈한 자는 재산의 사용권을 가지지 못한다.'고 규정하고 있는 것은 위 교회분열의 경우 재산귀속에 관한 규정이므로 피고 교회에게는 이 사건 교회 건물에 대한 사용 수익권이 없다고 볼 것이 아니라, 교회와 그 소속 교단과의 관계는 교회의 기본적 독립성이 인정되는 범위에서 정립되어야 하고 교회의 기본재산은 특별한 사정이 없는 한 그 교회의 교인들이 자기들을 위하여 소유·사용할 의사를 가진 것이라고 보아야 하며 종교 자유의 원칙상 교회의 교인들이 그 소속 교단을 탈퇴하거나 변경할 수 있으며 교회에서 탈퇴하지 않는 이상 교회구성원의 지위를 상실하는 것은 아닌 점 등에 비추어 보면 위 규정이 종전 교회의 교인들이 그 교회 자체를 탈퇴하여 교회구성원의 지위를 상실하는 경우가 아니라 이 사건에 있어서와 같이 다수교인들이 그 소속교단을 탈퇴하고 새로운 교단에 가입하여 별개의 교회를 결성함으로써 종전 교회가 2개의 교회로 분열된 경우에까지 구속력을 가진다고는 할 수 없다."고 판시하여,112) 등기상의 소유권자(수탁자)인 유지재단이 아니라 지교회(신탁자)에게 권리가 있다고 하는 점이 문제다. 그런

671

데 위 판례는 위 헌법 제96조 제3항이 개별 또는 집단으로 지교회를 탈퇴한 교인에 대하여 그 소속 지교회 재산(유지재단에 편입된 재산)에 대한 권리를 갖지 못한다는 취지일 뿐 교단을 탈퇴한 지교회 자체가 유지재단에 편입시킨 재산에 대한 권리를 갖는지에 대한 판례는 아니라고 할 수 있다.

그렇다면 위 헌법 제94조의 단서, 즉 "지교회가 노회에 증여한 재산은 그 교회가 노회를 이탈할 때는 재산권이 없어진다"는 권리상실조항의 해석이 문제 된다. 이 문제 역시 전술한 판례[113] 취지를 감안하면 지교회가 노회에 증여의 의사로 증여한 재산은 위 규정에 따라 노회의 권리를 인정하여야 하므로 증여계약의 해제나 무효 등을 주장할 수 없지만, 노회에 명의신탁한 경우에는 명의신탁 관계 해지를 원인으로 한 부당이득반환청구가 가능하다고 보아야 할 것이다. 그러나 앞서 살펴본 바와 같이 유지재단이 기본재산에 편입되었다면 기본재산 감소를 위한 정관 변경이나 주무관청의 허가절차를 밟지 않은 채 이의 반환을 거절할 경우 소속 교단을 탈퇴한 지교회로서는 그 반환청구를 구할 수 있는 실질적인 방법이 없게 되어 그 재산에 대한 권리를 상실하게 된다. 따라서 이 때 유지재단은 법이론상으로는 예배당 등을 실제 사용하고 있는 지교회를 상대로 임료청구나 명도청구소송을 제기할 수 있을 것이다. 그러나 처음부터 자신들의 재산이었고, 사실상 자신들의 재산이라고 믿고 사용하고 있는 지교회는 순순히 교회당을 명도해 줄 리가 없다. 이 때문에 물리적 충돌을 피할 수 없어 유지재단 역시 재산권 행사가 사실상 불가능하다.[114]

이러한 교단과 지교회 간의 재산환수의 분쟁은 극단적인 투쟁도 불사할 정도로 심각하게 전개되는 경우가 많다. 지교회가 유지재단에 재산을 편입시키지 않으면 불이익을 받는 등 사실상 강제되고 있다는 점들을 고려한다면, 지교회의 입장을 전적으로 무시할 수 없다. 비록 악의의 신탁자가 명의신탁의 무효를 주장하는 것이 신의칙에 반한다고 볼 수도 있지만, 이러한 무효를 인정하지 않는다면 본래 의도했던 법률의 목적을 달성할 수 없기 때문에 이러한 주장을 인용해야 한다고 생각한다. 대법원도 같은 견해이다.[115]

V. 글을 맺으며

1. 한국 개신교는 세계교회사에서 보기 드물게, 지난 100년 동안 비약적으로 성장하였다. 한국교회가 국가와 민족의 발전에 기여한 것은 주지의 사실이다. 그러나 1980년대에 이르러 그 성장이 정점을 지나 교세가 감소하는 현상을 보이는 등 세상의 변화에 둔감한 성장지상주의 정책에 대한 부작용이 도처에서 나타났다. 십자가 없는 부활만을 강조하는 한국교회는 양적 성장에 주력하여 대형교회가 축복의 상징이 되었다. 과도한 분파주의와 그에 따른 신학교 증설 및 수준 미달 목회자들의 양산, 그리고 그들의 무한경쟁과 개교회 중심주의가 가족주의와 연계되면서 교회 권력과 재산을 세습하는 추태까지 만연하게 된 것이다. 특히 다수의 교단에서 세습 금지법을 제정하였음에도 불구하고, 징검다리 세습, 교차 세습, 지교회 세습이라는 편법을 동원하여 세습하는 실정이다. 이러한 세습은 교회의 세속화와 비성서적인 추태의 대표적인 모습이라 할 수 있다. 결국 오늘날 한국교회는 세상을 구원하는 '세상의 빛과 소금'의 역할을 하는 것이 아니라 사회가 오히려 교회를 걱정해야 할 존재가 되었다.

2. 한국교회 공동체는 여러 가지 병폐들로 말미암아 그 본연의 모습을 상실해 가고 있다. 최근 논의되고 있는 '작은 교회의 운동'이나 '타자를 위한 교회', '사회를 향한 외적 여정의 강화' 등과는 거리가 먼 '우리 교회'나 '내 교회'라는 개교회주의에 매몰되어 교회로서 정체성을 잃어가고 있다. 한국교회가 교회 본연의 역할을 할 수 있으려면 초대교회 공동체가 보여주었던 '복음 안에서 하나 됨', '그리스도 안에서 친밀함', '성령 안에서 섬김의 자세'을 회복해야만 한다. 이것이 회복된다면 교회공동체의 모습 역시 회복될 수 있을 것이다. 이러한 교회의 공동체성이 회복되지 않은 상태에서 아무리 교회가 성장한다고 하더라도, '짠맛을 잃은 소금'과 같이 예수께서 부여한 고유한 사명을 감당하지 못하는 세속화된 조직에 불과할 것이다. 현재 많은 한국 개신교회가 보여주고 있는 모습이다.

3. 한국교회 공동체가 보여준 성장지상주의 등의 신학적 문제들은 법적인 문제에도 그대로 반영되었다. 어느 정도 규모를 가진 교회는 대부분 상당한 수준의 부동

산을 보유하고 있다. "재물 있는 곳에 네 마음이 있다"라는 말처럼 교회공동체에 부동산 등 재산이 많다 보니, 이 재산과 관련한 다양한 법적인 분쟁이 자주 발생한다. 특히 교회 내에서 재산의 주도권 문제로 분열과 교단 탈퇴 등이 자주 발생한다. 다시 말해 교회 내부 분쟁은 실질적으로는 재산분쟁으로써, 주로 재산확보를 목적으로 하는 것이다. 더 나아가 유지재단에 지교회의 부동산소유권을 이전한 경우 조건부증여 형식을 취하고 있으나, 본질은 명의신탁에 불과한 것이다. 지교회가 교단을 탈퇴하는 경우 유지재단에 편입된 재산에 대해서는 권리를 상실한다는 규정을 여러 교단 헌법이나 장정 등에서 규정하고 있다. 이러한 교단의 자치법규에 따른 재산권 상실규정은 실정법규, 특히 강행법규에 반하는 것으로 무효가 될 것이다. 원래 유지재단에 편입시키는 목적이 지교회의 재산을 효율적으로 관리해 주기 위한 것이기 때문에 더욱 그러하다. 교단 탈퇴 등 불미스러운 일에 따라 초래된 것이지만, 재산권 상실 규정의 본질은 교단 이기주의에서 기인한 것이라 볼 수 있다. 결국 교회 내 재산권 분쟁은 비성경적인 바알 신앙이나 맘몬 주의의 결과이다. 작은 교회, 특히 농촌교회에서는 이러한 분열이나 교단 탈퇴의 문제가 거의 발생하지 않고 있다는 점이 이 문제의 본질을 시사해 주고 있다.

4. 교회공동체는 현대사회가 안고 있는 병폐를 치유해야 할 사명이 있다. 교회공동체가 강화된 내적 여정을 바탕으로 세상을 위한 교회, 타자들을 위한 교회에서 그 존재 의미를 찾을 수 있을 것이다. 그런데 많은 이들이 한국교회 안에는 '현존'하시는 예수, '임마누엘이 되시는' 예수가 없다고 비판한다. 교회 안에 사특한 객들로 가득 차 있기 때문에 주인이 들어갈 공간이 없다는 것이다. "예수가 있어야 할 자리를 어떤 인간이 차지하고 있다면, 그것이 바로 이단(異端)이다"라는 말이 있는데, 그렇다면 한국교회에는 이단이 참으로 많이 존재하는 곳이라 할 수 있다. 따라서 오늘날 한국 교회공동체의 가장 시급한 과제는 예수 그리스도 안에 있는 모든 공동체의 모범이 된 초대교회 공동체의 모습을 현대 사회에 부합하는 형태로 회복하는 것이다. 그들이 보여주었던 복음 안에서 일치와 그리스도 예수 안에서 형제 사랑 및 세상에서 나눔과 돌봄을 회복하는 것이 한국교회 공동체를 회복하는 출발점이라 여겨진다.

미주

1) 에글레시아의 의미에 대해서는 김형원 (2020), 67면 이하; 김영선 (2011), 64면 이하 참조.

2) 구약에 나타난 신앙공동체에 대해서는 김형원 (2020), 67면; 김영선 (2011), 65면; 은준관 (2006), 73면 이하 참조.

3) 교회의 유형과 그 의미에 대해서는 한스 큉 (2007), 318면 이하 참조.

4) 문석호 (1997), 89면.

5) 크리스찬 아카데미 신학연구회 (1992), 183면.

6) 페르디난트 퇴니스 (2017), 6면 이하; 이병호 (1989), 15면.

7) 문석호 (1997), 89면; 김형원 (2020), 141면 이하.

8) 염무웅 (2021), 42면.

9) '내면을 향한 여정'과 '세상을 향한 여정'이라는 말은 미국 사회를 움직인 세이비어교회의 훈련 모델이다. 이에 대해서는 유상준 (2005), 202면 이하 참조.

10) 김형원 (2020), 38면.

11) Otto von Gierke (1905), S.1.

12) https://kosis.kr/statHtml/statHtml.do?orgId=101&tblId=DT_1PM1502&vw_cd=MT_TM2_TITLE&list_id=B10_B10_1&scrId=&seqNo=&lang_mode=ko&obj_var_id=&itm_id=&conn_path=MT_TM2_TITLE&path=%252FeasyViewStatis%252FcustomStatisIndex.do (2022년 1월 5일 최종방문).

13) http://www.kosis.co.kr (2022년 1월 5일 최종방문).

14) 문화체육관광부 (2019), 99-105면. 이에 따르면 교단의 소재지와 사찰수, 승려수 및 신도수를 확인할 수 있다.

15) https://www.mcst.go.kr/kor/s_policy/dept/deptView.jsp?pCurrentPage=1&pType=03&pTab=01&pSeq=1731&pDataCD=0406000000&pSearchType=01&pSearchWord (20211. 5 최종방문); 문화체육관광부 (2019), 106-107면.

16) 문화체육관광부 (2019), 108-116면. 이에 따르면 교단별로 교단의 소재지, 교회 수, 교직자 수, 신자 수를 확인할 수 있다.

17) 이에 대한 구체적인 교단의 명칭은 확인할 수 있다. 문화체육관광부, 2018년 한국의 종교현황, 117-118면 참조.

18) 신현광 (2005), 302면.

19) 이상선 (2007), 13면 이하.

20) 안명준 (2005), 16-32면에서도 극단적 이원론, 로마 카톨릭교회로 복귀하는 현상, 교회의 외형적 대형화, 개교회주의, 한국교회의 무속적 요소들, 목회자의 윤리 실종을 들고 있다.

21) 한국교회의 문제점에 대해서는 그동안 많은 연구가 축적되었다. 비 신학자들에 의한 연구로서는 최재석 (2015); 백종국 (2010)와 신학자들의 연구 저서로서는 이원규 (2002); 안명준 외 (2005) 등이 있다.

22) 이 대학뿐만 아니라 총회 인준 신학교를 11개(대신, 광주, 칼빈, 서울, 부산, 대전, 전북, 인천, 청주, 수원, 광신)를 운영하고 있다. 이러한 신학대학을 통해 한해 수천 명의 목회자를 양산하고 있다.

23) 총회 본부의 이 대학 이외에도 서울장신대학교, 대전신학대학교, 한일장신대학교, 호남장신대학교, 영남신학대학교, 부산장신대학교를 보유하고 있다.

24) 네이버나 다음 등 포털사이트를 검색해 보면 이러한 무인가 신학교와 엉터리 목사와 관련한 기사가 넘쳐난다.

25) 대표적으로는 신의주에서 목회하던 한경직 목사가 월남하여 개척한 영락교회를 들 수 있다.

26) 신현광 (2005), 302-303면.

27) 통상 독일의 국가교회의 원칙에 따르면 담임 목회자 1인과 전도사 1인 및 일반 사무원 1인으로 구성된 교회가 신앙의 유지, 전달 등 구성원 간의 원활한 상호작용을 하기 위해서는 300명 이내로 제한하고 있다.

28) 이러한 성장 위주의 교회에 대한 비판적인 견해는 문석호 (1997), 76면 이하 참조.

29) 요셉 라칭거 (2003), 537면.

30) 요셉 라칭거 (2003), 540면.

31) 요셉 라칭거 (2003), 540면.

32) 생명평화마당 (2017)에서는 다양한 대안을 제시해 주고 있다. 예컨대 '탈성직', '탈성장', '탈성별'을 통해 평신도의 작은 교회를 통해 생명과 평화의 공동체로서 녹색교회를 모색하며, 성차별을 넘어 신도 모두의 교회를 추구하고 있다.

33) 개인 혹은 개교회 중심주의에 대해서는 문석호 (1997), 78면 이하 참조.

34) Juhe E. Gorman (1984), p.62: 문석호 (1997), 79면.

35) 김중기 외 (1982), 185면.

36) 통상 개척교회가 성장해 가면서 보여주는 보편적인 양상은, 임대건물에서 독립건물을 가진 교회로 본당을 신축하고, 그 다음 교육관을 짓고, 여력이 되면 공원묘지를 조성한다. 이 때쯤이면 신자가 늘어 다시 교회를 증축하거나 재건축하는 방식으로 양적 성장을 도모한다.

37) 이러한 목사의 권위주의에 대해서는 최재석 (2015), 204면 이하 참조.

38) 문석호 (1997), 78면 이하 참조.

39) 여기서 새로운 인간관계란 "예수 그리스도 안에서 하나님을 사랑하며 또한 이웃을 사랑하고 자신을 돌보는 관계", 즉 새롭게 변화된 사랑의 법을 의미한다, 이에 대해 자세한 것은 Cf, Greath W. Icenogle (1994), pp.259-260.

40) 최근 대한예수교 장로회 통합 측의 가장 많은 신자를 보유한 명성교회의 부자간 세습 과정은 교회에서 보여줄 수 있는 모든 추태를 보여주었다. 서울의 대형교회에 속하는 광림교회와 금란교회, 충현교회와 왕성교회 등이 많은 반대에도 불구하고 세습하여 비판의 대상이 되었다.

41) 문화체육관광부 (2019), 108-118면 참조.

42) 다양한 형태의 법률문제에 대해서는 이계찬 (2021), 920면 이하; 박해성 (1997), 583면 이하; 백현기 (2017)을 참고할 것.

43) 대한 감리회에서는 지교회라는 용어를 사용하지 않고 '개체교회'라고 부른다. 예컨대 기독교 대한 감리회의 '교리와 장정', 제3편 조직과 행정법 제2조에 의하면 "의회법에 따라 당회가 구성된 교회를 개체교회라 한다"고 규정하고 있다. 그러나 대다수 다른 개신교 교단에서는 지교회라는 용어를 사용하고 있어 이곳에서는 지교회로 통일하여 사용하고자 한다.

44) 대법원 2006. 6. 30. 선고 2000다15944 판결; 대법원 2006. 4. 20. 선고 2004다37775 전원합의체 판결 등 다수.

45) 대법원 1991. 11. 26. 선고 91다30675 판결.

46) 대법원 1992. 7. 10. 선고 92다2431 판결.

47) 서헌제 (2016), 480면.

48) 대법원 1992. 10. 9. 선고 92다23087 판결; 대법원 2006. 4. 20. 선고 2004다37775 전원합의체 판결 등 다수.

49) 이에 대해 자세한 것은 서헌제 (2016), 497면 이하 참조.

50) 대법원 1967. 12. 18. 선고 67다2202 판결.

51) 서헌제 (2016), 497면.

52) 대법원 2007. 1. 16. 선고 2006다41297 판결.

53) 서헌제 (2016), 497면.

54) 서헌제 (2016), 509면.

55) 부산고등법원 2016. 5. 19. 선고 2015나23737판결.

56) 이에 대해 자세한 것은 소준열 (2021), 1001면 이하 참조.

57) 교인들의 의결권에 대해서는 소준열 (2021), 528면 이하 참조할 것.

58) 서헌제 (2016), 328면.

59) 소준열 (2021), 955면 이하.

60) 소준열 (2021), 534면 이하.

61) 대법원 2006. 4. 20. 선고 2004다37775 전원합의체 판결.

62) 상동.

63) 대법원 2010. 5. 27. 선고 2009다67658 판결.

64) 예컨대 집회및시위에관한법률 제9조에 따르면 종교에 관한 집회의 경우에는 옥외집회 및 시위의 신고(동법 제4조), 집회 및 시위금지 장소 및 시간제한(동법 제6-7조), 교통소통을 위한 제한(동법 제8조) 등이 적용되지 않는다. 대법원 2009. 11. 19.자 2008마699 전원합의체 결정에서도 같은 태도이다.

65) 대법원 2005. 6. 24. 선고 2005다10388 판결.

66) 대법원 2007. 4. 26. 선고 2006다87903 판결 등 다수.

67) 예컨대 교회가 테러행위나 반국가단체를 결성하는 행위뿐만 아니라 병역의무를 거부하는 여호와 증인을 믿는 자에게 병역법 위반으로 처벌하는 것은 종교의 자유를 침해하는 것이 아니라고 한다(헌법재판소 2004. 8. 26, 자 2002헌가1 결정).

68) 오대양 사건과 같은 집단자살 사건(대법원 1996. 10. 11. 선고 95다36329 판결), 다중의 위력에 의한 폭력행위(대법원 2004. 9. 3. 선고 2004도3538 판결), 강박에 의해 노동력을 착취하는 행위나 인종차별적 행위도 이에 속한다.

69) 여기에는 가정의 파괴(인천지방법원 부천지원 1999. 4. 23. 선고 97가합7980 판결)나 혼음행위 등이 대표적이다.

70) 이에 대해 자세한 것은 윤철홍 (2014), 130면 이하 참조.

71) 허영 (2020), 458면; 명재진 (2020), 24면.

72) 명재진 (2020), 25면.

73) 성서에서도 "사람이 만일 온 천하를 얻고도 자기 목숨을 잃으면 무엇이 유익하리요"(마가복음 8장 36절) 하여 생명의 중요성을 강조하고 있다.

74) 고재기 (2021), 129면.

75) D. Bonhoeffer (1988), S.557.

76) 대법원 1957. 12. 13. 선고 4290민상182 판결.

77) 예컨대 부동산 등기법 제26조 제1항에 의하면 "종중, 문중 기타 대표자나 관리인이 있는 법인 아닌 사단이나 재단에 속하는 부동산의 등기에 관하여서는 그 사단 또는 재단을 등기권리자 또는 등기의무자로 한다"고 규정하고 있으며, 동조 제2항에서는 " 제1항의 등기는 그 사단 또는 재단의 명의로 그 대표자 또는 관리인이 이를 신청한다"고 규정하고 있다.

78) 이 경우도 일괄적으로 판단할 수 없다. 예컨대 목사 개인이 자신의 재산과 노력으로 교회를 건축하여 자신의 이름으로 등기했다면 신학적으로는 문제가 될 수 있으나, 법적인 의미에서는 등기명의신탁이 아닌 자신의 재산이라 해야 할 것이다.

79) 대한 감리교 총회 재단 사무국 관계자의 증언이다.

80) 이 때 필요한 서류들은 1) 신청서, 2) 소속기관 회의록(당회, 제직회), 3) 재산의 등기부등본(대지 및 건물), 4) 금융기관의 확인서, 5) 대출금 사용계획 및 상환 계획서이다(재단 법인 한국기독교장로회 총회 유지재단 유지관리세칙 제10조).

81) 최병덕 (1999) 참조.

82) 대법원 2006. 4. 20. 선고 2004다37775 전원합의체 판결.

83) 민유숙 (2011), 345면.

84) 서헌제 (2014a), 86-87면에 따르면 이 판결은 "우리나라 교회분쟁에 대한 종합적인 처방으로서 의미를 지니나, 한편으로는 우리 법원이 그 동안 신앙단체로서의 교회의 권위를 존중하여 교회분열에 대해서는 일반 단체와 구별된 법리 적용하던 데에서, 결국 교회분쟁도 세속적인 재산 다툼과 다름이 없다는 것을 정면으로 인정한 것이다. 이것은 한국교회로서는 뼈아픈 변화"라고 지적하였다

85) 대법원 1992. 10. 9. 선고 92다23087 판결.

86) 대법원 2000. 11. 24. 선고 99다12437 판결.

87) 대법원 2020. 12. 24. 선고 2015다222920 판결. 사찰의 종단 소속 관계는 사법상 계약의 영역으로서 사찰이 특정 종단에 소속하려면 이에 관한 사찰과 특정 종단 사이의 합의가 전제되어야 한다. 또한 사찰이 특정 종단과 종단 소속에 관한 합의를 하게 되면 그때부터는 그 종단의 소속 사찰이 되어 종단의 종헌이나 종법을 사찰의 자치법규로 삼아 따라야 하고 사찰의 주지 임면권도 종단에 귀속되는 등 사찰 자체의 지위나 권한에 중대한 변화를 가져오게 되므로 어느 사찰이 특정 종단에 가입하거나 소속 종단을 변경하기 위해서는 사찰 자체의 자율적인 의사결정이 기본적인 전제가 되어야 한다.

88) 대법원 2006. 4. 20. 선고 2004다37775 전원합의체 판결.

89) 대법원은 "구세군군령군율이 구세군의 전 자산은 구세군대장만이 유일한 소유자이고 구 세군 대장은 구세군신탁회사라는 명칭을 가진 회사를 설립하여 그 재산을 관리하도록 규정하고 있다면 구세군은 지역교회중심인 일반교회와는 달리 강력한 중앙집권적 조직을 갖추어 산하 영문의 재산에 관하여 일체의 사권행사를 부인하고 있다고 해석하여야 할 것이므로 구세군 영문 회당의 대지를 구입하고 건물을 신축함에 있어서 그 비용 가운데 구세군 교인들의 헌금이 일부 들어갔다 하더라도 위 대지 및 건물이 교인들의 총유에 속하는 것으로 볼 수 없다"고 판시하고 있다(대법원 1987. 7. 8. 선고 85다카2648 판결).

90) 개정 전의 재산 관리에 대해서는 오시영 (2008b), 225면 이하.

91) 윤철홍 (2008a)을 참조.

92) 판례에 따르면 이 규정은 구속력이 없는 것이라 한다(대법원 2000. 6. 9. 선고 99다30466 판결).

93) 교단의 헌법 제정과 운용과 관련해서도 다양한 문제가 발생한다. 이에 대해서는 신동만 (2019), 123면 이하 참조.

94) 대법원 2006. 6. 30. 선고 2000다15944 판결; 대법원 2006. 4. 20. 선고 2004다37775 전원합의체 판결 등 다수.

95) 대법원 2000. 11. 24. 선고 99다12437 판결; 대법원 1989. 10. 10. 선고 89다카2902 판결.

96) 이에 대해 대법원은 후술하는 바와 같이 이원적으로 해석하여 목사 임면권의 규정은 준수해야 하나 재산권상실 규정은 준수하지 않아도 되는 것으로 판시하였다.

97) 예컨대 예수교 장로회 통합 헌법 제2편 제94조 단서에서는 "신도가 동산이나 부동산을 노회나 지교회에 헌납할 때는 헌납 즉시로 노회나 교회의 재산이 되는 동시에 지교회가 노회에 증여한 재산은 그 교회가 노회를 이탈할 때는 재산권이 없어진다."고 규정하고 있으나, "노회의 재산 중 지교회 부동산은 그 지교회의 당회로 관리케 하고, 부동산을 매각하거나 매입할 때는 제직회의 결의를 거쳐야 하며 동산은 제직회로 관리케 하되 지교회 운영에 사용케 한다. 단, 교회의 재산은 신도에게 지분권이 없다."라고 개정하였다(2012. 11. 16).

98) 같은 견해로는 이충상 (2000), 67~68면; 변동걸 (1995), 490면; 오시영 (2008b), 238면.

99) 대법원 2000. 6. 9. 선고 99다30466 판결. 같은 견해의 판결로서 대법원 1991. 5. 28. 선고 90다8558 판결 등 다수.

100) 대법원 2007. 6. 29.자 2007마224 결정; 대법원 2006. 6. 9.자 2003마1321 결정; 대법원 2006. 4. 20. 선고 2004다37775 전원합의체 판결.

101) 대법원 2007. 6. 29.자 2007마224 결정.

102) 대법원 1991. 5. 28. 선고 90다8558 판결.

103) 대법원 2000. 6. 9. 선고 99다30466 판결.

104) 대법원 1973. 8. 21. 선고 73다442 판결.

105) 대법원 1991. 12. 13. 선고 91다29446 판결.

106) 대법원 1990. 12. 21. 선고 90다카22056 판결.

107) 재산권 상실 조항이 지교회에 효력이 미치지 않는다는 결과는 판례의 태도와 일치하지만, 자치법규가 판례처럼 강행규정에 반하기 때문에 무효로서 지교회에 구속력이 없다고 해석하기 보다는 명의신탁의 해지를 영구적으로 제한 것이 되어 부당하다고 생각한다. 이러한 자치법규에 대한 해석에 대해 이중적인 해석 태도가 부당하다는 지적도 있다. 이에 대해서는, 오시영 (2008b), 238면.

108) 대법원 1978. 7. 25. 선고 78다783 판결.

109) 대법원 1991. 5. 28. 선고 90다8558 판결.

110) 같은 견해로 한중원 (1991), 307면 이하.

111) 같은 견해로 오시영 (2008b), 238면.

112) 대법원 1993. 1. 19. 선고 91다1226 전원합의체 판결.

113) 대법원 1991. 5. 28. 선고 90다8558 판결.

114) 같은 견해로 오시영 (2008b), 236면.

115) 강행법규를 위반한 자가 스스로 그 약정의 무효를 주장하는 것이 신의직에 위배되는 권리의
행사라는 이유로 그 주장을 배척한다면, 이는 오히려 강행법규에 의하여 배제하려는 결과를
실현시키는 셈이 되어 입법 취지를 완전히 몰각하게 되므로 달리 특별한 사정이 없는 한 위와
같은 주장은 신의칙에 반하는 것이라고 할 수 없고, 한편 신의성실의 원칙에 위배된다는 이유
로 그 권리의 행사를 부정하기 위해서는 상대방에게 신의를 공여하였다거나 객관적으로 보아
상대방이 신의를 가짐이 정당한 상태에 있어야 하며, 이러한 상대방의 신의에 반하여 권리를
행사하는 것이 정의관념에 비추어 용인될 수 없는 정도의 상태에 이르러야 한다(대법원 2007.
11. 29. 선고 2005다64552 판결). 같은 취지의 판결로서 대법원 1999. 3. 23. 선고 99다4405
판결; 대법원 2004. 6. 11. 선고 2003다1601 판결; 대법원 2004. 10. 28. 선고 2004다5556 판결
등 다수이다.

프랑스 종교공동체와 법

프랑스 종교공동체와 법*

Ⅰ. 글머리에

종교공동체에 관한 법제는 각국의 역사, 정치, 사회의 모습을 여실히 반영하는 바, 나라마다 차이가 있다. 예컨대 대륙법 국가에서는 대체로 헌법에서 국가와 종교의 관계에 관한 규율을, 민법에서 비영리단체에 관한 규율을, 특별법에서 종교단체에 관한 규율을, 조세법에서 종교단체에 대한 과세문제를 규율한다. 본고에서는 민법학의 관점에서 프랑스의 정교(국가와 종교)관계 및 종교단체를 포함한 비영리단체 법제를 중심으로 종교공동체에 관한 법제를 살펴보고자 한다.

1804년에 시행된 프랑스민법전은 이제까지 법인에 관한 규정을 두고 있지 않다. 프랑스 대혁명은 구체제하의 단체에 대해서 적대적인 태도로 일관하였고, '르샤플리에법(Loi de Le Chapelier)'과 형법전에서는 단체와 결사를 철저히 금지하는 자세를 보였다. 민법전에서도 단체의 존재를 전제로 한 규정은 두지 않았다. 따라서 프랑스민법전의 '인(人)'은 원칙적으로 문자 그대로의 '사람' 즉 '자연인(personnes phy-siques)'을 의미하는 것이고, '법인(personnes moral)'을 포함하는 것이 아니다. 이러한 맥락에서 단체에 관한 입법사에 대하여 두 가지를 지적할 수 있다. 하나는 프랑스의 민법전과 상법전에는 우리말로 회사 또는 조합으로 번역되는 "société"에 관한 규정이 마련되어 있는데, 이를 모두 계약으로 구성한다는 점. 또 하나는 19세기 후반부터 20세기에 걸쳐서 영리단체와 비영리단체에 법인격을 인정하는 개별입법이 이루어진 점이다. 각각 1867년의 주식회사법[1][2]과 1901년의 비영리사단법[3]이 대표적 법률이다.

우리 민법학계에는 프랑스의 비영리단체 법제에 관한 개설적 소개논문이 존재한다.[4] 공법으로 시야를 넓히면, 정교분리에 관한 연구는 독일이나 미국에 관해서는 이른 시기에 박사학위논문이 배출되어 있는 것에 비하여[5] 프랑스에 관한 소개논문은 비교적 최근에 등장하였다.[6] 이러한 맥락에서 프랑스의 종교단체 법제에 관한 정보는 많지 않은 실정인데, 그 중에서 1991년에 발간된 자료가 눈에 띤다.[7] 한국의 각 종교를 대표하는 학자, 성직자와 시민이 참가한 공청회의 토론을 기록한 것인데, 권말 부록으로 각국의 종교단체법의 번역이 게재되어 있다.[8] 프랑스의 관련법률 중 1905년 정교분리법의 규정도 발췌 번역되어 있는데, 다만 아쉽게도 가장 핵심적인 부분인 종교단체에 관한 규정이 생략되어 있다.[9]

본고는 프랑스의 종교단체 법제에 관하여 공법적인 관점을 전제로 하면서 민사법제와의 상관성에 주목한다. 아울러 일반적인 교과서류를 읽어서는 제대로 알 수 없는 측면으로, 프랑스의 비영리단체 법제의 상당 부분을 실제로는 종교단체에 관한 규율이 차지하고 있다는 특성에 주목한다. 이러한 관점은 우리의 비영리단체 법제에 관한 보다 깊은 논의를 위한 토대를 확인한다는 접근방법이어서 기존의 연구 부족을 메우는 의미가 있을 것이다.

구체적으로 본고에서 주목하는 법률이 1901년 7월 1일법(비영리사단 계약에 관한 1901년 7월 1일 법률[10] = '1901년 비영리사단법')과 1905년 12월 9일법(교회와 국가의 분리에 관한 법률[11] = '1905년 정교분리법')인만큼 프랑스의 제3공화정 시기의 법제개혁에 관한 법사학적 관점도 포함된다.

이하에서는 우선 프랑스의 종교단체 법제에 관한 논의의 전제를 확인하는 의미에서, 국가와 종교의 관계에 관한 기본법으로 라이시테(Laïcité)원칙을 선언하는 1905년 정교분리법 성립 전후의 상황을 개관하면서 '종교사단'(association cultuelle)[12]에 초점을 맞추어 120년 동안의 전개에 중점을 두고 살펴본다(Ⅱ). 이어서 프랑스의 비영리단체에 관한 기본법인 1901년 비영리사단법이 규정하는 기본유형인 신고(등록) 비영리사단(association déclarée)이 가지는 의미를 확인하고 같은 법에서 상세한 규정을 두고 있는 '수도회'(congrégation religieuse)에 관한 규율을 살펴본다. 아울러 1905년 정교분리법의 '종교사단' 규정의 구체적인 내용을 확인한다(Ⅲ).[13] 관련문제로

04 인위적 공동체와 법

조세·보조금, 교육·사회활동, 이슬람극단주의 문제에 관하여 언급하고(Ⅳ), 마지막으로 맺음말에 갈음하여 프랑스법에 관한 고찰이 우리법을 검토하는 데 어떠한 함의가 있는지 생각해본다(Ⅴ).

Ⅱ. 1905년 정교분리법과 종교단체 통사: 가톨릭교회의 세속화와 종교사단 문제

1. 프랑스의 종교 상황 개관

프랑스는 전통적으로 가톨릭의 나라로 알려져 있다. 종교 인구에 관한 통계는 연도와 출처에 따라 숫자가 다소 다르기 때문에 정확한 정보는 알 수 없지만, 1980년대 중반까지도 가톨릭 신자가 80%에 이르렀고, 이른바 세속화와 다양화에 따라 독보적인 종교구성이 변화하고 있음에도 스스로를 가톨릭이라고 인정하는 프랑스인은 50% 이상을 차지한다고 한다.[14] 대한민국 외교부가 2018년에 발간한 자료에 따르면, 가톨릭이 전체의 43%를 차지하고 있으며, 이슬람교 6%, 유대교 0.5% 정도로 추산된다고 한다.[15] 그리고 20세기 후반에는 '섹트(secte)'라고 통칭되는 소수 종교 집단의 움직임이 왕성해지고, 때때로 일탈 행동으로 보이는 활동이 비판의 대상이 되거나 분쟁의 씨앗이 되기도 했다.[16][17] 그리고 최근에는 무엇보다 이슬람 세력이 점차 증가해 제2의 종교공동체로 떠올랐고 이에 따른 여러 심각한 사회문제가 발생하게 된 것도 주목할 만하다.[18]

2. 프랑스 정교관계의 역사

근대 프랑스 정교관계사는 헌법사와 마찬가지로 파란만장하다. 정교관계란 기본적으로 국가와 교회, 정권과 교권의 관계를 나타내는 관념으로 일반적으로 ① 국교제 ② 공인종교제 ③ 분리제의 세 가지 이념형으로 구분되는데, 프랑스는 절대왕정 시대부터 혁명기를 거쳐 오늘날에 이르기까지 이들 모두를 경험해 왔다. 이하에서는 프랑스의 종교단체 법제를 이해하는데 필요한 전제사항이라고 할 수 있는

1905년 정교분리법 성립 경위와 동법에서 규정하는 '종교사단'을 둘러싼 논쟁을 중심으로 살펴본다.

가. 구체제 하의 '국교제'와 대혁명기의 변화

프랑스 대혁명 이전의 구체제(ancien régime) 하에서는 1516년에 맺은 정교조약(Concordat)에 기초해 국교제가 채택되어 가톨릭교회는 특권적 지위를 부여받았다. 1598년 낭트칙령(Édit de Nantes) 이후에는 '관용'이 인정되어 개신교에도 신앙의 자유가 인정되었지만, 1685년에 폐지된 이후 1789년 프랑스 대혁명에 이르기까지 가톨릭 국교제도가 존속되었다.

1789년 프랑스 인권선언[19]은 종교의 자유나 사상의 자유를 부르짖음으로써[20] 가톨릭 국교 제도에 마침표를 찍었다. 다만 '시민종교'의 필요성을 역설한 루소(Jean Jacques Rousseau)의 영향을 받은 대혁명기의 사람들이 국가와 교회의 분리까지 도모하는 것은 아니었고, 결과적으로 대혁명기 특유의 혼란이 정교관계에 미치고 있었다.

나. 1801년 정교조약(Concordat)[21] 체제의 성립: '공인종교제'

이 종교적 평화를 가져온 것이 나폴레옹이 이끄는 프랑스 정부와 교황 비오(Pius) 7세 사이에 1801년에 맺은 17개조의 정교조약이었다. 이를 국내법화한 이듬해 정교조약 공포법에 따라 그 이후 약 1세기에 걸쳐 가톨릭 중심의 공인종교제가 채택되어 프랑스 정교관계의 법적 기초가 되었다.[22] 1801년 정교조약 체제로 불리는 이 공인종교제는 프로테스탄트 2파의 성직자에게도 급여를 지급하고, 1831년에는 유대교에도 같은 대우를 인정하게 되었다. 다만 가톨릭을 프랑스 정부의 공인종교로 삼고 미사를 공역무(service public)로 삼았다는 점에서 사실상은 가톨릭 국교제에 가까운 것이었다고 할 수 있다.[23]

다. '정교분리제'를 향한 움직임

(1) 공화주의와 반가톨릭 정책

공인종교제는 자유사상의 대두와 함께 19세기 중반부터 점차 문제시되기 시작하였다. 가톨릭교회가 왕정과 밀접한 관계를 유지해 온 프랑스 정치사에서, 반교권주의(l'Anticlericalisme)[24]를 표방하는 공화주의는 사실상의 국교제인 공인종교제를 강하게 적대시하였다. 이러한 공화주의자의 주장은 곧 국가의 종교적 중립성에 대한 요구로 이어지게 된다. 그리고 제3공화제 발족 후 얼마 지나지 않아서 의회 다수파, 내각, 대통령 등 정치기관이 모두 공화파로 채워지면서, 1879년 이후 프랑스 정치사는 공화주의 프로그램이 강하게 영향을 미치게 된다. 이 프로그램이란 ① 가톨릭 세력의 거점인 수도회 폐지, ② 카톨리시즘이 침투한 교육제도의 근본적 개혁, ③ 교회와 국가의 분리 등 세 가지였다. 이를 위한 정책은 20세기 초에 걸쳐 꾸준히 실시되었다. 특히 초등교육의 무상제·의무제·비종교성을 정하는 '쥘 페리법'(Lois Jules Ferry),[25] 성직자를 초등교육에서 배제하는 '고블레법'(Loi Goblet)[26] 등의 법률은 모두 그 정책을 구체화하는 것이었다.[27] 그리고 후술(Ⅲ)하는 바와 같이, '비영리사단 계약에 관한 1901년 7월 1일 법률'[28] = '1901년 비영리사단법'은 일반적으로 결사의 자유를 인정한 자유주의적인 법률로 널리 알려져 있는데, 다른 한편으로 본고의 관점에서는 특히 수도회의 설립을 정부의 허가 하에 두는 등 엄격한 태도를 규정한 '반수도회법'이라고 부를만한 내용이 포함되어 있는 것도 놓칠 수 없다.

(2) 로마 교황청과의 단절

공화주의 정권이 추진한 이러한 일련의 반교권주의·반가톨릭 정책은 1904년 7월 프랑스와 로마 교황청 사이의 외교관계를 사실상 단절되게 하였다. 이 사태를 결정적인 것으로 만든 것이 바로 '교회와 국가의 분리에 관한 1905년 12월 9일 법률'[29] = '1905년 정교분리법'이다. 1905년 정교분리법은 19세기 초 이래의 공인종교체제의 기초가 되었던 모든 규정, 즉 1801년의 정교조약, 가톨릭 및 개신교에 관한 부속조항, 그리고 유대교에 관한 법령을 모두 폐지하였다(동법 제44조). 이는 원칙적으로 외교교섭에 의해서만 폐기될 수 있는 국제조약(정교조약)을 프랑스 정부가 일방적으로 파기한 것을 의미한다. 1905년 정교분리법은 프랑스의 정교 관계를 가톨릭 중심의 공인종교체제에서 정교분리제로 크게 변화시킨 획기적인 법률이다.

3. 1905년 정교분리법과 라이시테(Laïcité) 원칙

가. 1905년 정교분리법: 개요 및 '종교사단'에 관한 논쟁

(1) 종교의 자유와 정교분리의 원칙

총 6장 44개조로 된 1905년 정교분리법은 총칙 규정에서 ① 양심의 자유와 자유로운 종교 활동을 보장함[30]과 동시에 ② 모든 종교에 대한 국가의 공인, 급여의 지급 및 보조금의 교부를 금지하고 종교 예산도 원칙적으로 폐지할 것을 규정하고 있다.[31] 여기에는 주목할 만한 예외도 인정되고 있지만,[32] 그러한 규정에 의해 종교의 자유와 정교분리의 원칙—'라이시테(Laïcité)' 원칙—이 명기됨과 동시에 국교제는 물론 공인종교제도 원칙적으로 배제되었다. 이러한 취지에서 1905년 정교분리법은, 전통적인 대성당(cathédrales), 교회(églises) 등 예배용 시설이나 신학교(les facultés)를 포함한 종교적인 건조물(édifices des cultes)의 소유권이 국가 또는 공공단체에 귀속되는 것으로 규정하였다.[33] 그리고 그 무상사용권을 새롭게 결성되는 '종교사단'(association cultuelle)[34]에 부여한다는 구조를 채용하였다.[35] 다른 종파와 마찬가지로 가톨릭교회도 주교협의회의 임의개최나 교회당 건립 등 여러 종교적 자유를 인정받았고 정부의 주교 임명권도 폐지되었지만, 반면 성직자들은 모두 공적 지위를 잃고 재정적 지원도 받지 못하게 되었다. 한편, 종교목적의 행진 등 외부적인 종교 활동은 지방자치단체장의 일반적인 규제 권한에 따르게 되었는데, 특히 예배를 위한 집회는 공개할 것, 1881년 제정된 집회법 소정의 요건에 따를 것 이외에는 신고제가 되었다.[36]

이렇게 교회와 국가는 제도상 분리되고 모든 종교단체는 다른 사법상의 단체와 마찬가지로 취급받게 되었다. 따라서 종래 종교 활동의 경제적, 물질적 기반이 되었던 종교적인 공공시설 법인은 폐지되고 그 재산은 정교분리법 공포 후 1년 이내에 결성되어야 할 '종교사단'으로 이관되도록 규정되었다.[37] 실제로 개신교와 유대교의 경우에는 소정의 절차와 요건에 따라 그러한 종교사단이 순차적으로 결성되어 교회재산을 인수하게 되었다.

(2) 1905년 정교분리법 시행 상의 여러 문제: '종교사단'에 대한 가톨릭교회의 반발 등

가톨릭교회는 이러한 정책에 크게 반발하였다.[38] 즉 정교분리법이 정하는 종교사단은 단체의 지도자에게 사제를 종속시키는 것이라고 하여, 기본적 조직원리인 성직위계제(hiérarchie ecclésiastique)와의 관계에서 문제시된 것이었다. 이러한 이유에서 1906년 8월 로마교황도 종교사단의 설립을 정식으로 금지하였다. 이러한 가톨릭교회의 반발은, 프랑스 국민의 대부분을 차지하는 가톨릭의 활동기반이 되어야 할 종교사단의 결성을 무산시키고, 전국 각지의 대성당, 교회, 예배당 등이 모두 폐쇄되는 심각한 사태를 초래하게 되었다. 결과적으로 정교분리법의 실효성이 문제시되고 국민생활에 대혼란을 일으키게 되었다. 이러한 혼란 속에서 사태를 타개하기 위한 입법 조치가 취해졌다.39) 즉 1907년 1월 2일에 제정된 '공공 예배 활동에 관한 법률'40)은 ① 예배 활동에 대해 정교분리법 소정의 종교사단 뿐만 아니라 1901년 비영리사단법 소정의 사단법인이나 정교분리법 제25조 소정의 집회에 의해서도 확보할 수 있을 것(동법 제4조), 그리고 ② 종교활동용 건물은 종교사단이 없는 경우 종래와 같이 신자, 사제의 사용에 맡기며, 1901년 비영리사단법 소정의 사단법인 및 정교분리법 소정의 집회의 주재자(사제)에게도 무상사용권을 인정할 것(동법 제5조)을 정하였다. 이 법률은 정교분리법이 도입한 핵심적인 규율인 '종교사단'을 의무화하지 않는다는 의미에서 중요한 의의를 갖는다. 그러나 이러한 조치에도 불구하고 가톨릭교회에서 '종교사단' 설립을 거부하는 문제는 해결되지 않고 남아있었으며, 이 문제에 관해서는 제1차 세계대전 후 프랑스 정부와 로마 교황청과 화해함으로써 해결의 실마리를 찾게 된다.41) 또한 이미 서술한 바와 같이, 정교분리법 제25조는 예배를 위한 집회를 신고제로 하고 있었으나 이 역시 성직자들의 반대와 신자들의 저항으로 규정대로 시행하기 어려웠다. 이 문제는 1907년 3월 "공공집회는 그 목적 여하를 불문하고 사전신고 없이 개최할 수 있다"42)고 개정되어 완전한 집회의 자유가 인정되었다.

(3) 공금지출 금지원칙에 대한 예외

1905년 정교분리법 제2조는 공금지출의 금지를 정하고 있지만,43) 동조 제2항은 일정한 예외를 인정하여 "시설사제(aumônerie)의 업무에 관련되고, 또한 고등학교(lycées), 중학교(collèges), 초등학교(écoles), 구원시설, 사회복지시설 및 교도소 등의 공공시설 법인(établissements publics)에서의 자유로운 종교 활동을 보장하기 위해서 제공되는 지출"은 공적 예산에 계상할 수 있도록 정하고 있다.44) 정교분리의 원리와 종교적 자유를 양립시키기 위한 조치라고 할 수 있다. 이와 관련하여 정교분리법

제2조의 문언상 명백한 예외 외에 종교적 행위에 대한 공적 보조금 지급이 인정되는지 여부가 논란이 되었다. 공공재산인 성당·교회건물 등의 보수·유지를 위해 공금을 지출하는 것이 문제된 것이다. 이 문제는 1905년 정교분리법 제13조 마지막 항45)에서 이를 인정하는 추가적 개정을 하는 형태로 1908년에 해결되었다.

나. 정교분리 원칙의 변용: 제1차 세계대전 이후

(1) 우호적 분리로의 변화

제1차 세계대전은 프랑스의 1905년 정교분리법 운용 방식에 대해서도 큰 영향을 미쳤다. 그 변화에 대해서 저명한 역사가(Adrien Dansette)는 "교회와 국가의 엄격한 분리는 우호적인 분리로 변화되고 있다"고 서술한다.46) 이러한 진단에는 몇 가지 요인이 지적되고 있는데, 첫째로 자유주의적 판례,47) 둘째로 보조금 문제,48) 셋째로 가톨릭 '교구사단' 결성 문제 등이다. 특히 위(가. (2))에서도 언급한 바와 같이 정교분리법이 직면한 큰 난관은 가톨릭에 관한 동법 소정의 '종교사단' 설립 문제였는데, 여기에서도 제1차 세계대전 후 전환점이 마련되었다. 우선 1871년 이래 독일령으로 되어 있던 알자스·로렌 지방은 제1차 세계대전에서 독일제국이 패배하여 다시 프랑스령이 되었는데(1919년), 그곳에서는 정교분리법 제정 전의 공인종교체제가 존속하고 있었던 관계로 프랑스 정부는 관련 문제를 협의하기 위해 로마 교황청과의 외교관계를 복원하였다(1921년 5월). 이렇게 프랑스 정부는 교황청과의 화해를 지향하며 현안 사항의 해결에 임하는 자세를 분명히 하고, 1901년 비영리사단법과 1905년 정교분리법 등 프랑스 국내법에도 성직위계제(hiérarchie ecclésiastique)를 기본으로 하는 가톨릭교회법에 합치하는 종교사단 구상을 검토하였다. 그 결과 얻어진 것이, 주교의 권위를 존중하는 의미에서 하나의 교구에 하나의 단체만 결성하는 '교구사단(association diocésaine)' 설립이라는 방안이었다.49) 로마교황도 프랑스 국내 주교에 대해 교구사단 결성을 공식적으로 인정하여(1924년 6월) 정교분리법 시행 후 가장 큰 문제가 해소되었다.50)

(2) 알자스·로렌의 특례 제도

가톨릭 '종교사단' 문제 해결의 계기가 된 알자스·로렌(저지 라인, 고지 라인 및 모젤)은, 위에서 지적한 바와 같이 독일령이었기 때문에 프랑스령으로 복귀한 시점에도 공인종교 체제가 존속되고 있었다. 따라서 이 지역에도 1901년 비영리사단법과

1905년 정교분리법으로 대표되는 반교권주의 입법이나 라이시테 원리가 적용되어야 하는지 문제가 되었다. 이에 로마교황이 공인한 '교구사단' 결성과 같은 시기에 제정된 것이 1924년 6월의 프랑스 민사법 시행법이다.[51] 이는 문자 그대로 프랑스 민법전 및 기타 관련 규정을 일반적으로 이 지역에 시행할 것을 내용으로 하는 것이었는데, 동시에 ① 1901년 비영리사단법으로 대표되는 비영리 사단에 관한 입법은 시행하지 않을 것, ② 당시 현행법인 독일민법 중에 법인 관계 규정[52]은 계속 적용할 것, ③ 종교·수도회에 관한 지방입법도 계속 적용할 것 등을 정하고 있다.[53] 이렇게 하여 알자스·로렌 지방에서는 프랑스령이면서도 정교관계에 대해서는 일반적인 분리원칙과 다른 공인 종교체제가 적용되고 비영리사단 법제에 대해서는 독일법이 각각 특례제도로서 존속하게 되었다.

다. 정교분리 원칙의 현재

(1) 헌법화된 라이시테(Laïcité)

이상의 논의에서 알 수 있듯이 프랑스의 정교분리의 원칙은 당초의 적대적 관계에서 점차 완화되어 온바, 종교활동의 자유를 전제로 하여 교회에 대한 국가의 종교적 중립성 요청이 반영된 것이 프랑스의 정교분리＝라이시테(Laïcité)의 모습이다. 1905년 정교분리법은 제3공화제 시기인 1905년 12월에 제정된 후 수십 차례의 개정을 거쳤으나 총칙적 규정을 비롯한 기본 부분은 그대로 유지되고 있다. 프랑스의 헌법 체제는 제2차 세계대전 후의 제4공화제(1946-58년), 그리고 종래의 의회주도형 정치제도를 근본적으로 고친 현행 제5공화제(1958년-현재)로 이행되어 왔다. 여기서 비로소 1905년 정교분리법이라는 법률상의 원칙에 머물러 있던 라이시테의 원리가 헌법상에 위치를 부여받게 되었다. 1946년에 제정된 제4공화제 헌법은 프랑스가 '불가분하며 비종교적(laïque)이고, 민주적이며 사회적인 공화국이다'[54]라는 것을 명문화함과 동시에 헌법 전문에도 관련 사항을 규정하고 있다. 현행 제5공화국 헌법 제1조[55]도 같은 정식을 채택하고 있다.

(2) 최근 상황과 과제

1905년 정교분리법 및 1901년 비영리사단법의 운용과 방향에 대해서는 오늘날 다양한 문제가 지적되고 있다. 예를 들어 교육의 비종교화 문제나 급격한 도시화로 인하여 나타난 과제를 우선 들 수 있는데, 구체적으로 교육과 관련해서는 이슬람교의 종교스카프 착용문제56)가 큰 논란이 되었고, 도시화와 관련해서는 종교시설을 갖추지 못한 신도시 주민의 비용부담이 문제가 되었다.57) 그리고 최근에는 무엇보다도 이슬람 극단주의자들의 테러가 큰 문제가 되고 있다.

(3) 2021년 8월 24일 법률 '공화국원칙 준수강화법' 제정 및 후속 조치

프랑스에서는 최근 무슬림 극단주의자들이 자행한 다수의 테러가 연속적으로 발생하였고, 이에 따라 일반국민 사이에 테러에 대한 공포가 커졌다. 동시에 정부에 대한 강력한 테러 방지 대책 요구가 높아졌다. 프랑스 정부는 이슬람단체에 대한 해외 지원금 차단 등을 법제화하고자 1905년 정교분리법 개정을 검토하였고 2019년에는 개정안이 공표되기도 하였다. 이에 대해서는 라이시테를 이유로 이슬람단체의 활동을 제약하겠다는 계획은 종교의 자유에 대한 침해이고, 이슬람단체를 잠재적 테러집단으로 인식한다는 비난이 일면서 정부의 1905년 정교분리법 개정 시도에 대해 치열한 찬반논쟁 일어났고, 결과적으로 개정은 무산되었다.

그런데 2020년 10월, 주간지 샤를리 엡도(Charlie Hebdo)의 무함마드 만평을 보여주며 표현의 자유를 가르치던 중학교 교사가 이슬람 극단주의자에 의해 잔혹하게 참수되는 사건이 벌어지면서, 마크롱 대통령의 지휘 하에 프랑스정부는 강력한 추진력으로 입법을 추진하였다. 그 결과 '공화국 원칙 준수 강화를 위한 2021년 8월 24일법 제2021-1109호'58)라는 명칭의 법률이 제정되어 발효되었다. 이 법률은 '분리주의(=공동체주의=집단주의)59)방지법' 또는 '테러방지법'으로도 불린다. 이 법률은 행정규제법, 형사법, 교육법, 정교분리법 등 관련법을 폭넓게 개정하는 내용을 포함하고 있는데, 종교단체 법제 관련 규정은 이하(Ⅲ.)의 내용에 포함시켜 개설한다.

이 법률에 대해서는 시행 이후 논란이 계속 되고 있다. 주류적인 견해는 본고에서 중요하게 다루고 있는 라이시테(Laïcité) 이념이 공화국을 지탱하는 근간이라고 파악하여 신법을 지지하는 것에 비하여, 무슬림을 차별하는 수단으로 이용되고 있다는 신중론도 주장되고 있다. 현재의 프랑스의 사회와 종교에 관한 문제를 다각적으로 바라볼 수 있는 논점으로 '공동체와 법'이라는 관점에서 바라보면 국가공동체(공화국)와 종교공동체(이슬람교)의 관계가 다시금 문제되고 있다는 점을 지적해 둔다.60)

Ⅲ. 프랑스 종교단체 법제의 체계: 1901년 비영리사단법과 1905년 정교분리법

1. 총설

가. 종교단체의 법적 지위와 법률관계

1905년 정교분리법이 제정되기 전의 공인종교 체제(콩코르다 체제) 하에서는 특정 종교(가톨릭, 개신교 2파, 유대교)에 공적 지위가 부여되었으며, 이들 종교의 의식과 제사는 국가의 공역무(service public)였다. 따라서 공인된 종교단체에는 국가로부터 운영을 위한 일정한 재원이 확보되어 있었으며, 또한 사제 및 종교 교사는 공무원으로서 국가로부터 급여를 받았다. 1905년 정교분리법은 "공화국은 어떤 종교도 공인하지 않고 급여를 지급하지 않으며 보조금을 주지 않는다"[61]고 규정하여 기존 체제를 근본적으로 부정하는 입장을 채택하였다. 이렇게 공인종교 제도를 부인하고 종교에 대한 공적 보조금 지급을 금지하는 것은 '라이시테(Laïcité)' 원칙의 핵심을 이루는 것인데, 이에 따르면 모든 종교는 국가로부터 동등한 대우를 받고 사적인 영역에 속하는 것으로 보게 된다. 따라서 종교단체는 기본적으로 민사법상 비영리단체로서의 지위(법인격)를 부여받고, 법률관계도 일반적인 비영리법인 제도의 틀 안에서 파악하게 되는 것이다.

나. 종교단체 법제의 체계

프랑스에서는 현재 7개의 종교제도가 존재하는데,[62] 그 중에서도 중요한 것은 프랑스 본토의 일반제도((1), (2))와 알자스·모젤 지방의 특례제도((3))이다.

(1) 1901년 비영리사단법: 비영리사단과 수도회

현행 법체계의 역사적인 흐름(위 Ⅱ.)에서 확인한 바와 같이, 프랑스 종교단체 법제의 기초는 일반적인 비영리사단법인을 대상으로 하는 1901년 비영리사단법('비영리사단 계약에 관한 법률')과 1905년 정교분리법('교회와 국가와의 분리에 관한 법률')의 두 법률에서 찾을 수 있다. 양자의 관계는 1901년 비영리사단법이 1905년 정교분리법에 준용되고 있는 것에서도 알 수 있듯이[63] 일반법과 특별법의 관계이다. 1901년 비영리사단법은 근대 프랑스에서 최초로 일반적으로 결사의 자유를 인정한 법이다.[64] 동법은 "이익을 분배하는 것 이외의 목적"을 가진 단체를 사전 허가 없이 자유롭게 결성할 수 있다는 것을 인정함과 동시에,[65] 행정청에 소정의 신고를 하면 일정한 법률상의 능력(법인격)을 취득할 수 있다는 것을 규정하고 있다.[66] 따라서 사회활동, 문화활동, 교육활동 등과 함께, 종교활동을 하는 단체도 이 법률에 근거하여 자유롭게 결성하여 법인이 될 수 있다.[67] 한편 1901년 비영리사단법은 수도회(congrégation religieuse)에 대해서는 그 결성을 허가제로 하고,[68] 또한 운영에 관하여 국가의 광범위한 감독 권한을 인정하는 등 특별한 규제를 정하고 있다.[69] 이는 동법이 제정 당시의 반교권주의 혹은 반카톨릭 사상에 근거하고 있기 때문인데, 이러한 측면을 강조하는 논자에 따르면 동법은 '반수도회법' 또는 '수도회규제법'으로 자리매김할 수 있다.[70]

(2) 1905년 정교분리법: 종교사단(교구사단)

1905년 정교분리법은, 1901년 비영리사단법에서 규정하는 일반적인 비영리사단을 전제로 하여, 특히 종교 활동을 목적으로 하는 종교사단(association cultuelle)에 대해 규정하고 있다. 즉 1905년 정교분리법은 종교사단의 설립 및 법인격 취득에 대하여 1901년 비영리사단법의 규정에 따른다고 규정하는데,[71] 그 목적이나 법률상의 능력에 대해서는 일반 비영리사단과는 다르게 취급하도록 규정하고 있다.[72] 이미 소개한 바와 같이 가톨릭교회에 관해서는 성직위계제를 배려한 형태인 교구사단(association diocésaine)이 설립되는데[73] 이는 기본적으로 종교사단과 같다.

(3) 알자스·로렌의 특례제도

이상은 프랑스의 종교단체에 관한 일반제도인데, 알자스·로렌 지방에는 특례제도가 통용되고 있다. 이 지방에서는 역사적 사정으로 인해 현재도 가톨릭, 개신교 2개 파, 유대교에 관한 공인종교 체제가 존속되고 있다. 이미 소개한 바와 같이[74] 이 지방에서는 1901년 비영리사단법 및 1905년 정교분리법은 적용되지 않고, 독일 민법을 기본으로 하는 특례제도가 적용된다.[75] 최근 2021년 8월 24일 법률 '공화국 원칙 준수강화법' 제정에 따라 특례제도의 규율을 받는 지역의 종교단체에 적용되는 공공질서 준수의무, 종교단체의 수증절차 엄격화, 회계보고의무, 벌칙규정이 신설되었다(동법 제74조). 이와 같이 현재 프랑스의 종교단체 제도는 일반제도와 특례제도가 존재하는데, 이하에서는 일반제도를 중심으로 살펴본다.

2. 종교단체에 관한 법제

일반제도에 따르면 종교 활동을 하는 단체로는 1901년 비영리사단법에 의거한 일반 비영리사단법인(가.)과 수도회(나.) 및 1905년 정교분리법에 의거한 종교사단 (다.)의 세 유형이 있다. 관련법의 규정을 중심으로 정리하면 다음과 같다.

가. 일반 비영리사단(association déclarée)

(1) 총설

일반 비영리사단(법인)에 대해서는 1901년 비영리사단법 제1장(제1조-제9조)과 비영리사단법 시행령 제1장 제1절(제1조-제7조)이 규율한다. 일반 비영리사단은 수도회나 종교사단에 비해 설립(법인격 취득)이 용이하고 운영상의 규제나 국가의 감독도 느슨하다. 이러한 이유로 국가의 개입을 피하기 위해서 이른바 소수종교(섹트 =secte) 단체[76]의 상당수는 이 형태를 선택하고 있다. 이슬람교 단체는 후술하는 종교사단의 설립요건(특히 목적요건)을 충족하지 않기 때문에 일반 비영리사단 형태로 활동하는 경우가 많다.

(2) 설립

1901년 비영리사단법에 따르면 "이익을 분배하는 것 이외의 목적"의 단체, 즉 비영리 목적의 단체는 2인 이상의 합의에 의하여 자유롭게 결성할 수 있다.[77][78] 이미 언급한바와 같이 이는 '결사의 자유' 원칙을 선언한 것으로 이해되고 있다(위 1. 나. (1)). 1901년 비영리사단법에 따르면 설립자는 단체본부가 있는 도의 도청(pré-fecture du département)에 설립신고를 하여(déclarée) 공시됨으로써 법인격을 취득할 수 있다.[79] 또한 파리에 본부를 둔 단체에 대해서는 경찰청에 신고를 한다.[80] 신고에는 ① 단체의 명칭과 목적, ② 단체의 소재지, ③ 관리를 책임지는 자의 성명, 직업, 주소 및 국적을 기재하고 이에 규약 1부를 첨부해야 한다.[81] 신고 수령증은 5일 이내에 교부되어야 하나 이때 행정청은 형식 미비를 이유로 하는 것 이외에 이 수령증의 교부를 거부할 수 없다.[82] 수령증의 내용은 신고로부터 1개월 이내에 관보에 등재됨으로써 공시된다.[83] 물론 이러한 신고를 하지 않을 수도 있지만, 그 경우는 법인격이 없는 사실상의 단체로 취급된다.[84] 또한 개개의 비영리사단을 포괄하는 연합체를 설립할 수도 있다.[85]

(3) 법률상의 능력

위와 같이 설립 신고한(déclarée) 비영리사단은 다음과 같은 법률적 능력을 취득한다.[86] 즉 ① 소송 당사자능력, ② 국가 및 지방자치단체 등으로부터 보조금 수급, ③ 회비 징수권, ④ 단체 운영을 위한 시설 및 목적 수행을 위해 반드시 필요한 부동산 유상 취득이 가능하다. 그리고 설립 신고 후 최소 3년이 되었고 일반 세법 제200조 1의 b에 규정하는 활동을 하는 비영리사단의 경우에는 ⑤ 민법 제910조에 규정된 요건에 따라 생전증여 내지 유증을 받을 수 있고, ⑥ 무상으로 취득한 부동산을 점유하고 관리할 수 있다. ⑤와 ⑥의 경우에는 수증능력이 인정되는 비영리사단에 제한이 있다는 것인데, 이러한 제한도 2014년의 개정에 의하여 다소 완화된 것이다.[87] 종교 활동을 목적으로 하는 경우에는, 일반 비영리사단법인이라도 공적 기부금을 수령할 수 없다.[88] 구체적인 수증절차에 대해서는 종교사단에서 후술한다.

(4) 운영

1901년 비영리사단은 관리에 관한 변경 및 규약 개정이 있으면 3개월 이내에 그 사실을 신고해야 한다.[89][90] 또한 이러한 변경은 신고한 날부터 제3자에게 대항할 수 있다.[91] 한편, 재정 측면에서는 일정액 이상의 수익활동을 하는 단체 및 일정액 이상의 공적 지원을 받는 단체는 매년 회계장부의 비치와 회계감사가 의무화된다.

(5) 해산

비영리사단의 해산에는 자율적 해산과 강제적 해산의 두 가지가 있다. 우선 자주적 해산에 대해서는 규약에 따른 해산과 총회 결의에 따른 임의해산의 두 가지가 있다.[92] 이런 해산에는 법률상 신고가 요구되지 않지만 단체는 자주적으로 도청(préfecture)에 신고를 하고 관보에 게재를 요구할 수 있다. 강제적 해산은 다시 사법해산과 행정해산의 두 가지로 나뉜다. 사법해산은 비영리사단이 위법한 목적, 법률 및 공서양속에 반하는 목적, 국토보전 및 공화정체에 대한 공격을 목적으로 하는 단체로서 무효라고 판단되는 경우[93] 및 규약변경 신고를 게을리 한 경우[94]에 관계자 또는 검사의 청구에 근거하여 지방법원(tribunal judiciaire)[95]이 선고하는 것이다.[96] 사법해산 판결이 선고되었음에도 불구하고, 해당 단체를 유지 또는 재결성하는 것과 해산한 단체의 구성원의 집회에 시설을 사용하게 하는 것은 처벌의 대상이 된다.97) 한편, 행정해산은 비영리사단법이 아닌 특별법인 전투단체 등 금지법98)에 따라 국무회의 의결을 거친 대통령령에 의해 이루어진다.99) 행정해산 이외의 해산의 경우 비영리사단의 재산은 규약이 정한 바에 따라 귀속하며 규약의 정함이 없는 때에는 총회의 결정에 따라 귀속하도록 한다.100) 이 때 출자의 반환을 제외하고는 잔여재산을 구성원에게 분배할 수 없다.101)102)

나. 수도회(congrégation religieuse)

(1) 총설

수도회에 대해서는 1901년 비영리사단법 제3장(제13조－제18조)과 같은 법 시행령 제2장(제16조－제26조)이 규율한다. 1905년 정교분리법에서도 수도회는 비영리사단법의 규율에 따른다고 규정하고 있다.103) 이와 같이 수도회는 기본적으로 일반 비영리사단을 규율하는 1901년 비영리사단법에 규정되어 있으나 양자의 취급은 크게 다르다. 수도회는 1901년 비영리사단법 및 1905년 정교분리법에 정의되어 있지 않지만 판례와 학설에 따라 ① 구성원이 수도 서원(vota religiosa)에 복종하고, ② 공동생활을 영위하며, ③ 교회가 인가한 규칙에 복종이 인정되는 단체로 되어 있다.104) 수도회는 2005년 기준 620여개 단체가 존재하며, 1988년 이후에는 가톨릭 수도회뿐만 아니라 다른 종교 수도회도 승인되었다.105)

(2) 설립

수도회가 법인격을 취득하기 위해서는 국사원의 회의를 거친 데크레에 근거하여 허가를 얻어야 한다.106) 신청서는 내무부장관에게 제출되며 신청서에는 모든 설립자가 서명하여야 한다.107) 그리고 신청서에는 ① 규약 2부, ② 수도회의 설립·유지를 위한 자금에 대한 명세서, ③ 수도회에 속하는 자의 성명, 연령, 출생지, 국적을 기재한 명부,108) ④ 교구의 주교가 해당 수도회 및 수도회 구성원을 자신의 재치권(관할, juridiction) 아래 둘 것을 확약하는 취지의 선고서를 첨부할 필요가 있다.109) 내무부 장관은 수도회 본부가 있는 지자체의 의견 및 지사의 보고서를 요구하여 국사원에 송부한다.110) 이 중 ④ 수도회 및 그 구성원의 교구 주교 복종 요건은 원래 가톨릭을 염두에 둔 것이다. 비가톨릭에 대해서는 주교에 해당하는 자에 대한 복종으로 충분하다.

(3) 법률상의 능력

수도회는 위와 같은 허가를 받음으로써 법인격을 취득하고 모든 민사상 행위를 할 수 있다. 또한 수도회에는 증여·유증의 수령 및 관련된 부동산의 취득능력이 인정된다. 허가를 받지 아니한 수도회 또는 허가를 박탈당한 수도회는 일반 비영리사단에 관한 규정에 따른 법인격을 취득할 수 없는 것으로 본다. 따라서 그것들은 법인격 없는 사단에 머무른다.

(4) 운영

수도회는 일반 비영리사단에 관한 비영리사단법의 규제를 받는 것 외에 회계 및 재무에 관하여 특히 엄격한 규제를 받는다. 즉 수도회는 수입·지출에 관한 명세서를 보관하고 매년 전년도의 수지보고서, 동산·부동산에 관한 재산목록을 작성하여 구성원의 성명, 수도회 내부에서의 호칭, 국적, 연령, 출생지, 가입일을 기재한 명부를 본부에 비치해 두어야 한다.[111] 이들은 지사 또는 그 대리인의 요구가 있을 경우 그 자리에서 제시해야 하며,[112] 이를 거부하거나 허위 보고를 했을 경우 수도회의 대표자는 처벌된다.[113] 수도회가 새로이 시설을 설치하려면 국사원의 허가가 필요하다.[114]

(5) 해산

수도회의 해산 및 시설의 폐지는 국사원의 회의를 거친 데크레를 통해서만 이루어진다.[115] 이는 사법해산을 원칙으로 하는 일반 비영리사단과 대조적이다. 잔여재산의 귀속 방법은 규약으로 정한다. 하지만 수도회의 해산은 통상 다른 수도회와의 합병을 의미한다는 점에서 잔여재산은 활동 종료에 앞서 합병하는 수도회로 이전되는 경우가 많다.

다. 종교사단(association cultuelle)

(1) 총설

1901년 비영리사단법에 의거한 일반 비영리사단법인도 종교 활동을 할 수 있지만, 1905년 정교분리법은 특히 종교활동을 하는 종교사단[116]을 대상으로 다양한 특전과 규제를 규정하고 있다. 종교사단에 대해서는 1905년 정교분리법과 같은 법 시행령이 규율한다.

04 인위적 공동체와 법

(2) 설립

종교예배의 비용, 유지 및 공적 활동을 제공하기 위하여 결성된 사단은 1901년 비영리사단법의 일반 비영리사단에 관한 규정에 따라 설립된다.[117] 따라서 종교사단의 설립 절차는 기본적으로 앞서 살펴본 일반 비영리사단과 동일하다. 다만 종교사단의 설립에는 일반 비영리사단과 달리 다음 두 가지의 중요한 제한이 있다. 첫째로, 설립 시의 최저 인원이 법정되어 있다. 즉 종교사단은 본부 소재 지자체의 거주하는 7명 이상의 성년자로 구성되어야 한다.[118] 이러한 관계로 설립신고에는 종교사단 활동구역 및 그 구역 내에 주민등록을 갖거나 거주하고 있는 성년자 인원수 일람표를 첨부하여야 한다.[119] 둘째로, 종교사단은 오로지 종교활동을 목적으로 해야 한다.[120] 이러한 목적한정 규정은 판례에서도 엄격하게 해석되고 있으며 종교사단은 종교활동 이외의 공익활동이나 선전활동을 하는 것은 일체 인정되지 않는다. 따라서 자선활동이나 교육활동을 하기 위해 각 종교는 종교사단과는 별도로 1901년 비영리사단법에 의거한 일반 비영리사단법인을 설립하는 경우가 많다. 일반 비영리사단법인의 경우와 마찬가지로 종교사단의 경우에도 중앙의 관리 또는 지시를 받는 연합체를 설립할 수 있다.[121]

(3) 법률상의 능력

종교사단의 법적 능력은 일반 비영리사단의 경우와 다르다. 종교사단은 1901년 비영리사단법 제6조에서 정하는 회비는 물론, 종교활동의 비용을 위한 헌금 및 기부금을 수령할 수 있으며 또한 종교상의 의식 및 서비스에 대한 보수를 받을 수 있다.[122] 2021년 개정에 따라 종교사단의 1905년 정교분리법 제19−2조와 제19−3조 제2항이 정비되어 수입 및 기부금 모금 등에 관한 사항이 상세하게 규정되었다.[123] 최근 개정에 따라 민법 제910조는 비영리사단법인의 종류에 따라 수증능력 부여 및 사후 규제에 관하여 상세하게 규정하고,[124] 제910−1조를 신설하여 민법전에서도 종교사단의 수증능력에 관한 규율을 별도로 규정하기에 이르렀다. 종교사단은 라이시테 원칙에 따른 제한으로, 형태 여하를 막론하고 국가나 지방자치단체로부터 보조금을 일체 받을 수 없지만[125] 예배용 건물의 수선을 위해 지급되는 것은 보조금으로 간주되지 않는다.[126] 1905년 정교분리법 제19−3조는 2021년 개정에 따라 기부를 받은 경우의 신고의무, 회계보고의무를 규정하고 이를 위반할 경우의 벌칙에 대해서도 상세한 규정을 두고 있다.

(4) 운영

종교사단은 일반 비영리사단에 관한 규제를 받는 것 외에 정교분리법상의 특별한 규제를 받는다. 우선 종교사단은 규약 규정과 관계없이 이사 또는 관리인이 실시한 재무관리 및 재산관리 행위의 승인을 위해 매년 적어도 1회 사원총회를 개최해야 한다.[127] 또한 종교사단은 수지계산서를 비치하고 매년도 회계장부 및 재산목록을 작성해야 할 의무가 있다.[128] 재산목록에는 종교사단이 취득한 모든 동산 및 부동산이 물건별로 기재되어야 한다.[129] 종교사단은 이들의 회계장부 재산목록을 5년간 보관하여야 한다.[130] 또한 종교사단은 등록행정기관에 의한 회계감사 및 재무감찰관에 의한 감사에 따르고,[131] 보유하는 재산(현금, 예금, 유가증권)에 관한 서류 및 과거 5년의 재무에 관한 서류를 제시해야 한다.[132] 종교사단은 수입의 용도가 한정되어 있으며 오직 종교활동을 위해 사용하여야 한다.[133] 또한 잉여금은 같은 목적으로 설립된 다른 종교사단에만 납입할 수 있다.[134]

(5) 해산

종교사단에는 일반 비영리사단과 같은 해산이 인정되는 것 외에 정교분리법 제18조부터 제22조에 위반되는 경우(종교활동 이외의 활동, 회계장부·재산목록 미비 등)에 벌칙 등에 관해서 규정하고 있다.[135] 잔여재산의 귀속 방법은 일반 비영리사단의 경우와 같다. 물론 이들을 구성원에게 분배할 수 없다.[136]

라. 1905년 정교분리법 개정 문제

(1) 2006년 개정의견 보고서

2006년 6월에 사르코지 내무장관에게 제출된 마슈론 위원회의 보고서("종교와 공권력과의 관계")[137]는 1905년 정교분리법 이후 백주년을 계기로 하여 법적 측면에서 프랑스 종교제도의 현황과 과제를 검토했을 뿐만 아니라 심도 있는 구체적인 개정안을 제시하고 있다. 구체적으로는 종교사단에 대한 규제완화에 관한 것, 일반 비영리사단과 종교사단과의 관계에 관한 것이 포함되어 있다.[138]

(2) 2021년 8월 24일 법률 '공화국원칙 준수강화법' 제정

위(Ⅱ. 3.다. (3))에서 서술한 바와 같이 프랑스에서는 최근 무슬림 극단주의자들이 자행한 다수의 테러가 연속적으로 발생함에 따라 마크롱 대통령의 지휘 하에 프랑스정부는 강력한 추진력으로 입법을 추진하였고 그 결과 '공화국 원칙 준수 강화를 위한 2021년 8월 24일법 제2021-1109호'라는 명칭의 법률이 제정되어 발효되었다. 이 법률은 본고(Ⅲ.)에서 다룬 종교단체 법제 관련 규정도 개정하고 있는바 개정 사항은 개괄적으로 설명하였다.

Ⅳ. 관련문제: 조세·보조금, 교육·사회활동, 이슬람 극단주의

1. 종교단체에 대한 조세 및 보조금 제도

가. 개관

이미 살펴본 바와 같이 프랑스에서 종교단체는 일반적으로 비영리사단법인으로 법적 지위를 가지고 법률관계도 1901년 비영리사단법의 범주에서 규율되고 있다. 따라서 프랑스에서 종교단체에 대한 다양한 조세 우대조치가 있지만 이것은 종교단체인 것을 근거로 하는 것이 아니고 일반적인 비영리사단에 인정되는 우대조치의 일환으로 인정되는 것이다. 한편 종교단체의 운영에 있어서, 조세 제도와 함께 중요한 의미가 있는 것은 국가나 지방자치단체가 지급하는 보조금이다.

나. 조세 우대조치의 근거

종교단체에 대한 조세 우대조치는 두 가지 관점이 필요하다. 첫째로, 단체의 '비영리성'이 우대조치의 근거가 되는 경우가 있다. 이것은 단체가 사업 및 증여에서 얻은 재산적 이익을 분배하지 않는 것이다. 구체적으로는 상업활동에 관한 세제(법인세 등)는 '영리성'을 기준으로 하는 과세이고, 따라서 '비영리'를 목적으로 하는 단체(1901년 비영리사단법에 근거한 비영리사단법인, 노동조합 등)는 원칙적으로 비과세이다. 종교단체는 영리활동을 목적으로 하는 것이 아니기 때문에 기본적으로 이러한 우대조치를 받을 수 있다. 둘째로 '비영리성'을 전제로 하면서도 더 나아가 단체 활동의 '일반이익성' 또는 '공익성'에 착안한 우대조치이다. 공익활동은 원래 국가의 임무에 속하는 것이므로 이를 대신 행하는 사적 단체에 대하여 국가가 그 비용을 부담해야 한다고 설명되는 것이다. 다만 라이시테(비종교화)원칙에 의하면 종교단체는 순수한 사적단체로 취급되기 때문에 '일반이익' 내지는 '공익을 담당하는 것' 자체가 문제가 될 수 있다. 그러나 프랑스의 과세제도에서 자선단체 등 공익단체에 대하여 인정되는 우대조치가 많은 경우 종교단체에도 인정되고 있는 것이 사실이다. 따라서 종교단체에 대한 세제상의 우대조치를 고려하는 때에는 '비영리성' 기준과 함께 '공익성' 기준도 놓칠 수 없는 관점이다.

다. 종교단체에 관한 보조금 제도

1905년 정교분리법 제2조는 "공화국은 어떠한 종교도 공인하지 아니하고 봉급을 지급하지 아니하고 보조금을 주지 아니한다"(제1항)라고 규정하여, 종교단체에 공적 보조금을 주고 있던 이전 제도를 개정하여 종교단체에 대한 보조금 지출을 원칙적으로 금지한다. 그리고 동법 제19-2조 제3항에 의하면 종교사단은 "형태 여하를 묻지 않고 국가, 지방자치단체 및 그 산하단체로부터 보조금을 수령할 수 없다"고 규정한다. 그러나 이러한 보조금 금지 원칙은 이미 정교분리법 자체에서 예외가 인정되고 있는 것을 감안하면(제2조 2항, 제19-2조 3항 단서), 제정 당시부터 관철된 것은 아니었다. 또한 그 후에 이러한 원칙은 완화되는 방향으로 운용되고 있다. 종교단체에 관한 보조금 문제는 상세한 규정이 마련되어 있는데, 그 중에서 성직자에 대한 것, 예배용 건물에 관한 것, 사립학교에 관한 것이 중요하다.[139)]

2. 종교단체의 교육·사회활동

가. 종교단체의 사회활동

종교단체가 신문, 잡지, 방송 등 각종 매체를 통해 다양한 종교적 활동을 하는 것은 프랑스도 여느 국가와 마찬가지이다. 다만 종교사단으로 대표되는 종교단체가 종교활동 이외의 사회적 활동(예를 들면, 자선사업, 서적판매등 영업활동, 교육사업, 정치적활동)을 하는 경우, 법제상의 원칙을 확인해보기로 한다. 이러한 문제에 대하여 가장 주의할 점은 현행법인 1905년 정교분리법 하에서는 종교단체는 그러한 사회적 활동을 할 수 없다는 것이다. 즉 정교분리법에 의하면, 종교사단이 교회재산의 귀속처이고 예배용건물의 무상사용권을 가지는데, 이러한 종교사단은 "종교예배의 비용,

유지 및 공적 활동을 제공하기 위하여" 설립되어 "전적으로 종교활동"을 목적으로 하는 것(제18조, 제19조 1항)이어야 하고 이러한 요건은 실무적으로도 엄격하게 해석되고 있다.

이에 종교단체가 종교활동 이외의 사회적 활동을 하려면, 1901년 비영리사단법에 규율하는 비영리단체의 형태를 취하지 않을 수 없다. 이러한 문제는 특히 종교활동과 문화활동을 엄격하게 구별하지 않는 이슬람교의 경우에 심각한 문제를 발생시켰다. 프랑스사회에서 종교공동체를 형성하면서 1905년 정교분리법상의 종교사단으로 운영되는 모스크의 수는 10퍼센트 이하라고 한다. 이러한 문제를 배경으로 하여 종교사단의 활동요건을 완화하기 위한 다양한 제안이 이루어지고 있고, 2021년에는 이러한 상황을 반영하여 법개정도 이루어졌다.

나. 시설사제 제도

종교단체의 사회적 활동에서 이른바 시설사제 제도를 언급할 필요가 있다. 라이시테로 불리는 프랑스 정교분리 제도는 단지 정교분리만을 강조하는 것이 아니라 가능한 범위에서 개인의 종교의 자유를 확보하여 조화를 꾀하고 있다. 이러한 의미에서 정교분리법의 총칙규정이 "시설사제의 업무에 관하여 그리고 고등학교, 중학교, 초등학교, 구원시설, 양로시설 및 교도소 등의 공공시설법인에서 자유로운 종교활동을 보장하기 위하여 제공되는 지출은 예산으로 계상할 수 있다"(동법 제2조 단서)라고 규정하여 이른바 시설사제(aumônier) 제도를 인정하고 있다. 시설사제 제도는 공교육시설, 공립병원, 형무소, 군대 등 이른바 닫힌 시설에서 생활하는 사람들의 자유로운 예배와 종교활동을 확보하기 위해서 성직자가 서비스를 제공하는 시스템을 가리키는데 그 역사가 오래되었고 라이시테의 구성요소로 이해되고 있다.

다. 종교단체의 교육활동

이미 서술한 바와 같이, 공교육의 라이시테를 위한 정책프로그램은 제3공화제 하의 공화주의 입법에 의해서 전개되어왔다. 이것은 초등교육과 중등교육의 종교적 중립성에 대한 공권력과 국민의 높은 관심을 잘 보여주는데, '종교 스카프 금지법'[140]이 "공립 초등학교, 중학교 및 고등학교에서는 학생이 종교상의 소속을 과시하는 표장 또는 복장을 착용하는 것을 금지한다"[141]고 규정하는 것도 이러한 맥락에서 이해할 수 있다. 이와 같이 라이시테 원칙이 작동되는 공교육의 경우와 달리, 사립학교가 종교교육을 임의로 하는 것은 가능하다.[142) 사립학교의 대부분을 가톨릭교회가 운영하는 학교인 것을 감안하면, 사립학교에 대한 공적 보조금 지급은 가톨릭교회에 대한 보조금과 같은 효과가 있는 것이어서 논쟁의 대상이 된다.[143) 다른 한편, 제3공화제 이후의 교육관계법규가 공립학교에서 모든 종교교육을 배제하고 있는 것은 아니다. 교육법전에 편입된 제141-2조 이하의 규정에서도 알 수 있듯이, 정교분리 원칙 하에서도 예배나 종교교육의 자유에 대한 배려가 나타나있다. 이러한 점이 반영되어 있는 제도가 위에서 언급한 시설사제 제도와 공립학교 사제 제도이다. 이 논점과 관련되는 규정도 2021년 8월 34일 법률 '공화국원칙 준수강화법'에 따라 이슬람교를 염두에 둔 개정이 이루어졌다.

3. 이슬람 극단주의에 대한 대응 문제

2021년 8월에 시행된 '공화국원칙 준수 강화법'은 실제로 '테러방지법', '분리주의 방지법', '집단주의(공동체주의) 방지법' 등으로 불리는 것에서도 알 수 있듯이 무슬림 이민자들의 사적 모임에 국가기관이 개입할 여지를 마련하였다. 국가의 감시기능 강화에 대해서는 반대론도 유력하지만,[144) 프랑스 정보기관이 사전에 정보를 파악하지 못한 채 발생한 여러 차례의 테러를 경험한 프랑스 대중들은 새로운 법 제정을 지지하였고 실제로 국회를 통과하여 시행되고 있다. 2022년 7월 22일 프랑스 헌법재판소는 위 2021년 법에 의하여 개정된 1905년 정교분리법 제19-1조와 제19-2조가 합헌이라고 결정[145)을 내림으로써 신법의 실효성을 뒷받침한 점은 특기할 만하다.

V. 글을 맺으며

1. 이상으로 프랑스의 종교단체를 중심으로 종교공동체 법제에 관하여 살펴보았다. 프랑스법을 비교법의 대상으로 하는 이유는 무엇인가. 글머리에서 언급한 바와 같이, 무엇보다 프랑스의 비영리단체 법제에서 중요한 부분을 차지하고 있는 종

교단체 법제에 관한 소개가 이제까지 제대로 이루어지지 않았다는 점에서 연구의 부족을 메우는 의미가 있을 것이다. 본고에서는 19세기 후반에서 20세기 초반에 이르는 프랑스 제3공화정의 정치상황을 배경으로 제정된 1901년 비영리사단법과 1905년 정교분리법의 운용상황을 시계열적으로 정리하여 가능한 한 정치적·사회적 배경사정을 포함하여 법제의 상황을 객관적으로 소개하는 것에 중점을 두었다. 특히 20세기 초 정교분리(라이시테)원칙에 입각한 법제 신설에 대한 가톨릭교회의 반발과 이를 수습해 가는 과정에서 프랑스법제의 큰 특징을 파악할 수 있었다.

2. 이러한 작업을 통하여 1901년 비영리사단법과 1905년 정교분리법에 의하여 만들어진 큰 틀 안에서 지난 120여 년 동안 종교단체 법제가 구축되어 온 흐름을 파악하려고 노력하였다. 흥미로운 점은 이렇게 만들어진 법제 하에서 최근의 이슬람교 신도의 증가와 함께 새로운 문제가 촉발되었고, 이것이 기존의 정교분리 제도에 영향을 주고 있다는 것이다. 이에 대해서는 본문 각 단락의 마지막 부분에서 문제의 소재를 확인하는 정도로만 소개하였지만, 주류종교인 가톨릭이 공화국 이념을 바탕으로 하는 정교분리 제도에 나름대로 적응하여 큰 틀이 정착된 상황에서 이슬람교 문제로 다시금 논란이 촉발되었다는 점이 주목된다. '공동체와 법'이라는 관점에서 바라보면 국가 공동체(공화국)와 종교 공동체(주로 가톨릭, 최근에 이슬람)의 관계가 지난 100년 이상 동안 형성되어 온 정교분리(라이시테)라는 큰 틀 안에서 설정되어가는 과정을 여실히 보여주고 있다는 점, 그리고 일부 비판론이 없지 않지만 공고하게 만들어진 공화국 이념은 흔들림 없이 유지될 것으로 예상된다는 점을 지적해 둔다. 한편 프랑스의 단체·법인법에 관해서는 후속 연구가 필요한 것은 물론이고 이를 통해 다양한 측면에서 비교법적 시사를 얻을 수 있을 것이다. 다만 이미 본고는 정해진 원고의 분량을 넘었기 때문에 후속작업을 포함한 우리법과의 본격적인 비교는 별고를 기약할 수밖에 없다. 이하에서는 맺음말에 갈음하여 현 단계에서 필자가 가지는 인식을 밝혀두기로 한다.

3. 프랑스 법제에 관한 고찰은 우리 법의 상황을 제대로 파악하고 객관화, 상대화할 수 있는 흥미로운 소재를 제공한다. 프랑스의 종교단체에 관한 규율에는 대혁명 사상 그리고 제3공화제 시기 공화파의 반교회·반가톨릭 사상이 반영되어 있다.

1901년 비영리사단법 제정에 의해서 결사의 자유가 법제화됨으로써, 프랑스 대혁명 이후의 단체 금압 사상이 극복된 경위는 결사·단체·법인의 본질을 생각하는 작업에서 실마리가 될 수 있다. 이 법에서 우리가 주목할 만한 프랑스법의 특징은 우선 단체에 법인격을 인정함으로써 결사의 자유가 법제화되었다고 파악하는 점, 그리고 비영리사단의 법적 구성으로 계약 구성을 채택한 점이다. 다른 한편 1901년 비영리사단법의 후반 부분은 종교단체인 수도회에 관한 철저한 규제 조항으로 구성되어 있다는 점을 간과할 수 없다. 이러한 맥락에서 1905년에 제정된 정교분리법에 의하여 정교분리(라이시테=Laïcité)원칙이 선언되고, 종교사단에 관한 규정을 비롯한 관련 규율이 마련됨으로써 종교단체 법제의 체계가 완성되었다. 물론 이미 지적한 바와 같이 20세기 초반 프랑스 제3공화국의 철저한 반가톨릭교회 정책은 점차로 완화되어 현재의 관점에서 보면 실질적으로는 종교의 자유를 보장하는 여느 나라와 크게 다르지 않은 우호적인 종교단체 법제로 볼 여지도 있다. 본고의 관점에서는 1901년 비영리사단법과 1905년 정교분리법이 종교단체의 '사단법인'화를 당연한 전제로 하면서 종교단체에 관한 규율을 상세하고 체계적으로 규정하는 시스템을 완성하였고 이러한 구조가 100년을 훌쩍 넘긴 지금까지도 굳건하게 유지되고 있다는 점이 중요하다.

4. 우리 법의 종교단체에 관한 법제는 민법학의 대상으로 여겨져 왔다. 종교단체의 법인화에 관한 특별법이 없는 관계로 종교단체가 법인격을 취득하기 위해서는 민법상의 비영리법인으로 주무관청의 허가를 얻어 법인등기를 하는 방법밖에 없는 것이 큰 영향을 미쳤다. 한편 불교와 유교의 경우에는 각 종교에 관한 규제법이 일찍 제정된 것에 비하여, 가톨릭과 개신교의 경우에는 별도의 규율의 대상이 되지 않았다. 이러한 상황에서 많은 경우 가톨릭교구나 개신교 교단과 같은 포괄종교단체는 민법상 재단법인으로 법인격을 취득하여 재산을 관리하는 한편, 대부분의 개별 단위교회는 법인격을 취득하지 않은 채로 활동을 하고 있는 실정이다.146) 주지하는 바와 같이 개신교의 개별 단위교회는 비법인사단의 대표적인 유형으로 다루어지고 있다. 그동안 종교단체의 법인화에 관한 입법론이 꾸준히 제기되어 왔지만, 대체로 불교계에서는 찬성하는 반면 기독교계 특히 개신교 교회 일선에서는 반대해왔다. 가장 큰 이유로 종교단체의 법인화가 종교의 자유를 침해한다는 이유가 거론되

었다. 이러한 점에 대해서는 논의의 단초가 될 만한 유의미한 논의가 없지는 않았는데,147) 프랑스의 관련법제에 관한 정보는 논의의 지평을 넓혀줄 것이다.

5. 1960년부터 시행된 우리 민법전에는, 그 이전에 의용되던 일본 민법이 공익법인만 규율하던 것과 달리, 범위를 넓혀 비영리법인 전반을 규율하는 것으로 입법자의 바람직한 결단이 반영되었다. 그럼에도 불구하고 한동안 실제로 주무관청의 비영리법인의 설립 및 감독에서는 허가제를 기반으로 의용민법 시절의 공익법인 메뉴얼에서 크게 벗어나지 않은 채로 운용되었다. 이러한 점은 결과적으로 우리나라에서 비영리단체가 법인격을 취득하는 것 자체가 국가에 의한 통제를 받는 것이라는 인식을 강하게 하는 데에 일조하였다. 다른 한편 1990년대 이후 시민들의 비영리단체 활동에 관한 사회적인 관심은 크게 높아졌다. 그리고 최근에는 실제로 제3섹터로 불리는 비영리부문이 눈에 띄게 성장하였다. 이러한 상황에서 이제는 앞으로의 성숙한 시민사회 수요를 담아낼 수 있는 선진적인 비영리단체 법제 구축을 깊이 고민해야 한다. 1990년대 말 이후 민법상 비영리법인 제도의 개정이 여러 차례 시도되었는데, 주무관청제의 유지를 전제로 허가주의를 인가주의로 개정하는 정도의 개선책조차도 번번이 실패하였다. 최근에는 아이러니컬하게도 민법개정은 차치하고 공익법인법을 개정하여 비영리법인 법제를 개선하려는 시도도 있었다. 대부분의 선진국에서는 시민들의 건전한 비영리단체 활동을 지원하는 방향으로 정비된 것에 비하여, 우리나라에서는 이러한 법제정비의 중요한 과제가 실마리를 찾지 못하고 계속 쌓여가는 형국이다.148) 이 어려운 과제를 해결하기 위한 기초 작업에 본 장에서와 같은 비교법적 관점이 종교공동체 법제 개선에 조금이나마 기여할 수 있기를 바라며 글을 맺는다.

미주

* 본 장에서는 공화국 체제의 국가공동체와 종교공동체(주로 가톨릭, 최근에는 이슬람)의 관계에
  관한 장대한 서사를 조감하여, 우리나라에서는 경험하지 못한 관점을 추출해 보고자 하였다. 본
  장은 공간된 논문(권철, "프랑스의 종교단체 법제에 관한 소고: 1901년 비영리사단법과 1905년
  정교분리법을 중심으로", 성균관법학 33권 3호, 2021, 129면 이하)을 바탕으로 2021년 이후
  2023년 초까지의 최신 법개정 사항을 반영하여 가필, 수정한 것임을 밝힌다. 손경한 교수님과
  윤진수 교수님께서 좌장을 하신 '공동체와 법 연구회'는 여러 전공 회원들의 수준 높은 발제가
  이어져서, 매번 유익한 지견에 접하면서 지적 호기심이 자극되는 진정한 의미의 '연구회'였다.
  이 연구회의 일원으로 불러주신 것에 다시 한 번 감사의 말씀을 드린다. 연구회 참가를 통해서
  최근 우리나라의 여러 분야에서 빈번하게 언급되는 공동체 개념 그 자체에 관한 고찰도 흥미로
  운 연구주제가 될 수 있다고 생각하게 되었다. 앞으로의 연구에서 이러한 실마리를 조금씩 풀어
  나가고자 한다.

1) Loi du 24 juillet 1867 sur les sociétés commerciales.

2) 프랑스의 회사법에 관한 소개논문으로, 김성태 (1991); 조르즈 리뻬르 (1996); 원용수 (2006) 등.

3) Loi du 1er juillet 1901 relative au contrat d'association. 이 법률의 구체적인 내용은 아래 본문
   (Ⅲ. 1. 나.) 참조.

4) 남효순 (1999); 여하윤 (2008); 박수곤 (2010), 77면; 박수곤 (2013), 39면

5) 황우여 (1982); 이영진 (1998).

6) 지규철 (2009a); 전훈 (2013); 한동훈 (2018b), 55면. 한편 인문학자(프랑스사)의 연구로 민유기
   (2012).

7) 한국종교사회연구소 편 (1991).

8) 게재순으로 보면 일본, 태국, 중화민국, 인도, 필리핀, 인도네시아, 영국, 프랑스, 서독, 스페인,
   이탈리아, 덴마크, 핀란드, 노르웨이, 아일랜드, 스위스, 오스트리아, 벨기에, 네덜란드, 룩셈부
   르크, 스웨덴, 미국, 캐나다, 아르헨티나, 브라질, 이스라엘, 케냐의 관련법률 조문을 발췌하여
   게재하고 있다.

9) 이러한 규정의 생략에 어떠한 의도가 내재되어 있는지에 관해서는 잘 알 수 없다. 다만 프랑스
   의 관련법제의 구체적인 내용(법인화 및 상세한 규제)이 공청회 당시의 종교계(천주교와 개신
   교) 주장과 배치되는 면이 있다는 점은 본고의 본문 내용을 통해서 확인할 수 있다.

10) Loi du 1er juillet 1901 relative au contrat d'association, publiée au Journal officiel de la
    République française (JORF) du 2 juillet 1901.

11) Loi du 9 décembre 1905 concernant la séparation des Eglises et de l'Etat, publiée au JORF
    du 11 décembre 1905.

12) 'association cultuelle'는 종교단체, 신도회, 문화결사 등 여러 번역어가 사용되고 있는데, 본고에
    서는 번역어로 '종교사단'을 사용한다. 전훈 (2013) "종교적 중립성에 관한 고찰"에서는 '종교단

체'라고 번역하는데, 프랑스법상 법인격을 가지는 법인이고 재단(fondation)과 구별하는 의미에서 본고에서는 '사단'이라는 것을 명기하였다. 그리고 한동훈 (2018b)에서는 '문화결사'라는 번역어를 사용하는데, 이 번역어는 '(종교)예배의'의 뜻을 가진 형용사 원문 'cultuelle'을 '문화의'에 해당하는 'culturelle'로 오독하여 번역한 것으로 보이는바, 정확한 번역이라고 할 수 없다.

13) 프랑스법상 종교단체의 각 유형은 모두 법인이다. 따라서 법적성질을 정확하게 나타내기 위해서는 '비영리사단법인', '수도회법인', '종교사단법인'과 같이 '법인'을 붙여서 번역하는 것이 맞지만, 표현의 간이화를 위하여 생략하였다. 한편 우리나라에서는 특히 개별 종교단체가 법인격을 취득하지 않은 경우가 흔하게 존재하고 이를 비법인단체로 법적 구성하여 다루고 있지만, 비교법적으로는 매우 예외적인 것이라는 점을 부기해 둔다. 우리나라의 종교단체 법제에 관하여는 권철 (2020a) 참조.

14) 2013년 통계. "Le catholicisme en France", CSA, March 2013. Archived from the original on 2014-02-22.

15) 외교부 (2018), 102면. 외교부 자료에는 개신교에 관한 통계는 없는데, 다른 자료에 의하면 비교적 소수로 루터파·칼뱅파의 개신교 2파가 2% 정도라는 통계가 있다(위키피디아 "Protestantism in France" 항목). 대한민국 외교부 자료에는, 프랑스에서 1978년법이 종교·인종 등 개인의 사생활 관련 정보를 수집하는 것을 금지함에 따라 인구조사 시 종교 관련 통계가 없어 프랑스 정부의 공식 통계는 부재하다는 사정이 부기되어 있다.

16) 프랑스에서는 1990년대부터 2001년 정도 까지 섹트에 관한 문제가 크게 논의되었고 언론에서도 대대적으로 다루었다. 최근에는 다소 진정된 것처럼 보이기도 하는데, 그 이유는 섹트에 대한 프랑스 정부의 대책이 진전되어 섹트 집단의 활동이 신중해진 것에서 찾을 수 있다. 관련 원문 자료는 상당수 존재하는데, 여기서는 섹트에 대한 대책의 전기를 마련한 것으로 평가되는 1995년의 의회보고서(Commission d'enquête sur les sectes, Les sectes en France, Journaux officiels, 1996)와 함께, 일반 대중에게 친숙한 크세쥬(Que sais-je?) 문고판으로 Nathalie Luca, Les sectes, PUF, 2016를 들어둔다.

17) 섹트에 관한 법률문제에 관하여 소개하는 우리말 논문으로 전훈 (2013).

18) 프랑스의 이러한 상황은 약 320만 명 이슬람교도를 가진 이웃 독일과 유사해 보이지만, 프랑스에서는 이슬람교 국가인 구식민지 마그레브 지역(모로코·알제리·튀니지)에서 온 이민이 많다는 사정이 크게 관련되어 있는 것을 감안하면, 터키계 이민을 다수 받아들인 독일과는 다르다.

19) Déclaration du 26 août 1789 des droits de l'homme et du citoyen.

20) 제10조: 어느 누구도, 법률이 정하는 공공질서를 해치지 않는 한, 그 의견표명이 비록 종교상의 것이라 하더라도 그것을 이유로 위협받지 않는다. Article 10: Nul ne doit être inquiété pour ses opinions, même religieuses, pourvu que leur manifestation ne trouble pas l'ordre public établi par la loi.

21) 콩고르다(Concordat)는 '화친조약'이라고 번역되는 경우도 있으나, 단순한 '화친조약'은 당사자가 빠진 일반용어라는 것을 감안하면 '정교조약' 또는 '정교 화친조약'으로 번역하는 것이 보다 정확하다. 천주교 서울대교구 홈페이지에서 검색가능한 가톨릭대사전에서 '정교조약'로 번역하고 있는 것도 감안하여 본고에서는 '정교조약'이라는 번역어를 사용한다.

22) 이는 정교조약 공포법(전 138개조)은 단순히 정교조약을 내용으로 하는 것만이 아니라 가톨릭에 관한 77개조에 이르는 부속조항과 동시에 프로테스탄트에 관한 44개조에 이르는 부속조 97개항을 포함하고 있었기 때문이다.

23) 그 취지는 가톨릭이 "국교"임을 명기한 1814년 헌장뿐만 아니라 "법률에 의해 실제로 공인된

종교 또는 장래에 공인되는 종교의 제사"에 대해 국고에서 봉급을 주도록 규정한 1830년 헌장 및 1848년 헌법 등에도 나타나 있다.

24) 교권주의(le Clericalisme)와 반교권주의(l'Anticlericalisme)의 투쟁으로 프랑스의 정치사를 소개하는 논문으로 지규철 (2009a).

25) Lois Jules Ferry는 통상 다음 두 법률을 지칭한다. La loi du 16 juin 1881 établissant la gratuité absolue de l'enseignement primaire dans les écoles publiques, publiée au JORF du 17 juin; La loi du 28 mars 1882 sur l'enseignement primaire obligatoire, publiée au JORF du 29 mars. 쥘 페리(Jules Ferry)는 발의자의 이름이다.

26) Loi du 30 octobre 1886 portant sur l'organisation de l'enseignement primaire. 1886년 10월 30일 법. 고블레(René Goblet)는 발의자의 이름이다.

27) 이러한 규정은, 후에 법전화되어 "공교육의 라이시테"라고 불리는 교육의 일반원리를 형상화하게 된다. 프랑스 제3공화국 시기의 공교육에 관한 최근 소개 논문으로, 김정인 (2017), 141면 이하. 김세희 (2020), 1면 이하를 참조.

28) Loi du 1er juillet 1901 relative au contrat d'association, publiée au JORF du 2 juillet 1901.

29) Loi du 9 décembre 1905 concernant la séparation des Eglises et de l'Etat, publiée au JORF du 11 décembre 1905

30) 제1조. 공화국은 양심의 자유를 보장한다. 공화국은 공공질서의 이익을 위하여 이하에서 정하는 제한 아래에서만 자유로운 종교활동을 보장한다. La République assure la liberté de conscience. Elle garantit le libre exercice des cultes sous les seules restrictions édictées ci-après dans l'intérêt de l'ordre public.

31) 제2조 제1항. 공화국은 어떠한 종교도 공인하지 아니하고, 급여를 지급하지 아니하며, 보조금을 주지 아니한다. 따라서 이 법률이 공포된 후 1월 1일부터 종교활동에 관한 지출은 모두 국가, 도 및 시읍면의 예산에서 삭제된다. La République ne reconnaît, ne salarie ni ne sub-ventionne aucun culte. En conséquence, à partir du 1er janvier qui suivra la promulgation de la présente loi, seront supprimées des budgets de l'Etat, des départements et des com-munes, toutes dépenses relatives à l'exercice des cultes.

32) 후술 다. 참조.

33) 제12조. 1905년의 원조문은 1998년에 약간의 개정을 거쳐 이하와 같다. 1항. Les édifices qui ont été mis à la disposition de la nation et qui, en vertu de la loi du 18 germinal an X, servent à l'exercice public des cultes ou au logement de leurs ministres (cathédrales, égl-ises, chapelles, temples, synagogues, archevêchés, évêchés, presbytères, séminaires), ainsi que leurs dépendances immobilières et les objets mobiliers qui les garnissaient au moment où lesdits édifices ont été remis aux cultes, sont et demeurent propriétés de l'Etat, des dé-partements, des communes et des établissements publics de coopération intercommunale ayant pris la compétence en matière d'édifices des cultes. 2항. Pour ces édifices, comme pour ceux postérieurs à la loi du 18 germinal an X, dont l'Etat, les départements et les communes seraient propriétaires, y compris les facultés de théologie protestante, il sera procédé conformément aux dispositions des articles suivants.

34) 번역어의 선택에 관해서는 앞의 주 12) 참조. 종교사단(association cultuelle)에 관한 단체·법인 법적 고찰은 후술 Ⅲ. 2. 다. 참조.

35) 같은 법 제13조, 제19조.

　　　　　　　　　　　　　　　　　　　04 인위적 공동체와 법

36) 1905년 정교분리법 제25조, 제26조, 제27조, 제28조.

37) 1905년 정교분리법 제4조. 이 법률의 공포로부터 1년 이내에, 교구재산관리위원회, 교회재산관리위원회, 장로회, 추기경회의 및 그 밖의 종교공공시설법인의 동산 및 부동산은, 그 재산에 부과된 모든 부담과 의무, 그 재산의 특별 충당과 함께, 당해 시설법인의 법정대리인에 의하여 비영리사단에 이전된다. 이 비영리사단은 상기 시설법인의 종래 교구에서의 종교활동을 행하기 위하여 당해 사단이 활동을 하게 되는 종교의 일반조직상 규칙에 따라 제19조 규정에 의하여 적법하게 결성된 것이어야 한다. Dans le délai d'un an, à partir de la promulgation de la présente loi, les biens mobiliers et immobiliers des menses, fabriques, conseils presbytér-aux, consistoires et autres établissements publics du culte seront, avec toutes les charges et obligations qui les grèvent et avec leur affectation spéciale, transférés par les représent-ants légaux de ces établissements aux associations qui, en se conformant aux règles d'or-ganisation générale du culte dont elles se proposent d'assurer l'exercice, se seront légale-ment formées, suivant les prescriptions de l'article 19, pour l'exercice de ce culte dans les anciennes circonscriptions desdits établissements. 동법 제18조. 종교의 비용, 유지 및 공적종교활동을 하기 위하여 결성된 비영리사단은 1901년 7월 1일법률 제1장 제5조 이하에 따라 설립되어야 한다. 또한 이 사단은 본법의 규정에 따른다. Les associations formées pour subvenir aux frais, à l'entretien et à l'exercice public d'un culte devront être constituées conformé-ment aux articles 5 et suivants du titre Ier de la loi du 1er juillet 1901. Elles seront, en outre, soumises aux prescriptions de la présente loi.

38) 프랑스 제3공화정 정부가 야심차게 제정한 1905년 정교분리법의 수용을 둘러싸고 로마 교황청으로 대표되는 가톨릭교회가 어떠한 방식으로 반발하였는지, 이러한 움직임 속에서 유력한 민법학자가 어떠한 논의를 전개하였는지에 관하여 조명한 논문으로 권철 (2021) 참조.

39) 이러한 상황의 전말에 관해서는 Léon Duguit (1925), pp.558-561. 원서는 프랑스국립도서관(BnF) 홈페이지(https://www.bnf.fr/fr)에서 스캔본 열람 가능.

40) Loi du 2 janvier 1907 concernant l'exercice public des cultes, publiée au Journal officiel le 3 janvier 1907

41) 이 점에 대해서는 후술 나. (1) 참조

42) 1907년 3월 28일 법률(Loi du 28 mars 1907 relative aux réunions publiques) 제1조.

43) 제2조 제1항. 앞의 주 31) 참조.

44) 제2조 제2항. 다만 시설사제(aumônerie)의 업무에 관련되고, 또한 고등학교, 중학교, 초등학교, 구원시설, 사회복지시설 및 교도소 등의 공공시설 법인에서의 자유로운 종교 활동을 보장하기 위해서 제공되는 지출은 예산에 계상할 수 있다. Pourront toutefois être inscrites auxdits budgets les dépenses relatives à des services d'aumônerie et destinées à assurer le libre exercice des cultes dans les établissements publics tels que lycées, collèges, écoles, hos-pices, asiles et prisons.

45) 국가, 도, 시읍면 및 시읍면협동공공시설법인은 이 법률에 의하여 그 소유권이 인정되는 예배용 건물의 유지 및 보존에 필요한 지출을 할 수 있다. L'Etat, les départements, les communes et les établissements publics de coopération intercommunale pourront engager les dépenses nécessaires pour l'entretien et la conservation des édifices du culte dont la propriété leur est reconnue par la présente loi.

46) Adrien Dansette (1965), p.325.

47) 1905년 정교분리법 시행 직후부터 발생한 수많은 가톨릭 관계의 종교분쟁에서 법원이 자유주의적 판례를 확립한 것은 우호적 분리로 전환점이 되었다. 행정법원과 사법재판소는 모두 이른바 교회자율권(교회가 스스로 설정한 내부규칙에 따라 자율적으로 조직·운영할 권리)을 존중하는 판례를 잇따라 내놓았다.

48) 제1차 세계대전에서 전사한 병사를 시영묘지에 매장하는 문제에 대해서, 어느 시가 주최하는 종교 의식의 비용을 시 예산에 계상하는 취지를 의회가 의결했지만 도지사가 이것을 위법이라고 취소하는 사건이 있었다. 이에 대해 최고행정법원인 국사원(Conseil d'État)은 공금 지출 금지원칙은 영속적이고 규칙적으로 보조금을 교부할 목적으로 경비를 계상하는 것을 말한다고 판시하여 도지사의 결정을 취소하였다(1922년). 이후 판례·학설상 ① 구호원·자선사업단체 등이 행하는 종교색을 수반하나 공익성을 갖는 활동에 대하여 국가는 보조금을 지급할 수 있고, ② 전사한 병사의 시영묘지 매장 시의 의식 등 공적으로 요청된 역무에 사제가 협력하는 경우 이에 상응한 보수를 공금으로 지급할 수 있고, ③ 공공재산인 사제관 등을 사제에게 무상으로 사용하게 하는 것 또는 교회관리수당을 공금으로부터 지급할 수 있다는 큰 틀이 정착되었다. 이러한 맥락에서 적대적 정교분리는 궤도 수정되었다고 할 수 있다.

49) 단체·법인법의 관점에서 보면, 이러한 해결방안은 1901년 비영리사단법과 1905년 정교분리법으로 대표되는 프랑스 국내법과 정합적이면서도 가톨릭교회법에도 합치하는 법인형태를 만들어낸 것이라고 평가할 수 있다.

50) 이 논점에 관한 통찰력 있는 서술은 Léon Duguit (1925), p.549 et s. 참조.

51) Loi du 1er juin 1924 mettant en vigueur la législation civile française dans les départements du Bas‒Rhin, du Haut‒Rhin et de la Moselle.

52) 독일민법 제21조‒제79조.

53) 프랑스법 시행법에 관해서는 Jean Morange (1977), p.103 et s. 참조.

54) 제4공화국 헌법(Constitution de la République française (27‒10‒1946)) 제1조: 프랑스는 불가분적, 비종교적, 민주적, 사회적 공화국이다. La France est une Republique indivisible, laique, democratique et sociale.

55) 제5공화국 헌법(Constitution du 4 octobre 1958) 제1조: 프랑스는 불가분적, 비종교적, 민주적, 사회적 공화국이다. 프랑스는 출신, 인종 또는 종교에 따른 차별 없이 모든 시민이 법 앞에서 평등함을 보장한다. 프랑스는 모든 신념을 존중한다. 프랑스는 지방분권화된 조직을 갖는다. La France est une République indivisible, laïque, démocratique et sociale. Elle assure l'égalité devant la loi de tous les citoyens sans distinction d'origine, de race ou de religion. Elle respecte toutes les croyances. Son organisation est décentralisée.

56) 관련 문제에 관한 소개로 지규철 (2009b).

57) 1905년 정교분리법 개정과 라이시테 원칙의 실효화 문제에 대해서는 정교분리법 제정 100주년을 계기로 2005년 당시 내무장관 사르코지(Nicolas Sarkozy)가 마슈론(Jean‒Pierre Machelon) 교수를 위원장으로 하는 위원회에 관련 문제의 검토를 지시한바, 그 보고서가 2006년에 공간되었다. 동 위원회의 최종보고서는 인터넷 상에서 열람 가능하다. Jean‒Pierre Machelon (2006). 종교사단에 대한 규제를 완화할 것, 새로운 예배용 시설의 건설을 용이하게 할 것 등을 내용으로 하는 각종 개정안을 제시하고 있는데, 그 취지는 상당한 종교 인구를 차지하게 된 이슬람교 등을 포함해 종교 활동의 자유를 보다 실질적으로 보장하는 조치를 강구하려는 점에 있다고 한다.

58) Loi n° 2021‒1109 du 24 août 2021 confortant le respect des principes de la République.

59) 분리주의(séparatism) 또는 공동체주의＝집단주의(communautarisme)는 프랑스 여러 지역에서

출신성분이나 성별, 개인의 자유를 억누르는 현상을 표현하는 용어로 사용되어 왔고, 프랑스 공화국의 가치와 원칙을 근본적으로 흔드는 개념으로 인식되고 있다. 특히 communautarisme이라는 용어의 번역에는 주의를 요하는데, 최근 우리나라에서 많은 경우 '공동체' 개념이 긍정적으로 사용되고 있는 것을 감안하면 '집단주의'로 번역하는 것이 적당할 듯하다. 아울러 '공동체' 개념의 무분별한 사용에도 세심한 주의가 필요하다는 것을 확인해 두고자 한다. 참고로 최근 프랑스 정부에서는 communautarisme라는 용어대신에 séparatism을 공식적으로 사용하고 있다. 예컨대 2020년 9월 프랑스 르몽드지에 게재된 마크롱 대통령의 담화에 관한 기사에는 "공화국은 분리주의의 어떠한 도전도 용납하지 않는다(« La République n'admet aucune aventure séparatiste »)"라는 표제이다. https://www.lemonde.fr/politique/article/2020/09/04/ emmanuel-macron-la-republique-n-admet-aucune-aventure-separatiste_ 6050958_823448.html(최종방문 2023. 1. 30.)

60) 법학자의 논고는 아니지만 우리말로 된 '공화국원칙 준수강화법'(안)에 대한 소개 및 분석으로는 이정욱 (2021); 오정은 (2021); 박단 (2021); 오정은 (2022) 참조.

61) 제2조 제1항 제1문. 원문 및 번역은 미주 31).

62) 이 중 5개는 해외 영토에서 통용되고 있는 것이다

63) 1905년 정교분리법 제18조: 종교의 비용, 유지 및 공적인 종교 활동을 제공하기 위해서 결성된 비영리사단은 1901년 7월 1일 법률 제1장 제5조 이하에 따라 설립하여야 한다. 또한 이 사단은 본법의 규정에 따른다. Les associations formées pour subvenir aux frais, à l'entretien et à l'exercice public d'un culte devront être constituées conformément aux articles 5 et suivants du titre Ier de la loi du 1er juillet 1901. Elles seront, en outre, soumises aux prescriptions de la présente loi.

64) 1901년 비영리사단법이 헌법상 '결사의 자유'를 보장하는 의미를 가지는 것에 대한 설명으로 윤진수 (2008b), 12면 참조.

65) 1901년 비영리사단법 제2조: 비영리사단은 사전적인 허가나 신고 없이 자유로이 결성할 수 있다. 다만, 비영리사단은 제5조의 규정에 부합하는 경우에만 법적 능력을 향유할 수 있다. Les associations de personnes pourront se former librement sans autorisation ni déclaration préalable, mais elles ne jouiront de la capacité juridique que si elles se sont conformées aux dispositions de l'article 5.

66) 1901년 비영리사단법 제5조, 제6조. 관련 사항에 대한 설명으로 박수곤 (2010), 84면을 참조.

67) 후술 2. 가. 참조.

68) 1901년 비영리사단법 제13조 제1항 제1문: 모든 수도회는 국사원의 구속력 있는 의견에 기한 데크레에 의하여 법률상의 승인을 얻을 수 있다. Toute congrégation religieuse peut obtenir la reconnaissance légale par décret rendu sur avis conforme du Conseil d'Etat.

69) 1901년 비영리사단법 제15조 제1항: 모든 수도회는 수입과 지출의 명세서를 보관하여야 한다. 수도회는 매년 전년도의 결산보고서와 동산 및 부동산에 관한 재산목록을 작성하여야 한다. Toute congrégation religieuse tient un état de ses recettes et dépenses; elle dresse chaque année le compte financier de l'année écoulée et l'état inventorié de ses biens meubles et immeubles. 제2항: 수도회는 구성원의 성명, 수도회 내부에서의 호칭, 국적, 연령, 출생지 및 가입일을 기재한 완전한 구성원 명부를 본부에 비치하여야 한다. La liste complète de ses membres, mentionnant leur nom de famille, ainsi que le nom sous lequel ils sont désignés dans la congrégation, leur nationalité, âge et lieu de naissance, la date de leur entrée, doit

se trouver au siège de la congrégation. 제3항: 수도회는 지사의 요구에 따라 지사 및 그 대리인에 대하여 전항의 회계명세서, 재산목록 및 명부를 그 자리에서 제시하여야 한다. Celle—ci est tenue de représenter sans déplacement, sur toute réquisition du préfet à lui même ou à son délégué, les comptes, états et listes ci—dessus indiqués. 제4항: 본조에서 정하는 경우에 있어서, 지사의 요구에 대하여 허위 사항을 제출하거나 또는 요구에 따르는 것을 거부한 수도회의 대표자 또는 지도자는 제8조 2항에 규정하는 형에 처한다. Seront punis des peines portées au paragraphe 2 de l'article 8 les représentants ou directeurs d'une congrégation qui auront fait des communications mensongères ou refusé d'obtempérer aux réquisitions du préfet dans les cas prévus par le présent article.

70) 후술 2. 나. 참조.

71) 1905년 정교분리법 제18조: 종교의 경비, 유지 및 공적 종교활동비를 조달하기 위하여 결성된 비영리사단은 1901년 7월 1일법 제1장 제5조 이하에 따라 구성되어야 한다. 또한 이러한 사단은 본법의 규정에 따라야 한다. Les associations formées pour subvenir aux frais, à l'entretien et à l'exercice public d'un culte devront être constituées conformément aux articles 5 et suivants du titre Ier de la loi du 1er juillet 1901. Elles seront, en outre, soumises aux pre—scriptions de la présente loi.

72) 후술 2. 다. 참조.

73) 전술 Ⅱ. 3. 나. (1)

74) 전술 Ⅱ. 3. 나. (2)

75) 독일민법 이외에 구 독일결사법이 적용되었으나, 최근 법 개정에 의해 구 독일결사법이 폐지되었기 때문에(문화지원, 비영리 사단 및 재단에 관한 2003년 8월 1일 법) 이 지방의 비영리사단 법제는 지방민법전으로 일원화되었다. 이 때 1901년 비영리사단법의 규정이 일부 도입되었지만 특례제도의 기본적인 부분은 여전히 변경되지 않았다.

76) 섹트(secte)에 대해서는 전술 Ⅱ. 1. 참조.

77) 1901년 비영리사단법 제1조: 비영리사단은, 두 사람 또는 여러 명의 사람이 이익을 분배하는 것 이외의 목적으로, 영속적으로 지식 또는 활동을 공유하려고 하는 합의이다. 비영리사단은, 그 효력에 대하여, 계약 및 채권채무에 적용되는 법의 일반원칙에 의하여 규율된다. L'associa—tion est la convention par laquelle deux ou plusieurs personnes mettent en commun, d'une façon permanente, leurs connaissances ou leur activité dans un but autre que de partager des bénéfices. Elle est régie, quant à sa validité, par les principes généraux du droit appli—cables aux contrats et obligations. — 제2조: 비영리사단은 사전적인 허가나 신고 없이 자유로이 결성할 수 있다. 다만, 비영리사단은 제5조의 규정에 부합하는 경우에만 법적 능력을 향유할 수 있다. Les associations de personnes pourront se former librement sans autorisation ni déclaration préalable, mais elles ne jouiront de la capacité juridique que si elles se sont conformées aux dispositions de l'article 5.

78) 1901년 비영리사단법 상의 일반 비영리사단법인과 공익사단법인에 대한 설명으로 박수곤 (2013), 77면 이하.

79) 1901년 비영리사단법 제5조.

80) 1901년 비영리사단법 시행령 제4조.

81) 1901년 비영리사단법 제5조 제2항.

82) 국사원 1930년 10월 24일 판결.

83) 1901년 비영리사단법 제5조 제4항, 시행령 제1조 제2항.

84) 프랑스법상의 비법인단체에 관한 소개 논문으로, 박수곤 (2013), 39면.

85) 1901년 비영리사단법 시행령 제7조.

86) 1901년 비영리사단법 제6조 제1항.

87) 2014년 개정 전에는 신고한 사단법인에 대해 인정되는 한정된 법률상의 능력(①-④)은 일반적으로 '작은 법인격'(petite capacité juridique)이라고 불렸고, 그 범위를 넘는 자선, 과학, 의학연구 목적의 무상양여를 받는 경우에는 국사원의 행정허가를 받아 공익인정사단 자격을 갖추어야 했는데 이는 이른바 '큰 법인격'(grande capacité juridique)이라고 불렸다.

88) 국사원(Conseil d Etat) 1992년 10월 9일 판결.

89) 1901년 비영리사단법 제5조 제5항.

90) 다만, 2015년 개정 전에는 이들의 변경·개정은 비영리사단법인의 본부에 보관하는 기록부에 기입해야 한다고 규정되어 있었으나(1901년 비영리사단법 제5조 7항, 시행령 제6조), 2015년 7월 23일자 오르도낭스 n°2015-904에 의하여 삭제되었다.

91) 1901년 비영리사단법 제5조 제6항.

92) 1901년 비영리사단법 제9조.

93) 1901년 비영리사단법 제3조.

94) 1901년 비영리사단법 제5조.

95) 2019년에 이루어진 법원조직법 개정에 따라, 원래 사용되었던 '대심법원(tribunal de grande instance)'이라는 명칭이 'tribunal judiciaire'로 변경되어 2020년 1월부터 시행되었다. Conformément à l'article 36 de l'ordonnance n° 2019-964 du 18 septembre 2019, ces dispositions entrent en vigueur au 1er janvier 2020.

96) 1901년 비영리사단법 제7조.

97) 1901년 비영리사단법 제8조 제2항, 제3항.

98) 전투단체 및 민병에 관한 1936년 1월 10일법. Loi du 10 janvier 1936 sur les groupes de combat et milices privées.

99) 구체적인 해산 사유로는 도로에서 무장 시위 행위를 일으키는 것(제1조 1항 1호), 국토 보전·공화정체에 공격을 가하는 것(3호), 인종차별을 조장하는 것(6호), 테러를 일으키는 것(7호) 등이 열거되고 있다. 또한, 해산 명령의 취소를 요구하는 소가 제기된 때, 국사원은 긴급하게 재정하여야 한다(동조 2항).

100) 1901년 비영리사단법 제9조.

101) 1901년 비영리사단법 시행령 제15조.

102) 최종 교정 시에 2023년 5월 24일 오르도낭스(Modifié par Ordonnance n°2023-393 du 24 mai 2023 - art. 12 (V))에 의하여 1901년 비영리사단법 제9조의 부속조문이 신설되어 비영리사단의 '합병과 분할'에 관한 상세한 규정이 마련된 것을 확인하였다.

103) 1905년 정교분리법 제38조.

104) 1989년 11월 14일 국사원 내무부 의견(Conseil d'État, section de l'Intérieur, n° 346.040, avis du 14 novembre 1989).

105) 예를 들어 불교에는 7개 단체, 동방정교회에는 4개 단체, 개신교에는 2개 단체, 그리고 힌두교에는 1개 단체의 수도회가 각각 허가되었다. 이러한 정보는 Claude-Albert Colliard/Roseline

Letteron (2005), p.431 참조.

106) 1901년 비영리사단법 제13조 제1항.

107) 1901년 비영리사단법 시행령 제17조.

108) 1901년 비영리사단법 시행령 제18조.

109) 1901년 비영리사단법 시행령 제20조.

110) 1901년 비영리사단법 시행령 제21조.

111) 1901년 비영리사단법 제15조 제1항·제2항.

112) 1901년 비영리사단법 제15조 제3항.

113) 1901년 비영리사단법 제15조 제4항.

114) 1901년 비영리사단법 제13조 제2항, 동법 시행령 제22조 이하.

115) 1901년 비영리사단법 제13조 제3항.

116) 번역어에 관해서는 미주 12) 참조. 1905년 정교분리법 제정 직후의 논란에 대해서는 전술 Ⅱ. 3. 가. 참조.

117) 1905년 정교분리법 제18조: 종교예배의 비용, 유지 및 공적 활동을 제공하기 위해 결성된 비영리사단은 1901년 7월 1일법률 제1장 제5조 이하의 규정에 따라 설립되어야 한다. 또한 이 사단은 본법의 규정에 따른다. Article 18: Les associations formées pour subvenir aux frais, à l'entretien et à l'exercice public d'un culte devront être constituées conformément aux articles 5 et suivants du titre Ier de la loi du 1er juillet 1901. Elles seront, en outre, sou—mises aux prescriptions de la présente loi.

118) 1905년 정교분리법 제19조 제1항 제2문. 2021년 개정 전에는 "본부 소재 지자체의 인구에 따라 1,000명 미만에서는 7명 이상, 20,000명 미만에서는 15명 이상, 20,000명 이상에서는 25명 이상의 성년자로 구성되어야 한다."고 규정하였으나, 기준이 완화되었다.

119) 1905년 정교분리법 시행령 제31조 제2항·제3항.

120) 1905년 정교분리법 제19조 제1항 제1문.

121) 1905년 정교분리법 제20조.

122) 1905년 정교분리법 제19−2조 제2항 제1문.

123) 2005년 법개정에 따른 증여, 유증의 수령 요건에 관한 소개로, 권철 (2007), 128면 이하.

124) 행정기관은 해당 증여 등이 규약의 목적에 따라 사용되지 않는다고 판단될 때 국사원이 정하는 요건에 따라 이의를 제기할 수 있다. 그리고 이 이의가 인정되면 증여 등의 취득은 효력을 잃는 것으로 되어 있다. 민법 제910조 제2항 제2문, 제3문. 또한 이 수증절차는 수증능력을 인정받은 일반 비영리사단 및 수도회에도 적용된다.

125) 1905년 정교분리법 제2조 제1항.

126) 1905년 정교분리법 제19−2조 제3항.

127) 1905년 정교분리법 제19조 제3항, 동법 시행령 제42조.

128) 1905년 정교분리법 제21조.

129) 1905년 정교분리법 시행령 제43조.

130) 1905년 정교분리법 시행령 제44조.

131) 1905년 정교분리법 제21조 제32항, 동법 시행령 제37조.

132) 1905년 정교분리법 시행령 제45조.

133) 1905년 정교분리법 시행령 제33조.

134) 1905년 정교분리법 제19−2조 제2항 제5문.

135) 1905년 정교분리법 제23조.

136) 1905년 정교분리법 시행령 제47조.

137) Jean−Pierre Machelon (2006). 앞의 주 57) 참조.

138) 구체적으로는 준비금 상한 철폐 또는 증액, 연합체 설립의 간소화, 자금조달의 용이화 및 부동산 취득요건의 완화 등이 제시되고 있다. 그리고 제19조의 목적 요건 완화도 제안하고 있다.

139) 2021년 8월 34일 법률 '공화국원칙 준수강화법'의 제정에 따라 관련 규정에는 세부적인 개정이 이루어졌다. 알자스·로렌 지방에서의 예외적 규율도 포함하여 프랑스 법제를 이해하는데 필요한 부분이지만 본고에서는 구체적인 내용 소개는 생략한다.

140) Loi n° 2004−228 du 15 mars 2004 encadrant, en application du principe de laïcité, le port de signes ou de tenues manifestant une appartenance religieuse dans les écoles, collèges et lycées publics.

141) 같은 법 제1조. 교육법전(Code de l'éducation) 제141−5−1조 참조.

142) 교육법전 제141−3조 제2항 참조.

143) 이러한 문제에 대해서는, 1959년 두블레법이 규정한 국가와 사립학교의 계약관계('협동관계'와 '통상계약'으로 구분됨)로 해결책이 마련되었다. 교육법전 제442−1조, 제442−5조 등 참조.

144) 박단 (2021), 75면 이하는 프랑스 사회에서 무슬림이 차별 받는 원인을 공화주의의 모호한 적용에서 찾고 있다는 점에서 1905년 정교분리법은 비판적으로 소개하고 있는 점 등 참조.

145) Décision n° 2022−1004 QPC du 22 juillet 2022. 이 결정 및 관련 자료는 프랑스정부가 관리하는 공식 사이트에서 열람할 수 있다. https://www.legifrance.gouv.fr/jorf/id/JORFTEXT 000046081990/(최종방문 2023. 3. 15.)

146) 권철 (2020a), 215면 이하 참조.

147) 예컨대 한국종교사회연구소 편 (1991).

148) 권철 (2020c), 1면 이하; 양창수 편 (2022).

이슬람공동체

이슬람공동체
– 이슬람금융을 중심으로 –

Ⅰ. 글머리에

이슬람공동체 내에서 이슬람금융의 한 형태로 사회복지와 공공재를 제공하는 제도적 장치인 와크프(waqf)가 있다. 와크프는 이슬람법에 따라 사유재산을 자선 목적으로 영원히 기부하고, 그 재산으로부터 창출되는 수익을 설립 목적에 사용토록 하는 재단(foundation) 또는 신탁(trust)이라고 할 수 있으며, 이슬람 문명에서 발전된 "영속적 자선(perpetual charity)의 제도적 장치"[1]이다. 와크프는 역사적으로 이슬람 사회에서 매우 중요한 역할을 수행하였다. 초기 이슬람제국 시대부터 와크프의 법제화가 추진되어, 이슬람법 4대 학파[2]가 성립되던 8–9세기에 와크프와 관련된 법 규정들이 이미 체계화되었다. 이 과정에서 비잔틴 법, 유대교 법, 사사니드(Sasanid) 법 등으로부터 영향을 받은 것으로 알려져 있다.[3]

이슬람 사회에서 모스크와 이슬람학교는 거의 예외 없이 와크프에 의해 설립되고 운영되어 왔다. 이슬람 사회에서 종교시설과 이슬람교육이 크게 번창할 수 있었던 핵심적 배경은 와크프 제도가 매우 활성화되어 있었다는 것이다. 와크프는 종교와 교육 뿐 아니라, 병원, 고아원, 급식소, 여행자 숙소와 같은 사회복지 시설, 그리고 도로, 다리, 수도와 같은 사회기반시설을 제공하는 데에서도 주도적 역할을 하였다. 와크프는 정부 예산을 쓰지 않고 민간 영역, 최근의 표현을 사용하면 제3섹터가 사회복지와 공공재를 제공하는 제도적 장치로 훌륭하게 기능해 왔다고 평가할 수 있다.[4]

와크프가 매우 다양한 사회적 서비스와 재화를 제공하였다는 사실을 18세기 오토만 제국의 와크프를 연구한 학자가 쓴 다음 문장이 극적으로 표현하고 있다:

> 오토만 제국 시대에, 사람들은 와크프 가옥에 태어나서, 와크프의 아기 침대에서 자고 와크프가 제공한 음식을 먹으며, 와크프 학교에서 와크프 소유의 책을 읽으며 공부해서, 그 학교의 선생이 되어 와크프가 주는 월급을 받고, 죽음에 이르러서는 와크프가 제공한 관에 실려 와크프 묘지에 묻힐 수 있다. 한마디로, 와크프가 제공하는 재화와 서비스를 통해 개인의 모든 필요를 충족시키는 것이 가능하다.[5]

이 문장은 분명 현실을 과장하고 있으며, 또한 오토만 제국에서도 이스탄불과 같은 대도시에서만 어느 정도 실현 가능한 상황들을 묘사한 것이지만, 와크프가 무슬림의 일상적 삶에 얼마나 깊이 연루될 수 있는지를 문학적으로 표현하고 있다.

와크프가 이슬람 국가체계에서 차지하는 매우 높은 사회경제적 위상은 국내 총 경작지 면적에서 와크프 토지가 차지하는 비중을 보여주는 다음 통계에서 확연히 드러난다.[6] 튀르키예 공화국이 수립된 1923년에 국내 총 경작지의 3/4이 와크프 토지였으며, 비슷한 시기에 이집트에서는 총 경작지의 1/8이, 이란에서는 총 경작지의 1/7이 와크프 토지였다. 19세기 중엽 알제리에서는 총 경작지의 절반 정도가, 1883년 튀니지에서는 총 경작지의 1/3이 와크프 토지였다. 이슬람 세계 전체를 고려하면 국가별로 와크프 토지가 차지하는 비중에 큰 차이가 존재하지만, 특히 중동과 북아프리카 지역의 이슬람 국가들에서 와크프가 매우 큰 규모로 성장했으며 폭넓게 확산되어 있었음을 확인할 수 있다.[7] 18세기 말 오토만 제국의 약 20,000개에 달하는 와크프가 얻는 총 수익의 규모는 제국 전체 조세 수입의 1/3에 맞먹는 것으로 추정되었다.[8]

이런 상황에서 과도하게 비대해진 와크프를 국가가 통제하고 감독해야 한다는 요구가 등장하는데, 오토만 제국이 19세기부터 추진한 와크프의 중앙집권화(centralization of waqf) 정책은 이러한 목적의 와크프 개혁에 해당한다. 국가가 와크프의 관리와 운영에 깊이 개입하는 이 정책은 점차 이슬람 세계 전반으로 확산되어 일반적 추세로 자리 잡게 된다. 하지만, 강력하게 추진된 와크프의 중앙집권화는 와크프의 핵심 가치인 자발성과 자율성을 크게 저해함으로써, 와크프 제도가 전반적으로 침체하고 쇠퇴하는 결과를 초래하였다. 이와 더불어 와크프는 시대에 뒤떨어지고 비효율적인 낡은 종교제도에 불과하다는 인식도 퍼져 나갔다. 와크프의 개혁이 아니라 와크프의 폐지가 논의되는 상황에까지 이르게 된 것이다.

그런데, 20세기 후반 이후 일부 무슬림 국가를 중심으로 와크프가 다시 부활하고 있으며, 특히 2000년대 이후 그 움직임이 활발해졌다. 이 와크프의 부활은 단순히 전통 와크프의 복원이 아니라, 새로운 형태의 와크프가 출현하고 주도하는 방식으로 진행되고 있다. 즉, 토지와 건물 같은 부동산 대신 금전과 주식을 기부해서 와크프 재산을 조성하고, 기업, 은행, 정부, 시민대중이 다양한 방식으로 연계된 운영체계의 새로운 와크프가 출현하고 있는 것이다. 또한, 복지국가 모델이 한계에 부닥치면서 제3섹터에 의한 사회적 서비스와 공공재 제공이 강조되기 시작한 최근의 시대적 상황에 와크프가 잘 부합하는 제도로 새롭게 인식되기 시작하였다.

와크프 연구가 국내에서는 매우 부진하지만,[9] 국제학계에서는 상당히 활발하게 이루어지고 있다. 와크프에 대한 초기 연구는 주로 와크프의 법적 측면과 19-20세기에 시행된 와크프 관련 법 개혁에 초점을 맞추었다. 와크프 연구의 중요한 전환은 와크프 문서에 대한 실증 연구가 본격화됨으로써 이루어졌다. 오토만 제국의 이슬람법정에 잘 보관되어 있는 방대한 와크프 문서들에 대한 실증 연구가 1980-90년대부터 활발하게 수행됨으로써,[10] 와크프가 실제로 어떻게 작동하는지에 대한 구체적인 정보와 지식이 축적되었으며, 와크프의 사회경제적 특성과 역할에 대해서도 보다 깊이 있는 이해가 가능해졌다.[11]

이 글은 이러한 연구들에 힘입어 와크프에 대한 체계적 분석을 시도하고자 한다. 기본적으로 와크프를 자선, 공익, 시장이 조합된 제도로 간주하고, 이들 요소들이 특정한 방식으로 결합하면서 야기될 수 있는 다양한 쟁점을 와크프 원리를 둘러싼 이슬람법 4대 학파 사이의 법학적 논쟁, 와크프의 법적 원리와 현실 운영 방식 간의 괴리와 타협, 근현대 시기에 진행된 와크프 개혁이 촉발한 변화와 이에 대한 대응 양상에 초점을 맞추어 살펴본다. 이를 통해 와크프를 바라보고 실행하는 무슬림 사회의 내부적 관점과 실천, 그 관점과 실천들의 복잡성과 역동성을 포착하고자 한다. 이러한 접근 방식이 와크프의 법제도와 운영 방식을 형식적·규범적 차원에서 논하는 것을 넘어서서, 사회적·역사적 실체로 보다 풍부하고 깊게 이해하는데 필요하다고 생각하기 때문이다.

본문의 내용은 다음과 같이 구성되어 있다: 2절에서는 이슬람적 자선의 종교적 맥락에서 와크프의 위상과 성격을 설명하고, 3절에서는 와크프의 기본 구조와 운영 방식을 법적·제도적 측면과 실제 와크프 사례를 통해 구체적으로 살펴보고, 4절에서는 와크프 원리를 둘러싼 이슬람법 4대 학파 사이의 법학적 논쟁을 살펴보고, 5절에서는 19-20세기에 추진된 와크프의 중앙집권화 정책의 내용과 성격을 평가하고, 6절에서는 최근의 와크프 부활과 새로운 형태의 와크프 출현이 갖는 특징과 의미를 해석한다. 결론에서는 자선, 공익, 시장의 조합으로서의 와크프가 사회적 경제와 이슬람경제 논의와 어떤 연계점을 갖는지에 대해 간략하게 검토한다.

II. 이슬람에서 자선의 의미와 와크프

와크프를 연구한 대부분의 학자들은 와크프가 '종교적 자선'의 성격을 갖는다는 점에 일치된 견해를 보이고 있다. 와크프가 종교적 자선의 성격을 갖는다는 의미는 두 측면에서 이해할 수 있다. 첫째, 이슬람 사회에서 거의 모든 모스크와 종교학교가 와크프에 의해 설립되고 운영되었다는 사실에서 알 수 있듯이, 와크프의 설립 목적에서 종교적 목적이 단연 두드러진다. 둘째, 와크프 설립을 위해 재산을 기부하는 행위를 무슬림의 중요한 신앙 행위로 간주하고 있다는 것이다. 이 점을 이해하기 위해서는 이슬람에서 자선(charity)이 어떤 의미를 갖는지를 파악할 필요가 있다.

자선은 이슬람 신앙의 핵심에 해당한다. 이슬람은 자캇(zakat)이라는 법적 범주를 통해 자선을 의무화하였으며, 자캇의 실천을 무슬림의 신앙 활동에서 반드시 지켜야 할 5대 의무 — 신앙고백, 기도, 단식, 순례, 자캇 — 의 하나로 규정하였다. "기도하고 자캇을 내라"는 코란 구절은 이슬람 신앙의 핵심을 표현하며, 코란에서 기도와 자캇은 흔히 함께 언급된다. 즉, 자캇의 실천은 기도만큼 중요한 신앙 행위로 간주되고 있는 것이다. 더 나아가, 자캇을 행하지 않고 기도만 하는 것은 소용없다는 코란 구절까지 존재한다.[12] 자캇은 세금과 유사하게 매우 정교하게 제도화되어 있다. 자캇으로 내어야 할 몫13)과 자캇 기금의 사용처가 이슬람법에 명확하게 규정되어 있다. 자캇 기금의 사용처는 여덟 개의 범주로 나누어져 있다: 1) 다른 사람에 의존해 생계를 유지할 수밖에 없는 사람(고아, 과부, 노인, 장애인, 병약자 등), 2) 가난한 사람, 3) 자캇의 관리인, 4) 이슬람으로 개종한 사람, 5) 노예 신분에서 해방될 사람, 6) 부채를 갚지 못하여 구속된 사람, 7) 이슬람 선교나 지하드에 나선 사람이나 조직, 8) 여행자(순례자, 학생, 상인)이다.14) 이 여덟 개의 범주는 자캇 기금의 사용처라는 의미를 넘어서서, 이슬람에서 자선의 대상을 어떻게 규정하는가에 대한 규범적 기준에 해당한다고 할 수 있다. 다양한 형태의 다른 자선 행위에서도 이 기준이 일반적으로 적용된다.

무슬림의 신앙 활동에서 자캇이 차지하는 위치가 매우 중요하지만, 무슬림의 자선 행위가 자캇에만 국한되는 것은 아니다. 코란과 하디스(Hadith: 무함마드의 언행록)15)는 자캇의 실천을 요구할 뿐 아니라, 사다카(sadaqa)를 행할 것을 강력히 권장하고 있다. 사다카는 의무적 자선인 자캇과 대비해서 자발적 자선을 뜻한다. 사다카는 자캇과 달리 기부자가 언제, 누구에게, 얼마만큼 줄 것인지를 자유롭게 결정할 수 있다. 무슬림 사회에서 사다카는 어디에서나 흔히 볼 수 있는 관행이다. 금요 예배, 무함마드 생일, 라마단, 그리고 순례의 달에 행해지는 희생제(Id al-Adha)와 같은 신성한 날들이나, 출산, 할례, 결혼식, 장례식과 같이 생애주기의 특별한 날을 기념하기 위해 사다카가 활발하게 행해진다.16) 이와 같이, 자발적 자선 행위는 사회적 삶의 리듬에 통합되어 있으며, 무슬림 사회의 두드러진 모습으로 자리 잡고 있다.

와크프는 사다카의 한 형태라고 할 수 있다. 와크프 역시 자발적 자선이란 점에서 사다카라고 할 수 있는데, 보통의 사다카가 일시적 자선의 방식으로 행해지는 데 반해, 와크프는 영속적 자선의 방식으로 행해진다는 점에서 차이가 있다. 보통의 사다카는 가난한 사람이나 어려움에 처한 사람에게 음식, 옷, 물과 같이 당장에 필요한 생필품을 제공하는 방식으로 이루어진다. 반면에, 와크프는 토지와 건물 같은 부동산을 기부하고 그 재산으로부터 창출되는 수익에 의해 수혜자에게 도움을 주는 방식으로, 기부자가 살아 있는 동안뿐 아니라 사후에도 자선이 지속적으로 이루어진다는 점에서 '영속적 자선(sadaqa jariya)'이다.17) 따라서, 와크프는 자발적이면서 영속적인 자선의 형태를 가리킨다고 할 수 있다.

이슬람에서 자선은 자캇, 사다카, 와크프와 같은 다양한 형태를 취하고 있지만, 이들 모두 무슬림의 신앙 행위로 인식된다는 점에서 종교적 성격을 갖는다. 자선은 "신을 기쁘게 하는"(qurba) 선한 행위란 점에서 신앙심의 표현으로 간주되며, 자선을 행한 사람에게 현세와 내세에서 신의 축복이 내려질 것으로 기대된다. 또한 자선을 통해 자신의 죄를 용서받을 수 있다. 자캇의 어원적 의미가 정화인데, 부를 축적하는 과정에서 저지른 죄를 부의 나눔을 통해 씻는다는 의미를 담고 있다. 잘 알려진 다음의 하디스 구절도 그러한 메시지를 강력하게 표현하고 있다: "지옥 불에 대비하라. 비록 대추야자 반 쪽 밖에 가진 게 없더라도 그것을 (다른 사람과) 나누어라".18) 무슬림에게 자선은 자신을 천국에 더 가깝게 갈 수 있도록 하는 최상의 수단 중의 하나이다.

'와크프 증서(waqfiyya)'는 자선이 갖는 이러한 신앙적 의미를 담고 있는 코란과 하디스의 구절들을 인용하는 것으로 시작하는 문서 양식을 취하고 있다.19) 이슬람법 4대 학파 모두 와크프의 궁극적 목적은 신을 기쁘게 하는 것으로 본다.20) 특정 와크프를 법적으로 유효한 것으로 판결할 때 요구되는 모든 조건 중에서 와크프의 자선 목적이 핵심 사항에 해당한다.21) 이러한 점들을 고려할 때 와크프는 종교적 자선의 성격을 갖는다고 할 수 있으며, 와크프를 세속적 성격의 자선재단과 구별할 필요가 있다.

Ⅲ. 와크프의 기본 구조와 운영 방식

와크프는 자캇과 마찬가지로 운영 방식을 정교하게 법제화한 독특한 이슬람적 자선 제도이다. 따라서, 와크프를 파악하기 위해서는 와크프와 관련된 법 규정에 대한 이해가 필수적이다. 와크프(waqf)는 어원적으로 "멈추게 하다"를 의미하는 와카파(waqafa)로부터 파생한 용어로, 하나피 학파의 법적 정의에 따르면, "와크프는 재산을 어떤 사람의 소유로부터도 억류하고(detention), 그 재산으로부터의 수익이나 사용권을 현재 또는 미래에 어떤 자선 목적을 위해 증여하는 것"이다.22) 이슬람법 학자들은 기부된 와크프 재산의 소유권(title)은 신 또는 무슬림 종교공동체로서의 움마(ummah) 전체에 속한 것으로 간주하며, 와크프 설립자를 포함해서 어떤 개인이나 단체, 그리고 국가도 그 재산에 대해 소유권을 주장하거나 소유권 양도 목적의 거래를 할 수 없다고 규정한다. 즉, 와크프 재산의 소유권은 신 또는 움마에 영구적으로 기부된 것으로 '양도할 수 없는 재산(inalienable property)'의 성격을 갖는다. 반면, 와크프 재산의 사용권(usufruct)에 대해서는 와크프 설립자가 권리를 유지하며, 그 재산의 사용으로부터 창출되는 수익을 그/그녀가 지정한 수혜자들에게 지속적으로 기부한다. 그런 점에서 수혜자들이 와크프 재산의 수익에 대한 권리를 갖고 있다고도 할 수 있다. 이와 같이 와크프 재산권은 소유권과 사용권을 엄격하게 분리하는 방식으로 구성되어 있으며, 그러한 분리가 와크프 운영의 독특한 구조와 성격을 초래한다.

모든 와크프는 다음과 같은 4개의 구성 요소를 갖는다: 설립자, 관리자, 수혜자, 그리고 기부된 재산.[23] 즉, 와크프는 이들 4개 요소로 구성된 집합이라고 할 수 있다. 이들 요소 각각의 법적 측면과 실제 사례들에 대해 살펴봄으로써, 와크프의 기본 구조와 운영 방식을 이해해보도록 하자.

1. 설립자(waqif)

와크프 설립자의 조건은 매우 단순하다. 건강한 정신과 육체를 가진 성인이고 자유민이라면 누구나 와크프의 설립자가 될 수 있으며, 여성이나 비무슬림도 설립자가 될 수 있다. 단, 설립자는 자신이 기부하고자 하는 재산에 대해 완전한 소유권을 가지고 있어야 하며, 부채를 지고 있어서는 안 된다.

설립자는 와크프의 운영 방식에 대해서 강력한 권한을 갖는다. 설립자는 와크프의 목적을 명시할 뿐 아니라, 관리자를 지명하고, 수혜자를 선정하며, 와크프 재산으로부터 창출될 수익의 분배 방식, 즉 각 수혜자에게 돌아갈 몫을 결정한다. 와크프를 설립할 때 작성하는 와크프 증서(waqfiyyah)에 이런 내용들이 설립자의 약관(stipulation)으로 기록되며, 그 약관은 와크프를 운영하는 과정에서 엄격하게 준수되어야 한다. 설립자는 때로 그 자신이 와크프의 관리자 역할을 담당하기도 하며, 와크프 증서에 설정되어 있는 약관 내용을 수정할 권한도 갖고 있다. 하나피 학파는 다음의 '10가지 약관' — 실제로는 다섯 쌍의 약관 — 에서 설립자가 그러한 권한을 가질 수 있다고 인정한다: i) 특정 수혜자에게 돌아갈 몫을 늘리거나 줄일 권한, ii)

새로운 수혜자를 추가하거나 기존의 수혜자를 제거할 권한, iii) 특정 수혜자에게 우선적 몫을 할당하거나 반대로 몫의 지급을 지연할 권한, iv) 수익의 일부를 와크프 재산의 수리나 필요한 자재 구입에 사용할 권한, v) 와크프 재산을 매매하거나 다른 재산과 교환할 권한.[24] 이 중, 와크프 재산을 매매하거나 다른 재산과 교환할 수 있는 권한은 와크프의 기본 원칙인 와크프 재산의 영속성과 양도할 수 없음의 규정과 충돌하기 때문에 이슬람법학자들 사이에 논쟁의 대상이 된다. 이에 대해서는 IV절에서 자세히 살펴보기로 한다.

와크프 설립자의 사회적 배경에 대한 체계적인 연구는 아직 존재하지 않는다. 하지만, 오토만 제국에서 대규모 와크프의 설립자는 대부분 술탄 가족이나 군사 엘리트, 지방관이었음은 와크프의 이름을 통해 역사적으로 확인할 수 있다. 와크프 증서에 대한 실증적 연구의 두 사례를 통해 와크프 설립자의 사회적 배경에 대해 간략히 살펴보자. 첫 번째 사례로, 튀르키예 북부 흑해 연안의 도시인 트라브존 (Trabzon)에 16-17세기에 설립된 64개 와크프 중에서 지방관이 10개, 군사 엘리트가 9개, 술탄의 가족이 4개를 설립하였다.[25] 이들이 설립한 와크프는 다수의 도시 상가 건물과 넓은 농촌 경작지를 포함하는 대규모 와크프이다. 종교단체와 성직자가 7개의 와크프를 설립하였는데, 종교단체로는 두 개의 수피(Sufi) 종단과 두 개의 기독교 정교회가 포함되었다. 와크프의 설립자가 여성인 경우가 전체의 1/6을 차지하였다. 두 번째 사례로, 17-19세기 카이로 이슬람법정에 남아 있는 와크프 설립 기록을 분석한 결과, 맘룩(mamluk)과 오자클리스(ojaqlis)라는 군사 엘리트가 가장 중요한 설립자 집단이며, 와크프 설립자 중 여성 비율이 상당히 높다는 사실이 확인되었다.[26] 군사 엘리트가 설립한 와크프의 숫자가 전체 와크프에서 차지하는 비중이 17-19세기 기간 동안 10-30% 사이에서 움직였는데 반해, 여성이 설립한 와크프의 숫자는 같은 기간 동안 20-50% 사이에서 움직였다. 여성 설립자의 비중이 높은 이유는 이 시기 카이로에서 여성들이 사업, 경작지, 도시 부동산의 소유주로서 경제활동을 활발히 하였기 때문이다.[27] 군사 엘리트가 설립한 와크프 숫자가 여성이 설립한 와크프 숫자보다 적지만, 전자가 설립한 와크프의 규모가 매우 컸다는 점을 고려하면, 이들을 가장 중요한 와크프 설립자 집단이라고 할 수 있다.

두 사례만으로 일반화하긴 어렵지만, 술탄, 군사 엘리트, 지방관이 대규모 와크프의 설립을 주도하였으며, 여성이 와크프를 설립하는 사례가 매우 많았다는 사실

04 인위적 공동체와 법

을 확인할 수 있다. 종교단체나 성직자도 와크프 설립의 또 다른 주요 집단인데, 트라브존 사례에서 기독교 단체가 와크프 설립을 신청해 허가 받았음이 눈에 띈다. 한편, 오토만 제국 발칸 지역에 있는 에디르네(Edirne)의 15－16세기 와크프에 대한 또 다른 실증 연구에 의하면, 와크프 설립자 중 보통 시민의 비중이 43%, 엘리트의 비중이 57%로, 보통 시민들이 약간의 토지나 가옥을 기부해서 소규모 와크프를 설립하는 경우도 흔히 있었음을 알 수 있다.[28]

2. 관리자(mutawalli)

와크프의 무타왈리(mutawalli)는 영미 신탁제도에서의 수탁자(trustee)와 유사한 역할을 담당하지만, 수탁자가 신탁재산의 소유권을 이전받는 것과는 달리 무타왈리는 와크프 재산의 관리만을 담당하는 관리자이다. 관리자의 주요 업무는 와크프의 보존, 와크프 수익의 징수, 수혜자에게 와크프 수익의 분배, 관리 직원의 채용과 해고, 분쟁의 해결 등이다. 관리자는 와크프를 운영하는데 있어서 와크프 설립자가 만든 약관을 엄격하게 준수해야 하며, 또한 수혜자의 이익을 책임질 의무를 갖고 있다. 관리자는 이러한 서비스에 대한 보상으로 일정한 봉급을 받는데, 그 비용은 와크프 수익에서 운영 경비로 처리된다. 관리자는 개인 이익을 위해 와크프 재산과 직접 거래관계를 맺는 행위를 해서는 안 된다. 예를 들어, 관리자가 와크프 건물을 낮은 임대료로 직접 임대하는 것은 수혜자의 이익과 충돌하기 때문이다.[29] 하지만, 현실에서는 이 규정이 잘 지켜지지 않아서, 관리자가 부당한 이익을 취하고 와크프 운영이 어려움에 처하게 되는 상황이 종종 발생하였다.

와크프 설립자는 와크프 증서에 특정인을 관리자로 지명하며, 그 후임을 선정하는 방식도 명시한다. 설립자의 가족이나 후손이 관리자로 임명되는 것이 일반적이며, 와크프 설립자가 자신이 살아 있는 동안에 관리자 역할을 맡는 경우도 흔히 있다. 이와 같이 설립자가 관리자 지정과 관련해 매우 큰 권한을 갖지만, 법적 차원에서 관리자로 임명되기 위해서는 지역 이슬람법정에 속해 있는 카디(qadi: 이슬람 판사)의 승인이 필요하다. 와크프 증서에 관리자 후임 선정 방식에 대해 언급이 없을 경우에는 카디가 관리자 후임을 지명한다. 이 경우 카디가 직접 관리자 역할을 맡을 수도 있다.

3. 수혜자(mawquf alayh)

설립자에 의해 지정된 수혜자들은 와크프 재산으로부터 창출되는 수익에 대해 할당된 몫을 받을 권리를 갖거나 와크프 재산에 대한 사용권을 갖는다. 수혜자의 성격에 따라 와크프는 크게 세 유형으로 분류된다. 수혜자가 공공시설이거나 대중인 경우에는 공공 와크프(waqf khairi)[30]라고 하며, 수혜자가 설립자의 가족이거나 후손인 경우에는 가족 와크프(waqf ahli 또는 waqf dhurri)라고 하며, 두 성격이 섞여 있을 때에는 혼합 와크프(waqf mushtarak)라고 한다. 이러한 와크프의 유형은 와크프 설립 목적의 차이를 반영한 것이기도 하다.

공공 와크프의 수혜자에는 모스크, 마드라사(madrasa: 고등종교학교), 수피(Sufi) 수도원, 성인 묘지, 병원, 급식소(imaret), 여행자 숙소(caravansarai), 목욕탕(hammam), 고아원, 공공식수대, 묘지, 그리고 도로, 다리, 관개시설과 같은 사회기반시설이 포함된다.[31] 즉, 이슬람 사회에서 공공재의 제공을 담당하는 많은 영역이 공공 와크프로부터 지원을 받는 수혜자로 설정되어 있다. 특히, 대규모 공공 와크프는 모스크 복합단지(mosque complex)를 설립하고 운영하는 형태를 발전시켰다. 대표적인 예를 들어, 16세기에 술탄 술레이만 1세가 이스탄불에 건립한 쉴레이마니예 단지(Süleymaniye Complex)는 수천 명이 함께 금요예배를 볼 수 있는 거대한 모스크, 4개의 마드라사, 술탄 본인과 부인의 묘, 병원, 급식소, 여행자 숙소, 목욕탕, 공중화장실, 시장, 공원이 한 공간에 위치한 명실상부한 복합단지이다.[32] 술탄 또는 고위 지방관이 자신의 재산을 기부해 공공 와크프를 설립하고, 이를 재원으로 해서 이러한 모스크 복합단지를 조성하고 운영하는 것이 그들의 주요한 업적으로 칭송되었다.[33] 또한 모스크 복합단지 조성이 도시 개발을 촉진하는 중요한 계기가 되기도 하였다.

와크프에 의한 모스크와 마드라사 운영 지원이 실제로 어떻게 이루어지는가를 알아보기 위해, 카이로의 무함마드 베이(Muhammad Bey) 와크프 사례를 살펴보도록 한다.[34] 이 와크프는 오토만-이집트의 통치자이던 맘룩(Mamluk) 무함마드 베이가 모스크-마드라사 단지의 설립과 운영을 지원하기 위해 18세기 말에 설립하였다. 이 와크프 증서(waqfiyyah)에 마드라사와 모스크 운영에 필요한 경비 지원의 내용이 매우 상세하게 약정되어 있다. 마드라사에 소속된 16명의 학자/교수, 18명의 조수, 164명의 학생에 대한 일급과 연간 곡식 배급량이 지위의 차이를 고려해 책정되어 있다. 무함마드 베이는 이 마드라사에서 가르칠 학자/교수를 직접 임명하였으며, 또한 자신이 소장한 약 1,000권의 도서를 기증하여 와크프 증서에 그 목록을 기록하였다. 모스크의 경우에는 이맘, 설교사, 다수의 시설관리인들 뿐 아니라, 모스크에서 매일 코란의 1/15을 각각 읽는 15명의 낭송자에게 지급할 일급과 연간 곡식 배급량을 책정하였다. 그 의도는 모스크에 하루 종일 코란을 독경하는 소리가 울려 퍼지게 하려는 것으로, 이 코란 독경은 알라와 무함마드를 찬양하기 위한 것일 뿐 아니라, 무함마드 베이 자신과 그의 가족의 혼을 축복하기 위한 것이기도 하다.

가족 와크프의 수혜자는 설립자가 지정한 특정한 개인들로서, 설립자의 직계 자녀 중에서 선택하는 경우가 대부분이다.[35] 이름이 특정된 1차 수혜자가 사망하게 되면 그 수혜자의 후손이 수혜자 자격을 이어받는 방식이 일반적으로 행해진다. 가족 와크프는 이슬람법학자들 사이에 논쟁 대상이었는데, 자선을 목적으로 하는 와크프의 정신에 부합하지 않는다는 비판과 이슬람상속법에 위배된다는 비판이 제기되었다. 전자의 비판과 관련해서, 거의 모든 가족 와크프는 지정 수혜자들의 후손이 완전히 끊어질 경우 그 수익을 종교적 목적 또는 자선 목적으로 돌린다는 구절을 와크프 증서에 포함시키고 있다. 즉, 가족 와크프도 궁극적으로는 자선 활동과 관련된다는 점을 내세우는 것이다. 이슬람상속법과 관련해서는 4대 학파 모두 가족 와크프가 상속법에 위배되지 않는다는 결론에 이르렀다. 그 근거는 이슬람법에서 사후 상속과는 별도로 생전에 부모가 특정 자녀에게 자신의 의지에 따라 재산을 증여하는 것을 허용하는데, 가족 와크프는 이에 해당하는 것으로 볼 수 있다는 것이다.[36] 즉, 재산 소유자의 사후에는 확대가족 범위의 모든 법적 상속인에게 일정한 비율에 따라 유산을 분배하는 상속법(faraid)을 따라야 하지만, 와크프는 설립자가 살아 있는 동안에 행하는 기부이기 때문에 그 법의 적용을 받지 않는다는 것이다. 이슬람법학자들이 가족 와크프를 권장하지는 않지만 허용함으로써, 가족 와크프는 엄격한 방식의 유산 분배 규정을 가진 사후 상속법을 회피하기 위한 합법적 수단으로 널리 활용되었다. 전체 와크프에서 가족 와크프가 차지하는 비중은 지역별로 편차가 크다. 오토만 제국의 전체 와크프 수익에서 가족 와크프 수익이 차지하는 비중은 18세기에 14.2%, 19세기에 16.9% 수준이었다. 반면, 알레포(Aleppo)에서 18세기에 설립된 와크프 숫자 중에서 가족 와크프가 39.3%, 혼합 와크프가 10%를 차지하였으며, 이집트의 경우 1928－29년에 가족 와크프의 수익이 다른 형태의 와크프 수익을 합친 것보다 컸다.[37] 19세기 이후 유럽의 식민 관료와 무슬림 근대주의자들이 와크프 개혁을 논할 때 가장 크게 문제로 삼은 것은 가족 와크프였다. 이에 대해서는 Ⅴ.절에서 다시 살펴보기로 한다.

4. 와크프 재산(mawqufah)

와크프는 영구적으로 존속해야 하기 때문에 와크프 재산으로 적합한 자산 유형은 토지나 건물과 같은 부동산이다. 동산도 와크프 재산으로 인정할 수 있는지에 대해서는 4대 학파 사이에 이견이 존재하며, 특히 현금의 인정 여부를 둘러싸고 이슬람법학자들 사이에 격렬한 논쟁이 전개되었다. 이는 금전 와크프(cash waqf)를 허용할 것인가와 관련된 이슈로 Ⅳ.절에서 자세히 살펴보기로 한다.

와크프 재산은 모스크나 종교학교 등의 부지나 건물 자체일 수 있으며, 그러한 공공시설을 운영하기 위해 필요한 소득을 창출하는 토지나 건물일 수도 있다. 후자에 해당하는 자산으로 농경지 뿐 아니라 상점이나 주택 같은 도시 재산이 기부되는 것이 오토만 제국의 와크프에서 흔히 나타난다. 이러한 농경지와 도시 재산에 대한 임대료가 와크프 수익의 중요한 원천이 된다.

앞에서 살펴본 무함마드 베이 와크프에서 마드라사와 모스크 운영을 위해 필요한 막대한 비용을 조달하기 위해, 무함마드 베이는 대규모의 농경지와 카이로의 도심지 상가에 위치한 상점들을 와크프 재산으로 기부하였다.[38] 19세기 중엽 다마스커스에 설립된 하피자 알-무라 리(Hafizah al-Murah Li) 와크프의 사례,[39] 16-17세기 트라브존에 설립된 많은 와크프의 사례들도[40] 농경지 뿐 아니라 도시 재산이 와크프 재산에서 핵심적인 위치를 차지하고 있음을 보여준다. 트라브존의 사례에서는 매우 다양한 형태의 도시 재산이 등장하는데, 곡물가게, 어구판매점, 모직의류점, 제화점, 염색가게와 같은 전문 상점들, 그리고 목욕탕, 물레방앗간, 여행자 숙소, 임대주택, 창고 등이 와크프 재산으로 증서에 명시되어 있다.

설립자는 기부할 재산에 대해 완전한 소유권을 가지고 있어야 한다. 따라서 사유지에 해당하는 멀크(mulk) 토지를 와크프로 기부하는 데에는 아무런 문제가 없다. 하지만, 오토만 제국에서 대부분의 농경지는 국유지에 해당하는 미리(miri) 토지였다.[41] 미리 토지를 와크프 재산으로 기부할 수는 없는데, 군사엘리트나 지방관들이

04 인위적 공동체와 법

미리 토지를 봉토로 하사받은 경우 이 토지를 사유지처럼 와크프 재산으로 만드는 경우가 빈번하였다. 이들이 와크프를 설립하는 중요한 동기 중의 하나가 개인 소유권이 불확실한 봉토를 와크프 재산으로 만듦으로써 권력 교체기에 봉토를 몰수당하는 사태를 피하기 위한 것이었다.[42] 이슬람법학자들은 멀크 토지의 기부로 조성된 와크프는 '정상적인 와크프(waqf sahihah)', 원래 미리 토지였던 봉토의 기부로 조성된 와크프는 '의심스러운 와크프(waqf ghair-sahihah)'로 구분하기도 하였다. 와크프 토지를 국유화하는 정책이 채택될 때 '의심스러운 와크프'가 일차적으로 그 대상이 되었다.

5. 판사(qadi)와 와크프 증서(waqfiyyah)

모든 와크프는 설립자, 관리자, 수혜자, 기부 재산의 4개 요소로 구성되어 있는데, 여기에 이슬람 법정 판사인 카디를 추가로 포함시킬 수도 있다. 오토만 제국에서 카디는 와크프를 감독하는 책임을 부여받았다. 먼저, 와크프를 설립하면서 작성한 와크프 증서를 이슬람 법정에 등록하기 위해서는 카디의 승인과 서명이 필요하다. 와크프 관리자의 임명과 해고를 위해서도 카디의 동의가 필요한데, 경우에 따라서는 카디가 관리자를 직접 임명하거나 해고하기도 한다. 관리자는 와크프의 모든 거래에 대한 기록을 남겨야 하는데, 카디가 이 기록을 정기적으로 감사할 권한을 갖는다. 카디는 이러한 권한을 통해 특정 와크프가 샤리아를 준수하고, 설립자의 약관과 설립 목적에 부합하게 운영되는지를 감독하는 역할을 수행한다.[43]

와크프 증서는 와크프의 헌법과 같다.[44] 그 문서에는 와크프의 설립 목적, 와크프 재산, 수혜자와 이들의 몫, 관리자와 이들의 권한, 관리자의 후임을 임명하는 방식 등에 대해 설립자가 정한 세부적인 약관이 포함되어 있다. 와크프 증서는 9세기에 표준 양식이 만들어져서[45] 그 이후 시대와 장소를 불문하고 거의 동일한 형식을 취하고 있다. 와크프 증서는 자선의 종교적 의미를 언급한 코란과 하디스의 구절들을 인용하고 설명하는 서문으로 시작하여, 와크프 재산과 그 위치에 대한 기술, 그 재산이 획득된 방식에 대한 설명, 수혜자의 리스트와 이들의 몫, 경비 지출 항목, 관리자 선정 방식에 대한 설명이 차례로 제시되고, 마지막으로 2명 이상의 증인과 카디가 서명한다.[46] 와크프 재산을 획득한 방식에 대해 설명하고 때로는 이와 관련된 법정 문서들을 인용하는 것은, 설립자가 기부할 재산에 대해 합법적 소유권을 가지고 있음을 입증하기 위해서이다. 와크프를 둘러싼 분쟁이 이 소유권의 합법성에 이의를 제기하는 소송에 의해 촉발되는 경우가 적지 않다. 예를 들어, 무함마드 베이 와크프는 설립자가 부당한 방식으로 획득한 재산에 의해 형성되었다는 이유로 적대 세력의 공격을 받아 와크프 소득 재원의 상당 부분을 상실하게 되고, 이에 따라 모스크와 마드라사는 원래 계획했던 기능을 수행할 수 없는 상황에 처하게 되었다.[47]

Ⅳ. 와크프에 대한 법학적 논쟁

1. 와크프법의 세 원칙

와크프법에서 가장 중요한 세 원칙은 취소할 수 없음(irrevocability), 영속성(per-petuity), 양도할 수 없음(inalienability)이며, 와크프의 법적 유효성을 판단하는데 있어서 근본 조건이기도 하다.[48] 하지만, 이슬람법 4대 학파 사이에 이 원칙들의 해석 및 적용과 관련해 이견이 존재하며, 시대적 상황 변화에 따라 새로운 논쟁이 전개되기도 하였다.

취소할 수 없음의 원칙은 설립자가 와크프를 선언한 이후에 그것을 취소하거나, 와크프에 기부한 재산을 설립자나 그/그녀의 상속인 소유로 다시 되돌릴 수 없다는 규정이다. 즉, 이 규정은 설립자가 재산을 와크프에 일단 기부하면, 그 재산에 대한 법적 소유권을 완전히 포기한 것으로 간주하는 것이다. 하나피, 샤피, 한발리 학파가 이 원칙에 동의하는데 반해, 말리키 학파만 이에 반대하는 입장이다. 말리키 학파는 설립자가 언제든 와크프를 취소할 수 있다고 보며, 이에 따라 기부된 재산을 설립자나 그/그녀의 상속인 소유로 반환하는 것을 허용한다.

영속성의 원칙은 와크프는 영구적 성격을 가져야 한다는 규정이다. 위와 마찬가지로 하나피, 샤피, 한발리 학파가 이 원칙에 동의하는데 반해, 말리키 학파만 일시적(temporary) 와크프를 허용한다. 말리키 학파는 설립자가 특정한 기간, 예를 들어 자신이 살아있는 기간 동안만 와크프가 존속한다는 조건을 다는 것을 허용한다.

그 기간이 종료되면 와크프 재산의 소유권은 설립자나 그/그녀의 상속인에게 반환된다.

와크프의 영속성을 강조하는 이유는 와크프가 일회적 자선이 아니라 '반복적이고 지속적인 자선(sadaqa jariya)'을 목적으로 하기 때문이다. 와크프가 영속적으로 존재하기 위해서는 무엇보다 와크프 재산이 영구적 성격을 가져야 한다는 논리가 성립한다. 따라서, 와크프의 영속성과 관련된 이슬람법학자들의 논의는 주로 와크프 재산으로 적합한 자산 유형이 무엇인가에 초점이 맞추어졌다. 모든 법학자들이 토지와 건물과 같이 영구적 성격을 갖는 부동산이 와크프 재산으로 가장 적합하다는 점에 대해서 의견의 일치를 보이고 있다. 역사적으로 볼 때 와크프로 등록된 재산의 대부분이 농경지나 도시 건물이었다는 것은 이러한 인식이 와크프의 실천에서도 강력하게 작동하였음을 보여준다. 동산도 와크프 재산으로 인정할 수 있는가에 대해서는 법학자들 사이에 의견이 갈라졌다. 영구적 성격을 결여한 동산은 영속성의 원칙을 충족시킬 수 없기 때문에 와크프 재산으로 인정할 수 없다는 논리를 전개하는 법학자들이 있는 반면, 사회적 관습에 해당한다면 가축, 과일나무, 노예, 책, 농기구와 같은 특정한 동산들은 와크프 재산으로 인정할 수 있다는 법학자들이 있다.[49] 즉, 영속성 원칙으로부터의 논리적 추론(qiyas)을 절대적 기준으로 간주하느냐, 아니면 사회적 관습(urf)을 중요하게 고려할 수 있다고 보느냐 하는 법학적 관점에 따라, 동산의 와크프 재산 자격을 따지는 해석에 차이가 존재하였다. 한편, 화폐를 와크프 재산으로 인정할 수 있는가에 대해서는 말리키 학파를 제외한 다른 학파들이 모두 부정적인 견해를 가졌다. 말리키 학파는 기부된 원금 가치가 보존된다면 화폐를 와크프 재산으로 허용할 수 있다고 본 반면, 다른 학파들은 화폐가 식량처럼 소비되는 재화이기 때문에 와크프 재산이 될 수 없다고 보았다.[50]

양도할 수 없음의 원칙은 와크프 재산을 매매하거나, 증여하거나, 상속할 수 없으며, 저당을 잡힐 수도 없다는 규정이다. 이 규정은 와크프 재산이 더 이상 사적 소유의 대상이 아니기 때문에 성립한다. 즉, 와크프 재산은 신의 재산 또는 움마 전체의 재산이기 때문에, 어떤 개인이나 단체에게 매매, 증여, 상속 등의 방식을 통해 그 소유권을 양도할 수 없다. 와크프 재산의 양도할 수 없음의 성격은 와이너(Weiner)가 제시한 '양도할 수 없는 재산(inalienable wealth)'의 성격과 다르다는 점에도 주목할 필요가 있다. 와이너는 특정 집단의 고유한 역사적 정체성을 표상하는 신성한 재화[51])는 결코 타자에게 이전될 수 없으며 반드시 보존되어야 한다는 의미에서 '양도할 수 없는 재산'이라고 정의하였는데,[52]) 그런 성격이 와크프 재산 일반에 적용되지는 않는다. 역사적으로 유명한 모스크, 마드라사, 성인 묘지의 건물과 같이 종교적 정체성이 매우 강한 와크프에 대해서는 와이너가 정의한 '양도할 수 없는 재산'의 의미를 적용할 수 있겠지만, 와크프 운영에 필요한 경비를 조달하기 위한 농경지나 도시 상점과 같은 와크프 재산들은 그런 성격을 갖지 않는다. 와크프의 양도할 수 없음의 원칙에 대한 이슬람법학자들의 논의는 그 재산의 상징적 의미를 고려하지 않고 와크프라는 특수한 소유권 형태로부터의 법적 추론에 제한되어 있다.

취소할 수 없음, 영속성, 양도할 수 없음의 세 원칙은 서로 깊이 연관되어 있으며, 크게 보아 와크프의 영속성을 확보하기 위한 규정들이라고 할 수 있다. 와크프에 대한 이슬람법학자들의 논의도 이 측면에 초점을 맞추어 왔다. 하지만, 영속성의 강조가 와크프의 현실적 운영에 장애가 되기도 하였다. 금전 와크프, 와크프 재산의 매매와 교환은 그러한 규정을 우회하는 중요한 방법으로 발전되어 왔으며, 또한 와크프의 현대적 운영 방식과 깊은 연관을 갖기 때문에 이를 둘러싼 법학적 논쟁을 중점적으로 살펴보도록 한다.

2. 금전 와크프 논쟁

오토만 제국의 발칸 지역과 아나톨리아 지역에서 15세기부터 본격적으로 금전 와크프(cash waqf)가 출현하기 시작했으며, 16세기에 이스탄불과 부르사(Bursa)와 같이 발달된 상업지역에서는 새로 설립되는 금전 와크프의 숫자가 부동산에 기초한 전통적인 와크프의 숫자를 넘어설 정도로 금전 와크프가 유행하였다.[53]) 이 시기 오토만 제국의 정부 관료는 금전 와크프의 설립을 묵인하는 입장을 취하였지만, 금전 와크프가 크게 성행함에 따라 이슬람법학자들 사이에 금전 와크프의 인정 여부를 둘러싸고 치열한 논쟁이 16세기 중엽에 벌어졌다.[54]) 금전 와크프 논쟁은 기본적으로 와크프 재산의 영속성 원칙과 관련해 전개되었지만, 리바(riba: 이자)를 금지하는 샤리아 원칙과의 충돌이 또 다른 중요한 이슈로 간주되었다는 점에서 와크프와 관련된 다른 법적 논쟁과 차별성을 갖는다.

금전 와크프의 합법성을 옹호하는 입장이 제시하는 중요한 근거는, 하나피 학파의 주류 견해의 창시자로 인정받는 아부 유소프(Abu Yusof)와 무함마드 샤이바니(Muhammad Shaybani)가 동산도 와크프 재산이 될 수 있다고 허용하였다는 것이다. 이 두 학자는 동산이 영구성의 원칙을 충족하는 데에는 부족하지만, 동산 와크프가 사회적 관습으로 행해지고 있다면 합법적인 것으로 간주할 수 있다는 견해를 제시하였다. 여기서 이들이 동산 와크프의 합법성의 법적 근거로 동원한 것은 특정 지역에서의 관습이다. 금전 와크프 옹호론자는 이 견해를 인용하며, 화폐도 동산의 일종이기 때문에 금전 와크프가 관행적으로 행해지면 마찬가지로 합법적인 것으로 간주해야 한다는 논리를 펼쳤다. 또한, 금전 와크프의 수익을 자선 목적으로 사용하기 때문에, 공익에 기여할 경우 기존의 법적 규정에 예외를 허용하는 법학적 원칙인 이스티흐산(istihsan)을 금전 와크프에 적용할 수 있다고 주장하였다.

반면, 금전 와크프의 합법성을 부정하는 입장이 제시하는 중요한 근거는 아부 유소프와 무함마드 샤이바니를 포함한 이슬람법 학파의 주요 창시자들이 화폐를 와크프 재산으로 허용하지 않는다는 견해를 명확하게 밝혔다는 것이다. 따라서, 화폐를 동산의 일종으로 간주해서 금전 와크프도 허용할 수 있다는 옹호론자들의 주장은 사실적 근거를 갖지 못한 논리적 비약일 뿐이라고 비판하였다. 즉, 동산 와크프의 인정과 금전 와크프의 인정은 별개의 사안이라는 입장이다. 금전 와크프 비판론자들은 법 해석에 있어서 옹호론자들보다 문헌의 실증적 근거를 중요시하는 보다 엄격하고 보수적인 입장을 취하고 있다고 할 수 있다.

금전 와크프 비판론자들이 제기한 보다 더 신랄한 비판은, 당시 금전 와크프가 현금 대출을 통해 이자 수익을 얻는 방식으로 운영되는 '고리대 와크프(waqf of usury)'에 불과하다는 것이다.[55] 이자의 수취는 이슬람에서 금지한 중요한 죄악에 해당하며, 금전 와크프의 수익이 공익을 위해 사용되더라도 그 수익의 원천 자체가 불법적이라면 금전 와크프는 금지되어야 한다는 것이 이들의 주장이다.

이러한 비판이 상당한 역사적 근거를 가지고 있음은 16-17세기의 부르사와 트라브존의 금전 와크프에 대한 실증적 연구[56]를 통해 입증된다. 당시 이 두 지역에서 금전 와크프가 약 10%의 이자를 받고 현금을 대출해주는 것이 일반적 관행이었다. 이슬람법에 부합하는 금융 방식인 무이자 대출(qard hasan)이나 손익 공유의 파트너십 투자[57]는 거의 실행되지 않았다. 실제로는 이자 대출과 다름없지만, 계약

형식으로는 이자 대출을 우회하는 법적 책략(hiyal)이 흔히 활용되었다. 예를 들어, 부르사에서 잘 알려진 이스티그랄(istiglal) 계약은 대출을 원하는 사람이 자기 소유의 부동산을 금전 와크프에 매도해서 현금을 조달하고, 그 부동산을 임대해서 임대료를 내다가 계약 기간이 완료되면 그 재산을 다시 매입하는 방식이다. 이스티그랄은 법적으로는 매매와 임대 계약의 형식을 취하고 있지만, 경제적 측면에서 실제로는 이자 대출과 다름없다.58)

금전 와크프를 둘러싼 논쟁에도 불구하고, 오토만 제국은 17세기에 금전 와크프를 공식적으로 인정한다는 칙령을 내렸고, 발칸과 아나톨리아 지역에서 금전 와크프는 18세기까지 크게 번창하였다. 특히 상업이 발달한 지역에서 금전 와크프가 성행하였는데, 금전 와크프는 자금 유통의 중요한 통로로 자리 잡아서 일종의 은행과 같은 역할을 하였다고도 할 수 있다. 또한, 금전 와크프의 수익이 주로 모스크와 종교학교의 운영 지원과 빈민 구호를 위해 사용되었다는 점에서 공공 와크프의 성격을 가졌다고 평가할 수 있다.59)

금전 와크프는 오토만 제국의 발칸과 아나톨리아 지역에서 예외적으로 성행하였으며, 오토만 제국의 아랍 지역에서는 크게 발전하지 못하였다. 금전 와크프가 여러 이슬람 국가에서 법적으로 인정되기 시작한 것은 20세기에 들어서이다. 금전 와크프를 인정할 뿐 아니라, 와크프의 현대적 부활을 가져올 수 있는 가장 유력한 방식이라고 새롭게 인식되기 시작하였다. 이슬람협력기구(OIC) 산하의 국제이슬람법학술원(IIFA: International Islamic Fiqh Academy)은 2004년에 채택한 결의안 No. 140 (15/6)에서 금전 와크프를 허용한다는 공식 견해를 표명하였다. 대부분의 이슬람 국가들이 이슬람법과 관련해 이 기관의 견해를 존중하기 때문에 금전 와크프의 허용과 관련된 논쟁은 종지부를 찍었다고 할 수 있다. 이 결의안은 금전 와크프를 허용하면서, 와크프의 원금이 보존되어야 하며, 와크프 현금은 무이자 대출이나 투자 방식으로 사용되어야 한다는 조건을 달았다.60) 금전 와크프 논쟁에서 제기되었던 와크프 재산의 영속성의 원칙과 이자 대출의 금지를 반영하면서 금전 와크프를 허용하는 입장을 표명하였다고 할 수 있다. 이러한 조건은 현금보다 주식이나 증권에 기초한 와크프의 설립에 의해 보다 효율적으로 충족할 수 있는 것으로, 주식 또는 증권의 기부가 현대 와크프의 혁신적 방식으로 새롭게 주목받고 있다. 이에 대해서는 Ⅵ.절에서 실제 사례를 통해 자세히 다루도록 하겠다.

3. 와크프 재산의 매매와 교환 논쟁

이스팁달(istibdal)은 와크프 재산을 다른 재산과 교환하거나 현금 매도하는 것을 의미한다. 하나피 학파의 10개 약관에서 전자를 이스팁달, 후자를 입달(ibdal)로 구분하지만, 이스팁달이란 용어로 교환과 현금 매도를 모두 표현하는 방식이 흔히 사용된다. 4대 학파 사이에 이스팁달의 허용 여부를 둘러싸고 중요한 의견 차이가 존재하며, 같은 학파 내에서도 법학자들 사이에 이견이 존재할 만큼 이스팁달은 와크프법에서 논란이 큰 주제이다. 이스팁달 논쟁은 와크프의 운영과 관리와 깊이 관련된 현실적 쟁점이기도 하다.

원리적으로 보면, 와크프에서 이스팁달은 허용될 수 없다. 와크프 재산은 신의 재산으로 어떤 사람의 재산이 될 수 없으며, 다른 사람에게 매매, 증여, 상속의 방식으로 양도할 수 없다는 것이 근본 원칙이기 때문이다. 즉, 이스팁달은 양도할 수 없음의 원칙에 위배되는 거래 행위이다. 그럼에도 불구하고, 이슬람법학자들은 이 원칙의 예외로서 이스팁달을 허용하는 법적 견해들을 제시하여 왔다. 이들 사이의 이견은 그러한 예외를 허용할 수 있는 조건과 법적 근거를 제시하는 방식의 차이에 존재한다.

말리키와 샤피 학파는 이스팁달을 원칙적으로 금지한다.[61] 하지만, 와크프 재산이 아무런 소득을 창출하지 못하거나 와크프의 목적을 수행하는데 필요한 경비를 조달하는데 불충분한 상황이 발생하면, 예외적으로 이스팁달을 허용한다. 반면, 하나피 학파는 이러한 특별한 상황에서 이스팁달을 허용할 뿐 아니라, 설립자가 와크프 증서에 자신 또는 관리자에게 이스팁달을 시행할 권리를 약정하는 것을 허용하였다.[62] 즉, 하나피 학파는 특별한 상황에서만 예외적으로 이스팁달을 허용하는 것을 넘어서서, 설립자 또는 관리자에게 이스팁달에 대한 재량권을 폭넓게 인정하는 개방적인 입장을 취하고 있으며, 그 권리를 하나피 학파 10개 약관에서 인정하는 설립자 권한의 일부로 포함시키고 있다. 하지만, 설립자가 그 권리를 와크프 증서에 약관으로 표명하지 않으면, 이스팁달에 대한 설립자 또는 관리자의 재량권은 인정되지 않는다.

이슬람법 4대 학파가 모두 와크프 재산이 쓸모없게 되었을 때 이를 다른 재산과 교환하거나 매도하는 것을 허용하는 견해를 취하고 있는 것은 이슬람법에서 '절실한 필요(darurah)'가 존재할 때에는 샤리아 규정의 예외를 인정할 수 있다는 법학 논리의 기반 위에 서 있다. 이 경우 와크프 재산이 쓸모없게 되었다는 판단을 누가 어떻게 할 수 있느냐가 문제가 되는데, 카디가 이에 대한 판단을 할 권한을 위임받아 이스팁달의 허용 여부를 결정한다. 즉, 이스팁달은 엄격한 조건과 감독 하에서 제한적으로 허용되고 있다고 할 수 있다. 한편, 하나피 학파는 설립자 또는 관리자에게 보다 큰 재량권을 부여해서, 다른 학파와 달리 수익성을 고려해서 와크프 재산을 다른 재산과 교환하는 것을 허용하지만, 이 경우에도 카디의 승인이 필요하다.

와크프 재산의 매매와 교환은 이슬람법에서 매우 논쟁적인 이슈이며, 그것의 억제와 허용은 양날의 칼과 같은 모순적 결과를 초래할 수 있다. 이스팁달은 관리자가 와크프 재산의 교환을 통해 부당한 이득을 개인적으로 횡령하는 수단으로 종종 사용되어 왔다. 이스팁달의 엄격한 통제와 감독은 이러한 남용을 억제하기 위해 필요한 절차이지만, 동시에 그 규정 적용의 경직성으로 인해 제대로 운영되지 않는 와크프 재산이 그대로 방치되는 현상이 초래되기도 하였다. 이스팁달 논쟁을 다른 식으로 표현하면, 와크프 재산의 상품화를 어느 수준에서 허용하는 것이 바람직한가와 관련된 것이다. 한편에서는 상품화를 보다 자유롭게 허용해야 와크프 경영의 효율성이 증대한다고 주장하고,[63] 다른 한편에서는 상품화를 억제해야 와크프의 지속성과 안정성을 확보할 수 있다고 주장한다.

이 논쟁이 현재적 이슈가 되고 있음을 말레이시아의 최근 사례를 통해 살펴보자. 말레이시아의 케다(Kedah) 주정부는 문화유산 가치가 있는 100년 정도 된 모스크를 허물고, 그 와크프 땅에 약 1,600만 달러 가치의 쇼핑 센터를 설립할 계획을 세웠다. 이 와크프의 관리자(mutawalli)인 케다 주정부이슬람종교위원회는 이 계획을 승인하는 결정을 내렸고, 와크프 토지 판매의 대가로 약 50만 달러의 보상을 받았다. 그리고, 그 대금으로 다른 지역의 토지를 구입해 새 모스크를 짓고자 하였다. 이에 대해 해당 모스크의 위원회가 케다 주정부이슬람종교위원회를 상대로 소송을 제기하였으나 패소하였다.[64] 모스크 위원회는 오래된 모스크의 보존을 위해 와크프 토지의 매매가 부당하다고 주장하였지만, 재판부는 와크프 관리자로서 케다 주정부이슬람종교위원회가 그 토지를 판매해서 더 큰 수익을 올리고자 하는 결정을 내린 것은 불법이 아니라고 판단한 것이다. 도시 개발로 인해 가격이 급상승한 지역에 위치한 와크프 재산의 관리와 재개발이 중요한 이슈로 등장하고 있는 최근 상황에서 이스팁달 논쟁은 더욱 주목받고 있으며, 이에 대한 엄격한 제한을 완화하는 방식으로 법 제정이 이루어지는 경향을 보인다.[65]

V. 와크프 제도의 중앙집권화

고전 이슬람법학은 와크프의 자율성과 자치성을 매우 높은 수준에서 보장한다. 와크프 설립자가 와크프 증서에 명기한 운영 약관은 와크프 관리자들이 마치 헌법처럼 따라야 하는 규정으로서의 법적 지위를 갖는다. 그런 점에서 설립자의 의지가 와크프 운영에 매우 큰 영향을 끼친다고 할 수 있다. 관리자는 설립자의 약관을 우선적으로 따라야 하는 의무가 있지만, 동시에 와크프의 일상적 운영과 관련해 폭넓은 책임과 권리를 부여받고 있다. 와크프의 관리 운영에 개입할 수 있는 유일한 외부자는 지역 이슬람법정에 소속된 카디이다. 카디는 와크프 증서의 승인, 와크프의 등록, 관리자 임명의 승인과 해고, 와크프 운영에 대한 감사와 관련된 권한을 보유한다. 이와 같이 전통적 와크프 제도는 설립자와 관리자에게 높은 수준의 자율성과 자치성을 보장하면서 이슬람법정과 판사를 통해 와크프 운영에 대한 감독을 수행하는 방식이었으며, 국가 권력이 와크프 운영에 직접 개입하거나 통제하는 방식은 배제하여 왔다.

하지만, 술탄 또는 국가가 와크프 운영을 직접 통제하려는 시도가 이슬람왕국들의 역사 속에서 반복적으로 나타나기도 하였다. 그러한 시도들이, 와크프 재산의 운영에 긴밀한 이해관계가 걸려 있는 성직자, 법학자, 지방 토호세력의 강력한 반발에 부닥쳐 거의 대부분 실패로 끝나고 만 일시적 이벤트였던 반면에, 19세기 이후 와크프 개혁이라는 이름 아래 추진된 '와크프의 중앙집권화(centralization of waqf)' 정책은 이슬람세계 전반에 걸쳐 실현되는 일반 동향으로 자리 잡았다. 와크프의 중앙집권화는 국가 권력이 와크프의 관리 운영에 개입하는 현상을 의미하는데, 그 개입의 수준과 방식에 있어서는 국가별로 상당한 차이가 존재한다. 그 차이는 각국이 처한 역사적이고 정치적인 상황, 그리고 각국에서 와크프가 차지하는 비중과 위상이 다르다는 점에서 기인한다고 할 수 있다. 와크프의 중앙집권화라는 새로운 변화를 주도한 것이 오토만 제국이기 때문에, 그 사례로부터 출발해서 이집트, 파키스탄, 말레이시아, 인도에서의 와크프 개혁을 비교적 관점에서 살펴보도록 한다.

　　오토만 제국에서 19세기부터 본격적으로 시작해서 튀르키예 공화국 초기까지 이어져 온 와크프 개혁의 핵심은 국가가 와크프 관리 운영에 직접 개입하는 방식의 중앙집권화이다. 오토만 제국은 "와크프 관리를 관료들의 수중에 재배치하고, 와크프 수익이 정부 재정으로 흘러 들어가도록 방향을 바꾸는 것"[66]을 와크프 개혁의 기본 방향으로 설정하였다. 이 목적을 달성하기 위해 도입한 가장 중요한 제도적 장치가 중앙정부 차원에 설립된 와크프 부서(Ministry of Waqf)이다. 19세기의 탄지맛 (Tanzimat) 개혁을 주도하였던 마흐무드 2세(Mahmud II)가 그 개혁의 일환으로 1838 년에 와크프 부서를 설치하고 와크프 개혁에 적극적으로 나섰다. 와크프 부서에 모든 와크프에 대한 실질적 관할권을 부여함으로써, 지금까지 분산되어 있던 와크프 의 관리 운영이 이 부서로 집중되고 통합되는 변화를 초래하였다. 이러한 변화는, 한편으로는 와크프의 전통적 자율권이 크게 약화되는 것을 의미하였으며, 다른 한 편으로는 와크프에 대한 감독권이 종교적 기구 — 이슬람법정과 판사 — 로부터 국가의 관료적 기구로 이전된다는 것을 의미하였다.

　　국가 행정체계의 근대적 개혁을 추구한 탄지맛 운동에서 와크프 개혁은 매우 중요한 아젠다로 설정되었다. 왜냐하면 와크프는 당시 심각한 어려움에 빠져 있던 국가 재정 상태와 매우 깊은 연관을 갖고 있다고 인식하였기 때문이다. 18세기 말 오토만 제국에서 와크프 토지가 총 경작지의 1/2−2/3를 차지[67]하였고, 와크프의 연간 총 수익이 정부 총 세입의 1/3 수준에 달하였다. 와크프 토지는 세금 면제 또는 감세의 대상이었기 때문에, 와크프 토지의 과도한 비중이 오토만 제국의 조세 수익을 악화시킨 중요한 구조적 요인으로 인식되었다. 그러한 상황 인식 때문에, 이 시기에 채택된 오토만 제국의 와크프 개혁은 매우 과격한 성격을 갖는다. 즉, 지금 까지 개별 와크프의 관리자가 와크프 소득의 징수와 지출과 관련해 누려왔던 자율 적 권한을 몰수하고, 정부가 이와 관련해 전권을 행사하는 방식이 도입되었다.[68] 정부가 개별 와크프의 소득을 직접 징수하고, 이렇게 모인 전체 와크프 기금에서 각 와크프가 필요로 하는 경비를 지급하고 남은 잉여금은 정부 재정으로 돌리는 식으로 운영하였다.

　　1923년 튀르키예 공화국 출범 이후에도 와크프의 중앙집권화 정책은 지속되고 심화되었다.[69] 와크프 부서가 직접 관리하고 있던 일부 공공 와크프 재산을 국유화하였으며, 교육통합법 제정을 통해 마드라사 지원 목적으로 설립된 와크프의 재산을 교육부 재산으로 이전시켰다. 또한 토지개혁의 일환으로 와크프 토지의 소작인들을 그 토지의 공동 소유자로 인정하여 이들이 나머지 부분을 구매하도록 유도하였다. 1954년에는 모든 금전 와크프를 폐지하고, 그렇게 몰수한 자본으로 국영 와크프 은행(Vakiflar Bankasi)을 설립하였다. 이러한 일련의 정책들을 고려할 때, 1960년대 이전까지 튀르키예 공화국 초기의 와크프 정책 기조는 와크프의 개혁이라기보다는 와크프의 폐지에 있었다고 할 수 있다. 공화국의 집권세력으로 정치적 세속주의와 근대적 개혁을 주창하는 케말주의자(Kemalist)들은 와크프를 시대에 뒤떨어지고 근대화에 장애가 되는 낡은 종교적 제도로 간주하였으며, 와크프가 전통적으로 수행해 왔던 사회복지 기능은 근대적 국가기구가 담당하는 것으로 변화해야 한다고 인식하였다.

이집트에서도 19세기 초 개혁군주인 무함마드 알리 파샤(Muhammad Ali Pasha)에 의해 중앙정부 차원에 와크프 부서(Diwan Waqf)가 설립되어 와크프에 대한 국가의 관리·감독이 강화되었다. 19세기 후반에는 개혁관료로 유명한 알리 무바락(Ali Mubarak)에 의해 모든 공공 와크프의 수익을 국고로 이전하고, 그곳으로부터 개별 와크프의 필요 경비를 지급하는 방식, 즉 오토만 제국이 채택한 와크프 예산 집행 시스템과 동일한 방식이 도입되었다.[70] 입헌군주제 시대(1923–1952)에 와크프 개혁과 관련해 제기된 중요한 이슈는 가족 와크프에 대한 것이었다. 이 시기 이집트에서 상당한 영향력을 갖고 있던 이슬람 근대주의자(Islam Modernist)들이 가족 와크프 개혁을 지속적으로 요구한 결과, 1946년에 가족 와크프의 유효 기간을 최대 60년으로 제한하는 법령(No. 48)이 통과되었다.[71] 이슬람 근대주의자들은 영국과 프랑스의 식민지 관료와 오리엔탈리스트 학자와 마찬가지로 가족 와크프에 대해 특히 비판적이었다.[72] 이들이 가족 와크프를 비판한 공통적인 근거는, 첫째 가족 와크프의 수혜자가 설립자의 가족에 사실상 국한된다는 점에서 자선을 목적으로 해야 하는 와크프 원칙에 부합하지 않으며, 둘째 가족 와크프를 설립하는 동기가 이슬람상속법을 회피해서 특정 가족원에게 재산을 상속하려는 것으로 이는 샤리아 정신에 위배된다는 것이었다.[73] 1946년 법은 논란의 대상이 되어 왔던 가족 와크프에 대한 절충적 개혁안이라고 할 수 있다. 이 법은 가족 와크프를 폐지하는 대신, 영국 신탁제도처럼 재산의 영속성 원칙을 인정하지 않는 입장을 채택해, 일시적 와크프의 형태로 가족 와크프의 유효 기간을 제한하면서 허용하는 방식을 채택하였다.

나세르가 주도한 1952년 이집트 사회주의 혁명 이후 와크프에 대한 중앙집권적 관리가 강화되었을 뿐 아니라, 와크프 제도 자체의 파괴가 빠르게 진행되었다. 1952년의 농지개혁법에 의해 모든 가족 와크프는 무효로 선포되고, 그 재산의 소유권을 가족 와크프의 지정 수혜자들에게 분할해서 이전토록 하였다. 또한 와크프 부서가 모든 공공 와크프의 관리를 직접 담당하도록 하였다. 1957년 법은 와크프 제도에 마지막 치명타를 가했는데, 공공 와크프에 속한 모든 농경지를 토지개혁위원회 관할로 이양하고, 토지개혁법에 따라 그 토지를 기존 소작인들에게 분배하도록 하였다.74) 즉, 가족 와크프가 해체되었을 뿐 아니라, 공공 와크프도 토지개혁을 통해 그 물적 기반을 크게 상실하였다. 이와 같이 와크프 제도는 이슬람 근대주의 세력뿐 아니라 사회주의 세력에 의해서도 개혁 대상으로 간주되었다.

파키스탄에서는 1960－70년대에 와크프 관련 법들이 제정되었는데, 이들 법령들은 와크프 재산을 국유화하는 과격한 내용을 담고 있으며, 이렇게 국유화된 와크프 재산을 지방정부의 와크프 부서가 관리하도록 하였다. 말레이시아에서는 주정부들이 1950－60년대에 개별적으로 제정한 이슬람행정법 안에 와크프 관련 조항이 포함되었는데, 이들 조항은 공통적으로 기존 와크프 관리자들의 권한을 박탈하고 주정부 산하 이슬람종교위원회를 해당 주의 모든 와크프 재산의 유일한 관리자로 규정하였다.75) 이 법령에 의해, 현재 주정부 이슬람종교위원회는 공공 와크프뿐 아니라 가족 와크프도 직접 관리할 권한을 가지며, 위원회가 모든 와크프의 수익 징수와 경비 지급을 총괄적으로 집행한다. 말레이시아에서 각 주정부의 술탄이 이슬람과 관련된 종교적 사항에 대해서는 관할권을 갖는데, 와크프도 종교적 사항으로 간주되어 이에 대한 관리를 술탄으로부터 권한을 위임받은 주정부 이슬람종교위원회가 담당하는 방식으로 와크프 제도의 골격이 새롭게 만들어진 것이다. 한편, 말레이시아 정부는 2004년에 "와크프, 자캇, 순례국"(JAWHAR)이라는 행정부서를 연방정부 차원에서 설립하여, 각 주정부의 관할로 분산된 와크프 운영을 국가 수준에서 조정하고, 와크프 재산의 재개발 사업을 재정적으로 지원하는 체제를 도입하였다.76)

오토만 제국, 튀르키예 공화국, 이집트, 파키스탄, 말레이시아는 정도의 차이는 있지만 매우 강력한 방식으로 와크프의 중앙집권화를 추진하였다. 중앙정부 또는 지방정부가 와크프의 수익을 국고로 거두어들이고 개별 와크프의 경비를 그 자금으로부터 지급하는 방식을 채택하고 있다는 점에서 공통적이다. 와크프 부서의 와크프 직접 관리 여부, 와크프 재산의 국유화 여부에 있어서는 이들 국가 사이에 차이가 존재한다. 이 사례들과 비교해서 인도의 와크프 정책은 보다 온건한 수준의 중앙집권화 방식을 보여준다. 독립 이후 인도의 와크프 정책에서 가장 중요한 획을 그은 것은 1954년에 제정된 중앙와크프법(Central Waqf Act)이다. 이 법의 핵심은 각 주에 와크프 위원회(State Waqf Board)를 설치하고, 이 위원회가 와크프의 관리·감독과 관련해 총괄적인 관할권을 갖게 한 것이다. 이 위원회는 와크프의 관리자들을 임명하거나 해고할 권한을 가지며, 개별 와크프의 예산 집행계획과 재무회계를 보고받고 감사하며, 관리자에게 와크프 운영에 대한 전반적 지침을 제공하고, 와크프 관련 소송에서 변호를 담당한다.[77] 모든 개별 와크프의 관리자들은 와크프의 연 순소득의 6%를 와크프 위원회에 지불해야 하는데, 이 기금은 와크프 위원회가 주도하는 사회복지 사업에 활용된다. 중앙와크프법에 의해 와크프를 국가 차원에서 관리하는 기구가 설치되었지만, 이 위원회가 갖고 있는 권한을 앞에서 예시한 국가들의 와크프 부서가 갖고 있는 권한과 비교하면 제한적이다. 즉, 이 법은 개별 와크프의 일상적 운영에 있어 관리자의 자율적 권한을 인정하면서, 카디를 대체해서 정부 조직이 그 운영을 감독하고 통제하는 간접적인 통치 방식을 채택했다고 할 수 있다.

19세기 이후 이슬람세계에서 폭넓게 추진되기 시작한 와크프 개혁이 내세운 목표와 명분은 와크프를 보다 합리적으로 운영하고 효율성을 증대시킨다는 것이었다. 개혁론자들은 당시 와크프 재산이 방치되거나 비효율적으로 운영되는 실태의 근본 원인이 와크프 관리자들의 태만과 무관심, 나아가 이들의 횡령과 부패에 있다고 파악하였다.[78] 즉, 와크프의 관리를 관리자의 자율에 맡겨두는 것이 이러한 부작용을 초래했고, 카디의 와크프 감독 기능도 이러한 문제를 해결하는데 충분하지 못하다고 인식하였다. 따라서, 와크프 개혁은 와크프의 관리 운영에 국가의 관료조직이 직접 개입하는 중앙집권화 방식으로 진행되었다. 하지만, 국가 관리의 강화는 기대했던 효과를 창출하지 못하고 또 다른 심각한 부작용을 초래하는 경우가 흔히 발생하였다.[79] 와크프 관리에 필요한 인원을 충분히 배치하지 못한다거나, 그 역할을 담당한 관료가 와크프 재산의 경영 능력을 결여하고 있거나, 이들이 와크프 수익을 착복하는 불법적 행위를 범하기도 하였다. 또한, 와크프 부서가 총괄적으로 징수한 와크프 수익에서 개별 와크프의 경비를 위해 지급하는 예산은 지연되거나 축소되는 경향이 있었으며, 그 수익의 상당 부분을 국가 재정의 다른 목적을 위해 활용하는 경향이 나타났다. 그 결과, 와크프가 전통적으로 담당해왔던 사회복지 역할이 오히려 약화되는 현상이 나타났다. 와크프의 중앙집권적 개혁이 와크프 제도에 끼친 보다 치명적인 결과는 새로운 와크프의 생성이 사실상 중단되었다는 것이다. 기부한 와크프 재산의 운영과 관련해 설립자가 아무런 권한을 갖지 못하고, 심지어는 그 재산의 소유권이 국가 소유로 넘어가게 되는 상황에서, 와크프를 설립할 자발적 동기가 존재하기 어렵게 된 것이다. 와크프의 중앙집권화가 강력한 방식으로 추진된 튀르키예 공화국, 이집트, 파키스탄, 말레이시아는 공통적으로 와크프가 침체되거나 쇠퇴하는 상황을 맞이하였다. 와크프 제도가 전통적으로 갖고 있던 자율성을 과도하게 제약하고 훼손한 개혁 방식이 초래한 부정적 결과라고 평가할 수 있다.

VI. 와크프의 부활과 새로운 와크프

와크프의 중앙집권화 정책이 정부가 의도를 했든 안 했든 와크프가 전반적으로 침체하고 쇠퇴하는 현상을 초래한 것은 부정하기 힘들다. 하지만, 20세기 후반 이후 일부 무슬림 국가를 중심으로 와크프가 다시 활성화하는 양상이 나타나기 시작하였으며, 그 흐름을 전통적 와크프와 다른 형태의 새로운 와크프가 주도하고 있음이 주목된다. 글로벌 차원에서 볼 때 오토만 제국과 튀르키예 공화국이 와크프의 쇠퇴를 주도하였는데, 아이러니하게 와크프의 부활에서도 튀르키예가 선도적인 역할을 하였다.

튀르키예에서 케말주의자의 정치적 영향력이 약화된 상황에서 제정된 1967년 법 No.903은 와크프 제도에 중요한 혁신을 가져왔다. 가장 중요한 측면을 지적하면, 첫째 와크프를 법인으로 등록할 수 있으며, 둘째 다수의 개인, 단체, 심지어 국가가 와크프를 설립할 수 있으며, 셋째 와크프가 회사를 설립해 그 사업 이윤을 와크프에 배당할 수 있으며, 넷째 와크프의 초과 이윤을 와크프의 원 자본에 추가할 수 있으며, 다섯째 와크프 수익의 80% 이상을 공익 목적으로 사용한다면 세금 면제를 받을 수 있다는 것이다.[80] 이 법은 와크프를 법인으로 인정하여 운영의 자율성

04 인위적 공동체와 법

을 증진하고, 개인이 아닌 다양한 주체가 설립하는 와크프를 허용하며, 기업과 와크프를 연계하는 운영을 인정하고, 세금 혜택을 부여함으로써, 새로운 와크프의 설립을 촉진하려는 의도를 명확히 보여준다. 이 법 제정의 효과는 통계적으로 분명하게 나타났는데, 1927년에서 1967년 사이의 40년 동안 단지 73개의 새 와크프가 설립된 것에 반해, 1967년에서 1985년 사이의 18년 동안 1,877개의 새 와크프가 설립되었으며, 1996년 한 해에만 439개의 새 와크프가 설립되는 기록을 세우기도 하였다.[81]

와크프에 법인 자격을 부여할 수 있는지 여부는 그동안 이슬람법학자들 사이에 논란이 되어 왔던 이슈인데, 이 법에서 와크프를 법인으로 설립하고 등록하는 것이 가능하다고 명확히 밝혔다. 법인으로의 인정은 와크프를 법적 권리 행사의 당사자로 인정하는 것을 의미하는데, 현재 이슬람법학자들의 일반적 견해는 와크프를 '독립적 법적 실체(theimmah)', 즉 법인처럼 간주하는 것이다.[82]

회사를 포함한 단체나 국가가 와크프를 설립할 수 있으며, 또한 와크프가 회사를 설립할 수 있다는 조항은 새로운 형태의 와크프를 가능케 하는 법적 근거를 제공하였다. 특히 와크프와 회사의 연계는 금전 와크프의 재탄생으로 해석할 수 있는데, 현금을 대신해 주식을 와크프 재산으로 하는 '주식 와크프(waqf of stocks)' 형태가 출현하였다. 토지나 건물과 같은 부동산의 기부로 와크프를 설립하는 대신에, 기업 주식을 기부해서 와크프를 설립하는 방식이 유행을 타고, 와크프 부활을 이끄는 중요한 동력이 되었다. 이러한 기업 와크프의 대표적 사례로 튀르키예의 '와흐비 코치 와크프'와 말레이시아의 '와크프 안-누르'에 대해 자세히 살펴보도록 하자.[83]

튀르키예의 재벌인 와흐비 코치(Vehbi Koç)가 1969년에 설립한 와흐비 코치 와크프는 기업이 그 자신의 와크프를 설립한 선구적 사례이다.[84] 와흐비 코치는 자신이 소유한 Koç Holding 주식을 와크프 재산으로 기부하는 방식으로 와흐비 코치 와크프를 설립하였다. Koç Holding은 100개가 넘는 Koç 계열사들의 지주회사로, 와흐비 코치가 기부한 주식의 가치는 Koç 계열사 전체 자산의 9.4%에 달하는 것이었다. 이후 그의 자녀들도 주식을 기부하여, 와흐비 코치 와크프의 자산 가치는 1993년에 3억 달러에 달하였고, 창립 40주년이 되는 2009년에는 12억 달러에 이르렀다.

와흐비 코치 와크프의 주 수익은 기부된 주식의 배당금이다. 즉, Koç 계열사들의 사업 이윤의 일정 부분이 와크프 수익으로 할당되는 것이다. 이 와크프 약관의

9조는 와크프 총 수익의 80% 이상을 사회문화적 서비스에 사용해야 하며, 운영비, 적립금, 투자에 소요되는 자금은 와크프 총 수익의 20%를 넘어설 수 없다고 규정하고 있다. 이 조항은 이 와크프가 공공 와크프의 성격을 갖는다는 점을 명시할 뿐 아니라, 1967년 법에 와크프 수익의 80% 이상을 공익 목적으로 사용할 경우 세금을 면제받을 수 있다고 되어 있는 규정을 고려한 것이기도 하다. 와흐비 코치 와크프는 주로 교육, 의료, 문화 분야 사업을 지원해 왔는데, 현재 명문대학으로 손꼽히는 Koç University와 Koç 중고등학교, 그리고 병원, 박물관, 미술관 등을 설립하고 운영하고 있다. 이러한 교육과 문화 사업에 이슬람을 특별히 강조하지 않는다. 와흐브 코치 와크프는 이사회에 의해 운영되고 있지만, 와흐브 코치의 자녀들이 이사장 등 주요 직책을 맡고 있다.

와크프 안－누르 법인(Waqf An－Nur Berhad)은 말레이시아의 조호르 주정부가 출자한 공기업인 Johor Corporation이 2006년에 설립하였다.[85] 공기업이 설립한 와크프란 점에서 기업 와크프 중에서 드문 사례에 해당한다. Johor Corporation에서 오랫동안 CEO를 맡고 있던 무함마드 알리 하심(Muhammad Ali Hashim)이 이 계획을 적극적으로 추진하였는데, 이사회의 동의를 얻어 회사 주식을 기부해 설립하였다. 구체적으로는 Johor Corporation이 자회사인 Kulim, KPJ Healthcare, Johor Land에 대해 보유하고 있는 주식을 기부하는 방식을 취했는데, 이 주식의 가치는 당시 6천3백만 달러에 달하는 것이었다. 와흐비 코치 와크프의 경우는 기업가가 자기 소유의 주식을 기부한 방식인데 반하여, 와크프 안－누르의 경우는 공기업이 소유한 주식을 기부한 방식이란 점에서 큰 차이가 있다. 즉, 후자는 사실상 정부 자금으로 와크프를 설립한 것이라고 할 수 있다.

와크프 안－누르의 주 수익 역시 기부된 주식의 배당금이다. 이 와크프 약관에 수익의 70%를 Johor Corporation에, 25%를 와크프 안－누르에, 나머지 5%를 조호르 주정부이슬람종교위원회에 분배한다고 규정되어 있다. 즉, 와크프의 설립자인 Johor Corporation이 주식 배당금의 가장 큰 몫을 받는 주 수혜자로도 설정되어 있는 것이다. Johor Corporation은 이렇게 분배받은 배당금을 재투자하고, 그로부터 생긴 이윤은 와크프 안－누르의 몫으로 처리할 수 있도록 하였다. 말레이시아의 와크프법에 의하면 조호르 주정부이슬람종교위원회가 와크프 안－누르의 유일한 관리자인데, Johor Corporation과 이 위원회가 사전에 협의하여, 와크프 안－누르가

법인체로서 스스로 관리하고 총 수익의 5%를 조호르 주정부이슬람종교위원회에 지급하는 것으로 합의하였다.

와크프 안-누르의 주된 사업은 모스크 운영, 병원/진료소 운영, 마이크로 파이낸스, 재난구호이다. 이 사업의 핵심적 위치를 차지하는 와크프 안-누르 진료소(Waqf An-Nur Clinic)는 말레이시아 전국에 8개의 지점을 설치하고, 빈민층을 대상으로 사실상 무료로 치료하며, 투석 서비스를 제공하고 있다. 또한, 주로 여성을 대상으로 무이자 대출(qard hasan)의 이슬람적 마이크로 파이낸스를 제공한다. 이 대출은 Johor Corporation의 자회사인 식품회사의 제품을 판매하는 여성 영업사원 육성 사업과 연관해서 이루어지고 있다. 와크프 안-누르의 사업에서는 종교적 목적과 자선 목적이 특히 강조되고 있다고 할 수 있다.

와흐비 코치 와크프와 와크프 안-누르는 기업 주식을 와크프 재산으로 기부해서 설립한 주식 와크프란 점에서 공통적이다. 주식은 화폐 자본의 성격을 갖기 때문에, 주식 와크프는 금전 와크프의 연장선에 있다고 할 수 있다. 하지만, 주식과 현금의 차이를 고려할 때 주식 와크프는 현금 와크프가 안고 있던 샤리아 문제를 해결할 수 있는 유력한 대안으로 떠올랐다. 주식은 기업과 연계되어 있기 때문에 유동성이 매우 큰 현금에 비해 상대적으로 영속성이 보장된다. 또한, 와흐비 코치 와크프의 사례와 같이 다수 계열사에 대한 포트폴리오 투자 방식을 취할 경우 사업 리스크를 분산하여 주식 소득을 보다 안정적으로 유지할 수 있다. 금전 와크프가 이자 대출의 방식으로 운영된다는 점에서 법학자들의 비판을 받았는데, 주식 와크프는 주식 배당금에 의해 수익을 얻기 때문에 손익 공유의 투자라는 샤리아 원칙에 잘 부합하며, 위의 비판으로부터 자유로울 수 있다. 이러한 점들에서 주식 와크프는 금전 와크프의 혁신적 대안으로 주목받게 되었다.

와크프와 기업이 연계된 주식 와크프가 와크프 부활을 이끄는 성공적인 사례이지만, 최근 들어 와크프가 금융기관, 정부, 민간단체와 다양하게 조합한 새로운 형태가 등장하고 있다. 현대의 와크프 부활은 단지 전통적 형태의 와크프가 복원하는 현상이 아니라, 새로운 조합을 상상한 와크프가 실험되는 양상으로 특징지어진다고 할 수 있다.

특히, 금융기관이 와크프와 연계되는 현상이 두드러지는데, 그러한 연계를 가능케 하는 조건이 조성되었기 때문이다. 1970-80년대에 등장한 이슬람금융기관이

2000년대 이후 크게 성장함으로써,[86) 금전 와크프가 이슬람금융기관을 통해 투자함으로써 샤리아에 부합하게 수익을 올릴 수 있는 통로가 열렸다. 또한 이슬람금융기관 자체가 와크프를 설립하고 운영하는 방식도 시도되었다. 예를 들어, 방글라데시의 '사회적 투자은행(Social Investment Bank)'은 1997년에 금전 와크프 증권을 발행해서 대중으로부터 현금 기부를 받고 이 자금으로 와크프를 운영하였다.[87) 이 은행이 32개의 와크프 목적 사업들을 제시하고, 기부자가 특정 사업의 금전 와크프 증권을 선택해서 구매하는 방식으로 시행되었다. 초기에는 대중의 반응이 신통치 않았으나, 2006년 말까지 금전 와크프 펀드의 총액이 33만 달러로 증대하였다.

말레이시아의 MyWakaf는 이슬람금융기관과 와크프 관리기구인 주정부 이슬람종교위원회의 협력으로 운영되는 금전 와크프이다.[88) 이 사업은 말레이시아 중앙은행의 주도로 2017년에 시작되었는데, 6개 이슬람은행과 모든 주정부 이슬람종교위원회가 참여하였다. 방글라데시의 '사회적 투자은행'과 마찬가지로 대중으로부터 현금 기부를 받아 와크프 펀드를 운영하는 방식인데, 양자 사이의 차이점은 MyWakaf의 경우 주정부 이슬람종교위원회가 와크프 목적 사업을 기획하고 실행하는 주체이며, 이슬람은행은 와크프 계좌를 열어 모금 업무를 수행하는 역할에 한정된다는 것이다.

인도네시아의 TWI(Tabung Wakaf Indonesia)는 민간단체인 돔펫 두아파(Dompet Dhuafa)가 2005년에 설립한 금전 와크프이다.[89) 돔펫 두아파는 자캇을 모금하는 민간관리기구로 인도네시아에서 매우 높은 평판을 갖고 있는 단체인데,[90) 와크프 사업으로도 진출한 것이다. TWI 역시 이슬람은행들과 연계를 맺어 모금 활동을 수행하고 있다. MyWakaf와의 차이점은 와크프 목적 사업을 정부 기관이 아닌 민간단체가 기획하고 실행한다는 점이다. 말레이시아에서는 모든 와크프의 관리자는 주정부 이슬람종교위원회라는 규정이 있는데 반해, 인도네시아에서는 그런 규정이 존재하지 않는다는 점에서 양국 간에 이러한 차이가 발생하는 제도적 요인이 있다고 할 수 있다.

와크프와 은행의 연계는 와크프 제도에 매우 중요한 혁신을 가져왔다. 전통 와크프에서는 주로 부유한 층이 와크프 설립자였던 것에 반해, 은행을 통한 금전 와크프 방식은 소액 기부를 통해 다수의 대중이 와크프 설립자(waqif)가 되는 것을 가능케 하였다. 전통 와크프는 자산을 공동으로 모으는 것을 실행하기 어려웠으나, 은행의 와크프 펀드 계좌는 다수의 기부를 통해 공동 자금을 조성하는 것이 손쉽게 이루어질 수 있는 수단을 제공하였다. 한편, 고전 이슬람법학은 와크프 설립자가 와크프의 목적, 관리자의 임명, 수혜자의 선정과 관련된 약관을 설정하는 큰 권한을 가진 것으로 규정하였는데, 그 방식이 익명의 대중으로 와크프 설립자가 구성되는 새로운 형태의 와크프에는 적용하기 어렵게 되었다. 사회적 투자은행, MyWakaf, TWI의 예에서 보듯이, 은행, 정부기관, 또는 민간단체가 와크프 설립의 주체가 되어 와크프 사업을 기획하고 실행하며, 기부에 참여하는 일반 대중은 자발적 선택의 권한은 갖지만 와크프 운영 자체에 대해서는 소극적 위치에 놓여 있다. 하지만, 일반 대중의 자발적 참여를 끌어내기 위해서는 사업을 조직하는 단체의 평판과 신뢰도, 그리고 회계의 투명성이 더 크게 요구된다. 전통 와크프가 설립자 개인(들)의 자율성에 기초하고 있는 것에 반해, 위에서 제시한 새로운 금전 와크프 형태는 특정 단체의 주도로 다수 대중의 참여를 유도하는 '조직화된 자발적 와크프(organized voluntary waqf)'의 특성을 갖는다고 할 수 있다.[91]

주식 와크프나 금전 와크프와 같이 화폐자본을 와크프 재산으로 한 와크프 형태가 현대의 와크프 부활을 선도하고 있지만, 전통적 와크프 재산인 토지와 건물의 재개발 사업도 최근 활발하게 추진되고 있다. 이러한 재개발 사업은 도심에 위치한 와크프 토지와 건물을 쇼핑몰, 아파트 단지, 호텔과 같이 높은 이윤이 기대되는 시설로 개발하는 프로젝트에 초점을 맞추고 있다. 이 사업에서도 와크프, 정부기관, 기업, 금융기관이 복잡한 관계로 연계된다. 특히, 재개발 프로젝트에 소요되는 막대한 비용을 조달하는 금융과 관련해서 다양한 방식들이 동원되고 있다. 말레이시아와 싱가포르의 대표적인 두 사례를 통해 도시 와크프 재개발 사업이 어떤 방식으로 추진되고 있는지를 살펴보자.

첫 번째 사례는 말레이시아 뻬락(Perak) 주의 타이핑(Taiping)시 도심에 있는 상가 와크프를 Regency Hotel로 재개발한 사업이다(Abdul Razak 2020: 257-258). 뻬락 주정부이슬람종교위원회(MAIPk)가 와크프 토지를 제공하고, 연방정부기관인 JAWHAR(와크프, 자캇, 순례국)가 호텔 건축 비용으로 정부 예산 1천9백만 링깃(6백만 달러)을 제공하는 방식으로 프로젝트가 추진되었다. 2012년에 호텔이 완공되고 나서, JAWHAR의 자회사인 YWM(말레이시아 와크프 재단)이 이 호텔을 연 10만 링깃(3만 달러)의 저렴한 임대료로 뻬락 주정부 이슬람종교위원회로부터 25년간 장기 임대하고, 임대 기간이 완료되면 호텔 소유권이 후자로 넘어가는 방식으로 계약을 맺었다.

두 번째 사례는 싱가포르 도심에 위치한 19세기 아랍 상인 알리 알주니드(Ali Aljunied)의 와크프 토지를 재개발한 사업이다.[92] 이 와크프 토지에는 모스크와 상점이 위치해 있었는데, 이를 철거하고 새 모스크와 상가건물, 아파트 단지를 건설하는 프로젝트이다. 싱가포르 이슬람종교위원회(MUIS)는 자신이 관리하는 이 와크프 토지를 개발하는데 필요한 자금 2천5백만 달러를 수쿡(sukuk: 이슬람증권) 발행을 통해 조달하였다. 즉, 새로운 이슬람금융 방식인 수쿡을 활용해 일반 투자자들로부터 자금을 동원한 것이다. 수쿡 투자자들은 아파트 단지의 임대료 수입에 의해 원금과 고정 이윤을 회수하고, 와크프는 새 모스크와 상가건물을 얻어 상가건물 임대료로 모스크 운영비를 충당하게 되었다.

도시 와크프 재산의 재개발 사업이 최근 활발하게 추진되는 배경에는 빠른 도시화 과정에 의해 막대한 개발 이익을 창출할 기회가 열렸으며, 와크프의 감독과 통제에 집중하던 정부도 태도를 바꾸어 와크프를 경제 개발의 중요한 수단으로 간주하고 적극적인 지원과 협력에 나섰다는 점이 중요하게 작용한다. 말레이시아 사례에서 보듯이 연방정부가 예산을 통해 금융 지원을 하기도 하고, 싱가포르 사례에서 보듯이 수쿡과 같은 새로운 이슬람금융을 활용하는 방안도 모색되고 있다. 하지만, 도시 와크프 재개발 사업은 부작용도 동시에 낳고 있다. 재개발 사업의 강행으로 역사적 가치가 있는 모스크나 종교학교가 철거되기도 하며, 와크프 토지에 불법 점유하던 도시 빈민들이 쫓겨나는 사태가 발생하기도 하였다.[93] 와크프의 상업화가 와크프 재산의 효율적 이용과 활성화를 촉진하는 측면이 분명히 존재하지만, 공익과 자선을 추구하는 와크프의 목적 자체가 흔들리는 모순적 상황을 초래하고 있음도 부정하기 힘들다.

VII. 글을 맺으며

와크프를 영어로 번역할 때 흔히 trust(신탁) 또는 foundation(재단)으로 표현된다. 특히 신탁과 와크프 사이의 유사성에 대해 서구 법학자들이 주목하여 왔다. 영국 신탁제도의 기원을 와크프에서 찾는 설명도 유력한 이론으로 등장하였다.[94] 가

우디오시는 12-13세기 십자군 전쟁을 겪으면서 서구와 이슬람 세계 사이의 교류가 증대하고, 그 과정에서 와크프 제도를 모방하여 영국의 신탁제도가 출현했을 가능성이 높다고 주장하였다. 이 주장에 대한 근거로, 1264년에 제정된 옥스퍼드의 머턴 대학(Merton College) 학칙의 형식과 약관 내용이 와크프 증서와 너무나 유사하다는 점을 들었는데, "머턴 문서가 라틴어가 아니고 아랍어로 쓰였더라면, 이 문서는 분명히 와크프 증서로 여겨질 수 있었을 것이다."[95]

신탁이란 신탁 설정자 또는 위탁자가 수탁자에게 신탁 설정자의 신탁재산 소유권을 양도하고, 수탁자는 신탁 설정자가 지정한 수익자의 이익을 위해서 신탁재산을 관리 운용 처분하는 제도이다.[96] 신탁은 신탁 설정자(settlor), 수탁자(trustee), 수익자(beneficiary), 신탁재산(trust property)의 4개 요소로 구성되어 있는데, 이는 와크프가 와크프 설립자(waqif), 관리자(mutawalli), 수혜자(mawquf alayh), 기부 재산(mawqufah)의 4개 요소로 구성되어 있는 것과 구조적으로 완전히 일치하며, 각각의 구성 요소는 서로 대응관계에 있다. 그런 점에서 와크프와 신탁의 운영 체계는 높은 유사성을 보인다. 양자 사이의 중요한 차이는, 와크프에서는 재산의 소유권을 신에게 양도하는 것에 반해, 신탁에서는 재산의 소유권을 수탁인에게 이전한다는 것이다. 이 차이는 무타왈리와 수탁인이 갖는 권한에서 차이를 초래하는데, 무타왈리는 와크프 재산의 관리인에 불과한데 반해, 수탁자는 법적 소유권을 이전받은 자로서 신탁재산의 처분과 운영에 있어서 무타왈리에 비해 상대적으로 재량권이 더 크다.[97] 또한 와크프 재산이 신의 재산이란 측면에서 취소할 수 없음, 영속성, 양도할 수 없음의 원칙들이 보다 강력하게 적용된다. 이에 반해, 신탁은 취소될 수 있으며, 신탁 기간을 한정해서 설정할 수 있고, 신탁재산의 매매와 저당을 보다 자유롭게 실행할 수 있다.[98] 마지막으로, 와크프는 신탁과 달리 종교적 자선의 한 형태로 이슬람법에 의해 규정되어 있으며, 일반 무슬림들도 와크프를 종교적 의미의 자선으로 인식한다.

와크프의 법적 성격만을 고려한다면, 와크프를 재단으로 규정하는 것이 더 적합할 것 같다. 재단을 "일정한 목적을 위하여 바쳐진 재산의 집합"[99]으로 정의한다면, 와크프는 종교적 또는 자선 목적을 위해 기부한 재산의 집합이란 점에서 재단의 법적 성격을 갖는다. 물론 와크프는 기부 재산뿐 아니라, 설립자, 관리자, 수혜자라는 인적 관계를 수반하지만, 그 인적 관계의 기반은 와크프 재산이다. 따라서, 와크프 재산이 없어지면, 와크프 자체가 곧바로 소멸된다. 현대 이슬람법학자들은 와크프를 독립적 법적 실체, 즉 법인처럼 간주할 수 있다는 법적 견해에 도달했으며, 와크프를 법인으로 등록하는 경우도 많아지고 있다. 그런 점에서도 와크프는 신탁보다는 재단(법인)에 가깝다고 할 수 있는데, 신탁은 법적 실체가 아니고 위탁자와 수탁자 간에 맺은 신탁관계(fiduciary relationship)로 간주되기 때문이다.100) 이에 반해, 와크프는 와크프 설립자와 관리자 간에 맺은 신탁관계가 아니다.

와크프는 자발적 성격의 종교적 자선(sadaqa)을 이슬람법에 의해 법제화한 제도이다. 이 제도는 이슬람 역사에서 매우 활성화되었으며, 국가를 대신해 사회적 서비스와 공공재를 제공하는데 결정적인 역할을 하였다. 의무적 자선인 자캇과 더불어 와크프는 이슬람 복지제도의 양 축이라고 할 수 있다. 와크프는 이슬람적 자선이 갖는 일반적 성격과 마찬가지로 증여자-신-수혜자의 삼각 축으로 구성된다.101) 여기서 수혜자는 무슬림 공동체로서 이를 위한 자선 행위가 곧 신을 기쁘게 하는 신앙 행위로 간주된다. 와크프의 수혜자로서 무슬림 공동체는 넓은 의미에서는 신앙공동체로서의 움마 전체를 의미할 수도 있으며102), 좁게는 지역 공동체, 직업 공동체 또는 가족 와크프의 경우에서처럼 가족일 수도 있다. 수혜자를 특정 지역 공동체로 제한하는 경우는 와크프의 실제 사례에서 종종 나타난다. 예를 들어, 무료 급식소(imaret)를 이용할 수 있는 자격을 특정 지역의 빈민으로 제한하거나,103) 와크프가 특정 지역을 지정하여 그 지역 주민이 공동으로 납부해야 할 특별세(avariz)를 대납하기도 한다.104) 이러한 사례는 지역 엘리트에 해당하는 와크프 설립자가 수혜자를 자신이 거주하거나 통치하는 지역으로 지정할 때 나타난다. 여기에는 와크프 설립을 통해 지역 주민으로부터 존경과 권위를 얻고자 하는 의도가 담겨져 있다. 이와 같이 지역 공동체를 단위로 하는 와크프와 달리, 상인, 군인, 경찰과 같은 직업 공동체를 단위로 하는 와크프가 결성되기도 한다.105) 와크프의 핵심 목적은 자선을 통한 공익(maslaha)의 실현에 있지만, 개별 와크프가 수혜자 지정을 통해 다양한 층위의 공동체와 서로 다른 방식으로 연계되기 때문에, 실제로 이들 와크프가 실현하는 공익의 대상 범위와 복지 내용은 다양하게 나타난다.

와크프는 종교적 자선이라는 선물 체계에 뿌리를 내리고 있으면서, 동시에 시장 체계에 결합하는 방식으로 운영된다. 와크프는 설립자의 재산 기부라는 자선 행위에 의해 형성되지만, 공익 또는 수혜자 복지를 위해 쓰이는 경비는 와크프 재산의

04 인위적 공동체와 법

상업적 활용으로부터 얻는 수익에 의해 충당하는 구조를 갖고 있기 때문이다. 즉, 와크프 재산의 상업적 이익이 와크프의 지속적 자선 또는 공익 활동을 위한 물적 기반이 되는 구조이다. 이러한 구조를 반영해서, 와크프 설립자 또는 와크프와 수혜자의 관계는 선물 관계인 반면에, 농경지나 도시 상점과 같은 와크프 재산을 임대하는 사람과 와크프의 관계는 시장 관계로 성립한다. 그런 점에서 와크프는 공익과 시장, 또는 선물 관계와 시장 관계라는 상호 모순적일 수 있는 요소들을 상보적 관계로 조합하고자 하는 의도를 애초부터 내포한 제도라고 할 수 있다. 와크프의 역사는 이러한 시도의 성공과 실패, 그러한 조합의 잠재력과 한계를 매우 구체적으로 보여주는 흥미로운 사례이다. 금전 와크프 논쟁, 와크프 재산의 매매와 교환 논쟁, 최근 도시 와크프의 재개발사업은 자선, 공익, 시장의 접점에서 그 갈등이 첨예하게 드러나는 모습을 잘 보여준다.

와크프의 최근 역사는 와크프 운영의 자율성과 국가의 통제가 부닥치면서 침체와 부활이 역동적으로 연출되는 극적 상황을 보여주고 있다. 와크프의 중앙집권화 정책은 와크프에 내재된 선물 체계를 국가의 관료적 체계로 대체하고 통합하려는 시도라고 할 수 있으며, 그 결과 선물 체계의 자율성이 박탈되면서 와크프 제도 자체가 크게 위축되는 현상이 발생하였다. 최근의 와크프 부활은 다시 선물 체계의 자율성을 회복하면서 와크프와 국가의 관계를 새롭게 설정하는 방식으로 진행되고 있다. 공익과 시장의 관계, 선물과 시장의 관계, 시민 자율성과 국가 통제의 관계는 최근의 사회적 경제 논의에서도 가장 핵심적인 이슈에 해당하는 것으로, 와크프의 역사는 이 주제에 대해 많은 시사점을 던져준다. 더 나아가, 와크프를 이슬람 사회에서의 사회적 경제 또는 사회적 기업의 실험이라고 간주하고 탐구할 수도 있을 것이다.

20세기 초중반에 와크프는 소멸되어 가는 낡은 종교 제도로 인식되기도 하였다. 하지만, 20세기 후반, 특히 2000년대에 들어서서 와크프가 새로운 형태로 부활하는 현상이 뚜렷이 나타나고 있다. 와크프가 기업, 정부, 민간단체, 금융기관 등과 다양한 방식으로 연계되고 조합하는 양상이 현대 와크프 부활의 특징적 측면이다. 이러한 조합의 양상은 최근 논의되고 있는 '이슬람경제생태계'라는 개념과 관계가 깊다. 예를 들어, 인도네시아의 조코위 정부는 '이슬람경제생태계'를 이슬람 금융기관, 할랄산업, 이슬람 사회금융(자캇과 와크프) 기관, 정부·공기업·종교기관의 네 영역이 네트워크로 연결된 생태계라고 정의하고, 이러한 생태계의 구축이 이슬람경제를 획기적으로 발전시키는데 핵심적인 추진 전략이 되어야 한다고 정책 방향을 정하였다.106) 이슬람 공동체로서 움마의 복원을 지향하는 이슬람주의(Islamism)107)에 동조한 무슬림 지식인들에 의해 1950−60년대부터 이론적으로 논의되었던 이슬람경제가 현재 상당한 정도로 구체적 제도와 체계를 갖추고 있으며 이제는 이슬람경제생태계의 구축까지 논의되고 있는 상황에서, 과거 이슬람 사회의 복지 체계에서 중추적 위치를 차지했던 와크프의 부활은 이슬람금융제도의 관점에서 앞으로 계속 관심 깊게 바라볼 필요가 있는 중요한 현상이다.

미주

1) Sadeq (2002), 145.

2) 이슬람법학 전통에서 인정하는 4대 학파는 하나피(Hanafi), 말리키(Maliki), 샤피(Shafii), 한발리(Hanbali) 학파이다. 각 학파들이 우세한 지역이 구분되는데, 오토만 제국과 무굴 제국은 하나피 학파의 법체계를 채택하였다.

3) 비잔틴의 Piae Causae는 공동체 성원들이 자기 재산의 소득을 성당이나 수도원에 기부하는 제도이며(Deguilhem-Schoem (1986), 53), 유대인의 heqdesh는 유대교 회당과 빈민을 지원하기 위한 기부이다(Singer (2008), 100). 와크프 역시 종교적 목적이나 자선 목적의 기부 제도라는 점에서 유사성이 존재한다.

4) Cizacka (1998), 45-46.

5) Yediyildiz (1990), 5; Kuran (2001), 851에서 재인용.

6) Kuran (2001), 849.

7) 무굴 제국에서는 주로 모스크와 묘지를 건립하는 목적을 위해 와크프를 설립하였다(Kozlowski (1995), 366). 동남아의 말레이시아와 인도네시아의 와크프도 대부분 모스크와 묘지를 위한 것이었다(Alhabshi (1991), 121; Medias/Eko Kurniasih Pratiwi/Khotibul Umam (2019), 241). 이러한 제한된 목적을 위해 와크프를 설립하였기 때문에, 중동 지역과 비교해 이들 국가의 와크프 규모는 상대적으로 빈약했다고 할 수 있다.

8) Yediyildiz (1984), 25; Kuran (2001), 849에서 재인용.

9) 최두열 (2017), 130면.

10) Cizakca (1995); Crecelius (1986), 1991; Deguilhem-Schoem (1986); Gerber (1983); Jennings (1990); Yediyildiz (1984), 1990.

11) Hoexter (1998).

12) Singer (2008), 18.

13) 자캇은 소득을 창출할 수 있는 재산에 국한해 부과되는데, 가축, 금과 은, 광물, 상품의 경우에는 시장가격의 2.5퍼센트, 농산물의 경우에는 시장가격의 5-10퍼센트의 비율로 계산하여 1년에 한 번 자캇을 내야 한다. 자캇은 일정 수준 이상의 재산을 보유하는 사람에 대해서만 부과되는데, 그 기준점을 니삽(nisab)이라고 한다.

14) Maududi (2011) 199-202.

15) 하디스는 무함마드의 생전 동반자들이 전하는 무함마드의 말과 행동이다. 이는 구술 형태로 이어져 오다가 9-10세기 경에 여러 개의 대표적 판본으로 쓰여 졌다. 하디스는 코란과 더불어 이슬람법학자들이 가장 중요시하는 샤리아의 법적 토대이다.

16) Singer (2008) 72-90.

17) Singer (2008), 90.

18) Singer (2008), 67.

19) Deguihem – Schoem (1986), 193 – 195.

20) Abbasi (2012), 130; Gaudiosi (1988), 1233.

21) Abbasi (2012), 130.

22) Gaudiosi (1988), 1234.

23) Cizakca (2000), 15.

24) Deguihem – Schoem (1986), 60 – 63.

25) Jennings (1990), 274 – 275.

26) Crecelius (1986).

27) Crecelius (1986), 180.

28) Gerber (1983). Cizacka (2000), 15 – 16에서 재인용.

29) Abbasi (2012), 141 – 142.

30) 이슬람법에서 와크프의 유형을 waqf khairi, waqf ahli, waqf mushtarak로 분류하는데, 이 중 waqf khairi를 직역하면 자선 와크프에 가깝지만, 가족 와크프(family waqf)와 대조해서 공공 와크프(public waqf)로 번역하는 것이 더 적절한 것 같다.

31) Deguihem – Schoem (1986), 65 – 68.

32) Singer (2008), 101.

33) 모스크 복합단지의 또 다른 예로, 이스탄불의 Sehzade Complex, 튀르키예 북부 아마스야 (Amasya)의 Bayezid II Complex, 사마르칸드의 Ibrahim Nasr Complex를 들 수 있다(Singer (2008), 90 – 91, 102 – 103).

34) Crecelius (1991).

35) Layish 1997: 358 – 359. 가족 와크프의 수혜자로 직계 자녀 외에도 배우자, 부모, 손주, 형제, 그리고 양자나 해방 노예와 같이 친족이 아닌 경우도 포함된다(Layish (1997), 357 – 366). 설립 자가 자기 자신을 수혜자로 지정하는 경우도 있는데, 이에 대해서는 학파 간에 의견 차이가 존 재한다.

36) Abbasi (2012), 147 – 151.

37) Cizacka (1998), 52.

38) Crecelius (1991).

39) Deguilhem – Schoem (1986).

40) Jennings (1990).

41) 오토만 제국에서 16세기에 공표된 토지법(Qanun al – Aradi)은 토지를 5개 범주로 분류하였다: i) 사유지(mulk), ii) 국유지(miri), iii) 황무지(mawat), iv) 마을 또는 친족 공유지(mahmiyyah 또는 matrukah), v) 와크프 (Deguilhem – Schoem (1986), 87 – 88).

42) Kuran (2001), 854 – 855.

43) Abbasi (2012), 139 – 140; Jennings (1990), 272 – 273; Gaudiosi (1988), 1238 – 1239.

44) Abbasi (2012), 142.

45) 하나피 학파의 타하위(Tahawi)가 9세기 중엽에 만든 다양한 계약 – 와크프 계약, 매매(buyu) 계약, 임대(ijarah) 계약 등 – 의 표준 양식을 이슬람 세계에서 거의 보편적으로 따르고 광범위하

게 활용하였다(Deguilhem-Schoem (1986), 32-33).

46) Deguilhem-Schoem (1986), 3.5.

47) Crecelius (1991), 71-73.

48) Abbasi (2012), 130.

49) Mandaville (1979), 295; Cizakca (2000), 30-31.

50) Mandaville (1979), 293-294; Abbasi (2012), 136.

51) 예를 들어, 국보, 왕실의 보물, 교회의 성물(聖物), 마오리족의 추장 외투, 호주 원주민의 토템과 관련된 신성한 물건인 츄링가(churinga) 등이 이에 해당한다.

52) Weiner (1992).

53) Mandaville (1979); Cizakca (1995).

54) Mandaville (1979). 16세기 중엽의 와크프 논쟁은 발칸 지역에 근무하는 군대 판사인 시비자데 (Civizade)가 당시 유행하는 금전 와크프를 불허한다는 입장을 표명하고, 이에 대해 당시 오토만 제국의 최고 판사(Seyhülislam)인 에뷔 수드(Ebu Suud)가 반박하는 파트와(fatwa: 법적 견해)를 내리고, 이를 시비자데가 다시 반박하는 방식으로 시작하였다(Mandaville (1979), 297-301).

55) Mandaville (1979), 306.

56) Cizakca (1995); Jennings (1990).

57) 손익 공유의 파트너쉽 투자 방식으로 무다라바(mudarabah)와 무샤라카(musharakah)가 있다. 무다라바는 자본가가 자금을 대고 경영인(mudarib)이 그 자금을 운영하는 투자 방식으로, 이익은 자본가와 경영인이 사전에 합의한 비율로 분배하고, 손해는 자본가가 전적으로 부담한다. 무샤라카는 2인 이상의 자본가가 공동으로 출자해서 사업을 운영하는 투자 방식으로, 이익은 출자자들이 사전에 합의한 비율로 분배하고, 손해는 자본 투자 규모에 비례해서 출자자들이 부담한다.

58) Cizakca (1995), 329.

59) Cizacka (1995), 337-346.

60) 8세기 학자인 이맘 주파르(Iman Zufar)는 기부된 현금으로 이자 대출을 하지 않고, 무이자대출이나 손익공유의 파트너쉽 투자를 하고, 그 이윤을 공익을 위해 사용한다면 화폐도 와크프 재산으로 인정할 수 있다는 견해를 밝혔다(Mandaville (1979), 294). 이맘 주파르는 하나피 학파에 속하지만 학파 내에 영향력이 큰 학자가 아니어서, 이 견해가 하나피 학파의 공식 견해로 받아들여지지 않았다. 현대에 금전 와크프가 공식적으로 인정되면서 이맘 주파르의 견해가 다시 주목받고 있다.

61) Cizacka (2000), 19; Abbasi (2012), 138.

62) Cizacka (2000), 18.

63) Kuran (2001).

64) Mohamad (2020), 258-259.

65) Hisham·Jasiran·Jusoff (2013).

66) Singer (2008), 187.

67) Singer (2008), 186.

68) Cizakca (2000), 84-85.

69) Cizakca (2000), 86−90.

70) Crecelius (1991), 76.

71) Cizakca (2000), 122−123.

72) Powers (1989).

73) 영연방 인도에서 발생한 압둘 화타(Abdul Fata) 소송과 관련해 영국 추밀원(Privy Council)의 판사 홉하우스 경(Lord Hobhouse)이 1894년에 내린 판결이 영연방 정부의 가족 와크프에 대한 공식적인 견해로 널리 받아들여졌다(Powers (1989), 559−560). 그 판결의 핵심은 가족 와크프는 자선 목적을 사실상 결여하기 때문에 와크프로 인정될 수 없고, 이슬람상속법에도 위배되기 때문에 가족 와크프는 무효라는 것이다. 인도의 무슬림 지식인들은 이 판결이 오히려 샤리아에 위배된다고 격렬하게 반대하여, 가족 와크프를 인정하는 '와크프 유효화 법(Waqf Validating Act)'을 1913년에 제정하는데 성공하였다(Powers (1989), 560−564).

74) Cizakca (2000), 126−127.

75) Alhabshi (1991), 123−125.

76) Mohamad (2020), 105.

77) Cizakca (2000), 185−186.

78) Kuran (2001), 883−887.

79) Cizacka (2000).

80) Cizacka (2000), 91−94.

81) Cizacka (2000), 102.

82) Marwah & Bolz (2009), 815; Kuran (2001), 890.

83) 이 외에도 기업 와크프의 대표적 사례로 사반치(Sabanci) 와크프와 함다드(Hamdard) 와크프를 들 수 있다(Mohsin (2014), 23−34). 사반치 와크프는 튀르키예의 대기업인 사반치 그룹이 1974년에 설립하였다. 운영 구조와 사업 분야는 와흐비 코치 와크프와 유사하다. 함다드 와크프는 인도 전통 의학 우나니(Unani) 병원과 실험실을 운영하는 가문이 1964년에 설립하였는데, 인도, 파키스탄, 방글라데시의 세 국가에 걸쳐서 운영되고 있다.

84) Cizacka (2000), 97−101; Cizacka (2011), 105−108.

85) Cizacka (2011), 108−110; Cizacka (2018), 100−102; Mohsin (2014), 35−42.

86) 오명석 (2022).

87) Cizacka (2011) 114−115.

88) BNM (2022).

89) Ihsan & Mohamed Ibrahim (2011).

90) Dompet Dhuafa는 몇 명의 언론사 기자들의 주도로 1993년에 설립된 민간단체로, 무슬림 사회로부터 자캇을 포함한 기부금을 모아서 사회복지에 힘쓴다는 목적을 갖고 출발하였다. 이 단체는 2001년에 정부로부터 국가가 인정하는 민간자캇모금기구(LAZ: Lembaga Amil Zakat)로 선정되었다(Ihsan/Ibrahim (2011), 257−258).

91) Sadeq (2002), 143.

92) Abdul Karim (2010).

93) Mohamad (2020), 258−259.

94) Gaudiosi (1988); Thomas (1949). 19세기 법학자들은 영국 신탁제도의 기원을 로마의 유언신 탁에 해당하는 fideicommissum에서 찾았다(Gaudiosi 1988: 1241−1242). 하지만 영국의 신탁 은 유언에 의해서가 아니라 신탁 설정자가 살아있을 때 행한다는 점에서 큰 차이가 있다.

95) Gaudiosi (1988), 1254−1255.

96) 최두열 (2017), 131면.

97) Marwah & Bolz (2009), 812−813. 물론 그 차이는 상대적인 것으로, 무타왈리도 현실에서는 설립자의 약관을 무조건적으로 따르지만은 않았고, 수탁자도 수익자의 이익을 위해야 하는 신 탁 의무에 충실해야 하며, 흔히 그의 권한과 의무는 신탁 증서에 특정되어 있다(Marwah/Bolz (2009), 813−814).

98) Marwah & Bolz (2009), 814−815.

99) 윤진수, 이 책 제2편 제1장.

100) Marwah & Bolz (2009), 815.

101) Kochuyt (2009) 109−110.

102) 와크프의 수혜자가 움마로 규정되는 경우, 이는 기독교적 박애가 지향하는 방식과 유사하다 (마르셀 에나프 (2018), 424−425).

103) Singer (2008), 148−150.

104) Cizacka (1995), 345; Jennings (1990), 290.

105) 이은정 (2003); Cizacka (2000), 107−108.

106) 오명석 (2022), 54−55.

107) 이슬람주의는 "이슬람은 총체적 생활양식"이란 구호 아래, 이슬람적 가치와 이슬람법이 무슬림 의 일상적 삶과 사회제도 전반을 지배해야 한다는 이슬람 개혁운동이다. 이집트의 무슬림형제 단(Muslim Brotherhood), 파키스탄의 이슬람회의(jamaat−i− Islami)가 대표적인 단체이다.

| 공동체와 법 |

05

떠오르는
공동체와 법

연예공동체와 법

연예공동체와 법

Ⅰ. 글머리에

최근 K팝과 한국 영화, 드라마 등의 콘텐츠는 한국을 넘어 전 세계인의 사랑을 받고 있다. 2012년 빌보드 싱글 차트 2위에 올랐던 싸이의 강남스타일을 필두로 방탄소년단의 빌보드 석권까지 K팝은 소셜 미디어 등의 정보통신 기술을 적극적으로 활용하면서 세계 최정상에 올랐다. 기생충, 오징어 게임 등의 한국 영화와 드라마는 보편적이고 다양한 주제를 다루며 세계인들의 마음을 울리고 있다. 여기에는 넷플릭스와 같은 온라인 영상 서비스 플랫폼이 주요한 역할을 하고 있고, 이는 다시 한국 콘텐츠에 대한 투자로 이어지고 있다.1)

그동안은 헐리우드 중심의 미국 엔터테인먼트 업계가 전 세계적인 엔터테인먼트 문화를 견인해 온 것이 사실이다. 그러나 문화의 다양성이 강조되고, 디지털 콘텐츠 소비의 증가로 언어나 국경의 장벽이 낮아짐에 따라 한국의 엔터테인먼트 산업은 국제적인 영향력을 강화하고 있다. 과거 대중문화 산업의 성장을 통해 미국의 엔터테인먼트법이 비약적으로 발전하였음에 비추어 보면, 이제 우리도 관련법의 발전을 위한 충분한 토양이 마련되고 있는 것이다.

그동안 이 분야에 대한 법적 연구는 실제 분쟁이 많았던 연예인 전속계약이나 연예인의 퍼블리시티권 보호 등 제한된 분야에 집중되어 있다. 엔터테인먼트 법의 연구 범위를 확대하고 다각적으로 관련 쟁점들을 살펴보기 위해서는, 연예계를 구성하는 주요 주체의 입장에서 현 상황을 조망하는 것이 의미가 있다. 특히 연예계는 각 매체별, 각 단계별, 각 주체별로 공동체가 구성되어 있어 공동체법의 관점에서도 여러 시사점을 줄 수 있다. 이하에서는 국내 연예계의 구조적 특징을 간단히 살펴보고, 연예계의 직능공동체와 팬덤 현상에 따라 출현한 취향공동체의 역할을 생각해 보고자 한다.

II. 국내 연예계의 구조적 특징

1. 연예계와 공동체

엔터테인먼트 산업을 구성하는 주체들은 매우 다양하다. 엔터테인먼트 산업을 엔터테인먼트 관련 콘텐츠 상품·서비스를 생산, 유통, 소비하는 것과 관련된 모든 산업을 통칭한다고 하면, 세부적으로는 영화, 방송, 음악, 공연, 게임, 출판, 만화, 광고, 캐릭터 등의 분야로 구분될 수 있다. 개별 분야는 독자적으로 발전해 왔으므로 산업구조에는 차이가 있지만, 콘텐츠의 기획, 제작, 유통, 소비 등의 각 단계에 종사하는 수많은 사람들이 엔터테인먼트 산업의 주체라고 할 수 있다. 영화나 방송 제작자, 음악이나 게임의 퍼블리셔, 공연기획자 등 콘텐츠 기획·제작자, 시나리오 작가, 작곡·작사가 등의 작가, 콘텐츠 감독·연출자, 콘텐츠 투자자, 배급유통자 등이 이에 속한다.

매체를 생산하고 이를 배포하기 위해서는 많은 사람들의 조력이 필요하다. 때문에 연예계는 각 분야별로 각 단계를 구성하는 주체들이 공동체를 이루는 특징이 있다. 매체를 생산하는 단계에서의 생산공동체, 생산된 매체를 퍼블리시하는 배급 공동체가 있고, 최근에는 이러한 매체를 소비하는 소비자들도 공동체를 형성하여 수동적인 소비자로서가 아니라 보다 적극적인 연예계의 주체로서 활동하는 예도 많아졌다.

생산 단계에서도 각자의 역할에 따라 각 주체들의 공동체를 세분하여 다루어 볼 수 있는데, 이 가운데 가장 중요한 것은 엔터테이너들의 공동체라고 할 수 있다. 연기자, 가수, 개그맨, 모델 등 통상 연예인이라고 불리는 엔터테이너들이 엔터테인먼트 산업에서 중심을 이루는 주체임을 부인할 수 없기 때문이다. 많은 자본이 소요되고 성공 여부가 불확실한 엔터테인먼트 산업의 특징상 소위 스타에 대한 의존도가 매우 높을 수밖에 없다. 따라서 스타가 되고자 하는 사람들은 열악한 지위에 놓이기 쉽다. 또한 흥행성 있는 스타라고 하더라도 소비자의 취향에 따라 인기의 가변성도 크기 때문에, 어느 정도의 대중성을 얻은 다음에도 그 지위는 안정적이지 않은 경우가 많다.[2] 따라서 연예인들로부터 어떻게 가치를 창출해 내고, 그들을 어떻게 보호할 것인지는 법적으로도 중요한 문제가 된다. 연예인, 즉 엔터테이너들의 공동체는 이와 관련하여 법적인 보호 수단을 보완하거나 이를 넘어서는 역할을 할 수 있다.

2. 매니지먼트사의 위상과 역할

가. 매니지먼트사의 성장

우리나라의 엔터테인먼트 산업은 1990년대 이전까지만 해도 현재와 같은 체계를 갖추지 못하고 있었다. 특히 연예인을 발굴하고 이들을 관리하는 매니지먼트의 역할이 본격화된 것은 민영방송인 SBS가 출범한 1992년 이후이다. SBS는 개국하며 파격적인 조건으로 스타들을 스카웃하였고, 이를 통해 KBS와 MBC가 운영하던 출연료 등급방식이 붕괴되고, 방송사의 전속제를 기반에 둔 스타시스템이 자유계약제로 전환되는 계기가 되었다. 동시에 이 시기에는 지상파 방송의 외주제작 비율이 증가하면서 시청률 경쟁이 치열해졌고, 스타급 연기자를 보유한 연예기획사들이 제작에도 참여하는 경우가 늘어났다. 엔터테인먼트 산업이 성장하고 대기업들의 자본이 투입된 1990년대 후반부터는 대형 매니지먼트사들이 등장하며 연예계 전반에 중심적인 역할을 수행하게 되었다.[3]

일찍이 엔터테인먼트 산업이 발달한 미국에서는 연예인을 조력하는 업무를 수행하는 주체를 에이전시와 매니저로 나누어 이해한다. 전자는 연예인의 연예활동 기회를 알선하는 업무를 주로 하고, 후자는 연예인의 연예활동을 보좌하고 지원하는 역할을 한다. 이들은 등장 배경이 다르고, 각자의 역할에도 차이가 있으므로, 각 주법에 따른 법적인 규율도 서로 다르다.[4] 우리나라의 경우에는 양자가 명확히 구분되지 않는 특징이 있다. 이하에서 언급하는 매니지먼트사는 에이전시와 매니저의 기능을 함께 수행하는 업체를 의미하고, 업계에서 널리 사용되는 연예기획사라는 명칭도 혼용하여 사용한다.

한국의 연예기획사는 음반 제작사들이 가수를 발굴하고 이들을 관리하는 업무를 하면서 출발하여, 점차 연기자 영역으로 확대되었다. 1960년대 이후 가수들을 중심으로 개인 매니저들이 생겨났고, 1970년대에는 스타급 영화배우들에게, 1980년대에는 TV 탤런트에게도 개인 매니저 제도가 확대되었다. 1980년대 중반 이후에는 한 명의 매니저가 다수의 연예인을 관리하거나 음반제작에 참여하는 매니저도 나타났다.5) 이들의 업무는 캐스팅 및 출연계약을 체결하는 것부터 연예인에 대한 전반적인 커리어 관리 및 현장에서 연예인이 연예활동을 수행하면서 발생하는 여러 업무들을 보조하는 것까지 다양하다.

대형 매니지먼트사들은 연예인 지망생들의 교육과 제작업을 겸업하거나 제작에 직간접적으로 투자하기도 하고, 회사 주식을 상장하여 대규모 투자를 유치하는 경우도 늘어나고 있다. 2020년 기준 대중문화예술산업의 전체 매출 규모는 7조 8,594억 원으로, 대중문화예술산업발전법에 따라 조사를 시작한 2014년 이후 지속적으로 성장하고 있고, 특히 매니지먼트사의 매출은 1조 9,674억 원으로 매출 증가세가 두드러진다.6)

나. 매니지먼트사의 지위와 연예인과의 관계

엔터테인먼트 산업의 특성상 스타에 대한 의존도가 매우 높고, 스타를 육성하고 콘텐츠를 생산하여 유통하는 과정에 대규모 자본이 투입된다는 점에서 스타를 발굴·관리하고 콘텐츠 생산에 직간접적으로 관여하는 매니지먼트사들은 막강한 영향력을 행사한다. 엔터테인먼트 직종의 노동시장은 스타급 연예인과 신인 또는 인지도가 높지 않은 연예인으로 극명하게 나뉘는 이중적 시장구조를 이루는데, 연예인 지망생이나 신인, 또는 인지도가 높지 않은 연예인들에게는 매니지먼트사와의 전속계약을 체결하는 것이 스타가 되기 위한 첫 관문이 된다. 연예계 진출을 위한 통로가 다양해졌다고는 하지만, 매니지먼트사와의 전속계약은 연예인으로서 필요한 전문적인 트레이닝을 받고 활동 기회를 얻을 수 있는 가장 전형적인 방식이다.

많은 사람들이 몰려들지만 실상 스타가 되는 것은 그 중 소수에 불과하다. 따라서 하부 시장에 속하는 연예인 내지 연예인 지망생은 매우 열악한 지위에 놓이기 쉽고, 여러 부조리한 현실에 직면하게 된다. 매니지먼트사에 소속되어서나 혹은 그 이전부터 교육비나 캐스팅비 등 과도한 비용을 강요하거나 오디션이나 캐스팅 과정에서 사기성 약정을 하는 경우도 허다하다. 사실상 학원이면서 기획사라고 하거나 기획사와 연계되어 있다고 하면서, 데뷔를 조건으로 고액의 수강료를 받는 이른바 '학원형 기획사'에 대한 피해사례도 다수 보고되고 있다.[7] 시스템이 잘 구축되고 상당한 지속성을 지닌 대형 매니지먼트사들도 있지만, 수적으로는 훨씬 많은 수의 영세한 규모의 연예기획사들이 난립해 있는 실정이다. 2021년 기준 대중문화예술기획업으로 등록된 2,778개의 업체 중 매니지먼트 분야는 1,426개로, 직원이 50인 이상인 업체는 24개에 불과하였다.[8]

뒤에서 보는 바와 같이 대중문화예술산업발전법에 의하면, 대중문화예술기획업을 하려는 자는 문화체육관광부에 등록을 해야 한다. 연예인과 전속계약을 맺은 매니지먼트사나 에이전시, 대중문화예술용역 알선을 조건으로 하는 학원 등은 대중문화예술기획업에 해당하므로, 이 법에 따른 등록필요하다. 문화체육관광부에 등록을 한 업체에 대한 정보는 대중문화예술 종합정보시스템에서 확인할 수 있으나, 여기서 제공하는 정보는 대표자, 주소 정도의 정보에 불과하여 계약을 체결하는 연예인의 입장에서 회사의 현황을 확인하기는 여전히 쉽지 않다. 또한 신인 연예인이나 연예인 지망생들은 아직까지 경력이 많지 않거나 데뷔를 하지 않아 노동조합 등 연예인 단체에 들어가서 한 목소리를 내기도 어렵다. 이들이 할 수 있는 것이라고는 인터넷을 통한 자발적인 모임을 만들어 오디션이나 소속사 등의 정보를 교류하고, 피해 사례를 공유하는 정도에 그치고 있는 실정이다.[9]

3. 연예인과 매니지먼트사 간의 분쟁과 연예인 보호를 위한 법규

가. 전속계약의 불공정성

(1) 매니지먼트사와 전속계약

엔터테인먼트 분야에서 계약은 통상 상업적 성공에 대한 불확실성을 특징으로 하는 업계의 특성상 그 위험을 낮추거나 이를 적절히 배분하기 위해 체결된다.[10]

연예인과 매니지먼트사 사이의 전속계약은 엔터테인먼트 업계에서 가장 중요한 계약 중 하나이다. 연예인들은 매니지먼트사와 캐스팅, 출연 협상, 계약 체결 및 그밖에 연예활동과 관련된 여러 지원을 받고, 매니지먼트사와 수익을 배분하기로 하는 전속계약을 체결한다.

매니지먼트사와의 계약이 전속성을 요건으로 하는 것은 매니지먼트사가 연예인에 대해 충분히 투자하고 그에 따른 보수를 확보할 수 있도록 하는 방안이다. 이에 비해 매니지먼트사는 해당 연예인만을 위해 전속적으로 활동하지는 않는데, 매니지먼트사는 오히려 다수의 유력 전속 연예인들을 보유함으로써 연예계에서 영향력을 행사할 것이 기대되는 측면이 있다.11)

아직 연예인으로 데뷔하기 전의 연습생이나 신인 연예인이 전속계약을 체결하는 경우에는 매니지먼트사에 비해 계약상 지위가 열위에 있으므로, 제대로 협상이 어려운 경우가 대부분이다. 지나치게 장기간의 계약을 요구하거나 불리한 내용의 정산조건을 제시하더라도 받아들일 수밖에 없고, 전속계약을 체결한 뒤에는 제대로 된 트레이닝을 제공하지 않거나 자신과 맞지 않는 매니지먼트사라도 계약을 쉽게 해지하지 못해 족쇄가 되는 경우가 문제되기도 한다. 수익금 배분에 있어서도 연예인이 노력한 대가에 비해 턱없이 불리한 조건을 내세운 경우도 있어 노예계약이라는 비판을 받기도 한다. 전속계약을 둘러싼 연예인과 매니지먼트사 사이의 다툼은 법적인 분쟁으로 발전하는 예도 많다.12)

(2) 표준전속계약서

이처럼 불공정한 전속계약의 문제점에 대한 문제가 제기되자 공정거래위원회에서는 여러 차례 전속계약에 대한 실태조사를 거쳐 가수 및 연기자를 위한 표준전속계약서 2건을 마련하였다.13) 이후 대중문화예술산업발전법(이하 '대중문화산업법') 제8조에서는 문화체육관광장관으로 하여금 공정거래위원회와 협의하여 표준계약서를 마련하고 이를 보급하도록 하였고, 이에 따라 기존에 공정거래위원회에서 만든 대중문화예술인 표준전속계약서는 문화체육관광부고시로 지정되어 업계의 실질적인 규범으로서 기능하고 있는 실정이다. 2021년 실태조사에 따르면 소속사가 있는 연예인의 경우 표준계약서로 전속계약을 체결하거나(64.8%), 표준계약서의 일부 조항을 변형하여 전속계약을 체결하는 것(22.1%)이 일반적이다.14)

표준전속계약의 주요 내용을 살펴보면, 우선 계약기간이 지나치게 장기가 되지 못하도록 상한을 설정하고 있다. 대중문화예술인(연기자중심) 표준전속계약서 제13조는 계약기간이 7년을 초과하지 못한다고 하고, 대중문화예술인(가수중심) 표준전속계약서 제3조는 7년을 초과하면 연예인이 언제든지 계약 해지를 통보할 수 있고 그 후 6개월이 경과하면 계약이 종료된다고 한다. 매니지먼트사 입장에서는 신인을 육성하는 데에 많은 비용과 시간이 소요되고 이들 중 소수만이 인기 연예인이 될 수 있다는 점을 감안하면 투자비용을 회수할 수 있도록 장기계약을 체결하고자 할 것이다. 그러나 지나치게 오랜 기간 연예인을 전속계약에 묶어 두는 것은 연예인의 경제활동의 자유를 부당하게 제한하는 것이 되므로, 적정한 균형점을 찾는 것이 필요하다.[15]

전속계약이 지나치게 장기간으로 약정된 것이 불공정하다는 취지의 분쟁들이 있었는데, 법원은 10년이 넘는 전속계약은 연예기획사의 훈련기간을 고려하더라도 지나치게 장기간이라고 하면서 민법 제103조 위반으로 무효라고 판단한 바 있다.[16] 참고로 엔터테인먼트 산업이 발달한 미국에서는 캘리포니아주 노동법상 인적 서비스 관련 계약은 7년을 초과할 수 없다고 하는바, 이에 따라 에이전시나 매니지먼트와의 계약은 7년을 넘지 못한다. 그 외에 직능별 노동조합과의 계약에서는 에이전트 계약의 기간을 3년 또는 더 단기간으로 정하기도 한다. 아래에서 살펴보는 바와 같이 미국의 경우에는 개별 주법 외에 직능별 노동조합이 실질적인 규범력을 행사하고 있는데, 특히 에이전트 계약의 경우에는 최초 계약은 18개월을 초과할 수 없도록 되어 있기도 하다(SAG-AFTRA Rule 12-C).

다음으로 전속계약에서 중요한 사항은 수익분배에 관한 것이다. 통상 계약기간 동안의 수익분배는 연예인의 연예활동으로 발생한 수입에서 제반 비용을 공제한 금액 중 일정한 비율을 연예인에게 정산금으로 지급하는 형태로 이루어진다(대중문화예술인(가수중심) 표준전속계약서 제12조, 대중문화예술인(연기자중심) 표준전속계약서 제7조). 표준전속계약에는 분배방식이나 구체적인 분배비율은 연예인과 매니지먼트사가 별도로 합의하여 결정하도록 하였는데, 이는 연예인의 입지, 기획사나 매니저의 능력, 양자의 관계 등에 따라 달리 결정된다. 미국에서는 수익분배에 관하여 어떤 수익을 분배의 대상으로 하는지, 비용으로는 어떤 것이 고려될 수 있는지, 분배 비율은 어떻게 할 것인지 등을 매우 자세히 규정하는 것이 일반적이다. 참고로 뉴욕주법과 SAG-AFTRA의 경우 연예인이 지급받는 수익의 10%를 넘지 못하도록 하였다.[17]

그러나 우리나라에는 매니지먼트사와 연예인간의 수익분배 비율에 대한 명시적인 규정을 두고 있지는 않다. 연예기획사와 연예인이 50:50의 비율로 나누기도 하고, 신인은 연예인이 10~20%만을 배분받기도 하며, 반대로 스타급은 매니지먼트사가 10~20%만을 배분받는 경우도 있다.[18]

　　전속계약이 장기로 체결되므로, 계약의 중도해지와 관련된 규정도 중요하다. 표준전속계약에서는 상대방이 계약을 위반하는 경우 14일의 유예기간을 정해 위반 사항을 시정할 것을 요구하고, 그 기간 내에 위반사항이 시정되지 않으면 계약 해지 및 손해배상을 청구할 수 있도록 하였다. 특히 연예인이 계약을 일방적으로 파기할 목적으로 계약을 위반한 경우, 손해배상과 별도로 계약 잔여기간 동안의 매출액 또는 매출액의 일정 부분을 위약벌로 지급하도록 규정하고 있다. 즉, 대중문화예술인(가수중심) 표준전속계약서 제15조에서는 직전 2년간의 월평균 매출액에 계약 잔여기간의 개월 수를 곱한 금액을, 대중문화예술인(연기자중심) 표준전속계약서 각 제17조에서는 계약 잔여기간 동안 연예인의 연예활동으로 인해 발생된 매출액의 일정 비율(15%를 넘지 못함)을 위약금으로 지급하도록 하였다. 이는 연예인의 무임승차를 막기 위한 최소한의 장치라는 연예기획사 측의 주장을 받아들인 규정이다.[19]

　　또한 대중에 대한 노출이 많은 연예인을 보호하기 위해 매니지먼트사가 연예인에게 인성교육과 정신건강을 지원할 수 있다는 조항을 두었고(대중문화예술인(가수중심) 표준전속계약서 제7조, 대중문화예술인(연기자중심) 표준전속계약서 제6조), 특별히 보호가 필요한 아동 및 청소년의 인권 보장 등을 위한 조항도 별도로 마련하고 있다(대중문화예술인(가수중심) 표준전속계약서 제18조, 대중문화예술인(연기자중심) 표준전속계약서 제21조).

(3) 불공정한 전속계약의 문제

　　그런데 표준전속계약서를 이용하여 계약을 체결하는 경우라도 공정성을 담보하는 데에는 한계가 있다. 우선 수익을 어떻게 배분할 것인지는 당사자들에게 가장 의미 있는 조항 중 하나일 것인데, 이와 관련하여 표준전속계약서는 연예활동으로 현장에서 직접 소요되는 비용, 광고수수료, 기타 연예인이 동의하여 지출된 비용 등을 공제한 나머지 수익을 기초로 수익분배 방식을 협의하여 정하도록 규정하고 있을 뿐이다(대중문화예술인(가수중심) 표준전속계약서 제12조 제2항 및 제3항, 대중문화예술인(연기자중심) 표준전속계약서 제7조 제1항). 실제 수익분배 비율은 매니지먼트사의 초기 투자 비용, 전속금의 지급 여부 및 금액, 연예인의 지명도, 매니지먼트사가 부담하는 활동 지원비 등을 고려하여 다양하게 결정된다. 스타급 연예인들은 수익의 80~90%를 배분받기도 하지만, 신인이나 연예인 지망생의 경우에는 교섭력이 없기 때문에 매니지먼트사가 일방적으로 제시하는 비율을 따를 수밖에 없는 경우가 많다. 10~20%의 수익배분을 약정하는 경우도 드물지 않고, 이런 계약에 장기간 구속되면 연예인이 인기를 얻은 후에도 계약기간이 만료할 때까지는 제대로 정산을 받지 못하기도 한다. 어떤 비용이 공제되는지, 수익에서 비용으로 공제되는 금액이 어느 정도나 될 것인지에 대한 정보도 충분히 제공되지 않는 경우도 많다.

표준전속계약서를 이용한다고 하더라도 계약기간, 수익배분 비율 등이 매니지먼트사에 일방적으로 유리하게 정해졌다면 이 전속계약이 공정하다고 보기는 어렵다. 계약기간을 단계별로 나누어 연예인의 성장 단계, 대중적 인기, 수익전망 등을 반영하여 수익배분을 달리 정하거나 재협상할 수 있도록 하는 식으로 계약의 공정성을 기할 수 있는 방안을 고민해야 할 것이다.[20] 또한 표준전속계약서에서는 비용이나 수익의 기초가 되는 항목들을 나열하고 있기는 하지만, 연예인의 주된 활동 및 연예기획사의 주된 역할에 따라 예상되는 비용과 그 처리 방식, 수입의 내용 및 범위에 대해 보다 명확하게 규정하는 것이 바람직하다.[21]

전속계약이 매니지먼트사에 독점권을 부여하고 장기 계약으로 체결되는 것은 초기에 신인을 육성하는 데 많은 비용과 시간이 소요되고, 그 중 소수만이 상업적으로 성공을 거두게 됨에 따라 투자위험성이 높다는 산업의 특수성 때문이다. 그런데 매니지먼트사와 연예인의 이해관계가 맞아서 충분한 지원과 활동이 이어질 수도 있겠지만, 그렇지 않은 경우에도 장기간 독점적인 계약관계에 묶여야만 하는 것은 연예인에게만 가혹한 결과를 가져올 수 있다. 표준전속계약서에 따르면 연예인이 계약을 중도에 해지할 수 있는 것은 중대한 질병에 걸리거나 상해를 당하여 연예활동을 계속하기 어려운 사정이 발생한 경우(대중문화예술인(가수중심) 표준전속계약서 제15조 제4항, 대중문화예술인(연기자중심) 표준전속계약서 제18조)가 아니면, 매니지먼트사가 계약상 내용을 위반하고 시정을 요구하였으나 시정이 되지 않는 경우(대중문화예술인(가수중심) 표준전속계약서 제15조 제1항, 대중문화예술인(연기자중심) 표준전속계약서 제17조 제1항)여야 한다. 계약상 정한 매니지먼트사의 의무를 위반하는 것이 명백하다면 계약을 해지할 수 있을 것이지만, 매니지먼트사가 연예활동을 위한 충분한 지원을 해주지 않거나 매니지먼트사와 연예인이 추구하는 활동 방향이 맞지 않는다면 이것이 해지사유가 되는지는 불분명하다. 매니지먼트사로서는 자신들로서는 성실하게 의무를 다하였다고 주장할 것이고, 그렇다고 인정되면 연예인으로서는 계약에 구속될 수밖에 없다. 연예인이 일방적으로 계약해지를 통보하고 전속계약에 따른 의무를 다하지 않으면, 이제 반대로 매니지먼트사가 연예인에게 손해배상은 물론 이와 별도로 위약벌을 청구할 수 있다는 것이 표준전속계약의 태도이다(대중문화예술인(가수중심) 표준전속계약서 제15조 제2항, 대중문화예술인(연기자중심) 표준전속계약서 제17조 제2항).

위약벌은 계약을 위반한 경우에 그에 대한 벌칙으로 일정한 금액을 지급하도록 하는 것을 의미한다.[22] 판례의 태도에 따르면 위약벌은 손해배상액의 예정과는 달리 계약위반에 대한 일종의 제재로서의 의미를 가지고, 그 금액이 과다하다고 하더라도 법원이 이를 감액할 수 없는 것이 원칙이다.[23] 즉, 연예인이 계약기간 도중에 계약을 일방적으로 파기할 목적으로 계약상의 내용을 위반하였다면, 실제 손해와는 무관하게, 더 나아가 실제 손해를 입증할 수 있다면 손해배상을 청구하고 그에 추가로 위약벌을 지급하여야 하고, 계약서에 명시된 위약벌 금액이 과도하더라도 법원의 감액도 불가능한 것이 된다. 계약 잔여기간 동안의 예상 매출액 또는 장래 매출액의 일정 비율을 벌칙으로 지급하는 것은 연예인으로서는 상당한 심리적, 경제적 부담이 될 수밖에 없다. 참고로 서울중앙지방법원 2009. 10. 27.자 2009카합2860 결정에서는 동방신기와 에스엠 엔터테인먼트의 계약해지에 따른 손해배상에 관하여 "원고가 피고에 대하여 이 사건 전속계약의 해제나 해지를 주장하기 위해서는 이 사건 전속계약으로 인하여 입게 되는 모든 손해를 배상하도록 되어 있는데, 그 내용을 보면 총 투자액의 3배 상당의 금액에, 잔여 계약기간 동안의 예상이익금의 2배 상당의 금액을 더한 금액에다가, 위약벌 1억 원까지 더한 금액이어서, 이와 같이 지나치게 과중한 손해배상과 위약벌에 관한 의무조항까지 존재한다는 점도 함께 고려해 보면, 원고로서는 이 사건 전속계약의 계약기간이 종료하기 전까지는 도저히 이 사건 전속계약을 해지할 엄두를 내지 못할 것으로 판단된다."고 하였다. 나아가 매니지먼트사가 계약을 해지당할 수 있을 정도로 계약상 의무를 위반하거나 이를 해태한 경우에는 위약벌 규정이 없다. 이때 손해를 입증하기가 쉽지 않을 것이므로, 연예인으로서는 계약을 해지하더라도 금전적인 보상을 받기가 쉽지 않다. 이러한 계약의 구조적인 문제는 연예인이 계약기간 동안에는 전속계약에 대해 문제를 제기하기가 매우 어렵게 되는 요인이 된다.

776

나. 매니지먼트사에 대한 규제와 연예인 보호를 위한 법규

개별 주법으로 에이전시나 매니지먼트사를 규율하는 미국과는 달리, 우리나라에서는 비교적 최근까지도 연예기획사를 규제하거나 연예인을 보호하기 위한 입법이 충분히 마련되어 있지 않았다. 엔터테인먼트 업계는 법규보다 평판이나 관행이 중요하게 작용한다는 인식이 있어서, 계약서를 체결하고 법으로 문제를 해결하는 문화가 자리잡지 못한 면도 있었다. 그러나 연예기획사와 연예인의 분쟁이 사회적으로 관심사가 되고, 연예인의 인권을 보호해야 한다는 문제제기가 이어지면서 이 분야에 대한 법규 마련의 필요성이 대두되었다.

기존에 대중문화예술산업에 대한 규제는 독립적인 입법 체계가 갖추어지지 않은 채로 개별 법률에 의해 부분적으로 이루어지고 있는 실정이었고, 소관 부처도 통일되지 않았다. 대표적으로, 문화체육관광부 소관의 문화산업진흥기본법, 저작권법, 영상산업진흥기본법, 영화 및 비디오물의 진흥에 관한 법률, 음악산업 진흥에 관한 법률, 공연법, 문화예술진흥법, 방송통신위원회 소관의 법률로는 방송법이 이와 관련된다. 한편 모델 에이전시는 고용노동부 소관의 직업안정법의 적용을 받는다. 규제가 아예 없거나 중복규제가 문제되는 분야도 있었고, 그나마도 규제 중심이어서 산업을 진흥시키고 인프라를 구축하기 위한 법제를 마련해야 한다는 요청도 있었다.[24] 이러한 배경에서 2014년 대중문화산업법이 제정되었다.

대중문화산업법에는 특히 매니지먼트사를 규율하는 내용이 포함되어 있는데, 이 법에 따라 연예기획사는 문화체육관광부장관에게 등록을 하여야 함은 앞에서 살펴본 바와 같다. 그 외에도 미성년자, 파산선고를 받은 자, 성과 관련된 범죄 경력이 있는 자 등은 대중문화예술기획업을 운영하거나 그 업무에 종사할 수 없도록 하고(대중문화산업법 제27조), 대중문화예술기획업자의 명의대여가 금지되었으며(대중문화산업법 제28조), 대중문화예술기획을 하기 위해서는 법에서 정한 교육을 받도록 하였다(대중문화산업법 제29조). 문화체육관광부장관은 대중문화예술기획업과 관련된 정보를 종합적으로 관리하고, 대중문화예술인을 희망하는 사람에게 관련 정보를 제공하기 위해 종합정보시스템을 구축·운영할 수 있는데(대중문화산업법 제32조 제1항), 다만 대중문화예술기획업 종사자가 직접 정보를 입력하는 방식이어서(대중문화산업법 시행령 제12조 제2항) 정보내용의 신뢰성이 문제될 수 있고, 공시되는 정보도 제한적이라는 한계가 있다.

참고로 엔터테인먼트 산업이 발달한 미국에서는 개별 주법으로 연예인 에이전시를 규율하는바, 예컨대 캘리포니아 노동법에서는 탤런트 에이전시는 주 노동위원회 위원장으로부터 면허를 취득하고 이를 매년 갱신하도록 한다.[25] 이러한 면허 없이 에이전트 업무에 해당하는 계약을 체결한 경우 그 계약은 무효가 되어 연예인에게 수수료를 청구할 수 없다는 취지의 판례도 있다(Waisbren v. Peppercorn Production, Inc., 48 Cal.Rptr.2d 437 (Cal.App. 2 Distr. 1995)). 탤런트 에이전시는 연예인과 체결할 계약서 양식을 노동위원회에 제출하여 승인을 받아야 하는바, 노동위원회는 그 불공정성을 심사한다.[26] 연예인이 미성년자인 경우에는 추가로 주 법원으로부터 계약에 대한 승인을 받아야 한다.[27] 그 외에도 허위과장 광고, 이해상반행위, 연예인을 안전하지 않은 장소에 알선하는 행위 등이 금지된다는 점을 명시하고 있다.[28] 주에 따라서는 에이전시가 받을 수 있는 수익 배분 상한을 규정하기도 한다.[29] 우리의 대중문화산업법과 비교하면 미국의 법제는 에이전트에 대한 보다 실질적인 규제를 함으로써 연예인과 일반 대중을 보호하고자 한다는 점을 알 수 있다.

그 외에 연예인을 보호하기 위한 국내 법률로는 2012년 제정된 예술인 복지법이 있다. 이 법은 예술인의 지위 향상과 복지 증진을 위하여 문화예술 분야 계약서의 표준양식을 개발·보급하고, 예술인의 업무상 재해에 관한 보호 규정을 마련하며, 예술인복지사업을 수행할 수 있는 한국예술인복지재단의 설립 근거를 마련하기 위해 제정되었다. 특히 2013년 개정 시부터는 문화예술계의 불공정행위를 규제하는 내용이 포함되었는데, 2022. 9. 예술인의 지위와 권리의 보장에 관한 법률(이하 '예술인권리보장법')이 시행됨에 따라 관련 내용은 이 법으로 이관되었다.

예술인권리보장법에 따르면 우월한 지위를 이용하여 예술인에게 불공정한 계약 조건을 강요하거나 계약 조건과 다른 활동을 강요하는 행위, 예술인에게 적정한 수익배분을 거부·지연·제한하는 행위, 부당하게 예술인의 예술 활동을 방해하거나 지시·간섭하는 행위, 계약과정에서 알게 된 예술인의 정보를 부당하게 이용하거나 제3자에게 제공하는 행위, 그 밖의 부정한 방법으로 예술인에게 불이익이 되도록 부당하게 거래조건을 설정 또는 변경하거나 그 이행과정에서 불이익을 주는 행위는 불공정행위로서 금지된다(예술인권리보장법 제13조). 예술인권리보장법에서는 그 외에도 예술인조합의 활동을 보장하는 내용(예술인권리보장법 제14조)과 성평등한 예술 환경을 조성하기 위한 사항(예술인권리보장법 제16조 이하)도 포함되어 있는바, 이 가운데 예술인조합과 관련된 부분은 다음 항목에서 다시 살펴보기로 한다.

Ⅲ. 연예계의 직능공동체와 그 역할

1. 국내 연예인 직능공동체와 관련 법률

가. 직능공동체의 현황과 역할

연예계에는 각 직능별로 공동체가 구성되어 있는 경우가 많다. 콘텐츠를 생산하고 배급하는 단계에서 개별 산업별, 직능별 단체들이 만들어진다. 엔터테인먼트 업계에서 가장 중요한 주체인 연예인의 경우에도 예외가 아닌데, 개별 연예인들은 스타급이 아닌 이상 불리한 지위에 놓이기 쉽고, 정보를 교환하고 자신들의 권익을 보호할 필요성이 있기 때문이다.

우선 연기자직종과 관련하여서는 (사)한국방송연기자협회와 한국방송연기자노동조합이 대표적이다. 한국방송연기자협회는 1971. 5. 6. 설립된 단체로, 2022년 현재 1850여명의 방송연기자들로 구성되어 있다. 방송연기자들의 자질향상과 건전한 방송문화 발전에 기여하기 위한 것을 목적으로 하고, 캐스팅이나 배우 교육 관련 사업을 하기도 하지만, 기본적으로는 연기자 상호간의 친목을 위한 단체의 성격이 강하다.30)

이에 비해 한국방송연기자노동조합은 1988년 방송연예인노동조합에서 출발하여 현재 방송예술에 종사하는 탤런트, 성우, 코미디언, 무술연기자, 연극인 등의 전문 노동자들이 모인 산별 노동조합이다. 방송사와 외주제작사에 정당한 대우와 보상, 제작환경 개선을 요구하고 출연료 교섭에서 영향력을 행사하며, 안정적인 노사관계와 다양한 복지제도를 마련하는 등 연기자들의 권익 향상을 위한 업무를 담당하고자 한다.31) 전신인 한국방송연예인노동조합은 1991년 출연료 인상을 위해 20일간 파업을 벌여 방송사 측과 협상을 이끌어낸 바 있고, 2000년 방송연기자노동조합으로 이름을 바꾼 이후 2012년에는 한국방송공사와 출연료 협상을 진행하였다. 이 과정에서 중앙노동위원회가 연기자는 노동자가 아니어서 단체교섭을 할 수 없다는 결정을 내리자, 이에 불복하여 법정 소송을 진행하였다. 1심 법원은 연기자들이 방송국에 소속되지 않은 채 프로그램별로 자유롭게 출연계약을 맺고 근로소득세 징수 대상이 아니므로 사업자로 보아야 한다고 하였으나(서울행정법원 2013. 11. 8. 선고 2013구합11031 판결), 2심 판결(서울고등법원 2015. 1. 22. 선고 2013누50946 판결) 및 대법원 판결(대법원 2018. 10. 12. 선고 2015두38092 판결)은 노동조합법상 근로자에 해당하는지는 노무제공관계의 실질에 비추어 노동3권을 보장할 필요성이 있는지의 관점에서 판단하여야 하고 반드시 근로기준법상 근로자에 한정된다고 할 것은 아니라고 하면서, 방송 연기자들의 단체인 방송연기자노동조합을 노동조합 및 노동관계조정법에 따른 노동조합으로 인정하였다. 이에 따라 방송연기자노동조합은 노동조합으로서 그 조합원인 방송연기자들을 위해 한국방송공사와 단체교섭을 진행할 수 있었다.

가수들의 공동체로는 (사)대한가수협회가 대표적이다. 이 단체는 1957년 임의단체로 설립되어 1959년 사단법인 인가를 받았으나, 1961년 군사정부의 대중예술인 통제책의 일환으로 한국연예협회 산하의 하나의 분과로 위상이 격하되었다가 2006년 대한가수협회를 다시 재건하게 되었다. 대중가수의 공익 활동 및 대중문화산업 발전에 이바지하고, 저작인접권을 통한 가수의 권리 증대 및 지위향상을 도모하는 것을 목적으로 한다.[32] 그 외에 기사검색 등을 통해 가수들로 구성된 노동조합도 확인할 수 있으나,[33] 조직이나 활동 면에서 광범위한 가수들의 권익을 위해 충분한 활동을 하지는 못하는 것으로 보인다.

연예인 공동체들과 대비하여 매니지먼트사들의 조직은 보다 탄탄한 편이다. 먼저 1992년 설립된 (사)한국연예제작자협회는 2022년 현재 음반, 공연, 매니지먼트 전문기업 422개사로 구성되어 있고, 회원사에 소속된 연예인이 5,000여 명이나 된다. 주로 가수 매니지먼트사들을 중심으로 설립이 되었는바, 대중음악의 내수시장 활성화를 위해 드림콘서트 등 대규모 콘서트를 개최하고, 대중음악산업의 인프라 조상과 제작자들의 권익 향상을 위해 노력하고 있다.[34]

한편 (사)한국연예매니지먼트협회는 기존에 연기자 매니지먼트사들을 중심으로 2005년 설립되었는데, 2021. 9. 현재 500명의 회원과 약 260여개의 회원사로 구성되어 있고, 회원사에는 약 2,500여명의 정상급 연예인이 소속되어 있다고 한다. 대중문화 진흥을 위한 제반 사업, 국내외 관계기관 및 단체와의 교류, 연예 매니저들의 처우 개선과 소양교육, 대중문화에 관한 각종 용역과 수탁사업, 회원의 권익

보호 및 친목 도모 등을 주요 사업으로 한다.[35]

나. 연예인 공동체 관련 법률

연예인들의 직능공동체를 규율하기 위한 법이 별도로 마련되지는 않으나 일부 법률이 연예인 공동체에도 적용될 수 있다. 사단법인의 형태로 만들어지는 단체에 대해서는 민법상 법인에 관한 규정이, 산별 노동조합으로서 기능하는 단체에 대해서는 노동조합 및 노동관계조정법이 적용될 수 있는 정도이다.

참고로 2022. 9. 25. 시행된 예술인권리보장법에서는 예술인조합의 활동을 보장하는 내용이 포함되어 있다. 예술인권리보장법 제14조 제1항은 특정 예술 활동에 관하여 특정 예술사업자 또는 예술지원기관과 계약을 체결하거나 계약 체결을 준비 중인 2명 이상의 예술인은 자신의 권리를 보호하기 위하여 예술단체를 결성할 수 있다고 하면서, 이를 문화체육관광부장관에게 신고하도록 하였다. 이렇게 신고한 예술단체를 예술인조합이라고 하여 예술인조합은 국가기관등, 예술지원기관 또는 예술사업자에게 예술 활동 관련 계약 내용의 변경 또는 계약조건에 대한 협의를 요청할 수 있으며, 협의를 요청받은 자는 성실하게 이에 응하여야 한다고 규정하였다(예술인권리보장법 제14조 제2항). 정당한 이유 없이 예술인조합과의 협의를 거부하거나 해태하는 행위, 예술인조합의 결성·가입·활동 등을 이유로 예술인에게 불이익을 주는 행위, 예술인조합에 가입할 것 또는 가입하지 않을 것을 조건으로 예술인과 예술 활동 관련 계약을 체결하는 행위는 예술인조합 활동방해 행위로써 금지된다(예술인권리보장법 제14조 제4항). 예술인조합 활동방해 행위는 예술인권리침해행위의 하나로 규정되는바, 문화체육관광부장관에게 침해행위를 신고할 수 있도록 하였고 행정처분 등의 구제조치를 취해질 수 있다(예술인권리보장법 제2조 제10호 마목 및 제28조 이하 참조). 이는 연예인 여러 명이 개별 계약이나 지원사업을 참여함에 있어 협상력의 불균형을 보완하기 위한 방안으로 예술인조합을 구성할 수 있도록 한 것이고, 연예인 직능공동체에도 적용될 여지가 있다. 다만, 이 법이 시행된 지가 얼마 되지 않았으므로 예술인조합에 관한 규정들이 실제로 어떻게 기능할지는 조금 더 지켜보아야 할 것이다.

2. 미국의 직능별 노동조합과 시사점

미국에서는 오래 전부터 각 직능별 노동조합이 결성되어 연예인들의 권익을 보호하기 위한 활동을 활발히 하고 있다. 대부분의 연예인들이 노동조합에 소속되어 있고, 이들 연예인들과 계약하기 위해서는 노동조합의 규정을 따르도록 하는 등 강력한 협상력을 가지고 있다는 점에서 우리나라의 직능별 공동체와는 차이가 있다.

미국 엔터테인먼트 업계에서 노동조합이 중요한 역할을 담당하는 것은 역사적인 배경이 있다. 20세기 초 미국 엔터테인먼트 산업에서 가장 중심이 되었던 것은 영화산업이다. 제1차 세계대전 이후 영화산업은 미국사회의 경제적 번영과 함께 급격하게 성장하였는데, 자본력을 보유한 영화사들을 중심으로 인수·합병이 활발해지면서 1920년대 후반에 이르러 대형 영화제작사들(MGM, 유니버설, 워너브라더스, 파라마운트, 컬럼비아, 유나이티드 아티스트, 폭스, RKO 등)이 미국 영화산업 전반을 지배하게 되었다. 이들은 영화의 제작, 배급, 상영 등을 통합하여 운영함으로써 잠재적 경쟁사들을 견제하며 엄청난 이익을 누렸는바, 이를 스튜디오 시스템이라고 한다.[36]

이러한 스튜디오 시스템이 붕괴하기 시작한 것은 대공황과 제2차 세계대전을 거치면서이다. 1930년대부터 영화 부문에서 노동조합이 결성되었고, 제2차 세계대전 이후에는 헐리우드 스튜디오의 대부분의 근로자들이 노동조합을 결성하여 동맹파업을 하는 등 침해된 자신들의 권리를 지키기 위하여 결속력을 다졌다. 이러한 과정을 통하여 감독, 연기자, 작가 등의 주요 제작인력들은 스튜디오와의 전속계약에서 벗어나게 되었다.

이러한 배경으로 엔터테인먼트 업계는 미국에서 가장 노동조합이 발전한 분야가 되었다. 1913년 설립된 AE(Actors Equity)는 공연예술자들로 구성된 노동조합이고, 1933년 설립된 영화배우 단체인 SAG(Screen Actors Guild)와 1937년 설립된 텔레비전과 라디오 관련 연예인, 저널리스트 등의 노동조합인 AFTRA(American Federation Television and Radio Artists)는 2012년 SAG−AFTRA로 통합되었다. 그 외에 작가단체인 WGA(Writers Guild of America), 영화와 텔레비전 감독들의 단체인 DG(Directors Guild)도 있다. 가장 오래되고 큰 노동조합으로는 American Federation of Musicians가 있는데, 영화, 방송, 음반녹음, 심포니 오케스트라, 콘서트 등에 종사하는 연예인들의 업무조건을 협상하고 있다.[37]

이중 대표적인 노동조합인 SAG-AFTRA이다. SAG-AFTRA에는 160,000명 이상의 배우, 아나운서, 캐스터, 저널리스트, 댄서, 디제이, 뉴스 작가, 에디터, 프로그램 호스트, 가수, 스턴트맨, 성우, 인형 연기자 등의 연예인들이 소속되어 있다고 한다. 로스앤젤리스, 뉴욕과 미국 전역에 사무소가 있고, 미국은 물론 세계 시장에서 연예인들의 권익을 대변하기 위하여 활발한 활동을 전개하고 있다. SAG-AFTRA는 제작사들과 최소 출연료, 업무 조건 등을 협상하여 기본 계약을 이끌어내고, 일정한 조건을 충족한 가맹 에이전트들을 인증하는 방법으로 소속 연예인들을 보호한다. 예를 들어 SAG-AFTRA가 제작사들과 최소 출연료, 업무 조건 등을 협상하여 기본 계약을 체결하면, 제작사가 해당 노동조합에 가입된 배우와 계약을 체결할 때에는 이러한 최소 조건들이 적용된다. SAG-AFTRA는 제1원칙으로 소속 연예인에게 SAG-AFTRA의 단체협약이 있는 지역에서는 조합과 기본 계약을 체결하지 않은 고용주에 대하여 서비스를 제공하거나 그와 계약을 체결하여서는 안 된다는 점을 명시하고 있다. SAG-AFTRA는 가맹 에이전트(Franchised Agent) 제도를 두고, 일정한 조건을 갖춘 에이전시만을 가맹 에이전트로 인증한다. 소속 연예인들은 반드시 가맹 에이전트와 계약을 체결하여야 하므로, 이들 연예인과 계약하고자 하는 에이전시는 가맹 조건에 따라야 한다.[38] 예를 들어 가맹 에이전트들의 보수는 연예인의 총수익의 10%를 넘지 못하고, 에이전트 계약은 SAG-AFTRA의 모범 계약서 형식으로 체결하여야 한다.

이처럼 노동조합이 제시하는 계약은 법규 이상으로 사실상의 규범력을 가지게 된다. 이를 통해 연예계에서 막강한 힘을 보유한 에이전트에 대하여 연예인들의 권익을 보호한다는 점에서 의의가 있다.[39]

3. 소결

연예계에서 매니지먼트사가 차지하는 지위나 연예인의 이중적인 구조 등에 비추어 불공정한 환경과 사회보장의 사각지대에 놓이기 쉬운 연예인들을 보호할 필요가 있다. 이를 위해 관련 법규를 마련하여 침해를 예방 및 구제하고, 연예인들의 복지를 향상시키기 위한 복지재단을 설립하는 것은 바람직한 일이다. 다만, 이 업계의 불공정성이나 부조리를 법으로만 해결하고자 하는 것은 한계가 있다. 업계에서의 평판이나 대중에 대한 이미지가 중요한 연예인이 문제제기를 하는 것 자체가 쉽지 않고, 어렵게 문제제기를 한다고 하더라도 별 영향력이 없거나 업계에서 배제될 가능성도 있다.

이러한 특수성을 고려할 때, 연예계에서의 직능공동체는 업계의 불공정성을 교정하고 구조적인 부조리를 바로잡기 위해 실질적인 역할을 수행하여야 한다. 헐리우드에서도 여성 연예인에 대한 성폭력이나 성적 착취가 문제가 된 것은 하루이틀의 문제가 아니었지만, 이를 본격적으로 공론화할 수 있었던 것은 연예인들의 #metoo 운동과 연대가 있었기 때문이었다. 매니지먼트사에 소속된 연예인들은 출연계약의 협상 등에서 전문적인 조력을 받을 수 있다고 하지만, 매니지먼트사와 이해관계가 언제나 일치하지 않고, 결정적인 순간에는 열위에 놓일 수 있다는 점은 위에서 살펴본 바와 같다. 연예인들 간에 연대를 통해 협상력을 강화하고, 그 권익을 보호하기 위한 노력을 기울이는 것은 의미가 있다. 단순한 친목 공동체의 역할을 넘어 구성원들의 권익을 보호할 수 있는 업계의 표준을 제시하고 이를 협상을 통해 강제해 온 미국의 직능별 노동조합의 모습은 우리의 직능공동체에도 시사하는 바가 크다.

나아가 연예공동체가 앞으로도 계속하여 존재 의의를 가지기 위해서는 새롭게 제기되는 문제들에 대해서도 관심을 가지고 이에 대한 해결책을 강구하는 노력을 지속하여야 한다. 퍼블리시티권이나 저작권 등 연예인들의 권리를 보호하기 위한 노력, 메타버스, NFT와 같은 새로운 기술을 이해할 수 있도록 교육하거나 다음에서 살펴볼 팬덤과의 접점을 모색하고 유기적인 상호작용을 하는 것 등은 이러한 예가 될 수 있다.

Ⅳ. 팬덤 현상과 취향공동체

1. 아이돌 산업과 팬덤 현상

대중문화에서 스타를 좋아하는 대중은 말할 것도 없이 중요한 존재이다. 스타를 동경하는 팬들은 대중문화산업 초창기부터 있어왔고, 팬클럽 등의 공동체를 구성하기도 하였다. 그런데 인터넷과 소셜미디어가 발달하고 연습생을 체계적으로 훈련시켜 아이돌로 데뷔시키는 것이 일반화되면서 팬덤의 형태가 진화하고 있다. 우리나라 아이돌 그룹에 대한 팬덤 현상에 대한 연구에서는 시기별로 특징을 나누어 설명하기도 한다. 1세대 아이돌은 1990년대에서 2000년대 초반까지로 1996년 데뷔한 SM엔터테인먼트 소속의 H.O.T.를 기준으로 한다. 2세대 아이돌은 2003년 데뷔한 SM엔터테인먼트 소속의 동방신기를 기점으로 하는데, 동방신기는 한국뿐 아니라 아시아 시장을 겨냥한 본격적인 기획이었다는 데 특이점이 있다. 3세대 아이돌은 2013년 데뷔한 엑소(EXO)부터 방탄소년단(BTS), 워너원 등의 가장 최근의 아이돌들이 포함되며 강력한 팬덤을 기반으로 글로벌한 확장세를 더한 것이 특징이다.[40]

과거에 텔레비전이나 신문 등의 전통적인 미디어는 간접적이고 개인화되지 않은 메시지만을 전달할 뿐이었고, 연예인들에게는 소수의 팬클럽 회원보다 일반 대중에게 인기를 얻는 것이 더욱 중요한 문제였다. 그런데 인터넷이 등장한 이후 미디어 환경의 변화는 팬들이 집단적으로 활동하는 계기가 되었다. 인터넷 공간에 팬카페들이 생겨나면서, 같은 아이돌을 좋아하는 팬들은 공간적 제약과 사회적 거리를 초월하여 상호 감정을 공유하고, 사회적 정체성을 형성하며, 집단 지성을 발휘하고, 의미 해석을 공유하고, 상호 콘텐츠 제작활동을 공유하는 등[41] 일종의 취향공동체를 이루기 시작하였다.

2000년대 중반 이후 등장한 소셜미디어는 팬덤의 성격을 한층 더 변화시켰다. 스타가 직접 소셜미디어를 통해 개인적인 글을 올리고 실시간으로 소통을 하는 경우도 늘어났다. 온라인 소통이 빈번해지고 경로도 다양해지면서 팬과 스타와의 관계가 긴밀해지고 팬덤은 더욱 조직화되었으며 글로벌화되었다.[42] 대표적으로 방탄소년단(BTS)은 데뷔 전부터 소셜미디어를 적극적으로 활용해 강력한 팬덤(ARMY)을 형성하고 있는데, 기존의 대중적 미디어의 이용이 아닌 대인적 형태의 커뮤니케이션이 핵심적인 성공 요인으로 분석된다.[43] 이러한 팬덤은 소극적인 콘텐츠 소비자로서 스타에 대한 동경에 그치는 것이 아니라 스타와 친밀감, 동질감을 느끼며, 사회봉사, 기부, 투표독려 등을 통해 집단적인 정체성을 구현하고자 한다.[44] 이러한 공동체성을 가지게 되면 아이돌에 대한 충성도도 매우 높게 형성되므로, 대중성보다 팬들의 마음을 사로잡을 수 있는지 여부가 아이돌의 성패를 좌우하게 된다.[45]

2. 취향공동체로서 팬덤의 역할

취향공동체는 공통의 취미를 향유하는 집단을 의미하는데,[46] 학문적으로는 취미에서 벗어나 적극적으로 개인의 가치관이 결합한 취향을 바탕으로 개인의 자발적인 선택으로 맺어진 일시적인 공동체를 의미한다고 정의되기도 한다. 취향공동체 내에서는 사회적 역할이 강요되지 않고, 디지털미디어와 소셜미디어를 적극적으로 활용할 수 있어 시간적·공간적 한계가 없으며, 경제적 이득을 취하거나 목적을 이루려는 근대적 사회관계와는 다르다고 설명된다.[47]

인터넷 공간에서 아이돌이나 스타를 중심으로 형성된 팬덤은 연예인의 성패를 결정하는 엔터테인먼트 업계의 중요한 주체가 되었다. 팬들은 연예계에서 수동적이고 분산된 콘텐츠 소비자에 그치는 것이 아니라, 아이디어를 제안하고 직접 콘텐츠를 제작하는 등 연예인을 함께 키우고, 수평적인 소통을 통해 상호작용을 하며 가치를 공유하고자 한다. 이들은 자신의 정체성을 연예인에게 대입하는데, 연예인에 대한 불공정한 대우가 있으면 이에 대해 함께 문제제기를 하기도 한다.[48] 이러한 점에서 팬덤은 매니지먼트사를 견제하고 그 역할을 보완하는 기능을 일부 담당하는 면이 있다.

조직화된 팬덤은 연예인이 생산하는 콘텐츠를 소비하는 데에 그치는 것이 아니라 나름의 활동을 통해 선호를 강화하고 새로운 의미를 부여하는 특성이 있다. 커뮤니티 활동을 통해 다른 팬들과 소통하고, 자체 굿즈나 관련 동영상을 만들어 유통하기도 하며, 아이돌을 응원하는 선물을 보내거나 봉사활동을 기획하고 이에 참여하는 행위 등은 자발적인 참여에 기인하는 것이다. 이러한 팬덤의 활동을 유희적인 노동이라고 평가하기도 한다.[49] 물론 팬덤의 활동이 연예인에 대한 무비판적인 추종이나 무책임한 행동으로 비판을 받기도 하고,[50] 굿즈나 영상을 만드는 과정에서 저작권이나 퍼블리시티권 등의 침해가 문제되는 경우도 있다. 이러한 역기능들을 최소화하기 위한 노력이 필요함은 물론이다. 다만 팬덤을 통해 구성원들이 집단적인 정체성을 만들어가고, 팬덤 내의 집단지성의 힘이 작용한다는 점을 고려하면 내부적으로 상당한 정화 기능이 발휘될 수도 있다.

최근에는 매니지먼트사들도 팬덤의 중요성을 인식하고 이들에 대한 마케팅을 강화하고자 노력하고 있다. 아이돌 산업은 팬들에게 동기를 부여하고 지속적인 참

786

여를 유도하고자 한다. 더 나아가 자생적인 팬덤을 관리하기 위해 유료 팬덤 플랫폼을 만들고 기존의 자생적인 팬덤 커뮤니티들을 흡수하는 경우도 늘어나고 있다. 하이브(HYBE) 자회사인 위버스 컴퍼니(Weverse Company)의 위버스(Weverse), SM엔터테인먼트 계열사인 디어유(Dear U)의 리슨(Lysn), 엔씨소프트(NC Soft)의 유니버스(Universe) 등이 그 예이다. 이처럼 산업자본이 직접 커뮤니티를 운영하는 것에 대해서는 편리함이 증대되는 면이 있으나 구성원들의 자발적인 유희로서의 취향공동체로서의 기능이 약화될 수 있다는 우려의 목소리가 있다.51)

3. 소결

팬덤은 인터넷과 소셜미디어의 발전과 더불어 엔터테인먼트 산업에서 중요한 주체로 떠올랐다. 주어지는 콘텐츠를 소비하는 것에 그치지 않고 아이돌이나 스타와 함께 소통하면서 콘텐츠를 공급하고 이들을 지원하는 역할을 하고 있다. 팬들은 자생적인 취향공동체를 형성하면서 영향력을 행사하며, 매니지먼트사의 역할을 보완하고 견제하기도 한다. 이러한 활동은 자발적이고 유희에 기초한 것이지만, 강제적인 법규 이상으로 연예계에 균형을 더하는 긍정적인 역할을 할 수 있다.

기술의 발전과 함께 아이돌의 마케팅 방식도, 팬덤의 형태도 변화해 왔다. 이는 향후 팬덤이 업계의 변화에 맞추어 변화할 수 있음을 시사한다. 특히 디지털 기술의 발달과 혁신으로 실물과 가상 세계를 연결하는 여러 서비스가 도입되면, 팬덤이 참여하는 방식은 달라질 수 있다. 메타버스가 주도하는 새로운 환경에서는 팬덤이 경제활동에 직접 참여할 것이라는 전망이 나오기도 한다.52) 매니지먼트사를 비롯한 업계에서는 팬덤을 자신의 이익을 위해 이용하겠다는 단견에 그칠 것이 아니라, 지속가능한 업계의 성장에 기여할 수 있도록, 기술의 발전에 팬들이 소외되지 않고 그 긍정적인 기능이 유지될 수 있는 방안을 고민할 필요가 있다.

V. 글을 맺으며

지금까지 우리나라 연예계에서 중추적인 역할을 하고 있는 연예인과 매니지먼트사, 그리고 최근 중요하게 부각되고 있는 팬덤을 중심으로 엔터테인먼트 산업의 구조적인 특징과 문제점, 공동체적인 관점에서의 각 주체의 역할 등을 살펴보았다.

연예계에서는 공동체가 법규로는 채울 수 없는 기능을 하고 있다. 법과 제도가 잘 구비되어 있다고 하더라도 업계의 특성상 개별 연예인이 이를 근거로 쉽게 문제제기를 하기는 어렵다. 직능별로 구성되는 공동체는 연대와 친목을 토대로 구성원들의 권익 보호를 위해 역할을 할 수 있고, 또 그것이 기대된다. 또한 인터넷과 소셜미디어의 보급으로 집단화된 팬덤은 취향공동체를 형성하여, 연예계에서 중요한 주체로 자발적으로 참여하며 그 역할을 확대하고 있는바, 매니지먼트사의 역할을 보완하고 견제하는 기능을 한다.

향후 우리 컨텐츠가 세계적인 수준을 유지하며 발전하기 위해서는 지속적으로 성장할 수 있는 업계의 환경이 필수적이다. 전속계약 등 주요 거래가 공정하게 이루어지고, 각 주체들이 제대로 된 대가를 지급받으며 인격적으로 일할 수 있어야 하고, 대중의 입장에서도 능동적으로 문화를 향유할 수 있어야 한다. 이를 위해서는 대중문화를 육성하고 각 주체들을 보호할 수 있는 법과 제도를 마련해야 함은 물론이고, 연예계를 구성하고 있는 개별 공동체들도 시대의 흐름에 맞추어 각자의 역할을 다하며 발전하여야 할 것이다.

미주

1) Ramon Pacheco Pardo (2021) 등.

2) 김재범 (2009), 24면 이하.

3) 공정거래위원회 (2011), 1면.

4) 장보은 (2018), 69면.

5) 문화체육관광부 (2008), 71면.

6) 한국콘텐츠진흥원 (2021), 55면 이하.

7) 한국콘텐츠진흥원 (2021), 304면 이하.

8) 한국콘텐츠진흥원 (2021), 26면.

9) 공정거래위원회 (2011), 83−86면.

10) Paul C. Weiler (2006), p.643.

11) Adam Epstein (2005), p.23.

12) 전속계약에 관한 법적 분쟁에 관하여는 전휴재 (2010), 1101면 이하; 이재목 (2011), 3면 이하; 장보은 (2019), 623면 이하 등 참조.

13) "연예인 전속계약서에 대한 시정조치", 2004. 6. 18.자 공정거래위원회 보도자료; "무상출연강제, 과도한 사생활 침해 및 계약의 일방적 양도 등 연예기획사 전속계약서의 불공정 조항 적발 시정", 2008. 11. 21.자 공정거래위원회 보도자료; "연예인 권익과 연예산업 발전, 2마리 토끼를 잡는다. 가수, 연기자 중심 대중문화예술인 표준전속계약서(2종) 제정", 2009. 7. 8.자 공정거래위원회 보도자료; "공정위, 연예인 표준전속계약서 개정하여 과도한 노출, 학습권 침해 금지 등 청소년 연예인 보호조항 신설", 2011. 6. 17.자 공정거래위원회 보도자료 등 참조.

14) 한국콘텐츠진흥원 (2021), 122면 이하.

15) 장보은 (2018), 91−92면.

16) 대표적으로 대법원 2010. 7. 29. 선고 2010다29584 판결 참조. 하급심 판결 가운데에는 6년의 전속계약기간은 위법하지 않다고 판단한 것도 있다. 서울남부지방법원 2007. 10. 25. 선고 2007가합2351(본소), 13405(반소) 판결 참조.

17) 보수 규정에 관한 사항은 장보은 (2018), 76면 참조.

18) 문화체육관광부 (2008), 14면.

19) 황승흠/박민/이동기 (2016b), 57−58면.

20) 서울중앙지방법원 2009. 10. 27.자 2009카합2860 결정 참조.

21) 장보은 (2018), 96면.

22) 양창수/김재형 (2020), 529면.

23) 대법원 1991. 3. 27. 선고 90다14478 판결; 대법원 1993. 3. 23. 선고 92다46905 판결; 대법원

2013. 12. 26. 선고 2013다63257 판결; 대법원 2015. 12. 10. 선고 2014다14511 판결; 대법원 2016. 1. 28. 선고 2015다239324 판결; 대법원 2022. 7. 21. 선고 2018다248855, 248862 전원합의체 판결 등.

24) 황승흠/박민/이동기 (2016a), 12면.

25) §§1700.5, 1700.6, 1700.7, 1700.9, 1700.10 of the California Labor Code.

26) §1700.23 of the California Labor Code.

27) §1700.37 of the California Labor Code.

28) §§1700.32ff. of the California Labor Code.

29) §185 8. of General Business Law (New York).

30) http://www.koreatv.or.kr/

31) https://www.kbau.co.kr/

32) http://www.singer.or.kr/

33) "이환호 한국방송가수노동조합위원장 국회정문 앞에서 기자회견", 2021. 3. 25.자 강서방송 기사; "한국방송가수노동조합, 가수도 노동자다 합당한 대우 요구", 2021. 8. 23.자 문화뉴스 기사 등.

34) http://www.kepa.net/

35) http://www.cema.or.kr/

36) 스튜디오 시스템에 관하여는 천동희 (2019), 54면 이하 참조.

37) Paul C. Weiler (2006), op. cit., p.1008.

38) SAG-AFTRA의 Rule 16(g) (Section VIII and IX of the Agency Regulations) 참조.

39) 최근에는 에이전시나 제작사들에 대한 노조의 압력이 지나치게 커짐에 따라 오히려 제작비 상승과 고용 감퇴 등의 문제를 야기한다는 비판이 제기되기도 한다. 연예매니지먼트 산업실태와 경쟁정책적 평가(주 3), 138면.

40) 한미화/나은경 (2022), 606면; 이규탁 (2018), 278면 이하; 최서원/임성준 (2019), 57면 이하.

41) Nancy Baym (2018) (한미화/나은경 (2022), 607면에서 재인용).

42) 나은경 (2020), 139면 이하.

43) 김은정 (2020), 378면 이하.

44) 김성식/강승묵 (2012), 5면 이하; 김용석 (2011), 101면 이하.

45) 한미화/나은경 (2022), 606면.

46) 김현정 (2021), 81면.

47) 구선아/장원호 (2020), 73-74면.

48) ""정동원 악플 강력 대처를" 뿔난 팬들 트럭시위", 2022. 1. 3.자 스포츠경향 기사; "잘나가면 그만? YG 향한 트럭시위, 끝이 안 보인다", 2021. 3. 23.자 뉴스엔미디어 기사 등.

49) 강신규/이준형 (2019), 269면 이하.

50) ""부모에게 함부로 하는 아이같다" … 무비판적 팬덤 문화 이대로 좋은가", 2019. 6. 4.자 중앙일보 기사.

51) 강신규, "아이돌 산업과 팬덤의 변화", 현안과정책 제403호, 2022.

52) "이수만 SM 창업자 '팬덤으로 경제활동하는 'P2C생태계' 시대 온다'", 2022. 5. 22.자 서울경제 기사.

사이버공동체와 법

Ⅰ. 글머리에

정보혁명은 우리 사회를 송두리째 변화시키고 있다. 인터넷으로 촉발된 정보혁명은 모바일시대를 거쳐 4차산업혁명으로 새로운 전환점을 맞이하고 있다. 4차산업혁명으로 촉발된 새로운 사회는 한편으로는 인간에게 편리성을 도모하면서 인간을 힘든 노동에서 해방시켜주는 반면에 다른 한편으로는 인간 노동이 인공지능(AI)으로 대체되고 인간의 일자리는 줄어들 수밖에 없어 우리에게 새로운 사회문제를 제기하고 있다. 또 코로나 19 팬데믹으로 교육, 직장, 문화 등 각 영역에서 언택트의 팬데믹 경제 체제로 재편되면서 대면이 꼭 요구되는 직종 종사자라든지 자영업자들에게 심각한 어려움을 제기하고 양극화가 심화되고 있다. 여기에 미래를 비관적으로 전망하는 여러 전문가 집단들은 앞으로 코로나19가 종식된 뒤에도 코로나 19 이전의 생활로 돌아가기는 어려울 것이라거나, 앞으로 주기적으로 전세계적 규모의 전염병이 유행할 가능성이 높다고까지 전망하고 있다.

그런데, 4차산업혁명으로 도래되는 지능정보사회의 가장 큰 문제점의 발단은 인간의 개별화 내지 소외 현상이다. 급속한 산업화로 도시에 인구가 집중되면서 당시 사회안전망과 복지 역할을 수행하던 가족공동체가 해체되고 핵가족화가 빠르게 진행되었다. 더욱이 한국에서는 산업화와 도시화가 급격하게 진행되면서 '두레'라든지 '품앗이'를 통해 노동력을 상호 교환하며 농사를 짓거나, 부녀자들이 서로 협력하여 길쌈을 하는 미풍양속도 사라지고 이러한 농촌공동체도 거의 해체되었다.

이제 과학기술발전의 역설로 4차산업혁명시대에는 인공지능, 로봇 기술 등의 발전으로 이들이 인간 노동력을 대체하게 됨으로써 근대화 이후 도시로 몰려들어 도시가 필요로 하는 노동력을 제공했던 사람들에게 필요한 일자리가 줄어드는 시대가 도래하고 있다. 4차산업혁명은 필수적으로 일자리 축소와 연결될 수밖에 없다. 과거의 일자리는 소멸하는 반면 새로운 일자리가 소멸한 일자리를 대체하기에 역부족이고 나이든 사람들이 신기술을 빠르게 습득하기가 어려워 새롭게 생겨나는 일자리에 필요한 재교육마저 원활하게 이루어지기 어려워 새로운 일자리를 구하기 어려워지는 딜레마가 이어진다. 설상가상으로 생활이 어려워진 사람들에게 복지 역할을 담당할 곳이 국가 외에는 대부분 사라진 상태이다. 이미 사라진 과거의 가족공동체 내지 농촌공동체라는 사회안전망을 대신할 국가의 역할만을 기대하기에는 우리 모두는 매우 불안한 상태이다.

이처럼 과거의 전통적인 공동체가 해체되는 길목에서 이를 대체하는 사이버공동체가 새로이 등장하고 그 사회적 역할이 커지고 있다. 특히 메타버스(Metaverse)[1]와 블록체인 기술을 활용한 새로운 사이버공동체가 등장하고 있어 주목의 대상이 되고 있다. 사이버공동체는 정보사회에서 소외되어 가는 인간들을 구원할 수 있는 유력한 수단인 동시에 위기의 시대에 새로운 사회안전망과 복지의 역할을 담당할 신주체가 될 수 있다는 관점에서 사이버공동체가 전통적인 공동체와 같은 진정한 공동체일 수 있는지, 의사(擬似)공동체에 머무는지를 검토하고 사이버공동체의 형성과 변화의 동향을 살펴보면서, 그 사회적 역할과 그에 따른 법적 의미와 과제를 짚어보고자 한다. 이하 논의의 순서는 사이버공동체의 개념 및 유형, 사이버공동체규범, 사이버공동체의 법률관계, 사이버공동체와 그에 관한 법적 도전과 대응의 순으로 살펴보고자 한다.

II. 사이버공동체의 개념, 특징 및 유형

1. 사이버공동체의 개념

가. 인터넷 커뮤니티의 광범한 활동

통상 사이버공간상에서 활동하고 있는 제반 커뮤니티를 통틀어 인터넷 커뮤니티(internet community)라고 부른다. 이를 논자에 따라서는 네트워크커뮤니티(network community)나 온라인 커뮤니티(online community)라고 부르기도 한다. 인터넷 커뮤니티는 개방적이고 일시적이며 무작위의 연계가 가능한 인터넷게시판, 단체채팅방(Online chat rooms, 이하 '단체방'이라 한다), 콘텐츠공동생산 커뮤니티, 전문정보 커뮤니티, 소셜 네트워크 서비스 등으로 나눌 수 있다. 인터넷게시판은 등록을 통하여 사람들이 다양한 주제에 대한 생각이나 아이디어를 토론하거나 단순히 아이디어를 표현할 수 있는 공동의 공간이다. 최초의 인터넷 커뮤니티 WELL[2]의 초대 회원으로 활동한 Rheingold는 이를 가상 커뮤니티(virtual communities)로 명명하면서 "많은 사람들이 인간적 감정을 충분히 교류하면서 장시간에 걸쳐 공개 토론을 진행하여 사이버공간에서 개인관계망을 형성하는 경우 인터넷에서 나타나는 사회적 집합체"로 정의하나,[3] 사이버공동체가 다양화되고 확대되어가고 있는 현시점에서는 적절한 용어라고 보기는 어렵다.[4] 단체방이라 함은 구성원간에 메시지를 실시간에 교환할 수 있도록 해주는 웹사이트 또는 프로그램이며, 공개형 채팅방과 폐쇄형 채팅방이 있다. 온라인 플랫폼들은 다양한 단체방 서비스를 제공하고 있다.[5] 콘텐츠공동생산 커뮤니티는 위키피디아와 같이 콘텐츠를 공동으로 생산하고 공유, 활용하는 커뮤니티를 말하고[6] 전문 정보 커뮤니티는 비슷한 관심사를 가진 사람들이 자신들의 경험과 관심사를 논의하고 공유할 수 있는 커뮤니티이다. 소셜 네트워크 서비스(Social network services, 이하, SNS라 한다)[7]는 공통 관심사를 가진 인터넷 사용자를 연결하기 위해 Wiki, 블로그, 인스턴트 메시징 및 팟캐스트과 같은 인터넷 기술을 사용한다.[8] 사회관계를 만들고 유지하는 데 중점을 둔 소셜 네트워킹 웹 사이트 또는 소프트웨어 플랫폼으로서 Facebook, Twitter 및 인스타그램 등이 이에 해당한다.[9][10] SNS에는 이러한 지인 기반의 SNS외에 관심사 기반의 SNS도 등장하여 전문정보 커뮤니티의 성격을 띠는 것도 있다.[11] SNS는 네트워크의 성격에 따라 사람들에게 사교성,

지지받는다는 감정, 필요한 정보, 회원자격과 소속감, 사회적 정체성을 제공하고 있다.[12] SNS와 같은 인터넷 커뮤니티가 사용자에게 회원자격과 소속감을 줄 수 있고, 사용자 간에 상호부조가 가능한 점 등을 이유로 수많은 사이버공동체 출현을 촉진할 수 있다. 그러나 이러한 각각의 인터넷 커뮤니티가 하나의 공동체를 형성하기에 이르렀다고 보기에는 무리가 있다.

나. 사이버공동체의 정의

본고에서는 사이버공동체를 이상에서 살펴본 인터넷 커뮤니티와 같은 느슨한 결합을 넘어 구성원간의 유대감과 결속력을 지니고 공통의 관심을 가지는 2인 이상의 회원들이 상호이익이나 공동목표를 추구하기 위하여 특정 플랫폼을 통해 연결하여 형성한 실체로 정의하고자 한다.[13][14] 사이버공동체는 사용자에게 소속감을 줄 수 있으며, 사용자 간에 상호부조가 가능하여 회원들 간에 상호 지원, 정보, 우정 및 수용, 유대와 귀속감을 주고 경제적 어려움에 처할 경우 서로 도움을 제공하는 방식으로 운영될 수 있다. 이 사이버공동체에는 가상공동체와 메타버스공동체가 포함될 수 있다. 그러나 가상공동체와 메타버스공동체라고 부르는 것 중에도 구성원 간의 결합이 느슨하여 사이버공동체에 이르지 못하고 인터넷 커뮤니티에 머무는 것도 있을 수 있을 것인 바 그 차이에 관하여는 아래에서 보기로 한다.

2. 사이버공동체의 유형

가. 가상공동체와 메타버스공동체

가상공동체(virtual community)라 함은 컴퓨터 기반 세계에서 아바타로 살아가며 다른 캐릭터와 실시간으로 대화를 나눌 뿐만 아니라 소통하고 상호 작용하는 것이 가능한 플랫폼 상의 공동체를 말한다. 구성원이 분명하고 일정한 경계를 형성하면서 정체성도 있지만 기본적으로 게임적 색채가 짙으나 게임 플레이어를 위한 목표가 없다는 점에서 게임과 차별화된다. 이에 반해 메타버스 공동체[15]는 게임적 색채가 짙은 기존의 가상공동체와 달리 블록체인과 가상현실/증강현실 기술을 결합하여 그 안에서 현실 지구의 연장선상에서 경제적, 정치적, 법적인 상호작용을 하기도 하고 아바타를 이용하여 별도의 인격체로서 완전히 새로운 삶을 영위할 수도 있는 플랫폼에서의 공동체를 말한다. 메타버스공동체는 현실공간과 마찬가지로 디지털화폐를 매개로 그 안에서 재산 소유가 가능하고 블록체인 기술 등을 이용하여 구성원들이 상호작용할 수 있는 체제를 갖추어 활동하는 것이 가능한 등 경제적, 정치적, 법적인 상호작용이 가능한 점에서 게임과 같은 엔터테인먼트가 아니라 현실공간을 확장하는 공동체가 될 수 있다. 메타버스공동체의 법적 취급에 관한 사례로는 미국의 메타버스 플랫폼 로블록스(Roblox)가 2021년 6월 한국에서 법인을 설립하고 영업을 준비하면서 국내에서 로블록스가 게임물인지 여부의 판단을 둘러싸고 의견이 대립되었는데,[16] 기존 게임에서는 사용자가 일방적으로 가상세계를 즐기는데 그치나, 메타버스에서는 사용자가 창작에 적극 참여해 플랫폼 요소를 함께 만들어가며 경제활동을 하는 주된 장소로 발전해 갈 수 있다는 점 등의 차이가 있는바 법적인 해석에 있어서도 유연하게 접근할 필요가 있다.[17]

나. 수평적 공동체와 위계적 공동체

수평적 공동체는 컨텐츠 활용 기타 공동체의 활동에 구성원간에 차별이 없는 공동체를 말하는 반면, 위계적 공동체는 회원가입절차를 엄격히 하고 구성원의 자격을 위계화시켜 등급에 따라 컨텐츠 활용이나 공동체 활동에 차별적 권리를 부여하는 공동체를 말한다.[18] 사이버공동체 중에는 회원을 몇 단계로 나누어 컨텐츠를 읽거나 보는데 제약을 가하는 등 위계적 성격을 지니고 있는 경우도 있다. 특히 특수한 혜택을 제공하는 제한된 대체불가토큰(Non-Fungible Tokens, NFT)을 발행하여 차별적이고 위계적으로 운영할 수도 있다.[19] 그러나 단체법상 사원평등의 원칙을 사원의 공익권 즉 의결권 행사의 평등에 그치지 않고 사원의 자익권에도 폭넓게 적용한다면 위계적 공동체의 운영에는 제약이 있을 수 있다.

다. 비영리공동체와 영리공동체

비영리공동체는 구성원간의 인간관계를 주축으로 형성된 영리를 목적으로 하지 않는 사이버공동체를 말한다. 대규모 멀티 플레이어 온라인 게임(MMORPG) 공동체나 음악, 미술, 작곡 등 사이버 상에서 취미를 공유하는 사람들로 이루어진 사이버취미공동체[20]는 비영리공동체에 속한다. MMORPG게임, 소셜 네트워크, 블록체인 프로토콜 등과 같은 플랫폼 안에서 공동체를 생성하여 오프라인 상의 다양한 조직 유형을 모방하는 것도 가능하다.[21] 예컨대 Guilded Age의 게이머는 인스턴스 내에서 (플랫폼 운영자가 미리 정해놓은 자신들 길드의 가버넌스를 만들어낼 수 있는 도구인) orgs를 사용하여 가버넌스를 만들 수 있다.[22]

국가의 기능을 보조하는 비영리공동체를 만들어 정부 기관에 대한 신뢰 부족을 극복하려는 사례도 있는바 이러한 비영리공동체는 기존 국가 기관으로부터 독립적으로 운영되거나 기존 기관을 보완하는 새로운 기관 형태를 실험할 수 있는데, 예컨대, 복지 국가 기능의 점진적인 축소로 인해 발생하는 격차를 메우기 위해 고안된 풀뿌리 이니셔티브의 출현을 지원할 수 있다.[23] 블록체인 기술은 사회적 또는 정치적으로 새로운 메커니즘을 통하여 초국가적 커뮤니티와 인권 옹호자, 인터넷 자유 옹호자 및 기후 변화 운동가 등 활동가 그룹이 새로운 정체성을 가진 집단을 조직할 수 있게 한다.[24][25] 이 아이디어는 기존 국가를 새롭거나 경쟁적인 형태의 주권을 가진 가상국가로 대체하는 것이 아니라 글로벌 커뮤니티가 시민 생활에 참여하는 새로운 방법을 동원하고 실험할 수 있는 수단을 제공하는 것이다.[26] 국가기능보조공동체의 예로는 Democracy Earth 및 Aragon과 같은 이니셔티브를 들 수 있다.[27] 이들은 블록체인 기반 플랫폼인데 소규모 및 대규모 조직이 자체 가버넌스 규칙 및 분쟁 해결 시스템을 통해 국경을 넘어 초국적으로 운영되도록 한다.[28] 국가의 역할을 대체하는 것이 아니라 국가가 수행하는 일부 기능(예컨대, 신분증 발급, 중요 기록, 공공등록부 유지 등)을 블록체인 기반 시스템으로 전환하는 것이다.[29] 일반적으로 시민은 자신이 속한 국가에 대한 충성을 유지하고자 하므로,[30] 추가로 시민권을 부여하여 친화력과 동의를 바탕으로 다수 공동체의 구성원이 될 수 있도록 하는 것이다.[31] 하지만 이러한 사이버공동체가 시민들에게 공공적 서비스를 제공하는 경우 사용자 기반을 확장하기 위해 서로간에는 물론, 잠재적으로는 국가 공동체와도 경쟁관계에 놓일 수 있다.[32]

반면 영리를 목적으로 플랫폼을 중심으로 결성되는 공동체는 영리공동체에 속한다. 이러한 예로는 가상회사(Virtual Company)가 있다. 가상회사는 사이버공간에 설립된 영리공동체라 할 수 있다. 비영리공동체가 영리적 사업을 할 수 있는 플랫폼으로 발전하여 영리공동체화 하기도 한다. NFT 커뮤니티가 그러한 예 중의 하나이며 스팀(Steem)[33]의 경우도 영구적으로 성장하는 커뮤니티를 구축하기 위한 도구로서 사용자 생성 콘텐츠 공유에 대한 보상을 제공하는 보상 구조를 통해 커뮤니티에 가치를 추가하도록 권장하는 소셜 미디어 플랫폼이다.[34] 스팀(Steem)에서는 콘텐츠 생성 및 큐레이션을 장려하는 전용 토큰 풀("보상 풀"이라고 함)과 다중의 지혜를 활용하여 콘텐츠의 가치를 평가하고 토큰을 배포하는 투표 시스템이라는 속성이 두뇌증명(Proof-of-Brain)으로 결합된다.[35] 영리공동체의 경우 영리 목적을 달성하여야 생존이 가능하기 때문에 공동체의 민주성을 확보하는 것이 과제로 등장한다.

라. 순수 사이버공동체와 거울 사이버공동체

사이버공동체는 현실세계에 없던 공동체를 사이버공간에서 처음으로 생성하는 경우와 현실세계에서 이미 존재하는 공동체가 사이버공간으로 그 영역을 확장하는 경우로 나눌 수 있다. 전자의 경우 분산자율조직(Decentralized Autonomous Organization, DAO) 등의 방식을 적극 활용하여 효과적으로 사회적 활동을 할 수 있는 공동체를 사이버공간상에 설립할 수 있다. 개방형가치망(Open Value Network, OVN)[36]은 커먼즈 기반 개별 생산을 지원하도록 설계된 새로운 조직 프레임워크로 생산활동이 집단/사회적 지성, 즉 대중사고과정에 의존하는 크라우드 소싱에 의하며 기여자에게 가치창출에 대한 보상을 지급하는데,[37] 국가의 영향을 넘어서 초국적으로 운영된다.[38] 후자, 즉 현실세계 공동체가 사이버공간으로 진입하는 경우는 메타버스의 거울세계처럼 현실에도 존재하는 공동체가 사이버공간으로 공간적 확장을 꾀하는 것이다. 사이버공간 내에서 활동을 위하여 별도의 등록이나 인가가 필요하고, 사이버공간 내 자치규칙이 적용규범이 될 수 있을 것이다. 팬데믹 등의 영향으로 현실공간의 공동체들이 사이버공간으로 진출하는 현상이 두드러지고 있다.

3. 사이버공동체의 공동체성

공동체라 함은 서로에 대한 공통의 감정과 개인적 관심을 통해 연결되어 있다고 하면서 "공동의 활동 및/또는 신념을 공유하고 주로 감정, 충성도, 공통 가치 및/또는 개인적 관심의 관계로 함께 묶인 사람들의 집합체"로 정의하거나[39] "인격적인 친밀함과 상호부조를 수반하는 도덕적·정서적 유대라는 전면적인 관계에 의한 응집체"라고 정의하기도 하는 등[40] 다양한 정의가 이루어진다. 이처럼 일의적으로 정의하기는 어려우나, 공동체는 구성원 간에 도덕적이고 정서적 유대를 가지고 인격적인 친밀감과 그에 기초한 교류와 상호부조와 같이 긴밀한 상호작용을 하는 인간집단이라 할 것이다. 공동체의 유형은 혈연공동체, 연고공동체, 자발적 공동체로 나눌 수 있다.[41] 혈연공동체나 연고공동체는 토지공유공동체 즉 전통적인 토지의 공동소유관계를 기반으로 하는 자연적 결합체와 연결되는 최협의의 개념이라 할 수있다.[42] 반면 자발적 공동체는 이념이나 가치관, 이해관계 등 추상성을 지닌 공동의 목표나 공유하는 가치를 중심으로 형성되며, 최광의로는 공동체를 그 형태를불문하고 이익이나 목표를 같이 하는 사람들의 결합체로까지 확대해 볼 수 있을것이다.[43]

공동체의 요건을 분설해 보면, 첫째, 일정한 수의 구성원이 있을 것, 둘째, 그구성원 간에 정신적 유대를 가지고 있을 것, 셋째, 긴밀한 관계를 형성하고 있을 것,넷째, 상당한 정도 지속성을 가지고 있을 것, 다섯째, 공동체를 위한 공동재산이 존재할 것이다.[44] 지리적 요소는 공동체를 최협의로 이해하지 않는 이상 공동체 요건에 포함되지 않는다고 할 것이다.[45]

이러한 공동체의 요건을 사이버공동체에 적용해보면, 첫째, 사이버공동체도 절대적 양적 기준은 없지만 적어도 수십명 이상의 구성원이 있는 경우가 대다수로서집단을 구성하는 것은 어렵지 않다. 둘째, 사이버공동체도 혈연공동체나 지역공동체는 아니나 목적이나 가치를 공유하는 경우 공유하는 유대감이나 공동의 소속감을가질 수 있으며, 연결망에 참여하는 개인들 간에 단순히 정보 교환의 단계를 넘어사람들이 서로 이웃처럼 관계를 맺고 의사소통하면서 상호작용 속에 호혜적으로 사회적 자본(social capital)을 공유하는 자발적 공동체가 될 수 있다.[46][47] 사이버공동체에서는 회원은 비회원과 차별화되며, 회원들 간에 상호 지원, 정보, 우정 및 수용,유대와 귀속감을 주는 것을 넘어 경제적 어려움에 처한 회원에게 도움을 주는 데까지 나아갈 수 있다.[48] 셋째, 사이버공동체도 정보기술(IT) 등을 이용하여 구성원들이 상호작용할 수 있는 체제를 갖추는 것이 가능하다. 더 나아가, 블록체인, 인공지능과 스마트계약 등을 이용하여 물리적 집행기관을 완전히 제거하고 자동화할 수도있다.[49] 넷째, 사이버공동체도 재산을 가질 수 있는바 공동체가 발행한 디지털화폐로 조달한 자금, 구성원이 제공하는 콘텐츠나 데이터도 공동체의 재산이 될 수 있다. 이상과 같은 관점에서 사이버공동체의 공동체성을 인정할 수 있다.[50] 현실공간

800

의 공동체 구성요소였던 지역성에 대한 정의가 불분명해지고 공동체를 지리적으로 한정된 집단으로 보는 최협의로 정의하지 않는 이상 구성원들이 지리적으로 분산되어 있고 장소가 의미를 가지지 않는 사이버공동체에 대하여도 현실공간의 공동체와 마찬가지로 공동체성을 인정할 수 있다는 것이다.[51]

4. 사이버공동체의 특징

가. 특징의 대비 대상

사이버공동체의 특징은 두 가지 관점에서 접근할 수 있다. 그 하나는 현실공간의 공동체에 대비되는 사이버공동체의 특징이 있을 수 있고 또 다른 관점은 인터넷 커뮤니티와 차별화되는 사이버공동체의 특징이라 할 수 있다.

나. 현실공간 공동체와 구별되는 특징

첫째, 시공간초월성이다. 인적 상호작용을 함에 있어 현실공간적 위치가 불필요하고 물리적 공간의 거리를 초월한다는 비공간성, 사이버공간은 시간과 장소에 관계없이 존재하므로 서로 다른 시간대와 장소에서 의사소통이 가능하다는 비동기성(asynchrony)이 주요 특징이다. 참가자들은 실시간으로 서로간 그리고 디지털 세계와 상호 작용하며 물리적인 세계에서와 마찬가지로 가상 환경과 서로에 반응할 수 있다. 둘째, 목적의 선명성이다. 현실공간의 공동체는 자연발생적인 경우나 오랜 역사를 가진 것이 많아 그 공동체의 존재목적이 저절로 형성되었거나 시간을 두고 점차 변화해 온 반면 사이버공동체는 그 설립 목적을 명확히 하고 그 목적을 달성할 것에 동의하는 자들로 이루어진 조직이므로 그 목적이 선명하거나 언제든 그 목적을 구체화할 수 있는 시스템을 갖추고 있다는 점에 그 특징이 있다. 셋째, 컨텐츠와 커뮤니케이션의 결합이다. 사이버공동체는 구성원들이 제공하는 컨텐츠와 구성원 상호간의 커뮤니케이션의 결합으로 형성되는 경우가 많다. 사이버공동체는 정보를 쉽게 게시할 수 있고 응답 시간이 매우 빠를 수 있기 때문에 현실공동체에서 불가능한 즉각적인 정보 교환이 가능한 이점이 있다. 사이버공동체의 구성원은 정치, 기술 지원, 사회 활동, 건강 및 오락등과 같은 범주에서 전문적인 관계를 형성하고 정보에 접근할 수 있다. 특히 온라인 플랫폼에서 활동하는 사이버공동체는 이러한 유형의 관계에 이상적인 매체를 제공한다. 넷째, 일과 놀이의 결합이다. 사이버공동체는 그 초기에는 취미나 놀이를 공동으로 한다는 성격이 강하였으나 구성원간에 업무를 공동으로 하는 경우가 증가하고 있다. 사이버공동체도 회원가입비, 구독료, 사용료 및 광고비 등을 통해 수익을 창출하고 블록체인 기술을 활용하여 구성원들이 인정하는 가치를 대가로 상품과 서비스를 공급하는 직업적 공간으로 발전하여 상업적인 성공도 가능하게 되었다. 이 점은 메타버스공동체에 현저하다. 메타버스의 원형이라 할 수 있는 과거의 싸이월드나 세컨드 라이프(second life) 등이 현실공간의 확장이라기보다는 엔터테인먼트의 하나로 이해되었으나, 전염병과 기후변화 등으로 인간들이 직접 접촉할 수 없는 환경이 지속된다면, 제페토와 로블록스 등 글로벌 플랫폼 서비스를 제공하는 메타버스는 엔터테인먼트를 위한 공간을 넘어 현실공간을 확장하여 함께 일하는 공간이 된다.

다. 인터넷 커뮤니티와 구별되는 특징

첫째, 폐쇄성이다. 인터넷 커뮤니티는 기본적으로 모든 사람이 동시에 로그인할 수 있으며 누구든지 필요한 경우 용이하게 원하는 사이트에 접근할 수 있다는 개방성을 특징으로 한다.[52] 그러나 사이버공동체는 기본적으로 당해 공동체에의 접근에 제한을 가하여 그 공동체가 추구하는 목적에 동의하고 구성원간의 강한 유대를 전제로 존속하므로 폐쇄성을 본질적 요소로 한다고 할 수 있다. 그러한 관점에서 개방적 단체 채팅방은 사이버공동체라 할 수 없다는 결론이 된다. 둘째, 온라인 플랫폼과의 관계에서 오는 특징이다. 사이버공동체중 가상공동체나 메타버스공동체는 온라인 플랫폼에 의하여 그 기본적인 구조가 결정되거나 운영되는 경우가 많다. 이러한 경우 사이버공동체는 위에서 언급한 자율성을 상실하고 플랫폼에 종속되어 활동하거나 독립적으로 활동하더라도 플랫폼의 유, 무형적 영향을 받게 된다는 점에서 특별한 고려를 요한다. 셋째, 분산자율조직에 의한 자율적 운영이다. 사이버공동체는 블록체인 기술을 기반으로 구성되는 분산자율조직(DAO)[53]에 의하여 운영되는 경우가 많다는 점에서 일반적인 인터넷 커뮤니티와 다른 특성을 발견할 수 있다. 이처럼 사이버공동체 활동에 분산원장기술, 스마트계약 및 디지털화폐를 결합하여 사이버공동체의 자율성과 자치성을 확보할 수 있다. 사이버공동체의 규범 정립 뿐 아니라 사이버공동체와 관련하여 발생하는 분쟁도 블록체인 기술을 활용하여 온라인법정과 온라인중재에 의하여 자율적으로 해결하고 공동체 활동의 집행과 감독도 코드를 통해 자동적으로 실행하는 것이 가능하게 될 것이다. 이러한 자율성은 사이버공동체의 설립, 운영, 감시, 책벌 등에도 코페르니쿠스적인 변화를 가져올 것이다. 분산자율조직에 관하여는 항을 바꾸어 좀 더 자세히 살펴보기로 한다.

라. 분산자율조직

분산자율조직(DAO)이란 특정한 중앙집권 주체의 개입 없이 개인들이 모여 자율적으로 제안과 투표 등을 통하여 운용되는 조직을 말한다.[54] 이러한 DAO에 대하여는 "일련의 공유 규칙을 시행하는 블록체인 인프라에 참여하는 공통 목표를 가진 사람들로 구성된 조직",[55] "퍼블릭 블록체인 상의 자동적으로 강제가능한 규칙에 의하여 규율되는"[56] "중앙관리기관이 없는 이해 관계자 네트워크"[57], "스마트 계약의 형태로 구현되는 일련의 부패시킬 수 없는 규칙(an incorruptible set of rule)에 의해서만 전적으로 통제되는 자치 조직",[58] P2P 방식으로 암호학적으로 안전한 퍼블릭 네트워크에서 일상적인 작업을 수행하고 기록하며 내부 이해관계자의 자발적인 기여에 의지하면서 민주적 협의과정을 통해 조직을 운영, 관리 및 발전시키는 비계층적 조직[59], "자율적으로 실행할 수 있는," "독립적인 참가자 간의 운영 및 가버넌스를 위한 분산되고[60] 투명하며 안전한 시스템"[61] 등 다양한 정의가 내려지고 있다.

DAO는 단체에 필요한 규칙을 블록체인 상의 코드로 구현하고 그 실행은 스마트계약으로 하며 결제 수단으로 디지털 화폐를 사용한다. DAO 규칙의 제정이나 DAO 내 의사 결정은 보통 지분 보유자들이 투표를 하여 다수표를 얻거나 일련의 네트워크 합의 규칙을 충족할 경우 이루어지며 그에 따라 시행된다. 이러한 규칙이나 거래 기록은 모두 블록체인 상에 투명하게 저장된다는 자율성, 민주성 및 투명성이 보장된다. 이처럼 DAO는 블록체인 기반 조직이 사람이나 그룹의 합의가 아닌 스마트 계약, 알고리즘 및 결정 코드(deterministic code)에 의해 전적으로 운영되는 고도의 자동화 상태를 나타낸다.[62] 그러나 실제 DAO를 운영함에 있어서는 집행기관과 감독기관의 부재, 해킹의 위험, 익명성에 따른 구성원의 투표권 행사와 관리 등에 있어서 어려움과 한계가 있다.[63] 또한 DAO를 구성함에 있어 전통적인 단체법상의 조직 유형을 모방하더라도 실제 운영과 가버넌스는 자동적으로 집행되도록 되어

있어 현실공간의 조직과는 불가피한 차이가 생겨난다.[64]

Ⅲ. 사이버공동체규범

1. 사이버공동체 규범 개관: 사이버공동체 규범의 독자성 여부

위에서 살펴본 사이버공동체의 특징은 그에 적용되는 규범의 독자성 인정여부로 연결된다. 인터넷법 내지 사이버법의 독자성에 관하여 로렌스 레식 교수는 인터넷도 현실 국가의 법률, 사회적 규범, 시장, 아키텍처라는 4대 요소에 의하여 규제와 통제의 대상이 된다고 주장하였으며[65] 실제로 인터넷은 현실공간법을 떠나 자유로운 세계가 되리라는 일부 자유주의자들의 기대와는 달리 현실공간과 마찬가지로 국가의 규제와 지배가 일반화됨으로써 레식 교수의 주장이 호응을 얻었다. 이러한 로렌스 레식 교수의 주장이 사이버공동체 규범에도 확장 적용되어 사이버공동체 규범도 일반적 인터넷 규범과 마찬가지로 현실공간법의 지배를 받는 것인가에 관하여는 견해가 나누어질 수 있다. 먼저 2008년 블록체인 등장 이래 프리마베라 드 필리피 등은 암호법 등 여러 저술에서 블록체인(blockchain) 역시 인터넷처럼 법률, 사회적 규범, 시장, 아키텍처에 의하여 규제와 통제의 대상이 될 것이라고 보았다.[66] 그러나 이 견해에 대하여는 일반적인 인터넷에 대한 규제와 사이버공동체 규범간의 차이를 무시한 것이라는 반론이 가능하며 블록체인 기술의 이용으로 그러한 경향이 커질 수 있는 것도 사실이다.[67] 사이버공동체를 현실공간에서 독립된 별도의 사이버공간의 조직으로 보는 경우 사이버공동체에는 새로운 규범과 아울러 독자적인 집행기관을 필요로 한다.[68] 이는 실체적 영역뿐만 아니라 절차적 영역에서도 그러하다는 의미가 된다. 즉 사이버공동체가 영토에 기초한 국가와 마찬가지로 독자적인 입법, 행정 및 사법기관을 가져야 한다는 것을 의미하므로 그 거버넌스에 있어서도 독자적 법체계의 정립이 필요하다.[69] 공동체 자치의 원칙에 따라 각 사이버공동체별로 자생적으로 공동체 조직의 구성과 규범이 형성될 수 있다. 기술의 발전에 따라 필요한 각각의 모델 코드를 가져다가 조립하는 방식으로 이용하는 것도 가능할 것이다.[70]

2. 사이버공동체 규범의 존재 형식

가. 사이버공동체 규범의 연성법적 존재 형식

사이버공동체는 소규모 공동체에서 국가보조공동체와 전자적 국가공동체, 초국가적 국가대체공동체까지 그 스펙트럼이 상당히 넓다. 이처럼 사이버공동체는 여러 단계별로 존재할 수 있고 사이버공동체의 상위 규범으로는 공동체가 구속받기로 한 인터넷 헌장, 선언, 지침 등이, 하위 규범으로는 공동체의 정관 기타 내부 규정이 있다. 창조성과 유연성을 중시하는 사이버공간의 정신을 관철하고 정보기술의 급속한 발전과 그에 따른 다양한 문제발생에 대응하는 데에는 규약이나 약관 등과 같이 연성 규범이 선호된다고 할 것이다.

나. 사이버공동체의 정관

사이버공동체는 그 설립 시 정관을 제정하여 구성원의 대내적 권리의무는 물론 대외적 법률관계에 관한 기본적인 규범을 마련할 수 있다. 일반적으로 사단의 정관은 이를 작성한 사원뿐만 아니라 그 후에 가입한 사원이나 사단의 기관 등도 구속하는 점에 비추어 보면 그 법적 성질은 계약이 아니라 자치법규로 보는 것이 타당하다고 이해되고 있다.[71] 이 점은 사이버공동체의 정관도 마찬가지라 할 것이다. 나아가 정관이 정한 절차에 따라 제정된 하위 규정 역시 자치법규의 성격을 가진다고 할 것이다. 이러한 사이버공동체의 규범은 시스템을 통하여 공시됨으로써 그 구성원은 물론 그 사이버공동체와 거래하는 제3자도 보호하는 기능을 하게 된다. 이처럼 사이버공동체의 설립 주체는 이러한 규범의 입법자일 뿐 아니라 나아가 그 규범의 집행자로서의 역할을 할 수 있다.

다. 사이버공동체의 플랫폼 약관

온라인 플랫폼 서비스약관 등이 규범화하는 현상을 볼 수 있다. 즉 메타버스 등 온라인 플랫폼을 중심으로 사이버공동체 규범이 형성될 수 있다. 플랫폼이 제정하는 서비스이용약관이나 프라이버시 지침(privacy policy) 등은 그 플랫폼 내에서 활동하는 사이버공동체에 적용될 것이므로 이 약관이 사이버공동체 규범의 일부를 형성할 수 있다. 플랫폼은 이러한 규범의 입법자일 뿐 아니라 나아가 그 규범의 집행자로서의 역할을 할 수 있다. 이것은 플랫폼이 막강한 힘을 가지게 된다는 의미이며 현실공간의 국가정부의 규제가 논의될 수 있을 것인바 인공지능(AI)에 의하여 자동 집행되는 경우에 대비하여 적절한 규제를 하여야 할 것이다.

라. 자동실행법(Lex Automagica)

자동실행법(Lex Automagica)은 중개자 없이 코드를 통해 자동적으로 실행되는 세상의 법이란 의미이다. 이제 블록체인, 디지털 자산(digital assets), 스마트계약, 인공지능(AI), 가상/증강현실(augmented reality)이라는 기술 스택(tech−stack)에 의하여 중개자 없이 코드를 통해 거래와 행위가 자동적으로 행해지고 이행되는 세상이 열리고 있다.[72][73] 컴퓨터 노드들이 분산원장(distributed ledger)을 나누어 가짐으로써 신뢰 없이도 모든 활동이 가능하게 된다. 스마트계약으로 미리 설정된 조건이 달성되면 바로 디지털 화폐로 노력에 대한 대가를 제공할 수 있으며, 이러한 방식으로 현실공간의 모든 활동이 자동적으로 실행될 수 있다. 코드에 의하여 중개자 없이 신뢰 없는 세계의 실현에 따라 법률과 규제들이 코드와 시장 변화로 대체된다.[74] 또한 스마트계약조건의 규범화에 주목하여야 한다. 필요한 개별 코드만을 가져다가 조합하여 쉽게 프로그래밍할 수 있도록 스마트 계약 조항 코드 모델이 정립되어 그 계약 조건이 준거규범으로 기능할 수 있다. 이는 새로운 상인법(lex mercatoria)의 한 형태가 될 수 있을 것이다.

마. 사이버공동체 단체법

사이버공동체 단체법의 영역에 있어 주요한 변화는 분산형자율조직(DAO)의 이용이다. 분산형자율조직이 이용되는 경우 기술에 의하여 법이 대체될 수 있으므로 이러한 변화를 어떻게 법에 수용할지가 문제된다. 여기에 바로 대응하지 못하고 법적 불확실성이 있는 경우 DAO 모델의 발전과 활용에 장애가 발생할 수 있다. DAO의 법적 성격에 대하여는 조합설, 비법인사단설, 비법인재단설이 존재할 수 있다.

(1) 조합으로 보는 견해

예로는 bZx DAO 사건에서의 원고의 입장이다.[75] 2021년 11월 bZx 분산형 금융 프로토콜 해킹 사건에서 약 5,500만 달러 상당의 암호화폐가 유출되어 창립자인

bZx 등에 대해 불법행위 소송이 제기되었다. 원고는 DAO는 암호화 공간에서 새로운 열풍일 수 있지만 조직 구조는 실제로 전혀 새로운 것이 아니고 DAO의 구조와 작동 방식을 고려할 때 bZx DAO는 토큰 소유자들로 구성되는 조합이라고 주장한다.76) "2인 이상의 자(토큰 소유자와 투자자)가 (자산 중에서 bZx 프로토콜 자금을 공동으로 관리하는 bZx DAO의) 공동 소유자로서 영리를 목적으로 사업(bZx 프로토콜 및 이를 기반으로 구축된 관련 상품, 프로토콜에 자금을 맡기고 그 댓가로 이익 취득)을 운영하는 조합"이라는 것이다. 원고는 DAO가 조합이라고 판단하여 DAO 거버넌스 토큰 보유 회원들은 연대하여 손해배상책임을 져야 한다고 주장하였다. 미국의 대부분의 주에서 보는 것처럼 DAO와 같은 조직에 관한 특별 입법이 없는 경우에는 조합으로 볼 수밖에 없을 것이다.

(2) 비법인사단으로 보는 견해

DAO도 조직과 대표자가 있고, 구성원들 사이의 긴밀한 규율이 있는 것으로 보아 비법인사단에 해당한다는 것이다. 비법인사단의 독립성을 인정하는 우리나라에서 유력한 견해이다. 미국에서도 비법인 비영리 사단의 독립성을 인정하는 입법이 있다. 통일 비법인 비영리 사단법(Uniform Unincorporated Nonprofit Association Act, UUNAA)이 그 예이다. 1996년 UUNAA에서는 법인 아닌 비영리사단에 대하여 독립성을 인정하지는 않고 통일법을 채택한 주의 법원에 법인성 인정여부 판단을 맡겼다. 2008년과 2011년 개정 UUNAA는 1996년 법과는 달리 법인 아닌 비영리사단이라 할지라도 회원 및 관리자와 구별되는 주체임을 인정하고 사업수행을 위하여 개인과 동일한 권리를 갖는다고 규정하고 있는바, 개정 통일법은 법인 아닌 비영리사단에 우리나라의 비법인사단처럼 법인에 준하는 지위를 인정했다고 볼 수 있다.77) UUNAA를 채택하는 주에서는 DAO를 통일 비법인 비영리 사단으로 설립하여 법인격을 인정받을 수 있을 것이다. 마샬 제도(Marshall Islands)는 국가로서는 세계 최초로 개정 비영리 단체법(Non-Profit Entity(Amendment) Act 2021)에서 2022. 2. 15.부터 DAO를 비영리단체로 등록하면 LLC와 동일한 권리를 가지는 법인격을 부여하였다.78)

DAO를 회사로 설립하는 것을 허용하는 입법례도 있다. 먼저 특별법을 입법함이 없이 델라웨어주에서는 DAO를 LLC로 등록하는 것을 허용하였고 버몬트주에서는 블록체인 기반 유한회사(또는 활동의 중요한 부분에 블록체인을 사용하는 LLC)로 등록하는 것을 허용하였다. DAO를 유한회사로 설립하는 것을 허용하는 구체적 입법으로 와이오밍(Wyoming)주는 2021년 DAO를 유한회사(LLC)로 분류하여 그 설립을 허용하는 유한회사법 개정을 하였다.[79] 한편 De Filippi 등이 주축이 되어 초안한 DAO 모델법은 DAO에 등록 없이도 법인격을 인정하기에 이르렀다.[80]

(3) 비법인 재단이라는 견해

DAO가 재산을 중심으로 하는 조직에 주된 목적이 있다는 점에서 비법인재단 (Stiftung)이라고 보는 견해도 있을 수 있다. 케이맨 제도(Cayman Island)는 한걸음 더 나아가 DAO를 재단회사(Foundation Company)로 설립하는 것을 허용하고 있다.[81]

3. 사이버공동체에 대한 현실세계(공간)법[82]의 적용

가. 현실세계(공간)법 적용의 필요성

사이버공동체 규범의 독자성을 인정한다 하더라도 사이버공동체의 형성이 일천하여 아직 사이버공동체에 적용될 독자적 법체계가 마련되어 있지 않은 것이 현실이다. 따라서 현재로서는 사이버공동체에 대하여 현실세계(공간)의 단체에 적용되는 법을 적용 내지는 유추적용할 수밖에 없는 실정이며 또한 사이버공동체를 현실세계(공간)와 구별되는 독자적인 공간에서의 조직으로 다룰 필요가 있다고 하여,[83] 사이버공동체와 현실세계(공간) 간의 상호연결성을 무시할 수는 없다. 즉, 사이버공동체가 일정한 수의 구성원을 가지고 조직과 대표자가 있고, 구성원들 사이의 긴밀한 관계나 규율이 있는 경우 비법인사단에 대한 현실세계(공간)법이 적용될 여지가 있다.[84] 그러나, 공동체라고 하면 꼭 그러한 구성원 간의 긴밀한 관계나 법적인 규율을 전제로 하는 것은 아니므로 사단이 공동체이지만 모든 공동체가 사단은 아니다. 그런데 어떤 상황 하에서 일국가가 합법적으로 자국의 법을 사이버공동체와 그 구성원에 적용할 수 있는지에 대하여는 견해가 불일치한다.[85] 그러나 실제에 있어서는 각국이 현실세계(공간)법을 확장하여 사이버공간에도 적용하고 있는 실정이다. 이에 사이버공간 안에서만 적용되는 법과 현실세계(공간)과의 관계 속에서 적용되는 법 등 그 한계를 어떻게 설정하고, 사이버 규범과 현실세계(공간)법 간의 충돌을 어떻게 조화시킬 수 있는지도 문제된다.

나. 현실세계(공간)법 적용의 한계

사이버공동체에 현실세계(공간)법을 적용하게 되면 부적절한 경우가 많다. 첫째, 사이버공동체는 국경이 없이 활동하는 경우 사이버공동체의 등록과 규율 등에 영토에 기초한 현실세계(공간)법을 적용하기 어려운 경우가 발생한다. 둘째, 집행기관이나 감독기관 대신 사람이 아닌 인공지능에 의하여 자율적으로 행해지는 경우가 많아 의사결정에 관한 단체법을 적용하기 힘들다. 셋째, 사이버공동체의 구성원이 가명이나 심지어는 익명을 사용한다면 여러 ID로 활동하더라도 걸러낼 수 없어 그 의결권 행사에 있어 구성원간의 평등을 지키기 어렵다. 넷째, 블록체인을 활용한 공시가 가능한 경우 굳이 공동체를 등록할 필요가 없는 경우가 많다.[86][87]

Ⅳ. 사이버공동체의 내부관계

1. 사이버공동체의 법적 구성

가. 사이버공동체의 법적 성격

이러한 사이버공동체에는 공동체의 법적 성격에 관한 법인성, 사단성, 조합성 논의가 그대로 적용될 수 있을 것이다. 앞에서 예로 든 게임의 길드나 네이버의 밴드, 메타버스 DAO, 메타버스 NFT 공동체의 경우 단체법상의 요건을 갖추지 못한다면 일응 조합 내지 권리능력 없는 사단으로 볼 수도 있다. 문제는 스마트계약과 블록체인을 이용하는 경우 (i) 블록체인기술을 통한 공시기능으로 설립등기를 대체할 수 있고 (ii) 인공지능이 집행기관과 감독기관을 대체할 수 있으며, (iii) 구성원의 1인 1투표 행사 관리의 어려움이 있는 등으로 단체법이 규정하고 있는 요건·효과 구조를 그대로 적용하기 어렵다는 점이다. 그러나 사이버공동체가 스마트계약에 의해 조직실체형성이라는 요건을 갖추는 등 현실공간의 단체법상의 요건을 갖추지 않고도 기술적 대체방법에 의하여 동일한 효과를 가져오는 경우에도, 법인으로서 독자적 인격을 부여하는 것이 형식적으로는 어렵게 되는 등의 문제를 해결할 필요가 생기게 된다.[88] 이는 메타버스 상에서 설립된 사이버공동체, 즉 블록체인 DAO 형식을 이용한 공동체[89]도 공동체 활동을 위하여 재산을 소유하고 거래 등 법률행위를 하기 위하여 권리능력 내지 법인으로 인정받을 필요가 있기 때문이다. 물론 법인격이 인정되지 않더라도 정관 목적 범위에서는 해당 공동체가 권리의무의 주체가 될 수는 있을 것이다.

나. 사이버공동체 구성원의 권리의무

사이버공동체의 구성원은 조직의 의사결정 프로세스에 참여할 기회를 가진다. 게임의 경우 게이머는 길드가입으로 의견개진과 투표를 할 수 있는 자격을 갖추며 가입과 탈퇴는 자유의사에 따른다. 물론 길드마스터는 가입을 승인하거나 거부할 수 있으며, 비매너, 사기 등으로 길드명예를 실추한 자의 명단을 공개하거나 추방 등으로 처벌할 권한을 가진다. 아울러 경험치의 길드상납율 등 기여도에 따른 직책과 권한이 설정된다. 네이버 밴드의 경우의 경우 구성원이 되기 위한 공통자격으로 특정 연령 기준(13세 이상)을 정하고 있고, 구체적 가입조건은 개설밴드별로 부과할 수 있도록 하고 있다. 물론 가입과 탈퇴는 자유의사에 따른다. 밴드의 경우 밴드리더가 가입 승인 또는 거부, 강퇴, 맴버게시물 사전/후 삭제, 공지등록, 일정 등록, 공개채팅방 만들기 등 권한을 가진다. 리더가 공동리더를 두고 해당 권한을 부여하면서 공동으로 밴드를 관리하는 것도 가능하다. DAO의 경우 공동체는 블록체인 기반의 토큰이나 스마트계약을 활용하여 운영되는데, 개인이 토큰을 보유하는 절차를 거치면 자동으로 회원이 되며 회원 규약은 대체로 그 근간이 되는 스마트계약에 따르게 된다. DAO에서도 토큰을 통한 투표로 의사결정 과정에 참여하며 가입과 탈퇴는 토큰취득과 상실에 의한다. NFT공동체의 경우 NFT를 통한 투표로 의사결정과정에 참여하며 NFT 등급, 가격에 따른 차등투표권이 가능하며[90] 가입과 탈퇴는 NFT취득과 상실에 의한다. 블록체인은 전자적 흔적을 남기기 때문에 규범의 위반자를 감시하는 것이 쉽고 비용이 적게 든다. 원칙적으로는 규약등에 책벌의 근거와 책벌사유 및 절차에 관한 규정이 있어야 하나 그렇지 않다 하더라도 공동체의 존립과 정상적인 활동을 저해하는 구성원의 행위에 대하여는 적절한 절차를 거쳐 책벌을 부과할 수 있다고 보아야 할 것이다.[91] 그러나 메타버스에서 제재는 용이하지 않다. 신체를 대상으로 한 제재가 불가능하며 벌금이나 과태료 또는 봉사명령도 일반화하기 어렵다. DAO의 경우 토큰의 반환을 가능하게 하는 방식으로 탈퇴를 유도

　　　　　　　　　　　　　　　　　　　　　　　05 떠오르는 공동체와 법

할 수는 있을 것이다.

이처럼 사이버공동체는 구성원의 기여도, 등급, 토큰의 가격별로 차등적 투표
권을 부여하는 것이 가능하며, 가입과 탈퇴는 자유롭고 메타버스에서는 가입과 탈
퇴가 토큰이나 NFT의 취득과 상실에 따르게 된다. 메타버스공동체에서는 토큰이
특정자산과 연결되어 사람들에게 조직의 의사결정 프로세스에 참여할 기회를 제공
하는데, 이사회나 최고경영자에게 의존하지 않고 주로 토큰 보유자의 투표나 선호
도를 집계하는 스마트계약을 통해 관리되어 조직 내 구성원들은 스마트계약에 기반
한 다양한 유형의 토큰을 활용함으로써 각자 행사할 수 있는 영향력을 보다 역동적
인 방식으로 부여받게 된다.92) 대부분의 메타버스공동체도 권리능력 없는 사단이나
조합의 형태를 취할 것인데, 별도의 탈퇴절차 없이 조직의 의사결정 프로세스에 필
요한 토큰을 상실함으로써 공동체에서 자동 탈퇴한다. 다만, 스마트계약에 코딩된
정관 등 공동체의 자치규범에 따라 별도의 탈퇴절차가 있는 경우에는 그에 따라야
할 것이다.

2. 사이버공동체의 의사결정구조

가. 구성원 총회의 의결방식

공동체 구성원들로 이루어지는 회의체인 총회는 사이버공동체의 발기인 대표
가 제안한 조직과 상호작용하거나 조직에 참여하는 모든 사람이 준수해야 하는 기
준과 절차를 심의통과시키는 정도의 권한을 가지게 될 것이다. 이때 공동체의 발기
인은 분권 네트워크인 블록체인 DAO를 활용하여 총회 결의와 같은 공동체 활동을
효율화하고 자동화할 수도 있다. 즉, 공동체를 설립하고 독자적으로 토큰을 발행한
후 그 공동체의 구성원이 되고자 하는 자는 이 토큰을 획득하여 그 토큰에 기초하
여 공동체와 상호작용하거나 공동체에 참여하는 모든 사람이 준수해야 하는 기준
과 절차를 수립하도록 하는 공동체의 의안에 투표하도록 할 수도 있다.93) 구성원
역시 의안을 제안할 수 있으며 제안한 의안이 채택되는 경우 보상으로 토큰을 받을
수도 있을 것이다. 이때 지급하는 토큰은 의안이 채택되거나 부결되는 경우 반대쪽
을 투표한 자들의 토큰의 일부에서 차출하는 방식을 취하는 식으로 코딩이 가능할

것이다.

나. 집행기관

사이버공동체의 집행기관은 일반 공동체와 마찬가지로 이사회와 집행위원회로 구성할 수 있을 것이다. 구성원총회의 결의로 이사회를 구성하고 이사회가 집행위원을 선임하게 될 것이다. 사이버공동체가 자율적 코드기반 조직인 DAO 방식으로 운영되는 경우를 상정하면 DAO가 완전히 자율적이고 완전히 자동화되어야 하는지 (즉, DAO는 인간의 개입 없이 작동해야 하는지) 또는 "자율성" 개념을 덜 엄밀하게 해석하여 조직 구성원의 참여를 요구할 수 있는지는 명확하지 않으나, 만일 DAO가 공동체 활동의 인공지능을 통한 완전자동화를 의미하지 않는다면[94] DAO를 통해 구성원총회의 결의로 이사회 구성원을 선출하는 것과 같은 활동도 가능하다. 이 선임과정 역시 토큰의 구매에 의하여 행해진다. 반면 DAO가 공동체 활동의 인공지능을 통한 완전자동화를 의미한다면 사이버공동체가 자율적 코드기반 조직인 DAO 방식으로 운영되면서 집행기관으로 이사회와 집행위원회를 별도로 두지 않고 인공지능 기반으로 운영될 수도 있을 것이다.[95] 그러한 경우 법률상 사단으로서의 성격을 인정할 수 있을 지는 의견의 차이가 있을 수 있다.

다. 감독기관

사이버공동체는 정관 또는 구성원총회의 결의로 이사에 대한 감독기관을 둘 수 있을 것이며, 사이버공동체가 자율적 코드기반 조직인 DAO 방식으로 운영되는 경우처럼 사이버공동체의 가버넌스가 블록체인으로 구성된다면 전체 운영 메커니즘 코드가 분산형 장부에 기록되고 구성원들이 투명하게 접근 가능하므로 별도의 감독기관이 필요 없을 수도 있다.[96] 이 경우에도 위에서 집행기관에 관하여 살펴본 바와 같이 법률상 사단으로서의 성격을 인정할 수 있을 지는 의견의 차이가 있을 수 있다.

3. 사이버공동체내 분쟁의 해결

가. 분쟁해결에 적용될 규범

사이버공동체는 자신의 공동체 내에서 자체적으로 분쟁해결을 위하여 온라인 분쟁해결기구를 설치하고 해당 공동체규범에 의하여 분쟁을 해결할 수 있다. 분쟁 해결을 위하여는 분쟁해결의 준거가 될 행위규범이 정립되어 있어야 하고 이를 적 용할 절차규범이 존재하여야 한다. 이와 같이 사이버공동체에 있어서 독립적인 입 법기능은 구성원총회가 행사하고 사법 기능은 자치적인 온라인분쟁해결기구를 설 립하여 행사하도록 할 수 있을 것이다.

나. 분쟁해결기구의 구성과 재판

온라인분쟁해결기구에 대하여는 기존 연구가 많이 나와 있으므로[97] 여기서는 분권 네트워크인 DAO를 설립하여 독자적으로 토큰을 발행하여 분쟁해결기구를 운 영하는 Kleros 플랫폼와 Aragon 플랫폼, Jur 플랫폼의 메카니즘을 중심으로 구체적 운영방법을 살펴보고자 한다. 해당 DAO에서 판정인으로 활동하고자 하는 자는 전 문 분야를 미리 등록하고[98] 토큰[99]을 구매하여 구체적 사건의 판정인으로 선정되 고자 할 때 보유한 토큰을 예치한다.[100] Kleros와 Aragon 플랫폼과 같이 판정인은 추첨으로 선정하되 토큰을 많이 예치할수록 판정인으로 선정될 가능성이 높아지도 록 설계하거나[101] Jur 플랫폼과 같이 판정인이 되기 위한 기준을 설정하고 신청자 중 심사를 통하여 선정하도록 설계할 수도 있을 것이다.[102] 전자의 경우 많은 수의 토큰을 예탁하면 판정인으로 선정될 가능성이 높아진다면 부자가 판정인을 독점할 가능성이 있어 재고할 필요가 있다.

분쟁해결시스템은 판정인들에게 보상하고 시스템을 운영하기 위해 당사자로부 터 판정수수료를 받는 시스템을 구축한다.[103] 스마트 계약을 코딩함에 있어서 분쟁 을 제기하거나 불복하는 당사자에게 수수료를 지급하도록 요구할 수도 있고, 각 당 사자에게 판정수수료와 동일한 금액을 예치하도록 하고 일방 당사자가 예치하지 않 으면 온라인분쟁해결기구가 판정 비용을 입금한 타방 당사자에게 유리하게 판결하 도록 할 수 있다.[104] 온라인분쟁해결기구에 접속하여 당사자가 업로드한 증거를 보고 판정에 관한 선택지 중 하나에 투표하여 최다표를 얻은 선택지로 판정이 성립하게 되면,[105] 스마트 계약이 실행되어 승리한 당사자에게 판정 금액을 송금하게 된다.[106]

다. 판정의 공정성확보방법

각 플랫폼들은 제대로 투표할 동기 부여에 있어 차이가 있다. Kleros와 Aragon의 플랫폼의 경우 토큰이 판정의 공정성을 확보하는 역할을 하게 되는데, 소수의견을 낸 판정인(incoherent jurors), 즉 다수의견(ultimate ruling)에 동의하지 않는 투표를 한 판정인들이 다수의견을 낸 판정인들에게 예치한 토큰의 일부를 지급하게 함으로써 토큰이 판정인들에게 제대로(honestly) 투표할 동기를 제공한다.[107] 반면 Jur는 Kleros와 Aragon의 플랫폼과 달리 판정인 평판을 고려하여 투표하게 된다.[108]

라. 판정에 대한 불복

1심 판정에 대하여는 부당하다고 생각하는 경우 불복할 수 있는 시스템을 갖추어야 할 것이다. 위에서 소개한 플랫폼의 경우 Kleros플랫폼과 같이 불복을 인정하는 경우와 Jur플랫폼과 같이 인정하지 않는 경우로 나뉜다.[109] 분쟁해결 플랫폼의 코드를 설계함에 있어서는 불복횟수에 제한을 두지 않을 수도 있으나 무분별한 불복을 막기 위해 불복한 당사자는 불복절차에서 지는 경우 상대방에 대한 위자료를 추가로 부담하도록 하는 방식을 취할 수도 있을 것이다.

V. 사이버공동체의 외부관계

1. 사이버공동체의 권리의무

사이버공동체에 법인격을 인정할 것인가, 인정한다면 어떤 요건을 갖추게 할 것인가, 그 공시방법은 어떻게 할 것인가가 문제된다. 사이버공동체를 DAO의 형태로 설립하는 경우에도 그 "자율적" 특성이 DAO를 운영하는 인간 주체와 별개의 주체, 즉 법인격의 개념과 양립할 수 있는지, 다시 말해 DAO가 책임의 주체가 될 수 있는지 문제된다. 법인의 개념과 양립할 수 없다면 법인은 특정 법인의 행동에 책임이 있는 식별된 행위자가 한 명 이상 있는 경우에만 확립될 수 있기 때문이다.110) 만약 법인격을 인정하지 않는다면 공동체는 규약이나 정관으로 정한 목적의 범위 내에서 권리와 의무의 주체가 되므로, 법인격 없는 공동체라도 대표자 또는 관리인이 있는 경우에는 소송 당사자능력,111) 부동산 등 등기능력112)을 비롯하여 법인에 준하여 취급할 것인지 여부, 대표자 개인의 책임, 구성원 개인의 책임 등이 문제될 것이다.

2. 사이버공동체 대표자의 책임

사이버공동체가 대표자 등 사이버공동체를 대표하는 기관은 그 공동체의 규약이나 정관이 정하는 바에 따를 것이다. 규약이나 정관은 공시되어 그 공동체와 거래를 하고자 하는 자는 누가 그 공동체를 대표하는가를 용이하게 확인할 수 있을 것이다. 사이버공동체가 대표자 등 업무집행기관을 통해서 행위를 하는 경우 민법상 이사에 관한 규정과 주의의무 규정113) 등이 유추적용될 수 있을 것이다. 하지만, DAO처럼 자율적 코드기반 조직으로서 스마트 계약에 따라 기본 코드에 구현된 규칙에 따라 작동하게 된다면 대표자 등 인간의 관여가 필요 없이 거래를 할 수 있을 것이다.114) 이 경우 공동체 책임자산이 보다 중요하게 된다. 물론 앞에서 언급한 바와 같이 DAO의 자율성 개념이 덜 엄밀하게 해석될 수 있다면 외부거래는 대표자 또는 대리인의 관여가 있을 수 있다. NFT의 경우에도 대표자 없이 AI기반으로 운영된다.

3. 사이버공동체 구성원의 책임

사이버공동체를 사단이나 재단으로 이해하는 경우 사이버공동체의 행위에 대하여는 그 공동체 자신이 책임지고 그 구성원은 개인적으로는 아무런 책임을 지지 않는다. DAO의 경우 자율성 개념을 엄밀하게 해석한다면 사단성 인정 여부에 따라 구성원의 책임을 달리 해석할 수 있을 것이다. 다시 말해, 사이버공동체의 사단성을 부정하고 이를 조합으로 이해하는 경우에는 전 구성원은 공동체의 행위에 대하여

연대책임을 부담하게 된다.[115)

4. 사이버공동체의 의무의 이행

사이버공동체가 비법인사단인 경우 공동체 책임자산이 중요한 의미를 가지게
된다. 예를 들어, 길드의 경우 소유재산은 조합원이 상납한 자산이나 길드 내에서
기여하는 활동으로 구성되며, 네이버 밴드의 경우 책임재산은 밴드에 올린 콘텐츠
와 광고수익 등으로 구성된다. DAO나 NFT공동체가 보유한 자산은 블록체인 기반
네트워크의 기본 코드에 의해서만 정의된다. 사이버공동체가 DAO에 의하여 자율
적 스마트계약에 의존하는 경우 어떤 주체도 DAO의 자산을 일방적으로 점유할 수
없고, DAO가 보유한 자산은 블록체인 기반 네트워크의 기본 코드에 의해서만 정의
되고 자동으로 집행되므로 기존의 공동체에서의 의무 이행 방식과 차이가 나고 그
에 따른 관계자의 권리의무에도 영향을 미치게 될 것이다.

5. 사이버공동체와 외부자간의 분쟁해결

사이버공동체와 외부자간에 분쟁이 발생하면 먼저 관련 공동체끼리 협의하여
그 분쟁해결방법에 합의한 후 그 방법과 절차에 따라 분쟁을 해결하는 것이 바람직
하다. 그러나 그러한 합의에 이를 수 없거나 이르는데 많은 시간이 소요된다면 미리
제3의 분쟁해결기관과 절차를 마련하고 그에 따라 분쟁을 해결할 수 있을 것이다.
국내법원이 이러한 분쟁을 관할하는 경우 준거규범이나 재판관할 그리고 그 집행에
있어 수많은 난관에 봉착하게 될 것이다.

VI. 사이버공동체와 그에 관한 규범의 미래

1. 사이버공동체의 진화

비대면사회로 급속하게 이행하면서 영리, 비영리를 불문하고 사이버에서의 공

동체 활동이 늘어나고 있다. 이에 사이버세계에서의 공동체 구성과 운영도 보편화되고 현실공간에서의 공동체도 사이버공간으로 옮겨오는 일이 다반사가 되어갈 것이다.

사이버공동체가 메타버스공동체로 진화하고 개인 또는 컴퓨터가 서로 알지 못하거나 신뢰가 없는 경우라도 상호조율하는데 필요한 확실성을 제공하는 미리 결정된 규칙에 의해 관리되고 의사결정도 토큰에 의하여 자동적으로 행해져 구성원의 의견수렴 비용을 감소시키고 구성원들이 조직에서 더 큰 역할을 담당할 수 있도록 할 수 있을 것이다. P2P 기반으로 협업이 가능한 개인들끼리 모여 탈중앙화된 조직을 만들 수 있으며 원한다면 필요에 따라 중앙집중식 관리에 의존하지 않고 사회적 또는 경제적 목표를 달성해 나갈 수 있게 될 것이다.[116]

하지만 DAO의 경우 DAO 소스 코드는 (퍼블릭 블록체인인) 이더리움과 같은 스마트 계약 기능을 갖춘 블록체인에 배포되어 구성원들 간의 상호 작용에 대한 규칙을 지정하고 구성원들의 의지와 무관하게 자체적으로 실행된다.[117] 이처럼 스마트 계약에 따라 기본 코드에 구현된 규칙에 따라 작동하므로 그러한 코드에 영향을 미치거나 무효화할 수 있는 다른 가버넌스 메커니즘이 있을 수 있는지는 분명하지 않고,[118] 인간의 관리가 필요 없어 대표자가 없는 경우 행위에 대한 권리의무의 취득 등을 인정받는데 문제가 생길 수 있고, 책임의 주체의 문제, DAO가 보유한 자산이 자동으로 집행되면서 계약취소 등의 경우 문제 해결이 필요할 것이다.

2. 자율적인 규범 정립과 집행

사이버공동체에 적용되는 규범에는 사이버공동체가 제정한 규약등과 제반 규칙, 그리고 사이버공동체에 존재하는 관습 등 사이버공동체에 의하여 형성되거나 제정된 법규범과 사이버공동체에 적용될 국가법(municipal law)이 있다. 아직 사이버공동체를 대상으로 하여 제정된 국가법은 희소하므로 공동체에 적용되는 국가법을 사이버공동체에 유추적용하여야 할 것이다. 사이버공동체법은 아직 형성 과정에 있으며 예측가능하고 합리적인 법제도를 정립하여 국가법에 의한 장애 없이 사이버공동체들이 원활하게 활동할 수 있도록 하여야 할 것이다.

3. 분쟁의 자율적 해결

사이버공동체 내 분쟁은 사이버공동체가 자치적으로 정한 스마트계약 등 분쟁해결방법에 따르고 사이버공동체 외부와의 분쟁은 사이버공동체 규범에 의거하되 사이버공동체 규범이 없거나 불명한 경우 현실세계법을 유추 적용하여야 할 것이다. 메타버스 플랫폼은 자체적인 분쟁해결시스템을 구축하고 그에 적용될 규범을 정립하여 자신의 플랫폼 내에서 활동하는 각종의 사이버공동체간에 발생하는 분쟁을 신속, 공정하고 저렴하게 해결하도록 하여야 할 것이다. 어느 국가법이 사이버공동체에 적용될 것인가를 결정하는 저촉규범 역시 공동체 자치의 원칙에 따라 사이버공동체들이 정하도록 하고 현실세계의 저촉규범을 적용하는 것에는 신중하여야 할 것이다.

Ⅶ. 글을 맺으며

이상 살펴본 바와 같이 사이버공동체는 국가기능의 다원화로 공적영역의 파편화가 가속화되고 있는 시점에서 앞으로 시민을 위한 새로운 사회안전망과 복지의 제공을 담당하는 신주체로서 역할을 할 수 있다는 점에서 시대의 변화에 부응하여 이를 하나의 공동체로 인정하고 그 활동을 지원, 장려할 필요가 있을 것이다. 이를 위하여는 사이버공동체가 스스로 정립한 자치규범의 구속력을 적극적으로 인정하고 나아가 사이버공동체에 적용될 국가법의 한계를 명확히 할 필요가 있을 것이다. 이러한 점에서 DAO를 법적 실체로 인정하는 입법을 감행한 미국 와이오밍주의 선도적 태도는 모범적이라 평가할 수 있을 것이다. 사이버공동체의 개념, 그 유형, 설립과 법인격 인정 여부, 구성원간의 관계와 책임 등 해결하여야 할 과제에 관한 법적 논의는 이제 시작에 불과하며 메타버스공동체에서 보는 것처럼 변화무쌍하게 발전하고 있는 영역이므로 움직이는 표적을 맞추는 것처럼 어려운 작업이라 하지 아니할 수 없다. 본고는 이러한 새로운 사회현상과 그 현실적 필요성과 역할에 관한 담론을 전개하는 단초를 제공하고자 하는데 그 목적이 있음을 강조하고자 한다.

미주

1) 메타버스는 새로운 개념이 아니다. 1990년대 중반부터 인터넷을 현실공간과 별도의 새로운 공간으로 이해하면서 가상세계에 관한 논의가 유행했었고, 우리나라에서는 1999년 9월 싸이월드라는 아바타와 도토리를 이용하는 소셜 네트워크 서비스가 출시되었고, 미국에서는 2003년 린든 랩이 개발한 세컨드 라이프(second life)라는 이용자가 다른 아바타와 상호 작용하며 개인적 관계는 물론 사업까지 할 수 있는 현금으로 환전할 수 있는 린든 달러 등 보편적인 메타버스의 모습과 결합한 소셜 네트워크 서비스를 제공하였다.

2) WELL은 컴퓨터와 통신, 몸, 마음, 건강, 예술, 오락, 대중 음악 그룹을 포함한 다양한 주제를 다루는 전자 가상 커뮤니티이다.

3) D. Ellis/R. Oldridge/A. Vasconcelos (2004), p.145.

4) 단체방과의 차이점은 단체방이 참여할 수 있는 인원의 제한이 있는 반면 인터넷게시판은 거의 무한대의 사용자를 수용할 수 있으며, 단체방이 즉각적인 대화가 가능한 반면 인터넷게시판은 한 사용자가 게시물을 만들어 토론을 시작하면 다른 사용자가 자신의 게시물에 응답할 때까지 기다려야 해서 즉각적인 응답을 하거나 확인할 수 없는 점이다. https://en.wikipedia.org/wiki/Virtual_community.

5) 예컨대 카카오가 제공하는 단톡방, 마이크로소프트가 제공하는 Teams Service가 그것이다.

6) Yochai Benkler는 "분산되고 협조적이며 독점적이지 않은 조직 구조로서 시장의 움직임이나 관리자의 명령에 의존하지 않고 광범위하게 분산되어 있지만 느슨하게 연결되어 서로 협력하는 개인들 사이에서 자원을 공유하며 결과물을 만들어 내는" 공유기반 공동생산시스템의 확장이라고 설명한다. Yochai Benkler (2007), p.356ff.

7) 영미에서는 Social Media, 우리말로는 누리소통망 서비스, 사회관계망 서비스로 불린다.

8) https://www.oxfordreference.com/view/10.1093/oi/authority.20110803100515321.

9) https://www.oxfordreference.com/view/10.1093/oi/authority.20110803100515321. 이러한 사이트 또는 플랫폼을 사용하면 프로필이나 계정을 만들고 친구를 추가하거나 친구를 팔로우하며, 이를 모임 장소로 사용하여 연결하고 지원을 주고받으며, 많은 노력을 기울이지 않고도 친구 및 지인의 활동을 최신 상태로 유지할 수 있다. https://en.wikipedia.org/wiki/ irtual_ community; A. Quan-Hasse/A. L. Young (2010), pp.350-361.

10) 예를 들어, Facebook에서는 사진과 비디오를 업로드하고, 채팅하고, 친구를 사귀고, 옛날 지인들과 다시 연결하고, 그룹에 가입할 수 있다. D. Waisanen (2010), pp.550-557.

11) 의료 종사자를 연결하거나 암 환자와 같은 환자를 연결하는 의료 소셜 네트워킹 사이트의 예이다.

12) Wellman 등은 컴퓨터가 지원하는 사회관계망(CSSNs)이 동료애, 사회적 지원, 정보, 소속감을 줄 수 있다고 하면서, SeniorNet, Young Scientiests' Network등의 예를 든다. Barry Wellman/Milena Gulia (1999), pp.2, 6; 조동기 (2000), 208-210면 참조; Dave Roos (2010).

13) 여기서 플랫폼(platform)이라는 단어는 지지대 역할을 하는 수평면 내지 무언가를 구축하기 위

한 토대로 정의되며 개발자는 플랫폼을 사용하여 앱, 소프트웨어, 스토어를 설계하고 실행한다. Thibault Schrepel (2021), p.1.

14) 사이버공동체가 자체의 공동체 플랫폼(community platform)을 보유하는 경우도 많다.

15) 메타버스(Metaverse)란 닐 스티븐슨이 1992년 발표된 소설 "스노 크래시"에서 처음으로 등장한 말로 무언가를 초월한다는 의미의 '메타'와 현실 세상을 가리키는 '유니버스'가 합쳐진 말이다. Neal Stephenson (2003)의 한국어번역본으로 닐 스티븐슨 (2021); 정우성 (2021). 메타버스는 가상현실(VR)과 증강현실(AR) 기술을 이용하는 것에서 점차 홀로그램 기술을 이용하여 현실감을 극대화해 나갈 것으로 보인다. 메타버스는 가상세계, 거울세계, 증강현실, 라이프로깅으로 분류되며, 협의의 메타버스는 가상세계를 의미한다.

16) 2021. 7. 25일자 이데일리 기사 "韓 상륙 로블록스…'게임이냐 아니냐' 논쟁 가열".

17) 가상세계 플랫폼인 메타버스의 게임 여부 판단과 관련하여 게임물관리위원회(게임위)가 게임물로 판단한다면 흥행 핵심인 외부 계좌를 연동해 달러로 바꿀 수 있는 로벅스라는 가상화폐로 지불되는 로블록스 내 창작활동에 따른 수익의 외부 반출이 불가능하게 될 수 있다. 게임이 아니라고 본다면 그동안 엄격하고 보수적인 견해를 보인 게임위가 글로벌 플랫폼에 대해서는 완화된 기준을 적용한다는 게임업계의 불만이 있을 수 있다. 국내에서는 이용자가 아이템 매니아 등 외부 거래소를 통해 게임화폐와 아이템을 현금화할 수 있지만, 기업이 공인하는 외부 반출 경로는 없다. 상게 기사 참조.

18) 조동기 (2000), 8면 참조.

19) 인터넷 커뮤니티인 네이버 카페나 블로그의 경우에도 회원을 씨앗부터 새싹, 잎새, 가지, 열매단계까지 활동 정도에 따라 등급제를 운영하고 있는 사례도 발견된다.

20) 블록체인을 이용한 라이센스를 통하여 이용을 가능하게 하고 거래는 암호화폐를 통하여 이루어질 수 있을 것이다.

21) Nathan Schneider et al. (2021), pp.16:8−9.

22) Id.

23) 즉, 공공 서비스 및 공유 인프라 제공, 공공선 추구, 개인 및 집단 권리 보호를 목적범위에 포함할 수 있다. Primavera De Filippi (2018).

24) Id.

25) 이러한 시험 프로젝트들에 대하여 Stanford Graduate School of Business Center for Social Innovation (2018), pp.22−23.

26) Id. 더 이상 전통적인 정부 구조의 맥락에서 정치 참여가 그 자리를 찾지 못하는 경우, 이러한 가상 커뮤니티는 시민들의 참여를 다시 활성화하는 역할을 담당할 수도 있다. 실제로 시민권이 법적 지위뿐만 아니라 개인의 정치 활동과 집단 정체성을 의미한다면, 곧 이러한 새로운 가상 국가를 정치기관으로 여기고 자신을 구성원으로 인식하는 새로운 글로벌 시민이 출현할 수도 있다는 주장이 있다.

27) https://github.com/DemocracyEarth/paper; Luis Cuende/Jorge Izquierdo (2017).

28) Primavera De Filippi (2018).

29) Id.

30) 국가와 시민의 관계에 관하여 Rainer Bauböck이 강조한 것처럼 홉스(Hobbes)와 루소(Rousseau)가 설명하는 사회계약론에 의하더라도 사회계약은 동의에 의해 체결된 협상가능한 계약이 아니기 때문에 법적 지위로서의 시민권은 일반적으로 선택하지 않고 일단 취득하면 쉽

게 이탈할 수 없다.

31) Liav Orgad (2018), p.256.

32) Primavera De Filippi (2018).

33) 스팀(Steem)은 커뮤니티를 성장시키고 콘텐츠 공유에 대한 보상을 통해 사용자에게 즉각적인 수익원을 제공하는 소셜 블록체인이다. 현재 Steemit과 같은 소셜 앱을 통해 실제 애플리케이션 을 구동할 수 있는 유일한 블록체인이다. https://steem.com/.

34) Steem/Bluepaper, Steemit, Inc., 2017. https://steem.com/.

35) Id.

36) 개방형가치망(OVN)은 Verna Alee, Michel Bauwens, Tiberius Brastaviceanu 및 Kurt Laitner의 작업을 기반으로 Sensorica Network에서 개발되었는데, 자세한 내용은 Yasir Siddiqui/Tiberius Brastaviceanu (2013) 참조.

37) https://en.wikipedia.org/wiki/Open_value_network;
https://wiki.p2pfoundation.net/Open_Value_Network#Network_governance.

38) Id.

39) Heather Douglas는 Brint의 정의를 이와 같이 소개한다. Heather Douglas (2010).

40) 小田 亮은 공동체를 "消滅しつつある人格的な親密さや相互扶助を伴う道徳的・情緒的紐帯と いった全面的な関係による凝集体"로 정의한다. 小田亮 (2004), 236頁이하.

41) 정찬모 외 (2003), 33-34면 참조.

42) 이처럼 공동체의 전통적인 정의는 지리적으로 한정된 집단인 이웃, 마을 등을 가리킨다.

43) 1963년 Melvin Webber의 "근접성 없는 공동체(Community without propinquity)", 1979년 Barry Wellman의 "자유로운 공동체(community liberated)"와 같이 장소적 개념에서 자유로운 비지역 공동체(non-local community)가 점차 대세화되었다.

44) 공동체의 법적 요건에 대하여는 손경한 (2021), 6-8면 참조.

45) Heather Douglas는 종종 공동체가 지역성의 대체어로 사용되지만 공동체는 물리적 장소를 훨 씬 초월하여 존재한다고 한다. Heather Douglas (2010).

46) 정찬모 외 (2003), 33면 참조; 김현희 (2000)에서는 상대적 익명성과 신체적 단서의 부재를 특 징으로 하는 사이버공간에서 신뢰의 형성은 지속적인 상호작용, 정체의 지속성 그리고 이전 상 호작용에 대한 지식이라는 세 가지 요인에 의해 크게 좌우된다고 한다.

47) 사이버공동체 긍정설은 공동체의 범위를 넓게 보아 온라인 사회관계망이 즉 공동체라고 주장한 다. Howard Rheingold (2006), pp.47-75.

48) 네트워크 친구들 내지 "사이버 공간 이웃들"이 온라인으로 조직화되어 경제적 도움을 주는 방식 으로 운영된 사례들이 소개된다. Barry Wellman/Milena Gulia (1999), p.6.

49) 이 부분의 법적 해석에 대하여는 장을 바꾸어 살펴보기로 한다.

50) 그런데 사이버공동체를 부정하는 견해는 하나의 공동체로서 규정짓는 데에는 일반적으로 공통 의 지역과 역사, 가치를 공유하는 것이 중요한 요소인 바 사이버공동체는 현실적 지역성을 갖추 지 못하여 공동체로 인정할 수 없다고 한다(웨인리히(Weinreich)는 사이버공동체의 존재를 부 정한다. Frank Weinreich (1997). 그러나 초기 커뮤니케이션 및 작업의 매체와 도구로만 여겨졌 던 정보기술이 인간관계의 상호적이고 사회적 매체로서 확장되고 진화해서 사이버공간이 현실 공간을 확장하고 있는 바, 지리적 요소를 결여한다는 이유로 사이버공동체의 공동체성을 인정

하지 않는 견해는 설득력을 얻기 어렵다. 동지로 Barry Wellman/Milena Gulia (1999), p.2; Barry Wellman (1988); Barry Wellman (1993) pp.423−436; Barry Wellman (1994), pp.28−45도 참조.

51) 다만, 일부 사이버공동체는 지리적으로 연결되어 있으며 커뮤니티 웹사이트라고 한다.

52) 약한 연대(weak ties)는 네트워크 회원들이 오프라인에서 거의 알지 못하거나 완전히 낯선 사람들에게 정보, 지원, 우정 및 소속감을 제공한다는 점에서 연결이 약하다고 할 수 있다. 그러나 강한 연대(strong ties) 보다 상이한 사회적 특성을 가진 사람들을 연결하는데 보다 적합하다고 한다. Barry Wellman/Milena Gulia (1999), pp.7−8.

53) 집단의 최소 규모에 대한 언급은 없지만 일반적으로 "조직(organization)"이라는 용어는 법적으로 등록된 조직(legally registered organisation)이 아니라 공통의 목표를 위해 행동하는 여러 사람으로 구성된 조직(an entity comprising multiple people acting towards a common goal)을 의미하는 것으로 이해된다.

54) 최초의 DAO를 구축한 부탈린도 이더리움 백서에서 DAO를 "조직의 자금을 사용하고 코드를 수정할 권리가 있는 구성원 또는 주주 군이 있는 가상조직"으로 정의하면서, "전통적인 회사 또는 비영리단체의 법적 형태(legal trappings)를 취하되, 집행에 있어서는 암호화 블록체인 기술만 사용"한다고 기술하였다. Vitalik Buterin (2013), p.23.

55) Y. El Faqir et al. (2020), p.2

56) https://daostack.io.

57) https://aragon.org/dao.

58) Primavera De Filippi/Samer Hassan (2016), p.12.

59) Y. Y. Hsieh et al (2018), p.2. DAO는 퍼블릭 네트워크에 배치되어야(deployed) 한다고 주장한다.

60) DAO의 "분권화(decentralization)"가 인프라 계층(즉, 기본 블록체인 기반 네트워크 수준)에서만 구축되어야 하는지 아니면 가버넌스 수준에서 구현해야 하는지 명확하지 않다는 지적도 있다. Samer Hassan/Primavera De Filippi (2021), p.7.

61) R. Beck (2018), p.57.

62) Primavera De Filippi/Aaron Wright (2018), p.146.

63) 한 예로 더 다오(The DAO) 해킹사건이 있다. 이는 디지털 통화인 비트코인의 대안인 이더 (Ether)의 형태로 1억 6천만 달러를 모금한 가장 성공적인 크라우드 펀딩 벤처로 알려진 실험적인 가상 화폐 프로젝트인 더 다오(The DAO)에서 해커가 5천만 달러 이상의 가상통화(virtual currencies)를 훔쳐간 사건이다. 프로젝트에 참여한 컴퓨터 과학자들은 이더를 뒷받침하는 코드를 조정하여 돈을 회수하였으나, 그럼에도 불구하고 도난으로 인해 비트코인 및 이더와 같은 가상통화의 실행 가능성과 원칙에 대한 더 큰 논쟁이 촉발되었다. Nathaniel Popper (2016).

64) Samer Hassan/Primavera De Filippi (2021), pp.3−4.

65) Lawrence Lessig (1999)의 국내번역서로 로렌스 레식 (2002) 참조.

66) 미주 62의 저서를 비롯한 다수의 저작에서 그러한 논지를 폈다.

67) 이와 관련하여 사무엘슨은 글로벌 정보사회의 규제를 위한 5가지 도전으로 1)구법으로 족한지 아니면 신법이 필요한지 2) 적절성 3) 유연성 4) 가치의 보존 5) 초국가적 협력을 이야기하고 있는데 이러한 논의는 사이버공동체 규범의 독자적 정립에 있어 도움이 될 것이다. Pamela Samuelson (2000) pp.317−325.

68) Also see I.T Hardy (1994); Henry H. Perritt, Jr. (1997a); Henry H. Perritt, Jr. (1998); Henry H. Perritt, Jr. (1997b); R. Michaels (2005); Monre E. Price/Stefan G. Verhulst (2004).

69) 규제적 접근으로서 전통적인 정부규제, 국제협약과 협력, 자율규제, 코드에 기초한 접근 및 상이한 접근간의 결합 등에 관하여 Rolf H. Weber (2003) at 69−75; Rolf H. Weber (2002) pp.56−100 참조.

70) 일찍이 Hardy도 모범법전(model codes), 모범사례지침(guides to good practice) 등을 개별 사이버공동체에서 채택하는 상황을 상정하였다. I.T Hardy (1994), pp.1036− 1037.

71) 대법원 2000. 11. 24. 선고 99다12437 판결 등 참조.

72) 실제 호주국립대학교에서 Scott Chamberlain 주도로 Lex Automagica에 관한 프로젝트가 진행 중이다. Lex Automagical: will blockchain + AI deliver justice like clockwork? https://la−w.anu.edu.au/multimedia/podcasts/research−seminars/lex−automagical−will−block−chain−ai−deliver−justice−clockwork.

73) 기술에 의한 규제 접근은 우리나라에서도 그동안 일부 연구가 진행되고 있다. 유제민 (2019), 7−25면; 양천수/우세나 (2020), 47−75면; 김태오 (2017) 등 참조. 아울러 기술에 의한 행정행위로 김도승 (2019); 김재선 (2021), 77−112면; 김중권 (2017); 이재훈 (2017); 최승필 (2020) 등도 참조.

74) Scott Chamberlain (2021) p.2.

75) Christian Sarcuni v. bZx DAO, et al., 22−CV−0618 BEN DEB (S.D. Cal. May 2, 2022).

76) DAO는 캘리포니아 법률에 따르면 조합이다.

77) SECTION 5. LEGAL ENTITY; PERPETUAL EXISTENCE; POWERS.(a) An unincorporated nonprofit association is a legal entity distinct from its members and managers. (b) An un−incorporated nonprofit association has perpetual duration unless its governing principles otherwise specify. (c) An unincorporated nonprofit association has the same powers as an individual to do all things necessary or convenient to carry on its activities. [Comment] 1. The separate legal status of a UNA is a fundamental concept that undergirds all the princi−ples that allow a UNA to hold and dispose of property in its own name and to sue and be sued in its own name and that insulates the assets of the members from claims against the UNA. This is a reversal of traditional common law principles that treat partnerships and other unincorporated entities under an aggregate theory. 2. Subsection (b) providing for perpetual existence of a UNA is one of the key aspects of its separate entity status. Under the traditional common law aggregate theory, a UNA's existence would end with any change in the membership and if the UNA continued in operation it was deemed to be a new UNA. The members can agree to a limited term and a UNA can, of course, terminate by being dissolved and winding up. See Sections 28 and 29. 3. Subsection (c) is a standard general powers clause. See e.g., Revised Uniform Limited Liability Company Act §105 (2006).

78) P.L. 2021−29 Non−Profit Entities Act 2020 − Republic of the Marshall Islands.

79) Wy. Stat. §17−31−101 through 17−31−115 available at https://www.wyoleg.gov/Legislation/2021/SF0038 및 SF0068−Decentralized autonomous organizations−amendments. https://wyoleg.gov/Legislation/2022/SF0068. DAO 설립자는 와이오밍에 거주할 필요가 없으며 와이오밍주에 등록된 대리인이 있으면 족하다. DAO LLC는 와이오밍 주 국무장관에게 설립

증명서를 제출함으로써 전통적인 LLC와 매우 유사하게 설립할 수 있으나 DAO의 정관(articles of organization)에 DAO임을 명시하고(Wyo. Stat. §17－31－104(a)′ 106(a)), 사원이 DAO를 운영하는 방법을 규정하고 이를 등기하도록 하였다. DAO가 등기되면 사원의 책임이 제한되며, 사원이 보유한 권리의 양도, DAO로부터의 탈퇴, 출자의 상환 그리고 DAO의 해산에 제한이 부과될 수 있다(Wyo. Stat. §17－31－104(c)). DAO의 운영이 알고리즘에 의해 수행되는 정도를 포함하여 사원의 DAO 운영에 관한 사항을 정관에 규정한다(Wyo. Stat. §17－ 31－104(e)). 또한 정관에 DAO의 운영에 직접 사용되는 스마트 계약(smart contract)을 식별할 수 있는 공개 정보를 기재하여야 한다(Wyo. Stat. §17－31－106(b)). 2022년 2월, 와이오밍 주의회는 등록 DAO에 구성원들이 DAO를 관리하는 방법을 정관에 구체화하도록 요구하는 법률 수정안을 발의했다. 와이오밍주의 뒤를 이어 다른 주들도 유사한 법안을 도입했다. 2022년 초 뉴저지 주의회는 와이오밍과 같이 DAO가 뉴저지의 유한회사법(Limited Liability Company Act)에 따라 LLC로 등록할 수 있도록 하는 법안을 도입했으며(Assembly Bill No. 1975. "Virtual Currency and Blockchain Regulation Act" MARCH 14, 2022, https://pub.njleg.gov/bills/2022/A2000/1975_ S1.PDF) 오하이오주 의회는 DAO를 LLC로 등록할 수 있도록 허용하기 위하여 오하이오 개정 법전(a bill to amend the Ohio Revised Code)을 수정하는 법안을 도입했다(https://www.ohiosos.gov/businesses/revised－llc－act－－－effective－2022/).

80) C. Choi et al. (2021).

81) Foundation Companies Law, 2017－Cayman Islands (Law 29 of 2017) Date: 25th April, 2017.

82) 현실세계를 기준으로 보면 현행법이 더 적합한 용어일 수 있으나, 사이버공간과 대비하는 차원에서 현실세계(공간)법이라는 용어를 사용한다.

83) David R. Johnson/David G. Post (1996).

84) 비법인사단에 대하여 판례는 조직과 대표자가 있고, 구성원들 사이의 긴밀한 규율이 있는 것이라고 말한다.

85) David R. Johnson/David G. Post (1996) p.1379. 영토적 주권은 자국법 적용에 동의한 자의 온/오프라인 상의 행위에 대하여 자국법을 합법적으로 적용할 수 있다. 영토적 주권이 자국법의 적용에 동의하지 않은 자에게 그 법을 합법적으로 적용할 수 있는지 여부, 어떤 상황 하에서 그것이 가능한지에 대하여 견해가 불일치한다.

86) 그밖에도 단체법 차원을 넘어 사이버공간 차원에서 보면 정보공개, 참여를 통한 공동작업 및 정보의 공유를 통하여 발전해 나가는 "정보사회"의 정신에 기초하는 사이버공동체에는 가상인격, 가상재산, 전자거래, 사이버불법행위와 사이버범죄와 같은 현실공간에서와는 그 차원을 달리하는 새로운 문제가 일어나고 있는바 전통적인 현실세계(공간)법으로는 규율할 수 없거나 그 규율이 적합하지 않을 수 있다. 예컨대 언론의 자유는 사이버공동체 내에서도 보장되어야 할 중요한 가치이나 사이버공동체 내에서 부정확하거나 외설적인 정보가 야기하는 손해와 피해는 거의 회복하기 어려우므로 명예훼손 또는 외설물에 관한 전통적인 현실세계(공간)법이 사이버공동체상에서 일어나는 문제를 적절하게 규율하지 못할 수 있다.

87) 더욱이 블록체인기술을 블록체인과 AI, 스마트계약, 디지털화폐를 결합하여 3대 권력기관에 적용하면 중개자로서의 입법, 사법, 행정기관의 3대 권력기관의 축소 내지 소멸에 이르는 직접민주주의가 구현될 가능성도 존재한다.

88) 회사법적 이슈에 대하여는 정경영 (2019), pp.61－93.

89) Samer Hassan/Primavera De Filippi (2021).

824

90) DAO모델법 제8조에서도 차등의결권의 배분관계를 정관에 규정하도록 의무화한다. Article 8 Voting Rights. C. Choi et al. (2021), p.33.

91) 공동체에 있어서 구성원의 제명이 가능한지 여부에 관하여는 논란이 있을 수 있다. 자치를 제한하여 제한적으로 인정되어야 한다는 취지로 대법원 1983. 2. 8. 선고 80다1194 판결; 대법원 1994. 5. 10. 선고 93다21750 판결 참조.

92) Primavera De Filippi/Aaron Wright (2018)의 한국어 번역본으로 프리마베라 드 필리피/아론 라이트 (2020).

93) DAO모델법 제12조에서도 총회나 대면 방식의 회의를 의무화하지 않고 있다. Article 12. MEETINGS. C. Choi ct al. (2021), p.35.

94) 이러한 지적에 대하여는 Samer Hassan/Primavera De Filippi (2021).

95) 모델법에서도 집행기관을 요구하지 않으며 집행기관이 없는 경우 집행기관의 권한과 직무는 사원에 맡겨진다. Article 13. ADMINISTRATORS. Choi et al. (2021), p.37.

96) 사이버공동체가 DAO처럼 자율적 코드기반으로 운영되면서 이사에 대한 감독기관으로 감사를 두지 않고 자동적 인공지능(AI)이 이러한 역할을 할 수도 있을 것이다. Nathan Schneider et al. (2021), pp.16:8−9.

97) 2000년대 초반 세컨드 라이프 등 가상세계 게임 서비스 등이 관심을 끌면서 온라인재판기구에 대한 연구가 많이 행해졌다. 예컨대, 박진아 (2010), 329−333면 참조.

98) 판정인의 자격을 미리 공지하더라도 이를 충족하는지 여부를 검증하기는 어려울 것이다.

99) Kleros에서는 판정인으로 선출되려면 PNK를 보유해야 한다.

100) James Metzger (2019), 99−100.

101) Kleros의 경우 그렇게 설계되어 있다. Cl´ement Lesaege et al. (2019), pp.3−4.

102) Yann Aouidef et al. (2021), p.3.

103) Cl´ement Lesaege et al. (2019), pp.6−7.

104) James Metzger (2019).

105) 모든 판정인들이 투표한 후(또는 투표 시간이 끝난 후) 판정인들은 투표를 공개하게 되며, 자신의 표를 공개하지 않은 판정인은 벌칙을 받는다.

106) Cl´ement Lesaege et al. (2019), p.6.

107) 다수의견에 속하는 판정인은 분쟁이 해결된 1심에서 결정한 수수료를 지급받는바, 판정 수수료와 소수의견을 낸 판정인이 상실한 토큰은 가중치에 비례하여 다수의견에 속하는 판정인 간에 분배된다. 분쟁이 끝난 후 투표가 다수의견과 일치하지 않는 판정인은 판정 수수료를 받지 못하고 더 나아가 일부 토큰을 상실하게 되므로 옳게 판단하도록 장려된다. 토큰의 득실이 제대로 투표할 동인으로 작용하는 Kleros에서 Schelling Point는 정직과 공정성이다. Cl´ement Lesaege et al. (2019), pp.4, 7−8.

108) Yann Aouidef et al. (2021), p.3.

109) Kleros플랫폼의 경우 불복절차에는 1심 판정인 수의 두 배에 1인을 더한 수의 판정인(즉, 1심 판정인이 3인이라면 2심은 판정인 7인)이 필요하며 분쟁해결비용은 비례적으로 증가한다. 다만, Jur는 불복시스템을 허용하지 않는다. Yann Aouidef et al. (2021), p.3. 이론적으로 불복 횟수는 무제한일 수 있지만(계약 조건에 의해 제한되지 않는 한) 불복을 반복하기에는 비용이 당사자에게 너무 부담이 될 수 있다. James Metzger (2019), p.100. 하지만 일방이 판정인에게

뇌물을 지급하는 것을 방지하기 위하여 불복가능성을 인정하는 것이 중요하다. Cl´ement Lesaege et al. (2019), p.7.

110) Samer Hassan/Primavera De Filippi (2021), pp.6－7.

111) 한국의 경우 민사소송법 제52조 참조. 대법원 1995. 9. 5. 선고 95다21303 판결은 총유재산에 관한 소송은 사단 자체의 명의로 소송할 수 있는 외에 그 구성원 전원이 당사자로 나서는 '필수적 공동소송'의 형태로 할 수 있다고 판시하였다.

112) 한국의 경우 부동산 등기법 제26조 제1항 참조.

113) 민법 제57조 내지 제59조, 제61조.

114) DAO는 온체인에서 달성할 수 없는 오프체인 업무를 수행할 대표자를 임명할 수 있으며 대표자는 DAO를 대리하여 행한 행위에 대해 개인적으로 책임을 지지 않는다. Article 14. Legal Representation. C. Choi et al. (2021) at 38.

115) 캘리포니아주에서는 DAO 구성원에 대하여 5500만불의 손해배상을 청구하는 소가 제기된 사례가 있다(Christian Sarcuni v. bZx DAO, et al., 22－CV－0618 BEN DEB (S.D. Cal. May 2, 2022); Sarcuni v. bZx Dao, 22－cv－618－LAB－DEB (S.D. Cal. Mar. 27, 2023)).

116) Primavera De Filippi/Aaron Wright (2018) 참조.

117) Samer Hassan/Primavera De Filippi (2021), pp.3－4.

118) Id.

지구공동체와 법

지구공동체와 법

Ⅰ. 글머리에

　2022년 추석을 앞두고 제11호 태풍 힌남노가 제주도와 한반도 동남부를 강타했다. 가을 태풍이 낯선 일은 아니지만, 이례적으로 힌남노는 뜨거운 아열대 바다가 아닌 곳에서 발생하였고 또 북상하면서 오히려 세력이 강해졌다. 기후변화에 따른 해수면의 온도 상승이 태풍의 발생, 강도와 양상을 바꾼 것이다. 경제성장을 위해서 지구를 무분별하게 착취하고 오염시킨 데 대한 자연의 응답은 점점 더 예견하기 힘들고 강력해지는 재난이다. 오늘날 환경파괴와 기후변화로 인한 자연재해에 대한 소식은 차고도 넘친다. 그로 인해 피해를 입는 것은 인간만이 아니라 생태계 전체이다. 이 글에서 다루고자 하는 주제는 인간뿐 아니라 비인간 존재(생물·무생물)까지 포함하여 행성 지구를 구성하는 모든 존재들의 집합으로서 지구공동체(Earth Community), 그리고 지구와 그 구성원 간, 또 구성원들 상호 간의 관계에 관한 것이다. 통합적이고 전체론적인 관점으로 지구 생태계를 바라보면, 시공간을 통틀어 지구와 그 안의 존재들은 기원이 동일하고 또 서로 영향을 미치지 않는 것이 없다.

　인간 종은 지구 생명 공동체의 일원으로서 행성 지구가 건강해야만 좋은 삶을 누릴 수 있다. 지구 시스템 교란에 원인을 제공한 현대 인류에게는 지구공동체 내 인간의 역할을 숙고하고 스스로를 모든 생물 종의 공동체에 속한 하나의 종으로 조화롭게 재창조해야 할 책무가 있다. '자연의 정복과 지배'에서 '자연 안에서 조화'로 근본적인 방향 전환이 필요한 것이다. 이러한 전환은 종교, 정치, 경제, 교육 등 모든 영역에서 필요하지만, 거버넌스와 법체계에서의 변화 없이는 불가능하다. 지구법학(Earth Jurisprudence)은 이러한 패러다임 전환을 위해서 금세기 초 생태사상가인 토마스 베리[1]가 제안하여 현재 생성 중인 법과 거버넌스에 관한 철학이다. 이 글의 목적은 오래된 공동체인 지구공동체와 지구법학의 등장 배경과 내용을 소개하는 것이다. 베리는 모든 존재가 주체로서 권리를 갖는다고 하였다. 실제로 자연, 즉 지구 생태계와 비인간 존재들에게 권리를 인정하려는 입법례와 판례가 있다. 이러한 움직임도 살펴볼 것이다.

Ⅱ. 위기에 빠진 지구공동체

1. 지구공동체

지구공동체는 지구와 분리될 수 없는 구성요소들이 분화하여 서로 영향을 주고받으면서 조직되어 온 하나의 시스템이다. 행성 지구는 지질권, 수권, 대기권, 생물권이 상호작용하면서 진화해왔다. 1926년에 블라디미르 베르나츠키는 생물권이 지구를 작동시키는 권역들의 상호작용에서 중심적 역할을 한다고 주장하였다. 지구를 다른 행성들과 구별 짓는 특징 중 하나는 '생명'이다. 1970년대 초에 린 마굴리스와 제임스 러브록은 살아있는 유기체가 집합적인 생물권으로 작동하면서 지구의 기후를 조절하고 생명 지탱에 필요한 조건들을 스스로 충족하고 있음을 과학적으로 밝혀냈다.[2] 지구 시스템 과학의 등장을 촉발한 이 가이아 가설은 생물권이 억제 피드백과 강화 피드백 체계를 통해서 온도조절 장치처럼 작동하면서 지구의 권역들 사이에서 물질과 에너지 흐름을 형성하고 기후를 조정한다고 주장한다. 25억 년 전에 광합성이라는 새로운 생물학적 능력을 갖춘 세포들이 등장하였다. 이 생물들은 수억 년 동안 지구의 대기권을 산소로 채워놓았다. 대기 중의 유리산소는 지질권, 수권, 대기권 및 생물권과 상호 작용하면서 지구의 화학적 구성과 물리적 특성을 근본적으로 바꾸었으며 지구를 독특한 행성으로 만들었다. 유산소 호흡과 같은 새로운 형태의 고에너지 물질대사 형태가 나타남에 따라 복잡한 다세포생물이 자신을

유지할 수 있는 능력이 향상되었다. 성층권에 보호 오존층이 나타나면서 생명체의 육상 진출이 쉬워졌다.[3]

행성 지구는 균일한 실체가 아니라 포괄적인 통일성 안에 포착된 고도로 분화된 지역들의 복합체이다. 이 지역들은 각각 독특한 지질학적 형태와 기후 조건과 생명 형태를 갖고 있고, 일관성 있고 통합적인 생명 공동체를 구성하고 있으며, 서로 긴밀히 연결되어 있다. 이들을 모두 생태지역(bioregion)이라 부른다. 생태지역은 동일함을 증명할 수 있는 상호작용하는 생명 체계들의 지리학적 지역으로서, 자연이 늘 새로워지는 과정 안에서 비교적 자기-유지를 하는 지역이다. 인간은 이런 생명 공동체의 복합체 안에서 출현했으며, 이 공동체들의 가장 기본적인 수준의 기능에 참여함으로써 생존하고 발전했다. 이 상호작용으로부터 인류의 독특한 문화가 형성되었다. 초기에 우리는 주변 공동체들의 통합적인 기능에 우리가 의존하고 있음을 알았다. 그러나 기술적인 기능을 우리 자신에게 유리하게 조작하는 것을 배우면서부터 이런 인식은 희미해졌고, 이 조작은 전체적인 생명의 복합체를 붕괴시켰다. 인간은 스스로를 자연 세계로부터 소외시켰고, 인간과 지구의 관계가 상호 관계에서 일방적인 착취 관계로 전환됨에 따라 거의 모든 종들의 서식지가 대규모로 파괴되었다. 거대한 생명 공동체를 희생시킨 인간의 진보는 궁극적으로 인간 생명을 앗아갈 것이다. 이와 같은 생명 과정의 파괴로 인한 인간 공동체 파괴에 대한 해결책은 인간으로서 지구공동체 구성원으로 참여하여 우리가 속해 있는 생태지역 공동체들의 진보와 번영을 촉진하는 것이다.[4] 생태적 공동체를 존속시키기 위한 조건은 작은 규모의 지역공동체들을 보존, 복원하는 것이다. 우리는 지구적으로 사고하고 지역적으로 행동해야 한다.[5]

지구공동체는 지구라는 전체 시스템 안에 깃들어 있는, 저마다의 다른 차원에 존재하는 작은 공동체들로 구성되는데, 이들은 각 차원마다 다양한 수준의 내부성 또는 주관성을 갖는다. 살아 있는 실체와 시스템은 더 작은 전체의 패턴으로부터 전체를 창출하는 프랙탈 구조와 유사한 방식으로 진화해 왔다.[6] 한 부분이 각각의 차원에까지 올라가면서 어떤 속성이 추가적으로 출현한다는 점에서 전체는 부분들의 총합보다 크다. 각 부분은 정합적인 하위 구조의 한 부분이면서 동시에 전체의 한 부분이 된다. 각 차원에 더 큰 전체의 부분인 '전체' 또는 홀론이 있다는 사실은 한 차원에서 홀론의 자기 이익과 그 홀론이 깃들어 있는 홀라키 간의 긴장을 유발한다. 전체 생태계가 건강한 상태에 있다면, 이 긴장은 상호 협력과 지속적인 협상에 의해 해소될 수 있다. 이러한 접근법을 거버넌스 구조에 채용할 경우 조직의 작은 패턴들이 이음새 없이 정합적인 더 큰 거버넌스 구조를 구축할 수 있게 된다. 또 단기적으로는 의사결정자와 그 의사결정으로부터 영향을 받는 곳 사이의 거리를 줄이는 데 도움을 줄 수 있다.[7]

2. 인류의 문명과 생태 위기

생물권에서 DNA는 생명체의 진화과정에서 일어난 변화에 대한 가장 중요한 정보 저장 방법이다. DNA에 어떤 과정이 기억되었을 때 그것은 시간과 함께 전승되는 유산이 될 수 있었다. 그런데 인간이 문화라는 형태로 자신의 깨달음을 구체화하는 방법을 배웠을 때 유사한 일이 일어났다. 인류의 문화는 몸 외부에 있는 DNA와 같은 역할을 하였다. 문화를 발명하면서 인간은 새로운 환경에 더욱 빨리 적응할 수 있었다. 인간은 기호 인식능력이라는 특별한 재능 덕분에 생태계에서 살아남았다. 부호와 상징 그리고 글을 가진 인간의 출현은 지구의 지리적, 생태학적인 구조에 영향을 미친다. 기술혁명은 현대 문명을 진보시키는 엔진이 되었고, 인간은 물질을 다루는 막강한 힘을 얻었다. 현대의 산업화된 인간은 과거를 깨뜨리고 있다. 그들은 자연과 소통하려 하지 않고 자연을 신의 선물로 숭배하지 않는다. 그들은 세계를 변화시키고자 한다. 꿈을 갖고 있기 때문이다. 기술적인 힘을 이용하여 더 나은 세계를 창조하려 한다. 기술력과 물질적 진보라는 꿈에 고무된 현대 인류는 행성 지구를 자원 덩어리로 탈바꿈시켰다. 인간은 기호 인식의 힘을 바탕으로 제어 능력을 증폭시켜 자연에서 과거에는 완전히 야생적인 선택 과정이었던 작용을 변경시키기 시작하였다. 우리는 인간의 결정에 의해 대기권과 생물권이 만들어지는 시대로 들어서고 있다.[8]

인류가 환경에 미친 막대한 영향이 행성 지구를 새로운 지질시대로 진입시켰다는 데에 많은 과학자들이 동의한다. 그들은 현 지질시대인 홀로세를 끝내고 인류세(Anthropocene)라는 새로운 지질시대를 공식화해야 한다고 주장한다.[9] 2004년에 윌 스테판 연구팀은 거의 모든 인간 활동 및 지구 시스템 양상에서 1950년 무렵 놀랄 만한 변곡점이 나타났고 그 이후에는 훨씬 더 급격한 변화율을 보인다는 사실을 밝혀냈다. 2005년에 '거대한 가속'(Great Acceleration)이란 말이 만들어졌으며, 이 용어는 과학자들 사이에서 20세기 중반에 인간이 초래한 극적인 지구적 환경 변화를 묘사하는 용어로 쓰이기 시작했다.[10] 홀로세의 임박한 쇠락을 선언하는 지구 시스템 변화의 또 다른 예는 '지구위험한계선'(planetary boundaries)이다. 요한 록스트룀 연구팀은 2009년에 지구 시스템을 구성하는 주요한 지구 환경 구성요소를 식별하는 데 이 개념을 처음 사용하였다. 이 개념이 제시된 2009년에 이미 2개의 한계선이 침범되었으며 다른 한계선들 역시 무너질 위험에 처해 있었다.[11] 그런데 윌 스테판 연구팀이 2015년에 발표한 논문에서는 9개의 한계선 중 절반에 가까운 4개, 즉 기후변화, 생물권의 온전성(생물다양성 상실), 생물지구화학 흐름(질소에 의한 오염), 토지 이용의 변화 영역에서 한계선을 넘어섰다고 보고되었다. 현대의 인간은 그들의 활동 덕분에 단순히 지구 시스템을 교란시키는 외부의 힘이 아니라 새로운 생물물리적 행위자로서 지구 시스템의 일부로 여겨지게 되었다.[12]

인류세 과학자들 중 상당수는 지구 표면 변화의 증거가 새로운 인간−자연 하이브리드(human−nature hybrid)를 가리키고 있다면서 인류세가 지구 자연 역사의 종말을 의미한다고 주장한다. 사회−자연 이원론은 완전히 손상되었으며 새로운 하이브리드 세계가 등장했다는 것이다.[13] 우리가 직면한 생태 위기의 중심에는 산업화된 인간이 과학기술을 이용해서 이루려고 한 세계에 대한 꿈과 사고방식이 있다. 인간−자연 이분법적 사고는 그 중 하나로 지적되어 왔다. 그렇다면 인류세 과학자들이 주장하는 일원론적인 하이브리드 세계의 등장으로 생태 위기가 극복될 수 있을까? 쉽지는 않아 보인다. 인간 사회의 영향력이 자연 세계를 압도함으로써 자연을 통제할 수 있다고 믿는 가부장적이고 인간중심적인 경향이 여전하기 때문이다. 진보와 경제성장에 대한 왜곡된 신화와 불안 역시 건재하다. 기후 위기로 인한 생물학적 대멸종에 도달하기 훨씬 전에 문명의 붕괴가 올 수 있다.[14] 지금 필요한 것은 지구라는 행성 위의 모든 다양한 생명 형태들을 하나의 단일하지만 분화된 공동체 (a single, yet differentiated community)로 묶어주는 것이다. 살아있는 생명체뿐 아니라 지구를 구성하고 있는 모든 구성요소들로 이루어진 포괄적인 공동체, 곧 생명체들뿐 아니라 지질적인 인자들 모두를 포함하는 공동체를 세우는 일이다.[15]

3. 위대한 과업: 자연 안에서 조화

인류의 능력이 지구 시스템의 일부로 여겨질 만큼 대단해졌음에도 우리는 환경오염과 생명파괴 현상에 적절하게 대처하지 못하고 있다. 산업문명 다음 단계의 문명 형태로 첨단 기술문명을 주장하는 이들은 첨단 과학기술을 발전시켜서 환경파괴 문제도 해결할 수 있다고 주장한다. 그러나 인간이 자연 안에서 조화를 이루어 공존하는 방향으로 인간−자연 관계를 재정립하지 않고서는 지구에 대한 경외심과 영성을 회복하고 위기를 극복할 수 없다. 생태계 파괴의 직접적 원인은 산업혁명 이후 과학기술의 오남용과 자연 착취에 있지만, 보다 근본적인 이유는 이를 조장하고 방임하는 산업문명의 세계관이나 우주관에 있다.[16] 생태위기 극복을 위해서 과학기술을 이용해야 한다는 점에 반대할 이유는 없다. 오히려 적극 활용해야 한다. 하지만 첨단 기술문명은 신인류를 중심으로 끊임없이 성장하고 지배하려는 근대 산업문명의 욕망과 망상을 그대로 계승한다. 이들은 심지어 테라포밍(terraforming)을 통하여 인간의 영역을 지구 밖으로 확장하려는 제국주의적 야심마저 보이고 있다. 우리가 당면한 위대한 과업은 근대 산업문명을 지구를 황폐화시키는 양식에서 자애로운 존재방식으로 바꾸는 것이다.[17]

살아 있는 실체로서의 지구에 다시 매혹되어야 지구를 파괴하려는 우리 자신의 행위로부터 지구를 구할 수 있다. 실체와 가치에 대한 인간중심적 규범에서 생물중심 또는 지구중심적 규범으로 변화가 이루어져야 한다. 우리는 복잡한 생명 공동체에 통합되어 있으면서도 법, 경제, 도덕, 교육 또는 기타 인간의 활동 분야에서 이 사실을 인정한 적이 없었다. 시간적으로 발전하는 의식 안에서 우리는 우리 자신을 단순히 인간 공동체로서가 아니라 살아있는 모든 존재와 유전적으로 관련된 전체 공동체로 인식할 수 있다. 모든 종은 단 하나의 근원으로부터 진화해 왔다.[18] 인간은 우리 주변에 있는 모든 것의 중심이 아니다. 클라우스 마이어−아비히는 "Umwelt"(주변세계)를 대체하기 위한 용어로 "Mitwelt"(더불어 사는 세상)를 사용하였다. '환경'이란 단어는 그 의미와 관련해서 오직 '더불어 사는 세상'으로 이해되어야 한다. 비인간 세상은 우리 주변에 존재하는 무언가가 아니라, 우리와 함께 숨 쉬고 우리가 함께하는 것이다.[19] 우리에게 필요한 것은 지구가 우리에게 들려주는 이야기에 귀 기울일 수 있는 능력이다. 지구공동체에 의해 구체화되는 미래는 전체 지구, 즉 지구의 모든 구성원, 인간뿐만 아니라 지질학적 구성원과 생물학적 구성원 그 모두가 갖고 있는 유기적 기능의 통일성에 의존한다.[20]

Ⅲ. 지구법학의 출현

1. 환경법의 한계

1970년대부터 세계 각국 정부는 환경오염 문제에 대처하기 위한 법률을 제정해 왔고, 기후위기 등 당면과제를 해결하려는 국제적 노력도 계속되었다. 그러나 정책당국들의 우선 과제는 늘 경제성장이었기 때문에 지난 50년 동안 기대와 달리 상황은 나아지기는커녕 더욱 악화되었다. 환경법은 천연자원의 관리와 규제를 통한 환경보호에 기여한 바가 없지 않으나 지구공동체의 건강을 지키는 기능을 제대로 수행하지는 못하였다. 근대법의 하위 체계로서 자연을 인간의 이익을 위한 도구로 간주하고 그 본원적 가치를 무시하였기 때문이다. 오히려 어떤 측면에서는 개발의 한계를 미리 설정함으로써 개발을 옹호하는 역설적 기능을 하였다는 평가를 받기도 한다.[21] 오늘날 전 세계에서 폭발적으로 증가하는 기후소송은 이러한 환경법의 실패를 적나라하게 보여주는 예라 할 것이다.

환경법은 수많은 법률과 조약, 명령 및 중복되는 권한들의 미로가 되었으며, 규제대상인 기업과 개인들의 과도한 영향력 행사로 집행력이 약화되었다. 비용편익분석에 종속되어 자연에 금전적 가치를 부여한 다음 그 가치를 비용과 단순 비교평가하는데, 이러한 비용편익분석은 자연의 본원적 가치를 고려하지 못한다. 그리고 문제의 원인이 아니라 증상에만 초점을 맞추고 있어서 지구를 기후변화로부터 보호하는 데 효과적이지 못하고 환경파괴의 본질을 단편적으로만 다루게 된다. 환경법의 목표는 경제발전의 부작용을 다루는 것이었으나 오늘날 인류가 직면한 환경적 위험은 더 크고 다양하다. 이러한 위험을 해결하기 위해서는 지구공동체를 위한 공동책임과 상호이익의 관계를 고려하는 근본적인 패러다임의 전환이 필요하다.[22] 우리는 지구가 그 자체를 다스리는 생태 시스템에 부합되게 우리의 법률 시스템을 만들지 못했다. 나아가 우리는 인간 거주자들과 기업체들의 야만적인 공격에 대해 전혀 방어할 수 없게 만드는 법적 구조를 만들었다.[23] 지금 당장 필요한 것은 이미 존재하는 지구를 단 하나의 공동체이지만 서로 분화된 공동체로 보면서 그 우선성에 기초한 관리 체계와 법률이다.[24]

2. 지구법학의 등장과 내용

지구법학은 인간은 더 광범위한 지구 존재 공동체의 일부분이고 그 공동체 구성원의 안녕은 지구 전체의 안녕에 의존한다는 사실에 기초한 법과 인간 거버넌스에 관한 철학이다.[25] 지구법학은 1999년에 『위대한 과업』(The Great Work)이란 책에서 토마스 베리가 지구공동체 전체의 복리를 위해서 정치적 및 법적 질서, 경제 및 산업 세계, 교육, 종교의 네 가지 제도적 영역에서 근본적인 재조직을 요구하였을 때 발아하였다. 베리는 이 시대의 위대한 과업은 인간 – 지구 관계를 인간이 지구를 착취하는 관계에서 지구공동체 각 구성원의 고유한 가치와 권리가 인정받고 존중받는 관계로 전환하는 것이라고 믿었다. 이를 위해서는 살아있는 행성 지구 및 생명의 그물과의 관계에 있어서 의식적이고 급진적인 변화가 필요한데, 이는 새로운 사고 방식이 아니라 인간으로서 우리가 누구인지 기억하는 것이다. 그는 인류 역사의 대부분 동안 지구 전체의 인간 사회가 인간중심적 관점이 아니라 지구중심적 관점에서 삶을 바라봤다는 점을 상기시킨다. 우리가 우리의 고향 행성에서 조화롭게 살기 위해서는 인간의 법칙이 어머니 지구의 법칙과 일치해야 한다.[26]

지구법학은 베리가 2001년 4월에 발표한 '권리의 기원과 분화 그리고 역할'(The Origin, Differentiation and Role of Rights)에서 제시한 다음 10가지 명제에 토대를 두고 있다.

박태현은 위 10가지 명제에 대한 분석을 통해 지구법학에 담긴 근본 사고를 세 가지로 정리하였다. 첫째, 모든 실재와 가치의 원천으로서의 '우주'(제1 내지 4 명제). 둘째, 인간 사회의 실제 조건이자 맥락으로서의 '지구 (생명) 공동체'(제9, 10 명제). 셋째, 인간 존재와 비인간 존재들의 '기본적 권리(지구권)'(제5 내지 8 명제).[27] 나아가 호주 지구법 연맹(AELA)의 창립 멤버인 미셸 맬러니는 지구법학의 네 번째 요소로 '지구 민주주의'를 추가한다.[28]

지구법학은 "자연법 관점의 새로운 표현"이다.[29][30] 그러나 인간만을 준거로

[표 1] 권리의 기원과 분화 그리고 역할(2001)[31]

1. 존재가 기원하는 곳에서 권리가 발생한다. 존재를 결정하는 것이 권리를 결정한다.
2. 현상 질서 속에서 우주를 넘어서는 존재의 맥락은 없으므로 우주는 자기 준거의 존재로, 스스로 활동 속에서 규범을 만든다. 이러한 우주는 파생하는 모든 존재 양태의 존재와 활동에서 일차적인 준거가 된다.
3. 우주는 객체들의 집합이 아니라 주체들의 친교이다. 주체로서 우주의 모든 성원은 권리를 가질 수 있다.
4. 행성 지구 위의 자연계는 인간의 권리와 동일한 연원으로부터 권리를 갖는다. 그 권리는 우주로부터 존재에게 주어진 것이다.
5. 지구공동체의 모든 성원은 3가지 권리를 가진다: 존재할 권리, 거주할 권리, 지구공동체의 공진화 과정에서 자신의 역할과 기능을 수행할 권리.
6. 모든 권리는 특정 종에 국한된 제한적인 것이다. 강은 강의 권리를 갖는다. 새는 새의 권리를 갖는다. 곤충은 곤충의 권리를 갖는다. 인간은 인간의 권리를 갖는다. 권리의 차이는 양적이지 않고 질적이다. 나무나 물고기에게 곤충의 권리는 아무 소용이 없다.
7. 인간의 권리는 다른 존재 양식이 자연 상태로 존재할 권리를 파기할 수 없다. 인간의 재산권은 절대적이지 않다. 재산권은 단지 특정한 인간 '소유자'와 특정한 일부 '재산' 간의, 양쪽 모두의 이익을 위한 특별한 관계일 뿐이다.
8. 종은 개체적 형태 내지 양, 소, 말, 물고기의 떼처럼 집합적 형태로 존재한다. 따라서 권리는 단순히 일반적인 종이 아니라, 개체나 집단과 관련된다.
9. 여기서 제시한 권리들은 지구공동체의 다양한 성원이 다른 성원과 갖는 관계를 정립한다. 행성 지구는 상호의존적인 관계로 상호 밀접하게 연결된 하나의 공동체다. 지구공동체의 모든 성원은 직간접적으로 스스로 생존에 필요한 영양 공급과 조력·지원을 위해 지구공동체의 다른 성원에 의존한다. 포식자와 먹이의 관계를 포함하는 이 상호 영양 공급은 지구의 각 요소가 포괄적인 존재 공동체 내에서 가지는 역할에 필수불가결한 것이다.
10. 인간은 특별한 방식으로 자연 세계를 필요로 할 뿐 아니라 특별한 방식으로 자연 세계에 접근할 권리도 가진다. 이는 물리적 요구는 물론 인간의 지성이 요구하는 경이로움과 인간의 상상력이 요구하는 아름다움 그리고 인간의 감정이 요구하는 친밀성을 충족하기 위한 것이다.

삼는 기존의 자연법론과 달리 지구법학은 포괄적인 지구공동체에 초점을 둔다.[32] 입법자들은 의식적으로 상위법인 위대한 법(Great Law)에 인간법(human law)을 정렬시키고 생태적 통합성을 존중하고 보호해야 한다. 코막 컬리넌은 위대한 법학(Great Jurisprudence)의 특질로서 브라이언 스윔과 토마스 베리가 우주 생성의 원리(Cosmogenetic Principle)로 제시한 분화(differentiation), 자기조직(autopoesis) 또는 주체성(subjectivity), 친교(communion)를 들고 있다.[33] 이러한 기본질서는 규범적으로 지구공동체의 본원적 가치(주체성), 지구공동체 구성원 간의 관계적 책임성(친교), 지구 민주주의(분화)로 나타난다.34) 피터 버든은 위대한 법을 보편적인 자연법칙을 준거로 설명하기보다는 생태적 통합성(ecological integrity)같은 개념을 고려하여 측정해야 한다고 주장한다.35)

지구법학은 생성 중이며 미래로 열려 있는 총론이자 법철학이다. 지구법학의 법리적 전개를 위해서는 근대법에 기초하되 그 한계를 넘어 발전시키는 작업이 필요하다.36) 클라우스 보셀만은 생태법치국가 모델을 제시하면서 경제적 임무를 가진 국가의 내부 구조를 생태적 논리에 의해서만 움직일 수 있는 방법으로 변화시켜야 한다고 주장한다.37) 지구법학은 특히 환경과 인간－지구 상호작용에 관한 문제, 예를 들어 재산법, 환경법, 계획법, 천연자원의 관리, 보존 유산 등의 분야에서 중요하며, 환경악화와 관련된 인권법에 대해서 사법적 기초를 제공할 수 있다.38) 강금실은 지구법 체계의 개요를 실증주의적인 근대법 체계와 비교하여 다음 표로 정리하였다.

인간－땅(토지) 관계의 변화는 패러다임 전환의 단초가 될 수 있다. 땅을 자신의 기원과 관련된 성스러운 차원으로 보는지, 자신과 후손들이 살아가야 할 터전으

[표 2] 근대법과 지구법 체계 비교39)

비교	근대법	지구법
공동체	인간 공동체	지구 공동체
근본 규범	인간 존엄	자연 존중과 인간 존엄
규범의 근거	없음(천부설)	우주 Cosmology
주체	인간과 법인	인간, 법인, 자연(생물체)
기본권	인간의 권리	지구권, 자연과 인간의 권리
기본권의 제한	국가안보, 질서유지, 공공복리	지구안보, '제한의 법칙' The law of limits, 공공복리
의사결정절차	민주주의	생명주의 Biocracy
법의 지배	시민법의 지배	지구법의 지배
협의체	국가연합	종의 연합
평화론	세계평화	지구평화
문명	인류세, 산업문명	생태대 문명

로 보는지, 또는 이윤을 창출하는 재산(부동산) 또는 천연자원으로 보는지에 따라서 그 관리·사용 방식은 달라질 수밖에 없다. 지구법학의 관점에서, 땅을 돌보는 일은 한 개인의 역할이 아니다. 이는 한 공동체 내에서 실행돼야 하는 관계 내지 친교이다. 존중과 균형이 이 관계의 중심에 있으며, 권리보다는 책임이 중요하다. 땅과의 적절한 관계를 방해하는 재산권 제도를 재구성하는 과정을 어떻게 시작할 수 있을지, 또 작동 가능한 대안을 그 자리에 어떻게 구축할 것인지는 당면한 과제라 할 수 있다.[40] 프리초프 카프라와 우고 마테이는 커먼즈(Commons)의 확대를 주장한다.[41] 정준영은 사유재산권의 재구성과 관련하여 '자연법의 최소한도의 내용'에 포함될 수 있는 지구법학의 엷은 관념에 기초한 점진적인 개혁을 제안한다.[42]

지구법학은 인간이 아니라 지구, 나아가 우주를 실재와 가치의 시발점으로 사유하면서, 인간 너머 자연 총체의 질서와 존엄의 가치를 추구하는 법 윤리체계이다. 자연 생태계 자체와 그 안의 비인간 존재에 대한 존재론적 인식의 전회에 대한 요청은 이른바 '신유물론'으로 불리는 급진적 사회철학과도 조응한다.[43] 지구법학은 권리의 근거나 책임윤리 등의 사회철학, 전문적 법률 제정과 범주, 새로운 거버넌스와 정치체계 등 여러 방면에서 다양한 주제들을 논의해야 할 과제를 안고 있다. 김왕배는 더욱 풍부한 사유와 현실적인 실천 전략의 도출을 위해서 테일러의 자연의 권리론, 요나스의 생태철학, 라투르의 신유물론. 베리의 바이오크라시(생명주의 정치) 등을 각각 논의의 단초로 제시한다.[44]

3. 지구법학과 국제사회

1982년에 유엔 총회는 세계자연헌장(World Charter for Nature)을 선언하였다. 이는 세계자연보전연맹(IUCN)의 작업 결과였는데, 1972년의 스톡홀름 선언과 달리 생태중심적 내지 "깊은 지속가능성" 관점을 취하였다.[45] 이 헌장은 인간의 활동이 다른 생물을 존중하여 취급하는 방식이 되도록 지도하는 도덕적 행동강령을 요청했으며, 전문에서 "자연과의 조화"(Harmony with Nature) 개념을 최초로 사용하였다.[46] 2000년에 유네스코는 파리에서 지구헌장(the Earth Charter)을 채택하였다.[47] 지구헌장이 제시하는 원칙과 주제들은 순환적 구조를 이루며, 지구에서 인간으로, 다시 인간에서 지구로 관심의 이동을 나타낸다. 이러한 구조를 통하여 헌장은 환경보호, 지속가능한 발전, 전인적인 인간발전, 인권, 그리고 평화는 상호의존적이고 통합적인 관계를 가진다는 사실을 제시한다.[48] 2009년에 유엔 총회는 4월 22일을 세계 지구의 날로 선언하는 결의안을 승인하였다. 같은 해 12월 '하모니 위드 네이처'에 관한 첫 결의안을 채택하였고, 총회 결의에 따라 유엔 사무총장은 2010년부터 매년 '하모니 위드 네이처' 보고서를 제출하고 있다. 또 유엔 총회는 2011년부터 세계 지구의 날을 기념하여 '하모니 위드 네이처 쌍방향 대화'를 시작하였다. '하모니 위드 네이처'는 2015년 유엔의 지속가능발전목표(SDGs)의 세부 목표에서 언급되었고, 2015년 12월 12일 유엔 총회에서 '지구법학'이란 용어가 유엔 공식문서에 처음으로 등장하였다.[49]

유엔 결의에서 지구법학이라는 용어가 등장하고 지구법학에 관한 전문가 보고서가 출간되는 등 진전이 있었지만 지구법학의 가치를 구체적인 법원(法源)으로 채택하도록 하는 일은 아직도 요원하다. 국제시민사회에서는 유엔이 1948년 세계인권선언을 채택하여 20세기 인권의 세기를 이룬 것처럼 이번 세기에 직면한 환경위기에서 벗어나기 위해서 유엔이 세계지구권선언(Universal Declaration of Mother Earth Rights)을 하고 법적 구속력을 부여해야 한다는 운동을 하고 있다. 2010년 세계지구의 날에 볼리비아 코차밤바에서 열린 '기후변화와 어머니 지구의 권리에 관한 세계민중대회'에서 세계지구권선언이 마련되었고 이를 지지하는 사람들이 '어머니 지구의 권리'(RoME)라는 단체를 결성하였다. 또 '세계 자연의 권리 연합'은 매년 세계지구권선언을 준거법으로 하는 모의재판인 '국제 자연의 권리 재판소'를 개최하고 있다.[50] 한편 유엔에서는 세계환경협약(Global Pact for the Environment)을 채택하려는 움직임이 있다. 2017년 국제 법 전문가 그룹에서 환경협약 초안을 제안했다. 이 초안은 현재의 국제 환경법에서 결여된 지구 환경에 관한 원칙과 권리·의무 전반을 망라하는 법적 구속력 있는 포괄적 텍스트이다. 이들은 환경협약이 국제법 및 국내법 체계에서 불가침의 법원으로 활용됨으로써 환경 입헌주의를 지도하고 환경 규범을 국가 법체계의 헌법적 단계에 통합하는 데 기여할 수 있다고 주장한다. 또한 어떤 환경원칙이 규범으로 승인되었는지의 문제를 해결하고 국가에 구속력 있는 의무를 창출할 수 있다. 2018년 5월 유엔 총회는 세계환경협약을 위한 수권적 결의안을 채택하였다.[51]

Ⅳ. 자연의 권리

1. 지구법학의 권리론과 자연의 권리

지구법학에서 지구공동체 구성원의 권리는 그 내재적이고 본원적인 가치에서 나온다. 지구공동체의 모든 구성원은 존재할 권리, 거주할 권리, 지구공동체의 공진화 과성에서 자신의 역할과 기능을 수행할 권리를 갖는다. 인간이든 인간이 아니든 모든 것은 지구의 구성원들이며, 그들을 아우르는 단 하나의 통합된 지구공동체가 있을 뿐이다. 모든 존재는 인정받고 존경받을 권리를 가지고 있다. 나무들은 나무의 권리를, 벌레는 벌레의 권리를, 강은 강의 권리를, 산은 산의 권리를 갖는다. 모든 권리는 제한적이고 상대적이다. 인간의 경우도 그러하다.[52] 베리는 권리 개념을 법률가들이 통상 사용하는 것보다 더 넓은 의미로 사용하였다.[53] 지구법학에서는 우주에서 도출되는 지구공동체 구성원들의 근본적 권리와 근대법 체계에서 창출된 그 밖의 권리 간의 구분을 강조하고자 '지구권'(Earth Rights)이란 용어를 사용한다.[54]

지구법학의 원칙은 개인이나 인간 사회의 이익보다 전체 공동체의 생존과 건강, 그리고 번영에 우선권을 주는 것이다. 그것은 평등한 자 사이의 관계가 아니라 전체와 부분 사이의 관계, 즉 몸과 세포의 관계와 같다. 지구 시스템의 기능에서 자신의 적절한 역할을 수행하고 지구의 통합성 내지 전체성을 유지하는 방식으로 행위하는 것은 지구에 지고 있는 우리의 의무이다. 한편 지구는 상호관계의 방대한 네트워크이자 과정으로 이해될 수 있다. 지구는 지속적으로 변화하기 때문이다. 공동체의 구성원들은 저마다 공동체의 한 부분이 될 권리와 공동체 내에서 구분되는 개별 실체로 인정받을 권리를 갖는다. 또한 구성원들 저마다는 공동체의 다른 구성원들과 관계를 맺을 수 있어야 하고, 이러한 방식으로 자신의 역할을 규정하고 공동체에 이바지할 수 있다.[55] 자연의 권리는 개체적 권리가 아니라 집단적 권리(이중 집합적 권리)로 이해해야 한다. 자연 생태계는 살아 있는 시스템으로서 인간 이익으로부터 독립한 본원적 가치를 지니기 때문이다. 이러한 고유한 이익으로부터 권리가 창출되는 것으로 보아야 한다.[56]

자연의 권리(RoN) 담론의 기원은 1972년 크리스토퍼 스톤의 "나무도 당사자적 격이 있는가?"(Should Trees Have Standing?)라는 논문이다. 스톤이 주장한 자연의 권리는 자연에게 실체법적 권리를 부여하자는 것은 아니고 자연물을 당사자로 법정에 세우자는 것이었다.[57] 자연의 권리 담론이 반드시 지구법학의 주장과 일치하는 것은 아니다. 자연의 권리의 기능에 대해서는 자연환경에 대한 정치적·법적 접근에서의 패러다임 전환으로 기능한다는 견해와 현행 환경 목표를 실현하는 실용적 도구로 기능한다는 견해가 있다.[58] 지구법학은 인간뿐 아니라 비인간 존재를 포괄하는 모든 존재로부터 권리가 나온다는 존재론적 가치론을 제시하고 자연의 권리를 보다 확대된 형태로 소환한다.[59] 그 권리는 윤리적일 뿐 아니라 법적인 것이다. 자연에게 권리를 부여한다는 것은 인간과 비인간 존재 사이의 이익 균형을 근본적으로 조정하고 사회 및 법적 구조를 존재론적으로 변화시켜야 함을 의미한다. 반면에, 기존의 사회－법적 틀을 전복하지 않으면서도 환경보호를 증진할 수 있는 실용적이고 전략적인 도구로서 기존 법체계 내에서 자연의 이익을 강조하는 방법을 주장하는 견해들도 있다.[60] 사회를 재구성하지 않으면서 특정 환경소송을 진전시킬 수 있다는 것이다. 법학에서 자연의 권리를 진지하게 고민하는 이유는 살아있는 존재로서 자연이 더 이상 인간의 이익을 위한 단순한 자원 또는 재산으로 편의적으로 취급되지 않도록 법 주체로서 법적 지위를 부여하려는 데 있다.[61] 그러므로 이러한 서로 다른 접근법들을 양립불가한 것으로 생각할 필요는 없다. 자연의 권리 운동은 패러다임과 실용적 요소를 모두 포함하는 것으로 보인다. 한편, 현재 법체계에서 단순히 자연을 권리 주체로 인정하는 것만으로는 오히려 기존 인간중심주의 법체계를 강화할 위험성이 있다는 주장도 있다.[62]

2. 생물 종의 권리

19세기 말과 20세기 초에 인간이 비인간 종을 멸종으로 내모는 것은 잘못이라는 인식이 대두되었다. 인간의 무분별한 행위로 개체 수가 급감하는 생물 종들을 보호하기 위한 국제 조약이 조인되고 각국에서 법률이 제정되었다. 국립공원과 보호구역도 조성되었다.[63] 그러나 일반적으로 초기 환경운동가들은 권리 개념보다는 책임, 의무, 미덕, 보살핌 같은 개념을 사용하거나 인간 대리인을 통한 권리 구제 방법을 모색하였다.[64] 생물 종을 당사자로 하는 소송은 거의 없었다.

1973년 미국 멸종위기종법(Endangered Species Act, ESA)[65] 제정 이후 하와이 새

빠리야 사건(Palilla, 1979)을 시작으로 희귀종 생물을 원고로 한 소송이 이어졌다. ESA는 법위반 행위가 있을 경우 누구나 그 시정을 요구하고 소를 제기할 수 있는 시민소송 조항을 두어 자연의 권리를 실현할 수 있게 하였다. 하지만 법원은 비인간 생물 종의 당사자적격을 인정하는 데 소극적이었다. 독일과 일본 등에서 야생동물을 당사자로 하는 유사한 소송이 제기되었고 우리나라에서도 재두루미(1998년), 도롱뇽(2003년) 등을 당사자로 한 소송이 제기되었으나, 기존 법 이론에 따라 모두 각하되었다.66) 그러나 최근 들어서는 비인간 종의 권리에 대한 인식 개선이 이루어지고 있다. 인도 대법원은 야생 아시아버펄로(2012)와 아시아사자(2013)에 대한 판결에서 인간중심적 편향성을 비판하고 생태중심적 접근을 지지하였다.67) 2017년에 콜롬비아 대법원은 안데스 곰을 권리의 주체로 인정하였다.68) 인도 우타라칸트주 고등법원은 2018년 모든 동물에게 법인격이 있다고 판결하였다.69) 우리나라에서도 해상풍력발전 등으로 서식지를 위협받는 제주 연안 정착종인 남방큰돌고래를 '생태법인'으로 지정하여 보호하자는 주장이 제기되고 있다.70)

1973년에 '멸종 위기에 처한 야생동식물종의 국제거래에 관한 협약'(CITES)이 있었다.71) 이 협약 이후 일련의 국제적 합의들이 도출되었고, 야생에서 종이 생존하고 번성할 권리는 강화되었다. 1992년 리우 지구정상회의에서 합의된 유엔 '생물다양성협약'(Convention of Biodiversity)은 생명의 다양성을 보장하고자 각국 정부에게 폭넓은 의무를 부과하였다. 또 이러한 권리를 보호하기 위한 조항이 스위스, 브라질 등 상당수 국가의 헌법에서 채택되었다. 이와 같이 비인간 종이 인간을 위한 효용과 무관하게 본원적인 가치를 지닌다는 생각은 근대 법체계에서 급진적인 변화이다.72)

3. 생태계와 공동체의 권리

지방자치단체들의 조례를 통해서 오염되는 강과 대수층의 보호 등을 위한 자연 생태계와 지역공동체의 권리가 인정되었다. 미국 펜실베니아주의 터마쿠아 자치구(2006년), 피츠버그시(2010년), 산타모니카시(2013년) 등 미국의 많은 지방자치단체들이 조례를 통과시켰다.73) 2017년에 멕시코시티는 주 헌법에서 모든 생태계와 종으로 형성된 집합적 주체로서 자연의 권리를 인정하였다.74) 2017년에 호주 빅토리아주는 야라강 보호법을 제정하여 야라강을 불가분의 법적 실체로 인정하였다.75)

뉴질랜드는 2014년에 테 우레웨라 국립공원을 독립된 법적 실체로 인정하는 테 우레웨라법,[76] 2017년에 황가누이강에게 법인격을 부여하는 '테 아와 투푸아 법'을 제정하였다.[77] 테 우레웨라나 황가누이강과 관련된 합의 도출 과정에서 초점은 파케하(비마오리족)와 마오리족의 화해에 맞춰졌지만, 더욱 깊은 차원의 관계 회복은 인간과 자연 세계 사이에서 일어나고 있다.[78] 뉴질랜드처럼 법률로써 특정 자연적 실체에 법인격 및 법적 권리를 부여하고 국내적 권리로 다루려는 태도를 국내적(domestic) 접근법이라 한다. 이 경우 특정 후견인에게 특정 생태계를 대변할 권한과 의무를 부여하고, 후견인은 통합된 생태계 관리체제 내에서 제도화된 구제방법을 취하게 된다.[79] 2020년에 호주는 빅토리아주 남부 해안선을 따라 지역 마을과 국립공원을 연결하는 해안도로(그레이트 오션 로드)를 불가분의 법적 실체로 인정하는 법률을 제정하였다. 2022년에 캐나다 하원은 세인트 로렌스 강에 법적 능력을 부여하고 세인트 로렌스 강 보호 위원회를 설립하기 위한 법안을 제출하였다. 2022년 9월 30일 스페인은 마르 메노르(Mar Menor) 석호와 그 유역이 법인임을 인정하는 법률을 제정하였다. 마르 메노르는 유럽에서 권리를 가진 최초의 생태계가 되었다.[80]

2016년에 콜롬비아 헌법재판소는 아트라토강과 그 유역 및 지류의 권리를 인정하고 원주민과 정부로 구성되는 공동보호기구의 설치를 명하였다.[81] 2017년에 인도 우타라칸트주 고등법원은 갠지스강과 야무나강, 그리고 히말라야의 강고트리 빙하와 야무노트리 빙하의 법인격을 인정하였다.[82] 2018년에 콜롬비아 대법원은 콜롬비아 내 아마존 지역의 권리를 인정하고 정부에게 대응 계획의 수립과 국제협정을 명하였다.[83] 2019년에 방글라데시의 고등법원은 투락강의 권리를 인정하면서 이 결정이 방글라데시의 모든 강에 적용된다고 판결하였다.[84] 2020년에 콜롬비아 대법원은 이슬라 데 살라망카 국립공원의 삼림 벌채에서 보호될 권리를 인정하였다. 2022년에 인도 마드라스 고등법원은 대자연을 살아있는 존재로 선언하고 생존, 안전 및 재생산에 대한 법적 권리를 갖는다고 판결하였다.[85]

4. 어머니 지구의 권리

에콰도르는 2008년에 세계 최초로 헌법에서 자연의 권리를 인정하였다. 헌법의 중심에는 수막 카우사이(Sumak Kawsay), 곧 좋은 삶이라는 원주민의 전통 개념이

자리한다.86) 자연의 권리는 헌법 제7장(제71조~제74조)에서 독립된 장으로 규정하고 있다. 헌법에 열거된 조항들은 인간 중심적 세계관으로부터 생태중심적 관점, 즉 지구에서의 삶을 가능하게 하는 생태계와 모든 종의 상호의존성을 반영하는 관점으로의 획기적인 문화적·법적 전환을 나타낸다. 이와 같이 자연의 권리를 인권과 같이 보편적 권리로 다루려는 태도를 세계주의(cosmopolitan) 접근법이라 한다. 모든 자연이 보유하는 법적 권리를 명확하고 상세하게 기술하며, 누구나 자연을 대표할 수 있다. 자연의 권리가 침해되거나 침해될 우려가 있을 경우에는 주로 법원의 재판을 통해서 구제받게 된다.87) 그러나 에콰도르의 경우 자연의 권리를 인정하면서도 물, 생물 다양성, 탄화수소 같은 자연 요소들은 국가의 전략적 자원으로 정의하는 등 내부적으로 상충하는 부분이 있다. 또 정부와 입법기관은 헌법상의 자연의 권리를 실효성 있게 만드는 데 필요한 법률 제정과 정책의 수립에 미온적이다.88) 에콰도르 헌법재판소는 메탄가스 처리설비(Biodigester) 사건(2009년), 갈라파고스제도 사건(2012년), 맹그로브 사건(2015년, 2021년), 운무림 사건(2021년), 몬하스 강 사건(2022년) 등에서 자연의 권리를 인정하였다. 그러나 미라도르 광산 사건(2013년)에서는 자연의 권리를 적용하지 않았다.89)

볼리비아는 에콰도르와 마찬가지로 원주민들의 세계관에 힘입어 어머니 지구의 권리를 옹호하고 있다. 2009년 새 헌법은 서문에서 수막 카마냐(Sumak Kamaña), 즉 좋은 삶과 어머니 지구에 대한 보호, 형평, 사회적 부의 재분배에 대해서 규정하였다. 2010년에 '어머니 지구의 권리에 관한 법률'(Law of the Rights of Mother Earth)이 제정되었는데, 어머니 지구를 살아 있는 시스템으로 정의하고 크게 일곱 가지 권리를 명시하였다.90) 2012년에는 훨씬 상세하고 보완적인 성격을 띤 '어머니 지구와 좋은 삶을 위한 통합적 발전에 관한 기본법'(Framework Law of the Mother Earth and Integral Development for Living Well)이 제정되었다. 2013년에는 '다민족어머니지구청'이라는 새로운 기관을 설립하여 강력한 환경정책을 시행하고 있다. 그러나 어머니 지구의 구성요소들의 산업화를 증진해야 한다면서 농업, 석유·가스, 채광 산업을 명시적으로 장려하는 모순된 태도를 보이기도 한다.91)

같은 맥락에서 2021년에 페루는 '아마존 마을 위원회, 안데스, 아프로아메리칸, 환경 및 생태 법안'을 제출하였다. 2022년에 파나마는 '자연의 권리와 국가의 의무에 관한 법률'을 제정하였다.92)

V. 글을 맺으며

우리나라 헌법 제35조는 환경권과 환경보전을 위해 노력할 의무를 규정하고 있다. 그러나 이것만으로는 자연과 생태계를 보호하기에 미흡하며, 나아가 새로운 지질시대의 변화하는 지구 환경에 대처할 수 없다. 세기가 바뀌면서 우리는 근대의 인간중심적 관점이 근본적으로 바뀌는 전환점에 서 있다. 생태문명으로의 거대한 전환은 이미 시작되었다. 시민사회를 기초로 한 산업문명의 부정적 측면을 극복하고 전 지구적 문명으로 전환하기 위해서는 새로운 공동체 인식, 즉 지구공동체의 재발견이 필요하다.[93] 생태문명 건설에 이바지할 거버넌스 구축을 위한 헌법개정과 당면한 생태위기에 대응할 입법이 시급하다. 우리는 시민사회의 민주주의에 대(對)하여 지구공동체의 생명주의(biocracy) 또는 생태 민주주의라고 부르는 보편적인 지구 민주주의를 지향해야 한다. 생명중심적 관점에서 인간뿐 아니라 인간 너머 자연의 질서와 존엄, 미래 세대의 이익까지 다양하게 고려해야 한다.

지구공동체는 통합적이지만 또한 각각의 독특한 생명 공동체들로 구성되어 있으며 끊임없이 상호 작용하면서 변화한다. 지구법학의 생태지역 접근법은 전 지구적 보편성을 추구하면서도 지역적 특수성을 고려한다. 탈중심화를 통한 다양성의 추구는 공동체 부흥을 위한 필수적 요소이다. 동아시아 문화권에 속해 있는 우리에게는 뉴질랜드 마오리족의 '테 아와 투푸아'나 에콰도르 원주민들의 '수막 카우사이' 같은 개념이 없다. 이를 그대로 차용할 수 없으며, 우리 지역의 시공간 내 경험에 비추어 통합적인 재해석이 필요하다. 보편성과 특수성을 모두 포섭하기 위해서는 해당 생태지역에 대한 지리, 역사, 생태 등 다양한 학문 분야의 연구 결과를 통섭해야 한다. 한반도, 특히 DMZ로 분단된 한반도 남쪽 지역을 하나의 생태지역으로 볼 수 있는지는 잘 모르겠다. 그러나 예를 들어 제주도 지역은 통합된 생태지역으로서 하나의 생명 공동체로 볼 수 있지 않을까? 그렇다면 이 지역에서는 우선 환경법, 계획법, 천연자원의 관리, 보존 유산 같은 일부 분야에서라도 특별법 또는 조례 제정 등을 통한 지구법학적 자치를 시도해볼 수 있을 것이다.

미주

1) 토마스 베리(Thomas Berry, 1914－2009)는 예수고난회 사제이자 문화사학자로서 20세기의 대표적인 생태사상가 중 한 사람이다. 그는 스스로를 신학자(theologian)에 대비하여 지구학자(geologian)라고 불렀다. 베리는 인간이 지구의 물리적 및 정신적 차원 모두로부터 창발한다고 본 떼이야르 드 샤르뎅(Teilhard de Chardin)의 관점을 수용하였다. 이러한 관점에서 물질은 단순히 죽거나 비활성화된 것이 아니라 물리적 및 영적 차원 모두로 구성된 초자연적인 실체(numinous reality)이다. 그러나 베리는 심층 생태학자들과 달리 모든 생명체와 비인간 또는 비활성화된 자연이 윤리적으로 동등하다고 주장하지 않는다. 대신에 '지구의 단일한 통합 공동체'가 존재하며 이 공동체의 모든 구성요소가 가치를 갖는다고 한다. Peter D. Burdon (2013), 822－823.

2) 과학적인 증거를 갖고 지구가 살아있는 하나의 유기체라는 인식을 처음 제시한 사람은 린 마굴리스(Lynn Margulis)와 제임스 러브록(James Lovelock)이지만 '살아있는 지구'라는 개념 자체는 새로운 것이 아니었다. 서구인의 의식 안에는 플라톤이 주장한 세계혼(anima mundi)이라는 개념이 계속 존재해 왔다. 이 생명주의 전통은 지오르다노 브루노(Giordano Bruno), 실레지우스(Sileseus), 괴테(Goethe), 셸링(Schelling), 베르그송(Bergson), 떼이야르, 베리로 이어진다. 토마스 베리 (2013), 50면.

3) 얼 C. 앨리스 (2018), 37－46면.

4) 토마스 베리 (2013), 247－250면.

5) 황희숙 (2016), 80면.

6) 아서 쾨슬러(Arther Koestler)는 이러한 구조들을 '홀라키 내 홀론'이라고 불렀다. 홀론(holon)은 전체(holes)와 개체(on)가 결합된 말로서 전체인 동시에 부분인 어떤 것을 말하는데, 더 큰 시스템의 부분일 뿐 아니라 그 자체로 전체를 이루는 시스템 또는 현상(중첩 시스템)이다. 홀라키(holachy)는 이러한 홀론들이 계층구조이다. 코막 컬리넌 (2016), 252면.

7) 코막 컬리넌(Cormac Cullinan)은 우리가 어떤 사회구조를 지지할지 또는 법체계를 포함해 어떤 거버넌스 체계 구조를 선택할지 결정할 때 전체적인 설계에 기초한 건축학적 모델 대신에 자연적인 구조 형성에 관한 지식에 근거를 둔 유기적 접근법을 따르는 것이 유리하다고 주장한다. 코막 컬리넌 (2016), 250－264면.

8) 브라이언 토마스 스윔/메리 에블린 터커 (2013), 115－141면.

9) '인류세'라는 용어는 1980년대부터 유진 스토머(Eugene Stoermer)가 비공식적으로 사용하였으며 2000년에 파울 크뤼천(Paul Crutzen)이 공식적으로 제안하였다. 이들은 인류세를 화석연료 연소로 인한 이산화탄소 배출과 연결시켰으며, 18세기 말에 산업혁명과 함께 시작되었다고 보았다. 얼 C. 앨리스 (2018), 12면.

10) 인류세의 시작 시점이 언제인지에 관하여, 인간이 초래한 지구적 환경 변화의 현상적 결과에 주목하는 윌 스테판(Will Steffen) 등 인류세 워킹그룹은 20세기 중반을 고려한다. 그러나 장기

적 원인에 주목하는 고고학자, 인류학자, 지리학자, 지질학자 등은 훨씬 더 이전의 다양한 시점을 주장한다. 얼 C. 앨리스 (2018), 95-169면 참조.

11) 지구위험한계선은 기후변화, 해양 산성화, 화학물질, 대기 혹은 에어로졸, 생물다양성, 토지 이용의 변화, 담수, 인과 질소 순환, 성층권 오존층과 관련이 있다.

12) Noel Castree (2019), 32-33.

13) 이 모든 것은 단순성이나 조화가 아니라 복잡성과 분화를 특징으로 하는 새로운 존재론적 일원론을 의미한다고 한다. Noel Castree (2019), 37-40.

14) 피터 브래넌 (2019), 361-394면 참조.

15) 토마스 베리 (2015), 92면.

16) 토마스 베리 (2015), 23-27면.

17) 토마스 베리 (2008), 20면.

18) 토마스 베리 (2013), 47-50면.

19) 클라우스 보셸만 (2011), 24-25면.

20) 토마스 베리 (2013), 52면.

21) 이계수 (2013)는 환경법학이 성장주의에 조응한 기능주의적 입장을 취해 왔다고 비판하면서 시장주의와 이기주의, 배타적 소유권에 포박된 자유주의 환경법에 대해 체계적인 도전이 필요하다고 주장한다. 김왕배 (2022), 7면에서 재인용.

22) Margaret R. Stewart(2021), 39-40면.

23) 토마스 베리 (2015), 47면.

24) 토마스 베리 (2015), 19면.

25) https://en.wikipedia.org/wiki/Earth_jurisprudence/ (2022년 10월 3일 방문)

26) https://www.gaiafoundation.org/earth-jurisprudence/ "Earth Jurisprudence: What You Need To Know" (2022년 10월 3일 방문)

27) 박태현 (2020a), 35-38면.

28) 박태현 (2021), 12면에서 재인용.

29) 토마스 베리 (2015), 78면.

30) 지구법학의 옹호자들 중에는 실증주의와 자연법론 간의 비생산적인 논쟁에 갇히는 것을 경계하여 자연법 철학을 거부하는 견해(예를 들어, 클라우스 보셸만)가 있다. 그러나 자연법론자의 관점에서도 '부당한 법은 여전히 법이지만 입법자는 자연법을 따라야 한다'는 대안적 해석이 가능하므로, 이러한 경쟁을 회피할 필요는 없다. Peter D. Burdon (2013), 824.

31) 코막 컬리넌 (2016), 177-178면. 한편 토마스 베리 (2015), 167-168면에는 '법률 개정을 위한 10원리'로 수록되어 있다.

32) 지구법학에서 '자연'(nature)이란 용어는 자연법에 대한 토마스주의 이론에서 해석되는 방식과 다른 초점을 갖는다. 토마스주의 이론에서 자연은 구체적으로 인간의 이성에서 파생된 '보편적 진실'을 의미한다. 이에 대해 베리는 인간 존재로부터 '단일한 상호 연결된 지구공동체의 기존 거버넌스의 우월성'을 인정하는 쪽으로 인간 사회가 초점을 확대해야 한다고 주장한다. Peter D. Burdon (2013), 827-829.

33) 코막 컬리넌 (2016), 136면.

34) 박태현 (2021), 19-21면.

35) 이 접근법은 검증 가능한 정보를 직접 참조할 수 있는 규범적 기준으로 규정함으로써 과학과 법의 관계를 강화할 수 있다고 한다. Peter D. Burdon (2013), 828.

36) 강금실(2021), 149면.

37) 보셀만(Klaus Bosselmann)이 제시하는 구체적인 과제로는 (1) 법체계 내부 및 외부에서의 이론적 평가, (2) 자유와 소유 개념의 축소, (3) 법실증주의 극복, (4) 정치와 법에 대한 변증법적 사고, (5) 실용적인 구조, (6) 소유의 생태적 의무, (7) 자연의 후견인 되기, (8) 생태중심적인 변증법 실천이 있다. 클라우스 보셀만 (2011), 258-302면.

38) Peter D. Burdon (2013), 830.

39) 강금실 (2021), 156면.

40) 최선호 (2020), 68-69면.

41) 카프라(F. Capra)와 마테이(U. Mattei)는『최후의 전환』(The Ecology of Law)이란 책에서 서구의 철학 및 과학이론은 그 사유체계가 바뀌고 있으나, 사회구성원을 통제하는 통치권과 소유권을 정당화하는 법의 생태는 변하지 않고 강화되는 추세라고 하면서, 이러한 법의 생태계를 무너뜨리지 않는 한 자연의 파괴는 불 보듯 뻔하다고 주장한다.

42) 정준영 (2020), 120-124면.

43) 김왕배는 자연에 대한 (혹은 비인간에 대한) 인간의 돌봄과 배려, 책임성 등을 강조하는 지구법학의 윤리학은 실증주의적인 논리철학적 논변에 의존한다기 보다는 심성구조, 직감, 감정 등을 강조하는 미학적 윤리성을 강조한다고 하면서 '심미적 윤리학'이라 부를 것을 제안한다. 이러한 심미적 윤리학의 개념은 일부 신유물론자들이 주장하는 이른바 사변적 실재론(speculative realism)의 방법론과 비유될 수 있다고 한다. 김왕배 (2022), 3-4, 10-12면.

44) 김왕배 (2022), 13-31면.

45) '깊은 지속가능성'(Deep Sustainability)은 환경주의(environmentalism)보다 더 심오한 개념으로서 지구에서 인류의 공간에 대해 전체론적인 접근을 취하며 지구법학의 가르침을 따른다. 반면에 지속가능발전은 환경법과 마찬가지로 인간중심적이고 경제에 초점을 맞춘 패러다임에서 태어났으며, 1972년 스톡홀름 선언, 1992년 리우 선언은 모두 이 한계를 벗어나지 못한 것으로 평가된다. 존 이커드(John Ikerd)는 깊은 지속가능성이 인간중심 또는 생태중심의 택일이라기 보다는 "공-중심적(co-centric)"이라고 주장한다. Yann Aguila/Shehana Gomez (2021), 409-410, 426-428.

46) Yann Aguila/Shehana Gomez (2021), 406-409.

47) 1994년에 리우 회의 사무총장이었던 모리스 스트롱이 설립한 지구위원회(Earth Council)가 미하일 고르바초프가 설립한 국제녹십자(GCI)와 힘을 합하여 '지구헌장 이니셔티브'를 시작하였고, 1997년에 '지구헌장 위원회'가 출범하였다. 1997년 리우+5 회의에서 초안을 검토하고 마침내 2020년 3월 합의에 이르렀다. 정혜진(2020), 120-121면.

48) 지구헌장이 제시하는 4개의 원칙과 16개의 세부 원칙을 종합하면, (1) 우주론적 맥락, (2) 생태적 온전성, (3) 사회적 공평성, (4) 경제정의, (5) 민주주의, (6) 비폭력과 평화 라는 지속가능한 미래를 위한 여섯 가지 핵심 구성요소를 지적할 수 있다고 한다. 유은미 (2022), 167면.

49) 정혜진(2020), 126-135면.

50) 정혜진(2020), 135-140면. 국제 자연의 권리 재판소에서 다룬 사례들에 대해서는 김연화/조상미 (2020), 145-161면 참조.

51) Yann Aguila/Shehana Gomez (2021), 429-435.

52) 토마스 베리 (2008), 17면.

53) 베리는 2001년 4월 미국 버지니아 에얼리센터에서 개최된 컨퍼런스에서 '권리'라는 용어에 대해서 "우리는 권리라는 개념을 인간의 의무, 책임 그리고 핵심 본성을 이행하고 실현할 인간의 자유를 의미하는 것으로 사용한다. 이를 유추한다면, 다른 자연적 실체도 지구공동체 내에서 자신들의 역할을 실현한 권리 자격이 있다는 원칙을 의미한다."라고 설명했다. 코막 컬리넌 (2016), 165-167면.

54) 코막 컬리넌 (2016), 168-169면.

55) 코막 컬리넌 (2016), 171-176면.

56) 박태현 (2022), 109-112면.

57) 인간 이외에 동식물, 생태계 등을 포함한 자연 그 자체가 당사자가 되어 제기한 소송을 '자연의 권리 소송'이라 한다. '자연의 권리 소송'은 자연환경이나 생물종 보호와 같은 환경 관련성 및 집단성을 특징으로 한다는 점에서 동물학대 금지나 동물의 생존 보호를 위한 이른바 '동물의 권리 소송'과 성격을 달리한다. 이동준 (2010), 145-146면.

58) 박태현 (2022), 121면.

59) 김왕배 (2022), 13면.

60) J. Michael Angstadt/Marion Hourdequin (2021), 15-18 참조.

61) 박태현 (2022), 99면.

62) 오동석은 자연의 권리를 인정하는 것은 비인간 존재의 저항에 대한 충분한 인정 없이 인간의 방어 논리가 될 가능성이 있다고 주장한다. 자연은 생태계의 회복, 원상태로 회복이 아니라 생태계 복원 능력의 지속을 지향한다. 그러므로 권리의 내용 자체가 자연의 보전과 생장을 보장하면서 인간과 공존을 모색하는 것이어야만 한다. 오동석 (2022), 90면.

63) 데이비드 보이드 (2020), 111면.

64) 다만 시에라 클럽의 창설자인 존 뮤어(John Muir)는 "모든 생물들의 권리"를 언급한 적이 있고, 대지윤리로 유명한 알도 레오폴드(Aldo Leopold)는 경제적 가치에 의존하지 않는 '생물의 권리'(biotic right)를 주장한 바 있다. Daniel P. Corrigan/Markku Oksanen (2021), 2.

65) 이 법은 모든 종에게 생존할 권리, 서식지를 빼앗기지 않을 권리, 건강한 개체 수 수준을 유지할 권리를 인정하는데, 100개국 이상에서 동일한 취지의 법률이나 규정을 도입함으로써 인간-비인간 종 관계에 대한 급진적인 변화가 확산되었다. 데이비드 보이드 (2020), 112, 127면.

66) 기존 소송법학은 비인간 존재를 소송당사자로 할 경우 당사자능력이나 당사자적격 등 소송요건이 흠결된 것으로 본다. 나아가 도롱뇽 등 자연물을 당사자로 표시할 경우 범위가 명확하지 않고 개별적으로 특정하기도 어려워 부적식이므로 소장을 명령으로 각하해야 한다는 견해도 있다. 오정후 (2007), 237-259면; 허상수 (2007), 549-550면.

67) 데이비드 보이드 (2020), 135-140면.

68) http://www.harmonywithnatureun.org/rightsOfNature/ (2022년 10월 16일 방문)

69) Anthony R. Zelle/Grant Wilson/Rachelle Adam/Herman F. Greene (2021), 570-574.

70) 진희종 (2020), 128-130면.

71) 1973년 당시 이 협약에 조인한 국가는 80개국이었으며, 2017년 기준으로 183개국이 비준한 상태이다.

72) 데이비드 보이드 (2020), 128-132면.

73) 박태현 (2020b), 100-102면.

74) 주 당국은 보전 및 보호를 받을 자연의 권리를 보장해야 하며, 시민은 자연의 이익을 위하여 헌법상 기본권을 집행할 수 있게 되었다. 게레로주 헌법도 유사한 규정을 두었다. 박태현 (2020b), 98면.

75) 박태현 (2020b), 102면.

76) 뉴질랜드 정부는 1896년에 이 지역에 대한 자치권을 부여하고도 투호에족을 계속 탄압하였고, 화해를 위한 조치로 이 법을 통과시켰다. 사람들이 그 안의 숲길과 호수, 야영지를 계속 이용할 수 있지만 테 우레웨라(Te Urewera)는 더 이상 국립공원이 아니며, 환경보전부가 아닌 신탁이사회가 관리한다. 데이비드 보이드 (2020), 194-201면.

77) 황가누이 마오리족은 1840년 와이탕이 조약 이래로 그들과 강의 관계 및 관습적 권리를 두고 정부와 분쟁을 벌여왔다. 2014년 뉴질랜드 북섬에 있는 황가누이강(Whanganui River)에 대해 마오리족이 가진 '테 아와 투푸아'(Te Awa Tupua)라는 전일적 개념, 즉 산에서부터 바다까지 펼쳐진 그 강의 모든 물리적·형이상학적 요소를 포괄하는 이 강의 나눌 수 없는 전체를 인정하는 협정이 최종 마무리되었다. 이 협정의 이행을 위해서 제정된 이 법에 따라 황가누이강은 법인격체의 권리, 권한, 의무, 책임을 가진 법적 실체로 인정되었으며, 소송상 당사자능력을 갖는다. 강의 공식적인 후견인은 두 사람으로서 황가누이 이위와 정부가 한 명씩 임명한다. 데이비드 보이드 (2020), 183-188면.

78) 마오리족에게 자연은 단순히 재산이나 자원의 원천이 아니다. 마오리족과 자연의 관계 중심에는 화나웅아탕아(whanaungatanga, 친족 관계)와 카이티아키탕가(kaitiakitanga, 관리의 책임)라는 두 개의 상호 연관된 개념이 자리한다. 자연의 모든 요소는 친족이며, 특정 장소의 사람들은 그곳의 지리적 특성과 친밀히 연결돼 있고 그것들 모두에 책임을 진다. 이들에게 강을 보호하는 것은 사람을 보호하는 것이며, 사람을 보호하는 것은 강을 보호하는 것이다. 데이비드 보이드 (2020), 179면.

79) 이를 '뉴질랜드 모델'이라고 하며, 뉴질랜드(법률), 콜롬비아, 인도(판례)에서 채택하고 있다. 박태현 (2022), 120면.

80) http://www.harmonywithnatureun.org/rightsOfNature/ (2022년 10월 16일 방문)

81) 콜롬비아 헌법재판소는 아트라토강을 따라 사는 원주민과 지역공동체에게 인정된 자연자원과 문화에 대한 헌법상 권리들의 통합으로서 생물문화권리(biocutural rights)를 인정하고, 주 당국의 부작위가 지역공동체와 원주민의 권리를 침해한다고 보았다. 또한 아트라토강을 권리 보유자로 인정하고, 원주민과 지역공동체뿐 아니라 주 정부에 대해서도 강의 권리를 실행할 것을 주문하였다. Giulia Sajeva (2021), 90-93; Camila Bustos/Whitney Richardson (2021), 499-511.

82) 박태현 (2020b), 94-95면.

83) Camila Bustos/Whitney Richardson (2021), 511-522.

84) Daniel P. Corrigan/Markku Oksanen (2021), 3.

85) http://www.harmonywithnatureun.org/rightsOfNature/ (2022년 10월 16일 방문)

86) 안데스 철학자 하비에르 라호(Javier Lajo)에 의하면, 수막 카우사이의 다양한 개념은 다음과 같은 공통의 기본원칙을 공유한다고 한다. 1. 지혜가 없는 삶은 없다(Tucu Yachay). 2. 우리 모두는 어머니 지구에서 왔다(Pachamama). 3. 인생은 건강하다(Hambi Kawsay). 4. 삶은 집단

적이다(Sumak Kamaña). 5. 우리 모두에게는 이상이나 꿈이 있다(Hatun Muskuy). Julio Prieto Méndez/Hugo Echeverria (2021), 476.

87) 이를 '에콰도르 모델'이라고 하며, 에콰도르(헌법), 미국(조례)에서 채택하고 있다. 박태현 (2022), 119–120면.

88) 데이비드 보이드 (2020), 219–225면.

89) Julio Prieto Méndez/Hugo Echeverria (2021), 480–487; http://www.harmonywith natureun.org/rightsOfNature/ (2022년 10월 16일 방문).

90) (1) 생명에 대한 권리, (2) 생명의 다양성에 대한 권리, (3) 물에 대한 권리, (4) 청정한 대기에 관한 권리, (5) 평형 상태에 대한 권리, (6) 복원에 대한 권리, (7) 오염으로부터 자유로워질 권리.

91) 데이비드 보이드 (2020), 238–247면; Herman Greene (2021), 456–459면.

92) http://www.harmonywithnatureun.org/rightsOfNature/ (2022년 10월 16일 방문)

93) 강금실 (2021), 133면.

참고 문헌 목록

[국내문헌]

Arif Dirlik (2005), 「포스트모더니티의 역사들」, 황동연 역, 창비.

Charles Taylor (2010), 「근대의 사회적 상상」, 이상길 역, 이음.

KCGS (2021), 「ESG 모범규준」.

가라타니 고진 (2019), 「네이션과 미학」, 조영일 역, 도서출판 b.

강경근 (1987), "헌법상 국민주권에서의 국민(Nation)의 의미", 법학논총 제3집.

강경민/민기 (2018), "공유자원 경계 분쟁해결 사례 연구: 제주특별자치도 마을어장 사례를 중심으로", 한국거버넌스학회보 제25권 제2호.

강광문/이철우/조희문 (2018), 「OECD 회원국을 중심으로 한 각 국 헌법의 재외동포 관련 조항 연구」, 재외동포재단 연구용역보고서.

강금실 (2021), 「지구를 위한 변론」, 김영사.

강금실 외 (2020), 「지구를 위한 법학」, 서울대학교출판문화원.

강대기 (2001), 「현대사회에서 공동체는 가능한가」, 아카넷.

강미라/원효헌 (2019), "마을공동체 주민 간 갈등의 실제에 대한 사례연구", 수산해양교육연구 제31권 제6호.

강미라/원효헌 (2020), "마을공동체의 갈등조정 프로그램 경험 탐색", 수산해양교육연구 제32권 제2호, 한국수산해양교육학회.

강선미/김승인 (2014), "공동주택 거주자들을 위한 커뮤니티 활성화 방안 연구", 디지털디자인학연구 제14권 제2호, 한국디지털디자인협의회.

강성복 (1992), 「용화리의 역사와 민속」, 금산문화원.

강수돌 (2007), "대안 공동체 운동의 평가와 전망", 진보평론 제32호.

강신규 (2022), "아이돌 산업과 팬덤의 변화", 현안과정책 제403호.

강신규/이준형 (2019), "생산과 소비 사이, 놀이와 노동 사이: <프로듀스 48>과 팬덤의 재구성", 한국언론학보 제63권 제5호.

강영기 (2012), "사회적 기업과 기업의 사회적 책임의 합리성에 관한 소고", 안암법학 제39권, 안암법학회.

강원도 영월군 수주면 요선계 (2012), 「邀僊稧文籍探究」.

강원식 (1970), "어촌계에 관한 연구(경영공동체적 관점에서)", 수산경영논집 제1권 1호.

강인철 (2010), "종중재산을 둘러싼 법적 분쟁에 관한 연구", 저스티스 제119호.

강태경 (2018), "'내적 관점'의 중층 구조", 법철학연구 21권 1호.

강태성 (2007), "이른바 총유에 관한 비판적 검토", 민사법연구 제15집 1호.

강형구/전한나 (2017), "자산제공자와 사용자 간의 이해상충은 어떻게 해결해야 하는가", 제17회 기부문화 심포지엄 '한국의 비영리 누가 움직이나' 발표자료, 아름다운재단.

고등법원서기과 (2006), 「조선고등법원판결록 제2권: 민사」, 법원도서관.

고등법원서기과 (2011), 「조선고등법원판결록 제14권」, 법원도서관.

고봉진 (2014), "사회계약론의 역사적 의의 ─ 홉스, 로크, 루소의 사회계약론 비교 ─", 법과정책 제20권 제1호.

고상룡 (2004), 「민법총칙(제3판)」.

고재기 (2021), "코로나19 시대와 교회공동체의 윤리", 신학과 사회 제35권 제1호. 129면.

공봉진 (2004), "중국 민족식별과 소수민족의 정체성에 관한 연구", 국제정치연구 제7권 제1호.

공정거래위원회 (2011), 「연예매니지먼트 산업실태와 경쟁정책적 평가」.

곽수근 외 (2020), 「기업 시민, 미래 경영을 그리다」, 나남신서.

곽윤직 (1974), "명의신탁에 관한 판례이론의 연구", 법학(서울대) 제15권 제2호.

곽윤직/김재형 (2017), 「민법총칙(제9판)」, 박영사.

곽정섭 (1997), "중세후기 독일도시동맹의 성격", 西洋中世史研究 제2호. 145 ─ 146면

곽정섭 (2002), "한자의 외지상업정책", 역사와경계 제45집, 부산경남사학회.

구선아/장원호 (2020), "느슨한 사회적 연결을 원하는 취향공동체 증가 현상에 관한 연구", 인문콘텐츠 제57호.

국가인권위원회 (2002), "재외동포법 개정법률안에 대한 국가인권위원회의 의견(2001. 12)", 정인섭 편, 「재외동포법」, 서울: 사람생각.

권영준 (2017), "2014년 법무부 민법개정시안 해설", 법무부.

권철 (2007), "일본의 새로운 비영리법인제도에 관한 소고", 비교사법 제14권 제4호.

권철 (2010), "민법의 관점에서 바라본 민법 개정안의 법인제도", 비교사법, 제17권.

권철 (2020a), "'종교재단'에 관한 소고: 종교단체 법인화 문제 서론", 법학논총(숭실대) 제47집.

권철 (2020b), "민법의 관점에서 바라본 민법 개정안의 법인제도", 비교사법 제17권 제4호.

권철 (2020c), "비영리단체 법제에 관한 재검토 소고: 우리 법제의 과거·현재·미래", 성균관법학 제32권 제4호.

권철 (2020d), "사단·조합 준별론 재검토 소고 ─ 단체·법인론의 기본 문제 ─", 비교사법, 제27권 제1호.

권철 (2021), "20세기 초 프랑스의 종교법인 법제에 관한 소고: 1905년 정교분리법의 '종교사단' 문제와 살레이유의 '재단'론", 성균관법학 제33권 제4호.

권철 (2022), "법인전론", 양창수 편 「민법주해Ⅱ - 총칙(2) 제2권(제2판)」, 박영사.

권형진 (2018), "하이마트(Heimat)를 잃은 사람들, 하이마트로 돌아온 사람들 - 강제피추방민(Vertriebene), 이주자(Aussiedler)와 후기이주자(Spätaussiedler)의 사회통합 문제를 중심으로", 독일연구 제38호.

금성근 (2013), "협동조합법 시행, 공동체경제 확산의 시발점", BDI 정책포커스(187), 부산발전연구원.

김건식 외 (2019), 「회사법」, 박영사.

김경일 (1984), "조선말에서 일제하의 농촌사회의 동계(洞契)에 관한 연구", 한국학보 제10권 제2호.

김경종 (1993), "어촌계가 소유하는 어업권의 소멸에 따른 손실 보상금의 귀속주체", 대법원판례해설 제19호.

김경학 (2006), 「국제 이주와 인도인 디아스포라」 제3장, 집문당.

김경호 (1984), "해방이전의 수산금융에 관한 연구", 수산경영논집 제15권 제2호, 한국수산경영학회.

김광억 (2005), "종족의 현대적 발명과 실천", 김광억 외, 「종족과 민족: 그 단일과 보편의 신화를 넘어서」, 아카넷.

김교창 (2007), "준사단법인인 교회의 분할", 저스티스 통권 제98호.

김교창 (2014), "비등기사단법인은 비법인사단이 아니다", 저스티스 통권 제140호.

김근혜/윤은기 (2018), "마을공동체 사업의 사회적 성과 창출을 위한 성과 요인 분석", 정책분석평가학회보 제28권 제4호, 한국정책분석평가학회.

김남국 (2018), "북아일랜드 평화 프로세스의 성공요인: 정책, 리더십, 국제적 차원을 중심으로", 유럽연구 제36권 제1호.

김대영 (2017), "어촌환경 변화에 대응한 어촌공동체 발전방향", 수산해양교육연구 제29권 제3호.

김대영/이헌동 (2017), "어촌계원 설문조사를 통한 어촌계 발전방향", 한국도서연구 제29권 제2호.

김대원 (1997), "일본상인정신탐구2", 한국전통상학연구 제10집.

김대정 (2010), "민법개정시안에서의 법인설립에 관한 입법주의의 전환", 법학논문집 제34권 제2호, 중앙대학교 법학연구원.

김대정 (2012), "총유에 관한 민법규정의 개정방안", 중앙법학 제14집 제4호.

김도승 (2019), "인공지능 기반 자동행정과 법치주의", 미국헌법연구 제30권 제1호.

김동원/조남신 (2013), "보건의료영역 사회복지사의 전문직 공동체의식과 참여의식에 대해 조직 관리적 요인이 미치는 영향", 병원경영학회지 제18권 제2호.

金東哲 (1985), "고려말의 流通構造와 상인. 역사와 세계", 釜大史學 제9권.

김두헌 (1969), 「한국가족제도연구」, 서울대학교출판부.

김명수 (2015), "주민참여와 지방자치 구현을 위한 주민참여예산제에 관한 논의", 홍익법학 제16권 제3호.

김명용 (2011), "주민참여예산제도이 도입현항과 법적 문제", 지방자치법연구 통권 제30호, 한국지방자치법학회.

김문준/임원호 (2019), "마을공동체 활성화를 위한 마을기업 육성방안에 관한 연구", 기술경영 제4권 제2호, 국가미래기술경영연구소.

김문택 (2004), "17C 안동 眞城 李氏家 遠祖 墓所의 推尋과 문중 조직의 강화", 경기사학 제8호.

김문택 (2005), "16~17 C 안동 진성 이씨가의 族契와 門中 조직의 형성과정", 조선시대사학보 제32호.

김문택 (2013), "한국적 종중의 형성과 역사적 변천과정", 한국계보연구 제4호.

김미영 (2006), 「현대공동체주의: 매킨타이어, 왈저, 바버」, 현대학술정보.

김미영 (2015), "현대사회에 존재하는 공동체의 여러 형식", 사회와 이론 통권 제27집, 한국이론사회학회.

김민규 (2007), "교회의 분열과 재산귀속에 관한 판례법리의 변천", 재산법연구 제23권 제3호.

김민기 (2010), "교단변경 결의에 찬성한 교인들이 종전 교회에서 탈퇴한 것인지 여부의 판단 기준", 대법원판례해설 제83호.

김민식 (2019), "4차 산업혁명 시대 … '두레' 정신 살린 新공동체 사업모델 주목!", 동아일보. 2019. 4. 10.자.

김민주 (2019), "일본의 법인 아닌 사단에 관한 규율의 재검토", 숭실대 법학논총 제43집.

김병권 (2019), "사회혁신과 마을 ― 서울시 사례에서 본 커뮤니티 기반 사회혁신의 진화 가능성 ―", IDI 도시연구 제15호.

김상겸 (2010), "스포츠단체의 법적 규율방안", 스포츠와 법 제13권 제1호.

김상기 (1986), "교회분열과 분열된 교회재산에 관한 법리", 법조 35권 3호.

김상수 (2010), "명의신탁의 연혁에 관하여", 토지법학 제26권 제2호.

김상용 (1995), "명의신탁", 민사법학 제11·12호.

김상용 (2010), "교회재산의 관리에 대한 현행 법률과 판례의 검토", 법조 제645호.

김선경 (1984), "조선후기 조세수취와 면리 운영", 연세대학교 석사학위논문.

김선경 외 (1987), 「한국지방사자료총서: 보첩편3」, 여강출판사.

김선덕 (2019), "도시재생과 마을공동체 이야기", 충북 Issue & Trend 제36호.

김성국 (2001), "독일의 기업문화: 특성과 시사점", 신산업경영저널 제19권 제2호.

김성국 (2014), "파트너십의 예술, 독일 공동결제제도", DBR 161호 2014. 9. https://dbr. donga.com/article/view/1101/article_no/6659/ac/a_view(2023. 5. 24. 방문).

김성수 (2016), "중국과 대만의 민법상 권리능력 없는 사단", 재산법연구 제33권 제1호.

김성순 (2016), "한국인의 '공동체 지향성'과 결사結社:향도·동계·협동조합", 한국학논집 제 64집.

김성식/강승묵 (2012), "오디션 리얼리티 쇼 <스타오디션, 위대한 탄생>과 <슈퍼스타K 2> 의 팬덤 현상", 언론과학연구 제12권 제3호.

김성욱 (2015), "묘지의 설치 및 관리와 관련한 문제점과 개선방안", 경희법학 제50권 2호.

김성진 (2013), "징계의 본질에 대한 소고", 안암법학 제40권.

김성태 (1991), "프랑스 회사법상의 회사개념", 상사법연구 제9집.

김성택 (2015), 「New CSR」, 도서출판 청람.

김세용/최봉문/김현수/이재준/조영태/김은희/최석환 (2013), "우리나라 마을만들기의 현재와 앞으로의 방향", 도시정보 통권 제371호.

김세준 (2013), "독일의 논의를 중심으로 한 민법상 조합의 등기능력", 전남대학교 법학논총 제33권 제3호.

김세준 (2018), "조합의 재산관계와 합유", 비교사법 제25권 1호.

김세준 (2019a), "민법상 조합의 부분권리능력", 민사법학 제86호.

김세준 (2019b), "조합 등 민법상 인적 단체에 대한 '부분권리능력' 개념의 수용가능성에 관한 연구", 민사법학 제86권, 한국민사법학회.

김세희 (2020), "'라이시테'를 통해서 본 19세기 프랑스의 교육: 근대화와 도덕·시민교육", 한국 교육사학 제42권 제2호.

김연화/조상미 (2020), "국제시민법정에 선 자연의 권리", 「지구를 위한 법학」, 서울대학교출판 문화원.

김영선 (2011), 「참된 교회」, 대한기독교서회.

김영술 (2012), "발트 해 지역의 글로컬라이제이션에 관한 연구:한자동맹을 중심으로", EU연구 제30권.

김영주/박남희 (2012), "지속가능한 커뮤니티 관점에서 본 일본의 마을만들기 사례 분석", 한국 가정관리학회지 제30권 제4호, 한국가정관리학회.

김예슬 (2020), "일제강점기 통영의 일본인 이주어촌 형성과 조선인 어민의 대응", 인문논총 제53집.

김왕배 (2022), "'인간 너머' 자연의 권리와 지구법학: 탐색과 전망", 사회사상과 문화 제25권 제1호.

김용덕 편 (2010), 「주석 민법: 총칙 (제4판)」, 한국사법행정학회.

김용덕 편 (2019), 「주석 민법: 총칙 (제5판)」, 한국사법행정학회.

김용석 (2011), "팬클럽에서 청소년의 사회참여 활동에 관한 연구:'소녀시대' 팬클럽을 중심으로", 시민청소년학연구 제2권 제1호.

김은경 (2016), "독일 미텔슈탄트의성공 요인과 정책적 시사점", EU학 연구 제21권 제1호.

김은정 (2020), "뉴미디어 시대의 팬덤과 문화매개지: 방탄소년단(BTS) 사례를 중심으로", 한국콘텐츠학회논문지 제20권 제1호.

김인걸 (1984), "조선후기 향촌사회통제책의 위기", 진단학보 제58호.

김인걸 (1991), 「조선후기 향촌사회 변동에 관한 연구」, 서울대학교.

김인유 (2018), "어촌계의 재산에 관한 소고", 민사법의 이론과 실무 제21권 제3호, 민사법의 이론과 실무학회.

김재기 (2013), "세계한상대회 10년: 성과와 발전 방안", 재외한인연구 통권 제29호, 재외한인학회.

김재두 (2005), "조선시대 상업제도의 현대법적 검토", 경영법률.

김재범 (2009), 「문화산업의 이해」, 서울경제경영.

김재선 (2017), "영국 공동체 가치자산법(Asset of Community Value Act)에 관한 연구", 강원법학 제52권.

김재선 (2021), "알고리즘 자동행정결정에 대한 행정법적 해석방안에 관한 연구 ― 미국행정법상 입법방안 논의를 중심으로 ―", 법학논총 제45권 제3호.

김재현/태유리/이효정/임윤정 (2013), 「커뮤니티 비즈니스 활성화를 위한 중간지원조직의 역할 연구」, 한국농촌경제연구원 연구자료, 한국농촌경제연구원.

김재형 (2005a), "단체로서의 종중 ― 대법원 2005. 7. 21. 선고 2002다1178 전원합의체판결을 계기로 ―", 「민사재판의 제문제 (제14권)」, 한국사법행정학회(민사실무연구회).

김재형 (2005b), "단체로서의 종중", 「민법론 3」, 박영사.

김정연 (2019a), "비영리법인 이사의 이익충돌과 충실의무", 상사법연구 제38권 제1호.

김정연 (2019b), "비영리법인 이사의 주의의무에 관한 연구", 비교사법 제26권 제2호.

김정인 (2017), "프랑스 제3공화정 초기 공교육으로서의 초등교육체계의 완성", 서양사론 제132호.

김제완 (2005), "단체법리의 재조명 ― 종중재산의 법적 성격 ―", 인권과 정의 제355권.

김제완 (2006), "단체 법리의 재조명", 민사법학 제31호.

김종국 (2009), "성과 본의 변경에 따른 소속 종중의 변경 여부에 관한 소고", 가족법연구 제23권 3호.

김종대 외 (2016), "성공적 CSR 전략으로서 CSV에 대한 평가", Korea Business Review 제20권 제1호.

김준 (2010), 「어촌사회학」, 민속원.

김준 (2011), "마을어장의 위기와 가치의 재인식", 도서문화 제38권, 국립목포대학교 도서문화연구원.

김중권 (2017), "인공지능시대에 완전자동적 행정행위에 관한 소고", 법조 제66권 제3호.

김중기 외 (1982), "한국교회의 성장과 신앙양태에 관한 조사연구", 현대사회연구소.

김증한 (1950), "공동소유형태의 유형론", 법조협회잡지 제2권 제3호.

김증한 (1959), "교회가 분열한 경우의 교회재산의 귀속", 서울대학교 법학 제1권 제2호.

김진백 (2021), "어촌계 내부 갈등에 관한 연구", 水産海洋教育研究 제33권 제1호, 한국수산해양교육학회.

김진범 (2008), "일본 마노지구의 마치즈쿠리 전개과정과 교훈", 국토, 국토연구원.

김진우 (2008), "비영리법인의 설립에 있어 허가주의에 관한 연혁적 고찰", 인권과 정의 제384호.

김진우 (2010), "재단법인 이사의 내부책임", 민사법학 통권 제51호.

김진우 (2012a), "재단법인 기관의 임면에 관한 고찰", 인권과 정의 제429호.

김진우 (2012b), "재단법인에 대한 설립자의 관여 가능성", 홍익법학 제13권 제4호.

김진우 (2015), "사단법인 이사의 해임", 비교사법 제22권 제2호(통권 제69호).

김진우 (2019), "영리법인과 비영리법인의 구별", 재산법연구 제36권 3호.

김진현 (1985a), "교회재산분쟁에 관한 비교법적 고찰", 강원법학 제1권.

김진현 (1985b), "교회재산분쟁에 있어서의 소의 이익", 후암 곽윤직 교수화갑기념, 민법학논총.

김진현 (1993), "권리능력 없는 사단", 강원법학 제5권.

김찬우 외 (2019), 「종중재산의 관리 및 운용」, 박영사.

김창민 (2011), "마을의 사회조직과 통합성: 충청남도 원산도, 의항리, 외암마을의 비교", 사회과학연구 제22권 제3호.

김창훈/차경일 (2018), "교회 분쟁에 대한 법원판결에 관한 고찰", 가천법학 제11권 제2호.

김철민 (2012), 「국제난민 이야기: 동유럽 난민을 중심으로」, 살림.

김철민 (2014), "민족주의 관점에서 본 양차대전사이의 유고슬라비아: 정치적 민족주의 vs 문화적 민족주의", 동유럽발칸연구 제38권 제4호.

김철수 (2018), "어업권 피해로 인한 손실보상금의 분배에 관한 사례연구", 수산경영논집 제49권 제4호.

김태선 (2014), "비영리법인의 이사의 선관주의의무 연구", 민사법학 통권 제69호.

김태선 (2017), "미국의 단체에 관한 법제도", 중앙법학 제19권 제4호.

김태오 (2017), "4차 산업혁명의 견인을 위한 규제패러다임 모색", 경제규제와 법 제10권 제2호.

김태호 (2017), "지방자치 주민직접참여와 더 많은 민주주의 — 법제도 개선의 쟁점과 방향성 —", 지방자치법연구 통권 제56호 제17권 제4호, 한국지방자치법학회.

김필동 (1992), 「한국사회조직사연구」, 일조각.

김필동 (2001), "맛질의 농민들 서평", 경제사학 제31권.

김필동 (2002), "한국 전통 사회의 공동체와 개인", 사회와 이론 창간호 통권 제1집.

김필두/권선필/김찬동 (2019), "공동체 활성화를 위한 서울형 주민자치회와 아파트입주자대표회의와의 연계방안", 한국도시행정학회 학술발표대회 논문집.

김학동 (2011), "총유물의 처분행위", 서울법학 제19권 제2호.

김학실 (2013), "도시재생과정에서 마을기업의 역할". 한국정책연구 제13권 제2호.

김한수 (2008), "마치즈쿠리(まちづくり)와 일본사회구조의 관계변화 연구", 일본문화학보 제39호, 한국일본문화학회.

김혁 (2014), "18~19세기 鄕約의 실천과 사회관계의 변화", 한국문화 제66호.

김현영 (1998), "고문서를 통해 본 일본의 근세촌락(近世村落) — 비교사적 관점에서 —", 고문서연구 제12권.

김현영 (2003), 「고문서를 통해본 조선시대 사회사」, 신서원.

김현영 (2010), "조선 중후기 경주 양좌동의 촌락 조직과 그 성격", 영남학 제17권.

김현용 (2019), "어촌계원 가입, 과연 어촌사회 진입 장벽인가?", 2019.05.29 게재.

김현정 (2021), "취향공동체의 사회적 역할에 관한 논의: 방탄소년단 팬덤 사례를 중심으로", 한국과 국제사회 제5권 제1호.

김현희 (2000), 「사이버 공간에서의 신뢰와 질서의 형성에 관한 연구」, 한신대학교.

김형원 (2020), 「교회는 어떤 공동체인가」, 느헤미야.

김혜인 (2017), "[일본 고베 시 마노지구의 주민 참여] 오랜 역사와 적극적인 활동 통한 신뢰구축". 월간 주민자치 제71권.

김흥주 (2013), "조선 향촌규약에 나타난 마을공동체 운영 특성 — 고현향약을 중심으로 —", 국토연구 제79권.

나은경 (2020), "미디어 팬덤의 심리학: 아무나 팬을 가진 시대, 숭배에서 친밀감으로", 사회과학연구 제33권 제1호.

나종석 (2013), "마을공동체에 대한 철학적 성찰 – 마을인문학의 구체화를 향해", 사회화철학 제26집.

남기윤 (2001), "기업자체사상에 관한 연구서설 – 그 경제사상적, 법학 방법론적 기초를 중심으로” 경영법률 제12권.

남기윤 (2002), "사법상 법인개념의 새로운 구성," 저스티스 제70호.

남기윤 (2004), "독일법에서 합수이론과 민법상 조합의 법인격인정에 관한 최근 논쟁", 저스티스 제79호.

남윤봉 (2006), "비법인교회재산의 귀속에 관하여", 한양대 법학논총 제23집 2호.

남형두 (2017), "사회현상으로서의 수리스토크라시", 법학연구 세27권 제1호.

남효순 (1999), "프랑스法에서의 법인의 역사: 법인론 및 법인에 관한 판례와 입법의 발달사", 서울대 법학 제40권 제2호.

남효순 (2017), "우리 민법상 합유와 준합유의 강제", 저스티스 통권 제159호.

노명환 (1999), "유럽의 기업문화: 독일 역사를 통해 본 독일 기업문화의 특징: '국가공동체의 식'의 코드를 중심으로", 국제지역연구 제3권 제3호.

노영돈 (2003), 「재외동포법개정, 어떻게 되어가고 있는가」, 다해.

노우탁 (2022), "전국어민회총연맹, 사단법인 설립 본격화, CPTPP 가입반대 집회이후 NGO 단체로 전환 모색", 한국수산신문사, http://www.susantimes.co.kr/etnews/?fn=v&no=20143&cid=21010100.

노주은/박병현/유영미 (2021), "마을공동체 만들기 조례분석: 부산지역 14개 사례를 중심으로", 지방정부연구 제24권 제4호.

닐 스티븐슨 (2021), 「스노 크래시 1, 2」, 남명석 역, 문학세계사.

대법원, 「국역 조선고등법원 판결록」, http://khd.scourt.go.kr/JO/main/index.jsp.

대한상공회의소 (1984), 「상공회의소백년사」.

데이비드 보이드 (2020), 「자연의 권리」, 이지원 역, 교유서가.

라이니어 크라아크만 외 (2014), 「회사법의 해부」, 김건식 외 역, 소화.

로렌스 레식 (2002), 「코드 사이버공간의 법이론」, 김정오 역, 나남출판.

류상윤 (2021), "식민지 무역항 인천의 객주와 객주조합", 경제사학 제45권 제1호, 통권 75호. 경제사학회.

류승훈 (2007), "민법상 조합에 대한 권리주체성 및 당사자능력의 인정과 관련하여", 민사소송 제11권 제1호.

李憲昶 (1992), "朝鮮末期 褓負商과 褓負商團", 국사관논총 제38집.

마르셀 에나프 (2018), 「진리의 가격」, 김혁 역, 눌민.

명순구 (2005), 「민법총칙」, 법문사.

명재진 (2020), "코로나 사태와 종교의 자유", 교회와 법 제7권 제1호.

문석호 (1997), "한국교회와 교회공동체성의 회복", 총신대 논총 16호.

문성훈 (2017), "공동체 개념의 구조 변화", 문화와 정치 제4권 제4호.

문지은 (2010), "사회복지관의 수퍼비전이 사회복지사의 전문 직업성에 미치는 영향에 관한 연구", 공주대학교대학원 석사논문.

문화체육관광부 (2008), 「방송연예산업 종사자 실태조사 및 개선방안」.

문화체육관광부 (2019), 「2018년 한국의 종교현황」.

민경배 (2015), "해방 이후의 한국교회 분열 ─ 장로교회를 중심으로 한 역사적 고찰 ─", 신학과 교회 제4호.

民事法研究會 (1957), 「民法案意見書」, 一潮閣.

민유기 (2012), "프랑스 급진공화파의 반교권주의와 1901년 결사법", 프랑스사연구 제27권.

민유숙 (2006), "교인들이 집단적으로 교회를 탈퇴한 경우 법률관계", 대법원판례해설 제60호.

민유숙 (2011), "교회의 분열적 분쟁에 대한 새로운 해결", 이용훈 대법원장 재임기념 정의로운 사법, 사법발전재단.

민의원 법제사법위원회 민법안심의소위원회 (1957), 「민법안심의자료집」.

박경수 (2004), "전근대 일본의 상인시장과 권력", 동양사학회 학술대회 발표논문집, 동양사학회.

박경재 (2007), "사찰의 법률관계에 관한 몇 가지 논점", 법학연구 제48권 제1호, 부산대학교 법학연구소.

박광섭/김혁 (2005), "조례에의 형벌도입을 위한 입법론적 고찰". 법학연구 제16권 제1호.

박단 (2021), "프랑스 내 무슬림 차별 기원과 공화주의 유산: '1905년 법'과 그 적용 사례를 중심으로", 통합유럽연구 제12권 제1집.

박명규 (2009), 「국가·인민·시민 ─ 개념사로 본 한국의 정치주체」 소화.

박배근 (1996), "국제법규칙의 부존재", 국제법학회논총 제41권 제2호.

박상우/이승우/이호림 (2014), 「어촌공동체 마을공동사업의 갈등관리 방안 연구」, 한국개양수산개발원.

박석무/정해렴 (1999), 「역주흠흠신서」, 현대실학사.

박선미 (2020), "농촌 마을공동체 활성화를 위한 노인문화정책의 현황과 과제 ─ 경북 예천군 A마을 사례 ─", 한국민속학 제72권.

박수곤 (2010), "프랑스법에서의 민사법인에 대한 규율: 공익성이 인정된 사단 및 재단법인을 중심으로", 경희법학 제45권 제1호.

박수곤 (2013), "프랑스법상 권리능력 없는 단체에 대한 규율", 전북대학교 법학연구 제39집.

박수곤 (2020), "프랑스법에서의 민사법인에 대한 규율", 경희법학 제45권 제1호.

박승규 (2001), "사회사업가의 전문직업적 정체성에 영향을 미치는 요인들에 관한 연구", 강남대학교 사회복지대학원 석사논문.

박원선 (1965), 「負褓商」, 한국학연구원.

박원선 (1968), 「객주(客主)」, 연세대학교출판부.

박원선 (1981), "坐商", 法史學研究 6號.

박윤혜/백일순 (2021), "돌봄의 위기와 대안으로서의 커먼즈: 협동조합형 아파트 공동체 위스테이 별내를 사례로", 공간과 사회 제31권 제1호.

박은철 (2011), "공동주택 단지의 커뮤니티 활성화 방안", 정책리포트(87), 서울연구원

박정기/강용주 (2004), "어업권 소멸로 인한 손실보상금의 분배에 관한 사례조사연구 — 부산시 용호어촌계의 경우를 중심으로 —", 토지법학 제20호.

박정석 (2001), "어촌마을의 공유재산과 어촌계", 농촌사회 제11집 제2호.

박주원 (2008), "대안 공동체론에 나타난 대안 개념과 공동체 개념의 정치 사상적 성찰", 역사비평 제82호.

박진아 (2010), "사이버 거버넌스 법체계에 관한 시론", 손경한 편, 「과학기술과 법」.

박찬주 (2006), "대법원에 의한 관습법의 폐지", 법조 제55권 7호.

박철환 (2019), "우리나라 어촌계에 관한 연구", 목포대학교 경영행정대학원 석사논문.

박태현 (2020a), "지구법학의 사상적 기원", 강금실 외 편, 「지구를 위한 법학」, 서울대학교출판문화원.

박태현 (2020b), "지구법학과 자연의 권리", 강금실 외 편, 「지구를 위한 법학」, 서울대학교출판문화원.

박태현 (2021), "인류세에서 지구공동체를 위한 지구법학", 환경법과 정책 제26권 제1호.

박태현 (2022), "자연의 권리론", 환경법연구 제44권 제3호.

박한성 (2020), "기업의 사회적 책임(CSR)에 대한 소고 — 회사법적 도입을 중심으로 —". 법학논총 제44권 제1호.

박해선 (2020), "종중재산 관리의 합리화 방안에 관한 연구", 고려대 박사논문.

박해성 (1997), "종교단체에 대한 법적 규율", 「민사판례연구 19」, 박영사.

박현순 (2008), "조선시기 鄕罰의 내용과 추이", 국사관논총 제103집.

박현순 (2017), "17~18세기 향약의 班常間 부조에 대한 고찰", 朝鮮時代史學報 제82호.

박흥식 (2000), "중세 동업조합의 총회(Morgensprache): 북독일 도시의 사례를 중심으로", 서양사론 제67권.

배병일 (2006), "대법원 판례에서의 유사종중", 가족법연구 제20권 제2호.

배병일 (2021), 「일제하 토지조사사업에 관한 법적 연구」, 영남대학교출판부.

배성호 (2007), "교회분열과 재산귀속", 한국부패학회보 제12권 제4호.

배성호 (2008), "민법상 단체에 대한 규율", 인권과 정의 통권 388호.

백옥경 (2014), "조선 후기 牛峰 김씨 가문의 문중형성과 宗稧", 역사민속학 제46호,

백종국 (2010), 「바벨론에 사로잡힌 교회」, 뉴스앤조이.

백현기 (2010), "교회의 분쟁에 관한 민사법적 연구", 한양대학교 법학박사 학위논문.

백현기 (2017), 「교회분쟁관계법」, 법문사.

백현기 (2021), 「교회분쟁관계법(개정증보판)」, 법문사.

법무법인(유한) 태평양/재단법인 동천 (2021), 「기업공익재단법제연구」, 경인문화사.

법무부 (2021), 「공익법인의 설립·운영에 관한 법률 개정안」.

변동걸 (1992a), "교회의 분열과 교회재산의 귀속(上)", 사법행정 제33권 제10호.

변동걸 (1992b), "교회의 분열과 교회재산의 귀속(下)", 사법행정 제33권 제11호.

변동걸 (1995), "교회의 분열과 교회재산의 귀속", 경사 이회창 선생 화갑 기념논문집.

브라이언 토마스 스윔/메리 에블린 터커 (2013), 「우주 속으로 걷다」, 조상호 역, 내인생의책.

삼성경제연구소 (1999), 「일본상인 정신의 형성과 특징」.

商山錄 (1987), 孫惡只獄案(「한국지방사자료총서: 보첩편3」), 여강출판사.

생명평화마당 (2017), 「한국적 작은 교회론」, 대한기독교서회.

서경림 (2001), "부보상(負褓商)과 자치법(自治法)", 法과 政策 제7호, 제주대학교 법과정책연구소.

서보학 (1998), "낙태죄와 입법자의 법적 가치판단 ― 긴급피난 상황에서의 낙태행위에 대한 규율문제를 소위 법으로부터의 자유로운 영역 이론을 통해 해결하려는 시도의 타당성에 대한 비판적 검토 ―", 김일수 편, 「법치국가와 형법」.

서의경 (2014), "기업의 사회적 책임(CSR) 확산을 위한 입법적 검토 ― 상법을 중심으로 ―", 상사판례연구 제27권 제4호, 한국상사판례학회.

서헌제 (2014a), "교회분열에 관한 대법원 판결의 의의", 저스티스 제145호.

서헌제 (2014b), "교회재판과 국가재판", 교회와 법 창간호.

서헌제 (2016), 「한국교회와 목회자를 위한 법」, 한국교회법학회.

선정원 (2004), "마을공동체의 활성화를 통한 주거환경의 개선", 행정법연구 제12권, 행정법이론실무학회.

성낙인 (2021), 「헌법학(제21판)」, 법문사.

소재선 (2000), "독일민법제정과정상 조합계약의 공유제에서 합유제로의 전환", 경희법학 제35권 제1호.

소준열 (2021), 「교회의 적법절차」, 브엘북스.

손경한 (2016), "lex mercatoria의 21세기적 의의", 성균관법학 제28권 제3호.

손경한 (2021), "공동체법학의 모색", 제2회 공동체와 법 포럼 발표문, 2021. 2. 25.

손동유/이경준 (2013), "마을공동체 아카이브 활성화 방안", 기록학연구 제35호.

손병규 (2011), "조선후기 비총제(比摠制) 재정의 비교사적 검토", 역사와 현실 제81호.

손영화 (2012), "사회적 기업에 대한 회사법적 검토", 상사판례연구 제25집 제4권, 한국상사판례학회.

송기태 (2018), "농촌과 어촌의 전통적 노동공동체 비교", 비교민속학 제65호.

송민경 (2013), "종중법리의 딜레마", 저스티스 제137호.

송양섭 (2007), "1896년 智島郡 創設과 西南海 島嶼 支配構造의 再編 — 吳宖默의 智島郡叢瑣錄을 중심으로 —", 한국사학보 제26호.

송양섭 (2014), "19세기 거제도 구조라 촌락민의 직역변동과 가계계승 양상 — 항리호적중초를 중심으로", 한국문화 제67호.

송양섭 (2019), "18~19세기 동래부 동하면의 '면중'과 잡역운영", 역사와 현실 제112호, 한국역사연구회.

송양섭 (2021a), "19세기 巨濟 舊助羅里의 부세운영과 촌락사회의 동향", 大東文化研究 제114집.

송양섭 (2021b), "19세기~20세기 초 巨濟 舊助羅里의 洞中과 洞錢의 운영", 한국문화 제94호.

송오식 (2013), "법인 아닌 사단의 법적 지위와 규율", 동아법학 제58호

송옥렬 (2013), 「상법강의」, 홍문사.

송인권 (2015), "종중에 관한 판례이론의 문제점", 법조 제64권 제8호.

송혜승/장민영/이명훈 (2016), "일본 도시재생사업의 계획 체계 및 사업 특성 변화에 관한 연구", 국토계획 제51권 제6호.

송호영 (2007), "교회의 교인들이 종전교단으로부터 집단적으로 탈퇴하여 별도의 교회를 설립한 경우의 법률관계", 민사법학 제35호.

송호영 (2009), "소속사원에 대한 단체의 징계권에 관한 연구", 재산법연구 제26권 제2호.

송호영 (2013a), "민법상 법인아닌 단체에 대한 입법론 연구", 전북대학교 법학연구 제39집.

송호영 (2013b), 「법인론」, 신론사.

송호영 (2015), 「법인론(제2판)」, 신론사.

수산업협동조합중앙회 (2022), 「2022년 어촌계 현황 조사 결과 보고」, https://isealove.suhyup.co.kr/synap/skin/doc.html?fn=temp_1669885968447100&rs=/synap/result/bbs/304.

신동만 (2019), "교단헌법의 입법론적 문제점과 과제", 교회와 법 제6권 제1호.

신안군 향토문화진흥원 (1992), 「지도군수 오횡묵 정무일기(1895. 2 – 1897. 5)」.

신용하 (1985), 「공동체 이론」, 문학과 지성사.

신용하 (2009), 「[기조발표] 한국 민족공동체의 형성과정」, 『민족공동체의 현실과 전망: 분단, 디아스포라, 정체성의 사회사』, 한국사회사학회·서울대 통일평화연구소·한국학중앙연구원 현대한국연구소 학술대회.

신재연 (2019), 헤겔과 맑스주의 국가론의 철학적 방법론적 기초에 대하여, 노사과연, 2019. 2. 2.(http://lodong.org/wp/archives/9192, 2023. 5. 10. 방문).

신중진 (2000), "일본의 마치즈쿠리와 주민참여", 국토, 국토연구원.

신중진/김일영/배기택 (2013), "지역공동체 역량강화를 위한 마을만들기 추진방안 연구", 국토계획 제48권 제6호.

신현광 (2005), "한국교회 성장에 나타난 문제점(1)", 복음과 실천 2005 가을호.

신현탁 (2021), "미국회사제도와 자율규제─ESG경영이념에 대한 법적 분석", 상사법연구 제40권 제2호.

신현탁/조은석 (2018), "이해관계자 참여형 기업지배구조에 관한 연구─회사 구성원의 경영감독 참여를 중심으로", 상사법연구 제37권 제2호.

심상우 (2019), "'공동체를 넘어선 공동체'로서의 마을공동체 ─ 레비나스의 책임윤리를 중심으로 ─", 현대유럽철학연구 제53집.

심재우 (2009), 「한국문화사 28권 고문서에게 물은 조선 시대 사람들의 삶」, 제4장 문서로 본 공동체 생활, 2. 사족의 향촌 지배와 촌락 생활 문서 향약과 동계, 우리역사넷, http://contents.history.go.kr/front/km/view.do?levelId=km_028_0060_0020.

심재우 (2020), "조선 시대 훼가출향(毁家黜鄕)의 성격과 전개 양상" 한국학(구 정신문화연구) 제43권 제4호.

심헌섭 (1979), "법으로부터 자유로운 영역 ─ 법의 한계에 대한 법이론적 고찰 ─", 서울대학교 법학 제19권 제2호.

심희기 (1989), "조선후기 종중의 단체성과 소유형태, 법사학연구" 제10호.

심희기 (1991), "계유재산의 소유이용관계와 총유 ─ 동계(촌락공동체)를 중심으로 ─", 법과 사회 제4권.

심희기 (1992), 「한국법사연구: 토지소유와 공동체」, 영남대학교출판부.

심희기 (2021), "조선후기 촌락공동체 부재론에 대한 비판", 東北亞法硏究 제15권 제2호.

아르투어 카우프만 (2007), 「법철학」, 김영환 역.

아자 가트/알렉산더 야콥슨 (2020), 「민족: 정치적 종족성과 민족주의, 그 오랜 역사와 깊은 뿌리」, 유나영 역, 교유서가.

안명준 (2005), "한국교회의 신학적 문제점", 「한국교회의 문제점과 극복방안」, 이컴 비즈넷.

안병직/이영훈 (2001), 「맛질의 농민들 ─ 한국근세촌락생활사 ─」, 일조각.

안병철/이재수 (2021), "어촌계 유형화와 유형별 특성 비교·분석", 水産經營論集 제52권 제1호.

안성포 (2003), "민법상 조합의 권리능력과 당사자능력", 비교사법 제10권 제3호.

안수길 (2022), "해결할 수 없는 의무충돌과 법으로부터 자유로운 영역", 형사정책 제33권 제4호.

안수현 (2021), "21대 국회 상정된 기업의 ESG 관련 법안 분석과 시사점", 한국법제연구원 이슈페이퍼 21-19-6.

안승택 (2014), "한 현대농촌일기에 나타난 촌락사회의 계(契) 형성과 공동체 원리", 농촌사회

제24집 제1호.

안택식 (2000), "기업의 사회적 책임의 실현방안", 상사법연구 제19권 제1호.

안현찬/구아영/조윤정 (2019), "서울시 마을공동체 사업의 성과평가와 정책과제", 정책리포트, 서울연구원.

안현찬/조윤정 (2020), "서울시 마을공동체사업의 주민자원 활용 촉진방안", 정책리포트, 서울연구원.

양언희/이상철 (2016), "커뮤니티 비즈니스 지원정책 개선에 관한 연구", 지방정부연구 제20권 제3호, 한국지방정부학회.

양창수 (2001a), "공동소유", 「민법연구 6」, 박영사.

양창수 (2001b), "명의신탁에 관한 규율 再考", 「민법연구 6」, 박영사.

양창수 (2012), "공동소유", 「민법연구 6」, 박영사.

양창수/김재형 (2020), 「민법 I – 계약법」, 박영사.

양천수/우세나 (2020), "민사집행과 아키텍처 규제 — 아키텍처 규제의 성격과 관련하여 —", 민사집행법연구 통권 제16호.

양형우 (2007), "교회분열에 따른 재산귀속". 재산법연구 제24권 제1호.

얼 C. 앨리스 (2018), 「인류세」, 김용진/박범순 역, 교유서가.

엄동섭 (2018), "법인·단체법의 변천과 과제", 법과 기업연구 제8권 제2호.

에르네스트 르낭 (2002), 「민족이란 무엇인가」, 신행선 역, 책세상.

에밀 뒤르켐 (1990), 「자살론/사회분업론」, 임희섭 역, 삼성출판사.

여관현 (2013), "마을만들기를 통한 공동체 성장과정 연구", 도시행정학보 제26권 제1호.

여관현/계기석 (2012), "지방자치단체 마을만들기 조례의 제정 방향 연구", 도시행정학보 제26권 제4호, 한국도시행정학회.

여운경 (2014), "1950년대 인도네시아 지역반란과 화인사회: 국민당계의 몰락을 중심으로", 아태연구 제21권 제1호.

여하윤 (2008), "프랑스 민법상의 법인론: 비영리법인에 관한 논의를 중심으로", 비교사법 15권 4호.

염무웅 (2021), 「한국현대시」, 사무사 책방.

靈巖郡 (2004), 「鳩林大洞契舍復元推進委員會 鳩林大洞契誌」.

예덕상무사 (1851), 「예산임방절목부한성부완문(禮山任房節目附漢城府完文)」.

오동석 (2022), "인류세에서 기본권론", 헌법재판연구 제9권 제1호.

오명석 (2022), "이슬람금융의 쟁점들: 경합하는 이슬람적 대안성의 의미", 오명석 편, 「이자 없는 금융은 가능한가?: 말레이시아와 인도네시아 이슬람 금융의 이론과 현실」, 명인문화사.

오상진 (2015), "교회의 위임목사 청빙 효력을 부정한 교단 총회판결에 대한 사법심사 가부", 대법원판례해설 제101호.

오세혁 (2013), "법의 한계 영역으로서의 가정(家庭)", 법학논문집 제37집 제2호.

오수길 (2020), "공동체 활동 중간지원조직의 지원체계에 관한 연구: 고양시자치공동체지원센터를 중심으로", 한국조직학회보 제16권 제4호.

오시영 (2006), "교회의 분열과 재산 귀속 관계에 대한 고찰", 인권과 정의 통권 361호.

오시영 (2008), "민사소송절차와 교회 내부 징계절차 및 행정쟁송절차의 비교 검토", 민사소송 제12권 제1호.

오시영 (2008b), "지교회와 유지재단의 재산관계에 대한 고찰", 토지법학 제24권 제1호.

오영교 (2003), "조선후기 동계의 구조와 운영 ─ 영월 邀僊契를 중심으로", 조선시대사학보 제24권.

오영준 (2014), "판례변경의 실제", 민사판례연구 제36권.

오정은 (2021), "프랑스 라이시테(Laïcité)의 역설: 종교중립 원칙의 무슬림 차별", 통합유럽연구 제12권 제1집.

오정은 (2022), "프랑스 테러방지법 제정의 의미와 전망", 유럽연구 제40권 제1호.

오정후 (2007), "환경권 침해에 터잡은 가처분 사건의 소송요건", 환경법연구 제29권 제2호.

외교부 (2018), 「프랑스 개황」.

요셉 라칭거 (2003), 「하나님과 세상」, 정종휴 역, 성바오로.

우수명/김태동 (2019), "서울시 25개 자치구의 마을공동체 관련 조례 분석", 사회복지법제연구 제10권 제2호, 사회복지법제학회.

우양호 (2019), "마을공동체의 진화와 젠트리피케이션의 극복 ─ 부산 감천문화마을의 경우 ─", 향도부산 제38호.

원길연/김현숙/권오성/배성의 (2015), "커뮤니티 비즈니스 특성에 관한 연구 ─ 충청남도 두레기업 사례 ─", 농촌지도와 개발 제22권 제4호.

원용수 (2006), "프랑스의 회사법 개정방향과 시사점", 상장협연구 54호.

위계찬 (2016), "독일법상 권리능력 없는 사단", 재산법연구 제33권 제1호.

유룡 (2022), "상공회의소 보조금 25억 … 기업에 퍼주기 논란", 전주MBC 2022.7.28.자

유상준 (2005), 「미국을 움직인 작은 공동체 세이비어교회」, 평단문화사.

유영심/임관혁/구완회 (2014), "관광분야 커뮤니티비즈니스 활성화 전략 ─ 강원도를 중심으로 ─", 관광경영연구 제18권 제4호.

유은미 (2022), "'지구헌장'에 관한 생태학적 연구", 인문과학연구 제45집.

유재욱/이근철/선정훈/김주권 (2011), 「지속가능한 성장을 위한 기업과 사회」, 박영사.

유제민 (2019), "레그테크(RegTech)의 도입과 규제법학의 과제", 경제규제와 법 제12권 제1호.

유진수 (2013), "인천 마을만들기 운동이 걸어갈 길", 황해문화 제80호, 새얼문화재단.

유현정 (2017), "국가사법권의 교회재판에 대한 개입의 한계 검토 — 대법원 2014. 12. 11. 선고 2013다78990 판결 —", 전북판례연구 1.

유호근 (2009), "신자유주의적 세계화 패러다임: 비판적 검토와 대안적 전망", 아태연구 제16권 제1호.

育士道 (2005), 「韓國傳統負褓商論(한국전통보부상론)」, 2005/04/28, http://pasj.egloos.com/1147458.

윤기환 (2019), "일본 대표 마을 만들기 성공사례", 한국농촌경제연구원 연구자료, 한국농촌경제연구원.

윤병섭 (2022), 「중소기업협동조합과 지역사회 연계방안」, KBIZ연구소, 2022.2.18. 등록.

윤보경 (2013), 「어촌공동체의 구조변화와 지속가능성」, 기초학문자료센터 https://www.krm.or.kr/krmts/link.html?dbGubun=SD&m201_id=10039343&res=y

윤성호 (2022), "공동주택관리법상 관리주체에 대한 소고", 인문사회 21 제13권 제1호.

윤주선 (2008), "마을만들기와 지원제도 — 조례 및 지원센터를 중심으로", KRIHS Focus, 국토연구원, 2008. 5., https://library.krihs.re.kr/dl_image/IMG/04//000000018750/SERVICE/000000018750_01.PDF.

윤진수 (2007a), "2006년 주요 민법 관련 판례 회고", 서울대학교 법학 제48권 제1호.

윤진수 (2007b), "법인에 관한 민법개정안의 고찰", 「민법논고 1」, 박영사.

윤진수 (2007c), "변화하는 사회와 종중에 관한 관습", 「민법논고 6」, 박영사.

윤진수 (2008a), "2006년도 주요 민법 관련 판례 회고", 「민법논고 3」, 박영사.

윤진수 (2008b), "사법상의 단체와 헌법", 비교사법 제15권 제4호.

윤진수 (2014), "공동소유에 관한 민법개정안", 민사법학 제68호.

윤진수 (2015a), "사법상의 단체와 헌법", 「민법논고 6」, 박영사.

윤진수 (2015b), "이용훈 대법원의 민법판례", 「민법논고 7」, 박영사.

윤진수 (2020), "독일법상 《판례》의 의미", 「판례의 무게」, 박영사.

윤진수 (2021a), "한국민법학에 대한 서울대학교의 기여", 「민법논고 8」, 박영사.

윤진수 (2021b), "공동소유에 관한 민법 개정안", 「민법논고 8」, 박영사.

윤진수 (2022), "비법인사단의 권리주체성", 민사재판의 제문제 제29권.

윤진수 (2023), "법인 아닌 사단의 권리주체성", 손경한윤진수 편저, 「공동체와 법」

윤철재/김철영 (2012), "주민조직에 의한 마찌즈쿠리 활동의 변천과정과 운영실태에 관한 연구", 대한건축학회 논문집 — 계획계 제28권 제5호, 대한건축학회.

윤철홍 (2008a), "기독교유지재단의 운영현황과 문제점", 민사법학 제43권 제1호.

윤철홍 (2008b), "종교단체의 법인화", 비교사법 제15권 제4호.

윤철홍 (2014), "종교단체의 종교의 자유와 사회적 책임", 시대정신 2014년 겨울호.

윤철홍 (2016), "민법상 합유에 대한 소고", 토지법학 제32권 제2호.

윤해동 (2006), 「지배와 자치 ─ 식민지기 촌락의 삼국연구조」, 역사비평사.

은준관 (2006), 「신학적 교회론」, 한들출판사.

이경희 (2000), "오키나와의 「토오토메」 승계에 관한 일고찰", 법사학연구 제21호.

이계정 (2017), "총유 규정의 개정 여부와 비법인사단의 규율", 민사법학 제78호.

이계찬 (2021), "종교단체 대표자에 관한 분쟁 사례 검토", 「양창수 고희기념논문집」, 박영사.

이관행 (2008), "주민참여예산제도에 관한 연구 ─ 주민참여를 중심으로 ─", 지방자치법연구 제8권 제3호.

이광규 (1990), 「한국의 가족과 종족」, 민음사.

이광남 외 (2010), "일선수협 발전과 연계한 어촌계 선진화 방안 연구", 한국수산회 수산정책연구소.

이규영 (2000), "독일의 동유럽·소련 재외동포정책", 한·독사회과학논총 제10권 제2호.

이규탁 (2018), "방탄소년단: 새로운 세대의 새로운 소통 방식, 그리고 감정노동", 문화과학 제93권.

이근우 (2019), "농어촌 마을 활성화를 위한 일본 지자체 사례", 한국농촌경제연구원 기본연구보고서, 한국농촌경제연구원.

이근호 (2015), "조선후기 潘南 朴氏 西溪 가문의 종중 운영", 장서각 제34호.

이남겸/황일영/최영근/이용탁 (2020), "사회적기업 구성원의 공동체의식이 지속가능성에 미치는 영향", 기술경영 제5권 제2호.

이대호 (2021), "韓 상륙 로블록스 … '게임이냐 아니냐' 논쟁 가열", 이데일리, 2021 7. 25.자.

이덕승 (1994), "종중의 변화에 관한 일고찰", 법사학연구 제15호.

이덕승 (1995), "어촌계의 법적 성질에 관한 재고", 재산법연구 제12권 제1호.

이덕훈 (2013), "중세 일본의 상인의 등장과 樂市樂座". 일본문화학보 제56호, 한국일본문화학회.

이덕훈 (2014), "근세일본의 상인의 발전과 상가경영", 일본문화학보 제61호, 한국일본문화학회.

이동명 (1997), "종중에 대한 법적 규율", 민사판례연구 제19집.

이동준 (2010), "자연의 권리소송, 그 과제와 전망", 부산법조 제27호.

이명호 (2016), "공동체의 위기와 복원에 관한 탐색적 연구 ─ 향촌공동체와 마을공동체를 중심으로 ─", 사회사상과 문화 제19권 제1호.

이민아 (2019), "지역공동체의 행정서비스 제공에 대한 탐색적 연구: 영국의 지역공동체(local council) 사례를 중심으로", 서울행정학회 2019 학술대회 발표논문집.

이병호 (1989), "그리스도교와 공동체", 신학전망 1989년 여름호.

이상선 (2007), 「추락하는 한국교회」, 인물과사상사.

이선희 (2019), "비영리법인 이사의 의무위반에 대한 통제 — 해임과 직무집행정지를 중심으로", 민사법학 통권 제87호.

이수행/최준규/김나리 (2015), "농촌공동체를 살리는 길", 이슈&진단 제187호.

이수행/최준규/서윤정/김인수 (2015), "경기도 농촌공동체 발전 사례 및 활성화 방안 연구", 정책연구, 경기연구원.

이순갑 (2005), "중세 영국 길드의 형성과 바러", 역사와세계 제28·29권 합집, 효원사학회.

이순태 (2015), "연근해어업의 분쟁조정 기능 강화를 위한 법제개선 연구", 한국법제연구원 현안분석 2015 — 13.

이승욱 (2019), "혁신포용성장을 위한 유휴공공시설의 효율적 이용 방안", 국토정책 Brief, 국토연구원.

이승일 (2000), "일제 식민지시기 종중재산과 조선부동산등기령", 사학연구 제61호.

이승철 (2020), "마을 기업가처럼 보기: 도시개발의 공동체적 전환과 공동체의 자본화", 한국문화인류학 제53권 제1호.

이영진 (1998), "종교의 자유의 한계와 정교분에 관한 연구: 미연방대법원판례를 중심으로 한 각국 판례의 비교", 성균관대 박사학위논문.

이영진 (2001), "사법권과 종교단체의 내부분쟁 — 부분사회론의 소개와 종교단체내분에의 사법심사에 관한 각국 판례의 비교 —", 사법논집 제33집.

이영학 (2019), "통감부의 어업 이민 장려와 어업법 제정", 한국학연구 제52집.

이영훈 (2001), "18·19세기 대저리의 신분 구성과 자치 질서", 안병직/이영훈 편, 「맛질의 농민들 — 한국근세촌락생활사 —」, 일조각.

이완근 (2000), "교회분열의 법률관계", 한도 정환담교수 화갑기념 민사법의 실천적 과제.

이왕기/정승현 (2014), "고령사회에 대응한 마을만들기 전략 — 인천지역 마을활동가 설문결과를 중심으로 —". 한국도시설계학회지 도시설계 제15권 제1호.

이왕기/정승현/지남석 (2013), "마을만들기 추진주체의 활동유형 및 특성 도출 — 인천 마을만들기 네트워크 사례를 중심으로 —", 국토지리학회지 제47권 제4호.

이용기 (2007), "19세기 후반 — 20세기 중반 동계와 마을자치: 전남 장흥군 용산면 어서리 사례를 중심으로", 서울대 박사학위논문.

이용기 (2008a), "일제의 동계洞契 조사와 식민주의적 시선", 사림 제31호, 수선사학회.

이용기 (2008b), "19세기 후반 班村 洞契의 기능과 성격 변화＝전남 장흥군 어서리 동계를 중심으로", 史學研究 제91호, 한국사학회.

이용기 (2017), "19세기 동계의 마을자치조직으로 전환에 관한 시론", 사학연구 제128호, 한국사학회.

이우석 (2007), "종중의 '자연발생적 단체설'에 대한 소고", 재산법연구 제24권 제1호.

이우석 (2008), "종중재산의 귀속과 분배에 관한 연구", 재산법연구 제25권 제1호.

이원규 (2002), 「한국교회 무엇이 문제인가?」, 감리교신학대학교출판부.

이원태 외 (2014), 「사이버세상의 새로운 규범체계 정립방안 연구」, 정보통신정책연구원.

이은기 (2017), "묘지·장사행정 규제법제의 개선방안에 관한 소고", 행정법연구 제48호.

이은선/최유경 (2021), "ESG 관련 개념의 정리와 이해", 한국법제연구원 이슈페이퍼 21－19－4.

이은정 (2003), "17세기 이스탄불 길드의 조직과 운영에 대한 시론", 역사교육 제87호.

이일청 (2020), "사회적 가치 정량화: 이슈와 쟁점", 유엔사회개발연구소(UNRISD) 세미나 자료집.

이자성 (2010), "지역활성화를 위한 커뮤니티 비즈니스 모색과 경남의 도입방안", 정책포커스 이슈분석, 경남발전연구원.

이재돈 (2018), "생태문명으로의 전환", 한국환경정책평가연구원 편, 「생태문명 생각하기」, 크레파스북.

이재목 (2011), "연예전속매니지먼트계약의 법적 문제점에 관한 소고 — 미성년 아이돌 가수의 계약 실태를 중심으로 —", 스포츠엔터테인먼트와법 제14권 제4호.

이재삼 (2017), "도시재생법상 도시재생사업에 관련된 문제점 및 효율성제고방안", 토지공법연구, 통권 제79호.

이재성 (1995), "우리나라 舊來의 관습에 의한 종중의 성립시기", 변호사 제25집.

이재완 (2014), "서울시 마을공동체 사업의 주민참여 결정요인에 관한 연구", 지방정부연구 제17권 제4호, 한국지방정부학회.

이재훈 (2017), "전자동화 행정행위에 관한 연구 — 독일 연방행정절차법 제35조의a를 중심으로 —", 성균관법학.

이정용 (2014), "교인들의 교회탈퇴 여부 판단시 고려사항에 관한 소고", 중앙법학 제16집 제2호.

이정욱 (2021), "프랑스 분리주의 방지법 제정에 관한 연구", 인문사회21 12권 2호.

이주흥 (1992), "법인 전론", 곽윤직 편 「민법주해(Ⅰ)」, 박영사.

이준일 (2019), 「인권법 제8판」, 제41장 기업의 사회적 책임과 인권, 홍문사.

이준현 (2016), "총유물의 관리·처분행위에 관한 판례의 검토", 토지법학 제32권 2호.

이준호 (2015), "마을기업 육성 관련 법제 분석", 법제분석지원 연구 15－21－5, 한국법제연구원.

이중기 (2014a), "회사법과 비교한 공익단체법의 역할과 특징－왜 혜택을 부여하고 규제하는가", 법학논총 제31권 제1호.

이중기 (2014b), 「공익신탁과 공익재단의 특징과 규제」, 삼우사.

이진기 (2001), "종중재산의 법리에 관한 판례 이론의 검토", 가족법연구 제15권 2호.

이진영 (2002), "재중동포 관련 쟁점에 대한 대중국 적극적 외교방안", 정인섭 편, 「재외동포법」.

이진영 (2005), "1990년대 중국의 민족 및 소수민족 연구 경향에 대한 연구", 「동북아역사논총」 제6집.

이창민 (2017), "비영리공익법인 운영실태와 지배구조", 제17회 기부문화 심포지엄 '한국의 비영리 누가 움직이나' 발표자료, 아름다운재단.

이창수 (2022), "어촌계의 어업생산 효율성 분석에 관한 연구", 부경대학교 경영학 박사논문.

이창현 (2010), "종중의 자율권과 그 한계", 가족법연구 제24권 제1호.

이철송 (2006), "자본거래와 임원의 형사책임", 인권과 정의 제359호, 대한변호사협회.

이철우 (2008), "주권의 탈영토화와 재영토화: 이중국적의 논리", 한국사회학 제42집 제1호.

이철우 (2010), "다문화주의, 민족주의, 소속의 법제화", 지식의 지평 제8호.

이충상 (2000), "침례교회가 유지재단에게 교회건물을 명의신탁한 것인지 증여한 것인지", 대법원판례해설 제34호, 법원도서관.

이학수 (1998), "판례에 나타난 어촌계", 판례연구 제9집.

이학진/고희정 (2021), "노동이사제 등 이해관계자의 경영참여", BFL 제110호, 서울대학교 금융법센터.

이해준 (1990a), "조선후기 洞契·洞約과 村落共同體組織의 性格", 「조선후기 향약 연구」, 민음사.

이해준 (1990b), "朝鮮時代 香徒와 村契類 村落組織", 성곡논총 제21집.

이해준 (1996), 「조선시기 촌락사회사」, 민족문화사.

이헌창 (1992), "朝鮮末期 褓負商과 褓負商團", 국사관논총 제38집.

이현주 (2015), "마을기업 활성화 방안에 관한 연구", 사회적기업과 정책연구 제4권 제2호, 충북대학교 사회과학연구소.

이호규 (1987), "한국 전통사회에 있어서의 단체적 소유 ― 특히 종중의 경우를 중심으로 ―", 서울대 석사논문.

이호정 (1983), "우리 민법상의 공동소유제도에 대한 약간의 의문", 서울대학교 법학 제24권 제2·3호.

이훈섭 (2005), 「보부상을 아십니까」, 한마음사.

이희숙/정순문 (2021), "공익위원회 설치와 법제개선 방안", 민사법학 통권 제95호.

이희환 (2017), 「새로운 도시운동을 준비하는 인천 동구 배다리마을」, 황해문화.

임경수 (2016), "고령친화성을 고려한 마을만들기 활성화 방안", 도시행정학보 제29권 제4호.

임경수/하태영 (2013), "지속가능한 마을기업의 발전방안에 관한 연구". 사회적기업연구 제6권 제1호, 사회적기업연구원.

임경택 (2012), "일본 지방도시의 상인공동체와 민속 지바현 사와라의 사례를 통해 본 지속과 변화", 한국민속학 제55권, 한국민속학회.

임상혁 (2013), "법인 아닌 사단의 민사법상 지위에 관한 고찰", 법학(서울대) 제54권 제3호.

임선빈 (1993), "조선후기 동계조직과 촌락사회의 변화-공주 浮田大洞契를 중심으로", 동방학지 80권, 연세대학교 국학연구원.

임숙녀 (2017), "집합건물의 관리주체에 관한 소고", 토지공법연구 제79호.

임윤수/최완호 (2014), "도시재생사업의 활성화를 위한 법제 개선방안", 법학연구 제54호.

임재연 (2008), "사실상의 회사 이론에 관한 연구", 성균관법학 제20권 제2호.

임재해 (2011), "산촌마을 공동체의 약화 원인과 지속 요인", 민속연구 제23집, 안동대학교 민속학연구소.

임정수 (2009), 「종중관계 소송실무」, 진원사.

임종권 (2009), "드레퓌스 사건: 프로테스탄트와 가톨릭 교회", 서양사론 제102호.

임종선 (2012), "비법인 사단으로서의 어촌계에 대한 소고", 경희법학 제47권 제3호.

임준홍 (2005), "오사카의 '방재마치즈쿠리'와 주민·NPO활동", 국토, 국토연구원.

임채웅 (2016), "조합 총설", 김용담 편, 「주석민법 채권각칙(제4판)」, 한국사법행정학회.

임희섭 (1994), 「한국의 사회 변동과 가치관」, 나남출판.

장다혜 외 (2017), 「공동체 규범 및 분쟁해결절차와 회복적 사법의 실현방안(Ⅱ): 직장 괴롭힘을 중심으로」, 한국형사정책연구원.

장보은 (2018), "연예인 전속계약에 관한 연구", 민사법학 제84호.

장보은 (2019), "연예인 관련 엔터테인먼트계약의 이해: 출연계약과 전속매니지먼트계약을 중심으로 — 대법원 2019. 1. 17. 선고 2016다256999 판결 —", 법조 제68권 제3호.

장수호 (1980), 「어촌계에 관한 연구」, 태화출판사.

장원봉 (2009), "한국 사회적 기업의 실태와 전망", 동향과 전망 제75호, 한국사회과학연구소.

전대욱 (2016), "[지역공동체 활성화 기본법] 발제 Ⅲ / 지역공동체 활성화 기본법안의 주요 동향과 쟁점사항: 공동체정신 회복 및 생활자치 구현", 월간 주민자치 제61호.

전민영 (2016), "18세기 말~19세기 해촌(海村)의 공동납(共同納) 운영 방식 — 거제(巨濟) 구조라리(舊助羅里) 고문서를 중심으로 —", 고문서연구 제48호.

전민영 (2017), "19세기 巨濟 舊助羅里 마을고문서와 공동생활 방식 — 旅客主人·漁條를 둘러싼 문제를 중심으로 —", 고문서연구 제51호.

전성현 (2002), "日帝初期 '朝鮮商業會議所令'의 制定과 朝鮮人 商業會議所의 解散", 한국사연구 제118호.

전원열 (2022), 「민사소송법강의(제3판)」, 박영사.

전현정 (2000), "LBO와 배임죄 손해를 중심으로 -", BFL 제24호, 서울대학교 금융법센터.

전훈 (2013), "종교적 중립성에 관한 고찰: 프랑스 라이시테(la laïcité)원칙에 관한 꽁세이데타 판례를 중심으로", 법학논고(경북대) 제41집.

전휴재 (2010), "엔터테인먼트 분쟁과 가처분 — 영화, 음반 산업을 중심으로 —", 민사판례연구 제32집.

정갑주 (1993), "가. 단체의 구성원이 단체내부규정의 효력을 다투는 소의 적법여부(부적법), 나. 적법한 별개 청구의 전제문제로서 단체내부규정의 효력유무를 심리할 수 있음을 전제로 하여 그 무효 여부 판단의 기준을 제시한 사례", 대법원판례해설 제19호.

정경영 (2019), "스마트계약에 의한 분산형 자율조직(DAOs)의 회사법제에의 포섭에 관한 시론", 금융법연구 16권 3호.

정광현 (1967), 「한국가족법연구」, 서울대학교출판부.

정귀호 (1985), "종중법에 관하여", 민법학논총(곽윤직 교수 화갑기념).

정극인(丁克仁) (2011), 「(국역) 古縣鄕約」, 안태석/안진회 역, 정읍문화원.

정근식/김준 (1995), "어촌마을의 집단적 지향과 공동체 운영의 변화", 도서문화 제13집, 국립 목포대학교 도서문화연구원.

정긍식 (2002), "종중재산의 법적 문제 — 조선고등법원판결을 중심으로 —", 「한국근대법史攷」, 박영사.

정기석 (2015), "귀농촌인 공동체사업 협동경영체 정책지원 목적의 농촌 유휴시설 지역공유 사회적 경제 자산은행 설립 및 운영 방안 연구", 한국농촌경제연구원 연구자료, 한국농촌경제연구원.

정동윤 편 (2013), 「주석상법 제2권(제4판)」, 한국사법행정학회.

정병호 (2013), "법인 아닌 사단의 재산관계 규율에 관한 입법론적 고찰," 홍익법학 제14권 제1호.

정상우 (2014), "정교분리 원칙의 모델에 관한 비교헌법학적 연구", 헌법학연구 제20권 제1호.

정순우/안승준 (1998), "거제도 구조라리 고문서와 그 성격", 고문서집성 제35책, 한국정신문화연구원.

정승진 (2006), "나주 초동동계의 장기지속과 변화. 1601 – 2001", 대동문화연구 제54호. 성균관대학교 대동문화연구원.

정약용 (1819), 「아언각비(雅言覺非)」

정연경/김태영 (2018), "마을공동체와 사회적경제 통합지원센터 운영과정의 쟁점과 과제", 도시행정학보 제31권 제3호, 한국도시행정학회.

정우성 (2021), [Focus] "메타버스, 눈앞에 펼쳐지는 새로운 세상", 월간 과학과 기술 2021년 7월호.

정인섭 (2003), "유럽의 해외동포 지원입법의 검토 – 한국의 재외동포법 개정논의와 관련하여", 국제법학회논총 제48권 제2호.

정인섭 편 (2002), 「재외동포법」, 사람생각.

정재곤 (2016), "교단과 지교회, 담임목사의 삼면관계", 교회와 법 제3권 제1호.

정재우/이길남 (2016), "국제물품매매계약에 있어서 상관습법(Lex mercatoria)의 발전과 전개, 그리고 향후 과제 ― CISG와 PICC 원칙을 중심으로 ―", 무역학회지 제41권 제5호.

정재희 (2012), "커뮤니티의 관점에서 본 마을만들기", 건축 제56권 제6호, 대한건축협회.

정준영 (2020), "지구공동체의 공동선과 사유재산권의 재구성", 지구와사람 학술위원회 편, 「2020 창립5주년 컨퍼런스: 생명과 공동체의 미래」, 지구와사람.

정준혁 (2021), ESG 와 회사법의 과제, 상시법연구 제40권 제2호.

정지인/박경옥 (2015), "농촌 지역공동체 활성화지역 주민의 공동체특성", 한국주거학회논문집 제26권 제4호.

정진영 (1997), 「조선시대 향촌사회사」, 한길사.

정진영 (2015), "사족과 농민 ― 대립과 갈등, 그리고 상호의존적 호혜관계", 조선시대사학보 제73집.

정진영 (2018), "18세기 일기자료를 통해 본 사노비의 존재형태 ― 백불암 최흥원의 《曆中日記》(1735~1786)를 중심으로 ―", 고문서연구 제53권.

정찬모 외 (2003), 「사이버공동체에서의 규범형성과 유지행태」, 정보통신정책연구원.

정창호/박치성 (2014), "정보화마을 공동체 형성에 관한 연구", 한국지역정보화학회지 제17권 제3호.

정헌목 (2022), "사회적경제와 아파트의 결합: 협동조합형 공공지원 민간임대주택 '위스테이'의 등장과 입주과정", 한국문화인류학 제55권 제1호.

정혜진 (2020), "지구법학과 유엔 그리고 국제시민사회", 「지구를 위한 법학」, 서울대학교출판문화원.

제철웅 (2007), "단체와 법인", 민사법학 제36호.

조동기 (2000), 「온라인공동체의 특성과 사회적 영향」, 정보통신정책연구원.

조르즈 리뻬르 (1996), 「프랑스회사법론」, 정진세 역, 삼지원.

조미옥 (1998), "어촌계의 재산의 귀속관계", 재판실무연구, 광주지방법원.

조성혜 (2021), "사회적기업법제의 현황과 개선과제", 사회법연구 제43호.

조연숙 (2015), "마을공동체의 젠더이슈를 통해 본 사업의 추진실태와 개선방안", 한국정책연구 제15권 제3호.

조용연 (1986), "교회의 분열과 재산의 귀속", 민사판례연구 제8권.

조필규/정종대 (2011), "일본 동경 공동주택의 관리체계 특징 및 시사점 연구", 서울도시연구 제12권 제4호, 서울연구원.

지규철 (2009a), "프랑스헌법에서의 라이시떼(laïcité) 원칙에 관한 고찰", 공법학연구 제10권 제3호.

지규철 (2009b), "프랑스공교육에서의 비종교성과 학생의 종교의 자유: 이슬람스카프논쟁을 중심으로", 고려법학 제54호.

지영준 (2020), "노회 목사 위임과 지교회 신임투표제", 교회와 법 제6권 제2호.

진상욱 (2015), "입주자대표회의의 법적 지위 — 공동주택관리법을 중심으로 —", 토지법학 제31권 제2호.

진희종 (2020), "생태민주주의를 위한 '생태법인' 제도의 필요성". 대동철학 제90호.

차성미/이정형/김지엽 (2014), "지역커뮤니티 활성화 관점에서 아파트단지 커뮤니티 시설의 설치 현황과 한계", 한국도시설계학회지 도시설계 제15권 제2호.

천경훈 (2017), "회사에서의 이익충돌", 저스티스 통권 제159호.

천동희 (2019), 문화산업과 스타매니지먼트에 관한 연구, 경기대학교 대학원 석사학위논문.

최두열 (2017), "이슬람 신탁 와크프에 관한 연구", 중동문제연구 제16권 제4호.

최문기 (2012), "총유에 관한 규정의 입법론", 경성대 사회과학연구 제28집 제4호.

최민용 (2010), "LBO와 손해", 상사법연구 제29권 제2호.

최배형 (2017), "초려향약을 통해본 마을공동체 내 경조사의 예", 차문화·산업학 제37집.

최병덕 (1999), "교회분쟁시 재산관계에 관한 연구", 숭실대학교 법학박사학위논문.

최서원/임성준 (2019), "3세대 K-Pop 아이돌 전략 분석: EXO, 트와이스, 방탄소년단을 중심으로", 산업혁신연구 제35권 제4호.

최선호 (2020), "지구법학과 야생의 법", 강금실 외 편, 「지구를 위한 법학」, 서울대학교출판문화원.

최성환 외 (2017), "경기도 주민참여예산제도의 운영 및 개선방안", 정책연구, 경기연구원.

최수/안다연 (2020), "인구감소 시대 농촌지역의 유휴토지 관리방안", 국토정책 Brief.

최승필 (2020), "공행정에서 AI활용과 행정법적 쟁점", 공법연구 제49집 제2호, 한국공법학회.

최식 (1974), "교회가 분파된 경우의 재산귀속", 사법행정 제14권 제3호.

최일홍/이창호 (2005), "일본의 '마치즈쿠리' 사례와 시사점", 국토, 국토연구원.

최재석 (2015), 「착각에 빠진 한국교회」, 충남대학교 출판문화원.

최재수 (1997), "북유럽 초기의 해운업: 한자동맹과 영국해운", 해운물류연구 제24권.

최정애 (2020). "독일 사회의 공동책임문화가 기업의 사회적 책임에 끼친 영향" 독일언어문학 제90집.

최준규 (2002), "단체 자치와 그 한계", 공동체와 법 포럼 2022년 4월 28일 발표문.

최준규/신원득/최성환/윤소은 (2016), "공동체 및 사회적경제 통합지원 법제화 기초연구", 정책연구, 경기연구원.

최치훈 (2019), "마을어업의 변천에 관한 연구", 한국도서연구 제31권 제4호, 통권 제69호.

추일엽 (2022), "교회 및 종교단체의 자율성과 법원의 판결", 교회와 법 제8권 제2호.

추일엽/서헌제 (2014), "목회자의 법적 지위", 교회와 법 창간호.

沈羲基 (1993), "종중재산분쟁의 원인과 해결방안의 모색(上)", 법사학연구 제14호.

코막 컬리넌 (2016), 「야생의 법」, 박태현 역, 로도스.

크리스찬 아카데미 신학연구회 (1992), 「공동체 신학의 모색」, 전망사.

클라우스 보셀만 (2011), 「법에 갇힌 정치 VS 정치에 갇힌 인간」, 진재운/박선영 역, 도요새.

토마스 베리 (2008), 「위대한 과업」, 이영숙 역, 대화문화아카데미.

토마스 베리 (2013), 「지구의 꿈」, 맹영선 옮김, 대화문화아카데미.

토마스 베리 (2015), 「황혼의 사색」, 메리 에블린 터커 편, 박만 역, 한국기독교연구소.

페르디난트 퇴니스 (2017), 「공동사회와 이익사회」, 곽노완 역, 라움

프리마베라 드 필리피/아론 라이트 (2020), 「코드가 지배하는 세상이 온다」, 박성철 외 역, 미래의 창.

프리초프 카프라/우고 마테이 (2019), 「최후의 전환」, 박태현/김영준 역, 경희대학교 출판문화원.

피터 드러커 (1995), 「비영리단체의 경영」, 현영하 역, 한국경제신문.

피터 브래넌 (2019), 「대멸종 연대기」, 김미선 역, 흐름출판.

하재홍/박미경 (2020), "『윈저의 명랑한 부인들』에 나타난 회복적 정의", 법학연구 제61권 제3호.

하현상 (2017), "마을공동체 기본법의 비교분석과 관련 입법 안의 교훈", 월간 주민자치 제67권.

하현상 외 (2020), 「지역공동체의 현황 진단 연구」, 한국정책학회.

하현상/이기태 (2017), "마을공동체 성과에 대한 영향요인 분석 ─ 중앙정부지원 사업을 중심으로 ─", 한국행정학보 제51권 제2호.

한국민속대백과사전, "종계", https://folkency.nfm.go.kr/kr/topic/detail/410.

한국민족문화대백과사전, "객주조합(客主組合)".

한국민족문화대백과사전, "경성상업회의소(京城商業會議所)".

한국민족문화대백과사전, "대한상공회의소(大韓商工會議所)".

한국민족문화대백과사전, "문중(門中), http://encykorea.aks.ac.kr/Contents/Item/E0019673.

한국민족문화대백과사전, "보부상(褓負商)".

한국민족문화대백과사전, "수산업협동조합(水産業協同組合)".

한국민족문화대백과사전, "어민(漁民)".

한국민족문화대백과사전, "어업(漁業)".

한국민족문화대백과사전, "종계(宗契), http://encykorea.aks.ac.kr/Contents/Item/E0052892.

한국민족문화대백과사전, "향회(鄕會), http://www.iidd222.net ˃ zboard ˃ view.

한국민족문화대백과사전, "혜상공국(惠商公局)".

한국법제연구원 (1992), 「국역 관습조사보고서」.

한국정신문화연구원 (1998), 「고문서집성 35」.

한국종교사회연구소 편 (1991), 「한국의 종교와 종교법: 종교단체의 법인체 등록」, 민족문화사.

한국콘텐츠진흥원 (2021), 「2021년 대중문화예술산업 실태조사 결과보고서」.

한국형사정책연구원 (2019), 「공익재단을 이용한 탈법·불법 유형 및 형사정책적 대응방안」.

한그루/하현상 (2019), "마을공동체 사업의 지속성에 대한 영향요인 분석: 리질리언스 시각을 통한 체계적 접근의 시도", 지방정부연구 제23권 제1호.

한동훈 (2018a), 프랑스 헌법상 정교분리(laïcité)의 원칙, 헌법재판연구원 연구보고서.

한동훈 (2018b), "프랑스 헌법상 정교분리의 원칙: 1905년 교회와 국가의 분리에 관한 법률을 중심으로", 가천법학 제11권 제1호.

한미화/나은경 (2022), "팬덤의 소셜 미디어 이용 양태에 따른 아이돌 세대별 팬덤 문화의 변화", 한국콘텐츠학회 논문지 제22권 제2호.

한삼인 (2007), "종중에 관한 판례분석", 인권과 정의 제369호.

한수웅 (2021), 「헌법학(제11판)」, 법문사.

한스 큉 (2007), 「교회」, 정지련 역, 한들출판사.

한승욱 (2001), "마을기업, 지역공동체 회복의 희망", BDI 정책포커스(105), 부산발전연구원.

한연오 (2019), "커뮤니티 비즈니스 실현을 위한 타운매니지먼트 전략", 한국도시계획가협회.

한준수 (2018), 香徒를 통해서 본 신라 中·下代 지방사회의 변동, 한국학논총, 국민대학교 한국학연구소.

한중원 (1991), "재단법인에 명의신탁하여 그 기본재산으로 편입된 재산에 관하여 주무장관의 허가 없이 신탁해지만으로 반환을 구할 수 있는지 여부", 대법원판례해설 제15호.

해양수산부 (2019), "바닷가에서 종종 볼 수 있는 어촌계란?", 2019. 8. 13. 20:00게재, https://m.blog.naver.com/PostView.naver?isHttpsRedirect=true&blogId=koreamof&logNo=221614970884.

행정안전부 (2007), 「지역공동체 이해와 활성화(교재)」, 2017. 12.

허규 외 (1973), "종중·종중재산에 관한 제고찰", 사법논집 제4권.

허상수 (2007), "도롱뇽의 당사자능력과 환경소송 – 대법원 2006.6.2.자 2004마1148, 1149. 결정", 판례연구 제18집.

허수정 (2021), "이사회 다양성의 법률문제 – 미국 캘리포니아주 회사법 및 개정 자본시장법을 중심으로", BFL 제110호, 서울대학교 금융법센터.

허영 (2019), 「한국헌법론(전정15판)」, 박영사.

허영 (2020), 「한국헌법론(전정16판)」, 박영사.

헨리 한스만 (2017), 「기업소유권의 진화」, 박주희 역, 한국협동조합연구소·북돋움.

홍광식 (1991), "불교회의 분열과 재산귀속", 부산판례연구회 판례연구 제1집.

홍기태 (2007), "교인들의 탈퇴에 따른 교회재산의 귀속관계", 민사판례연구 제29권.

홍성규 (2004), "Lex Mercatoria로서 국제상사계약에 관한 UNIDROIT원칙의 역할", 무역학회지 제29권 제4호.

洪性讚 (2007), "해방 직후 '商務社'의 재건과 정치세력", 한국근현대사연구 제43집.

홍수정 (2016), "이웃분쟁 해결을 위한 공동체 조정(community mediation)의 가능성에 관한 연구", 공존협력연구 제2권 제1호.

홍윤선 외 (2016), 「공동주택인 집합건물에 관한 법적 규율의 통합 방안」, 한국법학원 연구보고서.

홍태영 (2017), "민족적 민주주의의 위기 그리고 새로운 공동체의 계기들", 서강대학교 현대정치연구, 제10권 제1호.

황규학 (2013), "목사를 어떻게 해임할 수 있나?", 통합기독공보, http://www.lawnchurch. com/sub_read.html?uid=3661.

황규학 (2014a), "교단의 권징재판과 사회법정의 권징재판", 교회와 법 창간호.

황규학 (2014b), "교회분열시 재산귀속에 대한 한미 비교연구", 강원대학교 법학박사학위논문.

황선영/김순은 (2017), "도시 지역공동체 활성화 과정에서 지역사회 주민조직의 역할", 한국지방자치학회보 제29권 제2호.

황승흠/박민/이동기 (2016a), 「대중문화예술기획업자 준수사항 I」, 한국콘텐츠 진흥원.

황승흠/박민/이동기 (2016b) 「대중문화예술기획업자 준수사항 II」, 한국콘텐츠 진흥원.

황우여 (1982a), "국가와 교회: 독일을 중심으로", 서울대 박사학위논문.

황우여 (1982b), "국가의 법과 교회의 재판", 사법논집 제13집.

황태윤 (2014), "재개발,재건축조합 설립절차와 정비사업조합법인의 법적성질에 대한 연구", 법학논집 제19권 제2호, 이화여자대학교 법학연구소.

황희숙 (2016), "생명공동체와 공동선", 철학논집 제47집.

후카야 가쓰미(深谷克己) (2017), 「백성성립(百姓成立): 일본 근세 농민의 위상과 농가 경영」, 배항섭·박화진 역, 성균관대학교출판부.

박종인(2016), "교회법은 누가 만들었나?", 카톨릭뉴스 지금여기, 2016. 7. 7., http://www. catholicnews.co.kr/news/articleView.html?idxno=16661(2023.5.2. 방문).

[구미문헌]

A. Quan-Hasse/A. L. Young (2010), "Uses and Gratifications of Social Media: A Comparison of Facebook and Instant Messaging", Bulletin of Science, Technology & Society 30.

AbulHasan Sadeq (2002), "Waqf, Perpetual Charity and Poverty Alleviation", International Journal of Social Economics 29(1/2).

Adam Epstein (2005), Entertainment Law, Person Prentice Hall.

Adolf. A. Berle, Jr. (1932), "For Whom Corporate Managers Are Trustees: A Note," Harvard Law Review 45.

Adolph A. Berle/Gardiner C. Means (1932), "The Modern Corporation and Private Property".

Adrien Dansette (1965), Histoire religieuse de la France contemporaine: L'Eglise catholique dans la mêlée politique et sociale, Edition revue et corrigée.

Agata Górny/Dorota Pudzianowska (2009), "Same Letter, New Spirit: Nationality Regulations and Their Implementation in Poland", in Rainer Bauböck/Bernhard Perchnig/Wiebke Sievers eds., Citizenship Policies in the New Europe, expanded and updated edition, Amsterdam: Amsterdam University Press.

Aharon Layish (1997), "The Family Waqf and Shari Law of Succession in Modern Times", Islamic Law and Society 4(3).

Alan Gamlen (2008), "The Emigration State and the Modern Geopolitical Imagination", Political Geography 27.

Alan Watson (2009), The Digest of Justinian, Volume 1, University of Pennsylvania Press.

Amitai Etzioni (1996), The Responsive Community: A Communitarian Perspective, American Sociological Review.

Amy Singer (2008), Charity in Islamic Societies, Cambridge: Cambridge University Press.

Andrea Udrea (2014), "A Kin−State's Responsibility: Cultural Identity, Recognition, and the Hungarian Status Law", Ethnicities 14(2).

Andreas VOßKUHLE (2018), "Rechtsstaat und Demokratie", NJW 3154.

Ann Van Wynen Thomas (1949), "Note on the Origin of Uses and Trusts: Waqfs", Southwestern Law Journal 3(2).

Annette Weiner (1992), Inalienable Possessions, Berkeley: University of California Press.

Anthony D. Smith (1986), The Ethnic Origins of Nations, Oxford: Blackwell.

Anthony D. Smith (1996), "Anthony D. Smith's Opening Statement (to The Nation: Real or Imagined: The Warwick Debates on Nationalism", Nations and Nationalism 2(3).

Anthony R. Zelle/Grant Wilson/Rachelle Adam/Herman F. Greene (2021), Earth Law, Wolters Kluwer.

APC (2002), APC INTERNET RIGHTS CHARTER, http://www.apc.org/en/system/files/APC_charter_EN_0.pdf.

Arie van Steensel (2016), "Guilds and Politics in Medieval Urban Europe−Towards a

Comparative Institutional Analysis, Craftsmen and Guilds in the Medieval and Early Modern Periods".

Arthur Mitzman (1971), "Tönnies and German Society, 1887−1914: From Cultural Pessimism to Celebration of the Volksgemeinschaft", Journal of the History of Ideas 32(4).

Ayelet Shachar (2000), "Citizenship and Membership in the Israeli Polity", in T. Alexander Aleinikoff and Douglas Klusmeyer eds., From Migrants to Citizens, Washington DC: Carnegie Endowment for International Peace.

Ayse S. Caglar (2004), "'Citizenship Light': Transnational Ties, Multiple Rules of Membership, and the 'Pink Card", in Jonathan Friedman/Shalini Randeria eds., Worlds on the Move: Globalisation, Migration and Cultural Security, New York: I. B. Tauris.

Bahaeddin Yediyildiz (1984), "XVII. Asir Türk Vakiflarinin Iktisadî Boyutu", 18 Vakiflar Dergisi 5−42.

Bahaeddin Yediyildiz (1990), "Institution du Vaqf au XVIIIe Siècle en Turquie", Ankara: Éditions Ministère de la Culture.

Barry Wellman (1988), "The Community Question Re−evaluated", in Michael Peter Smith eds., "Power, Community and the City", New Brunswick, NJ: Transaction Books.

Barry Wellman (1993), "An Egocentric Network Tale", Social Networks 17(2).

Barry Wellman (1994), "I was a Teenage Network Analyst: The Route from The Bronx to the Information Highway", Connections 1994 17(2).

Barry Wellman (1999), "Networks in the global village: life in contemporary communities", 1st Edition, Routledge.

Barry Wellman/Milena Gulia (1999), "Net Surfers Don't Ride Alone: Virtual Communities as Communities", in Peter Kollock/Marc Smith eds., Communities and Cyberspace, New York: Routledge.

Benedict Anderson (1998), "Immagined Communities: Reflections on the Origin and Spread of Nationalism, rev. ed.", London: Verso.

Bernhard Reichert (2005), Handbuch Vereins− und Verbandsrecht, 10. Aufl., München.

Berthold Goldman (1986), 'The Applicable Law: General Principles of Law−the Lex Mercatoria', in JDM Lew eds., Contemporary Problems in International Arbitration, Centre for Commercial Law Studies Queen Mary College, London.

Bilal Dewansyah (2019), "Indonesian Diaspora Movement and Citizenship Law Reform:

Towards 'Semi−Dual Citizenship", Diaspora Studies 12(1).

BNM(Bank Negara Malaysia) (2022), "Financial Sector Blueprint 2022−2026".

Board Source (2017), Leading with Intent, 2017 National Index of Nonprofit Board Practice.

Boris Kolev (2008), Lex sportiva and Lex Mercatoria, The International Sports Law Journal Issue 1−2.

Brigitte Basdevant−Gaudemet (2008), État et Églises en France, in Gerhard Robbers (Hrsg.), Staat und Kirche in der Europäischen Union.

Bronwen Manby (2016), Citizenship Law in Africa: A Comparative Study, 3rd edition, New York: Open Society Foundations.

Brubaker et al. (2006), Nationalist Politics and Everyday Ethnicity in a Transylvanian Town, Princeton: Princeton University Press.

C. Choi et al. (2021), "Model Law for Decentralized Autonomous Organizations(DAOS)", Coalition of Automated Legal Applications.

C. J. Bonk/R.A. Wisher/M.L. Nigrelli (2004), Chapter 12. Learning Communities, Communities of practices: principles, technologies and examples in Littlton, Karen, Learning to Collaborate. Nova.

C. P. Loomis (1988), Community and Society, Routledge.

Camila Bustos/Whitney Richardson (2021), "Nature's Rights in Colombia: An Emerging Jurisprudence", Earth Law.

Carsten Schäfer et al. (2020), Münchener Kommentar zum BGB(8. Aufl.), C. H. Beck.

Ceres (2019), "Running the Risk: How Corporate Boards Can Oversee Environmental, Social and Governance (ESG) Issues", https://www.ceres.org/resources/reports/run−ning−risk−how−corporate−boards−can−oversee−environmental−social−and−governance.

Cheri A. Budzynski (2006), "Can a Feminist Approach to Corporate Social Responsibility Break Down the Barriers of the Shareholder Primacy Doctrine?", 38 University of Toledo Law Review 435.

Christian Joppke (2005), Selecting by Origin: Ethnic Migration in the Liberal State, Cambridge MA: Harvard University Press.

Christian Rumpf (2003), "Citizenship and Multiple Citizenship in Turkish Law", in David A. Martin/Kay Hailbronner eds., Rights and Duties of Dual Nationals: Evolution and Prospects, The Hague: Kluwer Law International.

Chstopher Dyer (1985), "Power and Conflict in the Medieval English Village", in D. Hooke eds., Medieval Villages: A Review of Current Work, Oxford.

Christopher Dyer (1994), "The English Medieval Village Community and Its Decline", Journal of British Studies 33(4).

Christopher Dyer (2000), "Chapter 1. Power and Conflict in the Medieval English Village", Everyday Life in Medieval England, Bloomsbury Academic.

Chulwoo Lee (2010), "South Korea: The Transformation of Citizenship and the State−Nation Nexus", Journal of Contemporary Asia 40(2).

Chulwoo Lee (2012), "How Can You Say You're Korean? Law, Governmentality and National Membership in South Korea", Citizenship Studies 16(1).

Cl´ement Lesaege et al. (2019), Kleros Short Paper v1.0.7, September 2019.

Clair Sutherland (2012), "Introduction: Nation−Building in China and Vietnam", East Asia 29(1).

Claude−Albert Colliard/Roseline Letteron (2005), Libertés publiques, 8e éd., Dalloz.

Colin Mayer (2020), "Are corporate purpose statements 'verbiage'?", IESE−ECGI Conference, October 28, 2020.

Commission d'enquête sur les sectes (1996), Les sectes en France, Journaux officiels.

Commission of the European Communities (2001), "Green Paper: Promoting a European framework for Corporate Social Responsibility" (DOC01/9).

Conseil d'Etat (2003), Un siècle de laïcité − Rapport public 2004, Collection Les etudes du Conseil d'Etat.

Constantino Xavier (2011), "Experimenting with Diasporic Incorporation: The Overseas Citizenship of India", Nationalism and Ethnic Politics 17(1).

Costica Dumbrava (2014), Nationality, Citizenship and Ethno−Cultural Belonging: Preferential Membership Policies in Europe, Basingstoke: Palgrave Macmillan.

Csongor Istvan Nagy (2007), "The Moral of the Hungarian Status Law Saga", Acta Juridica 48(3).

Cynthia Clark Northrup (2015), "Hanseatic League", Encyclopedia of World Trade: From Ancient Times to the Present. Vol. 2 (Reprint ed.), London: Routledge.

D. Bonhoeffer (1988), Widerstand und Ergebung, hg. v. C. Gremmels usw. in Zusammenarbeit mit I. Toedt, DBW 8.

D. Waisanen (2010), "Facebook, Diasporic−Virtual Publics, and Networked Argumentation", Conference Proceedings−National Communication Association/American Forensic Association (Alta Conference on Argumentation).

884

Daniel Crecelius (1986), "Incidences of Waqf Cases in Three Cairo Courts: 1640–1802", Journal of the Economic and Social History of the Orient 29(2).

Daniel Crecelius (1991), "The Waqf of Muhammad Bey Abu al–Dhahab in Historical Perspective", Journal of Near Eastern Studies 23(1).

Daniel P. Corrigan/Markku Oksanen (2021), Rights of Nature, Routledge.

Danny Miller/Isabelle Le Breton–Miller (2005), "Managing for the Long Run: Lessons in Competitive Advantage from Great Family Business", https://www.academia.e–du/15553324/Managing_for_the_Long_Run_Lessons_in_Competitive_Advantage_from _Great_Family_Businesses.

Dave Roos (2010), "HowStuffWorks: How Chat Rooms Work", https://computer. howstuffworks.com/internet/social–networking/information/chat–room.htm.

David Émile Durkheim (1893), The Division of Labour in Society(De la Division du Travail Social), doctoral dissertation.

David Law (2016), "Constitutional Archetypes", Texas Law Review 95(2).

David Millon (1995), "Communitarianism in Corporate Law: Foundation and Law Reform Strategies", in Lawence E. Mitchell eds., Progressive Corporate Law.

David Powers (1989), "Orientalism, Colonialism, and Legal History: The Attack on Muslim Family Endowments in Algeria and India", Comparative Studies in Society and History 31(3).

David R. Johnson/David G. Post (1996), "Law and Borders–The Rise of Law in Cyberspace", 48 Stanford Law Review 1367.

Davis Ellis/R. Oldridge/A. Vasconcelos (2004), "A Community and virtual community", in B. Cronin eds., Annual Review of Information and Science and Technology 38(1).

Dejan Valentinčič (2014), "Slovenia's Attitude Towards Slovenian Minorities in Neighbouring Countries", European Perspectives 6(2).

Deutscher Bundestag (2021), Entwurf eines Gesetzes zur Modernisierung des Personengesellschaftsrechts(Personengesellschaftsrechtsmodernisierungsgesetz – MoPeG), BT–Drucksache 19/27635.

Dieter Eikemeier (1980), Documents from Changjwa–ri: a further approach to the analysis of Korean villages, Wiesbaden Otto Harrassowitz.

Dominique Schnapper (2018), Community of Citizens: On the Modern Idea of Nationality, Routledge.

Donald J. Weidner/John W. Larson (1993), "The Revised Uniform Partnership Act: The

Reporters' Overview", 49 Bus. LAW. 1, 3.

E. Merrick Dodd, Jr. (1932), "For Whom Are Corporate Managers Trustees?," Harvard Law Review 45(7).

Édité par France (1985), Ministère de l'intérieur et de la décentralisation, Cultes et associa-tions cultuelles, congrégations et collectivités religieuses, Journaux officiels.

Edward B. Rock (2020), "For Whom is the Corporation Managed in 2020?: The Debate Over Corporate Purpose", European Corporate Governance Institute — Law Working Paper No. 515/2020.

Edwin R. A. Seligman (1887), Two Chapters on the Mediaeval Guilds of England, Publications of the American Economic Association 2(5), Stable URL: https://www.jstor.org/stable/2696715.

Elizabeth S. Miller (2012), "Doctoring the Law of Nonprofit Associations with a Band-Aid or a Body Cast: A Look at the 1996 and 2008 Uniform Unincorporated Nonprofit Association Acts", William Mitchell Law Review 38(2).

Elvin Gjevori (2018), "Kin State Non-Interventionism: Albania and Regional Stability in the Western Balkans", Nations and Nationalism 24(1).

Enikő Horváth (2008), Mandating Identity: Citizenship, Kinship Laws and Plural Nationality in the European Union, Alphen aam den Rijn: Kluwer Law International.

Eric J. Hobsbawm (1992), "Nations and Nationalism since 1780: Programme, Myth, Reality, 2nd. ed.", Cambridge: Cambridge University Press.

Ernest Gellner (1996), "Ernest Gellner's Reply: 'Do Nations Have Navels?", Nations and Nationalism 2(3).

Ernest Renan (1882), Qu'est-ce qu'une nation?, Conférance prononcée le 11 mars 1882, http://classiques.uqac.ca/classiques/renan_ernest/qu_est_ce_une_nation/re-nan_quest_ce_une_nation.pdf.

Ernst & Young (2020), How will ESG performance shape your future?, https://assets.ey.com/content/dam/ey-sites/ey-com/en_gl/topics/assurance/assurance-pdfs/ey-global-institutional-investor-survey-2020.pdf.

Ernst A. Kramer (2019), Juristische Methodenlehre(6. Aufl.), Verlag. Stämpfli. Bern.

European Commission (2008), "Croatia 2008 Progress Report", SEC(2008)2694, 5 November 2008.

European Commission (2013), "Monitoring Report on Croatia's Accession Preparations", COM(2013)171, 26 March 2013.

Fahmi Medias/Eko Kurniasih Pratiwi/Khotibul Umam (2019), "Waqf Development in Indonesia: Challenges Faced by Muhammadiyah Waqf Institutions", Economica: Jurnal Ekonomi Islam 10(2).

Felicita Medved (2009), "From Civic to Ethnic Community? The Evolution of Slovenian Citizenship", in Bauböck et al. eds., Citizenship Policies in the New Europe, Amsterdam University Press.

Ferdinand Tönnies (1887), Gemeinschaft und Gesellschaft, Abhandlung des Communismus und des Socialismus empirischer Culturformen, Leipzig: Fues's Verlag (R Reisland).

Ferdinand Tönnies (2001), Community and Civil Society, Jose Harris eds., Jose Harris/Margaret Hollis trans., Cambridge: Cambridge University Press.

France: ESG Reporting(2021), https://www.mondaq.com/france/diversity−equity−in−clusion/1109202/esg−reporting.

Francis Messner (2003), Pierre−Henri Prélot, Jean−Marie Woehrling éds., Traité de droit français des religions, Litec.

Frank Biermann/Eva Lövbrand (2019), Anthropocene Encounters, Cambridge Unversity Press.

Frank Weinreich (1997), "Establishing a Point of View Towards Virtual Communities", CMC Magazine, https://www.december.com/cmc/mag/1997/feb/weinon.html.

Frederic Seebohm (1905), The English Village Community, LONGMANS, GREEN, & CO.

Gary Richardson (2008), "Medieval Guilds". EH.Net Encyclopedia, edited by Robert Whaples, URL http://eh.net/encyclopedia/medieval−guilds/.

George A. Hillery, Jr. (1995), Definitions of Community: Areas of Agreement, Rural Sociology 20.

George Caspar Homans (1975), English Villagers of the Thirteenth Century, WW Norton & Co.

Giulia Sajeva (2021), "Environmentally Conditioned Human Rights. A Good Idea?", in Daniel P. Corrigan/Markku Oksanen eds., Rights of Nature, Routledge.

Glossary/Niall Bond (2009), "'Gemeinschaft und Gesellschaft': The Reception of a Conceptual Dichotomy", Contributions to the History of Concepts 5(2).

Greath W. Icenogle (1994), Biblical Foundations for Small Group Ministry.

Gregor Bachmann (2021), "Das Gesetz zur Modernisierung des Personengesellschaftsrechts", NJW.

Gregory Kozlowski (1995), "Imperial Authority, Benefactions and Endowments(Awqaf) in

Mughal India", Journal of the Economic and Social History of the Orient 38(3).

Guido Ferrarini (2020), "Corporate Purpose and Sustainability",European Corporate Governance Institute Law Working Paper, https://ecgi.global/sites/default/files/working_papers/documents/ferrarinifinal.pdf.

Halim Gerber (1983), "The Waqf Instituion in Early Ottoman Edirne", Asian African Studies 17.

Hans Kohn (1994), "Western and Eastern Nationalisms", in John Hutchinson/Anthony D. Smith eds., Nationalism, Oxford: Oxford University Press.

Harm Peter Westermann (2001), "Erste Folgerungen aus der Anerkennung der Rechtsfähigkeit der BGB−Gesellschaft", NZG.

Harris Mylonas (2012), "The Politics of Nation−Building: Making Co−Nationals, Refugees, and Minorities", Cambridge: Cambridge University Press.

Harris Mylonas/Marko Žilovic (2019), "Foreign Policy Priorities and Ethnic Return Migration Policies: Group−Level Variation in Greece and Serbia", Journal of Ethnic and Migration Studies 45(4).

Harumi Befu (1965), "Village Autonomy and Articulation with the State: The Case of Tokugawa Japan", The Journal of Asian Studies 25(1).

Heather Douglas (2010), "Types of Community", International Encyclopedia of Civil Society, Springer 539.

Henry H. Perritt, Jr. (1997a), "Cyberspace and State Sovereignty", 3 J. Int'L Legal Stud. 155.

Henry H. Perritt, Jr. (1997b), "Cyberspace Self−Government: Town−Hall Democracy or Rediscovered Royalism?", 12 Berkeley Tech. L. J. 413.

Henry H. Perritt, Jr. (1998), "The Internet as a Threat to Sovereignty? Thoughts on the Internet's Role in Strengthening National and Global Governance", 5 Ind. J. Glob. Leg. Stud. 423.

Henry Hansmann (2010), "The Economics of Non−profit Organizations", in Klaus Hopt/Thomas Hippel eds., Comparative Corporate Governance of Non−profit Organizations, Cambridge.

Henry Hansmann/Reinier Kraakman (2004),"The End of History for Corporate Law", in Jeffrey N. Gordon/Mark J. Roe eds., Convergence and Persistence in Corporate Governance.

Herman Greene (2021), "Ecocentric Governance: The New Ecological Social Contract", Earth Law.

Herman Ooms (1996), "Tokugawa Village Practice: Class, Status, Power, Law", University of California Press.

Hidayatul Ihsan/Shahul Hameed Mohamed Ibrahim (2011), "Waqf Accounting and Management in Indonesian Waqf Instituions: The Case of Two Waqf Foundations", Humanomics 27(4).

High Level Committee on the Indian Diaspora (2001), "Interim Report on the Persons of Indian Origin Card (PIO Card) Scheme", Chapter 24 of Report of the High Level Committee of the Indian Diaspora, Delhi: Indian Council of World Affairs, http://indiandiaspora.nic.in/diasporapdf/chapter24.pdf.

Hisham Marwah/Anja Bolz (2009), "Waqfs and Trusts: A Comparative Study", Trusts & Trustees 15(10).

Holger Altmeppen (2020), "Kritischer Zwischenruf zum „Mauracher Entwurf"", NZG.

Holger Fleischer (2021), "Ein Rundgang durch den Regierungsentwurf eines Gesetzes zur Modernisierung des Personengesellschaftsrecht", DStR.

Holger Fleischer/Nadja Danninger (2016), "Der Sorgfaltsmaßstab in der Personengesellschaft (§708 BGB)", NZG.

Howard Rheingold (2006), "Social Networks and the Nature of Communities", Networked Neighbourhoods.

Hye−Kyung Lee (2010), "Preference for Co−ethnic Groups in Korean Immigration Policy: A Case of Ethnic Nationalism?", Korea Observer 41(4).

I.T Hardy (1994), "The Proper Legal Regime For Cyberspace", 55 U. Pitt. L. Rev. 993.

Internet Rights & Principles Coalition, https://internetrightsandprinciples.org/.

J. Michael Angstadt/Marion Hourdequin (2021), "Taking Stock of the Rights of Nature", in Daniel P. Corrigan/Markku Oksanen eds., Rights of Nature, Routledge.

Jaeeun Kim (2009), "The Making and Unmaking of a 'Transborder Nation': South Korea during and after the Cold War", Theory and Society 38(1).

Jaeeun Kim (2011), "Establishing Identity: Documents, Performance, and Biometric Information in Immigration Proceedings", Law & Social Inquiry 36(3).

Jaeeun Kim (2016), Contested Embrace: Transborder Membership Politics in Twentieth−Century Korea, Stanford: Stanford University Press.

James Fishman (2007), Faithless Fiduciaries and the Quest for Charitable Accountability 1200−2005, Carolina Academic Press.

James Metzger (2019), "The Current Landscape of Blockchain−Based, Crowdsourced

Arbitration", Macquarie Law Journal 19.

Jean Morange (1977), La liberté d'association en droit public français. Revue internationale de droit comparé 31(3).

Jean Morange (2013), Le "mystère" de la laïcité française, Revue du droit public et de la science politique en France et a l'etranger, N° 3.

Jean−Pierre Machelon (2006), Les relations des cultes avec les pouvoirs publics, La doc−umentation française.

Jeanyoung Lee (2001), "Korean Minority in China: The Policy of the Chinese Communist Party and the Question of Korean Identity", Review of Korean Studies 4(2).

Jeffrey B. Hassler (2008), "A Multitude of Sins − Constitutional Standards for Legal Resolution of Church Property Disputes in a Time of Escalating Intradenominational Strife, Pepp. L. Rev. (35)2.

Jelena Džankić (2012), "Country Report: Montenegro", EUDO Citizenship Observatory SCAS/EUDO−CIT−CR 2012/05, Fiesole: Robert Schumann Centre for Advanced Studies, European University Institute.

Jelena Vasiljević (2012), "Imagining and Managing the Nation: Tracing Citizenship Policies in Serbia", Citizenship Studies 16(3−4).

Jens Dammann/Horst Eidenmueller (2020), "Codetermination: A Poor Fit for Us Corporations", European Corporate Governance Institute−Law Working Paper no. 509.

Jim Lee (2004), "The effects of Family Ownership and Management on Firm", Society for the Advancement Journal 69(4).

Joëlle Herschtel (2021), ESG Trending Topics − France, https://www.jdsupra.com/legal−news/esg−trending−topics−france−8510375/.

John D. Skrentny/Stephanie Chan/Jon Fox/Denis Kim (2007), "Defining Nations in Asia and Europe: A Comparative Analysis of Ethnic Return Migration Policy", International Migration Review 41(4).

Jon Mandaville (1979), "Usurious Piety: The Cash Waqf Controversy in the Ottoman Empire", International Journal of Middle East Studies 10.

Jonathan Strickland (2007), HowStuffWorks: How Facebook Works, https://computer.howstuffworks.com/internet/social−networking/networks/facebook.htm.

Jorge A. Vargas (1998), "Dual Nationality for Mexicans", San Diego Law Review 35.

Journaux officiels (2006), Guide des associations, La documentation française.

Judd F. Sneirson (2007), "Doing Well by Doing Good: Leveraging Due Care for Better, More Socially Responsible Corporate Decision Making", The Corporate Governance Law Review 3.

Judit Tóth (2000), "Legal Regulations Regarding Hungarian Diaspora", Regio— Minorities, Politics, Society — English Edition.

Judit Tóth (2003), "Connections of Kin—minorities to the Kin—state in the Extended Schengen Zone", European Journal of Migration and Law 5.

Juhe E. Gorman (1984), Community That Is Chritian, Illinois: Victor Book.

Julio Prieto Méndez/Hugo Echeverria (2021), "Ecuador" in Anthony R. Zelle et al Eds., Earth Law: Emerging Ecocentric Law—A Guide for Practitioners, Wolters Kluwer, New York.

Jürgen Habermas (1996), "The European State. Its Achievements and Its Limitations. On the Past and Future of Sovereignty and Citizenship", Ratio Juris 9(2).

Kaiping Zhang (2008), Federation of International Trade Associations, World Wide Web Reviews, Published online: 22 Sep 2008.

Karl Engisch (1952), "Der rechtsfreie Raum", ZgS 108.

Karl Marx (1965), Pre—Capitalist Economic Formations, New York: International Publishers.

Karsten Schmidt (1983), "Gesellschaft bürgerlichen Rechts", in Bundesministerium der Justiz, Gutachten und Vorschläge zur Überarbeitung des Schuldrechts, Bundesanzeiger.

Karsten Schmidt (2001), "Die BGB—Außengesellschaft: rechts— und parteifähig", NJW.

Karsten Schmidt (2002), Gesellschaftsrecht(4. Aufl.), Carl Heymanns Verlag.

Karsten Schmidt et al. (2022), Münchener Kommentar zum HGB(5. Aufl.), C. H. Beck.

Katherine Fischer Drew (1991), The Laws of the Salian Franks, University of Pennsylvania Press.

Kent Greenawalt (1998), "Hands Off— Civil Court Involvement in Conflicts over Religious Property", 98 Colum. L. Rev.

Klaus J. Hopt/Thomas Von Hippel eds. (2010), Comparative Corporate Governance of Non—profit Organizations, Cambridge.

Lars Leuschner et al. (2018), Münchener Kommentar zum BGB(8. Aufl.).

Lawrence Lessig (1999), Code and Other Laws of Cyberspace, Basic Books.

Léon Duguit (1925), Traité de droit constitutionnel. 2e édition, Tome 5.

Li Buyun/Wu Yuzhang (1999), "The Concept of Citizenship in the People's Republic of

China", in Alasdair Davidson/Kathleen Weekley eds., Globalization and Citizenship in the Asia−Pacific, Basingstoke: Macmillan.

Liana Vardi (1998), "The abolition of the guilds during the French Revolution," French Historical Studies 15(4).

Liav Orgad (2018), "Cloud Communities: The Dawn of Global Citizenship?", In R. Bauböck eds., Debating Transformations of National Citizenship, IMISCOE Research Series, Springer, Cham.

Lisa Fisher (2017), "Community" as a Reference for American Minority Groups: A Theory of Unintended Negative Consequences, Open Journal of Social Sciences 5.

Lisa Horner (2010), Charter of Human Rights and Principles for the Internet: Version 1.1, http://www.freedomofexpression.org.uk/files/DRAFTVersion1.1%283%29.pdf.

Luigi Zingales(2020), "Are corporate purpose statements 'verbiage'?", IESE−ECGI Conference.

Luis Cuende/Jorge Izquierdo (2017), Aragon Network: A Decentralized Infrastructure for Value Exchange, (White Paper Version 1.1, April 20th, 2017).

M. M. Postan (1972), The medieval economy and society: An Economic History of Britain, University of California Press.

Magda Ismail Abdel Mohsin (2014), Corporate Waqf: From Principle to Practice, Kuala Lumpur: Pearson Malaysia.

Marc Morjé Howard (2009), The Politics of Citizenship in Europe, Cambridge: Cambridge University Press.

Margaret Stacey (1969), "The Myth of Community Studies", The British Journal of Sociology 20(2).

Mária M. Kovács/Judit Tóth (2007), "Kin−State Responsibility and Ethnic Citizenship: The Hungarian Case", in Bauböck et. al. eds., Citizenship Policies in the New Europe.

Mária M. Kovács/Judit Tóth (2013), "Country Report: Hungary", EUDO Citizenship Observatory RSCAS−CIT−CR 2013/18, Fiesole: Robert Schumann Centre for Advanced Studies, European University Institute.

Mark Sidel (2009), The Constitution of Vietnam: A Contextual Analysis, Oxford: Hart Publishing.

Martin Lipton (2016), "New Paradigm: A Roadmap for an Implicit Corporate Governance Partnership Between Corporations and Investors to Achieve Sustainable Long−Term Investment and Growth," International Business Council of the World Economic

Forum.

Martin Schöpflin (2003), Der nichtrechtsfähige Verein, Köln u,a.

Matthew A. McIntosh (2020), Guilds: Skilled Privilege in the Middle Ages, https://brewminate.com/guilds−skilled−privilege−in−the−middle−ages/.

Max Weber, Sociology of Community, https://web.archive.org/web/20040417155910/http://www.ne.jp/asahi/moriyuki/abukuma/weber/society/soci_comm/index.htm

Max Weber (1968), Economy and Society Vol.1, New York: Bedminster Press.

Maznah Mohamad (2020), The Divine Bureaucracy and Disenchantment of Social Life: A Study of Bureaucratic Islam in Malaysia, Singapore: Palgrave Macmillan.

Mette Thunø (2001), "Reaching Out and Incorporating Chinese Overseas: The Trans−ter−ritorial Scope of the PRC by the End of the 20th Century", China Quarterly 168.

Michael Damanakis (2005), "The Metropolitan Centre, the Diaspora and Education", Hellenic Studies 13(2).

Michael E. Porter/Mark R. Kramer (2011), "Creating Shared Value", Harvard Business Review, January−February 2011 issue.

Michael Hopkins (2012), Corporate Social Responsibility & International Development, Earth Scan.

Michael Sandel (1984), "The Procedural Republic and the Unencumbered Self", Political Theory 12(1).

Michael W. McConnell/Luke W. Goodrich (2016), "On Resolving Church Property Disputes", 58 Ariz. L. Rev. 307.

Miriam Hoexter (1998), "Waqf Studies in the Twentieth Century: The State of the Art", Journal of the Economic and Social History of the Orient 41(4).

Monica Gaudiosi (1988), "The Influence of the Islamic Law of Waqf on the Development of the Trust in England: The Case of Merton College", University of Pennsylvania Law Review 136(4).

Monre E. Price/Stefan G. Verhulst (2004), "Self−Regulation and the Internet", 1st edition, Kluwer Law International.

Muhammad Zubair Abbasi (2012), "The Classical Islamic Law of Waqf: A Concise Introduction", Arab Law Quarterly 26(2).

Murat Cizakca (1995), "Cash Waqfs of Bursa, 1555−1823", Journal of the Economic and Social History of the Orient 38(3).

Murat Cizakca (1998), "Awqaf in History and Its Implications for Modern Islamic

Economies", Isalmic Economic Studies 6(1): 43−70.

Murat Cizakca (2000), A History of Philanthropic Foundations: The Islamic World From the Seventh Century to Present, Istanbul: Bogazici University Press.

Murat Cizakca (2011), Islamic Capitalism and Finance, Cheltenham: Edward Elgar.

Murat Cizakca (2018), "From Destruction to Restoration−Islamic Waqfs in Modern Turkey and Malaysia", Endowment Studies 2: 83−106.

Myra A. Waterbury (2010a), Between State and Nation: Diaspora Politics and Kin−State Nationalism in Hungary, New York: Palgrave Macmillan.

Myra A. Waterbury (2010b), "Bridging the Divide: Towards a Comparative Framework for Understanding Kin State and Migrant−Sending State Diaspora Politics", in Bauböck/Faist eds., Diaspora and Transnationalism.

Nancy Baym (2018), Playing to the Crowd: Musicians, Audiences, and the Intimate Work of Connection, NYU Press.

Natalia Ereminal/Sergei Seredenko (2015), "Right Radicalism in Party and Political Systems in Present−day European States", Newcastle−upon−Tyne: Cambridge Scholars Publishing.

Nathalie Luca (2016), Les sectes, PUF.

Nathan Schneider et al. (2021), "Modular Politics: Toward a Governance Layer for Online Communities", Proceedings of the ACM on Human−Computer Interaction Vol. 5, Issue CSCW1, Article 16.

Nathaniel Popper (2016), "A Hacking of More Than $50 Million Dashes Hopes in the World of Virtual Currency", New York Times. June 17, 2016.

National Conference of Commissioners on Uniform State Laws (1996), "Uniform Unincorporated Nonprofit Association Act (1996) with Prefatory Note and Comments".

National Conference Of Commissioners on Uniform State Laws (2015a), "Uniform Partnership Act (1997), With Prefatory Note And Comments".

National Conference of Commissioners on Uniform State Laws (2015b), "Uniform Unincorporated Nonprofit Association Act (2008) With Prefatory Note And Comments".

Natsuoka Oka (2006), "The 'Triadic Nexus' in Kazakhstan: A Comparative Study of Russians, Uighurs, and Koreans", in Ieda eds., Beyond Sovereignty: From Status Law to Transnational Citizenship?

Neal Stephenson (2003), Snow Crash, New York: Bantam Books.

Ngo Chun Luk (2018), Diaspora Status and Citizenship Rights: A Comparative−Legal Analysis of the Quasi−Citizenship Schemes of China, India and Suriname, Oisterwijk: Wolf Legal Publishers.

Niall Bond (2012), "Ferdinand Tönnies and Max Weber", Max Weber Studies Vol.12 No.1.

Osamu Ieda eds. (2006), Beyond Sovereignty: From Status Law to Transnational Citizenship?, Sapporo: Slavic Research Center, Hokkaido University.

Otto von Gierke (1895), Deutsches Privatrecht Bd. 1., Duncker & Humblot.

Otto von Gierke (1905), Das deutsche Genossenschaftsrecht I.

Oxana Shevel (2010), "The Post−Communist Diaspora Laws: Beyond 'Good Civic versus Bad Ethnic' Nationalism Dichotomy", East European Politics and Societies 24(1).

Pamela Samuelson (2000), "Five challenges for regulating the Global Information Society", in Christopher T. Marsden eds., Regulating the Global Information Society, Warwick Studies in Globalisation.

Paul C. Weiler (2006), Entertainment Media and the Law: Text, Cases, Problems (3rd Ed.), Thomson/West.

Peter D. Burdon (2013), "The Earth Community and Ecological Jurisprudence", Oñati Socio−Legal Series, 3(5).

Peter Ulmer (1998), "Die Gesamthandsgesellschaft − ein noch immer unbekanntes Wesen?", AcP 198.

Philippe−Henri Dutheil (2016), Droit des associations et fondations, 1e édition, Dalloz.

Policy paper: UK joint regulator and government TCFD Taskforce: Interim Report and Roadmap (2020), https://www.gov.uk/government/publications/uk−joint−regulator−and−government−tcfd−taskforce−interim−report−and−roadmap

Primavera De Filippi (2018), "Citizenship in the Era of Blockchain−Based Virtual Nations", in Liav Orgad/Rainer Bauböck eds., Cloud Communities: The Dawn of Global Citizenship?, EUI Working Paper RSCAS 2018/28.

Primavera De Filippi/Aaron Wright (2018), Blockchain and the Law: The Rule of Code, Harvard University Press.

Primavera De Filippi/Samer Hassan (2016), "Blockchain technology as a regulatory tech−nology: From code is law to law is code", First Monday 21(12).

R. Beck (2018), "Beyond bitcoin: The rise of blockchain world", Computer 51(2).

R. Michaels (2005), "The Re−State−ment of Non−State Law: The State, Choice of Law, and the Challenge from Global Legal Pluralism", Duke Law School Working Paper Series (Paper 21), http://lsr.nellco.org/cgi/viewcontent.cgi?article=1020&context= duke_fs.

Rainer Bauböck (2007), Stakeholder Citizenship and Transnational Political Participation: A Normative Evaluation of External Voting, 75 Fordham L. Rev. 2393.

Rainer Bauböck (2010), "Cold Constellations and Hot Identities: Political Theory Questions about Transnationalism and Diaspora", in Bauböck/Faist eds., Diaspora and Transnationalism.

Rainer Bauböck eds. (2010), "Dual Citizenship for Transborder Minorities? How to Respond to the Hungarian−Slovak Tit−for−Tat", EUI Working Papers, EUDO Citizenship Observatory RSCAS 2010/75, Fiesole: Robert Schuman Centre for Advanced Studies, European University Institute.

Rainer Bauböck/Thomas Faist eds. (2010), Diaspora and Transnationalism: Concepts, Theories and Methods, Amsterdam: Amsterdam University Press.

Rainer Münz (2003), "Ethnic Germans in Central and Eastern Europe and Their Return to Germany", in Rainer Münz/Rainer Ohliger eds., Diasporas and Ethnic Migrants: Germany, Israel and Post−Soviet Successor States in Comparative Perspective, London: Frank Cass.

Ramon Pacheco Pardo (2021), "Social media and universal appeal: How Korean culture grew from a regional to a global powerhouse", Fortune, https://fortun− e.com/2021/11/23/south−korea−culture−success−bts−kpop−netflix−kdrama− squid− game−ramon−pacheco−pardo/.

Randi Carolyn Deguilhem−Schoem (1986), History of Waqf and Case Studies from Damascus in Late Ottoman and French Mandatory Times, Ph.D Dissertation, New York University.

Reinhard Bork (2011), Allgemeiner Teil des Bürgerlichen Gesetzbuchs(3. Aufl.), Mohr Siebeck.

République française, L'essentiel de la loi du 9 décembre 1905 de séparation des Églises et de l'État, https://www.vie−publique.fr/fiches/271400−la−loi−du−9−decembre− 1905−de−separation−des−eglises−et−de−letat.

République française, LOI n° 2021−1109 du 24 août 2021 confortant le respect des principes de la République (1), https://www.legifrance.gouv.fr/jorf/id/JORFTEXT000043964778.

Richard Steel (2011), Communities for Tomorrow, Karl König Archive (9).

참고 문헌 목록

Robert C. R. Siekmann/Janwillem Soek Eds. (2012), Lex Sportiva: What is Sports Law?

Robert L. Baker (2014), The Social Work Dictionary(6th Ed.), Maryland, NASW Press.

Robert M. Hayden (1992), "Constitutional Nationalism in the Formerly Yugoslav Republics", Slavic Review 51(4).

Robert Morrison MacIver (1917), Community, a Sociological Study: Being an Attempt to Set Out the Nature and Fundamental Laws of Social Life, Cornell University Library (June 12, 2009).

Robert Morrison MacIver (1921), The Elements of Social Science, Kessinger Publishing, LLC (September 10, 2010).

Robert Morrison MacIver (1937), Society: A Textbook of Sociology(1st Ed.), Farrar & Rinehart, Inc.

Robert Stebbins (1987), Sociology: The Study of Society, Harper and Row: New York.

Rogers Brubaker (1996), Nationalism Reframed: Nationhood and the National Question in the New Europe, Cambridge: Cambridge University Press.

Rogers Brubaker (1998), "Myths and Misconceptions in the Study of Nationalism" in John A. Hall eds., The State of the Nation: Ernest Gellner and the Theory of Nationalism, Cambridge: Cambridge University Press.

Rogers Brubaker (2000), "Accidental Diasporas and External 'Homemands' in Central and Eastern Europe: Past and Present", Reihe Politikwissenschaft, Institut für Höhere Studien, Abt. Politikwissenschaft 71, Wien: Institut für Höhere Studien.

Rogers Brubaker/Jaeeun Kim (2011), "Transborder Membership Politics in Germany and Korea", Archives européennes de sociologie 52(1).

Roland Warren (1963), The Community in America, Chicago, Rand McNally and Co..

Rolf H. Weber (2002), Regulatory Models for the Online World, 1st edition, Kluwer Law International.

Rolf H. Weber (2003), Towards a Legal Framework for the Information Society, Westlaw.

Rolf Stürner (2021), "20 Jahre Rechtsfähigkeit der Gesellschaft bürgerlichen Rechts", Juristische Ausbildung.

Ronald Jennings (1990), "Pious Foundations in the Society and Economy of Ottoman Trabzon, 1565－1640: A Study Based on the Judicial Registers of Trabzon", Journal of the Economic and Social History of the Orient 33(3).

S. Abul Ala Maududi (2011), First Principles of Islamic Economics, Leicester: The Islamic Foundation.

S. Hisham/Hazal Adria Jasiran/Kamaruzaman Jusoff (2013), "Substitution of Waqf Properties (Istibdal) in Malaysia: Statutory Provisions and Implementations", Middle−East Journal of Scientific Research 13.

Sam Howe Verhovek (1998), "Torn Between Nations, Mexican−Americans Can Have Both", New York Times.

Samer Hassan/Primavera De Filippi (2021), "Decentralized Autonomous Organization", Internet Policy Review 10(2).

Scott Chamberlain (2020), "Research Seminars: Lex Automagical: will blockchain + AI deliver justice like clockwork?", https://law.anu.edu.au/multimedia/podcasts/research−seminars/lex−automagical−will−blockchain−ai−deliver−justice−clockwork.

Scott Chamberlain (2021), "Digital Assets Down Under: Making Australia a Destination Jurisdiction for Digital Asset and Cryptocurrency Projects, Investment, and Skills", (Submission to the Australian Senate Select Committee on Australia as a Technology and Financial Centre, 30 June 2021).

Shaikh Hamzah Abdul Razak (2019), "Zakat and Waqf as Instrument of Islamic Wealth in Poverty Alleviation and Redistribution: Case of Malaysia", International Journal of Sociology and Social Policy 40(3/4).

Shamsiah Abdul Karim (2010), "Contemporary Shariah Compliance Structuring for the Development and Management of Waqf Assets in Singapore", Kyoto Bulletin of Islamic Area Studies 3(2).

Sherri L. Burr (2017), Entertainment Law in a Nutshell, West Academic Publishing.

Stanford Graduate School of Business Center for Social Innovation (2018), Blockchain for Social Impact Moving Beyond the Hype, https://www.gsb.stanford.edu/sites/gsb/files/publication−pdf/study−blockchain−impact−moving−beyond−hype.pdf.

Stefan J. Geibel et al. (2019), beck−online.GROSSKOMMENTAR BGB, C. H. Beck.

Stephen Deets (2008), "The Hungarian Status Law and the Specter of Neo−medievalism in Europe", Ethnopolitics 7(2−3).

Stephen Edward Sachs (2002), "The 'Law Merchant' and the Fair Court of St. Ives", Thesis at Harvard University, http://www.stevesachs.com/papers/paper_thesis.html.

Swiss Federal Department of Foreign Affairs (2004), "Who Cares Wins − Connecting Financial Markets to a Changing World", The Global Impact. https://www.unepf−i.org/fileadmin/events/2004/stocks/who_cares_wins_global_compact_2004.pdf.

Syed Othman Alhabshi (1991), "Waqf Management in Malaysia", in Mohamed Ariff eds., The Islamic Voluntary Sector in Southeast Asia, Singapore: Institute of Southeast Asian Studies.

Szabolcs Pogonyi/Mária M. Kovács/Zsolt Körtvélyesi (2010), "The Politics of External Kin—State Citizenship in East Central Europe", EUDO Citizenship Observatory RSCAS/EUDO—CIT—Comp. 2010/6, Fiesole: Robert Schuman Centre for Advanced Studies, European University Institute.

Takeyuki Tsuda/Wayne A. Cornelius (2004), "Japan: Government Policy, Immigrant Reality", in Wayne A. Cornelius/Takeyuki Tsuda/Philip L. Martin/James F. Hollifield eds., Controlling Immigration: A Global Perspective, Stanford: Stanford University Press.

The UPA Revision Subcommittee of the Committee on Partnerships and Unincorporated Business Organizations (1987), "Should the Uniform Partnership Act Be Revised?", The Business Lawyer 43.

Thibault Schrepel (2021), "Editorial Platforms or Aggregators: Implications for Digital Antitrust Law", Journal of European Competition Law & Practice 2021 12(1).

Thierry Kochuyt (2009), "God, Gifts and Poor People: On Charity in Islam", Social Compass 56(1).

Thomas Gergen et al. (2022), Münchener Kommentar zum BGB(9. Aufl.).

Timur Kuran (2001), "The Provision of Public Goods under Islamic Law: Origins, Impact, and Limitations of the Waqf System", Law & Society Review 35(4).

Trebor Scholz/Nathan Schneider eds. (2016), Ours To Hack and Own: The Rise of Platform Cooperativism, a New Vision for the Future of Work and a Fairer Internet. New York, OR Books.

Tyler Winters/Madhuri Jacobs—Sharma (2016), "Gender Diversity on Corporate Boards: The Competing Perspectives in the U.S. and the EU", Comparative Corporate Governance and Financial Regulation 13.

Urlich Meyer—Cording (1957), Die Vereinsstrafe, Mohr Siebeck, Tübingen (Habilitationsschrift).

Venice Commsion (2004), "Opinion on the Draft Law Concerning the Support for Romanians Living Abroad of the Republic of Romania", Opinion No. 299/2004, CDL(2004)053, 4 June 2004.

Venice Commission (2001), "Report on the Preferential Treatment of National Minorities by Their Kin—State."

Venice Commission (2002), The Protection of National Minorities by Their Kin-State, Strasbourg: Council of Europe Publishing.

Venice Commission (2006), "Opinion on the Constitution of Serbia", Opinion No. 405/2006, CDL-AD(2007)004, 19 March 2007.

Venice Commission (2011), "Opinion on the New Constitution of Hungary", Opinion No. 621/2011, CDL-AD(2011)016, 20 June 2011.

Vitalik Buterin (2013), Ethereum white paper: A Next Generation Smart Contract & Decentralized Application Platform.

W. O. Ault (1982), "The Vill in Medieval England," Proceedings of the American Philosophical Society 126.

Walker Connor (1994), Ethnonationalism: The Quest for Understanding, Princeton: Princeton University Press.

Warren O. Ault (1954), "Village By-Laws by Common Consent", Speculum, Apr., 1954, Vol. 29, No. 2, Part 2: Mediaeval Representation in Theory and Practice.

Werner Flume (1972), ZHR(Zeitschrift für das gesamte Handelsrecht und Wirtschaftsrecht) 136.

Werner Flume (1977), Allegemeiner Teil des b ürgerlichen Rechts Bd. 1., Springer-Verlag.

Wiebke Sievers (2009), "'A Call to Kinship'? Citizenship and Migration in the New Member States and the Accession Countries of the EU", in Bauböck et al. eds., Citizenship Policies in the New Europe.

Wolfgang Zöllner (1993), "Rechtssubjektivität von Personengesellschaften?", Festtschrift für Joachim Gernhuber zum 70. Geburtstag, J.C.B. Mohr.

Xavier Delsol/Alain Garay/Emmanuel Tawil éds. (2005), "Droit des cultes. Personnes, activités, biens et structures", Av.-prop. de Blandine Chelini-Pont. Lyon, Dalloz - Juris Associations.

Y. El Faqir et al. (2020), "An overview of decentralized autonomous organizations on the blockchain", Proceedings of the 16th International Symposium on Open Collaboration.

Y. Y. Hsieh et al (2018), "Bitcoin and the rise of decentralized autonomous organizations", Journal of Organization Design 7(1).

Yann Aguila/Shehana Gomez (2021), "United Nations Sustainable Development Initiative" in Earth Law, Anthony R. Zelle et al (Eds.), Earth Law: Emerging Ecocentric Law - A Guide for Practitioners, Wolters Kluwer, New York, 2021.

Yann Aouidef et al. (2021), "Decentralized Justice: A Comparative Analysis of Blockchain Online Dispute Resolution Projects", Front. Blockchain.

Yasir Siddiqui/Tiberius Brastaviceanu (2013), "Open Value Network: A framework for many−to−many innovation", https://docs.google.com/document/d/1iwQz5SSw2Bsi_T41018E3TkPD−guRCAhAeP9xMdS2fI/pub.

Yochai Benkler (2007), The Wealth of Networks: How Social Production Transforms Markets and Freedom, Yale University Press.

Zeynap Kadirbeyoglu (2012), "Country Report: Turkey", EUDO Citizenship Observatory RSCAS/EUDO−CIT−CR 2012/10, Fiesole: Robert Schumann Centre for Advanced Studies, European University Institute.

Zoltán Kántor/Balázs Majtényi/Osamu Ieda/Balázs Vizi/Iván Halász eds. (2004), The Hungarian Status Law: Nation Building and/or Minority Protection, Sapporo: Slavic Research Center, Hokkaido University.

Zvi Razi (1981), "FAMILY, LAND AND THE VILLAGE COMMUNITY IN LATER MEDIEVAL ENGLAND", Past & Present 93(1).

프랑스 총리실 산하 DILA(Direction de l'information légale et administrative) 관장 정보 데이터베이스, https://www.vie−publique.fr/.

프랑스 국사원(최고행정법원), https://www.conseil−etat.fr/.

프랑스 정부공인 법령정보, https://www.legifrance.gouv.fr/.

[일본문헌]

啓法会編輯部 編 (1936),「判例體系 民法總則 1」.

高橋宏志 (1998), "部分社会と司法審査─国立大学における単位授与", 新堂幸司/青山善充/高橋宏志 編,「民事訴訟法判例百選I 新法対応補正版」, 有斐閣.

高畑英一郎 (2021), "宗教団体の自律権と司法審査", 日本法学 87−2.

高村学人 (2007),「アソシアシオンへの自由:〈共和国〉の論理」, 勁草書房.

權澈 (2007),「非営利法人への惠代に関する事前許可制の廃止」, 日仏法学 第24号, 有斐閣.

旗田巍 (1973),「中國村落と共同體理論」, 岩波書店.

多田吉鍾 (1922), "祭位土ノ總有性ニ就テ", 司法協會雜誌 第1卷 第3号.

大石眞 (1996),「憲法と宗教制度」, 有斐閣.

大塚久雄 (1978), 共同體の基礎理論(29刷), 岩波書店.

大塚久雄 (2000), 共同体の基礎理論─自然と人間の基層から (シリーズ 地域の再生), 岩波現代文庫.

渡辺尚志 (1994), 近世の豪農と村落共同体, 東京大学出版会.

渡辺憲正 (2005),『経済学批判要綱』の共同体／共同社会論, 関東学院大学『経済系』第223集.

朴慶洙 (2003), "藩政の全時代を網羅して仙台城下における商業特権の形成過程", 史料館研究
　　　紀要　第34号.

福本勝清 (2001), "戦後共同体論争に関する一覚書", 明治大学教養論集　通巻　349号.

森泉章 (1988),「新版 注釋民法 (2)」, 有斐閣.

小泉洋一 (1998),「政教分離と宗教的自由: フランスのライシテ」, 法律文化社.

松元暢子 (2014),「非営利法人の役員の信認義務」, 商事法務.

阿久澤利明 (1984), "権利能力なき社團", 星野英一 編, 民法講座 第1巻, 有斐閣.

野村調太郎 (1939),「朝鮮祭祀相續法論序説」, 朝鮮總督府中樞院.

二宮哲雄, 日本大百科全書(ニッポニカ)の解説, 共同体. https://kotobank.jp/word/93−52945.

伊藤眞 (1991), "宗教団体の内部紛争に関する訴訟の構造と審判権の範囲", 宗教法 10号.

伊藤眞 (2022), "宗教団体の内部紛争と民事審判権の限界—判例法理の狭間にあって", 宗教法
　　　41号.

林薫平 (2017), 共同体史を現代にどう生かすか　う生かすか−− マルクス＝大塚の "共同体
　　　に固有の二元性" の再解釈と応用 (上), 商学論集　第85巻 第4号.

田中謙太 (2017), "宗教団体の内部紛争と司法権: 教義判断の禁止と裁判所の権限との関係と
　　　いう視点から", 同志社法學 68(8).

田中謙太 (2020), "宗教団体の自律権の基礎: 宗教団体の内部紛争を題材として", 同志社法學
　　　71(6).

朝鮮總督府 (1913),「慣習調査報告書」.

朝鮮總督府中樞院 (1912),「慣習調査報告書」.

朝鮮總督府中樞院 (1933),「民事慣習回答彙集」.

足立啓二 (1998),「專制國家史論: 中國史から世界史へ」, 柏書房.

八木胖 編 (1951),「新判例體系 民法總則」.

和田一郎 (1920),「朝鮮土地制度及地税制度調査報告書」.

後藤武秀 (2001), "台湾における祭祀公業の研究", 東洋大學 研究報告書, https://kaken.nii.ac.jp/
　　　ja/grant/KAKENHI−PROJECT−12620011/.

小田亮 (2004), "共同体という概念の脱／再構築", 文化人類学 69(12).

日本協同組合連携機構(2020), "プラットフォーム協同組合主義とはなにか？−デジタル経済
　　　における協同組合の可能性を探る−", Research report,　No.19, Japan Co−operative
　　　Alliance, 2020.12.

참고 문헌 목록

판례색인

판례색인

판례색인

사항색인

916

920

공동체와 법 포럼 회원 명단

공동 대표: 손경한 교수[전. 성균관대 법학전문대학원]
　　　　　 윤진수 교수[서울대 법학전문대학원]

권 철 교수　　　　　성균관대 법학전문대학원

김정연 교수　　　　이화여대 법학전문대학원

김진우 교수　　　　한국외국어대 법학전문대학원

박명규 교수　　　　서울대 사회학과

박진아 박사　　　　(사)기술과법 연구소 소장

송호영 교수　　　　한양대 법학전문대학원

심희기 교수　　　　연세대 법학전문대학원

엄동섭 교수　　　　서강대 법학전문대학원

오명석 교수　　　　서울대 인류학과

윤철홍 교수　　　　숭실대 법과대학

이동진 교수　　　　서울대 법학전문대학원

이유민 박사　　　　김·장 법률사무소

이철우 교수　　　　연세대 법학전문대학원

장보은 교수　　　　한국외국어대 법학전문대학원

최선호 변호사　　　(사)이태석신부의 수단어린이장학회 이사장

최준규 교수　　　　서울대 법학전문대학원

공동체와 법 포럼 활동일지

활동 기간: 2021. 1. ~ 2023. 1.

1. 제1회: 일자: 2021년 1월 28일

    발표자: 방제식팀장(인천광역시 마을공동체 담당)

    주　제: 인천지역 마을공동체 형성 활동 현장과 문제점 그리고 법적 정비방안

2. 제2회: 일자: 2021년 2월 25일

    발표자: 손경한(전 성균관대 법학전문대학원 교수)

    주　제: 공동체법의 모색

3. 제3회: 일자: 2021년 3월 25일

    발표자: 윤진수(서울대 법학전문대학원 명예교수)

    주　제: 비법인사단의 권리주체성

4. 제4회: 일자: 2021년 4월 22일

    발표자: 박명규(서울대 사회학과 명예교수)

    주　제: 사회학계의 공동체연구

5. 제5회: 일자: 2021년 5월 27일

    발표자: 이철우(연세대 법학전문대학원 교수)

    주　제: 민족공동체의 법제화

6. 제6회: 일자: 2021년 6월 24일

    발표자: 심희기(연세대 법학전문대학원 교수)

    주　제: 이영훈의 공동체·촌락공동체 부재론(2001)의 논거에 대한 논평

7. 제 7 회: 일자: 2021년 8월 26일

　　발표자: 장수진(사회적 협동조합 마을인학교 이사장)

　　주　제: 인천 선학동 마을넷의 현황과 과제

8. 제 8 회: 일자: 2021년 9월 23일

　　발표자: 최쥰규(서울대 법학전무대학원 교수)

　　주　제: 공동상속에 관한 입법론

9. 제 9 회: 일자: 2021년 10월 28일

　　발표자: 박진아(기술과법연구소 소장, 법학박사)

　　주　제: 사이버공동체와 법[공동체의 코드(기술로 구현된 규범) 포함]

10. 제10회: 일자: 2021년 11월 25일

　　발표자: 김정연(이화여대 법학전문대학원 교수)

　　주　제: 비영리법인 이사회의 운영실태와 개선방안

11. 제11회: 일자: 2021년 12월 23일

　　발표자: 이유민(김앤장 법률사무소 선임연구원, 법학박사)

　　주　제: 기업공동체와 법 – 기업공동체와 ESG 경영을 중심으로

12. 제12회: 일자: 2022년 1월 27일

　　발표자: 윤철홍(숭실대 법과대학 교수)

　　주　제: 종교공동체와 법 Ⅰ: 한국교회 공동체의 현황과 법적 문제

13. 제13회: 일자: 2022년 2월 24일

　　발표자: 권철(성균관대 법학전문대학원 교수)

　　주　제: 종교공동체와 법 II: 프랑스의 종교단체 법제

14. 제14회: 일자: 2022년 3월 24일

　　발표자: 오명석(서울대 인류학과 교수)

　　주　제: 종교공동체와 법 III: 이슬람 금융의 쟁점들: 경합하는 '이슬람적 대안성'의 의미

15. 제15회: 일자: 2022년 4월 28일

　　발표자: 이동진(서울대 법학전문대학원 교수)

　　주　제: 단체자치와 그 한계

16. 제15회: 일자: 2022년 5월 26일

　　발표자: 윤진수(서울대 명예교수)

　　주　제: 교회의 분열

17. 제17회: 일자: 2022년 6월 23일

　　발표자: 엄동섭(서강대 법학전문대학원 명예교수)

　　주　제: 종중의 과거, 현재, 미래 – 법학적인 관점을 중심으로

18. 제18회: 일자: 2022년 8월 25일

　　발표자: 송호영(한양대 법학전문대학원 교수)

　　주　제: 지역어민회의 법적 성질과 회원의 가입·탈퇴 문제 – 포항지역어민회 사례를
　　　　　중심으로

19. 제19회: 일자: 2022년 9월 22일

　　발표자: 손경한(전 성균관대 법학전문대학원 교수)

　　주　제: 상인공동체와 법

20. 학술대회: 일시: 2022. 10. 27. 14:00 － 18:30

　　장　　소: 서초동 서울지방변호사회회관 1층 회의실

　　주　　최: 공동체와 법 포럼

　　후　　원: (사) 기술과 법 연구소

　　　14:00　개회사 – 공동체와 법, 왜 필요한가?

　　　　　　　제1부 [좌장] 윤진수 교수(서울대 명예교수)

　　　14:20　사회적 기업과 공동체

　　　　　　　[발표] 김정연 교수(이화여대)　　[토론] 정승애 대표(샤인임팩트)

　　　15:10　연예공동체와 법

　　　　　　　[발표] 장보은 교수(한국외대)　　[토론] 송호영 교수(한양대)

　　　휴게　(16:20 – 16:40)

　　　　　　　제2부 [좌장] 손경한 변호사(전 성균관대 교수)

　　　16:40　지구공동체와 지구법학

　　　　　　　[발표] 최선호 변호사(지구법학회)　[토론] 김소리 변호사(법률사무소 물결)

　　　종합토론(17:50 – 18:30)

21. 제20회: 일자: 2022년 11월 24일
    발표자: 최준규(서울대 법학전문대학원 교수)
    주 제: 공동체 구성원에 대한 책벌절차

22. 제21회: 일자: 2022년 12월 22일
    발표자: 윤진수(서울대 법학전문대학원 명예교수)
    주 제: 조합공동체의 권리능력

23. 제22회: 일자: 2023년 1월 26일
    발표자: 손경한((사)기술과법연구소 이사장)
    주 제: 마을공동체와 법 [끝]

공동저자 약력(가나다순)

권 철
- 성균관대학교 법학전문대학원 교수
- 일본 동경대학 법학박사
- 프랑스 Université Paris 2 Panthéon-Assas 초빙연구자

김정연
- 이학여자대학교 법학전문대학원 교수
- 서울대학교 법학전문대학원 법학전문박사
- 김·장 법률사무소 변호사

박진아
- (사) 기술과법연구소 소장
- 이화여자대학교 법학박사
- 미국 Temple University School of Law 법학박사(SJD)

손경한
- (사) 기술과법연구소 이사장
- 일본 국립오사카대학 법학박사
- 성균관대학교 법학전문대학원 교수

송호영
- 한양대학교 법학전문대학원 교수
- 독일 오스나브뤽대 법학박사
- 한국재산법학회 회장

심희기
- 연세대학교 법학전문대학원 명예교수
- 서울대학교 법학박사
- 영남대학교 법과대학 교수

엄동섭
- 서강대학교 법학전문대학원 명예교수
- 서울대학교 법학박사
- Santa Clara 및 Cornell Law School 방문학자

오명석
- 서울대학교 인류학과 명예교수
- 서울대학교 사회과학연구원 원장
- 한국동남아학회 회장

윤진수
- 서울대학교 법학전문대학원 명예교수
- 서울대학교 법학박사
- 민사판례연구회 회장

윤철홍
- 숭실대학교 법과대학 명예교수
- 독일 프라이부르크대학 법학박사
- 토지법학회 회장

이유민
- 김·장 법률사무소 선임연구원
- 인도 Jindal Global Law School, O.P. Jindal Global University 법학석사
- 성균관대학교 법학전문대학원 법학전문박사(SJD)

이철우
- 연세대학교 법학전문대학원 교수
- 런던정경대(LSE) 법학박사
- 전 한국법사회학회, 법과사회이론학회, 한국이민학회 회장

장보은
- 한국외국어대학교 법학전문대학원 교수
- 서울대학교 법학박사
- 한국민사법학회 이사

최선호
- 지구와 법 학회 변호사
- (사) 이태석신부의 수단어린이장학회 이사장
- 서울대학교 생명윤리위원회 위원

최준규
- 서울대학교 법학전문대학원 교수
- 서울대학교 법학박사
- 서울중앙지방법원, 서울동부지방법원 판사

공동체와 법

초판발행	2023년 12월 15일
엮은이	손경한·윤진수 외
펴낸이	안종만·안상준
편 집	이승현
기획/마케팅	정연환
표지디자인	손원찬
제 작	고철민·조영환
펴낸곳	(주) **박영사**
	서울특별시 금천구 가산디지털2로 53, 210호(가산동, 한라시그마밸리)
	등록 1959. 3. 11. 제300-1959-1호(倫)
전 화	02)733-6771
f a x	02)736-4818
e-mail	pys@pybook.co.kr
homepage	www.pybook.co.kr
ISBN	979-11-303-4543-7 93360

copyright©손경한·윤진수, 2023, Printed in Korea

정 가   59,000원